中国酒业年鉴

2012—2013

中国酒业协会
中国酒业年鉴编委会 编

YEARBOOK OF CHINA ALCOHOLIC DRINKS INDUSTRY

中国轻工业出版社

中粮白酒 纯粮酿造
中粮
COFCO
粮心酿好酒
中粮
COFCO
老古坊
中粮黑龙江酿酒有限公司
香型：浓香型
酒精度：38%vol
净含量：500ml
中粮集团荣誉出品
中粮集团荣誉出品

特别鸣谢

TEBIEMINGXIE

- 中国食品有限公司
- 华润雪花啤酒（中国）有限公司
- 泸州老窖股份有限公司

- 中法合营王朝葡萄酿酒有限公司
- 四川剑南春股份有限公司
- 湖北稻花香集团
- 山西杏花村汾酒集团有限责任公司
- 北京燕京啤酒集团公司
- 中国贵州茅台酒厂有限责任公司

THE FIRST CELLAR IN CHINA
國窖
1573

你能品味的历史

NATIONAL CELLAR LIQUOR
1573国宝窖池群酿造
Fermented in National Cellar 1573
國窖®
酒精度: 52%vol
國窖
THE FIRST CELLAR
THE FIRST CELLAR IN CH
國窖®
1573
浓香型白酒
1573国宝窖池群酿造
Fermented in National Cellar 15

你能品
國窖

品味的历史
1573
加入"泸州老窖VIP俱乐部"
尊享更多会员好礼

雪花

双破

雪花
MONS
啤酒
BEER
勇闯天涯
【DRAFT BEER】
纯生
8.0°P
500ml

数据来源：2013年度中国行业企业信息发布中心数据

Chateau SunGod
GREATWALL
长城桑干酒庄
开启中国酒庄酒历史

中粮
COFCO
产业链 好产品
国美酒
酒的历史使命
宾
国的成长与崛起
中粮集团荣誉出品

中国有机产品
ORGANIC

中华人民共和国地理标志保护产品
贵州茅台酒
PEOPLE'S REPUBLIC OF CHINA

CERTIFIED ORGANIC OFDC
有机认证
IFOAM
ACCREDITED
认证号：OP3301-952-136

燕京啤酒
BEI JING YANJING BEER GROUP CORP
科技大厦
MANSION OF SCIENCE AND TECHNOLOGY

感 动 世 界　超 越 梦 想

大国之红
中国高端白酒史诗级作品】

中国驰名商标
稻花香®
【活力型】
湖北稻花香酒业股份有限公司
hubeidaohuaxiangjiuyegufenyouxiangongsi
酒
净含量：500mL

序

伴随着中国酿酒工业协会正式更名为中国酒业协会，倍受行业瞩目的《中国酿酒工业年鉴》也从本册起，正式更名为《中国酒业年鉴》。此次年鉴的更名，将使这套丛书可以更加全面、系统地展现两年来中国酒业波澜壮阔的发展全貌，更好地服务于中国酿酒行业的全产业链，对中国酒业的行业历史记录具有重要意义。

回顾2012和2013年，酿酒行业在国家相关政策的引领下，在行业组织与企业的共同努力，逐渐实现了从外延式高速扩张模式向内敛式中速增长的战略转变。增长速度持续放缓的同时，产业结构得到优化，初步实现了从追求发展速度到注重发展质量的观念转化。从外部环境、发展趋势和自身发展特点来看，酒行业仍然具有充分的增长潜力，主要表现在：国家宏观经济虽有压力，但总体良好；酒类产品的消费属性仍被大众认可和接受。这说明社会需求总量没有发生大的变化，大众消费基础没有动摇，只是消费群体和偏好发生了改变。这也正体现了酒企业在过去两年中及时改变营销策略，改善产品结构所取得的成绩。

调整，从行业发展的规律来看是一种必然，是困难也是机遇。一个行业要实现长期持续健康发展，必须是理性的、合乎经济规律的。酒行业应该借此机会调整思路，修正行业发展不合理的部分，打破急功近利的惯性思维，通过真正意义上的创新转变，解决问题与矛盾，谋求中国酒业长期、稳定、健康的发展。

与此同时，我们还应继续传承酒行业的优良传统，注重食品安全，加强行业自律，增强行业凝聚力，促进酿酒行业与社会的和谐发展。

《中国酒业年鉴》（2012—2013）即将出版，新版年鉴在广泛听取各方面意见的基础上，在内容和篇章结构上做了进一步改进。如为纪念1952年召办的具有里程碑意义的首届全国评酒会，新增了“名酒六十年”回顾篇；为贴近酒类经营，新增了市场篇等精彩内容，使这本年鉴的内容更加紧密，形式更加成熟，力求对我国酿酒行业的健康发展起到参考、借鉴和服务作用。

在2012—2013版年鉴的编撰过程中，各省、市、自治区酒业协会，各酿酒企业，各有关部门及酿酒界的专家、学者给予了大力支持，各位工作人员付出了辛勤劳动，使得编撰工作顺利进行，在此表示诚挚的感谢。同时也希望今后的年鉴编撰工作做的更好，成为反映行业发展足迹的忠实记录者。

二〇一四年十月

编辑说明

一、《中国酒业年鉴》（2012—2013）全面系统地记述了2012—2013年中国酒业发展的基本情况。全书设有十个篇目：

（一）摄影篇：下设两个栏目，行业工作、行业活动。其中，行业工作栏目收录了中国酒业协会、地方协会各项重大活动照片；行业活动栏目是酒类企事业单位开展的在行业中产生积极影响并具有重要意义的活动照片。

（二）行业篇：包括中国酒业协会工作情况及行业综述；中国酒业协会白酒分会、啤酒分会、葡萄酒分会、果露酒分会、黄酒分会、酒精分会、技术专业委员会等各酒种分会工作情况及行业综述。

（三）区域篇：主要记录了中国各省、市、自治区酒业的发展状况与区域经济优势以及各省、市、自治区酒业协会工作综述。

（四）政策篇：收录了2012—2013年中国酒业、酿酒企业发展规划的政策法规。包括国家各部委颁布的有关酒类行业的政策法规文件、酒行业地方法规与管理办法等。

（五）专述篇：包括国家各部委领导关于发展酿酒工业经济的讲话；中国酒业协会领导关于酿酒经济发展的专述文章；专家、学者关于酿酒经济发展的论文；知名企业家关于酿酒经济发展的专稿。

（六）名酒评选六十年回顾篇："名酒六十年"回顾篇收录了酿酒行业自1952年以来五届全国评酒会介绍及评选结果。内容涵盖白酒、啤酒、葡萄酒、黄酒及果露酒等多个酒种，并对评选标准与办法进行了详细的说明，展现了中国名酒六十年走过的辉煌历程。

（七）年鉴人物篇：入选"年鉴人物"的知名企业家的彩色照片以及个人小传。

（八）科技人物篇：包括中国酿酒行业领域做出突出贡献的专家、学者、知名人士介绍，中国酿酒骨干企业中做出突出贡献的知名企业家、酿酒专家介绍；专家、学者的优秀学术论文；酿酒企业技术专家、总工的课题研究成果。

（九）统计篇：通过国家统计部门公布的酿酒工业经济指标、产值、产量等统计数据与分析，反映中国酒业2012—2013年的发展状况。

（十）品牌企业篇：介绍酒业重点优秀企业的综合发展情况、产品情况、市场情况、科技成果、环保节能成果；以及由国家各部委、中国酒业协会组织的酿酒行业优秀企业评选结果名单等。

（十一）市场篇：收录了包括《新形势下酒行业风险与机遇剖析》、《酒行业厂商联手趋势调查》、《2013夏季啤酒消费调研》和《白酒适应变革发展战略研究》在内的多篇市场调研报告，结合数据与调查统计，对中国酒业2012—2013年市场发展进行了全面而系统的综述。

（十二）大事记：主要包括2012—2013年中国酒业发展的重大事件和重要活动。

二、《中国酒业年鉴》（2012—2013）在编排方面求新求实，尽量减少资料性不强的材料，增加有创意、有价值的新栏目，同时对照片和图表的编排也做了较大的改进与扩充。本年鉴所反映的内容时间大部分涵盖2012—2013年。

三、《中国酒业年鉴》（2012—2013）在组稿、编辑、出版过程中，各省、市、自治区酒业协会、各行业专业委员会的领导、作者给予了积极配合和热情的指导。在此，一并表示衷心感谢。

《中国酒业年鉴》编辑部

二〇一四年十月

各省、自治区、直辖市酒业协会撰稿人

李湘文	北京市酿酒协会
左润华	天津市酿酒工业协会
范长秀	河北省白酒、葡萄酒工业协会
李振华	河北啤酒工业协会
沈正祥	山西省酿酒工业协会
张九如	内蒙古自治区白酒协会
李　忠	辽宁省白酒工业协会
庄守义	辽宁省啤酒专业协会
张金玲	吉林省酒业协会
季树太	黑龙江省酒业协会
吴建华	上海市酿酒专业协会
王建英	江苏省酒类行业协会
傅森林	浙江省啤酒工业协会
李文汉	安徽省酒业协会
朱榕光	福建省轻工业联合会白酒、黄酒分会
饶绍信	江西省酿酒工业协会
李玉玲	山东省啤酒工业协会
岳晓声	河南省酒业协会
宫金山	湖北省酒业协会
刘维平	湖南省酒业协会
彭　洪	广东省酒业行业协会
郭营新	广东省酒类行业协会啤酒分会
宋　苹	广西壮族自治区酿酒协会
黄　海	四川省酿酒工业协会
白希智	陕西省酿酒工业协会
孙立伟	甘肃省酿酒工业协会
尹　君	宁夏回族自治区酿酒协会
王　莹	新疆酿酒工业协会

目录

摄影篇

行业篇

目录

区域篇

北京

天津

河北

山西

内蒙古

目录

目录

目录

目录

专述篇

名酒评选六十年回顾篇

目录

科技人物篇

统 计 篇

2012年数据统计

目录

目录

目录

品牌企业篇

目录

市场篇

大事记

摄影篇

行业工作栏目收录了中国酒业协会、地方协会各项重大活动照片，行业活动栏目是酒类企事业单位开展的在行业中产生积极影响并具有重要意义的活动照片。

谢明

Xie Ming

YEARBOOK FIGURE

泸州老窖集团董事局主席，泸州老窖股份有限公司董事长，经济学硕士，高级经济师，享受国务院特殊津贴专家。

历任泸州液压件厂、泸州进出口公司、泸州新产品推广中心、泸州机械电子设备厂领导职务，泸州市经委科技处处长；泸州市纳溪区常务副区长；泸州市龙马潭区区长，区委书记、区人大常委会主任等职。

曾获中国上市公司最受尊敬董事长、中国最佳CEO、全国优秀企业家、“全国五一劳动奖章”、金牛最佳企业领袖、中国上市公司董事会金圆桌论坛最具战略眼光董事长、中国商业最佳领袖奖、中国文化遗产保护年度杰出人物提名奖、第七届四川省十大经济风云人物、首届四川大学卓越企业家奖等荣誉。

中华人民共和国民政部

民函〔2012〕121号

民政部关于中国酿酒工业协会更名为中国酒业协会的批复

中国酿酒工业协会：

你会关于更名为中国酒业协会的申请及有关材料收悉。经审查，符合法律法规规定的条件。根据《社会团体登记管理条例》，决定准予你会更名为中国酒业协会。

你会更名后，应当严格遵守宪法、法律、法规和有关政策，依照我部核准的章程开展活动，自觉接受业务主管单位、登记管理机关以及有关部门的指导和监督管理，为加强行业自律，充分发挥桥梁纽带作用，切实履行服务企业和政府的宗旨，促进行业的健康发展作出积极贡献。

中华人民共和国民政部

二〇一二年四月十六日

—1—

2012年4月16日，中华人民共和国民政部批复中国酿酒工业协会更名为中国酒业协会。

2012年7月8日，中国酒业协会揭牌暨聘请顾问仪式在京西宾馆隆重召开。中国轻工业联合会会长步正发，中国轻工业联合会名誉会长、中国酒业协会名誉理事长潘蓓蕾，中国轻工业联合会副会长钱桂敬、王世成等出席了会议。

中国轻工业联合会名誉会长、中国酒业协会名誉理事长潘蓓蕾与中国酒业协会理事长王延才与受聘顾问合影。

2013年6月18日，中国轻工业联合会会长步正发一行莅临洋河酒厂，公司董事长、党委书记张雨柏，监事会主席冯攀台，副总裁钟雨热情接待。

2012年3月，中国酒业协会授予长乐烧“中国客家米香型白酒生产基地”龙头企业称号和“中国果酒研发生产示范基地”称号。中国酒业协会副理事长王琦、果露酒分会秘书长王祖明，广东省酒类专卖管理局副局长、省酒协理事长朱思旭，梅州市领导，长乐烧董事长卓定华等悉数到场。

2012年5月，中国酒业协会、京西宾馆管理局，联合在京西宾馆隆重举办中国名酒展颁证大会。

2012年3月全国酒类行业两会代表留念照片。

2012年3月28日，中国白酒领袖峰会在山西太原举行。中国酒业协会理事长王延才、中国白酒标准化技术委员会主任委员季克良、贵州茅台酒集团有限公司董事长袁仁国、宜宾五粮液集团有限公司董事长唐桥、江苏苏酒集团董事长杨廷栋、泸州老窖股份有限公司总裁张良、山西杏花村汾酒集团董事长李秋喜、四川沱牌舍得股份有限公司董事长李家顺等20余人参加了会议。

2013年6月26日，由中国酒业协会组织的“第二届中国白酒领袖峰会”在江苏南京召开。中国酒业协会理事长王延才与参会代表合影。

2012年4月25～26日，中国酒业协会在北京友谊宾馆，召开第四届理事会第五次（扩大）会议。

中国酒业协会理事长王延才在会中发言。

中国酒业协会副理事长兼秘书长王琦在会中发言。

2012年7月3日，2012年国家级白酒评委年会在山东淄博召开。

中国酒业协会理事长王延才在2012年国家级白酒评委年会上讲话。

2012年9月17～18日，中国酒业协会啤酒分会、中国食品发酵工业研究院、德国柏林啤酒酿造学院（VLB）和美国酿造化学家协会（ASBC）联合举办的“2012年中国国际啤酒技术高峰论坛”在北京举办。

2013年4月17日，中国酒业协会第四届理事会第七次（扩大）会议现场。

2013年4月17日，2013中国国际“酒与社会”论坛中的焦点对话。

“‘诺玛科杯’第二届全国葡萄酒品酒职业技能竞赛”决赛于2013年9月14日在北京圆满结束。决赛还设立特殊贡献奖。王延才理事长在闭幕式尾声提出了对比赛的后续期望。

“诺玛科杯”第二届全国葡萄酒品酒职业技能竞赛决赛获奖者。

2013年8月20日，“中国白酒3C计划”在北京正式启动。

中国白酒3C计划启动会议现场。

2013年12月22日，纪念中国低度白酒40年活动在河南商丘举行，中国酒业协会理事长王延才、河南张弓老酒酒业有限公司董事长邓天志为郭宗武铜像揭幕。

中国酒业协会理事长王延才视察陕西西凤酒厂。

第三届中国酒业高峰论坛各位来宾们。

2012年3月11日，第三届中国酒业高峰论坛在北京召开，中国酒业协会副理事长兼秘书长王琦发表讲话。

《中国酒业》杂志总编辑李言冰在第三届中国酒业高峰论坛中讲话。

2013年5月31日，“贵州茅台酒厂（集团）白金酒有限责任公司”成立剪彩仪式。

2012年6月，首届中国芝麻香型白酒技术创新“国井”论坛暨山东扳倒井股份有限公司2012年度科技工作会议在济南举行。

2012年5月，第七届中国中部投资贸易博览会现场，时任湘西州州长叶红专推荐红坛酒鬼酒。

2012年8月11日，国资委巡视组组长曹光佑一行到酒鬼酒运营中心检查指导工作。

2012年秋季糖酒会现场，十届全国政协常委、原国家内贸部部长陈邦柱视察酒鬼酒展厅。

2012年6月26～29日，张裕公司举行创立120周年庆典，第3亿瓶张裕解百纳诞生，获中国酒业协会收藏（图为6月27日张裕公司总经理周洪江与中国酒业协会副理事长兼秘书长王琦出席收藏仪式）。

2012年8月4日，白金酒有限责任公司董事长蔡芳新和《中国酒业》杂志总编辑李言冰共同出席“健康饮酒 科学养生”公益活动。

第五届全国清香类型白酒高峰论坛于2013年9月10～11日在北京召开，本届论坛由北京顺鑫农业股份有限公司牛栏山酒厂承办。

第五届全国清香型白酒高峰论坛以“大力弘扬清香文化，稳中求进共同发展”为主题，旨在促进全国清香类型白酒企业间的交流与发展，推动清香类型白酒产业优化与升级，拓展品牌文化。

2012年8月19日，茅台集团2012年重磅力作——白金酱酒上市发布会在北京国际饭店会议中心举行。中国酒业协会副理事长兼秘书长王琦、贵州茅台酒厂（集团）白金酒有限责任公司董事总经理蔡芳新及业界权威专家到会祝贺并品鉴。

2012年8月19日，茅台集团2012年重磅力作——白金酱酒上市发布会在北京国际饭店会议中心举行。《中国酒业》杂志总编辑李言冰、茅台白金酒CEO陈宁、白金酱酒代言人葛优等出席此次发布会。

2012年9月19～22日，第十届中国国际啤酒、饮料制造技术及设备展览会在东北盛大开幕，中国轻工业联合会会长步正发、中国酒业协会理事长王延才等有关部门领导出席开幕式。

2012年9月20日，陕西红西凤酒销售有限公司“红烛计划 红驻校园”爱心捐赠活动正式启动。

2012年10月26日，牛栏山携手中科院大曲遨游太空归来研发项目签约仪式现场。

2012年10月30日，中国酒业协会理事长王延才、牛栏山酒厂厂长李怀民、酒厂形象代言人王刚等人共同探讨了二锅头在中国白酒中的影响及未来的发展趋势。

2013年1月19日，塑化剂对酒类质量影响研讨会现场。

2013年3月13日，泸州老窖2013国窖1573封藏大典在中国酒城泸州启幕。9位定制酒大师现场品鉴取自坛中的原酒。

全国政协副主席刘晓峰，四川省委副书记、省长魏宏等领导视察泸州老窖，谢明等公司领导介绍定制酒产品。

2014中国国际酒业博览会开幕式上的文艺表演。

封藏嘉宾封酒。

2013年4月18～20日，由中国酒业协会主办的2013中国国际酒业技术·装备博览会(CIADE2013)在北京中国国际展览中心举办，中国酒业协会理事长王延才等有关部门领导出席开幕式。

2013年4月9～10日，由国际酒精政策中心（ICAP）举办的以“全球行动：对减少有害饮酒的承诺”为主题的亚洲研讨会在泰国曼谷举行，应ICAP的邀请，中国酒业协会派员参加。会议由ICAP主办，来自中国、日本、韩国、澳大利亚、新加坡等国的38名代表参加。

2013年5月，“中国酒业探索行“大型采访活动正式启动。

2013年10月17日，韩国堤川市副市长李珍珪（左三）一行莅临四特酒有限责任公司参观。当日，李珍珪副市长首先来到四特公司樟树厂区含弘楼文化大厅，详细了解了四特酒的企业文化和品牌历史，在品尝了珍藏十余年的四特酒后，李珍珪副市长大力称赞其口感“很纯”，味道很好。

2013年1月10日，中央电视台纪录频道大型美食类纪录片《舌尖上的中国2》启动仪式在京隆重举行，此举标志着四特酒公司将正式成为《舌2》全媒体合作伙伴，全程支持、配合该片的拍摄及推广工作。图为四特酒公司董事长廖昶（左一）与央视广告部主任何海明（中）在会上做互动交流。

四特酒有限责任公司参加2013年成都春季糖酒会。

行业篇

包括中国酒业协会工作情况及行业综述，中国酒业协会白酒分会、啤酒分会、葡萄酒分会、果露酒分会、黄酒分会、酒精分会、技术专业委员会等各酒种分会工作情况及行业综述。

秦本平

Qin Ben Ping

YEARBOOK FIGURE

秦本平，汉族，生于1963年，陕西周至县人，大学本科学历，工民建专业。1985年参加工作，先后任中铁宝桥基建科技术员、助理工程师、副科长、科长、工程师、宝鸡市绿园房地产开发公司总经理，中铁宝桥天元实业发展有限公司副总经理，2006年任中铁宝桥天元实业发展有限公司总经理、副董事长、党委副书记，高级经济师。2013年4月起担任陕西西凤酒厂集团有限公司董事长，陕西西凤酒集团股份有限公司董事长、党委书记。

中国酒业20年

我国是世界上最大的饮料酒生产和消费国。作为传统产业，酒的酿造历史悠久，产业规模庞大，现已成为我国食品工业的重要组成部分：在过去的20年里，我国酿酒产业在重点发展葡萄酒、果酒，积极发展黄酒，稳步发展啤酒，控制白酒总量，加快酿酒葡萄种植基地及啤酒用大麦基地建设的产业政策指导下，以市场需求为导向，以节粮和满足消费为目标，认真贯彻“控制总量、提高质量、治理污染、增加效益”的总体方针，在产业规模、技术改造、节能减排、产品质量、食品安全、人才建设、社会责任、经济效益等诸多方面，都取得了长足进步，为国家财政、税收做出了重要贡献，是国民经济增长最快、最具活力的产业之一。

总体上来讲，白酒行业发展形势较好，健康饮酒、理性饮酒的消费理念逐渐深入人心，消费者的品牌意识进一步增强，高端白酒品牌传播国际化趋势明显，中端白酒消费量大幅度提升，低端白酒品牌化步伐逐渐加快；个性化、功能性产品需求加大，低度、优质白酒成为当前的主要消费方向。

啤酒行业：继续保持世界产量第一大国的地位，城市的啤酒消费趋于平衡，农村市场快速崛起；较发达的地区增速变缓，欠发达的地区增长提速，啤酒的单位产品效益逐年提升，单位产品效益偏低的情况正在得到改善。

葡萄酒行业：经过近些年的市场培育和文化推广，葡萄酒越来越受到消费者的青睐，国内葡萄酒的消费总量逐步提升。不过，由于消费习惯等客观原因，目前我国葡萄酒的年人均消费水平仅为世界平均水平的6%，还有很大的上升空间。

果露酒行业：果露酒的消费量继续保持着平稳发展速度，少数全国性品牌的强势地位逐步加强，大部分产品继续保持地域性格局。

黄酒行业：黄酒的养生保健功能逐渐被国内消费者所认识，其档次、价格和消费趋势均有明显提升。另外，随着同际贸易规模的不断扩大，黄酒出口量继续增长，消费空间和行业利润在逐步提升。

酒精行业：随着国民经济的快速发展，酒精工业继续保持增长态势，行业利润达到近几年来的最好水平。燃料乙醇受国家政策导向，产量平稳发展。

酒业市场：伴随着国内酿酒企业集团化步伐加快、品牌集中度强化和消费观念转变的影响，我国葡萄酒和白酒市场呈现更加繁荣的景象。白酒市场稳中有增；啤酒市场主要消费群体继续向大啤酒集团和品牌集中；黄酒市场逐步走出江、浙、沪地区，向外围扩延；果露酒市场发展势头良好。

酿酒原料：近几年，由于酿酒行业的人力、原料及运输成本压力逐步增大，食品安全门槛大幅提高，酿酒生产企业纷纷打造自有的原料生产基地。目前，大型白酒企业已经基本拥有了自己可控的原料生产基地，国内啤酒原料种植区域逐步成形；葡萄酒企业纷纷在酿酒葡萄优质产区建立了原料基地，黄酒行业优质原料基地已经超过50万亩，果露酒行业建设原料基地的意识进一步得到强化。

20年来，随着社会经济平稳快速发展，我国酒业也取得了令人骄傲的成就。这主要表现在以下几个方面。

一、产业规模不断扩大，产品结构逐步改善

1991年，我国饮料酒总产量仅为1538.92万千升，工业总产值388.5亿元，税收利润108.8亿元。白酒、啤酒、葡萄酒名优产品供不应求，生产能力满足不了市场需求，大部分酿酒企业的年利润只有几十万元，60%以上企业处于亏损状态，行业发展举步维艰。

随着我国社会主义市场经济体制不断完善，在相关政府部门的关心、支持下，在全行业的共同努力下，20年来，我国酿酒行业发生了翻天覆地的变化，获得了空前的繁荣和进步：2011年，我国饮料酒总产量达到7103万千升，工业总产值6699亿元，上缴税金711亿元，利润807亿元，全行业主营业务收入过百亿元的企业超过10家。其中，白酒行业低度酒已占总产量的80%，健康饮酒、理性饮酒的消费理念逐渐深入人心，高端白酒品牌逐步进入国际化市场竞争；从2002年至今，啤酒产量已连续10年居于世界第一位，行业已形成集团化、规模化的发展模式；葡萄酒、果露酒越来越受到消费者的青睐，国内葡萄酒产量、消费总量逐年提升。综合来看，我国已成为世界最大的饮料酒生产和消费国。

据不完全统计，2011年我国酿酒行业企业共有2万多家，其中，销售收入达2000万元以上规模的企业近3000

家，从业人数达350万人。2011年，全行业（含饮料酒及发酵酒精）酿酒总产量7100万千升，资产总额5927亿元，完成工业总产值近7000亿元，分别是1991年的4.24倍、11.67倍和15.9倍。

除了产业规模、产值不断扩大外，在过去的20年间，我国酒业的种类更加丰富多样，产品结构得到了极大的改善。白酒方面，低度白酒进一步发展，并有了越来越大的市场空间；啤酒产量稳步上升，风味向低浓度、低色泽、不同口味和多品种方向发展；葡萄酒方面，白葡萄酒比例逐年增加，甜型、半甜型和起泡葡萄酒所占比例有所降低，同时特种葡萄酒产品在市场上开始出现；黄酒方面，通过科研开发、设备改造，提高了机械化水平，传统技艺与现代科技结合，使产品种类不断丰富，质量更趋稳定；果酒和露酒行业则充分利用各地资源优势，发展势头良好。

不仅每个酒种的产品结构趋于多样化，白酒、啤酒、葡萄酒等各种酒之间，生产和消费结构也更加合理化。从图1可以看出，20年来白酒所占比重在逐步下降，啤酒、葡萄酒所占的比重则不断上升，符合“重点发展葡萄酒、果酒，积极发展黄酒，稳步发展啤酒，控制白酒总量”的产业发展思路。总体来讲，目前酒业市场已呈现出多样化格局，相信在国家产业政策引导下，我国酒业在这方面将会进一步得到完善。

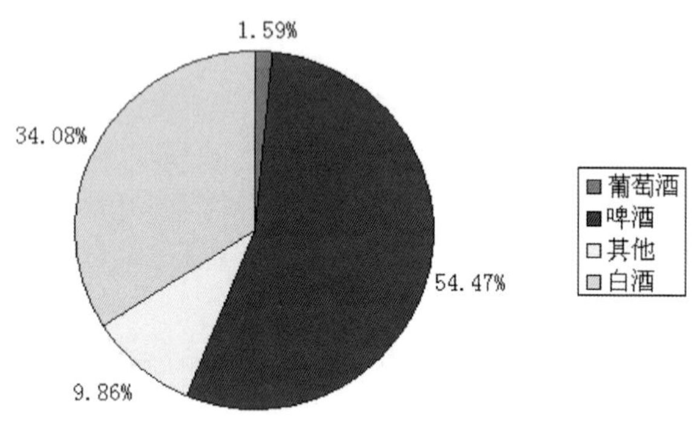

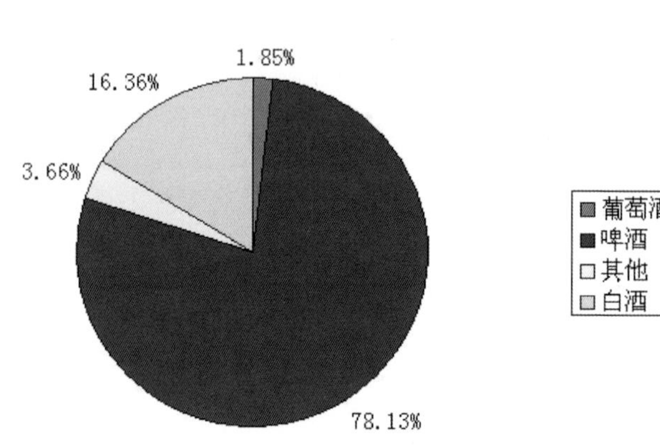

图1 1991—2011年饮料酒产量比重分布变化情况对比

说明：“其他”指黄酒、果露酒等。数据来源：国家统计局

二、产业布局日趋合理，产业集中度大幅提高

20年来，我国酒业在产业结构调整、体制改革方面取得了丰硕成果。经过不断改革、改制，酒企业结构日趋现代化，过去以国营企业为主的单一所有制形式发生了根本性转变，形成了国有、民营、外商独资、中外合资、股份制等多种所有制形式并存的经济格局。同时，经过市场的自然选择，一批竞争力较强的企业渐渐脱颖而出。再加上国家有关部门的必要引导，使得酒产业日趋合理，产业集中度得以不断提高。

特别是近年来，经过并购、重组、强强联合，企业集团化、规模化格局正在形成。目前，白酒行业已形成了以茅台集团、五粮液集团、剑南春集团、泸州老窖集团、杏花村汾酒集团、洋河酒厂等一批新老明星企业为第一梯队的经营格局。这些名气大、规模也大的酒企销售收入大约占到了全行业的四分之一，行业集中度非常明显。

啤酒行业则形成了中外对峙的竞争格局：国产啤酒主要有青岛啤酒集团、华润啤酒集团、燕京啤酒集团、广东珠江啤酒集团、重庆啤酒集团等啤酒公司。其中，华润雪花啤酒、青岛啤酒、燕京集团的产量，占全国啤酒年总产量近一半。

葡萄酒行业，在国内葡萄酒业呈现井喷式发展的过程中，长城、张裕、王朝迅速扩张，逐步形成了三足鼎立的格局。

黄酒行业，古越龙山、会稽山、塔牌、女儿红、即墨黄酒等几家企业，规模和市场占有率在业内遥遥领先。

上述各个酒种的大型企业集团的崛起，在行业内产生了示范效应，为行业发展起到了战略性引导和示范作用。

另外，酿酒工业园区和产业基地也成为产业集中的载体，如四川打造的“中国白酒金三角”“邛崃名酒工业园”“泸州名酒工业园”，新疆、宁夏、甘肃等地大力建设的优质酿酒葡萄基地和葡萄酒生产基地，为产业集约化发展提供了更好的平台。

不过，作为传统产业，酿酒行业在整体规模化水平、技术进步等方面与高新技术企业相比，还存在着很大差距，规模以上企业的数量占行业总量的比重不大。因此，酒产业布局和规模化生产都还有进一步优化、发展的空间。作为酒企业，应更加重视资本运作、条块重组的作用，充分抓住市场机遇，不断推动产业发展。近几年来，白酒行业并购速度继续加快，各种资本纷纷涌入白酒行业，整合、并购事件层出不穷。如联想集团收购湖南武陵酒、河北乾隆醉酒业；海航控股贵州怀酒；上海瑞业、鼎晖投资内蒙古河套酒业；维维股份注资贵州醇等，另外，还有华泽集团、首都酒业、中粮集团等业内资本的运作和整合。这一方面表明了我国白酒行业发展前景喜人，另外一方面也标志着白酒企业集团化、规模化发展步伐加快，进入了资本运作的高峰期。

啤酒行业的集团化、规模化、现代化和信息化也正在走向成熟，啤酒企业的产量和销量持续增加，经济效益呈现规模化效应。同时，市场竞争也日益加剧，品牌和资本的重要性越发明显。目前，外资对我国啤酒行业的影响已经向纵深发展，并表现出了积极作用，加快了我国啤酒业与国际接轨的步伐。

资本介入酿酒行业，带来的不仅仅是资金，随之而来的还有新的观念、新的竞争模式，促进企业体制和运营机制的改变，对酒企业的现代化进程将起到推动作用。

当然，在大量资本涌入的同时，酒企业要根据自身特点，把握好发展节奏方向，使资本充分发挥正面作用。

三、品牌建设成果显著，市场竞争力不断增强

1992年，邓小平南巡讲话和党的十四大召开，使中国的改革开放和现代化建设进入了新的阶段。党的十四大正式确定把建立社会主义市场经济体制作为经济体制改革的目标，从根本上解除了把市场经济等同于资本主义的思想束缚，明确提出我国经济体制改革的目标是建立社会主义市场经济体制，按市场机制来配置资源，这个机制以竞争和选择为基本特征。从此，我国的经济进入了市场经济，企业间实现了真正意义上的市场竞争。

经过多年的发展，我国酒业已经完全摆脱了技术落后、商品匮乏的局面，过去由白酒一统天下的局面，被白酒、啤酒、葡萄酒、黄酒、果露酒共同发展、百花齐放的格局所取代。同时，各个酒种的产量也得到快速提升，尤其在企业经营自主权放开后，企业开始走向市场，市场推广力度逐渐加强。随着市场推广品牌的增多，竞争逐渐加剧，出现了优胜劣汰的局面，酒企业逐渐意识到“酒香也怕巷子深”的道理，开始进行大规模的广告宣传。借助广告效应，国内诞生了一批品牌白酒。茅台、五粮液、汾酒等企业，在质量上狠下功夫的同时，纷纷树起品牌大旗，成为中国白酒行业中“名牌战略”的先行者。

随着国际营销知识的传入，国内的品牌酒企业意识到，仅仅打造品牌是远远不够的。为此，它们在打造品牌的同时，深入挖掘品牌历史渊源和文化内涵，将文化注入品牌，进入了文化品牌阶段，将品牌与企业文化、产品质量有效结合，不仅大大提升了市场知名度和美誉度，而且进一步增强了市场竞争力。

在酒类价格管制放开后，一些著名品牌根据市场需求，纷纷将价格调节至与自身品质、品牌档次相符合的高度，如茅台、五粮液等主品牌价格不断上调，拉大了与一般品牌的距离，使白酒市场呈现出高、中、低三个不同的价格层次；由价格差异带动品牌布局变动，使白酒行业逐步形成了高、中、低不同档次品牌并存的格局。

四、经济效益稳步增长，社会效益贡献突出

20年来，酿酒行业在政府有关部门的引导下，在行业组织和优秀企业的带动下，通过全行业的共同努力，使整个产业保持了良好的发展态势。特别是近几年来，行业整体经济运行质量得到稳步提升，产业链优势逐步形成，经济发展成绩突出，在创造价值、增加税收、吸纳就业等方面做出了重大贡献。

根据国家统计局公布的数据，截至2011年末，酿酒行业规模以上企业2254家，全行业完成主营业务收入6631亿元，利税总额1518亿元，其中利润总额807亿元，分别占当年全部工业企业销售收入、利税总额、利润总额比重的0.79%、1.66%和1.48%，这一比重比2010年分别提高了0.03、0.12和0.17个百分点。其中，几家上市公司的数据显示，2011年，五粮液集团销售收入487亿元（其中宜宾五粮液股份有限公司2011年实现营业总收入202.26亿元），泸州老窖销售收入285亿元，青岛啤酒销售收入231亿元，华润雪花销售收入221亿元，贵州茅台销售收入203亿元，燕京啤酒销售收入172亿元，江苏洋河销售收入129亿元，烟台张裕销售收入124亿元，再一次体现出了全行业经济效

益不断稳步增长的发展态势。

除了看得见的经济效益，酿酒行业所带来的社会效益也非常突出。20年来，酿酒业逐步形成了专业化分工协作、主副产业相辅相成的产业链，直接带动和促进了农业等相关行业的发展，取得了显著的社会效益。

以白酒为例。随着人们物质生活水平的提高，高粱、玉米等杂粮已不再作为主要粮食用品，而它们正是白酒的主要酿造原料。这些产品通过酿酒过程的深加工，大大提高了附加值，促进了农业粮种结构的调整，发展了经济，增加了农民收入。同时，由于白酒的副产品酒糟是高品质的理想饲料，因此也大大促进了畜牧业的发展：比如内蒙古宁城老窖集团，

该公司以“创一个名牌、带一片产业、兴一地经济、福一方百姓”的发展思路，就近建立优质红高粱基地8个，年消化全县红高粱的六分之一，收购价高于市场价，每年向农民让利100万元；年产酒糟3.2万吨，为农牧养殖户创收2950万元；投资50万元，在8年贫困乡兴建了300亩山杏林基地，每年为山区农民增收2100万元。10年来，该公司安排就业6000人，使2000多个家庭直接脱贫。

另外，酿酒业还带动了日用玻璃、包装印刷、轻工机械等相关行业的共同发展，增加了大量劳动就业的机会，促进了社会稳定和繁荣。

表1 2011年酿酒行业各自行业产量增长情况

行业	产量（万千升）	同比增加（万千升）	同比增长（%）
饮料酒	6269.73	755.10	13.69
白酒	1025.55	240.92	30.70
啤酒	4898.82	472.24	10.67
葡萄酒	115.69	13.33	13.02
发酵酒精	833.73	85.64	11.45

（数据来源：国家统计局）

五、技术水平显著提高，科技创新能力增强

20年来，我国酿酒行业的技术创新也取得了巨大进步。酿酒技术、相关配套设备、人才培养、信息化等方面，都实现了跨越式发展。

尤其是近几年来，酿酒行业在设备、产品创新方面，表现出了新的生机和活力。在酿酒技术方面，传统作坊式生产基本被淘汰，代之以自动化、工业化生产，使工艺水平、生产效率大大提高；一批酒行业技术创新成果得到国家认定，升级了酿酒技术和酿酒配方，降低了有害物质的含量，质量控制越来越严格，整个行业标准不断提高，朝着低耗能、低污染、高效率、高质量的可持续方向发展。在这个过程中，为数众多的企业充分发挥积极能动性，涌现出一大批具有自主知识产权的科技成果，并获得了权威部门和机构的认定与保护。

这其中，“烟台酿酒操作法”“四川糯高粱小曲酒操作法”及“代用原料”的应用，对提高出酒率、节约粮食效果显著；糖化发酵剂的商品化生产及固态发酵白酒生产机械化，大大减轻了劳动强度；茅台、汾酒传统工艺的总结，对地方酒呈香、呈味成分及主体香型的研究，微生物的分离应用，以及酒曲和窖泥微生物的研究，对白酒产业的技术进步起到了极大的推动作用；微机勾调技术的研究更是催生和推动了新型白酒的发展。

在人才培养方面，专业院校和培训机构纷纷建立。1994年，亚洲第一所专门培养从事葡萄与葡萄酒生产、销售、教学、科研人才的学院——西北农林科技大学葡萄酒学院成立，为我国葡萄酒行业培养和储备人才做出了巨大贡献。

2009年，浙江工业职业技术学院和浙江古越龙山绍兴酒股份有限公司正式签订联合办学框架协议，筹建了全国第一所黄酒学院。

在人才资格认定方面，随着近几年酒行业的发展，中国酒业协会等一些权威机构纷纷开设了酿酒培训班，通过发放资格认定证书等一系列措施，进一步规范了资格认定和人才培养，畅通了人才培养和管理渠道。

进入新时期，白酒国家评委、葡萄酒国家评委等资格认证开始实施，并建立了国家评委库。

此外，我国通过各种方式保护和支持科学实验研究，

认证了一批企业实验室。自1996年起，先后有青岛啤酒、贵州茅台、燕京啤酒、珠江啤酒、烟台张裕、河南天冠企业集团、王朝葡萄酒、安徽丰原生化、汾酒集团、长城葡萄酒、剑南春集团、宜宾五粮液集团和宁夏红枸杞集团等13家企业的技术中心荣获国家级企业技术中心称号，涵盖白酒企业、啤酒企业、葡萄酒企业、果露酒企业和发酵酒精企业。这些国家级企业技术中心的建立，为推动行业技术创新体系建设、提升企业核心竞争力提供了保障。

近几年，随着消费者对酒类产品要求的逐步提高，我国酿酒产业升级步伐也在逐渐加快。当前，大多数酒企业已自觉将发展模式从粗放型向质量效益型转变，在充分发挥品牌、技术、品质、人才等方面优势的基础上，更加注重产品质量和品种，以满足不同消费者消费需求；部分骨干企业更是依靠强大的经济实力和科研实力，深入开展科学技术研究，通过产品创新，增强了企业的市场竞争力，整体来看，全行业正朝着技术进步、科技创新的开拓型酿酒产业方向发展。

六、装备不断升级换代，节能减排收效明显

在我国酿酒业起步的初级阶段，由于粗放的生产方式、落后的设备和生产技术，以及环保意识的缺失，使不少酒企业因节能工作粗放、措施不力，导致总体能耗偏高；随着酿酒总产量不断增加，酿酒工业污染物总排放量呈现上升趋势。受各种因素的影响，我国多数中小酿酒企业仍处在高投入、高消耗、高排放、低效率的粗放型发展模式中，使酿酒行业的经济效益与环境效益不相协调。

行业发展到现在，行业内普遍认识到，以资源环境为代价换利润的年代已经过去。节能减排工作已成为每个酒企业生存和发展的先决条件之一，甚至是关系到酿酒行业未来发展的大事。不仅如此，节能减排还直接影响到酒品的质量和安全。因此，在这个问题上，行业和企业需要更多的责任心并采取切切实实的措施。

自20世纪90年代以来，酿酒行业在政府有关部门和行业组织的指导、带领下，各企业都将设备更新换代作为企业发展壮大的必备条件，逐步淘汰低效生产设备，如旧式的板框过滤机、不能让水资源循环利用的冷却器设备等，引进可循环利用水资源的先进冷却器设备，既大幅度减少了酿酒过程中的耗水量，又保障了酒甑设备的安全。

在科研实力不断增强的前提下，酒企业积极应用新技术、新工艺，降低粮食消耗水平，为节粮环保做出了贡献。如白酒行业积极推广固液法、液态法发酵技术，以减少粮食消耗；啤酒行业在保证产品品质和口味不受影响的前提下，利用先进技术和管理手段，逐步降低能源消耗和粮食消耗。同时，为了提高副产物利用率，酿酒用酒糟被广泛用作养殖业饲料和制作生物原料等。

随着用工成本不断提升、对产品质量稳定性的追求，以及产业集中度提升后对企业综合竞争力的要求，未来大规模采用自动化、机械化的生产设备，将成为酒行业发展的必由之路。可喜的是，目前，行业技术装备水平显著提高，大型酿酒企业的技术装备已达到国际先进水平，为行业树立起了带头示范作用。

除了引进、研发高效能设备，提高生产效率、降低能耗污染，酒企业和相关科研单位还积极开发、应用节能新技术。随着以“促进行业科技进步、技术改造，引导行业转变发展方式”为目标的中国酿酒产业“十二五”规划执行，我国酒类生产企业自动化控制、机械化生产的整体水平得以全面提升，产业总体发展将呈现出迅速蜕变的特征，同时与相关产业融合度进一步提高，上下游产业结合更为紧密；创新技术在酿酒领域应用将越来越广泛；产业发展模式将彻底升级，更符合低碳、绿色的发展模式已初具雏形。

七、知识产权保护加强，信息化建设成效卓著

中国酿酒技艺有着3000多年的传承历史，作为承载中华民族悠久历史与传统文化的载体之一，酿酒业形成了特有的产品工艺体系和知识产权体系，并成为中国酒文化的核心组成部分。它们不仅成为各名优酒生产厂家的最高机密，也成为整个酒业的宝贵财富。因此，面对竞争日益激烈的市场，尤其是在中国酒国际化的进程中，对以传统工艺、品牌文化为核心的知识产权的保护，显得尤为重要，这也是全体酒业人士义不容辞的责任。

20年来，酒行业对知识产权的重视程度，伴随着市场经济日益发展而不断加强。市场经济是竞争经济，也是法制经济，只有保护好知识产权，才能保证企业的市场竞争优势。经过市场经济的洗礼，酒行业普遍提高知识产权保护意识，把知识产权的创造、管理和运用作为自己占领市场、提高企业竞争力的重要法宝。这种认识，已在行业内形成了共识。

20年来，针对知识产权的保护，政府部门、酒业协会、酿酒企业，从不同角度和方向，进行了卓有成效的工作，不仅建立起专门的管理机构和保护机制，还制订了专门的管理办法，使企业的知识产权管理、保护和利用做到有章可循、有法可依。通过对发明专利、外观设计、商标和驰名商标、版权、商业秘密、企业名称专用权、文化遗

产、域名权的保护，以及制定原产地保护制度、打击假冒侵权等手段，对知识产权进行有效的保护，使酒业的知识产权工作逐步进入良性发展轨道，为产业的持续发展提供了有力保证。同时，一大批知识产权管理人才逐渐涌现，保证了知识产权保护具体操作的专业性，信息化是推动我国酿酒行业走向现代化发展的必由之路，也是企业保持竞争地位、获取竞争优势的重要途径。加快信息化建设，是推动我国酿酒行业走上新型工业化发展之路的必然选择。

20年来，我国酿酒行业的信息化建设从无到有，取得了卓著成效。一大批规模酒企业紧跟发展形势，加速实施信息化步伐，研发出了适合行业特点的信息共享平台和信息管理平台，积极建设企业网络运营、管理、销售体系，引入现代管理体系，建设网络销售队伍，不仅提高了自身水平，也促进了行业整体的信息化进程。如青岛啤酒股份有限公司，自2000年开始建立集团级的信息化系统，为企业的发展及管理的精细化奠定了基础，间接创造了巨大的经济效益；黄酒龙头企业金枫酒业，在信息化建设方面投入近千万元，初步建立了一系列企业信息化ERP软件和系统，推进了企业的管理和运营效率。虽然，目前行业整体信息化发展还不平衡，行业整体信息化运用程度普遍不高，应用深度不够，尚未实现系统资源整合。但随着软件行业和管理科学的长足发展，ERP软件、人力资源管理系统、培训拓展训练等新的企业运营管理系统不断升级，为酿酒行业全面信息化提供了前提条件。尤其是在中国酒业协会牵头为酒企业和软件服务公司搭建交流平台的基础上，未来行业的信息化将大踏步前进。

八、国际交流日趋活跃，对外出口持续增长

长期以来，由于受到政策的限制，中国酒类的出口发展较为缓慢，直到1990年出口权完全下放到各个企业手上，过去由外贸部门进出口公司一统的格局才渐渐被打破。随着市场经济日益活跃，国内酒企业对外交流日益增多。尤其是近年来，白酒中的五粮液、茅台，葡萄酒中的长城、张裕，啤酒中的青岛啤酒、燕京啤酒，黄酒中的塔牌等产品，陆续进入国际市场。随着五粮液、茅台、张裕、青岛等酒业巨头国际化战略逐渐清晰，中国酒的海外发展之路已拉开序幕。

海关总署的统计数据显示，20年来，伴随着国内酒类消费升级和市场不断增长，酒类产品进出口贸易也保持了较高的增长速度，出口总额稳步扩大。2011年，我国酒类产品进出口贸易总额为29.31亿美元，同比增长56.95%。其中，出口额4.86亿美元，同比增长51.31%；进口额24.45亿美元，同比增长58.12%。虽然进出口金额同比增长都在50%～60%，但进口金额却是出口金额的5倍。

与铺天盖地的进口洋酒相比，中国酒类的出口规模还远远不够。国外市场对中国酒类产品消费氛围不够，国内酒业国际化标准缺失，以及产品包装过度、外贸人才匮乏，成为中国酒出口之路上的巨大障碍。要加快中国酒类产品的国际化进程，必须打造国际品牌，提升中国酒的国际竞争力；必须坚定不移地推广白酒文化，把白酒文化打造为“文化白酒”；必须加强国际间酒业的合作，与国外酒企、酒商合作，在国外建立生产销售平台。只有这样，才能卓有成效地提高中国酒业在国际上的竞争力，在国际市场上走得更远。

九、食品安全意识增强，积极履行社会责任

随着食品安全领域质量问题不断出现，国家逐步加大了对食品行业的监管力度，大力推动食品标签、添加剂等相关标准的制定与执行。尤其是2008年的“三聚氰胺”事件，不仅引发了乳制品行业的“地震”，更是将食品安全信任危机扩大到整个食品工业及相关行业。此后，围绕食品安全的各项政策法规陆续出台，产品质量和食品安全专项整治力度空前，对包括酿酒在内的食品产业产生了深远影响。

其实，食品安全在酿酒行业属于老生常谈的问题。作为一种特殊食品，酒业从业人员一直紧绷着质量安全这根弦。20年来，在政府部门和行业组织的引领、指导下，酒类企业逐渐摆脱粗放式生产模式，逐步走上标准化、规模化生产模式，在提高产量、质量的同时，也最大程度上保证了安全性。虽然受制于客观因素和硬件设施等条件的限制，某些方面还存在缺陷，但总的来看，行业从业人员的食品安全意识在不断增强，并能够落实到位。

为了贯彻执行《轻工业调整和振兴规划》和《中华人民共和国食品安全法》，酿酒行业对产品质量检验系统进行加强和改造，按照产品质量安全检验项目的要求，配套高技术水平的快速检验仪器和设备，全面提升了酒类生产企业质量检验水平。围绕酿酒原料、辅料、半成品、成品等的理化、微生物、微量元素、矿物质、农药残留等项目，重点建设了企业中心实验室、生产过程在线控制系统等，通过原料检测、辅料检测、生产过程在线监控、成品检测，完成对整个生产流程的把关。

目前，酒类企业大多数都能高度认识到，提升食品安全水平不仅是一种强制要求，更是赢得市场口碑、推动企业快速发展的法宝。比如著名品牌五粮液，其之所以能够

一直确保产品的高品质，就是源于以“人、机、料、法、环、测”为核心的标准化体系：在原材料筛选上，五粮液形成了“前置控制”和“实时反馈控制”相结合的优秀绩效改进体系；在生产管理中，率先提出了“预防、把关、并重”“10个关键过程”和“72个专检点”的质量管理思想。在科学检测上，五粮液集团在白酒行业中率先建立了国际领先的产品质量安全检测体系。近10年来，五粮液集团投入巨资，购置了大量先进的分析检测仪器和设备，为质量安全奠定了坚实基础。不仅如此，五粮液还建立了质量一票否决制度，成为五粮液品质的有力保障。

保证酒产品的质量安全，是酿酒行业履行社会责任的重要内容，但远远不是全部内容。随着经济全球化的不断深入，文化交流频繁，价值观相互融合，使得企业传统的价值观和社会责任观也随之不断发展。关注公益、善待环境、珍惜资源等，已经成为各个酒企业的自觉选择。

2008年10月，在由中国酒业协会（当时名称为中国酿酒工业协会）与国际酒饮料政策研究中心联合主办的“2008世界酒业大会”上，中国酒业协会理事长王延才代表与会者宣读了《中国酒企业和社会责任宣言》。《宣言》说：企业应更多承担社会责任，特别是加强对劳动者、资源、环境等利益相关者的利益保护；努力履行企业社会责任是企业保证可持续发展和增强核心竞争力的有效途径；积极开展科学饮酒、理性消费的教育宣传，提倡科学饮酒，反对酒后驾车和未成年人饮酒等不良习惯，努力降低酒精危害；企业要承担质量安全第一责任人的法律责任，坚决遵守政策法规，不生产不安全食品，不经营不合格产品；加强自律、崇尚诚信经营；爱护环境、节约资源。

现在，这些内容已成为全行业的共识，并自觉自发地认真履行。对于酒业从业者来说，社会责任是付出，更是推动企业发展、提升个人品格的动力源泉。作为企业利益与社会利益的统一，社会责任与企业的经济、绩效成正向发展关系，通过依法生产、保证安全、努力净化市场、积极履行社会责任，能够营造更好的市场环境，推动中国酒业不断迈上更高的台阶。

十、行业标准不断完善，法律法规逐步健全

20世纪90年代初，酒类市场完全放开后，一度出现了较为混乱的局面，个别企业浑水摸鱼、造假售假，给酿酒行业造成了很大伤害。为了规范行业发展，20年来，政府和行业组织加大了酿酒技术标准和市场管理体系的建设，对行业起到了重要的引导和规范作用。特别是在2006年1月1日，国家商务部制定的《酒类流通管理办法》《酒类商品零售经营管理规范》《酒类商品批发经营管理规范》，开始实施；2009年《中华人民共和国食品安全法》实施，进一步规范了酒类市场的发展。

以葡萄酒为例，20世纪80年代前期，葡萄酒行业开始有了一定发展，生产经营中以企业自制标准为主要依据。由于无章可循，市场上的葡萄酒质量参差不齐。1984年，轻工业部颁布了第一个葡萄酒标准QB 921—1984《葡萄酒及其试验方法》，填补了我国葡萄酒标准的空白，规范了葡萄酒生产和市场。1994年，GB/T 15037—1994《葡萄酒》国家标准颁布，轻工业部颁布QB/T 1980—1994《半汁葡萄酒》和QB/T 1982—1994《山葡萄酒》行业标准。这三个标准的出台，满足了当时葡萄酒生产和消费情况的需要，推动了葡萄酒行业的全面发展。

根据国际葡萄酒发展趋势和我国葡萄酒发展现状，国产葡萄酒要参与到国际市场竞争，获得国际认可，就要遵守统一的市场规则。为了适应这一发展状况，2003年，我国取消了《半汁葡萄酒》行业标准；2006年，新出台了GB 15037—2006《葡萄酒》国家标准，对葡萄酒概念的内涵和外延、产品分类、检验原则、理化指标和卫生指标加以明确，其适用程度更趋近于国际葡萄与葡萄酒组织(OIV)标准。新标准中明确规定了生产者和消费者比较关注的产地、品种和年份葡萄酒的概念，对行业的整体发展起到了引导作用。黄酒作为我国的民族传统产品，具有历史悠久、甘香味美的特点，世界上尚无同类酒可比拟。随着时代发展，黄酒走出国门，进入日本、西欧及东南亚市场，深受各国人民喜爱。

为满足行业发展的需要，黄酒标准从部颁标准到国家标准历经多次修订，使得黄酒产品在继承传统生产工艺的基础上不断发展创新，名优产品增多，产品档次提高，并创造了一批民族特色和时尚文化相结合、符合市场需要的新品种，如清爽型黄酒、特种黄酒等。黄酒国家标准的颁布，适时地起到了保护民族传统产品的质量、特色和信誉，积极参与国际酒类的市场竞争，打击假冒伪劣产品，维护消费者利益的作用。

啤酒是国际通畅型酒种，其自动化水平、工业化程度都非常高，对产品的要求也非常严格。近些年来，我国啤酒工业得到了突飞猛进的发展，尤其在加入WTO后，市场更加开放，国外名牌啤酒有更多的机会打入国内市场，市场竞争更加激烈。我国在20世纪80年代、90年代，以及2001年和2008年，陆续颁布了一系列国家标准，它们所构成的标准体系，从产品和分析方法出发，对酿造啤酒的重要原辅料，如啤酒大麦、啤酒麦芽、啤酒酒花、啤酒用糖浆等都制定了相应的标准。啤酒标准体系的不断完善和及时

修订，推动了我国啤酒工业持续、健康地发展，满足了生产、市场和消费者的需求。

配套葡萄酒、啤酒、黄酒产品质量标准，我国还制定了《葡萄酒、果酒通用试验方法》《啤酒分析方法》、《饮料酒分类》《预包装饮料酒标签通则》《发酵酒及配制酒卫生标准》《葡萄酒企业良好车产规范》《啤酒企业良好操作规范》等标准。至此，我国初步形成了以产品质量标准，包括地理标志产品国家标准为主，配套基础标准、方法标准、管理标准、卫生标准、环保标准、产品标志认证标准等的酿酒技术标准体系，并与相关部门制定发布的《酒类市场流通管理办法》《中国葡萄酿酒技术法规》等部门规章共同用于酒类产品的生产、检验、销售和流通管理，对促进产业结构优化升级、规范酒类市场经济秩序、保护消费者利益、加快酿酒产业的国际化进程，起到了有力的推动作用。

自1992年成立以来，中国酒业协会已历经了20年的风雨。在这20年中，协会工作以扩大产业规模、繁荣市场、提高效益、促进区域经济建设和带动相关产业发展为指导思想，坚定贯彻执行党和国家的方针政策，为推动行业进步、促进行业发展、维护会员企业的利益，做了大量卓有成效的工作。

回顾协会走过的历程，我们深切感受到，服务和自律是协会工作的主旋律，只有实实在在地为企业服务，才能取得政府和企业的支持与信任，协会才能大有作为；只有把自律寓于服务之中，自律才能落到实处，收到实效。未来一个阶段，是我国酿酒产业抓住机遇、调整产业结构、转变发展方式的重要时期。协会将继续严格遵守法律、法规和相关政策，依照《中国酒业协会章程》开展活动，充分发挥政府、企业、高校、科研机构之间的桥梁纽带作用，努力成为“政府靠得住、行业离不开、企业信得过、社会有影响”的行业组织。

在过去的20年里，协会与行业结伴而行一路走来，既有艰辛和挑战，也有荣誉与收获。在积累、总结20年建设经验的基础上，中国酒业协会已逐步探索出一条具有自身独特优势和品牌影响力的发展道路，在组织、制度建设和业务发展上取得了突出成绩，为今后工作迈上新的台阶打下了良好基础。

站在新的历史起点上，中国酒业协会将以科学发展观为指导方针，认真领会、贯彻党的十八大精神，以服务经济社会发展、服务企业和企业家为己任，努力开创工作的新局面，为推动中国酒业持续健康发展、铸造行业更辉煌的前景，做出新的更大贡献。

中国酒业协会20年

20世纪90年代，为了适应政府职能转变和企业机制转换，同时也为了加强行业管理和维护企业利益，经轻工业部批准、民政部登记注册，1992年6月22日，中国酿酒工业协会正式成立。2011年4月，经国家民政部批准，中国酿酒工业协会更名为中国酒业协会，并于7月8日举行了揭牌仪式。

从成立至今，中国酒业协会已走过了不平凡的20年。在这20年中，我国社会主义市场经济体制不断完善，酿酒行业获得了空前的繁荣和发展。中国酒业协会依靠党和政府的领导，依靠各有关部门的正确指导，以及广大会员单位的大力支持，建立了稳定、健全、高效的组织机构，为政府和企业搭建了沟通与交流的桥梁，在推动酒类管理的发展过程中扮演了重要角色，开创了一系列全新的、富有实效的、获得行业认同的业务领域，主要包括：协助并基本完成了白酒、食用酒精产品生产许可证发放审核工作，在全国酒类生产准入管理工作方面发挥了积极作用；健全了酒类产品标准化体系，参与、承办了全国大部分酒类标准的修订工作，推进行业生产、管理、资源利用水平全面提高；建立酒类产品质量认可认证体系，开展行评行检活动；完善了行业职业技能培训、鉴定体系，大力促进人才队伍建设。同时，积极反映企业呼声，应对热点问题，维护行业正当权益。

经过20年的不断发展，中国酒业协会逐步实现了从传统工业和行业协会向现代化产业协会的转型，为促进我国酒业规范、健康发展做出了突出的贡献。

一、体制机制不断完善，服务范围不断拓宽

中国酒业协会成立于1992年，当时是为了适应政府转变职能、企业转换机制，也是为了加强行业管理和维护企业利益的需要而成立的。

伴随着行业不断发展，酒业协会在全心全意为企业服务的过程中逐步走向成熟。近几年，协会不断拓展服务领域，一方面，协助国家商务部参与、完善酒类流通活动管理监督工作和市场准入技术管理工作，调研酒类市场环境，考察营销渠道变化；另一方面，在生产成本逐年增加、食品安全愈加重要的大前提下，协会着手开展了酿酒原料行业的考察调研与协调工作，使得协会服务的范围覆盖了酿酒产业上下游、原辅料、市场管理、销售渠道等方方面面，形成了一个完整的从田间到餐桌的新型产业链服务体系，逐步实现从传统的工业和产品协会到现代化产业协会的转型。

随着中国酒业协会不断拓展的业务范围和服务深度，从协会第四届理事会成立以来，广大会员企业对协会更名的呼声越来越高。为适应产业发展需要，更好地服务行业和企业，中国酿酒工业协会理事会决定将协会更名为“中国酒业协会”。名称的变更不仅是工作深度和广度的拓展，也是协会责任和担子的递增，反映出政府部门和会员单位对协会工作的高度认可。更名后，协会将在原有工作范畴的基础上，多方面进一步深化协会服务内容：继续推进国内酒类市场建设，继续完善行业自律、商业自律、广告自律，完善市场公平竞争环境；协助生产企业与营销领域的合作，培养进出口渠道；建立营销人员酒类知识培训体系，为酒类营销行业培养、树立人才典范；为生产企业与原料企业之间搭建沟通平台，增进行业间信息交流；推动、协助有能力的企业进行原料基地建设，等等。

在中国酒业协会揭牌当天，正式聘请了行业内不同领域具有影响的专家学者，作为协会的战略发展顾问、市场营销顾问、文化传播顾问和首席技术顾问：聘请中国轻工业联合会常务副会长钱桂敬先生，原国家质量监督检验检疫总局党组成员兼国家标准化管理委员会主任、中国标准化协会理事长纪正昆先生，共同担任中国酒业协会发展战略顾问；聘请原国务院国有资产监督管理委员会监事会主席、中国广告主协会执行会长段瑞春先生，安徽古井集团有限责任公司党委委员、安徽古井贡酒股份有限公司总经理梁金辉先生，共同担任中国酒业协会文化传播顾问；聘请上海市酒类专卖管理局局长卢荣华先生，广东省酒类专卖管理局副局长朱思旭先生，共同担任中国酒业协会市场营销顾问；聘请中国酿酒大师、第十一届全国人大代表、中国贵州茅台酒厂有限责任公司名誉董事长季克良先生，原北京双合盛五星啤酒有限公司副总经理、全国酿酒标准化技术委员会啤酒分委会主任杜绿君女士，共同担任中国酒业协会首席技术顾问。这些行业内的顶级专家学者，能够为酿酒产业集思广益、献策献计，有助于中国酒业协会全面提升行业发展服务水平。

过去20年，社会主义市场经济经历了翻天覆地的变化。伴随着消费市场空前繁荣，中国酿酒企业在中国酒业协会带领下，取得了辉煌的成绩。20年间，中国酒业创造了多个世界第一、世界之最；酿酒总产量增长了3．6倍，工业总产值增长16倍；酿酒行业大型企业不断涌现，全行业主营收入破百亿的企业超过了10家，越来越多的中国酿酒企业开始走向世界，参与国际市场竞争。

今年是国家“十二五”开始实施的第二年，同时也是实施《中国酿酒产业“十二五”发展规划》的第二年。在接下来的几年里，中国酒业协会将按照《规划》的总体安排，结合本届理事会制定的以“调结构、谋转变、上水平、增后劲、可持续”作为中国酒业协会和企业的共同目标，围绕“五体系、两制度、一责任、一转变”（即：酿酒产业安全体系、技术保障体系、人力资源体系、法律法规体系、新型服务体系，生产许可制度和酒类流通准入制度，倡导企业社会责任、转变发展方式）的工作模式，脚踏实地地开展各方面工作。

二、宣传贯彻产业政策，引导产业健康发展

宣传贯彻国家的各项有关政策，引导酒业健康发展，是中国酒业协会的基本任务之一。20年来，协会在这方面做了大量扎实有效的工作，能够在第一时间内将国家的相关政策、文件，传达给全行业，并予以督促落实。《中华人民共和国食品安全法》颁布以后，中国酒业协会在全行业范围内进行了宣传贯彻，推动企业切实执行有关食品安全的法律法规；卫生部颁布《添加剂标准》后，协会不厌其烦地为企业进行分析解读，积极推动建立行业食品安全监管体系，避免非法添加剂和加工助剂的使用。同时，积极争取政策扶持，完善现有的食品安全检测体系；国务院办公厅《关于印发2011年食品安全重点工作的通知》（国办发[2011]12号）文件及国务院食安办发出的《关于进一步加强酒类质量安全工作的通知》（食安办[2011]23号）文件，对加强酒类产品质量安全监管进行了全面部署，从“严格落实各环节监管制度，强化全过程监管加强检验检测和监测评估，健全追溯体系加大侦办惩处力度，严厉打击制假售假行为，严格落实各方责任，强化保障政策措

施”等几个方面对酒行业食品安全工作提出了更严格的要求。协会根据行业情况，发出了《关于贯彻落实国务院食安办“进一步加强酒类质量安全工作”文件精神加强行业自律的通知》（中酒协[2011]32号），通过多种渠道，第一时间将文件送达到了各会员单位的手中。

《中国酿酒产业“十二五”发展规划》发布后，协会引导行业根据《规划》的指导思想，积极贯彻实施《规划》提出的各项要求，切实解决《规划》提出的产业发展必须处理好的几个问题，致力于提高酿酒产业的科学发展水平，使行业在“保增长、扩内需、调结构”发展主线上取得了卓著的成效，“促进行业长期平稳较快发展和与社会关系和谐稳定的总体要求，实现创新型产业发展的总体目标”得到了进一步践行。

三、加强沟通交流协作，不断提高服务水平

为了更好地发挥协会的桥梁和纽带作用，加强政府部门与企业之间、各省市酒协之间、各酒企之间的沟通交流与合作，探索协会工作的新方法、新理念，中国酒业协会根据行业发展形势，在加强沟通交流与协作方面做了不遗余力的工作，使服务水平得以不断提高。这主要表现在以下几个方面。

1．建立酒行业全国两会代表交流机制，促进行业发展

为充分了解国家有关政策动向，及时向全国人大代表、政协委员反映行业实际情况，从2011年开始，协会在“两会”期间组织了“酒行业全国人大代表、政协委员座谈会”，邀请全国人大代表、政协委员为行业发展出谋献策，从不同行业、不同地域向协会反映行业情况；同时，协会也将近些年通过调研收集到的反映比较普遍、突出的情况向代表、委员做介绍。这一机制的建立，能够将行业情况及意见直接反映到人大、政协层面，从而引起重视，大大有利于行业发展。

2．针对行业热点，与企业高层共同把握行业脉搏

2011年3月，协会组织青岛啤酒、燕京啤酒、雪花啤酒、百威英博四大啤酒集团主要负责人参加了国家发改委价格司召开的“酒类商品价格座谈会”，起草了《酒类企业规范价格行为倡议书》并在相关媒体发布，多家媒体对《倡议书》进行了转载和刊登。同年3月6日，协会组织黄酒行业中龙头企业高层负责人召开了座谈会，古越龙山、上海金枫、会稽山、张家港、塔牌、即墨等企业高层负责人发表了自己对行业发展的建议和意见。大家一致认为，企业在发展竞争中要站在行业发展的高度上，因地制宜地发展个性化品牌和市场。

2012年3月15号，协会邀请了政府有关部门、地方葡萄酒行业主管部门、葡萄酒行业知名企业高层管理人员共20余人，召开了“葡萄酒产业高层座谈会”。会议针对葡萄酒行业最近两年内遇到的新问题和困难，以及来自产业内部和外部的机遇、挑战，就如何面对新的形势、促使产业更好地发展等问题，进行了研究、探讨。协会听取了各个企业关于规范进口葡萄酒市场管理、葡萄酒产区和葡萄基地建设，以及进口葡萄酒对我国葡萄酒市场的影响与应对措施等方面的建议。协会将在会议上收集到的意见和建议进行了汇总，与政府有关部门进行了沟通和协调。

2012年3月28日，协会邀请中国白酒标准化技术委员会主任委员季克良，贵州茅台酒集团有限公司董事长袁仁国，宜宾五粮液集团有限公司董事长唐桥，江苏洋河、双沟集团有限公司董事长杨廷栋，泸州老窖股份有限公司总裁张良，山西杏花村汾酒集团董事长李秋喜，四川沱牌舍得酒业股份有限公司董事长李家顺等国内知名白酒企业的“一把手”，召开了主题为“互信合作 共担责任 和谐发展”的中国白酒领袖峰会。

在峰会上，协会倡导白酒领袖企业要积极承担社会赋予的责任和义务，在行业活动和企业行为中，带头树立行业形象，着力宣传白酒工业的社会属性，宣传白酒行业为国民经济所做出的贡献；要回归白酒产品的社会属性，弘扬白酒深厚的文化底蕴；要还原白酒为普通饮品的本质，明确白酒为特殊嗜好品而非生活必须品的定性；要加强自律谨言慎行，杜绝夸大宣传和过度炒作；要大力开展理性饮酒、行业自律及社会责任活动，以客观、理性、负责的态度面对公众，努力营造白酒行业的社会美誉度。

3．加强行业数据管理与信息化工作

近年来，一些酒类企业为应对激烈的市场竞争、维护品牌价值、谋取竞争优势，闯出了一条运用信息化技术、引领企业自主信息化管理的新路子，达到了全程现代管理、实时动态追踪，确保生产、流通全程信息化操作的目标。为了便于行业企业交流信息化工作经验，分享信息化工作成果，协会于2011年10月与中国轻工业联合会信息中心联合举办了“2011年全国酿酒行业信息化工作会议”：会议就国家对企业信息化建设的政策支持、酿酒行业信息化未来走向等主题做了专题演讲和讨论，邀请到了国家工业和信息化部信息化推进司的有关领导，就国家现阶段对推进信息化工作的政策和方法进行了详细解读，参会企业代表都感到受益匪浅。

2011年，协会继续以《中国酿酒行业月度运行形势分析》《中国酿酒行业研究报告》《中国酿酒工业行业信息》《中国啤酒信息》《全国酒精行业行情信息》《啤酒

原料快讯》《中国酿酒工业协会会员通讯》《酒》《啤酒科技》《中国黄酒》《中国酿酒工业年鉴》和中国酒业协会官方网站为发布平台，分别从关注外部环境对酿酒行业运行影响、加强对酿酒行业运行中热点难点问题研究、对政策效果的分析和对酿酒行业的影响分析、加快推进产业结构调整转变经济发展方式、加强经济形势的研判和预测分析等多个方面，开展行业分析研究工作。同时，加大了葡萄酒、果露酒、黄酒行业的统计工作，逐步拓宽了数据来源渠道。

依托统计数据，协会2011年启动了信息中心网站的改版工作，计划通过统计数据与信息化的结合改变行业传统数据采集与整理的方式，根据不同业务、酒种的信息资源需求，采用相关技术，实现灵活简便的信息数据的提取和展开，为用户提供及时、准确、方便、快捷的功能，为数据信息发布提供优质的平台，充分体现"谁提供谁享用，谁注册谁浏览"的功能，调动厂、企业上报数据的积极性。

4．研究酒业市场、原料供需变化，完善协会产业链服务体系

协会自成立成以来，通过不断的改革和发展，相继成立了市场专业委员会、啤酒原料专业委员会等专业机构，对酒业市场、原料供需变化等趋势进行深入观察研究，使协会产业链服务体系更加完善。

通过对酒类市场的调研和分析，协会认为，满足消费者的需求是企业永远追求的目标，抓住消费者、扩大和培育消费群体是酒行业共同的利益和目标；行业应该减少在传统消费领域的恶性竞争，相互抄袭产品理念、营销方式、产品风格、包装设计等现象必须遏制；要进行规范化的市场良性竞争，促进酒行业的健康发展，共同做大、做强酿酒产业；任何一家酒企业的不法行为和欺骗、愚弄消费者的行为，都将给整个行业带来不利影响，行业、企业是一个整体，是一荣俱荣、一损俱损的关系，所以，全行业都要增强促进产业发展的使命感，共同打造行业的良好形象，维护共同利益；在发掘酿酒历史文化内涵、创新营销方式、开拓市场和强化品牌建设的同时，还必须加大对酿酒产业认知的正面宣传，加强和消费者之间的理念沟通，积极倡导科学、健康的饮酒消费方式，拓展酒行业更大的生存空间，以此来促进酒行业良性的、可持续的发展。

随着信息化技术的发展与应用，酒类商品营销模式与信息技术结合日益紧密，电子商务、物流配送、连锁经营等流通方式迅速发展。酒类流通企业大胆探索，建立品牌专营店和网上销售平台新模式，构建"线上线下"的立体营销网络，大力发展网络销售。酒类企业的信息化购销，为推进酒业市场信息化管理工作奠定了坚实基础。

为充分了解我国啤酒原料市场情况，协会2011年在甘肃、新疆、江苏、上海、山东、广东、辽宁、黑龙江、北京等地进行了实地调研，深入啤酒原料生产企业和大型啤酒企业，对啤酒原料的国内外供应情况、啤酒原料生产企业现状、技术和装备情况，以及国内大型啤酒企业采购总部对啤酒原料的供应和质量要求等问题，进行了深入探讨。结合调研结果，协会制定了中国啤酒原料"135质量提升计划"，即"一个目标、三年计划、五项工作"。

2011年，协会开展了"2011年度'显业杯'中国啤酒麦芽质量与食品安全鉴评"工作，对企业寄送的样品进行免费鉴评。通过此次鉴评工作，使协会了解了我国啤酒麦芽生产企业生产和技术质量控制现状，对于今后的工作开展起到了指导性作用，受到行业内企业的欢迎。

5．积极倡导行业和企业履行社会责任

随着现代企业责任理念的普及，协会逐步加强了企业社会责任建设工作，积极倡导、引导企业在环境保护、社会道德及公共利益等方面多承担责任；同时，倡导企业诚信自律，推进资源节约型和环境友好型企业创建工作。

协会始终坚持倡导行业诚信生产、自律经营。早在2005年，协会就组织开展了酿酒行业诚信企业推荐活动，在行业中首次提出了诚信的重要性；2011年，协会和国际酒精政策中心(ICAP)合作，举办了"全国酒类行业诚信自律活动研讨会"，为营造行业诚信经营的良好环境、促进酿酒行业又好又快地健康发展，发挥了积极的推动作用。

6．加强酒类标准体系建设，促进酿酒产业健康发展

在国家标准化管理委员会统一领导下，协会与全国酿酒标准化技术委员会等单位共同完善了我国酒类标准体系，积极构建酒类产业安全体系，切实提高了标准体系建设水平。仅2011年，协会参与完善的国家标准有《酒精生产企业节水评价方法》《白酒风味物质阈值品评指南》《白酒感官分析与评价术语》《白酒感官品评导则》《葡萄酒和咖啡中赭曲霉毒素A限量》《葡萄酒厂生产卫生规范》《产地葡萄酒识别技术导则》《品种葡萄酒识别技术导则》《黄酒中氨基甲酸乙酯控制措施指南》《啤酒单位产品能源消耗限额》《啤酒企业综合消耗技术指标和评价方法》《取水定额•啤酒制造业》；行业标准有《酒类产品流通术语》《白酒基酒流通技术规范》、《白酒运输、贮存技术规范》《葡萄酒运输、贮存技术规范》《葡萄酒原酒流通技术规范》等多项标准。

四、反映企业呼声意愿，有效维护行业利益

中国酒业协会自成立以来，不断强化服务意识，拓展

服务平台，开拓创新服务领域，为维护行业和会员企业利益等做了大量工作，取得了卓著成绩，受到了会员企业的认可和政府管理部门的肯定。

为了多层次、全方位地为会员单位服务，协会在健全行业服务平台的基础上，不断拓展服务范围，想会员之所想，急会员之所急，全力解决会员企业在生产、经营中遇到的困难和实际问题。在基本建设、技术改造、专项审批、争取国家资金补助、科研成果鉴定、评奖申报、制定标准、研发新产品、协助企业解决生产技术问题、协调企业在质检和工商管理方面遇到的问题等方面，为提出要求的企业做了大量工作，基本都得到了满意的结果。在此基础上，协会还加大引导和扶持行业内中小企业的力度，加快推动中小企业的转型升级，帮助中小企业培养技能型人才，积极拓展中小企业融资渠道，并在创造良好的市场环境等方面做出了应有的贡献。例如，国家对酒精产品实行5%的消费税政策，从1993年开始征收到现在，通过多年运行，成效并不大，反而成为落后企业生存的依靠，不利于国家酒精行业产业结构调整，不利于酒精行业淘汰落后产能，不利于酒精行业节能减排和转变增长模式。为此，行业、企业多次反映和建议调整或取消消费税政策，给行业一个公平竞争、健康发展的环境。2011年，协会向国家财政部税政司再次递交了《关于取消酒精消费税的建议》(中酒协[2011]08号)，文件分为行业概况、酒精作为生产资料不应该被征消费税、国家政府部门也开始重视酒精消费税的问题等三个部分。材料后还附上了中粮生化能源事业部总经理岳国君、河南天冠企业集团董事长张晓阳两位全国人大代表的建议，使材料内容更加丰富，说服力更强，受到了有关部门高度重视。协会曾多次向国家财政部、税务总局反映行业消费税的有关情况。经过多年努力，国家税务总局以《关于配制酒消费税适用税率问题的公告》（国家税务总局公告2011年第53号），对配制酒(露酒)消费税进行了调整，对行业健康发展起到了非常重要的推动作用。近几年来，协会还积极向国家申请政策、资金支持，为行业、企业发展提供可靠的国家政策。自2008年金融危机以来，协会多次向国家发改委、财政部、工信部、科技部等部门申报专项改造项目，并组织专家多次论证。申报项目包括行业专项技术改造、清洁生产专项、食品安全检验检测设备升级、节能减排专项等多个项目。在协会的努力下，政策和资金已经陆续落实到行业和企业，例如，2011年国家财政部《财政部关于下达2011年度清洁生产示范项目补助(奖励)资金的通知》（财建[2011]430号）文件，涉及青岛啤酒股份有限公司、泸州老窖股份有限公司、河南宋河酒业股份有限公司、劲牌有限公司、湖北金龙泉集团股份有限公司、承德避暑山庄企业集团、四平金士百啤酒股份有限公司、中粮生化能源（肇东）有限公司等多家酿酒企业，项目总投资近8.53亿元，获得国家财政补助（奖励）金额4890万元。

美国干玉米酒糟（DDGS）大量低价进入中国市场以后，造成我国DDGS滞销，严重影响我国酒精产业安全的形势，协会通过充分的调查研究，主张支持我国主要的玉米酒精生产企业，向国家商务部提请反倾销调查。2011年2月份，国家商务部正式就此立案展开反倾销调查。

五、建设人力资源体系，培养储备有用人才

随着我国酒类市场竞争激烈化，酒类产品研发人才、营销专业人才的作用显得越来越重要。为满足行业发展需要，近几年来，中国酒业协会逐步探索并开始完善产业链的人力资源服务体系。为了传承我国酿酒事业，鼓励和调动酿酒行业从业人员的积极性和创造性，推动行业人才队伍建设，2006年，协会开展了首届“中国酿酒大师”的评定工作。首届和第二届被评为“中国酿酒大师”的人才均来自于企业生产科研一线，或者是从生产科研一线成长起来的企业管理人才，他们热爱酿酒事业，有着深厚的酿酒理论基础和实践经验，在酿酒技术研究、创新、新成果开发及新技术应用等方面业绩突出，为推动我国酿酒事业进步做出了巨大贡献。

“中国酿酒大师”评选活动得到了行业广泛支持及社会的认可、好评，“中国酿酒大师”称号已成为行业最高荣誉。通过这项活动，有效推动了行业尊重知识、重视人才的风尚，培养出一批高素质、高水平的专业技术人员队伍。

2011年7月，啤酒原料行业举办了“2011年全国啤酒大麦、麦芽生产及检测技术培训”，国内30个单位的技术人员和化验人员共计57人参加了培训，内容涉及制麦设备与工艺表达、低质大麦的制麦方案、啤酒大麦与麦芽的质量控制主要指标及其检测、制麦工艺过程中关键点控制、大麦引种等方面。通过培训，参加学员强化了有关理念，学习了基础知识和专业技能，提高了业务素质，开创了产业链人力资源服务体系的新纪元。2011年，协会继续推动“酿酒行业人力资源体系”建设工作，推动专业技术人才队伍建设，努力培养一支满足酿酒产业发展需要的、具有较强国际竞争力的、高素质的专业技术人员队伍，为我国创新型酿酒产业提供人才保证。

2011年，中国酒业协会培训和鉴定管理总站明确了各鉴定站的职责与任务，规范了培训组织与教师管理的条件，确定了监督检查的方向，将职业资格鉴定工作的程序

规范化、申报条件严格化、考试正规化。

同时，协会还组织举办了首届全国酿酒行业国家级职业技能竞赛裁判员培训班和白酒行业职业技能培训品酒师教师、酿酒师教师考核、认定工作。这两次活动，推动了竞赛裁判员队伍和培训教师队伍建设进程、专业水平和技能的提高，对今后酿酒行业培训和鉴定工作的标准化、规范化，将起到积极的推进作用。

在现有的培训考核模式基础上，协会也进行了深入改革。为了使白酒品酒工作标准化、科学化，实现白酒感官品评科学管理，结合几十年来白酒行业感官品评方法及各名酒厂的经验，经过5年时间的科研探索，研制开发出了白酒产品计算机品评系统。该系统由酒业协会白酒评酒委员历经4年时间操作实践，技术已经成熟完善，在2011年6月举行的“2011年国家级白酒评委年会”中投入使用，代表们通过笔记本电脑与网络服务器连接，将品评结果上传到服务器，即时得出统计数据，获得该产品的客观评价。该品评系统不仅能应用于考试或培训，在计算机技术参与品评工作的管理应用方面也是一大进步，规避了现行的白酒检验方法及标准存在的缺陷，使品评等级划分与理化数据实现了有效配合。在实际生产中，这一技术有利于白酒产品的分级和贮存，严格了白酒感官入库质量关。目前，该计算机品评系统已在部分规模以上白酒企业投入使用。

六、提升科技创新水平，推动产业不断进步

在过去20年中，中国酒业协会始终注重行业科学技术研究和技术技能工作。在多年的工作基础上，经协会向国家科技部汇报和申请，科技部国家科学技术奖励工作办公室于2011年10月20日以国科奖字[2011]59号文件批准设立了“中国酿酒工业协会科学技术奖”（国家科学技术奖励办公室第66号公告）。“中国酿酒工业协会科学技术奖”的设立，是为了贯彻落实《国家科学奖励条例》，奖励我国酿酒行业在生产技术、设计装备、信息化管理、节能减排、环境保护领域的科学研究、技术创新与开发、科研成果推广和实现高新技术产业化中做出突出贡献的组织和个人，以此调动全行业科学技术工作者的积极性和创造性，加速酿酒行业科学技术事业的发展，提升酿酒行业技术水平。为了填补白酒行业应用基础科学研究领域的多项空白，2007年，协会牵头组织相关院校、研究单位、企业共同成立了“中国白酒169计划”。该计划采用微生物生态学、分子酶学、分子生物学等现代生物技术手段，围绕白酒产业共性的、关键的科学与技术问题进行创新性研究，建立了以风味化学物定向的功能微生物和酶技术的平台。2011年，该项目取得了重大进展，完成了不同类型白酒特征香味物质的研究、白酒微生物的研究、呈香物质阈值的测定和白酒健康因子的确定，对白酒中异味化合物及白酒风味定向功能微生物方面等基础理论的研究，都取得了重大突破。我国传统白酒必须融入现代科技是其发展的必由之路。近年来，白酒行业的科学技术达到了前所未有的发展水平，传统白酒改变生产方式已经迫在眉睫，提升白酒生产机械化的水平已经成为行业未来研究工作的重点。2011年，协会启动了“白酒158计划”，开始了中国白酒机械化的系统研究。为此，协会组织召开了“中国白酒158计划项目实施筹备会议”“中国白酒158项目现场会”等多次专题会议，研究内容包括制曲、发酵工艺研究、蒸馏工艺等多方面的机械化研究，调酒计算机集成制造技术研究，灌装、包装、成品库、智能管理的研究等。未来，该计划的研究成果将在全国60%规模以上白酒企业推广实施，力争降低劳动强度60%以上、节煤35%、节水45%、提高优质品率15%以上。

2012年中国酿酒行业综述

作为快速消费品行业的酿酒行业，其消费的需求较大，2012年行业总体保持了增长的态势，但是宏观经济增速放缓对行业影响还是存在的，行业整体增速在2012年开始放慢。

根据国家统计局公布数据显示，2012年1～12月份酿酒行业总产量7202.25万千升（含饮料酒及发酵酒精），同比增长5.67%；全行业完成工业总产值7527.02亿元，同比增长20.65%；实现工业销售产值7322.89亿元，同比增长20.82%；全行业出口交货值62亿元，同比增长23.36%；但各项指标与前一年相比较，增幅均呈回落。

从总体来看，行业的发展主要呈现以下特点：

一、行业区域集中度增强，产销全年呈增长趋势

步入“十二五”以来，由政府主导的产业整合为酿酒产业的发展注入了动力，如四川和贵州共同打造优势产区“白酒金三角”，实施“长江上游名酒经济带”战略；贵州重点打造黔北、黔中、黔南地区三大品牌基地，山东省《蓬莱市葡萄酒庄聚集区总体规划》布局一带三谷，重点打造葡萄酒产业，西部地区甘肃积极申报地理标志区域保护葡萄酒，宁夏出台地理标志产品实施保护意见等；以及由中国轻工业联合会和中国酒业协会共同开展的行业特色区域建设，包括中国（宜宾）白酒之都、广东佛山豉香型白酒产业基地、山东安丘市“中国芝麻香白酒第一镇”、湖北宜昌“中国白酒名镇”、四川邛崃“中国白酒原酒之乡•邛崃”、内蒙古巴彦淖尔市“中国北方浓香型白酒生产基地”、西部葡萄酒特色区域建设等项目，也加速了行业集中度的提升。地方政府对酿酒产业的高度关注和大力扶持，在实现酿酒产业空间聚集，整合优势资源、推动结构调整、促进产业升级等方面发挥了推动作用，也进一步刺激了行业产能的扩张。

根据国家统计局公布数据，2012年我国2364家规模以上酿酒生产企业，全年累计完成工业总产值7527亿元，同比增长20.65%，工业销售产值7323亿元，增长20.82%，销售收入7547亿元，增长19.65%，行业资产总计7061亿元，增长20.33%，全部从业人员平均数83.78万人，增长6.47%。行业主要经济指标继续呈现两位数的增长趋势，产业规模继续扩大。全国各个省市中，饮料酒及发酵酒精总产量排在前五的省市与2011年保持一致，分别是山东、河南、四川、广东和江苏，五省合计产量3146万千升，占行业比重43.68%，所占比重较2011年同期上升了0.71个百分点，说明区域集中度进一步提高。从增长速度看，除广东地区酿酒产量同比增速低于全国平均水平外，山东、河南、四川、江苏等地区的发酵酒精及饮料酒产量均保持着高于行业平均值的高增长态势，表现出强者更强的马太效应。

五省市中，山东省和河南省的白酒产业、啤酒产业十分发达，其中山东省2012年酿酒总产量877.97万千升，占比12.19%，与2011年同期相比比重提高0.21个百分点；河南省2012年酿酒总产量814.12万千升，占比11.30%，与2011年同期相比比重提高1.03个百分点；四川省是我国白酒生产大省，其白酒产量占全国比重1/4强，2012年四川省酿酒总产量521.48万千升，占比7.24%，与2011年同期相比比重下降0.6个百分点；广东省啤酒产业较为发达，2012年酿酒总产量502.27万千升，占比6.97%，与2011年同期相比比重下降0.23个百分点；江苏省白酒业也比较发达，2012年酿酒总产量430.26万千升，占比5.97%，与2011年同期相比比重上升0.31个百分点。总体来看，酿酒生产继续向具有地域优势、原料优势和消费优势的区域进一步集中。

二、利润同比继续增长，行业效益继续提升

在行业整体成长的背后，行业整体效益也在提升。根据国家统计局数据，2012年酿酒行业2364家规模以上生产企业累计完成销售收入7547亿元，同比增长19.65%；利润总额1054亿元，同比增长36.45%；全行业平均销售利润率13.98%，同比增加1.72个百分点；行业平均毛利率32.73%，同比增加1.2个百分点；2364家企业中发生亏损的企业259家，比上年同期减少4家，亏损企业亏损金额33.79亿元，同比微增0.41%，行业亏损面略微收窄，亏损深度略微加大；全年累计成本费用总额6030.48亿元，同比增长16.57%，低于销售收入增长水平和利润增长水平；成本费

用利润率17.49%，比上年同期提高2.54个百分点，行业整体效益继续提升。

三、产销增速放缓，行业发展步入缓增通道

从以上分析可以看出，2012年酿酒产业继续保持着较高的增长水平，但是受到国内经济放缓影响，2012年GDP增速由一季度的8.1%回落至四季度的7.8%，酿酒产业在增长幅度上也出现收窄的迹象。虽然各项指标依然保持增长态势，但是与2011年同期相比，产量增幅下降了7.75个百分点，产值增幅下降了12.65个百分点，销售产值增幅下降了11.29个百分点，销售收入增幅下降了12.74个百分点，利润增幅下降了5.52个百分点。

四、进出口贸易依然活跃，但增幅放缓

近些年，我国酒类进出口贸易增长较快，特别是加入WTO以来，进口酒关税下调，同时外国酒商看好中国巨大的消费市场，我国进口的葡萄酒数量逐年剧增，据测算，“十一五”期间进口酒贸易额增长1.91倍。进入“十二五”以来，酒类产品的进出口贸易继续增长，根据海关总署公布数据，2011年酒类相关商品进出口贸易总额29.31亿美元，增速56.95%；其中出口贸易总额4.86亿美元，增速51.31%，进口贸易总额24.45亿美元，增速58.12%。

2012年，一方面受到国际国内经济增长放缓的影响，我国酒类产品进出口贸易虽然延续高增长态势，但是增长幅度大幅下降。根据海关总署公布数据，1～12月份酒类产品进出口贸易总额达35.88亿美元，同比增长22.41%，增速比上年同期水平下降34.54个百分点。其中，出口额6.49亿美元，同比增长33.53%，增速比上年同期水平下降17.78个百分点；进口额29.39亿美元，同比增长20.20%，增速比上年同期水平下降37.92个百分点，其中作为主力军的进口葡萄酒贸易总额同比增长仅8.77%。总体看来，酒类产品贸易逆差明显。

五、行业资产快速增加，产业结构调整加速

酿酒产业近十年来的蓬勃发展对业外资本产生了巨大的吸引力，外部资金大量涌入。以白酒产业为例，近年来，帝亚吉欧、联想集团、海航集团、维维股份等国内外大型企业集团纷纷入驻白酒企业，2012年，中粮开始进军白酒产业，联想集团继收购湖南武陵酒业、河北乾隆醉酒业后，又控股或收购了泸州蜀光酒业、山东孔府家酒业、以及安徽文王酒业；法国酩悦轩尼诗自收购四川文君酒厂后，2012年又与华泽集团合资组建酩悦轩尼诗香格里拉酒业……资本的大量进入刺激了企业产能的持续扩张，而以地方政府为主导的大规模产业园区和特色区域建设也促进了行业集中度的进一步提高，种种举措为优势企业带来并购整合、产能扩建的机会：五粮液、稻花香先后宣布将在全国范围内收购酒厂；郎酒、汾酒、景芝等企业扩建项目奠基；据测算，2010—2012年，白酒行业资产总额增长70%。而啤酒行业仅2012年新增产能就达到了443万千升，葡萄酒行业的可观效益使得地方政府往往忽略葡萄苗木品种的适应性而盲目推广葡萄园基地建设。如此大规模资本增长、规模扩张，在当前国际经济复苏缓慢、国内需求相对不足的大背景下，很有可能会带来产能过剩和供需矛盾，给行业发展带来隐忧，加大酒行业的经营风险。

六、理性饮酒观念提升，市场消费相应变化

2012年，中央先后出台“厉行节约、反对浪费”以及“严控三公消费”“军队禁酒令”等决定，这种政策制度性的调整，对酒类市场特别是依赖于政务、商务团购消费的高端酒类市场影响颇深。据了解，2012年底至2013年初的双节期间，高端酒市场不仅没有出现往年的火爆场面，反而出现了价格、销量双降的现象，市场反映普遍信心不足。可以预见，以上制度的出台，是我国廉政建设的需要，也是时代进步的需要，我们相信党和国家一定会坚定不移地将这些制度常态化，政务、商务团购的销售渠道受到了很大影响。同时，随着居民收入的不断提高以及消费者食品安全意识的不断增强，消费者对酒类产品的健康消费、饮用体验和产品附加值都提出了更高的要求，价格的接受程度也更加理性，优质合理的价格已经成为普遍的要求，这些都将引导消费市场的进一步转变。

七、现代化营销手段融入传统酿酒产业

随着行业发展内外部环境的变化，行业竞争的进一步加剧，酒行业的营销手段伴随着宏观经济和行业经济的发展出现了诸多变化，实现了从计划经济下缺乏营销，向现代化、市场化营销手段的转变，形成了媒体推广、经销商促销与支持、终端营销执行等多层次、立体的营销体系，各种营销理论和实践并举，为酒行业的发展起到了重要作用。企业盛行的重点团购等方式在新形势下也让企业开始反思，企业现在不仅仅是通过单纯的利润回报来吸引经销

商，已经逐渐注重消费者品鉴和对经销商的辅导，注重市场终端的质量而不是数量，营销手段逐步与现代化经济形势相适应。酒行业的现代化营销手段越来越丰富，逐步融入行业和企业发展。

从营销管理来看，过去厂家以区域为主要划分依据建立的市场营销管理体系，在资源有效整合、产品系统推广、广告相互辉映等多方面的都融入了现代化的营销管理理念。随着行业的发展，以品类、品牌为划分依据的多元市场营销管理体系逐渐发展，并且厂商通过建立利益共同体进行管理，大大提高了营销管理的现代化水平。

随着营销平台快速发展，在以往传统营销平台的基础上，网络、智能手机的普及，形成了高参与度、社会化的微博、微信等上亿用户新的传播和营销平台，由此也诞生了“微营销”。“微营销”利用现代化技术使企业、经销商可以和消费者直接互动，增加消费者对品牌的认知度和熟悉感，“润物细无声”般地展开市场推广。除此以外，“微平台”还是个绝好的展示公关形象，及时掌控舆情信息的渠道，能快速通过“微平台”发布信息应对突发事件，维护企业形象和利益；消费者对品牌或产品有何种评论也能及时了解，掌握市场动态。

2012年中国酒业协会工作情况

2012年是《中国酿酒产业“十二五”发展规划》施行第二年。在这一年里，协会按照规划的总体安排，结合本届理事会制定的要以“调结构、谋转变、上水平、增后劲、可持续”作为协会和企业的共同目标，围绕“五体系、两制度、一责任、一转变”（即：酿酒产业安全体系、技术保障体系、人力资源体系、法律法规体系、新型服务体系，生产许可制度和酒类流通准入制度，倡导企业社会责任、转变发展方式）的工作模式，脚踏实地地开展了如下工作：

一、完成产业协会转型，更名为“中国酒业协会”

从第四届理事会成立以来，为适应酿酒产业发展的需要，更好地服务于行业和企业，在会员单位的呼吁和支持下，中国酿酒工业协会理事会决定申请更名为“中国酒业协会”，并最终于2012年4月份收到了《民政部关于中国酿酒工业协会更名为中国酒业协会的批复》（民函[2012]121号），批准协会正式更名“中国酒业协会”。协会名称的变更，不仅是工作深度和广度的拓展，也是协会责任和担子的递增，反映出政府部门和会员单位对协会工作的高度认可。更名后，协会在原有的工作范畴基础上，多方面进一步深化了协会服务内容：推进国内酒类市场建设，完善行业自律、商业自律、广告自律，完善市场公平竞争环境，协助生产企业与营销领域的合作，培养进出口渠道；建立营销人员酒类知识培训体系，为酒类营销行业培养、树立人才典范；为生产企业与原料企业之间搭建沟通平台，增进行业间信息交流；推动、协助有能力的企业进行原料基地建设等工作。

随后协会于去年7月份在北京召开了协会更名揭牌暨聘请顾问仪式。协会在揭牌仪式上聘请了行业内不同领域具有影响的专家学者，作为协会的发展战略顾问、市场营销顾问、文化传播顾问和首席技术顾问。这些在业内具有较高声望的专家学者，能够为酿酒产业集思广益、献策献计，有助于中国酒业协会全面提升产业发展服务水平。

二、开展产业调研，奠定政府和企业信任根基

协会作为政府与企业、酒与社会之间的桥梁和纽带，作用越来越重要。没有调查就没有发言权，作为一个专业化服务型的产业协会，我们一直非常注重调查研究工作，并将调研所收集的材料及时通过现代化的交流方式与政府、企业、消费者进行沟通和交流。调研不仅仅是对企业和消费者的调研，我们也非常关注国家的有关产业政策。

首先，我们对2012年国家政府部门有关酿酒产业的事项进行通报：

（一）国家机构改革产生大部委制度

十二届全国人大一次会议通过的国务院机构改革和职能转变方案，原国家食品安全委员会办公室、食品药品监督管理局、国家质检总局的生产环节食品安全监督管理职责、国家工商总局流通环节食品安全监督管理职责全部整合到新组建的国家食品药品监督管理总局。

（二）发改委、工信部、商务部、卫生部等发布“十二五”愿景

2011年1月发改委、工信部发布《食品工业“十二五”发展规划》：到2015年，我国将制（修）订国家和行业标准1000项，并完善食品安全管理制度体系，使食品质量抽检合格率达到97%以上，人民群众对食品满意度显著提高。

2月，商务部发布了《关于“十二五”时期促进零售业发展的指导意见》：预计“十二五”时期，我国商品零售规模保持稳定较快的增长，社会消费品零售总额年均增长15%，零售业增加值年均增长15%。

6月，卫生部等8部门发布《食品安全国家标准“十二五”规划》：我国将全面清理整合现行食品标准，2015年底前基本完成相关标准的整合和废止工作。“十二五”期间，重点做好食品中污染物、真菌毒素、致病性微生物等危害人体健康物质限量，农药和兽药残留限量，食品添加剂使用、食品营养强化剂使用，预包装食品标签和营养标签等食品安全基础标准的制定、修订工作。

（三）五部委整顿收费

2012年，经国务院批准，商务部、发展改革委、公安部、税务总局、工商总局根据《清理整顿大型零售企业向供应商违规收费工作方案》，开展清理整顿大型零售企业向供应商违规收费工作，以促进零售商供应商公平交易，酒类产品存在的“进店费”“堆头费”等问题有了解决方向。

（四）商务部对《酒类流通管理办法》进行修订

自2012年2月起，商务部通过开展问卷调查、向有关政府部门、行业协会、社会公众等征求意见的方式，对《酒类流通管理办法》进行修订，协会多次参与会议。

（五）《葡萄酒行业准入条件》施行

7月1日，由工业和信息化部公布的《葡萄酒行业准入条件》施行，对除特种葡萄酒生产企业（项目）外的新建企业（项目）和酒庄，在布局与规模、原料保障、工艺与装备、质量安全、节能降耗与环境保护、安全生产及劳动者权益保障等方面进行规范。根据新规，葡萄酒企业（项目）的原料保障能力应不低于生产能力的50%。其中，葡萄酒原酒及特种葡萄酒生产企业（项目）原料保障能力应不低于其生产能力的70%；酒庄酒生产企业自有的酿酒葡萄原料保障能力应不低于其生产能力的70%。

（六）《食品中农药最大残留限量》已于今年3月1日起实施

《食品中农药最大残留限量》已于今年3月1日起实施，同时废止《食品中农药最大残留限量》（GB 2763—2005）；《食品中农药最大残留限量》（GB 2763—2005）第1号修改单；《粮食卫生标准》（GB 2715—2005）中的4.3.3农药最大残留限量；《食品中百菌清等12种农药最大残留限量》（GB 25193—2010）；《食品中百草枯等54种农药最大残留限量》（GB 26130—2010）；《食品中阿维菌素等85种农药最大残留限量》（GB 28260—2011）等标准，请各企业按照新标准执行。

三、开展中国酒业协会科学技术奖评选，全面推动行业科研创新

协会于2011年底经科技部国家科学技术奖励工作办公室批准设立了“中国酒业协会科学技术奖”，随即成立了 “科学技术奖”奖励委员会，在行业中展开了公开征集和评审工作。2012年2月16日，协会组织召开了“2011年度中国酒业协会科学技术奖”评审会议，最终评出2011年度“中国酒业协会科学技术奖”获奖项目18项，并于协会第四届理事会第五次扩大会议上公布。8月，“2012年度中国酒业协会科学技术奖”申报工作展开，协会在首届科学技术奖奖项设置的基础上，增设了国际合作奖项。今年1月8日，在北京召开了“2012年度中国酒业协会科学技术奖评审会”，评审专家对47个酿酒及相关企业单位申报的57个项目进行了分组评审，形成了评审意见。经评审会委员会专业组评审专家评审、评审会委员会审议、奖励委员会审定和中国酒业协会批准，评选“纯生啤酒生产关键技术和装备国产化”项目为一等奖，“优良黄酒发酵菌的选育及提高黄酒产质量的关键技术”等9个项目为二等奖，“燃料乙醇生产中杂醇油的综合利用”等10个项目为三等奖。根据《中国酒业协会科学技术奖奖励办法及实施细则（2012版）》有关规定，评选结果在2013年2月17日至3月8日通过协会官网进行了公示，最终评选结果将在会议上进行发布。

四、把握产业脉搏，实现可持续发展

为促进行业平稳健康，共商行业发展大计，2012年协会围绕着产业热点问题召开了几次大型会议：

（一）召开“中国白酒领袖论坛”

2011年3月，邀请了国内知名白酒企业的董事长，召开了以“互信合作、共担责任、和谐发展”为主题的“中国白酒领袖峰会”。在峰会上，与会代表围绕“让中国白酒在世界有地位”“弘扬文化，发展民族品牌”“‘十二五’中国白酒行业机遇与挑战”“未来白酒行业发展趋势”“白酒产业活力”“如何转变发展方式，走可持续发展之路”“如何承担责任壮大酒行业”等多个议题进行了讨论，协会提出“发挥领袖企业的榜样力量，引领白酒产业共同建立互信合作的良好关系，共同担当对行业、对社会应尽的义务和责任，谋求和谐共赢的发展之路，推动中国白酒走向世界”的倡导获得了企业们的一致认可。

（二）组织“葡萄酒产业高层座谈会”

2011年3月，邀请了国家有关政府部门、地方葡萄酒行业主管部门、葡萄酒行业知名企业高层管理人员共20余人，召开了“葡萄酒产业高层座谈会”。会议针对葡萄酒行业最近两年内遇到的国外产品冲击、国内流通渠道混乱等问题进行了研究、讨论，协会认真听取了参会企业代表关于规范进口葡萄酒管理、葡萄酒产区和葡萄基地建设，以及进口葡萄酒对我国葡萄酒市场的影响及措施等方面的建议。会后，协会将会议上收集到的意见和建议进行了汇总，与有关部门进行了沟通和协调。

（三）召开黄酒行业骨干企业峰会

2012年2月，组织召开了黄酒骨干企业峰会，会上各位代表达成共识，要建立黄酒合理的价格体系，促进黄酒产业的健康有序发展；行业的发展，需要有龙头企业来带动，更需要骨干企业一起互动；企业要加强自律、协会要发挥作用、企业之间互相包容，和谐最重要；要善于学习借鉴国内外、酿酒行业内外的先进经验和成果，为黄酒行业所用，促进行业的更快发展；要积极主动参与有利于黄酒发展的社会公益活动；协会要多组织类似的行业交流活动。

（四）召开“2012年中国啤酒原料产业发展论坛”

2011年5月，组织召开了“中国啤酒原料产业发展论坛”，来自啤酒大麦生产单位、麦芽加工企业、啤酒花加工企业、啤酒企业、啤酒原料及相关产品经销商以及部分科研院所共96家，110余人参加。论坛以“正视困难，扩大视野，提升质量，和谐发展”为主题，针对现阶段我国啤酒原料行业所存在的一些现象和问题,从产业政策引导、产业链协调发展、食品安全和技术标准、产品质量提升、市场培育及建设等方面进行了深入的研讨，取得了积极的、富有建设性的成果。

（五）召开中国白酒与社会经济发展论坛暨中国白酒非物质文化遗产及中华老字号企业会议

2011年8月，在北京举办了“中国白酒与社会经济发展论坛暨中国白酒非物质文化遗产及中华老字号企业会议”。会议围绕“中国白酒与社会经济发展”主题，探索中国白酒产业品牌和文化发展问题，号召积极学习国际同行业经验，通过正确的品牌和文化宣传导向致力于使社会各界全面、客观地了解中国白酒，解决当前白酒行业面临的主要问题，保障我国白酒产业健康可持续发展。与会企业达成共识要优化行业发展舆论与社会环境，传承发展中国白酒非物质文化遗产，为把中国白酒真正建设成世界蒸馏酒知名品牌而努力。有关政府部门领导、行业专家和知名企业负责人等到会共同讨论了当前中国白酒产业品牌和文化发展问题。

大会议题得到了与会的60余家非物质文化遗产、老字号白酒企业的支持，纷纷表示要从自身做起，践行企业社会责任，致力于企业的创新性和品牌化发展，为行业发展优良舆论环境的塑造和健康可持续发展做出自己应有的贡献，新华社、中央电视台、人民网等50多家媒体也纷纷表示将在今后的报道中继续坚持公正的报道态度，为构建白酒行业发展良好的舆论和社会环境做出自己的贡献。

（六）召开中国国际啤酒技术高峰论坛

2012年9月，协会与中国食品发酵工业研究院、德国柏林啤酒酿造学院(VLB)、美国酿造化学家协会(ASBC)共同举办了“中国国际啤酒技术高峰论坛”。共有250余名中外啤酒生产企业的技术和质量负责人出席论坛。论坛上，中外啤酒技术专家们就国际啤酒酿造技术及质量的发展和最新科研技术和成果等热点问题展开全面深入的探讨。

（七）召开酒界人大代表座谈会

为充分了解国家有关政策动向、及时向全国人大代表反映行业实际情况，协会于今年3月6日组织召开了酒界全国人大代表座谈。协会已经连续四次组织了座谈会，代表们认为座谈会为广大酒界人大代表提供了交流平台，加深了相互了解、相互信任，同时也是促进酿酒产业健康可持续发展的一个标志性的会议。

（八）举办2013中国国际酒业技术装备博览会

2013中国国际酒业技术•装备博览会（CIADE）是协会主办并承办的唯一一个装备展，该博览会已经发展成为中国酿酒行业的专业盛会，搭建起了中国酿酒行业权威性、专业性的高端交流平台，并成为了中国酿酒机械行业的风向标，在促进酿酒装备制造企业研发与创新，提高新技术、新成果应用等方面做出了应有的贡献，从而有效地提高了我国酿酒行业的技术水平。

五、坚持人才战略、行业互助

（一）开展中国酒业高级营销师职业资格鉴定培训班暨中国酒业营销大师评选方案座谈会

为了满足行业发展，提高酒类营销人员在市场上的分析能力和专业水平，协会在行业内开展了中国酒业“高级营销师”职业资格培训和鉴定工作。在座谈会上，大家还就“中国酒业‘营销大师’评选方案”初稿各抒己见、踊跃发言，展开了热烈、广泛、深入的研讨交流。协会将适时开展中国营销大师的评选工作。

（二）开展行业交流、学习考察

2012年，协会组织了主要黄酒企业的技术负责人赴今世缘、泰山酒业、扳倒井和劲牌公司参观学习，对白酒企业的生产装备机械化、自动化技术改造、工艺管理、产品结构调整和科技创新等方面进行了广泛的交流。通过交流和实地考察，黄酒企业得到了很多经验和启示。

（三）开展多项国家职业资格培训鉴定活动

2012年，协会在《中华人民共和国职业分类大典》修订工作中，承担了白酒酿造工、啤酒酿造工、黄酒酿造工、果、露酒酿造工、酒精制造工、酿酒师、品酒师共7个职业的修订任务，同时参与修订“调酒师”“啤酒花生产工”等职业标准修订工作。在大典修订期间，为顺应行业发展趋势，鼓励新兴职业，协会申报了“侍酒师”和“制麦师”两个新职业，目前两个新职业已形成初稿并上报进行初审工作。

协会与各鉴定站、地方协会共同开展的酿造工、品酒师、酿酒师、营销师等多酒种的职业资格培训鉴定工作，协助各行业企业建立高素质、高技能的人才队伍，为企业的持续发展供应人才，构建了合理的人才发展规划布局。

六、推动酿酒行业诚信自律、倡导企业社会责任建设

（一）2011年，协会在四届五次理事会期间，组织召开了以“诚信•自律•责任•关爱”为主题的2012中国国际“酒与社会”时代论坛，论坛邀请了政府部门相关领导做了主题发言。百威英博、贵州茅台、中国食品、劲牌等企业代表也进行了企业诚信建设方面的演讲。

（二）协会与国际酒精政策中心合作发起了一系列行业自律活动，包括：酒后驾驶干预项目、《酒类广告和营销传播自律导则》的起草发布和完成《中国酿酒企业社会责任调查报告》。这系列活动旨在总结中国酿酒企业社会责任建设情况的基础上，全面树立负责任的行业形象，指导行业社会责任发展，营造良好的行业发展环境。

（三）参加了在美国华盛顿召开的“全球减少有害饮酒行动国际会议”。会议就世界卫生组织减少有害饮酒全球战略和目前全球各国在酒精行业自律方面所做的工作及经验成果进行了讨论。协会在介绍中国酿酒业发展现状的基础上，向与会代表分享和交流了中国酿酒行业管理与引导行业自律的情况。

七、履行协会职能，维护行业利益

2012年是行业形势复杂多变的一年，协会在精益求精地完成日常工作的基础上，积极主动地维护行业利益，代表行业声音，还开展了如下工作。

（一）2011年6月，香港消费者委员会称浙江绍兴两款黄酒含2A类致癌物质氨基甲酸乙酯。协会获悉后积极发声，从客观事实指出氨基甲酸乙酯是在发酵食品中普遍存在的，是自然发酵产生的而不是人为添加的，黄酒是我国的历史传统酒种，数千年的黄酒饮用历史已经证明了黄酒是安全的、健康的。协会与企业通过调查研究和积极努力应对，恢复了消费者对黄酒产品的信心。

（二）2011年8月，某杂志在其微博发出“三家国内葡萄酒上市公司的十款葡萄酒监测出多菌灵或甲霜灵农药残留”的消息，引起了市场震动。协会迅速联合张裕公司组织召开了媒体沟通会，指出报告中的检测值远远低于欧盟、美国等地的限量标准和我国《食品中农药的最大残留限量》标准，表明这些葡萄酒产品都符合国家标准，属质量合格产品。通过协会的积极应对，市场很快恢复稳定。

（三）协调解决“啤酒生产企业自产自用二氧化碳生产许可证”有关问题。2011年底，国家质检总局明确要求啤酒企业“应依法取得食品添加剂二氧化碳生产许可证后方能生产、销售和使用”。协会经多次与相关部门进行沟通和交涉，并联合酒界人大代表提交人大提议“关于将啤酒生产企业自产自用二氧化碳纳入食品生产许可证认证单元的建议”； 2012年10月19日，卫生部监督局同意“在啤酒酿造过程中由酵母发酵成酒精产生的经啤酒生产企业收集处理后再用于啤酒生产的二氧化碳，不作为食品添加剂管理”。意味着啤酒企业无需为自产自用二氧化碳单独办理食品生产许可证，但是，仍要确保自产自用二氧化碳的安全性。

（四）2011年年底，某媒体通过互联网发表有关白酒塑化剂超标的报道，同时对我协会《关于白酒产品塑化剂有关问题的说明》一文进行断章取义的报道，歪曲了文章的真实内容，并宣称是我协会对有关白酒塑化剂问题的回应。协会获悉后，及时联系国务院食安办、中宣部、质检总局等部

门，迅速在官网上发出《关于针对某媒体报道我协会回应白酒塑化剂超标问题的声明》，指责报道失实，让广大消费者和社会各界了解问题的真实情况，全力让塑化剂风波对行业的影响降到最低，维护白酒行业整体的利益。

（五）国家标准《商品质量监督抽样检验程序具有先验质量信息的情形》（GB/T 28863—2012）已于今年2月15日开始实施，我协会认真了解该标准后，发现在该标准中采用的执法依据之一是产品质量标准GB/T 10781.1—2006，但由于消费者理性饮酒和消费理念的变化，GB/T 10781.1—2006标准中总酸、总酯的指标要求已经不能完全适应白酒消费市场发展的需求，且该标准正在修订当中。若在《商品质量监督抽样检验程序具有先验质量信息的情形》执行后，有执法人员采用GB/T 10781.1—2006作为执法依据进行执法，可能出现部分指标与现行指标不一致的状况，将会导致所有产品被召回，影响行业、企业的整体发展，为此，协会会同全国白酒标准化技术委员会共同向国家工商总局、质检总局、国家标准化管理委员会发出《关于对白酒产品执行<商品质量监督抽样检验程序具有先验质量信息的情形>标准有关问题的请示报告》（中酒协[2013]02号），并派专人与各部门沟通，最终得到了有关部门的理解，并表示将针对此特殊情况，在执法过程中予以关注。

八、开展协会日常工作

协会按照《中国酒业协会章程》开展了许多基础性的工作，包括行业调研，开展产业政策研究，推进行业信息化工作，继续完善协会网站建设工作，编印《酒》杂志、《会员通讯》《啤酒科技》《中国酿酒工业行业信息》、《中国啤酒信息》《啤酒原料快讯》《中国酿酒工业年鉴》《中国黄酒》等书刊。协会各分支机构认真组织分支机构理事会、年会、技术委员会年会、评酒委员年会，各分支机构具体工作将在分会场工作报告中体现。

2013年中国酿酒行业综述

为充分分析2013年行业运行情况，我们首先回顾下2003—2012年这十年来酒行业的发展历程：2003年以来，在市场需求的拉动以及宏观经济不断向好的带动下，我国酿酒行业进入一个崭新的发展时期，无论是总量和速度的增长、产业结构和产品结构的调整，还是企业规模、经济效益及科技水平的提高等方面都发生了巨大的变化，并成为食品工业中最具活力的产业之一。截至2012年年末，酿酒行业2364家规模以上生产企业累计完成销售收入754V7.2亿元，与2003年相比年均复合增长率50.40%；利润总额1054.9亿元，年均复合增长率29.37%；上交税金总额达844.6亿元，年均复合增长率14.83%。

表1 2003—2012年我国酿酒行业主要经济指标增长情况

指标	2003年（亿元）	2012年（亿元）	年均复合增长（%）
销售收入	127.4	7547.2	50.40
利润总额	80.3	1054.9	29.37
税金总额	211.9	844.6	14.83

（数据来源：国家统计局）

2012年四季度以来，由于多种因素的叠加作用，酿酒行业以往高速增长势头受到抑制，行业整体进入调整期。根据国家统计局数据，2013年全年行业完成总产量7511.88万千升，同比增长4.86%；其中，饮料酒产量6600.33万千升，同比增长4.52%；发酵酒精产量911.55万千升，同比增长7.40%。全行业完成销售收入8453.21亿元，同比增长9.42%；实现利润1062.11亿元，同比增长0.17%；上交税金总额达858.39亿元，同比增长0.47%。饮料酒及发酵酒精产品进出口总额34.77亿美元，同比下降5.79%。各项数据表明，2013年行业结束了以往超高速增长态势，进入到理性发展期。具体表现在以下几个方面：

一、行业资产总量保持增长，增速放缓

根据国家统计局数据，2013年全年我国规模以上酿酒生产企业资产合计由年初的7302亿元增长到年末的8390亿元；月度资产总额同比增速由年初的19.94%下滑到年末的14.92%，增速下滑5个百分点。

二、产销增速放缓，个别酒种出现下降

2013年我国酿酒产量未能延续以往的高增长态势，部分酒种产量增速出现下滑，个别酒种产量甚至出现下降。根据国家统计局公布数据，2013年酿酒行业各种酒类产品中，葡萄酒产量出现下降，白酒、啤酒、发酵酒精产品产量均保持增长，但白酒增速大幅回落。从销售情况看，2013年全行业完成销售收入增速由上年同期的19.65%下降至9.42%，子行业中，除啤酒行业销售收入增幅扩大外，其他各酒种销售增幅均出现下降，其中葡萄酒行业销售出现负增长。

表2 2013年我国酿酒企业分酒种产品产量及同比情况

酒种	总产量（万千升）	增速（%）	上年同期增速（%）
发酵酒精（折96度）	911.51	7.40	3.46
饮料酒	6600.33	4.52	5.96
其中：白酒（折65度）	1226.20	7.05	18.55
啤酒	5061.54	4.59	3.06
葡萄酒	117.83	-14.59	16.90

（数据来源：国家统计局）

表3 2013年我国酿酒行业销售收入变化情况

酒种	产品销售收入（亿元）	增速（%）	上年同期增速（%）
发酵酒精制造业	830.35	7.55	11.86
白酒制造业	5018.01	11.22	26.82
啤酒制造业	1814.08	9.27	6.77
黄酒制造业	153.91	12.23	12.89
葡萄酒制造业	408.17	-8.52	14.39
其他酒制造业	228.68	15.46	31.43
合计	8453.21	9.42	19.65

（数据来源：国家统计局）

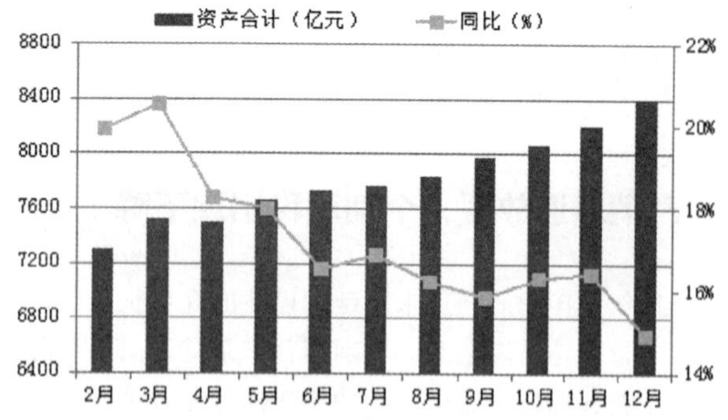

图1 2013年我国规模以上酒类生产企业资产合计指标月度变化情况

三、行业整体效益下降，白酒、葡萄酒首当其冲

自2012年下半年以来，行业进入深度调整期，亏损面扩大，亏损深度加深，行业整体效益不断下滑。根据国家统计局数据，2013年我国2535家规模以上酿酒生产企业，累计实现利润总额1062亿元，同比增长0.17%，行业毛利率30.06%，同比下降7.45%；亏损企业289家，比上年同期增加23家企业，亏损金额44.28亿元，同比增长29.01%。子行业中，白酒、葡萄酒行业首当其冲，详见表5。

表4 2013年我国规模以上酿酒企业效益指标完成情况

指标	实际值	上年同期
企业单位数（家）	2535	2364
亏损企业单位数（家）	289	266
累计亏损额（亿元）	44.28	34.32
利税总额（亿元）	1920.50	1914.65
利润总额（亿元）	1062.11	1060.29
毛利率（%）	30.06	32.48
销售利润率（%）	12.56	13.72
成本费用利润率（%）	15.22	17.12

（数据来源：国家统计局）

表5 2013年酿酒行业各子行业效益情况对比

（单位：%）

子行业	毛利率		销售利润率		成本费用利润率	
	2013年	2012年	2013年	2012年	2013年	2012年
发酵酒精制造业	13.39	12.93	5.01	5.34	4.85	5.07
白酒制造业	34.36	38.07	16.04	18.19	20.44	24.38
啤酒制造业	27.71	28.77	6.93	6.24	7.92	7.15
黄酒制造业	27.50	27.25	11.13	10.73	12.88	12.34
葡萄酒制造业	25.03	26.24	10.73	12.28	12.48	14.60
其他酒制造业	25.56	30.11	12.63	12.82	14.48	15.06

（数据来源：国家统计局）

四、重点地区行业利润总额出现下降

表6 2013年重点省市酿酒行业利润指标完成情况

省市	酿酒总产量		利润总额	
	实际值（万千升）	同比（%）	实际值（万千升）	同比（%）
全国	7511.88	4.86	1062.11	0.17
四川省	608.10	14.06	260.64	-14.30
江苏省	442.45	2.70	114.46	-2.49
山东省	903.57	2.60	89.76	-0.45
河南省	788.60	4.60	49.24	12.49
广东省	513.63	1.25	10.53	1.57

（数据来源：国家统计局）

我国酿酒主产区包括：四川、山东、河南、广东、江苏五省，这五个省区酿酒总产量占到全国酿酒总产量的比重达到43.35%，利润合计占到全国酿酒行业利润总额的1/2。2013年，五省酿酒行业合计实现利润524.62亿元，同比下降8.28%。其中，以白酒生产大省著称的四川省，2013年酿酒行业实现利润261亿元，同比下降14.30%；另外一个白酒产销大省江苏省，2013年酿酒行业实现利润114.46亿元，同比下降2.49%；山东省，其白酒、啤酒、葡萄酒产销量均保持行业领先地位，受到白酒放缓、葡萄酒下降的影响，2013年山东省酿酒行业实现利润89.8亿元，同比下降2.49%；河南省的白酒、啤酒和葡萄酒行业发展相对均衡，2013年该省酿酒行业实现利润49亿元，同比增长12.49%；广东省是传统的啤酒产销大省，2013年广东省酿酒行业实现利润10.53亿元，同比增长1.57%；可以看出，以盛产白酒为主的四川省、江苏省2013年行业利润均发生下降；以盛产啤酒为主的广东省2013年行业利润保持微增；而作为白酒、啤酒、葡萄酒的主产区，2013年山东省行业利润也出现了下降。

五、大型企业利润下滑，中小型企业保持增长

在高端消费不足的情况下，行业企业积极加快转变发展方式，调整产品结构和经营结构，从过度追求高档酒的生产，向适应大众消费需求的中低端酒转型。这在部分生产高端名酒的大型企业中得到印证，2013年大型企业实现利润735亿元，同比下降4.61%；而以生产面向大众消费的中小型企业仍在保持增长态势，2013年酿酒中型企业实现利润132亿元，同比增长13.06%，增速较2012年提高2.13个百分点；小型企业实现利润196亿元，同比增长12.71%，增速比上年下降36.54个百分点。

表7 2013年不同规模企业利润指标完成情况

企业规模	企业数（家）	利润总额（亿元）	同比增长（%）	上年同期（%）
大型企业	102	734.57	-4.61	38.69
中型企业	507	131.89	13.06	10.93
小型企业	1926	195.65	12.71	49.25
合计	2535	1062.11	0.17	36.45

（数据来源：国家统计局）

1、大型企业：从业人数2000人及以上、销售额30000万元及以上、资产总额40000万元及以上。

2、中型企业：从业人数300～2000人以下、销售额3000～30000万元、资产总额4000～40000万元。

3、小型企业：从业人数300人以下、销售额3000万元以下、资产总额4000万元以下。

六、各酒种进出口贸易颓势，仅啤酒实现增长

从进出口贸易情况看，饮料酒及发酵酒精贸易总额整体出现下滑，根据海关总署数据，2013年我国饮料酒及发酵酒精进出口贸易总额35.77亿美元，同比下降5.79%，其中出口贸易总额6.17亿元，同比下降14.18%，进口贸易总额28.60亿元，同比下降3.64%；进口贸易总额增速和出口贸易总额增速较2012年同期均有大幅下滑。特别是作为进口主力军的葡萄酒产品，2013年受到行业整体下滑、消费需求不足，进口额同比下降1.91%，增速比2012年同期减少10.68个百分点；其中规格在2升及以上包装的葡萄酒，进口量同比下降了26.74%。

表8 2013年1～12月饮料酒及酒精产品进出口情况

商品名称	出口			进口		
	出口额（万美元）	增速（%）	上年同期（%）	进口额（万美元）	增速（%）	上年同期（%）
白酒	25446	-26.72	45.56	5325	9.19	126.45
啤酒	16302	15.58	7.94	23166	60.66	59.14
葡萄酒	3712	-50.89	256.94	149132	-1.91	8.77
黄酒	2447	-9.29	0.51	108	2.31	11.23
其他饮料酒	9763	11.18	-23.15	108097	-12.88	31.22
酒精	4045	-12.39	23.12	143	-86.42	97.68
合计	61715	-14.86	27.38	285970	-3.64	20.47

（数据来源：海关总署）

1. 其他饮料酒包括：葡萄汽酒、味美思、蒸馏葡萄酒制得的烈性酒、威士忌酒、朗姆酒及蒸馏已发酵的甘蔗制得的酒、杜松子酒、伏特加酒、利口酒及柯迪尔酒、龙舌兰酒、浓度小于80%的未改性乙醇；其他酒精饮料以及中药酒等11种。
2. 酒精包括：未改性乙醇，按容量计酒精浓度≥80%、任何浓度的改性乙醇及其他酒精等2种。

七、酿酒行业运行趋势分析与认识

2013—2014年对酒行业而言是影响深远又至关重要的一个阶段，是艰难的变革时期，行业调整逐渐纵深和明朗，利弊相间，压力与挑战共存：

2013年全行业增长速度处于持续下滑阶段，与多年来整体高增长的形势形成反差。逐渐实现从外延式高速扩张模式转变为内敛式中速增长模式，内外部形势呈现几个特点：

（一）行业内部问题明显，各酒种差异化发展

白酒行业经过过去10年高速增长，在消费、生产、流通等方面积累了大量问题和矛盾，产业调整是其必然。无论主动还是被动，变革已经是行业的必经之路：高端白酒消费信心受挫，需求发生明显变化，急需寻求新的定位；其他酒种的冲击，消费者口味的变化等，对白酒产品提出新要求；团购、定制等营销模式受阻，开发新渠道、加快流通、扩大消费迫在眉睫；产能扩大与市场需求放缓的矛盾已经形成；中低端白酒放量，价格竞争不可避免。同时，白酒产品市场竞争秩序混乱，税赋不公平；假冒伪劣、虚假宣传等现象对整个白酒行业诚信造成极大影响和损失，维护产业安全、健康发展已经迫在眉睫。

啤酒行业2013年整体形势良好，市场集中度进一步提高，盈利水平稳步提升。在我国酒行业中，啤酒行业是集中度最高的，目前五大集团市场份额已接近80%，通过充分的市场竞争和行业整合，集团优势已经非常明显，竞争格局逐步形成。市场日趋成熟，未来品牌、品质层面的深度竞争将更加凸显，逐渐取代资本力的竞争。随着行业逐渐进入多巨头良性竞争阶段，行业利润还将持续上升。

葡萄酒行业从2010年起就开始出现下降的趋势，2013年形势更加严重，出现全行业产量、经济效益下降，个别主要企业亏损的局面。行业下降趋势已经传递到上游，部分产区出现拔葡萄树的现象。究其原因，除宏观经济影响、进口酒的冲击、三公消费受限等外部因素外，行业自身存在的问题也不能忽视，主要问题有：产品结构、性价比不合理，忽视了佐餐酒的发展，中高端酒的产品品质与价格不匹配；对技术的认识、重视度不够，技术支持跟不上产业发展的需求；酿酒葡萄及产品缺乏产区个性与特点，使得产区缺乏核心竞争力；市场推广模式和本土葡萄酒文化建设滞后，缺乏产品的细分，仅靠品牌和概念，不贴近消费者，对葡萄酒文化的本土化研究不够，越来越不能适应现有的市场发展和消费者需求。

黄酒行业虽然也受到社会大环境的影响，但由于行业小、基数低，影响范围和程度与其他酒种相比，还不明显。相反，在产量、经济效益和利税等各方面，都有不同程度的增长。但黄酒行业发展相对缓慢的局面仍未有明显改善，其原因是多方面的，主要有：①行业集中程度较低，在黄酒行业中为数较少的大型企业还不能影响、带动行业及市场的走向；②行业整体的机械化、自动化水平较低，成本压力大，很难在短时间内实现企业的改造、转型升级；③相比其他酒类产品，黄酒产品市场竞争力、品牌影响力明显不足，市场扩张缺乏力度，黄酒的消费市场始终在江浙沪地区徘徊，难以实现突破性的进展。

酒精行业在我国经济发展和产业结构调整的大背景下，再加上2012年以来白酒行业产品结构调整和行业利润大幅下降的压力下，虽然酒精产品产量2013年增速回升，各项经济指标也有所好转，但也面临着前所未有的行业困境：①全年酒精保持低利润价格水平波动，单位产品销售利润率下降6.0%，原料成本在除去副产品收入后达到销售价格的85%以上；②由于产能过剩、酒精产品高税负政策以及地方保护主义所造成的一些中小企业偷漏税成为常态，造成市场竞争不能够淘汰落后产能；③在各级政府对环保越来越重视和实行农产品增值税进项税额核定扣除办法以来，2013年对行业产生了明显的积极作用。新的核定扣除办法解决了行业多年来一直呼吁的以前酒精生产企业原料进项税13%和酒精产品增值税17%之间的不一致问题，堵住了虚开农产品收购凭证、多列进项等偷税骗税的漏洞，降低了生产企业的税负，对规范行业市场环境有积极的作用，对规范的大企业更有利，行业集中度进一步提高。

保健酒行业一直以来所占市场份额较小，规模品牌屈指可数，但近年来发展较快，有从区域品牌向全国品牌发展的趋势。我们认为保健酒的未来大有可为：首先，消费税从与白酒一样的20%调整为10%；其次，随着人们对健康越来越关注和重视，全民保健意识的普遍提高，保健酒市场潜力和潜在的消费人群是非常可观的。与此同时，消费者对于保健酒产品的品质要求也愈来愈高，保健酒行业目前的市场不太成熟，只有品质优良的产品才能顶住市场竞争压力，塑造常胜不衰的品牌。这就要求我们厂家①更加立场坚定地倡导健康饮酒、理性饮酒；②加强产品的研制，将中国的传统中医国粹和现代生物技术完美结合；③发掘个性化的发展道路，研制出适合不同年龄段需求的产品。

（二）多重因素支撑，行业仍然具备增长潜力

虽然2013年行业经济数据不甚理想，但是从外部环境发展趋势和自身发展特点来看，酒行业仍然具有增长潜力，表现在几方面：

1、国家宏观经济虽有压力，但总体良好。2013年国民生产总值增长达7.7%，居民消费价格涨幅控制在2.6%，新增就业达1200万，居民收入、企业效益和财政收入平稳增长，尤其是农村居民收入，去年实际增长率达9.3%，纯收入达8896元。去年，国务院制订了《关于化解产能严重过剩矛盾的指导意见》，其中指出：要积极扩大国内有效需求，通过适应工业化、城镇化、信息化和农业现代化深入推动的需要，要着力挖掘国内市场潜力，消化部分过剩产能。

同时，中央提出了大力发展城镇化建设和“三个1亿人”目标，即到2020年，要解决约1亿进城常住的农业转移人口落户城镇，约1亿人口的城镇棚户区和城中村改造，约1亿人口在中西部地区的城镇化，作为扩大内需和促进产业升级的重要抓手。

酒类产品作为大众消费品，与国家宏观经济发展和居民收入水平息息相关，可以预见的是，我国大力发展的城镇化建设将有利于持续、稳定地扩大内需，继而推进消费产品的增长，随着居民可支配收入的进一步增加，酒类产品的消费也会保有持续的驱动力。

2、酒产品的消费属性仍被大众认可和接受。酒产品不同于其他消费品，是蕴含精神、文化和物质的嗜好性产品，是交际活动、礼仪消费中最具典型文化特征的产品，是一种以满足人们心理感受为主要目的的“感性食品”，其情感需求和氛围需求在社会中没有发生变化。

3、酒行业销售收入继续保持着良好的态势，在形势困难的2013年增长速度仍超过GDP，达到9.42%。其中除葡萄酒出现下降外，白酒销售收入增长11.22%，啤酒增长9.27%，黄酒增长12.23%，其他酒增长15.46%。尤其是中型企业，逆市上涨，利润同比增长13.06%，比2012年提高了2.13%。这直接说明社会需求总量没有发生大的变化，大众消费基础没有动摇，只是消费群体和偏好发生了改变，也体现了酒企业在去年及时改变营销策略，改善产品结构上所取得的成绩。

客观而言，酒行业过去几年是跨越式的发展，行业各方面的提升速度十分迅猛，促使行业片面追求规模和扩张，也造成了自身发展弊端的积累。2012年底中央对“三公消费”严控政策并不是针对酒行业，但是一部分产品、企业受到了影响，在外部因素的作用下，导致行业问题集中爆发出来。我们认为，这种调整，从行业发展的规律来看是一种必然，是困难也是机遇。一个行业要实现长期持续健康发展，必须是理性、合乎经济规律的。行业应该借此机会调整思路，要意识到过去白酒行业1%的高端产品实现行业40%以上利润的情况是不符合正常市场经济发展规律的，我们要修正行业发展不合理的部分，打破某些消极的、急功近利的惯性思维，通过真正意义上的创新转变，解决行业内部诸多问题与矛盾，谋求长期稳定、健康的发展。

2013年中国酒业协会工作情况

2013年协会按照《中国酿酒产业“十二五”发展规划》的总体安排，结合本届理事会制定的“调结构、谋转变、上水平、增后劲、可持续”的目标，着力推动行业结构调整和发展方向转变，完善自身建设，改革服务模式，更新服务理念，全面提高协会服务行业、服务企业和沟通政府的双向协调能力。全年以“引领行业方向、鼓励科学研究、推进行业自律、开拓服务领域、加强形象建设”为主线，完成了以下几方面工作，取得了新的进展：

一、把握宏观政策，引领行业方向

2013年是酒行业发展形势错综复杂的一年，为完成行业导向的责任，协会多次深入企业调研，走访流通市场，动态掌握行业变化，并积极与国家有关部委沟通，反映行业情况和需求，力争准确把握政策方针。同时建立多种交流平台和渠道，创新交流机制，及时与行业主要企业进行座谈，了解企业情况，分析行业全局形势。

（一）多角度多层次地反映企业诉求，配合政府部门完成工作，为行业发展献计献策

①联合国务院发展中心调研白酒行业发展形势，并完成报告指出我国白酒行业结构调整势在必行；②提出了对《企业生产葡萄酒及果酒许可条件审查细则》《白酒生产许可证审查细则》《食用酒精生产许可证审查细则》和《啤酒产品生产许可证审查细则》的修改意见和建议；③展开了《发酵酒精单位产品能源消耗限额》标准制定工作；④向财政部上报《酒精行业概况汇报和酒精产品税收政策建议》；⑤向国家食品安全风险评估中心提供了“关于在葡萄酒中使用食品添加剂二甲基二碳酸盐和抗坏血酸的意见的函”；⑥配合商务部完成了《关于“十二五”期间加强酒类流通管理的指导意见》中期评估及《酒类流通行业信息监测统计报表制度》评估调查；⑦参与科技部“十三五”技术预测关键技术选择报告编写；⑧完成工信部“啤酒行业国家清洁生产推行规划”修订和“我国酒业品牌社会属性与民族品牌推进战略研究”报告编写等工作，为政府决策提供技术支持和建议。

（二）创新交流机制，引导行业发展

1．召开“2013年全国酒协秘书长座谈会”

为了更好地发挥协会桥梁和纽带作用，加强各省市酒协之间的沟通交流与合作，探索协会工作的新方法、新理念。2013年年初，协会在福建省组织召开了“2013年全国酒协秘书长座谈会”，来自全国26个省、自治区、直辖市酿酒（酒业）协会负责人共45人参加了会议。会议总结了2012年全国各省市协会的工作情况，研究探讨2013年工作计划和目标，就行业热点问题进行了广泛讨论。

2．组织“中国啤酒行业产业结构发展模式高端座谈会”

2012年6月，协会邀请到了国家有关政府部门、啤酒行业知名企业高层管理人员共20余人，召开了“中国啤酒行业产业结构发展模式高端座谈会”。会议针对我国啤酒行业生产经营及市场情况进行了通报，就啤酒行业产业结构发展提出了相关建议，并就如何面对新的形势，促使产业更好地发展进行了研究、探讨。

3．召开“中国白酒领袖峰会”

2012年6月和今年四月，协会分别在南京、贵阳组织召开了第二、第三届“中国白酒领袖峰会”。会议邀请了国务院参事室特约研究员姚景源、国务院发展研究中心市场经济研究所所长任兴洲等专家，与白酒行业重点企业高层共同探讨、分析当前白酒行业面临的发展形势和未来行业转变调整的方向。

2013年峰会的主题是：信心、变革、突破。我们提出白酒产业要走出低谷，就必须坚定信心，力求变革，敢于突破。要积极适应经济政策调控、调整自身发展理念、转变发展模式。要切实以消费者为中心，加快自我转变，深入研究消费需求，在文化上推陈出新，在品质和技术上争取重大突破。

在代表们的建议下，“中国白酒领袖峰会”已经形成以例行会议的形式每年定期召开，力争更好地发挥重点企业的引领作用，搭建长期的行业交流平台。

4．组织“中国葡萄酒龙头企业座谈会”

2012年7月，协会邀请了地方葡萄酒行业主管部门、葡萄酒行业知名企业高层管理人员十余人，召开了内部座谈会。会议针对葡萄酒行业近年来遇到的新问题和困难，以及来自产业内部和外部的机遇挑战进行了讨论。协会听取了各个企业关于规范进口葡萄酒市场管理、葡萄酒产区和葡萄基地建设，和进口葡萄酒对我国葡萄酒市场的影响及

应对措施等方面的建议。会后，协会将企业需求和建议汇总上报了有关政府部门。

5. 组织召开全国酒界人大代表座谈会

2013年3月，依照惯例协会在北京组织召开了全国酒界人大代表座谈会，该座谈会已连续举办五年。在会上，协会就行业运行存在的问题和国家有关政策动向与代表们进行了充分沟通，向全国人大代表反映行业实际情况，代表们认为座谈会为大家提供了交流沟通平台，加深了相互了解、相互信任，同时也是促进酿酒产业健康可持续发展的标志性会议。

2013年，协会通过各种会议和座谈，凝聚了行业力量，传递了政策导向，与企业共商发展大计，取得了良好的效果。

二、鼓励科学研究，推动人才建设

酿酒产业作为传统产业，发展科研力量，提高从业人员专业素质一直是协会工作的重点：

（一）开展科学技术奖评选，全面推动行业科技创新

2012年11月，中国酒业协会科学技术奖励办公室组织开展了“2013年度中国酒业协会科学技术奖”项目评审及评审委员会审议会。国家科学技术奖励工作办公室领导及22位评审专家参加了会议。协会奖励办公室本年度共收到54个酿酒企业及相关单位申报的68个项目以及申报优秀论文奖的41篇论文。根据《中国酒业协会科学技术奖奖励办法（2013年修订版）》有关规定，评选结果经过了20天公示。随后，将在会上宣读并颁发证书和奖金。

2013年是中国酒业协会科学技术奖设立的第三年，在往年工作的基础上，整合了协会现有各分支机构的优秀论文评审体系，增设“中国酒业协会科学技术奖”优秀论文奖，进一步完善“中国酒业协会科学技术奖”奖励工作；同时，按照国家科技奖励办的授权，协会将在获奖项目中，选择科技含量高的优秀项目申报国家科学技术奖，进一步促进和提高中国酒业科学技术奖的科技水平和行业地位。

（二）搭建人才平台，树立先锋楷模

协会多年来通过培训和鉴定、职业技能大赛、中国酿酒大师评选等工作，协助酿酒各行业、企业建立了高素质、高技能的人才队伍，为企业的持续发展提供了人才，构建了合理的人才发展规划布局。

1. 开展“中国首席白酒品酒师”考评工作

2012年，协会依据《中国首席白酒品酒师考评实施办法》文件要求，经报中国轻工业联合会批准，决定在国家品酒师、中国酒业协会国家级白酒评酒委员范围内考评、认定的基础上，由中国轻工业联合会和协会共同开展首届“中国首席白酒品酒师”考评工作。本次考评条件严格，范围明确，旨在从全国白酒行业中评选出长期从事品评、酒体设计、技术和质量管理工作，并具备丰富经验的权威专家。活动开展以来，共收到来自白酒行业82份品酒师人员材料，通过对全部申报材料严格审查，最终确定45人参加考评。

2. 举办“‘诺玛科杯’第二届全国葡萄酒品酒职业技能竞赛”

这次竞赛由协会、中国就业培训技术指导中心、中国财贸轻纺烟草工会、中国轻工业职业技能鉴定指导中心共同举办，作为国家二级技术比赛，分初赛和决赛两个阶段进行。初赛由各省、自治区、直辖市的酿酒工业（酒业）协会、财贸轻纺烟草工会组织实施，分为山东、河北、宁夏、新疆、东北片区、华南片区等13个赛区进行，最终有62名选手进入决赛。经过严格规范的决赛，最终获得前三名的选手，由协会报请人力资源和社会保障部授予“全国技术能手”称号，获得第一名的选手，按照程序申报全国“五一”劳动奖章。

3. 举办2013中国酒业高级营销师职业资格鉴定培训班

为了满足行业发展，提高酒类营销人员在市场上的分析能力和专业水平，协会在行业内继续开展了中国酒业“高级营销师”职业资格培训和鉴定工作。培训班除特别邀请泸州老窖集团总裁张良、酒仙网董事长郝鸿峰等专家亲自授课，与大家进行品牌战略研讨外，还专门请白酒、葡萄酒行业技术专家为营销代表们做了品酒知识讲座与品鉴培训，当场练习品酒知识，获得参会代表们的热烈欢迎和一致肯定。

4. 继续开展国家职业资格培训鉴定工作

2012年主要完成了三方面工作：①完成了《中华人民共和国职业分类大典》修订工作中，白酒酿造工、啤酒酿造工、黄酒酿造工、果、露酒酿造工、酒精制造工、酿酒师、品酒师共7个职业的修订任务，参与了“调酒师”职业标准的修订工作，为顺应发展趋势，协会还申报了“侍酒师”和“麦芽制麦工”两个新职业；②与各鉴定站、地方协会共同开展了多项酿造工、品酒师、酿酒师、营销师等多酒种的职业资格培训鉴定工作，为企业培养了大量技术骨干；③创新教育模式，与地方人力社保局合作开展高级技师的继续教育，推动企业技术人员提升素质和能力。并于2012年底在北京召开酿酒行业职业技能培训和鉴定工作会议，与各鉴定站一起总结工作经验，制定2013年工作计划。

三、着力行业转型，推进行业自律

在行业变革时期，协会一方面推动产业转型升级，另

一方面大力在行业里倡导自律，关注自身问题，修炼内在素养，两方面结合促进行业尽快走出低谷。

（一）针对白酒行业形势，启动“3C计划”

为推动我国白酒产业健康、持久发展，协会白酒分会经过产业深度调研，广泛征集白酒分会副理事长及部分常务理事单位意见，并通过2013年“中国白酒领袖峰会”的探讨论证后，决定在行业中开展“中国白酒3C计划”。

“3C计划”是指“品质诚实、服务诚心、产业诚信”，具体而言：白酒发展应该坚持品质诚实，以质量为主导，争取更多公众对白酒品质诚实的关注和信任，从源头上解决白酒行业的诚信危机；白酒行业要切实关注消费者，诚心为消费者提供诚信的、高品质、高品位的服务；白酒行业要通过科技进步和管理进步，建立具体可行、公开透明的质量评价体系，完善中国白酒质量检测项目、升级白酒检测标准和手段，推进诚信管理体系建设。协会希望通过“3C计划”的实施，构建和谐的公众关系，树立良好的行业形象，加快白酒产业结构调整，适应白酒消费需求。

3C计划工作已经启动并有全国38家知名白酒企业和5家科研院校参加。目前，“白酒产品生产准入细则修订”“白酒年份酒准入”“白酒知识科普宣传”“白酒品质安全”“白酒品质提升”“白酒品质鉴别”课题都进入实际研发阶段。

（二）联合国际机构，发起行业自律活动

2012年，协会与国际酒精政策中心合作发起了一系列行业自律活动，包括：酒后驾驶干预项目、《酒类广告和营销传播自律导则》的起草和完成《中国酿酒企业社会责任调查报告》。这系列活动旨在总结中国酿酒企业社会责任建设情况的基础上，树立负责任的行业形象，指导行业社会责任发展，营造良好的行业发展环境。

2013年，协会将全面开展酒行业公益战略计划，下午的论坛即是这一战略计划的开端，我们号召企业参与进来，共同形成自律、公益、负责的行业风貌。

四、开拓服务领域，转变服务模式

2012年，协会加速深化自身改革，开拓服务领域，根据行业变化调整服务模式，以生产企业为中心，联合原料种植、机械装备、市场流通等上下游相关企业，整合各种资源，发挥优势和特色，形成完整的产业链和共赢圈，配合政府宏观决策提出建议和措施，同时密切与地方政府保持合作，进一步发挥协会在行业发展中的作用。

（一）举办“2013中国国际酒业装备技术博览会”

2012年4月，协会在北京主办了“2013中国国际酒业装备技术博览会”（CIADE2013）。本次展会自2011年开始每两年举办一届，今年以“创新、低碳、环保”为主题，参展企业数量接近150家，展出面积达一万平米，专业观众人数达到5000人次，收到了良好的效果和口碑。

（二）成立“中国保健酒联盟”和“中国白酒酒庄联盟”

经过近两年的精心筹备，协会于去年5月成立了“中国保健酒联盟”，并于10月份召开了2013年度工作会议。首批联盟成员为：劲牌有限公司、浙江致中和酒业有限公司、海南椰岛（集团）股份有限公司、五粮液集团保健酒有限责任公司等。联盟成立的半年时间内，已经制订完成了《保健酒联盟章程实施细则》《保健酒联盟短期计划及中长期规划》等文件初稿，并组织劲牌公司保健酒技术部完成了《保健酒技术》一书的初稿编撰工作。同时为了掌握目前国内保健酒市场的现状，组织调查了全国保健酒市场品牌的相关情况，第一次获得了较为全面的国内保健酒企业信息。

2013年3月，协会在泸州召开了“中国白酒酒庄联盟”成立大会，并公布了组织架构。“酒庄酒”在国际上一直广受高端消费者的青睐，具有特定的稀缺价值，它是人们对酒类产品的价值需求升级到一定阶段后的必然产物。随着我国白酒消费的理性化发展，人们对白酒欣赏水平的不断提高，以及高端白酒价值的理性回归，白酒“酒庄酒”的需求逐渐被释放出来。通过成立联盟，将进一步整合行业资源，建立完善的白酒酒庄制度，树立中国白酒酒庄的整体形象，保护中国白酒这一宝贵的中华历史文化遗产，推动中国白酒与国际接轨。

两个联盟的成立意味着保健酒行业和白酒酒庄业向标准化、市场规范化和行业自律的方向迈出了里程碑式的一步。

（三）成立中国酒业协会名酒收藏委员会

随着中国白酒领袖品牌影响力的不断提升，以及消费者日益增长的物质和情感需求，名酒收藏、交易近年来在民间悄然兴起并发展迅速，据初步计算，国内的名酒收藏交易每年已经超过50亿元交易额。但是由于名酒收藏多属自发行为，缺乏专业指导和标准规范，近年来，在我国名酒收藏市场上，已经出现了假冒产品、价格哄抬等恶劣行为。春节期间，央视专门对名酒收藏进行了相关报道，曝光了一些问题。为了规范中国名酒收藏市场，推进名酒收藏和消费的健康发展，协会经多方研究，于2013年4月成立了“中国酒业协会名酒收藏委员会”。

委员会由协会、领袖企业、名酒企业、检测机构、科研院所、名酒收藏企业、名酒收藏专业人员等各方共同组成，采取轮值理事长制度。计划将在国内建立名酒交易中心，构建科学、规范的名酒鉴定、估价、贮存、交易体系，规范名酒市场的秩序，保护传统名优酒品牌优势，推动中国名酒收藏健康发展。

（四）保护行业健康发展，提出“双反”申请

近年来由于欧盟葡萄酒进口量逐年大幅增加，占中国葡萄酒销售量的比例大幅上升，已经对国内市场造成了很大的冲击和威胁。我国葡萄酒企业的市场空间遭到了严重挤压，产能不能得到充分发挥，产量、销量、利润等多个重要性经营指标均开始出现不同程度的下滑趋势，整个行业形势不容乐观。通过协会的调查，在欧盟进口数量大幅增长的背后，不仅仅是欧盟葡萄酒生产企业的低价倾销行为，还有欧盟政府对葡萄酒产业的长期政策鼓励和巨额财政补贴。这种压力，从企业的发展状况来看，单靠自身改善经营管理和销售策略不可能改变现状，需要行业协会积极协调，为企业、行业争取利益，保证公平竞争的环境，这不仅仅是基于葡萄酒会员单位的诉求，也是协会自身的一项重要工作职责。

因此2013年，协会根据法定程序，代表国内企业向国家商务部提出对欧盟进口葡萄酒产品进行反倾销和反补贴的调查申请，于7月1日由商务部正式立案并开展调查工作。经过多次谈判和6轮磋商，在协会会员单位授权和国家商务部支持下，协会作为中方代表与欧方代表欧盟葡萄酒酒业协会就中欧葡萄酒反倾销和反补贴案协商达成一致，欧方未来将在产业示范园、技术合作、市场开拓及人员培训等方面向国内企业提供重点支持。

（五）开展区域合作，成功举办“2014中国国际酒业博览会”

2012年8月，协会与泸州市人民政府签订了战略合作框架协议，双方将在涉及酒业的多个领域，如产业规划、人才培训、信息交流、品牌宣传、平台建设、酒博会打造等多个方面进行广泛而深层次的交流与合作，最终通过行业协会和地方政府两者相互优势的互补共促，采用“政府引导、行业推动、企业主导”的模式，充分发挥企业的主体作用，进一步完善长效合作机制，大力提升规模效应，真正实现合作共赢。

通过半年多的筹备，2013年3月23日，由协会主办，四川省商务厅、四川博览事务局和泸州市人民政府共同承办的2014中国国际酒业博览会在泸州酒业集中发展区隆重举行。此届酒博会主题为“强化品牌责任，推进国际合作”，参展企业名牌云集，会聚了茅台、五粮液、泸州老窖、汾酒、洋河、张裕、长城、百威、嘉士伯、古越龙山、会稽山、劲酒等国内外420余家知名酒企，首次实现白酒、啤酒、葡萄酒、黄酒、果酒、洋酒六大类酒的集中展示。

酒博会同期还举行了丰富多彩的活动，包括2014中国（四川）国际酒业论坛、中国酒业协会白酒酒庄联盟成立大会、2014国际酒庄论坛、2014中国国际酒业博览会年度最佳新产品发布活动、采购商大会暨对接洽谈活动等，涵盖了展览、展示、论坛、洽谈、采购等各个方面，是迄今为止在国内举办的内容最丰富、活动最齐全的酒业博览盛会。

（六）完善组织机构，贴切行业需求

2013年11月，《国务院关于取消和下放一批行政审批项目的决定》取消了全国性社会团体分支机构、代表机构设立登记、变更登记和注销登记的行政审批，极大地激发了社会团体的活力。

为更好地发挥协会在产业经济、政府协调、社会发展中的积极作用，应广大会员单位要求和建议，协会进一步加强了组织建设，细化服务领域，提升协会服务职能，按不同会员企业需求提供专业的服务。除已经成立的“中国名酒收藏委员会”、“中国葡萄酒酒庄联盟”、“中国白酒酒庄联盟”和“中国保健酒联盟”以外，下一步协会决定筹备“中国酒业协会侍酒师专业委员会”和“中国微酿啤酒业联盟”，规范和促进国内侍酒师队伍的专业建设，指导中国微酿啤酒业者的经营行为。同时，计划调整科教设计装备委员会组织机构，并加强相关工作。

（七）开展群众路线教育实践活动

2013年，协会党支部根据中轻联、总社党委的安排，按照中央对第一批路线教育单位的部署要求，阶段性推进群众路线教育实践活动，深入开展谈心和自查工作，查找问题，沟通思想，交换意见。并配合群众路线教育实践活动开展多项工作，包括组织党员同志及协会人员到河南天冠企业集团有限公司进行学习考察，让党员同志切实了解行业情况，进一步提高协会服务质量等，获得了中轻联、总社党委的肯定和表扬。

五、加强形象建设，扩大国际交流

（一）面对复杂的舆论环境，针对去年以来酿酒行业受到的质疑和关注，协会加强对行业形象的关注，积极发声，努力与媒体沟通，保持良性互动，并联合科研院校对消费者进行科普教育，尽可能改变消费者对酒产品的误区。在中央电视台《焦点访谈》栏目播出“不明不白的白酒”节目后，协会立刻做出明确表态，肯定了央视对行业的关注与重视，对违法违规、不按规范标准的现象或行为进行了谴责，同时也明确提出违规和无生产许可证的个别小型企业不能代表整个白酒行业；中央电视台《经济半小

时》栏目播出的“寻找年份酒”节目中，协会介绍白酒3C计划和行业的工作，努力树立了负责任的行业形象；与中央电视台合作《一槌定音》国庆特别节目，通过收藏者手中不同年代、产地、品牌的藏酒的比拼和展示，给观众介绍各种酒类收藏的基本知识和基本要素等等。协会积极的态度和及时的响应受到了媒体和企业的一致认可。

（二）组团赴德国参加2013德国杜塞尔多夫国际葡萄酒及烈酒展览会

2012年3月下旬，协会首次组团参加、参观了“2013年德国杜塞尔多夫国际葡萄酒及烈酒展览会（ProWein2013）”。共有来自怀来、昌黎、新疆三个产区的七家企业，21个展品参加展出，同时，有七个单位分别派10人参观了展会。

此次是以中国葡萄酒整体形象代表参展，也是中国葡萄酒在该展会的首次亮相，展位面积27平方米，协会为展会准备了丰富的中英文资料和简介。展会组委会也给予了高度重视，在展位预订、宣传上给予了大力支持与帮助，还特地将中国葡萄酒作为展会期间高级商务活动的赞助用酒。本次活动对于展示中国葡萄酒产业的整体形象、对促进我国葡萄酒产业及产品与世界同行的交流、逐步提高中国葡萄酒产业和产品的影响力，有着重要的推动意义。

2012年白酒行业综述

一、白酒行业经济运行情况

2012年全年，规模以上企业白酒总产量达到1153.16万千升(快报数)，同比增长18.55%(上年同期白酒产量调整为972.70万千升)。增速最高出现在2月份(51.86%)，最低出现在12月份(11.86%)，其他月份则保持在15%～25%。2月份产量增长幅度偏大可能与上年同期基数较低有关，而传统旺季12月份增速偏低则与政策导向有关。

表1 2012年1~12月我国白酒行业规模以上企业产量及同比增长情况

时间	月度产量(万千升)	同比增长(%)	累计产量(万千升)	同比增长(%)
1月	94.80	15.12	94.80	15.12
2月	105.48	51.86	200.28	31.93
3月	91.96	10.95	284.87	23.23
4月	80.74	13.26	353.90	17.27
5月	85.02	12.16	435.63	17.34
6月	101.64	17.38	535.20	17.20
7月	82.43	23.16	610.53	19.63
8月	82.37	20.07	689.42	20.50
9月	111.05	24.23	798.03	20.69
10月	106.20	14.40	905.10	19.26
11月	115.09	14.23	1023.32	17.72
12月	128.37	11.86	1153.16	18.55

（数据来源：国家统计局）

表2 2012年白酒行业规模以上企业产量省市排名情况

排名	地区	本年度产量(万千升)	上年同期调整(万千升)	同比增长(%)	产量占全国比重(%)
	总计	1153.16	972.70	18.55	100
1	四川省	295. 18	257. 06	14. 83	25. 60
2	山东省	124. 44	98. 03	26. 95	10. 79
3	河南省	99. 90	94. 50	5. 72	8. 66
4	江苏省	91. 41	66. 06	38. 39	7. 93
5	辽宁省	80. 58	65. 67	22. 72	6. 99
6	湖北省	72. 12	52. 55	37. 25	6. 25
7	内蒙古	54. 05	51. 28	5. 40	4. 69
8	吉林省	53. 54	43. 73	22. 44	4. 64
9	安徽省	40. 77	38. 08	7. 08	3. 54
10	黑龙江	38. 02	22. 63	67. 98	3. 30
11	河北省	29. 08	27. 47	5. 86	2. 52
12	贵州省	26. 83	22. 63	18. 54	2. 33
13	北京市	24. 12	21. 06	14. 56	2. 09
14	湖南省	19. 85	18. 45	7. 59	1. 72
15	重庆市	18. 22	12. 81	42. 24	1. 58
16	江西省	15. 71	14. 49	8. 36	1. 36
17	山西省	13. 07	13. 80	-5. 27	1. 13
18	广东省	11. 02	10. 42	5. 70	0. 96
19	陕西省	9. 31	8. 19	13. 68	0. 81
20	广　西	6. 76	7. 43	-9. 04	0. 59
21	云南省	6. 50	6. 16	5. 55	0. 56
22	新　疆	6. 33	5. 40	17. 33	0. 55
23	甘肃省	3. 67	2. 92	25. 77	0. 32
24	福建省	3. 46	3. 31	4. 66	0. 30
25	天津市	2. 83	2. 93	-3. 26	0. 25
26	浙江省	2. 18	2. 17	0. 46	0. 19
27	青海省	1. 92	1. 71	12. 45	0. 17
28	宁　夏	1. 67	0. 29	468. 71	0. 14
29	上海市	0. 61	1. 08	-43. 14	0. 05
30	海南省	0. 00	0. 42	—	—
31	西　藏	0. 00	0. 00	—	—

（数据来源：国家统计局）

四川、山东、河南等白酒主产区2012年度白酒总产量520万千升，同比增长15.56%，占行业总量的比重45.05%。除四川、山东、河南外，年产量在20万千升以上的10个省市与上期保持一致，十省市白酒产量合计511万千升，占行业比重44.27%。其余省市约占10%左右的产量份额。

2012年1～12月，白酒行业1290家规模以上生产企业累计完成销售收入4466.26亿元，同比增长26.82%；实现利润总额818.56亿元，同比增长48.52%；实现税金总额547.62亿元，同比增长26.93%。

表3 2012年白酒行业各省市规模以上企业盈利情况

地区	企业数	销售收入(亿元)	同比增长(%)	利润总额(亿元)	同比增长(%)
全国	1290	4466.26	26.82	818.56	48.52
北京市	4	12.73	15.54	0.28	-21.16
天津市	5	7.49	-13.57	0.24	-71.20
河北省	46	95.72	13.61	8.97	24.94
山西省	18	118.68	36.90	19.05	43.97
内蒙古	61	116.17	25.98	10.17	10.33
辽宁省	78	174.59	23.80	18.34	157.11
吉林省	73	94.02	23.49	4.02	20.56
黑龙江	39	48.54	29.75	3.87	100.42
上海市	1	0.30	-71.48	0.01	-69.78
江苏省	46	274.36	31.29	106.46	49.06
浙江省	4	1.95	-12.16	0.33	37.50
安徽省	70	187.67	23.59	33.66	33.32
福建省	15	10.75	-2.86	0.48	31.40
江西省	15	61.45	31.82	10.00	21.51
山东省	158	376.06	29.91	27.03	43.26
河南省	120	221.50	12.07	25.26	24.94
湖北省	49	352.82	33.73	22.66	57.15
湖南省	39	68.57	30.91	8.35	136.99
广东省	15	23.93	12.84	2.64	10.40
广　西	13	11.97	7.27	1.05	-24.05
海南省	1	0.00	-99.30	-0.01	-73.04
重庆市	19	38.22	53.10	3.23	63.93
四川省	273	1671.54	23.72	292.63	45.35
贵州省	67	376.78	49.92	202.75	60.22
云南省	10	10.05	40.17	1.36	121.82
陕西省	19	52.40	10.27	5.21	56.83
甘肃省	14	21.83	35.42	2.13	7.30
青海省	2	9.77	17.02	2.30	-11.72
宁　夏	2	3.29	564.26	1.04	1986.83
新　疆	14	23.08	18.37	5.04	56.35

（数据来源：国家统计局）

表4 2012年白酒行业不同规模企业数量分布情况

企业规模	规模以上企业数量（家）
大型企业	48
中型企业	188
小型企业	1054
总计	1290

（数据来源：国家统计局）

表5 2012年白酒行业不同规模企业产品销售收入分布情况

企业规模	产品销售收入（亿元）	同比增长（%）
大型企业	2540.70	27.13
中型企业	600.14	21.51
小型企业	1325.42	28.77
总计	4466.26	26.82

（数据来源：国家统计局）

表6 2012年白酒行业不同规模企业利润总额分布情况

企业规模	利润总额（亿元）	同比增长（%）
大型企业	656.45	47.83
中型企业	53.43	39.50
小型企业	108.69	57.93
总计	818.56	48.52

（数据来源：国家统计局）

2013年1～2月份，全国白酒产量212.77万千升，同比增长8.35%；工业总产值896.05亿元，同比增长11.42%；销售产值912.81亿元，同比增长14.67%。

数据显示，2012年全年至目前，我国白酒行业保持了较快的发展势头，未来白酒产业的经济发展仍将保持稳定的增长，但结构性调整的力度将大幅增强，经济增速会因此而呈现逐步放缓的趋势。

二、白酒行业形势分析

2012年，是中国白酒不平凡的一年，白酒产业在质量安全、政策调整和市场调节等多个方面都经受了严峻的考验，白酒企业生产经营受到了不同程度的影响。数据显示，白酒产业仍然保持较快的增长，但实际上2012年白酒产业出现了终端销售下降的趋势，2013年前几个月的增长情况，一定程度上是惯性增长。

协会对白酒行业进行了调研，对当前白酒行业企业的生产、经营情况做了比较全面的了解，从不同层面广泛听取了企业对白酒产业发展的认识和对行业发展的意见与建议。调研结果显示，政策性因素和食品安全热点问题对白酒产业造成的影响是普遍存在的，行业基本认同白酒产业将进入过渡、调整时期。

反观过去几年，我国白酒产业经济飞跃式的高速增长，再对比当前面临的种种问题，有必要对白酒产业近年来的发展历程进行一次梳理和回顾。

1. 白酒产业的黄金十年

从经济指标增长情况看，将过去十年定义为中国白酒的“黄金十年”是无可争议的。十年间，我国白酒产业从2002年全国白酒销售收入495.88亿元，到2012年全国白酒销售收入近4000亿元；从2002年全国白酒产量378.47万千升，到2012年的1153.16万千升；从2002年全国白酒行业利税总额126.78亿元，到2012年利税总额1366.18亿元，可以说白酒产业在此十年间，创造了巨大而非凡的成就，积累了宝贵的财富，为未来白酒产业的可持续发展奠定了坚实的基础。

在这十年期间：

一是通过前期建立健全白酒生产准入制度和后期的白酒特色区域建设工作，产业实现了初步集中，产区化集中明显增强，企业数量由10年前的3万家减少到1.8万家(其中获证企业8848家)，特色区域如中国(宜宾)白酒之都、“中国(宿迁)白酒之都”等等，再有如四川、贵州联合打造“白酒金三角”的建设，通过这种新的模式实现白酒产业空间集聚，为白酒业发展创造了良好的氛围，为白酒产品打造特色名优品牌奠定了坚实的基础。

二是白酒产品结构调整初见成效，产品初步完成了向上拓展，高、中、低端产品结构更加丰富，随着经济的进步和消费升级，“少喝酒、喝好酒”的消费理念逐渐得到消费者的认同，这些都使我国白酒中、高端产品市场具备了有力的消费基础。正是适应了这些变化，中国高端白酒悄然崛起，尤其是近两年来，随着人们对高端白酒需求的快速增长，中国白酒高端品牌与价格逐步呈现国际化趋势。

三是白酒产业链初步形成，随着白酒产业的快速发展，围绕白酒主营业务形成的包装、设计、咨询、传播、农业深加工等等产业链已经具备一定程度竞争力。

四是外部资本加大投入，自2006年以来，外国资本及白酒业外资本投入呈不断上升趋势，推动了白酒产业结构调整，集团化发展迅速，同时促进了白酒产业科技进步、营销现代化、管理现代化等多方面的发展。

五是产业升级加快，产业优化、品牌集中、集群强势的趋势明显。国家宏观产业政策、特色经济产区等政府政策对推动产业优化、资源强强联合、资本合理运营，进一步促进行业资源优化发展起到积极作用，行业在结构、产能、效益、技术等方面都得到提升。

六是产业科技进步明显，在这10年间，由中国酒业协会白酒分会组织开展了“中国白酒169计划”项目科研工作，随着科研工作的逐步完成，白酒产业真正深入到微生物核心领域，对白酒产业基础应用科学的探索，开创了国内白酒业科研的新篇章，成功创新了白酒业的产、学、研结合模式。

在此期间，协会还启动了“中国白酒158计划”，该项目包括制曲机械化研究、发酵工艺机械化研究、蒸馏工艺机械化研究、调酒计算机集成制造技术研究和灌装、包装、成品库、智能管理的研究等。目前项目研究工作还在进行中。将争取“158”成果在全国60%规模以上白酒企业推广实施。力争降低劳动强度60%以上、节煤35%、节水45%，提高优质品率15%以上。

同时，协会针对行业人才队伍建设做了大量工作，加大了培训教师队伍建设力度，为企业培训了大批酿酒工、酿酒师、品酒师，为实现科学技术转化为生产力的最终目的，为转变白酒产业经济增长模式发挥了应有的作用。为提升白酒产品质量，树立行业诚信和美誉度，白酒分会准备在今年开展“中国白酒首席评酒师”的培训、考核工作，为进一步推进白酒产品第三方认证体系建设打下良好基础。

2. 白酒产业黄金十年的背后

白酒产业过去十年是产业发展过程中资本积累的时期，单从这一点看，全国规模以上白酒企业，特别是龙头企业在这一时期，确实达到了较为理想的目标。但2012年，针对白酒产业的热点频发，政策性限制逐步严格，发展格局骤然转变，给白酒整个行业带来许多困扰，对于白酒产业到底发展到了哪个阶段，业内和社会各界都持有不同的观点。就这一问题，我们认为当前我国白酒产业仍处于成长期，确切的说应该是成长过程中的调整期。

关于近一年来白酒业出现的诸如塑化剂、勾兑门、资本做空等等热点，看似是目的明确的背后推手，但仔细分析，其实这些都不是影响白酒产业发展的关键因素。白酒业标准、管理体系的不完善，酒类立法工作的滞后，税收政策的不合理，营销渠道功能单一化，恶性竞争的白热化，投资过热带来的虚浮之风等等，在经济增长狂飙的表象背后，这些被忽视的问题逐渐形成了白酒产业的沉疴痼疾，而国家政策调整和一系列热点只是这些问题爆发的诱因，看似突然实则必然。2012年的许多曲折，正是给我们最好的警示，必须要正视问题，在高速飞奔的发展道路上，我们应该停下来回头看看，把没有做好的功课补一补，把长期存在的问题和不合理现象改一改，就像习主席说的：打铁还要自身硬。

白酒分会宋书玉秘书长参加了由国家食品安全评估中心召开的食品安全研讨会议，针对白酒塑化剂问题向与会专家做了专题汇报。

从市场销售情况看，可以看出近年来白酒终端销售的一些端倪，高价位白酒产品销售主要依赖于政务、商务团购消费。正所谓非正常的膨胀对应非正常的萎缩，政府出台一系列限制措施，实际上起到了市场调节的作用，确实促进了白酒产品定位的理性回归，也促使白酒产业要重新审视价格体系和价值本质。从目前的形势看，可以初步做出几点判断：白酒产业传统的发展模式、白酒产业以数量型的增长导致高速发展期模式、白酒产业以价格持续提升为主要手段的盈利模式、白酒产业以盲目追逐高端奢华产品扩张为主要的商业模式，这几种模式将逐步转变。

白酒产业已经处于转型期的开端，未来的发展必须坚持以适应市场消费需求和社会文化需求为原则，重新构建自身的经营管理体系，抛弃陈旧的观念，转变服务理念和服务对象，让利于民，努力取得消费大众的认知认可，开创白酒产业发展的新局面。

三、对白酒产业发展的几点意见

（一）回归白酒的本真，切实满足社会需求和消费需求

反思近几年来白酒产业的高速发展，外部资本的大量进入，一方面为行业带来丰厚资源，另一方面也加剧了整个白酒产业的格局动荡。资本进入的同时，各种新的营销、管理模式也随之而来，一些好的模式对白酒产业产生了积极向上的推动作用，另一些模式例如带有明显功利色彩和投机心理的营销手段，也使越来越多的商家、企业失去了研究市场多元化需求的耐心，在团购、高端品鉴以及概念炒作等等方面做得风生水起，而在真正的市场培育方面却乏善可陈，许多无节制、无底线的做法在很大程度上降低了中国白酒的美誉度，更透支了广大消费者对白酒的忠诚度，加剧了白酒产业的风险。这种脱离消费者而另辟蹊径的营销方式，确使不少商、企一度获取了丰厚利益。但随着国家预算投资减少，政策性调整、限制等一系列措施的实施，这种远离市场和产品本质，违背秩序的营销模式将注定要淡出市场。

近期国家出台的一系列包括“厉行节约，反对浪费”以及“严控三公消费”、军队“禁酒令”等决定，是我国廉政建设和社会主义市场经济建设的需要，是时代发展的需要，所以绝不只是喊喊口号，我们有理由相信党和国家一定会坚定不移地将这些制度常态化，也有理由相信白酒产业的经济增长，会因为国家宏观调控和市场自然调节两方面的作用而逐步变缓，未来将进入一个长期调整阶段。

连续几年的白酒市场消费调查结果显示，居民消费支出对白酒消费升级并未产生绝对影响。那么从另一方面看这个结果，也可以理解为政务、商务消费是近几年来高端白酒消费的重要支撑。在接下来一段时期，白酒产业如何快速、有效地完成消费结构的调整，是行业企业需要重点思考的问题。我们认为对于当今白酒产业所面临的困难，不能寄希望于国家政策和制度的调整，更不可心存等待“一阵风”吹过去的想法，而是要想方设法促进中国白酒的价值回归，还原白酒的本真，拉动白酒产业回到健康、理性的发展轨道。

（二）提升白酒产业现代化，奠定持续健康发展的基础

白酒产业是一个传统的、分散的产业，无论从生产、管理还是消费的全过程，都体现了极强的个性特征。我们在继承白酒优良传统工艺和深厚历史文化的同时，还要看到白酒行业现实所面临的各种制约因素，人力资源成本、土地利用成本以及原料等成本的不断增长正在逐渐削弱白酒产业的资源支撑，落后的科技装备、管理水平、文化发展等等已经严重制约了白酒产业的发展，使白酒企业生产经营遭受很大压力。

白酒工业在实现科技创新，产业创新，工业现代化方面任重道远。从现实的情况看，资源支撑的不断减弱，已经是我们白酒行业整体面临的无可回避的问题，全行业企业应该高度重视科技进步，将实现白酒工业从传统工业向新型现代工业转变作为企业发展的主导方向，从生产现代化、管理现代化、科研现代化、营销现代化、消费现代化、文化现代化六个方面着手，用新型工业化的手段，用先进的设备来提升改造落后的工艺水平，用创新的管理、营销模式推动企业和市场的现代化建设，用健康的宣传引导促进名优品牌和白酒文化的发展。

（三）完善白酒标准体系，消除产品质量安全隐患

回首最近一年以来，白酒产业出现的热点问题，都暴露了白酒标准、管理规范等方面的缺失，给白酒行业造成了严重困扰，也因此反映出白酒标准严重滞后，很难适应白酒生产经营和产品质量安全需求。举两个例子：塑化剂问题，正是因为其标准问题长期得不到解决，才导致在消费大众乃至全社会引起严重的误解，同时给生产企业造成了极大的困惑，在生产、检测等很多环节都无据可查，无法可依，无标可采；第二个是国家质检总局和国标委于去年底发布的商品质量监督抽检标准——《商品质量监督抽样检验程序 具有先验质量信息的情形》，其中规定，一旦工商部门抽检发现样品不合格，不再限于样品同生产批次商品要下架，也不再限于只能处罚被抽检的销售者，而是同款式所有批次商品都要下架，所有销售同款商品的销售者都可能受到处罚。虽然中国酒业协会经与国家工商总局沟通

协调，决定对白酒的检查全部以国家强制性标准为依据进行判定，对推荐性白酒产品标准仅作参考。但由此看出，标准的滞后已经给企业生产经营造成巨大的障碍，对产业健康发展，甚至是社会的和谐发展都产生了不利影响。

面对质量安全热点问题，我们总是处在一种被动的、匆忙应对的状态，对待标准体系建设工作，也总是零敲碎打、修修补补，标准的制修订工作严重缺乏前瞻性和科学性，交叉、重复、滞后的标准屡现屡改，却又很难改彻底。

经历了最近一年来的许多波折，我们应该更清醒地认识到，标准不足才是行业性危机的根源所在，它的危险性甚至超过经营风险和商业风险。因此，只有科学、完善标准体系，才能彻底改变当前白酒标准头痛医头脚痛医脚的不利局面，从根本上消除白酒产业的安全隐患，真正提升白酒产品质量的可控程度。

（四）构建和谐关系增强共赢理念

从长远来看，白酒产业的安全运行必须建立在和谐关系的基础上，这既包括行业内部的厂商和谐关系，也包括酒业与社会公众之间所达成的和谐关系，通过和谐发展，我们才能逐渐恢复消费者对白酒产品的信心和感情，确保白酒行业的安全运行、持续发展。

厂商和谐关系的本质，是不断改善白酒生产企业与经销商之间的合作关系。福兮祸所依，祸兮福所至，国家这一轮新的政策调整，我对于白酒产业是挑战与机遇并存，白酒企业应该准确把握机会，挤出这10年来白酒高速发展过程中的泡沫，及时调整战略，练好内功，扎实基础，借此一改过去单一单纯的渠道功能，全力打造新型的厂商合作体系，创新服务与商业模式，优化厂商合作效率，充分整合双方的资源能力，全力维护正常消费环境。

所以，厂商关系的优化改善势在必行，要加快建立贯穿生产、流通与消费等各个环节的信息资源平台，消除市场流通环节中产生的价格泡沫，提高白酒营销决策的科学性与合理性，以市场实际需求为导向，形成科学合理的白酒定价机制，而不是根据酒企的销售业绩追求来倒推市场策略。

白酒行业与社会公众的和谐关系，首先是积极拥护贯彻中央精神，顺应社会消费趋势和文化诉求，主动将企业发展与我国社会的文明进步、和谐发展相结合，积极寻求经济效益、环境效益和社会效益的协调发展，不断为繁荣民族经济，传承民族文化、联系民族感情做出更大贡献。特别是要与农业深加工、提高农民收入、促进社会主义新农村建设及城乡一体化发展相结合，充分体现白酒产业的社会责任感和时代使命感。

（五）践行社会责任，提升服务意识

建设诚信、健康、负责任的产业，是我们全体白酒业成员的共同义务。要为消费者提升服务意识，努力提升中国白酒美誉度，要将消费者放在第一位，要把为消费者更好地服务当作永恒的主题。

白酒企业的生产经营要严格坚守法律、道德，要接受社会主流价值观的约束。比如反对酒驾、不向未成年人卖酒，在广告宣传中不出现未成年人的形象，抵制过量饮酒等不文明的陈规陋习，广大白酒企业要联合起来，一致倡导健康文明、积极向上的新型酒文化，反对铺张浪费、过度包装等行为，主动给消费者减轻饮酒成本和饮酒负担，不断加强对白酒品质的追求，提高白酒产品的性价比水平。从各个层面打动更多消费者，使之接受白酒、钟爱白酒，集白酒行业之合力，营造一个健康、文明、向上的整体形象。

白酒行业要进一步加强与消费者的沟通交流，并力争将之形成稳定的机制模式，对消费者广泛传播白酒文化，普及白酒科学，提高社会大众的白酒品评和认知能力。在体验经济时代，消费者乐于为体验和享受买单，白酒企业不应该忽视和否定消费者的品鉴能力，而是要培养大众的白酒鉴赏能力，不妨借鉴一些进口酒、葡萄酒的做法，让技术工作者走上前台，揭去酿酒工艺的神秘面纱，把白酒的欣赏技能放到媒体平台上与消费者共同分享，使更多消费者从白酒消费行为中获得更丰富、更优美的享受体验。消费者对白酒的本质越了解，行业的市场安全度就越有保障。

我们相信，通过不断构建白酒行业内部的和谐关系，不断加强白酒行业与外部环境的和谐沟通，社会公众对中国白酒的信心将逐渐恢复，愈加增强，那也将是我们走出困境、焕然一新的时刻。

2012年中国酒业协会白酒分会工作情况

一、特色区域建设工作

“十一五”期间，国务院公布了《轻工业调整和振兴规划》，其中着重提出要着力培育发展轻工特色区域和产业集群。近年来，我国各地轻工特色区域和产业集群蓬勃发展，促进了产业调整和提升，同时还形成了较强的集成创新能力和自主创新能力，形成了具有中国特色的轻工生产体系，是我国在全球经济一体化时代参与国际竞争与合作的重要力量。为进一步鼓励和规范其发展，促进区域产品结构的调整，加强行业自律，中国轻工业联合会特提出《关于共建和授予中国轻工行业“特色区域”荣誉称号的行业规范》。

为了推动中国酿酒工业的发展，发挥重点产区带动行业经济的巨大作用，完善具有公益性的行规行约，中国酒业协会先后在四川宜宾、广东佛山、内蒙古巴彦淖尔、山东安丘景芝镇、江苏宿迁、四川邛崃6个地区开展了共建酿酒行业特色区域评审工作，并坚持历史和发展现状相结合，区域优势和行业优势相结合，经济效益和社会效益相结合，社会影响力与公众认知度相结合的原则，为这6个地区颁发了特色区域荣誉称号。

二、促进中国白酒与社会经济和谐发展，弘扬传统白酒文化

2013年3月，由白酒分会组织召开了“中国白酒领袖峰会”，贵州茅台酒股份有限公司、宜宾五粮液股份有限公司、山西汾酒股份有限公司、江苏洋河酒厂股份有限公司、四川泸州老窖股份有限公司、四川沱牌舍得集团有限公司参加了会议。会议取得圆满成功，并达成了几点共识：把适应社会需求和消费需求作为白酒产业的发展基础，全行业都要心怀忧患意识和行业共荣思想，本着产业结构上大、中、小型共同发展，产品结构上高、中、低档百花齐放的观念，积极解决产能与供给的矛盾；要着力扭转产品结构性偏差，进一步深挖名优白酒的品牌内涵，在继续保持高端产品的优秀品质和品牌魅力的同时，深入研究生产质优价廉的中低档产品的政策空间和市场需求，通过技术攻关、科技创新，开发出既有品牌支撑又能被普通消费者接受的优质低价产品；要心怀未来，注重长远，通过丰富多样的产品结构，科学理性的定价机制供给市场，满足消费者多档次、多层次、多风格、多口味的选择，承担社会对白酒产品物质上和精神上的需求。

2013年8月，在北京举办了“中国白酒与社会经济发展论坛暨中国白酒非物质文化遗产及中华老字号企业会议”。会议围绕“中国白酒与社会经济发展”主题，探索中国白酒产业品牌和文化发展问题，号召积极学习国际同行业经验，通过正确的品牌和文化宣传导向致力于使社会各界全面、客观地了解中国白酒，解决当前白酒行业面临的主要问题，保障我国白酒产业健康可持续发展。与会企业达成共识要优化行业发展舆论与社会环境，传承发展中国白酒非物质文化遗产，为把中国白酒真正建设成世界蒸馏酒知名品牌而努力。有关政府部门领导、行业专家和知名企业负责人等到会共同讨论了当前中国白酒产业品牌和文化发展问题。

大会议题得到了与会的60余家非物质文化遗产、老字号白酒企业的支持，纷纷表示要从自身做起，践行企业社会责任，致力于企业的创新性和品牌化发展，为行业发展优良舆论环境的塑造和健康可持续发展做出自己应有的贡献，与会的新华社、中央电视台、人民网等50多家媒体也纷纷表示将在今后的报道中继续坚持公正的报道态度，为构建白酒行业发展良好的舆论和社会环境做出自己的贡献。

三、完成“中国白酒169计划”项目鉴定工作

“中国白酒169计划”自2007年4月正式开始，至今已完成项目规定要求的内容，2012年12月25日，中国轻工业联合会在无锡组织召开“中国白酒169计划”项目验收会。验收委员会听取了项目实施情况汇报。在验收会议上，钱桂敬副会长指出，“中国白酒169计划”研究具有三个特点：第一，成果丰硕,科技水平比较高，研究涵盖面比较广，涉及到中国白酒的全部11个香型。第二是意义重大，中国白酒169项目的实施初步建立了中国白酒风味化学和酿造系统微生物学的理论体系，进一步完善了中国白酒生产的品质控制和品质鉴别体系，并对中国白酒的品质和安全

进行了有效的探索，这对推动白酒行业从传统经验式操作方式向现代生产模式转变奠定了基础。第三是为中国白酒产业科技创新工作开辟了新思路，中国白酒169计划是中国酒业协会牵头，大专院校与科研院所承担重任，各个白酒龙头企业积极参加下，团结奋斗的结果，是大家在一起取长补短、相得益彰的结果。

钱副会长对今后的工作提出了要求：第一，中国白酒169计划项目完成之后，如何开展下一步工作。应该在中国白酒169计划项目成果的基础上，编制新的技术进步规划，确定中国白酒产业新的科技发展目标。要加强以企业为主体的产学研紧密结合的白酒行业创新体系的建设。要加快人才、技术、资金等创新要素的聚集，加快建立国家级或省级的技术中心，进一步加快已有技术中心的建设，大力推动技术进步。第二，冷静分析形势，确保白酒行业持续、健康的发展。要防止产能饱和或过剩，注意理性投资。第三，提高投入产出率，提高投资效益。第四，当前要更加注重白酒行业的安全和卫生。要认真做好质量控制和安全卫生体系建设。大力加强企业质量管理体系的建设，加强质量监督和检查。认真做好应对危机的各种公关或准备。

四、发挥协会桥梁作用，全力维护行业利益

2012年，白酒分会利用大量工作时间，深入全国各地白酒企业调查研究，掌握了解行业企业在新形势下产生的新情况、新问题，为政府机关提供决策依据，立场鲜明地为行业服务，维护行业正当权益。经过多种形式、多种途径，多次向国务院、全国人大、国家政协、发改委、财政部、税务总局等有关政府部门，反映白酒企业呼声，替企业分忧解难，解决实际问题，真正发挥行业协会桥梁纽带作用。

为了打击制假、售假的嚣张气焰，维护企业利益和合法权益，弘扬优秀品牌，白酒分会共推荐15家企业申请驰名商标，多次处理企业因种种不明原因被处罚事件。

五、中国白酒计算机质量科学管理研究取得阶段性成果

计算机技术在白酒品评工作中的应用，使评酒结果更好地体现科学、合理、公正和公开，并且实现快速运算和精确统计，使品评工作人员最大限度地集中精力对样品进行准确的判断，减少评酒人员在品评过程中大量的计算工作，通过标准的感官数据收集，最终实现了真实反映产品品质的目的。另一方面，计算机品评系统不仅可以对成品酒进行计算机感官品评，也可以应用到基酒验收和勾调工作之中。对于指导产品质量提高，工艺技术提高，尤其是勾调技术的提高意义重大。

由中国酒业协会白酒分会开展的“中国白酒计算机质量科学管理研究”项目，取得了阶段性成果，其成果已在山西汾酒股份有限公司成功应用，反响良好，效果显著。

六、完成白酒生产许可证审查教材（2012版）编写工作

由于国家法律、法规、产品标准及技术要求发生较大变化，为了全面完善食品生产许可制度、提高酒类产品的安全水平，强化白酒生产许可审查，更好地指导酒类许可认证工作，中国酒业协会作为全国酒类专业技术委员会受全国生产许可证办公室委托，对《白酒生产许可证审查教材》（2006版）进行了修订，为进一步严格白酒生产许可准入制度奠定了良好的基础。

2013年白酒行业综述

白酒产业十年的高速增长，在消费、生产、流通等方面积累了大量问题和矛盾，目前正面临转变和改革最重要的节点，预计未来白酒产业的流通结构、产品结构、消费结构、生产技术、标准体系等方面都将发生重大变化。

白酒行业企业数量约16000多家，规模以上企业1290家，有生产许可证企业8800余家(其中在生产企业6510余家)。无证和小作坊企业12000多家(主要在四川和贵州白酒主要产区，多以生产原酒为主)。

表1 2012年以来白酒行业生产效益情况

年份	企业数	产品产量（万千升）		销售收入（亿元）		利润总额（亿元）		税金总额（亿元）	
		实际值	同比	实际值	同比	实际值	同比	实际值	同比
2012年	1290	1145.43	18.55%	4511.76	26.82%	818.56	48.52%	55.60	26.93%
2013年	1423	1226.20	7.05%	5018.00	11.2%	804.87	-1.9%	55.14	-0.08%
2014年1～2月	1496	190.8	4.51%	840.69	-6.97%	128.6	-22.5%	89.43	20.07%

2013年以来，酿酒行业继续处于调整期，根据国家统计局最新发布数据，2014年1～2月酿酒行业完成总产量1055.68万千升，同比增长6.97%；其中饮料酒产量900万千升，同比增长8.2%；发酵酒精总产量155.5万千升，同比增长0.42%。1～2月份酿酒行业完成销售收入1342.9亿元，同比下降2.29%；实现利润160.7亿元，同比下降17.24%；上交税金136亿元，同比下降12.5%。其中白酒、葡萄酒行业效益继续下滑，啤酒、其他酒行业保持增长。从2013年白酒生产和市场出现的变化看，有以下几方面：

一、行业经济运行探底

2013年，全国白酒行业实现产量1226.20万千升，同比增长7.05%；增速比上年同期回落11.5个百分点；销售收入5018亿元，同比增长11.2%，增速比上年同期回落15.6个百分点；利润804.87亿元，同比增长-1.9%，增速比上年同期回落50.44个百分点；税金555.14，同比增长-0.08%。白酒产品平均销售收入40.92元/升，平均利润6.56元/升，平均销售利润率16.04%。其中高端白酒的下滑非常明显，全年高端白酒销售额同比下降63.56%，中、低端白酒销售额同比增长15.77%，原酒销售额同比下滑47%。

二、库存普遍增加

生产和流通企业库存增加，大多数高端白酒品牌出现批零价格倒挂。2013全年，除茅台形势略好之外，其他名酒流通环节库存仍很大，全年一直处在控量保价和消化流通库存的状态。到年底流通库存才有所缓和。白酒整个价格带发生了彻底改变，高端白酒由原来500～2000元，直降到1000元以内。一线名酒(茅台、五粮液)2014年春节流通库存缓解，其他名酒情况也有所改善，但效果不明显。

三、产能增长过快

从2004年开始，我国白酒行业进入了新中国成立以来增速最快的“黄金十年”。2012年，我国白酒产量达到1226.2027千升，10年增长了2.5倍；销售收入近4500亿元，2003年以来产量和销售收入分别保持了近13.3%和23.4%的年均增长速度。白酒行业的快速发展带动了主产区地方经济的发展，也带动了相关种植业、设备机械、仓储物流、金融会展、包材印刷等行业的发展，促进了主产区就业的大量增加。然而，由于白酒行业技术和资本门槛低，在价格大幅上涨的情况下，各酒类企业纷纷加快扩张步伐，产能不断扩大，优势企业投资扩张规模动辄上百亿，地方酒厂投资总规模也达到227亿元左右。地方政府强压的经济指标和税收压力也推动了酒厂投资增大，产能过快扩张。近年来，白酒行业也成为境内外产业和金融资本追逐的热点领域，导致哄抬价格、推高股价等问题时有出现，造成白酒销售市场的虚假繁荣。这种情况进一步推动白酒产能的过快增长。

四、市场竞争秩序混乱

我国各地白酒企业数量众多，难以准确统计，以致社会上出现“不明不白的白酒”“白酒年份酒乱象”等等现象。即使从规模以上企业情况看，白酒行业企业规模较小、竞争力不强的状况也非常明显。2013年白酒行业规模以上企业共有1423户，其中小企业数量占比为82%，销售收入和利润总额仅占30%和13%(表2)。从白酒优势产区来看，这种情况也比较突出。四川省共有规模以上白酒企业273户，其中主营收入10亿以上13户，100亿元以上仅3户；贵州省规模以上企业67户，除了茅台、习酒、国台外，没有销售收入过10亿元的企业；江苏省规模以上企业共有46户，但销售收入过亿元的也仅有4户。这里还不包括有证的8800余家(其中在生产企业6510余家)白酒企业和无证的约8000家企业。小企业和无证企业在税收方面更是难以监管，税赋不公是造成行业竞争不公平的主要原因之一。

表2 我国白酒行业规模以上生产企业结构情况

企业规模	数量		销售收入		利润总额	
	实际值（户）	占比（%）	实际值（亿元）	占比（%）	实际值（亿元）	占比（%）
大型	48	3.7	2540.7	56.9	656.5	80.2
中型	188	14.6	600.1	13.4	53.4	6.5
小型	1054	81.7	1325.4	29.7	108.7	13.28
总计	1290	100	4466.3	100	818.6	100

五、流通环节多、铺货成本高，放大市场需求

目前白酒行业普遍采用经销制。为了大规模销售产品，导致经销商规模大、流通环节多，一些经销商为了待价而沽，囤积了产品库存。而绝大多数酒厂为了控制经销商，又严格限制产品销售区域，从而不利于大规模、跨区域连锁流通业态的发展，并形成了“根系型”的销售网络，即渠道越向下，销售网点数量越多，规模越小。即便在正常情况下，这种流通格局也会由于铺货过大导致库存总量被放大，给出的市场信号也成为厂商继续扩张产量的重要原因。

六、监管体制不完善弱化了行业管理效能

从市场准入看，一些地方的白酒生产许可证形同虚设，没有发挥应有的作用，有证无证企业长期并存。酒类法律法规和标准不健全，甚至在一定程度上存在无法可依的问题。目前涉及白酒生产流通的主要法律是《食品安全法》和《产品质量法》，缺乏适应白酒生产流通特点的专门性法律法规；现行涉及白酒产品、标识、原料及贮存、运输等国家标准45个，但主要集中在产品标准，对于检测、流通等方面的标准较少。立法和标准的滞后，导致对酒类商品的监管无法可依、无标可依。从监管能力看，现行的执法制度要求必须公开调查和现场执法取证，这对大量作坊式制假贩假者很难起到有效监管，同时税收监管也有许多阻力。

七、市场需求增速放缓已成趋势

根据发达国家经验，人均酒类消费呈现“S”型增长轨迹，由于各国发展水平和文化差异，消费峰值有所不同。我国城镇居民酒类产品消费量在2000年左右达到峰值，此后逐年下降；农村居民消费近年一直稳定增长，目前已超过城镇居民的峰值水平，未来增长空间已有限。我国城乡居民酒类人均年消费量已经位居世界前列，未来会长期稳定在10～12升。从结构来看，未来价格高的高端白酒产销量将持续回落，快速反弹的可能性不大；同时，中低端白酒需求量将继续保持稳定增长的态势。

2013年中国酒业协会白酒分会工作情况

一、产业深度调研

与国务院发展中心市场经济研究所一起对白酒行业进行了深度调研，从名酒企业，到中小企业，从流通企业到新型电商，从省政府到市政府针对产业存在问题进行了深入剖析，形成三个重要报告：《建议适时取消白酒从量消费税，积极促进行业调整转型》《当前我国白酒分销体系调整的新动向及政策建议》《我国白酒行业结构调整势在必行》。

二、产业政策研究

承担了国家食药总局白酒生产准入细则修订研究工作、工信部白酒去塑化调查、传统白酒添加食用酒精的调查，并全部完成报告。

三、启动了中国白酒3C计划

2013年中国白酒领袖峰会提出“品质诚实、服务诚心、产业诚信”的“中国白酒3C计划”，经过广泛征求行业意见，中国酒业协会经研究决定于2013年8月20日在北京正式启动，“3C计划”得到业内积极响应，包括贵州茅台酒股份有限公司、宜宾五粮液股份有限公司、山西杏花村汾酒股份有限公司、泸州老窖股份有限公司、江苏洋河酒厂股份有限公司等38家白酒知名企业参与了中国白酒3C计划；江南大学、中国食品发酵工业研究院、中国农业大学3家科研院校承担主要研究任务；中国科学院成都微生物所、四川泸州国家酒检中心、天津科技大学为项目3家技术支持单位，也承担部分科研任务。截至目前，中国白酒3C计划落实召开了三次计划工作会议，分别就“白酒产品生产准入细则修订”“白酒年份酒准入”“白酒知识科普宣传”“白酒品质安全”“白酒品质提升”“白酒品质鉴别”课题的下一步研究工作重点，对参与计划项目的科研、高校和企业做出了整体分工部署。对下一步3C计划的重点工作提出了设想，对企业的科研工作进行了指导和建议。

“中国白酒3C计划”是涉及白酒技术提升、规范经营、科学发展和产业安全的一个全方位的系统工程。“3C计划”的实施，就是要通过规范行业的生产经营，净化市场流通，提高许可准入门槛，树立行业良好形象，构建和谐的公众关系，科学产品标准体系，推动产业诚信体系建设等措施，进一步确保白酒产业的健康发展。

“3C计划”提出：白酒发展应该坚持品质诚实，以质量为主导，争取更多公众对白酒品质诚实的关注和信任，从源头上解决白酒行业的诚信危机；白酒行业要切实关注消费者，诚心为消费者提供诚信的、高品质、高品位的服务；白酒行业要通过科技进步和管理进步，建立具体可行、公开透明的质量评价体系，完善中国白酒质量检测项目、升级白酒检测标准和手段，推进诚信管理体系建设、正确应对行业突发性事件。通过“3C计划”的实施，构建和谐的公众关系，树立良好的行业形象，营造有利的舆论氛围，加快白酒产业结构调整，适应白酒消费需求。

中国白酒3C计划项目介绍：

1. “中国白酒3C计划”之一：“品质诚实”科研计划

（1）中国白酒品质鉴别技术研究

◆ 传统白酒中添加食用酒精的鉴别技术。

◆ 传统白酒中添加食品添加剂的鉴别技术。

◆ 年份酒的鉴别技术。

研究建立稳定同位素质谱仪器测定白酒中乙醇同位素检测方法；根据白酒生产工艺特征，开展白酒原料—发酵—蒸馏生产过程的同位素分离机理研究，获得白酒中乙醇稳定同位素分布特征；对比固态法白酒和食用酒精同位素之间差别，研究建立固态法白酒添加食用酒精鉴别技术体系。通过研究开发名优白酒风味组分指纹特征数据库，建立年份酒真伪鉴定专家系统，为维护名优白酒品牌形象提供技术支持。开发白酒风味物质色谱检测方法；构建高端白酒风味成分的色谱指纹图谱数据库；研究数据挖掘方法建立年份酒防伪判别模型。

（2）中国白酒品质提升技术

◆ 白酒有益微生物的应用研究

实现白酒品质的进一步提升，确立酿造关键微生物群系，并在机械化进程中高效地应用，已成为当前白酒品质提升面临的首要问题。此项研究可以助力中国白酒158计划，加快研究传统白酒机械化、智能化技术改造，推进中国白酒工业化进步。

◆ 白酒中影响口味的风味化合物的研究

针对特定的重要味觉物质，分析与其产生相关的重要微生物，分离筛选这些功能微生物，采用组学技术研究该物质产生微生物的代谢机制，认识该物质合成代谢途径，关键合成酶及其代谢调控机制，为白酒生产中该物质的调控生产奠定基础。

◆ 白酒中的功能物质研究

目前已经建立起一套完整的白酒功能物质分析技术，为发现白酒中的功能物质奠定了基础。针对特定的功能物质，从基因组、转录组、蛋白质组水平解析相关功能微生物代谢机制及其分子调控机制，实现功能微生物的生产应用。

◆ 白酒中不良风味物质的剖析与消除

采用现代风味化学技术剖析白酒暴辣、苦味、糠味、涩味、窖泥臭等不良风味的化学本质；采用现代微生物分子生物学技术分析功能微生物产生上述物质的合成代谢机制与调控机制，建立生产中微生物的控制措施，实现不良风味物质的控制或消除。

◆ 白酒群体微生物优化改良

拟鉴定出自然酿造体系中各关键微生物的“原位”功能，鉴定出关键的功能微生物，结合关键微生物相互作用的解析，以及组合发酵的统计优化，获得优化的群体微生物组合。

◆ 新型固态法白酒酿造技术的研究与应用

新型固态法白酒酿造所用原料的选择及配比优化。根据新型固态法白酒的酒体呈中性的特征，设计发酵工艺，确定最优的酿造原料选择及配比。

◆ 酒曲的制作与应用

新型固态法白酒采用传统酒曲作糖化发酵剂。在酒曲选择上，考虑大曲、小曲和麸曲的配合使用，在制曲原料、温度、工艺、发酵时间上选择优化，确定最优酒曲制作方案。

◆ 发酵工艺的确定

新型固态法白酒设计采用固态制曲液态发酵的方式，以提高发酵效率。融合传统固态白酒双边发酵的优点，在发酵容器选择、发酵期确定等工艺上进一步优化确定。

◆ 蒸馏方式的确定

结合对中国白酒传统蒸馏容器甑桶的研究，对液态发酵物料设计蒸馏方式，确定新型固态法白酒的蒸馏工艺。

◆ 白酒计算机感官品评及质量管理系统推广

使品评工作人员最大限度地集中精力对样品进行准确的判断，减少评酒人员在品评过程中大量的计算工作，通过标准的感官数据收集，最终实现真实反映产品品质的目的。

（3）中国白酒品质安全技术

◆ EC控制技术的研究

◆ 微生物安全

白酒生产过程中，微生物菌群构成和生理代谢状况对其品质有着直接的影响，对白酒发酵生产进行系统的微生物安全研究保障白酒产品安全。

◆ 农药残留

建立白酒中农药残留的检测方法，并研究白酒生产过程中农药残留量的变化、白酒酿造过程中农药的迁移转化规律、白酒酿造过程中农药的富集现象以及农药残留量的变化规律和检测方法。

2．“中国白酒3C计划”之二：“服务诚心”白酒科普宣传计划

按照国务院食安办的要求：围绕服务诚心开展科普宣传工作

（1）《中国白酒与文化》10集电视宣传片制作。《中国白酒与文化》系列电视片，通过对中国白酒文化的挖掘，重点整理参与“中国白酒3C计划”企业的经典白酒文化，通过企业现场拍摄、拍照、访谈等形式，提炼博大精深的中华白酒文化。电视片可以作为中国白酒品酒师、营销师的培训教材。电视片赠送全行业会员企业，通过教育部门在全国大专院校播放，赠送酒类流通企业、各地方协会、专业媒体以及其他媒体播放。

（2）白酒知识专家解答、中国白酒文化一《健康饮酒科普宣传册》已出版第三期(每期约20万册)，并通过政府官方活动、企业、媒体、经销商等渠道向消费者广泛投放，社会反映良好，效果显著。

3．“中国白酒3C计划”之三：“产业诚信”体系建设计划

（1）白酒行业诚信管理体系　产业诚信体系文件编写、认证准备工作全面完成，具备认证条件，近期将开展认证工作。

（2）白酒生产准入细则修订　国家食品药品监督管理总局已启动白酒生产准入细则修订工作，行业将做好全面配合，同时拟研究税收与生产准入联动的具体方式，统一准入，公平税赋。同时参与修订食品安全法生产准入相关内容。

（3）年份酒准入研究实施　制定白酒年份酒管理规范和相应的标准，研究将年份酒实施许可准入或认证、认可管理，规范行业行为，推动产业诚信建设。

（4）中国白酒产业形势分析　承担国家食品药品监督管理总局下达的任务，由中国酒业协会完成报告。

（5）白酒标准系列修订

◆ 白酒分类

规范白酒术语，科学进行白酒分类。白酒、蒸馏酒的配制酒商品划分清晰，便于消费者认知。

◆ 产品标准

即修订白酒产品标准；研究确定白酒产品中酸酯合并计算的科学性。

制订蒸馏酒的配制酒或蒸馏酒的配制白酒标准。

◆ EC标准研究

EC作为食品安全指标，必须加快研究进程，必要时可先建立白酒行业标准，提高白酒产品的安全性。

4．中国白酒3C计划进展情况

（1）品质诚实计划，科研项目进展情况 江南大学与“中国白酒3C计划”参与企业在科研与人才培养方面进行了工作对接，启动“中国白酒3C计划”中江南大学承担的研究项目，明确了中国白酒3C计划项目中学校和企业各自的任务与分工。会议决定在2013年12月底前完成“中国白酒3C计划”江南大学研究组准备工作，2014年元月全面启动。结合3C计划和企业的研发需求，与会企业参观了江南大学“食品科学与技术国家实验室”、“粮食发酵国家工程实验室”和“食品安全与营养协同创新中心”的国家级实验平台。

2013年12月28日，中国食品发酵工业研究院和中国农业大学课题组以品质鉴别、品质提升和品质安全为出发点和立足点，重点围绕“中国传统固态法白酒创新工艺研究”、“白酒真实性及质量安全保障”“白酒生产中微生物学安全性评价”和“白酒酿造过程中农药残留分析及其迁移规律”等项目的工作要求、时间进度与研究目标进行全面阐释。参会企业就“中国白酒3C计划”项目实施中的具体细节问题提出了自己的建设性建议。结合3C计划和企业的研发需求，与会企业参观了中国食品发酵工业研究院“国家食品质量监督检验中心”“国家食品发酵标准化中心”“中国工业微生物菌种保藏管理中心”等国家级实验平台。2013年以来，取样、实验工作全面展开，刚刚在中国农业大学进行了农残分析技术的培训工作、微生物相关培训工作。

（2）服务诚心计划进展 已经编辑出版了三期《专家解答：中国白酒知识》科普宣传册，每期约20万册，效果非常好，参加了商务部食品安全周活动，在武汉、银川、昆明等活动期间广泛投放了宣传册。通过两届糖酒会、泸州酒博览会、企业活动、专业媒体夹带投放等渠道对消费者进行白酒科普宣传，以媒体互动、征集问题等方式吸引消费者参与白酒科普活动，反映良好，效果显著。《中国白酒与文化》电视片10集拍摄完成，目前在大专院校播放。

（3）产业诚信计划进展 产业诚信体系文件编写，认证准备工作全面完成，已具备认证条件，近期将开展认证工作，前期认证范围限于38家中国白酒3C计划参与企业。

生产准入修订工作已完成，已经上报食药总局。

年份酒的研究，通过几次会议沟通研讨，已经达成共识。自2006年开始的白酒年份酒研究工作，积累了很多成熟经验，通过169计划和3C计划的支撑，已具备技术能力，但年份酒标准研究进展缓慢，协会正考虑通过团体标准尽快完成年份酒的研究工作。白酒系列标准修订工作也是受到诸多因素影响，目前业内有些问题还难以达成共识。

（4）2013年项目工作安排：①抓紧调度，推进科研项目进展，争取个别项目能够鉴定，取得阶段性成果。对项目承担单位提出具体计划，严格调度项目进度，通过简报等形式督促、强化企业积极参与项目研究。②提高企业认识，企业在人才、设施等方面要加大投入。通过先进评选，科技进步奖排名等形式鼓励完成进度好的参与企业。③白酒科普宣传面要继续扩大，争取社会有影响力的媒体参与进来，目前正在和中央电视台、凤凰网、新浪网洽谈合作，共同宣传白酒科普知识，解答消费者关心的问题，进一步扩大白酒行业服务诚心的影响力。④2013年从白酒标准组织机构顶层设计方面入手，尽快完成白酒标准的体系建设和制修订工作。确实有困难的标准可以通过团体标准，由协会牵头先行制定、实施。

四、中国首席白酒品酒师的评选

为进一步推动中国白酒产业健康持续发展和品评技术进步，促进品评行业人才队伍的建设，完善品酒师的职业序列，开发中国白酒感官质量等级认证工作，加快中国酒业走向国际，根据产业发展的需求，我会经认真研究，于2013年开展了首届“中国首席品酒师”的考评工作，在三个等级国家白酒品酒师、中国酒业协会国家级白酒评酒委员范围内经过严格审核，2013年1月份已经正式公示首届中国白酒品酒师初选名单。

五、中国白酒酒庄联盟成立

酒庄联盟于2014年3月25日在四川泸州正式成立。

六、取消白酒生产线限制政策的建议

白酒生产线限制政策在早期生产许可准入制度的实行过程中，为产业发展发挥了积极的作用，全国白酒企业数量由3万多家减少到约1.8万家，

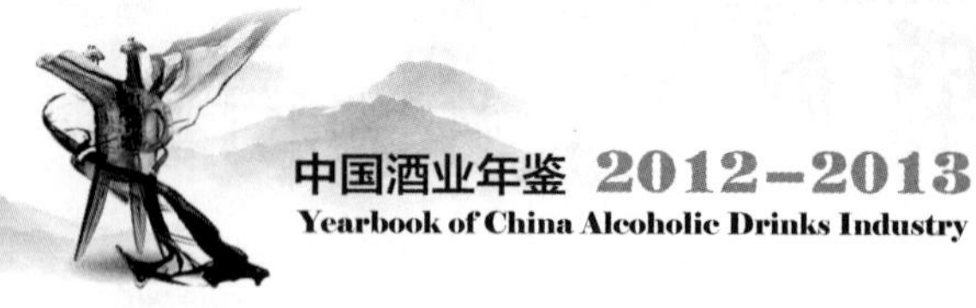

其中获生产许可证企业8800余家，未获证企业约1万家。随着经济的发展和科技水平的提升，白酒各产区规模企业的产品不断丰富，质量安全水平大幅提高，品牌优势逐步扩大，越来越多的适合消费者需求的质优价廉的产品在市场上涌现，受到了广泛的认可。但受白酒生产线限制政策的影响，白酒产业优化受到限制，主要问题表现在：①白酒名优酒企业的发展受到很大的约束，使产业优势资源受到极大的限制。②白酒小作坊受地方保护，得以长期无证生存，这些无证企业不受监管或监管困难，给白酒市场秩序造成了极大的混乱。③由于没有退出机制，生产许可证实际成了终身制，使产业结构调整受到限制。④生产线限制政策，使白酒市场自由竞争受到限制。因此，协会建议，按照《食品安全法》的要求，完善白酒标准体系，在白酒生产准入制度中，严格要求白酒企业生产技术和质量安全水平，通过法律、法规，科学有效地提高生产准入许可门槛；通过完善税收政策，维护白酒市场的公平竞争环境，在保障消费者的健康安全的前提下，取消“白酒生产线”限制政策，依靠统一、严格的准入制度和市场调节作用，实现白酒市场公平竞争和白酒产业优势资源的合理分配。

七、配合财政部和国家税总局

积极配合有关部门做了关于白酒税收政策的研究工作。

2012年啤酒行业综述

2012年，无疑是一个令人难以忘怀的年份，这是中国各类资讯快速汇集的一年。2012年中国十大关键词出炉，往年备受关注的企业诚信和食品安全并未上榜，取而代之的是更加贴近民众的“十八大”“钓鱼岛”“你幸福吗？”和“2012世界末日”等等热门话题。临近年终，爆发出白酒行业塑化剂事件，再次使消费者的目光聚焦到食品安全。有媒体称，“高富帅”的白酒行业摊上大事儿了。过去的一年对啤酒行业来说，是不温不火的平稳姿态。4902万千升的产量，3.1%的增幅，对看惯中国啤酒产销量高速增长的人们而言，略显失望，但并未超出理性的业内人士的期望值。

一年来，啤酒分会结合行业的发展特点和趋势，积极坚持为会员、为行业服务，维护会员合法权益，促进我国啤酒工业持续发展的路线，全心全意开展行业工作。

我国啤酒工业概况分析：

啤酒分会每年都对我国啤酒行业的发展概况进行两次评价，其分析基础是啤酒行业的国家统计局数据和行业统计数据。本次报告主要根据国家统计局数据对2012年的啤酒工业概况进行分析。由于在国家统计局的统计中，啤酒行业的范围包括麦芽加工及啤酒工厂的其他产业，因此其主营业务收入（销售收入）、利润、税收等经济指标数据有偏差，但和上年同期对比，其所反映的趋势是可信的。以下报告中所列统计数据仅供参考。

一、产量温和增长，中西部表现相对突出

2012年我国啤酒产量完成4902.0万千升，比上年同期（调整数4756.5万千升）增长3.1%（如按当年公布数4898.8万千升计算仅为0.1%），是近十几年以来，啤酒产量增幅最小的一年。产量净增长145.5万千升。人均占有量为36.2升，与上年基本持平。

各省市区中啤酒产量超过100万千升的省市比上年增加1个（陕西省），为18个；其中超过200万千升的有山东、河南、广东、浙江、辽宁、湖北、江苏、黑龙江8个，比上年增加1个；出现负增长的省市有天津、海南、湖南、上海、安徽等14个省市，比上年大幅增加10个（上年为4个省市）。啤酒产量增加10万千升以上的省市有河南、山东、湖北、广西、四川、云南6个；增幅超过10%的省市有河南、云南、青海、广西、湖北5个，仍以中西部为主。

在饮料酒中，啤酒产量增幅依旧是最小的，远低于

白酒和葡萄酒两位数的增幅，也低于饮料酒总量6.0%的增幅。在饮料酒中所占比例相比上年继续降低，为76.8%，下降了2.2个百分点。

对于国内经济形势对消费市场的影响，财经界相关专家和人士普遍认为：当前，国内经济处于结构转型期，增长趋于平缓。拉动内需政策促进消费市场需求快速上扬带有一定的间歇性，消费增长动力难以维持高速水平，消费市场信心和预期不稳，消费结构处于寻求新平衡的过程中。啤酒产品是低价值的快速消费品，相比较其他酒类产品，更能反映出大众消费水平，具备普遍性和规律性。同时，也具有一定的先导性和预见性，和国际、国内经济形势相比较，虽显平缓与温和，但保持了比较高的吻合度。

二、售价提高有限，略高于CPI涨幅

2012年啤酒行业实现销售收入1611.7亿元，比上年同期增长6.8%，高于啤酒产量的增幅，在饮料酒中仍是最低的，千升啤酒销售收入比上年增长3.6%。和国家统计局公布的“2012年主要统计数据” ［基于限额以上企业（单位）统计数据］[①]中的几项相关类别的对比中，从下面两表反映出一些特点。

表1 2012年啤酒销售收入增长表

（单位：%）

啤酒业销售收入增长	国内生产总值增长率	社会消费品零售总额增长率	商品零售额增长	饮料酒销售收入[②]增长
6.8	7.8	14.3	14.4	20.5

表2 2012年啤酒销售收入增长相关数据表

（单位：%）

啤酒销售收入比上年增长	居民消费价格上涨	居民消费食品价格上涨	居民消费烟酒及用品价格上涨	工业品出厂价格上涨	千升啤酒销售收入[③]增长
3.6	2.6	4.8	2.9	-1.7	13.7

① 限额以上企业（单位）是指年主营业务收入2000万元及以上的批发业企业（单位）、500万元及以上的零售业企业（单位）、200万元及以上的住宿和餐饮业企业（单位）；② 数据来源：《中国酿酒工业行业信息》；③ 数据来源：依据《中国酿酒工业行业信息》数据测算。

表1和表2中反映出在啤酒行业销售收入总额以及单位产品销售收入在和国家“2012年主要统计数据”、酿酒行业数据的分析对比中，处于一般水平，说明啤酒产品在市场的议价能力虽然有所提升，但和其他酒类产品相比，差距较大，过度价格竞争态势依旧比较严峻。

从国家统计局公布的啤酒行业按企业性质的分类指标中，以啤酒产品销售收入为例，可从下表反映出一些特点。

表3[④] 2012年我国啤酒销售收入按控股情况分类比值表

（单位：%）

控股情况	企业单位数比例	销售收入占总额比例	销售收入同比增长
国有控股	22.02	27.6	4.07
集体控股	4.17	5.5	11.64
私人控股	36.31	21.7	8.58
港澳台控股	9.13	9.8	7.15
外商控股	21.83	29.4	6.30
其他	6.55	5.9	10.71
合计	100.00	—	6.8

④ 按控股情况分类和上年口径不一致，不进行年度对比分析；

表4[⑤] 2012年我国啤酒业销售收入按企业规模分类比值表

（单位：%）

企业规模	企业单位数比例	销售收入占总额比例	销售收入同比增长
大型	5.56	28.5	9.47
中型	46.23	51.0	1.49
小型	48.21	20.5	18.01
合计	100.00	—	6.8

⑤ 企业规模依据国家统计局设管司2003年发布的《统计上大中小型企业划分办法》（暂行），办法中依据从业人员数、销售额和资产总额三项进行划分，三项指标须同时满足下限。

从表3中可以看出，国有控股和外商控股企业数量上不是最多，其销售收入所占比例是处于前列的，但是，增长幅度却是较小的，低于平均水平；集体控股企业虽为数不多，但其销售收入增长幅度却是最大的；多为中小企业的私人控股啤酒企业占销售收入比例不是最大的，但其增幅还是比较大的，高于平均水平，说明中小企业发展相对较好。

从表4中可以看出，大型企业数量最少，销售收入占总额比例较高，增长较为稳定，符合规模化效益的特点；中型企业与小型企业数量比例相当，但增幅却大相径庭，小型企业高速增长，中型企业增长乏力。

三、原料价格较为稳定，经营管理费用提高

2012年我国进口啤酒大麦252.8万吨，比上年大幅增长42.4%，全年平均进口单价比上年下降了10.4%，平均每吨大麦价格309.0美元，年底价315.1美元（到岸价，来源：国家海关总署）。除1月份继续了上年末的较高单价，全年其他月份的进口单价基本处于温和波动状态。2012年进口成品麦芽1.4万吨，增长30.2%，平均单价同比下降17.3%，成品麦芽进口量一直不大，且进口单价也较为稳定，但近三年连续出现每年30%以上的增幅，据了解，进口的成品麦芽多为特种麦芽，基本用于微型酿造企业；进口颗粒酒花1444.6吨，比上年增长31.9%，平均单价上涨14.3%，基本都是香型酒花（进口国以捷克、德国和美国为主）；进口酒花浸膏和液汁比上年下降了31.1%，平均价格下降了19.2%（数量较少，价格变动大）。各种原材料的价格基本都处于较为稳定态势，据国家统计局公布的“2012年主要统计数据”中显示，“工业生产者购进价格” 同比下降1.8%。但是，企业在经营和财务管理方面的费用提高较多，2012年单位产品销售成本费用提高了3.7%，单位产品营业费用上升了0.2%，单位产品管理费用上升了9.2%，单位产品财务费用上升了23.8%（其中：单位产品利息支出上升了19.8%）。

原油是基础能源，在一定程度上主导了全球化的资源和能源的定价体系，2012年末到2013年初持续上涨了三个月，涨幅约为15%，然后进入调整期，资源类商品未来仍然普遍存在上涨预期。相关资料显示，2002—2011年十年间，我国城镇单位就业人员平均货币工资增长了237%；工业生产者购进价格指数上涨了70%，固定资产投资价格指数上涨了36%。劳动力、土地、资金、资源等生产要素价格持续上涨。因此，企业生产成本提高是趋势性的，对啤酒企业而言，也同样不可避免，这是啤酒行业今后发展必须要正视的重要问题。

四、总体盈利水平低下，地区盈利水平波幅加大

2012年，我国啤酒工业实现利税总额308.8亿元，比上年增长9.0%。千升啤酒利税比上年增长5.7%，其中税金总额增长12.3%，利润总额增长3.0%；千升啤酒税金增长8.9%，千升啤酒利润与上年持平。亏损企业占企业总数的30.2%，亏损额占利润总额的25.3%。从数据来看，2011年啤酒行业已处于“增量不增效”的状态，而2012年和2011年相比，不增效的态势有延续和放大的迹象。利润增长还低于2012年全国规模以上工业企业增长5.3%的水平。在原材料价格平稳的情况下，小幅提升的产品售价几乎被经营管理等费用完全抵消。

从分省市经济效益指标来看，利润总额实现增长的有15个省市，增长20%以上的省市有：青海、浙江、广东、贵州、云南、江苏、甘肃7个省市。利润负增长的有16个省

市，亏损省市仍为4个，分别为天津、山西、上海、黑龙江，上年的亏损省市河北扭亏为盈，黑龙江由盈转亏。千升啤酒利润提高的有14个省市，增长10%以上的省市为多数，分别为：浙江、青海、广东、贵州、云南、江苏、西藏、新疆、辽宁、甘肃、陕西10个省市。千升啤酒利润降低的17个省市中，有13个是降低10%以上的。

从分省市盈利水平分析出，各省市盈利水平的波动在加大，提高得快，下降得也快，基本和市场集中度呈正相关关系；盈利水平较好的仍多以中西部地区为主，继续呈现量价齐升的态势；之前一些少数品牌占绝对优势的省份几乎消失，盈利水平下降也较快；而前几年新建工厂较为集中、产能迅速扩大的部分沿海地区，如，浙江省、广东省等，产能在市场中得到了逐步消化，盈利水平则有所回升。

五、进出口贸易减少，体现市场需求变化

2012年我国出口啤酒19.4万千升，同比下降12.1%，出口额11234.3万美元，出口单价下降了2.2%；进口啤酒4.7万千升，同比下降27.2%，进口额5831.0万美元，进口平均价格下降11.6%。出口单价与进口单价之比，比上年上升了0.4。

2012年啤酒产品的进出口和上年相比表现迥异，出现了量价齐跌的现象，分析其中的原因有三。一是全球消费市场由供不应求转变为供大于求，全球性的出口贸易和消费需求增速都出现了阶段性降低；二是国内啤酒市场的消费总量增长趋缓；三是进出口啤酒总量不大，具有不确定性和不稳定性。

从进出口国和地区的情况上可以看出，啤酒出口国变化不大，仍以东南亚国家和地区为主；啤酒进口国发生了一些变化，之前一直占据进口国第一位的墨西哥已经被德国取代，体现出国内消费者对个性化、醇厚型特色啤酒产品的市场需求变化。

六、新增产能多于产销增长，扩张预期趋于减弱

2012年，对于收购和兼并一直未断的中国啤酒市场而言，可以说是比较特殊的一年。除了青岛啤酒（上海、江苏业务）和三得利中国的合作之外，没有发生一起成功的并购案。因为可供大集团选择收购的市场资源越来越少了。但是各大集团新建、扩建、改建、搬迁的项目，仍然在延续。

表5 2012年全国啤酒集团建设项目统计表

扩张类型 企业名称	新建工厂（个）		改扩建或搬迁（个）		合计（个）		当年约新增产能（万kL）
	在建	投产	在建	投产	在建	投产	
华润雪花	4	2	5	4	9	6	93
青岛啤酒	2	3	4	2	6	5	155
百威英博	5	2	4	2	9	4	65
燕京啤酒	2	1	1	3	3	4	80
其他	5	2	1	4	6	6	110
合计	18	10	15	15	33	25	443

在2012年，各大集团的扩张步伐明显减弱，不仅没有收购兼并案例，且新建和改扩建工厂无论在数量上还是在规模上都明显要弱于上年。2012年行业净资产增加168.2亿元，负债增加73.3亿元，资产负债率相比上年降低了0.9个百分点，说明行业资本结构有所改善，也间接显示出投资减速的迹象。即使如此，表5显示，2012年新增的产能仍然达到了443万千升，是产销净增量的三倍。新建和改扩建的在建项目（约600万千升）在未来一、二年也会陆续投产，如果没有稳定增长的市场需求作为支撑，那么，市场竞争将会更为惨烈。毕竟，影响消费市场的变量明显要多于啤酒产能扩张的变量。

七、培育啤酒消费文化，融合“中国元素”内涵

2013年1月17日，中国质量协会、全国用户委员会公布2012年度啤酒行业消费者满意度测评结果，啤酒行业消费者满意度为70.75分（满分100分）。测评结果显示：消

费者对啤酒的质量和品牌最为看重。与前两年对比，各品牌满意度均呈下降趋势；品牌形象、口感、口味、性价比和麦芽香味等因素对满意度影响较大，但消费者的评价相对不高；消费者“购买啤酒时首选该品牌的可能性”得分66.67分，是各项指标中得分最低的。报告指出，啤酒行业各类产品同质化现象严重，缺乏产品特色，品牌忠诚度不高。

在美国、德国等发达国家，啤酒文化已经融入到本国文化中，成为其国家符号之一。我国的啤酒产量虽然已经稳居世界第一位，但由于缺乏内涵的本土气息和本国色彩等“中国元素”，尚未真正建立起自己的啤酒文化。在多数消费者的眼中，啤酒和路边摊、花生米或者火锅是紧密相连的，难登大雅之堂。在全球化的大背景下，民族文化的弘扬不仅仅是企业社会责任，也是面对日趋激烈的国际竞争的必然选择。具有丰富文化内涵的产品和品牌，才能更具独特性和识别性，才能在竞争激烈的全球市场中独树一帜。要改变“啤酒是舶来品”的传统印象，为其打上“中国烙印”，使啤酒品牌融入中国文化的内涵。在注重当今啤酒产品便捷、新鲜、个性和健康的市场讯息的基础上，积极打造中国啤酒文化，让啤酒与中国文化相融合，引领啤酒市场的口味变迁，并赢得世界各国消费者的信赖。如果在发展的过程中，仅仅关注市场份额的变化，为抢市场而抢市场，不注重品牌文化的建设，不具备产品的独特性和可识别性，就不能长期获得消费者在情感上的认同，市场份额抢来多少就会失去多少，甚至更多。

因此啤酒企业在注重市场开拓的同时，应进一步增强产品特色和多样性，提高产品品质，塑造自己的品牌特色，引导消费者认知啤酒产品是雅俗共赏的，并非仅仅和廉价划等号，只有消费者认可了中国啤酒文化的内涵才能真正认可中国啤酒产品的价值所在。这也是中国啤酒产业具备步入成熟期的重要条件之一。

八、正确认识食品安全，主动消除危机隐患

2013年初，网络媒体依据互联网的新闻、微博、图片等即刻搜索的网络数据统计，评选出了12个“2012年食品安全热点”，名单公布的同时，国务院食品安全委员会办公室和中国科学技术协会也对这12个食品安全热点问题做出集中解读。入选即刻搜索的 “2012年食品安全热点”，对大多数企业乃至行业来说，都不算什么好消息。入选者，轻则销量大跌、股票停牌，重则全行业冬眠。名单里当然有国人过去一年深刻的诅咒，另一面，也充满着厂商无辜的泪水。2012年的食品安全事件中，新闻标题无不耸人听闻，百姓则闻“毒”色变。其中又以时间距离最近的“白酒塑化剂”事件首当其冲。塑化剂风波仅发酵一天，15只白酒股市值就蒸发了300亿；即刻搜索抓取了198万多条相关微博，讨伐声浪瞬间让美酒淡如水。白酒股在近三个月内，市值减少约2000亿元。

纵观这些影响性比较大的食品安全事件，其爆发的程度和影响面一般取决于几个因素：一是产品本身有安全隐患或是存在有争议的安全隐患，具备被炒作的前提；二是各类媒体不经核实争相转载的跟风炒作、推波助澜；三是社会负面心理被利用，以及被极端化和妖魔化的扩散效应；四是事件牵涉企业的危机公关失当，使事态被放大；五是事件背后是否有利可图，决定了事件的持续性。多数涉及食品安全事件的企业基本都称是“躺着中枪的”，虽说事件本身都具有偶发性和突发性，但并非无迹可寻，也并非所有因素完全不可控。在以上因素中，至少第一和第四点是企业和行业基本可控的。处理危机的最佳途径当然是未雨绸缪、防患于未然。面对产品的质量安全问题，主动出击胜于一味地防守。正因为自己身上存在漏洞，才会给予别人可乘之机。如果能够主动弥补这些漏洞与不足，无论什么谣言或是攻击都会不攻自破，任何炒作都会变成对企业正面的宣传和推广。当然，还需要具备与社会、媒体、相关部门的正确沟通方式，需要更人性化的换位思考，绝非企业只站在自己的角度想当然地自说自话。

啤酒产品在每年例行的国检中，质量水平和合格率都是比较高的，2012年也没有例外。国家质量监督检验检疫总局2012年8月公布的对24类食品的二季度抽查报告显示，对16个省、直辖市80家企业生产的80种啤酒产品进行了抽查，抽查发现有1种产品酒精度、原麦汁浓度项目不符合标准的规定。不合格项和食品安全没有关联且生产企业为委托加工的私营小厂，大中型啤酒企业产品合格率为100%。虽然可以说，啤酒产品是目前最为安全的食品之一。但啤酒企业并不能因此高枕无忧，目前依然存在的不确定性的问题比如：啤酒原料生产环节的监管问题和农药残留问题，长期未解决的《啤酒瓶》标准问题，以及2012年行业一直重点关注、目前得到基本解决的二氧化碳问题的后续完善问题。值得注意的是，质检总局在二季度对啤酒瓶进行了全国性抽查，抽查了23个省市79家企业生产的79种啤酒瓶产品。对啤酒瓶产品的内应力、抗冲击、耐内压力等12个项目进行了检验。抽查发现有14种产品不符合标准的规定，涉及到抗冲击、耐内压力项目，合格率仅为82.3%。目前《啤酒瓶》国家标准的修订工作仍处于停滞状态，协会仍然一直在努力争取中。二氧化碳单独办理生

产许可证的事情，虽然得到了国家相关部门的认可，但仍需在监管机制中得到相应体现，才能保证在今后不会成为安全隐患。

九、诚信机制亟待建设，首重公众利益与情感

当前，网络时代已经来临，信息的传播速度和扩散效应几乎超出了所有人的预期。而人与人、人与社会之间都出现了某种程度的信任危机。有些时候，公众对政府部门的数据、结论有所怀疑，而对网络上很多真假难辨的信息深信不疑，根源在于当前的社会诚信体系出现了问题。如今，在社会急剧转型时期，诚信缺失严重危害着市场经济的健康发展，也损害着人际关系的和谐。2013年3月5日，国务院总理温家宝在第十二届全国人民代表大会第一次会议上做政府工作报告时指出：大力加强社会公德、职业道德、家庭美德、个人品德教育。推动诚信体系建设，以政务诚信带动商务诚信和社会诚信，形成良好的社会风尚。

中国已经成为世界啤酒大国，国内啤酒市场竞争格局已经进入了相互交错和重叠的寡头直面竞争阶段，可以预见未来啤酒市场竞争的形势将更为严峻。但竞争必须是建立在理性和诚信的基础上，要在全社会树立守诚信、讲良心的啤酒行业整体形象。大集团之间的竞争不是生存竞争，也不是短期竞争。可以说持久的竞争力必然是来自于长期坚持的诚信竞争。诚信在如今信息高度透明的时代显得尤为重要，每个企业乃至每个人与社会之间的联系已相当紧密，一言不慎，可招无妄之祸。比如：国内某企业在危机公关中的言语失当，就引来了全社会的嘘声和一片哗然。可见，如何以诚信应对公众的质疑何其重要。有担当、讲诚信、负责任的企业，首先应该学会尊重公众利益，尊重公众情感，而不是仓皇之下的口不择言。

从本质意义上说，市场经济就是诚信经济。诚信对于长期处于市场经济中的啤酒行业而言，是重要的行为原则，也是基本的“底线道德”。在市场经济条件下，只有讲诚信才能赢得顾客信任，才能不断扩大市场占有率。

2012年中国酒业协会啤酒分会工作情况

2012年，啤酒分会继续贯彻《中国酿酒产业“十二五”发展规划》的指导思想，积极贯彻实施《规划》提出的各项要求，切实解决啤酒行业的突发事件和热点问题，努力为啤酒企业做好服务工作。在中国酒业协会的领导及啤酒企业的支持下，啤酒分会开展了以下几个方面工作：

一、年度重点工作

1．完成2011年年度啤酒行业统计工作

2012年3～5月，在各省市区协会和啤酒企业的协助下，啤酒分会完成了2011年年度啤酒行业统计工作。在《啤酒科技》杂志上公布了产量、销售收入、利税总额排行，向各省市区协会反馈了各类统计结果。为使入网企业尽快得到信息交换资料，啤酒分会继续实行发送电子版季度产量快报制度，突出协会的服务理念。在对2012年行业统计数据分析的基础上，完成了题为“我们再也回不去了”的行业总结和发展趋势报告。

随着现代啤酒生产技术的不断发展，现行的《全国啤酒行业主要经济指标统一计算方法》（以下简称《方法》）已经不能适应当前要求。为此，啤酒分会于8月组织开展征求《方法》修订意见的工作。由啤酒分会提出修订提纲，并向啤酒企业生产与统计部门广泛征求意见。

统计工作是行业的基础性工作，牵涉面广，工作量大，难度也高。发布的各类信息在啤酒企业间的信息交流方面成为了不可或缺的桥梁和纽带；为啤酒企业的经营决策提供了主要依据和参考；同时，在国家相关产业政策和标准制定中发挥了重要的作用。

2．召开“啤酒分会三届理事会四次理事长办公会”、“啤酒分会三届五次常务理事（扩大）会议暨啤酒原料专业委员会一届四次理事（扩大）会议”

2012年3月8～15日，在广东省召开了“啤酒分会三届

理事会四次理事长办公会”，重点对啤酒行业自产自用二氧化碳生产许可证申办的工作进行汇报。2012年4月，啤酒分会与啤酒原料专业委员会联合召开“啤酒分会第三届理事会第五次常务理事扩大会议暨啤酒原料专业委员会第一届理事会第四次扩大会议”。会议审议通过了啤酒分会2011年工作报告和啤酒分会2012年工作计划，对《食品安全国家标准 预包装食品标签通则》《啤酒安全生产标准》《淡色啤酒麦芽加工贸易单耗标准》等标准进行解读；会议期间，啤酒分会对获得2012年度“啤酒行业科技进步优秀论文奖”及2011年度“中国啤酒麦芽质量及食品安全鉴评”的获奖单位和个人进行颁奖。

3. 召开“中国手工微酿啤酒业联盟”筹建研讨会和筹建委员会讨论会

2012年8月28日，啤酒分会组织召开了“中国手工微酿啤酒业联盟”筹备研讨会，共有74名来自全国各省市区的微酿啤酒从业者、设备制造商和原料供应商参加会议。会议确定联盟名称为“中国微酿啤酒业联盟”，讨论联盟成立方案和自律经营规范，并就微酿啤酒的安全控制、质量和环境管理规范及工程设备要求等问题进行交流和探讨。

2012年10月29日，啤酒分会组织召开“中国微酿啤酒业联盟”筹建委员会讨论会，共邀请16名代表参加会议并组成筹建委员会，初步制定《中国微酿啤酒业联盟委员会管理办法》，并讨论了《中国微酿啤酒业自律经营规范》及“中国手工精酿啤酒”证明商标使用管理规则等内容。

两次会议的召开，为正式成立“中国微酿啤酒业联盟”奠定了良好的基础。对提高我国手工微酿啤酒质量；规范手工微酿啤酒业的经营活动；建立健全手工微酿啤酒业的标准化体系方面起到了正面宣传作用。

4. 召开“2010届国家级啤酒评酒委员”2012年会及“2012年中国国际特色啤酒品鉴及行业检查”活动

2012年7月，啤酒分会正式启动“2012年中国国际特色啤酒品鉴及行业检查”申报工作，共收到国内外包括手工微酿啤酒在内的72种特色啤酒样品。本次品鉴活动以无偿鉴定、自愿申报为原则，旨在提高特色啤酒在消费人群中的认知度，引导和促进啤酒品种差异化、多样化特色发展。在11月13～17日召开的“2010届国家级啤酒评酒委员”2012年会上，啤酒分会组织评酒委员对“2012年中国国际特色啤酒品鉴及行业检查活动”申报的样品进行感官评价。啤酒分会汇总结果后，将各样品的品评结果反馈单发送至申报企业。品评结果将提交三届五次理事长办公会讨论决定“2012年中国国际特色啤酒优质产品”名单。结合这两次活动，一方面使国家级啤酒评委了解各种特色啤酒的特点及发展趋势，另一方面也为了积极宣传质量优等、有品种风味特点的啤酒产品，有利于引导我国啤酒品种的特色发展。

5. 第二届技术委员会2012年度会议

2012年12月10～13日，“中国酒业协会啤酒分会第二届技术委员会2012年度工作会议”在浙江省杭州市召开，共有39位技术委员参加。会议讨论并确定了技术委员会管理办法2012版（草案）及2013年工作计划，投票表决通过了增补蓝贝酒业集团生产公司总经理乡锦辉为第二届技术委员会委员的提议。此外，技术委员针对碳排放及节能减排、瓶盖内垫改进、啤酒风味稳定性及啤酒行业自产自用二氧化碳安全性分析等啤酒行业热点、焦点问题进行探讨与交流。

技术委员会研究的内容都是行业里的热点问题，不但是与时俱进的，而且是超前的，有预见性的，研究成果在行业工作中，在国家的项目申报、法律法规出台中，都发挥了重要作用，同时，也为行业发展做出了巨大的贡献。

6. 协调解决“啤酒生产企业自产自用二氧化碳生产许可证”有关问题

2011年底，国家质量监督检验检疫总局办公厅发布[2011]821号文“关于啤酒生产企业自产自用二氧化碳生产许可有关问题的复函”，明确要求啤酒企业“应依法取得食品添加剂二氧化碳生产许可证后方能生产、销售和使用”。

2012年，啤酒分会继续跟踪处理“啤酒生产企业自产自用二氧化碳生产许可证”有关问题。考虑到啤酒生产企业在办理二氧化碳生产许可证过程中遇到的种种问题和困难，啤酒分会在协会的领导和支持下，多次与相关部门进行沟通和交涉，并联合酒界人大代表提交人大提议“关于将啤酒生产企业自产自用二氧化碳纳入食品生产许可证认证单元的建议”；2012年8月，在与国家质量监督检验检疫总局食品生产监管司取得共识之后，啤酒分会以中酒协啤函[2012]17号“关于啤酒生产企业自产自用二氧化碳（CO_2）有关问题的建议函”致函国家卫生部监督局；2012年10月19日，卫生部监督局以卫办监督函〔2012〕950号“关于啤酒生产企业自产自用二氧化碳有关问题的复函”，明确指出“在啤酒酿造过程中由酵母发酵成酒精产生的经啤酒生产企业收集处理后再用于啤酒生产的二氧化碳，不作为食品添加剂管理”。意味着啤酒企业无需为自产自用二氧化碳单独办理食品生产许可证，但是，仍要确保自产自用二氧化碳的安全性。

7. 鉴定站工作

2012年4月，啤酒分会完成了第四批啤酒《酿酒师》信息录入、报送和发证工作。共有56人通过本次鉴定考试，其中获得一级（高级）《酿酒师》37人，鉴定通过率74.0%；二级《酿酒师》15人，鉴定通过率65.2%；三级（助理）《酿酒师》4人，鉴定通过率100%。三个级别合计通过鉴定56人，鉴定通过率72.7%。

二、主办协办工作

1．参与“2012中国国际‘酒与社会’时代论坛”

重点参与在中国酒业协会第四届理事会第五次（扩大）会议期间举办的以“诚信•自律•责任•关爱”为主题的“2012中国国际‘酒与社会’时代论坛”的筹备、策划和组织等工作。

2．参与中国酒业协会揭牌暨聘请顾问仪式

2012年4月26日，经国家民政部批准，“中国酿酒工业协会”正式更名为“中国酒业协会”。在协会领导下，啤酒分会重点参与协会于7月8日“中国酒业协会揭牌暨聘请顾问仪式招待会”活动的前期筹备、策划、宣传、组织和接待等工作。

3．参与2012年度“中国酒业协会科学技术奖”项目申报、评审工作

2012年8月，中国酒业协会科学技术奖励办公室正式启动2012年度“中国酒业协会科学技术奖”评审工作。开展奖励活动期间，啤酒分会重点参与了2012年度“中国酒业协会科学技术奖”的项目申报、资格审查、项目鉴定和评审等工作。

4．主办2012年中国国际啤酒技术高峰论坛

2012年9月17日，中国酒业协会啤酒分会、中国食品发酵工业研究院、德国柏林啤酒酿造学院（VLB）和美国酿造化学家协会（ASBC）共同举办了2012年（第二届）中国国际啤酒技术高峰论坛，共有250余名中外啤酒生产企业的技术研究人员参加此次论坛，就麦芽质量、生命周期评价方法、啤酒工业微生物检测技术等国际啤酒酿造技术及质量发展的热点问题展开全面深入的探讨。

5．参加2012年第十届中国国际啤酒、饮料制造技术及设备展览会

2012年9月19～22日，参加2012年第十届中国国际啤酒、饮料制造技术及设备展览会，向参会者宣传啤酒分会的服务理念和工作内容，重点推广《啤酒科技》《中国啤酒信息》等由啤酒分会编审出版的期刊杂志，提高行业认知度。

三、行业服务工作

1．开展行业服务与咨询工作

为啤酒企业在市场中遇到的纠纷开具证明与说明；为企业之间在经营过程中的争议提供沟通与协调平台；解答啤酒企业的咨询，例如啤酒生产企业自产自用二氧化碳生产许可证问题、各种认证的相关问题等；办理食品生产许可证过程中的审查细则方面的解释与说明；完成日常的数据统计工作；随时与企业及相关单位保持良好的沟通与联系等。

2．完成政府委托的各种工作

完成了政府相关部门委托的材料上报、提议、行业调查、反垄断审查、项目审批等工作，如，关于啤酒生产企业自产自用二氧化碳有关问题的建议、啤酒酿造工国家职业分类大典修订工作、国家质监局的啤酒产品质量安全分析年度报告，国家食品药品监督管理局和国家质监局信访函的解释与回复等。

3．参加和出席行业活动

2012年，啤酒分会相继参加和出席了各种行业活动，如第十一届法国啤酒大麦研讨会、啤酒企业举办的品鉴会以及各地举办的啤酒节等；同时，啤酒分会也受邀参加啤酒企业组织的各类推广活动，如新品上市发布会、啤酒新工厂投产扩产仪式以及推广企业社会责任等活动。

4．参观考察

2012年6月和11月，受嘉士伯啤酒和百威英博啤酒邀请，分别赴丹麦嘉士伯科研中心和比利时百威英博啤酒研发中心进行参观和考察。

5．刊物出版

《啤酒科技》杂志作为啤酒分会的信息载体，长期以来始终坚持准确、及时地向订阅企业传达啤酒行业的各种事件和信息，如宣传政策法规、解读行业标准，公布行业统计数据以及报道行业动态等。

《中国啤酒信息》是由啤酒分会汇编出版的季度性数据交换资料，得到了省市协会和啤酒企业的大力支持。信息内有全国企业的“产量、消耗、劳动、财务、效益、价格、销量”等方面的23项31个指标。真实反映了全国啤酒行业生产经营状况及发展水平，在啤酒企业间的信息交流方面发挥了很好的作用，为各级领导和啤酒企业的经营决策提供了重要的依据和参考。

2013年啤酒行业综述

啤酒分会每年都对我国啤酒行业的发展概况进行两次评价，其分析基础是啤酒行业的国家统计局数据和行业统计数据。本次报告主要根据国家统计局数据对2013年的啤酒工业概况进行分析。由于在国家统计局的统计中，啤酒行业的范围包括麦芽加工及啤酒工厂的其他产业，因此其主营业务收入（销售收入）、利润、税收等经济指标数据非单纯啤酒产品范畴，但和上年同期对比，反映的趋势是一致的。以下报告中所列统计数据仅供参考。

一、产销量

关键词：增长，西部，持平，促进剂

2013年我国啤酒产量完成5061.5万千升，比上年同期（调整数4839.4万千升）增长4.6%（如按当年公布数据4902.0万千升计算为3.3%），产量净增长222.1万千升。人均占有量为37.2升，比上年提高1升，增幅2.8%。

表1 2013年全国各地区产销量情况及变化情况

（单位：%）

指标 地区	产销量同比增长	占全国总产量比例	比例相比上年变化
东北地区	4.5	12.6	-0.01 ↓
华北地区	2.0	10.0	-0.25 ↓
华东地区	3.0	34.2	-0.52 ↓
西北地区	8.2	5.2	+0.17 ↑
西南地区	16.5	9.7	+0.98 ↑
华南地区	3.2	28.4	-0.38 ↓
全国	4.6	100.0	—

从各地区啤酒产量中可以看出，华东和华南仍是主要啤酒消费市场，分别占全国总产量的34.2%和28.4%，其次是东北、华北、西南和西北。各地区啤酒产量相比上年均实现了增长，西南和西北地区不但延续了前几年的增长势头，而且有增长加速的表现，在全国总产量的比例也分别提高了0.98和0.17个百分点。相比之下，其余的四个地区则略显黯淡，产量的增幅均低于全国总产量的增幅，在全国所占比例也有不同程度的下降。

各省市区中啤酒产量超过100万千升的省市18个，与上年持平；其中超过200万千升的有山东、广东、河南、浙江、辽宁、湖北、四川、江苏、黑龙江、福建10个，比上年增加2个（四川和福建）；产量增加10万千升以上的省市有四川、山东、湖北、浙江、广西、贵州、河南、宁夏8个；增幅超过10%的省市有宁夏、贵州、四川、青海4个，均为西部地区。出现负增长的省市有上海、海南、天津、湖南、天津、西藏4个省市，比上年大幅减少10个（上年为14个省市）。

在饮料酒中，啤酒产量增幅依旧较小，低于白酒的增幅，但高于葡萄酒的增幅，与饮料酒总量的增幅持平。在饮料酒中所占比例和上年也基本持平（实际提高了0.05个百分点），仍为76.8%，在近十年间，除啤酒之外的白酒、葡萄酒和黄酒等大幅增长，加之啤酒本身产量较大，增幅平稳，所以，啤酒在饮料酒中的比例一直呈现缓慢降低的态势，而出现持平的情况是极为少见的。

有相当多的媒体和投研机构在做酒行业分析时，都认为白酒行业受挫于“限酒令”“八项规定”等政令，而啤酒因为政令因素，使消费市场扩大，成为了最大的受益者。其实不然，正如白酒行业已经意识到政令不是主导因素，而是因为白酒行业长期积累问题的集中爆发，政令充当了催化剂的作用。而啤酒行业率先经历了国际化的融合、集约化的整合和充分市场化的洗礼之后，其产业成熟度在酒行业中是最高的，在其他几个酒种受到影响之后，此消彼长，从表象上似乎啤酒行业是受益者，至于政令对啤酒行业的影响可能连催化剂都算不上，至多是个促进剂。

二、销售收入

关键词：售价，省份数据，规律性

2013年啤酒行业实现销售收入1814.1亿元，比上年增长9.3%，高于啤酒产量的增幅，略低于饮料酒销售收入9.6%的增幅，单位产品啤酒销售收入比上年增长4.5%，详见表2。

表2 2013年酒行业主要酒种销售收入增长情况

（单位：%）

指标 酒种	产销量增长	销售收入增长	单位产品销售收入增长
啤酒	4.6	9.3	4.5
白酒	7.1	11.2	3.9
葡萄酒	-14.6	-8.5	7.1
饮料酒	4.5	9.6	4.9

（数据来源：依据《中国酿酒工业行业信息》数据测算）

统计范围：限额以上企业（单位）。限额以上企业（单位）是指年主营业务收入2000万元及以上的批发业企业（单位）、500万元及以上的零售业企业（单位）、200万元及以上的住宿和餐饮业企业（单位）。

从2013年分省份完成的啤酒产品销售收入情况来看，单位产品销售收入实现增长的达24个，增幅较大的有甘肃、上海、云南、河南、贵州；出现降低的有四川、青海、黑龙江、吉林、河北等7个省份，从中可以分析出：

（一）绝大部分省份啤酒售价出现提高，显示出啤酒产品的市场议价能力得到显著提升。

（二）一些省份仍显示出因为固有区域封闭优势、整合后期效应和品牌优势放大的原因，售价得到提升；而部分省份因为新竞争者的不断进入以及大集团之间相互渗透的竞争后期，使竞争加剧，出现了售价降低的情况。

（三）由于集约化程度的提高，全国性品牌的市场份额不断增加；如今物流效率的提升；以及大集团实行产销分离等原因，使属地化生产本地化销售模式被弱化，一部分省份产和销的数据并不对应，甚至逐渐失去了规律性。

从国家统计局公布的啤酒行业按企业性质的分类指标中，以啤酒产品销售收入为例，可从下表反映出一些特点。

表3 2013年我国啤酒业销售收入按控股情况分类比值表

（单位：%）

控股情况	企业单位数比例	销售收入占总额比例	销售收入同比增长
国有控股	21.1	28.2	7.7
集体控股	3.8	4.8	14.4
私人控股	35.4	23.1	18.0
港澳台控股	8.3	9.5	11.2
外商控股	25.5	28.6	3.2
其他	5.9	5.8	9.6
合计	100.00	—	9.3

表4 2013年我国啤酒业销售收入按企业规模分类比值表

（单位：%）

企业规模	企业单位数比例	销售收入占总额比例	销售收入同比增长
大型	5.9	31.4	10.4
中型	47.6	49.6	5.9
小型	46.4	19.0	16.9
合计	100.00	—	9.3

企业规模依据国家统计局设管司2003年发布的《统计上大中小型企业划分办法》（暂行），办法中依据从业人员数、销售额和资产总额三项进行划分，三项指标须同时满足下限。

从表3中可以看出，国有控股和外商控股企业数量上不是最多，其销售收入所占比例是处于前列的，但是，增长幅度却是较小的，低于平均水平；多为中小企业的私人控股啤酒企业占销售收入比例不是最大的，但其增幅比较大，多年来数据均显示出其波动性较大，行业情况趋好，则增长较快，行业发展趋缓，则快速萎靡。

从表4中可以看出，大型企业数量最少，销售收入占总额比例较高，增长较为稳定，符合规模化效益的特点；中型企业与小型企业数量比例相当，但增幅却大相径庭，小型企业高速增长，中型企业增长乏力。

三、经营费用

关键词：原料价格，稳定，其他费用

2013年我国进口啤酒大麦233.5万吨，比上年减少7.6%，全年平均进口单价比上年提高了10.7%，平均每吨大麦价格341.9美元，年底价347.6美元（到岸价，来源：国家海关总署）。上半年维持了较高单价，且无波动，下半年呈现降低，年底出现翘尾现象。2013年进口成品麦芽1.5万吨，增长6.8%，平均单价同比下降3.6%，成品麦芽进口量虽然不大，且进口单价也较为稳定，但近几年连续出现增长，且增幅较为可观。进口的成品麦芽多为特种麦芽，基本用于微型酿造企业，少部分用于啤酒企业；进口颗粒酒花2286.4吨，比上年增长58.3%，平均单价降低8.0%，进口以香型酒花居多（进口国以捷克、德国和美国为主）；进口酒花浸膏和液汁比上年下降了22.4%，平均价格下降了14.1%（数量少，价格变动大）。各种原材料的价格升降不一，基本处于相对稳定态势。

2013年啤酒行业单位产品销售成本费用提高了6.0%，单位产品营业费用降低了1.7%，单位产品管理费用上升了5.2%，单位产品财务费用下降了21.7%（其中：单位产品利息支出降低了11.6%），资产负债率降低了1.5个百分点（在酿酒行业中，啤酒行业仍是最高的）。从企业在经营和财务管理方面的费用变化可以间接反映出一定规律性，市场营销和企业管理仍是企业的关注重点；财务费用和资产负债率的降低间接反映了投资减速的趋势。

四、经济指标

关键词：利润，增幅，地区波幅

2013年，我国啤酒工业实现利税总额334.2亿元，比上年增长10.0%。千升啤酒利税比上年增长5.2%，其中：税金总额增长4.1%，利润总额增长21.5%；千升啤酒税金降低0.5%，千升啤酒利润增长16.2%。虽然在2013年酿酒行业中，啤酒行业是唯一实现单位产品利润增长的行业，且增幅相对可观。但从亏损企业情况来看，亏损企业占企业总数的比例仍然远高于其他酒种，达28.3%（比上年降低近2个百分点），见表5。

表5 2013年酒行业主要酒种亏损企业情况

（单位：%）

酒种 \ 指标	亏损企业占企业总数比例	亏损企业数同比增长	亏损额同比增长
啤酒	28.3	-3.4	14.4
白酒	6.0	22.9	138.0
葡萄酒	12.8	64.7	244.2
饮料酒	11.2	10.3	34.2

从分地区盈利水平来看，各地区间的单位产品利润波幅较大，也体现出市场竞争的状态，华东和东北地区的竞争进入相对平稳期，增幅较大；华北地区处于竞争较为激烈的地区，降幅较大；华南地区处于竞争相持期，盈利水平变化较小；西南和西北地区的产销量均处于高速增长，但两地区盈利水平大相径庭。详见表6。

表6 2013年啤酒行业各地区利润水平情况

（单位：%）

指标 酒种	利润占全国利润总额的比重	利润总额同比增长	单位产品利润同比增长
东北地区	9.5	25.4	20.0
华北地区	7.1	-24.6	-22.1
华东地区	34.1	30.7	26.9
西北地区	6.1	-14.5	-21.0
西南地区	18.6	43.1	22.9
华南地区	24.6	7.8	4.5
全国	100.0	21.5	16.2

从分省市经济效益指标来看，利润总额实现增长的有21个省市（不包括2个减亏省市），增长50%以上的省市有：上海、吉林、浙江、河北、云南、江苏、四川6个省市。利润负增长的有8个省市，亏损省市仍为4个，分别为天津、山西、黑龙江、湖南，上年的亏损省市上海扭亏为盈，湖南由盈转亏。千升啤酒利润提高的有20个省市（不包括2个减亏省市），增长10%以上的省市较为普遍，其中：上海、吉林、浙江、河北、江苏、云南6个省市增幅达50%以上。单位产品啤酒利润降低的有9个省市，降幅远没有增幅为大。

和单位产品销售收入情况类似，分省市啤酒行业的盈利水平也出现了相同情况，由于原先产销的正相关对应关系逐渐脱离，因此，部分省市的盈利水平也同样不能真正反映出所属市场的消费能力和消费水平。但是，如果从地区的盈利水平看，相对符合和贴近实际的市场情况。今后，随着啤酒产品盈利水平的提升和产业集中度的提高，类似情况可能会进一步放大。

五、进出口

关键词：进口量，消费需求，转变

2013年我国出口啤酒24.9万kL，同比上升28.5%，出口额16302.4万美元，出口单价提高了12.9%；进口啤酒18.2万kL，同比大幅上升65.6%，进口额23163.9万美元，进口平均价格下降3.0%。出口单价与进口单价之比为0.5，即出口单价仅为进口单价的一半。

2013年啤酒产品的进出口和上年相比表现出两旺态势，特别值得关注的是国内市场对进口啤酒的需求大幅提升，已经几乎接近出口量，如此大的增幅，在新中国啤酒进出口历史上也是绝无仅有的。如按此趋势，啤酒进出口出现逆差也为期不远了，从月度进出口量来看，7月份和8月份已经出现了逆差。分析其中的原因有五：

一是国内消费水平提高，对中高端啤酒产品的需求增大。

二是国内消费者对特色化啤酒产品的需求日益提高。

三是和大众化啤酒相比，进口的中高端啤酒仍是较小的细分市场，贸易商具有较强的议价权，产生利润较为丰厚。

四是一些消费终端利用部分消费者崇洋媚外的消费心理，断章取义讲啤酒故事，从中牟利。

五是进出口啤酒总量相对较小，一直具有间歇性和不稳定性。

从进出口国别和地区的情况上可以看出，啤酒出口国以东南亚国家和地区为主的状况没有发生变化；啤酒进口国从2012年起，德国取代墨西哥成为第一进口国，在2013年仍是遥遥领先，其进口量同比增长了65.8%，占进口总量的60.4%。出现如此变化的最主要原因是国内消费者对醇厚型特色啤酒产品的市场需求持续增长，再者，也体现出国内部分细分啤酒消费需求从商务分享型向品鉴辨赏型的转变，说得直白些，就是从喝饱向喝好的转变。

六、扩张趋势

关键词：新增产能，减速，理性

2013年，最为引人瞩目的行业收购案莫过于华润雪花以53.84亿元成功收购金威啤酒，除此之外，百威英博收购亚洲啤酒在华四家啤酒公司；嘉士伯收购重庆啤酒30.29%股份后，成为绝对控股股东，也均引起业内和媒体的广泛关注。现如今可供大集团选择收购的优质市场资源越来越少了，甚至一些规模不大的中小企业也成为了被收购对象。新建、扩建、改建、搬迁的项目仍然在延续，但项目规模和行业新增产能明显逊于前两年。据不完全统计，2013年扩张建设的项目如下：

表7 2013年全国啤酒行业主要建设项目统计表

类型 企业	并购（个）	新建工厂（个）		改扩建或搬迁（个）		合计（个）		当年约新增产能（万千升）
		在建	投产	在建	投产	在建	投产	
华润雪花	1		2	3	4	3	6	260[5]
青岛啤酒		1			4	1	4	40
百威英博	1	2		5	2	7	2	55[5]
燕京啤酒			2	1		1	2	30
嘉士伯	1	1		2		3		110[5]
其他	1	5	2	1	2	6	4	40
全国合计	4	9	6	12	12	21	18	210[6]

本表为不完全统计，且未包括协议投资、意向投资项目和后期建设项目。

该企业当年新增产能中包括并购企业的产能。

全国合计新增产能中未包括并购企业的产能。

在2005—2011年间（2008年例外），行业每年的当年新增产能均维持在600万千升以上，2012年降到443万千升，已经显示出扩张减速的迹象，2013年的当年行业新增产能更是创下近几年的新低，仅和行业当年产量净增量相当，显示出投资趋于理性的态势。2013年行业净资产增加155.4亿元，增幅8.1%；负债增加51.6亿元，增幅5.1%，增幅均低于往年。从资产和负债来看，也显示出投资减速的未来预期，但同时也反映出，投资仍在继续，但前几年大规模投入行业的新增产能仍有待消化。

七、竞争格局

关键词：扩张方式，规模，要素，格局

啤酒行业有别于大多数行业的不仅是充分市场化的特质，还在于啤酒行业的进入门槛较为单一，这就决定了啤酒行业市场竞争的激烈程度。进入行业的重要要素是资本和品牌，二者并重，资本是底气，品牌是底蕴。而随着现阶段行业的集约化发展，集中度越来越高，逐渐衍生出第三个要素，那就是——规模。啤酒行业属于规模效益明显的行业，规模成为了面对市场竞争的第一道防护墙。如今市场中的主要参与者，在资本上各有优势，不分轩轾；至于品牌，有先天遗传，还有后天培育，不是可以一蹴而就的；而只有规模是通过努力争取可以获得的，甚至可以通过规模的优势去弥补其他要素的先天不足，这也正是市场主要参与者们对规模趋之若鹜的重要原因。其他的要素诸如：盈利能力、产品质量和管理水平等等都可以由这三要素所衍生。一直以来，规模扩张的途径无非三种：兼并、新建、改扩建，随着行业的不断发展，扩张方式也在不断发生变化。

新建工厂的频率在不断降低，一方面因为大集团的战略布局基本实现；另一方面是因为新建工厂在当地的品牌基础较弱，而塑造品牌的成本较高，不但需要经济成本，还有时间成本。所以，很多新建工厂不能实现预期产能，达到扩张的目标较为缓慢，而且，回报率较低。

改扩建项目大多是基于在工厂所在地已经具有品牌基础，甚至本来就是当地的优势品牌，通过扩大产能，进一步放大品牌效应，挤占竞争对手的市场份额，这也是最近几年大集团的主要扩张手段。如今，实力较弱的中小品牌要么已经缴械投降，要么就是退出转产，剩下的几乎都是实力相当的竞争对手，进一步拓展的市场空间并不大，且成本也较高。

随着啤酒行业可收购的企业数量减少，并购虽然已经不再是扩张最主要的手段，但从扩张的效率来看，并购仍是最快捷也是最为有效的首选手段。而且，并购具有新建和改扩建所不能达到的附加效应，那就是此消彼长的双倍效应。在对如今行业中为数不多的几个优质资产的争夺中，不但收购价格水涨船高，而且，企业充分利用自身的各种社会资源去抢夺。个别收购案中，价格已不是唯一因素，甚至不是决定性因素。在啤酒行业并购过程中体现出明显的竞争前移效应，也就是从单纯市场竞争升级到对市场资源的深度竞争。

综合来看，啤酒行业的规模化扩张之路已接近尾声。目前的可购资源、市场空间和投入成本等客观原因，均制约了企业的主观预想。至于在主要参与者之间发生合并与合作的可能性，在当前我国不断完善的法律法规面前，中短期之内均不可实现。由此可见，啤酒行业的中短期竞争格局已基本形成，若无极为特殊事件的干预，破局的可能性极低。

八、消费趋势

关键词：城乡差距，产品结构，微酿，安全消费

随着我国经济的发展和城市化进程的加快，城乡差距正在逐渐缩小。据国家统计局数据，2006—2012年，我国城镇居民和农村居民恩格尔系数的差距，已经由7.2个百分点减至2.9个百分点（城镇35.8%→36.2%，农村43.0%→39.3%），充分说明二者间的消费水平正在接近。农村市场购买能力的提高，将推动农村市场对啤酒消费需求的增大，此外，农村消费者对啤酒产品的需求也将逐渐摆脱“有得喝”阶段的初级需求，价格不再是选择啤酒产品的唯一因素，品牌、品质、服务和口碑等等因素，也都会左右农村消费者的视线。

在我国啤酒市场日趋饱和的影响下，啤酒消费市场将迎来多元化的消费升级阶段，同时，也会促进啤酒行业产品结构的转变。清一色低度淡爽型啤酒的产品同质化现象有望得到改善，啤酒产品将进入多级细分市场以适应未来消费形势的变化。在工业化啤酒产品占据多数市场份额的同时，小型或者是微型酿造模式将逐渐兴起。和工业化啤酒产品相比，微酿啤酒（也称：手工啤酒或精酿啤酒）作坊具有较强的视觉效果，产品更具灵活性、独特性和多样化，加之即酿即饮的方式可以满足消费者的新鲜化需求和猎奇心理。目前，微酿啤酒在世界范围内得到了快速发展，我国微酿啤酒作坊在以大中城市为主流消费的影响下，正逐渐向全国扩散。然而，微酿啤酒作坊多与餐饮结合，和工业化企业不同，在制度化、标准化方面是缺失的，而且，处于无对口部门和无监管状态，因此，微酿啤酒未来在我国的发展还有待规范化。

在食品质量与安全问题频发、公众信任危机加大、信息传播迅速的今天，啤酒消费者更愿意安全、明白地消费。在选择啤酒上，安全度更高、质量更有保障的啤酒显然更受消费者的青睐。越来越多的消费者在购买啤酒产品的时候，往往会认真阅读标签上的信息，并且仔细检查产品外观。有消费者对照相关国家标准，找出啤酒产品标签不规范的标注，而起诉生产厂家的案例。这种案例虽说是刻意而为的极端案例，但其中透露出的信息仍然耐人寻味，一是“有漏洞”；二是“不信任”。这就需要啤酒企业在规范企业自身管理和产品的前提下，加强啤酒相关知识普及，增加啤酒“透明度”，使公众获取更多、更详尽、更清晰的啤酒知识，引导消费者进行理性消费、安全消费，引导消费趋势向着更健康的方向发展。

九、消费文化

关键词：发展规律，文化，廉价，价值

随着政府颁布“八项规定”和“禁酒令”等政令以来，酒行业随即出现价格回落，库存增加，股票下跌，盈利下滑等等情况，部分媒体借机大肆邀约企业“求医问药”，归罪于“政令风暴”的同时，也向行业传递了许多负面情绪。当然，受到影响最大的当属白酒，其次是葡萄酒，也有许多媒体称，啤酒是“政令风暴”的受益者，不能喝白酒、葡萄酒就改喝啤酒了，所以，啤酒因此受益。目前，并没有相关数据来支撑这种说法，只是想当然而已。可能会有部分不喝白酒和葡萄酒而改喝啤酒的情况，但是，政令颁布带来的是所有商务场合酒类消费的减少，不仅是不喝白酒和葡萄酒，而是啤酒在商务消费中同样减少。其实，真正支撑啤酒发展的是经过充分市场化洗礼的大众消费文化基础，换言之，是内生式的主观消费需求成就了中国啤酒行业的今天，啤酒行业遵循了自身的发展规律，并不为特殊事件所动，在其他酒类产品出现滑坡的情况下，凸显了啤酒的地位。

在2013年酒行业的数据中，一向高歌猛进的葡萄酒出现了大幅下跌，甚至弱于受政令影响最大的白酒。有分析称：在同样遭受政令影响下，加之进口葡萄酒疯狂入市和消费心理不成熟等原因，使国内葡萄酒产量下滑，企业举步维艰。而行业的观点是，葡萄酒在中国的发展时日较短，舶来的葡萄酒文化难以支持如此快速的发展。其实，

这一点在啤酒身上也有体现，前述的进口啤酒大幅增长也是啤酒文化缺失的表现形式，致使一些消费者误以为洋啤酒就是好的，甚至有些消费者有着“只有德国啤酒才是真正的啤酒”的悖论。当然，还有来自更多层面的消费者认为啤酒就是“廉价货”等等，这也都是啤酒文化缺失的具体体现，真正体现啤酒价值的道路依旧漫长。纠正少部分追捧洋啤酒的言论易，但改变大众心目中啤酒等于廉价的形象难。

当听到一些啤酒企业推出了带有行业认知的如“异香”等某些缺陷的啤酒产品来迎合部分消费者的喜好时，我们往往是带着玩乐和嘲讽的口气和心理，殊不知这正是啤酒文化在中国的缺失所带来的畸形消费。我们可以理解某些企业因为生存压力的短期行为，毕竟类似情况出现在中小企业居多，但现今行业的集中度已经很高，行业中的主要参与者也都是中国啤酒行业的中流砥柱，有责任也有义务站出来共同为推广中国啤酒文化尽心尽力。首先应该做到的就是告诉消费者“啤酒是什么？”“什么样的啤酒是好喝的啤酒？”这些问题对专业人员而言非常简单，但是，对于消费者而言，其实并不知情。其次，才是如何让消费者认同和如何普及的问题。因为，只有消费者认可了啤酒文化，才能认可中国啤酒的本质；认可了啤酒文化的内涵才能真正认可中国啤酒产品的价值所在。

2013年中国酒业协会啤酒分会工作情况

2013年，啤酒分会继续贯彻《中国酿酒产业“十二五”发展规划》的指导思想，积极落实《规划》提出的各项要求，切实解决啤酒行业的突发事件和热点问题，努力为啤酒企业做好服务工作。在中国酒业协会的领导、省市协会以及广大啤酒企业的支持下，啤酒分会开展了以下几个方面工作：

一、年度重点工作

（一）完成2012年年度啤酒行业统计工作

2013年3～5月，在各省市区协会和啤酒企业的协助下，啤酒分会完成了2012年年度啤酒行业统计工作。在《啤酒科技》杂志上公布了产量、销售收入、利税总额以及2012年中国啤酒品牌排行榜，及时向各省市区协会反馈了各类统计结果。为使入网企业尽快得到信息交换资料，继续实行发送电子版季度产量快报制度。在对2012年行业统计数据分析的基础上，完成了题为“我国啤酒产业的中庸之道”的行业总结和发展趋势报告。

（二）召开“啤酒分会三届理事会五次理事长办公会”“啤酒分会三届六次常务理事（扩大）会议暨啤酒原料专业委员会一届五次理事（扩大）会议”

1．2013年3月17～20日，在云南省召开了“啤酒分会三届理事会五次理事长办公会”，重点对啤酒企业自产自用二氧化碳纳入啤酒生产许可证审查细则、“2012年中国国际特色啤酒品鉴及行业检查”表彰活动等内容进行讨论；会上通报了2012年度“啤酒行业科技进步优秀论文奖”及“中国酒业协会科学技术奖”评审情况。

2．2013年4月18日，啤酒分会与啤酒原料专业委员会联合召开“啤酒分会第三届理事会第六次常务理事扩大会议暨啤酒原料专业委员会第一届理事会第五次扩大会议”。会议审议通过了啤酒分会2012年工作报告和2013年工作计划，对GB 2762—2012《食品安全国家标准 食品中污染物限量》和GB/T 28863—2012《商品质量监督抽样检验程序》等标准进行了解读；通报了《流通环节食品抽样检验管理办法（征求意见稿）》和GB 9685《食品容器、包装材料用添加剂使用卫生标准》修订动态等工作进展情况。会议期间，啤酒分会对获得2012年度“啤酒行业科技进步优秀论文奖”“2012年中国国际特色啤酒品鉴及行业检查”及“2012年度中国啤酒麦芽质量与食品安全鉴评”活动的获奖单位和个人进行颁奖。

（三）召开“中国啤酒行业产业结构发展模式高端座谈会”

2013年6月18日，啤酒分会组织并召开了“中国啤酒行业产业结构发展模式高端座谈会”，共有来自华润雪花、青岛啤酒、百威英博、燕京啤酒以及嘉士伯啤酒五大集团的董事长和总经理参会。本次会议对2012年我国啤酒行业发展情况进行了分析，并对行业未来发展方向进行了探讨；通过并完善了“我国啤酒产业结构发展相关建议”；共同讨论了建立“啤酒产业安全协调机制”等问题。

（四）召开全国酿酒标准化技术委员会啤酒分技术委员会第一届第二次全体委员会暨中国酒业协会啤酒分会第二届技术委员会2013年度工作会议

2013年10月20日，啤酒分会与全国酿酒标准化技术委员会共同召开“全国酿酒标准化技术委员会啤酒分技术委员会第一届第二次全体委员会暨中国酒业协会啤酒分会第二届技术委员会2013年度工作会议”，共有43名委员参加。本次技术委员工作会议主要内容包括汇总2013年技术委员会工作内容完成情况，讨论制定2014年工作计划。

会议通过了增补中国轻工业广州设计工程公司副总工程师李朝洲，大连工业大学生物工程学院院长李宪臻，三得利（昆山）有限公司副总经理兼总工程师范秀英为第二届技术委员会委员。此外，技术委员针对啤酒原料使用安全性调查、“碳足迹”计算影响因子研究及啤酒行业自产自用二氧化碳安全性分析等啤酒行业热点、焦点问题进行探讨与交流。

（五）召开“2010届国家级啤酒评酒委员”2013年会活动

2013年12月9～13日，啤酒分会在湖北荆门召开“2010届国家级啤酒评酒委员”2013年会活动，共有44名国家级啤酒评委参加。会上，评委们通过“风味（缺陷）物质测试”“风味物质识别阈值测试”“风味强度标度测试”和“啤酒风味品质配对测试”等品评形式对36种与啤酒风味密切相关的啤酒风味（缺陷）物质进行认识和特征识别。促进了评酒委员们品评技术的交流，拓宽了啤酒风味物质认知视野，使其对啤酒风味特征有了更深的了解，对各种风味缺陷物质有了更多的认识，进一步巩固和提高了评委们啤酒风味品鉴能力，同时也为提高我国啤酒质量和改进啤酒酿造工艺技术奠定了良好基础。

（六）第五批啤酒《酿酒师》国家职业资格鉴定

2013年12月14～18日，中国酒业协会啤酒分会职业技能鉴定站（轻工行业特有工种职业技能鉴定站58003020）在福建省福州市组织了“第五批啤酒《酿酒师》国家职业资格鉴定”，共有66名考生有效申报并参加考核鉴定。

经考评组阅卷、复核，通过第一级（高级）《酿酒师》鉴定人数29人，鉴定通过率80.56%；通过二级《酿酒师》鉴定人数19人，鉴定通过率90.48%；通过三级（助理）《酿酒师》鉴定人数为9人，鉴定通过率为100%；三个级别合计通过鉴定57人，鉴定通过率为86.36%。

二、主办协办工作

（一）参与“2013中国国际‘酒与社会’论坛”

重点参与在中国酒业协会第四届理事会第七次（扩大）会议期间举办的以“变局•机遇•新未来”为主题的“2013中国国际‘酒与社会’论坛”的筹备、策划和组织等工作。

（二）参加2013中国国际酒业技术•装备博览会

2013年4月18～20日，参加2013中国国际酒业技术•装备博览会，向参会者宣传啤酒分会的服务理念和工作内容，重点推广《啤酒科技》《中国啤酒信息》等由啤酒分会编审出版的期刊杂志，提高行业认知度。

（三）参与2013年度“中国酒业协会科学技术奖”项目申报、评审工作

2013年5月，中国酒业协会科学技术奖励办公室正式启动2013年度“中国酒业协会科学技术奖”评审工作。开展奖励活动期间，啤酒分会重点参与了项目申报、资格审查、项目鉴定和评审等工作。

（四）举办燕京啤酒高级酿酒师研修班

2013年11月12～19日受顺义区人力社保局委托，啤酒分会鉴定站在北京燕京啤酒集团公司举办了首期高级酿酒师研修班，共有来自燕京啤酒集团北京公司的75名学员（其中高级酿酒师35名，中级酿酒师40名）参加此次全脱产集中培训。

（五）参与开展啤酒行业科技成果鉴定工作

配合“中国酒业协会科学技术奖”申报及评审工作的顺利开展，啤酒分会技术委员会在2013年度先后举办了4次科技成果鉴定会，对华润雪花啤酒（中国）有限公司等5家啤酒生产企业和科研机构报送5个项目进行了科技成果鉴定，内容涉及纯生啤酒生物技术、保鲜配送与终端销售设备研发、纯生啤酒绿色酿造体系研究、麦芽评价体系以及碳足迹评价体系研究等。

（六）主办2013“中国啤酒生物发酵技术高层论坛”

2013年12月8日，啤酒分会、啤酒原料专业委员会、青岛啤酒国家重点实验室共同主办了2013“中国啤酒生物发酵技术高层论坛”。论坛以“生物发酵技术发展趋势与食品安全”为主题，旨在开展中国啤酒行业与国际同行的学术交流，加快新技术的推广和应用，促进行业内的相互支持和合作。共有85位来自国内外啤酒生物发酵领域的人员参加，11位国内外嘉宾就啤酒生物发酵领域的国际前沿和未来发展趋势等热点问题进行了全面深入的探讨。

三、行业服务工作

（一）开展行业服务与咨询工作

为啤酒企业在市场中遇到的纠纷开具证明与说明；为企业之间在经营过程中的争议提供沟通与协调平台；解答啤酒企业的咨询，例如啤酒生产企业自产自用二氧化碳生产许可证问题、各种认证的相关问题等；办理食品生产许可证过程中的审查细则方面的解释与说明；完成日常的数据统计工作；随时与企业及相关单位保持良好的沟通与联系等。

（二）啤酒注册商标“超爽”争议案件

2013年5月，啤酒行业再次出现地方查处啤酒注册商标“超爽”侵权案件。鉴于此类案件频发，严重影响行业正常的生产经营秩序，啤酒分会积极开展行业调查，汇总举证资料，并及时向国家工商总局商标评审委员会提交撤销该注册商标裁定申请书。目前，该案件仍在举证审理过程中。

（三）完成政府委托的各种工作

完成了政府相关部门委托的材料上报、提议、行业调查、反垄断审查、项目审批等工作，如：啤酒生产企业自产自用二氧化碳有关指标纳入生产许可证审查细则的修订，国家职业分类大典修订，参与科技部“十三五”技术预测关键技术选择报告编写，完成工信部“啤酒行业国家清洁生产推行规划”修订和“我国酒业品牌社会属性与民族品牌推进战略研究”报告编写等工作，分别向国家商务部、国家发改委、工信部提供反垄断审查意见等等。

（四）参加行业活动

2013年，啤酒分会相继参加了各种行业活动，如福建省啤酒行业年会、河北省啤酒行业年会、第十二届法国啤酒大麦研讨会、百威英博“驾给我好吗？我愿意！”、“爱的代驾”理性饮酒公益行动以及啤酒企业举办的项目开工、投产等活动。

（五）刊物出版发行

1. 《啤酒科技》杂志作为啤酒分会的信息载体，长期以来始终坚持准确、及时地向订阅企业传达啤酒行业的各种事件和信息，如宣传政策法规、解读行业标准，公布行业统计数据以及报道行业动态等。

2. 《中国啤酒信息》是由啤酒分会汇编出版的季度性数据交换资料，自1988年创办汇编，先后经过三次更名改版，是啤酒分会行业信息统计工作的重要载体。2013年4月，啤酒分会完成了《中国啤酒信息》百期发行专刊，得到了省市协会和啤酒企业的大力支持。信息详细汇总了全国企业的“产量、消耗、劳动、财务、效益、价格、销量”等方面的23项31个指标，真实反映全国啤酒行业生产经营状况及发展水平，在啤酒企业间的信息交流方面发挥了很好的作用，为各级领导和啤酒企业的经营决策提供了重要的依据和参考。

2012年葡萄酒行业综述

根据国家统计局对国有及主营业务收入2000万元以上企业的统计，2012年葡萄酒产量138.16万千升，同比增长16.90%；工业总产值380.5亿元，同比增长11.25%；销售收入438.46亿元，同比增长14.39%；利润总额54.05亿元，同比增长4.76%；税金总额29.81亿元，同比增长3.02%。

2012年出口葡萄酒0.197万千升，增长7.88%。

2012年进口葡萄酒38.8万千升，增长7.31%。其中：2升以下包装的进口26.65万千升，增长10.39%；2升以上包装的12.16万千升，增长1.12%。

一、行业特点

1. 行业增速减缓

根据国家统计局的统计数据，2010年起，行业增速有所减缓，2007—2012年，葡萄酒产量的同比增长比例分别为：37.05%、23.4%、27.63%、12.38%、13.02%和16.90%；从国家统计局数据看，行业仍保持较快的增长速度，但从主要企业的生产、销售情况看，增速明显减缓，有的企业则出现了下降；同样，进口葡萄酒的销售增速也呈下降趋

2012年葡萄酒进口量前五位的国家分布统计

商品名称	国　家	进口量(千升)
2升及以下包装的葡萄酒	法　国	127449.36
	澳大利亚	33886.33
	西 班 牙	26678.69
	智　利	20830.13
	意 大 利	19372.82
2升以上包装的葡萄酒	西 班 牙	44148.03
	智　利	40129.97
	意 大 利	11152.07
	法　国	10290.67
	澳大利亚	8181.62

（数据来源：海关总署）

势，特别是高端产品的消费明显下降。

2. 葡萄酒产业及产品仍是热点

产区政府、企业仍然保持对这个产业的较大热情和投入，苗木基地建设、酿酒葡萄品种的选择和栽培方式方面的研究已逐步引起重视；行业外的企业、资本介入葡萄酒产业的热度不减，在消费市场上，对高端葡萄酒产品的投资热度有所降温。

3. 酿酒葡萄基地建设规模逐步形成，开始进入收获期

前几年，国内产区特别是新兴产区及企业较大规模地建设酿酒葡萄，现在基地规模正在逐步形成，并开始进入收获期。

4. 产品进口高速增长的势头发生改变

从2006年起，葡萄酒的进口量明显增加，到2009年2升以下小包装葡萄酒进口量首次超过2升以上大包装产品；近几年，由于受多种因素的影响，2升以上产品的进口处于波动状态，但2升以下产品一直保持较高增速，2009—2011年的增速分别为58%、60.7%和64.99%；但2012年产品进口势头发生改变，总进口量增长7.31%，2升以下包装的进口量增长10.39%。

5. 产品结构逐渐发生改变

近几年，葡萄酒产品的结构逐步发生改变，干白葡萄酒、半干葡萄酒等其他产品的比例仍不大，但干白葡萄酒的比重，在福建等沿海地区的部分消费区域，在葡萄酒消费中占有较大的比重和发展潜力。2007—2011年，干红葡萄酒的比例为：72.12%、72.78%、72.0%、71.24%、74.46%；干白葡萄酒的比例为：4.71%、8.67%、10.35%、10.64%、9.07%；半甜、甜葡萄酒的比例为：18.28%、14.13%、12.76%、13.71%、10.15%。

二、当前面临的主要问题

1. 原料成为产业良性发展的瓶颈

由于大部分产区几乎没有对本区域内的基地进行科学的研究和区划，至今没有真正形成适合本地区的、合理的酿酒葡萄品种结构，因而，造成酿酒葡萄及产品缺乏产区个性与特点，使产区缺乏核心竞争力。

2. 酿酒葡萄种植技术及其人才、管理、技术跟不上需要

我国葡萄酒产业基础薄弱，随着产业的快速发展，种植技术、技术管理、技术人才和技术服务已跟不上产业快速扩张的需要；从短期看，近年来，我国因天气原因造成的大面积、严重的冻害和部分区域的病害等，很大程度上与上述技术层面因素有关；从长远来看，技术层面的这些问题如果不能尽快解决，对产区乃至整个产业的健康、持续发展是非常不利的。

3. 酿酒葡萄品种单一，产品特点不突出

这是一个老生常谈的问题，我国各产区酿酒葡萄品种基本趋同，品种比较单一，造成了产品及产区的特点、个性不突出，特别是高端酒，还存在产品的可追溯性差的问题。经过这几年的努力，虽然已有所改善，但离提高产业

竞争能力的需要，还是相差很远。

4. 市场推广模式和本土葡萄酒文化建设滞后

随着我国葡萄酒产业和产品销售市场的发展，不细分品种和档次，仅靠品牌和概念，不贴近消费者及营销人员葡萄酒专业知识的缺乏等粗放式的市场推广模式，以及在葡萄酒文化建设方面的滞后，越来越不能适应逐步细分的葡萄酒消费市场及产业做大做强的需要。

5. 进口葡萄酒对国产葡萄酒的冲击开始显现

随着进口葡萄酒量的快速增长，国产葡萄酒与进口葡萄酒的竞争渐趋激烈，虽然从总体上看，国产葡萄酒仍占据了大部分的市场份额，但其比重在下降，特别是在部分区域，进口葡萄酒对国产葡萄酒的冲击已经显现出来。

经过这几年的发展，我国的葡萄酒产业得到了快速的发展，特别是在规模上，有了很大的提高，同时，产业水平、产品品质以及葡萄酒生产和消费规模等已经迈上了一个台阶。但是，我们现在又来到了一个新的关口，在面对新的发展机遇的同时，也遇到了新的问题，面临新的挑战，这需要我们在思维、技术、运作模式等方面有所突破；特别是，从2011年中秋、国庆节开始至今，国内葡萄酒消费市场发生的重大变化，需要我们充分认识到这个变化可能对产业产生的深远影响，并以客观、冷静、科学的态度，长远的发展眼光来看待、分析这些变化及其真实原因，并探讨应对策略；同时，要利用这个可能并不是很短的调整期，做实产业、企业的基础，提高自身的竞争实力，使之在今后更加激烈的市场竞争中得以健康、持续地发展。

2012年中国酒业协会葡萄酒分会工作情况

一、向商务部提出了对从欧盟进口葡萄酒产品反倾销、反补贴调查的申请

根据我国葡萄酒产业的现状及从欧盟进口葡萄酒产品的情况，向商务部提出了对欧盟进口葡萄酒产品的反倾销、反补贴调查的申请。

二、处理张裕公司葡萄酒产品农药残留事件

《证券市场周刊》杂志在市场上购买了张裕等三家企业的葡萄酒产品并委托做了农药残留的检测，然后在微博上发布了张裕的产品有二项农药残留最高的信息，对张裕公司造成了很大的影响，协会主持召开了媒体沟通会，介绍了国内外酿酒葡萄农药使用情况，将检测结果与国内外的相关标准做了对比，然后，又向中宣部报告了该事件的情况。

三、开展品酒师、酿酒师鉴定工作

协会自己开展的品酒师、酿酒师鉴定工作各一次，参加人数分别为174人和161人。葡萄酒是国际贸易量最大的饮料酒，其优秀的品评专家遍布各个行业，除从事与葡萄酒生产、销售有关的人员外，涉及媒体、医生、律师等各行各业中的爱好者；为了使我国的葡萄酒品评与国际接轨，并更好地普及葡萄酒产品知识与文化，除协会开展一、二级品酒师鉴定工作外，分别与广东省酒类行业协会合作开展了三次三级品酒师鉴定工作，参加人数分别为：41人、63人、29人；一次一级、二级品酒师鉴定工作，参加人数为45人；与北京名品世家合作开展了一次三级品酒师鉴定工作，参加人数65人；与青岛葡萄酒博物馆合作开展三级品酒师鉴定工作一次，参加人数35人；参加这些培训、鉴定的人员，基本上都是从事葡萄酒产品销售或葡萄酒爱好者。

四、开展“2012国内葡萄酒产区推广活动”

广东是我国葡萄酒消费的主要省市之一，也是进口葡萄酒的消费大省，为了探索新的营销模式，引导与促进国产葡萄酒产品在广东省的消费，与广东省酒类行业协会合作开展“2012国内葡萄酒产区推广活动”，活动由三部分内容组成：一是，5月份2012广东国际酒展期间，举办“产区（产品）与广东经销商品鉴对接会”，由广东省内的经销商与产区（企业）直接见面，宁夏、甘肃、烟台、昌黎、怀来等产区分别参加；二是，7～9月份“组织经销商到宁夏、烟台、昌黎、怀来产区及企业实地考察”，与当地政府、企业进行交流；三是，举办广东国际酒类商品采购节，组织产区（企业）直接与广东省内各大集团、企事业单位、有关团体等团购客户面对面，推动产品销售，通过这种方式，取得了一定的效果。

五、召开2012年技术委员会年会

5月份召开2012年技术委员会年会，专题讨论了2012年12月开展的酿酒师培训、鉴定工作的工作方案、考试内容、考试范围、考试方式等。

六、召开2012年国家级葡萄酒评委年会

8月下旬，在宁夏召开2012年国家级葡萄酒评委年会，这次年会与国家级果露酒评委年会同时进行，共174人参加。

七、葡萄酒企业生产情况统计

近几年的统计工作有所进展，特别是在2012年，通过与葡萄酒产区政府或行业协会的合作，参与统计工作的企业数量显著增加，对行业已具备一定的指导意义。

八、组织参加“2013年德国杜塞尔多夫国际葡萄酒及烈酒展览会”

“德国杜塞尔多夫国际葡萄酒及烈酒展览会”是目前国际上规模最大的葡萄酒与烈酒展，展商来自于法国、西班牙、意大利、美国、澳大利亚、智利、南非、罗马尼亚等世界上各葡萄酒产区，观众除来自于欧洲的专业观众外，还有来自于世界其他国家的从事与葡萄酒、烈酒等相关的零售业、餐饮业、酒店业、酒类批发商、进出口商、食杂店零售等专业观众。

今年的展会于3月24～26日在德国杜塞尔多夫举办，共有来自48个国家的4783家参展商和超过44000位来自全球的贸易商参加了展会。对于我国的葡萄酒产业，参展的目的是以整体形象向国外介绍中国的葡萄酒产业，展示产区和具有产区特点的产品，让国外同行和消费者更多地了解、认识中国葡萄酒产业和产品，提高中国葡萄酒产业在国际上的知名度。最终报名参加的有昌黎、怀来、新疆耆焉三个产区的7家企业，带着21款产品亮相展会，7个单位分别派人参观了展会。

展会前，组委会对中国葡萄酒的参展信息及各参展企业情况进行了提前宣传、告知，并通过展会期间的产品展示、品尝和赞助展会高级商务活动(guest club)等形式，吸引了众多观众的眼光和驻足，使消费者具体了解中国葡萄酒、认识中国葡萄酒，参展和参观都超出了预期的效果。

九、分会秘书长办公会议

2013年3月在山东蓬莱召开了《中国酒业协会葡萄酒分会秘书长办公会议》，会议内容有：总结分会2012年工作、讨论分会2013年工作；讨论分会2013年重点工作和针对目前产业的状况，协会需要开展的工作。

十、提出“侍酒师”职业资格申请

“侍酒师”是国际上葡萄酒及其他酒精性饮料产品和文化推广中为消费者提供良好的侍酒服务，有着很重要的作用，是一个非常重要和普遍的职业，在较大的餐饮企业都配备有侍酒师，并有专门的“世界侍酒师协会 ”；近年来，国外及香港地区的相关协会，纷纷在我国的北京、上海、广州等地进行侍酒师培训和认证工作；但侍酒师在我国还是空白，为了填补这项职业空白，在充分调研和资料准备的前提下，已向中国轻工职业培训中心提出了“侍酒师”职业资格申请，并已经受理。

2013年葡萄酒行业综述

一、行业基本情况

根据国家统计局对国有及主营业务收入2000万元以上企业的统计，2013年产量117.83万千升，同比下降14.59%；主营业务收入408.17亿元，同比下降8.52%；利润43.81亿元，同比下降20.06%；税金总额27.37亿元，同比下降10.51%。

中国酒业协会了解的50个企业2012年和2013年数据汇总如下：

表1 2012—2013国产葡萄酒指标对比

（单位：%）

指标	2012年	2013年
产量同比增长	-12.92	-17.31
销售量同比增长	-16.02	-20.87
销售收入同比增长	-35.54	-33.45
税金同比增长	-16.75	-31.39
利润同比增长	-9.54	-43.98

注：此处数据不包括威龙葡萄酒股份有限公司。

2013年出口葡萄酒0.182万千升，下降7.61%。

2013年进口葡萄酒36.81万千升，下降5.13%。其中，2升以下包装的27.90万千升，增长4.70%，平均单价4.98美元/升，下降3.68%；2升以上包装的8.91万千升，下降26.71%，平均单价1.21美元/升，增长2.54%。

表2 2013年葡萄酒进口量前五位的国家统计数据

规格	国家	进口量（千升）	同比增长（%）	2013年平均单价（美元/升）	2012年平均单价（美元/升）
2升以下包装的	法　国	128700.61	0.98	5.12	5.71
	澳大利亚	36400.53	7.42	6.22	6.12
	西班牙	29748.21	11.51	3.08	2.94
	智　利	25528.78	22.56	3.92	4.17
	意大利	19659.25	1.48	4.58	4.04
2升以上包装的	智　利	58061.62	44.68	1.15	1.53
	西班牙	12662.30	-71.32	1.0	0.71
	法　国	5798.74	-43.65	1.74	1.54
	澳大利亚	4158.25	-49.18	1.7	1.95
	美　国	2957.44	30.78	1.75	1.69

二、行业情况分析

1．行业特点

（1）行业出现整体下降 根据国家统计局的统计数据，2013年葡萄酒产量同比下降14.59%，销售收入同比下降8.52%；协会统计19个企业数据显示，产量下降23.78%，销售收入下降37.8%。行业出现整体下滑，有企业出现亏损，特别是高端产品销售下降明显，利润同步大幅下降。

（2）部分区域出现拔葡萄树现象 从2010年起行业增速减缓，到2012年行业出现下降情况，已开始传导到上游，由于企业在产区酿酒葡萄收购量的减少，以及企业自建或合作建设的基地已进入收获期，导致部分区域收购价格下降，低于种植成本，最终导致果农拔葡萄树或越冬不埋土（实际就是放弃了继续种植）。

（3）葡萄酒产业及产品热情没有完全退却 虽然市场已经降温，但部分产区政府、企业对这个产业的热情没有完全退却，规划、思路等方面很多仍停留在前几年的状态中，工作重点没有发生改变，这显然不能适应产业的新情况。

（4）进口产品所占的比重增加 从2006年起，葡萄酒的进口量明显增加，到2009年2升以下小包装葡萄酒进口量首次超过2升以上大包装产品。2013年2升以下产品达27.90万千升，与国家统计局葡萄酒产量117.83万千升相比，进口量占国内产量比重达23.68%。但根据了解的实际情况，实际比重远高于这个数据。

2．需要思考的问题及对策

从各项统计数据看，葡萄酒产业下滑最厉害，我们需要思考的是，在盛名之下，为什么葡萄酒的冬天更加寒冷？

产业的冬天到来不算太晚，市场回归理性是必然的，是好事。我们要做的是：冷静下来，好好思考，理清思路；需要在思维、理念、模式等方面有根本性转变。我们的产业能否很快跟上节奏尽快回归更改？我们应该更多地关注自身的问题，能打败我们的，只有我们自己。

（1）外部因素

① 宏观经济减速

② 进口酒冲击：前几年大量进口、库存，现在低价抛售，以及低价劣质的进口酒，对产业、市场都造成了严重损害；同时，正常进口产品的比重不断上升，部分区域已经挤占了国内品牌市场。

③ 限制“三公”消费：高端产品销售明显下降，以团购为主的产品几乎全军覆没。

中央限制“三公”消费只是让非理性消费提前回归到常态，不能指望会有反弹；有的因素我们自己是不可能主导的，但我们是可以有所作为的，进口酒市场份额为什么会快速增长，有哪些方面值得我们借鉴？

（2）内部因素

① 产品的个性：这是个老生常谈的问题，近几年有改善，但要走的路还很长。这个问题的根本原因，就是我们的产区、企业种植酿酒葡萄没有表现出区域的个性和特点，我们需要尊重自然、顺应自然，有适合甚至表现好的酿酒葡萄品种，有个性的产品，是产区、企业的核心竞争力。

② 产品结构：我们的产区、企业几乎都把产品定位在高端，这本身就是不符合产区自然条件、市场消费规律的；世界上主要的葡萄酒生产、消费国家，都以餐酒为主，“金字塔”型的结构，产业才能更好发展；有的企业已经在调整，要坚持、扎实，产品要进入家庭，产业才能扎实，高端市场的“蛋糕”才能真正做大。

③ 对技术的认识、尊重度不够：产业快速发展，从种植、管理到生产等各环节的技术层面问题跟不上产业发展的需要，我们的酿酒葡萄种植、产品个性、产品品质等方面的问题，都与技术有关，但是，产区政府、企业对技术的重要性及对技术的尊重，还非常欠缺。这需要引起足够的重视，否则，产业没有支撑，就没有未来。

④ 产品性价化：我们总体上产品品质与国外主要生产国有差距，但是，现在各产区都有品质不错，并获得公认的产品，由于性价比不合理，以致失去不少市场和消费者。需要对产品定位有正确的认识，提高性价比。

（4）市场推广模式：我们的市场推广是品牌、概念、渠道为王；推广人员不懂酒，推广活动远离消费者，并且期望达到立竿见影的效果；有的故意把葡萄酒神秘化、神圣化，这样更是加大了葡萄酒与消费者的距离。我们需要充分认识到消费者才是最终的“终端”，要细分市场，专业推广，贴近消费者，并且需要有长期的市场推广计划。

（5）葡萄酒文化本土化：葡萄酒是泊来品，在中国的文化根基浅，消费者没有天然接受她的“基因”。近年来，葡萄酒市场规模不大，但在消费者中的影响力很大，这与葡萄酒文化的推广是密切相关的，这也是国内葡萄酒推广中不可或缺的组成部分，但是要把评测与本土文化相结合。

3．发展趋势

（1）目前的市场状况不会很快改变 已有问题的消化还需要时间，让更多的消费者了解、接受葡萄酒产品也需要时间。

（2）市场面进一步扩大 目前为止，我国葡萄酒的消费区域主要在东部，特别是，葡萄酒进入家庭，东部也相对领先；而且近几年已有市场从东部逐步向西部及其他地

区扩展的趋势。

（3）消费量上升 这需要有宏观经济回升，消费者对葡萄酒的认知提高的支撑，同时，伴随着市场面的扩大，消费还能进入上升通道。

根据2013年酒类产品的总体市场表现，市场并不缺需求，但可供给的酒类品种很多，竞争很激烈，特别是对于葡萄酒，还有来自于进口葡萄酒的竞争。如果我们的应对策略是合适的，调整期可能会短，否则，将会较长，特别是对国产葡萄酒。

产业的冬天到来不算太晚，市场回归理性是必然的，是好事。需要我们充分认识到这个变化可能对产业产生的深远影响，并以客观、冷静、科学的态度，长远的发展眼光来看待、分析这些变化及其真实原因；需要在思维、理念、模式等方面有根本性转变，我们应该更多地关注自身的问题，能打败我们的，只有我们自己。做实产业、企业的基础，提高自身的竞争实力。

2013年中国酒业协会葡萄酒分会工作情况

一、欧盟进口葡萄酒反补贴、反倾销工作

2013年7月1日商务部正式立案，与商务部公平贸易局、产业损害调查局座谈、沟通，并到北京、烟台、宁波调研，成立与欧盟会谈的工作小组，并与欧盟进行六次专门的会谈，双方签署了合作“备忘录”，协会向商务部提出了撤消对欧盟进口葡萄酒“双反”的申请，最终商务部公告撤案（本项工作另附材料，专项汇报）。

二、开展第二届葡萄酒职业技能竞赛

这次竞赛初赛范围超过上次，主要是扩大了单独赛区，如宁夏、新疆、甘肃、广东等都单独举办初赛，特别是宁夏、新疆参赛人员范围广、人数多，宁夏还得到中华全国总工会领导的认可；最终56人进入决赛（推荐报名68人），由于发文迟、决赛时间安排在9月上旬，致使参加决赛人数受影响。

三、开展葡萄酒酿酒技术培训和2013年国家级葡萄酒评委年会

根据2012年酿酒师培训、考试的情况和行业现在酿酒师的现状及技术水平，应大家的要求，在2013年8月份于秦皇岛召开2013年国家级葡萄酒评委年会的同时，专门进行了酿酒技术培训，共有163人参加。

四、继续开展葡萄酒三级品酒师鉴定

由于品酒师、酿酒师教材将要修订，在教材修订完毕之前，暂停一级、二级品酒师、酿酒师的鉴定工作，但根据从业者、爱好者的需求，继续开展与广东酒协、北京名品世家、烟台、天津王朝等合作三级品酒师的鉴定工作，培训人员529人。

五、组织参加“2013年德国杜塞尔多夫国际葡萄酒及烈酒展览会”

根据报名，最终协会组织了昌黎、怀来、新疆耆焉三个产区的7家企业，共21款产品亮相展会，7个单位分别派人参观了展会。其实对于我国的葡萄酒产业，参展的目的是以整体形象向国外介绍中国的葡萄酒产业，展示产区和具有产区特点的产品，让国外同行和消费者更多地了解、

认识中国葡萄酒产业和产品，提高中国葡萄酒产业在国际上的知名度。

参展前，展会组委会对中国葡萄酒的参展信息及各参展企业情况进行了提前宣传、告知，并通过展会期间的产品展示、品尝和赞助展会高级商务活动(guest club)等形式，继续扩大影响、强化整体品牌形象，吸引了众多观众的眼光和驻足，参展和参观都超出了预期的效果；估计到中国展位参观人数2000多人。

2013年的展会于3月24～26日在德国杜塞尔多夫举办，共有来自48个国家的4783家参展商和超过44000位来自全球的贸易商参加了展会。

六、提出“侍酒师”职业资格申请

向中国轻工职业培训中心提出了“侍酒师”职业资格申请后，陪同联合会领导到上海调研，参加人社部组织的答辩，并请有关专家调研并体验侍酒师工作，目前已由轻工联合会上报。

2012年黄酒行业综述

一、黄酒行业经济运行保持稳健增长的态势

2012年黄酒行业的经济形势，可用“稳中有进”来概括。据72家规模以上的黄酒企业统计：1～3季度工业产值达到102亿，同比增长22.74%，实现利税13.74亿元，同比增长14.6%。在国内外经济不景气的情况下，黄酒行业仍取得良好的业绩，令人欣喜。

二、黄酒产业不断做强做大，产业渐向全国拓展延伸

黄酒行业龙头骨干企业“古越龙山”“会稽山”、“金枫酒业”“沙洲优黄”“塔牌”等不断做强做大，企业积极进行技术改造，生产环境不断改善，技术装备不断升级，经济效益不断提高，行业集中度越来越高，促进了全行业的稳定、健康发展。

随着认知度不断提升，黄酒的消费市场也不断拓展和延伸，促进了黄酒产业的拓展和延伸。如，

——河南省近几年来，黄酒企业不断增加。到2012年9月止，共有黄酒企业69家，分布在南阳、安阳、鹤壁、焦作、洛阳、郑州等地，还有16家新建、重组企业，正在申请生产许可证。河南邓州市年产5万千升黄酒工业园已开工建设，届时园区内将有近20家黄酒企业入驻。

——河北张家口北宗黄酒酿造有限公司建成年产黄酒5000千升生产线，该公司占地159亩，全部建成后，将形成年产5万千升的黄酒能力。

——陕西省延安志丹县，一家年产万吨糜子（黍米）酒厂拔地而起(陕西鹏翔食品有限公司)，延安地区的老百姓爱喝糜子黄酒，企业前景看好。

——广东河源三友酿酒有限公司拟增地500亩，将建设5万千升客家黄酒工业园，正在做前期方案论证。

——江苏南通白蒲黄酒有限公司在当地政府的支持下，酒厂移地扩建项目正在展开前期调研工作。

此外福建、山东、山西、上海、浙江等地的不少企业也在不同程度地进行新建、扩建和技术改造，黄酒产业发展势头良好。黄酒独居东南一隅的局面正在打破。黄酒行业正以更大的步伐走向全国。

三、黄酒人才培养已落到实处

黄酒人才的培养是黄酒产业持续发展的重要保证，是落实党的科学发展观的重要组成部分。一年来黄酒行业在人才培养上取得重大的进展。

浙江工业职业技术学院黄酒学院已形成规模，已拥有微生物技术、黄酒分析与检验技术、黄酒仪器分析技术、黄酒品评技术、黄酒酿造技术，以及质量管理，企业管理等学科。着力培养懂理论知识，又会实际操作的技术人才。该院还可根据地区或企业需要，以短训的形式培训黄

酒技术人才，2012年7月6日举办了一期“黄酒感官技能培训班”，8月份还举办了高级技师培训班，为企业培养了一批技术人才。

2012年黄酒分会举办了二期国家一级和二级黄酒品酒师培训班，通过鉴定有近200人获得人社部颁发的国家一级和二级品酒师资格证书。

以上黄酒技术人才的培养成果，将有力支持黄酒产业的持续健康发展。

四、黄酒科技创新发展

创新是黄酒发展的主旋律，而创新必须建立在科技进步上。令人欣喜的一件大事是“国家级黄酒工程技术中心”落户于中国绍兴黄酒集团有限公司，这是国家科学技术部在全国酿酒业中第一个成立的国家级工程技术中心。该中心由中国绍兴黄酒集团有限公司和江南大学共同组建，总投资4100万元，主要承担科技攻关，人才培训等任务，将为黄酒产业升级、转型起到重要的作用。

一年来黄酒行业科学研究也取得了一系列成果，主要有：

——古越龙山公司“一种解决绍兴黄酒沉淀的新技术——绍兴黄酒沉淀机理与处理新技术研究”获中国酒业协会科学技术二等奖。

——古越龙山公司《饮料酒质量与安全控制关键标准化技术研究》获中国轻工业联合会科学技术进步一等奖。

——古越龙山公司国家星火计划重点项目《质量安全控制集成技术在黄酒工业化生产中示范与推广项目》构建黄酒酿造质量安全控制技术标准体系。已通过科技部验收。

——古越龙山公司“优良黄酒发酵菌的选育及提高黄酒产品质量的关键技术”通过浙江省省级工业新技术项目的验收。

——古越龙山公司《大米模式识别及对黄酒品质影响的研究》项目，建立大米模式识别系统和大米安全溯源体系、探究不同大米黄酒酿造最佳生产工艺和黄酒品质的影响，黄酒稳定性、安全性等的影响因素及其控制方法等，细化这些因素的影响效果，最终寻求优质黄酒的生产工艺。通过市级科技局验收。

——会稽山绍兴酒股份有限公司承担的省级项目（省科技厅）：浙江省农业科技成果转化资金项目“会稽山清黄酒产业化”，已通过专家验收。

——会稽山绍兴酒股份有限公司承担的，绍兴县（县科技局）重大科技攻关计划项目《黄酒酿造水处理技术及产业化》已通过专家验收。

——金枫酒业“黄酒节能减排新技术研究——烘焙法黄酒酿造创新技术开发与应用”获轻工业联合协会科学技术优秀奖、中国酒业协会科学技术二等奖。

——金枫酒业同时被评为“上海创新型企业”“国家技术创新示范企业”。

——张家港酿酒有限公司自主研发创新，采用黄酒纯生低温陈酿方法，经过长期的小型、中型试验和研究，研制了黄酒大容量纯生低温陈酿罐，并申报了发明专利。该技术能有效提高黄酒陈酿的非生物稳定性，去除黄酒中的异味，促进酒的陈化，提高黄酒的品质，是黄酒陈酿技术的新突破。

黄酒行业立项研究的课题有：

——古越龙山《黄酒产品中有害物氨基甲酸乙酯综合处理关键技术研究与应用示范》省重大科技专项项目。正在按计划实施。

——古越龙山浙江省黄酒技术与装备重点实验室已通过省科技厅验收。

——古越龙山《黄酒品质微生物学关健技术研究及产业化应用》课题已列入863计划。

——《会稽山绍兴酒股份有限公司善酿酒发酵机理和工艺创新的研究及应用》获得专利(专利号：ZL2008 1 0122040.8)。

总的来说，2012年，黄酒行业的形势是好的，行业的景气度较高，但还面临着诸多的挑战。如在全国饮料酒产业中，黄酒还是个小酒种，科学技术、装备水平还落后于其他酒种，价格偏低，盈利能力差，效益偏低，小企业多且生产装备简陋，龙头骨干企业还不够强大等，这些是行业的劣势和短板，要把黄酒产业做大做强，还需全行业共同努力。

2012年中国酒业协会黄酒分会工作情况

一、召开四届三次常务理事（扩大）会议

中国酒业协会黄酒分会第四届第三次常务理事会（扩大）会议于2012年4月26日在北京举行，参加这次会议的代表共40余人。工业信息化部消费品工业司食品处郭翔处长、中国酒业协会办公室张立文主任、江南大学徐岩副校长、赵光鳌教授、全国酿酒标准化技术委员会熊正河秘书长等领导和嘉宾出席了会议。

本次会议是中国酒业协会四届五次（扩大）会议期间举行，与会代表听取了中国酿酒工业协会王延才理事长的工作报告和国家有关部委领导的讲话，参加了“酒与社会”时代论坛。

黄酒分会四届三次理事会进行了下列议程：

1．听取黄庭明副理事长代表傅建伟理事长宣读的黄酒分会2011年工作报告：《持续创新　和谐发展　开创中国黄酒发展的新局面》。

2．分会许玲玲做了“2011年财务收支报告”。

3．工信部郭翔处长做了重要讲话（关于食品安全问题、诚信建设问题、持续创新问题、支持协会工作问题）。

4．听取了全国食品发酵标准中心钟其顶主任就黄酒标准工作进展和当前任务的讲话。

5．黄庭明副理事长介绍了2012年3月28日在杭州召开的部分骨干企业领导人会议情况。

6．江南大学徐岩副校长、赵光鳌教授，就黄酒创新问题的发言。

7．酒业协会张立文主任就黄酒行业统计、会费缴纳，黄酒宣传等问题的讲话。

8．汪向荣副秘书长宣读了绍兴县唐宋酒业有限公司关于要求加入黄酒分会常务理事的申请报告。

9．会议通过了下列决议：

（1）通过黄酒分会2011年工作报告；

（2）通过黄酒分会2011年财务收支报告；

（3）增补绍兴县唐宋酒业有限公司为第四届常务理事单位。

10．与会代表认真讨论了中国酒业协会和黄酒分会2011年工作报告，座谈、交流了有关议题，取得了以下几点共识：

（1）随着国家经济的发展，消费者需求旺盛，黄酒产品结构与价格的调整，黄酒企业2011年经济运行情况良好，利润有可喜的增长。大家认为黄酒行业已具备了向科学技术的广度和深度进军的条件，要加快改变笨重体力劳动的生产方式，要重视技术创新，向科学化、信息化方向发展，实现自第一次黄酒机械化生产以来的第二次产业升级。

（2）要十分重视食品安全。前几年全国食品发酵研究院、江南大学、古越龙山等单位，就控制“EC”潜在风险做了大量科研工作，取得了一些成果，目前卫生部正在制订“EC”相关标准，要配合做好相关工作。

（3）对黄酒价格问题必须有新思维，黄酒价格要体现黄酒的价值，体现黄酒的文化。要建立合理的黄酒价格体系，改变目前黄酒价格偏低的局面。

（4）要加强宣传黄酒。面对新时代和年轻的消费者，在宣传黄酒的历史、文化的同时，要注重宣传黄酒养生和社交中特有的功用。

（5）现代化、机械化、自动化、信息化是黄酒发展必然的趋势，各企业要加大科研和技术改造的投入。

会议要求各黄酒企业认真贯彻中国酒业协会四届五次理事会精神和黄酒分会四届三次常务理事会达成的共识，为2012年取得更好的成绩而努力！

二、发挥团队作用，群策群力做好分会工作

黄酒分会有一位秘书长和五位副秘书长，副秘长在各企业单位担任要职，站在行业的第一线，与行业运行息息相关。发挥副秘书长的作用，听取他们的真知灼见，是群策群力办好分会的主要途径，秘书处每年召开二次秘书长会议，已成为制度。

2012年第一次秘书长会议于2月5日在上海松江召开，

会议为四届三次常务理事会做准备，对2011年工作报告和2012年工作计划（草案）征求意见，并就2012年的工作进行具体部署。

第二次秘书长会议于7月份在江苏苏州市举行。会议回顾了上半年的工作，对下半年工作做出具体安排。

三、编发《中国黄酒产业‘十二五’期间发展指导性意见》

为了向黄酒行业各企业提供一份行业现状和发展方向的材料，以统一认识，明确目标，分会秘书处在年初就着手编写《中国黄酒产业‘十二五’期间发展指导性意见》，该意见以中国酒业协会“十二五规划”为指针，结合黄酒行业的现状分析，提出了“十二五”经济发展的目标和任务，对行业发展具有指导性意见。

四、召开骨干企业峰会

得益于2011年厦门骨干企业峰会的成功，2012年峰会于2月29日在杭州召开，出席这次会议的有古越龙山、会稽山、塔牌、沙洲优黄、即墨老酒、东海酒业等七位骨干企业老总。中国酒业协会张立文主任和黄酒分会沈振昌秘书长，《中国酒》杂志杨沐春主编出席了会议。黄酒分会理事长、浙江古越龙山绍兴酒股份有限公司董事长主持了会议。

通过讨论，会议达成以下共识：（一）建立黄酒合理的价格体系，促进黄酒产业的健康有序发展；（二）行业的发展，需要有龙头企业来带动，更需要骨干企业一起互动；（三）行业要发展，和谐最重要。要求企业要加强自律、协会要发挥作用、企业之间互相包容；（四）要善于学习借鉴国内外、酿酒行业内外的先进经验和成果，为黄酒行业所用，促进行业的更快发展；（五）要积极主动参与有利于黄酒发展的社会公益活动；（六）黄酒分会要经常召开骨干企业领导人员会议，及时交流情况，共谋行业发展。

五、正确、及时、妥善应对黄酒EC风波

2012年6月15日香港媒体报道了有关黄酒中含有“EC”的报道，许多网站进行了大量转载，短时间形成了黄酒安全的“风波”，对行业产生了负面影响。黄酒分会在傅理事长的统一带领下，正确、及时、妥善应对，对消费者、媒体讲述了黄酒是我国特有的传统产品，有数千年的历史，人们适量常饮对人体健康有益，黄酒是健康的酒类饮料已被历史所证实的客观事实和道理。由于对黄酒“EC”风波应对正确、及时，没有对黄酒行业发展产生负面影响。

六、参与和配合国家有关部门EC标准制订工作

1．组织黄酒EC含量抽样调查工作

黄酒EC抽样调查工作是一项工作量大，技术含量高的工作。分会会同全国酿酒标准化技术委员会，国家黄酒检测中心拟订了一套科学合理的抽样调查方案，在全国相关地区（浙江、上海、江苏、山东、安徽、福建、湖南）抽取了800余只样品，进行检测调研。为国家有关部门制订标准，提供可靠的参考数据。

2．举办黄酒中氨基甲酸乙酯监测技术方法的培训。

3．开展黄酒消费人群饮酒量的调查研究工作。

七、进行国家职业资格培训和鉴定工作

为了培养品酒师人才，2012年举办了二期国家一级品酒师和一期国家二级品酒师培训班，经过鉴定，共有近200人获得国家一级和二级品酒师资格证书。

完成二级黄酒品酒师培训教程的编著工作，并已用于二级品酒师培训班试用。

八、组织企业考察活动

1．参观考察劲牌公司

分会于2012年7月10～12日组织了业内19家企业的中、高层领导共30人参观考察了湖北劲牌公司。湖北劲牌公司，经过多年的稳健发展，已成为国内著名的保健酒企业，劲牌公司坚持按做药的标准生产保健酒，企业得到全面的发展，近年来还实现了白酒生产机械化，走在白酒行业前列。通过考察，大家不仅在科学管理、机械化酿制酒方面开拓了思路，还对该企业以人为本的企业管理和科学发展，正确处理企业与环境、企业与社会的关系等方面的宝贵经验得到许多启示，受益非浅。

2．组织学习考察白酒企业

黄酒行业糟烧白酒工艺技术改造在白酒分会的支持下取得了较大的进展。为更好地借鉴白酒企业的经验，分会组织了黄酒酒糟综合利用技术攻关小组成员赴今世缘、生力源、扳倒井等白酒企业进行参观、学习、交流和取经，得到了白酒企业的指导和帮助。

九、召开技术委员会交流大会

中国酒业协会黄酒分会技术委员会交流大会于2012年10月28日在浙江嘉善县举行。参加会议的有第二届技术委员会全体成员和部分企业的领导，与会人员共78人。国家工业与信息化部消费品司食品处处长、中国酒业协会副理事长郭翔先生到会做了重要讲话，他就食品安全、黄酒行业发展提出了要求，1.要以落实“十二五”规划为契机，进行基地建设、质量安全建设（含检测能力建设）；2.以质量安全为目标，做好标准建设；3.加强诚信体系建设，企业自律、社会监督；4.重视装备建设，达到智能化、信息化、标准化；5.加快行业结构优化，中型做大，小型做精。他特别指出：目前食品质量安全水平与消费者的期望值差距很大，规范黄酒标准是重点工作之一，希望大家配合做好，并希望黄酒行业要有前瞻性、科学性和创新精神，黄酒口味要创新，要适应不断变化的市场需求。

中国酒业协会张立文主任就贯彻中共中央、国务院于9月24日发布的科技发展规划问题做了讲话。

黄酒行业的老前辈，原嘉兴市人大常委会副主任、嘉兴市工商联主委、嘉善酒厂老厂长蒋泳清先生，应邀参加会议并讲了话。

大会上交流发言的有：

张家港黄庭明，题：黄酒必须现代化。

会稽山傅祖康，题：黄酒营销要有自己的特点。

发酵院张五九，谈企业需要关注的“食品安全问题”。

全国酿酒标准化技术委员会，熊正河，题：食品质量安全标准化工作。

胜景山河姚胜，题：发展之道在创新。

江南大学毛健，题：黄酒行业的科技发展。

江南大学王栋，题：中国黄酒科学研究进展。

浙江工业技术学院黄酒学院胡普信，题：从中国黄酒现状中思考。

分会理事长傅建伟做了总结发言。他首先肯定这一次交流水平之高，内容之广是前所未有的，“他山之石，可以攻玉”对大家很有益。一个企业需要有好产品、好市场、好价格，现状纠结的问题很多，怎么办？一是要开拓、创新、发展；二是求人不如求己，黄酒行业要发展，还是要靠自己，大家同心同德把行业做强作大。

十、热忱为行业为企业服务

1．建立行业和企业的交流平台

近年来黄酒行业企业之间相互参观、学习、交流越来越多，形成了互相学习，相互借鉴的良好氛围。分会积极为企业之间的走动交流联系搭桥，做好服务工作。

对企业举办的庆典宣传活动、新闻发布、产品品鉴、新产品推广、基（扩）建项目论证、科研项目验收等活动，黄酒分会秘书处积极予以支持，派出合适人员，前往参加，如：

湖南胜景山河生物科技有限公司胜景“干黄”品鉴活动。

浙江塔牌绍兴酒有限公司开酿节庆典活动和黄酒保健养生高层论坛会。

陕西鹏翔食品有限公司糜子黄酒品鉴活动。

上海泓海酿酒有限公司2.8万吨黄酒灌装项目的技术征询会和初步设计论证会，等。

2．办好《中国黄酒》和中国黄酒网，使其成为行业信息互相交流的平台

3．接待来信、来电、来访，配合有关部门做好工作，完成上级交办的各项任务

2013年黄酒行业综述

2013年已经过去了，黄酒分会在中国共产党十八大精神的指引下，在中国酒业协会的领导下，根据行业持续发展的需要，积极工作，坚持依靠会员单位，全心全意为行业服务，为会员单位服务，保持了良好的发展态势，主要经济指标连续九年呈两位数增长，现将一年来的工作汇报如下，请予审议。

一、2013年黄酒行业经济运用情况

2013年，虽然酒类消费受限制“三公”消费的影响，对酒类行业冲击较大，酒的消费逐渐回归理性。但黄酒行业仍实现“稳中有进”的局面，根据对规模以上的87家黄酒企业全年的统计：

主营业务收入153.91亿元，同比增长12.23% ；实现利润17.12亿元，同比增长16.34% 。

在全国酒类经济形势比较严峻的情况下，黄酒行业仍呈两位数增长的成绩，这是全行业共同努力的结果。

二、立志高远，欲圆黄酒大梦

黄酒行业，目前虽为小酒种，但倚仗着深厚的历史文化底蕴与独具一帜的风格，为国人所喜爱，尤其为中老年人所喜爱。国际上具有独特性，因此更具国际性。行业中的主要骨干企业也在为恢复黄酒的优势地位而不断推出瞩目的举措。

1. 中国绍兴黄酒集团注册成立了“绍兴黄酒文化园旅游有限公司”，该旅游区总投资10亿元。为充分弘扬黄酒文化，将文化园分为黄酒文化感受区、黄酒文化体验区、黄酒文化风情互动区三大块。打造这样一个大型黄酒文化旅游区，其目的是通过体验式营销，把黄酒的故事讲透，把黄酒文化做透，从而提升黄酒的知名度和美誉度。为黄酒行业的持续发展增添活力。目前园区设计已经开始。

2. 为了加强黄酒宣传的力度，突破黄酒行业宣传手段较为单一的局面，创造多元化宣传，浙江古越龙山绍兴酒股份有限公司决定斥资7000万元，拍摄电影《女儿红》，以扩大黄酒宣传的广度，用文艺形式耳濡目染地对年轻一代施加影响，从而培育未来的黄酒爱好者。

3. 会稽山绍兴酒股份有限公司年产二十万千升，一期年产四万千升黄酒酿造车间已竣工投产。该车间设备先进，布局合理，自动化程度高，对黄酒机械化生产又有了新的创新。

4. 上海金枫酒业有限公司频频出招、扩大经营，涉足白酒、葡萄酒；在建成新的黄酒生产基地后，又收购绍兴白塔酒厂的部分股份，涉足具有绍兴酒地理标志的黄酒产品。2013年9月，金枫酒业与国内酒类流通大商浙江商源集团全资子公司浙江久加久食品饮料连锁有限公司签订合作协议，拓展市场销售。

5. 张家港酿酒有限公司为不断增加产能，不断增加黄酒储存的需要，实现了黄酒320立方米的不锈钢大罐储酒，现已有不锈钢储酒大罐350只，占企业全部储酒量的70%以上。

6. 塔牌绍兴酒有限公司，创新营销理念，开辟了新的个性化消费的服务模式，拓展新的消费领域，满足不同消费者的需求。

7. 在山东，即墨妙府老酒有限公司年产二万千升新厂区项目正在加快建设。这是妙府老酒发展20余年来的一块新的里程碑，也预示着山东即墨黄酒产业正在向做大做强的方向发展。

8. 河南邓州市年产五万千升黄酒工业园区开工建设，目前已有芙蓉酒业、中州酒业等几家黄酒企业入驻。该黄酒工业园区将有20余家黄酒企业入驻。

9. 安徽宣城，宣丰酒业年产二万千升的前槽后罐的黄酒酿造新厂区即将竣工投产。

10. 湖南娄底新化，湖南又一桥酒业，年产5000千升的湖南水酒项目进入施工设计阶段。

11. 广东河源三友酒业年产4万千升广东米酒项目已进入施工设计阶段。

12. 福建三明老潘头食品（福建）有限公司旗下的吉山红酒业年产20000千升黄酒项目及以福建黄酒博物馆为核心的酒文化广场已建设完成。

黄酒行业正在向全国延伸，产业在不断做大，做强。

三、营销创新，带动黄酒发展

近年来，古越龙山、金枫、会稽山、沙优、塔牌等企

业在营销创新方面做了不少工作，如，古越龙山的原酒交易，开启了网络营销之门，会稽山的“酒卡”“酒庄”，创新了黄酒营销的新形式。绍兴市的黄酒节、塔牌的“开酿节”活动，构筑了宣传黄酒的文化平台，“喝黄酒、吃大闸蟹”活动是一种体验式的营销活动，这些创新营销活动，都能扩大黄酒的影响力，提高黄酒消费的认知，这种多形式、多方法、多手段拓展方法，有利于进一步开拓黄酒的市场。

1．古越龙山绍兴酒股份有限公司，跟媒体合作，举办千人盲品绍兴黄酒活动，与黄酒的爱好者交流品酒的方法，介绍黄酒健康保健的知识，宣传文明饮酒，健康饮酒的理念，使消费者进一步了解黄酒，扩大黄酒的影响。

2．2013年还出现了一种黄酒“上市”的新模式。它有类似证券上市的属性，浙江塔牌绍兴酒有限公司、湖南胜景山河酒业股份有限公司，在上海国际酒业交易中心公开上市发售。

3．黄酒产品如何引导消费是营销创新的重要主题。浙江安吉乌毡帽酒业有限公司，从白酒行业的“江小白”“宋河扣扣”“嗨80”等众多小酒登场中受到启示，立即尝试做黄酒行业的“青春小酒”时代的先锋，推出针对“80”“90”后开发的新产品——“米小迈”青春型黄酒，以引导年轻一代消费黄酒。

4．会稽山绍兴酒有限公司于金秋时节举办了“喝黄酒、吃大闸蟹”体验性营销，宣传倡导中华传统饮食文化和黄酒的健康养身文化。

5．古越龙山公司的“百城千店”目标在有序展开，还不时举办“黄酒性能，功用、饮法”讲坛，扩大消费者对黄酒的认知。

6．在全国各地各种形式的黄酒专卖店越来越多，特别是山东胶州半岛，有绍兴酒专卖店近三十家，这些专卖店都有当地经销商自行开设加盟，黄酒的消费市场正在悄然延伸。

黄酒行业的营销方式，各企业根据自身的情况，创新营销，在采用传统渠道的同时，还采用电子商务、定制、连锁、体验消费、个性消费等新模式，以开辟新型的黄酒销售渠道。

四、重视环保、废水治理获得新突破

黄酒企业有机污水排放量较大，污水的COD指标较高，一般在3000～4000，而国家规定的排放标准在100以下，以往许多企业都建了污水处理设施，但效果很不理想。往往难以达到排放标准。2013年古越龙山和会稽山两家公司，委托帕克环保技术（上海）有限公司进行污水治理，能将有机物浓度为3000～4000COD的混合污水达到国家排放标准，采用这种技术的优点是：①不用清水与污水分流；②处理后的污水，经活性炭砂滤，可以回用(如洗坛、冲地、古越龙山公司每天回用量达1500立方米)。此项工程还可节约污水排放费，经济效益与环境效益十分明显。

五、科研成果、支持行业持续发展

1．由中国绍兴黄酒集团有限公司、江南大学、中国食品发酵工业研究院合作完成的“黄酒优质、低耗酿造关健技术与安全控制体系的研究应用”于2013年10月通过浙江省技术市场促进会监定。该项目研发了三株优良黄酒酵母菌和一株生物酸化用植物乳杆菌，通过新菌种应用与新工艺新设备研究，形成黄酒优质低耗酿造关键技术，提高了黄酒产量和质量，降低了能耗，提升了黄酒生产自动化的水平。

2．绍兴市质量技术监督检测院完成的“黄酒风险预警与品质鉴定技术集成”获浙江省科技三等奖：“黄酒危害因子预警与品质技术集成的应用”获绍兴市科技一等奖；“黄酒中有害物质风险预警研究”获浙江省质量监督三等奖。

3．会稽山绍兴酒有限公司完成的“微氧技术在黄酒大罐贮存中的应用”获中国酒业协会科技进步三等奖。同时该公司的“自动化信息化控制技术已在新投产的4万千升/年的生产线上应用。

4．江苏张家港酿酒有限公司“黄酒低温陈酿”工程进展良好，目前320立方米的大罐总容量已达到能贮黄酒9万吨的规模。

黄酒行业不断创新的理念和实践，将促使黄酒行业始终生机盎然，不断前进。

2013年中国酒业协会黄酒分会工作情况

一、新春部署协会工作

风雨送春归，飞雪迎春到。2013年3月30日黄酒分会秘书长迎着风雪，到山东青岛参加秘书长工作会议，中国酒业协会办公室主任、黄酒分会副理事长张立文女士，分会顾问陈品光先生参加了秘书长工作会议。会议回顾了2012年黄酒行业的情况和分会工作，研究了新的一年工作计划，会议由沈振昌秘书长主持，张立文主任传达了中国酒业协会首先在黄酒行业开展“轻工品牌培育管理体系先进企业”和“轻工优势品牌产品”的评选表彰活动的决定，并提出了开展这一活动的具体内容和要求。到会的副秘书长黄庭明、陈靖显、汪向荣、胡普信、于秦峰及陈品光顾问，纷纷发言 ，一起研究交流行业内外的动态，黄酒行业面临的挑战等。这次会议提出了分会2013年的工作任务建议，以提交理事会议决定。大家决心共同努力齐心协力要把行业服务工作做好。

二、召开黄酒分会四届四次理事会扩大会议

4月17日，中国酒业协会第四届理事会第七次（扩大）会议在北京友谊宾馆召开，黄酒分会四届四次理事（扩大）会议相继举行。与会代表听取了中国酒业协会王延才理事长的工作报告，听取了国资委、工信部等国家机关领导人员的讲话。

4月18日，黄酒分会四届四次理事会（扩大）会议在友谊宾馆的贵宾楼举行。

会议首先由黄酒分会副理事长、副秘书长、江苏张家港酿酒有限公司董事长黄庭明先生代表傅建伟理事长做黄酒分会2012年工作报告，副秘书长陈靖显先生汇报了2012年财务收支情况。副理事长张立文女士就中国酒业协会《关于在黄酒行业开展“轻工品牌培育管理体系先进企业”和“轻工优势品牌产品”评选表彰活动的通知》，提出了具体要求。

会议讨论了王延才理事长的工作报告，明确了2013年行业工作的重心是：稳产量、调结构、促转型、重效益。黄酒行业要保持继续稳定的发展，黄酒产业应要在传统产销区域的基础上不断地向外扩张和延伸。

在会上发言的有：傅祖康、李博斌、潘兴祥、朱清尧、楼凤鸣、黄庭明、郭宇等。

会议明确了黄酒行业面临的形势和努力方向，要特别关注食品卫生安全和产品质量，要加速黄酒产业现代化，贯彻落实轻工品牌培育管理工作和先进企业、优势产品的评选活动，要完善黄酒标准，要加大黄酒宣传力度等一系列工作。

三、召开黄酒骨干企业领袖高层研讨会

2013年4月27日黄酒分会召集了七家黄酒骨干企业老总在杭州西子湖畔，举行了“中国黄酒行业未来发展高层研讨会。会议主题是：探讨黄酒行业在新形势下的发展方向和行业应采取的对策。出席研讨会的有“古越龙山”傅建伟董事长、“会稽山”傅祖康总经理，“沙州优黄”黄庭明董事长，“塔牌”郭从洪董事长、“阿拉老酒”傅勤峰董事长，“东海酒业”马驰州董事长，“即墨老酒”杜祖远总经理，中国酒业协会张立文主任，黄酒分会沈振昌秘书长。中国酒业协会王延才理事长也从成都调研途中抽身赶来，出席这次研讨会，并做了重要讲话。

大家认为黄酒的品牌、归属、文化、卖点、方向等要有正确的定位，黄酒行业必须建立自己合理的与产品价值相符的价格体系，转变目前黄酒产品价格偏低的不利局面。行业要有作为，才有地位，要从市场开拓上，产品创新上，黄酒文化宣传上等有所作为；要团结奋进，要抱团开辟市场，不做不利于行业发展的事；在科研技术攻关方面要互相支持，营造一方有难大家支持、一方有喜互相知会的氛围。

四、举行2013年国家级黄酒评酒委员年会暨轻工优势品牌产品评选活动

为了不断提高国家级黄酒评酒委员的评酒技能，并履行应有的职责，2013年7月4日分会在浙江绍兴举行了

"2013年国家级黄酒评酒委员年会暨轻工优势品牌产品评选会议"活动，参加会议的有第八届国家级黄酒评酒委员55人，中国酒业协会张立文主任、全国食品发酵标准中心钟其顶主任参加会议。会议由沈振昌秘书长主持，傅建伟理事长致开幕词，会议承办单位会稽山绍兴酒股份有限公司金建顺董事长致欢迎词，中国酒业协会张立文主任在会上做了讲话。

会议进行了下列议程：

1. 进行了轻工优势品牌评选活动。中国酒业协会选择黄酒行业为首次开展"轻工品牌培育管理体系先进企业"和"轻工优势品牌产品"评选表彰活动，有26家黄酒企业申请参加本次活动，会上共有38支产品参加评选，上述产品由全体评委进行了密码编号品评，评选结果已报轻工业联合会。

2. 对清爽型、特型黄酒进行了品鉴交流。自2008年国家颁布了GB/T 13662—2008黄酒标准以来，清爽型、特型黄酒发展迅速，促进了行业的发展，为了调研这两个酒种品质情况和统一品评判定和打分的尺度把握，对27支清爽型、特型黄酒酒样进行了分组品评、打分，交流，通过品评、交流，对该酒种的感官品评质量要求取得了共识。

3. 大会交流

(1) 全国食品标准化中心钟其顶主任，讲解交流了中国酿酒标准化技术委员会、中国食品发酵工业研究院的研究成果《黄酒中氨基甲酸乙酯控制技术措施建议》。

(2) 论文交流，会议收到了由国家级黄酒评委撰写的论文，用书面交流形式进行交流，并在《中国黄酒》内刊中陆续发表。

(3) 中国酿酒大师胡志明、潘兴祥、邹慧娟在会上做了交流发言，他们谈了自己工作中的心得体会，提出了作为国家级黄酒评委应具有的使命感与责任感，与大家分享、共勉。

五、起草《黄酒降度工艺规范》

随着饮料酒消费趋于低度化，进入21世纪以来，各黄酒企业为顺应市场趋势，积极开发酒精度为12度左右的产品，而酿造原酒的酒度一般在16～18度，因此需要"降度"，为了使"降度"有据可依，黄酒分会组织起草了《黄酒降度工艺规范》，作为行规试行，使黄酒降度有规可依。

六、配合国家卫生部门进行酒厂职工及家属的饮料酒消费品种调查

配合国家卫生部门进行酒厂职工及家属的饮料酒消费品种、饮用量等消费情况的调查，目的是摸清黄酒安全摄入量，以研究制订黄酒中"EC"限量指标。

七、协助修订黄酒生产许可证实施细则

根据国家食品、药品监督总局的要求，黄酒分会配合国家黄酒质量监督检测中心，于8月26日召开"修订黄酒生产许可证实施细则座谈会"，参加座谈会的有古越龙山、会稽山、金枫、塔牌、张家港、古南丰、山东即墨等各地企业的代表，会上共同审查了《黄酒生产许可证实施细则修订方案》，发表了意见，新的《细则》，不仅细化了有关规定，还提高了获得黄酒生产许可证的"门槛"。

八、考察山西杏花村汾酒有限公司

为了开拓黄酒企业从业人员的眼界，学习兄弟酒种的优点、长处、企业文化，黄酒分会组织18家企业32人于10月9日前往汾酒公司考察与学习，汾酒公司韩建书总经理热情接待了黄酒考察团，翔实介绍了近几年汾酒发展成果和汾酒生产工艺，通过实地考察和学习，开了眼界，增长了知识。

九、综合利用技术攻关

为提高糟烧酒品位为目的的技术攻关，获得可喜的进展，在古越龙山公司进行了生产性试验，获得了阶段性成果。

十、继续办好《中国黄酒》内刊

全年出刊《中国黄酒》六期，内容不断丰富，文字容量也不断增大，尤其是针对企业经营、科研与动态方面进行了加强报道，使会员单位能及时了解行业内企业的相关信息，及时进行沟通。分会傅建伟理事长，全力支持办刊，并在百忙之中抽时间为刊物撰写了大量的稿件，使《中国黄酒》能按双月刊要求保质保量地完成了任务。

十一、支持黄酒学院的人才培养

继续全力支持黄酒学院对黄酒酿造技师与高级技师进行培训与鉴定，为黄酒学院的学生进行行业形势与前景的讲座，使学生对黄酒行业更加充满信心。2013年国内唯一的高等教育黄酒酿造专业的第一批毕业生，已分赴浙江的各大黄酒企业。

2012年果露酒行业综述

果露酒在整个酿酒行业中品类最为繁杂，但基本都可以体现出明显的地域性特征。企业数量多、分布面广，但规模相对较小；而且兼营生产的企业多，专营企业少；地方性品牌多，全国性品牌少。

近几年，全国性品牌保持了较快的增长速度，地方性品牌在较短时间内还不会突破现有格局，几大全国性品牌仍将保持现有优势。

一、行业基本情况

根据国家统计局对国有及主营业务收入2000万元以上企业的统计，2012年果露酒（国家统计局统计口径是：其他酒）行业工业总产值220.88亿元，增长34.17%；主营业务收入202.82亿元，增长31.42%；利润总额24.85亿元，增长12.27%；税金总额16.31亿元，增长31.63%。

表1 2012年其他酒进出口量情况统计

产品名称	2011年出口量（千升）	2012年出口量（千升）	同比增长（%）	2011年进口量（千升）	2012年进口量（千升）	同比增长（%）
蒸馏葡萄酒制得的烈性酒	1104.86	1163.95	5.34	16687.92	30710.19	84.82
威士忌酒	145.84	58.29	-6.0	17389.30	18908.82	8.73
朗姆酒及其他甘蔗蒸馏酒	19995.64	3092.09	-84.53	18130.44	4738.76	-73.86
杜松子酒	6.76	1.68	-75.14	402.11	658.35	63.72
伏特加酒	197.02	303.15	53.86	1260.12	3063.02	143.07
利口酒及科迪尔酒	19.66	92.02	368.05	1246.51	2779.91	123.01
龙舌兰酒	5.23	15.29	192.35	290.84	868.93	198.76
中药酒	918.37	748.44	-18.5	1	33	96.96

（数据来源：海关总署）

二、行业情况分析

1. 整个行业仍保持较高的增长速度

近年来，果露酒行业一直保持较高的增长速度，高于酿酒行业的平均增速。2007—2012年，行业工业总产值同比增长比例分别为：27.7%、29.63%、32.62%、33.33%、32.54%、34.17%；销售产值（或主营业务收入）同比增长比例分别为：27.98%、31.71%、32.16%、28.60%、29.31%、31.42%。

2. 露酒行业格局没有发生变化，发展不平衡

全国性品牌、区域性品牌产品的格局没有变，处于行业第一、第二的产品仍占有行业的较大比重，后面的产品与其仍有较大的差距，发展非常不平衡，需要有更多的品牌，特别是现有的部分全国性品牌及发展较好的区域性品牌有较大突破。

3. 果酒产品成局部热点，但大部分产品没有大的技术突破

果酒产品在部分区域成为外来资本投资的热点，但由于理念和技术研发等方面的原因，在生产技术方面没有大的突破，仍是照搬葡萄酒的生产技术，大部分产品缺失了本产品应有的特点和个性，影响了产品及行业的发展。

露酒、果酒产品的特点是，产品之间的共性少、个性多；品牌仍以区域性品牌为主，全国性品牌较少，果酒基本没有形成全国性品牌。这需要我们更多深层次的思考，需要理念的更新、技术的创新，共同努力，做好产品，做大行业。同样，在开展果露酒分会的工作时也感觉到了工作的难度，希望各会员单位集思广益，为行业、分会工作出谋划策，共同努力为行业做更多、更好的工作，促进行业的发展。

2012年中国酒业协会果露酒分会工作情况

2012年分会工作情况如下：

一、召开2012年国家级果露酒评委年会

8月下旬，在宁夏召开2012年国家级果露酒评委年会。2009年果露酒评委年会与葡萄酒评委年会合并召开，达到较好的效果；为了让果露酒评委接触更多的其他酒类产品，学习葡萄酒比较成熟的品评技术和经验，提高评委的评酒水平，应果露酒国家评委的要求，这次年会再次与国家级葡萄酒评委年会同时进行，共有174人参加，达到了预期的效果。

二、筹备保健酒联盟

组织起草《保健酒联盟章程》和联盟组成方案等相关文件，征求了相关单位的意见。为了充分发挥行业内领头企业的作用，更好地促进保健酒行业的发展，保健酒联盟的秘书处设在劲牌有限公司，由公司选派人员担任理事长和秘书长，行业内主要企业为联盟副理事长并选派人员担任联盟副秘书长。

三、对露酒国家标准修改征求意见

露酒国家标准发布以后，露酒企业普遍提出了意见，认为该标准不符合行业实际情况，不利于行业的发展，我们通过酿酒标委会向国标委反映了企业的诉求，经过反复的协商，国标委同意对露酒国家标准进行修改。

四、对国家食品药品监督管理局《保健食品清理换证工作方案（征求意见稿）》提出修改意见

“换证工作方案”公开征求意见后，行业内企业发表了不同的看法，分会经过整理后，向国家食品药品监督管理局提出了具体修改意见，并建议要本着尊重历史、尊重科学、实事求是，维护政策的延续性、稳定性的原则进行换证工作，促进保健食品行业更好地发展。

五、召开2012年中国酒业协会果露酒分会理事长办公（扩大）会

2013年3月19日，在杭州召开了“2012年中国酒业协会果露酒分会理事长办公（扩大）会议”，会议讨论了 “果露酒分会2012年工作总结和2013年工作安排”、“果露酒酿酒师职业资格培训、鉴定工作方案”和 “中国保健酒联盟理事会组成方案”并成立了保健酒联盟。

六、2012年工作计划中未完成的工作说明

2012年工作计划中的“召开2012年果露酒分会技术委员会年会和开展酿酒师培训、鉴定工作”二项工作没有开展，原因在于，在筹备葡萄酒分会的相应工作中，发现酿酒师的培训、鉴定工作有较大的难度，考虑在葡萄酒的工作开展后，总结一些经验后再开展果露酒的工作；有关的内容，在“2012年中国酒业协会果露酒分会理事长办公（扩大）会议”进行的讨论。

2013年果露酒行业综述

一、行业基本情况

根据国家统计局对国有及主营业务收入2000万元以上企业的统计，2013年果露酒（国家统计局统计口径是：其他酒）行业主营业务收入228.68亿元，增长15.46%；利润总额28.87亿元，增长13.76%；税金总额19.02亿元，增长12.99%。

表1 2013年其他酒进出口量情况统计

产品名称	2012年出口量（千升）	2013年出口量（千升）	同比增长%	2012年进口量（千升）	2013年进口量（千升）	同比增长%
蒸馏葡萄酒制得的烈性酒	1163.95	1526.82	31.18	30710.19	28324.23	-7.77
威士忌酒	58.29	38.08	-34.67	18908.82	16087.53	-14.92
朗姆酒及其他甘蔗蒸馏酒	3092.09	335.32	-89.16	4738.76	2766.1	-41.63
杜松子酒	1.68	0.63	-62.5	658.35	791.66	20.25
伏特加酒	303.15	268.73	-11.35	3063.02	4315.1	40.88
利口酒及科迪尔酒	92.02	43.61	-52.61	2779.91	4149.63	49.27
龙舌兰酒	15.29	12.1	-20.86	868.93	890.55	2.49
中药酒	748.44	609.82	-18.52	33	0.12	-99.64

二、行业情况分析

1．仍保持较高的增速，但有所减缓

近年来，果露酒行业一直保持较高的增长速度，高于酿酒行业的平均增速。2007—2012年，销售产值（或主营业务收入）同比增长比例分别为：27.98%、31.71%、32.16%、28.60%、29.31%、31.42%；2013年增速有所减缓，同比增长15.46%。

2．露酒行业格局没有发生变化，发展不平衡

全国性品牌、区域性品牌产品的格局没有变，处于行业第一、第二的产品仍占有行业较大的比重，后面的产品与其仍有较大的差距，发展非常不平衡。随着白酒市场的变化，已有不少白酒企业开始涉足露酒产品，但在市场上还没有形成较大的影响。

3．果酒产品在局部仍是热点，但大部分产品技术及市场开发没有大的突破

果酒产品在部分特色水果产区或单品种水果产量地区，仍是外来资本投资的热点，但由于理念和技术研发等方面的原因，在生产技术方面没有大的突破，仍是照搬葡萄酒的生产技术，大部分产品缺失了本产品应有的特点和个性，影响了产品及行业的发展，而且在市场开发方面也没有大的突破。

露酒、果酒产品的特点是，产品之间的共性少、个性多；品牌仍以区域性品牌为主，全国性品牌较少，果酒基本没有形成全国性品牌。这需要我们更多深层次的思考，需要理念的更新、技术的创新，共同努力，做好产品，做大行业。同样，在开展果露酒分会及保健酒联盟的工作，也有较大的工作难度，希望各会员单位集思广益，为行业、分会工作出谋划策，共同努力为行业做更多、更好的工作，促进行业的发展。

2013年中国酒业协会果露酒分会工作情况

一、成立保健酒联盟

在2013年初召开的“2012年中国酒业协会果露酒分会理事长办公（扩大）会议”上完成了联盟成立的所有程序， 5月份在劲牌有限公司挂牌成立，并正式开展工作。

二、完成联盟管理标准、制度的制订

按照联盟工作的推进计划，联盟秘书处制订了《保健酒联盟章程》《保健酒联盟章程实施细则》，主要从会员入会管理、会务及考察活动管理、日常经费管理、信息简报管理等几方面做了明确；并结合下步工作开展，设计制作了《保健酒联盟入会申请表》《会员证书》及《会员牌》（待联盟标识设计确定后制作发放）等。

三、组织开展保健酒行业现状的全面调研工作

2013年8月，组织调查了全国保健酒市场有关企业及品牌的相关情况，第一次获得了较为全面的国内保健酒企业信息，并结合120个地级市场传统保健酒信息的摸底，对保健酒行业现状进行了初步分析，对未来如何吸纳联盟会员企业提出了建议。

四、完成《保健酒技术》初稿及修订工作

2013年9月，组织会员单位技术人员完成了《保健酒技术》一书的初稿编撰工作，并于12月份组织有关人员对初稿进行了专题讨论，将修订意见按章节分配至各会员单位进行二次修订，目前正在组织对《保健酒技术》二次修订稿的相关意见收集。

五、组织召开保健酒联盟2013年年度工作会议

2013年10月23～25日，组织召开了保健酒联盟2013年年度工作会议，会议对秘书处前期开展的管理规范制订、市场调研等工作进行了讨论、修订；同时，重点探讨了联盟下一步的工作开展，完成了《保健酒联盟短期工作计划及中长期发展规划》，对联盟未来一年、五年、十年的工作思路和方向进行了明确。

六、组织“中国保健酒联盟”亮相第十五届中国西部国际酒博会

2014年3月23～27日，组织保健酒联盟7家会员企业参加在四川泸州举办的第十五届中国西部国际酒博会，此为保健酒联盟会员单位首次以联合参展的形式参与外部宣传活动；展会期间，联盟秘书处不仅接到了参展邀请，还接到了一些酒企的入盟申请。此次联合参展得到了媒体的密切关注，四川电视台、泸州电视台等媒体均将联盟此次抱团参展作为展会亮点之一进行了报道，腾讯、新浪、中国酿酒网等门户网站纷纷转载了相关信息，基本实现了宣传保健酒联盟、提高社会知晓度的目的。

七、尝试搭建联盟企业间共同宣传及做大保健酒市场的交流平台

协调劲牌公司、椰岛公司进行协商，针对在湖南市场试点“共同宣传、共同做大保健酒市场”的事宜做了沟通，协调双方湖南市场的负责人建立联系，开展了初步交流和探讨。

八、2013年工作计划中未完成的工作说明

2013年工作计划中的“2013年果露酒国家级评委年会、召开2013年果露酒分会技术委员会年会和开展酿酒师培训、鉴定工作”三项工作没有开展。原因是，在筹备葡萄酒分会的相应工作中，发现酿酒师的培训、鉴定工作有较大的难度，考虑在葡萄酒的工作开展后，总结一些经验再开展果露酒的工作，以及评委年会的内容选定有困难。

2012年酒精行业综述

一、2012年我国酒精行业发展情况

1. 酒精产量增速大幅回落

2012年全国发酵酒精产量820.62万千升（年主营业务收入在2000万元及以上的工业法人企业），比去年同口径统计产量793.20万千升增长3.46%。分省发酵酒精产量见表1。

表1 2012年分地区发酵酒精产量

（单位：千升）

省份	2012年产量	2011年产量	省份	2012年产量	2011年产量
全国	8206196.23	7931994.12	河北省	150281.00	215261.00
河南省	1869893.02	1568041.00	广东省	108945.47	67940.07
吉林省	1523062.16	1499845.82	新　疆	69717.73	62693.67
黑龙江	1137037.72	1145489.00	山西省	68254.21	52237.00
江苏省	1082828.20	915440.26	湖北省	31303.00	27144.00
广　西	692508.64	516760.36	湖南省	29310.00	25064.00
内蒙古	375795.00	572617.00	甘肃省	19118.00	13336.00
山东省	328700.00	448032.00	辽宁省	7378.00	10068.00
四川省	271385.41	340050.05	陕西省	4576.00	32551.70
安徽省	249273.57	245086.00	重庆市	2701.00	4126.00
云南省	182557.10	169464.19	海南省	1571.00	747.00

由表1可知：在统计的21省（市、区，以下称省）中，产量较多的前十个省份及产量分别是河南省1869893.02千升、吉林省1523062.16千升、黑龙江1137037.72千升、江苏省1082828.20千升、广西692508.64千升、内蒙古375795.00千升、山东省328700.00千升、四川省271385.41千升、安徽省249273.57千升、云南省182557.10千升。其中，以河南、广西和江苏增长量较大，分别增长了30.19万千升、17.57万千升和16.74万千升。以内蒙、山东和四川减产量较大，产量分别减少19.68万千升、11.93万千升和6.87万千升。

表2 2012年各月酒精产量

（单位：万千升）

1月	2月	3月	4月	5月	6月
70.92	71.94	85.23	68.41	72.16	64.99
7月	8月	9月	10月	11月	12月
58.80	59.72	63.59	64.10	68.25	78.94

根据协会了解的数据，2012年全年燃料乙醇产量合计206.5万千升，比2011年产量增长5.0%。

表3 五家燃料乙醇企业产量

（单位：万千升）

序号	企业名称	2012年	2011年
1	河南天冠企业集团有限公司	65	59.6
2	吉林燃料乙醇有限公司	57	52
3	中粮生物化学（安徽）股份有限公司	50	47.23
4	中粮生化能源（肇东）有限公司	26.5	24.33
5	广西中粮生物质能源有限公司	7.96	10.60
合计		206.5	193.76

2．酒精进出口总量变化不大

2012年全年累计出口酒精为4.4962万千升，比2011年全年累计出口4.333万千升略有增长，应该说基本维持在与原来的水平。2012年全年累计进口酒精为1.5308万千升，比2011年全年累计进口0.531万千升有一定增长，应该说增长量不大。

3．酒精行业各项经济指标水平保持增长

根据国家统计局统计快报，2012年全年工业总产值为705.56亿元，同比增长14.03%；

工业销售产值678.40亿元，同比增长12.39%；

主营业务收入693.62亿元，同比增长11.86%；

主营业务成本599.52亿元，同比增长13.26%；

主营业务税金及附加16.80亿元，同比增长26.36%；

利润总额38.00亿元，同比增长15.56%；

应交增值税17.87亿元，同比增长24.36%。

2012年和2011年酒精行业各项经济指标详见表4。

表4 2012年酒精行业各项经济指标与2011年比较

指标	2012年（亿元）	2011年（亿元）	2012年增长率(%)	2011年增长率(%)
工业总产值	705.56	618.76	14.03	32.8
工业销售产值	678.40	603.64	12.39	32.6
主营业务收入	693.64	620.08	11.86	25.4
主营业务成本	599.52	529.32	13.26	22.2
主营业务税金及附加	16.80	13.29	26.36	33.5
应交增值税	17.87	14.37	24.36	8.5
利润总额	38.00	32.88	15.56	34.6

二、2012年酒精行业发展基本特点

1．酒精产量增长，增速大幅下降

2012年全国发酵酒精产量较2011年增长3.46%，较2011年比2010年增速11.45%下降了7.99个百分点。2012年五家燃料乙醇产量206.5万吨，比2011年增长率6.58%，较2011年比2010年增速3.84%有所提升。

2．全年酒精价格持续下滑

在国际金融经济危机的影响下，现阶段，中国经济走到转型升级的十字路口。在我国出口贸易大幅下滑、国内经济增速下降的大环境的影响下，受我国发酵酒精产能严重过剩和酒精市场下游需求不足的双重影响，全年普级酒精价格从2012年初6600～6900元持续下降到四季度的6000～6400元，生产企业的停产率不断扩大，有的企业停产近一年，有的企业只能处于半开工状态，较少企业能维持全年满负荷运行，全年酒精价格持续下滑。

从酒精生产主要原料上看，全年玉米和木薯价格比较平稳。

玉米价格全年在2200～2400元/吨波动，平均价格在2300元/吨左右，全年基本保持振荡偏强格局，但总体同比上涨水平是最近三年来最低的一年。中国玉米价格要远高于世界玉米的价格，特别是美国玉米价格（美国燃料乙醇产量减少，降低了美国生物乙醇的玉米消费量），同时由于我国深加工业和饲料畜牧业需求上升，我国玉米进口量在不断增大。2008年我国彻底由世界主要玉米出口国转变成为世界主要的玉米进口国，2012年玉米进口量达520.6万吨，较上年增长1.97倍，成为历史上进口量最大年度。玉米价格的持续上涨促进了我国玉米产量的持续上升，2012年国内粮食实现了九连增，玉米产量再创新高，2012年全国玉米产量20812万吨，比历史最高的2011年增产1534万吨，增长7.9%。但总体上看，我国玉米消费量的增速要快于玉米产量的增长，同时玉米深加工业和饲料业需求将会保持刚性增长态势，国内玉米供应偏紧状况将在较长一个时期存在。

受全球经济低迷的影响，木薯消费需求有所减缓，木薯价格全年在1900元/吨上下波动。糖蜜价格则稳中有降，平均由最高1000元/吨降至年底的700元/吨，对南方酒精价格形成不小的冲击。

而副产品DDGS价格从年初的1700元左右/吨持续上涨到四季度初的2300多元/吨，年底回落到2100元/吨左右。

3．酒精行业主要经济指标维持较低水平

从国家统计局的数字看，2012年全行业的销售利润率仅维持在5.6%的水平。全行业酒精生产企业只能维持较低的生产利润水平。不少中小企业在亏损、保本或微利的局面下生产，吨酒精利润从几十元到两百元不等，有的企业通过各种措施来提高利润，也只能保持吨酒精百元利润水平。全行业开工率和利润水平是近几年最低的一年。

4．行业公平竞争局面远未形成

我国酒精行业基本形成北产南运的局面。北方主要生产原料玉米及木薯供给充足，形成了吉、黑、豫、苏、鲁等酒精主产区，在原料竞争上基本公平。加工成本上，除了个别地处经济较发达地区的成本稍高外，基本差别不大，但劳动力不再廉价，且创新性技术人才严重匮乏。近几年来，在国人对环保工作的持续重视下，酒精生产企业的排放状况大幅改观，基本实现达标排放。而行业企业最需要实现的公平竞争方面是在税负成本上。有的地方政府税收政策执行严格规范，按照实产实销征收。但不少地方政府实行定税或包税方式而不是按实际产量来征收，不缴税部分可有几百元的利润，使这些企业形成了竞争优势，这就形成了行业严重不公平竞争的格局。规范企业通过提升管理水平、技术升级改造得到的优势抵不过偷逃税收来的利润高，更使得政府部门近年来推行的节能减排淘汰落后政策的执行效果大打折扣，真正的低水平、落后产能得不到淘汰。因此，协会多年来一直呼吁取消酒精消费税来规范行业竞争、淘汰行业落后产能。

三、有关酒精行业政策变化

1．节能减排与淘汰落后产能

根据工业和信息化部下达的“十二五”期间工业领域19个重点行业淘汰落后产能目标任务（工信部产业〔2011〕612号），“十二五”期间酒精淘汰落后产能工作目标任务为100万吨。按照《关于下达2012年19个工业行业淘汰落后产能目标任务的通知》（工信部产业〔2012〕159号）要求，将2012年工业行业淘汰落后产能目标任务分解落实到企业，工信部于6月19日将包括酒精在内的19个行业2012年淘汰落后产能企业名单（第一批）予以公告。在淘汰落后产能过程中，协会参与了产能核实。按照公告，2012年合计淘汰24条生产线57.4万吨产能。

2．酒精行业环保核查

国家环保部2011年11月2日通过协会向各酒精生产企业下发了《关于开展淀粉、淀粉糖、酒精生产企业环保核查工作的通知》（环办函[2011]1273号）。2012年1月16日，根据环保部工作安排，酒精分会组织酒精行业环保核查专家对提交环保核查申请的企业进行了材料审查，并将结果上报了环保部。现阶段，各省级环保部门已经完成对已通过材料审查企业的现场核查，正在做公告前期审查工作。

从目前的情况看，主要存在以下问题：重点企业十分重视此项工作，但仍有不少企业忽视这个问题。该批申请共接到有效申请不足100家，至少还有一半的企业没有申请。原因：一方面可能是这些企业没有意识到环保核查工作的重要性，另一方面是部分企业条件暂时还有差距，或者在审批手续上存在不完善等问题。

3．发酵酒精和白酒工业水污染物排放标准发布执行

2011年10月27日，国家环保部和国家质量监督检验检疫总局联合下发了《发酵酒精和白酒工业水污染物排放标准》（GB 27631—2011），并于2012年1月1日实施。根据该标准，现有企业自2012年1月1日起至2013年12月31日止，水污染物排放限值中COD为150mg/L，排水量为40m^3/t，自2014年1月1日起，COD限值为100mg/L，排水量为30m^3/t。自2012年1月1日起，新建企业水污染物排放限值

为COD100mg/L，排水量限值为30m³/t。

按照这个要求，我国大部分玉米酒精企业达标排放并不困难，难点是薯类和糖蜜原料酒精企业。必须通过较大投入才能达标排放。新的国标实施以来，随着各地环保部门执行力度不断加大，不少企业的压力也越来越大，特别是广西、云南、江苏和山东的木薯和糖蜜酒精企业。2012年以来，往常能生产的糖蜜酒精企业也因环保不达标而停产。

通过新排放标准的实施和酒精行业环保核查工作，将会进一步促进酒精企业环保工作，淘汰一批糟液治理技术水平落后企业，推动行业企业转变发展方式，实现可持续发展。

4．酒精增值税改革

根据《关于在部分行业试行农产品增值税进项税额核定扣除办法的通知》财税[2012]38号，经国务院批准，财政部、国家税务总局决定自2012年7月1日起在部分行业开展农产品增值税进项税额核定扣除试点，涉及以购进农产品为原料生产销售液体乳及乳制品、酒及酒精、植物油行业。根据《农产品增值税进项税额核定扣除试点实施办法》，酒精生产企业的增值税一般纳税人购进农产品增值税进项税额，实施核定扣除办法。试点纳税人购进农产品不再凭增值税扣税凭证抵扣增值税进项税额，取消了农产品收购发票抵扣功能。新政策的实施，一方面取消农产品收购发票的抵扣功能，改按纳税人每月实际耗用的农产品数量来确定当期可抵扣的进项税额，堵住了虚开农产品收购凭证、多列进项等偷税骗税的漏洞；另一方面也解决了行业多年来一直呼吁的酒精行业进项税和销项税不一致的问题。从一定意义上，也可以促进消费税的征收，也起到了规范市场的作用。

在执行过程中，有的省份执行成本法，依照上年投入生产的原料外购金额除以上年生产成本而得出农产品耗用率。有的省份则按投入产出法，依照上年吨酒精平均耗用原料数量作为原料单耗数量来计算。

自执行新的增值税办法半年来，2012年全年增值税增长率同比提高了15.86个百分点。

5．东盟自贸区酒精零关税

自2010年1月1日起，我国任何浓度的改性乙醇及其他酒精(税则号列为22072000)进口关税由30%下调为5%。中国和东盟老成员国之间酒精进出口，5%的税率保持到2012年1月1日，之后实现零关税；东盟新成员可以继续保持5%的税率到2018年1月1日，之后实现零关税。现阶段我国进口的改性酒精及其他酒精需缴纳的税率为5%关税加上17%增值税和5%的消费税，而东盟老成员国关税为零。近年来，在泰国和越南，不少木薯酒精装置先后建成投产，一方面将会冲击国内工业酒精市场；另一方面，对东南亚木薯出口到中国也会造成一定影响。

6．商务部终止对美国干玉米酒糟的反倾销调查

2012年6月21日，商务部发布2012年第31号公告，终止对美国干玉米酒糟的反倾销调查。根据《中华人民共和国反倾销条例》的规定，商务部于2010年12月28日发布2010年第99号公告，决定对原产于美国的进口干玉米酒糟(以下称被调查产品)进行反倾销立案调查。商务部对被调查产品是否存在倾销和倾销幅度、被调查产品是否对国内产业造成损害及损害程度进行了调查。2012年5月10日，本案申请人中粮生物化学(安徽)股份有限公司、吉林燃料乙醇有限责任公司、梅河口市阜康酒精有限责任公司和吉林省新天龙酒业有限公司代表国内干玉米酒糟产业提出撤销干玉米酒糟反倾销调查申请，并请求终止干玉米酒糟反倾销调查。根据《中华人民共和国反倾销条例》第二十七条的规定，商务部决定自本公告发布之日起终止对原产于美国的进口干玉米酒糟的反倾销调查。

7．山东龙力玉米芯燃料乙醇获批

2012年5月14日，山东龙力生物科技股份有限公司取得山东省发展和改革委员会《山东省发展和改革委员会转发的通知》（鲁发改工业[2012]471号）及附件《国家发展改革委关于山东龙力生物科技股份有限公司5万吨/年纤维燃料乙醇项目核准的批复》（发改能源[2012]987号），该公司获得了国家燃料乙醇定点资格。项目以本地功能糖产业的玉米芯废渣为原料，主产变性燃料乙醇5.15万吨/年，副产液体二氧化碳2.5万吨/年，享受生物燃料乙醇财税扶持政策。

8．塞拉尼斯获准在南京生产工业乙醇

2012年4月25日，江苏省发展和改革委员会发布了核准塞拉尼斯(南京)乙酰基中间体有限公司工业乙醇项目的信息。项目建成达产后，将形成年产27.5万吨工业乙醇生产能力。该工业乙醇项目总投资1.8亿美元，有望在2013年中启动，采用塞拉尼斯的乙酰基技术平台，以基础碳氢化合物为原料生产工业乙醇。如果该项目投产顺利并成功运行，将对国内酒精价格形成较大冲击。

2012年中国酒业协会酒精分会工作情况

一、组织召开"中国酒精行业发展论坛（北京·2012）"和酒精分会第四届理事会（扩大）第二次会议

2012年4月25～27日，酒精分会在北京友谊宾馆召开了"中国酒精行业发展论坛（北京·2012）"和酒精分会第四届理事会（扩大）第二次会议，酒精分会各理事单位和相关企业代表共计六十多人参加了会议。

4月26日上午召开了《中国酒精行业发展论坛（北京·2012）》。会议由酒精分会秘书长张国红主持。会上，先由酒精分会王琦理事长做了《酒精分会第四届理事会（扩大）第二次会议工作报告》。论坛上，国家环境保护部污染防治司周奇同志就酒精行业环保核查工作进展和下一步工作任务向与会代表进行了传达，中粮集团生化事业部李北常务副总经理做了《2011年中国酒精行业发展情况分析和2012年展望》报告，国家粮油信息中心市场监测处王晓辉处长做了《我国当前玉米供需关系及未来发展变化分析》报告，河南天冠纤维乙醇有限公司王铎工程师向与会代表做了天冠集团纤维乙醇发展情况汇报，诺维信区域市场经理李云峰做了《国内外纤维乙醇研究与发展》报告，杰能科（中国）生物工程有限公司亚太区市场经理郑其佩女士为大家做了《2011年酒精分会组团赴欧洲乙醇行业考察汇报》的报告。

4月26日，各理事单位代表分别审议了《中国酿酒工业协会第四届理事会第五次（扩大）会议工作报告》和《酒精分会第四届理事会（扩大）第二次会议工作报告》，代表们对协会一年来的工作给予了充分肯定。就酒精行业发展和酒精分会下一步主要工作上，各位代表踊跃发言，并对协会工作提出意见和建议。因企业生产、经营困难等原因，天津市冠达实业总公司目前已破产，企业已不复存在，理事会通过了《关于取消天津市冠达实业总公司酒精分会副理事长单位的建议》。

二、开展培训工作

在江南大学粮食深加工国家工程实验室和无锡杰能科生物工程有限公司的大力协助下，2012年6月上旬，酒精分会在江苏省无锡市江南大学粮食深加工国家工程实验室组织了第三届酒精中高级酿酒师培训班。和前两届培训班一样，本届培训班仍采取模块化教学，学员主要为国内酒精生产企业的技术管理人员。学员配有统一教材《酒精高级酿酒师》教材和《酒精高级酿酒师进修培训班讲义》各一本，培训教师由协会组织有丰富经验的专家和科研院校教授等组成。共分以下八个章节进行学习：酶和液糖化工艺、酵母与酵母评价、酒精发酵工艺、酒精生产主要设备、酒精蒸馏与精馏、纤维素乙醇、酒精副产品综合利用和污水处理、酒精先进技术介绍。期间，组织学员参观了杰能科生化品发酵中心。学员均表示本次培训班课程设计合理，有广度，有深度，开阔了视野，也结交了不少朋友。

三、召开2012年酒精分会年会

2012年10月16～19日，在四川省酿酒协会、杰能科（中国）生物工程有限公司和绵竹金盛源生物化工有限责任公司共同协助下，酒精分会2012年年会在四川省成都市成功举办。中国酒业协会副理事长兼秘书长王琦、国家环保部污染防治司综合处周奇，四川省酿酒协会会长、四川省食品安全委员会办公室主任崔兆全，四川省食品安全委员会副巡视员李在伟、四川省酿酒协会副秘书长刘俊升等领导出席了本次会议。

会议邀请了国家环保部污染防治司综合处周奇同志对酒精生产企业的环保核查进展情况进行了通报，中国酒业协会王琦副理事长兼秘书长为大会做了《2011年和2012年1～8月份酒精行业经济运行分析和协会工作汇报》的报

告。酒精分会秘书长张国红就酒精增值税进项税额核定扣除试点的政策说明和部分省份执行情况、食用酒精勾兑白酒有关问题和食用酒精产品执行国家标准问题向与会代表进行了说明。本次会议共安排了10家交流单位围绕年会主题“技术创新、节能减排和提升效益”进行了大会交流，与会代表对绵竹金盛源生物化工有限责任公司的书面材料进行了交流，并于10月18日参观了生产现场。

四、积极做好行业信息和技术交流工作

在河南天冠集团有限公司的协助下，在《酒精》期刊编辑部人员的共同努力下，全年共完成四期期刊。在有关企业的协助下，分会全年进行了酒精行业市场信息交流，包含主要原料价格、酒精价格和副产品价格，每周一期，对所有酒精会员企业免费交流，全年在50期。这项工作作为协会的服务内容，去年是第二年，以后将坚持进行下去，同时也为有关企业了解行业经济运行及价格行情提供帮助。

五、进行酒精生产企业环保核查工作

2011年7月初，酒精行业环保核查工作开始启动。7月1日到环保部参加工作部署会，会后酒精分会制订《酒精行业环保核查实施细则》并上报环保部，之后对环保部开展核查通知文稿提出修改意见。2011年11月初，国家环保部通过中国酿酒工业协会酒精分会向全国酒精生产企业下发了环保部《关于开展淀粉、淀粉糖、酒精生产企业环保核查工作的通知》（环办函[1273]号）。酒精分会积极组织酒精生产企业申报工作。2012年1月16日在北京召开酒精生产企业环保核查工作会议，由酒精分会召集行业专家对所有企业申请材料进行审查，并上报了环保部。

六、组织评奖申报工作

国家科学技术奖励工作办公室于2011年10月20日以国科奖字［2011］59号文批准设立“中国酿酒工业协会科学技术奖”（国家科学技术奖励办公室第66号公告），现更名为“中国酒业协会科学技术奖”，每年评审一次。广西中粮生物质能源有限公司的《木薯粉浓醪发酵酒精共性技术的研究》获科学技术进步奖二等奖，上海天之冠可再生能源有限公司的《燃料乙醇生产中杂醇油的综合利用》获科学技术进步奖三等奖。在明年的评选活动中，希望更多的酒精生产企业积极申报。

七、加强与有关部门沟通及标准制定

2012年5月15日，酒精分会参加工信部组织的2012淘汰落后产能工作会议，负责对酒精行业各省上报的2012年计划淘汰落后生产线和计划补贴企业产能进行了核实。2012年7月25日上报酒精行业“十二五”期间国家鼓励的重大工业节水工艺、技术及装备目录（第一批）。11月6～9日参加国家发改委产业司组织的玉米深加工项目检查，对辽源巨峰生化有限公司和东丰华粮有限公司及沈阳晟达远生物科技有限公司进行检查。

在酒精分会的努力下，通过前期工作，在2012年9月6日由工信部和中国轻工业联合会组织的标准立项审查会上，《发酵酒精单位产品能源消耗限额》通过立项，由协会负责制订，4月底完成征求意见稿，6月底前完成上报稿。

2013年酒精行业综述

一、酒精产量增速回升

2013年全国发酵酒精产量911.55万千升（年主营业务收入在2000万元及以上的工业法人企业），比去年同口径统计产量848.76万千升增长7.40%。产量增长率比去年3.46%有所回升。

表1 2013年各省份发酵酒精产量

（单位：万千升）

省份	2013年产量	2012年产量	省份	2013年产量	2012年产量
全国	911.55	848.76	广东省	16.53	10.89
河南省	226.16	206.24	河北省	13.22	15.31
吉林省	160.26	152.31	新　疆	10.18	11.57
黑龙江	131.80	113.70	湖北省	3.30	4.57
江苏省	114.81	109.12	湖南省	2.84	2.93
广　西	80.90	70.79	甘肃省	2.33	1.91
内蒙古	39.73	37.58	重庆市	2.09	0.96
山东省	32.54	32.87	海南省	0.73	0.16
四川省	29.22	27.09	辽宁省	0.35	0.74
安徽省	23.20	24.93	山西省	0.28	6.83
云南省	21.07	18.26			

（来源：国家统计局）

由表1可知：在统计的20省(市、区，以下称省)中，产量较多的前五个省份及产量分别是：河南省226.16、吉林省160.26、黑龙江131.80、江苏省114.81广西80.90万千升。绝对增长量较多的前五个省份及增长量分别是河南省19.92、黑龙江18.09、广西10.11、吉林省7.95、江苏省5.70万千升。绝对减少量最多的五个省份分别是山西省6.54、河北省2.10、安徽省1.73、新疆1.40、湖北省1.27万千升。

根据协会统计，2013年全年燃料乙醇产量合计221.7万吨，比2012年产量增长7.36%。

二、酒精进出口总量继续维持地量

2013年全年累计出口酒精为3.9776万千升，比2012年出口量4.4962万千升有所减少。2013年累计进口酒精为0.02748万千升，比2012年全年进口量1.5308万千升也有所减少。

三、酒精行业各项经济指标水平

根据国家统计局统计快报，2013年全年酒精行业累计完成销售收入（主营业务收入）830.35亿元，同比增长7.55%。

累计实现税金及附加19.43亿元，同比增长6.88%。

累计实现利润41.62亿元，同比增长0.98%。

累计实现应交增值税18.15亿元，同比减少11.43%。

表2 2013年酒精行业各项经济指标水平

（单位：千元）

指标	2013年	2012年	增长率
主营业务收入	83035125	77208778	7.55%
主营业务成本	71913559	67222975	6.98%
主营业务税金及附加	1943284	1818256	6.88%
利润总额	4162378	4122140	0.98%
应交增值税	1815057	2049177	-11.43%

四、2013年酒精行业要点回顾

（一）酒精产量增长，增速有所回升

2013年酒精产量比2012年产量增长7.40%，产量增长率比去年3.46%有所回升。2013年燃料乙醇产量比2012年增长7.36%。

全年酒精价格基本稳定，单位酒精利润水平下滑

受国内经济增速下降的大环境的影响，同时酒精产能严重过剩和酒精市场下游需求不足的影响，全年普级酒精价格在5800～6400元/吨波动，形成年初和年底较高的微“U”形价格走势。主要原料玉米价格也保持在平均2200元/吨，木薯价格平均在1900元/吨，全年价格波动均不大。

2013年千升酒精销售利润为456.6元，2012年为485.7元，销售利润率下降6.0%。

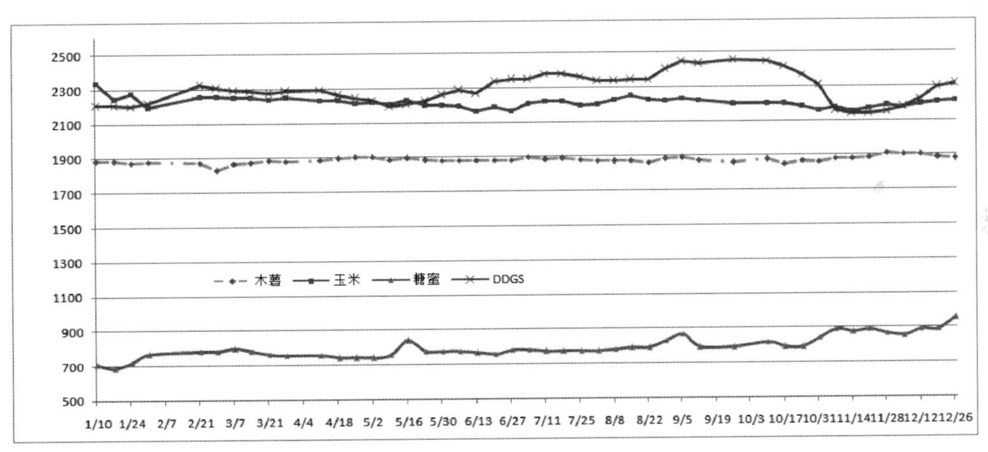

图1 主要原料和DDGS全年价格走势（单位：元/吨）

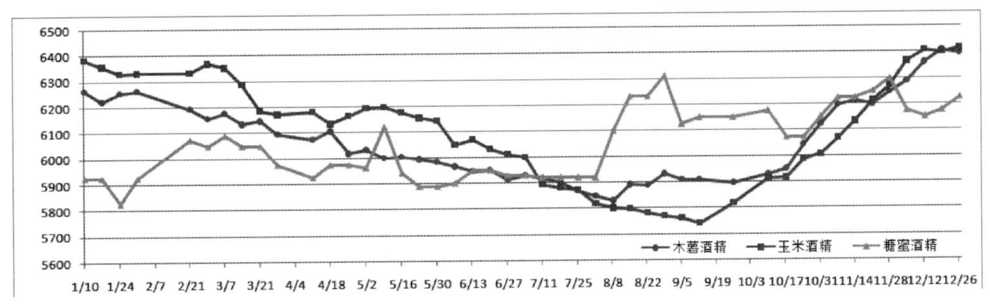

图2 发酵酒精价格走势（单位：元/吨）

（二）酒精行业执行财税[2012]38号政策成效显著

根据《关于在部分行业试行农产品增值税进项税额核定扣除办法的通知》财税[2012]38号，自2012年7月1日起在部分行业开展农产品增值税进项税额核定扣除试点，涉及酒精行业。酒精生产企业的增值税一般纳税人购进农产品增值税进项税额，实施核定扣除办法。试点纳税人购进农产品不再凭增值税扣税凭证抵扣增值税进项税额，取消了农产品收购发票抵扣功能。

新的核定扣除办法解决了行业多年来一直呼吁的以前酒精生产企业原料进项税13%和酒精产品增值税17%之间的不一致问题，有利于规范的大企业，对规范行业市场环境有积极的作用，一定意义上，也促进了消费税的征收。新办法取消农产品收购发票的抵扣功能，改按纳税人每月实际耗用的农产品数量来确定当期可抵扣的进项税额，堵住了虚开农产品收购凭证、多列进项等偷税骗税的漏洞，降低了生产企业的税负。从执行新的增值税办法以来，酒精行业2012年全年增值税增长率同比提高了15.86个百分点（下半年执行）；而2013年全年累计应交增值税为18.15亿元，同比减少了11.42%。

（三）新一批燃料乙醇生产企业获批

2013年12月2日，国务院发布《政府核准的投资项目目录（2013年本）》，其中，燃料乙醇项目分类由“轻工烟草”调整到“能源”，将变性燃料乙醇项目审批权限由国务院投资主管部门下放到省级政府，同时国家保留燃料乙醇定点销售资格和销售配额核准权力。

2013年10月25日，国家发展改革委正式下发《浙江燃料乙醇有限公司年产30万吨木薯燃料乙醇项目核准的批复》（发改能源〔2013〕2132号）。该项目位于舟山六横西北部的棕榈湾村，占地面积1078亩，总投资23.19亿元，由浙江燃料乙醇有限公司出资建设。项目主要建设内容和规模为：建设海外木薯原料基地，国内建设燃料乙醇生产装置及相应配套工程，年产变性燃料乙醇30万吨、食品级二氧化碳副产品10万吨。国家发改委在批复中明确项目享受非粮燃料乙醇财税扶持政策。

2013年10月25日，国家发展改革委正式下发《关于广东中能酒精有限公司年产15万吨木薯燃料乙醇项目核准的批复》（发改能源〔2013〕2144号），核准广东中能酒精有限公司15万吨/年木薯燃料乙醇项目。

2014年1月27日，国家发改委以发改能源[2014]129号文核准中国石化10吨/年燃料乙醇项目。项目建设地点为江西省抚州市东乡县红星省级经济开发区内，年产变性燃料乙醇10.28万吨。项目由中国石油化工股份有限公司和江西雨帆农业发展有限公司合资建设，总投资41100万元。待原料基地建设达到相关要求后，可享受非粮生物燃料乙醇财税扶持政策。

2014年2月10日《国家发展改革委关于海南椰岛（集团）股份有限公司年产10万吨木薯燃料乙醇项目核准的批复》，同意建设海南10万吨/年木薯燃料乙醇项目。项目单位为海南椰岛（集团）股份有限公司。

（四）醋酸制乙醇对行业形成冲击

2012年4月25日，江苏省发展和改革委员会核准塞拉尼斯(南京)乙酰基中间体有限公司工业乙醇项目。项目建成达产后，形成年产27.5万吨工业乙醇生产能力。该工业乙醇项目总投资1.8亿美元，采用塞拉尼斯的乙酰基技术平台，以基础碳氢化合物为原料生产工业乙醇，于2013年6月投产，每月平均生产约2万吨工业乙醇。同时，河南顺达化工20万吨/年醋酸酯化加氢制乙醇项目也在建设之中。但从2013年酒精行业总体形势看，醋酸制乙醇对行业冲击暂时并不明显。

（五）发酵酒精和白酒工业水污染物排放标准2014年执行新指标

2011年10月27日，国家环保部和国家质量监督检验检疫总局联合下发了《发酵酒精和白酒工业水污染物排放标准》（GB 27631—2011），并于2012年1月1日实施。根据该标准，现有企业自2012年1月1日起至2013年12月31日止，水污染物排放限值中COD为150mg/L，排水量为40m^3/t，自2014年1月1日起，COD限值为100mg/L，排水量为30m^3/t。

五、酒精行业发展面临的主要问题及发展前景

酒精行业在我国经济发展和产业结构调整大背景下，再加上2012年以来白酒行业产品结构调整和利润大幅下降的压力，对酒精行业的影响非常明显，酒精价格上行无力，利润微薄，大量产能闲置，经营形势非常不乐观。

1. 2013年酒精保持低利润价格水平波动，单位产品销售利润率下降6.0%，原料成本在除去副产品收入后达到销售价格的85%以上。

2. 行业产能过剩、酒精产品高税负政策以及地方保护主义所造成的一些中小企业偷漏税成为常态，造成市场竞争不能够淘汰落后产能；同时也使其他工作的开展效果大打折扣，如推动技术进步、节能减排、管理创新等。

3. 积极的一个方面是，从国家统计局的数字看，通过近年来的发展，行业集中度不断提升，行业规模以上企业仅剩149家。在各级政府对环保越来越重视和农产品增值税进项税额核定扣除办法推行以来，也对行业产生了明显的积极作用。

4. 近期发展前景

在我国 “十二五”期间实施的转变经济发展方式和调整经济结构的政策条件下，国民经济“十二五”后半期及未来经济增长面临一定的下行压力。在“十一五”期间行业大量增加的产能靠消费增长来消化仍需要一段时间，同时在白酒行业需求减缓和利润水平下降的压力下，如高端白酒需求大幅下滑，大众消费白酒有所增长，酒精需求增长可能下降。行业利润水平仍将保持低水平，企业经营困境很难得到改善。

原料方面，近期国家对玉米的临储收购对玉米价格起到了一定的支撑作用，尤其是东北。在大量玉米集中进入国储仓库的同时，贸易商和农民手中将没有多少玉米库存，酒精生产企业原料采购市场越来越小，刚性需求将渐渐显现。在临储拍卖之前后，玉米价格上涨将是大概率事件，最终影响酒精价格。

2012年年初国家能源局新核准了四年燃料乙醇企业，形成了65万吨新产能和180万吨木薯需求。在这些地方推广燃料乙醇的初期，将会对酒精需求有一定的促进作用；而木薯需求大幅增加会也会影响酒精价格。

2013年中国酒业协会酒精分会工作情况

一、召开酒精分会第四届理事会第三次（扩大）会议

酒精分会第四届理事会第三次（扩大）会议于2013年4月17～18日在北京友谊宾馆召开，酒精分会各理事单位和相关企业代表共计四十多人参加了会议。会上，对酒精分会内刊《酒精》编辑委员会进行调整，通报了河南天冠企业集团有限公司董青山任酒精分会副秘书长事宜。

4月下旬，协会以内部交换方式向财政部税政司和税总货劳司再次上报《中酒协[2013]21号酒精行业概况汇报和酒精产品税收政策建议》，建议取消酒精5%消费税。12月上旬，协会再次到财政部汇报有关酒类税收政策建议。

二、积极做好行业信息和技术交流工作

在河南天冠集团有限公司的协助下，在《酒精》期刊编辑部人员的共同努力下，全年共完成四期期刊。在有关企业的协助下，分会全年进行了酒精行业市场信息交流，包含主要原料价格、酒精价格和副产品价格，每周一期，对所有酒精会员企业免费交流，全年共50期。这项工作作为协会的服务内容，以后将坚持进行下去，同时也为有关企业了解行业经济运行及价格行情提供帮助。

在吉林省酒精工业协会和吉林省酒精工业集团的协助下，2013年9月4日在吉林省吉林市召开了东北主要酒精生产企业座谈会，东北12家重点企业领导出席。会上结合国家有关政策，讨论如何淘汰落后和不规范企业过剩产能，如何打击偷漏税行为，提升企业利润水平，增强了东北主要企业之间的团结，制止了相互压价的不正当竞争。

三、科技成果鉴定和协会科学技术奖评奖工作

2013年9月，由中国轻工业联合会在吉林省四平市组织对《五塔二级差压蒸馏技术在优级食用酒精生产过程中的应用》技术鉴定会。2013年酒精行业共三项申报评奖，最终由广东中科天元新能源科技有限公司和吉林省新天龙实业股份有限公司联合完成的《五塔二级差压蒸馏技术在优级食用酒精生产过程中的应用》被评为中国酒业协会科学技术进步奖一等奖。在2014年的评选活动中，希望更多的酒精生产企业积极鉴定和申报。

四、在北京市召开中国酒精工业2013年年会

于2013年9月24～25日在北京市召开中国酒精工业2013年年会，年会围绕行业发展和技术进步交流两方面进行，就《酒精行业2012年和2013年上半年发展情况回顾和未来展望》进行了汇报，国家环保部污染防治司综合处周奇做了酒精环保核查工作进展情况通报，国家粮油信息中心市场监测处王晓辉处长做了玉米市场供需形势与价格走势分析报告。围绕行业发展和技术进步，共安排了10家单位进行了交流。

五、组织企业参加轻工品牌培育活动

5月初，组织酒精企业申报，5月底，组织申报企业参加中国轻工业联合会轻工品牌培育讲座。8月上旬，上报中国轻工业联合会 “轻工优势品牌”推荐名单（酒精部分）。最终，协会推荐以下企业为“轻工品牌培育管理体系先进企业”和“轻工优势品牌产品”：河南天冠企业集团有限公司天冠牌、安徽安特食品股份有限公司安特牌、梅河口市阜康酒精有限责任公司五塔牌、承德避暑山庄企业集团有限责任公司启健牌、新疆博圣酒业酿造有限责任公司博谷圣醇牌。

六、其他工作

3月上旬，复核工信部消费品司有关2013年酒精行业淘汰落后计划企业名单，5月下旬，上报工信部消费品工业司完成《酒精行业现状和政策及淘汰落后产能建议》，6月底，参加工信部淘汰落后产能核定及落后产能奖励核定。3月下旬，参加工信部轻工业安全生产领域技术标准体系建设方案评审会，提出酒精行业的体系建议。6月初，参加工信部清洁生产示范企业项目评审会，支持和争取酒精行业企业获得轻工行业清洁生产示范项目和财政资金奖励。7月上旬，酒精分会协调组织中国酒业协会全体工作人员赴河南南阳考察河南天冠集团，学习天冠集团光荣发展历史和酒精生产工艺。10月上旬，与工信部和联合会有关部门沟通，建议不将酒精产品列入“两高一剩”目录。10月份，就《取水定额酒精制造（征求意见稿）》征求行业主要企业意见，11月12日参加《取水定额酒精制造》标准审订会，标准规定先进企业取水量为10吨以下/千升酒精，新建企业为15吨以下/千升酒精，现有企业谷类、薯类原料企业为25吨以下/千升酒精，现有糖蜜原料企业为30以下吨/千升酒精。12月底，酒精分会参加国家发改委清洁生产推行规划研讨会，对酒精行业的清洁生产工作开展情况进行汇报并提出协会的看法。

宜宾红楼夢酒业股份有限公司

YIBIN HONGLOUMENG DISTILLERY CO., LTD.

中国白酒之都　文化名酒奇葩

中国驰名商标

中国文化名酒

联合国官方指定用酒

巴拿马国际博览会金奖

有一种味道　承载千年　令我们记忆犹新

有一种文化　穿越时空　让我们感动永久

国之瑰宝

红楼夢®

宜宾红楼梦酒业股份有限公司位于“万里长江第一城”酒都宜宾。公司距宜宾中心城区15公里，距宜宾机场20分钟车程，交通极为便利。

公司前身为国家二级企业四川宜宾红楼梦酒厂，该厂始建于1979年，曾多次荣获国家、政府和相关部门表彰的优秀企业。经改制重组成为宜宾红楼梦酒业股份有限公司，公司注册资本2亿元人民币，占地650余亩，资产总额15亿元，年产商品白酒1.5万吨，现有员工1200余人，其中各类技术职称人员占37%以上，年产值10亿元，年利税2.1亿元的绿色生态酿酒企业。

公司已建立并获得国家质量中心“ISO9001:2008”质量体系认证；中食联盟产品优级认证；四川省白酒标准化生产示范企业。生产的优质五粮浓香型红楼梦曲酒系列被评为中国驰名商标、中国文化名酒、四川名酒和首届中国食品博览会金奖，92年香港和第五届亚太国际食品博览会金奖，2009年11月红楼梦酒被确定为联合国“官方指定用酒”，2013年5月红楼梦酒获巴拿马第三十一届国际博览会金奖等殊荣。2012年11月红楼梦酒业糟坊头老作坊被国家文物局入选《中国世界文化遗产预备名单》，2012年度红楼梦酒业成为继茅台、泸州老窖之后入选CCTV中国品牌年度发布的中国第三家白酒品牌企业。

红楼梦酒业曾多次深受中国白酒界知名专家和学者的高度赞誉，白酒泰斗秦含章大师的挥毫题词：“52° 梦酒在口感上与五粮液不相上下”，著名白酒专家沈怡方、高月明、高景炎、曾祖训、赖登燡等12位专家品尝后，给予了“梦酒”、“红楼梦酒”、“红楼梦金钗酒”具有“无色透明、窖香幽雅、陈香舒适、醇甜绵柔、圆润爽净、香味协调、余味悠长、风格典型”等特点的高度评价，著名红学家吴世昌教授盛赞：“莫道醉魂飞不起，一杯梦酒上红楼”；当代书法大家、国学大师、红学家启功先生品尝后更即兴挥毫为公司题写厂名和品名，台湾地区领导人马英九先生品尝后欣然题词：“福生梦酒，富贵宜宾”。著名诗人廖沫沙、作家端木蕻良、阳翰笙、姚雪垠等名人都为公司留下精湛诗词和墨宝。

2013年世界500强“中国平安集团”战略投资5亿元人民币入股“红楼梦酒业”为加快公司中、长期的宏伟规划和发展战略，奠定了坚实的基础，为力争在5–10年内将红楼梦酒打造成中国第一历史文化名酒品牌，投资35亿元实现两大目标，一是建设年产商品白酒10万吨的中国历史文化酒城，二是打造以<<红楼梦>>“大观园”为背景的古典与现代完美结合的旅游度假圣地和绿色生态酿酒工业园区。

红楼梦酒业人继续以“天地人和，润泽人间”为己任，秉承“质量求真，为人求善，生活求美”的企业核心价值观，精心打造成为“有品质、有历史、有文化”的历史文化名酒。向消费者兑现“无酒精、无添加、无虚假宣传”的质量承诺。大力弘扬红学文化精神，团结奋进，扎实工作，力争5年内公司实现年销售收入50亿元、利税10亿元的发展目标！

主要记录了中国各省、市、自治区酒业的发展状况与区域经济优势以及各省、市、自治区酒业协会工作综述。

廖昶

Liao Chang

YEARBOOK FIGURE

廖昶，四特酒有限责任公司董事长、总经理，中共党员，原江西大学（现南昌大学）化学系本科毕业，清华大学高级管理人员工商管理硕士（EMBA），高级工程师，享受江西省政府特殊津贴。廖昶现为樟树市政协副主席、江西省工商联副主席，并先后当选为江西省第十一届、十二届人大代表。

扎根四特以来，廖昶凭借个人的优秀才能，带领四特连创佳绩，为江西白酒行业的发展做出了突出贡献，先后被授予“全国酿酒行业百名先进个人”、“中国酿酒大师”、“2013年中国酒业杰出价值奖”、“江西省五一劳动奖”、“江西省劳动模范”、“江西省十大井冈之子”、“江西省十大杰出青年”等国家级和省级荣誉。2007年至2012年，廖昶连续六年被江西省人民政府评为“江西省优秀企业家”。

北京

2012年北京酿酒协会工作情况

2012年，在北京市委、市府行业协会主管部门的指导帮助下，在有关局、办的关心下，在会员单位主要领导的支持、参与、配合下，北京酿酒协会根据全国酿酒行业发展的趋势和北京酿酒行业的特点，主要做了以下几个方面的工作：

一、对二锅头酒的保护和发展进行了研究和探讨

北京现有45个白酒企业生产二锅头酒，2011年北京生产二锅头酒28万多吨，占白酒总量的90%。北京二锅头酒已名扬海内外，在消费者心目中，北京白酒就是二锅头，然而，在二锅头酒名声鹊起的同时，外地的、不同香型的、质量差异很大的各种二锅头酒充斥市场，造成混乱现象，使消费者难以界定酒的档次，限制了二锅头酒向高端发展。同时，随着全国酒业竞争愈演愈烈，品牌的作用越来越凸显。为了把北京二锅头酒打造成牢不可破的地标性产品，提升北京二锅头酒品牌无形资产的价值，使北京二锅头酒向有序、健康、高品位发展，协会拟成立“北京二锅头酒研究会”，并做了系统的研究准备工作，现已形成初步意见，待全体理事会议讨论通过后，向上级申报。

二、组织会员单位开展参观、考察、论坛、技术交流等活动

2012年3月，协会组织会员单位参加了“中国北京国际食品安全高峰论坛”。11月又与《东方酒业》杂志、北京流通协会共同举办2012年市场营销高峰论坛。两次论坛为企业质量安全管理和营销管理人员提供了一次学习提高的机会。

2012年4月，北京酿酒协会和北京酒类流通行业协会联合组织会员单位负责人赴贵州董酒股份有限公司、贵州茅台股份有限公司、四川泸州老窖酒业有限公司、四川水井坊酒业有限公司等单位参观考察，共41人参加。大家一致认为，通过参观学习和较深入的交流，开阔了眼界，拓展了企业管理思路，受益匪浅。

2012年5～11月期间，在高景炎名誉会长的带领下，协会先后组织了五次较大的活动，为2013年“全国清香类型白酒高峰论坛”的召开做了充分的准备。

2012年5月6～8日，在山西杏花村汾酒集团有限公司酒都宾馆召开了“全国清香类型白酒高峰论坛”秘书处会议，主要讨论了高峰论坛的组织工作、各协会交流2011年生产经营情况。同期召开了“全国清香型白酒高峰论坛”专家组会议，参会人员有专家、高级顾问及河北、山西、北京、河南、天津、内蒙古协会领导等共计25人。会上，山西杏花村汾酒股份有限公司做了《近年来白酒技术质量发展情况》的报告；劲酒衡水老白干、牛栏山酒厂、重庆江津酒厂也分别介绍了各自企业白酒技术质量发展情况；王元太专家讲了《现代高科技酿酒技术在传统酿酒工艺上的应用》等，与会人员进行了技术方面的交流。

2012年7月20日在青海互助青稞酒股份有限公司天佑德大酒店召开了“全国清香类型白酒峰会论坛”预备会，河北、山西、北京、河南、天津、内蒙古、上海、重庆、昆明九省市协会，十三家白酒生产企业、大专院校等的领导和专家44人出席了会议。山西汾酒集团股份有限公司做了关于企业发展的主题发言，协会间进行了交流，会议提出了企业试制适合于80后、90后年轻一代消费群体的新型白酒，作为一种时尚文化产品带到“高峰论坛”上品评的要求，会上还对做好塑化剂问题的应对准备进行了风险提示。

2012年8月，为解决部分单位的培训需要，协会推荐了黑龙江省酒业协会举办的全国首届白酒香型融合生产、勾调技术培训班，部分人员参加了培训。

2012年10月11～15日北京酿酒协会先后在牛栏山酒厂、宁城老窖股份有限公司，召开由五省市协会及牛栏山领导参加的会议，会议除了参观交流等内容外，主要确定了“全国清香型白酒高峰论坛”召开的具体事宜。

2012年11月25～26日，全国清香类型白酒重点生产企业董事长联谊会在山西晋祠宾馆召开，会议将“全国清香型白酒高峰论坛”的准备工作推向了高潮，与会代表畅谈

了酒业的现状和发展前景，进行了多方面的交流。

以上“论坛”准备工作对全国清香类型酒的健康发展起到重要的推动作用。

三、经办协会会员各项工作

2012年和往年相比可谓多事之秋，特别是名优白酒出现问题从而波及行业的问题屡见不鲜。在有共性问题出现时，协会都及时了解情况、追踪动向，和政府相关部门反映问题、沟通交流，维护北京酿酒行业的利益。其中，对行业利益影响较大的是塑化剂风波。协会在多方式、多渠道了解、反映问题的同时，积极与存在问题的厂家联系沟通情况，并先后给白酒会员单位发放了《北京酿酒协会关于塑化剂风波的几点意见》、给葡萄酒、啤酒、果露酒、配制酒、黄酒等会员单位发放了《要求对生产设备及包装物进行整改的函》，到厂家了解整改情况、提出建议等，与会员单位共同应对突发事件。

在会员单位个性需求方面，协会本着有求必应，周全服务的态度，力所能及地对待每件事情。例如，在为会员单位开具证明时，都仔细查阅历史资料，找到可靠根据，做到真实可信，经得起推敲。2012年协会为会员单位开具了在改革初期民营企业在工商注册前没有审批单位、产品曾被评为北京优质产品、企业历史及创始人、产品申报纯粮固态、黑啤、无醇啤酒国际品签、北京老字号名称、申报北京市著名商标等证明、推荐及其他材料。

2012年几家企业面临迁址问题，根据企业要求，协会向市府有关部门反映情况，得到关心和回应。

四、配合政府有关部门及相关协会开展北京酿酒行业调研、标准制定等工作

2012年1月，北京酿酒协会向北京经信委都市运行处做了关于北京酿酒产业运行情况的书面汇报。

2012年3月至9月间“北京节能和资源综合利用协会”就制定北京地方标准《白酒单位产品能耗限额及计算方法》的问题，多次与酿酒协会联系，协会积极配合，向对方介绍行业现状，就具体问题进行探讨，并应邀推荐了燕京啤酒厂、青岛五星啤酒厂、红星酿酒股份有限公司、牛栏山酒厂、龙徽葡萄酒有限公司等企业共5名专家，参加了“北京白酒、啤酒、葡萄酒能耗限额地方标准”的审议，在标准的可行性方面提了很好的建设性意见。在此期间，有关会员单位也认真参与了情况调查。

2012年6月协会和部分葡萄酒企业领导参加了经信委都市工业处就政协委员提议在北京搞葡萄酒基地问题组织的调研，协会介绍了北京葡萄酒行业的情况，提出了对北京开展葡萄酒产业的意见。

2012年8月北京酿酒协会配合“北京企业评价协会”组织了北京市企业品牌建设状况的调查，部分会员单位积极参与，并参加了企业评价协会组织的讲座和研讨会。

五、加强协会自身建设

在加强自身建设方面，2012年，北京酿酒协会主要做了如下工作：

（1）按照协会章程的规定，于2012年6月吸收“北京鑫帝酒业开发有限公司”为北京酿酒协会会员；7月吸收“北京汇成酒业技术开发公司”为北京酿酒协会会员，扩大了会员队伍。

（2）在充分发挥专家、顾问作用的同时，任命了新的副秘书长兼办公室主任，增加了工作力量。

（3）为了更好地服务于会员，北京酿酒协会加强了和市委、市府主管部门及有关协会的沟通与联系。例如，2012年11月23日，经信委张兰青局级调研员、都市工业处张铭副处长、徐启党副处长到京宫酒业技术发展公司听取协会对行业运行情况的汇报，同时参观了工厂并进行现场办公。协会汇报并与领导交流后，京宫酒业公司总经理也简要地汇报了企业发展的思路，提出了企业要解决的问题，得到了领导的现场回复。通过参观，领导对企业有了直观印象，给予了好评，协会和企业对市府部门深入基层也非常满意。

（4）参加政府部门及相关协会等组织的讲座、论坛、经济活动分析、情况调查等，开阔视野，拓展思路，提高素质。

（5）坚持民主办会，接受会员监督。协会坚持按章程办事，重大问题与会员商量，向会员汇报年度工作情况和来年工作安排，汇报年度财务收支结算和第二年财务收支预算，监事长做年度监事会工作报告，协会始终在会员的监督、配合下开展工作。

2013年北京酿酒协会工作情况

一、成立北京酿酒协会二锅头酒分会的准备工作

经过前期的研究探讨和准备，北京酿酒协会二锅头酒分会被北京市民政局正式批准成立。为了做好分会成立的工作，协会博采众议，谨慎筹备，适时出台方针，做了如下工作：

2013年4月在北京皇家京都酒业有限公司召开了第五届理事会第三次常务理事会，18人参加会议，商议成立北京酿酒协会二锅头酒分会事宜。会上，林楠理事长介绍了北京酿酒行业的情况，介绍了成立二锅头酒分会和北京酒业发展的关系以及前期的准备工作等。傅长龙副秘书长介绍了成立二锅头酒分会的背景、目的、意义等，宣读了“成立北京酿酒协会北京二锅头酒分会的决定及“北京酿酒协会二锅头酒分会管理办法”。于长水副理事长强调了有关北京二锅头定义的研究，突出文化，提升北京二锅头酒层面和组织结构的关系以及北京二锅头酒的社会责任的问题。

与会人员进行了热烈的讨论，提出了许多积极的建议，一致同意将“成立北京酿酒协会二锅头酒分会的决定”“北京酿酒协会二锅头酒分会管理办法”提交会员大会讨论。

在牛栏山酒厂召开的北京酿酒协会第五届第三次全体会员（理事）会议上，与会代表一致通过了“成立北京酿酒协会二锅头酒分会的决定”和“北京酿酒协会二锅头酒分会管理办法”。

9月26日　在北京京都皇家酒业公司召开了有11个会员单位代表参加的常务理事扩大会，会上协会有关人员介绍了二锅头酒分会的筹建工作，汇报了分会的名称、成立二锅头酒分会的目的意义、会员组成及所占比例、会员条件、机构组成和下一步工作安排等。与会人员发言积极热烈，提出了许多新的见解和建议。

目前北京酿酒协会正在做大会成立前的准备工作，待时机成熟时正式成立。

二、组织会员单位参加论坛、技术交流工作

北京酿酒协会、北京顺鑫农业股份有限公司牛栏山酒厂作为第五届全国清香类型酒高峰论坛的主办方，于9月10日，在北京金宝花园酒店成功地组织了论坛。参加本届论坛的有全国15个省、市、自治区的42家企业代表，10个省、市、自治区酿（白）酒协会的会长、秘书长、行业著名专家，高校研究院的专家、新闻媒体代表等共计136人。台湾地区中华酒业发展协进会秘书长及阿里山制酒集团总工应邀参加了论坛。

本届论坛共收到论文23篇，适合80后人群饮用的和复合香型创新产品37个，是历次论坛中骨干企业董事长参加人数最多的一次，论坛极具凝聚力和号召力。

论坛由北京酿酒协会秘书长于长水主持，山西杏花村汾酒集团董事长李秋喜致开幕词，北京顺鑫股份有限公司牛栏山酒厂厂长李怀民致欢迎词，北京顺鑫农业发展集团有限公司董事长王泽致辞。第五届全国清香类型酒高峰论坛秘书长高景炎做了“大力弘扬清香文化，稳中求进共同发展”的主题发言。汾酒集团、牛栏山酒厂、衡水老白干酿酒集团、湖北劲牌有限公司、青海互助青稞酒业公司、鄂尔多斯酒业、包头骆驼酒业、红星股份公司、重庆江津酒业、宝丰酒业等10家企业介绍了企业经营管理、产品开发的宝贵经验；台湾中华酒业发展协进会做了“台湾白酒在中国酒文化中的特殊地位”的发言；中国食品发酵工业研究院张五九副院长、江南大学吴群教授、著名酿酒元老王秋芳、沈怡方分别做了专题报告；著名白酒专家王元太做了书面专题报告；《糖烟酒周刊》杂志社总编杜建明、《新食品》杂志社总编汪歌先后就清香型白酒发展做了发言。全体代表还一致通过了“中国清香类型酒文化研究会”章程。会议中，国家评委对37个创新产品进行了品评，撰写了综合评语，提出了很好的改进意见和建议。会后代表们参观了牛栏山酒厂文化馆，老生产厂区和正在建设的新厂区。

第五届全国清香类型白酒高峰论坛达成以下共识：

1．本次论坛交流的23篇论文，集中反映了近年来清香类型白酒企业所取得的先进科技成果，同时也展示了酿酒工业前沿研究的最新进展，对如何定位清香文化、弘扬清香文化、打造清香品牌从不同角度进行了论述。论文质量高，对白酒企业未来的发展起到很好的推动作用。

2．要正确分析目前的白酒市场，面对行业深度调整的发展时期，要认识到困难与机遇并存。2013年上半年，牛

栏山酒厂、青海青稞酒业、湖北劲酒、衡水老白干酒两位数发展的成绩充分证明了这一点。

3. 清香类型白酒要与现代文明相结合。传统工艺要逐步实现机械化、自动化、信息化、智能化；饮用白酒以餐饮为主变革为多场地、多方式饮用。台湾地区的白酒生产已全部实现了机械化，劲牌小曲清香原酒实现了机械化，自动化生产，原材料全程不沾地，不与人接触，提高了生产过程的稳定性和可控性，产品安全，质量提高，大幅度提高生产效率。这次各企业提供的适应80后人群饮用的新品和复合香型新产品，工艺上有改进，口感上有突破，包装上有新意，营销渠道有创意，为探索白酒发展开辟了年轻化、时尚化、多元化的一条新路。

4. 全国清香类型白酒高峰论坛是由华北地区白酒技术协作会演变发展而来。华北地区白酒技术协作会成立于1964年，围绕当时白酒的发展中心，开展了技术交流、技术培训、技术攻关等工作，促进了白酒的发展。根据需要，2008年成立了全国清香类型白酒高峰论坛。当前，白酒进入了转型发展时期，论坛拟改名为"中国清香类型酒文化研究会"，争取通过民政部登记注册。

5. 论坛收到的37个创新产品经过著名专家沈怡方、高月明和16位国家评委品评，时尚化新品还处于起步阶段，市场调研有待深化，产品定位进一步明确，应继续做大量、细致的工作，研究技术路线，开发适销对路的产品；复合型新品，贴近消费者，口感绵柔、醇和、甜净，以清芝组合的更好；三是清香类型白酒向绵柔、清爽方向发展，整体质量有所提高。

三、会员单位的酿酒专业及其他服务工作

2013年4月，北京酿酒协会协助北京市卫生局开展食品安全企业标准备案培训的工作，22个企业的39人于6月份如期参加了培训。根据《北京市卫生局关于推荐食品安全企业标准专家库专家的函》的要求，协会上报了8个企业的13名人员作为此项工作的专家。

根据中国酒业协会的要求，北京酿酒协会做了以下组织和推荐工作：协助北京红星股份责任公司和北京牛栏山酒厂各推荐3款酒参加中国名酒典型质量鉴评，其中，红星蓝瓶二锅头和60度牛栏山二锅头获中国酒业2013中国名酒典型酒。

推荐北京龙徽酿酒公司、北京丰收葡萄酒公司各两名选手，参加河北省白酒葡萄酒工业协会在河北怀来帝曼温泉休假村举办的诺玛科杯第二届葡萄酒品酒职业技能竞赛。推荐北京丰收葡萄酒公司一名选手，参加中国酒业协会举办的诺玛科杯第二届葡萄酒品酒职业技能决赛。推荐北京红星股份责任公司艾金忠副总经理参加中国酒业协会开展的首席白酒品酒师考评工作。推荐红星集团股份有限公司和中国科学院成都生物研究所合作的《健康因子功能菌在红星二锅头酒中的应用研究》在中国酒业协会举办的活动中获奖。

推荐了华都酒厂的"华都"牌和"波隆堡"牌商标为为北京市著名商标，已通过初审。推荐北京忠和酒业"忠和"商标为北京市著名商标。为部分会员单位查找历史资料、开具所需证明或所需情况的说明。

2013年部分北京民营白酒企业因各种原因迁址，办理迁址手续过程中遇到许多困难，协会除了帮助查找有关政策资料，向市经信委及相关部门领导书面做了关于新中国成立后行业管理体制变化的说明的汇报外，还积极与市政府有关部门联系反映情况，请有关部门协调解决问题。例如，北京京宫城酒业技术发展公司为了配合当地政府搬迁，在政府承诺帮助办理迁址手续的情况下，企业进行了迁址重建，结果遇到了很大困难。协会与经信委联系，于3月13日在北京召开了北京京宫城酒业技术发展公司搬迁工作协调会，参加人员有经信委李兰青调研员、经信委规划处李建军处长、都市工业处彭其贵处长、徐启党副处长、朝阳区发改委刘林副主任、金盏乡杨科长、京宫王立成总经理、协会理事长林楠、副秘书长李湘文等。会上，王立成介绍了企业迁址后生产许可遇到的问题，李处长根据企业的问题介绍了政策，朝阳区发改委介绍了京宫城拆迁的背景，徐处长介绍了北京市产业政策、张兰青要求在座的领导全力以赴解决企业的问题，林楠理事长提出了京宫是生产经营较好的会员单位，协会想把京宫城作为示范企业，不应划为取消单位。在座的各位领导为企业出谋划策，想了许多办法。

四、配合政府部门行业管理工作

2013年2月北京酿酒协会向各会员单位发了关于实施《北京市食品安全条例》的通知，要求学习《北京市食品生产许可管理办法》《北京市关于加强食品生产加工工作坊监督管理的指导意见》《北京市食品委托生产备案管理办法》《北京市食品生产违法惩戒现场规定》等文件，提前做好应检准备。

协会还向各会员单位发了市质监局2013年5月8日下发的《关于开展食品生产企业标签专项整治工作的通知》京质监食发【2013】149号文，要求各企业认真自查，如实填写自查表，如期上报。

7月25日协会转发了京发改委【2013】1439号文（关于自愿开展清洁生产审核工作）。

北京市卫生局拟从2013年10月开始在全市范围内开展食品安全国家标准跟踪评价工作。因此12月11日，协会转发了《北京市卫生局关于组织开展食品安全国家标准跟踪评价的通知》，要求企业食品安全管理人员填写《预包装食品标签通则》和《预包装食品营养标签通则》跟踪评价问卷调查表。

12月17日于长水副理事长参加了北京青岛啤酒三环有限公司清洁生产的验收。

五、和相关协会共同举办行业活动

2013年，北京酿酒协会和中国酒业协会、企业评价协会、北京节能和综合利用协会、北京礼物旅游商品大赛组委会等单位协作，开展了以下活动：

5月13日向白酒会员单位转发了中国酒业协会《关于白酒行业去塑化剂专项技改普查的通知》，要求有关单位认真填写白酒企业去塑化剂情况调查，及时反馈，以便争取技改专项资金支持。

6月4日转发了中国酒业协会《关于开展2013年度“中国酒业协会科学技术奖”申报工作的通知。

6月14日协助企业评价协会组织“北京优秀诚信企业、诚信企业家与诚信品牌”评价工作；开展北京企业诚信经营承诺活动。

7月12日由协会组织在北京二锅头酒业股份有限公司召开了“白酒单位产品能源消耗限额地方标准征求意见会，邀请了9个单位的领导及专业人参加，依据企业的现状和近期发展状况发表意见。

8月23日协助北京企业评价协会做关于填报《北京市食品安全标准备案工作，向全体会员发了《北京市企业品牌建设状况调查评价问卷》的通知。

9月16日协会转发了关于推荐申报“北京市品牌企业入库”和“北京市品牌产品入库”的通知，并在通知中强调了此项活动和企业利益的关联。

9月份，配合北京礼物旅游商品大赛组委会，组织部分会员单位参加了市旅游委联合市有关部门和行业协会共同主办的第十届“北京礼物”旅游产品大赛，参加大赛的有牛栏山、龙徽、八达岭酒业总公司、仁和、京都酒业、鑫帝酒业六个单位的9个产品，牛栏山酒厂一个产品获奖。

六、加强协会的自身建设

2013年政府部门加大了对社会团体的管理力度，北京酿酒协会积极地参加了有关部门组织的各项活动，包括经济活动形势分析会，多种内容的座谈会，多种形式的情况调查，学习报告会和各种参观，购买并组织学习了中国共产党第十八届中央委员会第三次全体会议文件汇编等，通过参加以上活动，协会工作人员增长了知识，丰富了思维，提高了素质。

天津

2012年天津酒业综述

2012年天津市的酿酒行业依然面对严峻复杂的生存环境，生产经营鲜有起色，规模经济企业(年销售收入2000万元以上的企业)整体效益滑坡，大型技改项目夭折，食品安全和企业诚信的历练与考验接踵而至。天津市的酿酒企业继续坚持科学发展，调整生产经营策略，转变经济增长方式，稳妥应对各种困难，维持了企业和行业的稳定。天津市酿酒工业协会在中国酿酒协会、天津市经信委和天津食品工业协会的指导下，服务酿酒企业促进酿酒行业发展做了力所能及的工作。

现将2012年1～10月份全国和天津市规模经济企业经济运行指标综述如下：

1．饮料酒总产量

全国5499.51万千升，同比增长6.28%；天津市30.34万千升，同比下降14.82%；天津市占全国的0.55%，排名第27位。

2．白酒

全国1269户企业，总产量905.10万千升，同比增加19.26%；主营业务收入3526.53亿元，同比增加27.15%；利润651.73亿元，同比增加54.79%；税金444.32亿元，同比增加32.97%。

天津市5户企业，总产量22098千升，同比减少4.25%，天津市占全国的0.244%，排第25位；主营业务收入58356万元，同比减少16.89%；利润1314万元，同比减少78.98%；税金10271万元，同比减少8.10%。

3．啤酒

全国500户企业，总产量4319.13万千升，同比增加3.84%：主营业务收入1398.49亿元，同比增加8.54%：利润94.46亿元，同比减少7.85%：税金174.23亿元，同比增加5.87%。

天津市2户企业，总产量256332千升，同比下降15.33%，天津市占全国的0.59%，排第27位，主营业务收入24531万元，同比下降12.68%，利润亏损5204万元，同比增亏2493万元；税金10227万元，同比减少20.97%。

4．葡萄酒

全国199户企业：总产量109.30万千升，同比增加18.04%；主营业务收入318.13亿元，同比增加9.31%；利润38.65亿元，同比增加4.51%；税金23.97亿元，同比增加3.48%。

天津市4户企业；总产量24954千升，同比下降17.78%，天津市占全国的2.28%，排第8位；主营业务收入49995万元，同比下降36.44%；利润亏损2210万元，同比增亏3147万元；税金6495万元，同比减少1.50%。

2012年天津市酿酒工业协会工作情况

一、构建酒类生产企业食品安全信用体系，确保质量安全

1．加强组织领导，保障食品安全

2012年，天津市酿酒工业协会敦促会员企业严格遵照《食品安全法》《关于进一步加强酒类质量安全工作的通知》(国务院食安办[2011]23号文)和《关于贯彻落实国务院食安办“进一步加强酒类质量安全工作”文件精神加强行业自律的通知》(中酒协[2011]32号文)的精神组织生产经营活动，认真落实企业责任，企业法定代表人即企业食品安全的第一责任人，从促进行业自律入手，确保酒类产品的食品安全。2012年内协会会员企业未发生食品安全质量事故。

2．强化食品安全的基础工作

会员企业从实际出发，严格按生产许可证QS实施细则组织生产，认真执行酒类企业GMP良好操作规范，建立IS09000质量管理体系与质量保证体系和IS022000食品安全管理体系。加强对从业人员的教育培训，强化法制观念，树立责任意识和诚信意识，提升业务水平和职业技能。配置食品安全管理人员作为食品安全的直接责任人，赋予相应的职责和权力。目前中法合营王朝葡萄酿酒有限公司、津酒集团有限公司、华润雪花啤酒(天津)有限公司、泰达酒业有限公司、绞股蓝酒业有限公司、梦庄园葡萄酿酒有限公司和建联酒业有限公司七户会员企业被授予天津市食品安全示范企业称号。

3．开展白酒生产企业塑化剂调研活动

2011年8月协会及时转发中酒协加强行业自律的通知(中酒协[2011]32号文)，对白酒企业：禁止在酒类生产、贮存、销售过程中使用塑料制品，加强对接触酒的塑料瓶盖的检测。2012年4月中酒协四届五次理事扩大会议后对上述通知精神敦促落实，白酒生产骨干企业全面开展“禁塑”工作。

2012年11月19日“酒鬼酒塑化剂事件”发生后，协会及时关注事态动向，并到会员企业开展调研活动，各白酒企业无论企业规模大小，产品档次高低都非常重视塑化剂问题，积极配合市技术监督部门组织的抽样检测活动，并主动送样委托检测原酒、酒精、香精香料和塑料盖的塑化剂含量。2012年11月30日协会接受了新闻媒体的采访，明确表示：白酒中的塑化剂绝不是人为添加的，塑化剂对改善白酒的感官指标如提高透明度、增加香气和回味都无益处；白酒生产发酵过程中不产生塑化剂，白酒中的塑化剂属于特定迁移，主要源于塑料容器、塑料输酒管和塑料瓶盖；天津市绝大多数白酒企业从2012年初就着手以不锈钢替代塑料工作，有效地控制了塑化剂的特定迁移。

二、服务企业，开展经济技术交流

1．参加各类专业会议

天津市酿酒工业协会和会员企业先后参加中国酒业协会秘书长座谈会，中酒协四届五次理事扩大会议及各专业分会会议，中酒协白酒国家评委年会，葡萄酒、果露酒国家评委年会，清香类型白酒高峰论谈秘书处会议、第五届预备会议、北京工作会议、天津市食协工作会议、专业协会第七次工作会议，民生银行业务座谈会等，通过会议交流捕捉行业信息，借鉴或改进天津市和酿酒企业的工作，增强了天津市酒类生产企业应对突发事件的能力和措施。

2．提高酿酒企业技术素质

通过参加专业会议参观考察和组织职业技能培训鉴定活动，逐步提高企业管理人员和从业操作人员的技术素质。2012年先后组织28人参加白酒品酒师和葡萄酒品酒师的职业技能培训和鉴定活动，其中三人获白酒一级品酒师资质，3人获葡萄酒一级品酒师资质。

3．参与项目轮值和标准制定

协会在2012年参与了天津挂月酿酒有限公司《应用生物工程技术培养优质窖泥，配制高端浓香型白酒》项目鉴定；参与地理标志产品《芦台春酒》标准的审定；参与地理标志产品《牛栏山二锅头》标准的复审；主持了保健白酒《绞股兰酒》企业标准的修订和审查；《玫瑰花酒》企业标准的复审。

三、加强协会自身建设

根据民间社团组织党建工作的要求，天津市酿酒工业协会于2012年7月完成了党支部的组建工作。2012年11月22日天津市酿酒工业协会第七届会员大会召开，天津市经信委消费品管理处和天津市食品工业协会的领导光临会议，会议通过了第六届的工作报告、审计报告、财务报告和会费收取标准，选举了新一届理事会和协会领导成员。

2013年天津酒业综述

进入2013年以来，中国酒业继续承受诸多不利因素的制约，全球经济持续低靡、复苏乏力，国内经济增速放缓，加上中央一系列宏观调控政策和限制“三公”消费举措的出台，中国酒业的发展受到一定程度的影响，逐步迈入了调整时期。天津市的酿酒企业较早地进入了深度调整阶段，产业结构、产品结构、管理模式、营销策略和发展战略如何适应错综复杂、严峻多变的市场经济氛围，如何深入贯彻落实党的十八大精神深化改革稳中求进，已成为当前全市酿酒行业工作的主旋律。现将2013年的工作总结如下：

1．白酒

2003年以来，白酒行业进入了“黄金十年”。2012年全国白酒总产量1153万千升，十年增长2.5倍，年递增13.3%；销售收入4500亿元，十年增长8.2倍，年递增23.4%；利润652亿元，十年增长15.4倍，年递增31.8%；税金444亿元，十年增长4.8倍，年递增16.8%。2012年天津市白酒产量2.21万千升，比2003年4.31万千升下降48.7%；销售收入5.84亿元，比2003年2.99亿元增长95%，年递增6.9%；利润1314万元，比2003年1644万元下降20.1%；税金10271万元，是2003年4417万元的2.3倍，年递增8.5%。

2013年白酒行业增速和效益明显下滑，截止到10月份，全国白酒产量962万千升，同比增长7.4%；销售收入3897亿元，同比增长9.0%，利润635亿元，同比下降3.4%；税金433亿元，同比下降4.4%。天津市白酒产量20310千升，同比下降8.1%,；销售收入53567万元，同比下降14.2%；利润亏损1617万元，同比下降238%；税金9011万元，同比下降19.1%。

2．啤酒

2012年全国啤酒总产量4319万千升，比2003年2540万千升增长70%，年递增5.5%；销售收入1398亿元，比2003年531亿元增长163%，年递增10.2%；利润94.5亿元，比2003年26亿元增长263%，年递增13.8%；税金174亿元，比2003年98.7亿元增长76.5%，年递增5.9%。2012年天津市啤酒产量25.63万千升，比2003年17.33万千升增长48%，年递增4.0%；销售收入24531万元，比2003年23807万元增长3.0%；利润亏损5204万元，比2003年亏损3326万元增长56%；税金10227万元，比2003年5907万元增长73%，年递增5.6%。

截止2013年10月份，全国啤酒产量4469万千升，同比增长4.3%；销售收入1571亿元，同比增长9.3%；利润115.7亿元，同比增长21.0%；税金186.4亿元，同比增长3.9%。天津市啤酒产量242127千升，同比下降5.5%；销售收入43845万元，同比下降3.1%；利润亏损7139万元，同比增亏37.2%；税金10573万元，同比增长3.4%。

3．葡萄酒

2012年全国葡萄酒总产量109.3万千升，比2003年34.3万千升增长219%，年递增12.3%；销售收入318.1亿元，比2003年63.7亿元增长399%，年递增17.5%；利润38.7亿元，比2003年7.1亿元增长442%，年递增18.4%；税金24亿元，比2003年8.9亿元增长169%，年递增10.4%。十年来，天津市葡萄酒产业以中法合营王朝葡萄酿酒有限公司为龙头，获得很大发展，近几年也遇到了挫折和困难。2003年天津市葡萄酒产量3.05万千升，居全国第四位，销售收入8.47亿元，利润2.01亿元，税金1.66亿元；2010年达到顶峰，产量6.35万千升，销售收入11.26亿元，利润1.21亿元，税金1.02亿元；随即出现滑坡，2012年产量2.49万千升，销售收入5.0亿元，利润亏损2210万元，税金6495万元。

截止2013年10月份，全国葡萄酒产量95.41万千升，同比下降12.03%；销售收入318亿元，同比下降1.92%；利润31.92亿元。同比下降18.44%；税金21.58亿元，同比下降11.23%。天津市产量16056千升，同比下降37.4%；销售收入3.71亿元，同比下降25.8%；利润亏损4195万元，同比增亏89.8%；税金5755万元，同比下降11.4%。进口葡萄酒仍呈扩大趋势，2013年1～10月累计，进口散装葡萄酒7.63万千升，进口瓶装葡萄酒23.18万千升，对国内葡萄酒生产企业造成巨大冲击。

4．2013年1～10月综述

酿酒行业完成总产量6406万千升，同比增长4.5%，其中发酵酒精730万千升，同比增长4.4%，黄酒和其他酒都保持稳中有升的态势。

酿酒行业完成销售收入6766.5亿元，同比增长8.89%；实现利润834.65亿元，同比下降2.04%。天津市酿酒行业诸多酒种的产量和效益都呈现负增长，远低于全国酿酒行业的平均水平。

2013年天津酒业协会工作情况

一、增强服务意识，提高服务能力

1．组织会员企业参与重大行业活动

先后组织会员企业参加中国酒业协会第四届第七次理事扩大会议（4月17～18日北京），第五届全国清香类型白酒高峰论坛（9月9～10日），天津市轻工联合会二届三次会议（1月24日），天津市食品行业工作会议（3月12日），天津科技大学生物工程（酿酒工艺）专业建设和人才培养高峰论坛（10月19日）等行业的重要会议和活动，及时把握行业发展动态，拓宽工作思路，落实调整措施。

天津酒业协会会长和副会长带队参加中国酒业协会白酒分会和葡萄酒分会的国家级评酒委员年会和技术委员会会议，交流技术创新，提质增效和绿色环保的经验和体会。

2．及时传递信息，敦促整改落实，确保产品质量

在敦促会员企业落实《关于进一步加强酒类质量安全工作的通知》（国务院食安办【2011】23号）的基础上，又及时转发《中国白酒3C（品质诚实、服务诚心、产业诚信）计划》和《食品药品监管总局进一步加强白酒质量安全工作的通知》（食药监食监一【2013】244号）。配合天津市食品安全信用体系建设的具体要求，不断增强质量安全意识，提高质量安全保障能力和管理水平，白酒生产企业在2012年全面“禁塑”的基础上，按照《通知》精神开展自查整改。目前已有中法合营王朝葡萄酿酒有限公司、天津津酒集团有限公司、华润雪花啤酒（天津）有限公司、梦庄园葡萄酿酒有限公司、泰达酒业有限公司、绞股蓝酒业有限公司、建联酒业有限公司、七十二沽酒业有限公司和山庄酒业有限公司九家酿酒企业被授予天津市食品安全示范企业称号。

3．引导企业提高技术素质

协会带领部分会员企业参观考察了衡水老白干酒厂、北京牛栏山酒厂、承德避暑山庄酒业集团公司和湖北南漳东方明珠酒业有限公司等白酒生产企业，对白酒生产机械化，绿色食品企业认证，产品结构调整和复合香型酒类的生产收益匪浅。目前渔阳酒业有限责任公司单班投料8吨的麸曲白酒生产线是国内最大的单班生产装置，泰达酒业有限公司即将竣工投入使用的2万平方米的地下储酒库和灌装车间已达行业先进水平。开展酿酒行业职业技能培训和鉴定活动，为企业培养高素质专业技能人才，2013年经协会推荐接受中国酒业协会规范培训、考核和鉴定的高级职业技能人才23人，其中酒业高级营销师2人、白酒高级品酒师9人、白酒高级酿酒师12人。

在“诺玛科杯”第二届全国葡萄酒品酒职业技能竞赛中，（9月13～14日），中法合营王朝葡萄酿酒有限公司张军和张岱在决赛中名列第一和第九，获得“全国酿酒行业技术能手”荣誉称号，张军被授予“五一劳动奖章”。

4．弘扬文化、重塑形象、促进营销

协会支持企业挖掘企业文化内涵，强化广告宣传、塑造企业形象，扩大企业知名度，促进产品销售。津沽酒业有限公司和燕泉春酒业有限公司分别依托咸水沽和宝坻百年以上的酿酒历史，以传承和创新的历史事实把咸水沽和宝坻的酒文化延续至今，荣膺“津门老字号”荣誉称号。应对全年严峻的市场形势，酿酒企业都不同程度加大了广告投入力度，配合产品结构的调整，增加市场占有率。“王朝DYNASTY”“津酒”“芦台春”“挂月”“七十二沽”“河头山庄”和“大津”等品牌表现强劲。

二、加强协会自身建设

1．开展行业自律和诚信建设活动

按协会章程和相关制度办会，诚信为民，服务行业；加强协会规范化建设，利用协会评估的契机完善各项规章制度；按备案标准收取会费，在会员企业的大力支持下，2013年会费大都是各企业从银行划拨。

2．召开协会七届二次理事会

7月25日协会七届二次理事会在津酒集团公司召开，会议通报了酿酒行业上半年运行情况和协会工作，介绍了天津市食品药品监督管理机构改革调整进度和酒类产品质量监督工作。

3．完成社会组织评估的申报工作

按天津市社会团体管理局的要求，现有登记注册满二年的社会组织未参加社会组织评估的必须进行评估，对评估材料的要求非常详细，因此协会补课的工作量较大，在社会团体管理局的指导下，基本备齐相关的评估材料，并正式递交社会组织3A级评估申请表。社会组织评估有效地推动了天津酒业协会的各项管理工作和协会规范化建设，促进了协会的健康发展。

河北

2012年河北白酒、葡萄酒行业综述

一、白酒行业

河北省地域辽阔，人口众多，有着光荣的酿酒历史，远在1915年世界巴拿马万国博览会上直隶——高粱酒（衡水老白干）荣获巴拿马万国博览会金奖。新中国成立以后20世纪60～70年代，丛台酒、衡水老白干、燕潮酩、迎春酒、沧州白酒等获国家优质酒。2012年在河北省白酒行业广大职工的努力下，较好地完成了全年任务，特别是衡水老白干、承德乾隆醉、平泉山庄老酒、三井酿酒、刘伶醉等骨干企业，经济效益比2011年有了较大提高。2012年全省规模以上企业共完成白酒产量29.09万千升，比2011年增加5.86%；销售收入完成95.72亿元，比2011年增加13.61%；税利完成24.57亿元，比2011年增加24.96%；在全国产量排列第11位。

综上所述，河北省白酒行业在全国排中上等水平，但与全国四川、山东、江苏等省相比，无论从产量、品牌知名度、还是质量等方面还有很大差距，要想使河北白酒在今后发展中更上一层楼，还必须做好以下几方面的工作：

1. 发挥龙头企业作用，不断创名牌、树品牌

衡水老白干是河北省的龙头企业，从2007年7月1日衡水老白干酒执行“老白干香型”国家标准，该香型是全国第十一个香型。“老白干香型”酒是全国北方地区清香类型白酒的代表之一，清香类型白酒具有清香纯正，酒体协调柔顺，后味爽净绵长的特点。微量成分较单纯，有益成分高、有害成分少，不但易被消费者接受，同时有利于国际接轨，走出国门走向世界。其他板城烧锅酒、山庄老酒、刘伶醉、丛台酒等也是河北名酒，要进一步扩大省内外的知名度，不断提高产量、提高质量走向全国。

2. 根据市场需求不断调整产品结构

企业要充分重视科研工作，不断开发新产品，在今后的发展中，不断提高低度白酒的比例，保留传统产品，重点开发适应不同消费层次，不同消费口味的高、中、低档产品。低档产品占领市场，中高档产品提高效益。同时根据各地的实际情况，增加多种香型、不同风格的新产品，特别是骨干企业要不断创新，生产本企业独特口味的产品，以适应不断变化的白酒市场。

3. 严格食品安全制度，稳定提高产品质量

食品安全是每个食品生产企业的社会责任，生产白酒企业把好原辅材料的进厂质量关，严格从原料到半成品、成品的工艺操作规程，加强半成品的中间检验，严把成品出厂质量关，严格按照国家卫生标准和产品标准进行生产，不能让河北省白酒在市场上出现任何不合格产品，绝不能让伪劣假冒和有毒有害的产品流入市场。同时要不断培养品酒勾调人员，要求产品批批稳定，并进一步购置必要的科研设备，将仪器检测和品评相结合，在生产优质原酒的基础上，生产出更多更好的新一代产品，满足市场的需求，进一步提高企业的经济效益和社会效益。

4. 完善企业经营环境、大力开展宣传工作

企业要培养一支理论水平高，有一定专业知识和丰富营销经验，并与客户关系融洽，有开拓精神的营销队伍。要诚信为本，合法经营，不搞不正当竞争，这样才能在激烈的市场竞争中永立不败之地。与此同时企业应抓好包装装潢的创新工作，使内外包装不搞华丽昂贵，而要新颖、大方、典雅。各企业应根据本企业的实际开展适度的广告宣传工作，花钱少而达到较好的宣传效果。

二、葡萄酒行业

河北省是全国葡萄酒大省，远在20世纪70年代末和80年代初就生产出中国第一瓶干白葡萄酒和干红葡萄酒。全省葡萄酒主要集中产于秦皇岛市的昌黎和卢龙县，张家口市的怀来和涿鹿，现种植葡萄30余万亩，主要有龙眼、玫瑰香（麝香）、赤霞珠、品丽珠、解百纳等20余种酿酒的品种葡萄。2012年全省生产葡萄酒10.58万千升，销售收入23.40亿元，利税6.50亿元。2010年12月中央电视台昌黎葡萄酒产品质量曝光后大部分企业停产整顿，2012年大部分都恢复生产。但产量、销售收入、利税主要以中国长城葡萄酒有限公司和华夏长城葡萄酿酒有限公司生产为主，占全产量80%以上。

2012年河北白酒、葡萄酒工业协会工作情况

2012年度在党的十八大精神鼓舞下，在河北省民政厅和省工业经济联合会的领导下，在中国酒业协会的业务指导下，河北白酒、葡萄酒工业协会主要完成以下工作：

一、认真学习十八大，坚决执行党的方针政策

1. 认真学习十八大文件，深入贯彻十八大精神并落实在工作实践中，坚决执行党的方针政策，按照社会团体管理条例和协会章程办事，圆满完成了各项任务。

2. 加强白酒行业人才队伍建设：2012年经过培训教育，全省白酒行业64名同志获一、二、三级白酒品酒师职业资格证书，29名同志获一、二、三级白酒酿造工职业资格证书。

3. 进一步加强协会的自律建设，完善协会的各种规章制度，加强了协会办公室和秘书处的建设，以使更好地完成各项任务。

二、围绕中心服务大局，提供有效服务

2012年协会参加省部门会议，特别对酒类企业食品安全提出了合理化建议，重点对白酒骨干企业提出以钢代塑降低并清除白酒中对人体的有害成分，使白酒行业健康发展。

三、发挥党支部作用，宣传贯彻十八大精神

以改革创新精神发挥社会团体作用，为政府服务，为企业服务，为行业服务，为全面建成小康社会贡献力量。

四、完成行业的几项具体工作

1. 2012年4月在衡水市召开了河北省白酒、葡萄酒工业协会第五届四次理事会暨2012年协会年会，通报了2011年全国、全省白酒、葡萄酒各项经济技术工作的完成情况，总结了协会工作，提出了2012年的工作任务，各企业交流了经验，提出了酿酒企业开展文化建设和企业品牌建设的工作方针。

2. 2012年4月协会参加大名酒业公司新产品品评推荐会，会上通报了全国全省白酒行业上年度和第一季度白酒完成情况并对企业提供的三个新产品进行品评鉴定，对新品走向市场起到了很好的作用。

3. 2012年4月下旬参加了中国酿酒工业协会四届第四次理事会，学习了国家对酒类健康发展的有关方针政策，了解了全国酒类发展形势，学习了外省市在行业管理和协会工作中好的经验，收获很大。

4. 2012年7月参加了在青海互助酒厂承办的全国清香类型白酒高峰论坛预备会议，河北省衡水老白干等有关单位参加，为河北省清香类型白酒的发展，更加明确了方向。

5. 2012年9月20～23日在邯郸市举办了河北省第七届白酒品酒委员换届考试，这次换届在中国酒业协会大力支持下，在全省白酒骨干企业和广大科技人员配合下，取得圆满成功，这次考试，首先在全国应用计算机答题，使阅卷工作迅速，准确。根据考试成绩，协会以公开、公正、公平的原则录取了河北省第七届白酒评酒委员。与此同时根据国家白酒品酒师条件，学员学历和从事专业工作年限及理论和实践考试成绩向国家申报三级共66人获得白酒品酒师职业资格证书。职业资格培训和鉴定工作也顺利完成。

6. 2012年12月在三井酒业举办了白酒酿造工职业技能培训和鉴定。29人分别申报一、二、三级白酒酿造工职业技能资格证书。

7. 2012年10月10～15日协会组织北京，天津，河北，山西和内蒙古会长、秘书长及知名专家赴河北承德避暑山庄酒业公司，隆化御宴酒业公司和内蒙古宁城老窖酒业公司开展技术咨询活动。

8. 2012年继续做好全省白酒骨干企业按月填报的各项经济技术指标完成情况汇总和反馈工作，受到了有关企业的好评。

9. 深入河北大名酒业公司、刘伶醉酒业公司、将军岭酒业公司等多家企业开展技术咨询活动，并协助举办品鉴、文化节，新闻发布等有关会议。

10. 完成了省有关部门，工经联和中国酒业协会交给的各项任务并做好协会的日常工作。

2013年河北白酒、葡萄酒行业综述

一、白酒行业

2013年在河北省白酒行业广大职工的努力下，较好地完成了全年任务，特别是衡水老白干、承德乾隆醉、平泉山庄老酒、三井酿酒、刘伶醉等骨干企业，经济效益比2012年有了较大提高。2013年河北省规模以上企业共完成白酒产量（折65度）27.66万千升，比2012年增加4.70%；销售收入完成126.20亿元，比2012年增加27.90%；税利完成29.85亿元，比2012年增加21.38%；在全国产量排列第11位。

综上所述，河北省白酒行业在全国排中上等水平，但与全国四川、山东、江苏等省相比，无论从产量、品牌知名度、还是质量等方面还有很大差距。衡水老白干是河北省的龙头企业，从2007年7月1日衡水老白干酒执行“老白干香型”国家标准，该香型是全国第十一个香型。“老白干香型”酒是全国北方地区清香类型白酒的代表之一，清香类型白酒具有清香纯正，酒体协调柔顺，后味爽净绵长。微量成分较单纯，有益成分高、有害成分少，不但易被消费者接受，同时有利于国际接轨，走出国门走向世界。其他板城烧锅酒、山庄老酒、刘伶醉、丛台酒、十里香等也是河北名酒，未来要进一步扩大省内外的知名度，不断提高产量、提高质量走向全国。

河北省白酒企业要充分重视科研工作，不断开发新产品，在今后的发展中，不断提高低度白酒的比例，保留传统产品，重点开发适应不同消费层次，不同消费口味的高、中、低档产品。低档产品占领市场，中高档产品提高效益。同时根据各地的实际情况，增加多种香型、不同风格的新产品，特别是骨干企业要不断创新，生产本企业独特口味的产品，以适应不断变化的白酒市场。

食品安全是每个食品生产企业的社会责任，生产白酒企业把好原辅材料的进厂质量关，严格从原料到半成品、成品的工艺操作规程，加强半成品的中间检验，严把成品出厂质量关，严格按照国家卫生标准和产品标准进行生产，不能让河北省白酒在市场上出现任何不合格，绝不能让伪劣假冒和有毒有害的产品流入市场。同时要不断培养品酒勾调人员，要求产品批批稳定，并进一步购置必要的科研设备，将仪器检测和品评相结合，在生产优质原酒的基础上，生产出更多更好的新一代产品，满足市场的需求，进一步提高企业的经济效益和社会效益。

企业要培养一支理论水平高，有一定专业知识和丰富营销经验，并与客户关系融洽，有开拓精神的营销队伍。要诚信为本，合法经营，不搞不正当竞争，这样才能在激烈的市场竞争中永立不败之地。与此同时企业应抓好包装装潢的创新工作，使内外包装不搞华丽昂贵，而要新颖、大方、典雅。各企业应根据本企业的实际开展适度的广告宣传工作，花钱少而达到较好的宣传效果。

二、葡萄酒行业

2013年全省生产葡萄酒6.52万千升，比上年减少40.53%；销售收入完成17.05亿元，比上年减少39.60%；利税完成2.32亿元，比上年减少65.15%，全行业是历史上下降最大的一年。全省产量，销售收入、利税主要以中国长城葡萄酒有限公司和华夏长城葡萄酿酒有限公司生产为主，占全产量80%以上。

2013年河北白酒、葡萄酒协会工作情况

一、坚决执行党的方针政策

1. 认真学习十八大文件，深入贯彻十八大精神并落实在工作实践中，坚决执行党的方针政策，按照社会团体管理条例和协会章程办事，圆满完成了各项任务。

2. 根据河北省协会领导机关和行业主管部门的要求，协会组织全体人员认真学习党和国家有关文件和各项方针政策并结合自身情况，开展批评和自我批评，不断提高了思想认识和工作水平。

3. 进一步加强协会的自律建设，完善了协会的各种规章制度，加强了协会办公室和秘书处的建设，更好地完成各项任务。

二、坚持围绕中心，服务大局，提供有效服务

2013年参加省有关部门有关会议。特别是参与河北省工业信息厅等有关部门“关于促进河北省酒业健康发展的实施意见”的讨论，经过反复多次研究，提出建设性意见，要做大做强优势企业，逐步解决河北省白酒行业“多，小，散”的问题。该文件于2013年3月以河北省工业信息厅等四个部门正式发文，在全省贯彻执行。

三、完成行业具体工作

1. 2013年4月在栾城县召开了河北省白酒、葡萄酒工业协会第五届五次理事会暨2013年协会年会，通报了2012年全国全省白酒、葡萄酒各项经济技术工作的完成情况，总结了协会工作，提出了2013年的工作任务，各企业交流了经验，提出了酿酒企业开展文化建设和企业品牌建设的工作方针。

2. 2013年2-9月协会首先转发省诚信企业评选办公室“关于开展【河北省诚信企业】评选活动的通知，号召企业积极参加。并协助省评选办公室进行申报和审查，2013年推荐10家企业参加省诚信企业评选，其中七家企业评选为省诚信企业并颁发了省诚信企业证书。

3. 2013年4月下旬参加了中国酒业协会四届四次理事会，学习了国家对酒类健康发展的有关方针政策，了解了全国酒类发展形势，学习了外省市在行业管理和协会工作中好的经验，收获很大。

4. 2013年全国白酒出现“塑化剂”问题，协会及时组织召开会议，研究分析产生的原因并号召河北省白酒骨干企业开展“以钢带塑”彻底用不锈钢管道代替原塑料管道及其他接触酒的塑料。在2013年白酒“塑化剂”风波中，河北省白酒行业未出现任何问题。

5. 2013年11月2～3日在泊头市举办了河北省精品白酒品鉴会，这次会议组织河北省国家评委，河北省评委共67人，对河北省30家企业推荐的38个样品，按香型、酒度进行分类，密码编号进行初评和复评，由国家评委进行综合汇总感官评语，最后进行理化卫生指标检验和微量成分分析。

6. 2013年7月根据中国酒业协会葡萄酒分会安排，我协会联合北京、天津协会在沙城举办了河北省葡萄酒品酒技能初赛，经过三天时间培训和竞赛，择优选拔16名同志参加9月在北京举办的全国葡萄酒品酒大赛，并取得好成绩，全国前10名中，河北省占5名。与此同时13名同志申报品酒师职业资格，获取了三级葡萄酒职业资格证书。

7. 2013年9月协会组织河北省有关企业参加由北京牛栏山酒厂承办的全国清香类型白酒第五届高峰论坛，论坛本着“大力弘扬清香文化，稳中求进共同发展”主题，我省衡水老白干酒业公司在大会上发言，进行了充分交流，并组织国家评委对37个创新产品进行品评。会议取得圆满成功，对我省酒业发展取得很好的经验。

8. 2013年继续做好全省白酒骨干企业按月填报的各项经济技术指标完成情况的汇总和反馈工作，受到了有关企业的好评。

9. 深入衡水老白干、乾隆醉酒业公司、燕南春酒业公司等多家企业开展技术咨询活动并协助开展好有关品鉴、项目鉴定，新闻发布等有关会议。

10. 完成了省有关部门，省工经联和中国酒业协会交给的各项任务并做好协会的日常工作。

2013年河北啤酒行业综述

2013年河北省啤酒工业企业认真贯彻党的“十八大”和“十八届三中全会”的精神，努力保增长，调结构，拓市场，顶住了经济下行压力，各项工作都取得较好成绩，基本实现了年初制定的发展目标，节能减排的硬指标进一步落实，守住了食品安全和生产安全。部分企业实现了整合，啤酒企业布局更加合理，以品牌带动区域发展的良好局面已经形成。产品结构更加合理，产品的整体质量得到较大提升。全行业在国内的综合竞争能力进一步提高，为河北省啤酒工业的健康快速发展打下了良好基础。

一、2013年河北省啤酒工业各项经济指标完成情况

表1 2013年河北省啤酒工业各项经济指标完成汇总表

项目	2013年	2012年	
产量	156.62万千升	156.27万千升	提高0.23%
销售收入	45.72亿元	47.64亿元	减少4.03%
利润总额	0.93亿元	0.43亿元	提高115.60%
亏损企业亏损总额	1.11亿元	0.97亿元	提高14.81% （全省盈亏相抵实际利润为净亏损0.14亿元）
税金	7.53亿元	7.18亿	提高4.85%
企业数共计22家 ，其中8家亏损，与上年同期持平。			

分析：

2013年河北省滭酒产量变化不大，原因是部分企业下降幅度大，部分企业产量有较大幅度增长，但只是填补了全省产量亏欠部分。还没有实现大的提升，但今年是转折的开始。

8个亏损企业亏损总额抵消了其他企业创造的利润，造成我省啤酒业依然没有摘掉全行业亏损的帽子，主要原因是：规模较小，品牌影响力低，市场竞争力差，已成我省啤酒行业的弱势群体，应抓紧研究企业生存与发展的路该如何走。其他盈利企业的盈利能力在全国也属中下水平，主因：新建厂还没有释放出应具备的盈利能力。

全省上缴税额有提高，主要是：大品牌产品出厂价格相对较高，拉动了税金的增长。

分析我省啤酒工业近年经历了一系列整合，已经实现以省内区域性品牌为主向国际国内知名品牌为主的转变，其总量已占全省啤酒产量的70%以上，这个量还会继续增加，在市场的作用下以及国家产业政策的影响下，所谓落后产能，高污染企业将会逐步淘汰。今后啤酒工业的发展必然由具备现代化设备、领先的技术、高影响力的品牌，无污染低消耗，并能主动承担社会责任的同时具备较高管理水平的企业占据领军地位。目前河北省的啤酒工业正处在这个转变升级的过程中。我们有理由相信，河北省啤酒工业经过近十年多的止步不前，现已具备上升的动力。

二、关于节能降耗，治污及食品安全问题

据全省14个主要企业的数据加权平均数显示：粮耗147千克/千升；煤耗94.4千克/千升；耗水5.36千升/千升；耗电81.8度/千升；以上数据可以看出，我省啤酒的各项消耗依然偏高，节能降耗的空间还很大。具体到各个企业之间的差距也很大。粮耗低的141千克，高的158千克。煤耗低的66千克，高的120千克。电耗低的54度，高的145度。水耗低的3.4千升，高的7.5千升。总体上大品牌情况普遍较好，这些企业的设备条件加之严格的企业管理，操作工的技能素质及责任心均为节能降耗打好了基础。企业应深刻认识到，节能降耗既承担了社会责任也给企业创造了可观的效益。

根据国家的产业政策，尤其2013年全国人大会议对

污染治理问题所反映出的中央对此问题的决心，我省全体啤酒生产企业必须引起高度重视，“零容忍”“一票否决”，就是给各工业生产企业发出的警示。谁要踩了红线，后果很严重。据协会了解，我省绝大多数企业在此问题上重视程度很高，为减少排放一些企业不计成本创造条件使用清洁能源，有的企业建了沼气池，实现了酒糟的废物再利用，既创造了效益，又节约了能源，更减少了排放，体现了循环经济模式给企业及社会带来的好处，这是每个工业企业今后可持续发展的方向。在污水排放问题上绝大多数企业可以做到先治理后排放。但还有部分企业由于成本及地方环保部门监管不到位而偷排的现象，应即刻改变旧思维，承担起社会责任，以绝后患。

去年我省产品在市场上没有出现大的问题，这与企业管理者的重视，始终生产健康的食品密不可分。生产上严格标准，管理上严格细化责任，从上到下树立全厂职工人人都是质量管理员的责任意识。企业还应建立起质量事故处理的应急机制，对出现的问题尽快妥善解决，避免造成负面影响。

2013年河北啤酒协会工作情况

一、继续坚持保增长、增效益的主要工作目标

企业应注意调整产品结构，增加适销对路、满足不同消费群体的花色品种，要有1～2个能为企业承担产量比重大且盈利能力强的品种。在新政下，公费消费呈下降趋势，高档饭店，夜店的消费前景并不乐观。企业应研究如何面对大众做好低档产品的高档化，品质优良，价格适中，物有所值，盈利良好，百姓欢迎。企业应重视提高易拉罐产品的比重，目前的市场需求相对旺盛。我省啤酒工业2014年的奋斗目标是：啤酒产量完成160万千升以上，效益上实现全行业扭亏增盈，纯利润完成5000万元以上。

二、减排降耗工作抓紧不放松

要求各企业大力治理污染物排放，避免发生被停产的后果。企业间应加强学习和交流，引进技术和进行设备改造相结合，该投入的必须投入，从根本上解决超标排放问题，在此基础上创建环境友好型企业，打造绿色工厂、花园工厂，并将此融入企业文化，要从企业形象代表了产品形象的高度认识问题。提倡各企业开发和利用绿色能源、天然气、酒糟转化为沼气、太阳能发电、余热高效回收、废水的循环再利用、雨水的收集、设备的节能改造等均是企业可以认真研究并加以实施的课题。我们有理由相信，只要真抓实干，企业的减排降耗工作一定会取得成效，协会对各企业提出2014年降耗目标是：粮耗：145千克以下，电耗：75度以下，水耗：5千升以下，煤耗：80千克以下，酒损：4%以下。

三、食品安全和生产安全常抓不懈

由于我国的食品安全问题较多，已影响到人民的身体健康和国家的形象，国家高度重视，2013年出台多项针对食品安全的法律法规及相关政策。今后的监管和处罚力度会更大。新的《消费者权益保护法》对消费者利益的保护力度大大加强。企业的违法成本显著提高，对责任人的处罚力度相应加大。为此，协会要求各企业本着对消费者负责，对企业负责的态度努力做好工作，避免发生问题。企业的生产安全问题也要引起高度重视，要有专人负责查找可能发生的不安全因素，要加强职工的安全生产教育，做到警钟长鸣。

山西

2012年山西酒业综述

一、2012年行业经济运行情况

2012年山西全省白酒规模以上企业（18家）累计产量13.07万千升,同比增长-5.29%；主营业务收入118.69亿元，同比增长36.53%，利润19.05亿元，同比增长44.1%。

山西杏花村汾酒集团有限责任公司2012年白酒销售量7.05万千升，同比增长8.96%，实现销售收入107.33亿元，同比增长36.73%，利税41.1亿元，同比增长43.8%，利润18.71亿元，同比增长43.56%。销售收入超亿元的企业还有山西汾阳王酒业有限公司、山西梨花春酿酒集团公司、北京红星股份六曲香分公司、山西新晋商酒庄有限公司。

统计局数据显示，全省白酒销量低于2011年，销售收入和利润的增幅较大。

全省（7家）啤酒产量40.85万千升，同比下降4.29%，销售收入8.39亿元，同比增长13.69%。全省啤酒产量减少，销售收入增长，但仍然亏损。全省（3家）葡萄酒产量2188.20千升，同比增长13.76%，销售收入2.73亿元，同比增长46.77%，税金0.12亿元，同比增长0.5%，利润0.6549亿元，同比增长27.45%。其中，太谷县风翼山庄葡萄酒、灵石葡萄酒、长治县南萨姆葡萄酒、襄汾县尧京酒庄葡萄酒都在相继建设中。今后几年葡萄酒的市场压力会逐渐显现。

葡萄酒行业：怡园酒庄和运城格瑞特酒业发展较快。戎子酒庄的生产规模和储酒窖已经形成，2013年可以继续增加销售量。

果露酒行业：自汾酒集团成立了竹叶青销售公司，经过转变机制，品牌独立运作，2012年销量10968千升，销售收入达到4.5亿元。垣曲的菖蒲酒、仙竹酒业的一品仙竹发展缓慢。山西彤康食品有限公司生产的山楂酒、山西康禾农业有限公司生产的东方木酒投资理念、原料基地建设、生产条件有一定的特色。

黄酒行业：全省的黄酒生产集中在大同、代县、介休等地生产，还是传统的甜型黄酒，季节性销售。全省产量在2000吨左右。

全省发酵酒精产量6.83万千升，同比增长30.8%，销售收入4.21亿元，同比增长25.3%；税金0.08亿元，同比增长0.16%；利润-0.16亿元。

二、2012年山西省酿酒行业的特点

1. 2012年汾酒集团的销售收入历史性地突破百亿元大关，提前三年实现了“十二五”奋斗目标。仅用三年时间，年销售收入就由37亿元提升至100亿元，提前实现了“百年汾酒百亿销售”的目标。

2. 全省的白酒销售量下降，汾酒集团产销量增加，但全省的白酒产量是负增长，上半年是低档酒滞销，下半年是高档酒受影响，各企业中档酒的销售基本保持平稳的销售态势。

3. 葡萄酒增速加快，近两年，在太谷、夏县、灵石、清徐、长治、襄汾等地大量进行酒用葡萄基地建设及新建葡萄酒厂，全省新占用土地在万亩以上。目前国家在宁夏支持的酒用葡萄基地建设已经形成规模，山西葡萄酒产业受技术人才、管理人才短缺的影响，短时间很难形成规模。盲目建设也会对现有的葡萄酒生产企业造成较大的压力。

4. 啤酒生产、销售处于下降的趋势，啤酒在山西的市场相对饱和，缺乏中高档产品和个性化产品的生产销售。

5. 果露酒呈缓慢发展趋势。⑴ 露酒：汾酒集团的竹叶青酒、玫瑰酒等进行个性化产品的开发，效果明显，产销继续增长。⑵ 以山西的特色资源山楂、桑椹为原料生产的发酵型果酒，以自有原料基地建设为基础，通过近5年的生产开发，逐步形成面对中、高端消费群体的特色果酒产品。

6. 企业技术中心建设。山西省酿酒行业汾酒集团技术中心是国家级企业技术中心，山西省食品生物工程技术中心（山西省食品工业研究所）是山西省的行业技术中心，省级企业技术中心是空白，梨花春酿酒集团公司、太原酒厂、山西戎子酒庄、山西彤康食品有限公司是通过认证的

市级企业技术中心。协会鼓励也愿意帮助更多的企业申报市级、省级企业技术中心。

7．理性对待2012年出现的问题。一是正确理解国家的政策法规，2012年，酒行业经受多重考验：广告门（央视的酒广告限令）、经费门（国务院的严格控制“三公”经费）、散酒门、勾兑门、塑化剂门、禁令门（中央军委加强自身作风建设十项规定）。再加上经济不景气的大环境。白酒产业在多重门的夹缝中求生存。商务用酒、三公消费的减少，给高端白酒带来了很大的冲击。白酒广告受限制，但公益广告和企业形象广告是鼓励的。三公消费限制，但大众消费的需求市场也非常大，应加强中端酒的开发。

二是高度重视食品质量安全，食品质量安全是近几年来每次行业会议的重点内容，专门对新出台的政策、法规、标准进行解读。

三是积极应对发生的质量安全事件，2012年塑化剂事件的发生，提高了整个食品行业对塑化剂的认识，酿酒行业对生产过程中的容器、管道都进行了塑改钢的工作，不但降低了酒中塑化剂的含量，也从根本上杜绝了酒中塑料味的出现。

总之，每一次政策的出台和事件的发生，虽然会对行业、企业产生不同程度的影响，但理性地从正面和长远看都会对社会、行业的发展和产品的稳定起促进作用。协会要求企业能够理性地面对市场新情况，积极调整产品结构，针对消费群体和消费需求的变化，与经销商加强市场的培育，向消费者传播酒文化、普及酒知识，提高消费者对酒类产品的认识能力和品鉴水平。站在履行社会责任的高度，通过公益广告、公益活动，提升品牌和企业形象，探索销售新模式，减少流通环节，提高企业经济效益。

2012年山西酿酒工业协会工作情况

一、参加中国酒业协会的会议

2012年，山西酿酒工业协会参加了中国酒业协会组织召开的“全国酒协秘书长座谈会”。通过座谈交流，学习兄弟省市的经验，了解到全国酒行业的动态发展。4月参加了中国酒业协会理事会会议，根据会议的精神确定本省酿酒行业的工作。

二、召开山西省酿酒工业协会第四届二次理事会

四届二次理事会，来自全省白酒、啤酒、葡萄酒和果酒的38家理事单位的代表59人，国家评酒委员12人，省评酒委员30人参加会议。总结了协会一年工作，参加会议的专家就食品安全、文化兴企、文化兴酒、酒风格的个性化、技术创新做了专题报告，强调了食品安全方面需注意的问题，解读了国家有关食品安全的文件。对塑化剂容易造成的影响进行了提示。会议组织国家评委、省评委对来自全省24家企业的30个白酒、3个啤酒、2个葡萄酒、1个果酒、2个露酒样品进行了感官质量品评，展示产品的包装。会议要求各理事单位必须加强食品安全方面的工作，认真学习、贯彻、落实国家、行业有关食品安全方面的文件，将食品安全工作作为重中之重，常抓不懈。会后汾酒集团技术中心对所送样品进行了塑化剂的检测。

2012年汾酒集团的质检部和技术中心为省内的白酒企业进行了塑化剂检测。

三、参加全国清香类型白酒高峰论坛的活动

全国清香类型白酒高峰论坛的秘书处设在杏花村汾酒集团，协会参与了第五届论坛预备会的准备工作，参加了在青海互助青稞酒厂和北京牛栏山酒厂的预备会议。华北五省市（区）酒协的领导参观了内蒙古宁城老窖、河北承德山庄老酒集团、河北承德御宴酒业公司。

四、对山西省内企业进行调研

协会的主要领导对全省的重点白酒、啤酒、葡萄酒、果酒生产企业进行调研，了解企业在生产经营过程中的问

题，总结了一些特色企业在生产、研发、管理、销售、发展理念方面的经验。对酒中易产生塑化剂的因素进行检查，督促企业对容器、管道进行改造。

五、承办政府部门交办的工作

（1）配合山西省经信委经济技术合作处（消费品工业处）进行葡萄酒行业准入条件的调查，提供全省葡萄酒生产企业的生产状况，编写企业调查材料。

（2）根据省经信委产业政策处的要求，编写山西省酿酒行业发展规划，为省领导提供行业信息。

（3）协助省发改委、省国资委对酒行业的重点项目进行论证和评估。

（4）根据《山西省经济和信息化委员会关于开展全省食品药品企业追溯体系建设情况调研的通知》与山西省食品工业办公室对全省白酒、葡萄酒生产企业发放调查表。

（5）与省、市质量技术监督局配合为酒企业服务。协调太原酒厂与外省经销商的纠纷；解决临汾华尧酒业在检测数据上与临汾市质检所的分歧；调解山西新晋商酒庄在外购浓香型白酒方面与审核中心的分歧。

六、参加外省酒协及企业组织的活动

参加内蒙古酒协组织召开的全国芝麻香型白酒生产技术研讨会；参加包头酒厂的清芝结合产品鉴定会。

七、职业技能培训、鉴定

对全省参加品酒师职业技能培训、鉴定的人员进行了摸底调查。为搞好品酒师、酿酒师的培训、鉴定工作，对全省各企业的新报名的培训人员进行了摸底，提前订购培训教材，为2013年的培训和鉴定工作做好准备。

八、编写《山西酿酒工业协会简报》

简报内容涉及酒行业的政策导航、技术、营销、企业风采、会议报道等，供省内酿酒企业参考。

九、推荐企业参加中国酿酒工业协会科技进步奖

推荐山西杏花村汾酒集团的“基酒质量监控系统”和山西彤康食品有限公司的“山楂果汁酿造干红酒的研究”项目参加中国酒业协会科技进步奖评比活动。

十、编写教材

组织山西省轻工职业技术学院和山西省食品工业研究所的教师、专家为山西汾酒集团酒业集中发展区业的入厂新工人编写培训实用教材。

2013年山西酒业综述

一、2013年行业经济运行情况

2013年山西省白酒规模以上企业（16家）累计产量11.19万千升，同比增长-12.96%；主营业务收入132.43亿元，同比增长11.81%；利润12.95亿元，同比增长-31.88%；主营业务税金及附加12.81亿元，同比增长-7.97%；应缴增值税8.98亿元，同比增长-15.12%。

全省啤酒（6家）产量43.68万千升，同比增长7.1%；主营业务收入9.03亿元同比增长8.40%；主营业务税金及附加1.11亿元，同比增长2.78%；利润-0.49亿元，同比增长26.87%；应缴增值税0.50亿元，同比增长13.63%。啤酒主要是燕京、青岛、雪花三大公司的企业，2013年减亏近二千万元。

全省葡萄酒（3家）产量2419.20千升，同比增长10.56%；主营业务收入2.71亿元，同比增长-0.38%；主营业务税金及附加0.12亿元，同比增长-769%；利润0.56亿元，同比增长-13.85%；应缴增值税0.08亿元，同比增长-72.4%。

全省发酵酒精产量2814.3千升，同比增长-95.88%；主营业务收入0.21亿元，同比增长-95%；主营业务税金及附加0.0092亿元，同比增长-88.75%；利润-0.13亿元，同比增长-23.07%；应缴增值税0.0082亿元，同比增长-488.90%。山西纪元集团（定襄纪元酒精厂）已经退出酒精行业，以后山西的发酵酒精生产将呈现空白。

二、行业运行的主要特点

1. 白酒

2013年是山西白酒行业深度调整、相对困难的一年，同时也是面临挑战和机遇的关键一年。

汾酒集团2013年面对市场出现的新问题，及时调整产品结构，保证销售的持续增长，实现销售收入121亿元。

汾酒集团杏花村酒业集中发展区，经过几年的努力，已完成粮储、粉碎车间的建设，部分完成大曲生产、原酒生产、原酒贮存的建设工作，已有72个酒班投产，通过白酒生产许可证的现场审核，取得生产许可证。

北京红星股份六曲香分公司，重视产品质量，积极开拓市场销售收入每年都保持较大幅度的增长，销售收入超4亿元。

中小企业根据白酒市场发生的变化，积极应对，通过改变生产工艺，进行产品结构的调整，开发适合消费者需求的产品，低档酒的销量增幅较大。

山西白酒香型比较单一，大部分酒都在省内和当地销售，白酒的产品结构在过去几年调整得较好，各企业的高、中、低档产品较全，价格也相对合理，比较好地应对了目前的市场变化。散酒、大容器酒是开发的重点。

2. 葡萄酒

怡园、戎子是以酒庄酒高价位酒为主，受市场影响较大，其他企业生产的中低档酒影响较小。

3. 果露酒

果露酒销量下降，竹叶青销售收入减少，山西野泉酒业的龟龄御酒稳定增长，垣曲的菖蒲酒、仙竹酒业的一品仙竹发展缓慢，午城的玉屏酒还有待开发。山西彤康食品有限公司生产的山楂酒、山西康禾农业有限公司生产的东方木酒都属于高价位的特色果酒，受产品价格和销售模式的限制，销量增长不明显。

4. 黄酒

全省的黄酒生产集中在大同、代县、介休等地生产，还是传统的甜型黄酒，季节性销售。

技术中心，山西梨花春酿酒集团、山西戎子酒庄被山西省中小企业局认定为“山西省级中小企业技术中心”。

目前行业的主要问题是如何降低生产（包装）成本，细化市场产品，减少流通环节，扩大营销渠道，宣传饮酒文化，开拓省外市场。

2013年山西酒业协会工作情况

一、参加中国酒业协会的会议

2013年，山西酒业协会参加了中国酿酒关于协会组织召开的“2013年全国酒协秘书长座谈会”。通过交流，学习兄弟省市的经验，了解到全国酒行业的动态发展。

协会积极参加了中国酿酒工业协会第四届理事会七次会议。中国酒业协会王延才理事长围绕“诚信竖业 服务于民”的主题，总结了2012年酿酒行业运行情况：“行业总体保持了增长的态势，但行业整体增速开始放慢”。酿酒行业呈现出七大特点：一是行业区域集中度增强，产销全年呈增长趋势；二是利润同比继续增长，行业效益继续提升；三是产销增速放缓，行业发展步入增缓通道；四是进出口贸易依然活跃，但增幅放缓；五是行业资产快速增加，产业架构调整加速；六是理性饮酒观念提升，市场消费相应变化；七是现代化营销手段融入传统酿酒产业。

二、参加第五届“全国清香类型白酒高峰论坛”

全国“清香类型白酒高峰论坛”的秘书处设在山西杏花村汾酒集团，协会组织省内的重点白酒生产企业参加在北京牛栏山酒厂召开的第五届“全国清香类型白酒高峰论坛”。参加论坛的有全国15个省市、自治区的42家企业，10个省、市、自治区的酿（白）酒协会的会长、秘书长，行业著名专家、国内高校的专家，新闻媒体等。收到论文23篇，展示适合80后人群饮用的白酒和复合型酒样37个。论坛以“大力弘扬清香文化 稳中求进共同发展”为主题，旨在促进全国清香类型白酒企业间的交流与发展，推动清香类型白酒产业优化与升级、拓展品牌文化。

三、对省内酿酒生产、经营企业进行调研

2013年，协会的主要领导对长治、临汾、运城、晋中地区的白酒生产企业进行调研，了解企业在生产经营过程中的问题，总结了一些特色企业在生产、研发、管理、销售、发展理念等方面的经验和不足。潞城凤栖桥酒业在企业管理和质量诚信方面有独特的做法；和川蔺泉酿酒公司根据市场变化，针对当地消费者的口味，调整生产工艺，降低生产成本，应对市场的变化；新绛汾雁酒业积极调整思路扩大散酒和大容器酒的销售；午城酒业对销售市场进行细化研究，针对不同地区的口味要求都进行单独开发。长治潞酒、洪洞玉堂春前几年销售市场产品占有率较高。目前，企业存在的主要问题是，品牌意识不强，只注重产品的销售，不重视品牌的宣传，使发展受到限制。

四、承办山西省政府部门交办的工作

1．配合山西省经信委经济技术合作处（消费品工业处）和各市经信委进行葡萄酒行业准入条件的认证工作。

2．根据省经信委产业政策处（军民结合推进处）的要求，编写山西省酿酒行业发展规划，为省领导提供行业信息。

3．协助省发改委、省国资委对酒行业的重点项目进行论证和评估。

4．与省科技厅工业处、成果处联系，为酿酒生产企业申报科技攻关项目和项科技成果目鉴定工作进行沟通。

五、职业技能培训、鉴定

1．举办全省白酒品酒师职业技能培训、鉴定。组织了白酒品酒师的培训工作，在中国酒业协会酿酒行业职业技能鉴定站的指导下，利用计算机品评系统，进行品酒技能的培训和鉴定，汾酒集团的雷振河高工、国家评委康健、王海、王凤仙、韩青梅积极准备，为学员进行理论知识的培训，通过鉴定的白酒品酒师100名（一级30人，二级23人，三级47人）。

2．为山西杏花村汾酒集团酒业集中发展区股份公司新入厂的工人进行化验工、粉碎工、制曲工、酿酒工的理论培训。

3．举办白酒化验员操作技能培训，为提高全省白酒生产企业化验员的理论和实际操作水平，协会与山西省轻工白酒国家职业技能鉴定站，在山西杏花村汾酒厂股份有限公司质检中心，共同举办了白酒化验员培训。参加培训的化验员通过一星期的理论和实际操作（包括原料、大曲、酒醅、成品酒）的检测培训，操作水平和准确度都有一定程度的提高。

六、建立信息平台

建立山西省酒行业QQ群信息平台，通过信息平台，及时将国家食品药品监督管理总局、中国酒业协会、山西省质量技术监督局、山西省食品药品监督管理局的食品安全方面的文件和信息及时转发给企业，使企业及时了解各方面的信息。

七、编写教材

协会参与山西杏花村汾酒厂股份公司组织的编写白酒类六大工种（发酵工、制曲工、粉碎工、贮酒工、装酒工、配制工）职业技能培训实用教材。

八、参加企业的产品上市和推荐活动

1．参加2013应县释迦塔“梨花春”文化旅游周《梨花传奇》新品上市发布会。

2．协会组织召开了“山楂红酒产品推介会”，通过企业介绍、国家评酒委员的感官品评，提出推介会意见，向新闻媒体展示了山西彤康食品有限公司几年来的发展成就。

九、参与进行中国首席白酒品酒师的推荐工作

杏花村汾酒厂股份公司的国家白酒评委康健和王凤仙被推荐参加首届“中国首席白酒品酒师”的评选，目前已通过申报材料的审查工作，处于公示阶段。

内蒙古

2012年内蒙古酒业综述

2012年，内蒙古自治区酒业协会在自治区经委的领导和关怀下，在中国酒业协会精心指导下，在会长及各位副会长、常务理事、理事和会员单位的大力支持下，积极、主动开展工作，取得了一定成绩。2012年全自治区各类酒类产量、销售收入、利税保持较高的增长幅度，明显大于国民经济增长幅度，这是我区酒业健康快速发展的重要标志，展望2013年，在党的十八大精神鼓舞下，新的起点，新的征程，新的机遇和新的挑战，我们将充满着信心。

一、经济运行情况

随着自治区经济的快速增长，人们的生活水平逐步提高，2012年全区酿酒行业生产和效益取得了可喜的成绩，据统计：

全区规模以上白酒企业61家，白酒总产量为54.05万千升，同比增长3.4%，列全国第7位，占全国白酒产量的4.69%，完成销售收入116.17亿元，同比增长35.87%；啤酒产量110.34万千升，同比增长-5.17%，占全国啤酒产量的2.32%，列全国第15位，完成销售收入35.56亿元，同比增长10.4%。

二、运行主要特点

1．重点企业效益不断增加。2012年白酒利税超过千万元的企业有：内蒙古河套酒业集团股份有限公司、鄂尔多斯酒业集团公司、内蒙古顺鑫宁城老窖酒业有限公司、内蒙古蒙古王酒业有限公司、内蒙古骆驼酒业股份有限公司、锡盟太旗草原酿酒有限责任公司、内蒙古百年酒业有限责任公司、敖汉华海酒业有限责任公司、内蒙古科尔沁王酒业有限责任公司、内蒙古威林酒业有限责任公司；啤酒行业利税超过千万元的企业有：燕京啤酒（包头雪鹿）股份有限公司、燕京啤酒（赤峰）有限责任公司、华润雪花啤酒(呼伦贝尔)有限公司、华润雪花啤酒（海拉尔）有限公司、内蒙古金川保健啤酒股份有限责任公司、华润雪花啤酒(兴安)有限公司。

2．产品质量稳定提高。为满足市场需要，适应市场竞争，积极调整产品结构，中高档产品的比重逐年提高，产品质量得到明显的改进和提升。年份酒、发酵型奶酒、益生啤酒、纯生啤酒、果味啤酒、荞麦啤酒、奶啤酒等特色啤酒相继投放市场，提高了市场竞争能力，同时也提高了产品附加值，增加了企业经济效益。

3．生产工艺和技术水平不断提高和创新。部分企业基本进入了现代化、机械化操作。全自动灌装、计算机辅助调配勾兑，大容量贮酒，新技术除浊过滤，优良菌种的选育和应用等均相应推广。

4．全行业的循环经济水平大大提升。清洁生产、节能减排的环保意识有了很大的改观。

2012年内蒙古酒业协会工作情况

2012年，内蒙古酒业协会在自治区经济和信息化委员会的领导下，在中国酒业协会的指导下，主要完成三个方面的工作：

一、以服务为宗旨，积极主动开展工作

1．组织召开了内蒙古自治区酒业协会第三届第二次理事会

大会于2012年8月14日在呼和浩特锦江国际大酒店隆重召开，应邀参加会议的有著名白酒专家、中国食品协会白酒专业委员会副主任沈怡方、金佩璋夫妇，著名白酒专家、北京酿酒协会名誉会长高景炎，自治区酒业协会名誉会长，原内蒙古政协副主席郐宝恒，自治区经济和信息化委员会总工程师张树德，以及自治区酒业协会领导共70余人。

大会由秘书长、原巴彦淖尔市政协主席张向阳主持、副秘书长张九如做内蒙古自治区酒业协会第三届第二次理事会报告，报告分三个部分，第一部分是全区酿酒行业经济运行情况，第二部分是2011年协会主要工作，第三部分是2012年工作计划，书面汇报了自治区酒业协会2011年度财务报告，大会一致通过了《内蒙古自治区酒业协会第三届第二次理事会工作报告》和《内蒙古自治区酒业协会2011年度财务报告》。大会还通过了呼伦贝尔市古纳河酒业有限责任公司、呼伦贝尔市弯弓手工坊酿酒有限责任公司为自治区酒业协会常务理事单位和理事单位。

大会书面交流了中国酒业协会第四届理事会第五次（扩大）会议工作报告及各分会的工作报告。会议还安排了内蒙古酒业发展论坛，首先请著名白酒专家，北京酿酒协会名誉会长高景炎报告。报告就酿酒生态化，风格个性化，品种多样化，弘扬酒文化、实施机械化和迈向国际化等六化做了精彩发言。接着请白酒专家、中国食品协会白酒专家委员会副主任沈怡方做报告，报告就对白酒行业怎么看，白酒机械化要分步实施，中小型企业要搞个性化等问题做了精彩发言。下午内蒙古酒业发展论坛由副秘书长张九如主持，《东方酒业》总编杨志琴女士就创新智慧、营销策划商业模式：①厂商联合模式②经销商的联盟模式③酒商联合模式④电子商务模式⑤期酒模式及商业模式的创新进行了探讨。

秘书长张向阳代表内蒙古酒业协会就酿酒行业国内动态及内蒙古酒业如何发展做了主旨发言，河套酒业副总经理刘永婷代表河套酒业的机械化生产做了经验介绍，燕京啤酒总工程师张灵敏代表燕京啤酒（包头雪鹿）股份有限公司做了经验介绍。

2．组织召开全区白酒、啤酒、葡萄酒、奶酒、果酒产品质量检评会

2012年6月24～26日，按照酒类产品行业检评程序与办法，协会在呼伦贝尔市古纳河酒业组织召开了2012年度全区白酒产品质量检评会与全区白酒、啤酒、葡萄酒、奶酒等产品质量检评会，参加白酒检评评委50余人，啤酒、葡萄酒、奶酒、果酒检评评委20余人，参加检评酒样共42个，其中白酒酒样30个产品，啤酒、葡萄酒、奶酒、果酒12个产品。2012年行业检评的方式主要是通过品评汇总评委意见，由国家级评委对每个产品给予点评，肯定该产品优点的同时指出其不足，提出改进的参考意见，并印发给参评各企业。通过行业检评，促进了自治区酒行业的技术进步，提高科学管理水平，使自治区酒行业稳定、健康发展。

3．组织召开了全国芝麻香型白酒生产技术研讨会

经著名白酒专家沈怡方先生倡仪，由内蒙古自治区酒业协会主办，内蒙古鄂尔多斯酒业集团有限公司承办的全国芝麻香型白酒生产技术研讨会议于2012年9月14～18日在鄂尔多斯市隆重召开。

参加这次全国芝麻香型白酒生产技术研讨会的代表分别来自江苏、山东、安徽、河南、湖北、黑龙江、山西、北京、辽宁、四川和内蒙古等11个省、市、自治区的28个企业生产技术主要负责人和国家评委，各位特邀专家及嘉宾共55人。比往届规格更高、规模更大，专家云集，人数最多。这次会议圆满成功，必将推动全国芝麻香型白酒生产技术的重大突破和进步，使芝麻香型白酒这一新型酒种在全国获得更大、更快的发展。

4．落实相关文件实施

协会落实工信部等10部委联合印发的《食品企业诚信体系建设工作指导意见》和工信部印发的《食品工业企业诚信体系建设工作实施方案》，加快推进我区食品工业企业诚信体系建设，增强企业食品质量安全主体责任意识，

提高企业诚信保障能力和食品质量安全管理水平，促进行业健康发展。

5. 为贯彻落实科学发展观

促进企业稳定发展，积极倡导全区酿酒企业“以诚实守信为荣，以见利忘义为耻”为主题，组织开展“食品企业践行道德承诺”活动，以实际行动讲道德，守诚信，制售安全放心产品，对社会负责，对广大消费者负责。

二、拓宽服务范围，充分发挥协会桥梁作用

1. 做好信息统计工作，继续办好《内蒙古酒业》

《内蒙古酒业》是会员信息交流的平台，也是宣传自治区酒业、沟通政府与企业的工具和桥梁，2012共出版四期，根据会员的要求，在内容和形式上不断改进、完善。目前，《内蒙古酒业》除报送自治区有关部门和会员单位外，还同中国酒业协会、全国各兄弟省市协会进行广泛交流。自治区酿酒行业重点企业统计信息按季在《内蒙古酒业》上刊发。

2. 加大与中国酒业协会与兄弟省市协会的交流协作，积极参与全国性的会议与活动

既学习了同行们的先进经验，也增进了友谊与合作，开阔了思路与眼界。同时，也让外界了解了内蒙古酒业，为我区企业搭建了一个与区内外有关部门和企业交流协作的平台。

3. 加强与自治区有关部门的联系，不断拓宽为行业、企业服务的范围

协会积极参加了自治区质量技术监督局名牌评审、自治区工商行政管理局著名商标评审、自治区消费者协会诚信单位评审等项工作，为自治区酒类行业的不断发展，起到积极的推动作用。

三、完善内部管理，充分发挥协会作用

协会在强化内部管理的同时，不断加强自身建设，内蒙古酒业网站运行正常，行业重要动态基本能够得到及时更新，在一定程度上起到了信息共享、服务行业的作用。

一年来，协会主动开展各项工作，为维护会员的合法权益及行业的改革、发展做了一些工作，取得了一些成绩，较好地完成了各项工作，显现了协会的活力，得到了政府有关部门和会员的好评，这些成绩的取得是广大会员单位共同努力的结果，是各级部门、领导，中国酒业协会指导的结果，今后协会全体工作人员将继续努力，更好地完成各项工作。

2013年内蒙古酒业综述

全区酿酒行业经济运行情况如下所示：

一、经济运行情况

随着自治区经济的稳中求进，人们的生活水平的逐步提高，2013年全区酿酒行业生产和效益取得了可喜的成绩，据统计：

全区规模以上白酒企业61家，白酒总产量为64.58万千升，同比增长21.28%，列全国第6位，完成销售收入112.54亿元，同比增长6.8%；啤酒产量109.94万千升，同比增长5.4%，列全国第17位，完成销售收入39.23亿元，同比增长10.36%。

二、运行主要特点

1. 重点企业效益稳中增长

2013年白酒利税超过千万元的企业有：内蒙古河套酒业集团股份有限公司、内蒙古鄂尔多斯酒业集团公司、内蒙古/顷鑫宁城老窖酒业有限公司、内蒙古蒙古王酒业有限公司、内蒙古骆驼酒业股份有限公司、锡盟太旗草原酿酒有限责任公司、内蒙古百年酒业有限责任公司、包头转龙液酒业有限责任公司、内蒙古敖汉华海酒业有限责任公司、内蒙古科尔沁王酒业有限责任公司、内蒙古威林酒业有限责任公司；啤酒行业利税超过千万元的企业有：燕京啤酒(包头雪鹿)股份有限公司、燕京啤酒(赤峰)有限责任公司、华润雪花啤酒(呼伦贝尔)有限公司、华润雪花啤酒(海拉尔)有限公司、燕京啤酒内蒙古金川有限公司、华润雪花啤酒(兴安)有限公司。

2. 产品质量稳定提高

为满足市场需要，适应市场竞争，积极调整产品结构，更加注重产品品质，面向中产阶层的腰部市场，产品逐步壮大。产品质量得到明显的改进和提升。复合香型酒、定制酒、年份酒、发酵型奶酒、益生啤酒、纯生啤酒、果味啤酒、荞麦啤酒、奶啤酒等特色啤酒相继投放市场，提高了市场竞争能力，同时也提高了产品附加值，增加了企业经济效益。

3. 生产工艺和技术水平不断提高和创新。部分企业基本进入了现代化，机械化操作。全自动灌装、计算机辅助调配勾兑，大容量贮酒，新技术除浊过滤，优良菌种的选育和应用等均相应推广。

4. 全行业的循环经济水平大大提升，清洁生产，节能减排的环保意识有了很大的改观。

2013年内蒙古酒业协会工作情况

一、以服务为宗旨，积极主动开展工作

1. 以通讯形式召开了内蒙古自治区酒业协会第三届第三次理事会。

《内蒙古自治区酒业协会第三届理事会第三次会议工作报告》刊登在2013年6月30日第二期《内蒙古酒业》杂志上，报告分三部分，第一部分是全区酿酒行业经济运行情况，第二部分是2012年协会主要工作，第三部分是2013年工作计划、《内蒙古自治区酒业协会2012年度财务报告》合并在《内蒙古自治区酒业协会第三届理事会第三次会议工作报》第二部分2012年协会主要工作中，通过反馈到协会的信息，一致通过了《内蒙古自治区酒业协会第三届理事会第三次会议工作报告》。

理事会以书面形式交流了中国酿酒协会第四届理事会第七次(扩大)会议工作报告及各分会的工作报告。

2. 组织召开全区白酒、啤酒、葡萄酒、奶酒、果酒产品质量检评会，2013年6月26～27日，按照酒类产品行业检评程序与办法，协会在呼和浩特市东达假日酒店组织召开了2013年度全区白酒产品质量检评会与全区白酒、啤酒、葡萄酒、奶酒等产品质量检评会，参加白酒检评评委50余人，啤酒、葡萄酒、奶酒、果酒检评20余人，参加检评酒样共37个，其中白酒酒样28个，啤酒、葡萄酒、奶酒、果酒酒样9个。2013年行业检评的方式主要是通过品评汇总评委意见，由国家级评委对每个产品给予点评，肯定该产品优点的同时指出其不足，提出改进的参考意见，并印发给参评各企业。通过行业检评，促进了自治区酒行业的技术进步，提高科学管理水平，使自治区酒行业稳定、健康发展。会议还组织参观了内蒙古河套酒业集团公司呼和浩特分厂，评委们对河套酒业机械化生产白酒给予了高度的肯定和赞扬。

3. 组织参与“诺玛科杯”第二届全国葡萄酒品酒职业技能竞赛。由中国酒业协会、中国就业培训技术指导中心，中国财贸轻纺烟草工会，中国轻工业职业技能鉴定指导中心共同举办的“诺玛科杯”第二届全国葡萄品酒职业技能竞赛决赛于9月14日在北京圆满结束，由自治区酒业协会选拔推荐的选手，取得了优秀成绩。

4. 组织自治区清香类型白酒企业参加了第五届全国清香类型白酒高峰论坛。 2013年9月10～11日，第五届全国清香类型白酒高峰论坛在北京金宝花园酒店隆重召开。本届论坛是在我国市场经济改革不断深化和白酒转型发展的双重背景下召开的。本届论坛得到北京酿酒协会的大力支持，承办方北京顺鑫农业股份有限公司牛栏山酒厂高度重视，精心策划，提早安排，为本届论坛的顺利召开做了充分准备。参加本届论坛的有全国15省、市、自治区的42家企业代表，10个省、市、自治区酿(白)酒协会的会长、秘书长、行业著名专家，高校研究院的专家、新闻媒体等代表共计136人。台湾地区中华酒业发展协进会秘书长及阿里山制酒集团总工程师应邀参加了本届论坛。

本届论坛共收到论文23篇，适合80后人群饮用的和复合香型创新产品37个。

本届论坛也是骨干企业董事长参加人数最多的一次，说明了论坛的凝聚力和号召力。

论坛秘书长高景炎首先做了“大力弘扬清香文化，稳中求进共同发展”的主题发言，接着汾酒集团、牛栏山酒厂、衡水老白干酿酒集团、湖北劲牌有限公司、青海互助青稞酒股份有限公司、鄂尔多斯酒业、包头骆驼酒业、红星股份公司、重庆江津酒业、宝丰酒业(书面发言)等10家企业进行了发言。台湾中华酒业发展协进会做了“台湾白酒在中国酒文化中的特殊地位”的发言。中国食品发酵工业研究院张五九副院长、江南大学吴群教授、著名酿酒元老王秋芳、沈怡方分别做了专题报告，著名白酒专家王元太做了书面专题报告。全体代表还一致通过了“中国清香类型酒文化研究会”章程。同时组织国家评委对37个创新产品进行了品评，撰写了综合评语，并提出了很好的改进意见和建议。会后代表们参观学习了牛栏山酒厂。两天的会期，安排紧凑，内容丰富翔实，论坛取得了圆满成功，对清香型类型白酒今后的发展具有很好的现实意义。

5. 邀请中国酒界泰斗沈怡方先生先后到乌兰浩特红云酒业有限责任公司、呼伦贝尔古纳河酒业有限责任公司和鄂尔多斯市达拉特响沙酒业有限责任公司视察、指导工作。为企业未来生产工艺的传承和发展提出了很多有价值的意见。强化了企业生产和经营管理而提高核心竞争力，对企业发展起到巨大的推动作用。

6. 彻落实工信部等10部委联合印发的《食品企业诚信

体系建设工作指导意见》和工信部印发的《食品工业企业诚信体系建设工作实施方案》，加快推进我区食品工业企业诚信体系建设，增强企业食品质量安全主体责任意识，提高企业诚信保障能力和食品质量安全管理水平，促进行业健康发展。

7．为贯彻落实科学发展观，促进企业稳定发展，积极倡导全区酿酒企业“以诚实守信为荣，以见利忘义为耻”为主题，组织开展“食品企业践行道德承诺”活动，以实际行动讲道德，守诚信，制售安全放心产品，对社会负责，对广大消费者负责。

二、拓宽服务范围，充分发挥协会桥梁作用

1．加强信息统计工作，继续办好《内蒙古酒业》。《内蒙古酒业》是会员信息交流的平台，也是宣传自治区酒业、沟通政府与企业的工具和桥梁，2012年共出版四期，根据会员的要求，在内容和形式上不断改进、完善。目前，《内蒙古酒业》除报送自治区有关部门和会员单位外，还同中国酒业协会、全国各兄弟省市协会进行广泛交流。自治区酿酒行业重点企业统计信息按季在《内蒙古酒业》上刊发。

2．加大与中国酒业协会、兄弟省市协会的交流协作，积极参与全国性的会议与活动，既学习了同行们的先进经验，也增进了友谊与合作，开阔了思路与眼界。同时，也让外界了解了内蒙古酒业，为我区企业搭建了一个与区内外有关部门和企业交流协作的平台。

3．加强与自治区有关部门的联系，不断拓宽为行业、企业服务的范围。协会积极参加了自治区质量技术监督局名牌评审、自治区工商行政管理局著名商标评审、自治区消费者协会诚信单位评审等项工作，为自治区酒类行业的不断发展，起到积极的推动作用。

三、完善内部管理，充分发挥协会作用

协会在强化内部管理的同时，不断加强自身建设，内蒙古酒业网站运行正常，行业重要动态基本能够得到及时更新，在一定程度上起到了信息共享、服务行业的作用。

一年来，协会主动开展各项工作，为维护会员的合法权益及行业的改革、发展做了一些工作，取得了一些成绩，较好地完成了各项工作，显现了协会的活力，得到了政府有关部门和会员的好评，自治区酒业协会财务统一由自治区经信委管理，2013年度协会财务经自治区会计事务所审计，审计结果表明，内蒙古自治区酒业协会内控管理制度比较健全，财务管理和会计基础工作比较扎实，财务收支能够按照相关的财务规则和会计制度核算，会计资料真实完整，核算程序正确。这些成绩的取得是广大会员单位共同努力的结果，是各级部门、领导，中国酒业协会指导的结果，今后协会全体工作人员将继续努力，更好地完成2014年的各项工作。

四、2014工作计划

2014年主要工作计划如下：

1．召开自治区酒业协会三届四次理事会暨专家组年会。

2．举办2014年度白酒、啤酒、葡萄酒、果露酒、奶酒等酒种行业检评工作。

3．开展自治区酿酒行业“中国酒业营销师”培训、鉴定工作。

4．贯彻落实自治区经信委印发的《内蒙古自治区食品工业企业、诚信体系建设工作实施方案》，加快推进我区酿酒企业诚信体系建设，增强企业食品质量安全主体责任意识，促进酿酒行业健康发展。

5．推动自治区酿酒行业低碳清洁生产，节能减排及机械化、自动化生产。

6．按照国家对行业协会确定的提供服务，反映诉求，规范行为的要求，为促进行业协会围绕规范市场秩序，健全各项自律性管理制度，制定组织实施行业职业道德准则，推动行业诚信建设，建立和完善行业自律性管理约束机制，规范会员行为，协调会员关系，维护公平竞争的市场环境，推行《内蒙古自治区酿酒行业自律与诚信公约》。

7．继续做好酿酒行业统计工作。

8．围绕企业关心的热点、焦点问题，做好调研与协调工作，并积极向自治区有关部门反应。

9．继续办好《内蒙古酒业》，并搞好网站建设。

我们要积极探索协会工作的新思路、新方法，以便更好地为政府、行业和企业服务，把协会工作提高到一个新水平，为促进我区酿酒行业健康、有序发展做出更大贡献。

辽宁

2012年辽宁啤酒行业综述

一、啤酒产量

2012年辽宁省啤酒总产量，根据17个生产企业提供的统计报表资料，啤酒产量实际完成236.129万千升，比2011年实际完成的241.8043万千升降低了2.35%，减少产量5.68万千升，这是近几年来少有的。仅比2010年增加4.54万千升，增长了1.96%。2012年下降的主要原因从数字上分析，华润集团和上年相比下降0.35%，基本持平；百威英博下降了11.42%；青岛增加了12.80%；燕京下降了20.50%；辽宁天湖下降了4.36%；而本溪啤酒有限公司增加了13.40%。全省总的销售形式和生活水平都没有太大变化，但是啤酒总产量出现了负增长。

在十七个啤酒企业中，年产20万千升以上的企业从上年的三个下降到两个，华润雪花啤酒（沈阳）有限公司完成了704026千升，华润雪花啤酒（大连）有限公司完成了292106千升，百威英博（大连）啤酒有限公司从20万千升以上企业下降到了19.4千升。有六个年产20万千升以下10万千升以上的企业，六个企业是年产量在5～10万千升，还有三个企业年产量3～5万千升。目前全省14个市地中已经全部有了啤酒生产企业。

二、产品销售

收入净额为56.43亿元，比上年同期增长了8.78%，大大高于产量的增长幅度，说明了啤酒的出厂销售价格比上年还有很大提高。2011年平均销售单价为2145.84元/千升，2012年千升酒销售价格为2389.76元，每千升酒销售单价增加了243.92元，增长幅度达到了11.37%，这是一个非常可喜可贺的好现象，和全国比，我省是为数不多的销售价格增长的省份之一。

三、五项消耗指标完成情况

1. 啤酒总损失率

全省平均为2.78%，比上年的2.96%降低了0.18个百分点，不要小看这0.18个百分点，全省按总产量计算等于多生产啤酒为4250千升，节约价值为1000多万元。全省最低的总损失率为辽宁天湖啤酒有限公司，为1.18%，最高的为百威英博（锦州）啤酒有限公司，为4.62%，没达到“十二五”3.0%规划目标的除锦州外还有本溪啤酒有限责任公司，为3.70%；百威英博（沈阳）啤酒有限公司为3.40%，2011年华润雪花的三个没达标企业阜新、铁岭、沈阳三个公司2012年全部实现了规划目标。

2. 啤酒耗粮指标（折11度啤酒计算）

全省平均为145.33千克/千升，比上年的147.19千克/千升，每千升啤酒耗粮下降了1.86千克/千升。按照全省总产量计算，共节约工业用粮3912吨，按全省平均粮价计算，节约价值约为1100万元。其中耗粮最低的是华润雪花啤酒（葫芦岛）有限公司，141.29千克/千升，最高的是沈阳燕京啤酒有限公司154.18千克/千升，没达到全省“十二五”规划指标145千克/千升的除燕京外还有百威英博（锦州）啤酒有限公司150.78千克/千升；百威英博（大连）啤酒有限公司147.68千克/千升；本溪啤酒有限责任公司147.00千克/千升；华润雪花啤酒（沈阳）有限公司145.33千克/千升。

3. 啤酒耗标煤指标

全省平均千升酒耗标煤为44.93千克，比上年同期的51.81千克/千升啤酒节约标煤为6.88千克，按全省全年啤酒总产量计算，共节约标煤为15807吨，共节约价值为1000万元。其中：耗标煤最低的为华润雪花啤酒（丹东）有限公司为30.87千克/千升，最高的为本溪啤酒有限责任公司98千克/千升。还没达到“十二五”规划指标的除本溪啤酒有限公司外还有辽宁天湖啤酒有限公司64.6千克/千升；百威英博（锦州）啤酒有限公司61.82千克/千升；沈阳燕京啤酒有限公司为57.88千克/千升和百威英博（沈阳）啤酒有限公司55.55千克/千升。

4. 啤酒耗电指标

全省千升酒耗电为53.92度，比上年的57.82度每千升啤酒降低了3.36度，按全年全省总产量计算共节约工业用电772万度，节约价值约250万元。全省耗电最低的是华润雪花啤酒（丹东）有限公司为39.19度/千升。完成全省“十二五”

规划60度的共有11个企业，还有5个企业没完成规划目标。其中：耗电最高的是沈阳燕京啤酒有限公司为77.32度/千升，其次为本溪啤酒有限公司为77度/千升；百威英博（沈阳）啤酒有限公司为75.41度/千升；百威英博（大连）啤酒有限公司为71.5度/千升；辽宁天湖啤酒有限公司为66.33度/千升；百威英博（锦州）啤酒有限公司为61.97度/千升。

5. 啤酒取水指标

全省平均千升啤酒耗水为3.35立方米，比上年同期4.04立方米降低了0.67立方米，提前三年实现了“十二五”规划的指标。按全年总产量计算，共节约工业用水159万立方米，节约价值约为320万元。节约用水的社会效益非常大，不仅减少了污水的排放，也是向人类节能减排的总要求前进了一步。用水最低的是华润雪花啤酒（丹东）有限公司，千升酒耗水为2.49立方米，耗水最高的是沈阳燕京啤酒有限公司为5.54立方米。没达到“十二五”规划指标要求4立方米的是辽宁天湖啤酒有限公司为5.06立方米；百威英博（大连）啤酒有限公司为4.22立方米和本溪啤酒有限公司为4.10立方米。这四个公司要积极努力完成国家要求的每千升酒取水标准为4立方米的要求。

通过五项消耗指标完成情况可以看出，我省的大多数企业都能以节能减排为己任。国家对循环经济的指标要求越来越严格，而且全世界都在关注和行动，啤酒工业一定要紧跟这一大方向，争取更好的成绩。

四、经济效益指标分析

1. 利税总额完成情况

纵观16个上级企业数据，2012年全年共实现利税总额为18.5亿元，比上年同期增长了4.64%，提前三年完成了全省“十二五”规划18亿的目标。利税总额的增长幅度大大高于产量的负增长。其中:增长幅度最大的华润雪花啤酒（铁岭）有限公司增加了1882万元，增长了418.83%；本溪啤酒有限责任公司增加了1727万元，增长了32.25%；华润雪花啤酒（沈阳）有限公司增加了1.7亿万元，增长了21.42%；华润雪花啤酒（大连）有限公司增加了5394万元，增长了14.46%。

2. 利润总额

全省已报数的16个企业中有9个企业盈利，总盈利额为10.4亿，有7个企业亏损，总亏损额为2.66亿元，盈亏相抵后还盈利7.75亿元，比上年同期增长13.24%，大大好于产量的负增长。增长幅度大的是本溪啤酒有限责任公司，利润实现了2986万元，比上年增长幅度为141.20%；华润雪花啤酒（辽阳）有限公司利润为809万元，增长幅度48.82%；华润雪花啤酒（沈阳）有限公司，实现利润为5.13亿元，增长幅度37.96%；华润雪花啤酒（鞍山）有限公司，实现利润为3577万元，增长幅度24.43%；华润雪花啤酒（大连）有限公司，实现利润为2.58亿元，增长幅度24.01%；辽宁天湖啤酒有限责任公司，实现利润为5758万元，增长幅度15.39%。

17个企业中除青岛啤酒（鞍山）有限公司外还有七个企业亏损，占企业总数的43.75%，总亏损额为2.66亿元。其中：亏损大户为百威英博（大连）啤酒有限公司为7692万元；百威英博（沈阳）啤酒有限公司为6414万元；沈阳燕京啤酒有限公司为3952万元；华润雪花啤酒（葫芦岛）有限公司亏损3798万元；百威英博（锦州）啤酒有限公司为2316万元；华润雪花啤酒（朝阳）有限公司亏损1709万元；华润雪花啤酒（阜新）有限公司亏损763万元；新增亏损的企业是百威英博（锦州）啤酒有限公司和华润雪花啤酒（朝阳）有限公司。百威英博在辽宁的三个企业全部亏损。

五、千升酒利润完成情况

全省全年千升酒利润平均达到337.53元，比上年的289.24元/千升酒提高了77.69元。千升酒利润达到百元以上的企业有八个，分别是：华润雪花啤酒（大连）有限公司883.30元；华润雪花啤酒（沈阳）有限公司814.33元；华润雪花啤酒（丹东）有限公司699.04元；辽宁天湖啤酒有限责任公司507.72元；本溪啤酒有限公司为351.25元；华润雪花啤酒（鞍山）有限公司248.34元；华润雪花啤酒（辽阳）有限公司238.90元；华润雪花啤酒（盘锦）有限公司115.70元。

六、年人均实现利税情况

全省年人均实现利税为16万元，比上一年的14.95万元，增加了10546元，提高了7.1%，人均利税在10万元以上的有华润雪花啤酒（沈阳）有限公司42.22万元；华润雪花啤酒（大连）有限公司26.93万元；华润雪花啤酒（丹东）有限公司21.18万元；华润雪花啤酒（鞍山）有限公司13.68万元；本溪啤酒有限公司为10.62万元等五个公司。全省从业人员平均人数为11611人，比上年的11879人减少了268人，真正达到了减人增效的要求。其中：减人做得比较好的是华润雪花啤酒（沈阳）有限公司，产量增加了1.22万千升，人员减少了290人；华润雪花啤酒（大连）有限公司，产量增加了1.25万千升，人员减少了148人；本溪啤酒有限公司，产量增加了0.99万千升，人员减少了100人。

2012年辽宁啤酒协会工作情况

一、召开省啤协六届八次常务理事扩大会议

会议于2012年5月11日在本溪啤酒有限责任公司召开。18位常务理事出席了16位，人数超过半数，会议通过的各项议程均有效。出席会议的还有协会顾问战德胜同志。

由庄守义会长对2011年全省啤酒工业生产完成情况进行了汇报。还讨论制定了协会2012年工作计划。通报了2011年协会财务收支情况和2012年协会的“三费”收取办法。与会全体代表对本溪啤酒有限责任公司技术改造的年产10万千升纯生啤酒生产线进行参观指导，并对本溪啤酒有限责任公司对会议的大力支持和赞助，使会议圆满地完成各项议程表示感谢。

二、参加2012年度“中国国际特色啤酒品鉴及行业检查”活动

全省共有6个公司8个啤酒品牌参加品评，有7个啤酒获得了表彰和证书，它们分别是华润雪花啤酒（沈阳）有限公司生产的8度雪花纯生啤酒和9度雪花干啤酒；华润雪花啤酒（大连）有限公司生产的10度雪花元生啤酒和9度凯龙干啤酒；华润雪花啤酒（鞍山）有限公司生产的10度雪花干啤酒；本溪啤酒有限责任公司生产的8度龙山泉纯生啤酒；华润雪花啤酒（丹东）有限公司生产的8度鸭绿江冰生啤酒。全国共有54个品牌啤酒获奖，我省有7个品牌，占获奖总数的13%。

三、召开辽宁省啤酒质量品评及技术研讨会

参加会议的有各啤酒公司负责技术质量的副总经理和品控技术部门经理、省协会技术顾问和省内的国家啤酒评委共计35人。参加的啤酒企业16个，杭州科百特过滤器材有限公司对会议提供了赞助。会议还邀请大连工业大学安家颜教授做了技术报告。

这次会议除了青岛啤酒（鞍山）有限公司，其到会16家企业共携带样品酒22个，按照中国酒业协会制定的感官评定标准，分四个组，逐个酒进行品评，并且写出了评语，最后集中讨论统一意见后，对每个酒的优缺点及全省啤酒的共性问题进行了讨论。肯定成绩、分析缺点产生的原因，对下一步如何改进和提高进行了研究和探讨。

2012年，辽宁全省啤酒产品质量是稳定和提高的，各个集团之间有较大差异，每个企业的产品也各有特点，但也有个别产品有些缺点和不足。22个产品中有12个产品有硫化味，占送检产品总数的55%；有高级醇味的有9个，占送检产品总数的41%；有涩味的有7个，占送检产品总数的32%；有老化味的有6个，占送检产品总数的27%；口感酸的有6个，占送检产品总数的27%；还有后苦味、酵母味、醛味、双乙酰味、硫化味、水感、甜味、麦皮味、异香（酒花制品）和金属味等缺陷，协会最后对每个产品的评语分别整理后发到各个公司，供其提高本公司的产品质量参考。

全体与会者一致认为，保持产品风味和协调是搞好产品质量的重中之重，也是发展本公司产品特点的关键所在。

会议期间每个公司的技术人员还分别交流了各自心得，相互增进了友谊，一致认为今后要进一步加强协作与交流。

四、参加全国酒业协会的一些活动

协会于2012年2月7～9日参加全国酒业协会在重庆召开的秘书长会议。2012年3月8～15日于广州参加啤酒分会理事长会议，研究讨论了2011年啤酒行业总结及2012年的工作计划，审核了全国《啤酒科技》优秀论文的评选工作。4月份参加全国酿酒协会第三届第五次理事扩大会议。

五、坚持定期出版相关读物

每月出版一期《啤酒信息》，每月统计汇总全省啤酒产量完成情况月报，每季度出版一期啤酒各项指标完成情况的综合分析，和全年年报的综合统计分析工作。

2012年辽宁白酒行业综述

一年来，行业整体运行质量较好，经济效益稳中有升，市场影响力得到进一步巩固和加强。特别是作为行业主体的骨干企业，坚持创新驱动，科技引领，走可持续发展之路，为保持行业平稳健康发展发挥了重要作用。

一、在生产方面

企业立足长远，为做大做强市场，积极通过改、扩建基础设施或采取兼并、联合等方式来调整生产结构，扩大生产规模。另外，企业在生产设备、设施的建设和配置上，也重视有加，不惜财力物力投入。这些长远性、基础性工作的有效实施，不仅增强了企业发展后劲，也使行业优势资源得以整合，市场集中度进一步提高。在经历了一系列结构性调整后，近年来，辽宁省行业规模以上企业的生产能力已近30万千升左右，整体保持了温和趋升的走势。

二、在产品方面

企业为适应和引导消费，能主动根据市场变化和消费需求，合理调整产品结构，及时研发适宜产品。在产品生产中企业更关注其质量、内涵及人性化、个性化和安全性。同时企业还通过强化各类技术人才培训，以及新技术、新设备的应用，来提升产品科技含量和竞争力。另外，为了传承和发展我省传统酿酒技艺及文化特色，加快辽酒生产的规范化标准体系建设，2012年行业还集体申报了“辽香型”白酒企业标准，进而使辽酒风格特征和社会价值得到了更明确的定位和确认。这些展现个性，贴近实际，富有前瞻性的实践和探索，使企业服务理念、质量意识、创新能力得到加强，也使产品的特色资源优势得以传承和发挥。

三、在市场方面

如果说以往企业扩展市场更多的是采用产品促销战、价格战的方式，而现在更看重的是通过强化产品质量、内涵、结构、品牌来实现的，这表明企业更加理性、市场趋渐成熟了。这些年，企业产品研发和结构调整更注重直接与动态市场接轨，进一步提高了产品的附加值和针对性，也促进了白酒消费持续向传统名优品牌的集中。目前，辽宁省本地产品市场占有率约为70%，其中高中档产品市场份额在适度增加，同时，以突出本地主题特色，符合大众化、精品化、个性化发展趋势的降度酒已成为市场主流，并不断向省外延伸。这说明我省企业影响在扩大，消费者更看好当地企业，更钟情本地品牌。当然也应看到，以中低档产品为主的市场格局仍未有大的改变；近三成的外省产品中，部分高中端品牌仍优势明显，说明这方面我们仍有较大差距和努力空间。面对日趋激烈的市场竞争，当前，各企业在优化产品及市场体系建设的同时，更注重行业自律和诚信体系建设。日前，我省又出台了“辽宁省酒类管理条例”，为进一步加强行业监管，促进行业健康发展提供了法律保障，这些都预示着我省白酒产销市场将迎来一个充满希望的新时期。

四、在品牌方面

企业重视文化传播和品牌建设，并将其作为一项长期任务，在实践中不断提高策划质量和投入力度，去用心打造，用心经营。主要表现在这样几个方面：一是积极申报各类奖项及认证。企业结合自身实际，积极申报如“中国驰名商标”“中华老字号”“非物质文化遗产”等名誉资格，以此来展示和丰富企业的内涵和实力；二是建立博物馆。近年来，一些骨干企业根据自身具有的历史特色及文化优势，通过建立博物馆来宣传企业，扩大品牌影响力；三是做媒体宣传。企业通过各种媒体如电视、报刊、广告等形式，来推介企业及产品，借以增强品牌知名度；四是撰写文章。通过书籍、文章等形式来介绍和宣传企业，以推进品牌战略的实施。这些工作都为落实企业整体发展战略注入了活力，发挥了作用。

2012年辽宁白酒协会工作情况

一年来，协会求真务实，积极进取，认真落实行业年度既定的各项工作任务，不仅解决了当前行业面临的一些问题，同时也促进了行业“十二五”规划的全面实施。这期间协会除了做好行业信息、调研、协调等日常服务性工作外，还积极组织和参与了多次大型行业活动，为推动行业发展发挥了积极作用。

一、会议方面

2012年初，协会根据上级关于“加强协会组织建设”的有关要求和协会章程的相关规定，结合我会本届现已任期届满的实际情况，开始组织筹备换届工作。这期间，协会为做实做好换届工作，曾多次通过调研和走访征求各会员单位意见和建议，多次向主管和登记部门汇报工作、听取指示，做了大量的前期准备工作。并在此基础上，按规范的换届程序专门组织召开了会员代表大会。

在换届会议上，协会领导分别传达了上级有关文件精神；讲解了加强协会组织建设的重要性；介绍了换届工作的组织程序及工作安排；通报了新一届协会领导集体候选名单等相关信息，还就相关话题与各位代表进行了交流，进一步增强了大家对加强协会组织建设的认识和做好行业工作的责任感。会上，全体代表还就相关人选进行了现场表决，有效履行了会员的责任和义务。全票通过的选举结果，充分表达了大家对新一届协会领导人选的认可和期待。

会议期间，协会领导还做了相关工作报告，有关上级领导也到会祝贺并讲话。会议最后，协会领导感谢全体会员多年来给予协会的支持和帮助，同时希望大家继续关心和支持协会及行业工作，共同把我省白酒业推向前进。

四月初，协会在沈阳举办了全省白酒行业科技交流大会，有来自省内的企业领导、专家、行业技术人员共七十余人出席了本次会议。

这次会议内容，主要是行业技术人员结合近年来企业的科技成果及技术实践做现场交流；同时行业专家做有关技术报告和现场点评；另外活动还邀请与会企业领导就相关话题做指导和演讲。

本次会议，科技气氛浓厚，交流内容全面、务实、新颖，对促进企业技术进步，科技创新十分有益，达到了互相学习，共同发展的目的。会议期间，来自全省三十多个单位的技术人员，共三十余篇技术论文进行了现场交流。这些材料都是在生产实践中形成的，质量普遍较高，有些还获得过各级奖项。他们代表了我省行业目前的最新技术水平，某些方面甚至已处于国内行业前沿。这些凝聚了广大技术人员智慧和汗水的成果，标志着我省行业生产技术能力已经达到了一个新高度。另外，会上专家的专题报告及针对性点评和企业领导高视野的指导性发言，都极具价值和意义，给与会者留下了深刻印象和启发。会议最后，协会还为本次技术交流人员颁发了奖励证书。

八月初，协会根据行业发展需要，在沈阳举办了为期三天的辽宁省白酒行业技术培训班，有近七十余人参加了本次活动。

这次活动内容以酒体设计为主，同时涉及白酒生产工艺、白酒鉴评等方面，应该说是一次几乎涵盖白酒生产全过程的综合性技术培训。纵观本次活动有以下特点：本次活动各企业积极组织，报名踊跃。说明企业对人才培养工作十分重视，同时也反映了行业在经历多年探索后，正逐步朝技术、创新、个性方向回归。

二、教学方面

协会结合企业实际，针对学员需求，专门邀请几位行业著名专家授课，在培训内容上力求全面、完整、充实；在教授方式上尽量让学员多学、多练，并为此配备了各种仪器和大量酒样。通过几天课上课下师生间的学习和交流，学员进一步加深了对相关理论知识和实践技能的理解和掌握；同时通过学员间互帮互学取长补短，也使彼此学到了许多有益的东西。此次培训大家感到收获很大，这无疑会为企业的发展注入新动力。

八月底，协会组织辽宁省有关企业参加了在黑龙江省举办的第十六届东三省重点白酒企业联席会。此次会议三省业界同仁针对 “东北固态法白酒酿造”这一主题进行了广泛深入地研讨，并在季节与香型选择、不同曲子结合、原料使用、香型融合、生态建设等多方面取得共识。会议期间，三省协会、专家、企业家还就其他有关工作和相关话题做了介绍和交流。本次会议的成功举办，对加强三省行业联系，促进三省行业发展十分有益。

十一月底，协会在沈阳举办了全省白酒行业产品鉴评活动，有关专家、评委、企业人士近60余人参加了本次活动。

此次活动的主要任务，一是对2010期（三年期）行业获奖产品例行年检及对新申报产品进行鉴评；二是通过活动实现企业间的学习和交流。在大家的共同努力下，经过两天紧张规范的现场产品鉴评及相关行业信息交流，活动达到了预期目的，取得了圆满成功。

回顾本次活动有如下特点：首先对产品来说，通过感官尝评，不仅为评定名优等级及名次提供依据，同时也使大家全面了解到各企业实际生产状况及产品质量水平。这对加快企业技术进步，调整产品结构，提高产品质量，开拓消费市场都具有针对性和指导意义。其次在打造品牌上，企业通过获奖产品，可有效开展营销宣传和产品塑造实施品牌战略。这不仅扩大了企业知名度，也拓展和强化了产品销售市场和竞争力。另外对参与人员来说，参加鉴评活动大家通过专家指导、现场品评、互帮互学和彼此交流，进一步丰富和提升了企业技术人员的理论素养和实践能力。

此外协会2012年还做了其他几项有意义的工作。与骨干企业一起参与了“辽香”型白酒的标准起草、审核、申报工作；整理发行了《辽宁省白酒行业科技交流材料汇编》一书（内部材料）；参加了阜新三沟酒业产品鉴定工作及厂庆活动；出席了沈阳天江老龙口酒厂的厂庆活动。

2013年辽宁啤酒行业综述

一、啤酒产量

根据18个生产企业提供的统计报表资料，2013年，辽宁全省实际完成啤酒产量247.17万千升，比2012年增加产量1077万千升，增长4.56%。人均年消费水平为59.11升，比全国人均年消费水平提高58.25%，仅次于北京83升的水平，比世界人均消费水平高出近一倍，比亚洲任何一个国家的人均消费水平都高。

在18个企业中，年产20万千升以上的企业有两个，即华润雪花啤酒（沈阳）有限公司77.75万千升，该厂在全国也是仅次于燕京主厂和珠江主厂，排在第三的水平。华润雪花啤酒（大连）有限公司为30.95万千升，在全国也是排在二十位以内。有五个企业年产20万千升以下10万千升以上，比上年减少了一个企业是百威英博（沈阳）有限公司。有七个企业年产量在5～10万千升，有四个企业年产量在1～5万千升。目前14个市地中已全部有了啤酒生产企业。百威英博（营口）有限公司，去年八月份已经生产。

在全省啤酒总产量中，华润雪花啤酒（辽宁）有限公司的产量最大，共完成17.5万千升，占全省总量70.58%，比2012年增长了6.04%，百威英博共完成啤酒产量41.75万千升，占全省的比重为16.89%，比2012年下降了0.24%，另外有两个私营企业，共完成啤酒产量21.15万千升，占全省的比重为8.56%，比上年提高了5.9%，青岛啤酒（鞍山）有限公司完成了5.55万千升，占全省的比重为2.24%，比上年下降了13%，沈阳燕京啤酒有限公司完成了4260万千升，占全省比重为1.76%，比上年提高了23.9%。

二、产品销售收入

产品销售收入净额为60.95亿元，比上年增加了4.52亿万元，增长了8.78%，大大高于产量的增长幅度，说明了啤酒的出厂销售价格比上年有很大提高。2012年平均销售单价为2389.76元/千升，2013年为2466.05元/千升，每千升啤酒销售价格增加了76.29元，增长幅度达到了3.19%，和全国比我省是为数最高的一个销售价格增长的省份之一。

三、五项消耗指标完成情况

1. 啤酒总损失率

全省平均为2.38%，比去年的2.78%下降了0.4个百分点，按全省总产量计算，节约啤酒液9107千升，节约价值约为2246万元。全省最低的总损失率为百威英博沈阳有限公司和百威英博锦州有限公司，均为0.03%，百威英博锦州有限公司从上年的最高降到全省最低。全省总损失率最高的为青岛啤酒（鞍山）有限公司，为3.87%，还没有达到“十二五”规划3.0%目标的除青岛啤酒外，还有本溪啤酒有限公司，其余十六个企业都完成了规划目标。全省已经提前三年完成了总体规划。

2. 啤酒耗粮（折11度计算）

全省平均为147.08千克/千升，比上年同期的145.33千克/千升提高了1.75千克/千升，按全年总产量计算，共多耗粮为3984吨，按平均粮价计算多浪费价值约为1200万元。粮耗最低的企业为华润雪花啤酒（铁岭）有限公司142.09千克/千升，最高的是百威英博（锦州）有限公司，为165.94千克/千升，没达到“十二五”规划目标145千克/千升的企业还有华润雪花啤酒（沈阳）有限公司147.09千克/千升；百威英博（沈阳）有限公司147.33千克/千升；青岛啤酒（鞍山）有限公司157.96千克/千升；本溪啤酒有限责任公司149.00千克/千升和沈阳燕京啤酒有限公司154.30千克/千升等六个企业，“十二五”规划还有两年时间，希望没达到要求的企业一定要努力完成这一目标。

3. 啤酒耗标煤指标

全省平均达到40.11千克/千升，提前3年完成了全省“十二五”规划的45千克/千升的目标，比上年同期每千升啤酒节约标准煤8.96千克/千升，按全省总产量计算，共节约标煤22093吨，节约价值约为1100万元，其中：耗标煤最低的为华润雪花啤酒（沈阳）有限公司23.86千克/千升，最高的是本溪啤酒有限责任公司89千克/千升。没完成我省规划目标的还有百威英博（大连）啤酒有限公司为79.5千克/千升；青岛啤酒（鞍山）有限公司68.08千克/千升；辽宁天湖啤酒有限责任公司60.25千克/千升；沈阳燕京啤酒有限公司57.95千克/千升和百威英博（锦州）啤酒有限公司为47.05千克/千升等六个单位。

4. 啤酒耗电指标

全省平均千升酒耗电为51.45度，比上年提前三年完成了“十二五”规划60度的目标，降低了7.45度，按全省全年总产量计算共节约用电1837万度，节约价值为735万元。全省耗电最低的是华润雪花啤酒（丹东）有限公司为35.19度，最高的是本溪啤酒有限责任公司为88度，没有完成“十二五”规划目标的还有百威英博（沈阳）啤酒有限公司（80.61度）；青岛啤酒（鞍山）有限公司（75.08度）；沈阳燕京啤酒有限公司（74.90度）；百威英博（锦州）啤酒有限公司（69.60度）；百威英博（大连）啤酒有限公司（69度）和辽宁天湖啤酒有限责任公司（62.98度）等七个企业。

5. 啤酒取水指标完成情况

全省全年平均千升酒取水为3.19立方米，提前三年完成了“十二五”规划4立方米的目标。比上年同期的3.66立方米每千升酒降低了0.47立方米，按全年总产量计算共节约用水107万立方米，直接节约价值210万元，节约用水的社会效益非常大，不仅减少了污水的排放，也是向人类节能减排的总要求前进了一步。取水量最低的是华润雪花啤酒（朝阳）有限公司为（2.47立方米/千升），取水最高的是沈阳燕京啤酒有限公司（5.21立方米/千升），其次是青岛啤酒（鞍山）有限公司（5.09立方米/千升）。没达到规划目标要求的还有辽宁天湖啤酒有限责任公司（4.67立方米/千升），和本溪啤酒有限责任公司（4.60立方米/千升）四个企业公司，这四个公司要积极努力完成国家强制要求的每千升啤酒取水4立方米标准的要求。

通过五项消耗指标完成情况可以看出，我省大多数公司都能以节能减排为己任。下一步国家对循环经济的标准要求越来越严格，而且全世界都在关注和行动，啤酒工业一定要紧跟这一大方向。

四、经济效益指标分析

根据十七个企业统计资料利税总额完成情况（百威英博（营口）啤酒有限公司没报数）显示，2013年全年共实现利税总额为20.21亿元，比去年同期增长了8.78%，提前三年完成了“十二五”规划目标要求。利税总额的增长大大高于产量的增长幅度，十七个企业中有五个企业亏损，比上年减少两个，扭亏为盈的是百威英博（沈阳）啤酒有限公司和华润雪花啤酒（朝阳）有限公司。

1. 利润总额

全省已报的十七个企业中有十二个企业盈利，总盈利额为10.69亿元，有五个公司亏损，占企业总数的27.8%，总亏损额为2.27亿元，盈亏相抵后还盈利8.40亿元，比上年同期增加利润6508万元，增长8.40%，也大大高于产量增长幅度。

在已报数的十七个企业中，有五个企业亏损，其中亏损最多的是百威英博（大连）啤酒有限公司亏损额为1.26亿元，其次是沈阳燕京啤酒有限公司，亏损4852万元，再次是华润雪花啤酒（葫芦岛）有限公司亏损3934万元，最后还有两个小亏损户，一个是华润雪花啤酒（阜新）有限公司亏损769万元，另外是青岛啤酒（鞍山）有限公司亏损695万元。

2. 千升酒利润完成情况

全省千升酒利润平均达到340.73万元，比上年每千升酒增加了3.20元。千升酒利润超过100元以上的企业有11个，其中300元以上的有六个企业，他们分别是：华润雪花啤酒（大连）有限公司为782.22元；华润雪花啤酒（沈阳）有限公司为741.90元；华润雪花啤酒（丹东）有限公司为490.49元；辽宁天湖啤酒有限责任公司（484.64元）和本溪啤酒有限责任公司（309.90元）。

3. 年人均实现利税情况

全省年人均实现利税为186280元，比上年增加了26213元，提高了16.37%，增加幅度比较大的有华润雪花啤酒（沈阳）有限公司为422275；华润雪花啤酒（大连）有限公司为269311元；华润雪花啤酒（丹东）有限公司为211803元。

另外年利税总额超过1亿元的全省有五个公司，他们分别是华润雪花啤酒（沈阳）有限公司为9.97亿元；华润雪花啤酒（大连）有限公司为4.27亿元；辽宁天湖啤酒有限责任公司为1.23亿元；华润雪花啤酒（丹东）有限公司为1.03亿元和华润雪花啤酒（鞍山）有限公司为1.02亿元，本溪啤酒有限责任公司为9021万元。

2013年辽宁啤酒协会工作情况

一、召开辽宁省啤酒专业协会第六届第九次常务理事会

会议于2013年5月20日在华润雪花啤酒（铁岭）有限公司召开。15位常务理事出席了13位，还有协会顾问占德胜同志也参加了会议，会议首先由庄守义会长做了2012年全省啤酒工业生产完成情况及协会的主要工作报告，会议还讨论制定了2013年协会的主要工作计划。讨论通过了人事变动情况，即原华润雪花啤酒（辽宁）有限公司总经理那永卓同志因工作变动不再担任名誉会长职务，改为新任区域公司总经理于舒天同志担任，另外协会增加了一位名誉会长程文凤同志也获得了一致通过。

二、召开全省啤酒质量品评及技术研讨会

根据协会工作计划于2013年11月5～6日在沈阳市星城大酒店召开了质量品评及技术研讨会。参加会议的有各啤酒公司负责技术质量的副总经理及品质或技术部们经理及酿造车间主任等，省协会技术顾问和在辽宁省工作的国家评委等共32人，参加啤酒企业17个，百威英博（营口）啤酒有限公司，2012年7月份刚刚投产就参加了会议，受到与会同志一致欢迎。配套单位杭州科百特过滤器材有限公司和北京洲际资源环保科技有限公司到会做了产品介绍和说明。会议由协会名誉会长程文凤做了提高产品质量降低各项消耗的技术报告，受到与会者一致好评。

这次会议共到会17个企业，共携带样品21个，本溪啤酒有限责任公司携带样品4个，辽宁天湖啤酒有限责任公司和华润雪花啤酒（朝阳）各带两个样品，其他公司各带一个样品。按照中国酒业协会制定的感官指标评定标准，分四个组逐个酒进行暗评并且写出评语，最后经核心组和各组组长集中讨论统一意见，对每个酒的优缺点及全省啤酒的共性问题进行讨论。

全省啤酒产品质量稳定并有所提高。各个集团之间有较大差异，每个企业的产品也各有特点，但也有个别企业的产品存在缺陷与不足，21个产品中有水感的有12个，占产品总数的57.15,有硫化味的11个，占产品总数的52.4%，口感酸的有8个，占产品总数的38.30%，另外还有7个产品有老化味、涩味、高级醇味，占产品总数的33.33%，还有后苦味、乙醛味、日光臭和杀菌味等缺点。

全体与会者经过认真的讨论，一致以为，搞好和保持产品稳定协调是搞好产品质量的重中之重，也是发展各个公司产品特点的关键所在。

会议期间各个公司的技术管理人员还分别交流各自的所得，相互增进了友谊，一致认为今后要进一步加强协作与交流。

三、进行节能减排，提高产品质量的技术咨询

2013年，辽宁啤酒协会有针对性地到一些企业进行咨询服务，受到企业的好评。

四、参加全国酒业协会的一些活动

2013年2月18～21日赴福建省福州市参加全国酒协秘书长会议，和全国各省市区酒业协会相互交流过去一年的工作经验，及新一年的工作计划等先进经验。

2013年3月18～21日参加全国酒业协会啤酒分会召开的理事长办公会议。研讨2012年啤酒分会工作总结；制定2013年啤酒分会工作计划；评定2012年啤酒行业科技进步优秀论文奖；啤酒行业自产自用二氧化碳和卫生部发布的标准等内容通报；关于2012年特色啤酒品鉴的表彰方案等内容。

2013年4月16～19日参加全国酒业协会第四届理事会第七次（扩大）会议。

五、赴省内啤酒企业进行调研活动

2013年，辽宁啤酒协会多次组织有针对性的企业调研活动。

六、宣传工作

每月出版一期《啤酒信息》；每月统计汇总全省啤酒产量完成情况月报；每季度出版一期全省各项经济技术指标完成情况的信息分析；和全年年报的综合分析工作。

2013年辽宁白酒行业综述

2013年，就我省白酒业而言，与全国大体相似。行业态势突变及产生的连带效应，直接导致多数企业销售额下降，利润趋减，经营压力加大。面对错综复杂的局面，让业界感到不适的同时，更多的是引起大家对今后如何发展的深层思考。针对诸多困扰有权威人士尖锐指出：“这是中国白酒业经历了多年高速增长后，在生产、流通、消费等领域累积大量问题和矛盾的集中显现”；“问题的关键不在于消费遇到了一些限制，而在于酒业从业者进入了一个非常迷茫的时代。白酒价格不断飞涨，白酒本身所承担的内涵已经脱离了它的本质”。这应该是对白酒业较客观的评价。显然当行业从“畸形”回归正常时，经历阵痛和调整是自然。因此处于变革之年的白酒企业，唯有与时俱进地审视形势，总结经验，明确方向，破解难题，科学地调整和实施好经营策略，才是走出困境实现持续发展的正确选择。

一年来，辽宁省酒企特别是骨干企业紧密结合行业及自身发展实际，转变观念，务实探索，顺势而为，重点加强了以下几方面工作，取得了一定成效。

一、回归理性 服务大众

过去几年有相当数量的企业一心扑在高端酒生产和销售上，以至缩减甚至放弃了中低端产品市场的开发和培育，导致产品结构失调，已有市场丧失，竞争压力加大，效益难如预期。如今走出误区的企业越来越意识到“名酒”回归“民酒”是大势所趋，专攻单一高端酒不仅难以满足市场需求，也存在巨大业绩风险，只有细分白酒市场，按市场真实需求安排生产，实施全品牌战略，走贴近民生消费之路，把企业生产风险降到最低才是正确选择。他们以市场为导向，科学调整产能和产品结构，合理增加优质的中低档白酒产品比率，加强产品创新工作力度，切实满足市场实际需求，不仅较好地抵御了当前业界的惨淡局面，重要的是回归了常态，满足了大众需求，企业效益也稳中趋好。

这充分说明了白酒业回归理性消费，使得大众、平民这个主流消费群体需求得到重视，白酒业才可获得更为健康、更为持续的成长。

二、强化质量 摒弃浮躁

由于近年来社会上的浮躁之气对白酒业的影响较重，使得许多企业工作重点受到削弱甚至偏离。虽说产品内在质量大家都认为重要，但实际经营中更多的精力是放在了产品外在的装潢、营销和宣传上。在经历了多年放弃个性，盲从跟风后，企业渐渐认识到了问题的严重性，开始回归原点，回归理性，回归本真，找回白酒失去的固有属性。现在我们看到许多企业工作重心开始转移，都寻求在产品质量上找到新的突破口，找到新的利润增长点。由于质量意识、创新意识增强了，自然在生产技术和产品质量上的关注和投入增多了，进一步强化了企业发展后劲；另外，目前企业过度包装少了，非理性营销和宣传少了。取而代之的是清新、简约、大方的包装和理性、健康、务实的产品推介和宣传。

可见白酒业者只有回归理性，沉下心来认认真真做酒，白酒业才能兴旺发达。如果浮躁、急功近利，不务实，搞花样，以此来对待消费者，那企业就不会有未来。

三、诚信为本 品牌立市

这几年白酒业的“涨价潮”“塑化剂”风波等等，不断刺激公众神经，引发公众质疑。尽管业界对此莫衷一是，但白酒业出现诚信危机是不争的事实。显然诚信考验着白酒市场环境、考验着白酒界从业者、考验着企业对消费者的道德观念和经营之道。

作为企业如何重塑中华传统价值理念，直面存在问题，化解种种疑虑，给消费者以信心，是当务之急，也是长远发展的需要。

当前深处调整期的辽宁省白酒业，对加强企业诚信建设的重要性有了更深的认识。大家感到诚信不仅是一个道德品质观念，对企业而言更是一种合作关系准则、一种法律责任、一种品牌承诺。企业只有踏踏实实地从点滴做起，用心用行动去履行这些责任和义务，才能取信于消费者，才能真正体现自身价值，进而获得良性发展。相反如果不注重诚信建设，甚至把它当作一个时尚的口号或招牌，那很快就会失去人们的信任，长期下去无论对个人或企业都无任何益处。

另外，目前企业在品牌塑造上更注重其品质和内涵，这是因为品牌是质量与诚信的象征，是质量与诚信历史积累的结晶，是消费者赋予一个产品和一个企业的最高荣誉。其实我国自古代以来，就特别强调质量及诚信经营，那些中华老字号及百年老店，无一不是质量及诚信经营的代表。

这些都使企业深切体会到塑造“品牌”就是培育“民牌”，来不得半点懈怠和浮躁，需要长期精心培植与呵护。任何急功近利的品牌炒作都是对消费者，对产品和企业本身的严重伤害。

总之，面对当前低迷的白酒业，市场重新洗牌在所难免。如何化危机为契机，练好内功，强大自己，坚守中华传统产业的优良传统，相信只有提前做好调整准备的企业才能在市场上占得先机。我们看到经历风雨的我省白酒业，通过自我调整，自我完善，正以良好的状态站在一个新的历史起点上，用实际行动履行自己应尽的责任和义务。

2013年辽宁白酒协会工作情况

一年来，辽宁白酒协会按中央及上级要求，结合自身实际，坚持服务宗旨，较好地完成了年初工作计划。期间，协会除积极完成行业调研、协调、服务及信息编选、传递等日常性工作外，还根据国家要求和行业需要组织开展多项活动，受到了业界的肯定。

一、召开理事会

2013年初，我会遵循协会章程召开了一年一度的理事年会(通讯会议形式)。分别向会员单位传递了行业年度工作报告、行业年度主要经济技术指标统计报表及行业其他相关资讯。与此同时，协会还通过走访、调研等形式与企业就行业发展问题进行沟通和交流，均收到良好效果。由于所传信息内容丰富，关注度高，加上形式经济、务实所以得到会员单位的普遍认可。

二、举办技术培训

为提高从业者职业素质和实际工作能力，更好地适应新时期企业工作需求，依据国家《食品安全法》及《劳动法》有关规定和企业要求，我会六月份在沈阳举办了全省白酒基础知识普及培训班，有50余人参加了本次活动。

此次培训对象与以往有所不同，主要是企业产品销售人员和各岗位新员工，以及有意学习的企业各类人员及经销商等。为确保活动质量，协会邀请了多位行业著名白酒专家现场授课，在课程安排上也充分体现了全面系统、注重基础、理论联系实际、通俗易懂的特点。虽说本次参班学员来自企业多个岗位，但大家都十分珍视本次学习机会，因此教与学热情高，效果好。

通过几天的紧张培训，全体学员较系统地学习和普及了相关的白酒基础知识，进一步提高了自身的理论水平和实际工作能力，为企业规范化生产和经营提供了保证。

三、举办行业产品鉴评活动

为强化企业质量意识，提升研发能力，加快品牌建设，适应消费需求，11月初协会在沈阳举办了新一期即2013期（三年一期）全省白酒行业产品鉴评活动。

为确保鉴评过程及结果的规范性、权威性，协会按惯例邀请了行业知名专家及具有资质的各级评委前来参加该项工作。由于活动公开、公平、公正、透明，由此引起众多企业的关注和参与。截止会前有40余家企业的80多个产品申报参评。

通过活动我们看到，随着该项工作持续开展和近年来企业的不懈努力，行业产品逐步得到改善，产品结构不断得到优化。尤其在产品品质、多样化、个性化、外观设计等方面普遍为大家所重视，并达到了一个新的档次和水平。另外，大家普遍感到通过开展此项活动给企业带来的益处也是多方面的。首先活动推动了产品质量的提高；二是活动产生的名优产品效应为企业培植和打造品牌创造了条件；三是活动的开展加快了人才队伍建设。使来自基层的技术人员有机会接触数量丰富、特点不同的各类产品，并实现了彼此间的学习和交流。这对与会评委及所属企业提高产品鉴评水准，完善产品设计、推动科技创新都具有实质意义。

四、组织名优产品企业发布信息通告

按行业惯例我会于12月份组织荣获2013年（期）辽宁省白酒行业名、优酒称号企业，参加了在我省权威媒体（辽宁日报）统一刊登的信息通告。此举目的：一是让广大消费者及时知晓本期行业获奖产品资讯，为市场提供权威消费选择；二是展示和宣传我省名优产品及企业，为培植和塑造行业品牌创造条件；三是通过信息公开，传递诚信承诺，接受社会监督，树立行业骨干企业形象。

吉林

2012年吉林酒业综述

2012年，全省规模以上酿酒生产企业120户，完成工业总产值290.16亿元，同比增长13.88%，占全省食品工业总产值的7.85%；实现销售收入282.9亿元，同比增长17.02%；完成利润总额11.946亿元，同比增长10.84%；上缴增值税8.33亿元，同比增长24.97%；上缴税金11.43亿元，同比增长14.92%。

全省规模以上酿酒生产企业生产饮料酒总产量224.52万千升，同比增长3.06%；其中：完成白酒产量53.54万千升，同比增长22.44%，全国排名第九位；完成啤酒产量135.1万千升，同比下降8.8%，全国排名十四位；完成葡萄酒产量32.70万千升，同比增长38.1%，全国排名第二位；完成其他酒产量3.18万千升，同比增长40.67%。完成酒精产量152.31万千升，同比增长1.55%，全国排名第二位。

2012年吉林酒业协会工作情况

协会在推进品牌战略、培养技术人才等方面做了一些工作。简要总结如下：

1. 组织了名优酒鉴评会；
2. 审查推荐吉林省著名商标6个；
3. 组织召开了吉林酒业发展座谈会；
4. 完成了吉林省酿酒行业2012年终生成就奖、先进企业、先进个人的推荐、选举、表彰工作；
5. 组织全省白酒生产重点企业参加了东三省第十六届白酒企业联谊会；
6. 完成了吉林省酒业协会第五届理事会的换届工作；
7. 组织了吉林省酿酒行业2013年迎新春联谊会。

上海

2012年上海酒业协会工作情况

一、实施名牌战略，在行业内开展酒类商品的各类评选活动

1. 组织开展“上海市名优（酒类）食品”评选活动

2012年上海酒业协会响应市政府培育一批中国乃至世界级名牌的号召，继续积极组织开展上海市名优食品的评比活动。与上海食品协会合作，推荐和评选了37只酒类产品为上海市名优食品，得到企业和市商务委的好评。

2. 恢复组织企业申报“上海市名牌”产品

因食品安全事故，2011年上海中断了上海市名牌的评选活动，2012年恢复，协会经评审，推选金枫、三得利、神仙、神马等7家企业的石库门、三得利、神仙、皇轩等9个产品品牌代表行业参加“上海市名牌”产品的评选活动。评选结果在2012年12月31日已向社会公布，协会推选的产品全都上榜。

3. 举办“上海酒类市场‘金樽奖’”推广活动

协会与上海市商联会等共同发起组织的“上海酒类市场‘金樽奖’”评选活动，这是全行业酒类产品的一次大型市场推广活动，目的是将行业的优质产品推荐给上海的广大消费者，引导消费，以帮助企业的优质产品能更畅通、更便捷地进入家庭，提高广大消费者对酒水的认知度，促进消费。

二、开展食品安全的活动，提高行业食品安全的意识

1. 协会组织召开酿酒行业食品安全与食品安全标准会议

会议除了要求所有的生产企业参会外，还邀请了上海市连锁经营行业协会、上海市餐饮行业协会等与行业相关联的协会和流通企业代表共同商讨酒类商品的安全之策。协会邀请了上海市食品安全办公室、上海市酒类专卖管理局、上海市质量技术监督局的领导和专家做专题报告和新食品安全标准的辅导报告，并进行交流互动活动。

2. 协会组织会员企业展开自查、自纠的安全落实行动

涉及酒行业的DBP事件发生以后，协会迅速发起针对酒类产品DBP含量和生产环节的塑料部件、容器等的自查、自检行动，消除可能的隐患。同时配合市质监局落实产品抽检工作，确保产品符合标准。协会还在行业内组织落实了食品安全责任人（食品安全信息员）制度，使每一家会员企业都必须落实食品安全责任人，全程监控生产环节，以确保酿酒行业所生产的每一升、每一瓶酒的质量安全可靠，确保本行业不发生食品安全事故，为上海市政府提出的食品安全城市全国表率的目标做努力。

三、参与对企业的“清洁生产”工作的审定

为了在十二五期间全面贯彻落实国家《清洁生产促进法》，完成市政府布置的节能减排20%的任务，协会参与了市经信委、环保局、环科院共同对全市酿酒行业“清洁生产”的预审和审查工作，提出了上海市啤酒、黄酒等行业企业清洁生产的有关数据和标准的参考意见。协会帮助两家会员企业先后通过了“清洁生产”的审定或预审，达到了国家“清洁生产”企业的标准。

四、主办和参与多个行业相关活动

1. 2012年协会在第十三届“中国清洁展”期间，举行了“食品生产企业清洁论坛，邀请了美国、德国、日本等国的清洁生产方面的专家来介绍国际最新的清洁生产技术和现场装备的操作演示，协会组织了70多家会员企业派出专业人员参加此次论坛，还邀请了部分江苏和浙江等周边的酿酒企业来沪参与。

2. 2012年协会还首次在沪召开了“2012亚太酿酒工业绿色科技峰会”。峰会邀请了全球前50强酿酒集团近50位高管作为本次峰会的发言人及特邀嘉宾，分享了他们第一手业内信息与近期酿酒业在可持续环保方面的创新发展，我们诚邀了上百家国内外酿酒生产企业、机械设备与原材料提供商、包装厂商以及其他与酿酒工业相关的供应商莅临

现场，参加本次峰会，共同致力于为全亚太地区酿酒工业打造一个更环保、更绿色的未来！

3. 协会应邀参与了由上海复旦大学新闻学院、上海商学院和上海市商业经济学会举办的《商务传播国际学术研讨会——媒体与食品安全》的活动，并就我们行业的食品安全危机与媒体应对的专题发言。

4. 协会参与了上海市商务委举办“商业文化、诚信上海”的专题研讨会，就商业文化和我们行业的诚信现实与与会专家进行了探讨。

5. 发动会员企业踊跃推选优秀青年员工参加上海市轻工产业工会和轻工业联合会开展的“上海轻工行业先进新生代产业工人”的评选活动，以树立新时代年轻一代产业工人的形象和榜样。

五、信息与咨询

1. 对外及时发布准确信息

协会向行业内及相关行业、政府部门发送了《上海酿酒简讯》24期；协会专属网站专业信息及时更新。

协会对外发布有关信息，通过大众媒体向社会宣传，既能使公众了解我们行业的情况，扩大行业的社会影响，又可使信息资源共享，为社会服务。2012年通过电台、电视台、报刊、网络等媒体的报道，协会领导代表协会对社会发布了60多条、次的信息。尤其在行业涉及到的食品安全事件，白酒的D塑化剂、黄酒的氨基甲酸乙酯等，透过主流媒体的报道，及时、科学、理性地解释相关事实和缘由，澄清误解或误传，尽可能地消除不利的社会反响，挽回对行业的影响，消除社会和广大消费者对酒类食品的顾虑。既帮助会员企业维护了声誉和合法权益，也维护了消费者的权益。协会还通过媒体分别发布了酒品市场信息、国家标准执行情况的报告和进口酒的信息以及对国内酒类市场影响的分析报告。

2. 对国内外同行提供咨询服务

协会为上海亚太、三得利中国投资公司、上海青岛、金枫、皇轩、神仙和十几家崇明老白酒企业及日本朝日、麒麟、三得利、三菱商事等公司，美国、匈牙利、阿根廷、西班牙、意大利、澳大利亚、意大利等驻沪领事馆和酒协、商务处等国内外同行提供咨询服务61家、81人次。

3. 提供专业信息

协会参与市经信委组织的《上海市时尚产业三年行动计划》的制定，为政府5个相关部门提供了行业的发展情况和产销市场信息，以及行业的技术专业性方面的信息。

4. 组织活动

协会组织中小会员企业参加市中小企业融资政策解读与服务的会议和网上“金马甲”交易平台的活动等，为我们的中小会员企业解决融资困难提供有益而有效的帮助。

5. 及时上报统计信息

协会依照国家和行业协会的要求，并按照国家统计的规定和要求，按月按级按年对上海酿酒行业的生产与销售以及酒类市场的相关信息进行统计，并据此进行行业分析。将统计信息上报中国酒业协会、中国食品工业协会、上海市经信委、商务委、酒类专卖局等有关部门。同时也向会员单位提供。

六、参与编写行业相关的标准和年鉴

（1）参与上海市商务委组织制定《上海市食品流通市场的服务标准》的“上海市食品零售企业服务标准”。

（2）参与制定上海市啤酒行业能耗标准。为了实现上海市“十二五”规划提出的节能20%的目标，协会与上海市轻工业协会和轻工研究所共同研究、讨论，举行啤酒行业的听证会，针对我市啤酒企业的能耗现状和技术实力，制定了高于国家啤酒标准的能耗标准，并于2012年实施。

（3）编写《2012年上海工业年鉴》《2011年上海市商务年鉴》等的上海酿酒工业篇和酒业篇。

（4）编写《中国酒业年鉴》上海地方篇和《中国食品工业年鉴》上海篇。

七、参与行业相关的公共社会事务

2012年涉及酒类行业的公共社会热点较多，诸如名酒的涨价、假冒、投资、保值、拍卖等，引起社会公众的参与和关注。协会作为行业性的社会组织，义不容辞参与这些公共事物，发挥行业的专业优势，解决公众的疑惑，普及消费常识，引导消费，维护良好的市场秩序，从而也促进我们行业的发展。

（1）协会先后与上海电视台纪实频道《第25小时》栏目、上海人民广播电台FM93.4的《曼生活》栏目共同制作了进口红酒专题纪录片和酒类消费方式的音频等节目内容，并相继播出。在平面媒体上发表了20多篇有关酒的鉴别、收藏、包装、拍卖以及其他相关的知识。

（2）协会应邀在高校举行酒与消费的报告会，在大学生中推广普及酒的消费。为满足社会日益增长的对高端生活的追求，协会还面向社会，开办酒与生活品味的讲座，引导社会成功人士、高端消费人群对酒的消费与追求。

八、主办《上海国际葡萄酒与烈酒展览会》和组织参观、参展相关展会

协会连续举办了第八、第九届《上海国际葡萄酒与烈酒展览会》，这也是适应形势，构建国际酒业贸易、交流平台，以满足广大国外酒商更方便进入我国市场的需求。两届展览会共有来自20多个国家的390多家参展商参展，吸引了4000多位专业人士前来参观、洽谈，同时还进行了一系列的报告会、讲座、品酒等活动。此外，还组织会员企业有选择地参加在沪举行的大型国际食品展，如法国爱博（SAIL）展览集团主办的“第八届上海国际食品、饮料展”“第十届上海国际饮料、食品及技术博览会”“中国国际水处理设备展”“2012意大利三大葡萄酒产区国家展”等专业性展览等，为促进中外同行交流、企业寻找、发现商机提供机会及服务。

九、组织会员企业参加大学生招聘专场活动

为了响应上海市政府号召，大力解决大学生就业的问题，协会继续组织会员企业参加了由杨浦区政府和市经团联组织的“上海应届大学生招聘专场”的活动。7家中外会员企业拿出60多个职位，涉及啤酒、黄酒等销售、营销、行政、食品检验和化验、质量控制等专业工种。

十、与国外的交流进一步加强

2012年协会与国内外同行间的交流更加频繁和密切。尤其是与法国、意大利、西班牙、美国、匈牙利、澳大利亚等国同行的联系更密切，活动也更多。我们与国外的驻沪机构的交往也越来越多，法国食品协会、美国农贸处、西班牙商务处、意大利贸易处、德国工商大会、法国亚玛内克白兰地联盟等。协会接待了19个国家、46个行业协会和酒商代表团，并且组织开展相关会员企业与法国雅文邑（ARMAGNAC）白兰地地区协会、意大利（Schizzerotto）啤酒协会、德国不来梅地区葡萄酒协会和布拉特罗（Pratello）意大利酒庄等酒商进行了深入的交流和合作意向的洽谈等国内外同行间的交流、合作活动。

十一、尊章办事，开展协会基础工作

1. 依章换届，召开五届会员会议和五届一次理事会

依照章程，2012年是换届之年，协会做了充分的换届准备工作，在全体会员的支持和配合下，上海酒业召开了第五届会员大会，和五届一次理事会会议，选举产生了新一届协会理事会和领导，圆满完成了五年一次的换届工作。

2012年协会的分支机构，崇明老白酒专业委员会亦在年底完成了换届工作。

2. 发展会员，扩大行业的覆盖面

协会根据市政府关于行业协会发展的文件精神，积极稳妥地发展会员。一年内发展了西班牙发露酒业贸易（上海）公司等3家会员企业。

2013年上海酒业协会工作情况

一、实施名牌战略，在行业内开展酒类商品的各类评选活动

1. 组织开展“上海市名优（酒类）食品评选活动

2013年，为响应市政府培育一批中国乃至世界级名牌的号召，上海酒业协会继续积极组织开展上海市名优食品的评比活动。与上海食品协会合作，推荐和评选了29个酒类产品为上海市名优食品，获得企业和市商务委的好评和肯定。

2. 组织会员企业参加“上海市轻工行业品牌培育”培训活动

为了重振上海轻工产品的地位，提升上海市轻工产品品牌知名度，市轻工行业协会与轻工各协会共同组织了“上海市轻工行业品牌培育”培训活动。培训活动邀请了著名的品牌大师、专家来授课和培训。上海酒业协会组织了金枫、神仙、新晖、皇家等7家会员企业参加了此次品牌培训活动。

3. 举办“上海酒类市场‘金樽奖’”推广活动

2013年协会与上海市商联会等协会共同发起组织的“上海酒类市场‘金樽奖’”评选活动，是全行业酒类产品的一次大型市场推广活动，目的是将行业的优质产品推荐给上海的广大消费者，引导消费，以帮助我们企业的优质产品能更畅通、更便捷地进入家庭，提高广大消费者对酒水的认知度，促进消费。

4. 推荐历史悠久的会员企业申报“上海老字号”

2013年响应市政府“发扬光大上海老字号品牌”的号召，协会依据条件，推荐了神仙酒厂、东明酿造公司两家会员企业参加“上海老字号”企业的认定工作。

2013年协会还推荐了石库门酿酒公司的俞剑桀参加“2013年上海行业领军人才”的评选活动。

为推动本行业自主品牌的建设，协会发函推荐了金枫、皇家等会员企业给市经信委，申报2013年“上海市加快自主品牌建设专项资金”。

二、开展食品安全的活动，提高安全的意识

1. 组织会员企业参加由上海市食品药品监督管理局主办的“2013上海市食品安全国家标准宣贯培训会”

让与会者了解了国家食品安全的形势和食品安全国家标准清理工作的最新进展；还对当年必须贯彻实施的《食品生产通用卫生规范》等四项食品安全国家标准由专家进行了解读、解释等辅导培训，提高企业在食品生产中的准确把握和落实能力。

2. 对2009年制定的《中华人民共和国食品安全法》进行修改

协会对上海市食品安全工作联合会转来的由国家卫生部负责的此法修改稿进行了解读和理解，并针对酿酒行业的特点提出并反馈了修改意见。

3. 组织参加上海市食品学会和中国食品科技学会在上海举行的“食品安全移动检测技术”国际论坛会议

会上，德国、日本、美国等国的专家、学者介绍和讲解了相关技术和装备，参会者获得最新的国际上的食品安全移动检测技术的信息，开阔了眼界、提升了认识。

三、参与“清洁生产”和“产业政策”现场审查

为了在十二五期间全面贯彻落实国家《清洁生产促进法》，完成市政府布置的节能减排20%的任务，协会参与了上海市经信委、环保局、环科院共同对全市酿酒行业“清洁生产”的预审和审查工作，提出了上海市啤酒、黄酒等行业企业的清洁生产有关数据和标准参考意见。协会帮助两家会员企业先后通过了“清洁生产”的审定或预审，达到了国家“清洁生产”企业的标准。

应上海市经济信息化委员会的要求，协会参与并协助政府相关部门对会员企业的产业政策现场审查工作。

四、协调关系，维护会员企业的合法权益

2013年上海市生产用水价格再次上调，水务部门仍将我们酿酒企业视为饮料生产企业，按照特种生产用水价格收费。在会员企业尤其是啤酒企业的要求下，协会与市发改委、物价局、水务局等政府部门提出诉求，协调关系。在得到市发改委、物价局的支持和协调后，最终政府三部门将以发文的形式，将我们酿酒行业从饮料类别中划出，

归为一般工商业用水性质，从而彻底解决困扰行业的不合理用水成本问题，维护了企业的合法利益。

2013年，有啤酒企业因使用“超爽”字眼的酒标而在外省市遭到当地工商部门的处罚，协会代表行业就此事向当地工商部门发出公函，提出我们的正当理由，据理力争。同时向中国酒业协会啤酒分会反映和咨询，获得上级协会的支持，并由他们向国家工商总局商标局提出撤销“超爽”商标注册的意见。协会还与此商标拥有者企业进行了了解和协调。暂时避免了企业的不合理处罚，后面还要继续努力，直至此商标撤销为止。

五、主办和参与多个行业相关活动

1. 2013年协会在第十三届“中国清洁展”期间，举行了“食品生产企业清洁论坛”，邀请了美国、德国、日本等国的清洁生产方面的专家来介绍国际最新的清洁生产技术和现场装备的操作演示，协会组织了70多家会员企业派出专业人员参加论坛，还邀请了部分江苏和浙江等周边的酿酒企业来沪参与。

2. 2013年借中国国际供热及热动力技术展览会HEATEC暨中国（上海）国际锅炉、辅机及工艺设备展览会BOILER SHANGHAI(简称“国际供热暨锅炉展”)在上海举办之时，在香港雅式展览国际公司协助下，协会首次举办召开了“酿酒行业锅炉产品和改造案例技术交流会”。旨在配合市政府2015年之前淘汰燃煤、燃油锅炉的相关工作，将最新型的锅炉产品、使用案例、维护经验和优秀企业推荐给酿酒行业各相关企业，同时帮助企业着力加强技术创新、促进产业转型升级和产业技术水平显著提升，为实现我国节能减排目标奠定坚实的物质基础和技术保障。我们邀请了德国、美国、日本等国际知名的锅炉制造企业来介绍和推广国际节能、环保的锅炉技术，20多家会员企业以及其他长三角地区的30多家企业参加了交流会。

3. 2013年为了应对目前严峻的食品安全形势，提高上海酿酒行业各会员企业检测、分析技术水平，提升企业食品安全素质，我协会与上海纳锘仪器有限公司和日本岛津企业管理（中国）有限公司共同举办“上海酿酒行业食品安全检测与分析技术培训讲座”。由日本岛津公司将其先进的检测与分析技术、仪器介绍给酿酒行业，解决企业在这方面的升级换代的问题。十几家会员企业的相关领导和专业技术人员参加了此次讲座。

4. 2013年协会举办和参与举办了一系列的活动

日本三浦工业株式会社在三得利啤酒上海工厂节能锅炉技术研讨会。

日本三菱商事与市节能协会组织的“分布式能源与热电联供技术”论坛。

组织企业参加市轻工协会和市轻工工会联合会发起的“服务品牌建设、推动转型发展”立功竞赛活动，并结合活动的开展，推选企业和个人参评“先进个人”“工人先锋号”“先进企业”等评选活动。

六、信息与咨询

1. 2013年协会向行业内及相关行业和相关政府部门发送了《上海酿酒简讯》24期；协会专属网站专业信息坚持更新。

协会对外发布有关信息，通过大众媒体向社会宣传，既能使公众了解我们行业的情况，扩大行业的社会影响，又可使信息资源共享，为社会服务。2013年通过电台、电视台、报刊、网络等媒体的报道，协会领导代表协会对社会发布了60多条、次的信息。协会今年还通过媒体，分别发布了酒品市场信息、国家标准执行情况的报告和进口酒的信息以及对国内酒类市场影响的分析报告。

2. 2013年协会为三得利中国投资公司、上海青岛、金枫、雪花、皇轩、神仙和十几家崇明老白酒企业等会员企业及日本朝日、麒麟、三得利、三菱商事等公司，美国、匈牙利、阿根廷、西班牙、意大利、澳大利亚、意大利等驻沪领事馆和酒协、商务处等国内外同行提供咨询服务79人次。

3. 2013年协会组织了中小会员企业参加市中小企业融资政策解读与服务的会议和网上“金马甲”交易平台的活动等，为中小会员企业解决融资困难提供有益而有效的帮助。

4. 2013年协会依照国家和行业协会的要求，并按照国家统计的规定和要求，按月按级按年对上海酿酒行业的生产与销售以及酒类市场的相关信息进行统计，并据此进行行业分析。将统计信息上报中国酒业协会、中国食品工业协会、上海市经信委、商务委、酒类专卖局等有关部门。同时也向会员单位提供。

七、参与编写行业相关的标准和年鉴

1. 参与上海市商务委组织制定《上海市食品流通市场的服务标准》的“上海市食品零售企业服务标准”。

2. 参与制定“淀粉糖单位产品能耗限额”上海市地方标准。为了实现上海市“十二五”规划提出的节能20%的目标，协会参与制定了“淀粉糖单位产品能耗限额”上海市地方标准。2014年实施。

3．编写《2012年上海工业年鉴》、《2012年上海市商务年鉴》等的上海酿酒工业篇和酒业篇。

八、参与行业相关的公共社会事务

2013年涉及酒类行业的公共社会热点较多，诸如名酒的涨价、假冒、投资、保值、拍卖等，引起社会公众的参与和关注。上海酒业协会作为行业性的社会组织，义不容辞参与这些公共事物，发挥行业的专业优势，解决公众的疑惑，普及消费常识，引导消费，维护良好的市场秩序，从而也促进我们行业的发展。

1．协会先后与上海电视台纪实频道《第25小时》栏目、上海人民广播电台FM93.4的《曼生活》栏目共同制作了进口红酒专题纪录片和酒类消费方式的音频等节目内容，并相继播出。在平面媒体上发表了十几篇有关酒的鉴别、收藏、包装、拍卖以及其他相关的知识。

2．协会应邀在高校举行酒与消费的报告会，在大学生中推广普及酒的消费。2013年协会应邀在上海东华大学和浙江工业技术大学举办报告会和开讲座。为满足社会日益增长的对高端生活的追求，协会还面向社会，开办酒与生活品味的讲座，引导社会成功人士、高端消费人群对酒的消费与追求。

九、主办《上海国际葡萄酒与烈酒展览会》和组织参观、参展相关展会

1．2013年上海酿酒协会举办了第十届《上海国际葡萄酒与烈酒展览会》，这也是适应形势，构建国际酒业贸易、交流平台，以满足广大国外酒商更方便进入我国市场的需求。两届展览会共有来自20多个国家的390多家参展商参展，吸引了4000多专业人士前来参观、洽谈，同时还进行了一系列的报告会、讲座、品酒等活动。

2．协会组织了我行业内的7家上海市名牌企业和名优企业参加了由市经信委、市商务委主办的第三届“上海市轻工名品、新品展示展销会”。

3．上海市中小企业发展服务中心在上海世贸商城建立“上海市中小企业精品展示馆”，主要展示轻工行业消费类产品。首期协会组织了6家会员企业的产品进入该馆展示半年。

4．协会还组织会员企业有选择地参加在沪举行的大型国际食品展，如法国爱博（SAIL）展览集团主办的“第九届上海国际食品、饮料展”“第十一届上海国际饮料、食品及技术博览会”“中国国际水处理设备展”“2013意大利三大葡萄酒产区国家展”等专业性展览等，为促进中外同行交流、为企业寻找、发现商机提供机会及服务。

十、与国外的交流进一步加强

2013年协会与国内外同行间的交流更加频繁和密切。尤其是与法国、意大利、西班牙、美国、匈牙利、澳大利亚等国同行的联系更密切，活动也更多。我们与国外的驻沪机构的交往也越来越多，法国食品协会、美国农贸处、西班牙商务处、意大利贸易处、德国工商大会、法国亚玛内克白兰地联盟等。

2013年协会接待了19个国家46个行业协会和酒商代表团，并且组织开展相关会员企业与法国雅文邑（ARMAGNAC）白兰地地区协会、德国不来梅地区葡萄酒协会和布拉特罗（Pratello）意大利酒庄等酒商进行了深入的交流和合作意向的洽谈等国内外同行间的交流、合作活动。

2013年协会先后会见了加拿大总督戴维·约翰斯顿（David Johnston）、德国农业部长伊克塔特博士（Artur Ickstadt）、巴伐利亚州酿酒协会总监纽扎拉博士（Manfred Newrzella）等国外政要和同行。

十一、尊章办事，开展协会基础工作

1．依章换届，召开五届二次会员会议和五届二次理事会

依照章程，2013年在全体会员的支持和配合下，协会召开了第五届二次会员大会和五届二次理事会会议。

2．通过“国家社团组织能力建设评估”考评

2013年协会为迎接“国家社团组织能力建设评估”考评小组的考评，协会进行了前期大量的准备工作，整理近几年来协会工作的有据可查的文档、资料，包括音频、视频、照片等，按要求建立档案系统库（实件和电子文档），按照三A标准申报考评。最终顺利通过考评。

江苏

2012年江苏酒业综述

2012年，江苏省酒类行业受国际金融危机的影响，出现了许多新情况、新问题，特别是进入下半年，市场不旺，销售不畅，企业库存大幅增大，很多企业经营困难，效益锐减。11月份发生的“塑化剂风波”，行业更是“雪上加霜”。面对上述复杂的形势，江苏酒类行业协会按照2012年中央和全省经济工作会议提出的“稳中求进”总体要求，在服务政府的同时，更加贴近行业和企业，提升服务质量，发挥桥梁和纽带作用；引导行业正确认清当前中国经济已从高速增长转为平稳增长，从规模扩张转为质量效益型发展的新形势，从而化解了一个又一个矛盾，克服了一个又一个困难，实现了行业的理性发展。目前全行业正在加速调整，把提质量、重效益作为调整工作的重中之重，全力促进平稳发展。协会也在思考如何更好地学习贯彻十八大精神，加强和完善协会自身建设，更好地发挥协会在经济建设中的作用，为行业发展做出更大努力，更大贡献。

2012年，江苏省酒业按照中央和全省经济工作会议的总体要求，大力调整酒业结构，推进酒业发展方式，着力加强自主创新、改革开放和扩大流通，在复杂的经济形势中，确保酒类行业步入了平稳调整期，虽然增幅放缓，但实现了年初制定的“稳中有进”总体目标。

据不完全统计，2012年全省酒类产量达到450万千升，比上年增长15.39%；销售额636亿元，占全省GDP5.4万亿元的1.18%。其中规模以上酒类企业销售额575亿元。全省规模以上白酒产量89.5万千升，比上年增长33.58%，列四川、山东、河南之后，全国排名第四。省内白酒销售额420亿元，加上省外白酒在江苏销售额126亿元，合计达到546亿元；全省规模以上啤酒产量217.38万千升，销售额48亿元，产量下降38.58%，销售额略有上升，全国排名第六。其中青岛、华润雪花、重啤（天目湖、盐城）、大富豪、金陵等五个品牌10家啤酒生产厂共生产啤酒184万千升，销售额37亿元，占全省销售额的70%以上；黄酒生产总量43万千升，成品酒26万千升，基酒11万千升，销售额接近15亿元，居全国第二；葡萄酒销售额快速上升，超过20亿元。

2012年，江苏酒业除中小企业受国际金融危机影响，经营较为困难外，整个行业仍呈快速发展态势，特别是龙头企业“三沟一河”积极抢抓机遇，推动企业做大做强，提升苏酒品牌形象取得了卓越成绩，引起了全行业的普遍关注。“洋河”，实现销售收入接近200亿元，进一步稳定了“茅五洋”地位，同时已跻身上市公司全球500强，位列第425位，与位列第450位的五粮液一起成为2012年500强榜单中新增添的两家中国大陆企业。如今的“洋河”不仅打破了江苏省上市公司世界500强企业的零记录，成为中国股市前20强、市值超千亿、中国纳税企业500强、全国唯一拥有五大“中国驰名商标”的白酒企业，被称为国内酒界的“苹果”、白酒行业的“标杆”，而且得到了国际社会的赞誉，英国《金融时报》报道称：“洋河展现出了国际级水平并被国际认可。”由于“洋河”的突出贡献，还为宿迁赢得了“中国白酒之都”称号。“今世缘”、“汤沟”的发展，也同样进入了“快车道”。2012年，今世缘酒业实现销售额38亿元，比上年增长20%，精心打造的缘文化进一步进入千家万户；汤沟酒业实现销售额超过10亿元，比上年增长25%以上，所经营的“两相和”品牌越来越受到市场青睐，被广大消费者接受。

2012年江苏酒类行业协会工作情况

2012年，江苏酒类行业协会在省经信委、商务厅、民政厅和省工商联等上级有关部门的关心与指导下，在全体会员单位的大力支持和共同努力下，按照中央和省对经济工作的总体要求，坚持以科学发展观为指导，以服务政府、服务行业和服务会员为宗旨，以创新转型、开拓进取为动力，努力打造协会品牌，增强协会凝聚力和影响力，取得了一定成绩。目前协会功能尽显，生机和活力无处不在。主要工作情况如下：

一、从自身建设入手，建设品牌协会

协会在省经信委、商务厅、民政厅和省工商联等上级有关部门的关心与指导下，在全体会员单位的大力支持和共同努力下，按照中央和省对经济工作的总体要求，坚持以科学发展观为指导，以服务政府、服务行业和服务会员为宗旨，以创新转型、开拓进取为动力，增强协会的服务功能，提高凝聚力和影响力。一是增补副会长，充实协会领导班子；二是成立葡萄酒和酒精分会，扩展服务功能；三是发展协会会员，壮大协会组织；四是坚持各项制度，促进协会健康发展；五是重视并坚持分支机构联合办公会制度，促进协会、分支机构互动，共同努力，齐头并进，形成合力，把协会工作做得更好。

二、紧贴行业需求，促进服务升级

协会充分发挥其产供销链接、产学研一体优势，彰显能办大事，办好大事的能力，同时积极组织扩大内需、产销对接和开展职业技能培训等多项工作，全方位地为会员单位提供服务。一是关注市场变化，引导行业发展；二是打造培训品牌，为行业培养人才；三是多渠道搭建互动交流平台，充分发挥协会的桥梁纽带作用；四是举办酒类博览会，提升江苏酒业的影响力。

三、深入开展“行业自律”，维护市场秩序

通过认真总结前两年开展“诚信经营”示范企业创建活动经验的同时，进一步精心组织，扩大宣传，广泛发动，严格创建标准，继续开展“诚信经营示范企业”创建活动。

四、紧密协作，积极反应企业“诉求”

进入2012年下半年，协会围绕这项工作进行了一系列调研，并形成了包括政策、措施和目标的初步提案。待广泛征求意见，进一步完善后报省政府和省有关部门。

五、协同配合，完成上级协会委托交办的工作

回顾一年来，协会工作虽取得了一定成绩，但我们也清醒地认识到，协会工作离省经信委、商务厅和工商联的要求还有一定的差距，仍存在许多需要加强和改进的地方。我们将在今后的工作中加强学习，全心全意、尽职尽责地把协会工作做得更好，让领导和全体会员单位满意。

2013年江苏酒业综述

2013年，江苏省酒类市场受国家宏观政策调整及诸多因素的影响，前几年持续强劲的增长势头受到抑制，由前几年30%～50%的增幅，下降为个位数增长。

综观2013年我省酒类市场运行，在市场结构和商业模式上较以往有很大不同，都发生了深层次的变化。酒类市场呈现“健康理性消费”的良好氛围，百姓大众酒品逐渐成为市场主流，酒类产销企业向大众化转移重拾人心，让大众化酒品成为酒类行业发展的主旋律。但是从整体看，酒类行业和企业客观压力依旧，不少企业面临关停并转重新洗牌。

一、酿酒行业生产基本稳定

据江苏省统计局统计数据显示，2013年全省酿酒行业规模以上企业完成总产量435.55万千升，同比增长4.7%。总产量在全国排名第五。完成工业总产值469.5亿元，比上年下降1.5%。分酒种类情况是：

白酒：全省规模以上企业产量达93万千升，比上年增长3.9%，产量在全国排名第四，列四川、山东、河南之后。

啤酒：完成总产量219.95万千升，比上年增长1.18%，产量在全国排名第八。

黄酒：完成总产量43万千升，其中成品酒26万千升，基酒11万千升，都与去年持平，但企业之间产量不平衡，有的上升，有的下降。产量在全国排名第二。

酒精：完成总产量79.6万千升，比上年增长8.5%。

二、销售收入有升有降，总体波动不大

据不完全统计，2013年，全省酒类行业规模以上企业完成酒类销售收入592.46亿元，同比下降1.7%。

各酒种情况分别是：

白酒：全年完成销售收入366.71亿元，比上年下降1.46%。下降的主要原因是省外白酒在江苏销售额下降幅度较大。

啤酒：完成销售收入98.76亿元，比上年上升8.3%。

黄酒：完成销售收入14.09亿元，比上年下降6.6%。

酒精：完成销售收入85亿元，比上年增长7.53%。

葡萄酒：完成销售收入21亿元，比上年增长5%。

其他酒：完成销售收入6.9亿元，比上年增长14.34%。

三、经济效益下滑

2013年，全省规模以上酒类企业共实现利税175.88亿元，比上年下降5.5%，与2012年相比处于较低水平，全省经销企业受政策、价格因素的影响较大，经营十分困难，加上企业差旅费、运输、人工以及办公、营业用房成本大幅度提高等，盈利水平大幅下降，不少企业经营呈现负增长。

2013年江苏白酒专业协会工作情况

2013年，江苏白酒专业协会面对从未面对过的复杂行业转型期，坚定信心，理清思路，千方百计应对各种困难和挑战，定期分析研究行业形势、市场走势，努力贴身服务行业和企业。主要工作情况如下：

一、从自身建设入手，加强协会组织和思想建设

1．为充实协会领导班子，增补3名副会长和3名副秘书长；为督促领导班子成员更好地履行职责，协会于8月份下发通知，进行总结，并要求协会领导成员填报“承诺书”。这项工作得到绝大部分单位和领导的支持。

2．及时调整黄酒、啤酒和酒精三个分支机构秘书长，并充实工作人员。

3．组建行业专家委员会，拓展我省“科技兴酒”和“创新驱动”战略。为进一步提高行业机械化、现代化和信息化水平，推动行业科技创新和技术进步，更好地服务市场，满足消费者需求，同时促进人才队伍建设，激发人才创造力，更好地发挥人才引领的带动作用，努力提高我省酒业的国内和国际竞争力，协会从6月份起，即着手组建省酒类行业专家委员会，到年底，筹备工作已经基本就绪。

4．继续发展新会员，壮大协会队伍，2013年，又有57家企业申请加入协会，已履行了入会手续。

5．积极参与省社会组织管理局开展的行业协会自律与诚信创建活动，制定了江苏省酒类行业行规行约（草案），并在江苏酒业网上公示，征求意见，争创五星级协会。

6．按照省委统战部和省工商联的部署，认真开展理想信念实践活动，采取“四个坚持”的总体工作思路，注重把思想统一到党的十八大精神上来，正确认识当前的酒类市场形势，自觉地把建设中国特色的社会主义作为精神支撑，始终与党和政府同心同德，同心同行，和全体会员单位一起，攻坚克难，安全、平稳地推进酒类行业发展。

二、全面动员，应对趋冷的“行业调整期”

2012年2月28日，协会在南京召开一届四次会员代表大会，近400余名会员单位代表出席大会。会议在总结、审议2012年工作的同时，重点提出要围绕中央和省经济工作会议提出的“稳增长、转方式、调结构”九个字的方针安排好2013年的工作。其中，突出提出，对国家宏观经济调整要有正确的认识；要坚定信心克服过去那种“赚大钱”、“赚快钱”的思想；要转换观念，快速反应，制定和落实“调整期”的应对措施。这次会议是协会应对行业调整期做出的第一反应。原省委副书记、协会名誉会长顾浩和省商务厅副厅长潘宪生到会分别就“重视食品安全，弘扬中国传统文化”和“促进当前酒类行业发展”作了重要讲话。大会承前启后，重要的是为做好2013年的工作奠定了基础，明确了方向。

三、加强调研，及时总结和交流

为确保行业平稳度过调整期，继续保持平稳发展，协会从2012年3月份起，由主要负责同志带队，先后到30多家生产企业和流通企业，包括龙头企业洋河、今世缘、汤沟两相和等酒厂，就产能、产量、科技创新、产品转型、食品安全以及市场销售、渠道变革和流通秩序等方面进行了座谈调研，听取企业的意见和想法。另外，协会还分别在苏南、苏中和苏北多次召开小型座谈会，统一思想和认识。同时，配合国务院发展研究中心和中国酒业协会先后到基层企业进行座谈调研。

除上述调研外，协会还以文件形式下发书面问卷调查，内容涉及10个大项45个小项。调查结果在协会会刊“华夏酒韵”杂志和江苏酒业网上发布。

为使更多企业分享调研成果，7月5日，协会在南京召开“江苏省酒类市场分析暨产品展示产销对接会”。省内部分流通企业和生产企业近100名代表出席会议。会上陈国锁会长作调研情况和工作意见报告；行业专家、北京和君咨询集团事业部总经理林枫作题为“行业趋冷下的三化应对”演讲；省酒类管理办公室尹晓军副主任就省酒管办近期酒类管理工作打算进行了通报。会议还进行了厂商互动交流和产品展示。

四、搞好服务，搭建平台协助企业拓展市场

2013年酒类市场趋冷，企业经营普遍困难，企业请求

协会帮助组织举办产品展示会、品鉴会和推介会等活动明显增多。协会千方百计为企业分担困难，尽量满足企业要求，做好组织动员工作，并委派主要同志参加。据统计，仅秘书长参加的这类活动就多达30多场次。

五、扩大交流，精心组织企业参加展会

协会坚持选择有较大影响、较大规模的酒类展销会、博览会，第一时间通知企业，并组团参观或参展。如成都、武汉的糖酒会，中国（广州）名酒展和上海国际葡萄酒和烈酒精品展。最突出的是2013年5月、8月和11月广州举办的广交会、国际名酒展，3次组织了多达400多位代表前往参观、学习和交流，江苏代表团在众多的代表团中最为亮丽，受到主办方的高度重视，免费安排在广州的食宿和“港澳四日游”。

六、发展会展经济，成功举办中外酒类博览会

2013年第四届中国（南京）中外酒类博览会于2013年10月18日～20日在南京国际展览中心成功举办。这届展会共有来自省内外上百家企业参展。参展的品种有白酒、啤酒、黄酒、保健酒和中外品牌葡萄酒计500余种，观众多达10万人次。展会以“共筑产业新高地，谱写发展新篇章”为主题，以振兴苏酒，贸易采购为主要内容，重点展示了酒类新产品和品牌创新新成果，搭建了更广领域、更深层次、更高水平的交流合作平台，成为我省规模最大、影响最广、贸易效果最好的一次酒业盛会。

七、继续打造培训品牌，为行业培养人才

2012年，协会为企业培训了200多名营销师和品酒师专业人才，受到企业和学员普遍欢迎。2013年继续加强这方面工作。3月和4月分别举办了两期ESW葡萄酒品酒师培训班，37名学员参加培训，36名学员取得了权威培训学校颁发的资格证书。12月12～15日在今世缘又成功举办了两期分别为白酒高级技师（一级）和白酒品酒师（二级）培训班，参加学习培训人数分别为23名和53名。学员经考试合格，将由国家人力资源和社会保障部教育培训中心颁发职业资格证书，社会和行业认可，具有较高的含金量。

八、充分发挥各分支机构作用，促进服务升级

协会有8个分支机构。白酒等5个酒种都有各自的分会。今年以来，各分支机构都结合自身特点，先后开展不同形式、不同内容的活动，如啤酒分会、酒精分会、黄酒分会和白酒分会分别于1月17日、2月22日、4月12日和5月24～25日在南京和泰州召开一届四次分会会员代表大会，总结、审议和部署年度工作；葡萄酒分会于7月25日召开办公会议，提议增补三名副会长人选，同时研究了分会年度主要工作安排。除召开年会和会长办公会议外，各分会还举办了不同形式丰富多彩的活动，如，黄酒分会于9月8～9日在张家港市召开科技创新研讨会；葡萄酒分会于9月26日在南京举办法国、澳洲葡萄酒盲评活动；啤酒分会于11月8～10日在无锡市召开啤酒技术交流会，并组织参观。12月份，又在总结评比的基础上，发文表彰了2013年度统计工作9家先进单位。流通分会和酒文化分会也做了大量工作。流通分会注重市场创新，积极参与市场调查，提供市场信息；酒文化专业委员会注重提升《华夏酒韵》杂志质量和《江苏省酒业网》点击率，同时抽出不少力量支持协会的重大活动。

九、成立商业合作社，为企业融资提供便利

2013年年初，协会为解决中小企业长期以来存在的贷款难的问题，主动联系民生银行成立“中国民生银行江苏省酒类行业城市商业合作社”，让中、小企业有了“自己的银行”。另外，与有关金融管理机构合作，为小微企业提供全面的金融综合服务，包括工商、法律、财会、企划等。

十、搭建酒类溯源管理平台，为食品安全提供保障

2013年，协会努力搭建政府可监管、消费者可信赖的公共服务平台，力求利用云计算和互联网等现代前沿技术，通过加强从原料、装配、仓储盘点、出货至零售商一体化监控记录信息的全程质量安全溯源管理，保护消费者和企业利益。目前，这项工作，已有初步设计方案，并已着手试运行。

十一、深入开展“行业自律”，维护市场秩序

2010～2012年，经商务厅备案，协会表彰了190家“诚信经营”示范企业。2013年协会按照商务部和省商务厅的部署和安排，继续开展这项活动，3月份开始通过《华夏酒韵》杂志将部分“诚信经营示范企业“进行陆续公示巡展，并于7月30日下发通知，要求企业继续积极参加创建活

动，对照标准，自愿申报。目前，有25个企业已经审核和省商务厅备案，将在这次大会上受到表彰。

2013年，协会还密切配合中国酒类流通协会，在行业内广泛宣传发动，积极开展争创第四届全国酒类优秀营销商（企业）活动，进一步推动企业“诚信经营”和行业进步，净化市场流通秩序。经审核推荐，省内31家企业于11月10～13日参加了中国酒类流通协会在天津召开的第四届全国酒类优秀营销商（企业）代表大会，并在大会上受到表彰，获得“第四届全国酒类优秀营销商（企业）”殊荣，其中江苏苏糖糖酒食品有限公司总经理陈国锁荣获2013年度酒类营销带头人；溧阳市第一糖烟酒有限公司荣获2013年杰出贡献奖；徐州市桐枫酒业连锁有限公司荣获2013年度最具影响力企业；南京国策酒业有限公司荣获2013年度最佳企业营销奖；南京人牌酒业有限公司和南京金陵春酒业有限公司荣获2013年度消费者最放心的文化名酒的特别奖项。

十二、开展首届中国首席白酒品酒师推荐工作

为推动中国白酒产业健康持续发展和品评技术进步，促进品评行业人才队伍建设，完善品酒师职业序列，加快中国酒业走向国际的步伐，根据产业发展需要，中国酒业协会依据《中国首席白酒品酒师考核实施办法》文件要求，报经中国轻工业联合会批准，决定在国家品酒师、中国酒业协会国家品酒委员范围内考评、认定首届中国首席白酒品酒师。6月份接到文件后，协会认真及时组织企业申报，对照评审条件逐个初审，并于7月8日将我省6位同志的申报材料，按时上报中国酒业协会。

十三、密切与上级和兄弟省协会关系，扩大交流

今年，中国酒业协会和中国酒类流通协会在北京、福州和天津等地召开了四次会议，协会都派主要负责同志参加，还派人员参加中国酒业协会在北京召开的全国酒类行业技能培训鉴定工作会议，一方面密切关系，加强合作；另一方面国家级协会会议信息量大，可以通过会议了解行业全局。其次，协会由主要领导带队，9月份组织人员到河北省酒业协会取经，学习河北省酒协接受政府委托，开展职工培训、行业统计、会展的组织和发展以及酒类备案登记和溯源管理等方面的经验和做法，并将调查情况整理报省有关部门。

2013年，协会还分别于7月和9月热情接待了来访的安徽和四川两省酒业考察团。安徽省酒业代表团由省经信委汪主任带队。我省酒协陈国锁会长等主要领导接待。双方共同就近几年酒业发展情况进行了广泛交流；四川中国白酒金三角协会代表团一行50名代表由四川省原副省长、协会理事长王少雄率领，我省协会会长、秘书长全程陪同。代表团在我省期间，重点参观洋河酒厂，组织座谈，途径南京时，省酒协设晚宴招待，我省原副省长戴顺智和省经信委、商务厅有关部门的领导一起出席陪同，给代表团留下了深刻的印象，更重要的是，大大促进了省际之间行业的合作和交流。

回顾一年来，协会工作虽然取得了一定成绩，但也要清醒地认识到，协会工作离形势和会员单位的要求和期望还有一定的差距，存在许多需要加强和改进的地方。江苏白酒专业协会将在今后工作中加强自身建设，全心全意、尽职尽责地将协会工作做得更好，让政府、行业和会员单位满意。

浙江

2012年浙江啤酒行业综述

2012年浙江省啤酒产业是稳中求进量平利增的一年，也是节能降耗持续推进的一年。大多数经济技术指标完成情况良好。

一、啤酒全省产销量有所下降

2012年在产销基本平衡的前提下，浙江全省规模以上企业的啤酒产量为268.21万千升，比去年同期增长0.04%，全省行业产量为270.83万千升，同比下降0.71%。有的民营小啤酒厂竞争乏力，产销萎缩，此为必然趋势。

各大啤酒集团公司在浙江生产企业的产量分布情况为：华润雪花啤酒（6家企业）产量1189217千升，同比增长4.67%；百威英博啤酒（7家企业）产量847472千升，同比下降1.27%；燕京啤酒（2家企业）产量186311千升，同比下降3.98%；千岛湖啤酒产量181579千升，同比增长1.59%；重庆啤酒（2家企业）产量148855千升，同比下降10.53%；青岛啤酒（2家企业）产量138116千升，同比增长43.88%。

二、啤酒产品销售收入略有增长

在全省21家主要生产企业中，据19家企业（不含青岛台州和青岛杭州两家生产企业）资料的汇总统计，该19家企业占全省啤酒总产量94.90%，2012年啤酒产品销售收入为474952.80万元，比上年增长0.51%。平均千升啤酒的销售收入为1855.76元，比上年增长3.82%。

三、啤酒生产成本费用全面上升

由于啤酒酿造的主要原料麦芽、大米、酒花价格居高不下，水、电、煤、油价格提高，营销、物流、用工等成本增加，啤酒成本费用上升。2012年全省平均千升啤酒成本为1622.25元，同比上升87.43元，升幅为5.70%。

构成成本的四项费用，呈“全面上升”态势，全省平均：千升啤酒主营业务成本同比上升5.90%；千升啤酒销售费用同比上升3.20%；千升啤酒管理费用同比上升5.14%；千升啤酒财务费用同比上升29.77%。

四、税减而利增实现了减亏增盈

主要生产企业(不含青岛台州、青岛杭州)2012年实现税利总额为108668.20万元，比上年下降0.93%，其中税减而利增。

全省平均千升啤酒实现税利424.59元，比上年增长2.77%；人均税利94494.1元，同比增长10.35%。

期内，亏损企业的亏损额为14162.1万元，比上年下降48.04%；盈利企业的盈利额为20165.8万元，比上年减少。

盈亏企业的盈亏额相抵后，盈利总额为6003.7万元，比上年增长59.50%，实现了减亏增盈的目标。

五、大力调整产品结构，进行产品升级换代

面对行业发展的新挑战，华润雪花、百威英博等所属啤酒生产企业，根据市场发展新特点、消费需求新变化，在加强品牌建设的同时，大力调整产品结构，进行产品升级换代，努力向中、高端市场进军，这是行业发展的新趋势，也是改善目前经济状况的支撑力所在。

2012年，我省生产纯生啤酒78028千升，比上年增长55.93%；生产百威啤酒68544千升，同比增长2099.74%；生产听装啤酒70658千升，同比增长72.86%；继续扩大方便、安全、美观的小瓶型啤酒生产，全年500ml及500ml以下小瓶啤酒产量达727250千升，同比增长15.78%，占啤酒总产量28.30%，比上年上升5.27个百分点；进一步扩大纸箱啤酒生产，全年纸箱啤酒产量为1132296千升，同比增长14.17%，占啤酒总产量的44.05%，比上年上升7.69个百分点。

六、节能降耗成效显著

全省各啤酒生产企业紧紧把握转变经济发展方式这条主线，对节能降耗工作加大投入，加强力度，持续推进，成效显著，能耗物耗各项指标全面进步。

2012年，全省千升啤酒综合能耗41.65千克，比上年降低6.11%，万元工业产值能耗224.13千克，同比降低5.97%。

2012年，全省千升啤酒耗粮150.19千克，比上年降低0.33%；千升啤酒耗标煤33.87千克，同比降低6.80%；千升啤酒取水量3.40立方米，同比降低9.57%；千升啤酒耗电56.18千瓦小时，同比降低1.95%。

七、劳动生产率下降，员工薪酬增加

全员劳动生产率190198.35元/人，同比下降3.06%，主要是受工业增加值降幅较大影响。按中位数计算的平均月/人应付职工薪酬3522.98元，同比增长14.91%。

八、资产负债率下降

主要生产企业资产负债率65.54%，同比下降1.22个百分点。

2012年浙江啤酒工业协会工作情况

坚持协会宗旨。作为行业协会，努力做到知行情，说行话，办行事，替企业着想，为企业服务，紧随形势，与时俱进，助推行业健康发展。协会2012年主要进行了以下工作：

一、及时发布行业综合信息

以《浙江啤酒信息》为载体，每月编发一期，至年末已累计发布292期。了解企业对信息需求之要，重点反映转变经济发展方式，低碳经济，环境保护，节能降耗减排情况；反映企业技术创新和管理创新情况，总结介绍工作经验；反映安全生产、食品安全情况；反映省内外、国内外行业新动态、新趋势；传递国家相关的方针政策。

二、定期进行行业经济活动分析

每个季度、每半年度和年度对啤酒生产企业的产品产量、产品销售、能耗物耗、企业成本、固定和流动资产、实现税利、盈亏状况、劳动报酬等各项经济技术指标进行综合分析比较，特别是对生产企业节能降耗的情况排出单位名次，及时进行通报，促进企业取长补短，共同提高。

三、坚持实行月度生产快报制度

浙江啤酒工业协会以《行业内参》为载体，将各工厂每个月的生产活动、进度及变化情况，一般在三四天内快速发送到各企业，进行相互交流。由于这些跨集团、跨单位的数据及时、准确，普遍受到业内同仁的高度关注和重视。

四、召开浙江省啤酒行业第26次专业统计（信息）工作会议

学习贯彻党的十八大和中央经济工作会议精神，总结一年来专业统计工作经验，分析行业发展变化形势，交流行业动态信息，提出进一步提高统计信息服务工作的若干意见，继续征求和讨论《全国啤酒工业主要经济技术指标统一计算方法》的修订意见，部署行业调查研究项目，评选表彰了省专业统计年度先进工作者。

五、协助召开两个重要的行业会议

2012年末，中国酒业协会啤酒分会先后分别在杭州召

开了国家级啤酒评酒委员2012年年会和二届三次技术委员会会议。这有利于全面掌握特色啤酒的特点及发展趋势，引导啤酒产品向差异化、多样化和特色化方向发展。对推动我国啤酒行业的健康、稳定、可持续发展具有重要意义。为开好这两次会议，我省啤酒工业协会主要是联络当地啤酒生产企业，为接待和会务工作提供保障，为品鉴特色啤酒现场做好具体的服务工作。

六、其他工作

办理企业即时需要办理的应急具体事宜，搞好相关联络工作，积极参加全国行业协会组织的行业会议活动，进行省际行业协会交往和工作情况交流。

2013年浙江啤酒行业综述

2013年，浙江省啤酒产业经济运行“稳中有升，升中见好”，主要经济技术指标全面进步，节能降耗工作成效明显，经济效益显著提高，是进入“十二五”时期以来最好的一个年景。

一、啤酒产量稳定增长

浙江省规模以上企业的啤酒产量为2862510千升，比上年增长5.69%。当期工业总产值（不含青岛啤酒台州、杭州两厂）489362.3万元，比上年增长2.47%；工业增加值254147.3万元，同比增长16.19%。

国内外各大啤酒集团公司在浙生产企业的产量分布情况为：华润雪花啤酒（7家工厂）产量1348344千升，比上年增长13.38%；百威英博啤酒（7家工厂）产量859590千升，同比增长1.43%；燕京啤酒（2家工厂）产量206621千升， 同比增长10.90%；千岛湖啤酒产量193959千升，同比增长6.82%；重庆啤酒（2家工厂）产量135197千升， 同比下降9.18%；青岛啤酒（2家工厂）产量117940千升， 同比下降14.61%。

二、产品结构逐渐优化

适应啤酒市场消费需求变化，企业在加强品牌建设的同时，大力调整产品结构。2013年，生产500ml及500ml以下小瓶啤酒1050454千升，比上年增长44.44%，占总产量比重为36.70%，比上年的26.85%上升9.85个百分点；生产纸箱瓶装啤酒1378244千升，同比增长21.72%，占总产量比重为50.23%，比上年的44.05%上升6.18个百分点；生产易拉罐听装啤酒154394千升，同比增长118.51%，占总产量比重为5.39%，比上年的2.61%上升2.78个百分点；生产纯生啤酒92315千升，同比增长18.31%，占总产量比重为3.22%，比上年的2.88%上升0.34个百分点；生产百威啤酒103568千升，同比增长51.10%，占总产量比重为3.62%， 比去年的2.53%上升1.09个百分点。

三、销售收入有所提高

2013年主要生产企业（不含青岛啤酒台州、杭州两厂）的啤酒产销率99.48%，产品销售收入492186.3万元，比上年增长3.63%。

四、成本费用下降

2013年啤酒成本费用总额（不含青岛啤酒台州、杭州两厂）392509.5万元，同比下降5.86%。平均千升啤酒成本1430.58元，比上年下降191.67元，降幅为11.82%。

构成成本的4项费用，呈“三降一升”态势：即千升啤酒主营业务成本1150.62元，比上年上升3.78%；千升啤酒销售费用102.13元，同比下降66.64%；千升啤酒管理费用157.77元，同比下降9.21%；千升啤酒财务费用20.05元，同比下降40.35%。

五、实现税利较大幅度增长

2013年主要生产企业实现税利总额143193.8万元，比上年增长31.77%。期内盈利企业实现利润43433.2万元，比上年增长115.38%；少数亏损企业的亏损额为8956.1万元，同比下降36.76%。盈亏企业盈亏额相抵后，全行业盈利总额为34477.1万元，比上年增长474.26%。

全省平均千升啤酒税利524.61元，比上年增长23.56%。其中：千升啤酒利润126.31元，同比增长434.41%。平均销售利润率为7.00%，比上年的1.26%上升5.74个百分点。人均实现税利136466.0元，同比增长44.42%。

六、努力打造资源节约型、环境友好型企业

企业普遍强化科学管理，持续推进技术进步，推行清洁生产，发展循环经济。2013年全省啤酒产品单位综合能耗38.39千克，比上年下降7.83%；万元产值能耗215.22千克，同比下降3.98%；啤酒产品单位耗粮150.01千克，同比下降0.12%；产品单位耗标煤30.78千克，同比下降9.12%；产品单位取水量3.36立方米，同比下降1.18%；产品单位耗电54.87千瓦小时，同比下降2.33%。

2013年减排工作，据对全省啤酒生产企业减排的监察数据调查，平均千升啤酒废水排放量2.329立方米，比上年降低2.84%；千升啤酒COD排放量0.1794千克，同比降低12.57%；千升啤酒CO_2（二氧化碳）回收量15.37千克，同比增长16.79%；仍使用燃煤锅炉的一些企业，烟尘排放总量同比降低16.43%。

七、劳动生产率及员工薪酬水平提升

2013年，全员劳动生产率为242206.52元/人，比上年增长27.34%。按中位数计算的平均月/人应付职工薪酬4046.76元，同比增长14.87%。

八、资产负债率下降

2013年，主要生产企业资产负债率61.60%，比上年下降3.94个百分点。

九、行业整合续行

华润雪花啤酒旗下的湖州公司吸收合并杭州西湖公司进行增资扩建，企业更名为华润雪花啤酒（浙江）西湖有限公司。宁波大梁山啤酒由于其母公司重庆啤酒股份有限公司在整合中，丹麦嘉士伯啤酒公司成为持有60%控股权的上市公司，宁波大梁山啤酒的企业性质及其经营管理亦随之发生变化，企业正积极进行与嘉士伯的接轨工作。

十、开展企业诚信管理体系建设

诚信，是企业的立身之本，也是现代企业的行为准则。根据中华人民共和国工业和信息化部发布的《食品工业企业诚信管理体系（CMS）建立及实施通用要求》，继杭州千岛湖啤酒有限公司之后，2013年下半年又有英博双鹿啤酒集团有限公司（温州公司）、英博雁荡山啤酒有限公司两家企业通过诚信管理体系评价，并颁发了证书，有效期三年，期间将对通过评价的企业进行跟踪监督。

2013年浙江啤酒工业协会工作情况

2013年，浙江啤酒工业协会作为企业和政府之间的桥梁、纽带，进行“双向”服务，重点是搞好信息服务工作。

一、发布行业综合信息

调查研究国内外、省内外行业发展变化的新情况、新动态、新趋势，重点传播转变经济发展方式，节能降耗，环境保护、发展循环经济进展情况；反映技术创新、产品开发、市场变化、经济效益情况；总结介绍企业工作经验，传递新形势下国家的相关方针政策等。发布行业综合信息以《浙江啤酒信息》为载体，年内发布了14期，累计306期，发挥行业导向作用。

二、定期开展行业经济活动分析

对各企业在啤酒生产经营中的三十余项经济技术指标，每个季度、半年度、年度进行综合分析比较，特别是对能源和物质消耗指标排出名次，及时进行通报，促进企业在竞争中争先创优。

三、坚持月度生产快报制度

由于该项制度每月报送生产进度及其变化数据及时、准确，互动受益，受到企业的高度关注和重视。

四、召开了全省啤酒行业第27次专业统计（信息）工作会议

会议学习贯彻党的十八届三中全会和中央经济工作会议精神，联系行业工作实际，讨论了深化改革的问题。会议总结了一年来的工作，分析行业发展形势，交流行业动态信息，研究改进工作意见，部署专题调查项目，评选表彰年度先进工作者。

五、撰写浙江啤酒工业发展简史

半个多世纪来，浙江啤酒产业从无到有、从小到大、从分散到集中、从国内走向国际，经历了大发展、大整合、大提高几个阶段，今天展现在浙江大地上的是一个具有时代特征、浙江特色、市场特点的位居全国第三的啤酒大省。改革不止步，开放不停顿，发展变化成就巨大，历史经验值得重视。记录这一段历史，是为了继续奋斗，实现啤酒强省的梦想。同时，协会还组织一些有代表性的企业撰写工厂发展史，反映团结和依靠群众艰苦创业、奋发兴业的历程，印证全省啤酒行业演进中的跋涉轨迹和深深足印。

我省啤酒工业协会诞生至今已走过了二十八个春秋，2013年还编写了5.5万字的《浙江省啤酒工业协会大事记》（1986—2012年）。所有这些，都为日后编修浙江啤酒工业志提供一定的基础史料。

六、进行改革协会体制，变更协会名称前期工作

根据党的十八届三中全会关于全面深化改革的决定精神，联系本届理事会的现状和行业发展趋势，经省啤酒工业协会会长办公会议动议，常务理事会审议同意，全体会员单位一致通过，改革协会体制，变更协会名称，即以省啤酒工业协会为基础，组建成立具有法人资格的浙江省酒业协会。

在作出决议之前和向省政府有关部门申报过程中，在省食品工业协会的亲力协调下，经与省黄白酒行业协会充分酝酿，反复商议，取得共识，一致行动。目前，变更省啤酒工业协会名称，组建省酒业协会的议案，已获行业主管机关省经济和信息化委员会同意，社团登记管理机关省民政厅批准，在认真筹备的基础上争取2014年6月底前正式成立浙江省酒业协会。在新的历史起点上，与时俱进，为浙江酒类产业大省的振兴，作出新贡献。

安徽

2012年安徽酒业综述

2012年是我国人民政治和经济生活中重要的一年，是承上启下关键性的一年。在党中央国务院的英明领导下，我国经济平稳较快发展。在这大好形势下，安徽省酒业在省委省政府的关心和有关部门的支持下，也取得了较好的发展，作出了新的贡献。

2012年规模以上企业完成：产量233.49万千升，同比增长-5.5%。其中：酒精24.93万千升，同比增长1.7%；白酒40.77万千升，同比增长7.1%；啤酒149.75万千升，同比增长-10.3%。工业总产值310.91亿元，同比增长17.7%。其中：酒精19.94亿元，同比增长24.0%；白酒220.43亿元，同比增长18.2%；啤酒38.89亿元，同比增长4.8%；黄酒24.66亿元，同比增长31.7%；葡萄酒2.12亿元，同比增长17.1%；其他酒4.98亿元，同比增长29.7%。工业销售产值293.44亿元，同比增长16.7%。其中：酒精17.96亿元，同比增长-5.2%；白酒204.27亿元，同比增长20.8%；啤酒40.21亿元，同比增长6.9%；黄酒24.08亿元，同比增长19.3%；葡萄酒2.04亿元，同比增长17.9%；其他酒4.88亿元，同比增长29.4%；主营业务收入273.65亿元，同比增长16.7%。其中：酒精18.69亿元，同比增长4.3%；白酒187.67亿元，同比增长23.6%；啤酒38.02亿元，同比增长-5.3%；黄酒22.05亿元，同比增长12.2%；葡萄酒2.27亿元，同比增长78.7%；其他酒4.95亿元，同比增长34.9%。税金51.98亿元，同比增长20.9%。其中：酒精7461万元，同比增长6.7%；白酒41.95亿元，同比增长26.5%；啤酒7.11亿元，同比增长0.3%；黄酒1.58亿元，同比增长-4.8%；葡萄酒1184万元，同比增长255.5%；其他酒4730万元，同比增长41.3%。利润38.54亿元，同比增长27.3%。其中：酒精9238万元，同比增长18.3%；白酒33.66亿元，同比增长33.3%；啤酒1.88亿元，同比增长-12.1%；黄酒1.93亿元，同比增长2.6%；葡萄酒780万元，同比增长0；其他酒651万元，同比增长-55.9%。

这是全行业共同团结奋斗的结果，协会为此也竭尽全力做了努力。2012年以来，我省酒业发展形势很好，除啤酒略有下降外，其他各酒种保持了继续增长的好势头，特别是白酒，发展形势更好，产量、工业总产值、工业销售产值、主营业务收入、税金、利润等指标，与2011年同期相比，均有很大增长。

2012年安徽酒业协会工作情况

一、继续坚持一个宗旨

2012年，安徽省酒业协会坚持“服务”的宗旨。全心全意为企业服务，想企业所想，急企业所急，为企业办好事，办实事，把好事办好、办实，同时做好为行业、为政府、为消费者服务的工作。

二、开好两个会

1．2012年2月26日省酒协二届二次常务理事会（扩大）会议在霍山召开，由安徽迎驾贡酒股份有限公司承办。协会会长、副会长、秘书长、副秘书长、常务理事共40个单位60多人参加会议，季家宏会长主持了会议。会议完成了以下任务：（一）常务副会长兼秘书长李文汉传达了全国酒协秘书长会议精神，汇报了省酒协2011年工作情况和2012年工作要点；（二）表彰啤酒优秀统计员；（三）为中国酒业协会聘请的我省品酒师、酿酒师培训教师颁发证书；（四）为2010届安徽省白酒评委、资格评委、特邀评委颁发证书；（五）协商通过新一届省酒协专家委员会员组成人员。会议指出：过去的一年，我省酒业积极落实省委省政府主要领导对发展我省酒业的重要指示，坚持科学发展，坚持改革创新，紧紧依靠全体职工，团结拼搏，扎实苦干，继续保持了良好的发展势头，取得了较好发展；省酒协在人少事多的情况下，克服困难，奋发努力，积极为企业、为行业服务，传递新信息，加强与国家协会的联系，指导酒业发展，做了大量工作，取得了较好成绩；新的一年，我们面临着发展的新形势、新任务，有挑战，也有机遇，全行业要更加紧密地团结起来，凝心聚力，苦干实干，为促进我省酒业更好更快发展而努力。

季家宏会长最后作了重要讲话，他首先对一年来给予协会工作大力支持的各企业、各级领导、各有关部门、各界朋友表示感谢，然后就我省酒业发展问题对各企业提出了新的要求：（1）进一步解放思想，加快发展。安徽出好酒，这是老祖宗留给我们的宝贵财富，在我们手中要继续发扬光大，传承下去。目前我省经济形势发展很好，给我们带来了新的机遇，我们一定要抓住，乘势而上；（2）坚持科技制胜，创新发展。现在生活水平提高了，消费者的品味高了，选择性强了。我们一定要适应消费者需求，创新发展。要保证产品质量的稳定提高，利用资源优势，采用新技术，开发新产品，重视老品牌，开创新品牌；（3）继续创新营销。要加强市场调研，讲究营销策略，培养销售大户。加强广告宣传，选择好的时段，提高效果。在销售地区上，不要都挤在一个地方互相拼杀，要努力向产酒薄弱地区发展；（4）继续重视人才建设。企业发展了，更需要人才。要采取多种办法，加快人才队伍建设，特别要注意中青年技术人才和特殊技能人才的培养，为企业发展壮大提供坚实的保证；（5）一业为重，多种经营。在这方面，迎驾集团为我们做出了榜样。大家可学习他们的经验，结合自己的实际情况，创新发展；（6）对发展中的问题，多向当地党委政府汇报，争取支持。在汇报中要区别轻重缓急，注意方式方法，逐个解决问题。对共性的问题，可以向协会反映，由协会综合向上汇报。

这次会议得到了霍山县委县政府的关心，县领导亲自到会并作了热情讲话。在迎驾集团的大力支持和精心安排下，会议取得了圆满成功。

2．安徽省白酒评委第四届年会于2012年10月11～12日在池州市召开，由安徽九华山酒业有限公司承办。参加年会的有我省的国家级白酒评委、省白酒评委、省白酒资格评委、特邀评委、企业领导、其他人员共79人。参加年会的人数多、报送的论文多、参加鉴评的产品多是这次年会三个显著的特点，体现了大家对年会的重视，也体现了大家对省酒协工作的支持。

这次年会共进行四项内容：（一）质量鉴评。年会共收到19家企业送来的酒样31个，分6轮、密码编号对产品进行了鉴评，评委们对每个产品发表了点评意见和改进意见，专家委员会综合大家的意见形成综合评语，省酒协以文件形式印发给企业，要求各企业按照专家意见，认真总结、发扬、改进、提高，把产品质量提升一个新水平。大家对这项工作的开展给予了高度赞同；（二）技术交流。年会共收到技术论文17篇，内容包括工艺研究、新产品开发、分析检测、节能降耗等各个方面。由于时间关系，有9篇在大会上进行了交流，8篇作书面交流。这些论文是近几年来各单位科技进步工作的经验总结，是科技人员辛勤劳动的结晶，体现了时代性、科学性、进步性。专家委员会对这些论文进行了评审，分别评出了一等奖、二等奖、三等奖、荣誉奖，报协会会长办公会议研究批准后，给予一定的奖励；（三）通报了我省白酒业的发展情况。今年以来，我省酒业发展形势很好，除啤酒略有下降外，其他各酒种保持了继续增长的好势头，特别是白酒，发展形势更好，产量、工业总产值、工业销售产值、主营业务收入、税金、利润等指标，与去年同期相比，均有很大增长；（四）就酒业发展问题进行了座谈。先后有国家级资深评委、国家白酒技术委员会成员、安徽省酒业协会专家委员会主任兼白酒专业组组长、安徽省酒业协会副秘书长张国强就这次质量鉴评的情况和质量问题，安徽国家农业标准化与监测中心酒类检测室主任、省白酒评委邵栋梁就从全省白酒产品抽检中看白酒的质量问题，国家级白酒评委、国家白酒技术委员会成员、安徽省酒业协会专家委员会副主任兼白酒专业组副组长杨红文就“白酒计算机质量管理系统”在各个方面应用情况作了发言，对大家启发很大。年会还组织大家参观了安徽九华山酒业有限公司。

安徽省酒业协会常务副会长兼秘书长李文汉出席这次年会，并在会议结束时作了总结讲话。他通报了全省白酒业发展情况，同时对白酒业的发展提出如下要求：（一）高度重视产品质量问题。质量是企业的生命，发展的基础。多年来，我省白酒质量总的来说是稳定的，在省内外广大消费者中，声誉是好的。我们要继续努力，团结起来共同努力做好品质创新、质量稳定提高、努力打造自己的风格特点，为营销提供坚实的物质基础，共同促进安徽白酒业的更大发展。（二）高度重视白酒业发展中的问题。（1）中国白酒是中华民族特有的传统产品，历史悠久，目前面临着挑战和发展机遇。我们要勇于承担社会责任和历史重任，大力宣传中国白酒博大精深的文化，大力宣传产品的风格特点，做消费者忠诚的服务者。（2）各企业都应梳理、总结一下自己的产品，包括产品名称、包装、标签标注等等，名称要科学、合理，经得起推敲，经得起时间的检验。（3）产品包装、标签标注等要按标准执行，有国标的按国标，没有国标的按地方标准，没有地方标准的按企业标准，没有企业标准的要尽快制定标准。（4）企业的广告、宣传要科学、实用、适度、讲究实效。形式可多种多样，内容可多可少，但一定要掌握好“度”，既使消费者知道你，又使消费者能愉快地接受，收到实效。过度、过份的宣传，往往会引起消费者的反感，适得其反。（5）提倡全行业大团结、大协作。协会从成立那天起，就一直倡导全行业要团结、协作，以后在多次会上又强调这点。应该说我们行业的团结协作比以前大有进步，从“老死不相往来”到“能相互参观、学习、交流”等等，但是还不够理想。现在市场竞争激烈残酷，我们一定要谦虚谨慎，企业之间相互学习，技术上相互交流，管理上相互借鉴，销售上省内市场互商，省外市场互帮，只有这样，才能促进我省酒业的发展、进步、强大。（三）省评委要不断学习，努力提高水平。

今年还完成了对安徽省啤酒评酒委员的换届工作。经与有关单位协商和住会会长办公会议研究，根据参加“华润杯”第二届全省啤酒评酒职业技能竞赛成绩情况，聘任26人为新一届安徽省啤酒评酒委员。

三、开展三个技术方面的活动

1．协会组织技术交流。不仅组织省内交流，还开展省际间交流。组团对四川白酒业进行了考察，与四川同行开展交流。考察团由省酒协李文汉带队，古井、迎驾、金种子、双轮、文王、明光、宣酒、九华山、六相酒业的领导、技术主管、国家级白酒评委、省白酒评委及有关部门领导共29人参加。先后考察了五粮液酒业、泸州老窖酒业、剑南春酒业、沱牌酒业、水井坊酒业、邛崃名酒工业园、蜀之源酒业、古川酒业、文君井酒业、金六福酒业生产基地、春之源酒业，受到了四川省酿酒协会和宜宾市酿酒协会、泸州市酿酒协会、邛崃市人民政府及各企业的热烈欢迎。四川省政府食品办主任、四川省酿酒协会会长崔兆全、四川省质量技术监督局副局长、四川省酿酒协会副会长杨俊先后会见考察团，四川省酿酒协会秘书长张科兰陪同考察。考察团所到之处，都受到了热烈欢迎和热情接待，对我们的参观作了周到安排、认真介绍。大家反映，此行感受很深，收获很大。了解了四川省白酒业发展情况、宏伟目标及发展白酒业的决心、信心、气魄。感受到的几个亮点：（1）四川同行的观念在转变。他们已经开始重视营销工作，对我省的营销工作给予了高度评价。（2）各厂都十分重视质量的稳定，品质的打造提升。所到各企业，都品尝了他们的酒，有刚生产出来的新酒，有库存的原酒，有成品酒，有浓香、酱香、芝麻香各种香型，品质都非常好，酒体醇厚、绵柔、陈香突出，给大家留下了深刻的印象。（3）各企业都十分重视食品安全。加强对质量监督检验机构的建设，引进先进的仪器设备，从原材料到半成品、成品，进行较原来更有深度、广度的检测，杜绝不安全的因素。（4）重视企业文化，以文化促发展。各企业都有文化设施，有文化中心、企业发展史陈列室、产品陈列室、酒道馆、酒道坊、酿酒工艺演示设施等不同形式，剑南春公司建造了剑南春老街一条街，沱牌公司建造了古代窖池展示馆，彰显了其厚重的文化底蕴。和旅游相结合，五粮液广场、泸州老窖“中国第一窖”已成为旅游景点，对外开放，接待参观，扩大酒文化宣传。进一步了解了两省之间的差距：（1）总量的差距，无论是产量、工

业总产值、还是经济效益指标，都有很大的差距，我们全省的量还不如四川一个企业；（2）品牌影响力没有四川大，酒的品质也存在差距；（3）政府重视的程度、支持的力度有差距。参加考察的同志表示，把四川的好做法、好经验带回企业，与我们的实际相结合，把加快发展的各项工作落到实处，促进我们总量进步提高。

2. 制定技术标准。在省质量技术监督局的指导及有关部门的大力支持下，协会先后主持审定了古井贡酒业“淡雅浓香型白酒”、“窖泥中脱氢酶活性分析方法”、“白酒固态发酵黄浆水常规分析方法”、金种子酒业“柔和型白酒”、“固液法白酒生产技术规范”、明光酒业“绵柔型老明光白酒”、“明绿香型白酒”等9个地方标准，推动了我省白酒行业标准化、规模化建设。

3. 鉴定科技成果。在省经信委和省科技厅的指导及有关专家的大力支持下，协会主持或参加了古南丰酒业“天然落荷脑低度冰雕黄酒”、宣酒集团“宣牌53%vol芝麻香型宣酒”、古井贡酒业“基于近红外光谱技术在固态发酵过程中的质量控制检测技术的研究”、“白酒酿造发酵伴生物资源利用关键技术研究与应用”、“生态酿造浓香型大曲酒酒窖研造”、“超临界萃取黄浆水、酒尾及酒尾油状物的研究”、迎驾贡酒业“白酒灌包装现代物流优化体系研发”、“迎驾贡酒八年”、金种子酒业股份有限公司“42%vol徽蕴金种子酒”等9个科技项目鉴定，并推荐4个项目申报中国酒业协会科技进步奖。还参加了金种子酒业“安徽省柔和型白酒质量安全工程技术中心”、迎驾贡酒业“安徽省生态酿造工程技术研究中心”的可行性论证，推动了我省酒业科技机构建设和科技进步工作。

四、继续做好四项工作

1. 继续参与承办中国（亳州）酒文化节。中国（亳州）酒文化节已举办多届，2012年是第六届，由亳州市政府、省经信委主办，亳州市经委、省酒协等单位承办。国内知名酒企及省内外酒类企业100多家参加。酒文化节内容丰富多彩，9月8日举行了隆重的开幕式，9月8～10日举办了酒类产品展销会，9月9日举办了曹操献酒纪念大典和古井生态园投产仪式，晚上举办了药博会（酒文化节）主题晚会。本届酒文化节继续坚持“搭建平台、创造商机、促进合作、健康发展”的办会原则，办得特色鲜明，进一步提升了“徽酒”的品牌形象，彰显了会展经济的影响力，必将对“徽酒”走向全国、走向世界产生巨大的推动力。在大会组委会的精心组织下，第六届酒文化节取得了圆满成功、硕果累累。

2. 继续组织企业参加“中国新名酒高峰论坛”。2012年是第三届，于6月21～22日在河南郑州召开，由中国酒类流通协会和酒类专业媒体共同主办。全国25家新名酒生产企业、9家在全国有很大影响的实力派酒类营销企业、酒类咨询单位、全国著名白酒专家、有关省市酒类行业协会领导及新闻媒体共200多人参加会议。我省酒协及迎驾、金种子、双轮、乐天酒业的领导参加了会议。

中国新名酒高峰论坛已成功举办了三届，每届论坛都有一个主题，立题新颖，抓住战略重点，指点白酒发展，引领消费潮流，引导发展方向，指导行业发展，有高度、有深度、有广度，在白酒行业影响很大，深受欢迎。本届论坛的主题是文化战略与产业竞争力，研讨了酒文化的重要意义。收获有四个方面：（一）一个没有文化的民族，形同散沙，一个没有清晰文化战略的产业，注定空洞苍白。中国经济影响力的持续提振，直接推动了中国传统文化，包括白酒文化在国内外消费市场影响力的巩固和提升。但是，随着洋酒品牌全线进入中国市场和洋酒文化的传播、其他酒种的快速发展、政策影响、言论误导等等，白酒，已经面临前所未有的挑战。如何使白酒文化在这一历史机遇和挑战面前展现更大的魅力和价值，势在必行。（二）白酒文化战略的核心，是打造产业的综合竞争优势，通过结构调整、模式创新、价值再造、科技进步、市场拓展、文化复兴，实现产业升级，其中自主创新能力的强化，无疑是产业崛起的重要标志。（三）白酒是一个特殊的产品，既是物质产品，又是精神产品，但归根结底是物质产品。要正确理解和处理好二者之间的关系，物质是基础，精神是动力，在强调文化的推动作用的同时，首要的还是要把物质产品做好，质量要稳定提高，品质要创新提升，把基础打牢，才能保证发展。（四）每次论坛虽然主题不同，但目的都是为了促进企业、促进行业的发展。发展是硬道理，发展是各种因素综合作用的产物，发展是永恒的。在强调一个主题时，绝不可忽视其他因素的作用，不可抓住一点，不及其余。要始终把握发展的大方向，研究发展中的各种矛盾，集中主要精力，解决发展中的主要矛盾，以此把发展推向一个又一个的新境界。

3. 继续按省经信委要求，做好白酒、酒精生产许可证的复查工作。全年共复查16家，按规定条件进行考察，要求企业加强管理，规范经营，遵守法规，公平竞争，保证产品质量的稳定提高，重视食品安全，加强行业团结协作，共同维护提高“徽酒”的良好声誉，为“徽酒”和地方经济发展多做贡献。

4. 继续做好《安徽酒业简报》编印、财务报表、协会年检、单位条码复查、啤酒统计报表等常规工作。

2013年安徽酒业综述

2013年是我国人民政治和经济生活中重要的一年，是不平凡的一年。在复杂的国际形势下，党中央国务院冷静对待、英明决策，保持了我国经济稳中有进，实现了持续健康发展。在为实现中华民族伟大复兴中国梦的奋斗中，安徽省酒业面对新的形势，在省委省政府的关心和有关部门的支持下，各企业领导班子带领全体职工，坚持改革，坚持科学发展，勇于创新，以变应变，奋力拼搏，也取得了较好的发展。总的来看，全行业发展平稳，总产量、主营业务收入保持继续增长，税金、利润有所下降。其中白酒进入调整期，主营业务收入、税金保持继续增长，产量、利润有所下降；啤酒进入稳定期，今年发展形势很好，除税金有所下降外，其他各项指标稳定增长；黄酒保持了持续发展的好势头，各项指标继续增长；葡萄酒、其他酒、酒精各项指标有升有降。全年规模以上企业完成：

总产量　244.24万千升　同比增长1.45%，其中：

酒　精　23.20 万千升　同比增长-6.90%，

饮料酒　221.04万千升　同比增长2.42%，

白　酒　40.19万千升　同比增长-4.67%，

啤　酒　163.64万千升　同比增长5.06%。

主营业务收入388.84亿元　同比增长11.54%，其中：

酒　精　93.96亿元　同比增长3.41%，

白　酒　217.78亿元　同比增长14.48%，

啤　酒　42.06亿元　同比增长9.25%，

黄　酒　23.66亿元　同比增长9.94%，

葡萄酒　3.89亿元　同比增长72.12%，

其他酒　7.49亿元　同比增长42.67%。

税　金　54.23亿元　同比增长-1.77%，其中：

酒　精　2.89亿元　同比增长-24.34%，

白　酒　42.68亿元　同比增长1.59%，

啤　酒　6.58亿元　同比增长-8.74%，

黄　酒　1.63亿元　同比增长4.49%，

葡萄酒　955万元　同比增长-19.34%，

其他酒　3571万元　同比增长-27.86%。

利　润　34.96亿元　同比增长-14.79%，其中：

酒　精　1.65亿元　同比增长-51.33%，

白　酒　27.85亿元　同比增长-17.46%，

啤　酒　2.44亿元　同比增长32.61%，

黄　酒　2.61亿元　同比增长36.65%，

葡萄酒　1703万元　同比增长118.61%，

其他酒　2363万元　同比增长207.28%。

2013年安徽酒业协会工作情况

一、发挥协会资源优势，做好为行业服务工作

1．开好安徽省酒协二届三次常务理事会（扩大）会议，总结工作，制定服务工作计划

会议于2013年3月20日在宣城召开，由宣酒集团股份有限公司承办。会议分析了形势，统一了思想，增强了信心，研究了对策。省酒协常务副会长兼秘书长李文汉作工作报告，对协会2012年的工作作了总结，对2013年的工作要点作了汇报，提请大家审议讨论；表彰奖励2012年安徽省白酒优秀论文和啤酒优秀统计员；审议成立安徽省酒业协会预警委员会；协商通过增补协会和协会专家委员会领导。季家宏会长最后作了重要讲话，他指出：这次会议在美丽的宣城、美好的季节召开，预示着酒业像春天一样充满着希望，同时带有现场性。宣酒这几年发展很快，主要

经验是：有一个好的团队，好的带头人；重视基础，建立现代化的生产基地；重视科技，不断推动技术进步；创新营销，开拓市场有激情；重视产品质量的稳定提高，开发个性化新产品；尊重人才，注意培养、用好各方面的精英；重视企业文化建设，营造生态、和谐、优美的环境；坚持以人为本，重视为职工谋幸福；重视现代化管理，用先进理念管理企业。希望大家认真看看，一定能学到很多新理念、新东西。季会长要求大家，认真贯彻十八大精神和省委省政府的各项指示，坚定信心，不辱使命，按照协会和大家商定的计划，踏踏实实工作，群策群力谋发展。首先要认清形势，坚定信心，加快发展。2012年，虽然白酒行业发生了不少事，使一些消费者产生了误解，但白酒已有几千年的历史，总体上大家是看好的，是一个有前途、有生命力的产业，具有很多继续发展的优势，我们要坚定信心，善于谋划，勇于突破，持续发展。其次，要合理利用资源，调整优化结构。由于形势发生变化，严控“三公”消费，影响高端酒销售，但商务用酒和普通消费用酒还是有发展潜力的。我们要转变经济增长方式，不要单靠扩大产能促进发展，更要适时根据消费市场需求变化调整、优化结构，发展中高端酒和中低端酒并举，走提高质量、降低消耗、增加效益的路子以促进持续健康发展。第三，质量为本，安全为先。任何时候都要把产品质量当作企业的生命，强化食品安全，让消费者放心饮用。同时，要紧跟消费需求，大力推进品质创新，使“徽酒”风格更加突出，个性更加独特，知名度、美誉度进一步提高。第四，文化拉动，推动发展。要大力弘扬酒文化，向广大消费者宣传美酒酿造的悠久历史、产品的风格特点、科学饮酒、适量饮酒有益健康等等，使消费者真正了解酒类产品，放心饮用。第五，规范管理，保证发展。我们要本着对消费者高度负责任的态度，加强标准化管理，让消费者明明白白选择消费，安安全全放心饮用，得消费者得天下，只有赢得消费者，才能保证发展。会议对协会全年如何做好服务工作作了安排。

2．开好安徽省白酒评委第五届年会，做好技术交流和质量检评工作

会议于2013年8月29日在临泉召开，由丰联集团文王酒业有限公司承办。年会首先进行了质量检评。这次检评是在白酒业进入新的发展时期举办的，较以往不同的是：不仅对每个参评产品给出综合评语和改进意见，还进行了打分，根据成绩给予荣誉称号，旨在能对我省白酒销售起到质量过硬保证和积极推动作用。检评按国家标准和统一方法严格进行，是一次我省白酒行业最高技术水平的科学检评。参加检评的有22个企业的28个产品。从检评情况看，整体质量水平是高的，获得90分以上的有26个，近90分的2个，经专家委员会提出意见报住会会长办会议研究决定，对参加这次检评成绩前22名的产品授予“安徽省白酒评委第五届年会奖”，并颁发荣誉证书。第二是进行了技术交流。共收到论文17篇，与前几届相比，这届年会的论文水平更高，内容比较集中，以工艺技术为主，这是全行业科技人员共同努力、精心研究的结果。由于时间关系，大会交流6篇，书面交流11篇。另外还收到啤酒论文1篇。经专家委员会评审，分别评出一等奖4篇，二等奖7篇，三等奖7篇，报住会会长办公会议批准给予表彰奖励。第三是通报了我省白酒业的发展情况。面对新形势，会议要求我省各白酒企业要继续坚定信心，冷静对待。形势的发展是预料之中的，我们既要看到面临的严峻挑战，更要看到发展机遇和有利条件，特别是省市两级党委和政府加大了对发展我省白酒业的重视力度，这是推动我省白酒业发展的动力，我们更要增强加快发展的信心；最重要的是，我们要踏踏实实地认真做好中国酒业协会倡导的“品质诚实、服务诚心、产业诚信”方面的工作，在生产、营销、管理各个方面创新、务实、见实效；全行业团结协作，应对挑战，共同发展。

3．做好与安徽省外的交流工作

组织企业参加2013中国酒类行业“中三角”（湘鄂赣皖）四省品牌经销商年会暨酒类行业发展协作峰会，于2013年5月12～13日在武汉市举行，湖北省酒类流通协会、湖南省酒业协会、江西省酒类流通协会、安徽省酒业协会共同主办。会议以“创新 变革 突围”为主题，邀请著名咨询专家、营销专家、酿酒专家作专题报告，介绍四省及全国酒业发展情况、四省酒业在全国占有的重要位子、市场前景、在新的形势下如何持续发展，营销企业、生产企业交流了生产经营情况。会议认为，四省酒业应切合国家的发展战略，抓住机遇，发挥自身优势，携手进入“大融合”时代。一是四省酒业亟需转变观念，积极支持白酒企业整合与转型。品牌加速集中是我国白酒产业发展的大趋势，要借鉴四川、江苏等省经验，早整合，早主动；二是壮大龙头企业，探索多模式整合转型之路。“打铁还需自身硬”，龙头企业首先要做大做强，再借助资本的力量，探索多模式整合转型之路，全国性的跨行业、跨地区的整合转型，必将对加速企业之间的竞争合作，重塑区域白酒产业未来产生巨大影响；三是四省携手提升产品品质，打造个性化产品。四省白酒品种多，香型多，有人提出“大兼香”的概念，能否像酱香贵州、浓香四川、清香山西那样，努力打造兼香中三角，有待进一步论证。这次会议开创了湘鄂赣皖地区酒类流通企业、生产企业互动交流的先

河。并商定下届会议在湖南长沙举行。

热情接待山东省白酒业考察团和河南省白酒业考察团。在参观了企业后，双方进行了座谈交流，加深了友好合作，共商发展大计。

4．与媒体合作，发挥对行业发展的指导作用

年初，针对酒业发展的新形势，与《新安晚报》等单位联合举办2013安徽餐饮酒业消费转型研讨会，主题是食以民为天，做老百姓吃得起的餐饮，酿老百姓喝得起的美酒。鼓励企业发挥我省深厚的产业基础，得天独厚的优质资源，顺应市场需求变化规律，优化调整产品结构，坚持走个性化、品牌化、差异化、亲民化之路，就能在新一轮调整中生存并持续发展，为行业的发展指明了方向。

5．继续在省质量技术监督局指导和有关部门支持下制定技术标准，先后主持制定了9个地方标准，推动我省白酒行业标准化、规范化建设。

6．主持或参加科技成果鉴定

在安徽省科技厅和省经信委的指导及有关专家的大力支持下，先后进行了4个科研和新产品成果鉴定。并推荐4项成果申报中国酒业协会科技进步奖。其中迎驾贡酒业的“酿造减量化排放与资源综合利用技术集成研究”和古井贡酒业的“浓香型大曲酒生态酒窖建造方法的研究及应用”荣获三等奖。另外，2012年推荐申报的成果中，迎驾贡酒业的“白酒灌包装现代工业物流优化体系”和古井贡酒业的“基于近红外光谱技术在固态发酵过程中的质量控制检测技术的研究”分别荣获二等奖和三等奖。

二、发挥协会桥梁纽带作用，全心全意做好为企业服务工作

心系企业，想企业所想，急企业所急，为企业办好事，办实事，把好事办好、办实是协会的宗旨。2013年主要做好以下工作：一是参加企业的活动。先后受企业之邀，陪同中国酒业协会领导到安徽包河酒业有限公司、安徽运酒集团有限公司、安徽国口窖酒业有限公司、合肥酒厂有限责任公司参观，同时察看生产现场，品评酒样，提出改进指导意见；二是帮助做好企业要求解决的问题，如通过湖北省酒业协会帮助文王酒业有限公司联系去劲牌、白云边、稻花香酒业考察参观的问题；帮助解决九华山酒业有限公司要求加入中国酒业协会的问题；协调解决企业之间的问题等等；三是协助企业加强品牌建设，帮助申报省著名商标和中国驰名商标，全年共帮助企业出“推荐函”20多份；四是支持企业参加国家协会组织的质量鉴评活动，推荐6个产品参加，全部荣获2013中国酒业“中国名酒典型酒”称号。它们是古井贡酒年份原浆8年、五年型口子窖、珍藏徽蕴金种子、国宾洞藏迎驾贡酒、和谐年份高炉家和天青百年皖酒；五是帮助企业培养高级人才，推荐6个企业的6名专家申报首届“中国首席白酒品酒师”。

三、发挥协会专业性作用，做好为政府服务工作

1．协助省经信委召开部分白酒骨干企业负责人座谈会。会议于5月10日在合肥召开，牛弩韬主任参加会议并作重要讲话，汪春生副主任主持会议，省经信委有关处室负责人、省酒协负责人、8个白酒骨干企业负责人参加会议。会议充分肯定了白酒业在我省工业行业中占有重要的地位，对促进国民经济发展有重要贡献和巨大的拉动作用，同时分析了我省白酒业的发展情况和存在问题，指出徽酒振兴的重要意义，要求各企业要科学分析当前宏观经济形势，提振发展信心，把握发展机遇，一要夯实企业发展基础，抓实各个环节的工作；二要做大做强企业，以白酒主业为龙头，拉长拉宽产业链；三是提高现代科技应用水平，提高产业核心竞争力；四是要加强产业人才培养，用好各方面的人才。会议还议定了有关事项。

2．帮助省经信委组团到湖北、江苏两省考察学习，了解两省白酒业的发展情况及振兴本省酒业的做法、经验。

3．在考察、调研的基础上，协助省经信委起草“安徽白酒产业发展情况调研报告”，上报委领导审示修改，以“我省白酒产业发展情况现状分析及对策建议”为题，对发展我省白酒产业提出了八条建议，以第67期《工业专报》报省委、省人大、省政府、省政协领导。

4．继续按省经信委要求，做好白酒、酒精生产许可证复查工作。全年共复查24家，按规定条件进行考察，要求企业加强管理，规范经营，遵守法规，公平竞争，保证产品质量的稳定提高，重视食品安全，加强行业团结协作，共同维护提高“徽酒”的美誉度，为“徽酒”和地方经济发展做贡献。

5．参加亳州市白酒产业发展战略研究论证会，对亳州市白酒产业的发展提出建议性意见。

江西

2012年江西酒业综述

2012年江西省酒业协会在省轻工业行业管理办公室的正确领导下，以三个代表重要思想为指导，深入贯彻落实科学发展观，认真履行职责，积极发挥作用。坚持抓住为行业服务、为企业服务这一工作主线，突出对外交流，质量检评，调查研究，结构调整，咨询服务等几大工作重点，促行业发展。在中国酒业协会精心指导下，经过全行业团结拼博，全省酿酒行业面对激烈的市场竞争，克服诸多不利因素影响，保持了行业发展运行整体平稳，酒类市场秩序进一步规范，产业结构和产品结构进一步优化。

一、产销量平稳增长，经济效益稳步提高

据统计2012年全省规模以上酿酒企业累计完成饮料酒产量131.94万千升，同比增长5.02%，其中白酒产量15.71万千升，同比增长8.42%；啤酒产量114.94万千升，同比增长4.14%。累计完成饮料酒工业总产值101.99亿元，同比增长24.85%，其中白酒工业总产值60.26亿元，同比增长22.48%；啤酒工业总产值31.40亿元，同比增长19.21%。累计完成饮料酒销售产值99.61亿元，同比增长28.16%，其中白酒工业销售产值60.22亿元，同比增长28.29%；啤酒工业销售产值29.14亿元，同比增长16.89%。2012年全省规模以上酿酒企业累计实现利润13.01亿元，同比增长25.70%；上缴税金12.71亿元，同比增长21.28%。截止2012年12月31日，四特酒有限公司实现销售收入突破50亿元，同比增长57%，上缴税收突破9亿元，同比增长59%，章贡酒业有限责任公司销售收入近7亿元，同比增长60%，上缴税收超亿元。

二、投资与技术改造稳步推进

2012年7月投资15亿元的四特科技工业城一期联合车间三条灌装线顺利试投产，极大地增添了企业后劲，有力地保障了市场供应。2012年9月投资15亿元，占地1308亩的李渡酒业千亩生态酿酒园举行开工仪式，项目建设期2～3年，建成后年产成品酒可达10万吨，并将打造成集生产、园林、工业旅游、环保为一体的生态酿酒基地。另外，英博雪津南昌分公司三期生产线技改项目启动，项目完成后将达到年产30万千升啤酒生产能力。青岛啤酒投资20亿元在九江建立生产基地。2012年全省白酒行业还投入数千万元进行了厂容厂貌、环境卫生、环保绿化等一系列改造，并就相关管道、容器进行了更换，大大地提高了白酒成品的质量安全系数。

三、科技创新彰显活力

2012年江西全省酿酒行业科技创新步伐加快，活力四射。“特型大曲微生物及其酶系对特型酒风格风味影响的研究”项目荣获中国酿酒协会科学技术三等奖；“特香型酒窖泥的培养及应用”项目通过省级科技计划成果鉴定，并被确认为江西省科学技术成果；“提高特香型白酒特征性香味成分丙酸乙酯含量关键技术研究与应用”获批江西省对外科技合作计划项目。四特东方韵•国韵酒通过省级重点新产品鉴定。四特锦瓷系列荣耀上市。柔和七宝系列酒隆重推出。李渡珍壹号盒装酒炫耀登场，进一步增强了行业发展潜力。

四、质量安全管理向纵深发展

章贡酒业有限公司联合赣州市质监局、赣州晚报社举办了“晚报有约”章贡王邀你体验食品安全监管活动，特邀30余名市民来到厂区参观生产全过程，了解章贡王的生产工艺和品质，体验生产过程中质量监管和检测举措，让市民对章贡王酒有了更深入的了解，对章贡王酒的质量保障有了更直观的印象，进一步促进了企业质量管理工作，扩大了社会宣传功效，增强了企业的信誉度。江西饶州酒业有限公司协同有关职能部门面向社会聘请了二十多名热心公益事业的市场业余质量安全监督员，并颁发证书，把产品质量的话语权交给百姓，请群众随时随地监督产品质量，有效地增大了产品的信誉度和影响力，收到良好的市场效果。

2012年江西酒业协会工作情况

2012年，江西省酒业协会紧密团结全体理事、会员单位，在各有关部门和理事单位大力支持下，围绕振兴行业，为企业办实事，重点做了以下几方面的工作：

一、参加中国酒业协会第四届理事会第四次扩大会议和全国酒业协会秘书长工作座谈会

了解全国酿酒行业发展动态，学习和探讨兄弟省市协会工作的先进经验，明确协会工作重点，创新为企业服务理念，促进行业的发展。

二、召开省酒业协会第一届五次理事扩大会

会议传达学习了中酒协第四届理事会第四次扩大会议精神和全国秘书长工作座谈会精神。并对2011年全省酒业发展经济运行情况进行了分析阐述，与会代表广泛交流了企业生产经营情况。会议进一步强调了安全生产、食品安全与社会责任等问题，会议还通报了2011年度质量检评情况。

三、与湖北、湖南联合举办了2012年度啤酒质量检评会

江西参会企业8家，20个酒样，参会评委20人。年度啤酒联合检评，我省产品独揽最高分，鼓舞了士气、增强了企业信心。说明通过近年来的质量宣贯、检评等一系列活动和企业技术改造，我省啤酒行业产品质量显著提高，为行业发展奠定了坚实的基础。

四、组织参与白酒质量检评交流会

组织参与2012年湘、鄂、赣、桂、渝、闽六地区白酒质量检评交流会，江西共有24家企业，28个样品参检，参会人员及评委41人。这次质量检评以我省为代表香型的特香型白酒受到大会赞扬和六地区评委的肯定。江西共有16家企业的19个产品获得检评会金奖产品荣誉，有8家企业的9个产品获得检评会优质奖产品的荣誉。进一步彰显了特香型白酒的魅力，拓展了特香型白酒的美誉度。

五、参与审核由省科技厅组织验收会

四特酒有限公司“东方韵•国韵酒”产品鉴定验收会和“特型大曲微生物及其酶系对特型酒风格风味影响的研究”项目成果应用“特香型窖泥的培养及应用”项目成果鉴定验收会。

六、为进一步提升企业的知名度和品牌影响力，开展并组织评审了江西省白酒行业质量检评放心单位活动

对近年来在白酒质量检评活动中连续三年积极参与，行业质量检评优秀的企业，经专家评审并结合企业近三年来的相关经济技术指标，确立获奖企业名单，授予“江西省白酒行业质量检评放心单位”荣誉称号，活动每三年评选一次，有效期三年，首批共评选出9家白酒企业为放心单位。

七、陪同上级领导考察南昌亚啤及英博雪津南昌分公司

肖德润副理事长对南昌亚啤60万吨扩建工程的规划，建设与气势给予了充分肯定，对雪津南昌分公司的发展速度给予了积极评价。

八、组织接待河南省驻马店驿酒业有限公司高管一行考察四特酒有限责任公司

樟树贡酒业有限责任公司和樟树古城酒业有限公司，豫赣两省企业进行了面对面交流，并就特香型基酒购销及特香型酒生产技术支持事宜达成了意向。

九、强化服务意识，深入企业调研

2012年协会先后深入南昌、樟树、上饶、鹰潭、万载、高安、吉安、赣州等地20多家啤酒、白酒生产企业调查研究，及时掌握企业生产经营动态，增强服务水平，掌握协会工作的主动性，努力开创协会工作的新局面。

山东

2013年山东啤酒行业综述

2013年汇总了山东省26个啤酒企业和2个麦芽企业（啤酒厂麦芽车间）的主要经济技术资料。2013年，全省共生产啤酒506.07万千升，比2012年增加9.6%；山东省统计局统计的啤酒产量为685.84万千升，比2012年增加3.1%。2013年啤酒产品的销售收入为2295901万元，税收总额为257440.2万元，利润总额为176273.5万元，分别比2012年增加10.9%、2.5%、7.8%。利税总额为433713.7万元，比2012年提高4.6%。在有报表的26个啤酒企业中有3个企业亏损，2个麦芽企业（啤酒厂麦芽车间）在2013年共生产麦芽114395吨，8家企业未报利润。

2013年，青岛啤酒股份有限公司在山东的啤酒生产公司（厂）达到16个，共生产啤酒391.98万千升（包括烟台），比2012年增加12.7%，占全省啤酒总产量的77.4%。2013年华润雪花啤酒山东区域三个公司啤酒产量为39.14万千升，占全省啤酒总产量的7.73%，比2012年增加9.16%。燕京啤酒集团在山东的三个公司共生产啤酒27万千升，比2012年略有降低。以上三大集团在山东的企业共生产啤酒4558.12万千升，占全省啤酒总产量的90.53%。

2013年山东啤酒工业协会工作情况

一、汇总2012年山东省啤酒行业经济技术指标并印刷发各有关单位

二、召开啤酒新技术与经营管理研讨会

研讨会的主要内容包括：

1. 当前啤酒行业焦点问题解析：自产自用二氧化碳纳入啤酒生产许可证审查细则；啤酒瓶盖食品安全控制；解读啤酒相关食品安全标准。
2. 啤酒企业回收二氧化碳质量安全优化控制。
3. 脂肪酶对啤酒风味稳定性的影响。
4. 大麦麦芽微生物群落结构与酵母提前絮凝。
5. 精酿啤酒的发展和市场机遇。
6. 酒花香气物质的检测及酿造变化规律。
7. 酒花在啤酒酿造过程应用的研究。
8. 节能降耗的措施。
9. 低压动态煮沸技术。
10. 泰山啤酒后向物流管理。
11. 纯生化生产管理。
12. 预算与成本控制。
13. 澳麦新品种介绍等。

三、在研讨会期间，将第五届的工作报告和章程修改意见发给会议代表，通过了第六届山东省啤酒工业协会换届事宜

四、配合省轻工办举办了2013年山东省啤酒质量鉴定会，并将每种产品的评酒员扣分表汇总发给各送样单位参考

五、汇总山东省啤酒行业季度交换资料，并发给有关单位

六、印刷出版《啤酒世界》6期

七、联合省轻工业协会进行山东省首届酿酒大师的评比，共推选出啤酒行业酿酒大师12名

河南

2012年河南酒业综述

2012年，对于中国酒业来说，尽管告别了持续十年的黄金发展期，迎来新的拐点，经营模式转型，产业战略调整，但毋庸质疑的是，酒业发展的正能量依然是主旋律，产量稳中有升、市场井然有序，总体态势持续着企稳向好。

一、2012年全国酒业的经营形势

据国家统计局数据显示，2012年1～12月，全国酿酒行业实现总产量7202.25万千升（含饮料酒及发酵酒精），同比增长5.67%；全行业完成工业总产值7527.02亿元，同比增长20.65%；实现工业销售产值7322.89亿元，同比增长20.82%；全行业出口交货值62亿元，同比增长23.36%。

1. 纵贯全年的“门”事，再加上限制“三公消费”、中央及地方版禁酒令的纷纷出台，白酒产业市场格局发生了根本性的转变，产品线、市场战略、营销模式等同时进行了调整。2012年前的十年，可以说是高端白酒的春天，经济高速增长，旺盛的投资需求带动了高端白酒井喷式发展，各种年份酒“不求最贵，但求更贵”。这一时期，企业营销工作的重点是政府，以人脉为基础的团购风生水起，人脉就是钱脉，由此催生了全民卖酒的热潮。常识告诉我们，当街上擦皮鞋的都在谈论股票的时候，股市的崩盘也就为期不远了。同样，全民卖酒的2012年，则以一连串危机的形式为长达十年的高端白酒热潮划上了休止符，茅台的“国酒门”，古井贡的“酒精勾兑门”，西凤的“虚假业绩门”，酒鬼酒的“塑化剂门”，除此之外，身陷这些“门”的，还有剑南春等知名企业；同时，中央及地方版的限酒令频频出台，曾一度以政府政商务高端招待为目标客户群体的高端白酒，出现了“多米诺骨牌”效应，高端白酒经营一落千丈，并波及到整个行业。

面对着如此的境遇，无论是白酒一线企业，还是区域强势品牌，未雨绸缪，冷静应对，积极实施战略调整。茅台、五粮液、泸州老窖呈现出高端品牌下行趋势；二线品牌、区域强势品牌纷纷“拍案而起”，开始全国布局，争夺中高端、中端市场地位；大众区域品牌，受政策的影响不大，精耕细作家门口市场，演绎渠道下沉，打造新的酒业传奇。

据统计，2012年1～12月，我国白酒行业规模以上企业白酒产量达1153.16万千升（折65度，商品量），同比增长18.55%。前三名仍然是四川省、山东省和河南省；三省合计519.52万千升，占全国比重为45%。总产量超过10万千升的省市总计18个，除山西省累计产量较上年有所下降外，其他省市白酒产量都有不同程度提高，其中增长幅度较大的有山东省、江苏省、辽宁省、湖北省、吉林省、黑龙江省和重庆市，而四川省2012年度的白酒产量增速则低于全国平均水平约4个百分点。12月当月，全国白酒产量128.37万千升，同比上年增长11.86%，环比11月份增长11%。

2. 啤酒业已经完成了基本的市场定局，收官之战成为本年度啤酒行业发展的基调。2012年，我国啤酒业的并购时代大势已定，华润雪花、百威英博、燕京、青啤、金星形成了我国啤酒市场的大致格局，行业内的新建、迁建、扩产、投产、产品创新等苦练内功，成为啤酒业内的主旋律，二线及区域啤酒企业的二次被收购成为啤酒巨头们的收官之战，增速放缓。1～12月，全国啤酒总产量为4902万千升，与上年同期相比产量增长3.06%。分省市看，山东、河南、广东三省啤酒产量合计达到1635.44万千升，占到全国比重33%。总产量高于200万千升的省市还有浙江省、辽宁省、湖北省、江苏省、黑龙江省。从产量增速看，2012年全国啤酒产量增速较2011年同期相比下降，12月当月啤酒产量275.37万千升，同比下降6.02个百分点，环比11月份下降4个百分点。

3. 国产葡萄酒、黄酒行业及其他低醇度饮酒或将迎来发展春天。1～12月，我国葡萄酒累计产量138.16 万千升，同比增长16.90%。分省市看，总产量高于10万千升的有山东省（1～12月葡萄酒产量46.71万千升）、吉林省（1～12月葡萄酒产量32.70万千升）、河南省（1～12 月葡萄酒产量21.90万千升）、河北省（1～12月葡萄酒产量10.58万千升）。四省合计产量111.89万千升，占全国总产量的80%。从增速看，2012年葡萄酒产量增速较2011 年有所加快，四省中，除山东省产量增速放缓外，吉林、河南、河北产量增速均高于全国平均水平。

黄酒、其他酒行业规模以上企业完成工业总产值

145.34亿元，同比增长22.60%；实现工业销售产值136.40亿元，同比增长18.42%；产销率达到93%。其他酒行业规模以上企业1～12月份完成工业总产值220.88亿元，同比增长34.18%；实现工业销售产值209.61亿元，同比增长32.70%；产销率达到94%。

随着人们健康消费理念的提升，葡萄酒、黄酒及其他低醇度饮酒成为新的选择，再加上进口葡萄酒信息的不对称，使国内消费者对进口酒产生了不信任感，引发了许多抵触情绪，致使2012年进口葡萄酒整体消费增长速度放缓，给质优价廉的国产低醇度饮料酒带来了发展契机和巨大的市场空间，国产葡萄酒、黄酒的销售额在一些区域市场增长超过三成。

4. 进口酒市场理性发展，更注重品质和性价比

据海关统计，2012年我国累计进口葡萄酒4.3亿升，比上年增加8.9%；价值25.7亿美元，增长18.1%；进口平均价格为每升6美元，上涨8.5%。

2012年，法国、意大利、西班牙等葡萄种植园面积大幅缩减，作为新世界葡萄酒阵营新锐力量的中国进口葡萄酒市场，虚高强劲的需求和繁荣持续数年后终于放慢了脚步，进口酒消费结构向理性回归转变，消费者对于进口葡萄酒的品牌、价格和虚荣意识正逐步消退，更加注重品质、注重性价比，贴牌路线正被理性的消费者们所认识，渠道策略返璞归真：自建渠道，不做商超、不做餐饮，更不用说做终端铺市和陈列，一些进口酒经营机构与国外葡萄酒酒庄建立新的合作模式，打造国际化的采购供应链，使我国的进口酒市场更趋健康、理性发展。从进口形式上，近七成的进口葡萄酒以一般贸易方式进口，以保税监管场所进口增长明显。2012年，我国以一般贸易方式进口葡萄酒2.9亿升，增加8%，占进口总量的68.1%。同期，以海关特殊监管区域物流货物方式进口1.2亿升，增加5.9%；以保税监管场所进出境货物方式进口1862万升，大幅增加63.2%，占我国葡萄酒进口总量的比重由上年的2.9%提高至4.4%；进口主体以私营企业比重显著提高，外商投资企业和国有企业进口出现减少；进口葡萄酒来源地以欧盟进口稳步增长，智利进口快速增加。

二、2012年河南省酒业生产经营情况

2012年，我国酒类行业虽然受到种种冲击，但对我省来说，影响不大，整个经营形势依然是上升势头，全省196家规模以上酒类生产企业均实现了稳步发展，全年实现产量804.91万千升，同比增长21.06%，居全国第2位；实现工业总产值557.33亿元，同比增长17.68%，居全国第4位；实现工业销售产值546.28亿元，同比增长17.16亿元，居全国第4位；实现利润43.46亿元，同比增长14.73%，居全国第6位；实现税金27.90亿元，同比增长8.01%，居全国第8位，呈现出以下发展态势：

1. 白酒产量稳中有升，“六朵金花”差距逐步拉大，二线白酒企业发力迅猛，我省白酒市场呈现出新的格局，地产白酒逐渐成为市场主导，外省高端品牌白酒在我省受市场影响较大

1～12月份，我省规模以上120家白酒生产企业实现产量99.90万千升，位于全国第3位（1、四川295.18万千升；2、山东124.44万千升），同比增长5.72%；实现工业总产值236.92亿元，同比增长20.13%，位居全国第6位；实现工业销售产值230.77亿元，同比增长19.06%，位居全国第6位；全年实现利润25.26亿元，同比增长24.99%，位居全国第6位；实现主营业务税金及增值税13.40亿元，同比增长1.60%，位居全国第9位。

2012年，宋河股份新工业园区一期工程建成投产，二期工程于7月份破土动工，营销体系走出河南，先后在云南、海南、广东等地布局，宋河广告强力登陆央视，以国字系列为主的中高端产品成为白酒市场新宠，经营形势日新月异，年底跨入全国白酒20亿元俱乐部；洛阳杜康控股在5月份的全国经销商年会上，启动了五年百亿工程，首创了我省白酒行业的拜祖封坛大典，首创了我省白酒行业的理财产品，顺利登陆上海国际酒业交易中心，经营业绩创下历史最高纪录，实现销售收入突破15亿元大关；仰韶、赊店纷纷发力中高端市场，仰韶完成企业改制、新厂区动工，赊店牵手体育，知名度、美誉度更有大的提升，销售收入直逼10亿，河南白酒业迎来了“裂变效能”反应，六朵金花差距正在逐步拉大，二线白酒企业也纷纷发力，亿元俱乐部重新洗牌，乌龙实现销售收入4亿多元，新厂区二期工程即将全面竣工，产能较过去提升五倍，再加上五粮液集团的原酒扶贫式保证，为企业全面发力提供了保障，皇沟、卧龙、淮源、姚花春、百泉春、新平川、鸡公山、豫坡等企业都实现了较大幅度的突破，亿元以上白酒生产企业达到14家，我省地产白酒已经成为市场主角，市场占有率明显提高，同时，省外白酒品牌在我省的增速放缓，许多外省中高端白酒在流通市场下降幅度较大，有的甚至突破三到四成。

2. 啤酒市场大势已定，二线啤酒企业正待外嫁，新的啤酒市场已经形成新的局面

2012年，我省啤酒业已形成华润雪花、百威英博、金星的三分天下，燕京（月山）发展迅猛，二线的新乡亚洲啤酒、洛阳的亚洲啤酒正与百威英博商洽，预计今年4月将有实质性进展，在未来一段时间内，我省啤酒市场或将维持如此的三分天下，很难有大的行业变革，内部挖潜、提升质量、内部改造将成为我省啤酒企业未来发展的主流。

从全年的生产经营来看，我省啤酒将保持平稳增长的发展趋势，1～12月，规模以上44家啤酒企业实现产量496.12万千升，位居全国第2位（山东665.08万千升），同比增长25.33%；实现工业总产值133.16亿元，同比增长15.33%，位居全国第3位；实现工业销售产值132.59亿元，同比增长15.65%，位居全国第2位；全年实现利润8.49亿元，同比增长-2.97%，位居全国第3位；实现主营业务税金及增值税7.17亿元，同比增长-1.51%，位居全国第11位。

3．地产葡萄酒仍待提升，但整个市场或将迎来发展的春天，市场增势明显

近年来，我省地产葡萄酒得到了快速发展，规模以上企业达到26家，一些主导产品日益受到消费者的青睐，民权九鼎葡萄酒发展势头强劲，新工业园区基本建成，市场份额实现了较大幅度的提高，2012年，我省葡萄酒实现产量21.90万千升，位居全国第3位（1、山东46.71万千升；2、吉林32.70万千升），同比增长23.26%；实现工业总产值16.82亿元，同比增长17.95%，位居全国第5位；实现工业销售产值16.69亿元，同比增长17.95%，位居全国第5位；全年实现利润2.33亿元，同比增长1.30%，位居全国第3位；实现主营业务税金及增值税0.39亿元，同比增长30%，位居全国第6位。

但是，宣传不到位、葡萄种植面积小、资金供给不足等，直接影响着我省地产葡萄酒业的良性发展，希望以民权九鼎为核心的地产葡萄酒企业抓住发展机遇，以加大葡萄种植为切入点、融通葡萄酒流通渠道为重点，以提升媒体宣传力度为突破口，加大市场营销力度，使河南地产葡萄酒焕发更加旺盛的活力。

4．黄酒及其他酒虽有大的潜力，但发展后劲不足，在全国业内影响力有待提高

黄酒及其他酒，不是我省的核心酒种，但从2011年开始，我省黄酒企业开始崭露头角，尤其是南阳黄酒产区，发展势头更为强烈，从今年春节期间的黄酒销售情况来看，南阳地产黄酒较上年同期提高了3～4倍。

从黄酒企业来看，除南阳三顾堂黄酒外，其他的黄酒企业规模小、产量低、品牌张力弱，市场影响有限是目前我省黄酒及其他酒行业的特点。

从全年的生产经营来看，除产量没有纳入国家统计部门统计外，黄酒主要经济指标均实现了25%以上的增长速度，其他酒种实现了50%以上的增速，其中，黄酒实现工业总产值2.23亿元，同比增长25.28%，位居全国第11位；实现工业销售产值2.23亿元，同比增长25.28%，位居全国第12位；全年实现利润0.47亿元，同比增长38.24%，位居全国第8位；实现主营业务税金及增值税0.15亿元，与上年持平，位居全国第9位。其他酒实现工业总产值11.88亿元，同比增长50.95%，位居全国第4位；实现工业销售产值11.66亿元，同比增长51.23%，位居全国第4位；全年实现利润1.77亿元，同比增长62.39%，位居全国第2位；实现主营业务税金及增值税0.61亿元，同比增长56.41%，位居全国第4位。

但从总体的发展趋势来看，黄酒及其他酒的发展市场空间巨大，我省企业重点要解决好资金、产品线和培育品牌的三个主要问题，这些酒种才可能有较大幅度的突破。

5．河南进口酒市场更趋理性，消费量增速放缓，经营者更要培育消费群体

众所周知，2012年的河南进口葡萄酒市场仍为进口葡萄酒初级市场，行业内稍具规模的葡萄酒窖、酒行都在不惜余力地提高客户对葡萄酒的认知、推广葡萄酒文化、倡导健康品质生活。

从消费特点来看，河南进口酒消费仍为试探式消费。在“初级市场”这段时期的消费者是脆弱的、摇摆的、试探性的，消费商品价位大量集中在100～300元之间，远比沿海省份低得多，而河南的进口葡萄酒经营者为了适应市场需求，所经营的产品除世界知名品牌酒水外，零售价基本上维持在中低价位，零售价在300元至1000元的酒水很多情况下，都是被用来陈列，只能孤芳自赏，大部分进口葡萄酒经销商依靠薄利多销的团购渠道在夹缝中艰难地生存。

从行业发展来看，业外资本大量涌入葡萄酒市场，一批专业葡萄酒会所此伏彼起，进口酒市场也出现了放缓的增长趋势，消费者需求越发理性，人们更加注重品牌和品质。

6．全省酒类流通情况

从目前协会掌握的基本情况看，截至2012年底，全省酒类流通企业近40万家，全省酒类经营者备案登记累计8.5万家，占全国的13%；领用《酒类经营随附单》企业达2.6万家（次），占全国的26%。从酒种分析，河南白酒年销售收入400亿元，而河南本土规模以上白酒企业销售收入230.77亿元，同比增长10.96%，其余大部分被外省酒类企业分割，其中居于白酒销售前三位的外地白酒企业分别是：四川、江苏、贵州三省白酒企业在河南的销售额均已突破20亿元，以四川和贵州在我省的白酒消费量居前两位。

从2012年河南酒类流通市场的情况来看，本土白酒企业也加大了家门口市场的产品推介力度，尤其是中高端酒市场占有率也有一定的提升，如仰韶的彩陶坊、宋河的国字系列、杜康的酒祖系列、赊店的青花瓷、宝丰的G系列产品和张弓的度之度等都在全省酒类市场中扮演着重要的角色。

在做好家门口市场的同时，省酒协流通委员会加大酒类市场的引导力度，组织经销商、媒体记者走进仰韶、走进皇沟、走进杜康、走进豫人轩，多次组织豫酒流通企业董事长、总经理外出德国慕尼黑、西班牙巴塞罗那、法国波尔多取经，为促进豫酒市场繁荣起到了积极的推动作用。

2012年河南酒业协会工作情况

一、创新服务，拓宽方式，全面提升协会综合影响力和竞争力

服务是协会永恒的话题，2012年，对河南酒业来说，既是发展的机遇年，也是河南酒业面临挑战的关键年，省酒协依据独特的信息资源优势、行业专家优势，千方百计创新服务模式，多形式、多方位为我省酒企做好服务工作。

2月，仰韶酒业完成了企业改制，迎来发展的春天。

3月，由省酒协组织的“春到豫酒仰韶行”采风团，组织省会的媒体代表、优秀经销商、浙商酒行等，走进了仰韶，走进鲜为人知的彩陶世界，引起了所有采风团人员的共鸣。

5月，由洛阳杜康控股有限公司主办的杜康控股全国经销商年会和高峰论坛在洛阳举办，省酒协出面邀请沈怡方等中国白酒泰斗莅临，邀请中国酒类流通协会王新国会长、彭德骏执行秘书长、苏鲁粤冀四省酒类行业协会秘书长参会，有效地提升了杜康在全国的知名度和美誉度。会上，杜康提出了五年实现百亿元的奋斗目标，在业界产生了强烈反响。

11月，由省酒协主办，河南省百年酒库商贸有限公司承办的2012中国（郑州）世界名酒论坛在郑州市隆重召开，茅台总工吕云怀、泸州老窖总工沈才洪、汾酒总工杜小威及中国酒酒业协会副理事长王琦、法国南部葡萄酒产区政府代表等参加了论坛，就在新的形势下，中国酒业的国际发展之路进行了探讨。由省酒协主办、河南省皇沟酒业有限责任公司承办的中国复合香型白酒专家鉴评会在商丘市隆重举行，沈怡方、中国酒业协会副理事长王琦出席会议，对河南省研制成功的中国白酒第十三种香型给予了高度评价。由省酒协支持、杜康控股承办的酒祖杜康拜祖大典在洛阳杜康文化广场隆重举行，省委常委、洛阳市委书记毛万春亲自莅会，酒祖杜康倾力打造的河南省白酒行业第一款理财白酒在上海国际酒业交易中心面市。

一系列走进企业活动，既发挥了行业协会的优势，服务了豫酒企业，从而也开创了行业协会与企业的合作模式，更拉近了行业协会与企业的密切联系，协会在企业中间的美誉度和话语权有了明显提升。

二、加强协会自身建设，维护行业权益，夯实发展基础

1. 健全组织，成立黄酒分会和收藏鉴定专业委员会

河南也是黄酒集中产区，尤其是南阳市，其黄酒企业数量、黄酒产量均占到全省的四分之三，近年来，河南黄酒发展呈现出强劲势头，为进一步推动我省黄酒的健康快速发展，经省商务厅、省民政厅批准，河南省酒业协会黄酒分会于2012年9月正式成立，黄酒分会秘书处设在南阳。同时，由省酒协黄酒分会、南阳市酒业协会共同承办的首届中原黄酒发展高峰论坛在南阳召开，中国酒业协会黄酒分会秘书长沈振昌等到会祝贺，与会专家就河南黄酒的发展现状、未来的黄酒发展走势及河南黄酒的包装、品牌打造、市场推广等提出了各自的观点，为我省黄酒行业的又好又快发展奠定了坚实的基础。

为进一步拓宽服务渠道，5月，省酒协整合资源，挂牌成立了河南省酒业协会收藏鉴定专业委员会，先后开展了七次老名酒现场鉴定活动，义务为消费者鉴定老茅台等名酒上千瓶，得到了我省收藏行业专家的好评。

2. 维护行业利益、促进行业发展

维护行业健康发展是省酒协的责任和义务，2012年春节期间，一些媒体报道进口葡萄酒价格暴利问题，在社会引起强烈反响。3月20日，省酒协专门邀请名庄国际、波尔多、枫桐等进口酒经营机构、媒体记者举办了进口酒媒体恳谈会，交流进口酒从采购到海关，直到消费者的各个环节，让媒体对进口酒的采购全过程有了一定的了解，对正面引导进口葡萄酒发展起到一定的积极作用。

进入第四季度，媒体报道酒鬼酒塑化剂严重超标问题，给白酒行业生产经营带来严重危机。为此，河南省酒协白酒分会除了邀请郑州轻工业学院教授对全省白酒骨干企业总工们进行专业知识培训外，还利用报纸、广播、电视、网络等进行正确引导，在一定程度上消除了消费者的疑虑，降低了塑化剂风波对我省白酒经营的损失。

3. 围绕信息交流、技能培训等做好行业管理基础工作

行业管理是酒协的立会之本、兴会之基，因此在2012年的工作中，省酒协把行业管理工作列入协会工作的重要议程日程和必须抓好的基础。4月29日，河南省酒业协会八

届二次理事会暨河南省酒业零售商联盟一届理事会在郑州市金质大酒店召开，会议审议通过了《把握定位　创新模式　整合资源　促进河南酒业健康发展》的报告，表彰了《关爱职工示范企业》、第三届豫酒发展金爵奖个人和单位；国家人劳和社保部教育培训中心向省酒协颁发了河南省酒类职业教育中心培训基地牌匾，河南省酒业零售商联盟第一届理事会同期召开。5月，省酒协组织豫酒企业参加中南六省区啤酒统计信息工作会议，传递了全国啤酒行业信息，推动了我省啤酒行业的市场重新布局。

4. 在全省及全国范围内开展酒类职业技能培训鉴定工作

组织白酒酿造工、酿酒师、评酒师职业技能培训共3期，参加培训500多人，358人通过鉴定取得了国家职业技能资格证书，为酒类行业的技术人才结构调整起到了积极的推动作用。举办了三次职业技能竞赛，3月末举办的河南省啤酒品评技能竞赛、8月初在信阳鸡公山举办的全省白酒评酒委员年会、全省白酒质量鉴评活动暨“鸡公山”杯全省白酒勾兑技能竞赛、8月下旬在郑州市商城饭店举办的“河南省葡萄酒品评技能竞赛”活动等都达到了预期效果，受到了参选人员的好评。

三、搞好会展经济，增强协会综合实力

1. 整合资源，全力以赴办好2012（第十一届）中部糖酒会

由中国酒类流通协会、河南省商务厅主办的2012中部糖酒会4月27日～29日在郑州国际会展中心成功举办。

本届中部糖酒会一是重点突出国际性，进口酒展位比上届提高了20%以上；二是注重实效性，举办的《中国超高端白酒发展营销论坛》等专业性活动吸引了国内外经销商参会参展；三是专业性强，参加本届中部糖酒会的企业90%为酒类生产企业和流通企业，体现出以中部为主、辐射全国的专业展会特点；四是突出文化个性，举办了刘建华酒器（具）收藏艺术展等活动，吸引了众多酒类收藏爱好者积极参与。

本届中部糖酒会规模达到860个国际标准展位，设置300多个不同形式的展位，其中：室内展厅特装展位52个，室外特装展位7个，简特展位和国际标展展位248个，同比增加了40%；据不完全统计，本届中部糖酒会实现意向及合同金额达到42亿元，同比提高10.53%。

2. 组织参加2012年春、秋季全国糖酒会和第二届中国（贵州）国际酒类博览会

针对2012年春季全国糖酒会的特点和分配给省酒协的展位面积，省酒协将所分配的春季全国糖酒会展位分配给豫酒企业，9月9日，省酒协以“豫满中国”的形式，组织杜康、宋河、仰韶、赊店、宝丰、张弓豫酒六朵金花，抱团参加第二届中国（贵州）国际酒类博览会。

10月，省酒协再次以“豫满中国”的形式，组织张弓、新平川、百泉春、富平春、朗陵罐、棠河、九鼎、新境界、汉梁王等企业抱团参加在福建省福州市举办的2012年秋季全国糖酒会，统一设计，统一装修，统一格调，“豫满中国”展团是该届国糖酒会上唯一的抱团参展单位，受到了全国糖酒会办公室主任邢春雷的好评，豫满中国展团成为本届全国糖酒会上一道靓丽的风景。

四、配合河南省商务厅做好酒类立法推进工作

为推进《河南省酒类管理条例》的立法工作，2012年我省“两会”期间，省酒协联合全省酒界人大代表向省人大十一届五次会议递交议案，呼吁尽快出台《河南省酒类管理条例》，规范河南酒类市场管理。

为进一步推动我省酒类立法工作进程，省商务厅成立了关于推进酒类立法工作领导小组，厅长李清树任组长，巡视员耿建国、副厅长张雷明、副巡视员彭常轩任副组长，法规处、市场运行调节处、省酒协等任成员，依托商务厅各种资源，全面推进我省酒类立法工作。

五、以创建诚信经营示范企业（店）活动为抓手，拓宽省酒协酒类流通管理新领域

从2005年开始，省酒协的工作重点由单一的生产领域逐步向生产、流通领域转变，形成以生产、流通同步发展的综合管理服务体系，轰轰烈烈地开展了河南省酒类流通行业“诚信经营”示范单位评选活动，2012年，省酒协组织专门人员对已经荣获诚信经营示范企业（店）进行了复查，奖惩分明，在全省酒类流通行业中开展了《河南省诚信经营示范企业（店）》的推选工作，经过各省辖市酒业（商）协会的推荐，100家酒类经营企业（店）荣获了《河南省诚信经营示范企业（店）》称号，在4月28日下午召开的省酒协八届二次理事会上给予了表彰。

六、加大宣传推介豫酒力度，营造浓厚的“爱家乡，喝豫酒”氛围

豫酒不缺知名度，缺乏的是美誉度和行业影响力，2012年，省酒协重磅出击做好豫酒宣传工作，千方百计提高豫酒的美誉度和影响力。一方面省酒协全力以赴办好河

南酒业网站，对省酒协内部资料《河南酒业》进行了全新改版，除实现全彩色印刷外，还丰富了刊物栏目和版面；另一方面配合河南日报、大河报、华夏酒报联办专栏、专题、专版，全年共在各级各类新闻媒体刊发宣传稿件1000多篇（条）。

2012年末岁初，河南省酒业协会组织全省骨干白酒企业借助河南电视台卫星频道、河南日报、大河报等媒体开展了为期两个月的豫酒集中宣传推介活动，投资之大、跨时间之长、效果之明显均创豫酒宣传先河，产生了极大的社会反响。

7月份，省酒协联合大河报，举办探访河南美酒活动，配合流通委员会先后组织媒体、经销商走进仰韶、杜康、皇沟等企业，并与大河报联合出版了《河南美酒地图》，对河南省十八个省辖市的酒类企业分布情况进行了大揭底，对政府及有关职能部门制定我省酒类行业发展举措，提供了有益的参考，引起了行业内的广泛关注。

七、主动走出去，开展丰富多彩的酒类行业交流

随着经济全球化的深入，豫酒企业需要更多地了解世界酒业的发展，主动走出去，让世界更多地了解豫酒，让更多的豫酒走向世界。除组织豫酒骨干企业先后参加第二届中国（贵州）国际酒类博览会、第88届全国糖酒会、广州国际酒类博览会外，先后赴台湾、日本、韩国考察酒类市场外，2012年7月，河南省酒业协会组织16家豫酒骨干企业赴法国波尔多、德国慕尼黑、西班牙巴塞罗那等地参观考察欧洲酒类市场、酒类企业，与当地酒类行业协会进行了交流，对豫酒及豫酒企业走向世界起到了积极的推动作用，姚花春酒拟入股美国一家酒类企业，百泉春酒业拟收购西班牙一家酒庄等。

八、2013年河南酒业及行业协会面临的机遇和挑战

1．我省酒业发展面临的机遇和挑战

（一）酒业步入拐点时代，市场呼唤理性回归

经历了中国酒业发展的黄金十年，从2012年下半年开始，无论是受各种“门”的影响，还是各种禁酒令带来的冲击，中国酒业步入了拐点期，有人认为，中国酒业步入发展白银十年，还有的业内人士更是对酒业发展提出了理性回归的建议，无论种种观点，的确，中国酒业已经从“神坛”上走了下来，实现价值回归已成必然。

作为河南的酒企，尤其是河南的白酒企业，目前还是地地道道的区域品牌，虽然受诸多因素的影响不是很大，但有一点是明白的，一味地追求高价位，一味地追求所谓的奢侈品白酒，已经不能适应酒业市场的发展需求和投机性的政府消费理念，实实在在地让消费者体验到酒品带来的享受和无穷魅力，这才是行业和企业应该和必须做到的。

（二）中端白酒产品或将成为竞争的焦点，品质仍是竞争的基础

从我省白酒企业目前的市场定位来看，在全国范围内应该是中端市场。在未来一段时间内，中端产品阵营无疑将迎来发展的良机，甚至在这一阶段内诞生中端白酒的龙头品牌。一线白酒企业放弃了高端甚至是奢侈品的追求，参与中端白酒市场竞争，如茅台对茅台习酒、白金酱酒、茅台王子酒、茅台迎宾酒等产品加大了营销力度，五粮液集团加大对中低端品牌如婚宴酒、庆功酒、祝福酒等系列产品的投入，以适应市场的变化，除了这些一线白酒企业，像豫酒在这样的中端市场也没有沉寂，加大腰部产品开发力度，同时，除精耕细作家门口市场外，还加大了全国重点市场的布局。因此，在未来一段时间内，白酒中端市场或将成为白酒企业竞争的焦点地带。

对于白酒产品来说，其核心价值在于品质。对于特殊时期的白酒，重要的是要确保酒类产品质量的稳定，产品质量的安全，要让消费者喝酒喝放心，喝酒喝享受。因此，对于白酒企业来说，重要的是要在酒的品质上下功夫，基础设施建设、原酒储藏、健康安全的酒品是做好市场及营销的最根本保证。

（三）加强消费群体的培育，回归白酒的真实属性

白酒虽然是中国传统消费品，但由于时代不同，赋予白酒不同的饮酒方式和意义。过去，白酒作为一种精神娱乐产品，给人以美的享受，今天白酒已经突破了简简单单的饮品个性，是传播友谊的一种特殊媒介，尤其是拐点时期的白酒，如何重塑公众形象、培育新的消费群体尤为重要。

如今，年轻人追求时尚，年老人追求健康，不同的消费者有不同的消费特征和消费需求，在新的社会经济形势下，将时尚消费、消费者属性和传统的白酒文化经典结合起来，才是我们新时期酒业努力探寻的方向。

过去，曾把政商务人群作为主要营销渠道的酒类行业势必要出现转弯刹车，面对新的酒业发展形势，我省酒业要认清形势，从重品牌转向重品质转变，回归酒业的消费品市场性质；要从重名牌转向重民品，不仅要满足成功人士对高档奢侈的需求，更应关注普通消费者需要；要从重竞争转向重竞合，根据市场变化和发展趋势，探讨和尝试多种形式的竞合，建立与良好社会风尚相适应的白酒市场和行业形象；要从重一个市场转向重两个市场，

分别利用国内国际两个市场、两种资源，并勇于接受两个市场的考验。

对于河南省绝大多数区域强势白酒品牌而言，都在生产基地所在的县市城区完成了主体市场建设，而在全省其他市、县级以下大多是薄弱市场，有的甚至还是空白。可以肯定地说，针对我国酒业的“冰山时代”，如果不能实施渠道细分下的精耕细作，建立以顾客为导向的顾客数据库营销体系，还是撒胡椒面式的渠道操作模式，企业被重新洗牌的危机将无时不在。区域强势品牌需要借助其本土品牌的先天优势，推进渠道下沉，向县乡村挺进，增强对县级市场的掌控力，这样才能把竞争对手屏蔽到本地市场之外，从而保证企业的生存。

（四）酒类营销渠道发生转变，渠道创新将成为未来酒业竞争的法宝

党的“十八大”明确指出：坚持走中国特色新型工业化、信息化、城镇化、农业现代化道路，工业化和城镇化良性互动、城镇化和农业现代化相互协调的新型城镇化建设，正成为我国经济增长和社会发展的强大引擎。政策一经向社会公开，立刻引起白酒产业对“新型城镇化”新政的高度关注，与新型城镇化相匹配的酒类营销有可能成为撬动白酒下一轮发展的产业机会。

近年来，我国正在经历大规模的“城镇化运动”，占据中国城市总人口82%的22个有规模的城际商圈已经形成，如京津唐、环渤海湾、长三角、珠三角、长株潭、中原经济区等等，这些城际商圈正以85%以上的GDP产值领跑着中国经济。更有京津城际、武广高铁、郑西高铁、福厦高铁、沪宁高铁等城际铁路网的建设，犹如一条条产业链条将这些城际商圈联系在了一起，极大地缩短了城际商圈的时空距离，于是，城市间经济活动空间和生产力的辐射范围持续加大，城市间的资源重整、合作共赢，正成为新的经济特征，并引发着人们出行方式、消费半径、消费形态与消费习惯的变迁，“中国梦”“中国村”的理念正在逐步深化，酒类消费的文化、习惯带来酒业营销策略的随之转变，具有深厚华夏文明的豫酒更有其走向大中国、实现中国梦想的根基和可能。

（五）国际化或将成为酒业发展的又一个契机

除了扩大国内消费拉动内需，酒业发展的国际化之路已悄然来临，无论是上海经合组织，还是20国集团，无论是金砖国家，还是即将成立的金砖国家工商理事会、金砖开发银行，无论是中国文化的全球影响，还是外国资本对中国消费行业的瞩目，一波又一波的东方旋风，让更多的国际市场了解中国，了解中国人的饮食习惯，许多中国人喜欢的小食品等被摆上了国外的超市货架，有能力、有实力、有远见的酒企毫无疑问地把市场开到了更加广阔的海外，此时，不失为一个良好的机遇。

2．酒类行业协会面临的挑战与机遇

在2012年国务院体制改革中，对社会组织的职能和作用进行了重新定义，建立服务型政府、法制政府成为未来我国政府机构改革的重点，加快形成政社分开、权责明确、依法自治的现代社会组织体制，逐步推进行业协会商会与行政机关脱钩，强化行业自律，使其真正成为提供服务、反映诉求、规范行为的主体，已成为行业协会的归宿。国家提出了重点培育、优先发展行业协会商会类、科技类、公益慈善类、城乡社区服务类社会组织的发展举措，并强调，成立以上四类行业协会可以直接向民政部门依法申请登记，不再需要业务主管单位审查同意。

从广东省民间社团组织职能放开的情况来看，我省酒类行业协会或将出现新的发展格局，截至2012年，我省涉及酒类行业的省级行业协会共有四个：除省酒协外，还有省糖酒食品流通协会、省食品工业协会、中原文化研究会等，随着政策的放开，也可能有更多的酒类行业协会应运而生，酒类行业协会或将出现多会争抢会员的局面，哪个协会能够真正为会员服务，哪个协会能够实实在在地为会员办好事、办实事，哪个协会才能受到会员们的尊重和好评，才可能有其发展的空间。

自省酒协1984年成立以来，我们深刻地认识到，我们虽是由省政府批准成立的酒类行业管理组织，但近三十年的实践表明，有为才有位。按照十八提出的要求，省酒协将乘着加快建设中原经济区的东风，借力国家社会组织改革的良机契机，以创新服务、促进行业健康快速发展为已任，加强协会自身建设，发挥协会的专业技术优势、信息权威优势、行业协调优势，积极向政府有关机构申请，承担相应的酒类统计、制定酒类行业标准、酒类生产许可证核发、酒类行业特殊工种职业技能培训、鉴定、酒类营销相应职称评定等职责，制定切实可行的工作目标，全面提升省酒协的行业影响力、社会公信力、政府执行力。

2013年河南酒业综述

2013年，河南省规模以上酿酒行业企业220家，同比2012年的196家，增长24家，增长12.24%。其中：16家规模以上发酵酒精企业实现产量226.16万千升，位居全国第1位，同比增长9.66%；实现主营业务销售收入169.52亿元，位居全国第1位，同比增长5.96%；实现利润6.04亿元，位居全国第1位，同比增长17.51%；实现税收5.27亿元，位居全国第2位，同比增长13.89%。

125家规模以上白酒企业实现产量105.76万千升，位居全国第3位，同比增长5.43%；实现主营业务销售收入272.52亿元，位居全国第5位，同比增长17.64%；实现利润26.82亿元，位居全国第7位，同比增长5.63%：实现税收14.58亿元，位居全国第9位，同比增长1.67%。

41家规模以上啤酒企业实现产量427.88万千升，位居全国第3位，同比增长3.28%；实现主营业务销售收入162.46亿元，位居全国第3位，同比增长21.59%；实现利润10.93亿元，位居全国第3位，同比增长27.69%：实现税收9.48亿元，位居全国第8位，同比增长25.56%。

24家规模以上葡萄酒企业实现产量13.80万千升，位居全国第3位，同比下降35.78%；实现主营业务销售收入21.62亿元，位居全国第4位，同比增长31.83%；实现利润率2.90亿元，位居全国第2位，同比增长26.64%，实现税收0.52亿元，位居全国第8位，同比增长33.33%。

4家规模以上黄酒企业实现主营业务销售收入4.94亿元，位居全国第9位，同比增长54.40%：实现利润0.65亿元，位居全国第8位，同比增长26.64%，实现税收0.18亿元，位居全国第10位，同比增长5.88%。

10家规模以上其他酒行业企业实现主营业务销售收入17.16亿元，位居全国第4位，同比增长20.51%；实现利润1.90亿元，位居全国第2位，同比增长4.40%，实现税收1.01亿元，位居全国第2位，同比增长44.29%。

我省白酒行业2013年的生产经营整体形势是：稳中有升，影响有限，增速放缓。2013年上半年，政策、市场等方面的因素对我省白酒行业的影响不是太大，步入三、四季度后，对我省酒类市场的影响较为明显，尤其是个别以全国为营销基础的企业，影响更突出，据不完全统计，对我省整体白酒行业的影响导致市场占有率、主营业务销售收入、利润等主要经济指标下滑20%～40%；对主营业务超亿元的白酒企业来看，影响份额在15%～20%；还有些企业，如牡丹花都、百泉春等企业提前应对，在新品开发、产品线调整、市场布局等方面进行了及时的战略性调整，2013年的市场氛围和经济效益都有了较大幅度的提升。

在啤酒方面，经过几年的市场整合，目前我省啤酒市场除了金星外，华润雪花、燕京、青岛、百威英博，基本是五分天下，啤酒企业完成了生产融合，完成了产品布局和市场调整，从2103年生产经营情况来看，产量稳中有升，主营业务销售收入、利润、税收，实现了一定幅度的增长，市场平稳发展，单位产品的经济效益较过去提高较大，啤酒市场整合进入收尾期。

市场对我省葡萄酒的影响较大，从2013年的生产经营情况来看，我省地产葡萄酒出现了产量下降，但主营业务销售收入、利润出现了双双提升，市场对我省葡萄酒的信任度有了较大的提高。但是，我省地产葡萄酒总体发展缺乏后劲，原材料、优质葡萄直接制约着我省地产葡萄酒的进一步发展壮大。

我省进口酒市场增速下滑，再加上商务部启动的对来自欧盟葡萄酒的反倾销调查，在一定程度上影响了进口葡萄酒的进一步扩容。我省一些进口葡萄酒经营企业，出现了量利双降的现象，有的酒窖不得不关门停业，我省进口葡萄酒市场面临着新的布局，谁能调整产品战略、营销战略，坚持到最后，谁就能够取得胜利。

2013年河南酒业协会工作情况

2013年，是河南酒业步入调整期发展的关键年，也是面临挑战的机遇年，省酒协立足行业，创新理念，创新服务，与行业、与企业同舟共济。主要做了以下工作：

一、创新服务理念，拓宽服务模式，全面提升协会的综合影响力

服务是永恒的话题，创新是协会发展的不竭动力。2013年，省酒协先后联合江南大学、洛阳杜康控股有限公司于2013年3月2日组建了中国白酒行业第一个产学会于一体的中国杜康白酒工程研究院，5月14日联合中国酒类流通协会、江西、福建省酒类流通协会在杜康举办了豫闽赣三省白酒行业高端交流会；依托行业资源优势，邀请中国酒业协会王延才理事长、中国白酒泰斗沈怡方等参加5月18日举办的2013杜康控股全国经销商峰会、8月8日举办的中华陶香型白酒专家论证会、12月22日承办的纪念中国低度白酒40周年系列活动等；主办了“和谐河南平安郑州暨首创你喝酒，我代驾大型公益活动”、皇沟封坛大典、杜康酒文化全球行首站驶入新加坡等，一系列卓有成效的活动，拉近了协会与企业的密切联系，也使豫酒在全国行业内的美誉度和影响力，得到了较大的提升。

二、加强行业管理，夯实发展基础

行业管理是酒协的立会之本、兴会之基。2013年，省酒协先后组织召开了全省酒类行业协（商）秘书长联席会议、河南省酒业协会八届三次理事会和扩大会议等，审议通过了协会副会长、常务理事、进口酒分会副会长增补、调整议案、会员新入会议案，表彰了第三届河南省酿酒大师、河南省诚信经营示范企业（店）、2012年度河南省优秀经销商企业（店）、2012年度河南省技术能手等，承办了第八届中南六省区啤酒行业信息统计会议，组织召开了河南省白酒骨干企业总工会议、河南省酒类骨干企业工会主席工作会议和六朵金花老总座谈会，营造了浓厚的豫酒公平竞争、和谐发展的氛围，对豫酒和谐发展起到了促进作用；开展丰富多彩的技能竞赛，提振行业发展信心；先后举办了“杜康杯”河南省白酒品评职业技能竞赛暨省级白酒评委换届考聘活动，举办了河南省第五届“仰韶杯”白酒酿造装甑职业技能竞赛，得到全省白酒骨干企业的大力支持，营造了豫酒企业学技术、比水平、干事兴业的浓厚氛围。

三、开拓服务新领域，多领域、多方位加大培训力度，安全生产标准化评审工作跨上新台阶

2013年，省酒协千方百计拓宽服务新领域，全面开展河南省酒类行业安全生产标准化评审工作，承办了河南省酒类生产企业安全生产标准化工作现场会，做好河南白酒骨干企业的安全生产标准化评审动员及评审，富春平、宝丰、仰韶等十多个企业进行了安全生产标准化二级认定。在做好安全生产标准化评审工作的同时，依托我省丰富的专家资源和职业技能鉴定站，联合中国酒业协会、天津、新疆等省市区的酒类行业协会，做好酒类行业职能培训鉴定工作系列培训和鉴定工作，先后举办了白酒品酒师系列、酿酒师系列、酿造工系列和鉴定工作，联合河南牧业经济学院举办了首期白酒酿造技术培训班，省酒协流通委员会联合新乡市食品协会举办了河南省酒类实战营销研修班，全年共培训各类人才400多人次，200多人还获得国家人力资源和社会保障部颁发的相应职业资格证书。为河南及全国酒类行业注入了新鲜血液，有力地推动了行业的健康发展。

创新服务模式，成立了河南省酒业协会金融服务中心，开展为中小企业提供融资服务，短短几个月时间，酒协已经为全省酒类企业融资4000多万元，一定程度上缓解了我省酒类行业企业资金紧张的局面。

四、大力开展会展服务，推动豫酒繁荣

针对2013年春秋季全国糖酒会的特点和分配给酒协的展位面积，省酒协将展位分配给河南商鼎置业、郑州波尔多、新乡平川等二十多家豫酒企业，同时对直接从全国糖酒会办公室申请展位的宋河、杜康、仰韶、张弓等企业采取多种形式的“豫满中国”，让更多的消费者认识豫酒；2013年9月9～12日，组织豫酒骨干企业以“豫满中国”为旗帜，参加在贵州省贵阳市举办的第三届中国（贵州）国际

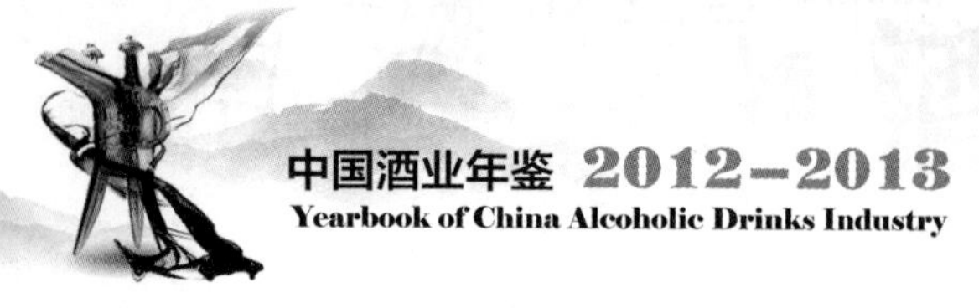

酒类博览会，展位设计大方、高雅、时尚，受到主办单位的好评。

在组织好豫酒企业参加春秋季全国糖酒会的同时，省酒协千方百计整合资源办好4月11～13日举办的2013（第十二届）中部糖酒会。本届中部糖酒会展区面积2万平方米，比上届增长了33%，参展企业近600家，比上届增长了20%：糖酒会吸引河南、河北、广东、山西、安徽、江苏、山东、北京、黑龙江、天津等全国二十多个省市区的酒类生产、流通企业和法国、西班牙、匈牙利、澳大利亚、美国、加拿大等十多个国家和地区的数以千计经销商、采购商，除参加千商集中采购活动外，还参加了大河报、省酒协联合主办的"打造酒业连锁核心竞争力高峰论坛"、华夏酒报主办报的"2013'酒祖杜康'中国酒业千商大会高峰论坛"及王华酒标展、魏家全酒器具收藏展、茅台等老名酒收藏、鉴定及拍卖等活动。本届中部糖酒会为期3天，据统计，本届中部糖酒商品交易会实现意向及合同金额达到47亿元，同比提高11.90%，各项经济指标均跨了一个新的台阶。

同时，根据河南省商务厅焦锦淼厅长的指示，省酒协多方协调，于2013年8月5日与郑州瑞城展览服务有限公司签订战略合作协议书，从2014年开始，省酒协主办的中部糖酒会和郑州瑞城展览有限公司主办的郑州糖酒会进行强强联合，更名为中国（郑州）国际糖酒食品交易会，并于2013年12月19日在郑州召开了新闻发布会。整合后的中国（郑州）国际糖酒食品交易会将于2014年4月25～27日在郑州国际会展中心隆重举行。

五、拓宽酒类流通管理新领域

截至2013年底，我省酒类流通市场累计备案登记酒类经营企业、商户9.2万家，全年发放酒类流通随附单140多万份，受整个酒类市场的影响，一些酒类流通企业、商场销售量、经营额均呈现出不同的下滑之势，有的企业甚至关门转业。针对现状，省酒协加大了酒类流通领域的各项工作力度，创新服务，一方面开展河南省酒类流通行业"诚信经营"示范单位创建活动，组织专门人员对已经荣获诚信经营示范企业（店）进行了复查，先后表彰了郑州宴酒坊酒业有限公司（酒类）等34家诚信经营示范企业和开封市吸引力酒城等33家诚信经营示范店。另一方面，省酒协流通委员会专门深入到郑州、洛阳、新乡、鹤壁、安阳、濮阳、驻马店、南阳、商丘、信阳、平顶山等地，与各地酒类行业协（商）会和重点酒类经销商进行了座谈，针对我省目前酒类流通现状、行业协（商）会拓展服务职能等进行了专项调研，为下一步转变协会工作思路提供了决策依据；同时，联合江苏省酒类行业协会、山东省糖酒副食品商业协会到河北省酒糖副食流通协会学习取经，针对酒类流通管理、延伸酒类流通服务等进行学习考察。

在做好调研的基础上，省酒协流通委员会为我省白酒骨干企业开展定制化的厂商对接活动，先后组织骨干经销商走进杜康、走进仰韶活动，组织安阳经销商与宝丰酒业面对面交流，取得良好效果。同时，省酒协在2013年全面启动大流通体系建设，收藏鉴定专业委员会每月30日定期义务为消费者提供老茅台酒收藏鉴定活动，一年来，共举办义务鉴定茅台酒12期，为三百多人鉴别老茅台等名酒，受到诸多茅台酒收藏爱好者的好评；原辅材料及机械装备工作委员会加紧与东北有关部门的沟通，建立河南省酒业协会东北高粱基地，已为仰韶等企业供应优质、廉价的酿酒高粱，不仅为企业节省了资金，更为流通委员会拓展工作思路提供了有益参考。

六、加大宣传推介豫酒力度，营造浓厚的"爱家乡，喝豫酒"氛围

豫酒不缺知名度，缺乏的是美誉度和行业影响力。2013年，省酒协重磅出击做好豫酒宣传工作，联合河南日报、大河报、河南商报、东方今报、大河网、华夏酒报、郑州日报、郑州晚报，举办探访河南美酒活动，先后组织媒体走进汉华、淮源、卧龙、民权、牡丹花都、百泉春、豫坡、棠河、朗陵罐、东坡、仰韶、皇沟、张弓老酒等企业；进口酒分会、新信息中心携手媒体走进红枫酒庄、云飞酒业、丰澳实业等，了解行业调整的关键期，豫酒企业的所需、所想、所盼，进一步营造了豫酒企业面对挑战，与日俱增、克难攻坚、夯实基础、增强信心的浓厚氛围，引起了社会各界对豫酒的广泛关注；联合大河网举办了"消费者喜爱的白酒品牌评选活动"，9月29日，在郑州大河锦江举办了规模盛大的颁奖盛典，40个省内外白酒品牌分别荣获"消费者最喜爱的十大商务礼品用酒和网友最喜爱的十大日常用酒"，受到了业界的广泛关注；联合华夏酒报、中原传媒和百泉春酒业有限公司在新乡举办了全省酒业新闻宣传研讨班，交流了新时期酒类新闻宣传的重要性和特点，为进一步搞好我省酒业新闻宣传工作奠定了基础；12月29日联合大河报、河南省糖酒食品流通协会联合主办的2013年度河南酒业总评榜颁奖盛典在郑州隆重举行，先后评选出了河南酒业功勋人物、河南酒业风云人物等10个奖项，首次评选出了2013年度河南酒业十大新闻事件、2013年度河南酒业十大热点新闻和2013年度河南酒

业十大关键词，展示了河南酒业发展的全新面貌，此类活动在全国尚属首创。该活动得到了全省酒类行业的大力支持，已经成为我省酒业年度大餐，大大提升了豫酒在消费者心中的形象和影响力。

2013年11月7～9日，省酒协联合宋河、杜康、仰韶、赊店、皇沟、宝丰、张弓、金星啤酒八家企出举办了首届“豫酒杯”全省酒类行业职工篮球比赛，赊店老酒队荣获冠军，仰韶酒业队荣获亚军，皇沟酒业队荣获季军，金星啤酒队、杜康控股队、张弓酒业队荣获“优秀组织奖”，宋河酒业队、宝丰酒业队获“道德风尚奖”，金星啤酒队、宋河酒业队、张弓酒业队领队荣获“最佳领队奖”，宝丰酒业队教练、杜康控股队教练荣获“最佳教练员奖”。职工篮球比赛的举办，大大活跃了全省酒类企业职工的业余文化生活。

七、加强协会办事机构自身建设

截至2013年底，省酒协拥有分支机构13个，秘书处内设办公室、酿酒行业管理部、酒类流通行业管理部、进口酒行业管理部、培训部、会展部、会员管理部、新闻信息中心、金融服务中心、法律事务部（公平交易与维权委员会）、财务部等部门，专职工作人员20多人，已成为全国最大的省级酒类行业协会之一。

1．按照上级要求，扎实开展了党的群众路线教育实践活动，按照“边学习、边找差距、边改进、边提高”原则，制定了学习制度，圆满完成了上级交给的学习任务；通过民主评议、发放征求意见表、设置意见箱等，向会员企业问计求策，广泛征求全省18个省辖市酒类行业协(商)会、100多个生产企业、流通企业会员、协会员工的意见和建议，共收到来自各方面的意见建议130多条(件)。通过本次活动，使省酒协进一步认识到了自身存在的差距和不足，使酒协理事会不断总结和完善工作，提出新思路、新方案，掌握新情况，努力开创酒协工作的新局面。

2．加强协会制度建设。2013年，省酒协先后制定完善了《河南省酒业协会差旅费管理制度》《河南省酒业协会车辆和驾驶人员管理制度》《河南省酒业协会休假管理制度》等9个规章制度，使酒协管理步入了规范化、制度化的轨道。

3．加强学习，努力提高协会秘书处工作人员的综合素质、业务素质。除学习党的方针政策外，组织协会秘书处工作员人员开展了白酒酿酒、品酒知识、营销新技巧、电子营销、葡萄酒品酒常识等培训活动，提高了协会秘书处工作人员综合技能和业务素质。

4．充实人员，引进人才，加强分支机构工作。目前，省酒协有13个分支机构，工作人员20多人，各分支机构工作已经全面启动。

八、协会工作存在的不足

1．协会服务能力有待提升，服务意识和服务本领不足；

2．了解会员需求不够，沟通不到位；

3．执行力有待提高；

4．主动学习意识不强，政治素质、业务能力有待提升；

5．行业统计工作开展不理想。

湖北

2012年湖北酒业综述

在宏观经济增速滞缓、国内酒界秩事多发、政府严限“三公消费”、市场竞争愈演愈烈的2012年，湖北省酿酒行业沉稳应对、奋力开拓，以转变方式谋发展，以调整结构拓市场，以技术进步抢先机，以加大投入增实力，用新的业绩迎来党的“十八大”胜利召开，为实现行业“十二五“规划奠定了坚实的基础。一年来，省酒业协会在上级有关部门的正确指导和各副会长单位的大力支持下，紧密团结全体会员单位，克难奋进、开拓创新、探索前行，围绕做大做强湖北酒业、实现”十二五“发展目标的中心任务，坚持为行业服务、为企业办事这一工作主线，突出对外交流、质量检评、调查研究、技术培训、结构调整、咨询服务等工作重点，得到了会员单位和有关部门的好评，圆满完成了2012年的工作任务。

2012年，湖北省白酒、露酒行业继续保持强劲增长。据统计，1～12月，17家白酒、露酒企业完成产量581080千升，同比增长14%。实现销售收入353亿元，利税总额59.6亿元，其中利润33亿元，同比分别增长29%、35%和46%。白云边集团、枝江酒业集团、稻花香集团和劲牌有限公司继续保持强劲发展势头。白云边完成产量38301千升，实现销售收入38.6亿元，利税11.6亿元，同比产量基本持平，销售收入和利税分别增长18%和54%。枝江酒业完成产量110289千升，实现销售收入70亿元，利税7亿元，同比分别增长6%、27%和32%。稻花香完成产量158391千升，实现销售收入160亿元，利税12亿元，同比分别增长6%、35%和20%。劲牌有限公司完成产量149905千升，实现销售收入51亿元，利税21.6亿元，同比分别增长14%、24%和30%。一批中小企业通过着力调整产品结构，加大市场开拓力度，转变经营发展方式，开始步入发展的快车道。黄山头酒业公司完成产量3739千升，实现销售收入4.4亿元，利税2亿元，同比分别增长33%、46%和51%。珍珠液酒业公司完成产量32508千升，实现销售收入2.1亿元，利税2636万元，同比分别增长109%、90%和93%。石花酿酒公司完成产量10676千升，实现销售收入8亿元，利税8449万元，同比在产量有所下降的情况下，销售收入、利税分别增长7%和31%。楚园春酒业完成产量11430千升，实现销售收入5.8亿元，利税1.1亿元，同比分别增长27%、29%和44%。文峰酒业完成产量5910千升，实现销售收入1.4亿元，利税2015万元，同比分别增长58%、57%和20%，2012年啤酒行业（统计的8家企业）完成产量1684050千升，实现销售收入73亿元，利税7503万元，同比产量下降6%，利税下降幅度更大，行业仍处于较为困难局面。其主要原因一是受全年气候因素影响，销量上不去，二是几大啤酒巨头挤压式竞争，市场拓展空间受阻，三是产品结构性矛盾影响市场拓展。

列入协会统计的17家白酒、露酒和8家啤酒企业，2012年共实现销售收入426亿元，比2011年的351亿元增长21.4%，实现利税61亿元，比2011年的57亿元增长7%，其中利润29.4亿元，比2011年的24.6亿元增长20%。2012年全省酿酒行业的发展表现出以下特点。

1. 产品质量稳定提高

从2012年5月下旬湘、鄂、赣三省啤酒质量检评和6月中旬湘、鄂、赣、桂、渝、闽五省区白酒质量检评情况来看，湖北参检的12家啤酒17个酒样，90分以上的14个，占82%，高于三省平均水平3个百分点。英博金龙泉（湖北）公司的8°金典纯生啤酒，华润雪花啤酒（武汉）公司的8°雪花勇闯天涯啤酒，青岛啤酒（黄石）公司的8°青岛啤酒和湖北蓝带啤酒公司的8°清爽啤酒等评分达到91.5分以上，得到评委们的一致好评。参检的27家白酒（露酒）企业41个酒样，评分90分以上的19个，占46%，高于2011年10个百分点。为鼓励企业参加区域性产品质量检评交流的积极性，促进五省区白酒质量稳定提高，对在这次检评中质量优异的产品分别授予“2012湘、鄂、赣、桂、渝、闽白酒质量检评金奖产品”和“2012湘、鄂、赣、桂、渝、闽白酒质量检评优质产品”荣誉称号，并由五省区酒业协会联合颁发奖牌。湖北省有22家企业30个产品获金奖产品称号，有11家企业11个产品获优质产品称号。

2. 结构调整成效明显

在产量增幅不高（白酒、露酒增长14%，啤酒下降6%）时销售收入增长21%。其中白酒、露酒销售收入增长29%，利税增长35%，利润增长46%。枝江酒业的百年枝江，年销售额过亿元，大师原酌、谦泰吉等高端产品在公关酒、礼品酒团购市场占有一席之地，2012年11月份推出的“精制”、“福禄寿喜”和“五福临门”三款礼品酒一月之内销售额过千万元，受到市场追捧。珍珠液酒业公司的酱香20年陈酿售价1280元，1.5升装价格2888元，推出的酱香“贡瓷坛装”帝酒标价15888元，而且不乏买家。石花酿酒公司推出的石花中国第一尚品酒——石花神谷酒，与美国华人协会签署战略合作协议，将进军美国市场；其打造的“中国第一高度”霸王醉品牌高端酒，已成为公司的旗帜产品，经精心研发的石花一品酒，定位于中国高端浓香型商务酒，已于8月份品鉴上市。三九酿酒厂的系列洞藏原浆在武汉等城市市场得到认可。

3．技术进步加快，投资力度加大，大规模白酒园区建设稳步推进

由枝江酒业公司和中国食品发酵研究院共同承担的中国白酒169计划“浓香型白酒风味物质剖析技术的研究及应用”课题、稻花香集团和中国食品发酵研究院共同承担的“浓香型稻花香白酒风味物质剖析技术的研究及应用”课题，通过了中国轻工业联合会组织的专家鉴定，这两项课题研究技术水平不仅达到国际先进水平，还有多项技术创新，在白酒生产、产品开发和工艺创新等方面具有很高的应用价值。劲牌公司近年来先后承担了国家“863”计划课题、国家“十二五”支撑计划等多个项目，采取产、学、研合作技术创新模式，其中3项自主研发成果通过省级鉴定，分别达到国际领先、国际先进水平。英博金龙泉啤酒（湖北）公司承担的“燃煤工业锅炉节能技术改造”项目，旨在加快推广先进节能技术，提高能源利用效率，实现“十二五”期间国内生产总值能耗降低16%的硬指标，得到国家财政部、发改委资金支持。白云边集团总投资10亿元的白云边工业园项目于2012年底全面竣工，项目的包装、勾储、技术、营销、物流、行政、服务七大中心已全部投入运行。该集团公司提出“2211”战略规划，在5年内投入20亿元，完成5大工程：一是在新江口城西规划4平方公里，建设浓酱兼香型白酒第一园——湖北白云边生态科技工业园；二是在工业园新增2万吨原酒产能，由目前1万吨增加到3万吨；三是以白云边酒为龙头，建设浓酱兼香型白酒产业基地，引进彩印包装、玻璃及陶瓷酒瓶、瓶盖、仓储物流、生物饲料等上下游产业，形成白云边产业链，壮大白酒产业集群；四是每年投入不少于1亿元进行白云边品牌宣传；五是发展以白云边酿酒文化和品牌文化为特色的工业旅游，把白云边文化融入酒业发展和城市建设中。到2017年，白云边集团将实现主业销售收入100亿元，入库税金10亿元，实现白云边新一轮跨越式发展。枝江酒业集团在市经济开发区征地260亩，计划投资10亿元，兴建5万吨白酒灌装中心，项目分二期进行，一期工程投资6亿元，建5万吨白酒灌装中心，年底将动工；二期投资4亿元，建2万吨基酒工程，项目全部建成投产后，可实现年产值18亿元，税收6000万元。该公司2012年6月份在黑龙江绥化经济开发区的投资项目正式开工，项目投资3亿元，占地10万平方米，可年产2万吨白酒，2014年建成投产，可实现年产值4亿元，税金5000万元，提供就业800个，并力争在5～8年内使绥化的枝江酒业销售达到10亿元。稻花香集团提出打造“500亿产业集群”，未来3年大力实施品牌战略、项目支撑战略、人才强企战略、科技创新战略和资本运营战略，实现年销售收入500亿元，成员企业100家，其中白酒企业50家，培育一家上市公司，争创5个驰名商标，进入全国500强。为实现这一目标，该公司2012年实施了一系列战略扩张布局，先后与当阳市、荆门市、恩施市、应城市、黑龙江尚志市、湖南津市、宁乡市、河北涞源县、福建建阳市等9个县市分别签订白酒项目及物流园等项目投资协议，总投资达到50多亿元，新增白酒产量15万吨及包装、物流、仓储等项目。劲牌有限公司黄石黄金山开发区产业园山南酒厂于10月份正式投产。该产业园占地1000亩，分三期工程，主要生产除劲酒以外的保健酒，建成后年产能达15万吨，将成为继劲牌酒厂后的第二大集成品、包装、基酒调配、保健酒调配于一体的自动化生产基地。该公司与神农架御酒公司合营开发保健酒项目，计划投资2亿元，包括原酒酿造、中药提取加工及白酒、保健酒生产、销售。黄山头酒业与四川名豪酒业有限公司联合成立泸州凯乐名豪酒业有限公司，黄山头出资5100万元，控股51%，名豪酒业以1470万元资金和价值3430万元的实物资产出资，占49%。珍珠液酒业公司投资2亿元的新厂区建设，将建成原酒酿造、制曲、包装物流、动力能源、酒文化馆、科技中心、行政中心等七大功能。一、二期工程已分别于2011年9月和2012年9月相继投产，三期工程总投资5000万元，已开工建设，到2013年项目全部建成后，珍珠液酒业综合产能将达到4万吨，当年产量达到2.5万吨，销售收入5亿元，利税6000万元。到2016年产量达到4万吨，销售收入20亿元，实现利税2.5亿元，将珍珠液打造成为“中部六省酱香型白酒产量第一、全国第三”的知名品牌。楚园春酒业公司投资3亿元扩建3万吨白酒工程已于年初动工建设，项目包括12条白酒生产线，3万吨基酒处理中心、洞藏酒库等，项目建成后，年销售收入将达到25亿元。百丈潭酒业公司以引进资金联合重组方式，征地500亩，计划总投资2亿元，一期工程用地200亩，投资8000万元，年产3000吨白

酒已经动工建设。大汉光武酒业公司经过三年整合，在区域性市场开发方面已取得突破性进展，2012年销售额突破亿元。现又在襄阳市襄州区工业园规划建设大汉光武白酒工业园区，已征地600亩，计划投资6亿元，建基酒5万吨、灌装能力10万吨及酒文化博物馆等主体项目，到2017年建成后，预计销售额可达到70亿元。英博金龙泉啤酒（湖北）公司当阳工厂10万吨纯生啤酒生产线扩建工程11月动工，项目将于2013年6月建成投产，可年产纯生啤酒10万吨，销售额2亿元，税收4000万元。华润雪花啤酒在黄石投资3.8亿元，兴建年产20万吨啤酒工程即将投产；在武汉公司东西湖厂区计划整体搬迁，将就近投资兴建年产100万吨啤酒新厂区。青岛啤酒（随州）、（应城）公司也在规划投资扩大产能至20万吨。

4. 强化骨干企业的龙头带动作用，影响力不断增强

在2012年10月省政府召开的湖北企业百强发布会上，白云边集团、枝江酒业集团、稻花香集团和劲牌有限公司再度荣誉上榜，枝江酒业、稻花香酒业还荣登2012中国民营企业500强、中国轻工业百强企业、获“湖北省优秀民营企业”称号。在“2012中国轻工业信息化与工业化两化融合表彰大会”上，劲牌公司、枝江酒业荣获“2012年中国轻工业信息化与工业化两化融合示范企业”称号，劲牌公司还荣获“中国轻工业百强企业”和“中国轻工业酿酒行业十强企业”称号。

5. 行业发展的影响力扩大，名酒名镇建设成效显现

2012年5月16～17日，黑龙江省酒业协会组团30多人到白云边、枝江酒业考察交流。5月21～25日，时任中酒协白酒分会秘书长赵建华、山东轻工协会会长李伟鸣带领山东省白酒行业11家企业负责人来湖北考察，先后考察了我省稻花香、枝江、白云边、劲牌公司等重点白酒、露酒企业。6月30～7月4日，四川省酿酒协会组团37人，对天龙黄鹤楼、劲牌有限公司、枝江酒业公司、稻花香酒业公司和白云边酒业公司等5家企业进行了为期5天的参观考察和交流，7月11日，中酒协张立文主任带领全国黄酒行业20家重点企业负责人到劲牌公司参观考察。外省同行的上门考察交流，一是获取了信息、探讨了行业的共性问题，广交了朋友；二是说明湖北酒业近年来发展迅速，引起了全国同行的高度关注。2012年9月25日，中国轻工业联合会组织专家在经过科学考察、严格考核、全面审查基础上，认为稻花香酒业所在地宜昌市夷陵区龙泉镇具有良好的白酒生产氛围，产业基础扎实，龙头地位突出，经济社会效益好，具有区域支柱特色，符合中国白酒名镇认定条件，正式授予夷陵区龙泉镇“中国白酒名镇”称号，这是湖北酿酒行业首次获得的国家级白酒名镇荣誉称号。还有枝江酒业、白云边酒业所在地政府和企业也在积极创造条件，申报或准备申报各具特色的名酒名区名镇称号。

2012年湖北酒业协会工作情况

2012年，省酒业协会在省经信委、省民间组织管理局、中国酿酒工业协会等有关部门的指导下，在各理事单位的大力支持下，围绕做大做强湖北酒业，实现跨越式发展，为行业服务，为企业办实事等方面，重点做了以下工作。

一、召开省酒业协会理事会

2012年3月30日，在武汉市召开了省酒业协会理事会暨第二届”湖北酿酒大师”颁证会议。参加会议的有27家理事单位共42名代表。省经信委陶红兵总工，省政府参事室朱光才参事及经信委轻纺处领导亲临会议并发表重要讲话。省酒业协会会长喻赋广主持会议并作了2011年协会工作报告，提出了2012年协会工作意见。会上对荣获第二届“湖北酿酒大师”称号的17位行业精英举行了隆重的颁发证书仪式。

二、召开行业统计工作会议

3月中旬武汉召开了全省白酒、啤酒行业统计工作会议，联合召开两个行业统计工作会议还是首次。共有19家

企业20名统计人员参加了会议。喻赋广会长出席了会议并作了重要讲话，对行业统计工作的重要性、如何进一步做好行业统计工作提出了要求和希望。会上各企业交流了2011年生产经营和经济指标完成情况，探讨了统计工作中存在的共性问题，并就如何加强今后行业统计工作提出了建议。

三、与湖南、江西联合举办2012年度啤酒质量检评会

湖北省参加检评的企业12家，参检酒样17个，参会评委19人；六月中旬，参与组织湘、鄂、赣、桂、渝、闽五省区白酒质量检评交流会。湖北参加检评的企业27家，参检酒样41个，参会评委72人。

四、举办“酿酒师”国家职业资格培训鉴定班

9月下旬，与中国轻工酿酒行业职业技能培训与鉴定管理总站联合在武汉举办全省白酒行业《酿酒师》国家职业资格培训鉴定班。这次培训鉴定班是在经过企业申报、资格审查、培训鉴定内容程序设定、老师聘请、理论试题出卷、实践操作酒样选送等近一年的精心组织准备基础上进行的。参加培训鉴定共11家白酒企业48位学员，经过3天培训鉴定，理论考试和实践操作成绩全部达到及格以上，其中90分以上达到54%。及格学员将获得国家人力资源和社会保障部颁发的“酿酒师”职业资格证书。

五、召开首届“湖北酿酒大师”高峰论坛暨酿酒行业第五次科技交流会

2012年11月下旬，在武汉召开“湖北酿酒大师”高峰论坛暨第五次科技交流会。共有20家企业48位行业技术专家参加了会议，其中20多位酿酒大师悉数到会。会上共发表论文48篇，经评审专家委员会认真评审，共评出论文一等奖14篇，二等奖16篇，优秀奖18篇。

六、编印《湖北酿酒大师》传略

湖北省酒协经过数月的精心整理编辑，在枝江酒业公司的大力支持下，一部具有文献性的《湖北酿酒大师》传略于11月份正式印制完成，并发送给各酿酒企业及个人。该书收集了湖北的“中国酿酒大师”5人和“湖北酿酒大师”24人，集中展现了湖北酿酒界科技精英的风貌和行业科技人才实力。

七、深入企业调研，探讨行业发展问题

针对啤酒行业发展较慢、效益较差等问题，摸清行业情况和问题所在，促进行业快速发展是今年协会重点工作之一。今年以来，喻赋广会长带领协会工作人员先后到百威英博（武汉）啤酒、华润雪花（武汉）啤酒、英博金龙泉啤酒（湖北）公司、金龙泉啤酒（孝感）公司、金龙泉啤酒（当阳）公司、华润雪花（宜昌）公司、华润雪花（天门）公司、青岛（随州）啤酒、燕京（仙桃）啤酒、燕京（襄阳）啤酒、枣阳蓝带啤酒等啤酒企业调查研究，与企业负责人探讨产品结构调整、开拓市场、节能降耗等行业发展大事。

八、坚持为行业服务，为企业办实事

先后为楚园春酒业公司、珍珠液酒业公司、园林青酒业公司申报国家级著名商标起草报告、出具证明。积极建议、引导各地开展白酒名镇建设，在白酒名镇的申报、考核、资料等各环节为有关企业及地方政府提供力所能及的服务。协会为企业出谋划策，跑腿办事，为企业排忧解难，赢得企业信赖。

九、陪同外省同行考察，扩大湖北酒业影响力

2012年先后有四川、山东、黑龙江、全国黄酒行业等代表团来湖北酿酒行业考察交流，协会都派了专人全程陪同。通过与外省同行的交流，获取了信息、听取了建议、开阔了视野，扩大了湖北酒业的影响力。

十、恢复《湖北酒业通讯》编印加强行业统计

省酒协坚持将信息传递作为行业服务的一项重要日常工作。在人手不足情况下，2012年恢复了《酒业通讯》的编印，每两个月出一期，并及时发送到企业和有关部门。行业统计报表是反映各企业生产经营情况的第一手重要资料，协会坚持每月定时统计出表，并发送到企业及有关部门，使各企业及时掌握全省酒业生产经营动态，为经营决策起到重要参考作用。

2013年湖北酒业综述

2013年，湖北省白酒、露酒行业保持稳步增长，据统计，1～12月，17家白酒、露酒企业完成产量65.52万千升，同比增长13%。销售收入496亿元，同比增长40%。实现利税77亿元，其中利润47.6亿元，同比分别增长29%和44%。几家重点企业继续保持良好的发展势头。啤酒行业主要经济指标虽有所增长，但行业整体仍处于低速运行、艰难发展状况。盈利水平好于去年，一是企业坚持改革创新、节能降耗、降低成本，二是调整产品结构，提高中高档啤酒和精品啤酒产量比重，三是普通大众啤酒价格趋于正常。

列入协会统计的17家白酒、露酒企业和8家啤酒企业，2013年共实现销售收入573亿元，比2012年的426亿元增长34.6%；实现利税90.8亿元，比2012年的72.6亿元增长25%；其中利润52.8亿元，比2012年的37.3亿元增长42%。2013年全省酿酒行业发展表现出以下特点。

一、产品质量稳步提高，品牌地位不断提升

从2013年5月份举办的“湘鄂赣三省啤酒质量检评”和“湘鄂赣桂闽渝六省市白酒质量检评”情况来看，湖北参检的14个啤酒产品，90分以上的11个，占78%，三省平均水平为57%。英博金龙泉啤酒（孝感）公司的金龙泉8°纯生啤酒、华润雪花啤酒（武汉）公司的雪花8°勇闯天涯啤酒、华润雪花（宜昌）公司的8°原之麦啤酒、燕京啤酒（襄阳）公司的燕京精品8°纯生啤酒等评分达到91.5分以上，得到评委们的一致好评。参检的28家白酒（露酒）企业43个产品，评分90分以上的22个，占51%，高于去年5个百分点，高于六省市平均水平近10个百分点。为鼓励企业参加区域性产品质量检评交流的积极性，促进企业产品质量稳步提高，对参检中质量优异的产品，分别授予“金奖产品”和“优质产品”荣誉称号。湖北省有10家啤酒企业的11个产品获得“2013湘鄂赣啤酒质量检评金奖产品”，21家白酒（露酒）企业30个产品获“2013年湘鄂赣桂闽渝白酒质量检评金奖产品”。

在2013年6月份国家级白酒评委年会上，由全国128名国家评委、26名特邀评委，对全国选送的137个酒样、12种类型的白酒，采用计算机感官品评技术，最终评选出48个企业的66个样品，进入2013中国名酒典型酒入选名单。8月22日，中国酒业协会在北京对入选的中国名酒典型酒举行了大会颁奖，湖北枝江酒业的“大师原[illegible]”、“谦泰吉—谦坊”，白云边酒业的“1979纪念酒”、“42度15年陈酿”，稻花香酒业的“52度活力型”、“稻花香清样酒”等被授予“2013中国名酒典型酒”荣誉称号。还有白云边、枝江、稻花香、劲酒、黄鹤楼、石花等19个白酒、啤酒产品经省质监局组织的专家评审，被授予2013年度湖北名牌产品。

二、调结构、稳增长、增效益

2013年是酿酒行业高端市场遇冷、消费档次下沉、行业处于深度调整期的一年。企业坚持主动出击，在产品结构、产业结构、营销模式诸方面坚持调整和创新，以应对行业变化带来的压力。枝江酒业、白云边酒业、稻花香酒业、劲牌公司等企业以“名酒加民酒”的战略定位，以大众消费为主要发展驱动力，在稳定“大师原酌”“谦泰吉”“1979纪念酒”“清样酒”等高端产品生产的同时，着力开发中低端产品，如枝江酒业推出的“浓兼香型新贵——新枝江”、白云边以“十二年、十五年“为主的年份酒、稻花香的“珍品系列”酒、劲牌公司推出的“健康型白酒——苦荞酒”、石花酒业的“生态三香”新品、珍珠液酒业的“一脉三香”（酱香国脉、浓香天香、兼香窖藏）等。英博金龙泉啤酒（湖北）公司开发的纯生、无醇、1978三个创新型产品受到市场欢迎，并被中酒协评为“中国创新特色啤酒产品”。通过将产品开发和市场经营的着力点从高端权贵型向中低端大众型调整，顺应了行业调整带来的市场变化，顶住了压力，开拓了市场，保持了增长，赢得了效益。

三、实施项目带动战略，工程建设稳步推进

枝江酒业投资6亿元的5万吨白酒灌装中心项目于2013年4月份正式动工，该项目是公司“百亿工程”建设的重点项目之一，占地148亩，项目建成后，可实现年产值8亿元，利税5000万元。稻花香集团在黑龙江尚志市、湖南津市、河北五色井投资的白酒项目均在4月份开工建设，三个项目总投资10亿元，新增白酒产能5.3万吨，基酒7000吨，项目投产后，将实现销售收入10亿元，利税1.5亿元。白云

边酒业的“2211”工程正在加紧建设中，其重点项目一白云边生态科技园的2号制曲车间2013年底竣工，3号制曲车间将于2014年3月竣工，2014年9月一期酿造项目建成投产后，将新增成品曲1万吨、优质原酒7000吨产能。投资4亿元、占地280亩的四川南溪天成万吨白酒生态工业园，已完成投资1.5元，其1号、3号酱酒酿造车间将于年底投产。劲牌有限公司在石首含芳酒业和神农架御酒公司开发保健酒投资7亿元。枣阳汉光酒业万吨白酒工业园，总投资1亿元，占地200亩，一期工程投资6000万元，基酒产能5000吨，灌装线3条，将于2014年建成投产。武当酒业新厂区建设一期工程征地60亩，投资5800万元，6条灌装线，年产白酒2万吨。二期计划征地300亩，投资1亿元，生产原酒1万吨。安陆李白宴酒业公司投资1.5亿元，占地430亩白酒产业园将于2014年建成，一期工程基酒800吨，成品白酒5000吨已建成投产。英博金龙泉当阳基地10万吨啤酒生产线于11月5日奠基，项目建成后，年增产值2亿元，税金4000万元，将形成荆门、当阳、孝感公司三点连片的湖北最大的纯生啤酒基地。湖北酒业2012年以来在建或已建成项目投资达到40亿元。

四、引进战略投资者，把企业做大做强

以品牌为基础，以资产为纽带，以技术为依托，引进战略投资者，强强联合，做大做强企业，是一些中小企业探寻的发展之路。湖北珍珠液酒业有限公司与湖北日报传媒集团在年初签订战略投资合作协议，共同打造“珍珠液三国源”文化产业集群。将在未来5年内投资12亿元，以“珍珠液”品牌为依托，打造文化产业集群，挖掘整理三国文化和“楚王苞茅缩酒”文化，建设“酒博物馆”与仿古一条街，建“珍珠液”景点，到2018年产值达到50亿元。武当酒业为拓宽融资渠道，2012年8月在天津交易所股权上市，2013年进行二次增发，募集资金1.5亿元，既为企业发展提供了资金保证，又为企业的制度建设、规范管理、提高知名度等方面带来了动力。湖北梨花村酒业与国内知名白酒企业洋河股份联姻后，依托大企业的资金、技术实力和品牌影响力，对老企业进行一系列改造扩张，改革企业管理体制，使企业走上了良性发展之路。劲牌有限公司与石首含芳酒业公司今年3月份签订新一轮投资协议，将投资5亿元，新上一条保健酒生产线，还将生产清香型大曲白酒。

五、白酒生产机械化步伐加快

白云边酒业公司承担的“浓酱兼香型白云边酒发酵生产关键技术的研究”项目获2013年度湖北省重大科技创新计划项目支持，并争取到扶持资金250万元。该公司完成的“白云边酒香型形成的特殊微生物分子特征研究”和“优质白酒发酵新技术的研究及应用”等两个项目通过了省科技厅组织的专家鉴定，认为两个项目总体研究及应用方面在白酒行业达到了国际先进水平。枝江酒业申报的《无窖泥浓香型白酒生产方法》获国家知识产权局授予发明专利权，该发明专利是枝江酒业技术人员经过反复研究探索的一项酿酒新技术，是对传统浓香型白酒发酵工艺的技术改进，有利于促进中国白酒产业的创新发展。劲牌有限公司近年来科技投入不断加大，科研成果不断推出。其研发完成的“固态法小曲酒机械化酿造工艺”项目经国家工信部组织的专家鉴定，认为该项目“整体技术达到国际领先水平”，此鉴定结论是工信部科技成果鉴定结论的最高等级结论。该公司新中试实验室耗资500多万元，配置了Alfa Laval离心机、陶瓷膜与有机膜过滤机、二氧化碳超临界萃取等国内外先进设备，主要用于保健酒个性化定制产品的制备及新产品研发、中试等，正式投入使用后将进一步提高产品开发能力。稻花香酒业公司投资1.5亿元的机械化酿酒车间经过一年多的试验、安装，于10月份竣工投产，标志着该公司在实现酿酒机械化、自动化、信息化道路上迈出了重要步伐。枝江酒业公司实施的机械化改造技术项目，计划投资1亿元引进自动化酿造设备，升级传统产业，重点解决酿造生产过程中的润粮、蒸粮、下料拌和、装甑出甑、摊晾以及启窖封窖等手工作业难题，项目完成后，将大大降低劳动强度，提高生产效率。白云边酒业公司经过一年多精心试验，新建成的机械化酿造车间技改工程于8月份试运行，该项目的成功建成将为公司“2211工程“正式大规模实施机械化生产打下坚实基础，大幅度减轻酿造工人劳动强度，提高生产效率和产品质量。

六、骨干企业的龙头引领作用加大，社会影响力不断增强

在2013年10月22日省企业联合会、省统计局和湖北日报传媒集团共同发布的2013湖北企业100强大会上，稻花香集团、枝江酒业集团、白云边集团和劲牌有限公司都荣誉上榜，占位都比2012年前移。枝江酒业集团、稻花香集团、劲牌公司等还获得“2013中国民营企业500强“、“中国轻工业百强企业”和湖北省优秀民营企业“等荣誉称号。劲牌有限公司由于在国内保健酒生产行业独一无二的龙头地位和市场影响力，公司董事长在出任中国酒业协会果露酒分会理事长后，又担任于今年5月份在该公司正式挂牌成立的“中国保健酒联盟”理事长。

2013年湖北酒业协会工作情况

2013年，省酒业协会在省经信委、省民间组织管理局、中国酒业协会等有关部门的指导下，在各理事单位的大力支持下，围绕为行业发展、为企业服务这一工作主线，面对新形势，研究新问题，采用新方式，重点做了以下工作。

一、召开省酒业协会理事会议

3月28日，湖北省酒业协会理事会议在南漳县召开。参加会议的有25家理事单位共40名代表。省经信委总工程师陶红兵亲临会议并作了重要讲话，省酒业协会会长喻赋广主持了会议并作了2012年协会工作报告，提出了2013年协会工作意见，还组织会议代表参观了湖北楚天传媒珍珠液酒业有限公司新老厂区。

二、召开行业统计工作会议

4月中旬，省酒业协会在武汉召开了全省酿酒行业统计工作会议。共有19家白酒、啤酒企业的22名代表参加了会议。会议组织统计人员认真学习了有关统计工作方面的文件资料，介绍了过去的一年行业统计工作情况和存在问题，大家相互交流了统计工作的经验和企业经营情况，对做好今后统计工作提出了建议和要求。

三、五月上旬与湖南、江西联合举办2012年度湘、鄂、赣三省啤酒质量检评交流会

湖北省参加检评的企业11家，参检产品14个，参会评委16人；5月下旬参与组织举办2013年湘鄂赣桂闽渝白酒质量检评交流会。此次活动在重庆市武隆县举行，湖北参加检评会的有28家企业，参检产品43个，参会评委70人。

四、举办“品酒师”国家职业资格培训鉴定

9月下旬，省酒协与中国轻工酿酒行业职业技能培训与鉴定管理总站联合在武汉举办全省白酒行业“品酒师”国家职业资格培训鉴定班。本次培训鉴定是在经过学员申报、资格审查、培训鉴定程序设定、老师聘请、理论和实践试题出卷、品评酒样征集和采购等近一年的精心组织准备基础上进行的。参加培训鉴定的共15家企业55名学员，经过4天的培训鉴定，理论考试和实践品评成绩全部达到及格以上，其中85分以上达到58%。及格学员将获得国家人力资源和社会保障部颁发的“品酒师”职业资格证书。

五、举办湖北省白酒品酒职业技能竞赛

9月25日至27日，湖北省酒业协会、湖北省机冶建材轻纺燃化工会在武汉联合举办了“2013年湖北省白酒品酒职业技能竞赛”活动。这次活动共有9家企业31名选手参加，进行了理论考试和十轮次的实践品评测试。由行业知名专家组成的专家组进行匿名阅卷打分，整个竞赛过程体现了公开、公平、公正的原则。经竞赛组委会对各位选手成绩审核确认，对竞赛成绩前十名的选手，由省振兴酒业领导小组办公室、省酒业协会、省机冶建材轻纺燃化工会共同授予“湖北省酿酒行业技术能手”荣誉称号。第一名获得省总工会授予的“湖北五一劳动奖章”荣誉称号。

六、深入企业调研，商讨行业发展问题

2013年以来，根据酿酒行业全国的发展形势和湖北现状，探讨行业发展的共性问题，喻赋广会长带领协会工作人员先后到襄阳、十堰、宜昌、孝感等地酿酒企业调研，与企业负责人就当前行业发展遇到的问题共同探讨应对方法和措施。

七、坚持为行业服务，为企业办实事

部分白酒企业改造扩建项目遇到土地审批、许可证难办等问题，省酒协派人先后到省经信委、省发改委汇报我省酿酒行业近年来发展情况，既说清楚国家对酿酒行业当前的产业政策，又介绍外省酿酒企业近年来大开发、大建设、大发展的状况，对相关政府部门支持我省白酒项目建设产生了正面影响，起到了积极的作用。中国产经新闻网6

月初的不实报道对我省相关白酒企业产生了负面影响，省酒协主要领导陪同省经信委、中国酒业协会先后两次到企业现场调查了解情况，澄清事实，为企业代言，从政策方面、专业技术层面实事求是地说清了问题，为缓解企业压力，还原事件真相起到了重要作用。

八、努力建立与在鄂高等院校的新型横向联系

一是支持以湖北轻工职业技术学院为基础成立“湖北酒业职教集团”，承接校企结合战略；二是动员骨干酿酒企业当好湖北工业大学建立酿酒中试基地的后援团，该校中试基地计划投资3000万元，重点携手湖北酿酒企业进行科技攻关。

九、加强行业信息搜集和交流工作

坚持每月定期统计出行业主要经济指标汇总表和每两个月编印一期《湖北酒业通讯》，并按时发送到协会各重点企业，使各相关企业及时了解和掌握全省酒业生产经营状况及行业发展动态，为经营决策起到重要参考作用。

湖南

2012年湖南酒业综述

2012年湖南省酒业协会在湖南省商务厅、湖南省民政厅、中国酒业协会等有关部门的领导、关怀和指导下，在协会理事会的正确领导下，本着服务第一的宗旨，积极为会员、为行业、为政府、为社会服务，在推动行业自律、规范酒类市场运行以及完成政府部门交办的各项工作任务等方面，做了大量工作，并取得了一定的成绩，为构建和谐社会作出了自己的贡献。

2012年，我湖南省规模以上酒类生产企业65家，白酒39家、啤酒10家、黄酒6家、其他酒10家。完成产量110万千升，白酒19.85万千升、啤酒79.6万千升、其他酒约10万千升。实现销售收入105亿元，白酒68.57亿元、啤酒25.85亿元、其他酒10.5亿元。上缴税金约12亿元，白酒8.1亿元、啤酒3.2亿元、其他酒0.8亿元。实现利润10.8亿元，白酒8.35亿元、啤酒2亿元、其他酒0.45亿元。

2012年湖南酒业协会工作情况

一、积极推动促进湘酒发展政策的落实

根据《湖南省人民政府办公厅关于促进湘酒产业健康发展的意见》文件精神，协会积极配合主管部门，促进有关政策的落实和执行。2012年省政府办公厅成立了由主管省长挂帅，省商务厅、省工信厅等多个部门组成的“湖南省湘酒产业发展工作领导小组”，并将酒业发展列入了商品流通千亿产业发展计划，配套政策将相继出台，为湖南酒业产销发展争取了良好的发展平台。

二、积极开展酒类从业人员培训工作

2012年，协会根据上级部门的要求，积极挖掘潜力，在全省范围开展了不同工种、不同层次的从业人员培训工作，取得了很好的成效。根据各地反馈的意见，特别是红酒从业人员培训得到了大家一致的好评，通过办班培训，普遍提高了酒类从业人员依法经营和辨别真假酒的能力，进一步增强酒类从业人员对酒类生产、经营的守法经营意识，为今后加强对酒类市场的有效监管打下良好的基础。

三、参加行业协会等级评定，提高协会服务水平

2012年，我会根据湖南省民政厅关于社会组织评估管理规定的要求，向省民政厅申请协会等级评估。省民政厅根据我协会的申请，委派省社会组织评估中心，于当年12月对我协会进行了考察和等级评定考核，并得到了考核组好评，同时，协会根据考核意见进行了查漏补缺，使协会内部管理、组织建设等工作等到了进一步加强。

四、积极开展交流活动，促进行业技术水平提高

1. 开展质量检评，向社会推荐我省名优酒类产品

2012年5月23日，在湖北武汉举行了湘鄂赣三省啤酒质量检评交流活动，来自三省的啤酒行业专家和企业代表参加了评审，并评选出了“2012年度湖南省酿酒行业优质产

品”。2012年6月11～16日，组织白酒企业参加了湘鄂赣渝闽桂五省一市白酒质量检评活动，来自五省一市的白酒专家、评委以及白酒企业的代表共200余人参加了会议。检评会议结束后，根据检评结果，协会和省酒管办联合发文，对获奖产品进行表彰授牌，并在协会和酒管办的官网上进行了公告，以不断提高本土产品的品牌知名度。

2．开展行业交流活动

2012年5月15日在湖南衡阳组织了中南六省啤酒行业生产统计信息交流会议，既加强了各啤酒企业之间的沟通和了解，又促进了中南信息统计交流工作的进一步完善。2012年9月和四川酒协一起在湖南组织了厂商联谊活动。促进了行业协会、生产企业、流通企业之间的联系和沟通。

五、弘扬和宣传湘酒文化，切实为会员单位服务

1．2012年12月20日，协会与胜景山河共同举办了“胜景干黄，为湖南干杯”大型品鉴、合作、联谊、发布活动，邀请了各有关部门领导、社会各界人士以及生产、经销企业代表上千人参加。该活动对促进我省酒类结构调整，打造湖湘品牌、倡导文明健康饮酒产生了良好的影响。

2．2012年9月19日与《新食品》杂志一起举办了酒业高峰论坛活动，探讨研究湘酒品牌建设、酒业行业趋势、酒业营销新思维等诸多问题，取得了良好效果，得到了会员单位一致好评。

3．积极组织湘酒企业组团参加2013年春季糖酒会。为利用全国糖酒会这一展示平台，弘扬湘酒团结、共赢的精神风貌，宣传、展示、提升湘酒的整体形象影响力，协会争取到了政府的部分经费支持，将组团参展春季糖酒会，目前正在按计划做好前期工作。

六、积极承办上级有关部门交办的各项工作

1．信息统计与交流工作。协助中国酿酒工业协会做好2012年度啤酒生产经营情况调查，在行业内部发布了年度啤酒行业运行形势报告，按月统计了全省啤酒行业的生产经营情况，并将《交流汇总表》及时反馈给企业，以指导企业的生产经营工作。

2．参加中部六省的啤酒资料交换工作，每月按时将本省企业的相关数据汇总报到广州啤酒协会，六省汇总后再反馈给企业，指导企业的生产经营工作。

七、积极协助政府部门开展各类活动

2012年6月，积极配合省商务厅组织酒类企业参加在湖南举办的中博会，为酒类提供企业对外交流的平台。

此外，积极完成了政府部门交办的其他各种工作任务，如振兴湘酒有关政策措施调查研究，围绕实施“放心酒工程”和酒类管理有关法律法规开展培训，围绕政府机构改革，承担政府转变职能委托协会的工作等等。

八、积极应对社会热点问题

2012年的白酒塑化剂事件闹得沸沸扬扬，湖南成了全国的焦点。在中国酒业协会的指导和帮助下，我会冷静而积极地应对各种媒体的追踪，采取负责任的态度，客观公正地说明有关事件的真相，协会有关负责人，通过有关媒体严肃阐明了相关立场，既维护了企业的合法权益，也消除了媒体和消费者的诸多疑虑，促进了事态的平息。

九、加强内部管理，提高服务水平和能力

1．建立和完善了各项规章制度， 按要求对人员进行了专门的配置，健全完善了有关人员职责和工作守则、财务管理制度、档案管理制度等，使工作更加程序化、规范化，提高了秘书处的执行能力和服务水平。

2．加强队伍建设，提高人员素质。组织政治学习，提高责任心、事业心；开展业务培训，协会专职人员不定期参加了有关部门的各种业务培训。

2013年湖南酒业协会工作情况

2013年，协会在省商务厅、省民政厅和中酒协的支持、帮助和指导下，在理事会的正确领导下，本着“服务为本”的宗旨，积极为会员、行业和政府服务，在推动行业自律、规范酒类市场以及完成政府部门交办的各项工作任务等方面，做了一些工作，为促进酒业健康发展、构建和谐社会作出了积极的贡献。

一、积极推动“促进湘酒产业发展政策”的落实

根据《湖南省人民政府关于促进湘酒产业健康发展的意见》文件精神，协会积极配合主管部门，促进有关政策的实施和落实。其中在2012年促进省政府成立了由主管省长挂帅、省商务厅、省经信委牵头的“湘酒发展领导小组”后，2013年省政府将酒业发展列入了酒类商品流通千亿产业发展规划，省财政厅分别对协会组团参加春秋两次糖酒会给予了场地租赁费的支持。

二、积极开展对外交流

2013年，协会组织葡萄酒经销企业开展了对外交流学习活动，分别赴法国、西班牙、意大利等国的葡萄酒企业和有关行业组织进行了交流和沟通，达成了不少商贸成果。

三、积极参加行业协会等级评定

根据省民政厅关于社会组织评估管理的规定要求，去年我会向省民政厅报送了协会等级评估的相关材料。省民政厅按照相关程序和规定，委派省社会组织评估中心对我会进行了考察和等级评定考核，秘书处在获得了考核组肯定和好评的同时，根据考核意见对相关问题进行了查漏补缺，使协会内部管理、组织建设等工作得到了进一规范，获评为4A级社团组织荣誉称号。

四、继续积极开展行业交流活动

1．开展质量检评，向社会推荐我省名优酒类产品。2013年，协会分别组织了湘鄂赣三省啤酒质量检评交流活动和湘鄂赣渝闽桂五省一市白酒质量检评活动，并对专家、评委们评选出的行业优质产品召开了媒体推介会，进行了媒体推介，以促进本土产品的消费，提升本土品牌知名度。

2．开展行业交流活动。中南六省啤酒行业生产统计信息交流工作，既加强了各啤酒企业之间的沟通和了解，又促进了中南信息统计交流工作的进一步完善。

五、搭建平台，推介湘酒产品，弘扬湘酒文化

为充分利用全国糖酒会这一展示平台，实施促进湘酒走出去战略，在省商务厅、省酒管办的大力支持下，协会统一组织部分优秀湘酒企业整体参展了2013年全国春、秋糖酒会，酒鬼、湘窖、浏阳河、德山、胜景山河、永州异蛇、天之恒、韶山冲等十多家湘酒企业首次以“湘酒展团”形象亮相，吸引了众多合作伙伴、经销商、代理商和酒类爱好者，前来咨询的观众络绎不绝，参展的湘酒企业与客户达成了不少意向合作，仅秋季会上，浏阳河酒业推出的2014年市场新品绵雅系列和年份系列，就达成意向成交合同2亿多元。秋交会期间，还举办了“市场变局下的湘酒发展研讨会”，参展商、经销商代表共200多人出席，全国著名酒业专家、行业领导、部分参展企业领导就如何发展湘酒进行了有益的探讨，达成了诸多共识；三湘都市报、湖南经济电视台、华声在线等诸多媒体对这次活动进行了宣传报道，这次研讨会取得了很好的效果，必将对湘酒的发展发挥重要的指导作用。

六、积极承办上级有关部门交办的各项工作

1．信息统计与交流工作。协助中国酒业协会做好2012年度啤酒生产经营情况调查，在行业内部发布了年度啤酒行业运行形势报告；按月统计全省啤酒行业的生产经营情况，并将《交流汇总表》及时反馈给企业，以指导企业的生产经营工作；参加中部六省的啤酒资料交换工作，每月按时将本省企业的产量数据汇总报到广东啤酒协会汇总后，再反馈给企业，以指导企业的生产经营工作。

2．积极配合业务主管部门，做好进口酒类批发许可证许可条件现场审查工作。

3．积极协助政府部门开展各类活动。如积极配合省商务厅组织酒类企业参加在湖南举办的中博会；振兴湘酒有关政策措施调查研究，围绕实施“放心酒工程”和酒类管理有关法律法规开展培训；围绕政府机构改革，承担政府转变职能委托协会的工作等。

七、协会工作中存在的主要问题

2013年我们虽然做了不少工作，取得了一定成效，但毋容讳言，仍存在不少问题，主要表现在以下三个方面：

1．协会的服务功能有待于进一步发挥，工作效率有待于进一步提高。协会的基础工作还没有做好，如职业技能鉴定工作效果不明显；白酒行业的统计信息以及市场销售信息交流功能还没有有效发挥；协会网站较长时间没有更新，相关动态未能及时发布；党建工作尚需加强等。特别是各分会工作开展参差不齐，有待加强。

2．协会办公条件较差，自身实力不强。

3．有些会员单位会费缴纳仍然不积极。

所有的这些问题和不足之处，都有待于在今后的实际工作中加以解决。

广东

2012年广东酒业综述

2012年是酒类行业不平凡的一年，受政策调控和酒类食品安全等因素的影响，酒类生产和销售企业承受巨大的压力，行业整体增长开始放慢。

一、广东酒类市场情况

1. 生产情况

广东是我国的酒类产销大省，2012年总产量约520万千升，其中啤酒产量502万千升，在全国排行第二位，其他酒合计总产量约18万千升，白酒主要产区集中在佛山的顺德、九江、石湾三大酒厂，企产量总和占了广东酒类生产总产量的70%多，长乐烧酒厂为代表的米香型酒主要集中在梅州地区，还有酱香、浓香的清远酒厂等。其他酒厂的产量规模相对较小。

2. 销售情况

根据不完全统计，2012年广东的酒类销售约440亿元人民币，与2011年的销售总额基本持平，2012年从广东口岸进口葡萄酒7310万升，同比增长11.9%，价值5.9亿美元，增长32.6%，进口平均价格8美元/升，上涨18.5%。进口量前四名的国家依次是：法国3854万升，澳大利亚1078万升，西班牙672.4万升，智利548.2万升。

2012年广东酒类销售总体特征是：城市消费为主体，但有下滑的趋势；东西北翼市场中档进口白兰地高飞猛进；农村市场保持稳定。产品结构是：葡萄酒销售逐年增长，进口白兰地稳中渐进，广东地产酒开始崛起，国产酒品区域独领风骚。消费价格是：高端价位酒冲击大，销量下滑；中端价位酒稳中略升；低端价位酒保持稳定。

二、2012年协会的主要工作

1. 编制了《广东黄酒标准》
2. 成功举办“2012广东国际酒类商品展销会”
3. 开展“广东十大名酒”和“广东酿酒大师”的评定工作
4. 成功举办第三届“从化三花杯”品酒技能大赛
5. 编制《河源市酒产业发展规划》
6. 开展各项酒类专业人才技能鉴定工作
7. 组织酒企技术交流和国内外酒厂参观学习工作
8. 积极配合政府部门开展行业管理和行业自律等工作，贯彻落实有关食品安全的法律法规，保证广东酒品的安全
9. 配合、指导各分会开展分会的业务工作
10. 加强协会内部管理，提升服务质量

三、对下届理事会的工作建议

1. 继续抓好放心酒工程的建设，加强食品安全的工作，让消费者喝上放心酒；

2. 深化基地建设的各项工作，推动地产酒的发展；

3. 鼓励酒类流通新业态的发展，重点研究新形势下，酒类市场的发展变化，在目前严峻的市场氛围中，如何面对市场，面对消费者，提出可行的应对方法，支持流通企业的特色建设和电子商务等工作；

4. 加大人才培训，提高从业人员素质，继续开展各项职业技能鉴定、技能竞赛和消费者教育等工作，不断提升行业整体技术水平；

5. 积极配合会员企业开展各项活动，解决会员企业提出的问题，做好政府与企业之间的纽带、桥梁作用，完成政府有关部门委托的各项工作和承接的职能；

6. 加强行业自律，维护行业健康、有序发展。同时加强协会内部管理，树立形象，提高工作效率；

7. 加强与各地酒类行业协会的合作，组织学习、参观、交流等工作；

8. 继续办好每年度的“广东国际酒饮博览会”，在与广交会合作基础上，将酒博会做强做大，真正成为南中国的酒类展览航母。

2012年广东酒业协会工作情况

在全体会员企业的共同努力下，省民政厅、省经信委的大力支持下，广东省酒类行业协会较好地完成了第二届代表大会提出的工作目标，为会员企业的发展和广东酒业健康、有序发展，作出了积极的贡献，主要工作是：

一、促进地产酒蓬勃发展，提升地产酒竞争能力

自2008年7月，省酒协在深圳成功举办了“广东地产酒发展研究会”后，吹响了全力促进广东地产酒发展的号角。五年来协会始终把地产酒的发展工作放在首要位置，坚持以“放心酒”工程为中心，基地建设和品牌建设为重点的工作思路，开展一系列有利于提高地产酒发展的各项活动，同时狠抓产品质量，坚持以质量为本，质量固业，安全诚信的理念，为我省的酒类生产企业提供服务，有效地推动了地产酒的发展。

（1）规范了“广东省放心酒工程”的各项管理工作，完善了日常的管理机制和监管工作。开展了第二批“放心酒”生产基地企业认定工作，其中29家生产企业被评定为第二批“放心酒”生产基地。通过树企业，扶基地的工作方法，引导广大酒企掀起抓质量、抓技术的热潮，加快了地产酒的成长步伐。

（2）以区域产业为核心，打造特色的区域基地建设。2008年以来，省酒协授予了梅州“广东米香型酒生产基地”、佛山市“南国酒都”、河源市“广东客家黄酒之都”、梅州五华县岐岭镇“广东客家酒镇”等荣誉称号。各荣获称号的区域，遴选一批酒类龙头生产企业和骨干企业，以龙头和骨干企业为重点，在技术服务、营销创新等方面给予了扶持，带动了区域的酒类生产企业升级发展，促进区域酒品质量大幅度提高。经省酒协和有关地市各部门的鼎力合作，佛山市和梅州市分别荣获“中国豉香型酒生产基地”和“中国客家米香型酒生产基地”的称号，同时，五华长乐烧酒厂荣获“中国果酒研发实验基地”称号。

（3）以品牌建设为长远目标，支持酒企申报中国驰名商标、广东省著名商标和中华老字号等工作。积极推动地产酒的品牌战略发展，并首次评选出“广东十大名酒”。同时，也积极组织企业参加政府举办的各项展览和广货网上行等活动，努力提升地产酒的美誉度和知名度。省酒协也每年度举办了“广东国际酒饮博览会”，为地产酒品牌展示和学习、交流提供了一个平台。

（4）积极开展技术交流服务，认真组织广东酒企的负责人到外省酒厂参观学习和省内酒厂的技术交流、研讨。也邀请多批次国内著名的酿酒师对广东地产酒进行技术辅导。编制了《广东酿酒技术论文集》和啤酒分会每年度的《啤酒学术交流会论文集》等，对广东地产酒的发展起到一定的积极作用。

二、发展流通新业态，支持流通企业上规模

广东是全国的酒类流通大省，也是全国酒类销售的桥头堡，本届理事会不但重点扶持广东地产酒的发展，同时也积极维护广东酒类流通市场的发展。积极配合政府职能部门和酒类企业开展打假、维权等工作，创造一个良好市场氛围和市场秩序，形成竞争有序，拓展有礼，宽容有章的广东酒类市场。具体工作有：

（1）开展了第二批放心酒流通示范企业的评定工作，全省共有27家企业被评为第二批“放心酒流通示范企业”。在示范企业的带动下，提高了企业自律的行为准则以及自觉抵制销售假冒伪劣酒品的风气，创建和谐的酒类消费环境。

（2）倡导新时期的消费教育模式，提出酒类流通的持续发展，消费者教育是关键环节。在广东市场化程度逐渐走向成熟的过程中，满足消费者需求和引领消费，本届理事会做了大量的工作。在开展各项品鉴、推广活动中，始终围绕市场需求和结合消费教育来开展工作，形成广东健康饮酒、理性饮酒、责任饮酒的良好消费观。

（3）开创了葡萄酒保税一条街和酒企“雁阵”的推广新模式。鼓励支持酒企的特色经营和电子网销等工作，扶持酒企发展连锁经营和企业品牌建设。组织酒企到国内外参观学习，也邀请国内外著名的营销策划公司的策划人，为广东酒企开展讲座、咨询等服务，提高广东酒企的营销水平。

（4）支持、帮助国内外酒企在广东开拓市场的各种服务，提供政策、信息等咨询业务。结合广东酒类市场的消费特色，开展了不同区域不同方式的营销策略。在品牌引领市场，名酒引导消费的市场环境中，提出了点面结合的

市场启动方式，为广东境内的酒类销售企业提出真实、可行的意见。

三、实施人才战略，培育专业人才

制约广东酒类生产和销售企业发展的一个重要因素是缺乏高素质的专业人才。广东经济发达，酒类销售一直处于全国的前茅，市场活跃，消费潜力巨大，但酒类生产和销售的专业技术、营销人员，一直满足不了酒企的需求，严重影响了广东酒品的质量提升和市场拓展能力。针对这种状况，省酒协制定了实施人才培训计划，几年来，开展了各种不同的业务培训和技能竞赛，有效地提高了广东酒企的人才素质，为广东酒企的发展作出积极的贡献。

（1）组织了二次白酒品酒师和啤酒品酒师的技能大赛，进一步激发广大酒企职工“学知识、练技术、比技能、创一流”的工作热情，促进酒业行业的技术交流和技术创新得到进一步的深化。

（2）在全省范围内开展了酒业职业技能鉴定工作，邀请国内著名的老师授课，按照国家人力资源和社会保障部的要求，结合广东酒类生产和销售企业的区域特点，进行有效实用的职业技能培训，几年来共有195人取得国家高级酿造工、酿造工等不同级别的鉴定和583人不同级别的白酒、葡萄酒、啤酒的品酒师资质，还有酒类食品检验工155人和高级营销师28人。同时还举办了近千场的酒业从业人员的专业素质培训，培训人数已达9245人。通过不同的培训，促进了企业专业人才素质的逐日提升，带动了企业的发展。

（3）首次评出11位“广东酿酒大师”，这肯定了他们为地方酒业的发展所作的贡献，同时也通过酿酒大师的专业技能，不断为企业输入专业技术和培育专业人员，构成外训内训相结合的培训模式，加快人才队伍的建设往持续、健康的轨道上发展。

四、制定发展规划，编制行业标准

五年来，省酒协承接了各个政府部门的委托，先后完成了《广东热带、亚热带果酒发展规划》、《梅州市酒产业发展规划》和《河源市酒产业发展规划》的编写工作，对区域酒业的发展出谋献策，推动了区域经济新的增长点。同时也完成了编写《广东省酒类行业民营骨干企业高级管理人才轮训五年规划》等工作。

为了提高广东地产酒的竞争能力，适应广东酒企的生产和发展，省酒协先后带头组织相关企业和单位，编制了《荔枝酒行业标准》和《广东小曲糯米酒标准》等，对广东酒业的规模化和标准化管理起到了积极的作用。与此同时为了确保广东特色的小曲糯米酒，能够保持传统的酿造工艺技术，又能够使安全卫生标准得到提高，在省卫生厅的指导下，在原来的《广东小曲糯米酒标准》的基础上，重新制定了《广东黄酒标准》，这更有利于广东特色的黄酒有更大的发展空间，又保证了产品质量。

五、积极反映诉求，解决企业问题

协会是政府与企业之间的纽带和桥梁，在完成日常的各项工作中，积极向政府有关部门反映企业的诉求，解决企业在经营、生产过程中所碰到的问题。

几年来，省酒协先后向国家质检总局、工商总局和省经信委、省工商局、省质监局等有关部门反映我省酒企在生产、销售过程中所碰到的问题，最终基本上能得到圆满解决。特别是2008年广东酒企产品遭下架事件，经过省酒协的多次向上反映和沟通协调，使省酒生产企业的合法权利得到保障。还有原国家质检总局、商务部、工商总局联合发文贯彻实施产品电子监管码的文件，根据我省酒类产品的特点，很难实施，也大大增加了企业的生产成本，省酒协在组织调查的同时，积极向国家和省有关部门反映，最终此项工作暂缓执行。

五年来，省酒协在处理会员与会员之间的矛盾，会员企业与媒体之间的矛盾，以及会员企业与商超、酒楼等领域之间的矛盾中，都发挥了积极的作用。

六、履行行业职能，维护行业利益

省酒协在政府有关部门的关心指导下，积极参与社会建设和社会公益等工作。充分发挥协会的协调、组织优势，带领会员企业服务社会，敢于担当。倡导酒企履行社会责任，关注饮酒安全，树立诚信经商的良好形象。坚持可持续发展的思路，关注酿酒生态环境的保护，维护社会和谐发展。

在履行协会职能的同时，积极代表行业的声音和维护行业的利益。特别这几年来对酒类行业是不平静的时期，从酒后禁驾到酒驾入刑，三公消费的限制和接连不断的酒品卫生安全风波等，严重地影响了酒企的形象和对酒品消费的信心，省酒协客观地面对市场的变化，分别组织企业进行座谈，提出适应形势变化下的经营方式，并加强企业内部建设和理性分析酒类市场的客观现实，同时，积极开展对消费者的宣传和引导，降低负面影响，让广大消费者和社会各界更了解酒品问题的真实状况，维护酒类行业的整体利益。

2012年梅州市酒业发展概况

梅州是“中国客家米香型白酒生产基地”，是广东酒类生产的主产区。全市有酒类生产企业66家，共取得70张生产许可证，其中：白酒全国生产许可证（QS证）19张，黄酒QS证14张，其他酒（配制酒、其他蒸馏酒、其他发酵酒）QS证34张，葡萄酒、果酒QS证2张，啤酒证1张。2012年，梅州市白酒年生产能力达12万千升、啤酒原液酿造生产能力20万千升、黄酒及其他酒生产能力10万千升。全市酒类产品产量达5.5万千升，增长30%；实现产值7.1亿元，增长26%，销售总额6.78亿元，增长13%；税收5145万元，增长12%，利润4502万元，增长15%。珠江啤酒首期年产20万千升项目在广州（梅州）产业转移园建成投产。全市持有酒类批发许可证企业59家、酒类零售许可证企业3739家。

梅州酒业获多项殊荣。梅州市酒协名誉会长、市经信局副局长江剑欧荣获2011年广东酒业功勋人物奖，广东长乐烧酒业公司曾钧总经理、一线天酒业公司赵志勇总工程师荣获2011年广东酒业风云人物奖。广东长乐烧酒业股份公司的“长乐牌”长乐玉液白酒、广东一线天酒业有限公司的“一线天牌”15年花开富贵白酒、广东三河坝酒股份有限公司的“三河坝牌”大埔娘酒被评为“广东十大名酒”。马月俊、赵志勇、罗振波评为“广东酿酒大师”。五华县岐岭镇被省酒协命名为“客家酒镇”。同时，长乐烧酒业“72°高度尊贵”和“十年老窖”、玉纯酒业“12°艾浓（艾叶娘酒）”、五稻酒业“45°五稻酒”等17个产品获得“2011年度广东酒类市场最佳品牌产品”称号。

广西

2012年广西酒业综述

2012年是国家实施“十二五”规划承上启下的重要一年，广西酿酒协会在自治区民政厅、自治区工信委的领导下，在中国酒工业协会的关怀指导下，在广大会员单位的共同努力下，认真贯彻落实科学发展观，贯彻工信委提出的稳中求进，好中求快的工作要求，本着发挥桥梁纽带作用为政府、行业和会员服务的宗旨，搭建信息交流平台，积极开展行业活动，取得较好的成绩，总结如下。

据自治区统计局统计：

1．饮料酒产量有增长

2012年广西全社会饮料酒产量232.21万千升，比2011年增长10.3%。其中啤酒产量169.41万千升，同比增长12.4%;白酒产量是51.46万千升，同比减少12.1%，葡萄酒产量3424千升，同比减少11.7%。

2．规模以上饮料酒企业（48家）经济效益

饮料酒主营收入1234148万元，比2011年增长17.64%；利润总额100391万元，比2011年减少20.33%；税金总额134994万元，比2011年增长25.80%。

3．发酵酒精产量基本稳定

2012年全自治区共生产发酵酒精（折96度商品量）69.29万千升，比2011年减少0.4%。

4．规模以上酒精企业（17家）经济效益

酒精主营收入513472万元，比2011年增长25.1%；利润总额24929万元，比2011年减少49.59%；税金总额28467万元，比2011年增长119.46%。

2012年广西酒业协会工作情况

一、为政府行业管理工作提供服务

1. 组织会员单位学习贯彻自治区工信委“2012年广西食品安全重点工作实施方案”和“2012年广西食品工业企业诚信体系建设工作实施方案”。

2. 自治区政府成立广西甘蔗制酒（朗姆酒）产业化推进工作领导小组，协会积极配合，作为技术攻关组成员单位参与产品技术研发、攻关和技术改造等工作。

3. 参加由自治区工信委委托广西轻工业科学技术研究院编制的《加快实现广西白酒产业跨跃发展的对策研究》项目的评审工作。

4. 根据国家综合类生态工业园区标准（HJ 274—2009），广西壮族自治区工业循环经济示范企业（园区）认定管理办法，参加由自治区工信委组织的对广西北海市合浦东园家酒厂循环经济产业示范园的“循环经济示范园区现场评审验收”工作。

二、接受中国酒业协会指导，做好具体工作

1. 参加全国各省市酒协秘书长工作会议，了解行业发展态势，明确协会工作重点和要求。

2. 开展酿酒企业社会责任问卷调查，引导和推进行业肩负起社会责任，树立负责任的行业形象和创建良好的发展环境。

3. 组织推荐会员单位申报2012年度“中国酒业协会科学技术奖”，广西中粮生物质能源有限公司获奖。

4. 及时向有关会员单位转发中国酒业协会开展“2012年中国国际特色啤酒品鉴及行业检查”的通知。

5. 组织会员单位参加中国酒业协会召开的“中国酒精工业2012年年会”。

6. 组织会员单位参加中国酒业协会召开的“2012年中国国际啤酒技术高峰论坛”。

三、搭建信息交流平台，组织开展行业交流活动，为会员服务

1. 发挥协会网站作用，通过下载相关材料，图片报导，及时发布行业重要信息和协会活动信息以及会议培训等通知共25项。通过即时信息、发邮件数十次，加快信息传递，加强了与企业的沟通与联系。

2. 和兄弟省市协会共同组织“第七届（2012）中南六省啤酒生产统计信息工作会议”。并评选表彰优秀统计员和优秀统计信息工作者，颁发奖金和奖状，以资鼓励。

3. 和兄弟省市协会共同组织开展了“湘、鄂、赣、桂、渝、闽五省一市”白酒质量检评交流活动。经213位国家级、省级评酒委员和24位知名专家对172个酒样的鉴评，广西获得2个“2012年度湘、鄂、赣、桂、渝、闽白酒行业金奖优质产品”，5个“2012年度湘、鄂、赣、桂、渝、闽白酒行业优质产品”荣誉称号。

4. 配合广西食品工业协会协办第六、七届“广西食品交易博览会和广西糖酒会”，为企业宣传和拓宽销售渠道提供平台。

5. 根据“广西驰名商标“的申请条件，为广西湘山酒业等会员单位向自治区工商局出具认定证明。

6. 组织自治区内品酒师帮助广西蚕业指导中心开发的新产品桑葚酒进行品鉴。

7. 应邀参加自治区农垦糖业集团“朗姆酒项目“可行性研究报告的论证。参加广西首款白酒理财产品——由广西丹泉酒业有限公司与工行广西分行联合推出的“工行.丹泉三十年原浆洞藏年份酒”面市活动。

8. 多次向广西人力资源和社会保障厅争取酿酒行业中，已取得国家职业资格证书的退休高级技师和由自治区人社厅批准的高级技师职称退休人员享受同等养老保险待遇权益。

四川

2012年四川酒业综述

2012年，全省酒业认真贯彻落实 “中国白酒金三角”战略部署和全省经济工作总体要求，扎实推进全省酒业平稳发展，逆势而上，整体实力已稳居全国第一。在全省经济增长趋缓、国内经济下行压力的不利环境下，全省白酒产业实现了稳步较快增长，在全省“7+3”优势产业中占有举足轻重的地位，对地方经济发展和推动“两化”互动作出了积极贡献。

一、 基本情况

2012年全省规模以上白酒生产企业达273户，比上年净增16户，完成白酒产量295.2万千升，同比增长14.8%；实现工业总产值1522.67亿元，同比增长23.78%；主营业务收入1671.54亿元，同比增长23.72%；利税467.61亿元，同比增长36.00%；利润总额292.63亿元，同比增长45.35%；出口交货值18.11亿元，同比增长24.71%。实现主营业务收入2亿元以上的企业共有93户，其中：5亿元以上的有36户，10亿元以上有13户，30亿元以上有6户，50亿元以上有4户，100亿元以上有3户，500亿元以上有1户。白酒产业占全省工业主营业务收入、利税、利润比重分别达5.38%、12.01%、13.67%。

二、 全省白酒产业运行特点及分析

1．白酒产业保持增长、但增速逐步放缓

2012年，全省规模以上白酒企业整体虽然保持了稳步增长的态势，但发展速度明显放缓。全省规模以上企业主营业务收入同比增长23.72%，利税总额同比增长36.00%，利润总额同比增长45.35%，出口交货值增长24.71%。相较于2011年主营业务收入、利税、出口交货分别下降17.80、2.21、11.14个百分点，仅利润总额增长7.36个百分点。

2．“六朵金花”稳步增长、产业贡献突出

2012年，川酒“六朵金花”发展呈现稳步增长趋势。“六朵金花”实现主营业务收入1056.03亿元，同比增长22.91%；实现利税总额357.37亿元，同比增长37.17%，其中利润完成244.77亿元，同比增长47.64%。“六朵金花”主营业务收入、利税、利润分别占全省规模以上白酒企业的比重达64.64%、79.35%、84.95%。

3．二线品牌企业发展情况较好

2012年，全省白酒行业二线品牌企业整体发展速度较平稳，除“六朵金花”外，主营业务收入超2亿元的87户主营业务收入、利税总额、利润总额分别完成473.74亿元、85.47亿元、37.60亿元，同比分别增长27.79%、36.57%、44.89%。

4．小规模企业增速放缓

全省2亿元以下小规模企业主营业务收入、利税总额、利润总额分别完成141.77亿元、24.76亿元、10.25亿元，同比分别增长16.99%、29.57%、28.28%。较二线品牌企业主营业务收入、利税总额、利润总额增速分别低10.8、7.0、16.61个百分点，增速明显下降。

三、存在主要问题

1．产量增长乏力

全国白酒产量经过连续十年保持15%以上增长速度，市场容量已趋于饱和。2012年全省白酒产量首次出现实际增长下降的局面。

2．市场需求萎缩

由于受诸多因素的影响，高档产品市场需求急剧下降，在传统春节黄金销售期，高档产品销售出现大幅下降。

3．产品结构不合理

由于前几年高档白酒市场需求大、利润高，一些企业盲目追求高端化，出现“倒金字塔”产品结构形态，没有形成成熟市场的合理形态。

宜宾：中国白酒之都

2012年，四川宜宾市规模以上白酒企业36户，较上年净增6户；从业人员69884人，同比增长9.2%；产量（折合65°）44.25万千升，同比增长1.28%；实现增加值202.51亿元，同比增长27.8%；主营业务收入733.41亿元，同比增长23.56%；利税总额217.57亿元，同比增长41.51%；利润总额153.62亿元，同比增长56.07%。主营业务收入、利税总额和利润总额分别占全市规模以上工业的39.05%、61.57%和64.54%，占全省白酒产业的43.88%、46.53%、52.5%。其中，主营业务收入占全国白酒行业的16.42%。“中国白酒之都”的行业龙头地位进一步提升和巩固。

2012年，全市主营业务收入亿元以上白酒企业32户，较上年净增7户。其中，五粮液集团主营业务收入600.68亿元，同比增长23.34%；高洲酒业主营业务收入21.14亿元，同比增长17.41%；叙府酒业主营业务收入10.07亿元，同比增长22.53%。主营业务收入5～10亿元企业4户，分别是红楼梦、吉鑫、华夏和巴蜀液酒业。主营业务收入1～5亿元企业25户。全市白酒企业集团化、规模化的发展趋势更加明显。

2012年，五粮液集团主营业务收入已突破600亿元，利润总额139.24亿元，同比增长55.23%；利税总额191.6亿元，同比增长41.5%；实现出口创汇3.16亿美元，同比增长23.35%。利润总额、利税总额增幅分别较2011年提高了33个和18.38个百分点，发展质量大幅提升。五粮液产业园区获批为国家新型工业化产业示范基地。

一、发展环境

制定出台了《宜宾市白酒产业“十二五”发展规划》、《中共宜宾市委宜宾市人民政府关于加快推进千亿白酒产业集群发展的意见》，为白酒产业健康发展营造良好的发展环境。

二、项目建设

2012年8月16日，五粮液千亿工程技改扩能项目正式开工建设；君子酒业2万吨技改扩能项目正式投产；红楼梦酒业3.75万吨技改项目部分投产；叙府酒业2万吨技改项目、盛世华夏2万吨技改项目、天成酒业与湖北白云边酒业合资1万吨扩能项目等已启动。

三、品牌建设

2012年，经中国轻工业联合会、中国酒业协会复评考核，继续授予宜宾市“中国白酒之都”荣誉称号。全市现拥有白酒类中国驰名商标7件，分别是“五粮液”、“五粮春”“五粮醇”“叙府”“金潭玉液”“华夏春”“红楼梦”；四川省著名商标13件，分别是“五粮春”“尖庄”“五粮醇”“五粮神”“尊”“烤”“叙府”“金潭玉液”“梦”“红楼梦”“华夏春”“南福”“竹海”；四川名牌13个，分别是“五粮液”“五粮春”“五粮醇”“高洲”“金潭玉液”“梦”“华夏春”“叙府”“柔雅叙府”“南福”“君子”“竹海”“戎德坊”。2012年，“五粮液”品牌价值再创新高，达到659.19亿元，蝉联中国最具价值品牌100强第3名，连续18年稳居中国饮料食品行业第一品牌。高洲酒业、叙府酒业、红楼梦酒业、华夏酒业、君子酒业、吉鑫酒业、长兴酒业、新宇酒业、竹海酒业、金南福酒业等10户企业被授予“中国白酒之都十朵小金花”，着力予以重点培养。深入推进“宜宾酒”地理标志的推广、使用和宣传。高洲酒业、叙府酒业、红楼梦酒业、华夏酒业、新宇酒业、君子酒业、金南福酒业、长兴酒业、竹海酒业、大观园酒业、敬师酒业、川兴酒业、邓公液酒业、叙南酒业、天乐酒厂、梦圆酒厂、德盛福九粮老窖等17户企业被国家质检总局批准使用“宜宾酒”地理标志产品专用标志。

宜宾市先后组织五粮液和“十朵小金花”企业参加2012全国春季糖酒交易会、第二届中国贵州国际酒博会、第十三届中国西部国际博览会、香港国际美酒展等大型展会，并在第二届中国贵州国际酒博会、第十三届中国西部国际博览会展场中设置“宜宾酒馆”抱团对外宣传宜宾白酒，取得明显成效。企业品牌的创建和价值提升，以及“宜宾酒”地理标志的推广使用，与“中国白酒金三角”核心区这一区域性国际品牌和“中国白酒之都”这一城市品牌，共同形成了宜宾白酒大品牌体系。

四、对外交流

2012年3月，市委常委、副市长杜紫平率市级相关部门、市内骨干白酒企业赴山东烟台、江苏宿迁、湖北宜昌等地考察学习当地酒类产业发展情况。10月，市经信委组织重点白酒企业赴黑龙江肇东市考察当地白酒市场，为宜宾市白酒企业开拓东北市场奠定基础。2012年，我市接待了省人大法工委调研组、省经信委白酒调研组等省级有关部门和四川中国白酒金三角酒业协会的白酒专题调研，以及山东省经信委、贵州省遵义市政府、湖北省宜昌市政府、安徽省酒协等省外政府、部门，行业协会组成的白酒考察团，大力促进了与有关省市的交流合作。

五、文化建设

宜宾市深入推进以酒文化为主题的城市建设项目：五粮液文化特色街区建设已开工建设，酒之源广场、酒趣公园均已竣工。成功举办“2012中国白酒文化节”，中国轻工业联合会会长步正发出席了开幕式并宣读中国轻工业联合会《关于继续授予四川省宜宾市“中国（宜宾）白酒之都”称号的通知》，四川省人民政府副省长刘捷宣布“2012中国白酒文化节”开幕。宜宾五粮液老作坊、红楼梦糟坊头老作坊列入中国世界文化遗产预备名录，进一步强化“宜宾酒”的品牌灵魂。

六、人才培训

宜宾市积极加强与省酿酒研究所、江南大学、宜宾学院、四川中国白酒金三角酒业协会等科研院所、大专院校、酒类协会的合作，开展各种技术类、管理类、营销类人才培训，成效明显。目前，全市拥有中国酿酒大师5名，分别是王国春、陈林、刘友金、唐圣云、赵东；高级营销师2名，分别是刘中国、朱中玉；国家级白酒评委23名，分别是代春、张鸿燕、陈乔、巫翠、罗勇、郭宾、陈泽军、范国琼、唐圣云、彭佑信、温小英、雷钧、陈亚蓉、李曦、曹鸿英、彭礼群、简小平、韦杰、邓代新、郭莉、张洁、陈媛、严为庚；四川省酿酒大师7名；四川省酿酒业营销大师4名；“中国白酒金三角专家委员会”专家委员58人，为宜宾市白酒产业发展提供了源源不断的人才资源。

七、融资服务

大力推进与民生银行、浦发银行、华夏银行、光大银行等市外金融机构和市内工行、农行、建行、农发行等金融机构的合作，拓宽融资渠道。在继续完善原酒质押贷款的基础上，创新推出窖池抵押贷款融资模式。2012年，全市白酒企业通过原酒质押模式获得贷款5.4亿元，通过窖池抵押贷款模式获得贷款3.76亿元，合计9.16亿元。

八、标准化体系建设

宜宾市还制定出台了《多粮浓香丢糟酒酿造工艺要求》地方标准和《“宜宾酒”地理标志产品使用管理办法》。2012年，“宜宾五粮液股份有限公司运用HACCP的实践经验”荣获全国“质量标杆”。

云南

2012年云南酒业综述

云南省，简称“滇”或“云”，位于中国西南的边陲，省会昆明。云南，全省面积39万平方千米，占全国面积4.11%，总人口4596万，占全国人口3.35%。其得天独厚的酿酒自然条件，生物资源的多样性和独特的少数民族酿酒工艺，为云南酿酒工业发展提供了优越的外部环境和人文环境，赋予了其独具特色的民族酒文化内涵。云南是酒类产销大省。2012年，全省酒类生产法人企业297家（含规模以上及规模以下工业法人企业），共生产饮料酒1054759千升，实现产值63.23亿元，实现工业增加值24.2亿元，占全省食品工业增加值的0.7%。虽然我省特色酒产业发展有较好的基础，但制约酒产业发展的诸多因素依然存在，潜在优势没有得到充分发挥，企业规模小，产业集中度低，品牌知名度不高，多数属中低端产品，行业整体发展较缓慢。

一、云南酒业发展概况

（一）云南酒产业生产企业分布概况

1. 酒产业生产企业数量概况

2012年，全省酒类生产企业297家，其中，规模以上酒类生产企业27家，占全部酒类制造企业的比重为9.1%；规模以下酒类生产企业270家，占全部酒类生产企业的比重为90.9%。

全省全部酒类生产企业中，白酒制造企业238家，占全部的比重为80.1%；啤酒制造企业14家，占全部的比重为4.7%；黄酒制造企业2家，占0.7%；葡萄酒制造企业17家，占5.7%；其他酒制造企业26家，占8.8%。

从地区分布来看，全省酒类生产企业分布较多的地区主要是在滇中地区以及普洱、红河、文山、大理等州（市）。滇中地区聚集了129家企业，占全部的比重超过四成；丽江、普洱、临沧、红河、文山、大理、德宏等州（市）拥有的酒类生产企业均超过10家。

2. 全省酒类生产企业分布概况

2012年，全省全部酒类生产企业实现产值63.23亿元。其中，规模以上酒类制造企业实现产值52.55亿元，规模以下酒类制造企业实现产值10.68亿元。

分行业看，白酒制造业实现产值19.28亿元，啤酒制造业实现产值32.4亿元，黄酒制造业实现产值0.12亿元，葡萄酒制造业实现产值9.51亿元，其他酒制造业发展迅速，实现产值1.92亿元。

分地区看，全省酒产业产值主要集中在昆明、临沧、楚雄、大理、迪庆等州（市）。五个州（市）酒产业产值占全省比重均超过10%，合计占全省比重高达七成。其中，临沧占23.4%，昆明13.4%，大理11.6%，迪庆11.5%，楚雄10.3%。从产值与数量的地区分布情况看，地区酒产业产值与企业数量分布存在不均衡性和不一致性，反映出不同地区不同产品机构造成的价格差异。

（二）全省酒产业现状

2012年，全省全部酒类生产企业共生产饮料酒1054759千升。其中，规模以上酒类制造企业生产饮料酒975917千升；规模以下酒类制造企业生产饮料酒78842千升。

在全部产品产量中，白酒（折65度，商品粮，下同）产量为124860千升，占11.8%；啤酒产量为898965千升，占17.9%；黄酒产量488千升，占0.1%；葡萄酒产量23862千升，占2.3%；其他酒产量6583千升，占0.6%。

1. 白酒

2012年，全省全部酒类产品产量中，昆明、玉溪、普洱、临沧、文山等五个州（市）是我省白酒的重要产地，五个州（市）白酒产量占全省64.5%。其中，临沧白酒产量为26500千升，占21.2%，居全省第一位；昆明10011千升，占全部白酒产量8.0%；玉溪10858千升，占8.5%；普洱11160千升，占8.9%；文山22319千升，占17.9%。

云南白酒以小曲清香型为主，目前最能代表小曲清香型白酒典型风格的品牌是玉林泉和鹤庆乾酒等，浓香型白酒主要以醉明月、云南老窖、地道云南等品牌为主。云南白酒酿酒原料丰富，主要有玉米、高粱、大麦、苦荞、大米、青稞等，多为单粮型。由于生产工艺、发酵周期差异，不同原料酿制的酒风格迥异。我省白酒品牌知名度较低，仅在低价位白酒市场占有一席之地，中高端市场绝大部分则被来自四川、贵州的名酒品牌瓜分，消费群体在选择白酒品牌时有明显的地域性。

2. 啤酒

2012年，全省啤酒产量898965千升，主营业务收入30.73亿元。昆明、临沧、楚雄、大理等四个州（市）是啤酒的主产区，四个州（市）啤酒产量占全省啤酒产量的比重均超过15%，合计占全省的比重高达88.4%。其中，昆明产量306457千升，占全部比重为34.1%，居全省第一位；临沧146872千升，占16.3%；楚雄134829千升，占15%；大理206731千升，占23%。

目前，我省啤酒已形成云南澜沧江啤酒企业集团有限公司、金星啤酒集团有限公司、嘉士伯啤酒有限公司三分天下的态势。

3. 葡萄酒

2012年，葡萄酒产量为23862千升，主营业务收入7.87亿元。相较于白酒和啤酒，葡萄酒产业的集中度更大。2012年，全省葡萄酒产量主要集中在昆明、红河、文山、迪庆四个州（市），四个州（市）几乎生产了全部的葡萄酒。其中，迪庆葡萄酒产量10101千升，占全部葡萄酒产量的比重为42.3%，居全省第一位；昆明2883千升，占12.1%；红河7356千升，占30.8%；文山3463千升，占14.5%。

目前，我省葡萄酒有云南红、香格里拉、太阳魂三个主要品牌，已拥有干红、干白、葡萄烈酒等多个系列十几个葡萄酒品种。新开发的冰酒开创了高档红酒新领域。香格里拉品牌已成为国内红酒行业的十大品牌之一，在华东华南等地消费市场趋旺，在福建、广东、浙江、湖南、江苏的市场份额都进入前5名。我省已成为西南红酒生产强省，红酒的规模和品牌影响力已位居全国前列。

4. 黄酒

2012年，黄酒产量488千升，主营业务收入0.01亿元。云南黄酒生产有较好的基础，以墨江开发的紫米酒为代表，由于当地紫米具有很高的营养价值，加之断米复续、接骨功效的概念，使得墨江开发黄酒颇具价值和潜力。主要品牌有墨江酒江酒业有限公司的天溪牌紫米封缸酒系列、云南地道酒业公司开发的紫米花雕及云南象都皇酒有限公司的象都皇酒系列。

5. 其他酒（包括果酒、配制酒）

云南用来制酒的生物资源丰富，各民族在长期的历史实践中，曾酿出不同风味的酒之佳品，如杨林肥酒、茅粮司岗里木瓜酒、兰益牌松子酒、情果红滇橄榄酒、雕梅酒、青稞酒、玛咖等等。这些生物技术与酿酒工艺相结合的配制酒饮料，使我省的生物资源开发产业显示出强大的生命力。

（三）云南酒文化特点介绍

云南省是少数民族聚居省份，各民族人民都有风格不同的酒文化，并能酿制工艺多样化的旧产品，具有文化上的特殊多样性；云南还是酒类产品的消费大省，四季如春的气候特点，使得啤酒消费基本没有淡、旺季之分，白酒消费也因各族人民都有饮酒习俗，而有着巨大市场。

1. 云南酒业历史文化特点

从出土的古滇国青铜酒器可以看出，云南酿酒、饮酒的历史至少可以追溯到三千年前，而南诏、大理时期，云南的酿酒业也曾盛极一时。近代以来，昆明的杨林肥酒等地方性名酒也曾名动一时。可以说，云南有着悠久的饮酒和酿酒传统，在中国酿酒史上书写过灿烂的篇章。

2. 云南酒业地域文化特点

一个酒业品牌之所以在一个特定的地方生产、发展，是因为当地特定的地理环境、地形地貌以及当地独特的气候条件等因素决定的。

云南山高水深，澄江抚仙湖、大理洱海、宁蒗泸沽湖等著名高原湖泊的水体都达到国家一、二类水质标准，而许多高山峡谷的水体更是从无污染，只需经过简单的过滤处理就完全能够达到酿酒用水的标准。这在当今世界都可以说是得天独厚的优势。另外，云南许多山区具有高山垂直气候特点，所谓"一山有四季，十里不同天"，说的正是云南山区独特的气候特征。这种独特的气候条件，造就了云南丰富的植物资源，云南因此被誉为世界物种基因库。酿酒的主料如玉米、小麦、大麦、苦荞、青稞、大米、高粱等都是应有尽有。而云南独有的许多珍稀物种，则是任何地方不可能具备的优势。

3. 云南酒业工艺文化特点

一些特殊的酿造工艺技术、关于专职的工程技术人才的培养、成长过程，以及产品采用特殊的原材料等都属于工艺文化的范畴。例如，云南特有的"小曲清香型白酒"酿造工艺，还有西双版纳的"竹筒酒"，德宏的"糯米酒"，香格里拉的"青稞酒"、"藏秘酒"，在工艺流程、原材料选用上都有自己独特的地方，从而形成了云南酒业独特的工艺文化。

4. 云南酒业民族文化特点

彩云之南，顾名思义，乃为彩云缈缈、仙乐飘飘之神仙福地也。在云南这片土地上繁衍生息着26个民族，具有26种风情各异的民族文化，而每一个民族由于散居在不同的地域，又形成了各自不同的亚文化，多姿多彩的民族文化，造就了异彩纷呈的民族酒文化。可以说，辽阔富饶的云南大地，就是酝酿民族酒文化的沃土。而红土高原上的高山大河，正是养育地方文化名酒的母亲。比如说，哈尼族的"焖锅酒"具有神秘的酿造工艺；傈僳族的"同心酒"则因为其独特的饮酒习俗而得名；而彝族的"进寨酒"更是体现了彝族同胞热情好客的民族特性。

二、我省酒产业发展趋势及存在的问题

1. 生产规模较小，集中度低

全省取得生产许可证的酒类企业500多户，全部酒类

生产企业（包括无证生产的私营企业）有2000多户。2012年，规模以上的酒类生产企业（包括啤酒、红酒等企业）只有27户。全省酒产业生产集中度低，长期以来一直处于散、小、弱的状况。

2. 行业资本投入不足

长期以来，我省特别是白酒行业没有形成占主导地位的强势白酒企业，像玉林泉、鹤庆乾酒、澜沧江等主要地产品牌销售收入还未突破2个亿，整个行业运行资本总量太小，不利于行业发展。

3. 中低档产品多，缺乏竞争力

2012年，全省白酒企业主营业务收入16.58亿元。由于产品的竞争能力差，使得云南长期处于有好酒而无名酒的尴尬局面。

4. 管理粗放，机制不活

云南酒企业以小酒厂、小作坊居多，生产管理水平仍停留在家族企业的管理方式，管理粗放，机制不活，没有形成现代企业的管理理念和运作机制，行业整体水平较低。

5. 技术进步投入不足

企业长期以来缺乏技术改造和设备更新，致使厂房简陋，设备陈旧。工艺技术装备相对落后，严重影响了企业自身的发展。

6. 缺乏专业人才、基础研究薄弱

云南酒企的经验型人才和科技型人才相互脱节，有实践经验的理论基础差。缺乏既懂管理又懂专业的复合型人才，职工队伍总体素质偏低。长期以来不重视，也没有能力系统地进行行业基础研究。

7. 政策扶持力度弱

“云酒”产业长期以来处于自然发展状态，缺乏发展规划引导和有力的政策扶持。

三、促进我省酒行业健康快速发展的建议

1. 加大对云酒产业发展的支持力度

加强省财政资金的引导，加大“云酒”产业在品牌培育、产品结构调整、技术创新、新产品开发、资源综合利用等方面的扶持力度。扶持当地酿酒企业的改造升级，提质增效。积极引导金融机构支持“云酒”产业发展，促进银企合作，组织开展融资项目推介活动，加大信贷支持力度。鼓励“云酒”企业上市融资，拓宽资金来源渠道，积极倡导其他行业资本、民间资本投入酒类行业，促进投融资主体多元化。

2. 加强政策引导，规范行业秩序

贯彻国家和省相关法律法规和产业政策，建立健全白酒生产流通行业规范和质量标准。强化白酒生产许可、产品质量、市场准入等环节的监管，逐步建立政府调节、行业监管、部门监督、企业自律的长效机制。坚决打击生产、销售假冒伪劣产品等危害人民群众身体健康的违法行为。鼓励企业通过结构调整和技术创新，有效解决浪费资源、环境污染、产品质量低下等问题，引导企业依法生产经营，规范行业秩序。

3. 加强技术创新，推进企业技术进步

鼓励酒类生产企业加大自主创新和研发的投入，建立企业技术研发中心，搭建行业发展的共性技术平台。积极建立与省内外大专院校、科研院所的产学研联合与技术创新联盟，提升企业研发能力。鼓励支持企业加大对现代生物技术、信息化技术的利用，加大对传统酿造工艺技术设备的改造，挖掘增产潜力，提质增效。提高现代生物技术在酿酒行业的应用，通过改进我省酿酒工艺技术，提升酒类产品的质量和品质。加强研究制定我省酒类产品标准、企业管理标准和工作标准体系建设，鼓励企业加强食品安全检验检测能力建设，积极组织生产企业开展“标准化良好行为”活动，提高“云酒”安全保障。加大“云酒”产品的知识产权保护力度。

4. 加强队伍建设，提高人员素质

积极引进酿酒行业领军人才、管理人才、技术专家和高技能人才，加强对行业专业技术人才和企业管理人员的培养，提高企业的管理水平，逐步建立以企业为主体、职业院校为基础、学校教育与企业培养紧密联系、政府推动与社会支持相互结合的高技能人才培养体系。强化对职业工人的技术培训，提高企业人员素质，为打造“云酒”产业提供人力资源保障。

5. 重视行业协会在行业中起到的作用

各级党委、政府要重视行业协会作用，行业协会在企业与政府、企业与企业之间具有重要的桥梁作用，也是政府相关部门进行行业管理、行业监督的重要帮手。政府应该重视行业协会，力所能及地在政策、资金等方面给予行业协会一些支持。协会的服务能力强，为行业发展的推力则强，才能有效地辅助政府，帮助企业。

6. 开拓国内外市场，提高市场占有率

抓住把我省建设成为中国面向西南开放的桥头堡的机遇，加大“云酒”产品的宣传和营销力度，加强品牌建设，提高“云酒”品牌知名度，扩大市场占有率，提升“云酒”整体形象。建立“云酒”产业的文化理念，积极开展形式多样的酒文化宣传活动。鼓励酿酒企业积极开发国内外市场，走出省门、国门，引导企业采取直营、代理、加盟、连锁等现代营销方式，建立健全稳定的国内外营销网络，制定产品营销策略。鼓励有条件的企业建立境外生产基地或投资建厂，扩大“云酒”商品在缅甸、泰国、越南、老挝等东南亚国家的市场份额，加快企业的规模化发展和市场扩张。

陕西

2012年陕西酒业综述

在国家改革开放和经济建设的洪流中，2012年陕西省酒业坚持以科学发展为主题，努力促进行业和谐发展，经济运行状况良好，2012年全省酿酒行业，保持了稳定均衡增长态势，全省饮料酒总产量达113万千升，销售收入达96亿元，同比增长13%以上。其中，白酒行业产量达10万千升，销售收入51亿元，同比增长17%；啤酒行业实现产量97万千升，销售收入41亿元；黄酒行业可实现产量0.86万千升，销售收入7000万元；葡萄酒行业产量可达4000千升，销售收入可达8700万元；发酵酒精产量约4.2万千升，销售收入3.2亿元。

2012年陕西酒业协会工作情况

在省轻工协会的领导下，在中国酒业协会的指导下，陕西省酒业协会在引导全省酿酒行业，调整结构，推动技术进步，加强人才体系建设，促进行业和谐发展等方面做了些工作，主要有：

一、认真做好人才体系建设工作

协会始终将行业的人才体系建设工作作为一项重要工作来抓，经常组织全省白酒企业科技人员和白酒评酒委员培训工作，协助他们更新知识，了解全国白酒行业科技前沿与技术创新动态，全行业科技骨干的理论知识、技术水平和业务能力普遍得到了提高。目前全行业有全国白酒专家委员会高级顾问1人，全国白酒技术委员会成员3人，全国酿酒大师2人，全国白酒评酒委员10人，省白酒评酒委员80多人，高、中级酿酒技术人员拥有量，位列西北第一位。全省啤酒行业经过努力，也有3名考取了全国评酒委员，21名考取了省评酒委员。

二、引导白酒行业调整产品结构成绩显著

近年来，随着白酒消费观念的变化，白酒产品功能的扩展，白酒既是满足精神、文化和物质需求的嗜好品，又成为经济活动、传统社交、礼仪消费的文化产品，陕西白酒要适应这些变化，就需要下功夫进行产品结构调整，改变结构过于单调的状况，为此，我们利用各种会议和深入企业调研、咨询的机会，引导企业推动技术进步，积极稳妥地调整产品结构，经过全行业的共同努力，全省白酒产品的香型和酒度系列结构有了显著改善，产品香型既有凤香、浓香，又有了凤兼浓、凤兼浓兼酱、浓兼酱等复合香型，还开发调整出酱香和芝麻香型新产品。浓度高、中、低相配套，形成了多香型多酒度的架构格局，走在了全国白酒行业的前面，这些产品相继投放市场后，受到了消费者的欢迎，满足了消费者的不同需求，为全省白酒行业连年持续增长作出了重要贡献。

三、认真开展咨询服务工作

2012年，协会始终将咨询服务工作，作为一项重要工作来抓，先后为西凤的新品鉴定、杜康的3万千升技改工程和新品上市，普惠的洞藏产品新闻发布、轩辕的文化国酒研讨、等驾的酒体设计、金醇古的新品上市等提供了咨询服务，得到了企业的好评。对啤酒行业的定期质量监督检

测咨询，稳定与提高了全省啤酒的产品质量。

四、积极应对消除塑化剂对白酒行业的影响

湖南“酒鬼酒”塑化剂风波给全国白酒行业造成了重大负面影响，为了消除对陕西的影响，我会根据全国行业内提供的有关塑化剂信息，督促企业提前介入，做好准备，及时更换了生产环节接触塑料制品的管道、设备和容器，避免了塑化剂的迁入，确保产品不受污染。

五、组织重点白酒企业赴省外先进企业考察，推动全省白酒技术装备的整体提升

我省白酒行业大多采用传统手工操作，劳动强度大，严重制约了行业的发展，为改变这一落后状况按照全国白酒行业“158”工程规划要求，协会组织了全省重点白酒企业，赴江苏洋河与今世缘两家机械水平高的先进企业考察学习，找到了差距，借鉴他们的做法与经验，已着手对本企业的扩能技改项目进行规划设计，预计西凤、太白、泸康、泰洋、杜康、等驾六家企业将逐步实现机械化生产，并将进一步带动全省白酒行业技术装备的整体提升，逐步实现白酒生产现代化。

六、产能扩大为行业发展奠定基础

随着“十二五”规划的实施，协会对骨干企业的技改扩能给予了关注和协助，截至2012年底西凤的百亿工程进展顺利；太白的年产5000千升白酒工程已顺利投产；泸康的年产万千升白酒工程已奠基开工，秦洋投资3亿元的黄酒、白酒工程已启动；志丹年产万千升黄酒项目已投产；杜康年产3万千升白酒工程已开工建设；等驾酒业迁建已近完成；普惠2000千升酱香项目已在贵州茅台镇开工。这些骨干企业投产后，壮大了我省白酒的实力，为全省白酒发展奠定了基础。

2013年陕西酒业综述

2013年对于酿酒行业来说是非常不平凡的一年，受国家宏观政策的影响，特别是国家对“三公消费”的限制以及本行业近年来过度扩张导致整个行业继1988年以来的第三次大调增。受到重大的政策和消费的挤压，酿酒行业的景气度普遍下降。

纵观我陕西酿酒行业，除西凤酒集团、青啤西安汉斯集团等酒企继续保持稳步增长外，其他各酒企无论是在产量还是销量上均出现了不同程度的下滑。尽管对基酒、食用酒精等酒种冲击不大，但在大的环境影响下，与2012年相比增长逐季趋缓。由于全行业各酒种在年初就充分认清了形式，在行业主管部门和行业协会的配合下，努力开拓技术潜力，不断开发新产品，寻求新的市场，攻坚克难，使全行业较好地完成了全年的生产、经营目标。截至2013年末预计全行业饮料酒产量可达130多万千升，同比增长9%；其中：啤酒产量达118万千升，同比增长3.5%；白酒产量达12.5万千升，同比增长11%（其中：西凤酒增长15%）。2013年全行业销售收入105亿元，同比增长16.5%，首次突破百亿大关。其中：白酒完成60亿元，同比增长20%（西凤酒增长25%）；啤酒预计完成40.5亿，同比增长4.5%；全行业预计完成利税19.8亿元。

2013年陕西酒业协会工作情况

一、顺利完成换届工作

四届协会已于2012年届满，按照省社团管理部门的要求，四届理事会进行了认真筹备，经主管上级审核批准，确定了协会五届拟任领导人选，于2013年5月14日召开了协会第五届会员代表大会，选举产生了五届理事会，选举何钊同志为五届会长，白希智等五位同志为副会长，陈钊同志为秘书长。

二、完成了协会更名的准备工作

为了适应全省饮料酒行业的发展需要，酿酒协会的工作既要为生产企业服务，也需要面向酒类流通领域。为使协会的工作范围拓展为生产与流通全行业。经报上级和省社团管理部门批准，同意将原陕西省酿酒工业协会更名为陕西省酒业协会。

三、开展省际交流，促进共同发展

一年来省酒协除经常与西北地区的省级协会保持联系和交流外还组织了跨大区的行业交流。经与黑龙江省酒协协商，陕、黑两省协会于9月在西安共同召开了两省的白酒评酒委员2013年年会。共同研讨和开展了白酒香型融合与创新活动，组织两省的国家级与省级白酒评酒委员对两省的二十个香型融合产品进行了鉴评。我省有十二个产品荣获优秀产品奖，推荐参加中酒协和中食协组织的全国检评。西凤、太白的香型融合产品在全国也双双获奖。目前我省这类产品的质量水平均处于全国领先水平，提升了陕西白酒在全国的知名度。

四、做好咨询服务工作

2013年先后组织国内和省内专家深入企业开展咨询服务工作，先后为靖边芦河酒业的陈年原酒进行了感官质量诊断和评价；对城固酒业的“天汉坊”酒的研发和生产技改工作给予了咨询和指导；对西凤、秦洋、普惠、轩辕等企业的新产品研发和推介分别给予了咨询和帮助。这些服务均受到企业的欢迎和好评。

五、引导企业开展品牌建设，成绩显著

经过协会的引导，2013年陕西省广大酒企对品牌效应的认识逐步深化，把品牌建设当做企业生存与发展的大事来抓。2013年以来西凤的国家名酒品牌效应持续升华，加快了迈入全国白酒第一梯队的步伐，榆林普惠集团荣获“巴拿马”金奖，提升了老榆林酒在陕西的知名度；轩辕酒业加大了宣传投入力度，加深了轩辕酒在延安和全省消费者中的认知度；秦洋、泸康、神木等酒企的品牌建设工作也有了显著成效，产品知名度均较往年有较大提升，为振兴陕酒奠定了基础。

六、组织企业积极参与全国性行业活动

先后组织企业参加了四川泸州白酒基酒感信评价、中国酒业协会的全国白酒技术委员会、中国食协白酒专业委员会的全国白酒酒体设计产品检评和白酒评酒委员培训等活动。为企业了解、掌握全国行业最新动态和行业发展方向搭建了很好的平台。

七、组织、推荐葡萄酒企业参加品酒技能大赛

促进了葡萄酒品质的提高，我省推荐的参赛选手，丹凤葡萄酒厂的周广仁同志荣获全国优秀选手称号。

甘肃

2012年甘肃酒业综述

2012年甘肃省酒行业在贯彻循环经济、节能减排、发展低碳经济的方针指引下，整个行业得到较快发展，经济效益大幅度提高，尤其白酒企业表现较突出。全省行业基本情况如下：

2012年白酒产量完成（折65°，以下同）3.66万千升，同比（下同）增长25.3%；酒精1.91万千升，增长43.4%；啤酒66.84万千升，增长3.1%；葡萄酒11024千升，下降21.7%。白酒完成工业总产值25.4亿元，同比增长45.6%；酒精1.96亿元，同比增长0.05%；啤酒39.3亿元，同比下降9%；葡萄酒6.73亿元，同比增长11.7%。白酒主营业务收入完成21.94亿元，同比增长33.7%；酒精1.76亿元，同比增长43.2%；啤酒31.06亿元，同比增长6%；葡萄酒9.33亿元，同比下降3%。白酒实现利润2.1亿元，同比增长6%；酒精亏损57.1万元；啤酒5406万元，同比下降35%；葡萄酒4766万元，同比下降4.7%。

一、酒行业在省内经济地位得到提高

甘肃省税务部门发布的2012年度甘肃省百强纳税企业中，有4户企业列入，其中2户白酒企业，2户啤酒企业。2012年度甘肃省非公有制经济纳税百强中，有9户酒企业。其中有5户白酒企业、3户啤酒企业、1户葡萄酒企业。2012年度甘肃省非公有制经济纳税十强企业中，有3户酒企业，金徽酒业名列第2，华润甘肃啤酒列第7，兰州黄河列第10。

二、白酒企业经济效益增长最快

2012年全省白酒企业无论销量还是销售收入都达到历史最好水平，利税大幅增长。截至2012年10月底白酒利润增长91%，上交税金增长66.4%。全年有金徽、红川、古河州、皇台、酒泉汉武等5户白酒企业销售收入过亿，其中金徽酒业年销售收入达到11.6亿元，创历史新高。

三、保证食品安全、节能减排技改扩能投入不断扩大

全省酒行业在食品安全、循环经济、节能减排、技术改造上大幅增加投入，注重食品安全，在生产过程的各个环节，通过技改，杜绝食品安全隐患，保证产品质量。金徽酒业公司投入6000万资金对各种塑料容器、管道进行更换，购进先进检测设备和仪器，加强监控，完善制度，确保产品安全。全省其他白酒企业也相继进行更新改造，达到国家食品安全标准。与此同时，金徽酒业公司计划投资10亿元，进行技术改造新建1.5万吨白酒生产线，各项前期工作正在顺利开展。酒泉汉武酒业公司计划投资5.7亿元，打造酒文化产业园，对旧厂搬迁改造，分两期进行建设，一期工程在2012年底已完成。古河州在四川投资近亿元建设原酒生产基地，土建工程已开工。天河酒业公司投资2.6亿元对老厂和天水分厂进行扩建改造，6月奠基开工。红川酒业公司投资1亿元，新建了2000吨白酒车间和包装车间。敦煌酒业公司利用本地葡萄资源，新建酒庄投产。祁连葡萄酒业公司对现有葡萄酒生产线进行改造，新建地窖酒库已投入使用。莫高葡萄酒业公司，对老厂进行技改，扩大酒罐容量。在兰州新区扩建的灌装线投产。兰州黄河啤酒集团对天水分公司进行的扩建10万吨啤酒生产线投料生产。青岛啤酒武威公司扩建20万吨啤酒生产线，已开工建设。青岛啤酒兰州分公司新建50万吨啤酒生产线，正在兰州新区征地筹建。2012年全年酒行业新增扩建投入最多，为全省酒行业的快速发展奠定了坚实基础。

2012年甘肃酒业协会工作情况

2012年协会围绕食品安全、清洁生产、提高产品质量等方面开展服务指导工作，主要完成以下工作：

（1）自台湾发生塑化剂事件后，协会对此予以高度关注，经常利用各种会议，向企业发出呼吁，希望引起酒企业高度重视，加强防范措施。

（2）2012年5月底召开全省酒行业产品质量感官鉴评和白酒职业资格鉴定会。全省白酒、啤酒、葡萄酒企业和单位的国家、省级评委参加鉴评。企业自送产品有近60个产品进行了感官鉴评。同时对白酒企业报名参加国家白酒职业资格的企业技术人员进行了培训，在中酒协派员监督下，对培训人员进行现场操作和理论考试。通过考试有23人获得高级酿造师、14人技师、4人高级酿造工、10人中级酿造工、5人初级酿造工的职业资格。

（3）参加国家工信委组织的食品安全诚信体系建设培训班学习，报考国家食品安全诚信体系认证审核员培训和考核，获得审核员证书。积极参与食品安全诚信体系认证申报工作，并获得国家工信委批复成立食品安全诚信体系认证中心，可参与酒行业食品企业诚信认证工作。

（4）积极参与省质监局组织的省名牌产品现场测评工作，并作为专家组长，到全省各市州企业进行现场审核打分，提出改进意见，获得省质监局和企业的好评。

（5）积极参与承接产业转移工作。为了更好地为承接产业转移工作打好基础，我们分别到临夏州、白银市、酒泉市等酒企业进行了调研，摸清情况，写出调研报告。

宁夏

2012年宁夏酒业综述

宁夏酒类生产总体上处于一种稳步发展的态势，经过多年探索，白酒已经形成适应当地口味的产品风格，取得生产许可证的白酒企业25家。产品以浓香型为主，年产量稳定在15000吨左右。啤酒产能达到40万千升。建成葡萄酒加工企业和酒庄52家，年加工生产能力18万吨。

2012年，宁夏酿酒行业总体运行平稳，经济效益呈现增长态势。其中规模以上企业共生产啤酒15.37万千升，下降5.22%；葡萄酒1.65万千升，下降34.43%；白酒1.67万千升，增长8%；枸杞酒0.92万千升。完成工业总产值23.06亿元，同比增长44.96%。其中啤酒完成产值3.4亿元，下降0.63%，白酒产值5.62亿元，增长1.54％；枸杞酒11.2亿元，增长17.56％，葡萄酒2.85亿元，增长17.37％。

规模以上企业实现主营业务收入15.38亿元，增长35.65%。其中白酒3.3亿元，增长3.1%；啤酒3.49亿元，增长0.69%；葡萄酒2.5亿元，增长21.43%；枸杞酒6.1亿元，增长14.67%。实现利税5.16亿元，增长51.83%，其中白酒1.17亿元，啤酒1.44亿元，葡萄酒6295万元，枸杞酒1.92亿元。

2012年12月5日，经宁夏回族自治区第十届人大常委会第三十三次会议审议通过，《宁夏回族自治区贺兰山东麓葡萄酒产区保护条例》正式颁布，于2013年2月1日实施。这标志着我国第一部有关葡萄酒产区保护的法规正式诞生，同样也标志着贺兰山东麓葡萄酒产区成为全国第一个进入依法发展的产区。截至2012年末，宁夏已成为我国最大的高品质酿酒葡萄的产区，葡萄种植面积51万亩，其中酿酒葡萄44万亩，已建成葡萄酒加工企业52家，生产能力18万吨，葡萄及葡萄酒产值达到20亿元。2012年葡萄酒产量10.5万吨。

2013年宁夏酒业综述

2013年，宁夏酿酒行业总体运行平稳。1～12月规模以上企业共生产饮料酒29.74万千升，同比增长53.22%。其中，啤酒25.9万千升，葡萄酒1.67万千升，白酒1.26万千升，枸杞酒9087千升。完成工业总产值27.46亿元，同比增长19%。其中枸杞酒10.87亿元，同比下降3.05％；啤酒完成产值6.66亿元，同比增长96.1%；白酒产值6.22亿元，同比增长10.79%；葡萄酒3.7亿元，同比增长30.01%。

规模以上企业实现主营业务收入19.61亿元，增长27.11%。其中白酒实现主营业务收入3.73亿元，啤酒5.86亿元，葡萄酒3.16亿元，枸杞酒6.66亿元。实现利税5.07亿元，同比下降1.75%；实现利润2.93亿元，下降15.30%。

全区葡萄种植总面积达51万亩，建成葡萄酒加工企业52家，生产能力18.6万吨；华润雪花啤酒（宁夏）有限公司正式投产，全区啤酒产能达到40万千升。

2013年宁夏酒业协会工作情况

一、职业技能鉴定和竞赛

2013年6月，全区首届葡萄酒品酒师（三级）职业技能培训鉴定工作和全区第二届葡萄酒品酒师职业技能大赛圆满完成。共有来自31个企业的从业人员以及葡萄酒爱好者共120人参加了此次职业技能鉴定和品评职业技能竞赛，93人通过了鉴定并拿到了职业资格。宁夏酿酒协会获得优秀组织奖。

二、《宁夏贺兰山东麓列级酒庄评定办法》颁布实施

2013年，《宁夏贺兰山东麓列级酒庄评定办法》正式颁布实施，贺兰山东麓葡萄酒庄将仿照法国酒庄列级制度，逐步实现列级管理。《办法》规定，贺兰山东麓列级酒庄实行六级制，六级为最低级别，一级为最高级别。酒庄级别的评定由宁夏贺兰山东麓葡萄与葡萄酒国际联合会组织葡萄酒品鉴专家、行业媒体记者和有关单位进行。参加列级评定的酒庄须具备产品符合国家葡萄酒质量标准，酒质稳定、典型性明显，葡萄园种植规范美观等条件。

三、技术创新

宁夏红枸杞产业集团有限公司是宁夏最大的枸杞酒生产企业，企业获得自治区“政府质量奖”。2013年推出新产品宁夏红•传杞，邀请国际巨星成龙代言提升了品牌的认知度。集团技术中心申报的“枸杞白兰地及其生产方法”获得“2013年中国酒业协会科学技术优秀奖”“科学技术优秀奖”。

《宁夏回族自治区贺兰山东麓葡萄酒产区保护条例》

2012年12月5日 宁夏回族自治区第十届人民代表大会常务委员会第三十三次会议通过

第一章 总 则

第一条 为了合理开发、利用和保护贺兰山东麓葡萄酒产区(以下简称产区)资源，保障产区酿酒葡萄、葡萄酒的质量和品牌信誉，根据有关法律、法规的规定，结合自治区实际，制定本条例。

第二条 在产区内从事葡萄产业项目建设、酿酒葡萄种植、葡萄酒生产和经营及其相关管理活动，适用本条例。

第三条 本条例所称产区，是指贺兰山东麓葡萄酒国家地理标志产品保护产地。

第四条 产区的开发、利用和保护，应当坚持生态保护、统一规划、特色发展、精品高端的原则。

第五条 自治区人民政府和产区所在地设区的市、县(市、区)人民政府应当加强对产区保护工作的领导，建立健全葡萄产业发展的协调和保护机制。

第六条 自治区人民政府葡萄产业主管部门具体负责产区保护工作的指导、协调和日常管理工作。

其他相关部门应当按照各自职责，共同做好产区保护工作。

第七条 自治区鼓励采用先进的工艺技术，提高产区酿酒葡萄和葡萄酒的品质，加强国际交流合作。

第二章 规划与建设

第八条 自治区人民政府葡萄产业主管部门应当会同相关部门组织编制产区保护规划，报自治区人民政府批准后实施。

自治区相关部门应当组织编制产区水、电、路、气等基础设施、防护林、酿酒葡萄育苗和种植基地建设、旅游等专项规划，报自治区人民政府批准后实施。

第九条 产区所在地设区的市、县(市、区)人民政府应当按照矿产资源规划，划定产区砂石、建筑石料的开采区、限采区和禁采区。

第十条 产区酿酒葡萄种植区及其周边五公里范围内，禁止新建化工、建材、制药、采矿、规模养殖以及产生重金属排放等对土壤、水质、大气造成污染和对葡萄产业发展造成影响的项目。

产区内已建成的项目，对土壤、水质、大气造成污染和对葡萄产业发展造成影响的，应当依法限期整改。

产区内经批准建设的项目，施工时应当采取防护措施，控制扬尘、噪声、废气、废水、固体废物等污染和对自然环境造成的破坏。施工结束后，建设单位应当及时恢复施工场地的自然环境。

第十一条 自治区对申请在产区内建设的葡萄产业项目实行准入制度。

申请在产区内建设葡萄产业项目的，由项目所在地县级以上人民政府投资主管部门进行初审后，报自治区人民政府核准。其中新建、改建、扩建酒庄项目的，由项目所在地设区的市人民政府投资主管部门进行初审，由自治区葡萄产业主管部门组织审查论证，统一由自治区人民政府核准后，方可建设。

第十二条 产区内建设葡萄酒生产企业的，应当符合以下条件：

(一)选址符合国家标准；

(二)有一定规模的自建或者联建的酿酒葡萄种植基地，使用产区酿酒葡萄做原料；

(三)原料符合食品安全标准，并具备可追溯性；

(四)具有一定的酿酒生产规模，并保持正常生产；

(五)具备葡萄酒生产工艺所需要的、与生产能力相配套的生产设备和废水处理设施；

(六)具备符合生产、质量控制要求的检验设备和专职质量检验人员；

(七)法律、法规规定的其他条件。

第十三条 产区内建设葡萄酒庄的，应当符合以下条件：

(一)自种的酿酒葡萄完全满足本酒庄生产需要；

(二)酿造、陈酿、灌装和瓶贮过程，全部在本酒庄内进行；

(三)具备陈酿、瓶贮等葡萄酒贮藏设备。

产区内新建、改建、扩建的葡萄酒庄，建设用地面积不得超过酿酒葡萄种植基地总面积的百分之五。

第十四条 依法取得产区土地使用权的，应当按照土地利用总体规划确定的用途开发、利用土地，不得擅自改变土地用途。

连续二年不开发、利用土地的，应当依法无偿收回。

第十五条 自治区鼓励产区内的酿酒葡萄种植企业和种植大户通过租赁、承包、股份合作等土地流转方式，开发建设规模化、标准化的酿酒葡萄种植基地。

第十六条 自治区鼓励和支持企业事业单位和个人参与产区的基础设施建设、葡萄产业以及相关产业的研究开发和技术咨询服务。

第十七条 自治区将产区列为特色农业节水示范区，建立健全节水补偿激励机制，发展节水型生产方式。

自治区加强产区生态林网的建设，改善产区环境；鼓励、支持企业事业单位和个人从事生态绿化建设。

第十八条 产区所在地设区的市、县(市、区)人民政府应当鼓励和扶持产区葡萄产业的发展；支持产区水、电、气等基础设施和育苗基地、加工园区的建设；支持产区品牌宣传和新品种、新技术的引进。

第三章 产品与质量

第十九条 自治区人民政府葡萄产业主管部门应当会同相关部门对产区的酿酒葡萄和葡萄酒产品质量进行监督检查，定期抽检并向社会发布信息。

葡萄行业协会应当配合相关部门做好监督检查工作，建立健全产区酿酒葡萄和葡萄酒产品评价推荐制度。

第二十条 自治区人民政府葡萄产业主管部门应当制定和发布苗木标准和产区酿酒葡萄品种区划，对酿酒葡萄苗木繁育、基地建设、信息化服务进行指导和监督。

产区内的酿酒葡萄种植基地选址应当符合国家标准。种植基地的苗木，应当符合相关苗木标准和产区酿酒葡萄品种区划。

第二十一条 从事产区酿酒葡萄种苗生产经营的企业和个人，应当依法取得苗木生产许可证、苗木经营许可证和苗木产地检疫合格证。苗木出圃和调运，应当具有苗木出圃合格标签。

第二十二条 在产区内种植酿酒葡萄的企业和个人，应当取得由自治区质量监督管理部门颁发的贺兰山东麓酿酒地理标志保护产品葡萄基地登记证明，并建立酿酒葡萄品种、产量、质量等种植档案。

第二十三条 在产区内种植酿酒葡萄、生产葡萄酒的企业和个人，应当遵守相关技术操作规范，有效控制酿酒葡萄的产量和采收期，保证酿酒葡萄品质。

产区酿酒葡萄亩产量和葡萄原料可滴定糖含量，应当符合国家和自治区相关标准。

第二十四条 产区内种植酿酒葡萄，禁止下列行为：

(一)使用不符合规定的种苗；

(二)使用国家和自治区禁用的农药、肥料等投入品；

(三)在农药残留或者重金属超标的土壤上种植酿酒葡萄；

(四)使用不符合规定的灌溉用水；

(五)其他危害酿酒葡萄质量安全的行为。

第二十五条 产区内加工酿酒葡萄、生产葡萄酒，禁止下列行为：

(一)使用产区外的酿酒葡萄做原料；

(二)使用不符合产品质量安全标准的酿酒葡萄做原料；

(三)掺杂、掺假、以假充真、以次充好，以不合格产品冒充合格产品；

(四)伪造葡萄酒生产记录和产地，伪造或者冒用厂名、厂址；

(五)法律、法规规定的其他禁止行为。

第二十六条 产区内的葡萄酒生产企业应当实行产品质量安全可追溯制度，建立产品追溯与查询系统。

产区内的葡萄酒生产企业应当建立健全葡萄酒质量安全管理体系和葡萄酒生产记录制度，制作原料收购、加工、销售的纸质档案和电子档案。

第二十七条 在产区内种植酿酒葡萄、生产葡萄酒的企业和个人，应当设立或者委托质量安全检验机构对其种植、加工和经营的产品进行质量检验。

产区的酿酒葡萄和葡萄酒的检验、鉴定，实行检验、鉴定机构和检验、鉴定人责任制。

产区的酿酒葡萄、葡萄酒及其衍生产品的检验、鉴定证明，应当有质量检验、鉴定机构的公章和检验、鉴定人的签名。

检验、鉴定机构和检验、鉴定人不得出具虚假的检验、鉴定证明。

第二十八条 产区酿酒葡萄的采摘和加工、葡萄酒酿造、灌装以及运输过程中使用的各种工艺设备、器具、储罐、包装材料、产品标签，应当符合国家标准和相关法律、法规的规定。

第四章 专用标志和证明商标

第二十九条 自治区对产区的酿酒葡萄和葡萄酒实行产

地保护。

在产区内种植酿酒葡萄、生产葡萄酒的企业和个人，应当申请使用贺兰山东麓葡萄酒地理标志保护产品专用标志、贺兰山东麓酿酒葡萄和葡萄酒地理标志证明商标。

使用产区酿酒葡萄做原料生产葡萄酒的，应当标注原料产地。

第三十条 申请使用专用标志的，由自治区质量监督管理部门向申请者颁发专用标志证书；申请使用证明商标的，经证明商标所有权人同意后，签订证明商标使用许可合同。

专用标志和证明商标的具体管理办法，由自治区人民政府制定。

第三十一条 取得专用标志、证明商标的企业和个人，有权在其种植、生产的产区酿酒葡萄和葡萄酒的标识、标签、说明书或者广告上使用专用标志和证明商标。

任何单位和个人不得伪造、转让、出租、出借或者买卖专用标志和证明商标，不得擅自改变专用标志和证明商标的表述方式、标识、字体、图案或者颜色。

第三十二条 取得专用标志和证明商标的企业和个人，应当按照专用标志证书和证明商标准用证中所列产品的品种使用，不得擅自扩大使用范围；确需增加使用专用标志和证明商标产品品种的，应当依法另行申报。

第三十三条 在产区外种植酿酒葡萄、生产葡萄酒，以及取得专用标志和证明商标的种植酿酒葡萄、生产葡萄酒的企业和个人，在产区外的分厂、联营厂和灌装厂种植的酿酒葡萄和生产的葡萄酒，不得使用专用标志和证明商标，不得标注贺兰山东麓葡萄或者贺兰山东麓葡萄酒产地。

第五章 法律责任

第三十四条 违反本条例第二十四条规定的，由县级以上人民政府相关部门按照各自职责，责令改正，没收违法种植的种苗，并处五千元以上五万元以下的罚款。

第三十五条 违反本条例第二十五条规定的，由县级以上人民政府相关部门按照各自职责，责令改正，没收违法所得和违法生产、经营的葡萄酒，并处违法生产、经营的货值金额百分之五十以上三倍以下的罚款。

第三十六条 违反本条例第二十九条第二款和第三款、第三十一条第二款、第三十二条、第三十三条规定的，由县级以上人民政府工商或者质量监督管理部门按照各自职责，责令改正，没收违法所得和违法经营的葡萄酒；违法经营的货值金额不足一万元的，并处五千元以上五万元以下的罚款；货值金额一万元以上的，并处货值金额五倍以上十倍以下的罚款。

第三十七条 当事人对行政处罚决定不服的，可以依法申请行政复议或者提起行政诉讼。

第三十八条 自治区人民政府葡萄产业主管部门和其他相关部门的工作人员违反本条例规定，玩忽职守、滥用职权、徇私舞弊的，由所在单位或者上级主管部门、监察机关责令改正；对直接负责的主管人员和其他直接责任人员依法给予处分；构成犯罪的，依法追究刑事责任。

第六章 附 则

第三十九条 本条例自2013年2月1日起施行。

新疆

2012年新疆酒业综述

2012年受到宏观经济下行的影响，酿酒行业运行出现了增速放缓的现象，但总体上看，依然保持了生产稳定、效益良好的发展态势。呈现以下几个特点：

一、全行业生产总体保持平稳

从产量完成情况看，2012年，全区饮料酒总产量完成65.8万千升，同比增长1.8%，略高于2011年（全国7202万千升，增长5.7%）。几个主要产品产量“一升两降”。“一升”指白酒完成8.8万千升，同比增长18.6%（全国1153.2万千升，增长18.6%）；“两降”指啤酒完成50.6万千升，同比下降1%（全国4902万千升，增长3.1%）；葡萄酒完成5.3万千升，同比下降9.2%（全国138.2万千升，增长16.9%）。另一个主要产品，发酵酒精（折96度，商品量）7.2万千升，同比增长12.4%。

从产值完成情况看，全区酿酒行业44家规模以上企业实现工业总产值49.7亿元，同比增长11.2%，回落近8个百分点。其中，白酒行业16家规模以上企业，实现工业总产值24.7亿元，同比增长23.5%，提高1.5个百分点；啤酒行业15家规模以上企业，实现工业总产值18.5亿元，同比增长10%，回落6个百分点；葡萄酒行业13家规模以上企业，实现工业总产值6.5亿元，由2011年末同比增长17.8%，转为2012年末下降17.7%，净减1.5亿元。

二、产销衔接情况良好

截至2012年11月底，酿酒行业生产增长的同时，行业产销衔接情况保持良好。全区酿酒行业44家规模以上企业实现工业销售产值49亿元，同比增长12.9%，产品产销率达98.6%，高出上年同期和轻工全行业近7个百分点。其中，白酒行业、啤酒行业、葡萄酒行业产品产销率分别为96.4%、101.1%和100%。白酒行业和啤酒行业产销率略高于上年，葡萄酒行业比上年提高21.5个百分点。

三、效益保持增长态势，速度出现回落

截至2012年11月底，酿酒行业44家规模以上企业实现利税17.5亿元，同比增长25%，增速回落35个百分点。同口径酿酒企业盈亏相抵后实现利润8.79亿元，占全行业利润总额的26%，排在第一位，同比增长33.2%，增速回落39个百分点。其中，白酒行业实现利润4.7亿元，同比增长了57.7%，增速提高28个百分点；啤酒行业实现利润3.5亿元，同比增长了36%，增速提高12个百分点；葡萄酒行业实现利润5900万元（同比增盈1.5亿元），同比下降了45.4%。

2012年新疆酒业协会工作情况

2012年在自治区经信委和轻工行业管理办公室领导下，在自治区政府有关部门、中国酒业协会及企业的大力支持下，协会在围绕为企业服务方面主要开展了以下几方面的工作：

一、召开相关会议

1. 1月12日在乌鲁木齐召开新疆酒业协会理事长、副理事长及部分理事单位座谈会，共同分析2012年我区酿酒行业发展趋势及所面临的困难，以及协会今后工作发展思路，大家认识到当前必须振奋精神，树立信心，提高抗击困难的能力，在困难中寻找机遇，保证新疆酿酒工业的健康发展。

2. 5月10～11日在乌鲁木齐市召开新疆酿酒工业协会第五届理事会第三次（扩大）会议。本次会议在团结务实、开拓奋进的热烈氛围中召开，在全体与会代表的共同努力下，圆满完成了既定议程。自治区人大栗智副主任、自治区经信委、自治区轻工行办、自治区质量技术监督局、自治区酒类专卖局等部门领导以及酿酒生产企业负责人、新闻媒体等70余名代表参加了会议。栗智副主任和自治区轻工行办柳奇主任作了重要讲话；戚升科理事长代表新疆酒协第五届理事会所作的题为《把握机遇、锐意进取、努力开创酿酒行业新局面》的工作报告，报告对2011年协会工作进行了总结，深入分析了当前新疆酿酒行业的机遇、风险与挑战，并对2012年工作做了安排。王莹秘书长向会议代表报告了2011年新疆酒协财务情况。

3. 8月22日由新疆酒业协会主办，伊犁肖尔布拉克酒业有限责任公司承办的“中国·新疆酱香型白酒发展论坛”在富有盛誉的塞外江南新源县召开，中国酒业协会王延才理事长和白酒分会赵建华秘书长到会指导，来自国内及疆内的白酒界著名专家对肖尔布拉克酒业公司生产的酱香型白酒给予了高度的评价。面对国内一、二线白酒品牌的竞争，对新疆白酒企业如何谋求转型，突出西域文化，抢占高端白酒市场，打造绿色健康的酱香型白酒产品等问题参会专家们进行了热烈的讨论。

二、继续推动人才队伍建设工作

1. 为推动行业尊重人才、重视人才的风尚，对推动新疆酿酒工业的发展做出显著成绩的徐永辉、刘新宇、董新平等12名同志授予新疆首届“酿酒大师”荣誉称号，并颁发了荣誉证书和奖杯。

2. 在中国酒业协会的指导下，由新疆酒业协会主办，新疆第一窖古城酒业有限公司协办的“新疆白酒酿酒师职业技能培训鉴定”工作于6月26～30日在奇台县举办，来自全疆4个地区7家白酒生产企业的85名生产一线骨干参加为期一周的理论和实践培训。此次培训由伊力特实业股份公司副总刘新宇、伊力特实业股份公司四分厂梅阗副厂长、新疆肖尔布拉克酒业公司总工程师黎贤书、新疆第一窖古城酒业有限公司技术总监郭刚、酒体部主任陈萍为大家授课和辅导，期间学员们还参观了古城酒业的生产现场，同时对酿造中存在的一些问题进行技术交流和学习。通过培训进一步提升酿酒行业技术人员及生产管理人员的技术水平，培养高技能人才，提高从业者职业素质。他们将通过培训和严格的职业资格考试，申请取得由国家人力资源和社会保障部颁发的各级别职业资格证书。

3. 协会会同自治区总工会、自治区轻工业行业管理办公室于7月23日在乌鲁木齐市举办新疆维吾尔自治区白酒品酒技能大赛，邀请我国著名白酒专家栗永清到赛场进行指导，来自生产企业及技术监督部门的56人参加竞赛。通过竞赛选拔，组成了第五届自治区白酒评委会；并对竞赛取得第一名的同志授予“开发建设新疆奖”的称号，第二名和第三名的同志授予行业技术能手称号。

三、认真做好信息统计、行业热点问题工作

1. 《新疆酿酒信息》是新疆酿酒工业协会主办的行业内部信息刊物，编写印发了4期新疆酿酒工业信息并发往企业及政府有关部门，为广大企业提供一个交流的平台。

2. 对重点企业继续做好统计工作。通过这些数据的解读真正能反映出我们企业的生产经营情况，做好经济运行分析工作。

3. 对企业生产经营中遇到的困难及时向政府相关部门、中国酒业协会反映，切实做好上传下达的工作。

4. 对焉耆盆地、石河子地区的部分葡萄酒企业的酿酒基地进行实地调研，及时掌握了解原料的种植、受灾、成熟情况以及需求量，了解企业在经营中发生的新情况、新

问题，为政府机关提供决策依据。

5. 针对行业的焦点、热点问题进行跟踪，我们参加了自治区酒类专卖局、自治区技术监督局召开的有关白酒中塑化剂问题会议，探讨如何从生产源头杜绝等问题。

四、参加疆内外相关活动

1. 参加中国酒业协会年初召开的秘书长会议。

2. 参加中国酒业协会第四届理事会第五次（扩大）会议，我区参加会议的还有伊力特实业股份公司、三台酒业（集团）有限公司、新疆第一窖古城酒业有限公司、肖尔布拉克酒业有限公司、中信国安葡萄酒业有限公司、乡都酒业有限公司等企业。

3. 和疆内部分企业共同参加了2012年3月中旬在成都举办的第十九届糖酒会，了解全国的酒类生产、销售等情况。

4. 参加中国酒业协会白酒分会技术委员会（扩大）会议于9月11～13日在江苏宿迁召开的会议，本次会议聚集了来自全国白酒行业及包装机械企业代表300余名。我区伊力特实业股份公司总工刘新宇、新疆第一窖古城酒业有限公司技术总监郭刚、肖尔布拉克酒业公司总工黎贤书也参加了会议。

5. 参加新疆第一窖古城酒业的60周年厂庆。

6. 组织酿酒企业参加2012年新疆产学研洽谈会暨院士企业活动。

五、积极配合政府部门的工作

1. 配合并参加自治区技术监督局对白酒、食用酒精生产许可证（换发）的现场审查工作。已对10家企业现场进行审查，通过对企业的质量管理职责、场所要求、生产资源提供、采购质量控制、过程质量管理、产品质量检验等进行了全方位的审核，更加深入地了解行业发展的状况以及目前存在的问题。

2. 参与新疆名牌的评审工作。对轻工部分中的14个酒类产品进行了认真的审核，并将最终资料上报新疆名牌战略推进委员会。

3. 参与白酒企业生产许可证的前置审查工作。

4. 完成政府相关部门交办的各项任务。

2013年新疆酒业协会工作情况

2013年在自治区经信委和轻工行业管理办公室领导下，在自治区政府有关部门、中国酒业协会及企业的大力支持下，协会在为企业服务、为政府服务方面做了一定的工作，2013年总体思路：积极组织调研、强化服务意识、提高服务水平，围绕“五体系、两制度、一责任、一转变”（即酿酒产业安全体系、技术保障体系、人力资源体系、法律法规体系、新型服务体系，生产许可制度和酒类流通准入制度，倡导企业社会责任，转变发展模式）的工作模式，开展以下几方面工作：

一、认真做好信息统计、行业热点问题工作

1. 《新疆酿酒信息》是新疆酿酒工业协会主办的行业内部信息刊物，旨在为会员单位提供酿酒行业的政策法规、经济技术、市场开发等方面的信息资料，为广大企业提供一个交流的平台。编写了4期新疆酿酒工业信息并发往企业及政府有关部门。

2. 对重点企业继续做好统计工作。在重点企业领导的支持下不断提高统计数据真实性和可靠性，通过这些数据的解读真正能反映出我们企业的生产经营情况，做好经济运行分析工作。

3. 企业生产经营中遇到的困难及时向政府相关部门、中国酒业协会反映，切实做好上传下达的工作。

4. 焉耆盆地、石河子地区的部分葡萄酒企业的酿酒基地进行实地调研，及时掌握了解原料的种植、受灾、成熟情况以及需求量，了解企业在经营中发生的新情况、新问题，为政府机关提供决策依据。

二、创新行业交流机制，全面服务酿酒产业

1. 新疆酿酒工业协会副理事长单位及部分理事单位座谈会在乌鲁木齐召开，20余家企业的人员出席了会议，会议由戚升科理事长主持，王莹秘书长汇报2012年协会工作情况以及2013年工作计划；贾文豪副理事长通报2012年行业经济运行状况；各企业代表分析了2012年我区酿酒行业发展趋势以及所面临的困难，大家认识到当前必须振奋精神，树立信心，提高抗击困难的能力，在困难中寻找机遇，保证新疆酿酒工业的健康发展。

2. 5月9日在乌鲁木齐市召开新疆酿酒工业协会第五届理事会第四次（扩大）会议。本次会议在团结务实、开拓奋进的热烈氛围中召开，在全体与会代表的共同努力下，圆满完成了既定议程。

3. 新疆酒类流通协会和新疆酿酒工业协会共同举办的“新疆糖酒商品交易博览会”于5月17日在新疆国际会展中心召开，展会为期3天，有区内外80多家企业前来参展，这是生产企业、销售商、消费者共同交流的一次盛会，通过这次展会我们宣传了新疆企业的产品，提高我区酒类产品的知名度。

三、搭建人才平台，树立先锋楷模

1. 为进一步激发广大职工学技术练技能的热情，促进行业技能水平的提高，加速培养造就知识型、技能型、创新型人才，适应新疆大开发、大建设、大发展对高技能人才的需要，于6月6日～10日举办新疆维吾尔自治区葡萄酒品酒技能竞赛活动，共有70余名选手参与竞赛，并产生了新一届自治区葡萄酒评委。

2. 推荐5名选手参加由中国酒业协会、中国就业培训技术指导中心、中国财贸轻纺烟草工会、中国轻工业职业技能鉴定中心共同举办的第二届“诺玛科杯”第二届全国葡萄酒品酒职业技能竞赛。我区选派的选手取得优异的成绩，中信国安葡萄酒有限公司玛纳斯分公司张毳获得第10名，新疆新雅葡萄酒有限公司施云鹏获得第14名，伊犁中信国安葡萄酒业有限公司周忠平获得第15名，新疆中信国安葡萄酒业有限公司谈明东获得第20名，获得决赛前20名的选手，由中国酒业协会、中国财贸轻纺烟草工会联合授予“全国酿酒行业技术能手”称号，颁发荣誉证书。新疆维吾尔自治区轻工业行业管理办公室、新疆维吾尔自治区总工会、新疆酿酒工业协会获得优秀组织奖。

四、组织企业学习考察

1. 参加中国酒业协会第四届理事会第五次（扩大）会议。

2. 组织葡萄酒企业参加在巴州举办的“2013中国新疆酿酒葡萄产业发展论坛”。此次论坛是新疆酿酒葡萄产业规模最大、等级最高的一次大会，这充分证明，自治区政

府酿酒葡萄已向产业、集群化快速发展，这将带动新疆经济发展、农民增收致富，具有重要的跨时代意义。

3．参加中国酒业协会白酒分会技术委员会（扩大）会议，本次会议在安徽迎驾贡酒业公司召开，聚集了来自全国白酒行业及包装机械企业代表300余名。

4．参加新疆第一窖古城酒业的第七届储酒文化节活动。

5．组织参加2013年新疆产学研洽谈会暨院士企业行活动。

6．组织国家级、自治区级白酒评委参加乌鲁木齐达坂城酒业公司的新品品鉴会。

7．在亚欧博览会期间举办“新疆天山南麓产区葡萄酒产品品鉴会”。

8．参加2013年伊力特经销商年会暨首届西部白酒营销论坛，本次论坛上广东省酒类专卖局副局长朱思旭等全国与本地白酒行业的资深人士，就目前国内白酒市场变化、新疆白酒如何应对挑战进行了探讨，并对白酒消费趋势的变化进行了分析。

9．参与新疆天山南麓和硕县葡萄酒《地理标志产品》《标准体系总则》两项地方标准的审定工作。

10．参加新疆张裕巴堡男爵酒庄开业。酒庄请来了有着55年酿造经验的世界葡萄酒大师约翰·萨尔维伯爵担任名誉庄主和首席酿酒师，融合百年张裕的酿酒技术，酿造出口感浓郁的13.5度干红葡萄酒，成为新疆产区极具个性的代表产品，并有望打造成为新疆第一个全国知名酒庄品牌。

11．参加第五届全国清香型白酒高峰论坛。

12．参加酿酒行业职业技能鉴定站工作会议。

五、积极配合政府部门的工作

1．继续配合并参加自治区技术监督局对白酒、食用酒精生产许可证（换发）的现场审查工作。目前已对8家企业现场进行审查，通过对企业的质量管理职责、场所要求、生产资源提供、采购质量控制、过程质量管理、产品质量检验等进行了全方位的审核，更加深入地了解行业发展的状况以及目前存在的问题。

2．参与新疆名牌的评审工作。对轻工部分中的10个轻工产品进行了认真的审核，并将最终资料上报新疆名牌战略推进委员会。

3．参与白酒企业生产许可证的前置审查工作。

4．参与新疆维吾尔自治区轻工业“十二五”规划的中期评估工作。

5．完成政府相关部门交办的各项任务。

收录了2012—2013年中国酒业、酿酒企业发展规划的政策法规。包括国家各部委颁布的有关酒类行业的政策法规文件、酒行业地方法规与管理办法等。

袁仁国

Yuan Renguo

YEARBOOK FIGURE

袁仁国，男，贵州省仁怀市人，1956年10月出生，中共党员，研究生学历，高级经济师。现任贵州省委委员，中国贵州茅台酒厂有限责任公司党委副书记、董事长，贵州茅台酒股份有限公司董事长。相继荣获“全国劳动模范”、“中国酿酒大师”等称号，是“全国第三批国家级非物质文化遗产项目代表性传承人”。

袁仁国同志在白酒界率先提出“文化酒”的理论，引发了全国白酒行业从卖酒到卖文化的转变。先后提出了“绿色、人文、科技”的国酒茅台发展战略定位和构建“和谐企业”、实施“六个统筹”、“八个营销”等理念，在白酒行业中产生了广泛的影响。其撰写的《提高国有企业文化竞争力的思考》、《迎接文化酒时代的春天》、《西部开发勿忘振兴民族品牌》、《解读国酒茅台品牌价值》等论文发表在国家级、省级刊物上，极大地提升了茅台集团的企业形象和茅台酒的品牌形象，产生了深远的市场影响。

中华人民共和国国家卫生和计划生育委员会关于批准部分食品添加剂和营养强化剂扩大使用范围及用量的公告

（卫生部公告2012年第1号　2012年1月10日发布）

根据《中华人民共和国食品安全法》和《食品添加剂新品种管理办法》的规定，经审核，现批准苯甲酸及其钠盐等17种食品添加剂和酪蛋白磷酸肽等4种营养强化剂扩大使用范围及用量，批准食品工业用加工助剂珍珠岩可作为助滤剂用于淀粉糖工艺。

特此公告。

二〇一二年一月十日

表1　苯甲酸及其钠盐等17种扩大使用范围及用量的食品添加剂

	名称	类别	食品分类号	食品名称/分类	最大使用量(g/kg)	备注
1	苯甲酸及其钠盐	防腐剂	14.04.02.01	特殊用途饮料（包括运动饮料、营养素饮料等）	0.2	以苯甲酸计
2	番茄红素（合成）	着色剂	01.01.03	调制乳	0.015	以纯番茄红素计
			01.02.01	发酵乳	0.015	
			06.06	即食谷物，包括碾轧燕麦（片）	0.05	
			07.0	焙烤食品	0.05	以纯番茄红素计。如用于果冻粉，按冲调倍数增加使用量
			16.01	果冻	0.05	
3	环己基氨基磺酸钠（又名甜蜜素），环己基氨基磺酸钙	甜味剂	07.01	面包	1.6	以环己基氨基磺酸计
			07.02	糕点	1.6	
4	焦磷酸钠	水分保持剂	01.06.04	再制干酪	14	可单独或与其他磷酸盐混合使用，最大使用量以磷酸根（PO_4^{3-}）计
5	焦糖色（苛性硫酸盐法）	着色剂	15.01.04	威士忌	按生产需要适量使用	
6	焦糖色（亚硫酸铵法）	着色剂	14.05.03	植物饮料类（包括可可饮料、谷物饮料等）	0.1	
7	可可壳色	着色剂	07.01	面包	0.5	
8	磷酸三钠	水分保持剂	01.06.04	再制干酪	14	可单独或与其他磷酸盐混合使用，最大使用量以磷酸根（PO_4^{3-}）计
9	六偏磷酸钠	水分保持剂	01.06.04	再制干酪	14	可单独或与其他磷酸盐混合使用，最大使用量以磷酸根（PO_4^{3-}）计

10	麦芽糖醇和麦芽糖醇液	甜味剂	04.01.02	加工水果	按生产需要适量使用	
			06.10	粮食制品馅料		
			12.10.02	半固体复合调味料		
11	日落黄及其铝色淀	着色剂	14.04	水基调味饮料类	0.1	以日落黄计
12	氢氧化钙	酸度调节剂	01.01.03	调制乳	按生产需要适量使用	
13	三氯蔗糖	甜味剂	04.05.02	加工坚果与籽类	1.0	
14	山梨酸及其钾盐	防腐剂	09.04	熟制水产品（可直接食用）	1.0	以山梨酸计
			09.06	其他水产品及其制品		
15	山梨糖醇和山梨糖醇液	甜味剂	04.01.02.05	果酱	按生产需要适量使用	
			07.04	焙烤食品馅料及表面用挂浆（仅限焙烤食品馅料）		
16	甜菊糖苷	甜味剂	03.0	冷冻饮品	0.5	
			16.01	果冻		
17	辛烯基琥珀酸淀粉钠	其他	13.01.01	婴儿配方食品	1	作为DHA/ARA 载体，以即食食品计
			13.01.02	较大婴儿和幼儿配方食品	50	

表2 酪蛋白磷酸肽等4种扩大使用范围及用量的营养强化剂

	名称	类别	食品分类号	食品名称/分类	使用量（g/kg）	备注
1	酪蛋白磷酸肽	营养强化剂	01.01.03	调制乳	≤1.6	
			01.02.02	风味发酵乳		
2	聚葡萄糖	营养强化剂	13.01	婴幼儿配方食品	15.6～31.25	
3	维生素D	营养强化剂	14.02.03	果蔬汁（肉）饮料（包括发酵型产品）	2～10μ	
4	左旋肉碱（L-肉碱）	营养强化剂	14.06	固体饮料类	6～30	

中华人民共和国卫生部
食品中阿维菌素等85种农药最大残留限量

（中华人民共和国卫生部［2012］3号　2012年2月16日发布）

根据《食品安全法》规定，经食品安全国家标准审评委员会审查通过，现发布食品安全国家标准《食品中阿维菌素等85种农药最大残留限量》（GB 28260—2011），自2012年4月1日起实施。

特此公告。

二〇一二年二月二十六日

一、前言

本标准按照 GB/T 1.1—2009 给出的规则起草。

本标准规定了食品中85种农药181项最大残留限量。

本标准中13项最大残留限量与国际食品法典委员会（CAC）标准《食品中农药最大残留限量》中的有关规定一致，其余168项最大残留限量的一致性程度为非等同。

本标准中特丁硫磷在花生中的相关规定代替GB2763-2005中特丁磷在花生中的相关规定。

二、食品安全国家标准

食品中农药最大残留限量

1．范围

本标准规定了食品中阿维菌素等 85 种农药的最大残留限量。

本标准适用于与限量相关的食品或农产品。

食品类别/名称说明（附录A）用于界定农药最大残留限量应用范围，仅适用于本标准。如某种农药的最大残留限量应用于某一食品类别时，在该食品类别下的所有食品均适用，有特别规定的除外。

2．规范性引用文件

本标准中引用的文件对本标准的应用是必不可少的。凡是注日期的引用文件，仅所注日期的版本适用于本标准。凡是不注日期的引用文件，其最新版本（包括所有的修改单）适用于本标准。

3．术语和定义

3.1 残留物 residue definition

任何由于使用农药而在农产品及食品中出现的特定物质，包括被认为具有毒理学意义的农药衍生物，如农药转化物、代谢物、反应产物以及杂质等。

3.2 最大残留限量 maximum residue limits（MRLs）

在农业生产或保护商品过程中，按照农药使用的良好农业规范（GAP）使用农药后，允许农药在各种农产品及食品中或其表面残留的最大浓度。

3.3 每日允许摄入量 acceptable daily intakes（ADI）

人类每日摄入某物质至终生，而不产生可检测到的对健康产生危害的量，以每千克体重可摄入的量（毫克）表示，单位为mg/kg bw。

4．技术要求

每种农药的最大残留限量规定如下。

限量规定的相关注释：“*”表示临时限量。

4.1 阿维菌素（abamectin）

4.1.1 主要用途：杀虫剂。

4.1.2 ADI：0.002mg/kg bw。

4.1.3 残留物：阿维菌素B1a和阿维菌素B1b之和。

4.1.4 最大残留限量：应符合表1的规定。

表 1

食品名称	最大残留限量（mg/kg）
谷物：糙米	0.02
蔬菜：萝卜	0.01
水果：苹果	0.02

4.1.5 检测方法：糙米按SN/T 1973规定方法执行；苹果按SN/T 1973、SN/T 2114规定方法执行；萝卜参照SN/T 1973、SN/T 2114规定方法执行。

4.2 苯噻酰草胺（mefenacet）

4.2.1 主要用途：除草剂。

4.2.2 ADI：0.007mg/kg bw。

4.2.3 残留物：苯噻酰草胺。

4.2.4 最大残留限量：应符合表2的规定。

表 2

食品名称	最大残留限量（mg/kg）
谷物：糙米	0.05*

4.2.5 检测方法：按GB/T 19649、GB/T 20770、SN/T 0712规定方法执行。

4.3 吡唑醚菌酯（pyraclostrobin）

4.3.1 主要用途：杀菌剂。

4.3.2 ADI：0.03mg/kg bw。

4.3.3 残留物：吡唑醚菌酯。

4.3.4 最大残留限量：应符合表3的规定。

表 3

食品名称	最大残留限量（mg/kg）
蔬菜：甘蓝	0.5
大白菜	5
黄瓜	0.5
水果：苹果	0.5
西瓜	0.5

4.3.5 检测方法：甘蓝、大白菜、苹果按GB/T 19648规定方法执行；黄瓜、西瓜参照GB/T 19648、GB/T 20769规定方法执行。

4.4 苄嘧磺隆（bensulfuron-methyl）

4.4.1 主要用途：除草剂。

4.4.2 ADI：0.2mg/kg bw。

4.4.3 残留物：苄嘧磺隆。

4.4.4 最大残留限量：应符合表4的规定。

表 4

食品名称	最大残留限量（mg/kg）
谷物：小麦	0.02

4.4.5 检测方法：参照GB/T 23817、SN/T 2212规定方法执行。

4.5 丙炔氟草胺（flumioxazin）

4.5.1 主要用途：除草剂。

4.5.2 ADI：0.02mg/kg bw 。

4.5.3 残留物：丙炔氟草胺。

4.5.4 最大残留限量：应符合表5的规定。

表 5

食品名称	最大残留限量（mg/kg）
油料：大豆	0.02
水果：柑橘	0.05

4.5.5 检测方法：大豆按SN/T 1983规定方法执行；柑橘按GB/T 19648规定方法执行。

4.6 丙溴磷（profenofos）

4.6.1 主要用途：杀虫剂/杀螨剂。

4.6.2 ADI：0.03mg/kg bw。

4.6.3 残留物：丙溴磷。

4.6.4 最大残留限量：应符合表6的规定。

表 6

食品名称	最大残留限量（mg/kg）
谷物：糙米	0.02
蔬菜：马铃薯	0.05
水果：柑橘	0.2
苹果	0.05

4.6.5 检测方法：糙米按SN/T 2234规定方法执行；马铃薯按NY/T 761规定方法执行；柑橘按NY/T 761规定方法执行；苹果按GB/T 19648、SN/T 2234规定方法执行。

4.7 草铵膦（glufosinate-ammonium）

4.7.1 主要用途：除草剂。

4.7.2 ADI：0.02mg/kg bw。

4.7.3 残留物：草铵膦。

4.7.4 最大残留限量：应符合表7的规定。

表 7

食品名称	最大残留限量（mg/kg）
蔬菜：番茄	0.5*
水果：香蕉 木瓜	0.2* 0.2*
饮料类　茶叶	0.5*

4.8 草除灵（benazolin-ethyl）

4.8.1 主要用途：除草剂。

4.8.2 ADI：0.006mg/kg bw。

4.8.3 残留物：草除灵。

4.8.4 最大残留限量：应符合表8的规定。

表 8

食品名称	最大残留限量（mg/kg）
油料：油菜籽	0.2*

4.9 虫螨腈（chlorfenapyr）

4.9.1 主要用途：杀虫剂/杀螨剂。

4.9.2 ADI：0.003mg/kg bw。

4.9.3 残留物：虫螨腈。

4.9.4 最大残留限量：应符合表9的规定。

表 9

食品名称	最大残留限量（mg/kg）
蔬菜：黄瓜	0.5
水果：苹果	1

4.9.5 检测方法：黄瓜参照GB/T 19648规定方法执行；苹果按GB/T 19648规定方法执行。

4.10 哒螨灵（pyridaben）

4.10.1 主要用途：杀螨剂。

4.10.2 ADI：0.01mg/kg bw。

4.10.3 残留物：哒螨灵。

4.10.4 最大残留限量：应符合表10的规定。

表 10

食品名称	最大残留限量（mg/kg）
饮料类：茶叶	5

4.10.5 检测方法：按GB/T 23204、SN/T 2432规定方法执行。

4.11 代森铵（amobam）

4.11.1 主要用途：杀菌剂。

4.11.2 ADI：0.03mg/kg bw。

4.11.3 残留物：二硫代氨基甲酸盐（或酯），以二硫化碳计。

4.11.4 最大残留限量：应符合表11的规定。

表 11

食品名称	最大残留限量（mg/kg）
水果：苹果	5

4.11.5 检测方法：参照SN/T 0711规定方法执行。

4.12 代森联（metriam）

4.12.1 主要用途：杀菌剂。

4.12.2 ADI：0.03mg/kg bw。

4.12.3 残留物：二硫代氨基甲酸盐（或酯），以二硫化碳计。

4.12.4 最大残留限量：应符合表12的规定。

表 12

食品名称	最大残留限量（mg/kg）
蔬菜：大白菜 马铃薯 辣椒	0.5 0.5 1
水果：柑橘 苹果 葡萄 西瓜 甜瓜	3 5 5 1 0.5

4.12.5 检测方法：参照SN/T 0711规定方法执行。

4.13 代森锰锌（mancozeb）

4.13.1 主要用途：杀菌剂。

4.13.2 ADI：0.03mg/kg bw。

4.13.3 残留物：二硫代氨基甲酸盐（或酯），以二硫化碳计。

4.13.4 最大残留限量：应符合表13的规定。

表 13

食品名称	最大残留限量（mg/kg）
水果：苹果 荔枝（果肉） 柑橘 枣	5 5 3 2

4.13.5 检测方法：参照SN/T 0711规定方法执行。

4.14 代森锌（zineb）

4.14.1 主要用途：杀菌剂。

4.14.2 ADI：0.03mg/kg bw。

4.14.3 残留物：二硫代氨基甲酸盐（或酯），以二硫化碳计。

4.14.4 最大残留限量：应符合表14的规定。

表 14

食品名称	最大残留限量（mg/kg）
蔬菜：芦笋 马铃薯	2 0.5

4.14.5 检测方法：参照SN/T 0711规定方法执行。

4.15 单氰胺（cyanamide）

4.15.1 主要用途：生长调节剂。

4.15.2 ADI：0.002mg/kg bw。

4.15.3 残留物：单氰胺。

4.15.4 最大残留限量：应符合表15的规定。

表 15

食品名称	最大残留限量（mg/kg）
水果：葡萄	0.05*

4.16 稻瘟酰胺（fenoxanil）

4.16.1 主要用途：杀菌剂。

4.16.2 ADI：0.0069mg/kg bw。

4.16.3 残留物：稻瘟酰胺。

4.16.4 最大残留限量：应符合表16的规定。

表 16

食品名称	最大残留限量（mg/kg）
谷物：糙米	1

4.16.5 检测方法：按GB/T 19649、GB/T 20770规定方法执行。

4.17 敌敌畏（dichlorvos）

4.17.1 主要用途：杀虫剂。

4.17.2 ADI：0.004mg/kg bw。

4.17.3 残留物：敌敌畏。

4.17.4 最大残留限量：应符合表17的规定。

表 17

食品名称	最大残留限量（mg/kg）
谷物：糙米 玉米	0.2 0.2
蔬菜：甘蓝 大白菜 萝卜	0.5 0.5 0.5
水果：桃	0.1

4.17.5 检测方法： 糙米、玉米按GB/T 5009.20规定方法执行；甘蓝、大白菜、萝卜、桃按GB / T 5009. 20、NY/T 761规定方法执行。

4.18 丁草胺（butachlor）

4.18.1 主要用途：除草剂。

4.18.2 ADI：0.1mg/kg bw。

4.18.3 残留物：丁草胺。

4.18.4 最大残留限量：应符合表18的规定。

表 18

食品名称	最大残留限量（mg/kg）
谷物：玉米	0.5

4.18.5 检测方法：按GB/T 19649、GB/T 20770规定方法执行。

4.19 丁硫克百威（carbosulfan）

4.19.1 主要用途：杀虫剂。

4.19.2 ADI：0.01mg/kg bw。

4.19.3 残留物：丁硫克百威与其代谢物克百威及三羟基克百威之和。

4.19.4 最大残留限量：应符合表19的规定。

表 19

食品名称	最大残留限量（mg/kg）
蔬菜：甘薯	1

4.19.5 检测方法：参照NY/T 761规定方法执行。

4.20 丁醚脲（diafenthiuron）

4.20.1 主要用途：杀虫剂/杀螨剂。

4.20.2 ADI：0.003mg/kg bw。

4.20.3 残留物：丁醚脲。

4.20.4 最大残留限量：应符合表20的规定。

表 20

食品名称	最大残留限量（mg/kg）
蔬菜：甘蓝	2*
水果：柑橘	0.2*
饮料类：茶叶	5*

4.21 啶酰菌胺（boscalid）

4.21.1 主要用途：杀菌剂。

4.21.2 ADI：0.04mg/kg bw。

4.21.3 残留物：啶酰菌胺。

4.21.4 最大残留限量：应符合表21的规定。

表 21

食品名称	最大残留限量(mg/kg)
蔬菜：黄瓜	5
水果：苹果 甜瓜 草莓	2 3 3

4.21.5 检测方法：黄瓜、甜瓜、草莓参照GB/T 20769规定方法执行；苹果按GB/T 20769规定方法执行。

4.22 毒死蜱（chlorpyrifos）

4.22.1 主要用途：杀虫剂。

4.22.2 ADI：0.01mg/kg bw。

4.22.3 残留物：毒死蜱。

4.22.4 最大残留限量：应符合表22的规定。

表 22

食品名称	最大残留限量(mg/kg)
谷物：玉米	0.05
水果：苹果	1

4.22.5 检测方法：玉米按GB/T 5009.145规定方法执行；苹果按NY/T 761规定方法执行。

4.23 多效唑（paclobutrazol）

4.23.1 主要用途：植物生长调节剂。

4.23.2 ADI：0.1mg/kg bw。

4.23.3 残留物：多效唑。

4.23.4 最大残留限量：应符合表23的规定。

表 23

食品名称	最大残留限量(mg/kg)
油料：油菜籽	0.2
水果：荔枝（果肉）	0.5

4.23.5 检测方法：参照GB/T 20769、GB/T 20770规定方法执行。

4.24 噁草酮（oxadiazon）

4.24.1 主要用途：除草剂。

4.24.2 ADI：0.0036mg/kg bw。

4.24.3 残留物：噁草酮。

4.24.4 最大残留限量：应符合表24的规定。

表 24

食品名称	最大残留限量(mg/kg)
蔬菜：大蒜	0.1

4.24.5 检测方法：参照GB/T 19648规定方法执行。

4.25 噁霉灵（hymexazol）

4.25.1 主要用途：杀菌剂。

4.25.2 ADI：0.2mg/kg bw。

4.25.3 残留物：噁霉灵。

4.25.4 最大残留限量：应符合表25的规定。

表 25

食品名称	最大残留限量(mg/kg)
蔬菜：黄瓜	0.5*
水果：西瓜	0.5*
糖料：甜菜	0.1*

4.26 二氯吡啶酸（clopyralid）

4.26.1 主要用途：除草剂。

4.26.2 ADI：0.15mg/kg bw。

4.26.3 残留物：二氯吡啶酸。

4.26.4 最大残留限量：应符合表26的规定。

表 26

食品名称	最大残留限量(mg/kg)
谷物：小麦	2*

4.27 二氯喹啉酸（quinclorac）

4.27.1 主要用途：除草剂。

4.27.2 ADI：0.3mg/kg bw。

4.27.3 残留物：二氯喹啉酸。

4.27.4 最大残留限量：应符合表27的规定。

表 27

食品名称	最大残留限量(mg/kg)
谷物：糙米	1

4.27.5 检测方法：按SN/T 1017.5规定方法执行。

4.28 二氰蒽醌（dithianon）

4.28.1 主要用途：杀菌剂。

4.28.2 ADI：0.01mg/kg bw。

4.28.3 残留物：二氰蒽醌。

4.28.4 最大残留限量：应符合表28的规定。

表 28

食品名称	最大残留限量(mg/kg)
蔬菜：辣椒	2
水果：梨	2

4.28.5 检测方法：参照GB/T 20769规定方法执行。

4.29 氟吡甲禾灵和高效氟吡甲禾灵（haloxyfop-methyl 和 haloxyfop-P-methyl）

4.29.1 主要用途：除草剂。

4.29.2 ADI：0.0007mg/kg bw。

4.29.3 残留物：氟吡甲禾灵。

4.29.4 最大残留限量：应符合表29的规定。

表 29

食品名称	最大残留限量(mg/kg)
蔬菜：甘蓝	0.2

4.29.5 检测方法：参照GB/T 20769、GB/T 20770规定方法执行。

4.30 氟环唑（epoxiconazole）

4.30.1 主要用途：杀菌剂。

4.30.2 ADI：0.02mg/kg bw。

4.30.3 残留物：氟环唑。

4.30.4 最大残留限量：应符合表30的规定。

表 30

食品名称	最大残留限量(mg/kg)
谷物：小麦	0.05
水果：苹果 香蕉	0.5 3

4.30.5 检测方法：小麦按GB/T 20770规定方法执行；苹果按GB/T 19648、GB/T 20769规定方法执行；香蕉参照GB/T 19648、GB/T 20769规定方法执行。

4.31 氟磺胺草醚（fomesafen）

4.31.1 主要用途：除草剂。

4.31.2 ADI：0.0025mg/kg bw。

4.31.3 残留物：氟磺胺草醚。

4.31.4 最大残留限量：应符合表31的规定。

表 31

食品名称	最大残留限量(mg/kg)
油料：花生仁	0.2

4.31.5 检测方法：参照GB/T 5009.130、GB/T 20770规定方法执行。

4.32 福美双（thiram）

4.32.1 主要用途：杀菌剂。

4.32.2 ADI：0.01mg/kg bw。

4.32.3 残留物：二硫代氨基甲酸盐（或酯），以二硫化碳计。

4.32.4 最大残留限量：应符合表32的规定。

表 32

食品名称	最大残留限量(mg/kg)
蔬菜：番茄 黄瓜	5 5
水果：苹果	5

4.32.5 检测方法：参照SN/T 0711规定方法执行。

4.33 氟氯氰菊酯和高效氟氯氰菊酯（cyfluthrin 和 beta-cyfluthrin）

4.33.1 主要用途：杀虫剂。

4.33.2 ADI：0.04mg/kg bw。

4.33.3 残留物：氟氯氰菊酯。

4.33.4 最大残留限量：应符合表33的规定。

表 33

食品名称	最大残留限量(mg/kg)
蔬菜：甘蓝	0.5

4.33.5 检测方法：按GB/T 5009.146、NY/T 761规定方法执行。

4.34 禾草灵（diclofop-methyl）

4.34.1 主要用途：除草剂。

4.34.2 ADI：0.0023mg/kg bw。

4.34.3 残留物：禾草灵。

4.34.4 最大残留限量：应符合表34的规定。

表 34

食品名称	最大残留限量(mg/kg)
谷物：小麦	0.1
糖料：甜菜	0.1

4.34.5 检测方法：小麦按SN/T 0687规定方法执行；甜菜参照SN/T 0687规定方法执行。

4.35 己唑醇（hexaconazole）

4.35.1 主要用途：杀菌剂。

4.35.2 ADI：0.005mg/kg bw。

4.35.3 残留物：己唑醇。

4.35.4 最大残留限量：应符合表35的规定。

表 35

食品名称	最大残留限量(mg/kg)
蔬菜：番茄	0.5

4.35.5 检测方法：按GB/T 19648规定方法执行。

4.36 甲氨基阿维菌素苯甲酸盐（emamectin benzoate）

4.36.1 主要用途：杀虫剂。

4.36.2 ADI：0.0025mg/kg bw。

4.36.3 残留物：甲氨基阿维菌素苯甲酸盐。

4.36.4 最大残留限量：应符合表36的规定。

表 36

食品名称	最大残留限量(mg/kg)
谷物：糙米	0.02*
蔬菜：番茄 黄瓜	0.02* 0.02*
水果：梨	0.02*

4.36.5 检测方法：番茄按GB/T 20769规定方法执行；糙米、黄瓜、梨参照GB/T 20769规定方法执行。

4.37 甲咪唑烟酸（imazapic）

4.37.1 主要用途：除草剂。

4.37.2 ADI：0.5mg/kg bw。

4.37.3 残留物：甲咪唑烟酸及其代谢物。

4.37.4 最大残留限量：应符合表37的规定。

表 37

食品名称	最大残留限量(mg/kg)
油料：花生仁	0.1

4.37.5 检测方法：参照GB/T 23205规定方法执行。

4.38 甲氰菊酯（fenpropathrin）

4.38.1 主要用途：杀虫剂。

4.38.2 ADI：0.03mg/kg bw。

4.38.3 残留物：甲氰菊酯。

4.38.4 最大残留限量：应符合表38的规定。

表 38

食品名称	最大残留限量（mg/kg）
谷物：小麦	0.1
油料：大豆	0.1
蔬菜：萝卜	0.5

4.38.5 检测方法：小麦按GB/T 19649、GB/T 20770规定方法执行；大豆参照GB/T 19649、GB/T 20770规定方法执行；萝卜按NY/T 761规定方法执行。

4.39 甲霜灵和精甲霜灵（metalaxyl和metalaxyl-M）

4.39.1 主要用途：杀菌剂。

4.39.2 ADI：0.08mg/kg bw。

4.39.3 残留物：甲霜灵。

4.39.4 最大残留限量：应符合表39的规定。

表 39

食品名称	最大残留限量（mg/kg）
蔬菜：番茄 马铃薯	0.5 0.05
水果：西瓜	0.2

4.39.5 检测方法：番茄按GB/T 19648规定方法执行；马铃薯、西瓜参照GB/T 19648规定方法执行。

4.40 腈菌唑（myclobutanil）

4.40.1 主要用途：杀菌剂。

4.40.2 ADI：0.03mg/kg bw。

4.40.3 残留物：腈菌唑。

4.40.4 最大残留限量：应符合表40的规定。

表 40

食品名称	最大残留限量（mg/kg）
蔬菜：黄瓜	1
水果：葡萄	1

4.40.5 检测方法：黄瓜参照GB/T 19648规定方法执行；葡萄按GB/T 19648、NY/T 1455规定方法执行。

4.41 克菌丹（captan）

4.41.1 主要用途：杀菌剂。

4.41.2 ADI：0.1mg/kg bw。

4.41.3 残留物：克菌丹。

4.41.4 最大残留限量：应符合表41的规定。

表 41

食品名称	最大残留限量（mg/kg）
水果：柑橘 葡萄	5 5

4.41.5 检测方法：按GB/T 19648、SN/T 0654规定方法执行。

4.42 喹禾灵和精喹禾灵（quizalofop和quizalofop-P-ethyl）

4.42.1 主要用途：除草剂。

4.42.2 ADI：0.009mg/kg bw。

4.42.3 残留物：喹禾灵。

4.42.4 最大残留限量：应符合表42的规定。

表 42

食品名称	最大残留限量（mg/kg）
油料：油菜籽 大豆 花生仁 棉籽	0.05 0.05 0.1 0.05
蔬菜：菜用大豆	0.2
糖料：甜菜	0.1

4.42.5 检测方法：参照GB/T 20770规定方法执行。

4.43 氯吡脲（forchlorfenuron）

4.43.1 主要用途：植物生长调节剂。

4.43.2 ADI：0.07mg/kg bw。

4.43.3 残留物：氯吡脲。

4.43.4 最大残留限量：应符合表43的规定。

表 43

食品名称	最大残留限量（mg/kg）
水果：甜瓜	0.1

4.43.5 检测方法：参照GB/T 20770规定的方法执行。

4.44 氯氟氰菊酯和高效氯氟氰菊酯（cyhalothrin和 lambda-cyhalothrin）

4.44.1 主要用途：杀虫剂。

4.44.2 ADI：0.02mg/kg bw。

4.44.3 残留物：氯氟氰菊酯。

4.44.4 最大残留限量：应符合表44的规定。

表 44

食品名称	最大残留限量（mg/kg）
谷物：玉米	0.02
油料：棉籽	0.05
蔬菜：甘蓝 大白菜	1 1
食用菌：蘑菇	0.5

4.44.5 检测方法：按GB/T 5009.146、NY/T 761规定方法执行。

4.45 氯氰菊酯和高效氯氰菊酯（cypermethrin 和 beta-cypermethrin）

4.45.1 主要用途：杀虫剂。

4.45.2 ADI：0.02mg/kg bw。

4.45.3 残留物：氯氰菊酯。

4.45.4 最大残留限量：应符合表45的规定。

表 45

食品名称	最大残留限量（mg/kg）
蔬菜：甘蓝	5

4.45.5 检测方法：按GB/T 5009.110、NY/T 761规定方法执行。

4.46 咪鲜胺和咪鲜胺锰盐（prochloraz和prochloraz-manganese chloride complex）

4.46.1 主要用途：杀菌剂。

4.46.2 ADI：0.01mg/kg bw。

4.46.3 残留物：咪鲜胺及其含有2、4、6-三氯苯酚部分代谢产物之和，以咪鲜胺表示。

4.46.4 最大残留限量：应符合表46的规定。

表46

食品名称	最大残留限量（mg/kg）
谷物：小麦	0.5
蔬菜：大蒜 菜薹	0.1 2
水果：苹果 葡萄 荔枝（果肉） 龙眼 西瓜	2 2 2 5 0.1

4.46.5 检测方法：小麦按GB/T 20770规定方法执行；大蒜、菜薹、苹果、葡萄、荔枝（果肉）、龙眼、西瓜参照GB/T 19648规定方法执行；苹果、葡萄按GB/T 19648规定方法执行。

4.47 萘乙酸（1-naphthylacetic acid）

4.47.1 主要用途：植物生长调节剂。

4.47.2 ADI：0.15mg/kg bw。

4.47.3 残留物：萘乙酸。

4.47.4 最大残留限量：应符合表47的规定。

表47

食品名称	最大残留限量（mg/kg）
谷物：糙米 小麦	0.1 0.05
油料：大豆 棉籽	0.05 0.05
蔬菜：番茄	0.1
水果：苹果	0.1

4.47.5 检测方法：糙米、小麦、大豆、棉籽、苹果参照SN/T 0346规定方法执行；番茄按SN/T 0346规定方法执行。

4.48 特丁硫磷（terbufos）

4.48.1 主要用途：杀虫剂。

4.48.2 ADI：0.0006mg/kg bw。

4.48.3 残留物：特丁硫磷。

4.48.4 最大残留限量：应符合表48的规定。

表48

食品名称	最大残留限量（mg/kg）
油料：花生仁	0.02

4.48.5 检测方法：参照NY/T 761、SN/T 0522规定方法执行。

4.49 萎锈灵（carboxin）

4.49.1 主要用途：杀菌剂。

4.49.2 ADI：0.008mg/kg bw。

4.49.3 残留物：萎锈灵。

4.49.4 最大残留限量：应符合表49的规定。

表49

食品名称	最大残留限量（mg/kg）
谷物：糙米 玉米	0.2 0.2
油料：棉籽	0.2

4.49.5 检测方法：糙米、玉米按GB/T 19649、GB/T 20770规定方法执行；棉籽参照GB/T 19649、GB/T 20770规定方法执行。

4.50 戊唑醇 （tebuconazole）

4.50.1 主要用途：杀菌剂。

4.50.2 ADI：0.03mg/kg bw。

4.50.3 残留物：戊唑醇。

4.50.4 最大残留限量：应符合表50的规定。

表50

食品名称	最大残留限量(mg/kg)
水果：苹果	2

4.50.5 检测方法：按GB/T 19648、GB/T 20769规定方法执行。

4.51 西草净（simetryn）

4.51.1 主要用途：除草剂。

4.51.2 ADI：0.025mg/kg bw。

4.51.3 残留物：西草净。

4.51.4 最大残留限量：应符合表51的规定。

表 51

食品名称	最大残留限量(mg/kg)
谷物：糙米	0.05

4.51.5 检测方法：按GB/T 20770规定方法执行。

4.52 烯啶虫胺（nitenpyram）

4.52.1 主要用途：杀虫剂。

4.52.2 ADI：0.53mg/kg bw。

4.52.3 残留物：烯啶虫胺。

4.52.4 最大残留限量：应符合表52的规定。

表 52

食品名称	最大残留限量（mg/kg）
水果：柑橘	0.5

4.52.5 检测方法：按GB/T 20769规定方法执行。

4.53 烯禾啶（sethoxydim）

4.53.1 主要用途：除草剂。

4.53.2 ADI：0.14mg/kg bw。

4.53.3 残留物：烯禾啶。

4.53.4 最大残留限量：应符合表53的规定。

表 53

食品名称	最大残留限量（mg/kg）
油料：油菜籽	0.5
亚麻籽	0.5
棉　籽	0.5
糖料：甜　菜	0.5

4.53.5 检测方法：参照GB/T 19649、GB/T 20770规定方法执行。

4.54 烯酰吗啉（dimethomorph）

4.54.1 主要用途：杀菌剂。

4.54.2 ADI：0.2mg/kg bw。

4.54.3 残留物：烯酰吗啉。

4.54.4 最大残留限量：应符合表54的规定。

表 54

食品名称	最大残留限量（mg/kg）
蔬菜：甘蓝	2
黄瓜	5
马铃薯	0.05
水果：葡萄	5
甜瓜	0.5

4.54.5 检测方法：甘蓝按GB/T 20769规定方法执行；黄瓜、马铃薯、葡萄、甜瓜参照GB/T 20769规定方法执行。

4.55 硝磺草酮（mesotrione）

4.55.1 主要用途：除草剂。

4.55.2 ADI：0.01mg/kg bw。

4.55.3 残留物：硝磺草酮。

4.55.4 最大残留限量：应符合表55的规定。

表 55

食品名称	最大残留限量（mg/kg）
谷物：玉米	0.01*

4.56 溴氰菊酯（deltamethrin）

4.56.1 主要用途：杀虫剂。

4.56.2 ADI：0.01mg/kg bw。

4.56.3 残留物：溴氰菊酯。

4.56.4 最大残留限量：应符合表56的规定。

表 56

食品名称	最大残留限量（mg/kg）
油料：大豆	0.05

4.56.5 检测方法：参照GB/T 5009.146规定方法执行。

4.57 亚胺唑（imibenconazole）

4.57.1 主要用途：杀菌剂。

4.57.2 ADI：0.0098mg/kg bw。

4.57.3 残留物：亚胺唑。

4.57.4 最大残留限量：应符合表57的规定。

表 57

食品名称	最大残留限量(mg/kg)
水果：柑橘	1*
苹果	1*
青梅	3*
葡萄	3*

4.58 烟碱（nicotine）

4.58.1 主要用途：杀虫剂。

4.58.2 ADI：0.0008mg/kg bw。

4.58.3 残留物：烟碱。

4.58.4 最大残留限量：应符合表58的规定。

表 58

食品名称	最大残留限量(mg/kg)
蔬菜：甘蓝	0.2
水果：柑橘	0.2

4.58.5 检测方法：按GB/T 20769、SN/T 2397规定方法执行。

4.59 乙虫腈（ethiprole）

4.59.1 主要用途：杀虫剂。

4.59.2 ADI：0.005mg/kg bw。

4.59.3 残留物：乙虫腈。

4.59.4 最大残留限量：应符合表59的规定。

表 59

食品名称	最大残留限量(mg/kg)
谷物：糙米	0.2*

4.59.5 检测方法：参照GB/T 20769规定方法执行。

4.60 乙螨唑（etoxazole）

4.60.1 主要用途：杀螨剂。

4.60.2 ADI：0.04mg/kg bw。

4.60.3 残留物：乙螨唑。

4.60.4 最大残留限量：应符合表60的规定。

表 60

食品名称	最大残留限量(mg/kg)
水果：柑橘	0.5

4.60.5 检测方法：按GB/T 19648规定方法执行。

4.61 乙霉威（diethofencarb）

4.61.1 主要用途：杀菌剂。

4.61.2 ADI：0.004mg/kg bw。

4.61.3 残留物：乙霉威。

4.61.4 最大残留限量：应符合表61的规定。

表 61

食品名称	最大残留限量(mg/kg)
蔬菜：番茄	1
黄瓜	5

4.61.5 检测方法：番茄按GB/T 20769规定方法执行；黄瓜参照GB/T 20769规定方法执行。

4.62 乙嘧酚（ethirimol）

4.62.1 主要用途：杀菌剂。

4.62.2 ADI：0.035mg/kg bw。

4.62.3 残留物：乙嘧酚。

4.62.4 最大残留限量：应符合表62的规定。

表 62

食品名称	最大残留限量(mg/kg)
蔬菜：黄瓜	1

4.62.5 检测方法：按GB/T 20769规定方法执行。

4.63 乙羧氟草醚（fluoroglycofen-ethyl）

4.63.1 主要用途：除草剂。

4.63.2 ADI：0.01mg/kg bw。

4.63.3 残留物：乙羧氟草醚。

4.63.4 最大残留限量：应符合表63的规定。

表 63

食品名称	最大残留限量(mg/kg)
油料：大豆	0.05

4.63.5 检测方法：按SN/T 1737.2规定方法执行。

4.64 乙酰甲胺磷（acephate）

4.64.1 主要用途：杀虫剂。

4.64.2 ADI：0.03mg/kg bw。

4.64.3 残留物：乙酰甲胺磷。

4.64.4 最大残留限量：应符合表64的规定。

表 64

食品名称	最大残留限量(mg/kg)
蔬菜：萝卜	1

4.64.5 检测方法：按NY/T 761规定方法执行。

4.65 甲胺磷（methamidophos）

4.65.1 主要用途：杀虫剂。

4.65.2 ADI：0.004mg/kg bw。

4.65.3 残留物：甲胺磷（乙酰甲胺磷的代谢物）。

4.65.4 最大残留限量：应符合表65的规定。

表 65

食品名称	最大残留限量(mg/kg)
蔬菜：萝卜	0.1

4.65.5 检测方法：按GB/T 5009.103、NY/T 761规定方法执行。

4.66 乙氧氟草醚（oxyfluorfen）

4.66.1 主要用途：除草剂。

4.66.2 ADI：0.03mg/kg bw。

4.66.3 残留物：乙氧氟草醚。

4.66.4 最大残留限量：应符合表66的规定。

表 66

食品名称	最大残留限量(mg/kg)
谷物：糙米	0.05
蔬菜：大蒜 蒜薹 蒜苗	0.05 0.1 0.1

4.66.5 检测方法：糙米按GB/T 19649、GB/T 20770规定方法执行；大蒜、蒜薹、蒜苗参照GB/T 19648、GB/T 20769规定方法执行。

4.67 异丙草胺（propisochlor）

4.67.1 主要用途：除草剂。

4.67.2 ADI：2.5mg/kg bw。

4.67.3 残留物：异丙草胺。

4.67.4 最大残留限量：应符合表67的规定。

表 67

食品名称	最大残留限量(mg/kg)
谷物：玉米	0.1*
油料：大豆	0.1*
蔬菜：菜用大豆 甘薯	0.1* 0.05*

4.67.5 检测方法：玉米按GB/T 19649规定方法执行；大豆、菜用大豆、甘薯参照GB/T 19649规定方法执行。

4.68 异丙甲草胺和精异丙甲草胺（metolachlor 和 s-metolachlor）

4.68.1 主要用途：除草剂。

4.68.2 ADI：0.1mg/kg bw。

4.68.3 残留物：异丙甲草胺。

4.68.4 最大残留限量：应符合表68的规定。

表 68

食品名称	最大残留限量（mg/kg）
油料：油菜籽 芝麻	0.1 0.1
蔬菜：菜用大豆	0.1
糖料：甜菜	0.1

4.68.5 检测方法：参照GB/T 19649规定方法执行。

4.69 异丙威（isoprocarb）

4.69.1 主要用途：杀虫剂。

4.69.2 ADI：0.002mg/kg bw。

4.69.3 残留物：异丙威。

4.69.4 最大残留限量：应符合表69的规定。

表 69

食品名称	最大残留限量(mg/kg)
蔬菜：黄瓜	0.5

4.69.5 检测方法：按NY/T 761规定方法执行。

4.70 异稻瘟净 （iprobenfos）

4.70.1 主要用途：杀菌剂。

4.70.2 ADI：0.035mg/kg bw。

4.70.3 残留物：异稻瘟净。

4.70.4 最大残留限量：应符合表70的规定。

表 70

食品名称	最大残留限量(mg/kg)
谷物：糙米	0.5

4.70.5 检测方法：按GB/T 19649、GB/T 20770、SN/T 1967规定方法执行。

4.71 异草酮 （clomazone）

4.71.1 主要用途：除草剂。

4.71.2 ADI：0.133mg/kg bw。

4.71.3 残留物：异噁草酮。

4.71.4 最大残留限量：应符合表71的规定。

表 71

食品名称	最大残留限量(mg/kg)
谷物：糙米	0.02
油料：大豆	0.05
糖料：甘蔗	0.1

4.71.5 检测方法：糙米按GB/T 19649规定方法执行；大豆、甘蔗参照GB/T 19649规定方法执行。

4.72 印楝素（azadirachtin）

4.72.1 主要用途：杀虫剂。

4.72.2 ADI：0.1mg/kg bw。

4.72.3 残留物：印楝素。

4.72.4 最大残留限量：应符合表72的规定。

表 72

食品名称	最大残留限量(mg/kg)
蔬菜：甘蓝	0.1*

4.73 鱼藤酮（rotenone）

4.73.1 主要用途：杀虫剂。

4.73.2 ADI：0.0004mg/kg bw。

4.73.3 残留物：鱼藤酮。

4.73.4 最大残留限量：应符合表73的规定。

表 73

食品名称	最大残留限量(mg/kg)
蔬菜：甘蓝	0.5

4.73.5 检测方法：参照 GB/T 20769 规定方法执行。

4.74 唑草酮（carfentrazone-ethyl）

4.74.1 主要用途：除草剂。

4.74.2 ADI：0.03mg/kg bw。

4.74.3 残留物：唑草酮。

4.74.4 最大残留限量：应符合表74的规定。

表 74

食品名称	最大残留限量(mg/kg)
谷物：糙米	0.1
小麦	0.1

4.74.5 检测方法：参照GB/T 23216规定方法执行。

4.75 唑虫酰胺（tolfenpyrad）

4.75.1 主要用途：杀虫剂。

4.75.2 ADI：0.006mg/kg bw。

4.75.3 残留物：唑虫酰胺。

4.75.4 最大残留限量：应符合表75的规定。

表 75

食品名称	最大残留限量(mg/kg)
蔬菜：甘蓝	0.5
大白菜	0.5
茄子	0.5

4.75.5 检测方法：甘蓝、大白菜按GB/T 20769规定方法执行；茄子参照GB/T 20769规定方法执行。

4.76 唑螨酯（fenpyroximate）

4.76.1 主要用途：杀螨剂。

4.76.2 ADI：0.01mg/kg bw。

4.76.3 残留物：唑螨酯。

4.76.4 最大残留限量：应符合表76的规定。

表 76

食品名称	最大残留限量(mg/kg)
油料：棉籽	0.1

4.76.5 检测方法：参照GB/T 19649、GB/T 20770、GB/T 23204规定方法执行。

4.77 唑嘧磺草胺（flumetsulam）

4.77.1 主要用途：除草剂。

4.77.2 ADI：1mg/kg bw。

4.77.3 残留物：唑嘧磺草胺。

4.77.4 最大残留限量：应符合表77的规定。

表 77

食品名称	最大残留限量(mg/kg)
谷物：玉米	0.05*
油料：大豆	0.05*

附录 A

食品类别/名称说明

A.1 谷物

1. 稻类

稻谷等。

2. 麦类

小麦、大麦、燕麦、黑麦等。

3. 旱粮类

玉米、高粱、粟、稷、薏仁、荞麦等。

4. 杂粮类

绿豆、豌豆、赤豆、小扁豆、鹰嘴豆等。

5. 成品粮

大米、糙米、大米粉、小麦粉、全麦粉、玉米糁、玉米粉、高粱米、小米、黍米、稷米、大麦粉、荞麦粉、莜麦粉、甘薯粉、高粱粉。

A.2 油料和油脂

1. 小粒型油籽类

油菜籽、芝麻、亚麻籽、芥菜籽等。

2. 中粒型油籽类

棉籽。

3. 大粒型油籽类

大豆、花生仁、葵花籽、油茶籽。

4. 油脂

A.3 蔬菜

1. 鳞茎类

（1）鳞茎葱类　大蒜、洋葱、薤等。

（2）绿叶葱类　韭菜、葱、青蒜、蒜苔等。

2. 芸苔属类

（1）结球芸苔属　结球甘蓝、球茎甘蓝、抱子甘蓝、赤球甘蓝等。

（2）头状花序芸苔属　花椰菜、青花菜等。

（3）茎类芸苔属　芥蓝、菜薹、茎芥菜等。

3. 叶菜类

（1）绿叶类　菠菜、普通白菜（小白菜、小油菜、青菜）、苋菜、蕹菜、茼蒿、大叶茼蒿、莴苣、莴笋、苦苣、落葵、油麦菜、叶芥菜等。

（2）叶柄类　芹菜、小茴香、球茎茴香等。

（3）大白菜。

4. 茄果类

（1）番茄类　番茄、樱桃番茄、树番茄等。

（2）其他茄果类　茄子、辣椒、甜椒、黄秋葵、酸浆等。

5. 瓜类

（1）黄瓜。

（2）小型瓜类　西葫芦、节瓜、苦瓜、丝瓜、线瓜、瓠瓜等。

（3）大型瓜类　冬瓜、南瓜、笋瓜等。

6. 豆类

（1）荚可食类　豇豆、菜豆、食荚豌豆、四棱豆、扁豆、刀豆等。

（2）荚不可食类　菜用大豆、蚕豆、豌豆、莱豆等。

7. 茎类

芦笋、朝鲜蓟、大黄等。

8. 根茎类和薯芋类

（1）根茎类　萝卜、胡萝卜、根甜菜、根芹菜、根芥菜、姜、辣根、芜菁、桔梗等。

（2）马铃薯。

（3）其他薯芋类　甘薯、山药、牛蒡、木薯、芋、葛、魔芋等。

9. 水生类

（1）茎叶类　水芹、豆瓣菜、茭白、蒲菜等。

（2）果实类　菱角、芡等。

（3）根类　莲藕、荸荠、慈姑等。

10. 芽菜类

绿豆芽、黄豆芽、萝卜芽、苜蓿芽、花椒芽、香椿芽等。

11. 其他多年生蔬菜

黄花菜、竹笋、仙人掌等。

A.4 水果

1. 柑橘类

橙、橘、柠檬、柚、柑、佛手柑、金橘等。

2. 仁果类

苹果、梨、山楂、枇杷、榅桲等。

3. 核果类

桃、油桃、杏、枣、李子、樱桃等。

4. 浆果和其他小型水果

（1）藤蔓和灌木类　枸杞、黑莓、蓝莓、覆盆子、醋栗、欧洲越橘、桑葚、唐棣等。

（2）小型攀缘类

① 皮可食：葡萄、五味子等。

② 皮不可食：猕猴桃、西番莲等。

③ 草莓。

5. 热带和亚热带水果

（1）皮可食　柿子、杨梅、橄榄、无花果、杨桃、莲雾等。

（2）皮不可食

① 小型果：荔枝、龙眼、红毛丹等。

② 中型果：芒果、石榴、鳄梨、番荔枝、番石榴、西榴莲、黄皮、山竹等。

③ 大型果：香蕉、木瓜、椰子等。

④ 带刺果：菠萝、菠萝蜜、榴莲、火龙果等。

6. 瓜果类

（1）西瓜。

（2）甜瓜类　薄皮甜瓜、网纹甜瓜、哈密瓜、白兰瓜、香瓜等。

A.5 坚果

1. 小粒坚果

杏仁、榛子、腰果、松仁、开心果等。

2. 大粒坚果

核桃、板栗、山核桃、澳洲坚果等。

A.6 糖料

1. 甘蔗

2. 甜菜

A.7 饮料类

1. 茶

2. 咖啡豆、可可豆

3. 啤酒花

4. 菊花、玫瑰花等

A.8 食用菌

1. 蘑菇类

香菇、金针菇、平菇、茶树菇、竹荪、草菇、羊肚菌、牛肝菌、口蘑、松茸、双孢蘑菇、猴头、白灵菇、杏鲍菇等。

2. 木耳类

木耳、银耳、金耳、毛木耳、石耳等。

A.9 动物源

食品

1. 哺乳动物肉类（海洋哺乳动物除外）

2. 哺乳动物（海洋哺乳动物除外）内脏

3. 禽肉类

4. 禽类内脏

5. 蛋类

6. 生乳

7. 水产品

附录 B

农药中文通用名称索引

附录 C

农药英文通用名称索引

卫生部等8部门
食品安全国家标准“十二五”规划

（卫监督发［2012］40号　2012年6月11日发布）

根据《食品安全法》及其实施条例和国家食品安全监管相关规划，为做好食品安全国家标准工作，完善食品安全国家标准体系，制定本规划。

一、食品安全标准现状

（一）建设成效

食品安全国家标准属于强制性国家标准，是保护公众身体健康、保障食品安全的重要措施，是实现食品安全科学管理、强化各环节监管的重要基础，也是规范食品生产经营、促进食品行业健康发展的技术保障。各部门、各地高度重视食品安全标准制定、修订工作。近年来，我国食品安全标准工作取得明显成效。《食品安全法》公布施行前，我国已有食品、食品添加剂、食品相关产品国家标准2000余项，行业标准2900余项，地方标准1200余项，基本建立了以国家标准为核心，行业标准、地方标准和企业标准为补充的食品标准体系。

《食品安全法》公布施行后，食品安全标准工作力度逐步加大，又取得了新进展，主要有：一是完善食品安全标准管理制度。公布实施食品安全国家标准、地方标准管理办法和企业标准备案办法，明确标准制定、修订程序和管理制度。组建食品安全国家标准审评委员会，建立健全食品安全国家标准审评制度。二是加快食品标准清理整合。重点对粮食、植物油、肉制品、乳与乳制品、酒类、调味品、饮料等食品标准进行清理整合，废止和调整了一批标准和指标，初步稳妥处理现行食品标准间交叉、重复、矛盾的问题。三是制定公布新的食品安全国家标准。已制定公布269项食品安全国家标准，包括乳品安全国家标准、食品添加剂使用、复配食品添加剂、真菌毒素限量、预包装食品标签和营养标签、农药残留限量以及部分食品添加剂产品标准，补充完善食品包装材料标准，提高了标准的科学性和实用性。四是推进食品安全国家标准顺利实施。积极开展食品安全国家标准宣传培训，组织开展标准跟踪评价，指导食品行业严格执行新的标准。五是深入参与国际食品法典事务。担任国际食品添加剂和农药残留法典委员会主持国，当选国际食品法典委员会亚洲区域执行委员，主办国际食品添加剂法典会议、农药残留法典会议，充分借鉴国际食品标准制定和管理的经验。

（二）存在问题和制约因素

受食品产业发展水平、风险评估能力等因素制约，现行食品安全标准还存在一些突出问题，主要表现在：一是标准体系有待进一步完善。《食品安全法》公布前，各部门依职责分别制定农产品质量安全、食品卫生、食品质量等国家标准、行业标准，标准总体数量多，但标准间既有交叉重复、又有脱节，标准间的衔接协调程度不高。二是个别重要标准或者重要指标缺失，尚不能满足食品安全监管需求，例如部分配套检测方法、食品包装材料等标准缺失。三是标准科学性和合理性有待提高。目前标准总体上标龄较长，食品产品安全标准通用性不强，部分标准指标欠缺风险评估依据，不能适应食品安全监管和行业发展需要，影响了相关标准的科学性和合理性。四是标准宣传培训和贯彻执行有待加强。食品安全标准指标多、技术性强、强制执行要求高，社会高度关注，需要进一步完善标准管理制度和工作程序，改进征求意见的方式方法，做好标准的宣传解读和解疑释惑等工作。

食品安全国家标准工作的制约因素有：一是食品安全国家标准的基础研究滞后，风险评估工作尚处于起步阶段，食品安全暴露评估等数据储备不足，监测评估技术水平有待提高。二是保障机制有待建立完善，目前专门的食品安全国家标准技术管理机构缺乏，人员力量严重不足，标准工作经费严重不足，与当前标准制定、修订工作不相适应，在一定程度上影响了标准工作的质量。三是标准专业人才队伍建设有待加强。我国食品安全标准研制基础薄弱，专业人才不足且较分散，研制标准的能力和水平不能适应当前的工作需要。

二、指导思想、基本原则和目标

（一）指导思想

以邓小平理论和“三个代表”重要思想为指导，深入实践科学发展观，认真贯彻实施《食品安全法》及其实施条例，坚持“预防为主、科学管理”的原则，以保障公众身体健康为宗旨，以食品安全风险评估为基础，积极借鉴国际经验，加快我国食品标准清理整合，制定科学合理、安全可靠的食品安全国家标准，基本构建保障人民群众健康需要、符合我国国情的食品安全国家标准体系。

（二）基本原则

1. 坚持依法制定食品安全国家标准的原则

食品安全国家标准要体现《食品安全法》立法宗旨，以保护公众健康为出发点和落脚点，落实食品安全法律法规要求，涵盖与人体健康密切相关的食品安全要求。

2. 坚持以风险评估为基础的科学性原则

食品安全国家标准要以食品安全风险评估结果为依据，以对人体健康可能造成食品安全风险的因素为重点，科学合理设置标准内容，提高标准的科学性和实用性。

3. 坚持立足国情与借鉴国际标准相结合的原则

制定食品安全国家标准应当符合我国国情和食品产业发展实际，兼顾行业现实和监管实际需要，适应人民生活水平不断提高的需要，同时要积极借鉴相关国际标准和管理经验，注重标准的操作性。

4. 坚持公开透明的原则

完善标准管理制度，注重在标准制定、修订过程中广泛听取各方意见，拓宽征求意见的范围和方式，鼓励公民、法人和其他组织积极参与食品安全国家标准制定、修订工作，保障公众的知情权和监督权。

（三）主要目标。

1. 清理整合现行食品标准

到2015年基本完成食用农产品质量安全标准、食品卫生标准、食品质量标准以及行业标准中强制执行内容的清理整合工作，基本解决现行标准交叉、重复、矛盾的问题，形成较为完善的食品安全国家标准体系。

2. 加快制定、修订食品安全国家标准

进一步提高食品安全国家标准的通用性、科学性和实用性，建立基本符合我国国情的、与产业发展和食品安全监管工作相适应的食品安全国家标准体系。

3. 完善食品安全国家标准管理机制

建立程序规范、公开透明、政府主导、部门配合、全社会共同参与的食品安全国家标准管理体制和工作机制，提高食品安全国家标准审评工作的科学性和公正性。

4. 强化标准宣传贯彻和实施工作

大力开展食品安全国家标准的宣传培训，促进各部门、各单位学习贯彻食品安全国家标准，督促食品生产经营单位认真实施食品安全国家标准，进一步改善食品安全状况。

三、主要任务

（一）全面清理整合现行食品标准

对现行食用农产品质量安全标准、食品卫生标准、食品质量标准以及行业标准中强制执行内容进行清理，解决标准间交叉、重复、矛盾等问题。

对涉及食品安全的指标和强制执行的质量指标进行比较分析，确定标准清理的原则和方法并开展清理工作。到2013年底，基本完成对现行2000余项食品国家标准和2900余项食品行业标准中强制执行内容的清理，提出现行相关标准或技术指标继续有效、整合和废止的清理意见。2015年底前基本完成相关标准的整合和废止工作。

（二）加快制定、修订食品安全基础标准

按照“边清理、边完善”的工作原则，在对现行食品标准开展清理的同时，积极借鉴国际组织和国外食品安全标准，加快制定、修订食品安全国家标准，完善我国食品安全国家标准体系，解决食品安全重要标准不足和标准不配套等问题，提高标准的科学性。

重点做好食品中污染物、真菌毒素、致病性微生物等危害人体健康物质限量，农药和兽药残留限量，食品添加剂使用、食品营养强化剂使用，预包装食品标签和营养标签，食品包装材料及其添加剂等食品安全基础标准制定、修订工作。2015年底前，修订食品污染物、真菌毒素、农药和兽药残留等限量标准和食品添加剂使用、食品营养强化剂使用标准，制定食品中致病性微生物限量标准、食品生产经营过程的指示性微生物控制要求、即食食品微生物控制指南，科学设置食品产品中的微生物指标、限量和控制要求，完善食品容器、包装、加工设备材料标准和食品容器、包装材料用添加剂使用等食品相关产品标准。

（三）完善食品生产经营过程的卫生要求标准

按照加强食品生产经营过程安全控制的要求，做好食品生产经营规范标准制定、修订工作，强化原料、生产过程、运输和贮存、卫生管理等要求，规范食品生产经营过程，预防和控制食品安全风险。

2015年底前，制定公布食品、食品添加剂生产企业卫生规范、经营企业卫生规范、保健食品良好生产规范等20余项食品安全国家标准，基本形成食品生产经营全过程的食品安全控制标准体系。按照食品类别、生产经营方式等特点，进一步细化食品生产经营过程中控制食品污染的要求和规定。

（四）合理设置食品产品安全标准

根据食品不同特性和可能存在的风险因素，以风险评估为依据，将肉类、酒类、植物油、调味品、婴幼儿食品、乳品、保健食品等主要大类食品以及食品添加剂产品标准作为食品产品安全标准工作的优先领域，制定食品安全基础标准不能涵盖的危害因素限量要求和食品安全相关的强制性质量指标，标准制定中将侧重通用性和覆盖面，避免标准间的重复和交叉。

2015年底前，制定、修订肉类、酒类、植物油、调味品、婴幼儿食品、乳品、食品添加剂、保健食品、水产品、粮食、豆类制品、饮料等主要大类食品产品安全标准，制定已有国际标准或已有进口贸易但我国尚缺失相关标准的食品产品安全标准。

（五）建立健全配套食品检验方法标准

以食品安全国家标准规定的限量指标配套检测方法为重点，建立完整配套的食品检验方法与规程标准体系。

2015年底前，重点制定、修订食品中各类污染物、真菌毒素、致病性微生物、农药和兽药残留以及食品添加剂和食品相关产品等分析检测方法标准，进一步完善食品毒理学安全性评价程序和检验方法等标准。

（六）完善食品安全国家标准管理制度

按照食品安全国家标准要科学合理、安全可靠的要求，进一步完善食品安全国家标准管理制度和工作程序。健全食品安全国家标准广泛征求意见的机制，保障反馈意见渠道畅通。

2012年底前，公布食品安全国家标准跟踪评价规范等相关制度。2013年底前，完善食品安全国家标准立项、制定、修订、征求意见、标准审评、审评委员会委员管理、标准公布以及标准申报、咨询和解释等管理制度和工作程序，加强标准制定、修订过程中的风险沟通与交流，使标准制定、修订工作更加公开、透明。

（七）加强食品安全国家标准的宣传和贯彻实施

加大食品安全国家标准公布实施后的宣传、培训、咨询和跟踪评价等工作力度，促进食品安全国家标准的贯彻实施。重点做好食品安全国家标准宣传和标准相关科普知识的宣传，特别是技术性强、公众普遍关注标准的宣传和解读，及时解答各方关注的标准问题，督促行业、企业主动执行食品安全国家标准，监管部门依法、依标准做好食品安全监管，开展食品安全国家标准跟踪评价，掌握标准执行情况和存在的问题，适时修订完善食品安全国家标准。

（八）开展食品安全国家标准的相关研究

根据食品安全标准制定、修订工作需要，系统开展食品安全国家标准相关基础研究工作，增强食品安全国家标准的科学性和实用性。

2015年底前，基本完成食品安全风险评估原则在食品安全国家标准制定中的应用研究、国际食品安全标准追踪比较研究、食品中微生物指标体系设置研究、主要功能类别食品添加剂使用原则等基础研究，并在标准工作中积极转化和应用研究成果。

（九）提高参与国际食品法典事务的能力

根据食品安全国家标准体系建设需要，积极参与国际食品法典委员会工作，学习和借鉴国际食品标准管理经验，同时参与国际食品法典标准制定、修订工作，维护我国食品贸易利益。

到2015年，实现全面参与国际食品法典委员会各项活动，动态跟踪食品法典标准工作，全面了解世界贸易组织（WTO）主要贸易成员食品安全标准体系，跟踪其食品安全法规、标准工作进展，做好WTO/SPS通报及评议工作，参与或牵头与我国食品贸易利益密切相关的国际食品标准制定、修订和相关技术交流，不断完善国际食品添加剂法典委员会和农药残留法典委员会主持国、亚洲地区执行委员工作。

四、保障措施

（一）建立食品安全国家标准协调配合工作机制

由卫生部、发展改革委、科技部、工业和信息化部、财政部、农业部、商务部、工商总局、质检总局、粮食局、食品药品监管局、国家标准委、国家认监委、国务院食品安全办等部门建立食品安全国家标准会商机制，加强协调配合，共同研究食品安全国家标准体系建设重大问题，协商落实食品安全国家标准规划各项工作，细化分解本规划确定的任务，明确具体工作的目标，确保各项工作有序开展。卫生部牵头本规划的组织实施，会同各相关部门开展标准清理和制定、修订工作。食品各相关监管部门要积极配合，参与食品国家、行业标准的清理，提供日常监测和监督检查数据，敦促行业和企业按照食品安全国家标准组织生产经营，及时收集、汇总食品安全国家标准在执行过程中存在的问题，并及时通报卫生部门。行业部门要主动参与和配合标准体系建设，配合做好标准制定、修订和标准宣传、行业引导等工作。

（二）加大对食品安全国家标准建设的投入

国家财政要继续加大对食品安全国家标准制定、修订工作经费的支持力度，重点支持开展本规划确定的重点标准制定、修订工作，保障经费投入，同时严格监管标准工作经费使用，确保经费使用高效、合规。充分利用现有食品标准研制机构和行业组织，设立各类标准的技术性平台，参与标准制定和修订、宣传和技术咨询等工作。

（三）加强食品安全标准的人才队伍建设

加强国家食品安全风险评估中心和食品安全国家标准审评委员会秘书处建设，引进优秀领军人才，增加标准研制和管理工作人员配备，充实食品安全标准技术力量。加强对重点科研院校、技术机构专业人才的标准化培训，加快培养一支数量足、水平高的从事标准研制的专家队伍，做好食品安全标准制定、修订工作。

（四）督促落实各项工作任务。

根据食品安全监管和标准管理要求，卫生部会同有关部门及时、科学、动态调整规划，制定年度实施计划，认真组织落实好规划。同时，及时组织对本规划工作任务进行检查，加强督促检查和效果评估，确保每项任务落实到位。

国务院办公厅
关于加强食品安全工作的决定

（国发［2012］20 号　2012年6月23日发布）

各省、自治区、直辖市人民政府，国务院各部委、各直属机构：

食品安全是重大的民生问题，关系人民群众身体健康和生命安全，关系社会和谐稳定。党中央、国务院对此高度重视，近年来制定实施了一系列政策措施。各地区、各部门认真抓好贯彻落实，不断加大工作力度，食品安全形势总体上是稳定的。但当前我国食品安全的基础仍然薄弱，违法违规行为时有发生，制约食品安全的深层次问题尚未得到根本解决。随着生活水平的不断提高，人民群众对食品安全更为关注，食以安为先的要求更为迫切，全面提高食品安全保障水平，已成为我国经济社会发展中一项重大而紧迫的任务。为进一步加强食品安全工作，现作出如下决定。

一、明确加强食品安全工作的指导思想、总体要求和工作目标

（一）指导思想

以邓小平理论和“三个代表”重要思想为指导，深入贯彻落实科学发展观，从维护人民群众根本利益出发，进一步加强对食品安全工作的组织领导，完善食品安全监管体制机制，健全政策法规体系，强化监管手段，提高执法能力，落实企业主体责任，提升诚信守法水平，动员社会各界积极参与，促进我国食品安全形势持续稳定好转。

（二）总体要求

坚持统一协调与分工负责相结合，严格落实监管责任，强化协作配合，形成全程监管合力。坚持集中治理整顿与严格日常监管相结合，严厉惩处食品安全违法犯罪行为，规范食品生产经营秩序，强化执法力量和技术支撑，切实提高食品安全监管水平。坚持加强政府监管与落实企业主体责任相结合，强化激励约束，治理道德失范，培育诚信守法环境，提升企业管理水平，夯实食品安全基础。坚持执法监督与社会监督相结合，加强宣传教育培训，积极引导社会力量参与，充分发挥群众监督与舆论监督的作用，营造良好社会氛围。

（三）工作目标

通过不懈努力，用3年左右的时间，使我国食品安全治理整顿工作取得明显成效，违法犯罪行为得到有效遏制，突出问题得到有效解决；用5年左右的时间，使我国食品安全监管体制机制、食品安全法律法规和标准体系、检验检测和风险监测等技术支撑体系更加科学完善，生产经营者的食品安全管理水平和诚信意识普遍增强，社会各方广泛参与的食品安全工作格局基本形成，食品安全总体水平得

到较大幅度提高。

二、进一步健全食品安全监管体系

（四）完善食品安全监管体制

进一步健全科学合理、职能清晰、权责一致的食品安全部门监管分工，加强综合协调，完善监管制度，优化监管方式，强化生产经营各环节监管，形成相互衔接、运转高效的食品安全监管格局。按照统筹规划、科学规范的原则，加快完善食品安全标准、风险监测评估、检验检测等的管理体制。县级以上地方政府统一负责本地区食品安全工作，要加快建立健全食品安全综合协调机构，强化食品安全保障措施，完善地方食品安全监管工作体系。结合本地区实际，细化部门职责分工，发挥监管合力，堵塞监管漏洞，着力解决监管空白、边界不清等问题。及时总结实践经验，逐步完善符合我国国情的食品安全监管体制。

（五）健全食品安全工作机制

建立健全跨部门、跨地区食品安全信息通报、联合执法、隐患排查、事故处置等协调联动机制，有效整合各类资源，提高监管效能。加强食品生产经营各环节监管执法的密切协作，发现问题迅速调查处理，及时通知上游环节查明原因、下游环节控制危害。推动食品安全全程追溯、检验检测互认和监管执法等方面的区域合作，强化风险防范和控制的支持配合。健全行政执法与刑事司法衔接机制，依法从严惩治食品安全违法犯罪行为。规范食品安全信息报告和信息公布程序，重视舆情反映，增强分析处置能力，及时回应社会关切。加大对食品安全的督促检查和考核评价力度，完善食品安全工作奖惩约束机制。

（六）强化基层食品安全管理工作体系

推进食品安全工作重心下移、力量配置下移，强化基层食品安全管理责任。乡（镇）政府和街道办事处要将食品安全工作列为重要职责内容，主要负责人要切实负起责任，并明确专门人员具体负责，做好食品安全隐患排查、信息报告、协助执法和宣传教育等工作。乡（镇）政府、街道办事处要与各行政管理派出机构密切协作，形成分区划片、包干负责的食品安全工作责任网。在城市社区和农村建立食品安全信息员、协管员等队伍，充分发挥群众监督作用。基层政府及有关部门要加强对社区和乡村食品安全专、兼职队伍的培训和指导。

三、加大食品安全监管力度

（七）深入开展食品安全治理整顿

深化食用农产品和食品生产经营各环节的整治，重点排查和治理带有行业共性的隐患和“潜规则”问题，坚决查处食品非法添加等各类违法违规行为，防范系统性风险；进一步规范生产经营秩序，清理整顿不符合食品安全条件的生产经营单位。以日常消费的大宗食品和婴幼儿食品、保健食品等为重点，深入开展食品安全综合治理，强化全链条安全保障措施，切实解决人民群众反映强烈的突出问题。加大对食品集中交易市场、城乡结合部、中小学校园及周边等重点区域和场所的整治力度，组织经常性检查，及时发现、坚决取缔制售有毒有害食品的“黑工厂”、“黑作坊”和“黑窝点”，依法查处非法食品经营单位。

（八）严厉打击食品安全违法犯罪行为

各级监管部门要切实履行法定职责，进一步改进执法手段、提高执法效率，大力排查食品安全隐患，依法从严处罚违法违规企业及有关人员。对涉嫌犯罪案件，要及时移送立案，并积极主动配合司法机关调查取证，严禁罚过放行、以罚代刑，确保对犯罪分子的刑事责任追究到位。加强案件查处监督，对食品安全违法犯罪案件未及时查处、重大案件久拖不结的，上级政府和有关部门要组织力量直接查办。各级公安机关要明确机构和人员负责打击食品安全违法犯罪，对隐蔽性强、危害大、涉嫌犯罪的案件，根据需要提前介入，依法采取相应措施。公安机关在案件查处中需要技术鉴定的，监管部门要给予支持。坚持重典治乱，始终保持严厉打击食品安全违法犯罪的高压态势，使严惩重处成为食品安全治理常态。

（九）加强食用农产品监管

完善农产品质量安全监管体系，加快推进乡镇农产品质量安全监管公共服务机构建设，开展农产品质量安全监管示范县创建，着力提高县级农产品质量安全监管执法能力。严格农业投入品生产经营管理，加强对食用农产品种植养殖活动的规范指导，督促农产品标准化生产示范园（区、场）、农民专业合作经济组织、食用农产品生产企业落实投入品使用记录制度。扩大对食用农产品的例行监测、监督抽查范围，严防不合格产品流入市场和生产加工环节。加强对农产品批发商、经纪人的管理，强化农产品运输、仓储等过程的质量安全监管。加大农产品质量安全培训和先进适用技术推广力度，建立健全农产品产地准出、市场准入制度和农产品质量安全追溯体系，强化农产品包装标识管理。健全畜禽疫病防控体系，规范畜禽屠宰管理，完善畜禽产品检验检疫制度和无害化处理补贴政策，严防病死病害畜禽进入屠宰和肉制品加工环节。加强农产品产地环境监管，加大对农产品产地环境污染治理和污染区域种植结构调整的力度。

（十）加强食品生产经营监管

严格实施食品生产经营许可制度，对食品生产经营新业态要依法及时纳入许可管理。不能持续达到食品安全条件、整改后仍不符合要求的生产经营单位，依法撤销其相关许可。强化新资源食品、食品添加剂、食品相关产品新品种的安全性评估审查。加强监督抽检、执法检查和日常巡查，完善现场检查制度，加大对食品生产经营单位的监管力度。建立健全食品退市、召回和销毁管理制度，防止过期食品等不合格食品回流食品生产经营环节。依法查处食品和保健食品虚假宣传以及在商标、包装和标签标识等方面的违法行为。严格进口食品检验检疫准入管理，加强对进出口食品生产企业、进口商、代理商的注册、备案和监管。加强食品认证机构资质管理，严厉查处伪造冒用认证证书和标志等违法行为。加快推进餐饮服务单位量化分级管理和监督检查结果公示制度，建立与餐饮服务业相适应的监督抽检快速检测筛查模式。切实加强对食品生产加工小作坊、食品摊贩、小餐饮单位、小集贸市场及农村食品加工场所等的监管。

四、落实食品生产经营单位的主体责任

（十一）强化食品生产经营单位安全管理

食品生产经营单位要依法履行食品安全主体责任，配备专、兼职食品安全管理人员，建立健全并严格落实进货查验、出厂检验、索证验票、购销台账记录等各项管理制度。规模以上生产企业和相应的经营单位要设置食品安全管理机构，明确分管负责人。食品生产经营单位要保证必要的食品安全投入，建立健全质量安全管理体系，不断改善食品安全保障条件。要严格落实食品安全事故报告制度，向社会公布本单位食品安全信息必须真实、准确、及时。进一步健全食品行业从业人员培训制度，食品行业从业人员必须先培训后上岗并由单位组织定期培训，单位负责人、关键岗位人员要统一接受培训。

（十二）落实企业负责人的责任

食品生产经营企业法定代表人或主要负责人对食品安全负首要责任，企业质量安全主管人员对食品安全负直接责任。要建立健全从业人员岗位责任制，逐级落实责任，加强全员、全过程的食品安全管理。严格落实食品交易场所开办者、食品展销会等集中交易活动举办者、网络交易平台经营者等的食品安全管理责任。对违法违规企业，依法从严追究其负责人的责任，对被吊销证照企业的有关责任人，依法实行行业禁入。

（十三）落实不符合安全标准的食品处置及经济赔偿责任

食品生产经营者要严格落实不符合食品安全标准的食品召回和下架退市制度，并及时采取补救、无害化处理、销毁等措施，处置情况要及时向监管部门报告。对未执行主动召回、下架退市制度，或未及时采取补救、无害化处理、销毁等措施的，监管部门要责令其限期执行；拒不执行的，要加大处罚力度，直至停产停业整改、吊销证照。食品经营者要建立并执行临近保质期食品的消费提示制度，严禁更换包装和日期再行销售。食品生产经营者因食品安全问题造成他人人身、财产或者其他损害的，必须依法承担赔偿责任。积极开展食品安全责任强制保险制度试点。

（十四）加快食品行业诚信体系建设

加大对道德失范、诚信缺失的治理力度，积极开展守法经营宣传教育，完善行业自律机制。食品生产经营单位要牢固树立诚信意识，打造信誉品牌，培育诚信文化。加快建立各类食品生产经营单位食品安全信用档案，完善执法检查记录，根据信用等级实施分类监管。建设食品生产经营者诚信信息数据库和信息公共服务平台，并与金融机构、证券监管等部门实现共享，及时向社会公布食品生产经营者的信用情况，发布违法违规企业和个人“黑名单”，对失信行为予以惩戒，为诚信者创造良好发展环境。

五、加强食品安全监管能力和技术支撑体系建设

（十五）加强监管队伍建设

各地区要根据本地实际，合理配备和充实食品安全监管人员，重点强化基层监管执法力量。加强食品安全监管执法队伍的装备建设，重点增加现场快速检测和调查取证等设备的配备，提高监管执法能力。加强监管执法队伍法律法规、业务技能、工作作风等方面的教育培训，规范执法程序，提高执法水平，切实做到公正执法、文明执法。

（十六）完善食品安全标准体系

坚持公开透明、科学严谨、广泛参与的原则，进一步完善食品、食品添加剂、食品相关产品安全标准的制修订程序。加强食品安全标准制修订工作，尽快完成现行食用农产品质量安全、食品卫生、食品质量标准和食品行业标准中强制执行标准的清理整合工作，加快重点品种、领域的标准制修订工作，充实完善食品安全国家标准体系。各地区要根据监管需要，及时制定食品安全地方标准。鼓励企业制定严于国家标准的食品安全企业标准。加强对食品安全标准宣传和执行情况的跟踪评价，切实做好标准的执行工作。

（十七）健全风险监测评估体系

加强监测资源的统筹利用，进一步增设监测点，扩大监测范围、指标和样本量，提高食品安全监测水平和能力。统一制定实施国家食品安全风险监测计划，规范监测数据报送、分析和通报等工作程序，健全食品安全风险监测体系。加强食用农产品质量安全风险监测和例行监测。建立健全食源性疾病监测网络和报告体系。严格监测质量控制，完善数据报送网络，实现数据共享。加强监测数据分析判断，提高发现食品安全风险隐患的能力。完善风险评估制度，强化食品和食用农产品的风险评估，充分发挥其对食品安全监管的支撑作用。建立健全食品安全风险预警制度，加强风险预警相关基础建设，确保预警渠道畅通，努力提高预警能力，科学开展风险交流和预警。

（十八）加强检验检测能力建设

严格食品检验检测机构的资质认定和管理，科学统筹、合理布局新建检验检测机构，加大对检验检测能力薄弱地区和重点环节的支持力度，避免重复建设。支持食品检验检测设备国产化。积极稳妥推进食品检验检测机构改革，促进第三方检验检测机构发展。推进食品检验检测数据共享，逐步实现网络化查询。鼓励地方特别是基层根据实际情况开展食品检验检测资源整合试点，积极推广成功经验，逐步建立统筹协调、资源共享的检验检测体系。

（十九）加快食品安全信息化建设

按照统筹规划、分级实施、注重应用、安全可靠的原则，依托现有电子政务系统和业务系统等资源，加快建设功能完善的食品安全信息平台，实现各地区、各部门信息互联互通和资源共享，加强信息汇总、分析整理，定期向社会发布食品安全信息。积极应用现代信息技术，创新监管执法方式，提高食品安全监管的科学化、信息化水平。加快推进食品安全电子追溯系统建设，建立统一的追溯手段和技术平台，提高追溯体系的便捷性和有效性。

（二十）提高应急处置能力

健全各级食品安全事故应急预案，加强预案演练，完善应对食品安全事故的快速反应机制和程序。加强食品安全事故应急处置体系建设，提高重大食品安全事故应急指挥决策能力。加强应急队伍建设，强化应急装备和应急物资储备，提高应急风险评估、应急检验检测等技术支撑能力，提升事故响应、现场处置、医疗救治等食品安全事故应急处置水平。制定食品安全事故调查处理办法，进一步规范食品安全事故调查处理工作程序。

六、完善相关保障措施

（二十一）完善食品安全政策法规

深入贯彻实施食品安全法，完善配套法规规章和规范性文件，形成有效衔接的食品安全法律法规体系。推动完善严惩重处食品安全违法行为的相关法律依据，着力解决违法成本低的问题。各地区要积极推动地方食品安全立法工作，加强食品生产加工小作坊和食品摊贩管理等具体办法的制修订工作。定期组织开展执法情况检查，研究解决法律执行中存在的问题，不断改进和加强执法工作。大力推进种植、畜牧、渔业标准化生产。完善促进食品产业优化升级的政策措施，提高食品产业的集约化、规模化水平。提高食品行业准入门槛，加大对食品企业技术进步和技术改造的支持力度，提高食品安全保障能力。推进食品经营场所规范化、标准化建设，大力发展现代化食品物流配送服务体系。积极推进餐饮服务食品安全示范工程建设。完善支持措施，加快推进餐厨废弃物资源化利用和无害化处理试点。

（二十二）加大政府资金投入力度

各级政府要建立健全食品安全资金投入保障机制。中央财政要进一步加大投入力度，国家建设投资要给予食品安全监管能力建设更多支持，资金要注意向中西部地区和基层倾斜。地方各级政府要将食品安全监管人员经费及行政管理、风险监测、监督抽检、科普宣教等各项工作经费纳入财政预算予以保障。切实加强食品安全项目和资金的监督管理，提高资金使用效率。

（二十三）强化食品安全科技支撑

加强食品安全学科建设和科技人才培养，建设具有自主创新能力的专业化食品安全科研队伍。整合高等院校、科研机构和企业等科研资源，加大食品安全检验检测、风险监测评估、过程控制等方面的技术攻关力度，提高食品安全管理科学化水平。加强科研成果使用前的安全性评估，积极推广应用食品安全科研成果。建立食品安全专家库，为食品安全监管提供技术支持。开展食品安全领域的国际交流与合作，加快先进适用管理制度与技术的引进、消化和吸收。

七、动员全社会广泛参与

（二十四）大力推行食品安全有奖举报

地方各级政府要加快建立健全食品安全有奖举报制度，畅通投诉举报渠道，细化具体措施，完善工作机制，实现食品安全有奖举报工作的制度化、规范化。切实落实财政专项奖励资金，合理确定奖励条件，规范奖励审定、奖金管理和发放等工作程序，确保奖励资金及时兑现。严格执行举报保密制度，保护举报人合法权益。对借举报之名捏造事实的，依法追究责任。

（二十五）加强宣传和科普教育

将食品安全纳入公益性宣传范围，列入国民素质教育内容和中小学相关课程，加大宣传教育力度。充分发挥政府、企业、行业组织、社会团体、广大科技工作者和各类媒体的作用，深入开展“食品安全宣传周”等各类宣传科普活动，普及食品安全法律法规及食品安全知识，提高公众食品安全意识和科学素养，努力营造“人人关心食品安全、人人维护食品安全”的良好社会氛围。

（二十六）构建群防群控工作格局

充分调动人民群众参与食品安全治理的积极性、主动性，组织动员社会各方力量参与食品安全工作，形成强大的社会合力。支持新闻媒体积极开展舆论监督，客观及时、实事求是报道食品安全问题。各级消费者协会要发挥自身优势，提高公众食品安全自我保护能力和维权意识，支持消费者依法维权。充分发挥食品相关行业协会、农民专业合作经济组织的作用，引导和约束食品生产经营者诚信经营。

八、加强食品安全工作的组织领导

（二十七）加强组织领导

地方各级政府要把食品安全工作摆上重要议事日程，主要负责同志亲自抓，切实加强统一领导和组织协调。要认真分析评估本地区食品安全状况，加强工作指导，及时采取有针对性的措施，解决影响本地区食品安全的重点难点问题和人民群众反映的突出问题。要细化、明确各级各类食品安全监管岗位的监管职责，主动防范、及早介入，使工作真正落实到基层，力争将各类风险隐患消除在萌芽阶段，守住不发生区域性、系统性食品安全风险的底线。国务院各有关部门要认真履行职责，加强对地方的监督检查和指导。对在食品安全工作中取得显著成绩的单位和个人，要给予表彰。

（二十八）严格责任追究。建立健全食品安全责任制，上级政府要对下级政府进行年度食品安全绩效考核，并将考核结果作为地方领导班子和领导干部综合考核评价的重要内容。发生重大食品安全事故的地方在文明城市、卫生城市等评优创建活动中实行一票否决。完善食品安全责任追究制，加大行政问责力度，加快制定关于食品安全责任追究的具体规定，明确细化责任追究对象、方式、程序等，确保责任追究到位。

工业和信息化部、农业部联合制定《葡萄酒行业“十二五”发展规划》

（2012年7月6日发布）

前言

近年来，随着我国国民经济持续快速增长、居民消费水平不断提升和消费者饮酒习惯逐渐改变，我国酿酒工业呈现了快速发展趋势，特别是葡萄酒消费逐年增长，已成为我国工业经济中增长较快且较具活力的产业之一。“十一五”期间，葡萄酒行业发展快速，呈现出经济效益与产品产量同步增长的良好局面。2010年，我国葡萄酒年产量达到108.9万千升，工业总产值309.5亿元。

“十二五”时期是我国全面建设小康社会的关键时期，是深化改革开放、加快转变经济发展方式的攻坚时期，葡萄酒行业将进入新的发展阶段。为落实《国民经济和社会发展第十二个五年规划纲要》和《工业转型升级规划（2011—2015年）》，指导“十二五”期间葡萄酒行业提升产业水平，保障质量安全，实现健康有序发展，特编制《葡萄酒行业“十二五”发展规划》。

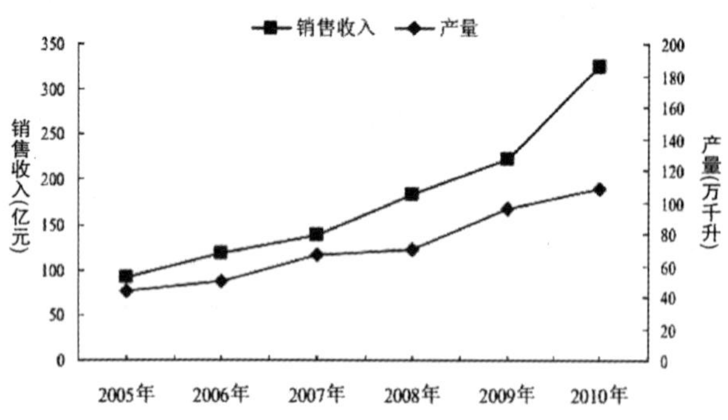

图 1 “十一五”期间我国葡萄酒行业产量及销售收入情况

一、“十一五”发展状况

（一）主要成就

1. 行业规模逐渐扩大

企业效益稳步增长。2010年，我国葡萄酒行业规模以上工业企业248家。葡萄酒产量达到108.9万千升、销售收入325亿元、利税64亿元，分别比2005年增长150.7%、217.6%、159.8%，年均分别增长25.8%、33.5%和27.0%。葡萄酒工业企业前30强产量占葡萄酒总产量的43.4%。“十一五”期间我国葡萄酒行业产量及销售收入情况见图1。

2. 特色产区初步形成，西部地区快速发展

经过几十年的发展，我国已逐步形成了环渤海湾、西北、东北、云南、黄河故道等多个葡萄酒特色产区。各产区由于土壤、气候、地貌等不同特点，逐步形成了各具特色的酿酒葡萄品种、种植方式和葡萄酒产品。

“十一五”期间，葡萄酒产业整体上仍保持东部产区为主，西部产区为辅的产业格局，东部产区葡萄酒产量仍占较大比重，西部产区葡萄酒产业处于成长阶段，但已呈现出快速增长的趋势。2010年，山东省以37.5万千升的产量居全国首位；西部产区中，甘肃、宁夏、新疆占全国葡萄酒产量的比重分别从2005年的0.99%、0.99%、1.38%提升到2010年的1.54%、2.01%、3.07%，三省区的产量已占到全国葡萄酒产量的6.6%，比 2005年增加3.2个百分点。

3. 原料保障能力提高，质量标准不断完善

“十一五”期间，酿酒葡萄种植是葡萄酒生产加工第一车间的理念在行业内得到广泛认同，2010年，我国酿酒葡萄种植面积达100万亩。以长城、张裕等为代表的行业骨干企业对原料保障更加重视，普遍加强了酿酒葡萄种植基地建设，推动了先进种植技术的应用和酿酒葡萄品种的良种化。修订发布了《葡萄酒》(GB 15037—2006)国家标准，对葡萄酒专业术语和定义、产品分类、包装、运输、贮藏等进行了规范，并进一步与国际标准接轨。新标准的发布实施，有力促进了我国葡萄酒产品质量的提高。

4. 产品结构逐步调整，品牌建设成果凸显

“十一五”期间，我国葡萄酒产品结构逐步调整，其中，白葡萄酒比例逐年增加，甜型、半甜型和起泡葡萄酒所占比例有所降低，同时，特种葡萄酒产品在市场上开始出现，市场呈现多样化格局。“十一五”期间各类型葡萄酒所占比例见表 1。

葡萄酒生产企业积极推进品牌建设。“十一五”期间，白洋河、五女山、莫高、蓬珠、云南红、御马、华东、新天、长白山、华夏五千年等葡萄酒品牌被评为中国驰名商标。

表 1 “十一五”期间各类型葡萄酒所占比例

单位：%

	干红	干白	半干红	半干白	甜、半甜	起泡	其他
2006年	72.37	5.10	2.75	1.02	16.78	0.72	0.37
2007年	72.12	4.71	0.90	1.06	18.28	1.14	1.73
2008年	72.78	8.67	0.65	1.35	14.13	1.19	1.22
2009年	72.99	10.35	0.61	1.67	12.76	0.34	1.28
2010年	70.75	10.78	1.41	2.14	13.70	0.30	0.92

5. 科技创新能力增强，综合利用水平提高

“十一五”期间，葡萄酒行业依托 3 家国家级企业技术中心，在引进先进技术的同时，通过建立产学研联盟，开展关键技术攻关，提高了葡萄酒生产技术工艺水平，基本达到世界主要葡萄酒生产国的水平，同时，在酿酒葡萄机械化种植和病虫害防治方面进步明显，推动了整个行业的科技进步和产品品质提高。

企业普遍重视资源综合利用和节能减排，在酿酒葡萄

皮渣等副产物综合利用以及废水处理和循环利用等方面进步明显，部分企业利用酿酒葡萄皮渣提取酒精、单宁等副产品，提高了企业经济效益。

（二）存在问题

1. 产区发展缺乏统一科学规划

“十一五”期间，我国葡萄酒行业发展迅速，但部分地区出现低水平重复建设现象，酿酒葡萄品种缺乏特点和优势，葡萄酒产品仍以干红葡萄酒为主，干白葡萄酒产量比重偏低，其他类型葡萄酒更是缺乏。对促进全产业链协调发展的政策措施研究不足，种植、加工、流通等环节衔接不够紧密。大部分地区缺乏对本地区葡萄酒产业发展的深入分析、统一指导和科学规划，对产业发展规模、速度与自身规律的关系以及本地区合理产品结构的认识有待进一步深化。

2. 酿酒葡萄基地建设明显滞后

酿酒葡萄种植是葡萄酒生产的第一车间，是保证产品品质的关键。“十一五”期间，我国葡萄酒产量快速增长，但原料品质及保障能力已成为行业发展的瓶颈，拥有稳定酿酒葡萄种植基地的企业较少，企业可控原料比例较低，酿酒葡萄仍以赤霞珠等品种为主，其他品种相对缺乏，导致产品比较单一，亟需在“十二五”期间加强酿酒葡萄种植基地建设，并对酿酒葡萄苗木培育、栽培模式、农药使用、产量控制等方面实行全过程标准化管理，从源头保障葡萄酒产品质量安全。

3. 行业科技创新能力相对不足

在酿酒葡萄种植和葡萄酒酿造技术装备方面的科技投入相对不足，葡萄酒生产企业科技投入占销售收入比例仍然较低。具有自主知识产权的葡萄酒酿造微生物研发和产业化进程缓慢；对优良酿酒葡萄品种选育和种植技术、葡萄酒品质控制技术和装备等方面的研究还有待加强；部分大型葡萄酒生产加工关键装备仍需进口。同时，部分地区酿酒葡萄种植面积大幅增长，加工产能持续扩大，但种植、酿造、管理等专业技术人员的数量和能力无法满足产业快速发展的需要，人才队伍建设亟待加强。

4. 葡萄酒产品质量良莠不齐

我国葡萄酒产业发展时间较短，行业自律意识比较薄弱 ，标准制修订等工作也相对滞后，葡萄酒产品分级制度尚未完全推广，造成个别企业的生产经营和管理缺乏规范。部分酒庄酒、冰酒等名不符实，消费市场存在质量良莠不齐和以次充好、假冒伪劣等现象，个别企业甚至存在滥用食品添加剂等违法行为，给人民群众身体健康和生命安全带来危害。

5. 葡萄酒文化发展较为迟缓

虽然我国葡萄酒产业发展迅速，但葡萄酒文化建设相对迟缓，且普及程度较低，葡萄酒消费仍处于初级阶段，普遍存在盲目模仿和跟风消费的现象，科学消费观念尚未形成，一定程度上影响了行业在国际市场的竞争力。

二、“十二五”面临形势

（一）发展机遇

1. 消费需求持续增长

2010年，世界人均葡萄酒消费量约为7升，其中美国45升，阿根廷38升，而我国人均消费量不足0.5升，仅为世界平均水平的6%。我国拥有世界上最大的葡萄酒消费潜在市场，“十二五”期间，随着人民收入水平的提高、葡萄酒文化和知识的普及，以及消费者对营养健康的重视，低酒精度的葡萄酒在酒类消费中的比例将继续增加，为行业发展提供了空间。

2. 科技支撑作用显现

近年来，酿酒葡萄种植基地建设和企业技术改造升级得到高度重视，行业技术基础建设将进一步加强。国内多所大专院校开设葡萄酒专业，积极建立产学研联盟。骨干企业通过引进国际先进技术装备，生产技术达到世界先进水平，葡萄酒生产处理过程中能源损耗大大降低，葡萄酒品质进一步提高。

3. 关联产业融合发展

葡萄酒生产企业加大投资力度，积极延伸产业链，推进葡萄酒产业多元化发展。企业利用特有的生态、地理、文化等优势，加快发展葡萄采摘、葡萄酒品尝、休闲旅游等相关产业，同时也带动了葡萄籽油等相关产品的开发，行业形成多元化产业发展模式。

（二）面临挑战

经过“十一五”时期的发展，我国葡萄酒产业在管理、技术、装备水平和产品品质等方面得到较大提升，综合竞争力不断增强，同时也面临着诸多挑战。

1. 产业基础亟待加强

我国葡萄酒产业作为新兴产业，产品总量不多，覆盖人群偏少，产业基础比较薄弱，与国际主要葡萄酒生产国相比仍存在较大差距，主要体现在酿酒葡萄品种选育、种植和管理、产品质量控制、资源综合利用、产业规范及文化建设等方面。我国东部葡萄酒传统产区相对比较成熟，但酿酒葡萄品种、栽培方式等仍不能满足产业发展的需要；西部产区起步相对较晚，技术、人才基础相对薄弱，同时，受交通、市场等因素影响，资源优势难以充分发挥。

2. 质量安全约束趋紧

随着人民生活水平的提高和健康意识的增强，食品质量安全问题日益成为全社会关注的焦点。影响葡萄酒质量安全的因素贯穿种植、酿造、贮藏、灌装的整个过程。"十一五"时期，行业内具备稳定原料基地、建立健全质量安全管理体系的企业数量仍然较少，葡萄酒质量安全仍存在较多隐患，亟需在"十二五"时期推进原料保障能力建设、完善产品质量安全标准、规范生产操作、建立企业诚信管理体系，全面提高行业的质量安全管理水平。

3. 经济全球化影响加大

"十一五"时期，国际资本利用其资金、技术、产品等方面的优势快速进入我国葡萄酒市场。同时，随着葡萄酒进口关税的降低，葡萄酒进口量逐年增加，占我国葡萄酒销售量的比例逐年上升，对我国葡萄酒产业造成了一定冲击。"十一五"期间葡萄酒产品进口增长情况见表2。

表 2 "十一五"期间葡萄酒产品进口量

	2006年	2007年	2008年	2009年	2010年
进口量(万千升)	11.46	14.74	16.32	17.12	28.34
同比增长(%)	115.8	28.58	10.74	4.87	65.48

另外，我国葡萄酒行业还面临劳动力、原料等成本上升的压力，给企业生产经营带来较大挑战。

三、指导思想、基本原则和发展目标

（一）指导思想

深入贯彻落实科学发展观，坚持走新型工业化道路，加大技术进步和自主创新力度，促进产业优化和结构调整，推动信息化和工业化深度融合，保护环境；规范行业投资行为，实施品牌战略，提高质量效益，保障消费需求；科学规划发展，构建特色鲜明、结构合理的产业体系，促进葡萄酒行业健康有序发展。

（二）基本原则

1. 科学发展，合理布局

发挥政府引导和企业责任主体作用，逐步改变葡萄酒产业多年来形成的种植和生产分离的模式，结合产区或基地的自然条件，积极探索新形势下的发展模式。

2. 科技支撑，转型升级

支持产学研合作，推动建立技术创新联盟，深入研究产业共性和个性问题，鼓励和支持各种形式的科技创新，促进行业加快转型升级。

3. 规范生产，保障安全

进一步加强行业管理，规范企业投资行为，强化行业自律，不断加强企业质量安全保障能力建设和提升产品质量安全管理水平。

4. 综合利用，清洁生产

坚持可持续发展和循环经济的理念，提高资源综合利用水平；实现清洁生产，降低资源消耗和污染物排放，促进节能减排，保护生态环境。

5. 创建品牌，公平竞争

创建优势品牌，提高企业竞争力；维护市场秩序，营造公平、规范、透明、和谐的市场环境。

6. 发展文化，科学消费

弘扬中国传统葡萄酒文化，吸收国外葡萄酒文化精髓，建立有中国特色的现代葡萄酒文化；加强宣传引导，倡导理性、健康、科学消费。

（三）发展目标

1. 产业规模稳步增长

到2015年，葡萄酒产量达到220万千升，比2010年增长100%，年均增长15%；销售收入达到600亿元，增长85%，年均增长13%；利税120亿元，增长88%，年均增长13%。

2. 产业结构趋于合理

支持中西部及东北地区建设具有自身特色及优势的酿酒葡萄种植基地，提高自主品牌比例；鼓励东部地区根据本区域自然条件形成新的增长点。到2015年，西部地区葡萄酒产量占全国比重提高到20%。骨干企业普遍建立起符合市场规律的种植、加工一体化生产经营模式，稳定可控的原料保障能力达到50%以上。

3. 产品品种更加丰富

高档、中档葡萄酒和佐餐酒实现同步发展，扩大优质低价佐餐酒比例；甜型、半甜型、半干型、起泡葡萄酒等葡萄酒产品比例显著提高；高品质冰葡萄酒、低醇葡萄酒等特种葡萄酒产品比例逐步提高。

4. 质量安全水平提升

葡萄酒质量安全标准体系、质量控制和检测体系、产品质量安全可追溯体系得到进一步健全和完善。葡萄酒产品严格按国家标准组织生产，实行分级管理，优良品率达到80%以上，其中优级品率达到30%以上；规模以上葡萄酒生产加工企业全部建立诚信管理体系。

5. 竞争能力大幅提高

形成一批具有国际影响力的企业和产品，培育2家销售收入100亿元以上的大企业集团，每个主产区培育建成1～2个具有产区地域特色的知名品牌。拥有研发中心的企业占葡萄酒工业企业总数的30%以上；先进适用的技术工艺和节能减排、清洁生产技术在行业得到普遍应用，全行业副产物综合利用率达到80%以上，单位工业增加值用水量降低30%；抵御市场风险、参与国际竞争的能力明显提高。

6. 人才队伍明显壮大

葡萄酒行业通过国家职业资格鉴定人员达1000人，其中酿酒师400人、品酒师600人，逐步推行持证上岗制度，为行业可持续发展提供人才保障。

四、主要任务

（一）加强原料保障能力建设

支持酿酒葡萄酒种植基地建设，鼓励各酿酒葡萄产区根据本区域特点，引进、选育适合本区域的酿酒葡萄品种，并建立适宜的栽培方式，制定酿酒葡萄种植规范，推进优良酿酒葡萄品种区域化。按照“规模化经营，规范化管理”的原则，大力推动葡萄酒生产企业酿酒葡萄种植基地建设，支持企业与农户建立长期稳定的合作机制，保障葡萄酒生产企业原料供应。

专栏 1：葡萄酒原料保障能力建设工程

1. 加强酿酒葡萄品种区域化与砧木选育

大力推进酿酒葡萄品种的区域化工作，筛选适合本区域的酿酒葡萄品种，发展中国特色的酿酒葡萄和葡萄酒；按照“适地适栽，适种适管”的原则，优化栽培技术方式，规范农药使用；在主要产区建立一批酿酒葡萄砧木培育基地，筛选适合本区域的砧木品种，推广嫁接苗种植。

2. 建立酿酒葡萄种植示范基地

开展酿酒葡萄区划管理工作，支持企业在优良产区建立酿酒葡萄种植基地，在各主要产区的主要区域分别建立高标准、高质量的酿酒葡萄种植示范基地，完善技术服务体系，提升管理水平；规范种植技术、化肥和农药的使用，实现标准化、规模化种植，保障酿酒葡萄原料的质量和供应。

（二）推进产业结构调整

鼓励企业兼并重组，整合产业链。充分发挥东部地区在品牌、资本等方面的优势，支持企业转型升级，培育新的增长点；鼓励中西部地区利用较好的自然条件，开发非基本农田种植酿酒葡萄，积极推动中西部葡萄酒产区的种植基地建设，逐步形成分布合理、特色鲜明的酿酒葡萄种植和葡萄酒生产企业区域布局。

加大产品结构调整力度，合理发展干红、干白葡萄酒产品，开发推广半干型、半甜型、甜型、起泡葡萄酒等产品，积极开发冰葡萄酒、低醇葡萄酒等特种葡萄酒，促进高档、中档葡萄酒和佐餐酒同步发展并形成合理的产品结构，丰富市场供给。

（三）发挥科技支撑作用

加强葡萄酒行业应用基础研究，提高我国葡萄酒行业科技创新能力，鼓励企业与大专院校、科研院所合作，推进科技创新平台建设，提高葡萄酒生产技术装备自主研发能力；加强人才队伍建设，培养一批葡萄酒酿造高级技术人员，为产业发展提供有力的科技支撑。开展酿酒葡萄品种区域化研究，选育具有自主知识产权的葡萄酒酿酒酵母，攻克一批葡萄酒生产关键技术，提高资源综合利用和产品质量安全水平。推广葡萄酒行业清洁生产和节能减排技术，促进行业转型升级。

专栏 2：葡萄酒行业科技创新工程

1. 加强科技创新平台建设

推动葡萄酒行业科技创新平台建设，建立产学研合作联盟，培育葡萄酒行业科技人才队伍。重点突破一批重大共性关键技术，主要包括先进酿酒葡萄栽培和管理技术，适合本区域的葡萄酒酿酒酵母等菌种的选育、葡萄酒质量等级标准等的研究，为我国葡萄酒行业持续健康发展提供科技支撑。

2. 关键装备自主化

开展葡萄酒行业所需的压榨、除菌过滤和无菌灌装设备等关键设备以及酿酒葡萄机械化种植设备的自主化研发，提高我国葡萄酒产业关键装备的自主化水平。

3. 提高资源利用率

按照循环经济的生产模式建设葡萄酒产业集群，指导现有葡萄酒生产改造升级，提高葡萄皮渣综合利用水平，鼓励主要产区建立葡萄酒固体排放物的综合利用企业。

4. 节能减排

研究开发葡萄酒生产用水循环利用和减排技术、冲洗用水等流量控制技术。

（四）保障产品质量安全

完善葡萄酒标准体系，加强企业检（监）测能力建设，保障产品质量安全。发布实施葡萄酒行业准入条件，明确企业在产业布局、原料保障、生产规范、质量控制等方面的必备条件；制定酿酒葡萄种植和葡萄酒生产技术规范，进一步完善葡萄酒产品质量标准；建立葡萄酒质量安全可追溯体系，支持主要产区建立葡萄酒产品质量安全检测能力建设示范中心；鼓励企业实施《食品安全管理体系 —食品链中各类组织的要求》（GB/T 22000）、《葡萄酒企业良好生产规范》（GB/T 23543）和《食品工业企业诚信管理体系（CMS）建立及实施通用要求》（QB/T 4111），提高企业质量安全管理水平。

专栏 3：质量安全保障能力建设工程

1. 产品质量安全追溯体系建设

利用信息化技术建立以保障葡萄酒质量安全为中心的追溯体系，实现从酿酒葡萄种植、葡萄酒生产加工、流通、消费全过程的产品信息可追溯。

2. 葡萄酒企业检（监）测能力建设

鼓励企业增加原料检验、生产过程监测、产品检验等仪器配置，支持主要葡萄酒产区建立服务企业的葡萄酒产品质量安全检测技术示范中心，为企业提供产品检测、人员培训等方面的服务。

3. 完善葡萄酒质量标准体系

进一步完善葡萄酒质量标准，规范葡萄酒产地、年份、品种等方面的管理，研究制定冰葡萄酒等特种葡萄酒产品质量标准和生产操作规范。

4. 建立企业诚信管理体系

指导企业建立健全诚信管理体系，有效运行覆盖全产业链的质量安全追溯系统，切实加强原辅料采购、生产过程、产品检验、广告宣传、产品追溯与召回等方面的管理，落实企业主体责任，构建产品安全长效机制。

（五）加强品牌文化建设

大力推动优势葡萄酒产区品牌建设，培育和扶持一批创新能力强、经济效益好、诚信度高、特色鲜明的葡萄酒生产企业，提高品牌知名度，重视对葡萄酒商标等知识产权的保护，培育一批在国际市场上具有一定知名度和竞争优势的民族品牌。建立发展具有中国特色的葡萄酒文化，注重葡萄酒文化和品牌建设的有机结合，倡导合理、健康、科学消费，逐步树立我国葡萄酒行业的整体形象。

专栏 4：品牌文化建设工程

1. 指导并加强品牌建设

针对各地区资源条件和企业特点，制定本地区葡萄酒品牌建设规划，细化工作重点和实施步骤；明确地区葡萄酒品牌定位，加快优势品牌的建立与推广，增强其市场影响力和核心竞争力。

2. 支持优势企业兼并重组

支持有能力的企业通过联合、兼并、收购等方式实施行业整合，将以产品质量和特色为核心的品牌文化贯彻到产业链的各环节，建立集酿酒葡萄种植和葡萄酒生产、物流、销售一体化的产业结构模式。

3. 葡萄酒文化建设

结合我国传统文化，特别要结合各区域历史、民族、饮食等文化，建立具有中国特色的葡萄酒文化。

4. 加强国际合作与交流

加大国外先进技术和高水平人才引进力度，鼓励企业参加国际葡萄酒展会，展示我国葡萄酒产业形象。

五、保障措施

（一）注重政策引导和协调

进一步健全和完善产业、财政、国土、环保、农业、商务、金融、工商及质检等相关政策，加强部门间协调配合以及相关政策的衔接，为葡萄酒行业发展创造更为适宜的政策环境。种植、生产、流通等各环节相关部门加强沟通和配合，推动产业布局优化和转型升级，引导产业协调发展。鼓励酿酒葡萄主产区地方政府相关部门和大型葡萄酒企业根据本规划制定地区葡萄酒产业或企业发展实施方案。

（二）加强葡萄酒行业管理

实施葡萄酒行业准入管理制度，防止葡萄酒生产加工项目的盲目投资和低水平重复建设。对新建和改扩建葡萄酒生产加工企业（项目）实施准入管理，不符合准入条件的企业（项目）不允许投产（开工）。对已有的葡萄酒企业（项目）开展准入条件核查，指导督促企业按照准入条件的要求限期实施整改。加强葡萄酒行业信息统计工作。相关行业组织对葡萄酒行业生产加工运行情况实施统计管理，定期汇总分析葡萄酒行业运行状况和发展态势，及时准确发布葡萄酒行业相关信息，指导行业健康有序发展。

（三）加大产业扶持力度

充分利用现有政策及资金渠道，重点支持酿酒葡萄种植基地建设和葡萄酒行业科技创新，保障原料供给，推动技术进步，促进行业健康发展。对符合条件的葡萄酒生产企业，在技术改造、检测能力提升、清洁生产、节能减排、重点装备自主化、品牌建设和公共服务平台等方面给予支持。继续对带动能力强的优势品牌葡萄酒生产企业从财政、金融等政策上予以扶持，积极落实有关兼并重组的政策，在流动资金、债务核定、职工安置等方面给予支持。鼓励和引导银行业金融机构按照风险可控、商业可持续的原则，对符合产业政策的葡萄酒企业加大信贷支持力度。

（四）开展产区区划管理

启动葡萄酒产区区划管理工作。在充分调研的基础上，推动开展葡萄酒产区区划认定工作，系统科学的划分我国葡萄酒产区。鼓励符合条件的葡萄酒产区申请地理标志产品保护，促进葡萄酒产区运用地理标志产品保护制度，保护知识产权，维护特色质量，助推区域经济发展。开展葡萄酒产品分级的管理工作；进行酿酒葡萄品种管理，筛选分别适宜不同主产区种植的酿酒葡萄砧木品种，推进优良酿酒葡萄品种区域化。

（五）推进企业诚信体系建设

推进葡萄酒企业诚信体系建设，引导和支持企业建立诚信管理制度；组织企业参与诚信评价活动，做好诚信宣传，严格行业自律；积极支持企业开展诚信体系必备基础设施建设，鼓励社会资源向诚信企业倾斜。在招投标管理、公共服务、项目核准、技术改造、融资授信、社会宣传等环节，参考企业诚信相关信息及评价结果，对符合条件的诚信企业给予重点支持和优先安排。

（六）充分发挥行业组织作用

充分发挥行业组织的桥梁纽带作用，鼓励行业组织积极参与国家、地方有关政策法规及相关标准的制（修）订工作。加强对葡萄酒行业发展中重大问题、行业共性问题的调查研究和公益性、基础性工作的研究。充分发挥行业组织在行业发展、技术进步、人才培养、信息服务等方面的作用，及时反映行业情况、问题和诉求。加强行业自律，引导企业规范行为，协助推动企业诚信管理体系的建立。加大葡萄酒科普宣传，普及葡萄酒文化，促进科学、合理、健康消费。组织开展国际交流与合作，提升我国葡萄酒行业的国际影响力。

六、规划实施

工业和信息化部会同农业部负责本规划的统一协调和组织实施，推动形成部门、地方、行业组织分工协作、共同推进的工作机制。

各地工业和信息化、农业主管部门要按照职责分工，结合本地实际，认真做好规划的实施工作，落实好相关配套政策。相关行业组织要充分发挥行业自律作用，积极参与相关工作，协同推动本规划的贯彻落实。

中华人民共和国国家卫生和计划生育委员会
关于发布食品安全国家标准《蒸馏酒及其配制酒》和《发酵酒及其配制酒》的公告

（卫生部公告2012年第14号　2012年8月6日发布）

根据《中华人民共和国食品安全法》和《食品安全国家标准管理办法》规定，经食品安全国家标准审评委员会审查通过，现发布食品安全国家标准《蒸馏酒及其配制酒》（GB 2757—2012）和《发酵酒及其配制酒》（GB 2758—2012）。

特此公告。

二零一二年八月六日

蒸馏酒及其配制酒

前言

本标准代替GB 2757—1981《蒸馏酒及配制酒卫生标准》及第1号、第2号修改单。

本标准与GB 2757—1981相比，主要变化如下：

——修改了标准名称；

——修改了氰化物的限量指标；

——取消了锰的限量指标；

——增加了标签标识的要求。

本标准4.2～4.4于2013年8月1日起实施。

一、范围

本标准适用于蒸馏酒及其配制酒。

二、术语和定义

2.1 蒸馏酒

以粮谷、薯类、水果、乳类等为主要原料，经发酵、蒸馏、勾兑而成的饮料酒。

2.2 蒸馏酒的配制酒

以蒸馏酒和（或）食用酒精为酒基，加入可食用的辅料或食品添加剂，进行调配、混合或再加工制成的，已改变了其原酒基风格的饮料酒。

三、技术要求

3.1 原料要求

应符合相应的标准和有关规定。

3.2 感官要求

应符合相应产品标准的有关规定。

3.3 理化指标

理化指标应符合表1的规定。

表1 理化指标

项 目	指 标		检验方法
	粮谷类	其 他	
甲醇[a]/（g/L） ≤	0.6	2.0	GB/T 5009.48
氰化物[a]（以HCN计）/(mg/L) ≤		8.0	GB/T 5009.48
a甲醇、氰化物指标均按100%酒精度折算。			

发酵酒及其配制酒

前言

本标准代替GB 2758—2005《发酵酒卫生标准》。

本标准与GB 2758—2005相比，主要变化如下：

——修改了标准名称；

——取消了铅的限量指标；

——修改了微生物限量指标；

——增加了标签标识要求。

本标准4.2～4.5于2013年8月1日起实施。

食品安全国家标准

发酵酒及其配制酒

一、范围

本标准适用于发酵酒及其配制酒。

二、术语和定义

2.1 发酵酒

以粮谷、水果、乳类等为主要原料，经发酵或部分发酵酿制而成的饮料酒。

2.2发酵酒的配制酒

以发酵酒为酒基，加入可食用的辅料或食品添加剂，进行调配、混合或加工制成的，已改变了其原酒基风格的饮料酒。

三、技术要求

3.1 原料要求

应符合相应的标准和有关规定。

3.2 感官要求

应符合相应产品标准的有关规定。

3.3 理化指标

理化指标应符合表1的规定。

表1 理化指标

项 目	指 标	检验方法
	啤 酒	
甲醛 /（mg/L） ≤	2.0	GB/T 5009.49

国家工商总局食品流通监管司
关于贯彻落实《国务院关于加强食品安全工作的决定 进一步做好流通环节食品安全监管工作的意见》

（工商食字［2012］137号　2012年8月7日发布）

各省、自治区、直辖市及计划单列市、副省级市工商行政管理局、市场监督管理局：

《国务院关于加强食品安全工作的决定》（国发［2012］20号，以下简称《决定》）和《国务院办公厅关于印发国家食品安全监管体系“十二五”规划的通知》（国办发［2012］36号，以下简称《规划》）的印发，是国务院加强食品安全工作的重大举措。为了认真贯彻落实《决定》和《规划》精神，进一步做好流通环节食品安全监管工作，切实维护食品市场秩序，努力保障食品市场消费安全，现提出如下意见：

一、认真学习贯彻《决定》和《规划》，更加高度重视流通环节食品安全监管工作

食品安全是重大的民生问题，关乎人民群众的身体健康和生命安全，关乎社会和谐稳定，党中央国务院历来高度重视。这次《决定》和《规划》的出台，提出了新的要求，是做好今后一个时期食品安全工作的行动指南，意义十分重大。

保障流通环节食品安全是工商行政管理机关的重要职责。各级工商行政管理机关要在当地政府和食品安全综合协调机构的统一领导和协调下，按照《决定》和《规划》的要求，不断深化对流通环节食品安全监管规律的认识，切实增强大局观念、责任观念、法制观念和服务观念，正确处理好食品安全监管与促进食品产业、食品科学发展的关系，正确处理好食品安全监管与保障市场消费安全和群众利益的关系，正确处理好食品安全监管与维护社会和谐稳定的关系，切实做到围绕中心，服务大局。要坚持统一协调与分工负责相结合，严格落实监管责任，强化协作配合；坚持集中治理整顿与严格日常监管相结合，切实规范经营秩序，严厉打击食品经营违法行为；坚持加强市场监管与落实食品经营者主体责任相结合，推进食品经营者诚信自律体系建设，夯实食品安全基础；坚持行政执法与社会监督相结合，充分发挥群众监督与舆论监督的作用，营造良好的社会氛围。要切实加强组织领导，完善监管机制，强化监管手段，提高执法能力，加大执法力度，切实履行职责，有效维护食品市场秩序。

二、加大对流通环节食品市场的监管执法力度，切实保障食品市场消费安全

（一）加大流通环节食品安全治理整顿力度，切实解决食品市场存在的突出问题

深入开展流通环节食品安全治理整顿，既是贯彻国务院总体部署的要求，又是加强流通环节食品安全监管、保障食品市场消费安全的重要措施。要按照《决定》和《规划》的要求，继续深入开展流通环节食品安全治理整顿，采取有效措施，清理整顿不符合食品安全经营条件的食品经营者，依法查处取缔无照经营，进一步规范经营秩序。尤其要在巩固农村食品、乳制品、食用油、食品添加剂、酒类、季节性和节日性食品市场治理整顿成果的基础上，以日常消费量大的食品、婴幼儿食品等为重点，进一步加大对食品集中交易市场、城乡结合部、中小学校园及周边等重点区域和场所的治理整顿工作力度，深入排查和治理食品经营行业带有共性的隐患和“潜规则”问题，坚决查处食品非法添加等各类违法违规经营行为，防范食品经营系统性和区域性风险，切实解决人民群众反映强烈的突出问题。

（二）加大食品市场日常监管力度，切实维护食品市场秩序

加强食品市场日常监管是食品安全监管的基础。要

严格按照《食品安全法》和《决定》、《规划》的要求，不断加大流通环节食品安全日常规范管理力度。一是严格食品市场主体准入管理，切实规范证照核发行为。要严把食品市场主体准入关，坚持先证后照，依法规范食品流通许可证和营业执照的核发行为。对食品经营新业态要依法及时纳入许可管理，对不能持续达到食品安全条件、整改后仍不符合要求的食品经营者，要依法撤销其食品流通许可。要严格按照《关于对食品经营主体予以特别标注的通知》规定，对食品经营主体及时进行特别标注，切实做到食品经营主体底数清、情况明。要建立健全流通环节食品经营主体户籍管理制度，建立健全食品经营主体户籍信息库，强化分级分层管理和动态分类管理，确保食品经营者主体资格合法有效。二是严格食品质量监管，强化对食品质量的监督检查。要按照实现从食品的入市、交易到退市全程监管的要求，依照法律法规和有关制度有效开展食品抽样检验，根据风险监测结果、重大食品安全隐患、投诉举报线索等，确定抽检重点，加大对专供婴幼儿及其他特定人群食品和米、面、油、乳品等大宗食品的抽检力度，并加强对抽检结果的统计分析和综合利用，推进食品检验检测数据共享，逐步实现网络化查询，有针对性地开展监管执法。要充分运用快速检测的手段，及时发现食品安全问题，并积极妥善依法处理。要加大经营者对不符合食品安全标准的食品退市的监管力度，建立健全食品退市和销毁管理制度，督促食品经营者严格落实不符合食品安全标准食品和超过保质期食品的下架退市制度，确保不符合食品安全标准的食品及时有效退市，并做好对退市食品的跟踪监管，严防再次流入市场。要监督食品经营者对超过保质期的食品、腐败变质的食品和因为食品经营者的原因造成的食品不符合食品安全标准或者要求的，予以无害化处理、销毁；对未主动下架退市，或未及时采取销毁等措施的，要责令经营者限期执行；拒不执行的，要依法加大处罚力度，直至停业整改、吊销证照。要加强对临近保质期食品的监督管理，督促食品经营者建立并执行临近保质期食品的消费提示制度，对更换包装和日期再行销售的行为依法予以查处。三是严格规范食品经营行为，强化基层监管执法。要将监管重心下移，执法力量配置要向一线倾斜，强化基层执法力量和技术支撑。要严格落实基层工商所食品安全日常巡查和属地监管责任制，认真落实基层工商所"两图一书"监管工作要求，落实网格化责任区，切实做到任务到岗责任到人。要切实加强流通环节食品市场巡查，建立科学、合理、有效的市场巡查机制，以"主体资格、经营条件、食品外观、食品从业人员、食品来源、包装装潢标识、商标广告、市场开办者责任、食品质量、经营者自律"等为重点内容，强化巡查和检查，依法查处食品虚假宣传以及在商标、包装和标签标识等方面的违法行为，提高巡查工作的针对性和有效性。四是严格食品经营者信用分类监管和食品市场信用分类监管，提高监管效能。要进一步研究完善科学合理的信用分级分类标准，创新信用分类监管的方式方法和考核办法，提高监管的针对性和指导性。要通过加大市场检查和巡查工作力度以及对食品违法经营行为的查处，完善执法检查记录，加快建立食品经营者信用档案，细化完善档案记录信息，建设食品经营者诚信信息数据库，对守信企业、失信企业和严重失信企业等采取不同的监管方式和激励惩戒机制，对有不良信用记录的食品经营者增加监督检查频次，对失信行为依法予以惩戒，为诚信者创造良好发展环境。

（三）加大流通环节食品安全违法案件查办力度，切实严厉打击销售假冒伪劣食品等违法行为

要深入贯彻《食品安全法》等法律法规，按照《决定》和《规划》的要求，进一步改进执法手段，提高执法效率，认真排查流通环节食品安全隐患，严厉打击销售假冒伪劣食品等违法行为，依法从严处罚违法违规食品经营者和有关人员。要突出消费量大、消费者申诉举报多以及群众日常生活必需的食品，突出重点区域、重点市场和场所，加大市场监管执法力度，严厉打击销售不符合食品安全标准的食品、过期食品、"三无"食品和假冒、仿冒食品、伪造冒用认证证书和标志及扰乱食品市场秩序等违法行为，切实维护食品市场消费安全。加强案件督查督办和区域执法协作，对大要案件要实行领导包案，挂牌督办，限期办结。对涉嫌犯罪案件，要及时移送司法机关处理，并积极主动配合司法机关调查取证，严禁罚款放行、以罚代刑，健全行政执法与刑事司法衔接机制，依法从严惩治食品安全违法犯罪行为。

（四）加大食用农产品和生鲜肉品市场监管力度，切实依法防范不合格农产品流入市场

一是加大对经营食用农产品的批发市场、农贸市场、集贸市场的监管力度。要重点围绕农产品经营者的经营资格、经营行为等加强市场巡查和执法检查；依据有关部门在市场内的食用农产品质量安全检测结果，依法严厉查处销售质量不合格食用农产品的违法违规行为，营造良好的市场环境。二是加大对生鲜肉品经营者的监管力度。要依法严厉打击销售未经检验检疫或检验检疫不合格生鲜肉品、病死病害畜禽肉、注水肉和含"瘦肉精"生鲜肉品等违法行为，促进生鲜肉品消费安全，严防动物疫情通过市场传播。三是要严格依法监督农产品批发市场、集贸市场等市场开办者和场内经营者守法诚信经营。要进一步提高相关市场开办者和场内经营者的法律意识和责任意识，切实推进经营者讲诚信、保质量、树新风，维护市场秩序，

保护消费者合法权益。

三、加大监督食品经营者落实法定责任和义务工作力度，切实提升食品经营者自律水平

（一）监督食品经营者把好“三关”，切实落实食品经营者法定责任和义务

监督食品经营者落实和细化食品经营法定责任和义务，是工商行政管理机关依法监管的重要任务。要按照《决定》和《规划》的要求，把监督食品经营者把好食品进货关、销售关和退市关作为落实食品经营者主体责任的重要环节，切实抓紧抓好。一是严格监督食品经营者把好食品进货关。要严格监督食品经营者建立并执行进货查验和查验记录制度，确保供货者主体资格合法、购入食品来源正规可靠、质检合格报告真实有效，否则不得购入该食品。二是严格监督食品经营者把好食品销售关。要严格监督食品经营者加强对食品包装、标识、生产日期、保质期和有关食品贮存条件等的自查自纠；定期检查食品的进、销、存情况，对即将到保质期的食品在经营场所设立专区或专柜销售，并向消费者作出醒目提示，严禁更换包装和日期再行销售。三是严格监督食品经营者把好食品退市关。要严格监督食品经营者加强对销售食品的日常管理，对发现的不符合食品安全标准的食品、超过保质期的食品等，立即停止经营，下架单独存放，采取补救、无害化处理、销毁等措施，根据待销毁食品的品种、数量等具体情况，自行或者委托有销毁能力的单位销毁，不得再次销售，影响食品安全；对生产企业召回的，应当如实记录并保留企业召回的相关票据，并及时向工商行政管理机关报告。

（二）督促食品经营者建立健全各项自律制度，切实提高经营者诚信自律水平

推进食品经营者诚信自律体系建设，建立健全并落实经营者诚信自律制度，是保障流通环节食品安全的治本之策。要进一步加大推进食品经营者诚信自律体系建设工作力度，积极引导和督促食品经营者建立健全十项自律制度，即食品进货查验制度，食品进货查验记录制度，食品质量承诺制度，食品协议挂钩制度，市场开办者食品安全责任制度，食品安全管理制度，食品退市和销毁制度，食品运输、贮存及销售安全管理制度，食品经营从业人员健康管理制度，食品安全事故应急处置管理制度等。要结合地方实际，制定具体工作方案，指导食品经营者制定和落实各项自律制度，夯实保障食品安全的制度基础，规范其经营行为，切实做到不进、不存、不销假冒伪劣和不符合食品安全标准的食品，不断提高食品经营者诚信自律水平。

（三）加大教育培训力度，提高食品经营者的诚信守法意识

要面向食品经营者有针对性地开展普及食品安全知识和法定责任义务的宣传教育工作，引导经营者牢固树立守法经营、诚信自律的理念，不断提高法律意识和责任意识，切实对消费者负责。要督促食品经营者建立健全从业人员岗位责任制，不断改善食品安全保障条件，配备专、兼职食品安全管理人员，逐级落实责任，加强全员、全过程的食品安全管理，规模以上食品经营企业要设置食品安全管理机构，明确分管负责人。要督促食品经营者健全从业人员培训制度，从业人员必须先培训后上岗并由单位组织定期培训，单位负责人、关键岗位人员要接受集中统一培训，每人每年要接受不少于40小时的食品安全培训。要严格监督食品交易场所开办者、食品展销会等集中交易活动举办者、网络交易平台经营者落实食品安全管理责任。对违法违规企业，要依法从严追究其负责人的责任，被吊销证照企业的有关责任人要依法实行行业禁入。

四、加大流通环节食品安全监管机制手段创新和能力建设力度，着力提升食品安全监管效能

（一）强化流通环节食品安全监管制度和机制建设，切实构建食品安全监管长效机制

要适应食品安全监管新形势、新情况和新任务的要求，结合本地流通环节食品安全监管实际，围绕建立健全以保障食品经营者主体合法、质量合格、行为合规为重点的流通环节食品安全监管执法机制；以严把食品进货关、销售关、退市关为重点的经营者自律机制和食品安全可追溯机制；以重点突出、程序合法、行为规范、技术可靠为重点的检验检测机制；以形成部门之间监管无缝衔接为重点的协调协作机制；以新闻媒体、广大消费者和聘请监督员为主体的社会监督机制，不断健全完善各项监管制度，切实构建流通环节食品安全监管长效机制，提高流通环节食品安全监管工作制度化、规范化、程序化、法治化水平。

（二）强化流通环节食品安全监管方式方法和创新监管手段，切实提升食品安全监管效能

要高度重视、积极应用现代信息技术，创新监管执法方式方法和手段，提高食品安全监管的科学化、信息化水平。认真落实总局下发的《关于积极推进流通环节商品质量和食品安全信息化网络建设工作的意见》要求，运用现代信息技术，创新监管执法方式，提高食品安全监管的科学化、信息化水平。要根据“统一标准、整合资源、扩大功能、优化流程、信息共享”的原则，依托现有电子政务系统和业务系统等资源，加快推进流通环节食品经营主体、食品质量、食品抽样检验和案件查办数据库的建设，形成从总局到工商所五

级纵向贯通和横向联接的信息化网络体系。要积极推广运用无线网络执法平台、移动查询终端等现代科技手段，有效开展市场巡查和日常监管及网上预警防范和应急处置。要积极引导和指导商场、超市推进进货查验和查验记录等“两项制度”电子化管理，督促食品经营者建立健全食品采购、贮存、运输、销售、退市和食品质量管理等环节的电子监控体系，积极推动有条件的大中型商业企业、超市和批发市场、集贸市场逐步实行计算机网络化管理，并加快与基层工商所信息化网络体系的对接，加快推进食品安全电子追溯系统建设，建立统一的追溯手段和技术平台，提高追溯体系的便捷性和有效性，切实提高监管执法效能。

（三）强化基层基础和能力建设，切实为流通环节食品安全工作提供保障

《决定》和《规划》对各级政府完善监管体系和能力提出了明确要求。各级工商行政管理机关要积极争取各级党委、政府的重视和支持，切实加强基层基础和能力建设，按照建设政治上、业务上、作风上“三个过硬”队伍的要求，加强食品安全监管执法队伍建设。要坚持面向基层，合理配备和充实一线监管执法力量。要加强对食品安全监管执法人员的业务培训，加强人才队伍建设，建立食品安全专家库，为食品安全监管提供技术支持。特别是要抓好基层工商所食品安全监管人员培训和一线执法骨干的专题培训，切实提高执法水平。要进一步抓好食品安全监管执法队伍的装备建设，落实基层执法装备、设备和经费保障工作，重点强化基层快速检测能力和装备建设，确保配备到位，及时升级。要切实加强食品安全项目和资金的监督管理，提高资金使用效率，为提高流通环节食品安全监管效能提供坚实的人力、财力和物力保障。同时，还要严格监管执法的规范管理，在促进依法行政、规范执法程序、严肃办案纪律、提升规范化管理水平上下功夫，为提高流通环节食品安全监管执法水平提供坚实保障。

（四）强化信息管理和应急处置工作，切实维护社会和谐稳定

要按照总局制定下发的《流通环节食品安全舆情处置指导意见》和《流通环节食品安全信息公布管理办法》的要求，逐级建立健全流通环节食品安全舆情监测和处置工作制度，重视舆情反映，虚心接受媒体监督，积极妥善处置群众关心的食品安全热点问题，及时回应社会关切，正确引导舆论，提高舆论引导的及时性、权威性和公信力、影响力。县级以上工商机关要建立流通环节食品安全信息公布和管理制度，规范食品安全信息报告和信息公布程序，明确流通环节食品安全日常监管信息的公布范围、公布权限、审核批准程序、相关部门间信息通报要求等内容，实现信息互联互通和资源共享，加强信息汇总、分析整理，按照有关规定和程序向社会发布食品安全信息。要严肃工作纪律，严格工作程序，切实加强信息管理，严格责任制度。要加强应急处置能力建设，加强应急队伍建设，强化应急装备和应急物资储备，健全食品安全应急预案，加强预案演练，完善快速反应机制和程序，增强分析处置能力，进一步提高突发问题防范预警能力和应对处置效率，切实维护社会和谐稳定。

五、加强组织领导，全面提升流通环节食品安全监管工作水平

（一）加强组织领导，严格责任制度

一是各级工商行政管理机关要在当地党委、政府和食品安全综合协调机构的统一领导与协调下，进一步加强对食品安全监管工作的组织领导，切实做到一把手亲自抓，分管领导具体抓，职能机构分工协作抓，建立健全齐抓共管的工作格局，按照总局制定下发的《关于宣传贯彻实施〈食品安全法〉的通知》（工商食字［2009］63号）的要求层层落实职能任务和工作责任，分工协作，确保落实到位。要加强工作指导，及时采取有针对性的措施，解决影响本地区食品安全的重点难点问题和人民群众反映的突出问题。要细化、明确各类食品安全监管岗位的监管职责，主动防范、及早介入，使工作真正落实到基层，力争将各类风险隐患消除在萌芽阶段。要认真履行职责，加强对地方的监督检查和指导。对在食品安全工作中取得显著成绩的单位和个人，要给予表彰。二是要层层强化责任制和责任追究制，进一步建立健全食品安全属地监管领导责任制、职能机构指导和监督责任制及基层监管岗位责任制，形成一级抓一级、层层抓落实的工作局面，确保组织领导、工作任务、工作措施、工作责任、人员力量等落实到位。三是要加快建立健全食品安全有奖举报制度，畅通投诉举报渠道，完善工作机制，实现食品安全有奖举报工作的制度化、规范化。切实落实财政专项奖励资金，合理确定奖励条件，规范奖励审定、奖金管理和发放等工作程序，确保奖励资金及时兑现。严格执行举报保密制度，保护举报人合法权益。对借举报之名捏造事实的，提请有关部门依法追究责任。

（二）加强协调与配合，切实形成监管合力

各级工商行政管理机关要加强内设机构之间以及与有关部门之间的协调配合，强化协作意识，建立健全跨部门、跨地区食品安全信息通报、联合执法、隐患排查、事故处置等协调联动机制，有效整合各类资源，提高监管效能，切实形成工作合力。对市场巡查、抽检中发现的涉及其他环节的食品安全问题和情况要依法及时通报有关部门；对相关部门通

报的涉及流通环节的食品安全问题，要迅速调查处理，依法进行市场清查和处置。要加强与有关行业组织之间的沟通，充分发挥其社会监督和行业自律作用。要充分发挥各级消费者协会的优势作用，提高公众食品安全自我保护能力和维权意识，支持消费者维权。要加强与新闻媒体之间的联系和沟通，及时通报情况，加大宣传力度，营造良好的舆论氛围和社会环境。要充分调动人民群众参与食品安全治理的积极性、主动性，组织动员社会各方力量参与食品安全工作，在城市社区和农村建立食品安全信息员、协管员等队伍，充分发挥群众监督作用，形成强大的社会合力。

（三）加强督促检查，狠抓工作落实

各级工商行政管理机关要加强对流通环节食品安全监管工作的检查、督查、指导和考核评价力度，完善食品安全督查考核制度，制定监督检查操作规范，将《决定》和《规划》任务落实情况作为督查和考核评价的重要内容，明确工作目标、任务重点和工作责任，细化检查、考核措施，将流通环节食品安全监管工作逐项、逐级落实到位，并逐项、逐级考核工作完成情况，完善食品安全工作奖惩约束机制，对检查中走过场、不按规定履职，涉嫌徇私舞弊、失职渎职的，要依纪依法严肃查处；对在食品安全工作中取得显著成绩的单位和个人，要按照国家有关规定给予表彰。各级领导要深入基层，深入一线，了解实际情况，有针对性地加强工作指导、督促和检查。尤其要善于及时发现存在的问题和监管的薄弱环节，研究解决监管执法工作中面临的困难和问题，确保各项监管工作落到实处，取得实效。要通过监督检查推进食品安全监管责任追究制的落实，加大对相关责任人行政问责力度，确保责任追究制落实到位，切实为维护流通环节食品安全提供组织保障、纪律保障和工作保障。

中华人民共和国卫生部
食品安全国家标准 食品中污染物限量

（卫生部 2012年 第21号 2012年11月13日发布）

根据《中华人民共和国食品安全法》和《食品安全国家标准管理办法》规定，经食品安全国家标准审评委员会审查通过，现发布食品安全国家标准《食品中污染物限量》（GB 2762—2012）。

特此公告。

二〇一二年十一月十三日

食品安全国家标准 食品中污染物限量

前言

本标准部分代替GB 2762—2005《食品中污染物限量》。

本标准与GB 2762—2005相比，主要变化如下：

——修改了标准名称；

——增加了可食用部分的定义；

——增加了应用原则；

——取消了硒、铝、氟的限量规定；

——增加了锡、镍、3-氯-1,2-丙二醇及硝酸盐的限量规定；

——将*N*-亚硝胺限量指标由*N*-二甲基亚硝胺和*N*-二甲

基乙硝胺调整为*N*-二甲基亚硝胺，并将*N*-亚硝胺限量指标名称修改为N-二甲基亚硝胺；

——增加了附录 A；

——稀土限量指标按原GB 2762—2005执行。

一、范围

本标准规定了食品中铅、镉、汞、砷、锡、镍、铬、亚硝酸盐、硝酸盐、苯并[a]芘、*N*-二甲基亚硝胺、多氯联苯、3-氯-1,2-丙二醇的限量指标。

二、术语和定义

2.1 污染物

食品在从生产（包括农作物种植、动物饲养和兽医用药）、加工、包装、贮存、运输、销售、直至食用等过程中产生的或由环境污染带入的、非有意加入的化学性危害物质。

本标准所规定的污染物是指除农药残留、兽药残留、生物毒素和放射性物质以外的污染物。

2.2 可食用部分

食品原料经过机械手段（如谷物碾磨、水果剥皮、坚果去壳、肉去骨、鱼去刺、贝去壳等）去除非食用部分后，所得到的用于食用的部分。

注1：非食用部分的去除不可采用任何非机械手段（如粗制植物油精炼过程）。

注2：用相同的食品原料生产不同产品时，可食用部分的量依生产工艺不同而异。如用麦类加工麦片和全麦粉时，可食用部分按100%计算；加工小麦粉时，可食用部分按出粉率折算。

2.3 限量

污染物在食品原料和（或）食品成品可食用部分中允许的最大含量水平。

三、应用原则

3.1 无论是否制定污染物限量，食品生产和加工者均应采取控制措施，使食品中污染物的含量达到最低水平。

3.2 本标准列出了可能对公众健康构成较大风险的污染物，制定限量值的食品是对消费者膳食暴露量产生较大影响的食品。

3.3 食品类别（名称）说明（附录A）用于界定污染物限量的适用范围，仅适用于本标准。当某种污染物限量应用于某一食品类别（名称）时，则该食品类别（名称）内的所有类别食品均适用，有特别规定的除外。

3.4 食品中污染物限量以食品通常的可食用部分计算，有特别规定的除外。

3.5 干制食品中污染物限量以相应食品原料脱水率或浓缩率折算。脱水率或浓缩率可通过对食品的分析、生产者提供的信息以及其他可获得的数据信息等确定。

四、指标要求

4.1 铅

4.1.1 食品中铅限量指标见表1。

表1 食品中铅限量指标

食品类别(名称)	限量(以Pb计) mg/kg
谷物及其制品[a][麦片、面筋、八宝粥罐头、带馅(料)面米制品除外]	0.2
麦片、面筋、八宝粥罐头、带馅(料)面米制品	0.5
蔬菜及其制品	
新鲜蔬菜(芸薹类蔬菜、叶菜蔬菜、豆类蔬菜、薯类除外)	0.1
芸薹类蔬菜、叶菜蔬菜	0.3
豆类蔬菜、薯类	0.2
蔬菜制品	1.0
水果及其制品	
新鲜水果(浆果和其他小粒水果除外)	0.1
浆果和其他小粒水果	0.2
水果制品	1.0
食用菌及其制品	1.0

豆类及其制品 　豆类 　豆类制品(豆浆除外) 　　豆浆	 0.2 0.5 0.05
藻类及其制品(螺旋藻及其制品除外)	1.0(干重计)
坚果及籽类(咖啡豆除外) 　咖啡豆	0.2 0.5
肉及肉制品 　肉类(畜禽内脏除外) 　　畜禽内脏 　肉制品	 0.2 0.5 0.5
水产动物及其制品 　鲜、冻水产动物(鱼类、甲壳类、双壳类除外) 　　鱼类、甲壳类 　　双壳类 　水产制品(海蜇制品除外) 　　海蜇制品	 1.0(去除内脏) 0.5 1.5 1.0 2.0
乳及乳制品 　生乳、巴氏杀菌乳、灭菌乳、发酵乳、调制乳 　乳粉、非脱盐乳清粉 　其他乳制品	 0.05 0.5 0.3
蛋及蛋制品(皮蛋、皮蛋肠除外) 　　皮蛋、皮蛋肠	0.2 0.5
油脂及其制品	0.1
调味品(食用盐、香辛料类除外) 　　食用盐 　　香辛料类	1.0 2.0 3.0
食糖及淀粉糖	0.5
淀粉及淀粉制品 　　食用淀粉 　　淀粉制品	 0.2 0.5
焙烤食品	0.5
饮料类 　　包装饮用水 　　果蔬汁类［浓缩果蔬汁(浆)除外］ 　　浓缩果蔬汁(浆) 　蛋白饮料类(含乳饮料除外) 　　含乳饮料 　碳酸饮料类、茶饮料类 　固体饮料类 　其他饮料类	 0.01 mg / L 0.05mg / L 0.5 mg / L 0.3mg / L 0.05mg / L 0.3mg / L 1.0 0.3mg / L
酒类(蒸馏酒、黄酒除外) 　蒸馏酒、黄酒	0.2 0.5
可可制品、巧克力和巧克力制品以及糖果	0.5
冷冻饮品	0.3

特殊膳食用食品	
婴幼儿配方食品(液态产品除外)	0.15(以粉状产品计)
液态产品	0.02(以即食状态计)
婴幼儿辅助食品	
婴幼儿谷类辅助食品(添加鱼类、肝类、蔬菜类的产品除外)	0.2
添加鱼类、肝类、蔬菜类的产品	0.3
婴幼儿罐装辅助食品(以水产及动物肝脏为原料的产品除外)	0.25
以水产及动物肝脏为原料的产品	0.3
其他类	
果冻	0.5
膨化食品	0.5
茶叶	5.0
干菊花	5.0
苦丁茶	2.0
蜂产品	
蜂蜜	1.0
花粉	0.5
a稻谷以糙米计。	

4.1.2 检验方法：按GB 5009.12规定的方法测定。

4.2 镉

4.2.1 食品中镉限量指标见表2。

表2 食品中镉限量指标

食品类别(名称)	限量(以Cd计) mg/kg
谷物及其制品	
谷物(稻谷[a]除外)	0.1
谷物碾磨加工品(糙米、大米除外)	0.1
稻谷a、糙米、大米	0.2
蔬菜及其制品	
新鲜蔬菜(叶菜蔬菜、豆类蔬菜、块根和块茎蔬菜、茎类蔬菜除外)	0.05
叶菜蔬菜	0.2
豆类蔬菜、块根和块茎蔬菜、茎类蔬菜(芹菜除外)	0.1
芹菜	0.2
水果及其制品	
新鲜水果	0.05
食用菌及其制品	
新鲜食用菌(香菇和姬松茸除外)	0.2
香菇	0.5
食用菌制品(姬松茸制品除外)	0.5
豆类及其制品	
豆类	0.2
坚果及籽类	
花生	0.5
肉及肉制品	
肉类(畜禽内脏除外)	0.1
畜禽肝脏	0.5
畜禽肾脏	1.0
肉制品(肝脏制品、肾脏制品除外)	0.1
肝脏制品	0.5
肾脏制品	1.0

水产动物及其制品	
鲜、冻水产动物	
鱼类	0.1
甲壳类	0.5
双壳类、腹足类、头足类、棘皮类	2.0(去除内脏)
水产制品	
鱼类罐头(凤尾鱼、旗鱼罐头除外)	0.2
凤尾鱼、旗鱼罐头	0.3
其他鱼类制品(凤尾鱼、族边制品除外)	0.1
凤尾鱼、旗负制品	0.3
蛋及蛋制品	0. 05
调味品	
食用敖	0.5
鱼类调味品	0.1
饮料类	
包装饮用水(矿泉水除外)	0.005 mg/L
矿泉水	0.003mg/L
a稻谷以糙米计。	

4.2.2 检验方法：按GB/T 5009.15规定的方法测定。

4.3 汞

4.3.1 食品中汞限量指标见表3。

表3 食品中汞限量指标

食品类别(名称)	限量(以Hg计) mg/kg	
	总汞	甲基汞
水产动物及其制品(肉食性鱼类及其制品除外)	—	0.5
肉食性鱼类及其制品	—	1.0
谷物及其制品 稻谷[b]、糙米、大米、玉米、玉米面(渣、片)、小麦、小麦粉	0.02	—
蔬菜及其制品 新鲜蔬菜	0.01	—
食川菌教其制品	0.1	—
肉及肉制品 肉类	0.05	—
乳及乳制品 生乳、巴氏杀菌乳、灭菌乳、调制乳、发酵乳	0.01	—
蛋及蛋制品 鲜蛋	0.05	—
调味品 食用盐	0.1	—
饮料类 矿泉水	0.001 mg/L	—
特殊膳食用食品 婴幼儿罐装辅助食品	0.02	—
a 水产动物及其制品可先测定总汞，当总汞水平不超过甲基汞限量值时，不必测定甲基汞；否则，需再测定甲基汞。 b 稻谷以糙米计。		

4.3.2 检验方法：按GB/T 5009.15规定的方法测定。

4.4 砷

4.4.1 食品中砷限量指标见表4。

表4 食品中砷限量指标

食品类别(名称)	限量(以As计)mg／kg	
	总砷	无机砷
谷物及其制品 谷物(稻谷[a]涂外) 谷物碾磨加工品(糙米、大米除外) 稻谷[a]、糙米、大米	 0.5 0.5 —	 0.5 0.5 —
水产动物及其制品(鱼类及其制品除外) 鱼类及其制品	— —	0.5 0.1
蔬菜及其制品 新鲜蔬菜	 0.5	 —
食用菌及其制品	0.5	—
肉及肉制品	0.5	—
乳及乳制品 生乳、巴氏杀菌乳、灭菌乳、调制乳、发酵乳 乳粉	 0.1 0.5	 — —
油脂及其制品	0.1	—
调味品 (水产调味品、藻类调味品和乔辛料类除外) 水产调味品(鱼类调味品除外) 鱼类调味品	0.5 — —	— 0.5 0.1
食糖及淀粉糖	0.5	—
饮料类 包装饮用水	 0.01 mg／L	 —
可可制品、巧克力和巧克力制品以及糖果 可可制品、巧克力和巧克力制品	 0.5	 —
特殊膳食用食品 婴幼儿谷类辅助食品(添加藻类的产品除外) 添加藻类的产品 婴幼儿罐装辅助食品(以水产及动物肝脏为原料的产品除外) 以水产及动物肝脏为原料的产品	 — — — —	 0.2 0.3 0.1 0.3
a稻谷以糙米计。		

4.4.2 检验方法：按GB/T 5009.11规定的方法测定。

4.5 锡

4.5.1 食品中锡限量指标见表5。

表5 食品中锡限量指标

食品类别(名称)	限量(以Sn计)mg／kg
食品(饮料类、婴幼儿配方食品，婴幼儿辅助食品除外)[a]	250
饮料类 婴幼儿配方食品、婴幼儿辅助食品	150 50
a仅限于采用镀锡薄板容器包装的食品。	

4.5.2 检验方法：按GB/T 5009.16规定的方法测定。

4.6 镍

4.6.1 食品中镍限量指标见表6。

表6 食品中镍限量指标

食品类别(名称)	限量(以Ni计) mg/kg
油脂及其制品	
氢化植物油及氢化植物油为主的产品	1.0

4.6.2 检验方法：按GB/T 5009.16规定的方法测定。

4.7 铬

4.7.1 食品中铬限量指标见表7。

表7 食品中铬限量指标

食品类别(名称)	限量(以Cr计) mg/kg
谷物及其制品	
谷物[a]	1.0
谷物碾磨加工品	1.0
蔬菜及其制品	
新鲜蔬菜	0.5
豆类及其制品	
豆类	1.0
肉及肉制品	1.0
水产动物及其制品	2.0
乳及乳制品	
生乳、巴氏杀菌乳、灭菌乳、调制乳、发酵乳	0.3
乳粉	2.0
a稻谷以糙米计。	

4.7.2 检验方法：按GB/T 5009.123规定的方法测定。

4.8 亚硝酸盐、硝酸盐

4.8.1 食品中亚硝酸盐、硝酸盐限量指标见表8。

表8 食品中亚硝酸盐、硝酸盐限量指标

食品类别(名称)	限量mg/kg	
	亚硝酸盐（以$NaNO_2$计)	硝酸盐(以$NaNO_3$计)
蔬菜及其制品		
腌渍蔬菜	20	—
乳及乳制品		
牛乳	0.4	—
乳粉	2.0	—
饮料类		
包装饮用水(矿泉水除外)	0.005mg/L(以NO_2^-计)	—
矿泉水	0.1mg/L(以NO_2^-计)	45mg/L(以NO_3^-计)

特殊膳食用食品		
婴幼儿配方食品		
婴儿配方食品	2.0[a](以粉状产品计)	100(以粉状产品计)
较大婴儿和幼儿配方食品	2.0[a](以粉状产品计)	100[b](以粉状产品计)
特殊医学用途婴儿配方食品	2.0(以粉状产品计)	100(以粉状产品计)
婴幼儿辅助食品		
婴幼儿谷类辅助食品	2.0[c]	100[b]
婴幼儿罐装辅助食品	4.0[c]	200[b]
a 仅适用于乳基产品。 b 不适合于添加蔬菜和水果的产品。 c 不适合于添加豆类的产品。		

4.8.2 检验方法：饮料类按GB/T 8538规定的方法测定，其他食品按GB 5009.33规定的方法测定。

4.9 苯并[a]芘

4.9.1 食品中苯并[a]芘限量指标见表9。

表9 食品中苯并[a]芘限量指标

食品类别(名称)	限量(以Cr计)μg/kg
谷物及其制品 稻谷[a]、糙米、大米、小麦、小麦粉、玉米、玉米面(渣、片)	5.0
肉及肉制品 熏、烧、烤肉类	5.0
水产动物及其制品 熏、烤水产品	5.0
油脂及其制品	10
a稻谷以糙米计。	

4.9.2 检验方法：按GB/T 5009. 27规定的方法测定。

4.10 *N*-二甲基亚硝胺

4.10.1 食品中*N*—二甲基亚硝胺限量指标见表10。

表10 食品中*N*-二甲基亚硝胺限量指标

食品类别(名称)	限量μg/kg
肉及肉制品 肉制品(肉类罐头除外)	3.0
水产动物及其制品 水产制品(水产品罐头除外)	4.0

4.10.2 检验方法：按GB/T 5009.26规定的方法测定。

4.11 多氯联苯

4.11.1 食品中多氯联苯限量指标见表11。

表11 食品中多氯联苯限量指标

食品类别(名称)	限量[a] mg/kg
水产动物及其制品	0.5
a多氯联苯以PCB28、PCB52、PCB101、PCB118、PCB138、PCB153和PCB180总和计。	

4.11.2 检验方法：按GB / T 5009.190规定的方法测定。

4.12 3-氯-1，2-丙二醇

4.12.1 食品中 3-氯-1，2-丙二醇限量指标见表12。

表12 食品中3-氯-1，2-丙二醇限量指标

食品类别(名称)	限量mg / kg
调味品[a]	
液态调味品	0.4
固态调味品	1.0
a仅限于添加酸水解植物蛋白的产品。	

4.12.2 检验方法：按GB/T 5009.191规定的方法测定。

附录A

食品类别（名称）说明

A.1 食品类别（名称）说明见表A.1。

表A.1食品类别（名称）说明

水果及其制品	新鲜水果(未经加工的、经表面处理的、去皮或预切的、冷冻的水果) 浆果和其他小粒水果 其他新鲜水果(包括甘蔗) 水果制品 水果罐头 水果干类 醋、油或盐渍水果 果酱(泥) 蜜饯凉果(包括果丹皮) 发酵的水果制品 煮熟的或油炸的水果 水果甜品 其他水果制品
蔬菜及其制品 （包括薯类，不包括食用菌）	新鲜蔬菜(未经加工的、经表面处理的、去皮或预切的、冷冻的蔬菜) 芸薹类蔬菜 叶菜蔬菜(包括芸薹类叶菜) 豆类蔬菜 块根和块茎蔬菜(例如，薯类、胡萝卜、萝卜、生姜等) 茎类蔬菜(包括豆芽菜) 其他新鲜蔬菜(包括瓜果类、鳞茎类和水生类、芽菜类及竹笋等多年生蔬菜) 蔬菜制品 蔬菜罐头 干制蔬菜 腌渍蔬菜(例如，酱渍、盐渍、糖醋渍蔬菜等) 蔬菜泥(酱) 发酵蔬菜制品 经水煮或油炸的蔬菜 其他蔬菜制品
食用菌及其制品	新鲜食用菌(未经加工的、经表面处理的、预切的、冷冻的食用菌) 香菇 姬松茸 其他新鲜食用菌 食用菌制品 食用菌罐头 干制食用菌 腌渍食用菌(例如，酱渍、盐渍、糖醋渍食用菌等) 经水煮或油炸食用菌 其他食用菌制品

谷物及其制品 （不包括焙烤制品）	谷物 稻谷 玉米 小麦 大麦 其他谷物[例如，粟(谷子)、高粱、黑麦、燕麦、荞麦等] 谷物碾磨加工品 糙米 大米 小麦粉 玉米面(渣、片) 麦片 其他去壳谷物(例如，小米、高粱米、大麦米、黍米等) 谷物制品 大米制品(例如，米粉、汤圆粉及其他制品等) 小麦粉制品 生湿面制品(例如，面条、饺子皮、馄饨皮、烧麦皮等) 生干而制品 发酵面制品 面糊(例如，用于鱼和禽肉的拖面糊)、裹粉、煎炸粉 面筋 其他小麦粉制品 玉米制品 其他谷物制品(例如，带馅(料)面米制品、八宝粥罐头等)
豆类及其制品	豆类(干豆、以干豆磨成的粉) 豆类制品 非发酵豆制品(例如，豆浆、豆腐类、豆干类、腐竹类、熟制豆类、大豆蛋白膨化食品、大豆素肉等) 发酵豆制品(例如，腐乳类、纳豆、豆豉、豆豉制品等) 豆类罐头
藻类及其制品	新鲜藻类(未经加工的、经表面处理的、预切的、冷冻的藻类) 螺旋藻 其他新鲜藻类 藻类制品 藻类罐头 干制藻类 经水煮或油炸的藻类 其他藻类制品
坚果及籽类	新鲜坚果及籽类 木本坚果(树果) 油料(不包括谷物种子和五类) 饮料及甜味种子(例如，可可豆、咖啡豆等)
坚果及籽类	坚果及籽类制品 熟制坚果及籽类(带壳、脱壳) 包衣的坚果及籽类 坚果及籽类罐头 坚果及籽类的泥(酱)，包括花生酱等 其他坚果及籽类制品(例如，腌渍的果仁等)

<table>
<tr><td>肉及肉制品</td><td>肉类(生鲜、冷却、冷冻肉等)
　畜禽肉
　畜禽内脏(例如，肝、肾、肺、肠等)
肉制品(包括内脏制品)
　预制肉制品
　　调理肉制品(生肉添加调理料)
　　腌腊肉制品类(例如，咸肉、腊肉、板鸭、中式火腿、腊肠等)
　熟肉制品
　　肉类罐头
　　酱卤肉制品类
　　熏、烧、烤肉类
　　油炸肉类
　　西式火腿(熏烤、烟熏、蒸煮火腿)类
　　肉灌肠类
　　发酵肉制品类
　　熟肉干制品(例如，肉松、肉干、肉脯等)
　　其他熟肉制品</td></tr>
<tr><td>水产动物及其制品</td><td>鲜、冻水产动物
　鱼类
　　非肉食性鱼类
　　肉食性鱼类(例如，鲨鱼、金枪鱼等)
　甲壳类
　软体动物
　　头足类
　　双壳类
　　棘皮类
　　腹足类
　　其他软体动物
　其他鲜、冻水产动物
水产制品
　水产品罐头
　鱼糜制品(包括鱼丸等)
　腌制水产品
　鱼子制品
　干制水产品(风干、烘干、压干等)
　熏、烤水产品
　发酵水产品
　其他水产制品</td></tr>
<tr><td>乳及乳制品</td><td>生乳
巴氏杀菌乳
灭菌乳
调制乳
发酵乳
炼乳
乳粉
乳清粉和乳清蛋白粉（包括非脱盐乳清粉）
干酪
再制干酪
其他乳制品</td></tr>
</table>

蛋及蛋制品	鲜蛋 蛋制品 　卤蛋 　糟蛋 　皮蛋 　咸蛋 　脱水蛋制品(例如，蛋白粉、蛋黄粉、蛋白片等) 　热凝固蛋制品(例如，蛋黄酪、皮蛋肠等) 　冷冻蛋制品(例如，冰蛋等) 　其他蛋制品
油脂及其制品	植物油脂 动物油脂(例如，猪油、牛油、鱼油、稀奶油、奶油、无水奶油等) 油脂制品 　氢化植物油及以氢化植物汕为主的产品(例如，人造奶油、起酥油等) 　调和油 　其他油脂制品
调味品	食用盐 鲜味剂和助鲜剂 醋 酱油 酱及酱制品 调味料酒 香辛料类 　香辛料及粉 　香辛料油 　香辛料酱(例如，芥末酱、青芥酱等) 　其他香辛料加工品 水产调味品 　鱼类调味品(例如，鱼露等) 其他水产调味品(例如，蚝油、虾油等) 复合调味料(例如，固体汤料、鸡精、鸡粉、蛋黄酱、沙拉酱、调味清汁等) 其他调味品
饮料类	包装饮用水 　矿泉水 　纯净水 　其他包装饮用水 果蔬汁类（例如，苹果汁、苹果醋、山楂汁、山楂醋等) 　果蔬汁(浆) 　浓缩果蔬汁(浆) 　其他果蔬汁(肉)饮料(包括发酵型产品) 蛋白饮料类 　含乳饮料(发酵型含乳饮料、配制型含乳饮料、乳酸菌饮料) 　植物蛋白饮料 　复合蛋白饮料 碳酸饮料类 茶饮料类 咖啡饮料类 植物饮料类 风味饮料类

饮料类	特殊用途饮类(例如，运动饮料、营养素饮料等) 固体饮料类(包括速溶咖啡) 其他饮料类
酒类	蒸馏酒(例如，白酒、白兰地、威士忌、伏特加、朗姆酒等) 配制酒 发酵酒(例如，葡萄酒、黄酒、果酒、啤酒等)
食糖及淀粉糖	食糖 白糖及白糖制品(例如，白砂糖、绵白糖、冰糖、方糖等) 其他糖和糖浆(例如，红糖、赤砂糖、冰片糖、原糖、糖蜜、部分转化糖、槭树糖浆等) 淀粉糖(例如，果糖、葡狗糖、饴糖、部分转化糖等)
淀粉及淀粉制品(包括谷物、豆类和块根植物提取的淀粉)	食用淀粉 淀粉制品 粉丝、粉条 藕粉 其他淀粉制品(例如，虾味片)
焙烤食品	面包 糕点(包括月饼) 饼干(例如，夹心饼干、威化饼干、蛋卷等) 其他焙烤食品
可可制品、巧克力和巧克力制品以及糖果	可可制品、巧克力和巧克力制品(包括代可可脂巧克力及制品) 糖果(包含胶基糖果)
冷冻饮品	冰淇淋、雪糕类 风味冰、冰棍类 食用冰 其他冷冻饮品
特殊膳食用食品	婴幼儿配方食品 婴儿配方食品 较大婴儿和幼儿配方食品 特殊医学用途婴儿配方食品 婴幼儿辅助食品 婴幼儿谷类辅助食品 婴幼儿罐装辅助食品 其他特殊膳食用食品
其他类（除上述食品以外的食品）	果冻 膨化食品 蜂产品(例如，蜂蜜、花粉等) 茶叶 干菊花 苦丁茶

中华人民共和国卫生部
关于预包装食品标签标识有关问题的复函

（卫办监督函［2013］36号）

质检总局办公厅：

你厅《关于请明确蒸馏酒及其配制酒的标签中配料标注事宜的函》（质检办食函［2012］992号）和《关于请明确进口预包装食品质量等级标注要求的函》（质检办食函［2012］1066号）收悉。经研究，根据《预包装食品标签通则》（GB 7718—2011），现函复如下：

一、关于蒸馏酒及其配制酒配料中水的标示

除了生产加工过程中已经挥发的水，白兰地等蒸馏酒及其配制酒生产加工过程中加入的水应当在配料表中标示。

二、关于进口预包装食品质量（品质）等级的标示

进口预包装食品不强制标示相关产品标准代号和质量（品质）等级。如果企业标示了产品标准代号和质量（品质）等级，应确保真实、准确。

专此函复。

二○一三年一月十五日

国管办
关于严禁中央和国家机关使用
“特供”“专供”等标识的通知

（国管办2013年第59号公告 2013年3月18日发布）

党中央各部门，国务院各部委、各直属机构，全国人大常委会办公厅，全国政协办公厅，高法院，高检院，各人民团体：

2012年第四季度以来，工商总局等10部门联合组织开展了集中清理整顿利用互联网销售滥用“特供”“专供”等标识商品行动，收到了良好效果。为巩固清理整顿成果，现就严禁中央和国家机关使用“特供”“专供”等标识有关事项通知如下：

一、充分认识滥用中央和国家机关“特供”“专供”等标识的危害性

社会上一些不法商贩为牟取不当经济利益，滥用中央和国家机关“特供”“专供”等标识违法生产销售有关商品，误导了消费者，扰乱了市场秩序，破坏了公平竞争环境，影响了中央和国家机关声誉。各部门、各单位要提高思想认识，加强宣传教育，严明党纪政纪，不授权冠名“特供”“专供”等标识，不购买使用涉及“特供”“专供”等标识的物品，坚决维护消费者的合法权益，自觉维护中央和国家机关良好形象。

二、严禁中央和国家机关各部门及所属行政事业单位使用、自行或授权制售冠以“特供”“专供”等标识的物品

“特供”“专供”等标识包括：

(一)含有中央和国家机关部门名称(包括简称、徽标)的“特供”“专供”等标识。如“××部门特供”“××机关专供”。

(二)同时含有中央和国家机关部门名称与机关所属行政事业单位名称的“特供”“专供”等标识。如“××部门机关服务中心特供”。

(三)含有与中央和国家机关密切关联的重要会议、活动名称的“特供”“专供”等标识。如“××会议特供”“××活动专供”。

(四)含有与中央和国家机关密切关联的地点、标志性建筑名称的“特供”“专供”等标识。如“××礼堂专供”。

类似“特供”“专供”的标识还包括“专用”“内招”“特制”“特酿”“特需”“定制”“订制”“授权”“指定”“合作”“接待”等标识。

三、要制定严格的举措和要求

各部门、各单位要严格审核预算资金用途，严禁申报、分配预算资金用于涉及“特供”“专供”等标识的物品；规范采购行为，严禁采购涉及“特供”“专供”等标识的物品；完善财务制度和支出流程，严禁报销列支涉及“特供”“专供”等标识物品的经费支出；强化审计监督，将涉及“特供”“专供”等标识物品的事项作为内部审计的重点内容；定期对社会上盗用冒用本部门“特供”“专供”等标识的信息进行筛查，将发现的问题或线索，及时向工商等职能部门投诉举报并配合做好打击工作，采取适当方式消除不良影响，切实维护自身合法权益。

四、各相关职能部门要加强沟通，密切配合，形成工作合力

财政部门要进一步完善相关财务规章制度，加强预算资金管理；审计部门要结合日常审计，加大对涉及“特供”“专供”等标识问题的监督力度；机关事务等有关部门要加强对涉及“特供”“专供”等标识行为的监督检查。

工商、商务、烟草专卖等部门要加强对市场上滥用“特供”“专供”等标识的产品和行为的监管，及时受理、调查、处置涉及“特供”“专供”等标识的投诉举报事项。

五、严格对涉及“特供”“专供”等标识行为的责任追究

对使用涉及“特供”“专供”等标识物品的单位，由相关职能部门或其上级部门责令限期改正并通报批评。对自行或授权生产销售涉及“特供”“专供”等标识物品、牟取不当利益的单位，由有关部门依法依纪对相关责任人员进行处理；涉嫌犯罪的，依法追究刑事责任。

国家卫生和计划生育委员会办公厅关于开展食品地方标准清理工作的通知

（卫办监督函［2013］332号　2013年4月25日发布）

各省、自治区、直辖市卫生厅局（卫生计生委），新疆生产建设兵团卫生局，中国疾病预防控制中心、卫生监督中心、国家食品安全风险评估中心：

近期，媒体报道一些地方存在食品地方标准与食品国家标准相交叉、重复和矛盾问题，社会各方高度关注。我委正在组织开展食品标准清理，并要求各地组织开展食品地方标准清理工作。为进一步做好食品地方标准清理工作，现通知如下：

一、高度重视加快开展食品地方标准清理工作

《食品安全法》及其实施条例、《食品安全地方标准管理办法》规定：没有食品安全国家标准的，可以制定食品安全地方标准，食品安全国家标准公布实施后，相应的食品安全地方标准应当废止。省级卫生行政部门（卫生计生委）组织制定食品安全地方标准，要充分认识这项工作的重要性和严肃性，依法履行食品安全地方标准相关职责，按照我委《食品标准清理工作方案》（卫办监督函［2012］913号），加快食品地方标准清理，到2013年12月底，完成地方标准清理工作。在清理工作中，要坚持科学性原则，突出工作重点，重点清理地方标准与国家标准存在交叉、重复、矛盾问题，按照食品标准清理工作方案和清理工作原则，对标准内容进行对比研究，科学做出清理结论。对已有食品安全国家标准的，应当及时废止相应的食品地方标准，对现行地方标准中食品安全指标与强制性国家标准不一致的，应当及时废止地方标准或组织修订。同时按照《预包装食品标签通则》（GB 7718），进一步规范食品标签中产品执行标准的标注，并通报相关监管部门加强对食品标签的监督检查。

二、加强食品安全地方标准管理工作

（一）严格食品安全地方标准立项范围

各地应当严格执行《食品安全地方标准管理办法》第三条规定，将食品及原料生产经营过程的卫生要求、适合当地监管需要的检验方法作为立项重点。食品安全地方标准不得与国家标准交叉、重复和矛盾；食品安全国家标准已经涵盖的食品品种的，不宜重复制定食品产品的地方标准。省级卫生行政部门（卫生计生委）制定食品安全地方标准立项计划时，应当及时征求国家食品安全风险评估中心的意见。

（二）加强食品安全地方标准制定公布工作

制定食品安全地方标准应当严格遵循标准制定工作

程序，要以保证公众健康为宗旨，以食品安全风险评估结果为依据，充分考虑地方食品特点和饮食习惯。食品安全地方标准制定公布工作应当公开透明，征求社会各方意见并征求其他省级卫生行政部门（卫生计生委）意见。食品安全地方标准应当经省级食品安全地方标准审评委员会审查，做到科学合理、安全可靠。在公布食品安全地方标准文本的同时，还应做好标准的宣传贯彻和解疑释惑工作。

（三）开展食品安全地方标准备案工作

我委委托国家食品安全风险评估中心承担食品安全地方标准备案具体工作和技术指导，将对符合条件的食品安全地方标准予以备案。各省级卫生行政部门（卫生计生委）应依法、依程序报送食品安全地方标准备案材料。

（四）实施食品安全地方标准跟踪评价制度

省级卫生行政部门（卫生计生委）应当根据《食品安全法实施条例》和《食品安全地方标准管理办法》规定，组织对食品安全地方标准执行情况进行跟踪评价，收集标准执行情况、问题和建议，逐步修订完善食品安全地方标准，确保食品安全地方标准与国家标准相衔接配套。

三、加强食品安全地方标准能力建设和保障措施

各省级卫生行政部门（卫生计生委）要明确具体承担食品安全地方标准等工作的机构，建立健全管理制度和工作程序，强化食品安全标准人才队伍建设和能力建设，将食品安全地方标准工作列为食品安全工作重点，加强监督和考核评价，确保各项工作落实到位，取得实效。此外，要将食品安全地方标准工作经费纳入地方财政预算，逐步落实各项保障机制。

各地在标准清理工作中如遇重大问题，请及时函报我委。

质检总局办公厅
《国家重点产品质量安全追溯物联网应用示范工程建设实施方案》

（质检办质［2013］415号　2013年5月20日发布）

为贯彻落实《质检总局办公厅关于开展国家重点产品质量安全追溯物联网应用示范工程建设工作的通知》（质检办质［2013］251号）的要求，明确国家重点产品质量安全追溯物联网应用示范工程（以下简称“示范工程”）的建设目标、任务和责任分工，确保示范工程稳步推进并取得实效，制定本方案。

一、工程目标

一期工程建设。依托商品条码、射频识别技术（RFID）等物联网技术，通过建设国家第三方产品质量安全监管平台、省级质量追溯平台，整合质量监管部门和企业产品质量信息，探索建立全社会共同参与共同监督的质量监管新模式。产品范围为乳制品、白酒、大米、面粉、食用油、进口葡萄酒以及化肥。

二期工程建设。依托物联网、云计算等技术，以实现对重点特种设备生产、使用、维护保养及相关从业人员的动态监控和预警为目标，以北京市东城区，浙江省杭州市，福建省福州市，江苏省南京市、无锡市，广东省广州市、东莞市，上海市金山区，四川省南充市，山东省淄博市等10个市（区）为试点地区，探索建立特种设备安全管理物联网应用体系，为创新特种设备监管模式探索经验。产品范围为电梯和气瓶。

二、组织管理

（一）总局成立示范工程领导小组

总局成立“国家重点食品（产品）质量安全追溯物联

网应用示范工程领导小组”（以下简称“示范工程领导小组”），研究并指导解决示范工程建设中的重大问题，确定示范工程建设重要工作部署，督促和检查示范工程建设的进展和成效。领导小组办公室设在中国物品编码中心。

任务分工：总局科技司负责项目监督管理，对口协调联系发展改革委高技术司。总局质量司负责项目综合协调，商有关司局、省（区、市）质量技术监督局等单位成立示范工程领导小组，印发领导小组有关文件。

时间进度安排：2013年2月底前成立示范工程领导小组，3月初召开示范工程启动大会，3月底前印发《关于开展国家重点产品质量安全追溯物联网应用示范工程建设工作的通知》。

（二）各省成立示范工程建设小组

各省成立“国家重点食品（产品）质量安全追溯物联网应用示范工程省级建设小组”（以下简称“各省示范工程建设小组”），研究落实示范工程建设的各项工作部署，督促和检查本省示范工程建设的进展。

任务分工：各省（区、市）质量技术监督局质量处牵头负责。

时间进度安排：2013年5月底完成，各省（区、市）将领导小组的组成情况报示范工程领导小组办公室。

（三）总局示范工程领导小组办公室成立示范工程专家组

组织产、学、研等各领域专家，成立“国家重点食品（产品）质量安全追溯物联网应用示范工程省级建设专家组”（以下简称“示范工程建设专家组”），负责对项目实施过程中各项工作完成情况进行论证、研究和评估，指导和支持项目建设单位完善工作方案，指导相关标准制定工作。

任务分工：总局示范工程领导小组办公室组织。

时间进度安排：2013年5月底前，总局示范工程领导小组办公室以国家物联网示范工程专家组为基础，成立示范工程建设专家组，报总局示范工程领导小组审定。

三、工作安排

（一）一期工程建设

1. 国家产品质量安全追溯监管平台建设

国家产品质量安全追溯监管平台集中采集、处理建设范围内的产品质量追溯信息，整合中国商品基础信息平台、产品质量信用信息平台的信息，共享全国企业质量档案数据，实现对产品质量追溯信息的公示、质量风险预警和社会监督等。

任务分工：总局示范工程领导小组负责国家平台建设的指导。中国物品编码中心负责国家平台的开发和建设的具体实施。

时间进度安排：2013年5月15日前，中国物品编码中心启动国家平台建设的招标工作，12月底前完成国家平台的开发工作。2014年4月底前，中国物品编码中心完成国家平台与省级平台的互联互通；6月底前，完成国家平台建设并试运行。12月底前，中国物品编码中心申请项目验收。

2. 省级产品质量监管平台建设

省级产品质量安全追溯监管平台建设（以下简称“省级平台”）主要采集各省内产品生产企业产品质量追溯信息、防伪信息，并将有关信息与国家平台的对接。省级平台建设采用自主开发方式，有条件的省可自主建设省级平台，暂时无条件的省可采取国家平台托管追溯信息的方式开展示范工程的建设实施。

任务分工：总局示范工程领导小组办公室牵头组织成立省级平台建设工作组，负责承担省级平台建设单位的指导和综合协调。各省示范工程建设小组承担省级平台的建设、产品质量安全追溯信息的采集、核对及技术咨询等工作。

时间进度安排：2013年5月底前，总局示范工程领导小组办公室组织各省召开项目实施研讨会，并组织自主开发平台省份成立省级平台建设工作组，启动省级平台建设工作。2014年1月底前，各省平台试运行及向国家平台传输数据的准备工作；2月初，总局示范工程领导小组办公室组织省级平台建设工作组召开省级平台建设评审会议；3月至5月底前，各省示范工程建设小组完成质量基本信息采集工作，并实现向国家平台的数据传输；7月底前，建立产品质量追溯数据动态采集机制；11月中旬，完成省级平台建设项目验收申请。11月底前，总局示范工程领导小组办公室组织召开省级平台建设项目验收预备会议；12月起，总局示范工程领导小组办公室逐步组织省级平台验收工作。

3. 质量追溯物联网技术标准体系建设工作

研究制定工程实施过程中的各类标准、规范，探索完善重点产品质量安全追溯物联网技术应用标准体系，建立健全总体架构、数据采集传输、业务应用、产品检测等方面的标准、规范。

任务分工：总局示范工程领导小组办公室牵头，组织各省（区、市）标准化研究院、系统开发有关单位及物联网深度应用试点企业成立标准建设工作组，共同承担重点产品质量安全追溯物联网技术应用标准、规范及技术文件的制定工作。各省（区、市）标准建设工作组有关人员向各省示范工程建设小组做好沟通汇报。

时间进度安排：2013年5月15日前，总局示范工程领导小组办公室组织相关省标准化研究院、系统开发有关单位及物联网深度应用企业成立标准建设工作组，标准建设工作组办公室设在中国物品编码中心；6月底前，标准建设工作组完成标准制定任务分工方案；12月底前，标准建设工作组各参与单位根据任务分工完成标准草案的编写工作。2014年6月底前，标准建设工作组各参与单位完成各项标准、规范的完善工作；8月底前，总局示范工程领导小组办公室组织专家组对制定的标准、规范进行评审。

4. 物联网技术深度应用企业推进工作

以蒙牛、光明集团为乳品行业试点企业，应用物联网技术开展深度应用，实施流程改造，提升企业生产过程的精益化管理水平，提高产品质量追溯保障能力；以五粮液、剑南春为白酒行业试点企业，应用物联网技术实施管理流程与加工生产线的改造，提升企业产品安全防伪和质量管控能力。以河南永城面粉、黑龙江五常大米、中粮食用油、黑龙江进口葡萄酒、四川化肥为重点，选取相关产品深度应用示范企业。

任务分工：总局质量司负责协调有关司局、省（区、市）质量技术监督局，确定大米、面粉、食用油、进口葡萄酒和化肥等的物联网深度应用企业，总局示范工程领导小组办公室负责组织有关调研工作。五粮液集团、剑南春集团、蒙牛集团、光明集团等物联网深度应用试点企业负责物联网技术深度应用追溯方案的具体实施工作，试点企业所在省示范工程建设小组负责指导、监督企业工作。

时间进度安排：2013年4月底前，确定大米、面粉、食用油、进口葡萄酒和化肥的深度应用企业；5月底前，完成调研工作，各深度应用企业完成物联网追溯实施方案；7月15日前，相关省（区、市）质量技术监督局将企业实施方案报送示范工程领导小组办公室；8月底前，总局示范工程领导小组办公室组织对方案进行论证，完成项目立项和备案；12月底前，各企业要完成项目阶段性总结工作报至总局示范工程领导小组办公室。2014年6月底前，各深度应用试点企业要完成物联网追溯系统的建设工作，并开始试运行；9月底前，各企业实现与国家平台的信息对接；11月底前，各深度应用试点企业申请项目验收；12月底前，总局示范工程领导小组办公室组织专家组对项目进行审核和验收。

（二）二期工程建设。

1. 申请立项

根据发展改革委、财政部关于2013年国家物联网重大应用示范工程的工作安排，组织开展特种设备领域质量安全监管物联网应用示范工程项目申报。

任务分工：总局科技司、特种设备局负责联系发展改革委高技术产业司，做好项目的申请立项工作。中国物品编码中心做好相关配合工作。

时间进度安排：2013年3月底前，研究形成特种设备质量安全监管物联网示范工程的总体思路及工作重点。4月底前，完成试点地区的选取工作。5月底前，完成示范工程实施方案的编制工作，并根据发展改革委的要求报送方案。

2. 组织实施

待特种设备质量安全追溯物联网应用示范工程项目立项后，按照发展改革委的有关批复要求，组织开展各项实施建设工作。

任务分工：总局特种设备局负责组织实施，中国物品编码中心等单位配合。

四、其他要求

示范工程建设有关单位要以现有质量监管信息为基础，做好与新一代移动通信、下一代互联网、云计算等战略性新兴产业的衔接。示范工程建设实施要严格遵循国家关于政府采购和招标投标管理的有关规定，本着勤俭节约、提高效率、降低能耗、保障安全的原则开展相关工作，确保项目顺利实施。

国家食品药品监督管理总局办公厅关于切实强化夏季流通消费环节食品安全监管预防食物中毒的通知

（食药监办食监二［2013］155号　2013年6月9日发布）

各省、自治区、直辖市及新疆生产建设兵团食品药品监督管理局、工商行政管理局，北京市卫生局、福建省卫生厅：

夏季天气高热潮湿，食品容易腐败变质，细菌性食物中毒的风险增大。近期，部分地区发生了多起群体性食物中毒事件，对公众身体健康和生命安全造成了危害，个别事件已经引起社会关注。为深入贯彻落实《国务院办公厅关于印发2013年食品安全重点工作安排的通知》（国办发［2013］25号）要求，强化食品安全风险防范意识，加强流通消费环节食品安全监管，有效预防细菌性食物中毒等食品安全事故的发生，保障人民群众食品安全和身体健康，现就有关工作通知如下：

一、加大风险排查工作力度，认真治理食品安全突出问题

各地要在全面梳理、认真分析近年来本监管区域内食品安全事故的基础上，研判监管区域内食品安全事故的重点时段、重点区域、重点环节和重点产品的特点，采取切实有效措施，加大监督检查力度，排查治理安全隐患，严防食品安全事故的发生。

（一）组织开展流通环节食品安全监督排查

各地要针对季节性食品消费特点，以肉制品、乳制品、粮食制品、食用油、饮料、酒类、调味品等食品为重点品种，以农村地区、城乡结合部、城市社区、旅游景区及车站码头为重点区域，加大对商场、超市、批发市场、集贸市场和食品店的巡查、检查力度。同时，要针对节日期间儿童食品、老年食品、清真食品等消费量大的特点，结合本地实际，突出粽子等节日性特色明显的食品种类，加强市场日常巡查和执法检查。

（二）组织开展餐饮单位监督排查

各地要结合餐饮服务食品安全监督量化分级管理动态等级评定工作，对监管区域内防控食物中毒的重点单位进行强化监督检查。重点单位包括：学校食堂、建筑工地食堂、旅游景区餐饮服务单位、500人以上的机关企事业单位食堂、大型及大型以上餐馆等就餐人员较多的餐饮服务单位；既往3年发生过食物中毒事故的餐饮服务单位。在监督检查过程中，要加强对食品采购索证索票、食品加工制作特别是冷荤凉菜制作、餐饮用具清洗消毒、食品留样等重点环节的监督检查。

（三）组织开展添加剂专项排查

各地要继续加大对违法添加非食用物质和滥用食品添加剂的监管力度，进一步加强对食品添加剂标签标识的监督检查，严格监督食品添加剂经营者落实索证索票等进货查验制度，切实防止非食用物质冒充食品添加剂销售，严格监督餐饮服务单位落实索证索票制度和食品添加剂使用“五专”要求，依法严厉查处流通消费环节违法销售食品添加剂、违法添加非食用物质和滥用食品添加剂等行为。

二、进一步强化食品监督抽检，提高监管工作针对性

各地要根据有关部门通报的食品安全风险监测和风险评估，以及监督检查情况，紧密结合当地实际，针对区域性、季节性、节日性食品消费特点，本着“突出重点、依法监管、防控风险”的原则，对重点食品品种的铅、镉、铬、铝、砷、汞等的含量以及“瘦肉精”、微生物、黄曲霉毒素等真菌毒素、亚硝酸盐等防腐剂以及甜味剂、漂白剂等指标项目进一步加大抽样检验力度，增加抽检频次，扩大抽检范围，切实组织开展好食品安全监督抽检工作。对于抽检中发现的违法行为，要依法严厉查处。

三、加大食品违法案件的查办力度，震慑违法者

各地要集中执法力量，切实加大案件查办力度，始终保持高压态势，依法严厉查处流通消费环节食品违法行

为。同时，还要加强对日常监管中发现、消费者申诉举报和媒体舆情反映的食品案件线索的排查，强化对违法线索的汇总、分析和案件督查督办，及时发现和依法严厉查处违法行为。建立健全行政执法和刑事司法有效衔接的工作机制。涉嫌犯罪的，要依法及时移送公安机关处理。

四、健全应急处置机制，强化应急处置

各地要根据本监管区域的实际情况，健全食品安全事故应急处置机制，完善应急预案，明确处置程序，强化应急值守。要组织开展防控和处置食物中毒等食品安全事故的专题培训，适时开展应急演练。对发生的疑似食物中毒事件，要在第一时间组织力量依法调查处理，做到反应灵敏、响应快速、处置有效，并按规定及时上报，不得隐瞒、谎报、迟报。

五、强化宣传教育，营造良好的社会氛围

各地要强化对监管区域内食品经营单位和餐饮服务单位的食品安全法律法规知识特别是预防食物中毒知识的宣传培训，增强食品经营单位和餐饮服务单位的负责人、食品安全管理人员食品安全意识和风险防范意识。督促企业负责人组织制定本企业食物中毒等食品安全事故应急处置方案，定期检查企业内部各项食品安全防范措施的落实情况，排查食品安全风险，及时采取有效控制措施，消除食品安全隐患。

六、严肃工作纪律，进一步加强舆情和信息管理

各地食品药品监管和工商行政管理等部门要切实加强工作协作配合，形成监管工作合力，切实做到机构改革期间食品安全监管工作不断、力度不减。

各地要密切关注舆情动态，及时沟通舆情信息、认真回应社会关注，正确引导舆论，防止各种恶意炒作。要按照食品安全信息发布的有关要求，严格执行信息发布管理工作规定，落实重大事项信息披露的报告、审核、批准等制度，严肃工作纪律，严格工作程序，加强信息管理，积极维护社会和谐稳定。

中华人民共和国
国家卫生和计划生育委员会
关于龙舌兰酒按照进口尚无食品安全
国家标准食品管理的公告

（2013年第10号　2013年6月20日发布）

根据《中华人民共和国食品安全法》和《进口无食品安全国家标准食品许可管理规定》，经审查，同意龙舌兰酒（英文名：Tequila 100% Agave）按照进口尚无食品安全国家标准食品进行管理。指定龙舌兰酒的甲醇限量不得超过3.0克/升（按100%酒精计），其他安全指标及检验项目和检验方法按照食品安全国家标准《蒸馏酒及其配制酒》（GB 2757—2012）执行。其产品进口和生产经营应当符合有关法律法规和标准的规定。

特此公告。

二零一三年六月二十日

国家卫生和计划生育委员会关于龙舌兰酒公告的说明

近日，国家卫生和计划生育委员会发布公告，同意对龙舌兰酒按照进口尚无食品安全国家标准的食品进行管理。

一、什么是龙舌兰酒

龙舌兰是一种生长在南美的植物。龙舌兰酒是以龙舌兰的根茎为原料酿制的蒸馏酒，酒精度大多在37%～40%，少部分达50%。因龙舌兰富含果胶，在发酵过程中会产生一定量的甲醇。

二、为什么龙舌兰酒是尚无食品安全国家标准的食品

食品安全国家标准《蒸馏酒及其配制酒》（GB 2757—2012）规定的酿酒原料主要为粮谷、薯类、水果、乳类等，而龙舌兰酒的原料为生长于南美的龙舌兰植物，不是我国传统的酿酒原料，不适用于我国现行蒸馏酒标准。

根据《食品安全法》和《进口无食品安全国家标准食品许可管理规定》，进口尚无食品安全国家标准的食品，进口商应当向国务院卫生行政部门提出申请并提交相关的安全性评估材料。国务院卫生行政部门依法作出是否准予许可的决定，并及时制定相应的食品安全国家标准。2012年4月，龙舌兰酒进口商向原卫生部申报了进口尚无食品安全国家标准的食品，并提交了相关安全性评估材料。原卫生部卫生监督中心依照法定程序组织专家对上述安全性评估材料进行了审查，国家食品安全风险评估中心根据我国居民膳食暴露情况进一步开展了风险评估。专家认为，在我国现有饮酒习惯下，甲醇含量不超过3.0克/升（按100%酒精计，以下同）的龙舌兰酒不会危害人体健康。

根据以上情况，国家卫生计生委同意对龙舌兰酒按照进口尚无食品安全国家标准的食品进行管理。指定龙舌兰酒的甲醇限量不得超过3.0克/升，其他安全指标及检验项目和检验方法按照食品安全国家标准《蒸馏酒及其配制酒》（GB 2757—2012）执行。

三、饮用龙舌兰酒是否影响身体健康

甲醇是一种最简单的醇类有机化合物，蔬菜、水果、碳酸饮料等食物中均含有甲醇。酒类发酵过程也必然产生一定量的甲醇，但受酿造原料和生产工艺影响，不同酒中的甲醇含量不同。甲醇在人体胃肠道内吸收，血液中甲醇的清除半衰期约2小时，一般不在体内蓄积。由于甲醇具有一定的急性毒性，因此许多国家和地区将甲醇作为酒饮料标准的限定指标。墨西哥规定龙舌兰酒中甲醇限量为3.0克/升，美国、欧盟等国家和地区均允许甲醇含量不超过3.0克/升的墨西哥龙舌兰酒进口。

针对甲醇含量为3.0克/升的龙舌兰酒，国家卫生计生委一方面组织专家按照法定程序对进口商提供的安全性评估材料进行审查，另外还委托国家食品安全风险评估中心进行了风险评估，审查和风险评估结果均显示，龙舌兰酒中甲醇含量不超过3.0克/升的健康风险低，在我国现有饮酒习惯下是安全的。但龙舌兰酒属于烈性酒，多用于调配鸡尾酒。过量饮酒不利于身体健康，建议消费者适量饮酒。

中华人民共和国商务部关于葡萄酒反倾销立案的公告

（商务部公告2013年第36号　2013年7月1日实施）

2013年5月15日，商务部收到中国酒业协会代表国内葡萄酒产业正式提交的反倾销调查申请，申请人请求对原产于欧盟的进口葡萄酒进行反倾销调查。

商务部依据《中华人民共和国反倾销条例》有关规定，对申请人的资格、申请调查产品的有关情况、中国同类产品的有关情况、申请调查产品对国内产业的影响、申请调查地区的有关情况等进行了审查。同时，商务部就申请书提供的涉及倾销、损害及倾销与损害之间的因果关系等方面的证据进行了审查。申请人提供的初步证据表明，申请人中国酒业协会代表的葡萄酒总产量在2009年、2010年和2011年和2012年均占同期中国同类产品总产量的50%以上，符合《中华人民共和国反倾销条例》第十一条、第十三条和第十七条有关国内产业提出反倾销调查申请的规定。同时，申请书中包含了《中华人民共和国反倾销条例》第十四条、第十五条规定的反倾销调查立案所要求的内容及有关证据。

根据上述审查结果及《中华人民共和国反倾销条例》第十六条规定，商务部决定自2013年7月1日起对原产于欧盟的进口葡萄酒进行反倾销立案调查。现将有关事项公告如下：

一、立案调查及调查期

自本公告发布之日起，商务部对原产于欧盟的进口葡萄酒进行反倾销调查，本次调查确定的倾销调查期为2012年1月1日至2012年12月31日，产业损害调查期为2009年1月1日至2012年12月31日。

二、被调查产品及调查范围

调查范围：原产于欧盟的进口葡萄酒

被调查产品名称：葡萄酒，英文名称：Wines。

被调查产品的具体描述：以鲜葡萄或葡萄汁为原料，经全部或部分发酵酿制而成的，含有一定酒精度的发酵酒。

该产品归在《中华人民共和国进出口税则》：22041000、22042100和22042900。

三、登记应诉

就倾销调查，任何利害关系方可于本公告发布之日起20天内，向商务部进出口公平贸易局申请参加应诉，参加应诉的涉案出口商或生产商应同时提供2012年1月1日至2012年12月31日向中国出口本案被调查产品的数量及金额。

就产业损害调查，利害关系方可自本公告发布之日起20天内向商务部产业损害调查局申请参加产业损害调查活动登记，同时应提供产业损害调查期内的生产能力、产量、库存、在建和扩建的计划以及向中国出口该产品的数量和金额等说明材料。

四、利害关系方的权利

利害关系方对本次调查的产品范围、申请人资格、被调查国家及其他相关问题如有异议，可以于上述登记应诉期间内将书面意见提交商务部。

五、调查方式

调查机关可以采用问卷、抽样、听证会、现场核查等方式向有关利害关系方了解情况并进行调查。

六、问卷调查

商务部在本公告规定的登记应诉截止之日起10个工作日内向登记应诉公司及申请书列明的其他公司发放调查问卷。调查问卷包括公司的机构和运作、被调查产品、对中国（大陆）的出口销售、国内（地区内）销售、对中国（大陆）以外其他国家（地区）的出口销售、生产成本和相关费用、估算的倾销幅度及核对单等内容。

上述所有公司应在规定时间内提交完整、准确的答卷。答卷应当包括调查问卷所要求的全部信息。所有答卷应当在问卷发放之日起37日内送至商务部。应诉公司有正当理由表明在答卷到期日前不能完成答卷的，应在答卷提交截止期限7日前向商务部提出延期提交答卷书面申请，陈述延期请求和延期理由。

应诉公司在规定的期限内不提交答卷的，或者不能按照要求提供完整而准确的答卷，或者对其所提供的资料不允许商务部进行核查，或者以其他方式严重妨碍调查，则商务部可依据《中华人民共和国反倾销条例》第二十一条的规定，根据已经获得的事实和可获得的最佳信息作出裁定。

中华人民共和国商务部
关于葡萄酒反补贴立案的公告

（2013年第37号 2013年7月1日实施）

2013年5月15日，商务部收到中国酒业协会代表国内葡萄酒产业正式提交的反补贴调查申请，申请人请求对原产于欧盟的进口葡萄酒进行反补贴调查。

根据《中华人民共和国反补贴条例》第十六条规定，2013年6月5日，商务部就有关反补贴调查事项向欧盟欧委会发出进行磋商的邀请。6月17日，中欧双方进行了磋商。6月21日，欧盟欧委会提交了书面评论意见。

商务部依据《中华人民共和国反补贴条例》有关规定，对申请人的资格、申请调查产品的有关情况、中国同类产品的有关情况、申请调查产品对国内产业的影响、申请调查地区的有关情况等进行了审查。同时，商务部就申请书中提供的涉及补贴、损害及补贴与损害之间的因果关系等方面的证据进行了审查。申请人提供的初步证据表明，申请人中国酒业协会代表的葡萄酒总产量在2009年、2010年、2011年和2012年均占同期中国同类产品总产量的50%以上，符合《中华人民共和国反补贴条例》第十一条、第十三条和第十七条有关国内产业提出反补贴调查申请的规定。同时，申请书中包含了《中华人民共和国反补贴条例》第十四条、十五条规定的反补贴调查立案所要求的内容及有关证据。

根据上述审查结果及《中华人民共和国反补贴条例》第十六条规定，商务部决定自2013年7月1日起对原产于欧盟的葡萄酒进行反补贴调查，现将有关事项公告如下：

一、立案调查及调查期

自本公告发布之日起，商务部对原产于欧盟的进口葡萄酒进行反补贴调查，本次调查确定的补贴调查期为2012年1月1日至2012年12月31日，产业损害调查期为2009年1月1日至2012年12月31日。

二、被调查产品及调查范围

调查范围：原产于欧盟的进口葡萄酒

被调查产品名称：葡萄酒，英文名称：Wines。

被调查产品的具体描述：以鲜葡萄或葡萄汁为原料，经全部或部分发酵酿制而成的，含有一定酒精度的发酵酒。

该产品归在《中华人民共和国进出口税则》：22041000、22042100和22042900。

三、反补贴调查项目

在提交的申请书中，申请人主张欧盟及其成员国政府向涉案产业提供的补贴项目共计20个。经过对申请书的审查，并依法考虑了欧盟欧委会所提出的主张及所附证据材料，商务部决定在本次调查中对以下补贴项目进行调查：

（一）单一支付计划
（二）第三国市场推广补贴
（三）葡萄园重建和转型补贴
（四）绿色收割补贴
（五）共同基金补贴
（六）收获保险补贴
（七）投资补贴
（八）副产品蒸馏补贴
（九）出口补贴
（十）葡萄酒和酒精的贮存补贴
（十一）特殊用途资助补贴
（十二）农村发展基金项下的补贴
（十三）法国科西嘉岛投资开发税收抵免补贴
（十四）西班牙地区经济刺激计划项下的补贴
（十五）德国东部投资补贴

同时，商务部决定不对以下补贴项目进行调查：

（一）食用酒精蒸馏补贴
（二）危机蒸馏补贴
（三）使用浓缩葡萄酒浆补贴
（四）拔除葡萄树计划补贴
（五）德国巴伐利亚州关于工商领域的支持计划

四、登记应诉

就补贴调查，利害关系方和利害关系国（地区）政府可于本公告发布之日起20天内，向商务部进出口公平贸易局申请参加应诉。参加应诉的涉案出口商或生产商应同时提供2012年1月1日至2012年12月31日向中国出口本案被调查产品的数量及金额。

就产业损害调查，利害关系方和利害关系国（地区）政府可自本公告发布之日起20天内向商务部产业损害调查局申请参加产业损害调查活动登记。利害关系方应同时提供产业损害调查期内的生产能力、产量、库存、在建和扩建的计划以及向中国出口该产品的数量和金额等说明材料。

五、利害关系方和利害关系国(地区)政府的权利

利害关系方和利害关系国（地区）政府可在商务部网站进出口公平贸易局子网站“案件动态”栏目下载本案申请人提交的申请书的非保密文本，或到商务部公开信息查阅室进行查阅。

利害关系方和利害关系国（地区）政府对本次调查的产品范围、申请人资格、被调查国家（地区）及其他相关问题如有异议，可以于上述登记应诉期间内将书面意见提交商务部。

六、调查方式

调查机关可以采用问卷、抽样、听证会、现场核查等方式向有关利害关系方和利害关系国（地区）政府了解情况并进行调查。

七、问卷调查

商务部在本公告规定的登记应诉截止之日起10个工作日内向登记应诉公司及申请书列明的其他公司发放调查问卷。调查问卷要求提供公司的结构及运营、关联公司、生产成本、销售等信息，以及每一项具体补贴项目的详细信息等。商务部也将在本公告规定的登记应诉截止之日起10个工作日内向登记应诉及申请书列明的涉案国（地区）政府发放调查问卷。

《葡萄酒反补贴案补贴调查问卷》届时可在商务部网站进出口公平贸易局子网站“案件动态”栏目下载。未登记应诉的其他公司可直接下载或向商务部索取该调查问卷，并按要求填报。

上述所有公司和涉案国（地区）政府应在规定时间内提交完整而准确的答卷。答卷应当包括调查问卷所要求的全部信息。所有答卷应当在问卷发放之日起37日内送至商务部。应诉公司有正当理由表明在答卷到期日前不能完成答卷的，应在答卷提交截止期限7日前向商务部提出延期提交答卷书面申请，陈述延期请求和延期理由。

应诉公司或涉案国（地区）政府在规定的期限内不提交答卷的，或者不能按照要求提供完整而准确的答卷，或者对其所提供的资料不允许商务部进行核查，或者以其他方式严重妨碍调查，商务部可依据《中华人民共和国反补贴条例》第二十一条的规定，根据可获得的事实作出裁定。

中华人民共和国国家卫生和计划生育委员会关于加强食品安全标准工作的指导意见

（国卫食品发[2013]18号　2013年9月12日发布）

各省、自治区、直辖市卫生厅局（卫生计生委），新疆生产建设兵团卫生局，中国疾控中心、卫生监督中心、食品风险评估中心：

为指导各地做好食品安全标准工作，根据《中华人民共和国食品安全法》及其实施条例、《国务院关于加强食品安全工作的决定》、《国家食品安全监管体系“十二五”规划》和《食品安全国家标准“十二五”规划》，现提出以下指导意见：

一、依法履行食品安全标准工作职责

（一）高度重视食品安全标准工作

按照国务院部署，食品安全标准工作已列入当前食品安全重点工作和重点建设项目，要求加快食品标准清理整合和重点标准制（修）订，完善食品安全标准体系，在“十二五”期间，基本构建保障人民群众健康需要、适应我国国情的食品安全标准体系。各级卫生计生行政部门要充分认识食品安全标准工作的重要性和紧迫性，要完善管理制度，健全组织机构，加强人才队伍建设，依法履职，提高工作能力和水平，扎实做好各项工作。

（二）明确食品安全标准工作职责和任务

省级卫生计生行政部门依法负责食品安全地方标准制定公布和食品安全企业标准备案工作。地方各级卫生计生行政部门要承担食品安全国家标准、地方标准的宣传贯彻、跟踪评价和技术咨询等工作任务。国家食品安全风险评估中心承担食品安全地方标准备案工作，指导各地做好食品安全标准各项工作。

二、加强食品安全地方标准工作

（一）加强食品安全地方标准制度建设

省级卫生计生行政部门应当制定公布食品安全地方标准管理制度和工作程序。各级卫生监督机构、疾病预防控制机构要在省级卫生计生行政部门组织下，参与地方标准相关工作。鼓励相关部门、科研院校和社会各方参与食品安全地方标准制定等工作。省级食品安全地方标准审评专家委员会要做好地方标准的审查，确保食品安全标准科学性和权威性。

（二）严格食品安全地方标准范围

省级卫生计生行政部门要对本辖区现行食品地方标准进行清理，及时废止地方标准中不符合食品安全要求的内容。食品安全地方标准的立项要严格执行《食品安全地方标准管理办法》第三条规定，不得与国家标准交叉、重复和矛盾，食品安全国家标准已经涵盖的食品品种和相应指标，不应当重复制定地方标准。食品安全国家标准公布后，相应的食品安全地方标准自行废止。省级卫生计生行政部门制定食品安全地方标准立项计划时，应当及时与国家食品安全风险评估中心沟通。

（三）坚持科学合理、公开透明的原则

制定食品安全地方标准要充分考虑地方食品特色、传统以及饮食习惯等因素，要以食品安全风险监测及其评估结果为依据，参考和借鉴国内外相关标准规定，深入调查研究，广泛收集监测、检测等数据。要坚持公开透明原则，充分听取社会各方意见，确保标准科学合理、安全可靠。

（四）推进标准贯彻执行

省级卫生计生行政部门要主动公开食品安全地方标准工作进展和标准文本，加强标准宣传和贯彻实施工作，收集地方标准执行情况、问题和建议，逐步修订完善食品安全地方标准。

三、做好食品安全企业标准备案工作

（一）加强食品安全企业标准备案制度建设

省级卫生计生行政部门要健全食品安全企业标准备案制度和工作程序，主动向社会公布，接受食品生产经营企业和社会监督。要制订完善方便企业、服务企业的工作制度，增强服务意识，提高服务效率和服务质量，为企业做好备案工作提供技术指导和帮助。

（二）明确食品安全企业标准备案范围

对于没有食品安全国家标准和地方标准的食品，应当制定食品安全企业标准。企业制定严于国家标准或地方标准的食品安全企业标准，应当如实提交必要的依据和验证材料。除以上情形外，对已有食品安全国家标准或者地方标准的，或者国家另有相关规定的，不再备案相关的企业标准。

（三）坚持企业是食品安全第一责任人原则

食品生产企业依法制定发布食品安全企业标准后，应当按照规定将企业标准向省级卫生计生行政部门备案，由省级卫生计生行政部门存档备查。食品企业对其制定的企业标准内容真实性、合法性负责，并对备案后的企业标准的实施后果依法承担责任。备案的企业标准，在本企业内部适用。企业标准中凡不符合食品安全国家标准或地方标准的，一经发现，备案企业应当修订其企业标准。企业应当依据法律法规和食品安全标准要求，组织食品生产经营，确保食品安全。

（四）简化备案程序，方便公众查询

对新建食品生产企业，根据食品生产企业提交的《营业执照》或《企业名称预先核准通知书》，对符合相关要求的，省级卫生计生行政部门可以受理食品安全企业标准备案申请。省级卫生计生行政部门要将已备案的企业标准及时通报相关部门，同时按照政务公开要求，向社会公布已备案的企业标准，方便公众查阅。

（五）增强服务意识，提高工作效率

省级卫生计生行政部门要积极探索方便企业备案的工作程序和方式，可以委托有能力的省级以下地方卫生机构受理辖区内食品生产企业的标准备案申请，提供企业标准备案指导等，为企业标准备案提供便利。省级卫生计生行政部门应当鼓励食品行业协会或其他专业社会组织为食品生产企业制定食品安全企业标准提供专家咨询服务，指导食品生产企业制定食品安全企业标准。

四、开展食品安全标准研究和跟踪评价工作

（一）加强国际食品法典及其他国家食品标准技术法规的追踪研究

国家食品安全风险评估中心要积极参与国际食品法典委员会（CAC）工作，跟踪国际食品法典标准的制（修）订动态，参与或牵头与我国食品贸易密切相关的国际食品法典标准制定、修订和相关技术交流，逐步提高我国食品安全国家标准工作水平。

（二）认真执行《食品安全国家标准跟踪评价规范（试行）》

省级卫生计生行政部门要组织各地开展食品安全标准跟踪评价工作，制订年度食品安全标准跟踪评价工作计划，指定卫生监督和疾病预防控制等专业机构承担食品安全标准跟踪评价任务，安排专门技术人员负责跟踪评价工作，认真调查研究食品安全国家、地方标准的贯彻实施情况，科学分析执行中发现的问题和意见及建议，按时报送跟踪评价结果。

（三）做好标准跟踪评价与风险监测工作的衔接

各地在执行年度食品安全风险监测计划，安排食品安全风险监测工作任务时，可以将食品安全国家标准中的指标监测情况作为落实食品安全国家标准跟踪评价手段，通过监测来客观反映标准执行情况，为适时修订食品安全标准提供科学依据。

五、做好食品安全标准宣传贯彻工作

（一）开展食品安全标准宣传活动

省级卫生计生行政部门要建立食品安全宣传培训工作机制，开展形式多样的宣传活动，充分发挥电视、报刊、广播和网络等媒体作用，广泛宣传食品安全标准的重要意义和作用，引导公众科学认识食品安全标准，普及食品安全标准知识，营造良好的舆论氛围和社会环境。

（二）做好食品安全标准信息公开工作

各级卫生计生行政部门要按照我委《关于做好食品安全标准信息公开工作的通知》要求，完善标准信息公开工作机制和程序，认真做好食品安全标准信息公开工作，便于社会公众及时获取信息。

（三）做好标准技术咨询服务工作

各级卫生计生行政部门要建立食品安全标准咨询、指导和服务的工作机制，主动开展标准培训和技术咨询服务工作，特别是重点标准解读和技术咨询服务工作，推动标准的正确理解和全面贯彻实施。

六、加强食品安全标准审评委员会委员管理

（一）做好食品安全国家标准审评委员会日常管理

要加强标准审评委员会秘书处建设，改善工作条件，

做好委员服务工作。要完善委员管理制度，完善标准审评工作程序，确保食品安全标准审评的公开、公正和透明，主动接受社会监督。

（二）加强地方食品安全标准专家管理

各级卫生计生行政部门要根据地方标准管理规定，做好地方标准审评专家委员会、标准制（修）订工作专家组管理，为标准专家提供相关保障措施，做好服务工作，同时严格专家委员会制度管理，确保食品安全标准工作的权威性。

七、加强食品安全标准工作能力建设

省级卫生计生行政部门要明确食品安全地方标准和企业标准、标准跟踪评价等工作的管理机构，充分利用现有卫生资源，发挥卫生监督机构、疾病预防控制机构作用，同时注重发挥相关技术机构、科研院校和行业协会的积极性，配合做好食品安全标准工作。要加强人才队伍建设，大力培养食品安全标准专业人才，充实食品安全标准技术队伍，省级卫生计生行政部门要有专门处室或人员负责食品安全标准工作，各级卫生监督机构、疾病预防控制机构要有专门科室或人员负责食品安全标准工作。要落实食品安全标准工作的激励和考核制度，要将批准发布的食品安全标准列为科研成果，作为标准主要起草人专业技术职称（职务）晋升的评审依据。对食品安全标准工作成绩突出的单位和个人，要予以奖励并通报表扬。要加强食品安全标准工作的监督和考核评价，确保各项措施落实到位，取得实效。要将标准工作经费纳入各级地方财政预算，落实各项保障机制。

中华人民共和国商务部《酒类行业流通服务规范》标准颁布

（国家商务部2013年21号公告　2013年11月1日实施）

针对酒类行业酒精门事件，塑化剂事件，少数企业采用酒精、香精加水勾兑冒充粮食蒸馏酒事件，中华人民共和国商务部2013年21号公告颁布了《酒类行业流通服务规范》，于今年11月1日在全国实施。

据该标准的发起人，主要起草人，中国商业联合会零售供货商专业委员会执行主任谭新政介绍，该标准由国家商务部2012年立项，由中国商业联合会零售供货商专业委员会、北京五洲创意营销策划有限公司、中国人民大学牵头，由宜宾五粮液股份有限公司、中国贵州茅台酒厂（集团）有限责任公司、安徽古井贡酒股份有限公司、四川剑南春集团有限责任公司、江苏洋河酒厂股份有限公司、山西杏花村汾酒厂股份有限公司、四川水井坊股份有限公司、湖北稻花香酒业股份有限公司、河南省宋河酒业股份有限公司、山东景芝酒业股份有限公司、山东扳倒井股份有限公司、古贝春集团有限公司、重庆诗仙太白酒业（集团）有限公司、安徽迎驾贡酒股份有限公司、安徽双轮酒业有限责任公司、浙江致中和实业有限公司、浙江省东阳市荣鑫酒业有限公司、宜宾红楼梦酒业有限公司、贵州茅台镇荣和烧坊酒业有限公司、山西戎子酒庄有限公司、北京酒仙电子商务有限公司、山东天地缘酒业有限公司、新华锦（青岛）即墨老酒有限公司、山东即墨妙府老酒有限公司、广州星河湾酒业有限公司、北京糖业烟酒公司、北京五洲天宇认证中心等企业组织起草小组，先后九易其稿，召开了三次大型讨论会，最终统一了意见，通过专家评审，形成报批稿，报国家商务部审查发布。

本标准的核心内容：

规定了酒类流通的术语和定义，界定了酒类流通的范围和流程，提出了销售全过程的质量控制重点，对宣传推介以及服务规范提出了要求，因此对规范酒类行业的流通服务具有积极意义。

本标准的技术内容符合行业实际和酒类产品流通服务的要求，该标准对促进酒类行业的健康发展，将起到很好的推动作用，该标准具有较强的可操作性，达到国内先进水平。

主要内容包括：术语和定义、经营、服务、流通信息、酒类商品保护、宣传、监督与评价等7章。这7章在逻辑上分成4个部分，第1部分规范了有关术语；第2部分是“4 经营”和“5 服务”，主要对酒类生产者和经营者在流通环节应该履行的职责提出要求；第3部分是“6 流通信息”、“7 酒类商品保护”和“8 宣传”，主要针对酒类流通活动进行规范；第4部分是“9 监督与评价”，主要针对酒类流通的监管和评价方式、依据等做出规定。

各章的核心要点说明如下：

“3 术语和定义”部分

明确了酒类商品的定义，以及与其他现行标准的关系；

明确了酒类流通的定义，划分了它与酒类生产的边界；

将《酒类流通管理办法》中的“随附单”，以术语形式在本标准中体现；

将“酒文化”以术语形式体现。这是酒类行业的特色，对其进行规范将有助于增强其特色。

“4 经营”部分

对于经营条件，本标准本身不做具体规定，采取引用现行标准SB/T 10391和SB/T 10392的办法；

在采购环节，强调对相关资质证明和文件的索取和查验，以及通过签订采购合同来保障买卖双方的合法权益；

根据行业中存在的实际情况，对重新分装或预包装的行为，提出了“生产企业授权、全程记录、标签明示”三点要求；

在销售环节，强调了酒类流通信息的记录，并对酒类电子商务提出规范化要求。

“5 服务”部分

强调了提供酒类品质保证的服务；

强调了提供酒类信息可追溯服务；

根据酒类商品特点，提出了酒类经营中应有必要的消费警示；

针对问题商品的处理，提出了制度要求。

"6 流通信息"部分

强调政府和生产经营者均应重视酒类流通信息的记录、存储和管理要求；

强调已被管理的流通信息，应为消费者提供查询服务。

"7 酒类商品保护"部分

从专利、品牌、地理标志等三个方面提出了对酒类商品的保护要求；

对于酒类商品品质存在争议时，强调应以国家法定检测机构的鉴定结论为准。但结合酒类行业特点，对于酒类商品的真伪问题，允许被侵权的酒类生产企业出具意见，供检测机构参考。

"8 宣传"部分

根据酒类商品的特点，本标准对于酒类宣传提出了"酒文化"和"酒类健康知识"两方面的特色要求；

在酒文化宣传方面，注重与良好的社会风尚吻合，鼓励对中国传统的酒文化资源予以开发利用；

在酒类健康知识宣传方面，强调客观、真实、准确的传播酒类健康知识，并倡导"理性消费、节制饮酒"的消费理念。

"9 监督与评价"部分

规定了酒类经营行为的监督及其依据；

规定了酒类企业的管理性评价及其依据。

国家食品药品监督管理总局关于进一步加强白酒质量安全监督管理工作的通知

（食药监食监一［2013］244号　2013年11月28日发布）

各省、自治区、直辖市食品药品监督管理局，新疆生产建设兵团食品药品监督管理局：

近年来，各级食品安全监管部门一直把白酒作为食品安全监督管理工作的重点，不断加大监管力度、加强专项整治，白酒产品质量总体稳定可靠。但是，目前白酒生产仍存在一定的质量安全隐患，如个别地方白酒生产许可管理不严，企业存在超范围超限量使用食品添加剂、以液态法白酒或固液法白酒冒充固态法白酒、白酒中邻苯二甲酸酯类物质（即"塑化剂"，以下简称塑化剂）污染及制售假冒伪劣白酒等问题。为进一步提升白酒生产企业质量安全保障能力和白酒质量安全整体水平，各级食品安全监管部门要进一步加强白酒质量安全监督管理工作，不断完善长效监管机制，督促企业切实保障白酒质量安全，促进白酒行业持续健康发展。现将有关事项通知如下：

一、严格落实白酒生产企业主体责任，从源头保障白酒质量安全

（一）严格依照法律法规、食品安全标准和生产许可条件组织生产

企业要严格按照白酒生产许可有关规定和条件组织生产，保证生产条件持续符合规定。在符合相关产业政策前提下，进行生产许可的延续、变更、注销等。不准倒卖、出租、出借白酒生产许可证，或以其他形式非法转让生产许可证。白酒生产许可审查细则修订工作已启动，明确将控制塑化剂指标等新问题列入审查细则，从原辅料到生产过程全环节质量安全控制，提出了更严格的要求。审查细则修订发布后，企业在生产许可证有效期届满换证时，必须遵照执行。

（二）切实控制白酒中塑化剂污染

企业要切实承担食品质量安全主体责任，做好白酒中塑化剂污染控制工作：一是继续排查整改。根据本企业生产实际，切实排查原因，特别是整改后产品仍检出塑化剂的，必须进一步查明来源，全面彻底整改，不留隐患。不得使用含有塑化剂的管道、容器、包装物等接触酒。二是严把原料关。自产原酒的企业，应加强原辅材料中塑化剂的检测和控制；外购原酒的企业，所采购原酒的塑化剂含量要低于国家卫生计生委通报的风险评估值。三是严格生产过程监管。结合生产加工全过程，评估所有可能导致溶出塑化剂的因素，及时采取措施控制塑化剂对白酒的污染。四是加强成品控制。企业要确保出厂成品中塑化剂低于国家卫生计生委通报的风险评估值。一旦发现成品中的塑化剂高于风险评估值的，一律不得出厂销售，立即停产整顿，继续排查原因，并向所在地食品监管部门报告。

（三）不得使用非食品原料生产白酒

企业要切实依照相关法律法规的规定，严格执行原辅料采购、生产过程安全管理、贮存管理等食品安全管理制度，保证质量安全问题可追溯。加强对原辅料和成品在贮存、运输环节的质量安全管理，严禁使用甲醇、工业酒精等非食品原料生产加工白酒。购进的食用酒精必须符合《食用酒精》（GB 10343—2008）标准，严禁把甲醇当作食用酒精生产加工白酒。

（四）严禁超范围超限量使用食品添加剂

企业要按照相关法律法规和国家标准使用食品添加剂，严禁超范围超限量使用食品添加剂。特别是不准违法违规使用甜蜜素、安赛蜜、糖精钠等食品添加剂；采用固态法生产的，不准使用香料香精等食品添加剂勾兑生产白酒。

（五）加强白酒出厂检验

企业要严格白酒出厂检验，落实出厂检验记录制度。严格按照白酒强制性标准和企业明示标准，进行产品出厂检验，检验不合格的，一律不得出厂销售。要依照《食品安全国家标准 蒸馏酒及其配制酒》（GB 2757—2012）等食品安全标准进行检验，确保甲醇、氰化物等安全指标检验合格后方可出厂。企业不具备氰化物自检能力的，可委托有资质的食品检验机构进行检验。企业一旦发现产品中出现甲醇或氰化物等安全指标不合格的，要立即停产、彻查原因、召回产品，并向所在地食品监管部门报告。

（六）严格规范白酒标签

企业要按照《中华人民共和国食品安全法》、《食品标识管理规定》、《食品安全国家标准 预包装食品标签通则》（GB 7718—2011）、《预包装饮料酒标签通则》（GB 10344—2005）、《食品安全国家标准 蒸馏酒及其配制酒》（GB 2757—2012）等标准规定，标注白酒标识。不准将液态法白酒、固液法白酒标注为固态法白酒。使用食用酒精勾调的白酒（液态法白酒），其配料表必须标注食用酒精、水和使用的食品添加剂，不得标注原料为高粱、小麦等。以固态法白酒（不低于30%）、食用酒精等勾调而成的白酒（固液法白酒），其配料表必须标注使用的液态法白酒或食用酒精等内容，不能仅标注为高粱、小麦等。不准虚假标注产品执行标准和配料表等强制标示内容，不准生产无标识、标识不全或标识信息不真实的白酒，不准生产标注“特供”、“专供”、“专用”、“特制”、“特需”等字样的白酒。

（七）建立质量安全授权人制度

企业法定代表人是产品质量安全的责任人。企业要建立并实行食品质量安全授权人制度，企业法定代表人负责或者授权企业质量管理人员全权负责白酒质量安全，并以书面文件形式授权其对白酒产品质量安全负责，承担白酒原辅料使用、生产过程控制、产品检验和产品出厂签字放行责任，确保白酒质量安全。

二、强化监督监管，严厉打击违法违规行为

（一）强化生产许可

严格审核白酒生产企业资质，达不到许可条件要求的，一律不予许可。企业的许可和变更，要符合相关产业政策，必须做到工作文件清晰、程序合法。严禁白酒生产许可证的跨省转移。进一步完善退出机制，对不能持续满足许可条件、不能保证产品质量安全和整改后仍达不到要求的企业，必须依法关停，强制退出。建立和完善白酒生产企业食品安全信用档案，促进企业依法生产、诚信经营、优胜劣汰。

（二）加强监督检查

加强对白酒生产企业的专项监督检查，对企业原辅料采储、生产环境条件、生产记录、出厂检验、销售记录等各环节全面检查，监督企业持续满足生产许可条件，确保产品符合标准要求。对于重点地区、重点企业，要加大日常巡查和监督检查力度，发现违法问题要坚决依法查处。要在地方政府的统一领导下，依照各地关于食品生产加工小作坊，特别是白酒加工小作坊监督管理的具体规定，切实加强对白酒加工小作坊的监管，落实监管责任。

（三）开展监督抽检和风险监测

依法组织开展监督抽检工作，对发现白酒中甲醇、氰化物等重要安全指标不合格的，要立即责令企业停产整顿，召回产品，彻查原因，依法处理。要将白酒标签标识是否符合相关规定作为监督抽检的重点。按照国家卫生计生委通报的风险评估结果，加强对白酒产品中塑化剂的抽

样检验，发现白酒中塑化剂高于风险评估值的，立即责令企业停产整顿，彻查原因。加大风险监测范围与频次，及早发现、处置食品安全问题。开展白酒质量安全风险预警和风险交流，对风险监测发现的问题及时总结通报，尤其是白酒主产区要主动向地方政府报告，促进监管工作落实和责任履行。

（四）严厉打击违法违规行为

要始终保持高压态势，依法查处白酒生产销售中的违法违规行为。严厉打击未取得食品生产许可证生产加工白酒的行为，严厉打击使用工业酒精等非食品原料生产加工白酒的行为，严厉打击制售假冒伪劣白酒的黑窝点黑作坊。一旦发现违法违规行为，要按照相关法律法规的规定严肃处理；涉嫌犯罪的，要及时移送公安机关，追究刑事责任；加强与公安部门的协作配合，组织联合打击行动，严肃查处大案要案。坚决防止有法不依、执法不严、违法不究等行为的发生。

三、完善目标措施，落实监管责任

（一）明确目标任务

各地食品监管部门要将加强白酒的监管作为食品安全的一项重要工作抓紧抓好。加强组织领导，统一部署，在机构改革期间要统筹协调和明确好食品药品监管部门和质量技术监督、工商行政管理等相关部门职责、任务，结合各地实际，制定加强本行政区域白酒质量安全监管具体实施方案，要对本行政区域白酒生产企业和小作坊进行一次普查和专项检查，确定工作目标，细化工作措施，明确人员责任，做到一级抓一级，层层抓落实。白酒生产加工集中的地区，要成立专门领导小组，确保各项措施落实到位，监管责任落实到位。

（二）强化社会监督

建立健全社会共治工作机制，充分发挥行业协会监督、协调和引导作用，推动行业协会等社会团体积极开展维护消费者权益、促进行业自律、引导市场消费等方面工作，支持社会组织开展白酒质量安全知识等方面的宣传教育，开办白酒质量安全科普类专题栏目等。鼓励和支持消费者参与白酒质量安全监管，畅通投诉渠道，落实有奖举报，保护举报人合法权益。加强舆论监督，对制售假冒伪劣白酒违法行为公开曝光。

（三）加强检查督导。结合当前白酒质量安全隐患，工作中要进行有针对性的指导、检查和解决，对本地区域性问题及重要案件要及时报告总局和当地政府及有关部门。要注重收集、汇总和分析工作情况，不断查找薄弱环节，及时发现新情况、制定新举措、解决新问题。要善于结合食品药品监管新体制，不断创新监管方式，完善白酒质量安全监管的长效机制，提升食品安全监管水平。

请各地于2014年6月底前将本地白酒质量安全监管情况报总局，总局将适时对各地白酒监管工作进行检查督导。

中共中央办公厅、国务院办公厅《党政机关国内公务接待管理规定》

（2013年12月8日发布）

第一条 为了规范党政机关国内公务接待管理，厉行勤俭节约，反对铺张浪费，加强党风廉政建设，根据《党政机关厉行节约反对浪费条例》规定，制定本规定。

第二条 本规定适用于各级党的机关、人大机关、行政机关、政协机关、审判机关、检察机关，以及工会、共青团、妇联等人民团体和参照公务员法管理事业单位的国内公务接待行为。

本规定所称国内公务，是指出席会议、考察调研、执行任务、学习交流、检查指导、请示汇报工作等公务活动。

第三条 国内公务接待应当坚持有利公务、务实节俭、严格标准、简化礼仪、高效透明、尊重少数民族风俗习惯的原则。

第四条 各级党政机关公务接待管理部门应当结合当地实际，完善国内公务接待管理制度，制定国内公务接待标准。

县级以上党政机关公务接待管理部门负责管理本级党政机关国内公务接待工作，指导下级党政机关国内公务接待工作。

乡镇党委、政府应当加强国内公务接待管理，严格执行有关管理规定和开支标准。

第五条 各级党政机关应当加强公务外出计划管理，科学安排和严格控制外出的时间、内容、路线、频率、人员数量，禁止异地部门间没有特别需要的一般性学习交流、考察调研，禁止重复性考察，禁止以各种名义和方式变相旅游，禁止违反规定到风景名胜区举办会议和活动。

公务外出确需接待的，派出单位应当向接待单位发出公函，告知内容、行程和人员。

第六条 接待单位应当严格控制国内公务接待范围，不得用公款报销或者支付应由个人负担的费用。

国家工作人员不得要求将休假、探亲、旅游等活动纳入国内公务接待范围。

第七条 接待单位应当根据规定的接待范围，严格接待审批控制，对能够合并的公务接待统筹安排。无公函的公务活动和来访人员一律不予接待。

公务活动结束后，接待单位应当如实填写接待清单，并由相关负责人审签。接待清单包括接待对象的单位、姓名、职务和公务活动项目、时间、场所、费用等内容。

第八条 国内公务接待不得在机场、车站、码头和辖区边界组织迎送活动，不得跨地区迎送，不得张贴悬挂标语横幅，不得安排群众迎送，不得铺设迎宾地毯；地区、部门主要负责人不得参加迎送。严格控制陪同人数，不得层层多人陪同。

接待单位安排的活动场所、活动项目和活动方式，应当有利于公务活动开展。安排外出考察调研的，应当深入基层、深入群众，不得走过场、搞形式主义。

第九条 接待住宿应当严格执行差旅、会议管理的有关规定，在定点饭店或者机关内部接待场所安排，执行协议价格。出差人员住宿费应当回本单位凭据报销，与会人员住宿费按会议费管理有关规定执行。

住宿用房以标准间为主，接待省部级干部可以安排普通套间。接待单位不得超标准安排接待住房，不得额外配发洗漱用品。

第十条 接待对象应当按照规定标准自行用餐。确因工作需要，接待单位可以安排工作餐一次，并严格控制陪餐人数。接待对象在10人以内的，陪餐人数不得超过3人；超过10人的，不得超过接待对象人数的三分之一。

工作餐应当供应家常菜，不得提供鱼翅、燕窝等高档菜肴和用野生保护动物制作的菜肴，不得提供香烟和高档酒水，不得使用私人会所、高消费餐饮场所。

第十一条 国内公务接待的出行活动应当安排集中乘车，合理使用车型，严格控制随行车辆。

接待单位应当严格按照有关规定使用警车，不得违反规定实行交通管控。确因安全需要安排警卫的，应当按照规定的警卫界限、警卫规格执行，合理安排警力，尽可能缩小警戒范围，不得清场闭馆。

第十二条 各级党政机关应当加强对国内公务接待经费的预算管理，合理限定接待费预算总额。公务接待费用应当全部纳入预算管理，单独列示。

禁止在接待费中列支应当由接待对象承担的差旅、会议、培训等费用，禁止以举办会议、培训为名列支、转移、隐匿接待费开支；禁止向下级单位及其他单位、企业、个人转嫁接待费用，禁止在非税收入中坐支接待费用；禁止借公务接待名义列支其他支出。

第十三条 县级以上地方党委、政府应当根据当地经济发展水平、市场价格等实际情况，按照当地会议用餐标准制定本级国内公务接待工作餐开支标准，并定期进行调整。接待住宿应当按照差旅费管理有关规定，执行接待对象在当地的差旅住宿费标准。接待开支标准应当报上一级党政机关公务接待管理部门、财政部门备案。

第十四条 接待费报销凭证应当包括财务票据、派出单位公函和接待清单。

接待费资金支付应当严格按照国库集中支付制度和公务卡管理有关规定执行。具备条件的地方应当采用银行转账或者公务卡方式结算，不得以现金方式支付。

第十五条 机关内部接待场所应当建立健全服务经营机制，推行企业化管理，推进劳动、用工和分配制度与市场接轨，建立市场化的接待费结算机制，降低服务经营成本，提高资产使用效率，逐步实现自负盈亏、自我发展。

各级党政机关不得以任何名义新建、改建、扩建内部接待场所，不得对机关内部接待场所进行超标准装修或者装饰、超标准配置家具和电器。推进机关内部接待场所集中统一管理和利用，建立资源共享机制。

第十六条 接待单位不得超标准接待，不得组织旅游和与公务活动无关的参观，不得组织到营业性娱乐、健身场所活动，不得安排专场文艺演出，不得以任何名义赠送礼金、有价证券、纪念品和土特产品等。

第十七条 县级以上党政机关公务接待管理部门应当会同有关部门加强对本级党政机关各部门和下级党政机关国内公务接待工作的监督检查。监督检查的主要内容包括：

（一）国内公务接待规章制度制定情况；

（二）国内公务接待标准执行情况；

（三）国内公务接待经费管理使用情况；

（四）国内公务接待信息公开情况；

（五）机关内部接待场所管理使用情况。

党政机关各部门应当定期汇总本部门国内公务接待情况，报同级党政机关公务接待管理部门、财政部门、纪检监察机关备案。

第十八条 财政部门应当对党政机关国内公务接待经费开支和使用情况进行监督检查。审计部门应当对党政机关国内公务接待经费进行审计，并加强对机关内部接待场所的审计监督。

第十九条 县级以上党政机关公务接待管理部门应当会同财政部门按年度组织公开本级国内公务接待制度规定、标准、经费支出、接待场所、接待项目等有关情况，接受社会监督。

第二十条 各级党政机关应当将国内公务接待工作纳入问责范围。纪检监察机关应当加强对国内公务接待违规违纪行为的查处，严肃追究接待单位相关负责人、直接责任人的党纪责任、行政责任并进行通报，涉嫌犯罪的移送司法机关依法追究刑事责任。

第二十一条 积极推进国内公务接待服务社会化改革，有效利用社会资源为国内公务接待提供住宿、用餐、用车等服务。推行接待用车定点服务制度。

第二十二条 地方各级党委、政府应当依照本规定制定本地区国内公务接待管理办法。

第二十三条 地方各级政府因招商引资等工作需要，接待除国家工作人员以外的其他因公来访人员，应当参照本规定实行单独管理，明确标准，控制经费总额，注重实际效益，加强审批管理，强化审计监督，杜绝奢侈浪费。严禁扩大接待范围、增加接待项目，严禁以招商引资为名变相安排公务接待。

第二十四条 国有企业、国有金融企业和不参照公务员法管理的事业单位参照本规定执行。

第二十五条 本规定由国家机关事务管理局会同有关部门负责解释。

第二十六条 本规定自发布之日起施行。2006年10月20日中共中央办公厅、国务院办公厅印发的《党政机关国内公务接待管理规定》同时废止。

财政部、国家机关事务管理局和中共中央直属机关事务管理局联合制定《中央和国家机关会议费管理办法》

（财行[2013]286号　2014年1月1日起施行）

第一章 总 则

第一条 为进一步加强和规范中央和国家机关会议费管理，精简会议，改进会风，提高会议效率和质量，节约会议经费开支，制定本办法。

第二条 中央和国家机关会议的分类、审批和会议费管理等，适用本办法。

本办法所称中央和国家机关，是指党中央各部门，国务院各部委、各直属机构，全国人大常委会办公厅，全国政协办公厅，最高人民法院，最高人民检察院，各人民团体、各民主党派中央和全国工商联（以下简称“各单位”）。

第三条 各单位召开会议应当坚持厉行节约、反对浪费、规范简朴、务实高效的原则，严格控制会议数量，规范会议费管理。

第四条 各单位召开的会议实行分类管理、分级审批。

第五条 各单位应当严格会议费预算管理，控制会议费预算规模。会议费预算要细化到具体会议项目，执行中不得突破。会议费应纳入部门预算，并单独列示。

第二章 会议分类和审批

第六条 中央和国家机关会议分类如下：

一类会议。是以党中央和国务院名义召开的，要求省、自治区、直辖市、计划单列市或中央部门负责同志参加的会议。

二类会议。是党中央和国务院各部委、各直属机构召开的，要求本系统、各直属机构或省、自治区、直辖市、计划单列市有关厅（局）负责同志参加的会议。

三类会议。是党中央和国务院各部委、各直属机构，最高人民法院，最高人民检察院，各人民团体及其所属内设机构召开的，要求省、自治区、直辖市、计划单列市有关厅（局）或本系统机构有关人员参加的会议。

四类会议。是指除上述一、二、三类会议以外的其他业务性会议，包括小型研讨会、座谈会、评审会等。

第七条 中央和国家机关会议按以下程序和要求进行审批：

一类会议。应当报经党中央和国务院批准。会议总务、经费预算及费用结算等工作分别由中共中央直属机关事务管理局（以下简称中直管理局）和国家机关事务管理局（以下简称国管局）负责。

二类会议。各单位应当于每年11月底前，将下一年度会议计划（包括会议名称、召开的理由、主要内容、时间地点、代表人数、工作人员数、所需经费及列支渠道等）送财政部审核会签，按程序经中央办公厅、国务院办公厅审核后报批。各单位召开二类会议原则上每年不超过1次。

三类会议。各单位应当建立会议计划编报和审批制度，年度会议计划（包括会议数量、会议名称、召开的理由、主要内容、时间地点、代表人数、工作人员数、所需经费及列支渠道等）经单位领导办公会或党组（党委）会审批后执行。

四类会议。由单位分管领导审核并报主要领导批准后执行，并列入单位年度会议计划。

第八条 一类会议会期按照批准文件，根据工作需要从严控制；二、三、四类会议会期均不得超过2天；传达、布置类会议会期不得超过1天。

会议报到和离开时间，一、二、三类会议合计不得超过2天，四类会议合计不得超过1天。

第九条 各单位应当严格控制会议规模。

一类会议参会人员按照批准文件，根据会议性质和主要内容确定，严格限定会议代表和工作人员数量。

二类会议参会人员不得超过300人，其中，工作人员控制在会议代表人数的15%以内；不请省、自治区、直辖市和中央部门主要负责同志、分管负责同志出席。

三类会议参会人员不得超过150人，其中，工作人员控制在会议代表人数的10%以内。

四类会议参会人员视内容而定，一般不得超过50人。

第十条 全国人大常委会办公厅、全国政协办公厅、各民主党派中央和全国工商联的会议分类、审批事项、会期及参会人员等，由上述部门依据法律法规、章程规定，参照第六条至第九条作出规定，并报财政部备案。

第十一条 各单位召开会议应当改进会议形式，充分运用电视电话、网络视频等现代信息技术手段，降低会议成本，提高会议效率。

传达、布置类会议优先采取电视电话、网络视频会议方式召开。电视电话、网络视频会议的主会场和分会场应当控制规模，节约费用支出。

第十二条 不能够采用电视电话、网络视频召开的会议实行定点管理。各单位会议应当到定点饭店召开，按照协议价格结算费用。未纳入定点范围，价格低于会议综合定额标准的单位内部会议室、礼堂、宾馆、招待所、培训中心，可优先作为本单位或本系统会议场所。

二、三、四类会议应当在四星级以下(含四星)定点饭店召开。

参会人员在50人以内且无外地代表的会议，原则上在单位内部会议室召开，不安排住宿。

第十三条 参会人员以在京单位为主的会议不得到京外召开。各单位不得到党中央、国务院明令禁止的风景名胜区召开会议。

第三章 会议费开支范围、标准和报销支付

第十四条 会议费开支范围包括会议住宿费、伙食费、会议室租金、交通费、文件印刷费、医药费等。

前款所称交通费是指用于会议代表接送站，以及会议统一组织的代表考察、调研等发生的交通支出。

会议代表参加会议发生的城市间交通费，按照差旅费管理办法的规定回单位报销。

第十五条 会议费开支实行综合定额控制，各项费用之间可以调剂使用。

会议费综合定额标准

单位：元/（人·天）

会议类别	住宿费	伙食费	其他费用	合计
一类会议	400	150	110	660
二类会议	300	150	100	550
三、四类会议	240	130	80	450

综合定额标准是会议费开支的上限，各单位应在综合定额标准以内结算报销。

第十六条 一类会议费在部门预算专项经费中列支，二、三、四类会议费原则上在部门预算公用经费中列支。

会议费由会议召开单位承担，不得向参会人员收取，不得以任何方式向下属机构、企事业单位、地方转嫁或摊派。

第十七条 各单位在会议结束后应当及时办理报销手续。会议费报销时应当提供会议审批文件、会议通知及实际参会人员签到表、定点饭店等会议服务单位提供的费用原始明细单据、电子结算单等凭证。财务部门要严格按规定审核会议费开支，对未列入年度会议计划，以及超范围、超标准开支的经费不予报销。

第十八条 各单位会议费支付，应当严格按照国库集中支付制度和公务卡管理制度的有关规定执行，以银行转账或公务卡方式结算，禁止以现金方式结算。

具备条件的，会议费应由单位财务部门直接结算。

第四章 会议费公示和年度报告制度

第十九条 各单位应当将非涉密会议的名称、主要内容、参会人数、经费开支等情况在单位内部公示，具备条件的应向社会公开。

第二十条 一级预算单位应当于每年3月底前，将本级和下属预算单位上年度会议计划和执行情况(包括会议名称、主要内容、时间地点、代表人数、工作人员数、经费开支及列支渠道等)汇总后报财政部。党中央各部门同时抄送中直管理局，国务院各部门同时抄送国管局。

第二十一条 财政部对各单位报送的会议年度报告进行汇总分析，针对执行中存在的问题，及时完善相关制度。

第五章 管理职责

第二十二条 财政部的主要职责是：

（一）会同国管局、中直管理局等部门制定或修订中央本级会议费管理办法，并对执行情况进行监督检查；

（二）按规定对各单位报送的二类会议计划进行审核会签；

（三）对会议费支付结算实施动态监控；

（四）对各单位报送的会议年度报告进行汇总分析，提出加强管理的措施。

第二十三条 国管局的主要职责是：

（一）配合财政部制定或修订中央和国家机关会议费管理办法；

（二）负责国务院召开的一类会议的总务工作；

（三）配合财政部对国务院各部委、各直属机构会议费执行情况进行监督检查。

第二十四条 中直管理局的主要职责是：

（一）配合财政部制定或修订中央和国家机关会议费管理办法；

（二）负责党中央召开的一类会议的总务工作；

（三）配合财政部对中央各部门会议费执行情况进行监督检查。

第二十五条 各单位的主要职责是：

（一）负责制定本单位会议费管理的实施细则；

（二）负责单位年度会议计划编制和三类、四类会议的审批管理；

（三）负责安排会议预算并按规定管理、使用会议费，做好相应的财务管理和会计核算工作，对内部会议费报销进行审核把关，确保票据来源合法，内容真实、完整、合规；

（四）按规定报送会议年度报告，加强对本单位会议费使用的内控管理。

第六章 监督检查和责任追究

第二十六条 财政部、国管局、中直管理局会同有关部门对各单位会议费管理和使用情况进行监督检查。主要内容包括：

（一）会议计划的编报、审批是否符合规定；

（二）会议费开支范围和开支标准是否符合规定；

（三）会议费报销和支付是否符合规定；

（四）会议会期、规模是否符合规定，会议是否在规定的地点和场所召开；

（五）是否向下属机构、企事业单位或地方转嫁、摊派会议费；

（六）会议费管理和使用的其他情况。

第二十七条 严禁各单位借会议名义组织会餐或安排宴请；严禁套取会议费设立“小金库”；严禁在会议费中列支公务接待费。

各单位应严格执行会议用房标准，不得安排高档套房；会议用餐严格控制菜品种类、数量和份量，安排自助餐，严禁提供高档菜肴，不安排宴请，不上烟酒；会议会场一律不摆花草，不制作背景板，不提供水果。

不得使用会议费购置电脑、复印机、打印机、传真机等固定资产以及开支与本次会议无关的其他费用；不得组织会议代表旅游和与会议无关的参观；严禁组织高消费娱乐、健身活动；严禁以任何名义发放纪念品；不得额外配发洗漱用品。

第二十八条 违反本办法规定，有下列行为之一的，依法依规追究会议举办单位和相关人员的责任：

（一）计划外召开会议的；

（二）以虚报、冒领手段骗取会议费的；

（三）虚报会议人数、天数等进行报销的；

（四）违规扩大会议费开支范围，擅自提高会议费开支标准的；

（五）违规报销与会议无关费用的；

（六）其他违反本办法行为的。

有前款所列行为之一的，由财政部会同有关部门责令改正，追回资金，并经报批后予以通报。对直接负责的主管人员和相关负责人，报请其所在单位按规定给予行政处分。如行为涉嫌违法的，移交司法机关处理。

定点饭店或单位内部宾馆、招待所、培训中心有关工作人员违反规定的，按照财政部定点饭店管理的有关规定处理。

第七章 附 则

第二十九条 各单位应当按照本办法规定，结合本单位业务特点和工作需要，制定会议费管理具体规定。

第三十条 中央事业单位会议费管理参照本办法执行。

第三十一条 本办法由财政部负责解释，自2014年1月1日起施行。《中央国家机关会议费管理办法》（国管财[2006]426号）、《中央国家机关会议费管理补充规定》（国管财[2007]217号）、《国务院机关事务管理局 财政部关于调整中央国家机关会议费开支标准的通知》（国管财[2008]331号）同时废止。

专述篇

包括国家各部委领导关于发展酿酒工业经济的讲话；中国酒业协会领导关于酿酒经济发展的专述文章；专家、学者关于酿酒经济发展的论文；知名企业家关于酿酒经济发展的专稿。

李秋喜

Li Qiuxi

YEARBOOK FIGURE

李秋喜，男，汉族，1960年11月生，山西省晋城人，研究生学历，高级政工师，1984年12月加入中国共产党。现任山西杏花村汾酒集团有限责任公司董事长，山西杏花村汾酒厂股份有限公司董事长。山西省第十届政协委员，山西省委联系的高级专家。

在汾酒集团有限责任公司工作期间，李秋喜同志于2005年11月被山西团省委、省中小企业局、省青年企业家协会授予“山西省杰出青年企业家”称号；2007年11月，被中共山西省委、人才工作领导组、省委组织部评选为“中共山西省委联系的高级专家”；2008年2月，任山西省十届政协委员；2008年10月，被授予“全国优秀职业经理人”称号；2010年荣获品牌中国十大年度人物、中国酒业杰出贡献奖；2010年1月24日，山西省总工会为李秋喜董事长授予“全心全意依靠职工办企业优秀企业家”荣誉称号；2010年5月，李秋喜董事长荣获“全国劳动模范”称号。

全面提升开放型经济水平

中华人民共和国商务部部长 高虎城

今年是改革开放35周年，党的十八届三中全会在新的历史起点上全面深化改革作出重大战略部署，必将对推动中国特色社会主义事业产生重大而深远的影响。全会通过的《中共中央关于全面深化改革若干重大问题的决定》（以下简称《决定》）指出：“适应经济全球化新形势，必须推动对内对外开放相互促进、引进来和走出去更好结合，促进国际国内要素有序自由流动、资源高效配置、市场深度融合，加快培育参与和引领国际经济合作竞争新优势，以开放促改革。”这为今后一个时期继续扩大对外开放、全面提升开放型经济水平指明了方向。

一、深刻认识我国开放型经济内外环境的变化

当前，全球经济结构深刻调整，围绕制度、规则、市场、技术、资源的竞争日趋激烈，我国发展面临的内外环境正在发生复杂变化，提升开放型经济水平的重要性、紧迫性日益突出。

经济全球化的驱动力正在发生重大变化。国际金融危机爆发5年来，世界经济复苏进程一波三折，充满不确定性。在世贸组织多哈回合谈判裹足不前的背景下，区域经济一体化方兴未艾，自贸区建设成为世界经济发展的潮流。截至今年7月，向世贸组织通报并生效的区域贸易协定共有249个。特别是美欧绕开世贸组织，开展跨太平洋伙伴关系（TPP）、跨大西洋伙伴关系（TTIP）等“高水平”自贸区谈判，对国际经贸环境影响深远。国际产业分工面临新变化，一些中高端制造业向发达国家回流，服务外包和服务投资成为国际经贸合作新热点。这为我国提升在全球价值链中的地位带来机遇。

国际经贸规则竞争日趋激烈。面对世界经贸格局新变化，各国围绕国际市场与资本的争夺更加激烈，全球经济治理体系面临深刻变革。发达国家致力于制定新的国际贸易投资规则，积极推进“竞争中立”、劳工标准、环境保护等“21世纪”新议题谈判，以占领未来国际竞争制高点。形势逼人，不进则退。我国必须着眼经济利益遍布全球的现实，全面参与重大经贸合作谈判，在新的货物贸易、服务贸易和投资规则制定中抢占先机。

我国传统比较优势面临阶段性变化。长期以来，廉价的资源和劳动力成本优势是支撑我国出口贸易发展的重要优势，现在情况发生了很大变化。在大规模城镇化过程中，剩余劳动力持续从农村向城镇转移，开始出现总量过剩和局部短缺并存的劳动力供求新格局，劳动力要素成本上升长期化，资源环境约束强化，单纯依赖高投入、高消耗的粗放型增长方式难以为继。我国的比较优势亟须从“数量、价格优势”向“质量、效益优势”转换，形成新的竞争优势。

我国开放型经济发展空间巨大。改革开放尤其是加入世贸组织以来，我国开放型经济发展取得举世瞩目的成就。2002—2012年，我国出口总额年均增速达到21.3%，在全球的位次由第六位升至第一位。2012年我国货物贸易进出口总额38670亿美元，居世界第二位。随着经济全球化的深化和全球价值链的拓展，我国开放型经济仍然蕴含巨大发展潜力。从对外贸易看，2012年我国货物出口占全球比重达到11.2%，这个数字在全球贸易发展历史上并不算突出。据世贸组织秘书处的有关资料统计，英国1870年出口占全球的18.9%，美国1921年达到22.4%，明显高于我国水平。我国服务贸易进出口总额居世界第三位，其中出口居全球第五位，仍有较大提升空间。从对外投资看，2012年我国对外直接投资额居世界第三位，但由于起步较晚，对外直接投资存量仅相当于美国的10.2%，英国的29.4%，德国的34.4%。要把我国巨大的发展潜力转化为现实成就，必须全面提升开放型经济水平，着力增强开放型经济发展的内生动力。

二、准确把握全面提升开放型经济水平的内涵

全面提升开放型经济水平，根本在于不断扩大对外开放，以开放促改革。适应经济全球化新形势，必须实行更加积极主动的开放战略，冲破思想观念的束缚，突破利益固化的藩篱，攻克体制机制的痼疾，释放深化改革的红利，加快培育参与和引领国际经济合作竞争新优势。

实现改革创新与扩大开放良性互动。我国很多领域开放水平依然较低，很多关键领域的改革仍然需要通过开放获得外部动力。我国制造业开放发展的成功经验表明，

保护只能保护落后。全面提升开放型经济水平，必将推动涉外法律体系、政府管理方式乃至人们思想观念的重大变革，发挥改革牵引作用，破除有碍开放型经济发展的思想桎梏与现实阻力，加快完善社会主义市场经济体制。

实现对外开放与对内开放良性互动。对内开放是对外开放的基础和前提。在深化对外开放的同时，要把对内开放摆到更加突出的位置。《决定》指出："公有制经济和非公有制经济都是社会主义市场经济的重要组成部分，都是我国经济社会发展的重要基础。"通过对内对外开放的互动，形成多种所有制经济平等竞争、相互促进的新格局，进一步增强我国经济发展活力，推动经济持续健康发展。

实现扩大国内市场准入与开拓国际市场良性互动。改革开放以来，我国着眼全球配置资源和要素，有效利用了国际国内两个市场、两种资源。《决定》指出："建设统一开放、竞争有序的市场体系，是使市场在资源配置中起决定性作用的基础"；"实行统一的市场准入制度"。在继续主动开放国内市场、提高利用外资质量的同时，要秉承利益互换、对等开放的原则，消除我国对外投资合作的障碍，坚持扩大外需和提振内需并重，促进国际国内要素有序自由流动，不断拓展我国经济发展空间。

实现深度参与全球化与防范经济风险良性互动。随着国际国内市场深度融合，内外环境复杂多变，我国引进来和走出去将面临更多风险和挑战。要坚持在有效防范风险的前提下深化对外开放，在提高对外开放水平中增强风险防范能力。既要重视防范国内市场开放带来的系统性风险和产业冲击，也要重视拓展海外市场过程中的人员与资产权益保护问题。

实现巩固传统优势与培育新优势良性互动。在巩固劳动密集型产业发展优势，通过技术改造、科技创新推动传统产业转型升级的同时，更要加快培育参与和引领国际经济合作竞争新优势。这是提升我国产品和服务国际竞争力的核心要素，是保持开放型经济发展不竭动力的坚实基础，是促进由经贸大国向经贸强国转型升级的重要支撑。

三、全面提升开放型经济水平的思路与举措

全面提升开放型经济水平，关键是要把推动发展的立足点转到提高质量和效益上来，调整经济结构，转变发展方式，激发各类市场主体发展新活力，形成创新驱动发展新动力，不断增强长期发展后劲。

扩大内陆沿边开放，完善全方位对外开放新格局。协同推进东中西部对外开放，逐步形成分工协作、互动发展的开放型经济新格局。《决定》指出："抓住全球产业重新布局机遇，推动内陆贸易、投资、技术创新协调发展"；"加快沿边开放步伐，允许沿边重点口岸、边境城市、经济合作区在人员往来、加工物流、旅游等方面实行特殊方式和政策"。这为深化内陆、沿边开放明确了政策着力点。东部地区要充分发挥引领作用，率先实现转型升级，打造全球先进制造业基地，提升服务业国际化水平。内陆地区要依托本地优势，提高吸纳国际、国内产业转移的能力，加快发展特色外向型产业。沿边地区要综合考虑经济发展、边疆稳定、民族团结、周边和谐的需要，合理布局基础设施项目。着力建设丝绸之路经济带、海上丝绸之路，促进政策沟通、道路联通、贸易畅通、货币流通和民心相通，以点带面、从线到片，形成向东向西全面开放的国际经济合作带。

放宽投资准入，提高利用外资综合效益。利用外资要与调整经济结构、转变经济发展方式、促进国内市场竞争相结合，更加注重引进先进技术、管理经验和高素质人才，充分发挥利用外资的技术溢出和综合带动效应。《决定》指出："统一内外资法律法规，保持外资政策稳定、透明、可预期。"这是我国外商投资管理体制改革的重大举措。按照《决定》要求，以建设中国上海自由贸易试验区为契机，探索准入前国民待遇加负面清单模式，加快外资管理模式创新，推动政府职能转变，"为全面深化改革和扩大开放探索新途径、积累新经验"。建立利用外资科学评价体系，引导利用外资从注重规模向提高质量与综合效益转变。借鉴主要经济体的成功经验，健全国家经济安全保障机制。

加快走出去步伐，增强全球价值链整合与国际化经营能力。《决定》指出："扩大企业及个人对外投资，确立企业及个人对外投资主体地位。"这将进一步壮大我国走出去的微观主体，释放对外投资合作潜力。积极、有序、安全开展对外投资合作，引导有实力的企业和个人到海外整合和延伸产业链，提高我国在全球范围内配置要素资源的能力，推进从吸收外资大国转变为资本输出大国。加强规划引导，支持各种所有制企业按照国际通行规则开展国际化经营，吸纳先进生产要素，建立海外营销网络，培育国际知名品牌。完善走出去服务支持体系，强化海外资产和人员安全保障。

统筹多双边和区域次区域合作，加快自由贸易区建设。《决定》指出："坚持世界贸易体制规则，坚持双边、多边、区域次区域开放合作，扩大同各国各地区利益汇合点，以周边为基础加快实施自由贸易区战略。"这为完善新时期对外经贸关系布局明确了重点。在双边层面，

创新与发达国家的合作模式，加强政策协调，增进开放互信；与新兴市场国家和发展中国家实现优势互补、错位竞争，维护共同利益。在多边层面，维护多边贸易体制主渠道地位，反对任何形式的保护主义，减少和消除贸易投资壁垒；积极参与国际经贸规则制定，推动国际经济秩序更趋公平合理。在区域层面，以周边为基础加快实施自贸区战略，主动参与新议题谈判，形成面向全球的高标准自贸区网络。在次区域层面，深化大湄公河、泛北部湾、大图们江等地区合作，形成于我有利的地缘经济和政治新格局。*（转摘于中国人民共和国商务部网）*

依法严厉打击食品安全犯罪
积极推动食品安全综合治理

公安部副部长 黄 明

食品安全是事关民生福祉、事关和谐稳定的重大问题，需要社会各方面同心携手、共同治理。近年来，针对群众反映强烈的食品安全突出犯罪问题，全国公安机关依法履行职责、充分发挥作用，积极会同食安办等有关部门，坚持重拳出击、重典治乱，通力合作、健全机制，持续不断地组织开展“打四黑除四害”专项行动，集中侦破了一大批危及人民群众生命健康安全的“瘦肉精”、“地沟油”、“病死猪”、“假羊肉”等重大案件，有效遏制了食品安全犯罪高发势头，有力维护了老百姓餐桌安全。

党中央、国务院高度重视食品安全问题。为加强食品药品监督管理，国务院整合资源、强化力量，组建了国家食品药品监管总局。为更好地加强公安机关与食品药品监管等部门的执法合作提供了有效保障，进一步增强了我们打击食品安全犯罪、维护食品安全的信心和决心。各级公安机关要积极适应新形势新任务的新挑战新要求，充分发挥职能作用，依法严厉打击食品安全犯罪，积极推动食品安全综合治理，着力形成维护食品安全的整体合力。要充分运用法律武器，毫不动摇地坚持严打方针，坚持主动出击、露头就打、打早打小，坚持不懈地打源头、端窝点、捣网络，切实用足用好“两高”司法解释等法律武器，始终保持对食品安全犯罪的严打高压态势。要充分发挥行业组织的作用，积极依托食品行业协会、风险评估机构等行业组织，动态掌握食品安全领域存在的问题，加强分析研判，及早发现苗头，着力消除隐患，坚决堵塞漏洞，严防形成行业“潜规则”。要充分依靠广大人民群众，广泛宣传发动群众，加强对食品安全问题的监督，积极举报违法犯罪线索，进一步调动和激发人民群众参与食品安全工作的积极性，不断深化警民合作，大力实施群防群治，着力营造全社会关心关注食品安全的浓厚氛围，夯实筑牢维护食品安全的铜墙铁壁。

维护食品安全，事关每个人的切身利益，是全社会的共同责任。让我们同心携手、共同努力，为打击食品犯罪、维护食品安全做出应有的贡献！*（转摘于黄明副部长在2013年全国食品安全宣传周上的讲话）*

积极推进职能转变 依法加强市场监管

国家工商总局党组书记、局长 张 茅

一、积极推进职能转变，认真落实全年工作部署，上半年工商行政管理各项工作取得新成绩

2013年上半年，全国工商系统认真贯彻党的十八届二中全会和新一届政府推进机构职能转变的决策部署，积极落实全国工商行政管理工作会议精神，立足本职，服务大局，突出重点，狠抓落实，工商行政管理各项工作取得新的成绩。

（一）坚决贯彻中央决策部署，推进机构改革和职能转变取得新成果

一是扎实推进工商登记制度改革试点和实施方案制定工作。总局党组把推进工商登记制度改革作为当前工作的重中之重，成立专门工作组，集中精干力量，在深入调查研究、总结试点经验、广泛征求意见、反复比较论证的基础上，按进度安排起草完成了《关于改革注册资本登记制度实行“宽进严管”的方案》，已上报国务院。广东深圳、珠海、东莞、顺德等地，积极稳妥推进工商登记制度改革试点工作，促进了职能转变，优化了营商环境，激发了市场活力，市场主体数量大幅增加。二是积极配合做好食品药品监管体制改革工作。按照国务院的部署安排，总局的流通环节食品安全监管职责移交和队伍划转工作已基本完成。各地工商机关坚持讲政治、顾大局，在认真调研、对职责移交和队伍划转等工作提出合理化建议的同时，扎实做好干部思想政治工作，确保人心不散、队伍不乱；继续做好流通环节食品安全监管工作，确保职责调整期间监管工作不断档，执法力度不削减，工作要求不降低，有力维护了食品市场经营秩序。三是加大了行政审批制度改革力度。按照国务院进一步简政放权的要求，总局对工商行政管理部门的行政审批项目进行了清理，2013上半年取消了1项、下放了2项行政审批项目。各地工商机关结合工商登记制度改革，全面梳理了省级层面的行政审批项目，向省（区、市）政府提出了清理行政审批项目的建议。浙江等地深化行政审批制度改革、积极简政放权取得明显成效，受到国务院领导的充分肯定。

（二）努力维护社会主义市场经济秩序，市场监管工作取得新成效

一是反垄断与反不正当竞争执法工作扎实开展。加大反垄断执法办案力度，共授权13个省级工商局对23起涉嫌垄断案件进行查处，其中12起案件已经作出处罚决定。针对市场中多发易发的热点问题，在全国组织开展了打击“傍名牌”专项执法行动，查处了仿冒中信、中化、营养快线等知名商品的违法行为。治理商业贿赂、查处公用企业限制竞争案件、整治虚假宣传等反不正当竞争工作深入推进。上半年，全系统共查处各类不正当竞争案件1.84万件，案值12.56亿元。二是打击销售假冒伪劣商品违法行为力度进一步加大。进一步完善了质量监测制度、问题发现制度、应急处置制度、信息公开制度、不合格商品退市制度等，探索实施了商品分类监管和经营者分类监管制度，加大了对重点商品和重点经营者的监管力度，推进了流通领域商品质量监管长效机制建设。三是查处商标侵权行为取得新进展。打击商标侵权工作深入开展。探索建立了重大商标案件预警与应急处理机制、商标行政执法与刑事司法衔接工作机制。商标执法信息平台建设有序推进，商标区域执法协作不断加强，商标日常监管效能进一步提升。2013上半年，全系统共立案查处商标侵权案件2.28万件，案值2.3亿元。四是整治虚假违法广告有力推进。整治虚假违法广告部际联席会议工作机制进一步健全，广告监测体系日臻完善，执法联动体系已基本建立，广告信用监管体系正在积极探索建立。进一步加大了对人民群众举报投诉集中的虚假违法药品、医疗、保健食品、美容服务、化妆品及互联网广告违法行为的监管和案件查办力度。联合七部门集中开展了虚假违法医药广告专项整治行动，查处了一批违法医药广告主、广告经营者、广告发布者，曝光了一批典型违法广告案例，医药广告发布秩序明显好转。2013上半年，全系统共查处虚假违法广告案件1.68万件。五是打击传销和规范直销取得明显成效。总局会同有关部门开展了“打传销，反欺诈，促和谐”执法行动，召开了创建“无传销城市”现场会。加强了网络监测工作，搜索、处理涉嫌传销网站近600个，打击网络传销工作力度进一步加大。继续推动直销企业履行社会责任，规范直销工作水平进一步提升。2013上半年，全系统共查处传销案件448件。六是网络商品交易等各类市场监管取得新成效。网

络商品交易及有关服务行为监管工作扎实推进，总局网络市场监管平台建设基本完成并上线运行。截至2013年上半年，全国已有17个省级工商局建立网监平台，为全面实现“以网管网”奠定了坚实基础。进一步加强了重要商品市场监管，强化了粮食、棉花、蚕茧、成品油等各类市场监管工作。尽职尽责加强市场应急管理，为配合做好H7N9禽流感防控工作作出了积极贡献。

（三）坚持围绕主题主线，服务“五位一体”建设取得新成绩

一是促进市场主体健康发展成效显著。全系统坚持“两个毫不动摇”，按照 “增加总量、扩大规模、鼓励先进、淘汰落后”十六字方针的要求，积极采取出台政策文件、开展股权质押登记、实行企业网上年检、加强登记信息分析等举措，有力地促进了各类市场主体健康快速发展。2013上半年，全国新登记注册各类市场主体508.85万户。二是商标战略实施效果不断扩大。商标战略实施重心逐步向商标有效运用和依法保护转变，向注重发挥示范、创新和服务作用转变，商标注册、运用、保护和管理效能进一步提升。2013上半年，共审查商标注册申请65.99万件、审理商标评审案件2.13万件，确保了商标注册审查周期保持在10个月、案件审理周期控制在18个月以内。三是指导广告业发展力度进一步加大。总局召开了全系统广告工作会议暨广告产业园区建设现场会，对深入推进广告战略实施进行了再动员和再部署。新认定了浙江杭州、河南中原两个国家广告产业园区。国家广告产业园区和试点园区积极鼓励广告及其关联企业在园区内集聚发展，延伸广告产业链，培育广告产业集群，推动了广告业科学发展。四是服务社会主义新农村建设效果不断提高。红盾护农、经纪活农、合同帮农、商标富农等工作力度进一步加大，支持产业化经营、支持发展“订单农业”、支持发展多种形式的新型农民合作组织等工作深入推进,为新农村建设作出了新贡献。五是支持区域经济协调发展成效逐步显现。各地继续抓好总局支持地方经济发展措施的落实，政策效应进一步显现。综合运用资金援助、人才援助等多种形式，坚持做好援藏援疆和对口支援工作，为促进西藏、新疆及四省藏区跨越式发展和长治久安作出了新贡献。六是促进就业和再就业取得新成果。总局制定出台了促进大学生就业的意见。各地积极采取鼓励创业、加强培训、就业引导、落实优惠政策等举措，支持服务就业再就业。2013上半年，全系统共帮扶27.14万人实现就业和再就业。

（四）坚持以人为本、维护和谐，消费维权工作取得新进展

一是消费维权理念进一步转变。各地通过设立咨询平台、发布消费警示等多种形式，传播科学消费知识，加强消费教育引导，有效提高了消费者的自我维权意识。积极引导行业协会制定行业自律公约，建设行业标准和规范，推动了消费维权行业规范和经营者自律体系建设。二是12315行政执法体系“四个平台”建设进一步推进。12315信息化网络建设步伐加快，为全面实现网上受理、网上分流、网上指挥调度、网上跟踪督办、网上应急处置等功能奠定了坚实基础。12315工作流程进一步优化，信息快速处置、跟踪督办、综合分析能力不断增强，维权效能显著提升。2013上半年，全系统共受理消费者申诉案件46万件，为消费者挽回经济损失6.79亿元。三是消费纠纷调解和执法协作机制进一步完善。积极探索行政调解与人民调解、司法调解联动机制，着力构建小额消费纠纷快速解决、消费纠纷绿色通道、消费纠纷人民调解委员会、消费者权益纠纷调解中心等多元调解渠道，覆盖城乡、跨部门协作的消费维权网络和纠纷解决机制进一步完善。四是服务领域消费维权力度进一步加大。以社会关注热点、消费者投诉焦点、民生保障重点为导向，突出供电、供气、供水、银行、保险、电信等重点公共服务业和售后服务不到位、服务欺诈、不公平格式条款等问题，大力开展专项治理，以整治“霸王条款”为抓手，纠正了“苹果”等电子产品侵犯消费者合法权益的行为，进一步强化了服务领域消费维权工作。

（五）坚持固本强基、夯实基础，法制建设、信息化建设、队伍建设展现新水平

一是法治工商建设有序推进。积极推动了《商标法》《消费者权益保护法》《广告法》《反不正当竞争法》等法律的修订工作。突出立案销案、行政强制、自由裁量等重点，促进了规范执法。结合商事登记制度改革，一些地方积极推进了地方立法工作，为商事登记制度改革提供了法制保障。二是信息化建设步伐加快。全系统从统一标准入手，以数据质量为抓手，夯实基础建设，强化数据应用，进一步提高了信息化整体应用水平。大力推进农资市场监管、网络市场监管、广告监管、外资年检全程电子化和商标行政执法平台等信息化应用，信息化与工商行政管理业务进一步融合，“纵向贯通、横向互联、信息共享、业务协同”的工商信息化一体化建设步伐加快。三是队伍建设取得新进展。全系统认真做好县处级以上党员领导干部学习贯彻党的十八大精神集中轮训工作，进一步深化了对党的十八大精神的领会和把握，增强了做好本职工作的使命感和责任感。以贯彻落实中央“八项规定”为重点，全面推进工商机关作风建设和反腐倡廉建设，反腐倡廉教育不断深化，廉政文化建设不断推进，惩治腐败制度体系

不断完善，政风行风建设不断加强，党风廉政建设和反腐败工作取得新成果。

半年来，全系统各级学会、协会、学院、中心、报社、出版社等单位，紧紧围绕中心任务，在开展理论研究、强化教育培训、服务行业发展、推动行业自律、加强舆论宣传等方面做了大量工作，为推动工商行政管理事业改革发展作出了积极贡献。

二、深入贯彻落实党的十八大精神，进一步转变职能，努力维护社会主义市场经济秩序

在当前贯彻落实党中央、国务院决策部署，深化政府机构改革和职能转变的新形势下，工商行政管理工作面临新的发展机遇和挑战。划转流通环节食品安全监管职责、改革工商登记制度、推进政府职能转变，对工商行政管理部门赋予了新任务、提出了新要求，必将深刻影响工商行政管理工作的改革发展。我们要认清形势、明确任务，抓住机遇、迎接挑战，深入贯彻落实党的十八大和十八届二中全会精神，以深化改革统领全局、以强化监管促进发展，进一步开创工商行政管理工作新局面。当前，要着力抓好以下几个方面的工作。

（一）深入贯彻落实党的十八大精神，扎实推进工商行政管理职能转变

党的十八届二中全会讨论通过和十二届全国人大一次会议审议批准的《国务院机构改革和职能转变方案》，对新一轮政府机构改革和职能转变作出了明确部署。这次改革强调以职能转变为核心，以行政审批制度改革为突破口和抓手，符合行政管理规律，顺应时代发展趋势，反映人民群众呼声，是贯彻落实党的十八大精神的重要举措，对于建立完善中国特色社会主义行政管理体制具有重要意义。全国工商系统要深刻认识这次改革的重大意义，扎实做好工商行政管理系统的职能转变工作。一是要把工商职能切实转到创造良好发展环境上来。维护市场秩序是营造良好发展环境的重要内容，是促进经济健康运行的必要保障，也是履行工商行政管理职能的重要任务。作为市场秩序的坚强卫士，工商行政管理部门必须始终坚持把市场监管作为第一职责。要尊重市场经济规律，以完善市场经济体制为目标强化市场监管，切实增强市场监管的责任感和主人翁意识，努力在全系统形成尽职尽责加强监管、监管就是服务大局的氛围。要坚持标本兼治、重在治本的方针，既加大专项整治力度，着力查处扰乱市场秩序的违法行为；又注重市场秩序的长远性、关键性问题研究，积极推进市场监管长效机制建设，努力通过维护市场秩序营造良好发展环境。二是要把工商职能切实转到提供优质公共服务上来。服务发展是工商行政管理工作的根本目的。作为服务发展的重要力量，工商行政管理部门必须始终坚持把服务发展作为第一要务。要正确处理好监管与服务的关系，切实转变工商职能，寓监管于服务之中，努力在职责范围内提供优质公共服务，最大限度地激发市场主体创造活力。要坚持围绕中心，服务大局，创新服务发展方式，丰富服务发展手段，积极、主动、创造性地促进经济社会又好又快发展。三是要把工商职能切实转到维护社会公平正义上来。维护社会公平正义是保障民生的重要内容，也是夯实群众信赖支持工商行政管理工作的根基。作为消费维权的生力军，工商行政管理部门必须始终坚持把消费维权作为重要使命。要以保护消费者合法权益、维护社会公平正义为己任，当好“裁判员”，维护好广大人民群众的根本利益。要更加关注和改善民生，更新消费维权理念，提升消费维权水平。要充分发挥职能作用，推进社会管理的体制机制创新，不断提高社会管理的科学化水平。

推进工商职能转变，要着眼提高依法行政水平。要坚持依照法律法规和“三定”规定履行职责，切实防止职能缺位、越位和错位。这不仅是促进经济社会又好又快发展的需要，也是建立有权威的监管执法机关的需要。要完善监管机制，丰富监管手段，提高执行能力，依法依规、尽职尽责强化监管，切实防止职能“缺位”；要坚持依法行政，不代替和干预本应由市场机制调节、社会自我管理、企业自主经营的事务，切实防止职能“越位”；要立足本职促发展，不能脱离职能搞服务，依法规范市场监管和服务发展行为，切实防止职能“错位”。

推进工商职能转变，要努力提高履职尽责能力。各级工商机关要增强大局意识和宏观意识，坚持围绕中心，服务大局，自觉把工商行政管理工作放到党和国家工作的全局中去思考、去谋划。凡是中央的决策部署都要不折不扣地执行；凡是地方党委、政府部署的重要任务都要坚定不移地落实。要增强综合分析意识、营造综合分析氛围、提升综合分析能力，认真研究全局性、战略性、前瞻性问题，增强工作的针对性和实效性。要加强基础性工作，掌握基本情况、基本数据，研究基本问题、基本规律，切实做到数字准、情况明。要强化政务信息沟通、统计数据分析、网络舆情监测等工作，善于从现象、数字的变化中看到事物的发展变化，加强工商各类数据与国家宏观经济走势关系的分析研究，为工商事业发展夯实基础，为党委政府决策提供参考。

（二）扎实推进工商登记制度改革，激发市场主体创造活力、增强经济发展内生动力

改革工商登记制度，是党中央、国务院的重大决策，也是当前工商部门的一项重要任务。改革工商登记制度牵一发而动全身。我们要以高度的政治责任感狠抓落实，严格按照便捷高效、规范统一、宽进严管的原则，注重顶层设计，积极稳妥推进。一是继续认真总结试点地区探索实践的宝贵经验。近年来，总局在工商登记制度改革方面做了大量工作，取得了明显成效。先后制定出台了40个促进地方经济发展的政策文件，支持各地改革创新、先行先试。分批在北京、成都、江苏南通和天津召开座谈会，就工商登记的作用，登记改革的方向、目标、内容等进行深入探讨。积极支持北京中关村、上海浦东、福建平潭、广东等地先行先试，其中，深圳、珠海依托特区立法权，立法先行，改革突破较大；顺德、东莞通过地方政府规范性文件规范改革，力求在现行法律法规框架下发挥最大的改革效应。各地立足地方经济社会发展大局，在降低准入门槛、改革登记注册方式、简化登记注册流程、推进科学高效监管等方面进行了积极尝试。这些工作，为推进工商登记制度改革积累了有益经验。我们要对这些实践探索认真进行总结，为下一步积极稳妥推进这项改革提供借鉴。二是认真清理工商登记前置审批项目。在总局制定上报的《关于改革注册资本登记制度实行“宽进严管”的方案》中，提出了修改相关法律、行政法规和国务院决定的建议。注册资本实缴登记制改为认缴登记制、“先证后照”改为“先照后证”，是改革工商登记制度相互衔接、密不可分的两项任务。注册资本实缴登记制改为认缴登记制的工作方案已完成上报，另一项任务是清理工商登记前置审批项目，由中央编办、工商总局会同有关部门于2013年9月底前提出工作方案。要结合中央编办对企业登记前置许可项目的清理工作，研究提出涉及“国家安全、人民生命财产安全”的保留前置许可项目的意见，并根据清理前置许可项目情况，研究制定先照后证、加强后续监管的意见。三是抓紧研究制定工商登记制度改革后的登记工作机制。要制定登记窗口人员培训工作方案，有组织、有计划地开展政策法规、岗位技能、工作流程等培训。要加强市场主体信用信息公示平台及业务平台建设，修订完善相关工作制度，建立与改革相适应的制度机制。

改革工商登记制度，对工商行政管理部门而言不是监管职责的弱化，而是对监管工作提出了更高更严的要求，需要我们在监管理念、监管方式、监管机制、监管手段等方面改革创新、积极适应。一要转变监管理念。工商登记制度改革后，注册资本、经营范围、企业名称等登记条件随之放宽。与此相适应，后续监管工作必须突破传统监管观念束缚，改变过去单纯依靠行政手段实施监管的方式方法，综合运用行政、经济、法律、自律等手段，努力构建符合我国市场经济健康发展要求的监管体制机制。要在继续加大对市场主体尤其是经营行为监管力度的基础上，更加注重运用信息公示、信息共享和信用约束等手段推动企业自律自治、强化社会监督和部门协同监管，真正实现对市场主体和经营行为的严管。二要厘清监管职责。随着将“先证后照”改为“先照后证”，对市场主体的监管职责也要相应调整，并重新划分各监管部门的职责分工，建立许可审批及登记监管相互协调的工作机制。既要明确许可审批部门的审批责任及监管责任，也要明确登记部门的工作配合责任，切实将“重审批轻监管”转变为“宽准入严监管”，推动政府管理方式由事前审批为主向事中、事后监管为主转变，形成许可审批部门与监管部门各司其责、相互配合、齐抓共管的工作机制及责任体系。三要规范监管行为。在工商登记制度改革过程中，必须始终坚持依法行政原则，提高依法行政能力。要不断建立、创新和完善符合工商登记制度改革特点的市场主体及其经营行为监管体制机制，统一执法程序和执法标准。要切实履行职责，加强监管，接受监督，实现对法律负责与对市场主体负责的统一，实现市场监管与服务发展的统一。四要夯实监管基础。工商登记制度改革与政务诚信建设、商务诚信建设相辅相成，必须牢固树立“以信用促监管、以信息强监管”的理念，整合部门资源，形成各部门、各层级、各条线、各类应用之间信息资源的互联、互通、共享，为建立更加科学高效、便民服务的市场主体登记监管体系和更加公平有序的市场秩序监管体系奠定坚实基础。

（三）全面加强市场监管，积极维护社会主义市场经济秩序

市场监管是政府的重要职能之一。这次国务院机构改革和职能转变，特别强调政府应强化市场监管职责。李克强总理在国务院机构职能转变动员电视电话会议上指出，我们最大限度地放权，一个重要目的就是要为各类市场主体营造公平竞争的发展环境，在放权的同时必须加强市场监管，把该管的事管住管好。应当清醒地认识到，当前深化机构改革和职能转变，对加强市场监管工作既是机遇和挑战，也提出了新的更高的要求。流通环节食品安全监管职责的划转，要求我们必须把更多的精力转到强化市场监管上来；工商登记制度改革的实施，要求我们必须在“宽进”的同时依法做到“严管”；政府职能转变的推进，要求我们必须在简政放权的同时切实提高市场监管效能；社会主义市场经济体制的完善，要求我们必须通过加强市场监管提供有力的保障。因此，我们必须以深化机构改革和职能转变为契机，忠于职守、不辱使命、创新机制、改进

管理，全面加强市场监管，努力维护公平竞争的市场秩序。一是要突出重点，加大力度。要善于抓住市场监管的重点和关键，以点带面推动全局工作。要把监管的重点放在人民群众反映强烈、对经济社会发展可能造成大的危害的领域上来，强化重点领域、重点行业、重点地区、重点市场的监管执法工作。要大力推进反垄断执法，继续做好重大垄断案件查办工作，尽快建立总局网站反垄断案件公布平台，提升反垄断执法的社会影响力。要结合总结宣传《反不正当竞争法》颁布实施20周年的执法成果，深入开展反不正当竞争执法工作，加大对公用企业限制竞争、利用网络从事不正当竞争、“傍名牌”、商业贿赂等违法行为的查处力度。要针对网络商品交易市场发展的新趋势、新特点，完善网络市场监管制度体系，健全以网络信息技术为支撑的网络监管平台，努力实现“以网管网”的目标，促进网络商品交易健康发展。要认真贯彻落实《关于构建商标保护长效机制的意见》，稳步推进商标行政执法信息共享平台建设，不断完善商标行政执法与刑事司法的衔接机制，充分发挥长效机制的制度化、规范化作用，努力提高商标专用权行政保护效能。要认真贯彻落实《2013年虚假违法广告专项整治工作实施意见》，积极发挥联席会议整体效能，充分利用现代网络信息技术，努力提高广告监测的科学性和打击的精准度，继续保持查处虚假违法广告的高压态势。要加强流通领域商品质量监管，强化对家用电器等涉及消费者人身健康安全的重点商品的质量监测和监督检查，努力营造安全放心的消费环境。二是要创新机制，完善体系。要用体制机制创新提高市场监管效能。要在尊重市场经济规律和市场监管规律的基础上，充分研判市场监管面临的新形势、新特点，不断创新监管体制机制和方式方法，提高监管的针对性、有效性和科学性。要着力在信用约束、部门协调、长效机制建设上下功夫，切实提高问题发现能力、综合监管能力和应急处置能力。要进一步加强信息化建设，重点推进广告监测、网络商品交易监管、市场主体信用监管等平台建设，不断提高市场监管的科技含量和实际效能。要正确处理工商部门上下级之间、工商部门与当地政府及有关部门之间的关系，加强内部协调和外部联动，不断提高维护市场秩序的综合效能和水平。要树立社会化监管理念，充分发挥媒体和广大群众的监督作用，实现社会协作共治；充分发挥行业协会的组织协调作用，实现行业自治自律。三是要依法行政，规范执法。要用规范的执法保障维护良好市场秩序。市场经济本质是法治经济，转变政府职能本身就是建设法治政府的要求。要用法治思维和法治方式履行监管职责，进一步提高依法行政水平，严格按照法定权限和程序行使权力、履行职责，努力做到有法必依、执法必严、违法必究，切实做到严格执法、规范执法、公正执法、文明执法。要进一步完善执法监督体系，切实规范执法行为，确保主体合法、程序公正。要全面推进政务公开，自觉接受社会监督。要认真做好行政复议和应诉工作，切实规范权力运行。要大力加强法制宣传教育，努力在全系统工商干部中树立依法行政的法治思维，在全社会营造学法守法的良好氛围。

（四）坚持围绕中心、服务大局，不断提高服务科学发展的工作水平

工商行政管理部门肩负着市场主体准入、商标注册、指导广告业发展等重要职责，掌握着市场主体、商标注册等基础数据，是服务科学发展的重要力量。我们要以工商登记制度改革为契机，立足本职、服务大局，深化改革、开拓创新，进一步提高服务科学发展的质量和水平。一是努力促进市场主体健康发展。要认真落实“宽进”要求，放宽工商登记条件，建立便捷平等的市场准入制度，促进市场主体健康发展。要坚持“增加总量、扩大规模、鼓励先进、淘汰落后”的十六字方针，全面落实国家产业政策，推动我国产业结构转型升级。要继续推进国家经济户籍库建设，完善数据标准，保障数据质量，进一步提高利用市场主体信息服务国家宏观管理、部门实施监管和社会投资创业的水平。要针对小微企业的生存特点和发展趋势，进一步增强服务意识，不断创新服务方式，努力为小微企业健康发展营造良好环境。要进一步推进外商投资企业全程电子化网上年检和网上登记工作，逐步完善引导外资向中西部地区投资审批登记衔接程序，积极引导和促进外商投资合伙企业发展。二是积极服务区域经济协调发展。要按照国家区域发展总体战略和主体功能区战略的要求，在坚持市场监管统一性的前提下，进一步简政放权，服务地方经济发展。要用足用好总局40个政策支持意见，大胆尝试，积极探索，在条件成熟的情况下努力推动改革创新，充分发挥总局支持区域经济发展政策意见的示范和带动效应。要本着办实事、求实效的原则，进一步抓好援疆援藏工作，在做好对口支援项目建设的基础上，进一步建立健全长效服务支持机制，努力在业务交流、干部培训等方面取得实实在在的成绩。要充分发挥工商部门与市场主体联系紧密的职能优势，积极促进东中西部加强经贸交流与合作。三是扎实推进商标战略实施。要站在服务创新型国家建设的高度，不断提高商标战略实施效果，全面提升商标注册、运用、保护和管理水平。要切实巩固解决商标积压成果，进一步提高商标审查审理工作效能，努力将商标审查周期保持在10个月内，异议审理周期保持在18个

月，防止形成新的积压。要以信息化建设为抓手，不断提高商标注册和管理的科学化和规范化水平，努力维护公平竞争的商标注册秩序。要加大指导和推动力度，充分发挥示范城市（区）和示范企业的模范带头作用，努力在更深层次和更广范围推动商标战略的实施。四是进一步加大指导广告业发展的力度。要认真贯彻落实全国工商系统广告工作会议暨广告产业园区建设现场会精神，坚持发展与规范并重，既积极稳妥推进广告产业园区建设，又指导规范广告产业园区广告业的发展，真正发挥广告产业园区在提高我国广告业集约化、专业化和国际化水平方面的重要作用。要筹办好第43届世界广告大会。要会同有关部门促进公益广告发展，大力弘扬社会良好风尚。五是积极服务社会主义新农村建设。要综合运用红盾护农、合同帮农、商标富农等措施手段，提高强农惠农富农工作水平，为农民专业合作社、家庭农场等主体的健康发展营造良好的市场环境，努力提高农业生产经营的规模化、集约化水平，积极为社会主义新农村建设作出新贡献。

（五）坚持以人为本、关注民生，积极做好消费维权、促进就业和社会管理等工作

工商行政管理与市场主体联系紧密，与广大人民群众息息相关。要坚持以人为本、执法为民，充分发挥体制优势和职能优势，认真做好消费维权、促进就业和社会管理等工作。一是切实强化消费维权工作。要突出扩大内需重点、社会关注热点、消费投诉焦点，实现便捷投诉、及时调处，更加有为强化消费维权。要进一步更新维权理念、创新维权方式、完善维权机制，努力提高消费维权的科学化水平。要在调查研究的基础上，深入分析研判当前普遍存在的行业性问题，采取教育引导、行政指导、合同监管等方式加强行业规范，努力提高消费维权的整体效能。要加强行政调解与人民调解、仲裁、诉讼等多种维权方式的衔接，强化机制联动，提高维权实效。要大力推进12315行政执法体系“四个平台”建设，努力推进“一会两站”建设和12315“五进”工程，健全覆盖城乡的消费维权组织网络，方便广大消费者就近投诉、就近解决消费纠纷，推动城乡消费维权服务均等化。要充分发挥消费者协会依法对商品和服务进行监督的职能作用。二是认真做好促进就业再就业工作。要充分研判、积极应对当前严峻的就业形势，立足工商职能，提高服务、培育、帮扶意识，为广大高校毕业生、农民工等创业就业营造良好环境，努力为激发市场活力和促进社会和谐稳定作出积极贡献。三是积极做好社会管理综合治理工作。要认真落实打击传销专项行动部署要求，依法查办大要案件，严厉打击传销违法犯罪活动。要以开展创建“无传销城市”为抓手，努力构建立体式宣传教育格局，不断完善打击传销预防体系。要注意直销市场的新动向，严厉查处直销企业违规行为，切实维护直销市场秩序。要认真贯彻全国安全生产电视电话会议精神，积极配合做好重点行业领域的安全生产专项整治和隐患排查治理工作。要继续努力做好查处取缔无照经营、治理“黑网吧”等工作。要积极配合做好扫黄打非、禁毒防艾、校园周边环境整治等社会管理综合治理专项工作。四是认真做好职责调整期间流通环节食品安全监管工作。要站在对党和人民负责的高度，按照国务院的统一部署和具体安排，认真做好职责调整期间的流通环节食品安全监管工作，确保思想不松懈、力度不降低。职责调整后，要按照《广告法》《商标法》《公司法》《反不正当竞争法》等法律法规的规定，充分发挥工商“五大职能”作用，积极做好相关监管执法，依法维护食品市场经营秩序。

（六）深入开展党的群众路线教育实践活动，大力加强干部队伍建设

面对新的形势和繁重的任务，我们必须坚定不移地加强队伍建设，努力建设一支政治过硬、业务精通、作风优良、执行有力的干部队伍，为推进工商行政管理改革发展提供坚强组织保障。一是深入开展党的群众路线教育实践活动，进一步加强作风建设。中央决定从今年下半年开始在全党分批开展党的群众路线教育实践活动，这是新形势下加强党的建设的重大举措，也是工商系统当前的一项重要政治任务。各级工商机关要按照中央的统一部署和要求，在当地党委、政府的领导下，结合工商实际，制定实施方案，高度重视，精心组织，抓紧抓好，抓出实效。要把教育实践活动的主要任务聚焦到作风建设上，以深入落实中央“八项规定”为切入点，集中解决形式主义、官僚主义、享乐主义和奢靡之风“四风”问题。要把教育实践活动的根本目的体现在求实效上，通过学习教育、查摆问题、整改落实，使工商系统广大党员干部进一步增强宗旨意识，进一步转变工作作风，进一步提高公信力和执行力，真正做到以过硬的政治素质、优良的工作作风履职尽责、奋发工作，进一步开创工商事业改革发展新局面。按照中央的部署，总局党组正在深入调查研究、广泛听取意见的基础上，抓紧制定开展教育实践活动的工作方案。希望各省（区、市）的局长在这次会议的分组讨论中，从关心、支持总局加强自身建设出发，紧紧围绕解决“四风”问题，畅所欲言，对总局党组和总局机关提出意见和建议，以利总局找准问题、改进工作，确保教育实践活动深入开展，取得实效。二是大力加强班子建设，全面提升队伍素质。当前，各级工商机关要以贯彻落实全国组织工作

会议精神和习近平总书记重要讲话为契机，进一步加强领导班子建设和干部队伍建设。要以培养造就党和人民需要的好干部、提升领导工商事业科学发展的能力为重点大力加强班子建设。工商系统各级领导干部要自觉坚定理想信念、加强党性修养、弘扬优良作风、提升领导能力，更好地肩负起新形势下领导工商事业改革发展的繁重任务。要以提高履职尽责能力为目标进一步加强干部队伍建设。要加大教育培训力度，丰富知识储备；强化干部实践锻炼，提升履职能力；重视人才队伍建设，培养更多专家型、复合型人才，为推动工商事业改革发展提供坚强的人才保障和智力支撑。三是切实加强廉政建设，促进干部廉洁从政。要认真贯彻落实中央纪委二次全会和国务院廉政工作会议精神，切实加强反腐倡廉教育，筑牢拒腐防变的思想道德防线。要大力加强政风行风建设，坚决纠正损害群众利益的不正之风。要深入推进具有工商机关特点的惩治和预防腐败体系建设，建立健全反腐倡廉制度体系，努力做到干部清正、机关清廉。

2013年已时间过半，下半年的工作任务还十分繁重。我们要在以习近平同志为总书记的党中央坚强领导下，以更加进取的精神、更加务实的作风、更加创新的举措，奋发有为，扎实工作，圆满完成今年的各项任务，为全面建成小康社会、促进经济社会又好又快发展作出新的更大的贡献。

（转摘于张茅局长在全国工商行政管理局长座谈会暨深入学习贯彻党的十八大精神专题培训班上的重要讲话）

社会共治 同心携手维护食品安全

国家食品药品监督管理总局局长 张勇

近年来，在党中央、国务院的高度重视和各方面的不懈努力下，一系列食品安全政策措施相继出台实施，我国食品安全形势总体上呈现稳定向好发展的态势。但是，我们要清醒地看到，量大面广的消费总量、“小、散、乱、低”的产业基础、尚不规范的产销秩序、相对缺失的诚信环境、滞后的企业主体责任意识、薄弱的监管能力等，仍是从整体上制约食品安全水平的复杂因素。因此，保障食品安全既是一项责任重大、十分紧迫的工作，又是一项需要长期努力、扎实推进的艰巨任务。

在工作实践中，我们越来越认识到，保障食品安全，是需要政府监管责任和企业主体责任共同落实，行业自律和社会他律共同生效，市场机制和利益导向共同激活，法律、文化、科技、管理等要素共同作用的复杂的、系统的社会管理工程。只有形成社会各方良性互动、理性制衡、有序参与、有力监督的社会共治格局，才能不断破解食品安全的深层次制约因素，才能不断巩固食品安全的微观主体基础和社会环境基础。

消费安全的食品，是每个人的期待；维护食品安全，没有人能置身事外。举办食品安全宣传周，就是要在不遗余力强化政府监管的同时，唤醒和激发每一个利益相关方的积极性和全社会的正能量，共同为食品安全这座大厦增砖添瓦，并在此基础上完善激励引导政策，使食品安全社会共治格局机制化、长期化。

第一，构建社会共治格局，需要监管部门自身努力、严格公正，使监管公信力成为社会共治的推动力。对监管部门的信任，是提高社会参与食品安全积极性的首要前提。我们越强调社会共治，就越要提高政府监管的严格性、有效性和公正性。目前，食品药品监管体制改革正在加快推进。各级监管部门要牢固树立安全高于一切的理念，履行好维护人民群众健康的职责使命，决不允许疏忽懈怠、执法不严削弱监管力度的行为。要转变管理理念，创新管理方式，使食品安全监管关口前移，提高预防能力，强化以生产经营过程管理为重点的综合监控体系，切实落实企业主体责任。要加强监管制度和能力建设，提高技术支撑、执法装备水平和执法队伍素质，强化隐患排查能力和打击违法手段，使每一项制度设计、每一次执法活动都能让全社会感到监管的公信力，使广大公众愿意并积极参与食品安全工作。

第二，构建社会共治格局，需要各职能部门紧密配合、协调联动，使职能协同力成为社会共治的引导力。我们对全社会提出共治食品安全的号召，首先应该做到国家各职能部门的共治。近年来这个局面正在逐步形成，我们要努力使这一势头继续得到巩固和发展，在立法机关、司法机关、监管部门、工业经济部门、社会管理部门等的共同努力下，进一步完善实施有利于巩固食品安全基础的法律制度、刑事政策、产业政策和市场规范、诚信培育等措施，并加强协调联动机制建设，实现职能上的良性互补、政策上的紧密衔接、管理上的互相支撑、合力上的集成效应。

第三，构建社会共治格局，需要培育各类参与主体和参与模式，促进主体多元化以增强社会共治的创造力。食品安全治理属于社会管理范畴，食品安全风险的多样性、影响因素的复杂性，决定了食品安全管理的内涵不仅仅是单纯的监管执法。我们深切感到，目前我国的食品安全保障体系，亟需更缜密的法律制度设计、更先进便捷的技术创新，也需要诉求正当利益的监督制衡机制。因此，我们欢迎学术界、法律界、科技界更多地参与食品安全理论和实践，鼓励广大消费者、媒体更多地参与食品安全社会监督，支持社会团体、协会组织、同业商会更多地开展行业自律和依法主张自己的权益。

第四，构建社会共治格局，需要完善引导政策、激活利益机制，运用市场规律催生社会共治的新活力。安全的食品是企业生产出来的，企业的自觉要建立在有效约束的基础上。因此，社会共治的生效机理，根本途径就是要使社会的约束力集中到企业的生产经营活动上；最大动力就是要顺应市场经济规律、建立富有活力的利益机制。我们要着眼于利益导向，完善扶优汰劣的经济政策，使质量安全成为企业的最大资源，同步提高违法成本和守法受益；要着眼于市场主体之间的灵敏制约，探索建立食品安全责任保险制度，引入经济利益相关方的有效监督；要着眼于调动消费者和社会监督的积极性，完善惩罚性赔偿制度和有奖举报措施，提高风险交流和信息公开的时效性、权威性，创新支持民事诉讼的行政服务手段，让不落实食品安全责任的企业受到监管和市场的双重惩戒，切实增强生产经营者诚信守法的自觉性。

第五，构建社会共治格局，需要社会各方有序参与、规范活动，以最大的理性和合作增强社会共治的聚合力。越是强调食品安全管理的社会性，越是促进社会共治主体的多元化，就越要重视参与活动的有序性和规范性，越要防止参与失序而造成正负能量互相抵消。当前我国食品安全正处于负重爬坡的关键阶段，监管力度加大和问题易发多发还将在一段时间并存，监管能力建设和监管资源优化配置还不可能一步到位，一系列标本兼治政策措施的效果显现还需要一个客观的过程。在这个时候，监管部门和广大消费者都期盼全社会形成一个严肃理性、具有建设性的共治格局。因此，我们真诚地期望参与共治的各类主体，要有强烈的社会责任感、公益价值观、义利辨别力，尤其是各类行业协会要把质量安全作为行业内部自我教育、自我管理、自我服务的重要内容，各类社会组织和消费者要通过合法方式和合理渠道诉求正当利益，各类媒体要注重传播有利于增加消费者食品安全科学知识、有利于警示生产经营者诚信守法的真实全面客观的信息。

食品安全需要全社会的共同努力，社会共治是食品安全的有力保障。让我们行动起来，集思广益、群策群力，不断丰富社会共治内涵，不断创新社会共治方式，为走出一条中国特色的食品安全综合治理道路贡献我们应有的力量。*（转摘于张勇局长第五届中国食品安全论坛中的发言）*

着力安全高效
全面提升农业开放型经济水平

农业部副部长、党组成员 牛 盾

党的十八大报告对全面提高开放型经济水平做出了重要部署，提出要实施更加积极主动的开放战略，完善互利共赢、多元平衡、安全高效的开放型经济体系，加快转变对外经济发展方式，强化贸易政策和产业政策协调。农业肩负着保障农产品基本供给和农民就业增收的任务。入世以来，我国农产品贸易快速发展，国际国内两个市场相互作用不断增强。贯彻落实十八大精神，着力安全高效，切实加强对两个市场和两种资源的统筹，更加有效地利用国际市场和资源，更加有力地保障国内产业和粮食安全，任务艰巨，意义重大。

（一）入世后，我国大幅度提高了农业对外开放程度，农产品贸易快速发展，贸易规模不断提高，贸易格局发生显著变化。2001～2012年，我国农产品贸易总额由279亿美元增长到1757亿美元，年均增长18.2%。其中进口额由119亿美元增长到1124亿美元，年均增长22.7%，出口额由161亿美元增长到632亿美元，年均增长13.2%。随着贸易规模不断扩大，农产品贸易对国内产业的作用和影响不断增强。2012年我国农产品贸易额与农业增加值比值已达到21%，其中，进口额占13%，出口额占8%。无论是从进口还是从出口来考量，农产品贸易对国内产业发展的影响、对农业增值增效和增加农产品有效供给的作用都十分显著。

进入新世纪以来，我国农业持续稳定发展，粮食产量“九连增”，农民收入“九连快”，为国民经济持续稳定发展提供了有力支撑。由于需求增长更为强劲，国内农产品供求由“总量平衡、丰年有余”向“总体上平衡、结构性偏紧”转变。2010年以来，我国农产品贸易格局发生变化，净进口产品范围扩大，在大豆、棉花、植物油进口保持高位和增势的同时，食糖、乳制品净进口大幅增加，大米、小麦、玉米三大粮食产品也呈现净进口。当然，相对于我国的产量，粮食特别是大米和小麦的净进口量非常有限，我国仍然保持非常高的自给水平。

（二）农产品贸易快速发展对促进国内农业持续稳定发展发挥了十分重要的作用。土地密集型产品的进口有效增加了农产品供给，缓解了国内农业资源的压力，为农业结构战略调整提供了空间。劳动力密集型优势农产品出口，拓宽了农民就业增收的渠道，促进了农业增效农民增收。但是，农业是高度依赖自然资源的产业，我国农业规模小、组织化程度低、基础竞争力不强，加之缺乏有效的调控手段，一些农产品进口对特定产业的发展造成了较大的影响。一是对国内生产造成了过度挤压，一些产品生产不仅没有因需求增长而发展，而且在既有的产量水平下经常发生严重的积压；二是对国内趋势价格造成过度抑制，导致这些产品生产比较效益下降，产业发展缺乏必要的激励和动力；三是进口与外资相结合对特定产业的中小企业造成了过度的挤出效应；四是大量进口和外资进入削弱了一些产业控制力和定价话语权，给长期供给安全带来了潜在风险。如果说个别产业受到进口冲击后，还可以通过调整结构、腾出资源改种其他作物来减缓其实质性影响以及对农业的整体影响，那么在农产品净进口范围扩大、进口量增加的情况下，农业调整结构余地有限，贸易对我国农业的影响将更为广泛、更为深刻。

当前，国际农产品市场越来越受到气候变化、生物质能源、投机资本等非传统因素的影响，呈现出波动加剧的趋势。由于我国农产品市场开放程度高，净进口范围的扩大和进口量的增大，将使国际市场的波动性、不确定性、风险性更加直接、更加快捷地传导到国内市场，给国内生产稳定和产业安全带来越来越大的挑战。

（三）立足国内确保大宗农产品基本供给，同时更加充分有效地利用国际市场和资源，既是我国农业发展的现实必然，也是农业发展的理性选择。这就要求我们必须着力安全高效，加强对农业的合理保护和支持，加强对进口的有效调控，促进农产品贸易与国内产业协调发展。

要在坚持立足国内保障基本供给、有效利用国际市场的原则下，切实加强对发展国内生产和利用国际市场的统筹。要根据不同大宗农产品的需求结构、特点和趋势，以及在粮食安全中的地位，确定切实可行的阶段性自给率目标和合理的大宗农产品产业结构。要结合利用国际市场的可能和发展国内生产的潜力，优化大宗农产品生产力布局，加强优势农产品区域规划，加快优势产业带建设，确保大宗农产品基本播种面积和基本供给能力。要研究建立必要的体制机制，有效统筹国内生产和进口需求，确保贸易政策与国内产业政策相衔接，国内生产力布局与充分利用国际市场相匹配，进出口调控与国内供需趋势相协调。

要针对我国小规模农业和国外大农场在竞争力上存在难以克服的差距，加强和完善对农业产业的支持和保护。在面临国外大规模生产且获得高额补贴的大农场竞争下，必须加强对我国农业的支持和保护。要充分利用世贸组织赋予的“绿箱”和“黄箱”政策空间，进一步加大财政支农力度、强化生产性支持，努力实现财政支持总量增加、比例提高、结构优化。要着力解决当前农村金融信贷服务发展滞后的问题，研究制定制度性措施，强化金融信贷机构的社会责任，确保金融和信贷资金流向农业和粮食生产，切实加强对农业的金融信贷支持。要切实发挥边境措施的“门槛”作用，充分利用关税、关税配额管理等手段，加强对大宗农产品生产的合理保护，避免进口对国内价格的过度打压。要针对国际农产品市场波动加剧和我国农产品生产成本快速增长的现实，在多双边农业贸易谈判中切实维护好我国大宗农产品边境保护政策和国内农业支持政策空间。

要根据国际农产品市场波动性、风险性和不确定性增大的特点，强化对国际农产品市场的监测、研判和预警。要进一步强化对大宗农产品国际市场的监测、研判和预警等基础性工作，对重点国家、重点市场、重点品种的农产品供需和贸易情况进行监测，强化对国际市场价格、供需动态、贸易形势以及贸易政策等信息的收集分析、研究和预警。要切实加强对大宗农产品贸易因时因势有效调控，确保国内生产和市场的稳定。要进一步加强公益性公共服务，切实提高国内农业企业应对国际市场波动和风险的能力。

要着眼农产品大量进口和外资进入对我国农业产业的影响，加强贸易救济、贸易补偿和外资监管。强化农业产业损害监测预警，在产业受到损害时，及时有效启动“两反一保”贸易救济措施，加强对国内产业的贸易补偿。农业一头连接千家万户生产者、一头连接千家万户消费者，控制了流通仓储加工环节就控制了产业制高点。要尽快研究建立外资进入农业产业的安全审查制度，加强对外资进入的监管，制定适合农业产业特点的反垄断实施细则。要研究建立完善强制性企业贸易与经营信息报告制度，提高市场运行的可预测性和透明度，强化企业的社会责任。

要着力更加有效利用国际市场和资源，不断提升对农产品贸易的话语权。要加强对农产品贸易的战略规划，努力构建持续、稳定、高效的农产品进口供应链。要把统筹利用国内外两个市场和两种资源作为农业国际合作的重点，科学布局，持续推进，改善贸易环境、拓展贸易渠道、推进市场多元化。要在坚持市场导向和企业自主决策的原则下，发挥企业主体作用，选择重点地区、重点环节，务实稳步推动农业“走出去”。要强化政府对农产品对外营销促销的支持力度，充分发挥中国劳动力丰富的比较优势，促进优势农产品出口，提高资源配置效率。*（转摘于中华人民共和国农业部网）*

构建食品安全 齐抓共管工作格局

国家工商总局副局长 马正其

食品安全是全社会普遍关注的话题和共同承担的责任。今天我们组织开展“食品安全与科学消费大家谈”主题活动，其目的就是搭建一个交流互动平台，畅通公众参与渠道，动员社会各方力量，促进食品安全协同联动治理，引导广大消费者科学健康消费，努力形成食品安全齐抓共管的工作格局。

国家工商总局作为负责市场监管和行政执法的政府职能部门，一向高度重视食品安全工作。近年来，我们按照党中央、国务院的总体部署，认真履行《食品安全法》赋予的流通环节食品安全监管职能，不断强化食品安全日常监管，切实加大食品安全专项整治力度，严厉打击销售假冒伪劣食品等违法行为，努力构建食品安全长效监管机制，积极推动食品经营者诚信自律体系建设，及时受理和妥善解决消费者诉求，大力开展食品安全消费教育引导，切实把监管执法与促进食品产业健康发展和维护消费者合法权益有机结合起来，取得了显著成效，为促进经济平稳较快发展、保障和改善民生、维护社会和谐稳定发挥了积极作用。

食品安全事关人民群众身体健康和生命安全，是重大的民生问题、经济问题和政治问题，既关系老百姓切身利益，又关乎党和政府的形象与声誉。党的十八大对推动政府职能转变提出了新的要求。十二届全国人大一次会议审议批准的《国务院机构改革和职能转变方案》，对改革食品安全监管体制作出了重大部署安排。各级工商部门要充分认识新形势下改革食品安全监管体制、进一步加强食品安全监管的重大意义，本着对党和人民高度负责的精神，坚决贯彻落实党中央、国务院的决策部署，依法履行好工商行政管理部门的监管职能，切实做好食品安全监管执法和消费教育引导工作。

强化协调配合，积极做好机构改革期间的食品安全监管工作。机构改革后，原来由工商部门负责的流通环节食品安全监管职责已整合到新组建的国家食品药品监督管理总局。目前，中央层面的食品安全监管体制改革已经基本到位，地方的机构改革工作正在稳步推进。国家工商总局将继续加强与国家食品药品监督管理总局的协调协作，积极配合做好食品安全监管职责划转期间的监管执法工作，确保执法队伍思想不乱、力量不散，确保监管工作不断档、执法力度不削减、工作要求不降低，积极推动食品安全监管工作有序开展。

强化监管职能，依法维护食品市场经营秩序。要充分发挥工商行政管理“五大职能”作用，扎实推进相关市场监管执法工作，依法维护食品市场经营秩序。要严格食品市场主体准入，按照《食品安全法》以及《乳品质量安全监督管理条例》等法律法规的规定，严格法定条件和程序，确保食品经营主体资格合法有效，积极配合推进食品产业兼并重组和淘汰落后，促进食品产业健康发展。要切实加强食品经营行为监管，认真执行《商标法》、《反不正当竞争法》、《广告法》等法律法规，依法加强食品商标审查、保健食品广告监管等工作，推进商标战略和广告战略实施，大力扶持食品企业创新，积极促进我国食品产业水平全面提升。要继续加大食品执法检查力度，扎实开展“双打”工作、打击傍名牌专项行动和违法广告整治工作，依法查处食品生产经营中的商标侵权、假冒仿冒、虚假宣传等违法行为，依法规范食品市场秩序。要加强与食品药品监管等部门的协调配合，强化信息通报和执法协作，对监管中发现涉及食品质量安全的案件，及时移送食品药品监管部门，形成监管合力，提高执法效能。

强化教育引导，努力营造良好的食品消费环境。营造良好的消费环境是提振消费信心、拉动消费需求的重要条件，也是工商部门消费维权的重要任务。消费者协会作为依法对商品和服务进行社会监督的保护消费者合法权益的社会团体，是推动消费教育引导、提高消费者维权能力的重要力量。新闻媒体更是开展消费教育引导的重要平台。因此，各级工商部门要积极会同消费者协会等社会组织，加强与新闻媒体的协作配合，不断强化消费教育引导工作。要面向全社会深入开展针对性强、有特色的与食品相关的科普教育活动，引导消费者科学、健康消费，有效提振消费信心。要大力加强经营者诚信自律体系建设，督促食品经营者认真履行《食品安全法》等法律法规确定的法律责任和义务，增强食品经营者的守法经营意识和诚信自律意识，积极营造食品安全消费的社会氛围。*（此文为在“食品安全与科学消费大家谈”活动发言摘要）*

中国轻工业联合会运行情况和发展趋势

中国轻工业联合会会长 步正发

在天津召开中轻联三届四次会长扩大会议，分析轻工行业运行情况和发展趋势，研究做好今后工作的主要思路。下面我谈几点意见。

一、当前轻工业经济运行的主要特点

对于2012年以来轻工业经济运行情况，我感到，轻工业经济运行主要有以下几个特点：

一是总体保持了平稳较快发展。1～7月全国规模以上轻工企业工业总产值同比增长17.7%，呈现止跌趋稳的态势，但趋稳的基础还不牢固。

二是轻工业行业特点致使不同消费品生产领域的发展差异明显。食品等快速消费品领域平稳较快增长，技术含量高的高端产业好于产能过剩的低端产业，轻工业增长总体快于重工业。

三是结构调整成效显现。东部地区结构调整步伐加快，增速回升，中部地区保持高速发展，安徽、河南等省轻工增长超过20%。

四是轻工出口总体平稳。1～7月轻工出口总额同比增长14.57%，但震荡起伏加大，增长难度加大。新兴市场贸易保持较快增长，轻工对国家实现贸易顺差的贡献加大。

五是利润增速下降。利润增长率低位徘徊，库存压力加大，反映轻工综合成本上升，外部环境趋紧。1～6月轻工实现利润同比增长16.6%，增速比去年下降15.4个百分点，全行业累计产值利润率5.53%。

二、中轻联和行业协会上半年的主要工作

根据三届二次理事会的要求及今年中轻联和行业协会重点工作安排，今年以来，我们主要开展了以下工作：

（一）及时反映行业和企业诉求，推动轻工业发展政策的制定实施

今年以来，我会多次参加国务院有关部委组织的行业经济运行分析会、专题研讨会，反映行业情况，提出政策建议。

深入进行调研，向发改委提出关于轻工领域结构性减税的具体政策建议。向工信部提出轻工行业大宗固体废物综合利用产品税收优惠政策完善修改建议，涉及造纸、发酵、电池、塑料、饮料、日用玻璃等行业。对海关总署有关中国同瑞士、东盟等自贸区轻工产品原产地规则内容提出具体意见。

组织行业参与发改委《重点产业生产力布局和调整规划》、工信部《产业转移指导目录》（征求意见稿）中轻工产业部分的制修订工作，提出建议。参与新疆等地区差别化产业政策的制定。

向发改委、工信部报送《轻工业实施调整和振兴规划情况报告》。

上半年向发改委、工信部、财政部、国资委等部门报送行业信息213篇，其中12篇被中办、国办采用。

（二）召开全国轻工业科技大会，推进企业科技进步和自主创新

召开全国轻工业科技大会，全面总结了“十一五”轻工业科技工作，发布《轻工业技术进步“十二五”发展指导意见》《“十二五”轻工行业重点推广技术目录》《“十二五”轻工行业重点共性关键技术研发项目指南》，评选表彰86家“十一五”轻工业科技创新先进集体、114位先进个人。

向科技部申报了9个国家高技术研究发展计划（863计划）项目、2个“十二五”国家科技计划材料领域2013年度项目。向工信部推荐10个2012年知识产权工作推进计划项目，其中造纸、家电、电池行业三个项目得到工信部立项支持，共获专项经费60万元。

继续组织“隧道式连续大型洗涤机组与高效缝制设备研发”等 6个“十二五”国家科技支撑计划项目的年度检查等项目实施工作。

组织开展2012年度中国轻工业联合会科学技术奖励工作。

（三）突出重点行业，推进环保和节能减排

向工信部重点推荐了涉及造纸、发酵、酿酒、制糖、皮革、电池等重点行业的18个轻工业清洁生产示范项目，申请了涉及造纸、发酵、酿酒和电池等四个行业八个产品的能源消耗限额标准制定项目。向发改委推荐了9项重点节

能技术。

组织编制完成照明电器行业（荧光灯）清洁生产技术推行方案。组织相关行业协会，开展了能耗指标数据的采集、分析、核实和排序工作。

开展节能减排相关课题的研究工作。

（四）培育和共建轻工业特色区域和产业集群，推动产业集聚和有序转移

上半年共新建6个轻工特色区域和产业集群，对6个产业集群共建进行了复评。

研究制定《关于共建中国轻工业特色区域和产业集群管理办法（征求意见稿）》，编制《2011年轻工行业特色区域和产业集群发展报告》。组织行业协会推荐特色区域和产业集群建设工作先进集体和个人。

促进重点行业与甘肃轻工产业的对接，与甘肃方面草拟战略框架合作协议。与安徽省人民政府联合主办“2012年中国制鞋产业转移与转型高层论坛”，参与和支持安徽省宿州“中国现代制鞋产业城”、安徽省来安县“中国文具产业示范区”等产业转移示范区建设。

（五）举行第二届中国轻工品牌和优秀特色展会发布大会，促进国内外轻工经济交流合作

为发挥重点展会示范效应，提升行业展会的专业化、规模化、国际化和市场化水平，我会开展第二届中国轻工十大品牌展会、中国轻工优秀特色展会评选工作，于6月召开了发布大会。中国国际缝制设备展览会、中国国际家具展览会等十个品牌展会，中国国际啤酒节等十个优秀特色展会的代表在会上介绍了经验。

轻工行业协会学会主办的展会质量和规模进一步提高，9个展会被列入2012年商务部引导支持展会。

中轻联和行业协会学会自办展会12个，展出面积727000平方米，比上年增加15.67%。中轻联举办的第二届中国国际轻工消费品展览会的参展商数比上届增加42%，展览面积增加24%。

中轻联与地方合作办展取得新进展，7月与大连市政府合作举办了国际葡萄酒美食节，9月将与海宁市政府合作举办海宁潮国际博览会。

4月下旬，部分轻工企业参加了德国汉诺威工业博览会。我会随同国务院负责同志参观展会并参加中德双方共同举办的“中德工商峰会”。

中轻联和各协会学会组织赴国外参加国际会议团组15个，参加参观展览会团组17个。皮革协会与中国-东盟商务理事会中方秘书处在北京联合举办了“中国皮革行业走进东盟投资推介会”。

（六）加强质量管理，做好标准工作

贯彻落实工信部《关于加强2012年工业质量品牌建设工作的通知》精神，起草《轻工开展“加快工业品牌培育”活动的计划》，向工信部申报并实施“工业转型升级专项资金质量品牌项目轻工质量品牌建设年专项”。组织召开轻工品牌培育管理体系培训研讨会。

组织开展全国轻工业卓越绩效先进企业表彰工作，召开“2012年全国轻工业优秀质量管理小组成果发布暨交流会”。

上半年共申报国家标准制修订计划项目86项，批准行业标准计划项目275项；新批准国家标准34项，新批准行业标准105项。

召开“2012年全国轻工业标准化工作会议”，行业标准座谈会、到期标准化技术委员会换届工作座谈会，就国家标准，行业标准各项工作做了部署。

研究制定“2012—2015轻工标准发展规划”。会同国家标准委有关部门对广东玩具、塑料、家电、家具、首饰等企业进行调研。

组织有关行业协会、技术委员会先后就塑木产品标准归口、红木家具国家标准、新成立LED标准化技术委员会及相关标准制定工作与林业部、科技部、中国LED联盟等进行协调。今年8月1日，《红木家具通用技术条件》正式出台，成为红木家具行业首个国家级强制性标准。此外，实现纽扣产业国标“零”突破的《纽扣分类及术语》等三项国家标准以及首部儿童家具领域国家标准《儿童家具通用技术条件》均已正式颁布。

（七）认真组织全国轻工行业劳模评选工作，加强人才队伍建设

认真组织全国轻工行业先进集体和劳动模范评选工作，目前全国32个省市都已按全国轻工行业劳模评选工作实施方案和工作要求上报了初步名单。

按第六届中国工艺美术大师评审工作领导小组和工信部的要求，认真做好工艺美术大师评审的相关工作，协调反映行业和行业协会的意见。

完成轻工行业99版《国家职业分类大典》修订工作。承担228个职业的修订任务，各协会、175名专家参加修订工作。基本形成了符合轻工行业实际和发展方向的现代轻工职业分类体系。

完成轻工特有工种职业技能鉴定11033人次。目前已设立64个行业特有工种职业技能鉴定站，涵盖19个行业，覆盖24个省区市，基本满足了轻工各产区职业技能培训鉴定的需要。

向人力资源和社会保障部推荐第十一届全国技术能手候选人，积极开展职业技能竞赛活动。乐器协会会同有关

部门主办第二届西管乐器制作比赛。焙烤食品糖制品协会与人力资源和社会保障部主办第十二届全国焙烤职业技能竞赛，其间组织了“首届全国职业技术学校（院）在校生创意西点技术大赛”。

（八）开展轻工业百强企业评选工作，加强公共服务和公益活动

开展轻工业百强企业推荐评选工作，举办轻工业百强企业发布暨提升国际竞争力高层论坛。

提供信息服务，加强“轻工行业经济运行预测预警平台”建设，每月发布轻工行业景气度指数。

推进法制宣传教育，制定中轻联关于开展法制宣传教育的指导意见。

中轻联和眼镜协会积极推动行业公益事业，促进全民用眼健康水平的提高，开展了“敦煌研究院爱心捐赠”、“关注青少年视力健康”活动，为敦煌研究院、西藏中学、河北涞源县31所中小学的科研人员、贫困学生和教师进行免费验光配镜和全面的视力检查，开展爱眼护眼咨询服务。中轻联和文房四宝协会、文体用品协会共同支持以弘扬祖国优秀民族文化，创新中国优秀民族绘画产品为主题的“中国墨彩画研讨会”。制笔协会会同有关单位发起希望工程爱心助学捐赠活动，五家制笔企业向陕北革命老区儿童捐赠数十万的学习用品。

三、准确把握轻工业发展面临的新形势、新要求

改革开放以来，我国轻工业取得举世瞩目的高速发展和巨大成就，总体解决了满足我国进入初步小康社会的轻工消费需求。国际金融危机爆发以来，各国对产业政策、产业结构进行深度调整，我国轻工业发展的国内外环境发生深刻的变化，困难和不确定因素增多，轻工业自身的结构问题和深层次矛盾显现。我们要准确把握轻工业发展面临的新形势和新要求，牢牢把握科学发展和加快发展方式转变，立足于应对更加复杂困难的局面，增强信心，推进轻工业结构调整、优化升级，实现由轻工大国向强国转变。

（一）进一步加深对发展机遇期的认识

当前我国经济社会发展面临的国际环境仍很严峻，国内形势依然复杂。

从国际环境看，欧债问题仍处于高危阶段，欧盟主要国家政策分歧依然较大，可能使欧元区财政金融风险与经济衰退形成恶性循环。全球经济复苏乏力状况短期内难以改变，在失业率居高不下、新兴产业发展尚未形成大的带动作用、政策空间受限，以及政治社会矛盾加剧的情况下，美日欧等发达经济体难以摆脱经济低迷局面。受外部市场条件恶化和内生增长动力不足的双重制约，新兴经济体经济增速也普遍放缓。国际金融商品市场可能持续动荡，跨国资本流动明显加剧，世界经济增长低迷可能还会持续较长一段时间，复苏的曲折性和艰巨性进一步凸显。我们既要做好应对短期突发冲击的准备，也要做好长期的打算。

从国内看，扩大有效需求还面临不少制约因素。我国出口商品综合成本上升，出口竞争优势减弱，加上针对我国的贸易保护主义措施明显增多，出口形势不容乐观。内需实现较快增长也面临诸多困难，企业投资的能力和意愿不足，中低收入者消费能力偏低，消费市场环境不够规范，服务消费有效供给不足。企业生产经营困难加大，出厂价格降幅扩大，各类要素等生产成本居高不下，企业利润持续减少，亏损增加。结构调整任务相当繁重。产业结构不合理特别是部分产品产能过剩问题进一步暴露。产业技术水平整体偏低，以企业为主体的创新体系尚不健全，人才、技术储备不足，新兴产业带动作用还不强。服务业行业标准不健全，鼓励和扶持服务业发展的政策尚需进一步完善落实，节能减排压力仍然较大。总体来看，我国经济下行压力仍然较大，经济困难可能还会持续一段时间，对此必须高度重视，决不可等闲视之。

在看到困难和严峻挑战的同时，我们更要看到，我国经济发展的基本面是好的，轻工业发展仍处在重要的发展机遇期。作为与人们日常生活息息相关的消费品产业，轻工业总体处在多层次需求拉动和优化升级阶段。我国工业化、城镇化进程涉及众多轻工行业，蕴藏巨大的发展机遇。庞大的国内市场，为轻工业发展提供有力的支持。虽然随着要素成本上升，轻工业比较优势受到影响或减弱，但轻工业综合竞争力仍处于上升时期，在相当长时间内，仍具有比较优势。我国地区发展不平衡，为产业转移和产业集聚提供广阔空间。国家宏观调控政策更加重视实体经济和居民消费需求，更加重视改善中小企业发展环境，为轻工业发展创造和改善了良好的政策条件和发展环境。国际环境危中有机，实现进口、出口的良性互动，提高企业走出去水平，仍有着较大的发展空间。新形势下，抓住发展机遇期就是要把稳增长同调整结构、优化升级结合起来，巩固发展轻工业已有比较优势，加大转型升级工作力度，努力创造新的竞争优势。

（二）进一步把握轻工业转型升级的主要途径

轻工业转型升级最主要的是坚持走中国特色新型工业化道路，积极发展结构优化、技术先进、清洁安全、附加值高、吸纳就业能力强的现代产业体系，提高轻工发展质量和效益，促进由轻工大国向强国的转变。为此，要着力

把握以下主要途径：

一是依靠科技进步，加强自主创新，走创新驱动内生发展道路。轻工业转型升级，由大国转变为强国，最根本的是靠科学技术，最关键的是大力提高自主创新能力。要着力引导企业增加科技投入，强化企业技术创新能力，完善以企业为主体、市场为导向、产学研用相结合的技术创新体系，使企业真正成为研究开发投入、技术创新活动、创新成果应用的主体。同时要推动发挥国家科技重大专项核心引领作用，以涉及轻工业整体水平提升的关键技术、关键材料、节能环保技术、高端装备、基础零部件等关键领域为重点，组织实施重点产业技术创新工程，形成一批自主知识产权。二是大力推进融合发展。制造业同信息产业、制造业同服务业的融合，人才、资金、信息等要素交流融合是现代产业发展的必然趋势和要求。互联网技术的应用引发了生产方式深刻变革，催生新的业态和商业模式。我们要将融合发展作为轻工业结构调整、优化升级重要着力点，重视商业模式创新，发展各种基于制造的专业服务和增值服务，发挥优秀品牌效应，采取专业化分工、业务外包、特许经营等多种方式，组织柔性化生产和定制生产，组织废旧商品回收再制造，发展节能环保领域的合同能源管理，推动研发、制造、营销、服务一体化发展，培育现代服务型企业，探索发展服务型制造新型业态。

三是优化产业结构。加大用高新技术改造传统产业的力度，加快培育发展轻工新材料、新能源消费品、动力电池、高端装备等战略性新兴产业。着力在研发设计、技术创新、技术工程化、产业化上下功夫。优化产品结构，依靠科技、设计、品牌影响力，不断满足和创造多层次、多元化轻工产品消费需求和服务需求。以各地新型工业化基地和园区建设为载体，提升轻工特色区域和产业集群，推动产业有序转移和产业集聚，推动大企业和中小企业协调发展，形成各具优势特色的强势布局。

四是推动结构性减税等发展环境的改善，发挥体制改革效应和经济杠杆等政策效应，形成轻工企业发展与转型、质量与效益良性互动发展局面。

五是在发挥传统比较优势的同时，培育开创新的竞争优势，利用两个市场、两种资源打破发达国家将我国轻工业锁定在低端的控制和制约，提升轻工企业走出去水平。

（三）进一步发挥轻工特色和优势

轻工业行业多，小微企业多，民营企业多，行业跨度大，关联度小。轻工业是较早市场化、国际化的产业，作为日用消费品行业，市场潜力大，产品更新速度快，市场竞争激烈，应对风险能力相对较强。轻工业的结构调整、优化升级必须从轻工业的实际出发，充分发挥轻工业的特色和优势。

转型升级从整体思路上要充分考虑轻工的实际。满足消费需求是轻工业发展最大的实际，我们必须将以企业为中心转变为以消费者为中心，坚持在生产、营销、服务的各个环节上真正以消费者为出发点和落脚点。围绕消费者的消费需求和资源配置效益最大化，将相对单一、狭窄的经济合作方式转变为更加开放、合作共赢的发展方式，创造新型管理方式和生产、营销模式。要将坚持发挥企业主体作用、练好内功，同争取政府和社会支持、创造发展良好外部环境结合起来。既要重视培育发展战略性新兴产业，又要重视用高新技术改造传统产业。行业没有高低之分，各行业都有产业链的低端和高端，都存在从低端向高端发展的空间。企业结构调整，既要重视做大做强企业，提高产业集中度，培育壮大一批具有核心竞争优势和产业链整合能力的龙头企业，发挥优势大企业作用，又要培育壮大具有专精特新特征的专业化企业和“小巨人”企业，激发中小企业发展活力，形成大企业同中小企业协调发展的强势格局。企业结构调整本质上是做强，发挥优势特色，企业规模宜小则小，宜大则大。

转型升级具体做法上要从本单位实际出发，量力而行。由于企业之间的经济实力、创新能力以及所处的发展阶段各不相同，因而在具体决策时必须具体分析，因企而异。无论是在科技成果推广、工艺技术具体模式、外贸企业贴牌生产，还是培育发展自主品牌，引进、消化技术、装备，还是自主创新、原始创新等，都应按照立足当前，放眼长远，全面考虑企业自身的实际和效果，实事求是地决策。

（四）进一步提升行业组织服务行业的能力

行业组织具有熟悉行业、了解企业，同政府联系密切的优势，在行业发展中日益发挥不可或缺的重要作用。随着形势的发展，行业和政府都向行业组织提出了更高的要求。轻工各行业协会在努力提高服务能力，积极探索新形势下行业协会有效的工作方式等方面，取得来之不易的成绩，但也程度不同地存在不适应新形势要求、不符合规范运作的问题。我们要巩固发展成功经验和有效做法，研究解决新形势下协会工作中的实际问题，进一步提升行业组织服务行业的能力。

一是要深刻了解行业和企业，善于学习和集中企业家的智慧，研究行业发展的新情况，反映行业发展的新诉求，推动解决行业发展中的新问题，引导行业科学发展。协会工作人员要成为本行业的行家里手，企业和企业家的真诚朋友，政府的忠实助手。工作思路来源于企业，高于企业，受企业检验，在为企业服务的实践中不断完善。

二是要把帮助协调解决行业、企业改革发展的具体问题，同推动克服体制机制性障碍，完善制度，发挥结构性减税等经济杠杆作用，创造公平、平等竞争环境结合起来。把立足当前，研究解决行业发展的共性、突出问题和难点、热点问题，同放眼未来，研究世界经济发展新变化、新科技革命给行业影响及对策结合起来。

三是把加强信息统计分析、标准、知识产权保护、维护企业权益的法律手段，作为履行协会职能，增强行业发展话语权的重要工作。

四是加强自身制度建设和专业人才队伍建设，建成坚持服务宗旨、内部管理规范、专业功底深厚、人才结构优化的创新型、服务型社团。

四、切实做好重点工作

今后几个月的工作要深入贯彻落实科学发展观，以科学发展为主题，以加快转变经济发展方式为主线，坚持稳中求进的工作总基调，把稳增长放在更加重要的位置，以科技创新为强大驱动力，以品牌建设为载体，推动结构调整和转型升级，着力破解轻工业发展中的难题，促进轻工业平稳较快发展。

重点做好以下几项工作：

（一）推进政策落实，保持经济平稳较快增长

我们要进一步加强调查研究和经济运行分析，及时了解企业经营的实际情况，准确把握行业态势，提高反映诉求的前瞻性、针对性，促进轻工业经济平稳较快增长。

今年以来，国家采取了加大结构性减税力度、实施稳健的货币政策、大规模支持企业技术改造、鼓励民间投资、出台落实新36条42个实施细则、实施“节能家电惠民工程”、加大关系民生的基础设施建设等一系列措施。我们要进一步推动已有政策的落实，继续完善《关于轻工领域结构性减税的政策建议》，加强税收政策的协调，提出对轻工相关产品的税率调整建议。及时了解落实各类政策中的实际情况，推动实施各项政策取得实际效果。

积极向有关部门建议鼓励家具、五金、电动自行车等行业开展产品惠农活动。同有关部门进行协调，支持家具、家电、五金、照明等行业为保障房建设提供配套服务。

深入了解企业营销、出口和效益情况，帮助企业拓展国内外市场，协调解决企业营销中的实际问题。

（二）贯彻落实全国轻工业科技大会精神，大力推进结构优化升级

认真贯彻落实全国轻工业科技大会精神。发挥科技在轻工结构调整、优化升级中的支撑引领作用，落实好发展规划，加强技术改造，加大结构调整力度，加快建立以企业为主体的技术创新体系。鼓励企业联合开展前沿技术、关键共性技术攻关。坚持以企业为主导整合产学研力量，推动形成一批技术研发平台和产业技术创新战略联盟。着力推进完善支持企业创新政策，协调加大对科技型中小企业的支持。大力培育发展战略性新兴产业，对已形成产业化能力的动力电池等重点产品，要加快突破应用环节，形成研发、制造、应用的良性互动。加强科技成果的推广应用。完成2012年度中国轻工业联合会科技奖励工作。继续开展科技成果鉴定工作。做好2014年度国家科技支撑计划项目申报指南编制工作。

对未完成验收的“十一五”国家科技支撑计划项目、课题，继续做好实施管理和验收工作。对已获得国家支持的“十二五”科技支撑计划项目，按有关规定组织实施、监督管理。

跟踪落实已申报的“轻工行业绿色生产工艺技术与应用示范”和“绿色制革关键材料开发及应用示范”、“功能性表面活性剂绿色制备与产业化示范”3个国家科技支撑计划项目。

（三）抓好节能减排和环境保护工作

编制完成制糖、荧光灯行业的清洁生产评价体系，组织相关行业和机构开展清洁生产评价工作。配合工信部发布、实施照明电器（荧光灯）行业清洁生产技术推行方案、轻工行业节能减排先进适用技术目录、轻工行业节能减排技术指南和轻工行业节能减排技术案例。

召开皮革行业（毛皮加工）清洁生产技术推广现场会。

组织8个能耗限额标准的制定工作。研究制糖行业能耗情况，解剖制糖节能先进典型企业，开展节能对标活动。组织专家对申报的轻工行业有毒有害原料（产品）替代品进行评审推荐。

组织开展“制糖生产过程节能与清洁生产关键技术及示范”等3个国家科技支撑计划项目中期检查工作。

跟踪落实“环保净化材料与助剂研制及应用”和“轻工重点行业固体废弃物资源化技术研究与示范”两个国家科技支撑计划项目。

完成“轻工重点行业资源综合利用研究”和“GDP二氧化碳排放强度下降40%～45%目标的分解与实施方案”两个课题的验收工作。

（四）召开全国轻工业特色区域和产业集群工作会议，推动轻工行业特色区域和产业集群工作

下半年召开全国轻工业特色区域和产业集群工作会议，总结经验，提出提升特色区域和产业集群建设水平的

工作思路和意见，部署进一步做好特色区域和产业集群共建工作。

研究制定相关办法，组织开展轻工业中小企业公共服务示范平台认定工作，为明年推荐国家中小企业公共服务示范平台认定工作做好准备。

继续推进与甘肃等地区产业转移对接的具体工作。

（五）做好轻工品牌和优质产品培育评价工作

认真组织实施《轻工开展“加快工业品牌培育”活动的计划》，切实将品牌建设作为轻工发展的重点工作，制定开展轻工行业品牌培育及表彰活动工作计划，组织各协会完成“轻工优势品牌”评选。

大力开展对优秀品牌的宣传，组织研究轻工品牌建设中的实际问题。

（六）做好轻工行业先进模范表彰工作，进一步加强人才队伍建设

严格按要求和规定程序精心组织，做好先进模范的审核、评审、表彰各个环节的工作，确保评选质量。将学习先进、弘扬先进、促进工作贯穿于评选工作的全过程，将评选工作作为服务行业和企业、增强行业和协会凝聚力的重要工作。组织开好表彰大会，大力宣传先进集体和先进个人的先进事迹，在全行业开展学习先进、弘扬先进的活动。

要做好行业专家和人才库建设工作，充分发挥各类人才在轻工业发展中的重要作用。进一步加大各类各级专业、技能人才的培训、培养，完善国家和行业大师、专业技能人才称号、职称评审工作制度。

（七）认真组织学习贯彻党的十八大精

党的十八大是我党在我国进入全面建设小康社会关键时期和深化改革开放、加快转变经济发展方式攻坚时期召开的一次十分重要的会议。全行业要全力以赴以实际行动做好迎接党的十八大各项工作，切实做好本单位的和谐稳定工作。及时组织收看收听大会情况，组织好大会精神的传达、学习，结合轻工行业和各单位实际，提出贯彻党的十八大精神的具体意见。切实把思想和行动统一到中央各项决策部署上来，齐心协力做好轻工业改革发展的各项工作。

同志们，今年是实施“十二五”规划承上启下的重要一年，是加快转变经济发展方式的攻坚一年。我们要准确把握轻工业发展的形势，进一步明确今后的主要任务，开拓进取，扎实工作，为促进轻工业平稳较快发展作出新的贡献，以优异的成绩迎接党的十八大胜利召开。*（转摘于中国轻工业网）*

商务部在“十二五”期间创新酒类流通方面思路和做法

中华人民共和国商务部市场运行和消费促进司 副司长
中华人民共和国商务部酒类流通管理办公室 副主任
路政闽

长期以来，酒类流通体系一直处于不断的变革当中。在计划经济时期，我们国家对酒类流通是由“酒票”管理发展到国有计划分区域经营；改革开放后，酒类经营市场化，民营流通企业崛起，建立了全国总代理、品牌营销等模式；近年来，酒类连锁经营、电子商务模式异军突起。应该说，酒类流通环节不断减少，规模不断扩大。总体上看，酒类流通的现状是“链条杂、环节多、成本高、效率低”。

商务部组织对全国酒类流通模式创新进行了调研。从调研结果来看，酒类流通创新主要有四类：第一类是技术创新类，比如一些品牌酒类企业运用无线射频识别等现代信息技术，在酒类追溯方面有很大进展，消费者能够更加放心、更加安全的购酒；第二类是电子商务类，比如说“酒仙网”、“也买酒”等酒类电子商务网站，有效降低了成本，减少了流通环节；第三类是文化营销类，比如贵州国际酒类博览会通过展会形式打文化牌，通过挖掘酒文化创新酒类流通方式；第四类是连锁经营类，目前一些企业在连锁经营上做得很好，实现扁平化管理，不仅局限于区域，也布局全国，有的甚至把渠道扩展到国外。

从商务部角度看，在“十二五”期间，酒类流通模式创新方向是“减少环节、优化链条”，着眼点是“降低成本、提高效率”，鼓励酒类流通企业和生产厂商加强合作，达到厂商和谐共赢、消费者得安全实惠。下一步，我们将从以下方面着手：一是构建酒类流通行业诚信服务体系。针对目前酒品假冒伪劣现象屡禁不止、酒水价格虚高等现象，我们在《商务部关于“十二五”期间加强酒类流通管理的指导意见》中，明确提出酒类流通企业要“真品售酒、实价售酒”；二是培育新型酒类流通主体。鼓励酒类流通企业通过连锁经营、电子商务等现代流通方式做大做强，同时发展中小企业作为有效补充；三是提倡科学饮酒、健康饮酒的新消费理念。酒是特殊食品，有可能成为特殊嗜好品，甚至还是一种可致精神迷幻的品，所以世界各国都对酒类实行严格管控。酒文化是中国传统文化中很重要的一部分，希望全社会对酒品有正确的认识，积极倡导健康饮酒、科学饮酒的理念。

2013上半年，我国酿酒行业完成总产量3697.08万千升，产量同比增长6.32%，其中饮料酒产量3236.48万千升，同比增长6.01%，发酵酒精产量是460.64万千升，同比增长8.58%，酿酒行业完成销售收入4042.42亿元，同比增长9.51%，实现利润509.03亿元，同比增长2.23%，增长额和幅度与去年、前年相比有所减少。具体到白酒的情况，今年以来，白酒累计产量增速呈现逐月回升态势，但是与2012年相比仍然处于较低水平。

出现销售额增速有所减缓现象，我个人认为，主要和酒品价格理性回归相关。我们一直倡导要真品售酒、实价售酒，但在市场中有的酒品确实价格虚高，有的进口酒一瓶卖几万，个别国产酒价格也不低，今年以来酒类价格理性回归，所以可能在酒类企业年报、半年报中表现出销售额同比增幅降低。我个人认为，要让百姓喝上放心、安全、合适价位的酒，我们正在朝着这个方向努力。*（转摘于中国人民共和国商务部网）*

回首2012年中国白酒行业

中国酒业协会理事长 王延才

过去的一年，我国白酒产业继续保持增长的同时也经历了许多挫折，生产经营受到了不同程度的影响，依据当前形势分析，白酒产业在今后仍将会受到长期、持续的影响。今年理事会，除了向大家介绍这一年来白酒行业情况之外，重点与大家深入探讨白酒产业未来的和谐发展、经济趋势、结构调整和科技进步等方面的问题，同时也希望各位能够同心协力、集思广益，共同为解决当前白酒产业面临的问题出谋划策。

一、白酒行业经济运行情况

2012年全年，规模以上企业白酒总产量达到1153.16万千升（快报数），同比增长18.55%（上年同期白酒产量调整为972.70万千升）。增速最高出现在2月份（51.86%），最低出现在12月份（11.86%），其他月份则保持在15%～25%。2月份产量增长幅度偏大可能与上年同期基数较低有关，而传统旺季12月份增速偏低则与政策导向有关。

表1 2012年1～12月我国白酒行业规模以上企业产量及同比增长情况 1

时间	月度产量（万千升）	同比增长（%）	累计产量（万千升）	同比增长（%）
1月	94.80	15.12	94.80	15.12
2月	105.48	51.86	200.28	31.93
3月	91.96	10.95	284.87	23.23
4月	80.74	13.26	353.90	17.27
5月	85.02	12.16	435.63	17.34
6月	101.64	17.38	535.20	17.20
7月	82.43	23.16	610.53	19.63
8月	82.37	20.07	689.42	20.50
9月	111.05	24.23	798.03	20.69
10月	106.20	14.40	905.10	19.26
11月	115.09	14.23	1023.32	17.72
12月	128.37	11.86	1153.16	18.55

（数据来源：国家统计局）

表2 2012年白酒行业规模以上企业产量省市排名情况

排名	地区	本年度产量(万千升)	上年同期调整(万千升)	同比增长(%)	产量占全国比重(%)
	总计	1153.16	972.70	18.55	100
1	四川省	295.18	257.06	14.83	25.60
2	山东省	124.44	98.03	26.95	10.79
3	河南省	99.90	94.50	5.72	8.66
4	江苏省	91.41	66.06	38.39	7.93
5	辽宁省	80.58	65.67	22.72	6.99
6	湖北省	72.12	52.55	37.25	6.25
7	内蒙古	54.05	51.28	5.40	4.69
8	吉林省	53.54	43.73	22.44	4.64
9	安徽省	40.77	38.08	7.08	3.54
10	黑龙江	38.02	22.63	67.98	3.30
11	河北省	29.08	27.47	5.86	2.52
12	贵州省	26.83	22.63	18.54	2.33
13	北京市	24.12	21.06	14.56	2.09
14	湖南省	19.85	18.45	7.59	1.72
15	重庆市	18.22	12.81	42.24	1.58
16	江西省	15.71	14.49	8.36	1.36
17	山西省	13.07	13.80	-5.27	1.13
18	广东省	11.02	10.42	5.70	0.96
19	陕西省	9.31	8.19	13.68	0.81
20	广　西	6.76	7.43	-9.04	0.59
21	云南省	6.50	6.16	5.55	0.56
22	新　疆	6.33	5.40	17.33	0.55
23	甘肃省	3.67	2.92	25.77	0.32
24	福建省	3.46	3.31	4.66	0.30
25	天津市	2.83	2.93	-3.26	0.25
26	浙江省	2.18	2.17	0.46	0.19
27	青海省	1.92	1.71	12.45	0.17
28	宁　夏	1.67	0.29	468.71	0.14
29	上海市	0.61	1.08	-43.14	0.05
30	海南省	0.00	0.42	—	—
31	西　藏	0.00	0.00	—	—

（数据来源：国家统计局）

四川、山东、河南等白酒主产区2012年度白酒总产量520万千升，同比增长15.56%，占行业总量比重45.05%。除四川、山东、河南外，年产量在20万千升以上的10个省市与上期保持一致，10个省市白酒产量合计511万千升，占行业比重44.27%。其余省市约占10%左右的产量份额。

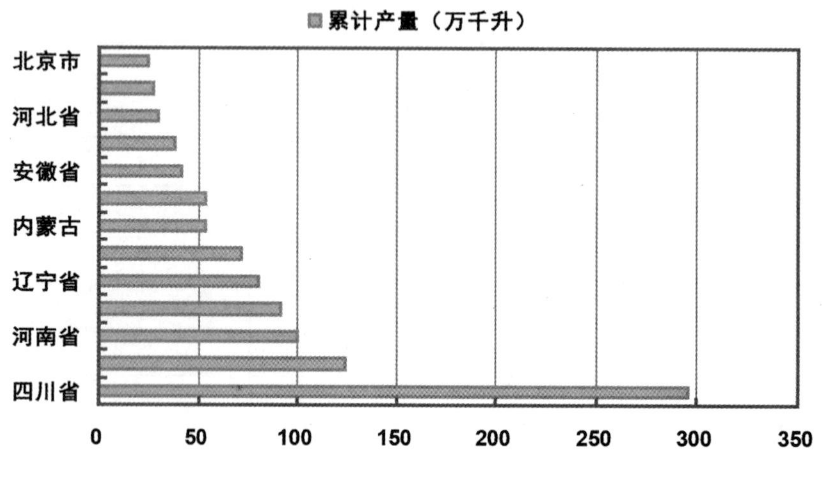

（数据来源：国家统计局）

图1 2012年白酒行业地区产量分布情况

2012年1～12月，白酒行业1290家规模以上生产企业累计完成销售收入4466.26亿元，同比增长26.82%；实现利润总额818.56亿元，同比增长48.52%；实现税金总额547.62亿元，同比增长26.93%。

表3 2012年白酒行业各省市规模以上企业盈利情况

地区	企业数	销售收入（亿元）	同比增长（%）	利润总额（亿元）	同比增长（%）
全国	1290	4466.26	26.82	818.56	48.52
北京市	4	12.73	15.54	0.28	-21.16
天津市	5	7.49	-13.57	0.24	-71.20
河北省	46	95.72	13.61	8.97	24.94
山西省	18	118.68	36.90	19.05	43.97
内蒙古	61	116.17	25.98	10.17	10.33
辽宁省	78	174.59	23.80	18.34	157.11
吉林省	73	94.02	23.49	4.02	20.56
黑龙江	39	48.54	29.75	3.87	100.42
上海市	1	0.30	-71.48	0.01	-69.78
江苏省	46	274.36	31.29	106.46	49.06

浙江省	4	1.95	-12.16	0.33	37.50
安徽省	70	187.67	23.59	33.66	33.32
福建省	15	10.75	-2.86	0.48	31.40
江西省	15	61.45	31.82	10.00	21.51
山东省	158	376.06	29.91	27.03	43.26
河南省	120	221.50	12.07	25.26	24.94
湖北省	49	352.82	33.73	22.66	57.15
湖南省	39	68.57	30.91	8.35	136.99
广东省	15	23.93	12.84	2.64	10.40
广　西	13	11.97	7.27	1.05	-24.05
海南省	1	0.00	-99.30	-0.01	-73.04
重庆市	19	38.22	53.10	3.23	63.93
四川省	273	1671.54	23.72	292.63	45.35
贵州省	67	376.78	49.92	202.75	60.22
云南省	10	10.05	40.17	1.36	121.82
陕西省	19	52.40	10.27	5.21	56.83
甘肃省	14	21.83	35.42	2.13	7.30
青海省	2	9.77	17.02	2.30	-11.72
宁　夏	2	3.29	564.26	1.04	1986.83
新　疆	14	23.08	18.37	5.04	56.35

（数据来源：国家统计局）

企业规模	规模以上企业数量
大型企业	48
中型企业	188
小型企业	1054
总计	1290

数据来源：国家统计局

图2 2012年白酒行业不同规模企业数量分布情况

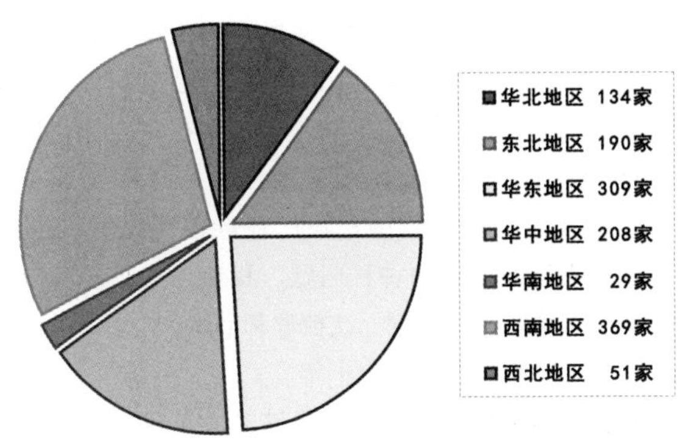

数据来源：国家统计局

图3 2012年我国不同地区白酒行业规模以上企业数量分布情况

企业规模	产品销售收入（亿元）	同比增长（%）
大型企业	2540.70	27.13
中型企业	600.14	21.51
小型企业	1325.42	28.77
总计	4466.26	26.82

（数据来源：国家统计局）

图4 2012年白酒行业不同规模企业产品销售收入分布情况

企业规模	利润总额（亿元）	同比增长（%）
大型企业	656.45	47.83
中型企业	53.43	39.50
小型企业	108.69	57.93
总计	818.56	48.52

（数据来源：国家统计局）

图5 2012年白酒行业不同规模企业利润总额分布情况

2013年1～2月份，全国白酒产量212.77万千升，同比增长8.35%；工业总产值896.05亿元，同比增长11.42%；销售产值912.81亿元，同比增长14.67%。

数据显示，2012年全年至目前，我国白酒行业保持了较快的发展势头，未来白酒产业的经济发展仍将保持稳定的增长，但结构性调整的力度将大幅增强，经济增速会因此而呈现逐步放缓的趋势。

二、白酒行业形势分析

2012年，是中国白酒不平凡的一年，白酒产业在质量安全、政策调整和市场调节等多个方面都经受了严峻的考验，白酒企业生产经营受到了不同程度的影响。数据显示，白酒产业仍然保持较快的增长，但实际上2012年白酒产业出现了终端销售下降的趋势，2013年前几个月的增长情况，一定程度上是惯性增长。

前段时间，协会对白酒行业进行了调研，对当前白酒行业企业的生产、经营情况做了比较全面的了解，从不同层面广泛听取了企业对白酒产业发展的认识和对行业发展的意见与建议。调研结果显示，政策性因素和食品安全热点问题对白酒产业造成的影响是普遍存在的，行业基本认同白酒产业将进入过渡、调整时期。

反观过去几年，我国白酒产业经济飞跃式的高速增长，再对比当前面临的种种问题，我认为有必要对白酒产业近年来的发展历程进行一次梳理和回顾。

（一）白酒产业的黄金十年

从经济指标增长情况看，将过去十年定义为中国白酒的“黄金十年”是无可争议的。十年间，我国白酒产业从2002年全国白酒销售收入495.88亿元，到2012年全国白酒销售收入近4000亿元；从2002年全国白酒产量378.47万千升，到2012年的1153.16万千升；从2002年全国白酒行业利税总额126.78亿元，到2012年利税总额1366.18亿元，可以说白酒产业在此十年间，创造了巨大而非凡的成就，积累了宝贵的财富，为未来白酒产业的可持续发展奠定了坚实的基础。

在这十年期间：

一是通过前期建立健全白酒生产准入制度和后期的白酒特色区域建设工作，产业实现了初步集中，产区化集中明显增强，企业数量由10年前的3万家减少到1.8万家（其中获证企业8848家），特色区域如中国（宜宾）白酒之都、“中国（宿迁）白酒之都”等，再有如四川、贵州联合打造“白酒金三角”的建设，通过这种新的模式实现白酒产业空间集聚，为白酒业发展创造了良好的氛围，为白酒产品打造特色名优品牌奠定了坚实的基础。

二是白酒产品结构调整初见成效，产品初步完成了向上拓展，高、中、低端产品结构更加丰富，随着经济的进步和消费升级，“少喝酒、喝好酒”的消费理念逐渐得到消费者的认同，这些都使我国白酒中、高端产品市场具备了有力的消费基础。正是适应了这些变化，中国高端白酒悄然崛起，尤其是近2年来，随着人们对高端白酒需求的快速增长，中国白酒高端品牌与价格逐步呈现国际化趋势。

三是白酒产业链初步形成，随着白酒产业的快速发展，围绕白酒主营业务形成的包装、设计、咨询、传播、农业深加工等产业链已经具备一定程度竞争力。

四是外部资本加大投入，自2006年以来，外国资本及白酒业外资本投入呈不断上升趋势，推动了白酒产业结构调整，集团化发展迅速，同时促进了白酒产业科技进步、营销现代化、管理现代化等多方面的发展。

五是产业升级加快，产业优化、品牌集中、集群强势的趋势明显。国家宏观产业政策、特色经济产区等政府政策对推动产业优化、资源强强联合、资本合理运营，进一步促进行业资源优化发展起到积极作用，行业在结构、产能、效益、技术等方面都得到提升。

六是产业科技进步明显，在这10年间，由中国酒业协会白酒分会组织开展了“中国白酒169计划”项目科研工作，随着科研工作的逐步完成，白酒产业真正深入到微生物核心领域，对白酒产业基础应用科学的探索，开创了国内白酒业科研的新篇章，成功创新了白酒业的产、学、研结合模式。

在此期间，协会还启动了“中国白酒158计划”，该项目包括制曲机械化研究、发酵工艺机械化研究、蒸馏工艺机械化研究、调酒计算机集成制造技术研究和灌装、包装、成品库、智能管理的研究等。目前项目研究工作还在进行中。将争取“158”成果在全国60%规模以上白酒企业推广实施。力争降低劳动强度60%以上、节煤35%、节水45%，提高优质品率15%以上。

同时，协会针对行业人才队伍建设做了大量工作，加大了培训教师队伍建设力度，为企业培训了大批酿酒工、酿酒师、品酒师，为实现科学技术转化为生产力的最终目的，为转变白酒产业经济增长模式发挥了应有的作用。为提升白酒产品质量，树立行业诚信和美誉度，白酒分会准备在今年开展“中国白酒首席评酒师”的培训、考核工作，为进一步推进白酒产品第三方认证体系建设打下良好基础。

（二）白酒产业黄金十年的背后

刚才，为大家简略梳理了白酒产业过去十年的发展情况，回顾以往，白酒产业成就辉煌，我们姑且认为这十年是白酒产业的成长期，是产业发展过程中资本积累的时期，单从这一点看，全国规模以上白酒企业，特别是龙头企业在这一时期，确实达到了较为理想的目标。但2012年，针对白酒产业的热点频发，政策性限制逐步严格，发展格局骤然转变，给白酒整个行业带来许多困扰，对于白酒产业到底发展到了哪个阶段？业内和社会各界都持有不同的观点。就这一问题，我们认为当前我国白酒产业仍处于成长期，确切的说应该是成长过程中的调整期。

关于近一年来白酒产业出现的诸如塑化剂、勾兑门、资本做空等热点，看似是目的明确的背后推手，但仔细分析，其实这些都不是影响白酒产业发展的关键因素。白酒业标准、管理体系的不完善，酒类立法工作的滞后，税收政策的不合理，营销渠道功能单一化，恶性竞争的白热化，投资过热带来的虚浮之风等，在经济增长狂飙的表象背后，这些被忽视的问题逐渐形成了白酒产业的沉疴痼疾，而国家政策调整和一系列热点只是这些问题爆发的诱因，看似突然实则必然。2012年的许多曲折，正是给我们最好的警示，必须要正视问题，在高速飞奔的发展道路上，我们应该停下来回头看看，把没有做好的功课补一补，把长期存在的问题和不合理现象改一改，就像习主席说的：打铁还要自身硬。

前一段时间，白酒分会宋书玉秘书长参加了由国家食品安全评估中心召开的食品安全研讨会议，针对白酒塑化剂问题向与会专家做了专题汇报。目前国家相关部门已拟定白酒塑化剂含量要求，结果将在近期向社会公布。根据拟定的塑化剂要求，可以判断白酒行业规模以上企业的所有产品都可以达到合格、安全的水平。

从市场销售情况看，相当一部分高价位白酒产品销售主要依赖于政务、商务团购消费，近期政府出台的一系列限制措施，实际上起到了市场调节的作用，确实促进了白酒产品定位的理性回归，也促使白酒产业要重新审视价格体系和价值本质。从目前的形势看，可以初步做出几点判断：白酒产业传统的发展模式、白酒产业以数量型的增长导致高速发展期模式、白酒产业以价格持续提升为主要手段的盈利模式、白酒产业以盲目追逐高端奢华产品扩张为主要的商业模式，这几种模式将逐步转变。

白酒产业已经处于转型期的开端，未来的发展必须坚持以适应市场消费需求和社会文化需求为原则，重新构建自身的经营管理体系，抛弃陈旧的观念，转变服务理念和服务对象，让利于民，努力取得消费大众的认知认可，开创白酒产业发展的新局面。

三、对白酒产业发展的几点意见

（一）回归白酒的本真，切实满足社会需求和消费需求

反思近几年来白酒产业的高速发展，外部资本的大量进入，一方面为行业带来丰厚资源，另一方面也加剧了整个白酒产业的格局动荡。资本进入的同时，各种新的营销、管理模式也随之而来，一些好的模式对白酒产业产生了积极向上的推动作用，另一些模式例如带有明显功利色彩和投机心理的营销手段，也使越来越多的商家、企业失去了研究市场多元化需求的耐心，在团购、高端品鉴以及概念炒作等方面做得风生水起，而在真正的市场培育方面却乏善可陈，许多无节制、无底线的做法在很大程度上降低了中国白酒的美誉度，更透支了广大消费者对白酒的忠诚度，加剧了白酒产业的风险。这种脱离消费者而另辟蹊径的营销方式，确使不少商、企一度获取了丰厚利益。但随着国家预算投资减少，政策性调整、限制等一系列措施的实施，这种远离市场和产品本质，违背秩序的营销模式将注定要淡出市场。

近期国家出台的一系列包括“厉行节约，反对浪费”以及“严控三公消费”、军队“禁酒令”等决定，是我国廉政建设和社会主义市场经济建设的需要，是时代发展的需要，所以绝不只是喊喊口号，我们有理由相信党和国家一定会坚定不移地将这些制度常态化，也有理由相信白酒产业的经济增长，会因为国家宏观调控和市场自然调节两方面的作用而逐步变缓，未来将进入一个长期调整阶段。

连续几年的白酒市场消费调查结果显示，居民消费支出对白酒消费升级并未产生绝对影响。那么从另一方面看这个结果，也可以理解为政务、商务消费是近几年来高端白酒消费的重要支撑。在接下来一段时期，白酒产业如何快速、有效地完成消费结构的调整，是行业企业需要重点思考的问题。我们认为对于当今白酒产业所面临的困难，不能寄希望于国家政策和制度的调整，更不可心存等待“一阵风”吹过去的想法，而是要想方设法促进中国白酒的价值回归，还原白酒的本真，拉动白酒产业回到健康、理性的发展轨道。

（二）提升白酒产业现代化，奠定持续健康发展的基础

白酒产业是一个传统的、分散的产业，无论从生产、管理还是消费的全过程，都体现了极强的个性特征。我们在继承白酒优良传统工艺和深厚历史文化的同时，还要看到白酒行业现实所面临的各种制约因素，人力资源成本、土地利用成本以及原料等成本的不断增长正在逐渐削弱白酒产业的资源支撑，落后的科技装备、管理水平、文化发展等已经严重制约了白酒产业的发展，使白酒企业生产经营遭受很大压力。

白酒工业在实现科技创新，产业创新，工业现代化方面任重道远。从现实的情况看，资源支撑的不断减弱，已经是我们白酒行业整体面临的无可回避的问题，全行业企业应该高度重视科技进步，将实现白酒工业从传统工业向新型现代工业转变作为企业发展的主导方向，从生产现代化、管理现代化、科研现代化、营销现代化、消费现代化、文化现代化六个方面着手，用新型工业化的手段，用先进的设备来提升改造落后的工艺水平，用创新的管理、营销模式推动企业和市场的现代化建设，用健康的宣传引导促进名优品牌和白酒文化的发展。

（三）完善白酒标准体系，消除产品质量安全隐患

回首最近一年以来，白酒产业出现的热点问题，都暴露了白酒标准、管理规范等方面的缺失，给白酒行业造成严重困扰，也因此反映出白酒标准严重滞后，很难适应白酒生产经营和产品质量安全需求。举2个例子：塑化剂问题，正是因为其标准问题长期得不到解决，才导致在消费大众乃至全社会引起严重的误解，同时给生产企业造成了极大的困惑，在生产、检测等很多环节都无据可查，无法可依，无标可采；第二个是国家质检总局和国标委于去年底发布的商品质量监督抽检标准——《商品质量监督抽样检验程序　具有先验质量信息的情形》，其中规定，一旦工商部门抽检发现样品不合格，不再限于样品同生产批次商品要下架，也不再限于只能处罚被抽检的销售者，而是同款式所有批次商品都要下架，所有销售同款商品的销售者都可能受到处罚。虽然中国酒业协会经与国家工商总局沟通协调，决定对白酒的检查全部以国家强制性标准为依据进行判定，对推荐性白酒产品标准仅作参考。但由此看出，标准的滞后已经给企业生产经营造成巨大的障碍，对产业健康发展，甚至是社会的和谐发展都产生了不利影响。

面对质量安全热点问题，我们总是处在一种被动的、匆忙应对的状态，对待标准体系建设工作，也总是零敲碎打、修修补补，标准的制修订工作严重缺乏前瞻性和科学性，交叉、重复、滞后的标准屡现屡改，却又很难改彻底。

经历了最近一年来的许多波折，我们应该更清醒的认识到，标准不足才是行业性危机的根源所在，它的危险性甚至超过经营风险和商业风险。因此，只有科学、完善标准体系，才能彻底改变当前白酒标准头痛医头脚痛医脚的不利局面，从根本上消除白酒产业的安全隐患，真正提升白酒产品质量的可控程度。

（四）构建和谐关系 增强共赢理念

从长远来看，白酒产业的安全运行必须建立在和谐关系的基础上，这既包括行业内部的厂商和谐关系，也包括酒业与社会公众之间所达成的和谐关系，通过和谐发展，我们才能逐渐恢复消费者对白酒产品的信心和感情，确保白酒行业的安全运行、持续发展。

厂商和谐关系的本质，是不断改善白酒生产企业与经销商之间的合作关系。福兮祸所依，祸兮福所至，国家这一轮新的政策调整，我认为对于白酒产业是挑战与机遇并存，白酒企业应该准确把握机会，挤出这10年来白酒高速发展过程中的泡沫，及时调整战略，练好内功，扎实基础，借此一改过去单一单纯的渠道功能，全力打造新型的厂商合作体系，创新服务与商业模式，优化厂商合作效率，充分整合双方的资源能力，全力维护正常消费环境。

所以，厂商关系的优化改善势在必行，要加快建立贯穿生产、流通与消费等各个环节的信息资源平台，消除市场流通环节中产生的价格泡沫，提高白酒营销决策的科学性与合理性，以市场实际需求为导向，形成科学合理的白酒定价机制，而不是根据酒企的销售业绩追求来倒推市场

策略。

白酒行业与社会公众的和谐关系，首先是积极拥护贯彻中央精神，顺应社会消费趋势和文化诉求，主动将企业发展与我国社会的文明进步、和谐发展相结合，积极寻求经济效益、环境效益和社会效益的协调发展，不断为繁荣民族经济，传承民族文化、联系民族感情作出更大贡献。特别是要与农业深加工、提高农民收入、促进社会主义新农村建设及城乡一体化发展相结合，充分体现白酒产业的社会责任感和时代使命感。

（五）践行社会责任，提升服务意识

建设诚信、健康、负责任的产业，是我们全体白酒业成员的共同义务。要为消费者提升服务意识，努力提升中国白酒美誉度，要将消费者放在第一位，要把为消费者更好的服务当作永恒的主题。

白酒企业的生产经营要严格坚守法律、道德，要接受社会主流价值观的约束。比如反对酒驾、不向未成年人卖酒，在广告宣传中不出现未成年人的形象，抵制过量饮酒等不文明的陈规陋习，广大白酒企业要联合起来，一致倡导健康文明、积极向上的新型酒文化，反对铺张浪费、过度包装等行为，主动给消费者减轻饮酒成本和饮酒负担，不断加强对白酒品质的追求，提高白酒产品的性价比水平。从各个层面打动更多消费者，使之接受白酒、钟爱白酒，集白酒行业之合力，营造一个健康、文明、向上的整体形象。

白酒行业要进一步加强与消费者的沟通交流，并力争将之形成稳定的机制模式，对消费者广泛传播白酒文化，普及白酒科学，提高社会大众的白酒品评和认知能力。在体验经济时代，消费者乐于为体验和享受买单，白酒企业不应该忽视和否定消费者的品鉴能力，而是要培养大众的白酒鉴赏能力，不妨借鉴一些进口酒、葡萄酒的做法，让技术工作者走上前台，揭去酿酒工艺的神秘面纱，把白酒的欣赏技能放到媒体平台上与消费者共同分享，使更多消费者从白酒消费行为中获得更丰富、更优美的享受体验。消费者对白酒的本质越了解，行业的市场安全度就越有保障。

我们相信，通过不断构建白酒行业内部的和谐关系，不断加强白酒行业与外部环境的和谐沟通，社会公众对中国白酒的信心将逐渐恢复，愈加增强，那也将是我们走出困境、焕然一新的时刻。

四、白酒分会2012年工作

（一）特色区域建设工作

“十一五”期间，国务院公布了《轻工业调整和振兴规划》，其中着重提出要着力培育发展轻工特色区域和产业集群。近年来，我国各地轻工特色区域和产业集群蓬勃发展，促进了产业调整和提升，同时还形成了较强的集成创新能力和自主创新能力，形成了具有中国特色的轻工生产体系，是我国在全球经济一体化时代参与国际竞争与合作的重要力量。为进一步鼓励和规范其发展，促进区域产品结构的调整，加强行业自律，中国轻工业联合会特提出《关于共建和授予中国轻工业行业特色区域荣誉称号的行业规范》。

为了推动中国酿酒工业的发展，发挥重点产区带动行业经济的巨大作用，完善具有公益性的行规行约，中国酒业协会先后在四川宜宾、广东佛山、内蒙古巴彦淖尔、山东安丘景芝镇、江苏宿迁、四川邛崃6个地区开展了共建酿酒行业特色区域评审工作，并坚持历史和发展现状相结合，区域优势和行业优势相结合，经济效益和社会效益相结合，社会影响力与公众认知度相结合的原则，为这6个地区颁发了特色区域荣誉称号。

（二）促进中国白酒与社会经济和谐发展，弘扬传统白酒文化

2013年3月，由白酒分会组织召开了“中国白酒领袖峰会”，贵州茅台酒股份有限公司、宜宾五粮液股份有限公司、山西汾酒股份有限公司、江苏洋河酒厂股份有限公司、四川泸州老窖股份有限公司、四川沱牌股份有限公司参加了会议。会议取得圆满成功，并达成了几点共识：把适应社会需求和消费需求作为白酒产业的发展基础，全行业都要心怀忧患意识和行业共荣思想，本着产业结构上大、中、小型共同发展，产品结构上高、中、低档百花齐放的观念，积极解决产能与供给的矛盾；要着力扭转产品结构性偏差，进一步深挖名优白酒的品牌内涵，在继续保持高端产品的优秀品质和品牌魅力的同时，深入研究生产质优价廉的中低档产品的政策空间和市场需求，通过技术攻关、科技创新，开发出既有品牌支撑又能被普通消费者接受的优质低价产品；要心怀未来，注重长远，通过丰富多样的产品结构，科学理性的定价机制供给市场，满足消费者多档次、多层次、多风格、多口味的选择，承担社会对白酒产品物质上和精神上的需求。

2013年8月，在北京举办了“中国白酒与社会经济发展论坛暨中国白酒非物质文化遗产及中华老字号企业会议”。会议围绕“中国白酒与社会经济发展”主题，探索中国白酒产业品牌和文化发展问题，号召积极学习国际同行业经验，通过正确的品牌和文化宣传导向致力于使社会各界全面、客观的了解中国白酒，解决当前白酒行业面临

的主要问题，保障我国白酒产业健康可持续发展。与会企业达成共识要优化行业发展舆论与社会环境，传承发展中国白酒非物质文化遗产，为把中国白酒真正建设成世界蒸馏酒知名品牌而努力。有关政府部门领导、行业专家、和知名企业负责人等到会共同讨论了当前中国白酒产业品牌和文化发展问题。

大会议题得到了与会的60余家非物质文化遗产、老字号白酒企业的支持，纷纷表示要从自身做起，践行企业社会责任，致力于企业的创新性和品牌化发展，为行业发展优良舆论环境的塑造和健康可持续发展作出自己应有的贡献，与会的新华社、中央电视台、人民网等50多家媒体也纷纷表示将在今后的报道中继续坚持公正的报道态度，为构建白酒行业发展良好的舆论和社会环境作出自己的贡献。

（三）完成“中国白酒169计划”项目鉴定工作

“中国白酒169计划”自2007年4月正式开始，至今已完成项目规定要求的内容，2012年12月25日，中国轻工业联合会在无锡组织召开“中国白酒169计划”项目验收会。验收委员会听取了项目实施情况汇报。在验收会议上，钱桂敬副会长指出，“中国白酒169计划”研究具有三个特点：第一是成果丰硕，科技水平比较高，研究涵盖面比较广，涉及到中国白酒的全部11个香型。第二是意义重大，“中国白酒169计划”的实施初步建立了中国白酒风味化学和酿造系统微生物学的理论体系，进一步完善了中国白酒生产的品质控制和品质鉴别体系，并对中国白酒的品质和安全进行了有效的探索，这对推动白酒行业从传统经验式操作方式向现代生产模式转变奠定了基础。第三是为中国白酒产业科技创新工作开辟了新思路，“中国白酒169计划”是中国酒业协会牵头，大专院校与科研院所承担重任，各个白酒龙头企业积极参加下，团结奋斗的结果，是大家在一起取长补短、相得益彰的结果。

钱副会长对今后的工作提出了要求：第一，“中国白酒169计划”项目完成之后，如何开展下一步工作。应该在“中国白酒169计划”项目成果的基础上，编制新的技术进步规划，确定中国白酒产业新的科技发展目标。要加强以企业为主体的产学研紧密结合的白酒行业创新体系的建设。要加快人才、技术、资金等创新要素的聚集，加快建立国家级或省级的技术中心，进一步加快已有技术中心的建设，大力推动技术进步。第二，冷静分析形势，确保白酒行业持续、健康的发展。要防止产能饱和或过剩，注意理性投资。第三，提高投入产出率，提高投资效益。第四，当前要更加注重白酒行业的安全和卫生。要认真做好质量控制和安全卫生体系建设。大力加强企业质量管理体系的建设，加强质量监督和检查。认真做好应对危机的各种公关或准备。

（四）发挥协会桥梁作用，全力维护行业利益

2012年，白酒分会利用大量工作时间，深入全国各地白酒企业调查研究，掌握了解行业企业在新形势下产生的新情况、新问题，为政府机关提供决策依据，立场鲜明地为行业服务，维护行业正当权益。经过多种形式、多种途径，多次向国务院、全国人大、国家政协、发改委、财政部、税务总局等有关政府部门，反映白酒企业呼声，替企业分忧解难，解决实际问题，真正发挥行业协会桥梁纽带作用。

为了打击制假、售假的嚣张气焰，维护企业利益和合法权益，弘扬优秀品牌，白酒分会共推荐15家企业申请驰名商标，多次处理企业因种种不明原因被处罚事件。

（五）中国白酒计算机质量科学管理研究取得阶段性成果

计算机技术在白酒品评工作中的应用，使评酒结果更好地体现科学、合理、公正和公开，并且实现快速运算和精确统计，使品评工作人员最大限度地集中精力对样品进行准确的判断，减少评酒人员在品评过程中大量的计算工作，通过标准的感官数据收集，最终实现了真实反映产品品质的目的。另一方面，计算机品评系统不仅可以对成品酒进行计算机感官品评，也可以应用到基酒验收和勾调工作之中。对于指导产品质量提高，工艺技术提高，尤其是勾调技术的提高意义重大。

由中国酒业协会白酒分会开展的“中国白酒计算机质量科学管理研究”项目，取得了阶段性成果，其成果已在山西汾酒股份有限公司成功应用，反响良好，效果显著。

（六）完成白酒生产许可证审查教材（2012版）编写工作

由于国家法律、法规、产品标准及技术要求发生较大变化，为了全面完善食品生产许可制度、提高酒类产品的安全水平，强化白酒生产许可审查，更好的指导酒类许可认证工作，中国酒业协会作为全国酒类专业技术委员会受全国生产许可证办公室委托，对《白酒生产许可证审查教材》（2006版）进行了修订，为进一步严格白酒生产许可准入制度奠定了良好的基础。

回首2012年，我国白酒产业获得了巨大的效益，同时也遗留下许多难题，需要我们集全行业之力共同来攻克。对于白酒产业，我们满怀期许，殷切盼望白酒业能够顺利渡过结构性调整，经济发展迈向新的高度。希望行业全体同仁能够广泛合作，共同树立中国白酒行业的良好形象，引领白酒产业的健康发展，推动中国白酒走向世界，迎接未来。

白酒行业发展需融入现代科技

中国酒业协会理事长 王延才

针对现在整个中国酒业的情况，尤其是白酒业确实进入一个调整的阶段，在各种各样的报刊杂志，一些行业专家分析，都有一些说法，其中有一个比较多的说法，觉得白酒业好像是要进入一个拐点，或者是说一个衰退的阶段。对于这个我想可能还要全面地重新去认识。我们现在对白酒行业的发展认识是这样子的，白酒这个产业，首先你要认清楚这个产品本身的属性，这个产品是什么特性，它和别的产品为什么不一样。我们觉得要坚持白酒产品的社会属性，以白酒行业的社会价值为己任，为发展方向，快速有效完成消费结构的调整。白酒作为一种饮品，伴随着人类文明和进步，给人们生活增添色彩和快乐，人类文化也因为白酒变得多姿多彩。这个产品有着广泛的消费群体和深厚的社会基础，这个白酒就是根植于我们民族文化中间的满足老百姓精神和物质需求的嗜好性消费品。我们要坚持社会属性，通过丰富多样的产品结构、科学理性定价机制供给市场，满足消费者多档次、多层次、多风格、多口味选择，承担社会对白酒产品在物质上和精神上的需求。这是在一种比较大的层次上的认识。

我们觉得应该正确认识现阶段调整的必要性和调整以后我们白酒行业广阔的发展空间。我们业内的，不仅是生产商，经销商，甚至于我们的供应商，配套产业。经过近十年的时间，我国白酒产业实现了跨越式发展，经济水平和科技水平都得到长足进步，但是在产业快速发展的同时也确实积累了不少问题，从长远来看，我们的调整过度来得越早，对于我们这个产业发展就越有利。全面思考生产流动准入安全标准等各个环节，正确认识白酒固有的社会属性和社会需求消费需求，准确把握产业调整大方向。这个大方向是我们必须坚持的观点，就是我们的白酒现在社会消费和需求的基本面是没有变的，我们认为衰退了，拐点了，这种说法可能是认识上有一些过于消极。因为我们知道虽然现在进入调整期，但是我们一直到7月底，到8月底，在座大家都清楚，整个酒类产业的产品销售量，我们的销售额，仍然保持着都在10%左右的上升、增长，产量接近于10%，销售额接近于10%多一点。这种社会需求量仍然是摆在这里，这个消费基本面没有变。只不过是确实这个产品的消费结构要发生一个巨大的变化，我们白酒行业的效益税收下降了，本来应该是销售额上升以后，税收也同样上升，但是在现在这个特殊的时期，我们的销售费用大幅度增长，而我们的利润是什么情况呢？我们的利润跟去年同期比较，2012年11月以后出现困难的状态，现在跟去年同期做比较利润没有下降，略有增长，或者是持平状态下略微增长。社会对于这个产品的需求基本面没有变化，尤其是值得提的，我跟很多经销商朋友一起聊天，大部分的经销商给我反映，他们的销售量确实没有下降，但是他们的利润下降了，我那天专门到郝总那里去，今年半年时间销售额等于过去3年总的销售额，但是销售的主要价位区间在200块钱以及200块钱以下。也就是说在这么一个趋势下，随着安全健康理性饮酒观念的深入，对于质量优良价廉物美产品的需求仍然保持着合理适度的增长，我们这个行业不管是整个酒类产业链哪一部分的同仁们都应该坚持产品结构上高中低档百花齐放理念，以服务广大消费者为社会责任，着力扭转产业和产品结构偏差，多层次、多方位地调整创造白酒产业合理广阔的发展空间。我们的白酒业要是跟别的产业比较的话，别的产业还羡慕得很，就在我们大食品里面，像柠檬酸这么一个行业，我国是世界第一大生产国，但是我们这个产业的情况是90%是靠出口的，现在出不去了，大家可以想一想这个产业是什么状态。作为现在而言，我们要正确认识现在的现状和未来的发展空间。

我们在现阶段的这次调整，外部有多少因素，但实际上说我们应该掉头向内，真正的原因是在行业内部这么多年积累下来的各种各样的问题。我们现在必须要加快白酒产业升级步伐，实现从传统工业甚至于传统手工业向新兴工业的转变。白酒产业是一个传统和分散的产业，现在号称有1万8、2万多个企业，但是规模以上的1200多个，剩下的多少，剩下的10个人下的小酒厂占了绝大多数。在生活管理消费全过程都体现了极强的个性特征，在继承白酒优良传统工艺和深厚历史文化的同时，还要看到行业现实所面临的各种制约因素，人力资源成本，土地利用成本和原料等成本不断增长，正在削弱我们这个产业的资源支撑。落后的科技装备，手工劳动为主，经验指导，生产的方式和管理水平等也已经确实影响着这个产业的发展。从现实看，我们融入现代科技是其发展的必由之路，传统的白酒生产改变我们生产方式已经迫在眉睫。作为一个产业，我们业内的同志们也要有一个共识，在市场经济的条件下，我觉得我们即使不是学经济的，但是我们也应该知道市场经济的条件下任何一个产业有市场经济的无形的手去调节它的利润幅度，任何一个产业想要保持一种异常于整体的社会产业的利润幅度情况都是不可能的，白酒产业这些年可能就处在这么一个状态。我们也要调整心态，去适应现在的社会对我们产品结构，对我们的价位的需求，进而对我们的整个行业效益产生影响。我们要去谋求这个产业长期健康的发展，而不是一种在别的产业都受到冲击，尤其是从08年金融危机那个阶段，那么多产业受到冲击，唯独白酒是30%、40%甚至50%的利润增长，这种情况在业内可能要做一种心态的调整。我们要去谋求长期的健康的发展。

要加大科研力度，在提高产品质量，适应消费需求的同时保障产品的消费安全，从而保障这个产业的安全。大家都知道，现在随着科技进步，随着整个环境的变化，而且随着对产品的安全性要求的不断提高，我们随时都可能面临着对产品安全性更高的要求。而这种要求往往会对整个产业产生巨大的影响，我们可能今后必须要面对。

要重视酒文化的与时俱进，发展酒文化与现代社会相适应，树立新时代的良好行业社会形象，从源头上要解决我们现在的问题，白酒行业的社会压力明显大于经济压力的这种状态。要去解决行业在信誉上的危机，这也是全行业同志们需要共同努力的。

在这些方面我们去做一些什么事呢？我也只能简单说，大家可能也都知道，提出了中国白酒3C计划，品质诚实、服务诚心、产业诚信。从产品品质安全，品质的提升，以及品质的检测技术，标准体系，技术方面，从为消费者服务的一些白酒科普常识的宣传，以及向类似于中央电视台搞的舌尖上的中国这一类型的工艺常识类的宣传片的拍摄，我们想从这几个角度入手，使白酒能得到广大消费者的一种正常的比较理解多的认识。

同时，年份酒，还是固液结合法酒，还是液态酒，怎么样在社会上宣传树立正确的概念让消费者对它有一个明确的认识，也把自己对这些方面的概念放在社会监督之下，从而保证这个产业长期稳定的发展。

2013酿酒行业稳步前行

中国酒业协会副理事长兼秘书长 王琦

根据国家统计数据，2012年1～12月份酿酒行业总产量7202.25万千升（含饮料酒及发酵酒精），同比增长5.67%；全行业完成工业总产值7527.02亿元，同比增长20.65%；实现工业销售产值7322.89亿元，同比增长20.82%；主营业务收入7547.2亿元，同比增长19.65%；全年利润1054.93亿元，同比增长36.45%；全行业出口交货值62亿元，同比增长23.36%。从上述数据可以看出，2012年行业总体发展趋势还是增长的，但是增速明显已经放缓了，2013年我们酿酒行业将继续按照“稳产量、转方式、调结构、增效益”工作思路，促进行业朝着健康方向发展。

近些年，协会的服务范围覆盖了酿酒产业上下游、原辅料、市场管理、销售渠道、科教装备等方方面面，形成了一个完整的新型产业链服务体系，逐步实现了从工业协会到现代产业协会的转型。去年4月份，经国家民政部批准，中国酿酒工业协会正式更名为中国酒业协会，协会名称的变更，不仅是工作深度广度的拓展，是协会责任和担子的递增，更是政府部门和会员单位对协会工作的一种认可，我们将继续在坚持科技创新、观念创新、经营创新、文化创新的基础上，以科学发展观为指导，按照保增长，扩内需、调结构的总体要求，完善协会新型服务体系，引导行业向绿色经济、低碳经济转型，合力构建创新型酿酒行业。

为进一步配合国家调整经济结构、转变发展方式，确保实现“十二五”节能减排目标，促进行业科技进步、技术改造，引导行业转变发展方式，经国家商务部批准，中国酒业协会将于2013年4月18至20日在北京中国国际展览中心举办“2013中国国际酒业技术•装备博览会”。

随着全球经济一体化，世界目光越来越多的聚焦中国。在中国举办的行业活动越来越被全球所重视。“2013中国国际酒业技术•装备博览会”是我国乃至世界范围内唯一一个针对各大酒种的专业装备展览会。展览会自去年开始筹备以来，在行业内引起了广泛关注。伴随着行业的利好消息，牧羊集团、广州广富、杭州永创、南通裕盛、齐鲁包装、潍坊现代、明佳科技、南京轻机、重庆轻机、长沙博雅、北京赛腾等国内知名企业都已报名参展，其他各相关制酒设备、原辅料及包装等近百家企业也前来报名，将欲借此次平台进一步与行业企业加强相互交流、促进企业自身发展。

为进一步强化企业自主创新能力，推动“中国制造”向“中国创造”的转变，全面提升中国白酒、葡萄酒、黄酒、果露酒等酒类生产企业的“自动化控制，机械化生产”的整体水平，提高生产效率，降低生产成本，繁荣中国酒类的包装市场，本届展会将以“创新、低碳、环保”为主题，除了组织行业企业现场展览展示外，协会还将举办一系列形式多样的高峰论坛、技术交流、贸易洽谈等活动，同期举办中国酒业协会四届七次理事会会议也将邀请全国及世界知名厂商高层管理决策者与技术骨干、设备管理人员前来参观，从而实现产品与装备的全方位互动、企业与观众的零距离交流、厂商与客户的立体式沟通，在全行业通力合作的努力下，共同促进中国酿酒装备行业的快速、健康发展。为广大酒类生产企业搭建一个一站式采购服务平台。

让文化成为企业发展的源动力

陕西西凤酒厂集团有限公司董事长 秦本平

1993—2013年，中国白酒业在经历了“黄金十年”之后，随着国家宏观政策的调控，以及新一届中央领导集体关于落实党风廉政建设“八项规定”和“禁酒令”的政策出台，白酒行业的持续快速发展正面临着严峻挑战，从2013年公布的经营数据来看，一线白酒企业经营指标纷纷下滑，部分高端产品市场价格接近腰斩。而与此同时，一些中档产品却出现稳中有升的“逆袭”现象。说明，白酒产品在去行政化和权贵化后朝着大众化消费层面逐步回归，而这其中那些文化底蕴深厚的白酒产品逐渐崭露峥嵘，如泸州老窖、汾酒、西凤、杜康等品牌。面对新的发展形势，我们首先便想到了“文化”，因为无论从中华民族历史的纵坐标来看，还是从全球格局演进的横坐标来看，文化之于发展的作用和影响都是决定性的。

我国历史上的战国后期，赵武灵王力排众议，在国内力主推行“胡服骑射”，即学习胡人的衣着服饰，并在军队中加强骑射训练。通过这些文化融合举措，使积弱多年的赵国日渐强盛，成为“战国七雄”之一。

在北魏时期，鲜卑族凭借武力征服了汉族和其他少数民族，但民族矛盾和阶级矛盾依然激烈，连年征战，民不聊生。为了增强国力，巩固政权，北魏孝文帝拓跋宏果断地革除鲜卑旧俗，积极接受汉族先进文化，为此，甚至把国都迁到了洛阳。由此产生的民族和文化大融合带来了政治、经济的巨大发展。

这只是两个比较有代表性的例子，其实，整个中华民族的发展史始终与文化密切相关。当我们的文化兴盛繁荣时，中华民族便屹立于世界之巅，汉时丝绸之路拉开了东西方文化交流的序幕，唐代时，中国更是世界文化与艺术的中心，玄奘西行、鉴真东渡更是将东西方文化的交流融合演绎到极致，对世界文化发展都产生了巨大影响。而在近代的一百多年前，我们的文化因封闭自大而走向衰落，便招致外辱、尊严沦陷。

从全球范围来看同样如此。上世纪60年代初，亚洲的韩国与非洲的加纳，人均国民生产总值大致相等，而两国的经济构成也非常相似，初级产品、制造业和服务业所占比例非常接近，绝大部分出口为初级产品。但是经过三十年的发展，韩国成为亚洲四小龙之一，世界工业巨人，而加纳却没有发生太大变化，几乎仍然停留在原状。对此，一些经济学家分析认为，文化是导致两国发展差异的一个重要原因，韩国文化中的节俭、投资、勤奋、教育等是推动社会发展的有益“营养”，而这些，在“韩剧”影视作品中得到淋漓尽致的展现，以致在亚洲乃至世界刮起一股文化“韩风”，韩国在挖掘民族文化上对我们是个极好的启示。

美国的全球化战略也许更具代表性，麦当劳、肯德基、可口可乐所代表的快餐文化已经延伸到世界各地，并通过与当地文化的融汇而落地生根；好莱坞大片制作精良、场面宏大，一次次用个人英雄主义故事向全世界展现“美国梦”的精彩。正是由于这些潜移默化的影响，美国文化风靡全球，为美国经济全球化战略铺垫了良好的氛围和基础。

中国白酒历史源远流长。据考古研究证实，远在6000多年前，居住在渭河流域的炎帝部落先民们就发明了人工谷物酒，从而使我国与9000年前始做啤酒的古埃及、7000年前始做葡萄酒的古巴比伦（今伊拉克）一起成为世界三大酒文化古国。

西凤酒产于陕西凤翔。凤翔古称“雍州”，是神农炎帝的故乡，成周兴王之地，嬴秦创霸之区，中华民族农耕文化、姜炎文化、酿酒文化的发祥地。在几千年漫长的历史长河演变中，中国传统白酒在经历了“天造”、“猿酿”之后，居住在古渭河流域的炎帝先民们利用丰裕富足的粮食发明了“谷物酿酒法”，树立了人类酿酒史上的第三个里程碑。古雍州大地兴旺发达的农耕生产、制陶工艺和青铜铸造业为谷物酿酒提供了充足的原粮保障和贮酒器皿，而工艺精湛、造型精美的各式酒具又使饮酒者的身份、品位和档次得到大的提升，这进一步促进了酿酒业的发展，从而使雍州成为华夏大地最早推行“谷物酿酒”法和孕育古酒文化的肇始地。1983年，在眉县杨家村（历史上属雍州）出土了“五只小杯，四只高脚杯及一只陶葫芦”，经陕西考古研究所专家鉴定为原始社会新石器时代仰韶文化早期遗物，距今有6000年左右的历史，是中国最古老的酒器。该物证颠覆了仪狄、杜康最早造酒之说，把中国酒史向前推移了1000多年，即由奴隶社会延伸到原始社会，向世界表明中国酒是世界上最古老的酒种之一，古雍城是中国最早进行酿酒的地方。特别是2012年在宝鸡西周早期高等级贵族墓葬中发掘的一件装有液体的青铜卣（盛酒的器具），经陕西省考古研究院和中科院生物研究所鉴定后，确定里面的液体为珍藏了3000多年的西周美酒，成为迄今为止考古界发现最早的中国白酒。西周古酒的“横空出世”，一举奠定了古渭河流域在华夏神州的酿酒历史地位，也进一步印证了西凤酒与古雍州原始酿酒的传承脉络和历史渊源。

古雍城作为先秦古都，自秦德公开始到秦献公，曾有19位王公曾在此建都长达294年，公元前238年，千古一帝——秦始皇在雍城宗庙行加冕礼，并开始亲政。这里人文积淀十分深厚，是秦文化的发源地，也是畤（古代帝王祭祀天神五帝的地方）的集中区。国之大事，在祀与戎。《汉书•郊祭志》记载：“唯雍四畤”。就是说唯有雍城建有四座国家级祭祀场所。汉代时从汉高祖至文景帝年间，曾十九次在雍城以南的五畤原举行国祭，而秦酒（西凤酒）一直是作为祭祀用酒敬上祭坛，奉献给上天、神明和祖先，所谓“百礼之会，唯有秦酒”。当时，朝廷宴请外邦友宾及西域来使也皆以秦酒作为国宴用酒和国礼相赠，秦酒在当时是声名远播，享誉海外。这也是西凤酒被誉为国酒之脉、白酒之源的历史考证。

大秦王朝对中华民族的发展具有积极的推动作用。秦始皇统一六国结束了诸侯长期割据，相互攻伐混战的纷乱历史，建立了中央集权制，促进了民族的大融合，实现了国家的稳定和繁荣，标志着当时世界上最强盛的国家进入了一个新的历史纪元。在这其后数千年的发展进程中，秦文化对中华民族文化的形成和发展产生了举足轻重的影响作用。其中，最具代表性的就是秦腔和秦酒。秦腔是我国梆子戏的鼻祖，旋律高亢，唱腔激昂，代表了老秦人豪迈奔放、慷慨无畏的性格特点。在清朝中叶的1790年，秦腔曾与高腔、弋阳腔和徽班一起赴京上演了与昆曲决胜的“花雅之争”，通过戏台斗擂，最终是以秦腔为代表的“花部”胜出而结束，终结了昆曲一统舞台的独霸局面。“花雅之争”的胜利使秦腔艺术在全国范围内得到广泛传播，秦腔沿汉水南下传播到汉中、湖北一带，融合当地民间小曲板腔衍生了汉剧，汉剧北上传播到北京、山东一带，又派生了现在的国剧——京剧。现在，京剧的主要板腔西皮就有秦腔曲调的声韵特点。

而秦酒（西凤酒）浓郁凤香、甘洌挺爽的风格更是符合北方民族粗犷豪放、勇于担当的性格取向。这两种不同风格，相同特点的文化深深的影响到幅员辽阔的华夏神州。据清代乾隆年间的《凤翔县志•酒业》记载，唐代凤翔柳林镇酒师曾到各地推广柳林酒（唐代时秦酒更名柳林酒）的酿造之法。因柳林酒工艺具有科学合理、发酵期短、酿酒原料皆为杂粮、成本低的优点。唐穆宗在长庆年间，曾经准奏宫廷用酒侍郎王允的建议，向全国推广柳林酒的酿造技艺。由于朝廷倡导，柳林酒酿造技艺得到了迅速传播，从而促进了各地酿酒业的迅猛发展。其中，一位凤翔柳林镇的田姓酿酒师曾携带柳林酒随商贾团队入川经商，当地人在品尝了此酒后，交口称赞，于是重金挽留下这位酿酒师，利用柳林酒的配方和当地的优质高粱生产出了具有川地风格的浓香美酒。而在近代的80年期间，西凤酒技艺的传播仍在延续，新疆、东北的部分酒厂都是由西凤酒委派技术人员进行工艺援建而成的。这些在《中国白酒史话》和《西凤酒厂志》都有记载。

从传说到记载，从历史到当代，西凤酒伴随着中华民族的历史进程一路同行，源远流长，为世所珍，本枝百世，为民所爱。扮演着不可或缺的重要角色，演绎着闪耀着历史光环的佳话，传递着鼓气壮威、摧枯拉朽的“正能量”。20世纪90年代，在我国计划经济向市场经济的转型中，由于思想观念的封闭保守，西凤酒错失了发展的机遇，因而造成了西凤酒与老牌四大名酒的发展差距，但这丝毫掩盖不了它那悠久灿烂的历史辉煌和荣耀。

近年来，西凤企业始终坚持以文化引导发展的企业战略，致力于挖掘整理西凤酒丰富悠久的历史价值和文化内涵，通过对西凤酒历史文化的“考古”发掘，“淘尽黄沙始见金”，使西凤酒被时光尘埃掩埋千年的历史荣耀得以重显天日。恢宏尊崇、诚信礼敬、古老神奇、厚重朴实、包容开放……的文化魅力赋予了西凤酒无以比拟的品牌高度，成为集中国名酒与文化国酒之大成的典范。

恢宏尊崇——秦始皇在统一六国的进程中每次用西凤酒（秦酒）激励将士，以壮行色。并在大捷后多次用西凤酒举行“天下大酺”。

诚信礼敬——在雍城举行的历次国祭中，西凤酒（秦酒）一直被作为祭祀用酒敬奉神坛，引人顶礼膜拜。

古老神奇——秦穆公赐酒与盗马人解毒，盗马人感恩图报解救穆公于危难。唐礼部侍郎兼大将军裴行俭送波斯王子于亭子头，留下传世佳作：“送客亭子头，蜂醉蝶不舞；三阳开国泰，美哉柳林酒”。

厚重朴实——秦穆公伐晋，取得胜利后“投秦酒于河以劳师”，三军将士皆伏河痛饮，酣畅淋漓。

包容开放——西凤酒酿造秘技推广全国，“凤香”经过“走出去，引进来”，实现兼容互补，博取众长，日臻完美……

为确保西凤酒传统工艺的无断代传承，企业自建厂以来一直保持着代代传承的人工采曲，古法酿制、“混蒸混烧续渣”和“老六甄操作”等传统工艺，保留并使用建厂初期的老窖窖池进行酿造，原粮精甄细选，工艺朴实细致，摘酒掐头去尾，质量精益求精。在原酒贮存上，一直延用古朴厚重、独一无二的酒海藏酒。酒海仍沿用大秦岭深处的天然野生荆条手工编制，用麻纸、蛋清、血料、蜂蜡等稀有材料人工层层涂封，密实无隙，在这被誉为会呼吸的酒海里密闭贮存三年以上，酒中的各类酯、酸等香味物质达到平衡，乙醇和水分子紧密融合，喝起来绵醇爽口，沁入心脾，回味悠远。加上不同年份基酒的纯天然勾兑，确保了西凤酒的纯正品味和国脉基因。

在提升文化影响力上，公司十分注重对历史印迹的保护与发掘，八十年代就出资在亭子头村原址上复原了当年唐朝大将军裴行俭护送波斯王子回国中途并有感而吟了千古名句的标志性建筑——亭子头古亭，并在古亭边的文化墙上镌刻了裴行俭题写的行书诗句。在厂区办公楼前广场正中建有佩剑把盏、豪气冲天、伟岸洒脱的裴行俭汉白玉雕像，在西凤宾馆前铸有远古传奇“吹箫引凤”中弄玉抚笛引来金凤舞绕的青铜雕塑。在宾馆宴会厅，绘有“秦王扫六和”、“萧史弄玉传奇”、“秦皇大酺”、“投酒劳师”等历史浮雕壁画。在北门广场，建有西凤酒历史典故的大型浮雕石刻等，而在厂区绿化布局上，以柳树为重点，形成了垂柳成荫、摇曳婆娑独特柳林景观，营造了浓烈醇厚、感染力强的人文氛围，展现了西凤酒丰富多彩的文化魅力。

在市场竞争日益激烈的今天，谁拥有文化优势，谁就拥有竞争优势、效益优势和发展优势，只有赢得文化竞争优势的品牌，才能得到世人的瞩目和用户的青睐，获得长足的发展。西凤作为老牌四大中国名酒，历史文化积淀十分厚重，是名至实归的“白酒之源、凤香之宗”，也是国内仅存的文化国酒之一。提升西凤酒文化影响，增强企业文化竞争力，西凤企业要从以下几方面进行提升：一是要对企业文化和酒文化的灵魂系统、理念系统、内外部行为系统、应用推广系统、视觉系统等方面进行全新策划和纵深推广；二是要尽快启动西凤酒文化博物馆建设，全面系统的展示西凤酒文化的悠久历史和灿烂文化，使其成为对外宣传和工业旅游的固定阵地。作为集四大名酒、历史国酒以及多项国际荣誉于一身的西凤酒，不能系统、全面、多方位、多层次地展示文化优势，是对其灿烂文化、品牌价值和深厚潜力的埋没，是极不负责的；三是要开发一批具有历史文化价值、兼具欣赏礼仪和收藏功能的纪念酒，进一步提升西凤酒的品牌价值和市场竞争能力；四是赞助投拍反映周秦汉唐历史的纪实性电影、电视剧等史诗式的文艺作品，对凤凰文化、酒文化融合植入，让观众在艺术观赏中感知历史、品味文化、陶醉凤香，从而加深西凤印象。同时要精心策划，精细制作展现企业文化的专题片，配合央视广告进行互播，打造精美绝伦、印象深刻、历久弥新的宣传效应。

古雍州作为西凤酒的发源地，也是古丝绸之路（南线）的起点。作为横贯欧亚大陆的贸易交通线，这条长逾7000公里的贸易线，使中国的丝绸、瓷器、印刷和酿酒成为东亚强盛文明的象征。西凤酒也是随着丝绸之路商旅的兴起和繁荣而声名远播，享誉西亚，流传海外。西凤酒与丝路文明的历史渊源，也是企业亟待开发的文化宝藏。今后，我们要把西凤酒文化与丝路文化做好链接，配合政府部门做好丝路遗址的申遗等。在产品包装特别是出口产品上，针对性地嵌入丝绸、瓷器、仿古印刷和特色地标等体现丝路文明的识别元素，通过赞助丝绸之路纪念活动和反映丝绸之路的影视作品等形式，让丝路文化成为西凤酒走向国际化路线的通行绿卡，让国外消费者了解东方文明的同时就会勾起对丝绸之路的记忆，提起丝绸之路就会联想到中国的丝绸、瓷器以及西凤酒，通过这种文化元素的组合与串联，提升西凤酒的海外市场影响力，扩大西凤酒的出口。

“书同文、车同轨、酒同香”传递的不仅是国家统一，天下大同的理想社会，更是将西凤酒悠久浩瀚的文化魅力、丰富多彩的人文传奇、丰腴厚重的地理特色和自成一派的凤香品质得到大力传播。今天的西凤酒已在文化血液的注入下而充满活力，充满朝气，充满希望。伴随着“发展文化产业，建设文化强国”战略的实施，中华民族灿烂悠久的历史文化必将得到进一步的发扬光大，也必将走出国门，走向世界。在文化大潮的涌动下，作为位占居中国白酒文化之颠的西凤酒必将迎来新的发展春天，必将在崛起复兴的道路上乘势前进，创造辉煌，实现我们的“西凤梦”！

用理性务实的态度面对调整时期

四特酒有限责任公司 董事长、总经理 廖昶

当前，全球经济仍处危机后的深度调整期，国际环境充满复杂性和不确定性；国内原有竞争优势、增长动力逐渐削弱，市场信息和预期不稳。从2013年7月16日国家统计局公布上半年的数据显示，当前中国经济正处在艰难时期，面临巨大压力。

自2012年以来，白酒行业相继爆发基酒外购、酒精勾兑、塑化剂等危机事件，加上十八大之后，限制三公消费、军队禁酒令等政策相继出台，导致白酒消费受到严重打击，市场价格出现40%～50%的自然下调，整个行业遭遇严重寒潮，白酒行业进入寒冬。业内普遍认为，中国白酒行业黄金十年已经结束，未来“挤压式”增长将成为竞争的主流，30%～50%的白酒企业将被行业淘汰，白酒行业将回归微利时代和品质、历史文化取胜时代。

在糟糕的市场环境下，“挤压式”增长将带来企业残酷的竞争，企业将由竞合转向竞争。在危机倒逼之下，各白酒企业为了获得生产发展权，竞争较往年更为惨烈。白酒行业集中度越来越高，第一方阵企业竞争优势更为明显。作为江西走出来的品牌白酒，四特酒遇到的竞争对手也越来越强悍，正面对着“前有强敌，后有追兵”的竞争环境。

居危思变，理性回归

正所谓“祸兮福所倚，福兮祸所伏”。对白酒行业而言，目前的困境既是过去失误的结果，又可谓新生的起点。在这个市场动荡不安的情况下，四特酒心无旁骛、沉着冷静、保持理性，不盲目跟风涨价，不随意包装概念，不跟风玩噱头，一心专注白酒品质，让白酒回归原始的价值，回归原始的文化。四特清楚地认识到：白酒市场终归是老百姓的市场，白酒行业面对的将是大量普通商务和中产阶层消费。可以说，认清形势、找准定位、理性回归正是四特酒持续性发展王道。

同时，四特埋头认真研究特香型白酒酿造工艺，抛弃许多酒企自说自话、自卖自夸的套路，充分利用好赣鄱地区所拥有的好山好水好米，只酿好酒，以清香之味，醇纯之感，将白酒的品质在舌尖与喉头淋漓尽致地表达，回归白酒作为食物最原始的价值，让产品本身成为最强大的品牌符号。今后，四特希望能做赣酒的引领者，同时带动环赣酒省份共同为特香型白酒崛起而努力，实现共赢发展。

自省自信，求真务实

回顾白酒行业黄金十年离去的背影，四特酒凭借着自身的坚守不断应变危机四伏的市场体系。四特酒自2005年实行改制，历经8年脱胎换骨似的自我革新，历经各种艰辛，终于成长为一家信奉现代企业管理理念，具备良好运营机制，拥有先进管理团队的现代化大中型企业。这是比任何销售数字更具魅力的成绩，这也是四特能够应对危机，实现弯道超越的根本所在。

如今，在整个白酒行业面临调整和变革的时期，既要有自信的态度，也要有自省的精神。企业要不断从自身发展中反省，白酒虽然是一个传统产业，但传统企业不能定位在传统产业上，必须导入现代企业的管理理念，引进先进的管理方式，要效率优先，兼顾公平，没有效率哪来效益，没有效益拿什么去扶贫济困，企业的天职就是多纳税，多解决就业，多多扶持弱势群体。做到力求企业发展规律之真，务长期艰苦奋斗之实；求企业价值和作用之真，务发展企业根本利益之实；求企业管理方法之真，务提升企业管理效率之实。求真务实，才能脚踏实地谋发展。

执着坚守，从容久远

作为江西知名白酒，四特曾具有非常好的口碑和销量。19世纪50年代庐山会议时，周恩来总理品尝四特酒，称赞其“清香醇纯、回味无穷”，邓小平同志在江西搞调研时，品评四特酒为“酒中佳品，味道独特”。19世纪80～90年代，四特酒一度畅销全国，甚至在首都北京出现排队抢购四特酒场面。

然而，过往的辉煌历史，并不代表基业长青。得天独厚的酿酒条件、厚重的酒文化，几代酿酒人的辛勤耕耘，确立了樟树“中国古法白酒原生地”的历史地位，也给予了四特酒作为中国白酒香型代表的荣誉。大浪淘沙，四特酒公司是如何披荆斩棘，一路走到今天？是四特人对于传统酿造技艺

的那份执着、那份坚守，更是面对危机的那份从容。任何百年名企没有一个是一蹴而就的，而是历经岁月打磨，在逆境中从容应对各类挑战发展起来的。企业只有立志久远，时刻关注环境变换，从容应对，才能成为基业长青的企业，成为受人尊敬的企业。面对环境变化，不思变革，抱残守缺，自乱阵脚，必将失败，终被淹没在历史的沧海。

大兴求真务实之风，心存从容久远之心，四特才能在中国白酒这一具有千年历史传统的行业之中占有一席之荣耀，四特人才能成为合格之职业人，优秀先进之国民。

中华文化走多远 中国白酒就能走多远

泸州老窖集团董事局主席、泸州老窖股份有限公司董事长 谢 明

21世纪，中国白酒的新机会与新挑战并存

进入21世纪以来，各国家、各民族之间文化的相互交流与融合已经成为一种趋势，这为中国的科技创新、经济发展、信息交流带来了新的契机。特别是2010年中国成为全球第二大经济体之后，中国很多优势产业都开始放眼于“世界”这个更庞大的市场。随着中国文化影响力的提升，“世界”主动为中国敞开的市场将更加广阔。同时，不断开放的中国市场正在面临着外资加速度式的长驱直入，国内市场竞争也变得异常激烈。

在酒精饮料市场，众多国外洋酒品牌纷纷在中国市场开疆拓土。其行销方式最重要的特点就是“文化先行”：产地、品味、时尚、奢侈，众多诉求点一道掀起中国流行文化的浪潮。这股文化浪潮既推动了洋酒直接进入中国酒精饮料销售市场，也使一些洋酒企业通过收购中国白酒企业，以资本的形式参与中国白酒市场的竞争。对此，中国白酒行业专家充满忧虑：洋酒来势汹汹之际，中国白酒还有多少生存、发展的空间？中国白酒具有物质与情感消费双重属性，应该怎样引领消费又满足消费？中国白酒又该怎样借鉴洋酒走进中国的成功之处，走出国门被全球消费者所接受？

笔者认为，中国白酒的生存与发展关键在于未来的消费者，如何满足消费者、争夺消费者。比如，80后、90后在消费洋酒、啤酒还是葡萄酒？白酒在年轻人心目中是什么感觉？而争夺未来的消费者，就要首先构建起能够吸引他们的文化口味。因此，站在行业视角，展望发展趋势，可以这样说：中国文化能走多远，中国白酒就能走多远。

酒是文化的载体，传承历史与文化

聊起威士忌，我们会联想到苏格兰的浓厚乡土气息；谈到慕尼黑啤酒，我们会想起德国人的狂野大度；说到葡萄酒，我们感知到法国的浪漫风情；论起清酒，我们能够想起日本人的内敛含蓄；讲到伏特加，我们会想起俄罗斯人的豪爽痛快……

不一样的酒，能折射出不一样的文化韵味。从酿酒原粮种植到生产酿制，从上市销售到品饮，不一样的酒承载着不一样的文化。酒对一个民族风俗和习惯的形成有巨大的影响作用。不管在哪里，不管是什么人，选择一款酒，是人这种高级生命体特有的将酒附着于“喜怒哀乐”的情感表达。最终决定消费者选择行为的，就是对某种文化的认同。说到底，文化是酒的灵魂。

中国白酒遵循传统，固态原粮生物自然发酵技艺，因发酵温度不同、配方不同、是否入窖及发酵时间长短不同而生产出不同口感、不同香型的白酒，保持了历史，传承了文化。国窖1573受到广大消费者的热爱，不仅仅因为她有中国最大古老窖池群的物质保证，更重要的是她有“你能品味的历史”这一文化感受，品尝她，就是品味历史留下的文明印记、岁月所散发的悠悠芳香。

中华文明傲立世界五千载，绵延不绝。优秀传统文化凭借其强大生命力得以世代流传和承继，深深融入了中国人的政治思想、道德伦理、民族性格以及风俗习惯之中。中华文化的传承，若隐若现、或强或弱地伴随着酒文化的传承。

作为完全自主知识产权的产品，中国白酒有着数千年

的发展历史。从酿造酒为主流到蒸馏酒为主流，每一次改进、创新和进步，无不凝聚着先人的智慧。中国白酒的千年传承伴随着、参与着、见证着中国历史的发展、中华文化的传承。

酒在某种程度上塑造了我们民族的文化个性。中国白酒，敬天地父母而成礼以节，“登山封禅”，修德祈福，祭父母先祖；中国白酒，庆大事、荣耀、立功而成欢壮志；从泥窖保护、发酵酯化，到封藏库存、品茗饮用，白酒业的发展早已积淀成一种文化现象。中国的传统文化多以诗词歌赋为表现形式，而中国白酒是诗词歌赋的有效载体，离开了中国白酒，就没有脍炙人口的千古绝唱与诗句。《诗经》曰：十月获稻，为此春酒，以介眉寿；《汉书》曰：百福之会，非酒不行；《左传》曰：酒以成礼；《论语》：“有酒食先生馔，曾使以为孝乎。”中国白酒文化，就是中华文化的重要组成部分，中国白酒散发着中华传统文化的芳香。

中国文化，赋予白酒业强大的生命力

数千年来的酒业演变史，呈现出一个清晰的规律：中国文化昌盛，白酒业就繁荣。近代史以来，中国一度国力势微，传统文化几经危机，白酒在中国饮品以及社会心理中的地位，也遭遇被迫让位于啤酒、红酒等“舶来品”的危机。那段中华民族最严重的衰败期，恰恰也是白酒业最不堪回首的沉沦期。

建国60多年来，中国白酒产业的发展经历了由小到大、由大到强的发展历程。1949年全国白酒产量仅为10.8万吨，到2010年已超过了800万吨，是建国初期的80倍左右。白酒业的复苏，来源于白酒行业诸多同仁的艰辛努力，来源于国家经济的持续成长，来源于人民生活水平的普遍提高，更来源于中国文化复兴的大背景下，人们对于传统饮食生活方式的认可与回归。

改革开放初期，国门刚刚打开，西方的文化、生活方式被国人羡慕，一时崇洋之风盛行，作为文化载体的商品如影相随。以香烟为例：万宝路、七星、三五等品牌外烟大行其道。而时至今天，更多的消费者则选择中华、熊猫、玉溪等国产香烟。

国力昌盛和文化复兴相形相伴，日本和韩国的经验表明：在一个国家的现代化进程中，人均GDP达到3000美元之前，传统文化是主要角色；人均GDP达到3000美元到8000美元时，全球化的趋势；而当人均GDP达到8000美元以上时，传统文化则开始回归。传统文化是烙印在一个民族灵魂深处的东西，难以被稀释、被改变，这正是民族文化的生命力、自信心的集中体现。中国白酒发展的境遇也是如此，我们相信，曾经在部分年轻人中流行的洋酒，将随着中国国力更加昌盛，文化的复兴而逐渐被白酒取代。

近几年，随着中国经济崛起，“汉语热”开始在全球流行，孔子学院在世界各地纷纷设立，中国传统文化正在展现着她强大的生命力。“山水之乐，得之心而寓之酒也”，这是儒家“天人合一”的生活态度与中国传统白酒相结合的最佳写照。白酒文化是以儒家文化为主干的中国传统文化密不可分的组成部分，其发展必将得益于中国传统文化的传承、发扬。中国白酒作为中国文化的重要组成部分，与其有着不可分割的血肉联系。可以说，中国文化的影响范围有多大，中国白酒的发展空间就有多大。

中国文化走多远，中国白酒走多远

目前，中国白酒业正经历着前所未有的大繁荣。与历史上曾经盛极一时的汉代丝绸及宋元瓷器一样，白酒这个千年传统行业的发展机遇，已经与中国崛起带动的中华文化复兴，紧密地连结在一起。可以预见，中国白酒将成为新历史时期传播中华文化的最重要载体。

一个有趣的现象是，在越南、柬埔寨这些曾经深受中华文化影响的地方，现在流行抽中华烟、喝茅台、喝泸州老窖、骑力帆摩托。因为在那里，中国文化具有足够的强度和渗透力，中华文化被广为认同并接受。

中华文化复兴的巨大功效，正在使许多拥有历史生命力的传统行业，焕发出盎然生机。中国白酒与汉语、儒学、中医中药、中国功夫、茶艺美食一样，也拥有着“走向世界”的良机。成功的关键在于，中国白酒如何认识自我，如何利用和把握机遇。

白酒、丝绸、陶瓷、茶叶，这四大国粹在走出国门的过程中，境况迥异。丝绸、茶叶和陶瓷在历史上都有过大量出口。但是，由于不重视文化传播，国外消费者只知产品，不知品牌，更遑论文化。

作为世界四大蒸馏酒（即中国白酒、法国白兰地、俄罗斯伏特加和苏格兰威士忌）之一，白酒的“国际化”需要以文化为载体，以品质为支撑。酒不单纯为酒，而是代表着一种文化，是一种爱好、品味、追求的寄托和表达。有了对中国文化的认可，白酒必然会成为体验中国文化的重要代表。

可以说，世界对白酒的态度，最终取决于外国人对中国文化的接纳程度。中国文化“走出去”的深度、广度与速度，直接决定了中国白酒在时间这座高山上攀登的高度。

对此，我们首先要学习别国文化国际化的成功经验。

如日本料理、印度瑜珈在世界精英界盛行，都是充分发挥了本国文化的国际吸引力，进而逐渐获得世界范围的认可。其次是总结其他行业国际推广的经验教训。中国拥有八大菜系，但遍及全世界的中餐馆却零乱无序；中国茶世界闻名，却始终缺少代表整个行业的领军品牌。中国白酒要走出去，必须从产品、品牌、文化过程思考，让中国元素具有世界性。

中国白酒“走出去”要破题

中国白酒要“走出去”，该如何破题呢？

第一，诚信。可以确信，谁最能在这个行业里把传统文化中“仁、义、理、智、信”的优点发挥出来，谁就能在这场行业“走出去”中占得先机。品质的保障，取决于文化自觉、自律、自醒，这与所有支撑中国崛起的行业一样，都是企业生存、发展及壮大的基础。

第二，解决好白酒国际化的推广技术问题。推广并不只是打广告、贴标语那么简单，而是要“润物细无声”地将白酒与当代文化、流行元素有机地融合起来。比如，如何把白酒融汇成一种时尚文化，进入到当地酒吧、迪厅，等。

第三，要正确引导、塑造外国消费者对白酒的认知。红酒的品牌故事常被人津津乐道，在很多红酒爱好者看来，葡萄酒里“有北大西洋海风和阳光的味道”，是和人们同喜同悲的“天使的眼泪”；伏特加也被认为是俄罗斯的“生命之水”。只有在消费者心中树立了白酒代表文化和品位的形象，在生物固态自然发酵有益人体健康上、在情感上和消费者产生共鸣，白酒才能真正被世界接受。

第四，要有科学完备的技术标准和针对国际市场的销售渠道的策略，与国际惯例接轨，使所有白酒的国际销售者都能在“走出去”的过程中获利，进而激发起他们主动推广白酒的积极性。

把这些问题解决好，中国白酒就能真正走向国际市场，自然就能成为中国文化软实力的载体。中国白酒业者需要整合金融、物流、传媒、营销等各个行业的优势，要致力于打造中国真正的酒城，向全球消费者发出召唤。

中国白酒将因中国文化而形神合一

随着中国融入世界的脚步进一步加快，世界必然对四大文明古国中唯一存续的中国报以更多的关注，中国在世界经济文化领域里的话语权将不断扩大。此时“民族的就是世界的”这一议题将真正凸显。而中国白酒在这个过程中将承担重任，它正是中国文化传播的载体，中国白酒是外在的“形”，中国文化赋予它内在的“神”。形神合一，通过白酒，让世界品味中国。这一中国文化的特殊符号随着中国不断融入世界注定会被全世界所熟知和钟爱。

就像红酒爱好者向往法国波尔多、啤酒爱好者崇尚德国慕尼黑那样，泸州老窖愿意与白酒业所有同仁一起，致力于打造全世界最优秀的中国白酒圣地。这不仅是中国产业链高效资源整合与战略升级的必经之路，也必将代表中国文化软实力走出国门，走向世界。

中国酒业协会行业指导刊物
China Alcoholic Drinks Industry

本刊官方微薄

本刊官方微信

中国酒业
CHINA ALCOHOLIC DRINKS INDUSTRY
09 September 2014
COVER STAR 封面人物
宋克伟
白酒路演 都去哪儿了
看半年报 解读酒业深度调整
SPECIAL FOCUS 特别关注
白酒扎堆"个性化定制"的背后

中国酒业
CHINA ALCOHOLIC DRINKS INDUSTRY
10 October 2014
2014
COVER STAR 封面人物
朱力
白酒"动荡"下的 多元化营销
如何在展会上脱颖而出
SPECIAL FOCUS 特别关注
"三多一少"四效应 让酒水企业过好节

中国酒业
CHINA ALCOHOLIC DRINKS INDUSTRY
06 June 2014
COVER STAR 封面人物
冯翔
让酱香更幽雅
"双千万吨" 雪花的营销哲学
看清杨陵江, 我是个平台商
SPECIAL FOCUS 特别关注
酒业变革：渠道"PK大战"

中国驰名商标

金士百纯生啤酒股份有限公司企业简介

Enterprise brief introduction

企业愿景：成为中国最具价值的啤酒企业

企业使命：生产世界上最好的啤酒

企业精神：自强不息、自我超越

企业价值观：诚信、优秀、创新、分享

企业社会责任：守法、创造、贡献

金士百纯生啤酒股份有限公司董事长：卢宪臣

金士百纯生啤酒股份有限公司，始建于1985年，座落于吉林省四平市仙马泉，厂区占地面积38万平方米，员工2300余人，年啤酒产能80万千升，固定资产逾12亿元。

金士百纯生啤酒公司是中国最大的纯生啤酒生产企业之一，2011年进入中国啤酒行业八强，并在全国啤酒行业率先实施“绿色酿造”发展战略，生产极具差异化的绿色纯生啤酒。金士百纯生啤酒公司是中国装备最精良的现代化大型啤酒企业，先进的啤酒生产设备全部引进德国、丹麦等国家，酿造过程全程采用计算机自动化控制，全封闭无菌化生产，确保产品的新鲜健康与安全。

金士百纯生啤酒公司销售网络以吉林省为核心，覆盖东三省及内蒙古自治区，并辐射华北及西北区域。早在2003年金士百公司即在吉林省率先推出啤酒中的高端产品——纯生啤酒，并于2009年在国内啤酒行业第一家推出金士百绿色纯生啤酒，以5A品质、绿色酿造，又一次引领啤酒行业发展的新方向。2011年11月，金士百高端纯生啤酒，国内第一瓶采用脱膜过滤核心生产技术生产的金尊纯生上市，这标志着金士百的纯生啤酒生产技术又跃上了一个新台阶，金士百的创新之路又达到了一个新的制高点。

全国绿色食品示范企业

花园式工厂

宾馆式车间

现代化的包装生产线

2011年11月“中国绿色食品协会”授予金士百“全国绿色食品示范企业”，成为东北地区唯一获此殊荣的啤酒企业；2010年12月国家工信部、财政部、科技部批准金士百“资源节约型环境友好型”全国首批创建试点企业；2010年4月“全国绿化委员会”授予金士百“全国绿化模范单位”荣誉称号，成为中国唯一获此荣誉称号的啤酒企业；2012年“吉林省环境保护厅”再次授予金士百“吉林省环境友好企业”，成为吉林省唯一获此殊荣的啤酒企业；2013年1月“吉林省人民政府”再次授予金士百“吉林省质量奖”；2012年4月金士百通过国家认监委的“食品工业企业诚信管理体系”认证，成为中国啤酒行业首家通过诚信管理体系认证的啤酒企业；2012年9月，金士百牌啤酒再次获得“吉林省名牌产品”荣誉称号。

金士百纯生啤酒公司以花园式工厂、宾馆式车间、生态文明企业的风貌，成为中国啤酒行业名副其实的绿色示范企业。

名酒评选六十年回顾篇

收录了酿酒行业自1952年以来五届全国评酒会介绍及评选结果。内容涵盖白酒、啤酒、葡萄酒、黄酒及果露酒等多个酒种，并对评选标准与办法进行了详细的说明，展现了中国名酒六十年走过的辉煌历程。

李福成

Li Fucheng

YEARBOOK FIGURE

李福成，现任北京控股有限公司执行董事、董事局副主席；北京燕京啤酒集团公司董事长、总经理。研究生学历，中共党员，高级经济师。

在李福成同志的领导下，燕京由小变大，由弱变强，用30年的时间走完世界大型啤酒企业一百年所走过的路程，取得了令人可喜的佳绩。燕京连年保持经济效益第一，连续进入全国500家最大工业企业和500家最佳经济效益企业，成为中国行业百强企业。

编者按：

1952年，中国第一次全国性评酒会在北京举行，来自全国的酿造专家、评酒专家和学者，从数以万计的名酒中，评选出了8种国家级名酒：茅台酒、汾酒、西凤酒、泸州老窖特曲酒、绍兴鉴湖黄酒、张裕红玫瑰葡萄酒、味美思酒、金奖白兰地酒。时光飞逝，岁月的车轮碾过了60年，时至2012年，曾经的全国名酒仍以傲人的风姿，铭刻在中国酒业的丰碑之上。

自1952年开始举办全国评酒会，至1989年，国家共评定了五届全国名酒。由于种种因素，第五届后国家终止了评定。五届全国评酒会对酒类行业的影响深远，肯定了传统的知名品牌在酒类行业的地位，同时也让一些知名度不是很高的品牌凭借自己独特的工艺特点和优秀的品质赢得了知名度，提升了自身的价值。中国酒业历经几十年的发展繁荣，好酒、名酒从寥寥数种到百花齐放，全都浓缩在全国评酒会的榜单中。

2012年是对中国名酒发展有着重要意义的一年，重新审视未来的发展道路，在传承过去60年辉煌的同时，闯出一条更加适合自身发展的名酒之路，是时代赋予我们的历史使命。

第一届全国评酒会

评酒会简介

第一届全国评酒会于1952年在北京举行。那时酿酒工业尚处于整顿恢复阶段，国家除接收少数官僚资本家的企业外，大多数酒类生产是私人经营的。当时对酒类的生产是由国家专卖局进行管理，在这种情况下举行的第一届评酒会不可能进行系统的选拔推荐酒的样品。这一次评酒实际上是根据市场销售信誉结合化验分析结果，评议推荐的。

1952年中国专卖事业公司召开了第二届专卖工作会议。会议之前收集了全国的白酒、黄酒、果酒、葡萄酒的酒样103种。由北京试验厂(现北京酿酒总厂)研究室进行了化验分析，并向会议推荐了8种酒。会议确定了四条入选条件：1. 品德优良，并符合高级酒类标准及卫生指标；2. 在国内获得好评，并为全国大部分人所欢迎；3. 历史悠久，还在全国有销售市场；4. 制造方法特殊，具有地方特色，它还不能仿制。根据分析结果和推荐意见，将8种酒命名为我国的八大名酒。

第一届全国评酒会的准备工作和条件较差，但评选出的八大名酒对推动生产、提高产品质量起到了重要作用，并给以后的评酒奠定了良好基础，树立了基本框架，开创了我国酒类评比历史的新篇章，为我国酒类评比写下了极为珍贵的一页。第一届评酒会主持专家：朱梅、辛海庭。

评选结果

第一届全国评酒会共评出全国名酒8种：

白酒类4种：

茅台酒　贵州省茅台酒厂
汾酒　山西省汾阳杏花村酒厂
泸州大曲酒　四川省泸州曲酒厂
西凤酒　陕西省西凤酒厂

黄酒类1种：

鉴湖绍兴酒　浙江绍兴酒厂

葡萄酒、果露酒类3种：

张裕金奖白兰地　山东烟台张裕葡萄酿酒公司
红玫瑰葡萄酒　山东烟台张裕葡萄酿酒公司
味美思　山东烟台张裕葡萄酿酒公司

第二届全国评酒会

评酒会简介

1952年评选出八大名酒后，在全国引起强大反响，促进了酒类产品市场销售声誉的大步提高；在酒企业中不但树立了榜样，而且各地掀起了学先进、赶先进的群众运动，全行业掀起了生产新高潮。全国各地涌现出许多品质优良独具风格的饮料酒。为了掌握酒类的质量情况，促进酿酒工业的发展和提高产品质量，轻工业部于1963年10月在北京召开了第二届全国评酒会。实际上这次评酒会才是真正的第一次全国性的评酒会。

为搞好这次评酒工作，各省、市、自治区根据轻工业部的要求，评比的酒样都经过认真的选拔，推荐选送的样品代表市场销售的商品。经省、市、自治区轻工业厅、商业厅共同签封并且都报送产品小传。

经过基层认真选拔，全国27个省、市、自治区共推荐了196种酒，包括白酒、黄酒、葡萄酒、啤酒和果露酒五大类。

评酒工作是在评酒委员会领导下进行的。

本届评酒会首次制定了评酒规则，要求大会人员认真遵守执行。

评酒分白酒、黄酒、果酒、啤酒四个组分别进行品评，共评出全国名酒18种，全国优质酒27种。

本届评酒会充分显示了我国酿酒工业的迅速发展，名酒数量从8种增加到18种，而且还涌现出27种国家优质酒。白酒评比中没有分香型评酒，造成了以香气浓者占优势，致使放香较弱的清香、酱香型白酒得分较低，不能真正反映不同风格的特点。

评酒会主持专家：周恒刚

评酒标准和办法

第二届全国评酒会分白酒、黄酒、果酒、啤酒四个组分别进行品评。露酒中以白酒为基酒的酒由白酒组品评，以酒精为基酒的由果酒组品评。这届白酒品评没有按酒的不同香型（当时对白酒的香型还没有明确的认识），也没有按原料和糖化剂的不同分别编组，采取混合编组大排队的办法进行品评。

品评由评酒委员独立思考，按酒的色、香、味、百分制打分写评语。采取密码编号，分组淘汰，经过初赛、复赛和决赛，最终按得分多少择优推荐。

评酒会评选结果

第二届全国评酒会共评出全国名酒18种，全国优质酒27种。

18种名酒：

白酒类8种：

酒名	生产单位
五粮液	四川省宜宾五粮液酒厂
古井贡酒	安徽省亳县古井酒厂
泸州老窖特曲	四川省泸州酒厂
全兴大曲酒	四川省成都酒厂
茅台酒	贵州省茅台酒厂
西凤酒	陕西省西凤酒厂
汾酒	山西省杏花村汾酒厂
董酒	贵州省遵义董酒厂

黄酒类2种：

酒名	生产单位
绍兴加饭酒	浙江省绍兴酿酒总厂
沉缸酒	福建省龙岩甲厂

葡萄酒、果露酒7种：

酒名	生产单位
白葡萄酒	山东青岛葡萄酒厂
味美思	山东烟台张裕葡萄酿酒公司
玫瑰香红葡萄酒	山东烟台张裕葡萄酿酒公司
夜光杯中国红葡萄酒	北京东郊葡萄酒厂
特制白兰地	北京东郊葡萄酒厂
金奖白兰地	山东烟台张裕葡萄酿酒公司
竹叶青	山西省杏花村汾酒厂

啤酒1种：

酒名	生产单位
青岛啤酒	山东省青岛啤酒厂

27种优质酒：

白酒类9种：

酒名	产地
双沟大曲酒	江苏省双沟酒厂
龙滨酒	黑龙江省哈尔滨市龙滨酒厂
德山大曲酒	湖南省常德
全州湘山酒	广西壮族自治区全州
三花酒	广西壮族自治区桂林
凌川白酒	辽宁省锦州
哈尔滨高粮糠白酒	黑龙江省哈尔滨
合肥薯干白酒	安徽省合肥
沧州薯干白酒	河北省沧州制酒厂

黄酒类5种：

酒名	产地
福建老酒	福建省福州
寿生酒	浙江省金华
醇香酒	江苏省苏州
大连黄酒	辽宁省大连
即墨老酒	山东省即墨

葡萄酒、果酒类10种：

酒名	产地
长白山葡萄酒	吉林省吉林市长白山葡萄酒厂
通化葡萄酒	吉林省通化葡萄酒厂
中华牌桂花酒	北京葡萄酒厂
民权红葡萄酒	河南省民权
山楂酒	辽宁省沈阳
广柑酒	四川省渠县
香梅酒	黑龙江省一面坡
中国熊岳苹果酒	辽宁省盖平
五加皮	广东省广州
荔枝酒	福建省漳州

啤酒类3种：

酒名	产地
特制五星啤酒	北京
特制北京啤酒	北京
14°上海啤酒	上海

第三届全国评酒会

评酒会简介

第三届全国评酒会是轻工业部于1979年8月在大连组织召开。第二届全国评酒会后，为了继承发扬名酒的传统，轻工业部组织了茅台、汾酒两个科研试点，科学地总结了名酒传统生产工艺，去粗取精，不仅使名酒生产技术大大提高，而且起到了整个白酒的科技进步、产量增长、质量提高的大推动作用。

第三届评酒会的前一年底，轻工业部在湖南长沙召开了全国名酒会议。调查了解了各名酒厂的生产质量情况和发展动向，交流了经验，为评酒做了充分的准备工作。全国优质产品产量增加、质量提高，香型日渐明显，度酒初露端倪。名优酒身价日渐抬升，各地质优夺牌呼声日趋激烈。在这个基础上各省市自治区选拔了具有代表性的品种，包括白酒、黄酒、葡萄酒、啤酒、果露酒共313个品种。

参加这次评酒会的评酒员共65人。其中白酒22人，黄酒15人，啤酒13人，葡萄酒及果露酒15人。除少数部分是特聘外，绝大部分是经考核聘请。

这次评酒分为白酒、黄酒、啤酒、葡萄酒及果露酒四大类四个组进行。凡参加评比的样品一律采取密码编号，分型评比。根据样品的多少，决定编组评比次数，少的一组决赛，超过六个的要进行初评、复评、终评。同一省的酒不见面。上届名酒不初评，由复评开始作为种子选手分编在各小组内。

——白酒评比根据香型、生产工艺和糖化发酵剂分别编组。

评分办法是按色(占10分)香(占25分)味(占30分)格(即风格，占15分)四项记分，总计满分为100分。

这次评酒会还确定了白酒香型的风格特点，统一了打分标准。

经过评比选拔，由评酒委员会推荐，轻工业部审定，第三届评酒会共评出全国名酒18种，优质酒47种。

评酒会主持专家：周恒刚、耿兆林

第三届全国评酒会评酒办法(草案)

一、总则

1. 本办法(草案)系根据轻工业部(79)轻食字第11号“关于举办全国评酒的通知”精神，供做1979年全国酒类评比使用。

2. 本办法(草案)于6月1日前由各省、市、自治区轻工主管部门提出修改意见。修改后即正式作为今年全国酒类评比的办法。

二、全国评酒委员会

1. 全国评酒委员会在轻工业部领导下，进行本届全国评酒工作。

2. 全国评酒委员会由各省、市、自治区轻工主管部门推荐入选，经考核后，由轻工业部聘请的正式全国评酒委员、轻工业部根据情况特聘的全国评酒委员及轻工业部食品工业局负责同志组成。

3. 全国评酒委员会负责审核参加全国评酒的产品资格；负责对全国评酒产品理化成分、卫生条件的抽查及各酒类的评评；负责提出在评酒中的各项建议及意见，负责提出获得金质奖、银质奖产品的建议。

4. 全国评酒委员会的主任委员由轻工业部食品工业局负责同志担任。

5. 全国评酒委员会分四组进行全国酒类评比。

(1) 白酒组12～18名。

(2) 黄酒组10～15名。

(3) 啤酒组10～15名。

(4) 葡萄酒及果露酒组12～8名。

6. 全国评酒委员会的筹备工作及评酒时的具体事务工作由轻工业部食品工业局负责聘请和组织有关人员进行。

7. 全国评酒委员于全国酒类评比工作中只负责酒的品鉴酒的理化成分，卫生条件由各省、市、自治区的轻工业(酿酒)主管部门负责组织检验。

8. 全国评酒委员在轻工业部组织领导下，定期或不定期地对已评出的全国名酒、优质酒的质量进行检查，参加酒的有关会议的质量品评，以了解酒类质量情况和存在问题；并有权向生产酒类产品的企业、主管部门提出有关提高、改进质量的建议。

三、参加全国评酒的产品

1. 必须年出厂销售量在五十吨以上(啤酒在一千吨以上)，且经工商行政管理部门注册有牌号的正式产品 (散装酒为纳入正式国家生产计划及销售计划的产品)。

2. 必须符合国家卫生标准及各级产品标准[啤酒符合部颁标准(试行)QB3-4-77]。且产率要达到本企业同类(同原材料、同工艺、同设备)产品产量的30%以上。

3. 必须由本省、市、自治区轻工业(酿酒)主管部门组织评比，而后推选出的产品。

4. 必须经本省、市、自治区轻工业(酿酒)主管部门主持，会同卫生、商业(外贸)部门，由商业(外贸)仓库中，取出具有代表性未逾保存期的商品，且加盖工业、卫生、外贸部门的共同印章封条，方可作为参加全国评酒的正式酒样。

5. 各省、市、自治区推选的酒类产品除必须符合上述条件外，且应上报产品小传及产品统计表(附后)，以说明酒的类别及类型。经审核不符规定要求者，则取消其参加全国评酒的资格。

6. 参加全国评比的酒类，各省、市、自治区要分类别及类型进行推选和寄送。

(1) 白酒类别　分酱香、浓香、清香、谷(米)香、其他香型等类型，且包括不同原材料、不同工艺、不同糖化发酵剂的液态法。白酒、低度白酒、普通白酒，1～4种。按规定寄送各种8瓶参加评比。凡推选的白酒均不能是调入人工芳香的产品。

(2) 黄酒类别　分甜、半甜、干、其他型等类型，且包括机械化生产的黄酒、普通黄酒，1～2种(浙江、江苏、福建等省3～4种)。按规定寄送每种8瓶(无瓶装可以寄送最小坛装酒3～4坛)参加评比。

(3) 啤酒类别　分黑、黄(10°以下，11°～12°，14°以上)、其他等类型，包括采用缩短酒令、酶法糖化、连续发酵、立式大罐等新技术的啤酒，1～3种(黑龙江、辽宁、山东、北京、上海等省、市3～5种)。按规定每种寄送24瓶参加评比。

(4) 葡萄酒类别　分干白、半甜白、甜白、干红、半甜红、甜红、山葡萄、香槟、汽酒、味美思、白兰地及加香葡萄酒等类型，1～3种。按规定每种寄送8瓶(带汽酒12瓶)参加评比。

(5) 果露酒类别　按果酒(发酵或半发酵)、露酒[配制酒、蒸馏酒(包括威士忌、俄得克、兰姆、金酒等)]、其他等类型，1～3种。按规定每种寄送8瓶(带汽酒12瓶) 参加评比。

四、全国评酒规则

1. 各酒类分类别、类型进行评比。

2. 酒样密码编号。

3. 百分制评分。

4. 顺位品评法。

5. 淘汰制评选。

(1)初评 评选出具备参加全国名酒、优质酒评比资格的产品。

(2)复评 评选出全国名酒、优质酒的产品。

(3)总评 评选出全国名酒的产品。

6. 对上届已评出的名酒，不需经各省、市、自治区轻工业(酿酒)主管部门推选上报，可直接参加全国评酒的复评。样品征集与寄送的要求，相同于这次各地所选的酒类产品规定。

7. 正式评酒前先进行2～3次标准样酒的试评，以求相互评分、评语的接近。

8. 评酒室要求安静、清洁，根据条件可采取单间方式或分组大室方式。

9. 评酒台要求照明良好，无直射阳光，且台面上垫衬白色桌布。

10. 评酒杯普遍采用高脚卵型玻璃杯；香槟、汽酒采用高脚新月型玻璃杯，啤酒采用250毫升放口圆柱型玻璃杯。

11. 包装装璜暂不做评比内容，只进行评议。对有的产品存在严重包装装璜问题，提出意见限期改进提高，并为下届品酒会提出参考意见。

12. 各酒类评比的要求

(1)白酒 样酒同温、同量、同杯型。不统一调酒度，只对低度酒说明。每日评样尽量不超过24个。

(2)黄酒 样酒同温、同量、同杯型。不统一调酒度，经品评后必要时可在相同条件下加温再评。

(3)啤酒 样酒去掉商标编号、按部颁标准啤酒试验方法QB3-4-77规定，试样必须在15℃以下保温1小时以上。于评酒现场开瓶，同温、同量、同杯型、同注酒方法，进行品评；另每种酒同时集中，准备好酒杯，现场开瓶，同样注酒法立刻从距离杯口杯约3毫米处注入啤酒200毫升左右，以观察泡沫。

(4)葡萄酒及果露酒 样酒同温、同量、同杯型。果露酒类力求归纳同类型同品评。某些酒如威士忌并根据特性于相同条件下可兑入矿泉水再评。

五、全国评酒委员的考核法

1. 除由轻工业部特聘的全国评酒委员外，各省、市、自治区轻工业部门所推荐的评酒委员人选均应通过考核，经轻工业部聘后方为全国评酒委员。

2. 全国评酒委员人选的考核，分酒类业务知识与评酒能力两方面。

3. 酒类业务知识考核，按推荐参加品评的酒类分别解答。

(1)本酒类风味类型的区分；

(2)本酒类优质与一般的区别；

(3)本酒类的特点与性质。

4. 酒类评比能力考核，样品密码编号经三轮测验，前两轮为基础评比能力，后一轮为评酒能力，并按推荐参加品评的酒类分别试测。

六、对全国评酒委员的要求与应注意事项

1. 要求

(1)全国评酒委员对全国酒类评比负责，切实代表不同爱好消费者的要求，不以个人爱好进行评酒。

(2)全国评酒委员应大公无私、实事求是、认真负责；不代表推荐的省、市、自治区及本单位。

(3)全国评酒委员必须对所评酒有较熟的品评能力和品评经验，并对所评酒类有严密的确切性及较高的再现性。

2. 注意

(1)评酒中应各自独立品评，不得互议、互讲、互看评比内容与结果。

(2)评酒中不得吸烟，不得带入芳香的食品、化妆品、用具等。

(3)评酒中不得有大的饮、漱声和拿、放杯声。

(4)评酒中除由工作人员简介情况外，不得询问所评酒的任何详尽情况。

(5)评酒期间不得食入刺激性强及影响评酒效果的食品。

(6)评酒期间不准进入样酒工作室及询问评比的结果。

(7)评酒期间应尽量休息好，不做个人会外活动，一般不接待来访人员，不吐露酒类评比的情况。

(8)评酒期间只能评酒不得饮酒。

七、全国评酒工作人员守则

1. 工作人员必须认真负责，服从分配，积极主动，团结互助，把评酒的后勤工作做好。

2. 工作人员必须按时、按要求把工作做好，不得有拖拉、遗落，不得擅离岗位，以保证评酒工作的顺利进行。

3. 工作人员对评酒后勤工作必须做好保密，不得有任何泄露和暗示。

4. 工作人员在评酒期间除工作需要外，不得任意饮酒(包括样酒单评后剩余酒)。

5. 酒样分类，分型确切，排列无误，统计准确，保管

良好。

6.酒样按类别、类型、评次进行编号，必须做到及时、无误、保密、有据可查对。

7.评酒结果的统计，要求迅速及时、准确无误。

8.酒杯(工具)必须洁净，用优质洗粉洗涤后要充分冲洗，保证不得带有任何附着物及气味。

9.倾倒酒前必须先用本品酒　(除啤酒、汽酒等)洗刷一遍酒杯，而后倾倒酒。倾倒酒时先核对编号，同评次酒尽量要求同时迅速倾倒，啤酒、汽酒且要同方式、同条件倾倒。

10.送酒、发表要迅速、无误、同条件，收表、收杯要无遗落、无损坏。解说要简明扼要。

八、全国评酒的奖励

1．经评比认许的全国名酒由轻工业部颁发金质奖章及奖状。

2．经评比未被评上的酒，由各省、市、自治区轻工业主管部门研究考虑给予适当奖励。

九、各酒类的评分及评分表

1．白酒

总分：100分。色10分，香25分，味50分，风格15分。

2．黄酒

总分：100分。色10分，香25分，味50分，风格15分。

3．啤酒

总分：100分。泡沫20分，色10分，香20分，味50分。

4．葡萄酒、果酒：

总分：100分。色20分，香30分，味40分，风格10分。

5．露酒

总分：100分。色20分，香30分，味40分，风格20分。

6．香槟及汽酒

总分：100分。二氧化碳15分，色15分，香20分，味40分，风格10分。

第三届全国评酒会确定的白酒香型的风格特点

为了搞好分香型评比，统一打分标准，本次评酒会统一了各种香型风格描述。过去均以生产厂的传统描述或本地区消费者习惯评价为依据。这次对风格的描述进行了概括，统一了尺度，描述语如下：

酱香型酒：酱香突出、幽雅细腻、酒体醇厚、回味悠长。

浓香型酒：窖香浓郁、绵甜甘洌、香味谐调、尾净香长。

清香型酒：清香纯正、诸味谐调、醇甜柔口、余味爽净。

米香型酒：蜜香清雅、入口绵柔、落口爽净、回味怡畅。

1978年长沙会议上曾提出了兼香型的说法，对兼香型定义不明确，经过评酒委员讨论表决，本届评酒取消兼香型，另称其他香型。

第三届全国评酒会评酒委员名单

白酒评酒委员

姓名	单位	姓名	单位
贾翘彦	贵州遵义董酒厂	曹述舜	贵州省轻工业研究所
刘洪晃	辽宁省食品工业研究所	何锡贞	广东省糖酒公司
李大信	陕西西凤酒厂	夏义雄	广西桂林三花酒厂
周复茂	吉林省吉林市江城酒厂	房艺武	安徽淮北濉溪酒厂
杨万春	甘肃徽县酒厂	梁邦昌	江苏洋河酒厂
洪永凯	黑龙江阿城玉泉酒厂	金凤兰	河北三河县酒厂
张建有	河南伊川杜康酒厂	龚文昌	北京酿酒总厂
熊子书	轻工业部食品发酵工业科学研究所	王　仓	山西省汾阳杏花村酒厂
祝志荣	湖北武汉酒厂	于树民	山东省一轻厅
叶贤佐	四川宜宾地区糖酒公司	沈怡方	内蒙古自治区轻工研究所
鲍沛生	湖南常德酒厂	高月明	黑龙江省轻工业厅

啤酒部分评委

齐志道　徐广文　闵文广　张培昌　王世彦　刁　奎　王悟我　高万明　吴赓永

葡萄酒评委（聘请）

刘 犁	新疆轻工业厅	韩 荣	河北沙城酒厂
刘翔鸣	河南民权葡萄酒厂	王永福	山西汾阳杏花村酒厂
吴良伯	湖北襄樊市酒厂	王荣瑞	辽宁沈阳果酒厂
梁卫国	广东广州食品工业公司	魏永田	吉林省轻工业研究所
王明诚	江苏宿迁葡萄酒厂	郭玉振	黑龙江一面坡葡萄酒厂
付光彩	安徽萧县葡萄酒罐头厂	**特聘评委：**	
陈泽义	山东烟台张裕葡萄酒酿酒公司	郭其昌	轻工业部食品发酵工业科学研究所
薛备中	天津粮油进出口公司	王秋芳	北京酿酒总厂

黄酒评委（聘请）

刘久年	贵州花溪酒厂	齐庆功	山西汾阳杏花村酒厂
白希智	陕西西安酒厂	张延玉	辽宁大连白酒厂
张家祺	河南洛阳啤酒厂	**特聘评委：**	
何运林	广东兴宁酒厂	毛照显	上海淀山湖酒厂
邱维汉	江苏丹阳黄酒厂	蒋贻泽	江苏省轻工业厅
陈靖显	浙江杭州酒厂	卞 辛	浙江
王阿牛	浙江绍兴酒厂	刘木生	江西南昌酒厂
郑明光	福建福州酒厂		
袁深久	山东即墨老酒厂		
施炳祖	北京酿酒总厂		

评酒会专家组成员：

周恒刚、沈怡方、高月明、曹述舜、叶贤佐、曾纵野

第三届全国评酒会评比结果

通过评比，由评酒委员会推荐，请工业部审定，第三届评酒会共评出全国名酒18种，优质酒47种。

18种名酒是：

白酒类8种：

茅台酒、汾酒、五粮液、剑南春、古井贡酒、洋河大曲酒、董酒、泸州老窖特曲酒。

黄酒类2种：

绍兴加饭酒、龙岩沉缸酒。

葡萄酒、果露酒类7种：

烟台红葡萄酒（甜）、中国红葡萄酒（甜）、沙城白葡萄酒（干）、民权白葡萄酒（甜）、烟台味美思、金奖白兰地、山西竹叶青。

啤酒类1种：

青岛啤酒

47种优质酒是：

西凤酒	六曲香	宝丰酒	哈尔滨高粱糠白酒
郎酒	燕潮铭	武陵酒	金州曲酒
双沟大曲	双沟低度大曲（39°）	淮北口子酒	坊子白酒
丛台酒	北京白葡萄酒（甜）	白云边	长白山葡萄酒
湘山酒	北京桂花陈酒	三花酒	熊岳苹果酒
长乐烧	广州五加皮	迎春酒	无锡惠泉酒

通化人参葡萄酒	吉林五味子	沈阳山楂酒	即墨老酒
渠县红桔酒	丹阳封缸酒	北京莲花白酒	连江元红
绍兴善酿	南平茉莉青	福建老酒	九江封缸酒
大连黄酒	上海海南啤	沈阳雪花啤酒	北京特制啤酒

第三届评酒会准备充分，组织严密，方法科学，评定合理，令人信服。尤其是白酒评比，其历史作用是重大的，是中国评酒史上的里程碑。

第四届全国评酒会

第四届全国评酒会由中国食品工业协会主持，协调轻工、商业、农牧渔业部进行的。这次评酒会是按照酒类专业组分期召开的。

黄酒、葡萄酒评选于1983年6月23～29日在江苏连云港市举行。聘请了21名葡萄酒全国评委，18名黄酒全国评委，根据评选标准和办法评出全国名酒7种，其中黄酒2种，葡萄酒5种；优质酒15种，其中黄酒5种，葡萄酒10种。

白酒评选会于1984年5月7～16日在山西太原召开。

评选会有24个省、市、自治区选送了148种酒样参加评比，共评出全国名酒13种，优质酒27种。

第四届全国啤酒、果酒、配制酒评选会于1985年5月在山东青岛举行。各省、市、自治区及有关主管部门共推荐样品91种，其中啤酒37种、果酒31种、配制酒23种。评出了全国名酒6种，其中啤酒3种，配制酒3种；全国优质酒24种，其中啤酒5种，果酒12种，配制酒7种。

第四届全国评酒会全国评酒委员名单

葡萄酒评委名单：

王秋芳	女	北京酿酒总厂	工程师	丁建民	男	天津市果酒厂	
陈泽义	男	烟台张裕葡萄酒公司		康荣宦	男	吉林省通化葡萄酒公司	工程师
刘　犁	男	江苏省食品发酵所	工程师	刘文邦	男	安徽省轻工厅食品工业公司	助　工
魏永田	男	吉林省轻工业研究所	高级工程师	王俊玉	男	内蒙轻工科研所	工程师
王荣瑞	男	沈阳市酿酒厂	工程师	李素慧	女	北京葡萄酒厂	工程师
郭玉振	男	黑龙江省一面坡葡萄酒厂	工程师	薛备忠	男	天津食品进出口公司	
刘翔鸣	男	河南民权葡萄酒厂	工程师	王好德	男	青岛葡萄酒厂	助　工
韩　荣	男	河北张家口市长城酿酒公司		许子才	男	河南省仪封园艺场酒厂	助　工
付光采	男	安徽省肖县葡萄酒厂		曾纵野	男	黑龙江商学院	副教授

黄酒评委名单：

王阿牛	男	浙江绍兴酒厂	技　师	张延玉	男	辽宁大连酒厂	
蒋贻泽	男	江苏省轻工厅	工程师	毛照显	男	上海淀山湖酒厂	

刘木生	男	江西南昌酒厂		陈靖显	男	浙江杭州酒厂	
施炳祖	男	北京酿酒总厂	工程师	刘久年	男	贵州贵阳市花溪酒厂	工程师
邱维汉	男	江苏丹阳酒厂		徐复鑫	男	江西九江封缸酒厂	
袁琛久	男	山东即墨老酒厂		苏荣江	男	福建龙岩酒厂	
何运林	男	广东兴宁酒厂	工程师	赵文明	男	吉林省轻工业厅	工程师
林善享	男	福建福州第一酒厂		朱传声	男	浙江省烟酒糖业公司	
白希智	男	陕西西安酒厂	工程师	徐呈祥	男	无锡轻工学院	讲　师

白酒评酒委员名单：

金凤兰	女	河北省三河县酒厂		李大信	男	陕西省西凤酒厂	工程师
刘洪晃	男	辽宁省食品工业研究所	工程师	白希智	男	陕西省西安市酒厂	工程师
梁邦昌	男	江苏省洋河酒厂	工程师	栗永清	男	黑龙江省肇东县酒厂	工程师
张武举	男	吉林省榆树县造酒厂	助　工	贾翘彦	男	贵州省遵义董酒厂	工程师
洪永凯	男	黑龙江省玉泉酒厂	工程师	李祖功	男	新疆农四师七十二团	工程师
周复茂	男	山东省蓬莱县酒厂	工程师	潘维符	男	辽宁省抚顺市酿酒厂	工程师
夏义雄	男	广西桂林饮料厂	工程师	范仲仁	男	内蒙古轻工业公司	工程师
鲍沛生	男	湖南省常德市酿酒公司	工程师	张建有	男	河南省伊川杜康酒厂	工程师
徐占成	男	四川省绵竹酒厂	助　工	景学镇	男	湖北省宜昌市酒厂	工程师
王　岳	男	河北省永清县酒厂	技术员	邢明月	男	河南省宝丰酒厂	技　师
武庆尉	男	内蒙喀喇沁旗乃林酒厂	助　工	蔡凌云	男	安徽省酿酒工业公司	技　师
季克良	男	贵州省茅台酒厂	工程师	王福之	男	天津市酿酒厂	
祝志荣	男	湖北省武汉酒厂	助　工	陈继才	男	河南省温县农场酒厂	技　师
何云龙	男	北京市昌平县酒厂	工程师	杨万春	男	甘肃省徽县酒厂	工程师
张国强	男	安徽省淮北市酒厂	技术员	曲学塾	男	山东省索镇酒厂	工程师

啤酒评委名单：

袁　琰	重庆啤酒厂	秦　武	安徽怀远啤酒厂
何曼玲	轻工业部食品发酵工业研究	杜和德	四川梁平啤酒厂
崔家骥	浙江杭州啤酒厂	胡　嵩	大连啤酒厂
郭刚锋	广东广州啤酒厂	高志明	陕西宝鸡饮料啤酒厂
南岱光	北京五星啤酒厂	刘聚吾	河南开封啤酒厂
于洪千	河北承德市啤酒厂	李绍敏	山东济南啤酒厂
周敬明	武汉市啤酒厂	马春华	哈尔滨市新农啤酒厂
王泉石	北京啤酒厂	徐同兴	上海市上海啤酒厂
叶开明	安徽铜陵啤酒厂	李改珠	内蒙呼和浩特市啤酒厂
陈喜文	吉林长春市啤酒厂	容尚谦	安徽合肥啤酒厂
李广钊	江苏徐州酿酒总厂	任　义	辽宁营口市专卖事业管理局
刘正德	山东青岛啤酒厂		

果酒评委名单：

陈泽义	山东烟台张裕葡萄酿酒公司	王荣瑞	沈阳市酿酒厂
彭德华	河北中国长城葡萄酒有限公司	方桂兰	四川万县市果酒厂

刘文邦　安徽省轻工业厅酿酒工业公司
陈珊朵　上海中国酿酒厂
成泽加　湖北凉山酒厂
王作仁　山东蓬莱酒厂
刘　犁　江苏省食品发酵研究所
郭玉振　黑龙江一面坡葡萄酒厂
陈肖兴　山东烟台香槟酒厂
武庆尉　内蒙喀喇旗乃林酒厂
沈祥坤　河南省食品研究所
李华敏　四川灌县茅梨啤酒厂
严升杰　河北秦皇岛市昌黎葡萄酒厂
高维强　天津市葡萄酿酒公司
金俊济　吉林长白山葡萄酒厂
李素慧　北京葡萄酒厂
宋叔尔　湖南澧县酒厂
鲍明镜　山西太原清徐露酒厂
田雅丽　河北中国长城葡萄酒有限公司

配制酒评委名单：

周怡庭　湖北潜江园林青酒厂
白镇江　北京东郊葡萄酒厂
武少青　吉林长春春城酿酒厂
姚应泰　河南郑州葡萄酒厂
徐晓曦　黑龙江哈尔滨市酒精二厂
王永福　山西杏花村汾酒厂
孙德铁　山东青岛葡萄酒厂
颜文灿　广东阳春县酿酒厂
李兰台　天津市果酒厂
许传清　安徽金寨县经委
王恭堂　山东烟台张裕葡萄酿酒公司
高　军　黑龙江哈尔滨市酒精一厂
任乐田　山西杏花村汾酒厂
陈靖显　浙江杭州酒厂
郎春梅　山西杏花村汾酒厂
高美书　北京葡萄酒厂
黄书声　河南尉氏县鹿岗酒厂

白酒专家业务组名单

组　长：周恒刚　男　高级工程师　河北省廊坊地区轻工局副局长
副组长：沈怡方　男　高级工程师　江苏省食品发酵研究院
曾纵耶　男　副教授　黑龙江省商学院
成　员：沈宇光　男　工程师　辽宁省沈阳市浑河酒厂
曹述舜　男　工程师　贵州省轻工业厅科研所所长
高月明　男　副总工程师　黑龙江省轻工业厅食品工业公司科长
叶贤佐　男　技　师　四川省宜宾地区名曲酒公司副科长

啤酒专家业务组名单

组　长：齐志道　男　高级工程师　北京酿酒总厂
副组长：吴赓永　男　高级工程师　青岛饮料进出口公司
组　员：王世彦　男　工程师　上海益民啤酒厂
王文忠　男　工程师　轻工部食品发酵研究所
郑松茂　男　工程师　辽宁大连啤酒厂

果酒、配制酒专家业务组名单

组　长：王秋芳　女　工程师　北京酿酒总厂
副组长：曾纵野　男　副教授　商业部食品酿造研究所
组　员：魏和田　男　高级工程师　吉林省轻工业厅情报中心
邵宁华　女　山东农业大学
桂祖发　男　科长、工程师　上海中国酿酒厂

第四届全国评酒会获奖产品名单

葡萄酒获奖名单

金质奖：

产品	厂家	产品	厂家
葵花牌烟台红葡萄酒	山东烟台张裕葡萄酿酒公司	丰收牌中国红葡萄酒	北京东郊葡萄酒厂
葵花牌烟台味美思	山东烟台张裕葡萄酿酒公司	长城牌干白葡萄酒	河北沙城中国长城葡萄酒有限公司
王朝牌半干白葡萄酒	天津中法合营葡萄酒有限公司		

银质奖：

产品	厂家	产品	厂家
丰收牌桂花陈酒	北京葡萄酒厂	葵花牌青岛白葡萄酒	青岛葡萄酒厂
红梅牌中国通化葡萄酒	吉林通化葡萄酒公司	长白山牌长白山葡萄酒	吉林长白山葡萄酒厂
长城牌白葡萄酒	河南民权葡萄酒厂	长城牌半干白葡萄酒	河南民权葡萄酒厂
奖杯牌半干白葡萄酒	江苏丰县葡萄酒厂	双喜牌干白葡萄酒	安徽萧县葡萄酒罐头联合公司
花果山牌金梅牌半干白葡萄酒	江苏连云港市葡萄酒厂	凤船牌天津陈酿酒	天津市果酒厂

黄酒获奖名单

金质奖：

产品	厂家	产品	厂家
塔牌绍兴加饭酒	绍兴酿酒总厂	新罗泉牌沉缸酒	福建龙岩酒厂

银质奖：

产品	厂家	产品	厂家
金枫牌特加饭黄酒	上海枫泾酒厂	鼓山牌福建老酒	福州市第一酒厂
古越龙山牌绍兴元红酒	绍兴酿酒总厂	辽海牌黄酒	大连酒厂
丹阳牌封缸酒	江苏丹阳酒厂		

白酒获奖名单

金质奖：

产品	厂家	产品	厂家
飞天牌茅台酒	贵州茅台酒厂	古井亭牌、长城牌汾酒	山西杏花村汾酒厂
交杯牌五粮液牌五粮液	四川宜宾五粮液酒厂	羊禾牌洋河大曲	江苏洋河酒厂
剑南春牌剑南春	四川绵竹酒厂	古井牌古井贡酒	安徽古井贡酒厂
董牌董酒	贵州遵义董酒厂	西凤牌西凤酒	陕西西凤酒厂
泸州牌泸州老窖特曲	四川泸州曲酒厂	全兴牌全兴大曲	四川成都酒厂
双沟牌双沟大曲	江苏双沟酒厂	黄鹤楼牌特制黄鹤楼酒	武汉酒厂
郎泉牌郎酒	四川古蔺县郎酒厂		

银质奖：

产品	厂家	产品	厂家
武陵牌武陵酒	湖南常德武陵酒厂	龙滨牌特酿龙滨酒	哈尔滨市龙滨酒厂
宝丰牌宝丰酒	河南宝丰酒厂	叙府牌叙府大曲	四川宜宾市曲酒厂
德山牌德山大曲	湖南常德市德山大曲酒厂	浏阳河牌浏阳河小曲	湖南浏阳县酒厂
湘山牌湘山酒	广西全州湘山酒厂	象山牌桂林三花酒	广西桂林饮料厂
双沟牌双沟特液	江苏双沟酒厂	羊禾牌低度洋河大曲酒	江苏洋河酒厂
津牌津酒	天津酿酒厂	张弓牌张弓大曲	河南张弓酒厂

迎春牌迎春酒　河北廊坊市酿酒厂
辽海牌老窖酒　大连酒厂
凌塔牌凌塔白酒　辽宁朝阳酒厂
龙泉春牌龙泉春　吉林辽源市龙泉酒厂
燕潮酩牌燕潮酩　河北三河县燕郊酒厂
白云边牌白云边酒　湖北白云边酒厂
坊子牌坊子白酒　山东坊子酒厂
红梅牌中国玉泉酒　黑龙江阿城玉泉酒厂
凌川牌凌川白酒　辽宁凌川酒厂
麓台牌六曲香　山西祁县酒厂
胜洪牌老白干酒　哈尔滨白酒厂
向阳牌陈曲　内蒙古赤峰市制酒厂
金州牌金州曲酒　辽宁金州酒厂
珠江桥牌豉味玉冰烧　广东石湾酒厂
西陵峡牌西陵特曲　湖北宜昌市酒厂

啤酒获奖名单

金质奖：

青岛牌青岛啤酒　青岛啤酒厂
天鹅牌十二度特制上海啤酒　上海啤酒厂
丰收牌北京特制啤酒　北京啤酒厂

银质奖：

西湖牌特制西湖啤酒　杭州啤酒厂
天鹅牌普通上海啤酒　上海啤酒厂
五星牌五星啤酒　北京双合盛五星啤酒厂
上海牌十二度上海啤酒　上海华光啤酒厂
雪花牌雪花啤酒　辽宁沈阳啤酒厂

果酒获奖名单

银质奖：

红梅牌紫梅酒　黑龙江尚志县一面坡葡萄酒厂
向阳牌五味子酒　吉林长白山葡萄酒厂
花果山牌山楂酒　江苏连云港市葡萄酒厂
红梅牌中国熊岳苹果酒　辽宁熊岳果酒厂
渠江牌优质红桔酒　四川渠江果酒厂
兴安岭牌特制红豆酒　内蒙古牙克石酿酒厂
红梅牌香梅酒　黑龙江尚志县一面坡葡萄酒厂
三杯牌沈阳山楂酒　沈阳市酿酒厂
龙泉牌山枣蜜酒　大连市龙泉酒厂
双鱼牌中国橙酒　四川万县地区果酒厂
都江堰牌中华猕猴桃酒　四川灌县茅梨酒厂
风船牌桂花酒　天津市果酒厂

配制酒获奖名单

金质奖：

葵花牌金奖白兰地　山东烟台张裕葡萄酿酒公司
园林青牌园林青酒　湖北园林青酒厂
古井亭牌、长城牌竹叶青酒　山西杏花村汾酒厂

银质奖：

丰收牌莲花白酒　北京葡萄酒厂
古井亭牌玫瑰汾酒　山西杏花村汾酒厂
红梅牌参茸灵酒　长春市春城酿酒厂
中亚牌至宝三鞭酒　山东烟台张裕葡萄酿酒公司
嘉宾牌嘉宾酒　天津市果酒厂
金星牌玫瑰露酒　天津外贸食品加工厂
向阳牌人参露酒　吉林通化葡萄酒公司

第五届全国评酒会

1988年度国家优质白酒评选工作暨第五届全国评酒会，由中国食品工业协会主持，于1989年元月10～19日在安徽省合肥市举行。

此届评酒会之前，轻工部于1988年9月组织商业部、国家技术监督局、中国食协等单位，在辽宁省朝阳市召开了“酒类国家标准审定会”，通过了“浓香型白酒”等六个国家标准。第五届评酒会按照这些标准评选。

第五届共决出金质奖17枚，银质奖53枚。

第五届全国白酒评比会专家业务组成员暨评酒委员名单

专家业务组成员名单

沈怡方	江苏省轻工食品工业公司
高月明	黑龙江省食品工业公司
曾祖训	四川省酒类科学研究所
于　桥	大连金州酿酒总公司
曹述舜	贵州省轻工业研究所
王贵玉	大连龙泉酿酒股份公司

第五届全国白酒评酒委员名单

姓名	性别	职称	单位
李　静	女	助理工程师	江苏高沟酒厂
李树林	男	工程师	辽宁凤城老窖酒厂
岳光荣	男	工程师	四川射洪沱牌酒厂
陈处达	男	工程师	江苏宝应酒厂
吴晓萍	女	工程师	四川泸州曲酒厂
栗永清	男	工程师	黑龙江肇东市制酒厂
栾作禄	男	工程师	大连市金州酒厂
程国熙	男	工程师	河南汝阳县杜康酒厂
范国琼	女		四川宜宾五粮液酒厂
刘洪晃	男	高级工程师	辽宁省食品工业研究所
孙前聚	男	高级工程师	河南宋河酒厂
何　毅	男	工程师	四川邛崃文君酒厂
李　印	男	高级工程师	内蒙宁城县八里罕酒厂
夏义雄	男	工程师	广西桂林市酿酒总厂
张武举	男	工程师	吉林榆树县造酒厂
金凤兰	女	工程师	河北三河县酒厂
李忠岩	男	工程师	吉林德惠县酿酒厂
陈建明	男	工程师	江苏泗洪县双洋酒厂
周复茂	男	工程师	山东蓬莱酒厂
林长友	男	工程师	吉林长春市酿酒总厂
陶立成	男	工程师	河南汝阳杜康酒业总公司
潘维符	男	工程师	辽宁抚顺市轻工业管理局
韩　印	男	工程师	哈尔滨松花江酒厂
蔡小忠	男	工程师	四川渠县酒厂
胡　森	男	工程师	四川成都全兴酒厂
季克良	男	高级工程师	贵州茅台酒厂
白希智	男	工程师	陕西西安酒厂
肖静锋	男	工程师	四川宜宾地区酒管局
谢义贵	男	工程师	四川德阳市酒管局
赵志昌	男	助理工程师	黑龙江富裕老窖酒厂
周怡庭	男	工程师	湖北园林青酒厂
邢明月	男	高级工程师	河南宝丰酒厂
王　岳	男	工程师	河北永清酒厂
洪永凯	男	工程师	黑龙江阿城市玉泉酒厂
胡义明	男	工程师	四川双流县二峨曲酒厂
史桂华	女	助理工程师	江苏沛县沛公酒厂
张建友	男	工程师	河南伊川县杜康酒厂
祝志荣	男	工程师	湖北武汉酒厂
段金生	男	工程师	吉林梅河口市酿酒厂
傅若娟	女	高级工程师	贵州贵阳酒厂
李　净	男	助理工程师	湖北咸宁市浮泉酒厂
胡永和	男	助理工程师	吉林市江城酒厂
张国强	男	工程师	安徽淮北口子酒总厂
李克明	男		四川眉山县三苏酒厂

第五届全国白酒评比会评比结果

国家名酒(国家金质奖)名单

飞天、贵州牌茅台酒　贵州茅台酒厂
五粮液牌五粮液　四川宜宾五粮液酒厂
剑南春牌剑南春　四川绵竹剑南春酒厂
董牌董酒、飞天牌董醇　贵州遵义董酒厂
泸州牌泸州老窖特曲　四川泸州曲酒厂
双沟牌双沟大曲、双沟特液　江苏双沟酒厂
郎泉牌郎酒　四川古蔺县郎酒厂
宝丰牌宝丰酒　河南宝丰酒厂
沱牌沱牌曲酒　四川省射洪沱牌酒厂
古井亭、汾字、长城牌汾酒 汾字牌汾特佳酒　山西杏花村汾酒厂
洋河牌洋河大曲　江苏洋河酒厂
古井牌古井贡酒　安徽亳县古井酒厂
西凤牌西凤酒　陕西西凤酒厂
全兴牌全兴大曲　四川成都酒厂
黄鹤楼牌特制黄鹤楼酒　武汉市武汉酒厂
武陵牌武陵酒　湖南常德市武陵酒厂
宋河牌宋河粮液　河南省宋河酒厂

国家优质酒(国家银质奖)复查确认名单

龙滨牌特酿龙滨酒　哈尔滨市龙滨酒厂
德山牌德山大曲　湖南常德德山大曲酒厂
湘山牌湘山酒　广西全州湘山酒厂
双沟牌双沟特液　江苏双沟酒厂
津牌津酒　天津市天津酿酒厂
迎春牌迎春酒　河北廊坊市酿酒厂
辽海牌老窖酒　大连市白酒厂
凌塔牌凌塔白酒　辽宁朝阳市朝阳酒厂
龙泉春牌龙泉春　吉林辽源市龙泉酒厂
燕潮酩牌燕潮酩　河北三河燕郊酒厂
白云边牌白云边酒　湖北松滋白云边酒厂
坊子牌坊子白酒　山东坊子酒厂
红梅牌中国玉泉酒　黑龙江阿城玉泉酒厂
口子牌口子酒　安徽香濉溪县口子酒厂
习水牌习酒　贵州省习水酒厂
太白牌太白酒　陕西省眉县太白酒厂
重岗山牌双洋特曲　江苏省双洋酒厂
丛台牌丛台酒　河北省邯郸市酒厂
大明塔牌宁城老窖　内蒙古宁城八里罕酒厂
仙潭牌仙潭大曲　四川省古蔺县曲酒厂
安子牌安酒　贵州省安顺市酒厂
诗仙牌诗仙太白陈曲　四川省万县太白酒厂
宝莲牌宝莲大曲　四川省资阳酒厂
晋阳牌晋阳酒　山西省太原徐沟酒厂
筑春牌筑春酒　贵州省军区酒厂
德惠牌德惠大曲　吉林省德惠酒厂
濉溪牌濉溪特液　安徽省淮北市口子酒厂
叙府牌叙府大曲　四川宜宾市曲酒厂
浏阳河牌浏阳河小曲　湖南浏阳县酒厂
象山牌桂林三花酒　广西桂林酿酒总厂
洋河牌洋河大曲　江苏洋河酒厂
张弓牌张弓大曲　河南宁陵张弓酒厂
凌川牌凌川白酒　辽宁锦州市凌川酒厂
麓台牌六曲香　山西祁县六曲香酒厂
胜洪牌老白干酒　哈尔滨市白酒厂
向阳牌陈曲酒　内蒙古赤峰市第一制酒厂
金州牌金州曲酒　大连市金州酒厂
珠江桥牌豉味玉冰烧　广东佛山石湾酒厂
西陵峡牌西陵特曲　湖北宜昌市酒厂
二峨牌二峨大曲　四川省二峨曲酒厂
三苏牌三苏特曲　四川省眉山县三苏酒厂
三溪牌三溪大曲　四川省泸州三溪酒厂
孔府牌孔府家酒　山东省曲阜酒厂
芳醇凤牌北凤酒　黑龙江省宁安县酒厂
白沙牌白沙液　湖南省长沙酒厂
四特牌四特酒(优级)　江西省四特酒厂
香泉牌俥汤沟特曲、汤沟特液　江苏省汤沟酒厂
杜康牌杜康酒　杜康酒业集团(洛阳)
林河牌林河特曲　河南省商丘林河酒厂
珍牌珍酒　贵州省珍酒厂
高沟牌高沟特曲　江苏省高沟酒厂
湄字牌湄窖酒　贵州省湄潭涪厂
黔春牌黔春酒　贵州省贵阳酒厂

科技人物篇

包括中国酿酒行业领域做出突出贡献的专家、学者、知名人士介绍，中国酿酒骨干企业中做出突出贡献的知名企业家、酿酒专家介绍；专家、学者的优秀学术论文；酿酒企业技术专家、总工的课题研究成果。

乔天明

Qiao Tianming

YEARBOOK FIGURE

四川省绵竹市人，中共党员，全国人大代表，享受国务院特殊津贴专家，高级经济师，现任四川剑南春股份有限公司董事长、党委书记、总经理。

乔天明多次获省、市优秀共产党员和优秀党务工作者称号，省市优秀企业家称号；1996-1999年获德阳市突出贡献专家；1999年获四川省依靠职工办企业好厂长；2001年被评为全国内贸系统劳动模范；2002年被评为全国食品工业科技进步先进管理者；2002-2004年被评为德阳市突出贡献经营者和杰出的企业家；2005年被评为四川省中国特色社会主义建设者先进个人；2007年被评为全国关爱员工优秀民营企业家；2008年被四川省委统战部、四川省工商联合会授予“四川统一战线抗震救灾先进个人”荣誉称号。第十一届全国人民代表大会代表。

关于2012年度“中国酒业协会科学技术奖”的表彰决定

有关单位：

2012年7月5日，经科技部国家科学技术奖励工作办公室批准，原“中国酿酒工业协会科学技术奖”奖励名称更名为“中国酒业协会科学技术奖”。根据《“中国酒业协会科学技术奖”奖励办法及实施细则(2012版)》和《“中国酒业协会科学技术奖”评审细则(2012版)》规定，本着“公平、公正、公开”的原则，采取自愿申报、专家评审的方式，中国酒业协会于2012年8月正式启动2012年度“中国酒业协会科学技术奖”申报工作。经评审会委员会专业组评审专家评审、评审会委员会审议、奖励委员会审定、评选结果网上公示和中国酒业协会批准，评选出2012年度“中国酒业协会科学技术奖”获奖项目20项。其中，对“纯生啤酒生产关键技术和装备国产化”项目授予一等奖，“优良黄酒发酵菌的选育及提高黄酒产质量的关键技术”等9个项目授予二等奖，“燃料乙醇生产中杂醇油的综合利用”等10个项目授予三等奖。

为进一步推进酿酒行业科学技术创新，激励广大科技工作者勇攀科技高峰，促进科技成果转化，中国酒业协会决定对获奖项目予以表彰，并颁发证书及奖金。希望广大科技工作者继续努力，不断创新，创造出更多的科技成果，为推动我国酿酒行业科技和经济发展作出更大贡献。

中国酒业协会科学技术奖励办公室

二〇一三年四月十七日

2012年度“中国酒业协会科学技术奖”获奖名单

中国酒业协会科学技术发明奖

一等奖(空缺)

二等奖(1项)

一种提高浓香型白酒呈香味物质含量的方法

主要完成单位：泸州老窖股份有限公司

主要完成人：张宿义、林天学、易　彬、杨　平、涂荣坤

三等奖(2项)

Y-氨基丁酸功能性黄酒开发

主要完成单位：江南大学

中国绍兴黄酒集团有限公司

主要完成人：毛　健、傅建伟、谢广发、姬中伟、邹慧君

多味结合浓香型白酒开发

主要完成单位：四川沱牌舍得集团有限公司

主要完成人：李家民

中国酒业协会科学技术进步奖

一等奖(1项)

纯生啤酒生产关键技术和装备国产化

主要完成单位：广州珠江啤酒股份有限公司
中国食品发酵工业研究院
宁波乐惠食品设备制造有限公司
主要完成人：方贵权、李惠萍、王德良、涂京霞、
张五九、廖加宁、黄粤宁、梁敬坤

二等奖(8项)

优良黄酒发酵菌的选育及提高黄酒产质量的关键技术

主要完成单位：中国绍兴黄酒集团有限公司
主要完成人：谢广发、傅建伟、郑志强、何晓刚、
邹慧君、王　兰、陆华英、胡志明

啤酒花预异构化技术及其在啤酒行业中的应用

主要完成单位：华润雪花啤酒(中国)有限公司
主要完成人：程文凤、李季、钟俊辉、宋学渊、黄治国、
段　辉、周淑贤、王志沛

生物技术在丢糟高质化利用中的研究应用

主要完成单位：四川省宜宾五粮液集团有限公司
主要完成人：唐　桥、刘中国、陈　林、赵　东
彭志云、牛广杰

微氧技术在黄酒大罐贮存中的研究应用

主要完成单位：江南大学
会稽山绍兴酒股份有限公司
主要完成人：傅祖康、毛　健、俞关松、宣贤尧、
张水娟、姬中伟、黄桂东、韩　笑

浓香型酒曲质量动态与酒体风味物质生成关系的研究

主要完成单位：四川剑南春(集团)有限责任公司
主要完成人：徐占成、唐清兰、徐姿静、樊科权、
陈　勇、刘孟华

减少酒精性肝损伤功能因子的研究

主要完成单位：劲牌有限公司
主要完成人：刘源才、杨　强、陈敬炳、乐细选、李先芝、
周　慧、陈　凯、黄秀华

木薯粉浓醪发酵酒精共性技术的研究

主要完成单位：广西中粮生物质能源有限公司
主要完成人：岳国君、严明奕、柳树海、李　北、黄加军、
孙振江、杜金宝、崔师泰

白酒灌包装现代工业物流优化体系

主要完成单位：安徽迎驾贡酒股份有限公司
主要完成人：倪永培、朱明生、丁保忠、广家权、张桂年、
刘富勤、王文国、熊学东

三等奖(7项)

燃料乙醇生产中杂醇油的综合利用

主要完成单位：上海天之冠可再生能源有限公司
主要完成人：刘　钺、康新凯、杜风光、牛德龙、
董青山、李　晓

现代风味导向技术在高档白兰地酿造中的应用

主要完成单位：烟台张裕集团有限公司
主要完成人：李记明、赵玉平、张葆春、沈志毅、于　英、
姜文广、段　辉、李兰晓

芝麻香型白酒生产中质量与安全控制关键技术规范化研究

主要完成单位：中国食品发酵工业研究院
济南趵突泉酿酒有限责任公司
主要完成人：熊正河、邢介平、钟其顶、孟　镇、郭新光、
李秀华、徐好亮、吕志远

高麦香醇厚型啤酒技术的开发和应用

主要完成单位：青岛啤酒股份有限公司
主要完成人：董建军、皮向荣、尹　花、常宗明、娄晓红、
余俊红、钱中华、郝俊光

芝麻香型白酒细菌曲的生产与应用

主要完成单位：山东景芝酒业股份有限公司
主要完成人：赵德义、曹建全、刘建波、王世恩、周利祥、
李　化、薛德峰、王　林

物联网技术在优质白酒生产过程中温湿度测控的研究与应用

主要完成单位：古贝春集团有限公司
主要完成人：赵殿臣、吴兆征、董福新、马连松、杜新勇、
张延峰、左国营、李　强

基于近红外光谱技术在固态发酵过程中的质量控制检测技术的研究

主要完成单位：安徽古井贡酒股份有限公司

主要完成人：周庆伍、李安军、万春环、汤有宏、刘国英、孙大春、沈小梅、芦黎黎

中国酒业协会科学国际合作奖

一等奖(空缺)

二等奖(空缺)

三等奖(1项)

新型过滤介质在啤酒工业中的应用

主要完成单位：中国食品发酵工业研究院
广州珠江啤酒股份有限公司
巴斯夫(中国)有限公司

主要完成人：王德良、李惠萍、张建军、张彦青、张国权、梁敬坤、陈　权、蔡少彬

关于2013年度“中国酒业协会科学技术奖”的表彰决定

各副理事长、常务理事、理事、会员单位：

中国酒业协会科学技术奖自2011年经国家科学技术奖励工作办公室批准设立以来，在国家科学技术奖励工作办公室的关怀指导和广大会员企业的积极参与下，已经连续开展了三届，累计授奖近70项。在表彰优秀、树立典型、推动行业技术进步方面发挥了积极的作用。

根据设奖工作需要，并经奖励委员会通过和国家科学技术奖励工作办公室报备，中国酒业协会科学技术奖励办公室修订完成《“中国酒业协会科学技术奖”奖励办法及实施细则(2013年修订版)》(以下简称“奖励办法及实施细则”)。新版《奖励办法及实施细则》为鼓励企业参与科技创新的积极性和主动性，在原有一等奖、二等奖、三等奖的基础上，增设了“优秀奖”；同时，新版《奖励办法及实施细则》整合了原有协会各酒种优秀论文奖，形成“中国酒业协会科技进步优秀论文奖”。在此基础上，于去年5月份正式启动2013年度中国酒业协会科学技术奖的申报、评审工作。

经评审委员会专业组评审专家评审、评审委员会审议、奖励委员会审定、评选结果网上公示和中国酒业协会批准，评选出2013年度“中国酒业协会科学技术奖”获奖项目30项。其中，对“五塔二级差压蒸馏技术在优级食用酒精生产过程中的应用”等2个项目授予一等奖，“我国啤酒酿造过程中碳足迹评价体系的开发及应用”等8个项目授予二等奖，“陈香功能微生物选育及强化功能菌剂研制”等14个项目授予三等奖，“白酒企业ERP管理系统的应用研究”等6个项目授予优秀奖；同时，授予《麦汁在糖化热负荷作用下的老化动力学及对啤酒风味稳定性的影响》等34篇文章为2013年度中国酒业协会科技进步优秀论文。

为进一步推进酿酒行业科学技术创新，激励广大科技工作者勇攀科技高峰，促进科技成果转化，中国酒业协会决定对获奖项目和论文的完成单位及个人予以表彰，并颁发证书及奖金。希望广大科技工作者继续努力，不断创新，创造出更多的科技成果，为推动我国酿酒行业科技和经济发展作出更大贡献。

中国酒业协会科学技术奖励委员会
二〇一四年四月二十二日

2013年度“中国酒业协会科学技术奖”获奖名单

中国酒业协会科学技术发明奖

一等奖(空缺)

二等奖(1项)

项目名称：中国绵柔型白酒的研制与开发
完成单位：江苏洋河酒厂股份有限公司
完成人：张雨柏、周新虎、钟玉叶、陈　翔

三等奖(2项)

项目名称：陈香功能微生物选育及强化功能菌剂研制
完成单位：四川沱牌舍得集团有限公司
完成人：李家民

项目名称：基于现代物流技术的啤酒原浆保鲜配送与终端销售设备的研发
完成单位：山东新贵科技股份有限公司
完成人：郭方泉、梁作升、韩吉田、韩新民、郭　璇

中国酒业协会科学技术进步奖

一等奖(2项)

项目名称：五塔二级差压蒸馏技术在优级食用酒精生产过程中的应用
完成单位：广东中科天元新能源科技有限公司
吉林新天龙实业股份有限公司
完成人：唐兆兴、姜新春、周宏才、张正会、孙国敬
徐国富、徐忠奎、滕海涛

项目名称：电子自旋共振和实时荧光定量PCR技术在纯生啤酒生产中的研究及应用
完成单位：华润雪花啤酒(中国)有限公司
完成人：李　季、钟俊辉、林淑敏、方宗英、贺立东
洪玉盆、顾丽红、顾丽华

二等奖(7项)

项目名称：我国啤酒酿造过程中碳足迹评价体系的开发及应用
完成单位：中国食品发酵工业研究院
百威英博啤酒投资(中国)有限公司
完成人：张五九、程衍俊、李　红、易红桃、王华南
曹　阳、姜景萍、李新刚

项目名称：啤酒风味稳定性综合评价体系和调控技术的研究与应用
完成单位：青岛啤酒股份有限公司
完成人：尹　花、董建军、郝俊光、余俊红、田玉红
闫　鹏、陈华磊、黄淑霞

项目名称：芝麻香型白酒高温大曲细菌区系研究与产业应用
完成单位：山东扳倒井股份有限公司
中国食品发酵工业研究院
完成人：程　池、赵纪文、姚　粟、张锋国、刘　洋
信春晖、李　辉、许　玲

项目名称：原粮熟化工艺技术研究及应用
完成单位：四川沱牌舍得集团有限公司
完成人：李家民

项目名称：以葡萄园生态要素为主导的产区特色葡萄酒生产技术开发
完成单位：中粮华夏长城葡萄酒有限公司
河北科技大学
完成人：杨雪峰、李　艳、陈小波、段雪荣、卢新军
董　宣、梁国伟、牟德华

项目名称：浓香型白酒发酵温度调控技术开发应用
完成单位：泸州老窖股份有限公司
成都师范学院(原四川教育学院)
宜宾学院
完成人：冯学愚、雷光电、何　诚、王　涛、杨 平
李爱萍、蒲　岚

项目名称：黄酒大容量厢式发酵技术
完成单位：江苏张家港酿酒有限公司
完成人：黄庭明、范　洪、周建明、顾永新

三等奖(12项)

项目名称：白酒数字化酿造工艺综合管控系统
完成单位：江苏洋河酒厂股份有限公司
北京旗硕基业科技有限责任公司
完成人：谢玉球、钟玉叶

项目名称：现代生物制曲技术的研究及应用
完成单位：江苏洋河酒厂股份有限公司
完成人：张雨柏、周新虎、陈　翔、葛向阳、张龙云

项目名称：优化质控与管理技术及其在纯生啤酒绿色酿造的深度应用
完成单位：四平金士百纯生啤酒股份有限公司
中国食品发酵工业研究院
完成人：李　全、张彦青、蔡　勇、王德良、高文举
江　伟、吕慧威、耿　迪

项目名称：白酒固态发酵机械化生产设备的研制及应用
完成单位：内蒙古河套酒业集团股份有限公司
完成人：任国军任宏伟杨玉珍宋晓宇郭敬

项目名称：酿造减量化排放与资源综合利用技术集成研究
完成单位：安徽迎驾贡酒股份有限公司
完成人：倪永培、叶玉琼、项兴本、李玉顶、叶元虎、
刘正海

项目名称：质量安全控制集成技术在黄酒工业化生产中示范与推广
完成单位：中国绍兴黄酒集团有限公司
中国食品发酵工业研究院
完成人：邹慧君、钟其顶、谢广发、高红波、周建弟
李志军、胡志明、孟　镇

项目名称：啤酒企业一体化信息集成系统的管理与控制
完成单位：燕京内蒙古金川保健啤酒高科技有限公司
完成人：樊文日、张培先、杨玉林、王玉宝、韩 强
杨　燕、杨冬霞、卢建云

项目名称：多粮浓酱兼香型白酒生产工艺开发应用
完成单位：四川省宜宾市叙府酒业股份有限公司
完成人：陈泽军、周瑞平、彭礼群、陈云宗

项目名称：与白酒直接接触的改性塑胶包装材料及其制品的卫生安全性研究
完成单位：四川省宜宾普拉斯包装材料有限公司
完成人：周立权、邹耀邦、毕　键、胡昌红、钟　伟
高灵强、郭　姗、温浩宇

项目名称：长城天赋葡园系列干红葡萄酒酿造新工艺及防氧化技术研究
完成单位：中国长城葡萄酒有限公司
完成人：徐永利、王焕香、陈佳威、商　华、李利军
袁　猛、罗　飞、李　波

项目名称：豉香型白酒成分与半成品中二元酸、乳酸的分析技术
完成单位：广东省食品工业研究所
广东省九江酒厂有限公司
完成人：庄俊钰、方毅斐、周芳梅、余剑霞、何松贵
冯志强、马淑祯、朱惠绵

项目名称：浓香大曲酒生态酒窖建造方法的研究及应用
完成单位：安徽古井贡酒股份有限公司
完成人：周庆伍、李安军、何宏魁、万春环、汤有宏
方　骥、刘国英、查枢屏

优秀奖(6项)

白酒企业ERP管理系统的应用研究
完成单位：内蒙古河套酒业集团股份有限公司
完成人：李　成、张建平、段海龙、李建锋、王　婷
苏建民、何字焘、辛　凯

枸杞白兰地及其生产方法
完成单位：宁夏红枸杞产业集团有限公司
完成人：张金山、聂永华

提高北方浓香型固态白酒质量的关键技术
完成单位：河北三井酒业股份有限公司
完成人：祁建发、宁明理、崔海灏、侯延臣

高效酱香型白酒功能菌在古贝春酒生产中的研究与应用
完成单位：古贝春集团有限公司
完成人：赵殿臣、徐　岩、吴兆征、吴　群、杜新勇
左国营、范志勇、陈华丽

啤酒麦汁评价体系建立及其清洁生产新技术
完成单位：广州珠江啤酒股份有限公司
完成人：方贵权、李惠萍、吴蕴琛、蔡红远、孔祥诚
张字锋、房慧婧、陆幼兰

传统黄酒酿造中乳酸菌的筛选及直投菌的制备和应用
完成单位：江南大学
浙江古越龙山绍兴酒股份有限公司
完成人：毛　健、傅建伟、姬中伟、孟祥勇、董勇久
邹慧君、谢广发、刘芸雅

中国酒业协会科技进步优秀论文奖

一等奖(2篇)(排名不分先后)

题目：麦汁在糖化热负荷作用下的老化动力学及对啤酒风味稳定性的影响
作者：中国食品发酵工业研究院　李　红
广州珠江啤酒股份有限公司　方贵权、李惠萍

题目：风味技术导向白酒酿造基础研究的进展
作者：徐岩、范文来、吴群、王海燕

二等奖(13项)(排名不分先后)

题目：错流膜过滤系统膜通量及其影响因素的研究
作者：广州珠江啤酒股份有限公司　周文龙

题目：IPA啤酒的特色酿造研究
作者：北京燕京啤酒股份有限公司　林智平、任光辉、王欣

题目：除菌方式对啤酒老化水平的影响研究
作者：江南大学生物工程学院　沈瑶瑶、刘春风，
重庆啤酒集团湖州啤酒有限公司　赵亚洲
题目：白酒功能因子与品质安全问题
作者：范文来、徐　岩

题目：茅台酒与幽门螺旋杆菌
作者：季克良

题目：不同香型白酒大曲风味物质与其产品风格特征关系的分析
作者：吕云怀、王　莉、汪地强、雷良波

题目：甑桶酷层高度及结构设计对蒸馏效率及酒质的影响研究
作者：杨　平、涂荣坤、钱志伟、杨甲平、刘向阳，等
题目：白酒中重要的功能化合物萜烯综述
作者：范文来、徐　岩

题目：浓香型白酒发酵糟醅的质构特性与微生物消长分析
作者：赵　东、唐贤华、牛广杰，等

题目：白酒安全生产的初探
作者：杨官荣、黄志瑜、袁永飞

题目：浓香型白酒风味轮的建立及其对感官评价的研究
作者：周维军、左文霞、吴建峰，等

题目：绍兴黄酒麦曲制曲过程的宏蛋白质组学研究
作者：张　波

题目：新型淋饭酒母酿制传统工艺黄酒的试验研究
作者：谢广发、钱　斌、郑志强、王　兰、胡志明

三等奖(19项)(排名不分先后)
题目：啤酒生产中的嘌呤类物质与低嘌呤啤酒的研究进展
作者：北京燕京啤酒股份有限公司　贾凤超

题目：热伤害对啤酒风味的影响研究
作者：广州珠江啤酒股份有限公司　房慧婧、李惠萍、涂京霞

题目：包装总氧对啤酒风味稳定性的影响及激泡压力控制的研究

作者：广州珠江啤酒股份有限公司　何熙、李惠萍、涂京霞

题目：不同品种啤酒大麦间游离酚类化合物及其相关酶类的研究
作者：华润雪花啤酒(甘肃)有限公司　杨燕萍
西北师范大学生命科学学院　孔维宝
江南大学生物工程学院　陆　健

题目：固相微萃取—气相色谱／串联质谱在线酯交换测定啤酒原料的脂肪酸甘油酯
作者：青岛啤酒股份有限公司　樊伟、董建军
江南大学生物工程学院　杨理章

题目：两个不同来源酒花的差异性分析
作者：中国食品发酵工业研究院　王旭亮
中国农业科学院作物科学研究所　郭刚刚
金威啤酒(中国)有限公司　黄彦君

题目：麦芽10X酶活力检测方法的优化、评价及应用
作者：四平金士百纯生啤酒股份有限公司　吕慧威、赵雪
中国食品发酵工业研究院　张彦青

题目：无泥窖浓香白酒的生产研究
作者：谭光迅、李净、张明，等

题目：特香型大曲中纤维素酶、半纤维素酶、蛋白酶、酯化酶活力变化规律的研究
作者：刘建文、吴生文、朱力红，等

题目：浓香型白酒中的重要物质——辛酸乙酯含量及其贡献分析
作者：李志斌、李净

题目：特香型白酒在不同容器贮存过程中的变化规律研究
作者：严　伟、刘建文、吴生文，等

题目：TGC—MS法定性白酒中的多种生物胺
作者：温永柱、范文来、徐　岩

题目：中国白酒技术创新典范产品技术创新工艺、感官特征——白酒品质的提升应走香型融合之路
作者：赵志昌

题目：论酒文化与酒业发展的关系
作者：黄　平、黄永光、姜　萤、张肖克、杨国华

题目：中国白酒固态发酵及蒸馏过程中糠嗅味物质变化规律的研究
作者：路　虎、杜　海、徐　岩

题目：大曲浓香型白酒酿造机械化的研究和实践
作者：谢齐鸣、任国军

题目：不同时期踏曲对黄酒酿造和风味的影响研究
作者：张　辉

题目：黄酒口味感官品评指标与智舌定量预测方法研究
作者：周牡艳、邓少平、胡晓晖、章姗姗、陈扉然

题目：基于仿生嗅觉特征的黄酒产地判别研究
作者：曾金红、李博斌、郑云峰、江　涛、焦新萍

人力资源社会保障部关于授予2011—2012年度职业技能竞赛优秀选手全国技术能手荣誉称号的决定

各省、自治区、直辖市及新疆生产建设兵团人力资源社会保障厅(局)，国务院有关部门(行业组织、集团公司)人事劳动保障工作机构：

为贯彻落实《国务院关于加强职业培训促进就业的意见》(国发[2010]36号)，进一步发挥职业技能竞赛在技能人才队伍建设中的作用，加强高技能人才队伍建设，根据我部职业技能竞赛管理有关规定，我部研究决定，授予裴先锋等497名在2011—2012年度国际国内各类职业技能竞赛活动中取得优异成绩的选手“全国技术能手”荣誉称号(名单附后)，并颁发奖章、奖牌和证书。

希望受表彰的个人以这次获得的荣誉为新起点，戒骄戒躁，不断学习新知识、掌握新技能、创造新业绩，积极参与技术革新与项目攻关，主动发挥传帮带的示范引领作用。希望广大劳动者向受表彰的“全国技术能手”学习，立足工作岗位，刻苦钻研技术，努力提高技能水平。希望各地区、各行业部门认真贯彻落实党的十八大精神，以邓小平理论、“三个代表”重要思想、科学发展观为指导，大力实施人才强国战略，加强职业技能培训，广泛开展职业技能竞赛活动，为我国高技能人才队伍建设和全面建设小康社会作出新的更大贡献。

人力资源社会保障部

2012年12月7日

全国五一劳动奖章获奖人员名单

王江群　华润雪花啤酒(浙江)股份有限公司

“赛诺杯”第二届全国啤酒品酒职业技能竞赛获全国技术能手荣誉人员名单

王江群　华润雪花啤酒(浙江)股份有限公司
朱　蕾　青岛啤酒二厂
刘　群　华润雪花啤酒(天津)区域公司

关于“‘茅粮杯’第十届全国白酒行业生产技术与发展研讨优秀论文”、2012年度“中国酒业协会啤酒行业科技进步优秀论文奖”评选公告

为了促进白酒、啤酒行业科技进步与信息交流，表彰2012年度优秀论文作者，按照“全国白酒行业科技与发展优秀论文奖”和“啤酒行业科技进步优秀论文奖”评选办法，中国酒业协会白酒分会从《酿酒》、《酿酒科技》刊物中对2012年发表的80篇论文进行筛选，经白酒分会技术委员会全体委员认真打分，再经技术委员会主任、副主任复评，最终评选出“茅粮杯”第十届全国白酒行业生产技术与发展研讨优秀论文25篇，其中：一等奖1篇，二等奖17篇，三等奖7篇。

2012年 “中国酒业协会啤酒行业科技进步优秀论文奖”评选委员会对啤酒分会秘书处和《啤酒科技》编辑部提出的优秀论文初步推荐名单进行了修改补充，然后对推荐名单进行了函审投票，再经2013年3月17日召开的啤酒分会三届理事会五次理事长办公会审查，最终确定了2012年度优秀论文14篇，其中特等奖空缺、一等奖2篇、二等奖4篇、三等奖8篇。

经研究决定，对获奖作者颁发奖杯、荣誉证书和奖金。特此表彰，以资鼓励！

“‘茅粮杯’第十届全国白酒行业生产技术与发展研讨优秀论文”名称及作者名单

一等奖(共1篇)

清香型原酒共性与个性成分分析及形成机理研究

作者：徐　岩、范文来、吴　群

二等奖(共17篇)

浓香型白酒窖池中糟醅微生物的变化趋势研究

作者：蒲　岚、谢善慈、游　玲、冯学愚、李　璐、邱树毅、沈亮亮、许德富、倪　斌、税梁扬

白酒生产机械化的探索

作者：张国强

微生物技术在酱香型白酒生产中的应用研究

作者：杨　涛、李国友、吴林蔚、庄名扬、梁明锋

白酒规模化勾调智能控制系统开发
作者：张煜行、孟庆才、李泽霞

贵州传统酱香白酒产业科技创新与产业集群发展研究
作者：姜　萤、黄永光、黄　平、张肖克、曹健君
岳　军

标准对白酒产业国际化的技术支撑作用研究
作者：熊正河、钟其顶、郑　淼、田亚琼、王继坤

汾酒大曲细菌群落结构的PCR-DGGE分析
作者：潘勤春、张玉彬、孟　镇、钟其顶、熊正河
雷振河

董酒中萜烯类物质的研究
作者：胡光源、范文来、徐　岩、贾翘彦、冉晓鸿

茅台大曲中3株芽孢杆菌代谢产物的比对分析
作者：杨　帆、林　琳、王和玉、王　莉、杨代永
吕云怀、季克良

白酒计算机品评技术的发展
作者：宋书玉

洋河大曲主要菌系的研究
作者：周新虎、陈　翔、李燕荣、葛向阳

TPA分析技术测定参数的确定及对不同层次入窖糟醅物性的初步测定
作者：赵　东、牛广杰、彭志云

试论酱香型白酒的工艺特点与发展前景
作者：沈怡方

利用全二维气质联用技术和吸附搅拌萃取技术对中国名酒剑南春酒体风味质量特色的研究
作者：徐占成、陈勇、王　双

江苏洋河酒厂股份有限公司酿酒机械化应用情况汇报
作者：周新虎

窖泥中己酸菌的分离纯化及产酸性能研究
作者：苗子健、王兴初、刘晓宁

以酒糟为主要原料生产发酵蛋白饲料
作者：张　彬

三等奖(共7篇)

丢糟在细菌麸曲中的应用研究
作者：刘建波、赵德义、曹建全

谈白酒的感官评价体系
作者：张峰国

白云边酿造工艺与原酒质量的相关性
作者：向　军、张　红

米香型白酒机械化发展之路
作者：崔维东、李　勇

浓酱兼香型新郎酒的发展及工艺创新
作者：杨大金、蒋英丽、邓皖玉、沈　毅、程　伟
杨秀其

凤兼复合型白酒微量成分与消费口感诉求
作者：胡建祥、申　曼、张永平、胡婵娟、孟新丽

特型大曲蛋白酶活力对特型酒微量成分影响的研究
作者：吴生文、张志刚、陈　飞

关于举办“‘诺玛科杯’第二届全国葡萄酒品酒职业技能竞赛”决赛的通知

各省、自治区、直辖市酿酒工业（酒业）协会，财贸轻纺烟草工会：

“‘诺玛科杯’第二届全国葡萄酒品酒职业技能竞赛”决赛（以下简称决赛）定于2013年9月12～14日在北京举行。现将决赛具体事项通知如下：

一、报到时间

2013年9月12日

二、报到地点

北京建设大厦酒店

地址：北京市西城区（原宣武区）广莲路甲5号（北京西客站南广场东侧）

宾馆总机：010-63986611（详细交通图及路线附后）

三、时间安排

9月13日上午：开幕式、理论考试、实际操作考试；

9月13日下午、14日上午：实际操作考试；

9月14日下午：闭幕式。

四、食宿及其他费用

参赛选手及参会代表费用自理：2200元/人（含3天食宿费、资料费及比赛相关费用等）；

如需包间，另收取190元/（人•天）。

五、有关要求

1. 请各省及赛区将有关参加决赛事项告知每位参赛选手；
2. 请随身携带身份证，用于住宿及领取准考证；
3. 请参赛选手填妥《“‘诺玛科杯’第二届全国葡萄酒品酒职业技能竞赛”决赛参赛确认函》，于8月30日前传真或E-mail至组委会办公室，以便会议作出安排；
4. 未按时报到的（报到截止时间：9月13日上午7：00）视为自动放弃参加决赛的权利。

六、组委会办公室联系方式

联系人：王祖明 赵 婷

电 话：010-68193007 68193041

传 真：010-68193041

地 址：北京市海淀区阜成路14号11层

邮 编：100048

E-mail: putaojiufenhui@163.com

“‘诺玛科杯’第二届全国葡萄酒品酒职业技能竞赛”组委会

（中国酒业协会代章）

二〇一三年八月八日

"诺玛科杯"第二届全国葡萄酒品酒职业技能竞赛决赛结果（前20名）

排名	姓名	单位名称
1	张军	中法合营王朝葡萄酿酒有限公司
2	魏晓岩	济南大学泉城学院蓬莱葡萄酒学院
3	梁国伟	中粮华夏长城葡萄酒有限公司
4	朱光华	中国长城葡萄酒有限公司
5	周洋	威龙葡萄酒股份有限公司
6	周光荣	中粮华夏长城葡萄酒有限公司
7	杨学威	中粮华夏长城葡萄酒有限公司
8	蒋文鸿	中粮华夏长城葡萄酒有限公司
9	张岱	中法合营王朝葡萄酿酒有限公司
10	张毳	新疆中信国安葡萄酒业有限公司玛纳斯县分公司
11	熊晓林	佛山市西堡红酒有限公司
12	王磊	中粮华夏长城葡萄酒有限公司
13	范永	中粮长城葡萄酒（宁夏）有限公司
14	施云鹏	新疆新雅葡萄酒业有限公司
15	周忠平	伊犁中信国安葡萄酒业有限公司
16	吴春杰	中国长城葡萄酒有限公司
17	严战伟	北京张裕爱斐堡国际酒庄有限公司
18	闫国玲	宁夏西夏王葡萄酒业有限公司
19	刘蓝	诺玛科瓶塞（烟台）有限公司
20	谈明东	新疆中信国安葡萄酒业有限公司

2012年度“中国酒业协会啤酒行业科技进步优秀论文奖”名称及作者名单

一等奖(共2篇)

啤酒老化综合评价手段的建立及应用研究
作者：青岛啤酒股份有限公司 郝俊光 尹花 李华

啤酒酿造过程酒花苦味物质利用率的研究
作者：北京燕京啤酒股份有限公司 林智平

二等奖(共4篇)

啤酒原辅料中黄曲霉毒素刚的测定及其在酿造过程中的迁移规律研究
作者：江南大学生物工程学院 杜元正 蔡国林 陆健

麦芽极限糊精酶提取工艺的优化研究
作者：广州珠江啤酒股份有限公司 何熙 涂京霞
华南理工大学轻工与食品学院 何艳克

啤酒风味一致性的控制方法
作者：广州珠江啤酒股份有限公司 陆幼兰
中国食品发酵工业研究院 张彦青

啤酒原料食品安全监控体系的建立与应用
作者：四平金士百纯生啤酒股份有限公司 吕慧威 高文举
宋丹

三等奖(共8篇)

麦芽脂肪氧合酶及其对啤酒新鲜度的影响
作者：青岛啤酒股份有限公司 董建军 黄淑霞 余俊红

抗皱抗潮特性啤酒标签纸的研究与应用
作者：华润雪花啤酒(中国)有限公司 丰水平 陈威 李玉辰

HPLC法检测纯生啤酒蔗糖转化酶活性的研究
作者：华润雪花啤酒(中国)有限公司 杨静静 贺立东
刘月琴

糖化过程中β—葡聚糖的变化研究
作者：杭州千岛湖啤酒有限公司 郭泽峰

啤酒工厂CO_2回收与使用的探讨
作者：三得利啤酒(昆山)有限公司 宋耀 范秀英 游松滨

啤酒二次污染微生物的多样性分析与防治措施
作者：山东华狮啤酒有限公司 申文波 白燕

发酵罐冷却梯形夹套与弧形夹套的等效互换
作者：百威英博雪津啤酒有限公司 黄加英 俞志红

小麦啤酒中特征香气组分4-乙烯基愈创木酚测定方法的建立和应用
作者：北京燕京啤酒股份有限公司 王晓会 王憬 王欣

中国白酒3C计划

为推动我国白酒产业健康、持久发展，中国酒业协会白酒分会经过产业深度调研，广泛征集协会副理事长及部分常务理事单位意见，并通过2013年“中国白酒领袖峰会”的探讨论证后，决定集中行业智慧和行业力量启动“品质诚实、服务诚心、产业诚信”的“中国白酒3C计划”。

“3C计划”提出：白酒发展应该坚持品质诚实，以质量为主导，争取更多公众对白酒品质诚实的关注和信任，从源头上解决白酒行业的诚信危机；白酒行业要切实关注消费者，诚心为消费者提供诚信的、高品质、高品位的服务；白酒行业要通过科技进步和管理进步，建立具体可行、公开透明的质量评价体系，完善中国白酒质量检测项目、升级白酒检测标准和手段，推进诚信管理体系建设、正确应对行业突发性事件。通过“3C计划”的实施，构建和谐的公众关系，树立良好的行业形象，营造有利的舆论氛围，加快白酒产业结构调整，适应白酒消费需求。

一、“中国白酒3C计划”之一：“品质诚实”科研计划

（一）中国白酒品质鉴别技术研究

1. 传统白酒中添加食用酒精的鉴别技术。

2. 传统白酒中添加食品添加剂的鉴别技术。

3. 年份酒的鉴别技术。

研究建立稳定同位素质谱仪器测定白酒中乙醇同位素检测方法；根据白酒生产工艺特征，开展白酒原料-发酵-蒸馏生产过程的同位素分离机理研究，获得白酒中乙醇稳定同位素分布特征；对比固态法白酒和食用酒精同位素之间差别，研究建立固态法白酒添加食用酒精鉴别技术体系。

国际上自20世纪90年代已相继将同位素比质谱法（Isotope Ratio Mass Spectrometry，IRMS）、气相色谱-同位素比质谱法(Gas Chromatography coupled to Isotope ratio Mass Spectrometry，GC-C-IRMS)、顶空固相微萃取-气相色谱-同位素比质谱法（Headspace-Solid-Phase-Microextraction - Gas Chromatography coupled to Isotope ratio Mass Spectrometry，HS-SPME-GC-C-IRMS）运用到食品中香精香料的甄别检测中。从而鉴别白酒自身发酵产生的香味物质与添加香味物质。

通过研究开发名优白酒风味组分指纹特征数据库，建立年份酒真伪鉴定专家系统，为维护名优白酒品牌形象提供技术支持。开发白酒风味物质色谱检测方法；构建高端白酒风味成分的色谱指纹图谱数据库；研究数据挖掘方法建立年份酒防伪判别模型。

（二）中国白酒品质提升技术

1. 白酒有益微生物的应用研究

在“中国白酒169计划”研究成果基础上，着力加大对白酒有益微生物的应用研究，提升传统白酒质量。酿酒机械化已成为白酒产业面临的首要问题之一，如何实现白酒品质的进一步提升，确立酿造关键微生物群系，并在机械化进程中高效地应用，已成为当前白酒品质提升面临的首要问题。近年来，在白酒风味物质体系、酿造关键微生物群系的确立与改造、微生物群系组合发酵技术、关键微生物基因组学方面取得了较为突出的成果。此项研究可以助力“中国白酒158计划”，加快研究传统白酒机械化、智能化技术改造，推进中国白酒工业化进步。

2. 白酒中影响口味的风味化合物的研究

白酒中的口味物质，包括绵、甜、陈味等物质，采用现代风味化学原理与技术剖析白酒中的口味物质，包括滋味稀释法与比较滋味稀释法等方法。目前，国际上采用上述方法确定了美拉德反应中苦味物质和黑麦芽中具有清凉口感的化合物等。本课题组目前已经建立起白酒口味物质分析、基酒组合技术，对于白酒口味物质的研究取得了初步进展。

针对特定的重要味觉物质，分析其产生相关的重要微生物，分离筛选这些功能微生物，采用组学技术研究该物质产生微生物的代谢机制，认识该物质合成代谢途径，关键合成酶及其代谢调控机制，为白酒生产中该物质的调控生产奠定基础。

3. 白酒中的功能物质研究

白酒中的功能物质包括二类，一类是影响挥发性物质挥发性能的物质，另一类是具有营养与保健作用的物质。以上功能物质的研究，对于白酒更深层次的剖析，以及品质的提升具有重要的意义。目前已经建立起一套完整的白酒功能物质分析技术，为发现白酒中的功能物质奠定了基础。针对特定的功能物质，从基因组、转录组、蛋白组水

平解析相关功能微生物代谢机制及其分子调控机制，实现功能微生物的生产应用。

4．白酒中不良风味物质的剖析与消除

白酒中不良风味包括引起白酒暴辣、苦味、糠味、涩味、窖泥臭等不良风味，采用现代风味化学技术剖析上述不良风味的化学本质；采用现代微生物分子生物学技术分析功能微生物产生上述物质的合成代谢机制与调控机制，建立生产中微生物的控制措施，实现不良风味物质的控制或消除。

5．白酒群体微生物的优化改良

解析白酒酿造微生物群体结构，剖析关键酿造微生物群体，是实现白酒酿造群体微生物改良的基础。尽管该方面研究工作很多，应用的技术也很多，包括ARDRA、T-RFLP、SSCP、DGGE、LH-PCR、RAPD、宏基因组测序等涉及分子技术，但是尚无法确定哪些是重要的微生物。本课题组突破现有宏基因组学技术的范畴，拟在结构宏基因组学分析微生物群体组成的基础上，结合稳定性同位素探测技术(SIP)、宏转录组学、宏蛋白组学、宏代谢组学等技术进一步分析微生物群体的功能。同时，由于微生物纯培养与自然混合培养过程中所产生的功能是不同的，因此只有认识微生物的“原位”功能，才能更好地去改良微生物结构。本项目组拟鉴定出自然酿造体系中各关键微生物的“原位”功能，鉴定出关键的功能微生物，结合关键微生物相互作用的解析，以及组合发酵的统计优化，获得优化的群体微生物组合。

6．新型固态法白酒酿造技术的研究与应用

⑴ 新型固态法白酒酿造所用原料的选择及配比优化 根据新型固态法白酒的酒体呈中性的特征，设计发酵工艺，确定最优的酿造原料选择及配比。

⑵ 酒曲的制作与应用 新型固态法白酒采用传统酒曲作糖化发酵剂。在酒曲选择上，考虑大曲、小曲和麸曲的配合使用，在制曲原料、温度、工艺、发酵时间上选择优化，确定最优酒曲制作方案。

⑶ 发酵工艺的确定 新型固态法白酒设计采用固态制曲液态发酵的方式，以提高发酵效率。融合传统固态白酒双边发酵的优点，在发酵容器选择、发酵期确定等工艺上进一步优化确定。

⑷ 蒸馏方式的确定 结合对中国白酒传统蒸馏容器甑桶的研究，对液态发酵物料设计蒸馏方式，确定新型固态法白酒的蒸馏工艺。

7．白酒计算机感官品评及质量管理系统的推广

计算机技术在白酒品评工作中的应用，使评酒结果更好地体现科学、合理、公正和公开，并且实现快速运算和精确统计，使品评工作人员最大限度地集中精力对样品进行准确的判断，减少评酒人员在品评过程中大量的计算工作，通过标准的感官数据收集，最终实现真实反映产品品质的目的。另一方面，计算机品评系统不仅可以对成品酒进行计算机感官品评，也可以应用到基酒验收和调酒工作之中。对于指导产品质量提高、工艺技术提高，尤其是调酒技术的提高意义重大。

（三）中国白酒品质安全技术

1．EC控制技术的研究

引起白酒品质安全的隐患主要有外源性和内源性因素，外源性隐患主要来自白酒制造中的添加和迁移（如塑化剂等）。针对白酒酿造的内源性隐患（氨基甲酸乙酯、生物胺、真菌毒素等），国内外相关的研究刚刚起步；而中国白酒酿造的固态多微复杂开放体系，提高了内源性隐患的控制难度。白酒产业更迫切需要在基于微生物基因组学的微生物安全性研究和防治方面开展深入的超前研究。

中国白酒针对EC的研究，目前仅局限在检测方法上，而对其合成与调控机制的研究尚未见报道。因此深入研究中国白酒在酿造和蒸馏工艺中EC的合成机制、明确其在蒸馏工序中的分配规律显得尤为重要。

2．微生物安全

白酒传统制曲过程有害微生物的分布与控制；发酵主导微生物安全性分析评价。微生物安全：白酒生产过程中，微生物菌群构成和生理代谢状况对其品质有着直接的影响，因此对白酒发酵生产进行系统的微生物安全研究是白酒行业的迫切需求。

⑴ 白酒传统制曲过程有害微生物的分布与控制 大曲生产过程中，有害微生物的滋长会影响发酵过程及成品酒的风味，甚至引起成品酒的安全问题。在大曲微生物学和微生态学的研究中，绝大多数工作还集中在大曲微生物菌群构成、优势菌株和功能菌株的筛选方面，对于传统制曲过程中是否有有害微生物以及有害微生物的分布情况还缺乏系统性研究。因此，应加强大曲发酵有害微生物的研究，了解污染白酒大曲的主要有害微生物类群，并确定其来源和污染途径。从而为白酒大曲有害微生物防治提供可靠的理论依据。

⑵ 发酵主导微生物安全性分析评价 通常，传统发酵食品生产的主要微生物经过长期实践表明是安全稳定的；但是最新的研究发现，有些被认为是安全的传统发酵食品也可能存在一些安全性的问题。研究证明，有些生产传统发酵食品的主要微生物能够产生一些有毒有害的物质，从而给传统发酵食品的安全性带来隐患。

人类活动和全球气候的变化对生态系统造成的影响也

会直接引起微生物生理特性的改变，使原本认为安全的酿造微生物发生有害性变异。

基于科技界新发现和新认识，在白酒品质安全研究中，应重视对发酵主导微生物生理特性的研究，及时发现大环境变化引起的致病性变异，保证产品安全。

3. 农药残留

针对在酿酒原料（如高粱、小麦、水稻等）的田间管理过程中，喷施的农药（包括杀虫剂、杀菌剂和除草剂等）；在其贮存阶段，使用的熏蒸剂（如磷化铝、磷化锌、氯化苦、甲基嘧啶磷等）。建立白酒中农药残留的检测方法，并研究白酒生产过程中农药残留量的变化很有必要。

⑴ 白酒酿造过程中农药的迁移转化规律 传统白酒生产过程主要包括浸泡、蒸煮、冷却、拌曲、发酵、蒸馏等。通过研究农药从谷物向发酵的转移量、蒸馏过程中的迁移量，分析白酒酿造过程中农药的迁移转化规律。

⑵ 白酒酿造过程中农药的富集现象 白酒酿造过程中，蒸馏是把发酵醅（醪）中的醇、酸、酯类等有效成分浓缩提取的过程，同时可能对于某些农药残留也是一个富集过程。通过检测发酵和蒸馏过程中农药的含量变化，研究白酒酿造过程中的蒸馏步骤对于农药残留的富集现象。

⑶ 农药残留量变化规律和检测方法 研究白酒生产过程中农药残留量的变化，建立白酒中农药残留的检测方法。

二、“中国白酒3C计划”之二：“服务诚心”白酒科普宣传计划

按照国务院食安办的要求，围绕服务诚心开展科普宣传工作。

（一）《中国白酒与文化》10集电视宣传片制作

《中国白酒与文化》系列电视片，通过对中国白酒文化的挖掘，重点整理参与“中国白酒3C计划”企业的经典白酒文化，通过企业现场拍摄、拍照、访谈等形式，提炼博大精深的中华白酒文化。电视片可以作为中国白酒品酒师、营销师的培训教材。电视片赠送全行业会员企业，通过教育部门在全国大专院校播放，赠送酒类流通企业、各地方协会、专业媒体以及其他媒体播放。

（二）白酒知识专家解答、中国白酒文化——健康饮酒科普宣传册，计划编辑21期系列宣传册

白酒知识科普宣传册第一期，已经参加全国各省会城市举行的国家食品安全周宣传活动，受到一致好评。计划进一步编辑20期，通过白酒探源、名酒典故、白酒酿造、科学饮酒等专题进行编辑。通过公共媒体、专业报纸和杂志、各地酒协、各会员企业、各地酒展会、糖酒会、白酒经销系统投送宣传，以及通过教育部门在高校投放。

三、“中国白酒3C计划”之三：“产业诚信”体系建设计划

（一）白酒行业诚信管理体系

按照工业和信息化部要求，白酒行业于2013年开展诚信体系建设工作。白酒行业诚信管理体系专家组已经成立，同时启动《实施指南》的编写工作。通过《实施指南》的编写促进标准的设立，提高白酒行业门槛。

（二）白酒生产准入细则修订

国家食品药品监督管理总局已启动白酒生产准入细则修订工作，行业将做好全面配合，同时拟研究税收与生产准入联动的具体方式，统一准入，公平税赋。同时参与修订食品安全法生产准入相关内容。

（三）年份酒准入研究实施

制定白酒年份酒管理规范和相应的标准，研究将年份酒实施许可准入或认证、认可管理，规范行业行为，推动产业诚信建设。

（四）中国白酒产业形势分析

承担国家食品药品监督管理总局下达的任务，由中国酒业协会完成报告。

（五）白酒标准系列修订

1. 白酒分类

规范白酒术语，科学进行白酒分类。白酒、蒸馏酒的配制酒商品划分清晰，便于消费者认知。

2. 产品标准

立即修订白酒产品标准；研究确定白酒产品中酸酯合并计算的科学性。制订蒸馏酒的配制酒或蒸馏酒的配制白酒标准。

3. EC标准研究

EC作为食品安全指标，必须加快研究进程，必要时可先建立白酒行业标准，提高白酒产品的安全性。

四、项目研究时间

（一）“品质诚实”科研计划

实施时间：1～3年

1. 中国白酒“品质鉴别”技术研究

⑴ 添加食用酒精的鉴别技术 研究时间1年。

⑵ 添加食品添加剂的鉴别技术　研究时间1年。

⑶ 年份酒的鉴别技术　研究时间2年。

2．中国白酒“品质提升”技术研究

⑴ 白酒有益微生物的应用技术研究　研究时间2年。

⑵ 白酒中影响口味的风味化合物研究　研究时间2年。

⑶ 白酒中的功能物质研究　研究时间3年。

⑷ 白酒中不良风味物质的剖析与消除研究　研究时间2年。

⑸ 白酒群体微生物优化改良研究　研究时间3年。

⑹ 新型固态法白酒酿造技术的研究与应用　研究时间3年。

⑺ 白酒计算机感官品评及质量管理系统推广。

3．中国白酒“品质安全”技术研究

⑴ EC控制技术的研究　研究时间2年。

⑵ 微生物安全研究　研究时间2年。

⑶ 农药残留研究　研究时间3年。

（二）“服务诚心”——中国白酒科普宣传计划

实施时间：2年。

1．10集《中国白酒与文化》电视宣传片

2．白酒知识专家解答，中国白酒文化——健康饮酒科普宣传册（共21期）

“中国白酒3C计划”参加的名酒企业同协会共同承担白酒知识科普宣传册的出版工作，协助协会做好《中国白酒与文化》的拍摄工作。科普宣传册每一期主题内容由各个企业提供相关资料，每一期各企业可以根据主题编辑与企业相关的内容，从而确保每期都有参与企业的文化、产品等相关资料。宣传册内容由中国酒业协会白酒科普知识编辑组负责审稿和出版，国家工信部、商务部和食品药品监督管理总局为指导单位。每期10万册。

（三）“产业诚信”中国白酒诚信体系建设计划

实施时间：2年

1．白酒行业诚信管理体系　实施时间2013年。

2．白酒生产准入细则修订　完成时间2014年。

3．年份酒准入研究　实施时间2014年。

4．中国白酒产业形势分析　完成时间2013年。

5．白酒标准的系列修订工作　实施时间2014年。

秦本平
——陕西西凤酒厂集团有限公司董事长 陕西西凤酒集团股份有限公司董事长、党委书记

秦本平，男，汉族，生于1963年，陕西周至县人，大学本科学历，工民建专业。1985年参加工作，先后任中铁宝桥基建科技术员、助理工程师、副科长、科长、工程师、宝鸡市绿园房地产开发公司总经理，中铁宝桥天元实业发展有限公司副总经理，2006年任中铁宝桥天元实业发展有限公司总经理、副董事长、党委副书记，高级经济师。2013年4月起担任陕西西凤酒厂集团有限公司董事长，陕西西凤酒集团股份有限公司董事长、党委书记。

秦本平自接手西凤酒集团后，大力促进了西凤酒的不断发展。

组建机构，启动集团运转

2013年4月，秦本平受命担任陕西西凤酒厂集团有限公司（以下简称集团公司）、陕西西凤酒股份有限公司（以下简称股份公司）董事长后，力促完成了集团公司的整体改制及内部机构的搭建工作。指导制定了《集团公司治理架构及内部机构设置方案》，明确了集团公司的主要职责以及对参股、控股子公司的管控规定，建立了股权控制、财务控制、人事控制和制度控制四大管理体系，使集团公司管理趋于规范。同时，加大业务拓展，吸纳关联企业，壮大集团

实力。目前，集团公司拥有全资控股子公司4家，分别为陕西三泰包装材料有限公司、宝鸡西凤大酒店、陕西省西凤纸箱厂和陕西西凤置业有限公司；参股企业4家，分别为陕西西凤酒股份有限公司、宝鸡凤凰胶粘制品有限公司、陕西西凤艾特包装有限公司和凤翔县集中供热公司。

全力以赴，推动酒城建设

按照宝鸡市委市政府打造“中国西凤酒城”的战略思路，秦本平上任伊始，就着手推动酒城规划与建设工作。在与市级职能部门以及地方政府充分沟通商榷的基础上，邀请省市领导、行业专家和社会人士就酒城规划设计方案进行广泛探讨和论证，经过集思广益、修订完善，使酒城前期的地形勘察测绘，总体规划、可研报告编制，环境评价、控制性规划和修建性规划等工作顺利完成。按照新的发展规划，酒城规模投资达300亿，分为四大板块，六大功能区。四大板块分别是住宅配套板块、商业办公板块、旅游休闲板块以及白酒生产制造板块。六大功能区为原酒酿造、原酒贮存、品牌罐装、印刷包装、物流仓储、三产服务（综合商务区、文化展览区、科技研发区、旅游体验区、娱乐商业区、生态居住区）。酒城建成后的面积将达1万亩，总收入500亿元以上，其中白酒主业收入达350亿元以上，将成为宝鸡乃至陕西新的经济增长极，为建设关天经济区副中心城市发挥支撑和引领作用。按照“规划先行，基础跟进，长远谋划，分步实施”的原则，酒城基础设施项目中的西凤大道（一期）和酒城供热工程已开工建设。西凤酒文化主题园和西凤艾特包装有限公司项目也已相继开工。9月30日，总投资32.5亿元的10个产业招商项目在宝鸡市行政中心正式签约。项目主要涉及酒类印刷包装、废弃物循环利用、物联网信息管理、基础设施、商贸服务等领域。其中：总投资20亿元的深圳裕同公司酒城印刷包装项目为单体最大项目；而武汉路德环境科技公司酒城生态环境优化项目，将对酒城工业所产生的酒糟、窖泥等固体废弃物实施深度处理及资源综合利用，实现酒城工业经济的循环发展，也将极大的保护酒城的生态环境。这些项目的签约，将促进“中国西凤酒城”实现高起点、高标准、高水平发展，从而为打造中国北方最大的名酒城奠定基础。

与时俱进，提出营销新模式

近几年电子商务以几何级数的速度在发展，在许多领域电商已经对传统营销模式造成了很大的冲击。面对国家经济增速放缓，白酒行业全面进入下行通道的不利形势，秦本平高瞻远瞩，敏锐地意识到白酒营销模式的深度调整已经来临，传统的代理包销模式已不能适应信息化时代的发展，西凤必须在营销模式上进行新的尝试，提早布局尝试目前在家电等行业已经比较成熟的OTO模式，利用我们遍布全国各地的经销商网络及实体专卖店，发挥互联网强大优势，把互联网作为实体店的销售前台，实体店作为互联网业务的流通和服务平台，让线下线上完美结合，实现西凤营销模式的顺利转型。同时通过建立客户数据信息库，尽快建立对网络“大数据”的分析研究体系，利用互联网强大的数据存贮功能及直接面对终端消费者的优势，在降低市场调研费用的同时大大提高营销决策的准确性和科学性。

注重文化，增强竞争优势

通过长期的企业管理工作实践，秦本平深刻认识到，在市场竞争日益激烈的今天，谁拥有文化优势，谁就拥有竞争优势、效益优势和发展优势，只有赢得文化优势的品牌，才能得到世人的瞩目和用户的青睐，获得长足的发展。在对企业进行深入调查研究后，他感到，西凤作为老牌国家名酒，其企业文化还没有形成科学的文化体系，对自身文化的创新与提升不够，使得品牌缺少广度、深度与力度。为增强企业的文化竞争力，他迅速采取了五项措施：一是成立了企业文化建设委员会，下设企业文化中心，从组织上保证了企业文化建设的大力推进；二是对企业文化和酒文化的灵魂系统、理念系统、内外部行为系统、应用推广系统、视觉系统等十个方面进行全面策划和大力推广；三是筹建西凤酒文化博物馆，全面展示西凤酒文化的悠久历史和灿烂文化，使其成为教育员工、对外宣传的固定阵地；四是谋划开发具有历史文化价值、兼具欣赏礼仪收藏功能的西凤纪念酒，进一步提升西凤酒的品牌价值和市场竞争能力；五是对公司内部的主要道路、广场、花园按其功能、文化内涵和时代特征统一重新命名，对企业标识系统按照西凤酒的文化内涵和现代企业风格重新设计，使企业的面貌焕然一新。这一系列措施的实施，使公司的企业文化和酒文化水平明显提高，企业的核心竞争力大为增强。

年富力强、经验丰富、思想睿智、开拓创新、求真务实的秦本平，正带领西凤人朝着复兴老牌四大名酒的宏伟目标阔步前进！

廖昶

——四特酒有限责任公司董事长、总经理

廖昶，四特酒有限责任公司董事长、总经理，中共党员，原江西大学（现南昌大学）化学系本科毕业，清华大学高级管理人员工商管理硕士（EMBA），高级工程师，享受江西省政府特殊津贴。廖昶现为樟树市政协副主席、江西省工商联副主席，并先后当选为江西省第十一届、十二届人大代表。

扎根四特以来，廖昶凭借个人的优秀才能，带领四特连创佳绩，为江西白酒行业的发展作出了突出贡献，先后被授予“全国酿酒行业百名先进个人”“2013年中国酒业杰出价值奖”“江西省五一劳动奖”“江西省劳动模范”“江西省十大井冈之子”“江西省十大杰出青年”等国家级和省级荣誉。2007年至2012年，廖昶连续六年被江西省人民政府评为“江西省优秀企业家”。2011年10月，由于对特香型白酒发展所作出的突出贡献，廖昶同志获评中国酿酒行业最高荣誉：“中国酿酒大师”，成为江西省首次也是唯一获此殊荣的行业精英。

廖昶董事长是一位文理兼修，博学睿智、思维缜密、精于管理的企业家，扎根四特以来，带领四特连创佳绩。2012年，四特酒公司在廖昶董事长带领下，继续保持快速发展趋势：全年实现销售收入近50亿元（含税含折让），上缴国家税收突破10亿元，四特品牌价值在第四届“华樽杯”中国酒类品牌价值研究成果发布会中，达到88.59亿元。

一、廖总董事长的经营理念主要有：

1. 打造差异化香型第一品牌

中国白酒历史源远流长，形成了酱香、浓香、清香三大主流香型，在各大主流香型中，又分别形成代表企业，如酱香茅台、郎酒，浓香五粮液、洋河，清香汾酒。不同的香型承载着不同地域文化，对于白酒企业发展具有非凡意义。廖昶董事长提出四特在香型的选择上，要坚持走自己的路，即传承富有赣鄱地域文化特色的特香型白酒酿造技艺，并以现代科学技术不断丰富完善，形成科学体系。

近六年来，特香型白酒在年产量和年销售额方面快速上升，获得越来越多消费者喜爱；在政府层面，2011年7月，全国标准化技术委员会特香型白酒分技术委员会正式成立，这些都证明特香型白酒大有可为。而从大环境来看，中国消费水平在不断提高，消费者对产品多样化要求有增无减，市场需要富有特色，质量卓越的产品。为此，四特酒公司确定了“打造差异化香型第一品牌”的企业目标，继续做大做强特香型白酒。

2. 让传统的更传统，让现代的更现代

廖昶董事长提出了“让传统的更传统，让现代的更现代”企业发展理念，引领企业快速发展。让传统的更传统：廖昶董事长认为酒文化是中国传统文化的重要组成部分。白酒的香型、口感代表中国独特的酒文化，蕴含着华夏文明的精髓，白酒企业要坚守白酒的工艺流程和香型特点，将其发扬光大。让现代的更现代：企业要发展，就必须创新，要用科学的企业管理制度、市场品牌战略、人才战略推动企业向现代先进企业转型。“白酒虽然是一个传统产业，但传统企业不能定位在传统产业上，必须导入现代企业的管理理念，引进先进的管理方式，要效率优先，兼顾公平。”廖昶同志曾经如此表达对企业发展的理解。

3. 发展自我，贡献社会、回报人民

“发展自我，贡献社会、回报人民”是廖昶董事长一直坚守的企业发展信念。廖昶董事长认为企业在为消费者提供产品和服务、为员工提供价值实现平台的同时，作为扎根于现实世界的“社会机构”，必须承担起应有的社会责任，做有良心的企业。四特尤其该具有坚忍不拔的精神，经得起岁月考验，才能能够“以时间换空间，以贡献换地位”。而任何一个企业只有将自身发展与社会发展紧密结合，才能在消费者心中，在各级党委和政府心中赢得尊重和地位；企业管理层才能在职工心中获得真正的尊重，企业才能更高、更快发展。

二、廖昶董事长的特色管理

廖昶董事长根据中国白酒行业发展态势及四特发展情况，制定出“巩固省内，面向全国、张弛有度，突出重点”的总体营销战略要求，开展四特的“四化”建设，

即“产品高档化、品牌高端化、市场全国化、管理规范化”。近年来，四特进一步整合低端产品，并利用规模化巩固中低档市场；推出中高端东方韵系列产品满足中高端消费人士消费需求，创造产品新的利润增长点。

在品牌管理和塑造上，廖昶董事长结合公司面临的行业状况，制定了以区域强势品牌向全国强势品牌迅速拓展的方针，步步为营，走“组合拳”套路。首先利用四特酒独特的香型和品牌内涵，在营销价值链的各个环节，把产品品牌与企业形象有机结合起来，大力传播四特品牌；其次，四特酒公司在2010、2011、2012年连续三年竞标央视黄金资源广告成功，四特东方韵形象广告片在央视播出，更是斩获《舌尖上的中国2》广告资源，一时间成为全国观众热议话题。2013年四特东方韵在央视广告总投入已达3亿元，充分展示了江西品牌的风采，也显示出四特酒实现全国崛起的决心和品牌提升的信心。

在廖昶董事长的领导下，四特制定了科学的人才培养计划：在公司内部培养挖掘出一批有潜力、有素质、有职业操守，与公司价值观一致的人才队伍到相应工作岗位上；对外，四特酒公司提出优厚的薪酬待遇方案，引进高、精、尖管理人才和技术人才。在人才激励上，继续推行目标管理，实施并强化考核考评。此外，围绕建立一流现代企业的目标，四特还分别推行了全面预算管理和立体科学的绩效考核体系，以及对公司管理流程与企业架构进行系统整合与提升，使企业拥有不竭发展动力。

丙酸菌对特型酒风格风味物质影响的研究

辛秀明[1,2]，吴生文[2]，邓丹雯[1]，陈飞[2]

(1. 南昌大学 食品科学与技术国家重点实验室，江西 南昌 330047；2. 四特酒有限责任公司，江西 樟树 331200)

摘要：从特型窖泥中分离得到高产丙酸的菌株，将其应用于特型酒生产。

结果表明：当丙酸菌添加量增加6.7×10^{5}个/g糟醅时，与未补加筛选丙酸菌的对照组作比较，特型酒中乳酸含量降低了3.67mg/100mL，乳酸乙酯含量降低了80.6mg/100mL，丙酸乙酯含量提高了0.5mg/100mL，且基酒风格突出、口感较好。

关键词：丙酸菌，分离，鉴定，特型酒，风味风格物质

Investigation on the influence of propionibacterium on the style and flavor substances of Te-type liquor

Xin Xiu-ming[1,2], Wu Sheng-wen[2], Deng Dan-wen[1,*], Chen Fei[2]

(1. State Key Laboratory of Food Science and Technology, Nanchang University, Nanchang 330047,China; 2. Saint Liquor Co.,Ltd, Zhangshu, Jiangxi 331200, China)

Abstract: Propionibacteriums with high fermentation capacity were separated from pit mud, and applied of Te-type liquor production. When the content of propionibacterium raised 6.7×105/g in fermented grains, compared with control sample, the results showed that lactic acid and ethyl lactate content was reduced by 3.67mg/100mL and 80.6mg/100mL, and ethyl propionic acid content was increased by 0.5mg/100mL, with the Te-type liquor style features and taste better.

Key words: propionibacterium; isolation; identification; Te-type liquor; style and flavor substances

中国白酒的典型特征是乳酸乙酯的含量高，适量的乳酸乙酯可增加酒的醇厚感，但含量过高，酒主体呈香差，味寡淡，甚至有涩味[1]。乳酸乙酯作为一种较为稳定的成分，较难降解，因此通过分解乳酸乙酯的前体成分乳酸的方法，达到“降乳”的思路越来越清晰。丙酸菌以乳酸作为碳源，发酵生成丙酸，同时伴随副产物乙酸、琥珀酸、CO_2等产生[2-3]。在生物酶的作用下，丙酸及乙酸与乙醇酯化，生成丙酸乙酯及乙酸乙酯，具有“增丙降乳”的效果[4-5]。

江西省四特酒作为特香型白酒的典范，其风格风味物质的典型特征是富含奇数碳脂肪酸乙酯，主要包括丙酸乙酯、戊酸乙酯、庚酸乙酯及壬酸乙酯，其中丙酸乙酯是其特征风味物质[6]。由于丙酸菌在特型酒中特殊的“二重身份”，因此利用丙酸产生菌来提高特型酒酒质，已引起相关研究者的重视。

1. 实验材料

1.1 菌种来源

丙酸菌：从四特酒有限责任公司的老窖泥中分离获得；

老窖泥：分别取酿造一车间和酿造二车间出酒率和酒质较好的窖池底部老窖泥少量，取样时应保证上层、中层、下层中的泥量等份，混合均匀，备用。

1.2 培养基

1.2.1 筛选及分离培养基

富集培养基：牛肉膏5g、蛋白胨10g、NaCI 5g、(琼脂17g)，蒸馏水1000mL，pH7.0。

分离培养基：乳酸钠20g、$(NH_4)_2SO_4$ 8.0g、KH_2PO_4 2g、CoCI 10mg、$MgSO_4·7H_2O$ 0.2g、琼脂20g，蒸馏水1000mL，pH7.0。

富集培养基和分离培养基均在121℃下灭菌20min。

1.2.2 碳源利用培养基

糖醇20g、$(NH_4)_2SO_4$ 8.0g、KH_2PO_4 2g、CoCl 10mg、$MgSO_4·7H_2O$ 0.2g，1%溴甲酚紫3mL，蒸馏水1000mL，pH 7.0，在115℃下灭菌20min。

不同碳源包括：葡萄糖、麦芽糖、阿拉伯糖、乳糖、木糖、甘露醇、山梨醇、甘油、乳酸、淀粉。

1.2.3 其他生理生化鉴定培养基

其他生理生化鉴定培养基参照《食品微生物学实验原理与技术》[7]制备。

1.2.4 发酵培养基

乳酸钠20g、胰蛋白胨6g、酵母膏3g、KH_2PO_4 2g、CoCl 10mg、$MgSO_4·7H_2O$ 0.2g，蒸馏水1000mL，pH分别为3.5、4.0、4.5、5.0、5.5，121℃下灭菌20min。

1.3 主要仪器及试剂

Agilent 1200HPLC、Agilent 6820及HP 5890。丙酸、甲醇均为色谱纯。

2. 方法

2.1 丙酸菌的筛选分离

2.1.1 窖泥微生物的富集

取老窖泥样品1g放入100mL带玻璃珠的无菌水中振荡均匀后制成菌悬液。稀释10^{-4}、10^{-5}、10^{-6}后，准确吸取0.2mL分别涂布于富集培养基的平板上，32℃倒置培养3天。

2.1.2 菌株的分离

用接种环挑取富集平板上生长较好的单菌落，于分离培养基的平板上进行划线，32℃倒置培养5～7天。

2.2 鉴定方法

个体形态观察；菌落形态观察；需氧性试验；不同碳源发酵试验；IMViC(V-P、甲基红、吲哚、柠檬酸盐试验)；H_2S试验；石蕊牛乳试验；过氧化物酶试验；明胶液化试验。

2.3 菌株产酸能力测定

2.3.1 发酵液样品预处理

取斜面种子三环，接种于装有富集培养基的试管中，静置培养36h后，按照10%的接种量分别接种到发酵培养基中，静置培养10天后，9000r/min离心5min，所得上清液经0.22μm有机滤膜过滤，待高效液相色谱分析备用。

2.3.2 发酵液中丙酸含量测定

丙酸采用Agilent1200HPLC测定，ZORBOX柱(4.6mm×250mm)，流动相为甲醇:磷酸二氢钾=15:85(其中磷酸氢二钾浓度为0.02mol/L，调pH至2.1)，柱温40℃，检测波长214nm。

2.4 丙酸产生菌对特型酒风格风味的影响

2.4.1 丙酸产生菌的扩培及稀释

挑取高产丙酸的菌株静置培养36h，通过血球计数板，确定菌浓$2.68×10^7$个/mL。分别取菌液0、10、50、100、500、1000mL，用无菌水定容至1000mL备用。

2.4.2 丙酸产生菌对特型酒风格风味影响的研究

取摊晾的原料糟酒醅120kg，均匀分成6份，每份准备曲粉1.5kg。将稀释好的丙酸产生菌液同备好的曲粉一起与酒醅混合均匀，最终使酒糟中丙酸菌添加量达到0个/g糟醅、$0.13×10^5$个/g糟醅、$0.67×10^5$个/g糟醅、$1.34×10^5$个/g糟醅、$6.7×10^5$个/g糟醅、$13.4×10^5$个/g糟醅，装坛、密封置于保温室内开始发酵。27d后，用30L小甑桶分别对发酵酒醅进行蒸馏，蒸馏酒基送色谱室进行色谱分析。

2.4.3 特型酒各微量成分测定

乳酸采用Agilent1200HPLC测定，使用ZORBOX柱(4.6mm×250mm)，流动相为甲醇:KH_2PO_4=40:60(KH_2PO_4浓度为0.02mol/L，pH2.1)，柱温40℃，检测器波长210nm。

丙酸乙酯采用Agilent6820测定，AT白酒专用柱(25m×0.53mm×1μm)；其他微量成分采用HP5890测定，CP-Wax57CB石英毛细管柱(50m×0.25mm×0.2μm)。

3. 结果与分析

3.1 丙酸产生菌的分离及鉴定

为了尽可能少遗漏其他产丙酸菌株，本文首先选择了能被绝大多数微生物利用的富集培养基，尽可能多地获得大曲和窖泥中的微生物菌株，共分离出58个菌株、28种不同菌落形态。由于丙酸产生菌多为细菌，通过镜检，决定挑选15种细菌近似菌落，利用分离培养基进行复筛，最终分离得到4株菌株。

表1 分离培养基上的菌落形态及相关镜检结果

编号	菌落形态	镜检结果
CF5-4	菌落较小、红色、边缘齐整、湿润、稍透明	中等杆菌
CF7-1	菌落灰白色、小而凸起、光滑较湿润、边缘齐整	椭圆形、不规则
CF9-3	菌落土黄色、较小、表面光滑、湿润黏稠	短杆菌
CF13-5	菌落小而凸起、淡黄色、表面光滑湿润	球菌

表2 4株菌生理生化试验鉴定结果

鉴定内容		鉴定结果			
		CF5-4	CF7-1	CF9-3	CF13-5
不同碳源利用情况	葡萄糖	+	+	+	+
	麦芽糖	-	-	-	-
	阿拉伯糖	+	+	+	+
	乳糖	-	-	-	-
	木糖	+	+	+	+
	甘露醇	-	-	-	-
	山梨醇	-	-	-	-
	甘油	+	+	+	+
	乳酸	+	+	+	+
	淀粉	-	-	-	-
需氧性实验		兼性厌氧	兼性厌氧	兼性厌氧	兼性厌氧
吲哚试验		+	+	+	+
甲基红试验		+	+	+	+
VP试验		+	+	+	+
柠檬酸盐试验		+	+	+	+
过氧化物酶试验		+	+	+	+
明胶液化试验		+	-	-	+

根据《伯杰细菌鉴定手册》[8]以及《常见细菌系统鉴定手册》[9]，鉴于4株菌的菌落形态和生理生化试验鉴定结果，可以确定4株菌均为丙酸菌。

3.2 发酵液中丙酸含量的测定

大曲酒入窖粮糟的酸度一般在4～5左右[10]，根据这一特点，要筛选耐酸且高产丙酸的菌株应用于特型酒生产。由图1可见，4株丙酸菌随着pH的升高，丙酸生成量呈递增趋势。在pH3.5～4.0，各菌株丙酸生成速率缓慢。在pH4.5以后，丙酸菌发酵能力迅速提高。特别是丙酸菌CF7-1，在产酸培养基中具有最好的产丙酸能力，且耐酸性强，所以将其扩增，应用于特型酒生产。

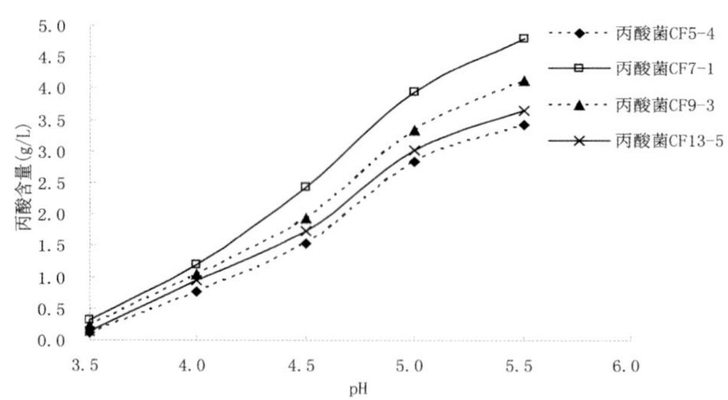

图1 不同菌株丙酸生成量与pH的关系

3.3 丙酸菌对特型酒风格风味的影响

3.3.1 丙酸菌对基酒中酸类物质生成的影响

丙酸产生菌可利用乳酸、葡萄糖等生成丙酸及乙酸，副产物为二氧化碳、琥珀酸等。在乳酸及糖类共存时，先利用乳酸、而对糖的利用率较低[11-12]。

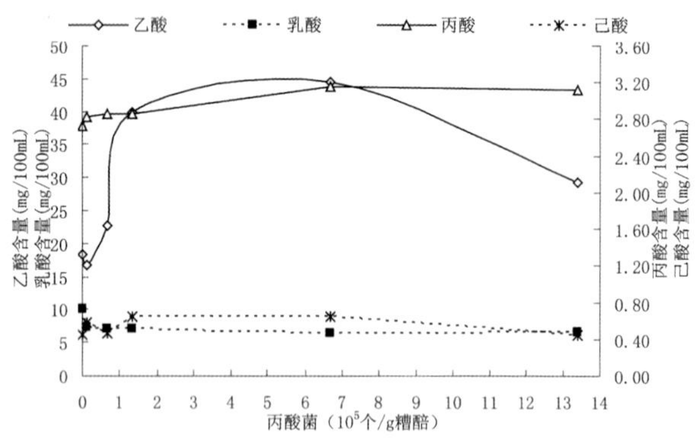

图2 丙酸菌对酸类物质生成的影响

根据图2，丙酸和乙酸的含量随着丙酸菌添加量的增大而上升。丙酸菌添加量6.7×10^{5}个/g糟醅时，丙酸和乙酸含量达到最高，分别为3.16mg/100mL和44.54mg/100mL，但丙酸菌添加量进一步增大，丙酸菌生长将受到抑制，丙酸和乙酸含量均有所下降。乳酸作为碳源被利用，其含量则呈下降趋势，含量最低时，与空白对比，减少了3.67mg/100mL。对于己酸，其含量变化波动较小。

3.3.2 丙酸菌对基酒中酯类物质生成的影响

在白酒中，除乙醇和水外，酯类的含量占第三位。四大酯——己酸乙酯、乙酸乙酯、乳酸乙酯和丁酸乙酯是我国白酒中的主要香气成分，而乳酸乙酯含量高是我国白酒的显著特征。适量的乳酸乙酯可增加酒的醇厚感，但含量过高，将导致白酒主体香不突出、口感不谐调，而且后味苦涩。

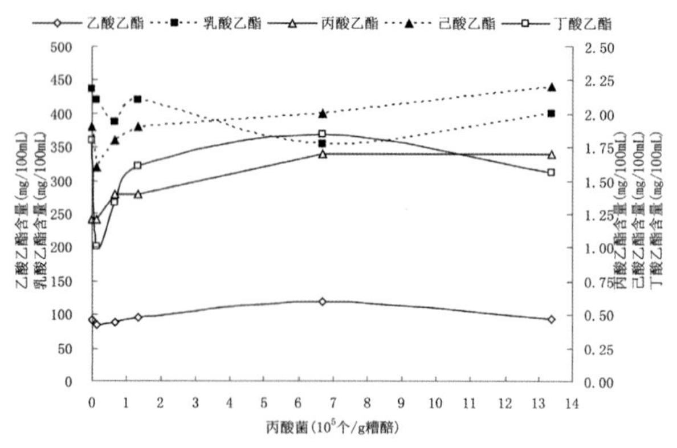

图3 丙酸菌对酯类物质生成的影响

从图3可以看出，随着丙酸菌添加量的增大，丙酸乙酯和乙酸乙酯含量均明显上升，乳酸乙酯含量呈下降趋势，而己酸乙酯含量变化较小。特别是丙酸菌添加量6.7×10^{5}个/g糟醅时，丙酸乙酯含量和乙酸乙酯含量达到最高，与空白对比，分别增加了0.5mg/100mL和26.5mg/100mL，而乳酸乙酯含量下降到最低，减少了80.6mg/100mL。酒醅发酵过程中，生成的乳酸部分被丙酸菌代谢消耗，影响乳酸与乙醇酯化反应的进行，导致乳酸乙酯含量下降。

3.3.3 丙酸菌对基酒中醇类物质生成的影响

杂醇油是指乙醇以外的具有3个碳链以上的一价醇类，主要包括正丙醇、异丁醇、异戊醇等。它易溶于酒精不溶于水，酒度低时类似油状。如果白酒中杂醇油含量过高，能使人神经系统充血，感觉头痛。

根据图4，丙酸菌添加量的变化，对于醇类的生成基本无影响。当乳酸和糖类同时存在时，丙酸菌将优先选择乳酸作为碳源。乳酸菌因适应性强，繁殖速度快，在酒醅和曲块中大量存在，从而生成大量乳酸[13]。丙酸菌可以利用酒醅发酵过程中生成的乳酸，因此对其他微生物的正常代谢影响不大。

3.3.4 丙酸菌对基酒中醛类物质生成的影响

白酒中主要醛类为乙醛和乙缩醛，占总醛的90%，酒香与醛类化合物的含量及种类有密切关系。醛类含量过高，不仅白酒风味不好，而且影响饮酒者的健康。

从图5中可以看出，基酒中醛类的生成随丙酸菌的量表现出有增有减，并没有明显的规律性联系，白酒发酵中醛类的合成途径主要有醇的氧化、酮酸脱羧、氨基酸脱氨、脱羧等，与丙酸菌并没有直接性的联系。

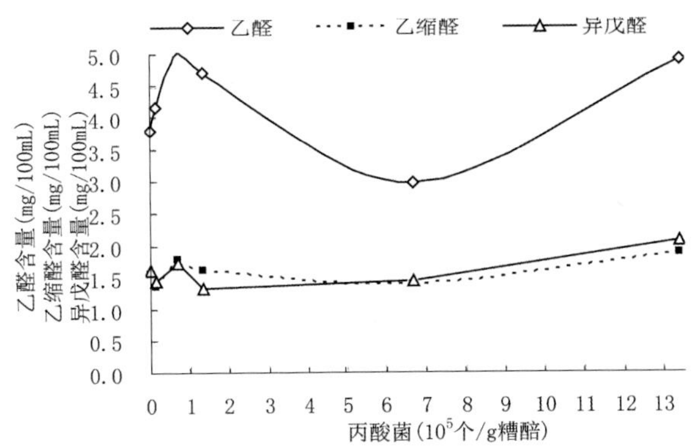

图5 丙酸菌对醛类物质生成的影响

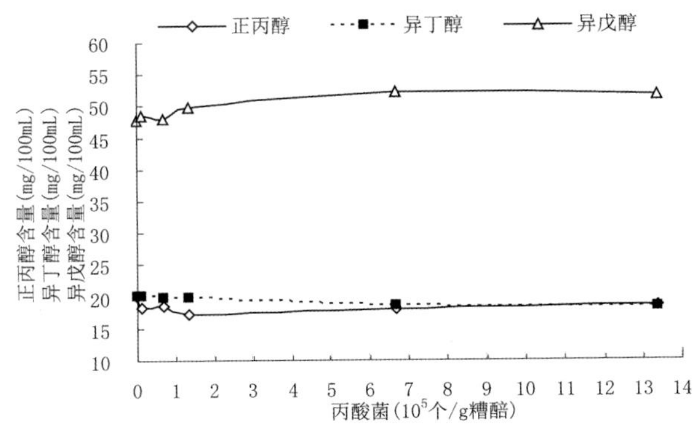

图4 丙酸菌对杂醇油类物质生成的影响

3.3.5 丙酸菌对基酒口感的影响

将不同丙酸菌添加浓度的酒醅蒸馏酒基送至品酒室品评，结果见表3。

由表3可以看出，入池发酵的酒醅中丙酸菌添加量1.34×10^5～6.7×10^5个/g糟醅时，所产基酒的风格突出、入口柔和、诸味谐调，感官评定酒体质量差别不大，但以酒醅中丙酸菌添加量6.7×10^5个/g糟醅时产酒酒质为最好。

入池发酵的酒醅中，若丙酸菌菌浓过低，对基酒品质影响较小。而菌浓过高，丙酸菌将发酵生成过量的丙酸和乙酸，导致基酒带有酸味。在酒醅其他初始条件不变的情况下，当丙酸菌添加量1.34×10^5～6.7×10^5个/g糟醅时，酒醅中菌系、酶系以及其他化学物质相互作用，达到新的平衡，使特型酒风味更加谐调。

4. 结论

从特型窖泥中筛选得到的丙酸菌，应用于代谢乳酸。当丙酸菌添加量6.7×10^5个/g糟醅时，与空白样对照，特型酒基酒中乳酸含量降低了3.67mg/100mL，乳酸乙酯含量降低了80.6mg/100mL，丙酸乙酯含量提高了0.5mg/100mL，且基酒风格突出、口感较好。不仅实现了“增丙降乳”的目的，同时提高了白酒的质量。

窖泥是白酒增香产酯的基础，它的质量直接影响特型酒的风格风味。己酸菌作为兼性厌氧菌，是窖泥的主要功能微生物，主要代谢产物己酸与酒醅中的乙醇反应形成己酸乙酯，强化了白酒的风味[14]。四特酒酒厂已将己酸菌和酵母菌的混合菌液添加于窖泥中，通过理化检验，各项指标均优于普通窖泥[15]。丙酸菌也是兼性厌氧菌，发酵生成有机酸，与己酸菌相似。分离得到的丙酸菌只是初步应用于白酒生产，为特型酒功能窖泥的进一步开发打好了基础。

表3 基酒感官评定结果

丙酸菌(10^5个/g糟醅)	感官评定	评分
0	清亮透明、闻香舒适、有糟香、味较醇、入口稍辣、回味稍冲、后味较苦涩	69
0.13	清亮透明、香较纯正、有糟香、味较醇、入口稍甜、回味稍冲、后味较苦涩	69.5
0.67	清亮透明、香较纯正、稍有糟香、味较醇、味长谐调、后味稍苦涩	69.5
1.34	清亮透明、香纯正、稍有糟香、味较醇、酒体谐调、后味稍苦涩	70
6.7	清亮透明、香纯正、入口柔和、味较醇、味长谐调、后味稍苦涩	70.5
13.4	清亮透明、香较纯正、稍有糟香、味较醇、稍酸、回味稍冲、后味苦涩	69

参考文献

[1] 李大和.浓香型曲酒乳酸乙酯偏高的原因及解决措施[J].酿酒科技,2007,152(2):100-103.

[2] 张华峰,康慧.微生物发酵法生产丙酸[J].饲料工业,2004,25(8):29-33.

[3] Selina Hugenschmidt, Susanne Miescher Schwenninger, Nicole Gnehm,et al. Screening of a natural biodiversity of lactic and propionic acid bacteria for folate and vitamin B12 production in supplemented whey permeate [J].International Dairy Journal,2010(20): 852-857.

[4] Jean-René Kerjean, Seamus Condon, Roberta Lodi,et al. Improving the quality of European hard cheeses by controlling of interactions between lactic acid bacteria and propionibacteria [J].Food Research International,2000(33):281-187.

[5] 陈福民.降低浓香型曲酒中的乳酸乙酯含量措施浅析[J].酿酒,1999,132:51-52.

[6] 廖昶.特香型白酒勾兑浅议[J].酿酒科技,2004,122(2):44-46.

[7] 李平兰,贺稚非.食品微生物学实验原理与技术[M].北京:中国农业出版社,2005:71-80.

[8] R E布坎南,N E吉本斯.伯杰细菌鉴定手册[M].北京:科学出版社,1984.

[9] 东秀珠,蔡妙英.常见细菌系统鉴定手册[M].北京:科学出版社,2001.

[10] 袁方,邓亚红.丙酸菌代谢乳酸特征的研究(第1报)[J].酿酒科技,1992,54(4):16-18.

[11] 马小魁,姚培鑫.发酵法生产丙酸的研究进展[J].微生物学报,1999,26(6):443-446.

[12] Vincent Marcoux, Yvan Beaulieu, Claude P. Champagne, et al. Production of Propionibacterium freudenreichii subsp.shermanii in whey-based media[J].Journal of Fermentation and Bioengineering,1992,74(2):95-99.

[13] 舒代兰,张丽莺,张文学,等.浓香型白酒糟醅发酵过程中香气成分的变化趋势[J].食品科学,2007, 28(6):89-92.

[14] 周春红.浓香型大曲酒生产中己酸菌的制备[J].食品与发酵工业,2004,30(9):75-76.

[15] 廖昶,吴生文,黄小晖,等.特香型酒功能窖泥和普通窖泥理化指标对比分析[J].酿酒科技,2010,188(2):86-90.

安徽明光酒业（集团）有限公司

安徽明光酒业（集团）有限公司是中国酿酒工业协会理事单位，其前身为安徽省明光酒厂，是中国白酒百强企业。明光酒有着源远流长的历史，南宋建炎二年，明光酒即为金陵御酒，“四季供奉，不待苟且”；1930年，在南洋劝业酒会议酒类大赛中荣获“金边玻匾”奖，解放后组建了国营安徽明光酒厂，国家大型一档企业，国家领导先后莅临明酒视察指导，给予高度评价。

王振爽　安徽明光酒业集团董事长、党委书记

明光酒业旗下主导产品：老明光系列、明光系列、明绿系列。

统计篇

通过国家统计部门公布的酿酒工业经济指标、产值、产量等统计数据与分析，反映中国酒业2012—2013年的发展状况。

蔡宏柱

Cai Hongzhu

YEARBOOK FIGURE

蔡宏柱，湖北稻花香集团党委书记、董事长，高级工程师，高级经济师，享受国务院特殊津贴，第十一届全国人大代表，全国五一劳动奖章获得者，中国酿酒工业协会白酒分会副理事长，湖北省食品工业协会会长，湖北省工商联副会长。

主要著作有《稻花香精神文化》、《白酒不会毁灭》、《中国白酒行业力量战略探索与思考》、《农业循环经济理论与实践》、《稻花香精神论》等。

2012年全国各省、市、自治区酒业产量数据

表1 2012年全国各省、自治区、直辖市发酵酒精产量

单位：千升

产 地	12月产量	累计产量	去年同期产量	去年同期累计产量
全国总计	789462.32	8206196.23	787168.60	7931994.12
河北省	12844.00	150281.00	17716.00	275261.00
山西省	8657.50	68254.21	5723.00	52237.00
内蒙古	29662.20	375795.00	49732.00	572617.00
辽宁省	520.00	7378.00	455.00	10068.00
吉林省	104031.94	1523062.16	132383.30	1499845.82
黑龙江	125648.00	1137037.72	135594.00	1145489.00
江苏省	91048.23	1082828.20	117442.58	915440.26
安徽省	21180.84	249273.57	30989.00	245086.00
山东省	11114.00	328700.00	30269.00	448032.00
河南省	198046.76	1869893.02	142775.00	1568041.00
湖北省	1905.00	31303.00	1465.00	27144.00
湖南省	4128.00	29310.00	4531.00	25064.00
广东省	27872.28	108945.47	7571.94	67940.07
广　西	116361.09	692508.64	52937.78	576760.36
海南省	0.00	1571.00	0.00	747.00
重庆市	0.00	2701.00	440.00	4126.00
四川省	15852.38	271385.41	29375.15	340050.05
云南省	6609.50	182557.10	8992.00	169464.19
陕西省	0.00	4576.00	4005.00	32551.70
甘肃省	800.00	19118.00	1230.00	13336.00
新　疆	13180.60	69717.73	13541.85	62693.67

（数据截止到2012年12月）

表2 2012年全国各省、自治区、直辖市饮料酒产量

单位：千升

产 地	12月产量	累计产量	去年同期产量	去年同期累计产量
全国总计	4438460.20	63816312.77	4395898.26	60228793.24
北京市	96843.04	1917122.52	104844.15	1867956.60
天津市	14449.16	331980.45	19826.82	397095.27
河北省	160373.19	1972026.69	168005.15	1969380.27
山西省	23398.93	547925.50	30199.17	571639.78
内蒙古	116803.08	1621267.91	124492.46	1636766.72
辽宁省	261996.25	3490512.16	233382.31	3253349.73
吉林省	187110.75	2245152.85	204442.50	2178447.60
黑龙江	244947.82	2519767.40	279029.32	2483009.07
上海市	25045.03	705336.38	33328.96	791889.23
江苏省	152586.59	3219736.39	170352.36	2956241.30
浙江省	171016.08	3377645.41	173675.74	3295353.56
安徽省	119883.16	2085769.71	118608.40	2228028.29
福建省	96776.76	2067511.44	132193.28	2104249.79
江西省	69551.38	1319428.43	80156.50	1256254.27
山东省	574239.65	8450998.38	503536.01	7792767.09
河南省	501985.42	6271348.96	400980.10	5164936.01
湖北省	179280.85	3227601.99	184515.62	2789771.00
湖南省	71649.52	1074901.88	81704.72	1157236.39
广东省	378535.48	4913716.71	356549.66	4901857.23
广　西	82897.43	1832685.45	126250.30	1637570.22
海南省	10655.00	110932.00	14071.00	148566.00
重庆市	49044.61	955720.47	43963.95	903008.91
四川省	520594.01	4943391.67	468481.06	4407806.31
贵州省	56297.28	671398.52	57270.22	612192.94
云南省	98504.09	976054.81	89941.19	831998.46
西　藏	13911.60	183456.69	17976.21	187659.98
陕西省	52213.03	1153003.12	58227.18	1094801.52
甘肃省	52025.16	716899.29	50478.12	695558.63
青海省	6563.74	120377.97	7580.00	105755.09
宁　夏	16659.72	196225.77	20319.32	198964.99
新　疆	32622.39	596415.85	41516.48	608680.99

（数据截止到2012年12月）

表3 2012年全国各省、自治区、直辖市白酒产量

单位：千升

产 地	12月产量	累计产量	去年同期产量	去年同期累计产量
全国总计	1283690.95	11531581.58	1147629.76	9726978.81
北京市	27240.69	241214.40	18699.90	210556.27
天津市	3529.00	28295.70	3378.50	29250.60
河北省	34464.59	290825.89	49237.41	274721.70
山西省	16625.17	130690.80	17676.93	137954.52
内蒙古	50920.15	540489.02	47230.39	512777.11
辽宁省	74686.18	805819.24	44231.74	656657.48
吉林省	50826.00	535380.40	55306.62	437266.59
黑龙江	38310.00	380219.34	45537.00	226345.85
上海市	380.00	6140.00	1448.00	10798.00
江苏省	100727.51	914122.17	92262.21	660556.25
浙江省	1892.22	21824.66	2032.99	21724.66
安徽省	47453.92	407722.71	41523.69	380754.28
福建省	4207.84	34637.54	2470.14	33095.46
江西省	16642.67	157059.87	17722.77	144947.58
山东省	129448.20	1244437.61	99328.35	980258.22
河南省	109913.40	999039.71	102796.50	944965.66
湖北省	63214.21	721203.84	57163.14	525481.02
湖南省	22393.42	198507.08	20355.72	184502.93
广东省	10006.30	110188.97	9220.18	104244.85
广 西	8304.15	67566.04	12756.70	74278.86
海南省	0.00	0.00	2.00	4236.00
重庆市	14870.30	182218.07	13862.49	128106.95
四川省	403560.83	2951760.16	346874.19	2570604.79
贵州省	26565.91	268319.04	21784.18	226343.66
云南省	5263.57	64975.69	4971.00	64558.00
西 藏	0.00	0.00	0.00	0.00
陕西省	9101.15	93056.67	11717.12	81857.93
甘肃省	4568.13	36695.99	2509.50	29177.56
青海省	2063.74	19177.97	1580.00	17055.09
宁 夏	2094.00	16669.00	658.00	2931.00
新 疆	4417.70	63324.00	3292.40	53969.94

（数据截止到2012年12月）

表4 2012年全国各省、自治区、直辖市啤酒产量

单位：千升

产 地	12月产量	累计产量	去年同期产量	去年同期累计产量
全国总计	2753731.87	49020044.77	2930149.43	47565327.03
北京市	67989.77	1661659.19	83049.46	1641020.61
天津市	7040.16	271397.25	11271.32	326712.87
河北省	108093.52	1574045.18	109089.68	1604323.39
山西省	5939.26	408537.39	11553.00	426767.12
内蒙古	63131.32	1042940.22	74573.25	1104331.45
辽宁省	183255.63	2641315.18	186378.77	2567051.27
吉林省	97144.06	1350968.39	126680.28	1481752.42
黑龙江	202066.82	2091346.43	228944.72	2224313.97
上海市	10930.01	595019.40	16712.49	671696.55
江苏省	37982.95	2173815.77	61844.02	2167679.27
浙江省	102444.43	2682080.38	119450.31	2681051.43
安徽省	39000.44	1497491.14	58264.81	1670161.51
福建省	83680.13	1961298.53	123058.00	2011105.80
江西省	51932.36	1149383.44	61738.88	1103746.48
山东省	383546.34	6650775.01	346007.07	6268864.02
河南省	348078.32	4961163.45	270489.10	3958405.10
湖北省	88863.90	2346496.21	110661.98	2114978.65
湖南省	40110.10	795968.50	56389.00	902246.16
广东省	364549.16	4742403.54	339241.47	4717391.70
广 西	64500.75	1692620.00	104879.00	1506824.00
海南省	6544.00	87525.00	8008.00	101463.00
重庆市	34154.31	772337.40	30029.62	773138.22
四川省	113066.01	1959994.49	118922.25	1814786.30
贵州省	29620.54	401991.00	35462.71	385659.00
云南省	88554.81	886436.22	82332.19	757940.96
西 藏	12934.43	175279.29	17666.25	181720.36
陕西省	38899.88	1020861.95	43688.06	989780.29
甘肃省	46233.16	668434.49	46046.69	648539.31
青海省	4500.00	101200.00	6000.00	88700.00
宁 夏	8416.72	153745.77	11103.15	162216.26
新 疆	20528.58	501514.56	30613.90	510959.56

（数据截止到2012年12月）

表5 2012年全国各省、自治区、直辖市葡萄酒产量

单位：千升

产 地	12月产量	累计产量	去年同期产量	去年同期累计产量
全国总计	174581.45	1381614.56	124307.82	1181923.09
北京市	1002.58	9273.93	2480.79	12174.72
天津市	3880.00	32269.00	5168.00	41095.00
河北省	17518.08	105819.62	9556.06	88881.18
山西省	171.00	2188.20	272.00	1923.60
内蒙古	2025.61	8205.00	1868.82	8536.60
辽宁省	3992.15	43042.42	2625.39	28803.60
吉林省	37120.79	326991.66	17956.00	236812.99
黑龙江	3778.00	37942.00	4233.00	21490.00
上海市	100.05	784.22	129.61	1218.40
浙江省	0.00	0.00	1.80	3.90
福建省	24.00	3196.00	0.00	2690.00
江西省	420.00	6600.70	279.66	4421.74
山东省	49682.61	467141.26	41186.79	438661.35
河南省	31919.70	218987.80	17468.50	177656.45
湖北省	132.40	1717.00	85.00	1319.00
湖南省	700.00	6860.00	653.00	6663.00
广　西	648.00	1874.00	303.79	2436.23
四川省	125.00	810.95	17.00	516.14
贵州省	7.50	67.70	6.33	53.51
云南省	4388.00	18494.00	2294.00	8246.00
陕西省	3538.00	30221.00	1536.00	15289.00
甘肃省	1173.87	11023.81	1871.93	14074.46
宁　夏	4558.00	16527.00	6704.17	25204.73
新　疆	7676.11	31577.29	7610.18	43751.49

（数据截止到2012年12月）

2012年按省分全年工业总产值价格、工业销售产值价格数据

表1 2012年分地区酒精行业工业总产值价格

地 区	企业单位数	本年本月工业总产值当年价格(千元)	本年本月止累计工业总产值当年价格(千元)	去年同月工业总产值当年价格(千元)	去年同月止累计工业总产值当年价格(千元)
全国总计	160	6515093	70556254	6168234	61876169
天津市	1	4391	30053	3326	35688
河北省	4	390443	3885835	307679	3149725
山西省	3	52648	427121	39976	361452
内蒙古	7	272907	2858522	2789011	2742313
辽宁省	5	95519	759045	116715	789780
吉林省	10	888601	11561076	866770	10410222
黑龙江	14	1135221	8421571	844440	7231851
江苏省	28	663439	8128390	966797	7178021
浙江省	1	896	124704	21691	207627
安徽省	5	208804	1993828	163709	1608336
福建省	1	8880	105325	7577	85120
江西省	1	56391	227902	0	0
山东省	10	201853	3497255	199631	3628837
河南省	18	1332297	15631947	1356942	13701492
湖北省	4	71631	786271	42965	569325
湖南省	7	200990	1682726	153766	1286278
广东省	7	98338	485198	12702	337766
广 西	17	635485	6485954	465575	4905506
海南省	1	0	10596	0	4639
重庆市	1	12800	64704	0	0
四川省	7	132844	2676038	214467	2929456
云南省	3	21699	206551	37313	206383
陕西省	1	0	0	0	17636
甘肃省	2	1527	195914	23670	196016
新 疆	2	27489	309728	43622	292700

（数据截止到2012年12月）

表2 2012年分地区酒精行业工业销售产值价格

地 区	企业单位数	本年本月工业销售产值当年价格(千元)	本年本月止累计工业销售产值当年价格(千元)	去年同月工业销售产值当年价格(千元)	去年同月止累计工业销售产值当年价格(千元)
全国总计	160	6414644	67840236	6444603	60363856
天津市	1	4361	39484	7640	42007
河北省	4	489178	3878501	241462	3104683
山西省	3	53373	420611	33705	336189
内蒙古	7	268727	2820990	280214	2725298
辽宁省	5	94090	741768	112196	745288
吉林省	10	797849	11407843	887943	10324527
黑龙江	14	1086639	7873297	836973	6836248
江苏省	28	676894	8073821	985139	7096064
浙江省	1	896	135500	13949	204469
安徽省	5	210651	1796312	347680	1896445
福建省	1	8880	105325	7577	85120
江西省	1	56391	222510	0	0
山东省	10	199909	3466818	218166	3562793
河南省	18	1311270	15233639	1368555	13418079
湖北省	4	71901	784186	42965	569325
湖南省	7	188974	1528206	144803	1271903
广东省	7	98133	437498	8488	325333
广 西	17	599474	5540636	624903	4311957
海南省	1	0	10596	0	4639
重庆市	1	13600	45600	0	0
四川省	7	147759	2631399	210068	2877502
云南省	3	16699	194551	25204	188443
陕西省	1	0	0	0	17321
甘肃省	2	2036	191187	13889	144282
新 疆	2	16960	259958	33084	275941

（数据截止到2012年12月）

表3 2012年分地区白酒行业工业总产值价格

地 区	企业单位数	本年本月工业总产值当年价格(千元)	本年本月止累计工业总产值当年价格(千元)	去年同月工业总产值当年价格(千元)	去年同月止累计工业总产值当年价格(千元)
全国总计	1290	48947704	447604188	40741859	354538647
北京市	4	121675	1195045	137426	1168652
天津市	5	63333	563424	87338	705028
河北省	46	1112233	11024817	1532855	9531931
山西省	18	912958	7717399	534021	6501015
内蒙古	61	1351794	11903352	1086730	9688721
辽宁省	78	1882259	18150846	1476238	14589089
吉林省	73	842659	9909790	798547	8572200
黑龙江	39	765322	5946103	616105	3994295
上海市	1	2800	59332	15214	110861
江苏省	46	3451470	29233839	3068848	22376189
浙江省	4	12942	206792	14964	231859
安徽省	70	2704392	22042860	2378959	18654887
福建省	15	180206	1328533	136764	1131726
江西省	15	610812	6026406	611964	4920279
山东省	158	3685119	37929449	3420927	29190203
河南省	120	2738186	23691905	2285754	19722329
湖北省	49	3111632	38883354	3027336	29677707
湖南省	39	946409	8047133	849547	6303064
广东省	15	232761	2410965	240328	2184701
广 西	13	273210	2855851	348627	2102245
海南省	1	0	0	16	20070
重庆市	19	421727	4168514	246680	2582515
四川省	273	17840936	152267115	13581818	123012789
贵州省	67	4102941	37196906	3072590	27089272
云南省	10	85319	1005186	68981	733637
陕西省	19	792168	7121876	680377	5158372
甘肃省	14	381744	2655721	184780	1817041
青海省	2	67328	1132894	107429	836919
宁 夏	2	73370	562065	4210	54027
新 疆	14	179999	2366716	126486	1877024

（数据截止到2012年12月）

表4 2012年分地区白酒行业工业销售产值价格

地 区	企业单位数	本年本月工业销售产值当年价格(千元)	本年本月止累计工业销售产值当年价格(千元)	去年同月工业销售产值当年价格(千元)	去年同月止累计工业销售产值当年价格(千元)
全国总计	1290	47681264	426542038	38685639	334297573
北京市	4	128253	1273888	93579	1103496
天津市	5	72695	548336	92404	648561
河北省	46	1058103	10415922	1474447	9054670
山西省	18	490024	7961249	390675	6298749
内蒙古	61	1248275	11363399	1040778	9362728
辽宁省	78	1800466	17455855	1368874	14136080
吉林省	73	834512	9685294	785706	8292420
黑龙江	39	722116	5644382	570678	3789169
上海市	1	2900	56292	13217	106809
江苏省	46	1883485	28719344	2844589	21780911
浙江省	4	10299	195424	13218	217589
安徽省	70	2369082	20427122	1796321	16907821
福建省	15	162833	1179585	112173	1037955
江西省	15	1011802	6021845	836605	4694039
山东省	158	3619369	37450871	3365889	28831871
河南省	120	2668617	23076678	2214176	19382848
湖北省	49	3447894	37826637	2691182	28706913
湖南省	39	1156663	7758192	703825	5554518
广东省	15	223392	2372825	216067	2132340
广 西	13	143009	1194020	171136	1171690
海南省	1	0	152	16	21599
重庆市	19	340412	3810841	303700	2500826
四川省	273	19207090	147546889	13802458	117192830
贵州省	67	3627122	31781746	1830865	21671898
云南省	10	89742	996614	70553	711531
陕西省	19	630687	6030724	1458885	4965216
甘肃省	14	321186	2126106	229049	1629286
青海省	2	185319	981792	73852	587809
宁 夏	2	41173	322886	4092	46963
新 疆	14	184744	2317128	116630	1758438

（数据截止到2012年12月）

表5 2012年分地区啤酒行业工业总产值价格

地 区	企业单位数	本年本月工业总产值当年价格(千元)	本年本月止累计工业总产值当年价格(千元)	去年同月工业总产值当年价格(千元)	去年同月止累计工业总产值当年价格(千元)
全国总计	504	11059936	159868957	10568489	144935534
北京市	7	306264	5868509	275095	5790697
天津市	3	15566	597173	23543	561889
河北省	23	454593	4871545	452678	4449486
山西省	7	17740	822091	22569	949078
内蒙古	14	207996	3715178	223102	31199535
辽宁省	20	719391	9491160	784460	9052855
吉林省	11	247580	3405424	267844	3026150
黑龙江	22	640581	5970886	648221	5460191
上海市	6	29666	1376799	50418	1675391
江苏省	40	543169	9165418	461505	8504623
浙江省	26	294816	5711773	297292	5423837
安徽省	21	156353	3889346	161108	3710282
福建省	13	303735	5299363	378224	5247459
江西省	16	100541	3140232	132667	2633572
山东省	61	1726223	22558005	1549938	20127887
河南省	44	1070872	13316431	970943	11545935
湖北省	16	484018	11913325	290016	10433952
湖南省	16	219271	3639692	262103	4295792
广东省	28	1240465	13540726	997339	11693225
广 西	6	378750	6651732	380019	5675222
海南省	1	23838	318851	27854	355489
重庆市	4	109467	2197322	92839	1981046
四川省	25	543303	8007949	582851	6473026
贵州省	5	66571	897840	81052	757377
云南省	11	337795	3190549	298129	2448338
西 藏	3	64289	887811	91301	1018208
陕西省	9	129181	2881859	131127	2545890
甘肃省	29	471218	3930916	474163	3476323
青海省	1	16310	298400	17500	278000
宁 夏	1	21815	339787	23473	341956
新 疆	15	118559	1972865	119116	1802823

（数据截止到2012年12月）

表6 2012年分地区啤酒行业工业销售产值价格

地 区	企业单位数	本年本月工业销售产值当年价格(千元)	本年本月止累计工业销售产值当年价格(千元)	去年同月工业销售产值当年价格(千元)	去年同月止累计工业销售产值当年价格(千元)
全国总计	504	10710119	166339110	10072033	150637154
北京市	7	303511	5885783	302822	5418219
天津市	3	17174	602725	25972	561704
河北省	23	449644	4811178	470167	4308807
山西省	7	17371	821141	20827	931239
内蒙古	14	192150	3499938	206386	3070388
辽宁省	20	597210	9587946	695289	9121856
吉林省	11	237250	3420449	246401	2963296
黑龙江	22	600405	5823397	648905	5392848
上海市	6	37424	1382300	44227	1662657
江苏省	40	528584	9163748	401224	8478617
浙江省	26	292183	5690976	265050	5401715
安徽省	21	150875	4021638	169725	3760481
福建省	13	307584	5417991	282248	5121612
江西省	16	103064	2913537	100209	2492575
山东省	61	1872555	29127757	1820219	27008642
河南省	44	1070008	13258890	969307	11464926
湖北省	16	434891	11689754	234396	10231943
湖南省	16	205901	3623213	254074	4301751
广东省	28	1246358	13198584	982261	11259586
广 西	6	246134	6524445	325416	5614595
海南省	1	28836	356734	30774	393807
重庆市	4	107985	2194802	110484	1975469
四川省	25	525132	7987376	540674	6339732
贵州省	5	62859	937738	52403	714354
云南省	11	362805	3050694	209564	2307010
西 藏	3	67477	859844	47197	848478
陕西省	9	144930	4384360	151034	3878234
甘肃省	29	361002	3493392	337332	3252644
青海省	1	13863	290310	17150	272436
宁 夏	1	21714	349457	15537	342039
新 疆	15	103240	1969013	94759	1745494

（数据截止到2012年12月）

表7 2012年分地区黄酒行业工业总产值价格

地 区	企业单位数	本年本月工业总产值当年价格(千元)	本年本月止累计工业总产值当年价格(千元)	去年同月工业总产值当年价格(千元)	去年同月止累计工业总产值当年价格(千元)
全国总计	78	1631826	14534363	1287503	11854938
内蒙古	2	0	488678	540	324037
上海市	2	182617	1029220	175813	1017997
江苏省	4	130590	1021312	110490	902818
浙江省	29	513007	5118156	377744	4421893
安徽省	8	311245	2466454	271137	1872501
福建省	12	73921	965902	59731	672546
江西省	2	9265	218440	12375	131262
山东省	3	138462	964816	83884	685766
河南省	2	18015	223258	14512	178057
湖北省	3	45773	399840	22888	297970
湖南省	5	97023	819874	87250	813937
广　西	2	6325	75957	5581	49747
四川省	2	98723	619403	55678	408390
陕西省	2	6860	123053	9880	78017

（数据截止到2012年12月）

表8 2012年分地区黄酒行业工业销售产值价格

地 区	企业单位数	本年本月工业销售产值当年价格(千元)	本年本月止累计工业销售产值当年价格(千元)	去年同月工业销售产值当年价格(千元)	去年同月止累计工业销售产值当年价格(千元)
全国总计	78	1515279	13639933	1366336	11518383
内蒙古	2	0	477581	469	319057
上海市	2	150149	1067854	1438311	1045937
江苏省	4	95009	946083	110503	843726
浙江省	29	495279	4567979	478389	4121651
安徽省	8	304879	2408554	296289	2019427
福建省	12	73564	887577	54244	607517
江西省	2	8625	224595	14296	129334
山东省	3	126345	930026	76164	659862
河南省	2	17917	222860	14562	177509
湖北省	3	34209	354082	22145	267342
湖南省	5	95027	772152	85888	808620
广　西	2	5826	61930	5491	46869
四川省	2	98015	610342	54331	401460
陕西省	2	10435	108318	9734	70072

（数据截止到2012年12月）

表9 2012年分地区葡萄酒行业工业总产值价格

地 区	企业单位数	本年本月 工业总产值 当年价格(千元)	本年本月止 累计工业总产值 当年价格(千元)	去年同月 工业总产值 当年价格(千元)	去年同月止 累计工业总产值 当年价格(千元)
全国总计	200	4770572	38049594	4336878	34201731
北京市	4	25988	287953	72493	366759
天津市	4	79914	753278	121978	817886
河北省	16	412697	2798192	350566	2603685
山西省	3	12940	199298	24975	156701
内蒙古	3	77633	582973	68529	446611
辽宁省	15	162277	1864848	101803	1567244
吉林省	20	284654	3439150	286445	2758619
黑龙江	1	18892	214922	27578	137889
上海市	2	2001	15626	3196	34856
江苏省	1	6287	61372	1892	22346
安徽省	4	10879	212087	13218	181299
福建省	1	8200	121000	0	65349
江西省	1	11965	241275	8888	162853
山东省	54	2842939	21276060	2259383	18736347
河南省	26	198704	1682495	176006	1425560
湖北省	5	42948	324208	23048	201611
湖南省	2	15495	116347	10150	120313
广东省	1	0	4316	13300	42178
广 西	2	8063	32747	7474	53836
重庆市	1	17840	1616411	7680	84448
四川省	2	18050	125705	10059	82635
云南省	5	78401	922255	65984	876828
陕西省	2	43353	382172	27762	258131
甘肃省	7	153385	1178794	375321	1786261
宁 夏	5	125848	284984	105949	242804
新 疆	13	111219	765896	173201	968682

（数据截止到2012年12月）

表10 2012年分地区葡萄酒行业工业销售产值价格

地 区	企业单位数	本年本月工业销售产值当年价格(千元)	本年本月止累计工业销售产值当年价格(千元)	去年同月工业销售产值当年价格(千元)	去年同月止累计工业销售产值当年价格(千元)
全国总计	200	4677141	36967347	5043667	33510782
北京市	4	23495	267618	45186	334929
天津市	4	99225	688166	171548	1036285
河北省	16	353300	2565618	957300	2273735
山西省	3	20230	290006	27655	194942
内蒙古	3	72270	517946	62422	406246
辽宁省	15	147051	1764211	89006	1448211
吉林省	20	300767	3336775	320076	2718114
黑龙江	1	18892	200001	27671	138355
上海市	2	2087	61663	4007	54467
江苏省	1	5651	55188	1739	21531
安徽省	4	9889	204432	12084	173362
福建省	1	8200	121000	0	65349
江西省	1	11965	241275	8876	147170
山东省	54	2902916	21083316	2278955	18501840
河南省	26	197309	1669384	174194	1414526
湖北省	5	41548	285456	23923	180630
湖南省	2	13440	112247	8082	112182
广东省	1	0	4265	12569	41564
广 西	2	7161	29294	8573	51318
重庆市	1	17126	155175	7520	82134
四川省	2	11742	114300	7507	65665
云南省	5	70157	749548	167952	861281
陕西省	2	43473	368399	27603	252464
甘肃省	7	131435	1034317	359992	1742277
宁 夏	5	44600	269816	60614	201466
新 疆	13	123212	777931	178613	990739

（数据截止到2012年12月）

表11 2012年分地区其他酒行业工业总产值价格

地 区	企业单位数	本年本月工业总产值当年价格(千元)	本年本月止累计工业总产值当年价格(千元)	去年同月工业总产值当年价格(千元)	去年同月止累计工业总产值当年价格(千元)
全国总计	132	2955321	22088210	2197945	16462154
北京市	1	4676	50453	4863	43538
天津市	1	2488	26533	1920	27920
河北省	1	10102	121984	8910	91121
山西省	1	24008	141949	0	51150
内蒙古	2	23771	421975	21564	308726
辽宁省	1	18958	66884	26929	63772
吉林省	6	40411	700073	348411	711352
黑龙江	8	152963	1155158	55409	529535
上海市	2	15261	159150	16131	132459
江苏省	2	23895	445795	25000	416278
浙江省	3	25432	137133	17216	60109
安徽省	4	52551	488809	38757	377254
福建省	7	77554	701208	35240	371030
江西省	3	37522	346428	47803	321918
山东省	9	74467	734776	63040	557151
河南省	8	125428	1187823	109484	787484
湖北省	9	1033948	5964267	628508	4720708
湖南省	18	387167	3369639	287373	2466103
广东省	9	113891	704986	73489	512142
广 西	8	71237	540823	77225	519941
海南省	3	105782	391062	104144	382230
重庆市	5	61328	695629	55365	574890
四川省	10	120703	1287453	127101	1016858
贵州省	1	15500	122221	0	0
云南省	1	11409	136906	0	0
西 藏	1	8652	72404	3405	53982
陕西省	6	114715	797443	63127	412448
宁 夏	2	201502	1119246	271101	952055

（数据截止到2012年12月）

表12 2012年分地区其他酒行业工业销售产值价格

地 区	企业单位数	本年本月工业销售产值当年价格(千元)	本年本月止累计工业销售产值当年价格(千元)	去年同月工业销售产值当年价格(千元)	去年同月止累计工业销售产值当年价格(千元)
全国总计	132	3139750	20960622	2187754	15795519
北京市	1	3179	47539	3881	42687
天津市	1	2495	26535	1908	27708
河北省	1	10100	121966	8908	91094
山西省	1	22771	131230	0	45557
内蒙古	2	23723	413496	22099	302625
辽宁省	1	18958	66884	26733	63772
吉林省	6	40756	688317	38777	696253
黑龙江	8	151507	1123413	53433	513683
上海市	2	17065	173202	11828	135405
江苏省	2	23504	436704	24500	408268
浙江省	3	22720	150836	15754	62311
安徽省	4	53180	488153	39374	377604
福建省	7	89125	662111	34803	372010
江西省	3	36904	336479	46186	312450
山东省	9	74674	734513	63439	557598
河南省	8	123502	1165694	109105	770796
湖北省	9	1150900	5783799	739502	4503310
湖南省	18	386118	3218111	276096	2479427
广东省	9	114584	694049	75772	505163
广 西	8	70281	513664	68446	473825
海南省	3	87780	288219	176541	374331
重庆市	5	77082	683709	49852	560083
四川省	10	301612	1263132	127154	1010160
贵州省	1	15500	122221	0	0
云南省	1	11826	137420	0	0
西 藏	1	8648	72400	3409	54821
陕西省	6	75580	578590	59820	402953
宁 夏	2	125676	838236	110434	651625

（数据截止到2012年12月）

2012年按注册类型分工业总产值价格、工业销售产值价格数据

表1 2012年全年分注册类型酒精行业工业总产值价格

注册类型	企业单位数	本年本月工业总产值当年价格(千元)	本年本月止累计工业总产值当年价格(千元)	去年同月工业总产值当年价格(千元)	去年同月止累计工业总产值当年价格(千元)
全国总计	160	6515093	70556254	6168234	61876169
国有企业	2	123853	746198	66684	483016
国有独资公司	1	582555	6529843	587149	6007053
其他有限责任公司	52	1906245	18735843	1613508	16061624
股份有限公司	4	351980	4562413	351185	3416626
私营独资企业	17	543582	6168444	502068	5103451
私营有限责任公司	65	2163266	23990170	2128823	20916486
私营股份有限公司	5	205122	2011729	110082	1718205
其他企业	4	109176	587052	69163	444208
合资经营企业(港或澳、台资)	2	896	124704	44748	365632
港、澳、台商独资经营企业	2	122965	1760436	147565	1760407
中外合资经营企业	3	38597	1260338	131983	1510388
外资企业	3	366856	4079084	415276	4089073

（数据截止到2012年12月）

表2 2012年全年分注册类型酒精行业工业销售产值价格

注册类型	企业单位数	本年本月工业销售产值当年价格(千元)	本年本月止累计工业销售产值当年价格(千元)	去年同月工业销售产值当年价格(千元)	去年同月止累计工业销售产值当年价格(千元)
全国总计	160	6414644	67840236	6444603	60363856
国有企业	2	105576	630079	82237	631392
国有独资公司	1	548144	6293397	593676	5878217
其他有限责任公司	52	2038352	18169173	1689649	15912267
股份有限公司	4	318266	4096788	454710	3032186
私营独资企业	17	532284	6008958	597054	5148965
私营有限责任公司	65	2027436	23480335	2071369	20376071
私营股份有限公司	5	211237	1985055	107637	1693957
其他企业	4	110844	558795	87769	405694
合资经营企业(港或澳、台资)	2	896	152589	35424	330806
港、澳、台商独资经营企业	2	114694	1730296	164150	1729257
中外合资经营企业	3	76430	826784	196095	1352956
外资企业	3	330485	3907987	364833	3872088

（数据截止到2012年12月）

表3 2012年全年分注册类型白酒行业工业总产值价格

注册类型	企业单位数	本年本月工业总产值当年价格(千元)	本年本月止累计工业总产值当年价格(千元)	去年同月工业总产值当年价格(千元)	去年同月止累计工业总产值当年价格(千元)
全国总计	1290	48947704	447604188	40741859	354538647
国有企业	21	4563683	38363350	3434988	28958876
集体企业	21	368043	7011238	447519	5154174
股份合作企业	20	258928	1816587	197177	1606130
集体联营企业	3	27090	271096	41102	280808
国有独资公司	5	4005191	47293409	3016718	40241898
其他有限责任公司	300	13474395	110949786	10743857	87125562
股份有限公司	79	10711871	105129977	10210475	82913548
私营独资企业	250	4205643	36272830	3689912	30168363
私营合伙企业	19	244926	1976492	210314	1651126
私营有限责任公司	480	9423936	83040007	7380985	64874874
私营股份有限公司	35	772139	6932933	595591	5152625
其他企业	36	434923	4550040	355900	3091269
合资经营企业(港或澳、台资)	6	259286	1829649	263793	1627884
合作经营企业(港或澳、台资)	1	13478	60790	500	50873
港、澳、台商独资经营企业	4	77596	843601	62031	729166
中外合资经营企业	3	20248	260042	16720	191473
外资企业	4	39340	488929	55154	441627
外商投资股份有限公司	1	35958	389613	13557	186287
其他外商投资企业	2	11030	123819	5566	92084

（数据截止到2012年12月）

表4 2012年全年分注册类型白酒行业工业销售产值价格

注册类型	企业单位数	本年本月工业销售产值当年价格(千元)	本年本月止累计工业销售产值当年价格(千元)	去年同月工业销售产值当年价格(千元)	去年同月止累计工业销售产值当年价格(千元)
全国总计	1290	47681264	426542038	38685639	334297573
国有企业	21	4224818	34530336	1917388	24564153
集体企业	21	368099	6932899	440268	5061399
股份合作企业	20	250101	1774916	186772	1554231
集体联营企业	3	27377	269094	40678	279085
国有独资公司	5	3424920	47445138	3046925	39465022
其他有限责任公司	300	14932684	104033800	11022043	80622654
股份有限公司	79	9414305	101295638	9709936	79026725
私营独资企业	250	4210260	35509908	3673025	29492102
私营合伙企业	19	237416	1888928	265443	1636185
私营有限责任公司	480	9044910	78386211	7057819	61603869
私营股份有限公司	35	762029	6785189	586105	5043585
其他企业	36	376592	4071254	356841	2895527
合资经营企业(港或澳、台资)	6	216677	1545902	228155	1411476
合作经营企业(港或澳、台资)	1	13478	60790	500	50207
港、澳、台商独资经营企业	4	69123	812675	64893	695432
中外合资经营企业	3	18748	253816	17200	190584
外资企业	4	43477	489929	57343	434514
外商投资股份有限公司	1	35220	331796	8739	178739
其他外商投资企业	2	11030	123819	5566	92084

(数据截止到2012年12月)

表5 2012年全年分注册类型啤酒行业工业总产值价格

注册类型	企业单位数	本年本月工业总产值当年价格(千元)	本年本月止累计工业总产值当年价格(千元)	去年同月工业总产值当年价格(千元)	去年同月止累计工业总产值当年价格(千元)
全国总计	504	11059936	159868957	10568489	144935534
国有企业	20	436279	9812955	509444	9957154
集体企业	4	193038	1242612	157828	1015429
股份合作企业	6	56190	1131263	51163	960065
国有联营企业	1	0	0	0	21244
国有独资公司	4	58127	470475	50046	461107
其他有限责任公司	150	2234496	31857108	2060070	28738647
股份有限公司	25	578934	9929821	592457	9456972
私营独资企业	19	399008	3900500	311996	3103377
私营合伙企业	1	33450	234677	28590	206957
私营有限责任公司	74	1147879	12846903	1040612	10749226
私营股份有限公司	13	246141	2914192	237095	2458281
其他企业	7	224367	2388220	219777	1981509
合资经营企业(港或澳、台资)	22	848055	10204312	704546	9126151
合作经营企业(港或澳、台资)	2	0	254455	0	279733
港、澳、台商独资经营企业	27	344460	7124452	344097	7095634
港、澳、台商投资股份有限公司	2	115892	1507577	128459	1494530
中外合资经营企业	46	1290892	23893185	1127791	22752574
中外合作经营企业	1	5362	390562	6154	400898
外资企业	69	1752031	26293575	1996131	24821472
外商投资股份有限公司	11	1095335	13472113	1002233	9854574

（数据截止到2012年12月）

表6 2012年全年分注册类型啤酒行业工业销售产值价格

注册类型	企业单位数	本年本月工业销售产值当年价格(千元)	本年本月止累计工业销售产值当年价格(千元)	去年同月工业销售产值当年价格(千元)	去年同月止累计工业销售产值当年价格(千元)
全国总计	504	10710119	166339110	10072033	150637154
国有企业	20	452186	9766700	521085	9434773
集体企业	4	192142	1243183	158632	1016398
股份合作企业	6	47340	1085788	48435	936857
国有联营企业	1	0	0	0	20443
国有独资公司	4	64345	437692	70207	440441
其他有限责任公司	150	2214754	32650965	1978671	29453827
股份有限公司	25	432217	9667421	527892	9397265
私营独资企业	19	405474	3886855	308253	3084010
私营合伙企业	1	33450	234423	28590	206957
私营有限责任公司	74	1106366	12534701	983383	10507796
私营股份有限公司	13	219897	2720294	198017	2284042
其他企业	7	212705	2298770	196966	1889920
合资经营企业(港或澳、台资)	22	802971	10073715	646256	8741982
合作经营企业(港或澳、台资)	2	394	259476	2360	279683
港、澳、台商独资经营企业	27	310903	7121217	346444	7108623
港、澳、台商投资股份有限公司	2	111763	1494217	117375	1473968
中外合资经营企业	46	1263568	23594683	966415	22394794
中外合作经营企业	1	6273	390469	6231	400897
外资企业	69	1576055	26734286	1696394	24777889
外商投资股份有限公司	11	1257316	20144255	1270427	16786589

（数据截止到2012年12月）

表7 2012年全年分注册类型黄酒行业工业总产值价格

注册类型	企业单位数	本年本月工业总产值当年价格(千元)	本年本月止累计工业总产值当年价格(千元)	去年同月工业总产值当年价格(千元)	去年同月止累计工业总产值当年价格(千元)
全国总计	78	1631826	14534363	1287503	11854938
国有企业	2	63375	407949	57675	391515
集体企业	1	2178	67940	2387	55943
股份合作企业	2	10090	89713	9719	85744
国有独资公司	1	126391	1310786	122970	1172841
其他有限责任公司	20	585794	5009432	490691	4220160
股份有限公司	3	131839	1581633	93718	1419008
私营独资企业	4	28085	352008	20445	260167
私营合伙企业	1	3810	28798	3500	24870
私营有限责任公司	31	399592	3360257	247183	2416852
私营股份有限公司	4	114339	1105608	117370	929191
其他企业	2	92163	429518	61743	269324
合资经营企业(港或澳、台资)	3	28970	212523	14341	206137
港、澳、台商独资经营企业	2	15883	356013	18803	191829
中外合作经营企业	1	24317	170686	23320	166710
外资企业	1	5000	51499	3638	44647

（数据截止到2012年12月）

表8 2012年全年分注册类型黄酒行业工业销售产值价格

注册类型	企业单位数	本年本月工业销售产值当年价格(千元)	本年本月止累计工业销售产值当年价格(千元)	去年同月工业销售产值当年价格(千元)	去年同月止累计工业销售产值当年价格(千元)
全国总计	78	1515279	13639933	1366336	11518383
国有企业	2	57491	403664	52047	386699
集体企业	1	6626	52737	5979	57757
股份合作企业	2	9071	76491	8705	75731
国有独资公司	1	118835	1350305	140911	1252187
其他有限责任公司	20	494112	4611711	487600	4112849
股份有限公司	3	160105	1402397	145758	1323623
私营独资企业	4	27449	335642	20355	257289
私营合伙企业	1	3712	28400	3550	24322
私营有限责任公司	31	385877	3160619	260108	2261233
私营股份有限公司	4	115695	1081456	121908	928567
其他企业	2	79391	409310	58856	266162
合资经营企业(港或澳、台资)	3	13438	160367	11840	164605
港、澳、台商独资经营企业	2	15552	355192	18760	190340
中外合作经营企业	1	21968	169117	19550	159868
外资企业	1	5957	42525	10409	57151

(数据截止到2012年12月)

表9 2012年全年分注册类型葡萄酒行业工业总产值价格

注册类型	企业单位数	本年本月工业总产值当年价格(千元)	本年本月止累计工业总产值当年价格(千元)	去年同月工业总产值当年价格(千元)	去年同月止累计工业总产值当年价格(千元)
全国总计	200	4770572	38049594	4336878	34201731
国有企业	5	253331	1777024	202597	1642161
其他有限责任公司	42	1907531	11729582	1963134	11347256
股份有限公司	8	462414	1919042	175286	2142840
私营独资企业	23	254661	3005879	219252	2227030
私营合伙企业	3	20747	110899	16725	108230
私营有限责任公司	77	855061	10165411	790232	8461475
私营股份有限公司	7	202585	1763152	155276	1264231
其他企业	3	61658	376732	63374	370294
合资经营企业(港或澳、台资)	7	120904	767913	106567	722904
港、澳、台商独资经营企业	4	97649	739596	137612	857926
中外合资经营企业	13	179171	2918420	228334	2521506
中外合作经营企业	1	49536	154709	38562	167452
外资企业	7	305324	2621235	239927	2368426

（数据截止到2012年12月）

表10 2012年全年分注册类型葡萄酒行业工业销售产值价格

注册类型	企业单位数	本年本月工业销售产值当年价格(千元)	本年本月止累计工业销售产值当年价格(千元)	去年同月工业销售产值当年价格(千元)	去年同月止累计工业销售产值当年价格(千元)
全国总计	200	4677141	36967347	5043667	33510782
国有企业	5	254052	1687089	209368	1588018
其他有限责任公司	42	1854670	11581778	1938883	11190954
股份有限公司	8	522950	1927396	195225	2164191
私营独资企业	23	268545	2994765	214504	2198751
私营合伙企业	3	13797	88760	12825	88865
私营有限责任公司	77	820102	9920473	717324	8206464
私营股份有限公司	7	219674	1776887	164005	1263518
其他企业	3	60445	368261	61439	360383
合资经营企业(港或澳、台资)	7	92060	773190	82400	678692
港、澳、台商独资经营企业	4	115627	673719	202296	1051575
中外合资经营企业	13	154718	2736195	280351	2488962
中外合作经营企业	1	35170	92550	27693	127236
外资企业	7	265331	2346284	937354	2103173

（数据截止到2012年12月）

表11 2012年全年分注册类型其他酒行业工业总产值价格

注册类型	企业单位数	本年本月工业总产值当年价格(千元)	本年本月止累计工业总产值当年价格(千元)	去年同月工业总产值当年价格(千元)	去年同月止累计工业总产值当年价格(千元)
全国总计	132	2955321	22088210	2197945	16462154
集体企业	1	0	107891	6851	88601
其他有限责任公司	33	1412064	8524189	870982	6521513
股份有限公司	8	111461	1112804	163798	1141946
私营独资企业	15	201758	1658587	115937	1012600
私营合伙企业	2	57000	329818	16678	170307
私营有限责任公司	53	878878	8054753	723149	5847857
私营股份有限公司	6	68580	546700	77558	470994
其他企业	6	63884	647814	32987	439631
合资经营企业(港或澳、台资)	2	23492	313372	13174	134107
中外合资经营企业	2	106863	597256	140876	487095
中外合作经营企业	1	2488	26533	1920	27920
外资企业	3	28853	168493	34035	119583

（数据截止到2012年12月）

表12 2012年全年分注册类型其他酒行业工业销售产值价格

注册类型	企业单位数	本年本月工业销售产值当年价格(千元)	本年本月止累计工业销售产值当年价格(千元)	去年同月工业销售产值当年价格(千元)	去年同月止累计工业销售产值当年价格(千元)
全国总计	132	3139750	20960622	2187754	15795519
集体企业	1	0	107891	6851	88601
其他有限责任公司	33	1698215	8198987	977664	6269306
股份有限公司	8	127119	1102731	234657	1116978
私营独资企业	15	194009	1615205	110981	1006458
私营合伙企业	2	19500	145275	15909	162708
私营有限责任公司	53	839222	7667558	642241	5647546
私营股份有限公司	6	65704	525792	68648	449688
其他企业	6	63658	646353	33494	442250
合资经营企业(港或澳、台资)	2	43462	314489	9412	134249
中外合资经营企业	2	57513	441313	52150	330444
中外合作经营企业	1	2495	26535	1908	27708
外资企业	3	28853	168493	33839	119583

（数据截止到2012年12月）

2012年全年不同规模企业工业总产值价格、工业销售产值价格数据

表1 2012年不同规模企业工业总产值价格

酒种	企业规模	企业单位数	本年本月工业总产值当年价格(千元)	本年本月止累计工业总产值当年价格(千元)	去年同月工业总产值当年价格(千元)	去年同月止累计工业总产值当年价格(千元)
酒精	全国总计	160	6515093	70556254	6168234	61876169
	大型企业	8	2156640	26328747	2180428	23121920
	中型企业	30	1757232	20354525	1890136	18518916
	小型企业	122	2601221	23872982	2097670	20235333
白酒	全国总计	1290	48947704	447604188	40741859	354538647
	大型企业	48	25221903	242080052	21195929	193657331
	中型企业	188	7500862	65092707	6491227	53119250
	小型企业	1054	16224939	140431429	13054703	107762066
啤酒	全国总计	504	11059936	159868957	10568489	144935534
	大型企业	28	3003848	44196233	2709089	37429680
	中型企业	233	5341999	82329235	5539326	79839444
	小型企业	243	2714089	33343489	2320074	27666410
黄酒	全国总计	78	1631826	14534363	1287503	11854938
	大中型企业	14	872128	7418590	625778	6099673
	小型企业	64	759698	7115773	661725	5755265
葡萄酒	全国总计	200	4770572	38049594	4336878	34201731
	大中型企业	20	2521543	15766917	2169426	15082405
	小型企业	180	2249029	22282677	2167452	19119326
其他酒	全国总计	132	2955321	22088210	2197945	16462154
	大中型企业	12	1373546	9435906	1146686	7780477
	小型企业	120	1581775	12652304	1051259	8681677

（数据截止到2012年12月）

表2 2012年不同规模企业工业销售产值价格

酒种	企业规模	企业单位数	本年本月工业销售产值当年价格(千元)	本年本月止累计工业销售产值当年价格(千元)	去年同月工业销售产值当年价格(千元)	去年同月止累计工业销售产值当年价格(千元)
酒精	全国总计	160	6414644	67840236	6444603	60363856
	大型企业	8	2078045	25525195	2153833	22360406
	中型企业	30	1809698	19002208	2091511	18051964
	小型企业	122	2526901	23312833	2199259	19951486
白酒	全国总计	1290	47681264	426542038	38685639	334297573
	大型企业	48	24562563	231415372	19710663	180458303
	中型企业	188	7208226	59632871	6053659	49668956
	小型企业	1054	15910475	135493795	12921317	104170314
啤酒	全国总计	504	10710119	166339110	10072033	150637154
	大型企业	28	2997437	50621198	2799377	43607473
	中型企业	233	5197957	83178811	5210544	80062192
	小型企业	243	2514725	32539101	2062112	26967489
黄酒	全国总计	78	1515279	13639933	1366336	11518383
	大中型企业	14	777322	6840553	694677	5950230
	小型企业	64	737957	6799380	671659	5568153
葡萄酒	全国总计	200	4677141	36967347	5043667	33510782
	大中型企业	20	2543542	15066785	3038554	14913710
	小型企业	180	2133599	21900562	2005113	18597072
其他酒	全国总计	132	3139750	20960622	2187754	15795519
	大中型企业	12	1431203	8835557	1164107	7289562
	小型企业	120	1708547	12125065	1023647	8505957

（数据截止到2012年12月）

2012年海关进出口数据

表1 2012年全年海关进口数据

产品名称	单位	本月数量	累计数量	本月金额（美元）	累计金额（美元）
其他大麦	千克	208047290	2472360569	66292310	763804344
未焙制的麦芽	千克	383	70681	552	50623
已焙制的麦芽	千克	1480095	13267475	924146	8208016
啤酒花，未经研磨也未制成团粒	千克	0	301	0	5829
啤酒花，经研磨或制成团粒；蛇麻腺	千克	7140	1422075	57731	11640452
啤酒花液汁及浸膏	千克	10	26777	243	680800
别特酒，按体积计酒精含量含44.2%～49.2%，按重量计含	千克	0	10456	0	18287
麦芽酿造的啤酒	升	7303528	102470866	9921376	133107874
葡萄汽酒	升	548671	5767169	4836876	54699382
装入≤2升的容器的鲜葡萄酿造的酒	升	20758341	238843624	108070185	1224176987
装入>2升的容器的鲜葡萄酿造的酒	升	5816061	115170326	6313046	134561957
2009以外的酿酒葡萄汁	升	0	48640	0	164246
装入≤2升的容器的味美思酒等酒	升	36846	473199	85649	1386243
装入>2升的容器的味美思酒等酒	升	0	4365	0	8907
黄酒	升	88529	727986	92078	1032769
未改性乙醇，按容量计酒精浓度≥80%	升	4944145	11941641	2888726	7586924
任何浓度的改性乙醇及其他酒精	升	259668	3305424	183290	2651622
蒸馏葡萄酒制得的烈性酒	升	3575912	27202784	114209019	875328271
威士忌酒	升	1733609	17372999	11719705	123134272
朗姆酒及蒸馏已发酵甘蔗产品制得的烈性酒	升	453352	4253512	898857	7316823
杜松子酒	升	39138	569089	139241	1710283
伏特加酒	升	313932	2684966	1068804	11369623
利口酒及柯迪尔酒	升	235011	2279335	798261	9098892
龙舌兰酒	升	23427	663529	100140	3627077
白酒	升	279422	2018752	5003097	41364692
浓度<80%的未改性乙醇；其他酒精饮料	升	631747	6640497	1438713	15314825
中药酒	千克	0	33	0	506

（数据截止到2012年12月）

表2 2012年全年海关出口数据

产品名称	单位	本月数量	累计数量	本月金额(美元)	累计金额(美元)
其他大麦	千克	115264	3920405	51367	1706106
未焙制的麦芽	千克	12989720	142789065	7116380	80523173
已焙制的麦芽	千克	9244674	127611005	5049663	69564212
啤酒花，未经研磨也未制成团粒	千克	0	11825	0	31730
啤酒花，经研磨或制成团粒；蛇麻腺	千克	0	9490	0	44482
啤酒花液汁及浸膏	千克	65	1881	1049	19609
别特酒	千克	0	12458	0	47349
制造饮料用的复合酒精制品	千克	0	5560	0	20109
麦芽酿造的啤酒	升	17533239	206055999	11279583	128770464
葡萄汽酒	升	5950	59923	146100	1136991
装入≤2升的容器的鲜葡萄酿造的酒	升	100946	1613643	1119026	73800617
装入>2升的容器的鲜葡萄酿造的酒	升	30	122074	378	133180
装入≤2升的容器的味美思酒等酒	升	40207	402922	83762	772103
黄酒	升	1563842	1F05399	2179720	24305160
未改性乙醇，按容量计酒精浓度≥80%	升	3321771	33081906	3316465	30703609
任何浓度的改性乙醇及其他酒精	升	70121	7345649	61714	5398716
蒸馏葡萄酒制得的烈性酒	升	158787	1034620	3921277	44329946
威士忌酒	升	10271	57807	85599	688931
朗姆酒及蒸馏已发酵甘蔗产品制得的烈性酒	升	643897	2775244	540872	2290585
杜松子酒	升	27	1441	248	8979
伏特加酒	升	85249	301531	2686507	3441274
利口酒及柯迪尔酒	升	2972	71647	34275	339435
龙舌兰酒	升	0	15291	0	748881
白酒	升	1308283	11239064	27705600	299117050
浓度<80%的未改性乙醇；其他酒精饮料	升	1366917	12707642	2753295	23771818
中药酒	千克	68514	677342	325161	2870763

（数据截止到2012年12月）

2013年全国各省、市、自治区酒业产量数据

表1 2013年全国各省、自治区、直辖市发酵酒精产量

单位：千升

产 地	本月产量	累计产量	去年同期产量	去年同期累计产量
全国总计	976139. 34	9115498. 29	816864. 94	6487562. 23
河北省	13081. 00	132219. 00	12844. 00	153103. 00
山西省	0. 00	2814. 30	8657. 50	68264. 21
内蒙古	28994. 00	397338. 00	29662. 20	375795. 00
辽宁省	850. 00	3520. 00	520. 00	7378. 00
吉林省	114139. 00	1602581. 40	104031. 94	1523062. 16
黑龙江	191498. 00	1317951. 30	125648. 00	1137037. 72
江苏省	96064. 00	1148121. 66	91048. 23	1091194. 20
浙江省	0. 00	0. 00	0. 00	0. 00
安徽省	30820. 36	232009. 37	21180. 64	249273. 57
山东省	21780. 10	325423. 10	11114. 00	328700. 00
河南省	257015. 32	2261600. 46	214934. 76	2062419. 02
湖北省	2239. 00	33008. 00	3026. 00	45700. 00
湖南省	5177. 00	28400.00	4128. 00	29310. 00
广东省	55759. 92	165327. 03	27872. 28	108945. 47
广 西	100776. 11	808980. 45	118364. 71	707919. 71
海南省	1378. 75	7341. 00	0. 00	1571. 00
重庆市	2045. 00	20880. 00	2477. 00	9602. 00
四川省	20295. 00	292179. 00	15852. 38	270898. 41
云南省	16331. 42	210744. 86	6609. 50	182563. 03
陕西省	0. 00	0. 00	0. 00	0. 00
甘肃省	2098. 00	23287. 00	800. 00	19118. 00
新 疆	15777. 36	101772. 36	18093. 60	115717. 73

（数据截止到2013年12月）

表2 2013年全国各省、自治区、直辖市饮料酒产量

单位：千升

产 地	本月产量	累计产量	去年同期产量	去年同期累计产量
全国总计	4626327. 32	66003290. 24	4450808. 11	63147113. 21
北京市	123679. 98	1978537. 57	96843. 04	1917122. 52
天津市	14829. 51	310393. 84	14461. 65	332714. 45
河北省	191228. 02	1914027. 64	155542. 59	1937796. 44
山西省	25215. 65	558362. 94	23115. 79	545878. 01
内蒙古	124923. 06	1763696. 77	116968. 08	1613217. 70
辽宁省	279359. 31	3308157. 05	239235. 59	3215345. 42
吉林省	164328. 03	2357120. 31	195673. 35	2295343. 65
黑龙江	301680. 35	2748127. 03	245942. 82	2528120. 40
上海市	29569. 87	614554. 27	25045. 03	705336. 38
江苏省	170814. 34	3276332. 22	152606. 59	3217049. 39
浙江省	201304. 68	3603648. 36	174031. 41	3442946. 19
安徽省	123489. 43	2210422. 51	121276. 59	2158283. 64
福建省	104734. 60	2120460. 27	97034. 73	2070307.36
江西省	84075. 53	1393506. 36	69551. 38	1319428. 43
山东省	541709. 66	8710288. 07	576742. 86	8477956. 94
河南省	433756. 64	5624404. 23	444705. 58	5477133. 18
湖北省	216950. 42	3447891. 59	179388. 85	3257490. 99
湖南省	64063. 30	1096397. 45	74317. 52	1126047. 40
广东省	356982. 30	4970969. 71	381878. 49	4963690. 17
广 西	105936. 44	2008686. 79	82897. 43	1831956. 45
海南省	9171. 00	95877. 00	10655. 00	110932. 00
重庆市	46821. 33	1003230. 50	49044. 61	955720. 47
四川省	558316. 07	5788855. 22	602729. 39	5060552. 75
贵州省	57203. 67	875094. 49	56348. 26	672192. 79
云南省	92404. 39	1065504. 59	99174. 09	981440. 81
西 藏	18768. 88	183134. 49	13911. 60	183456. 69
陕西省	54584. 75	1181186. 23	52757. 51	1156348. 95
甘肃省	45864. 33	737261. 99	48887. 16	685243. 24
青海省	13840. 34	137228. 14	6563. 74	120377. 97
宁 夏	20072. 41	297461. 37	16659. 72	196225. 77
新 疆	30629. 03	622471. 24	26817. 66	591456. 76

（数据截止到2013年12月）

表3 2013年全国各省、自治区、直辖市白酒产量

单位：千升

产 地	本月产量	累计产量	去年同期产量	去年同期累计产量
全国总计	1341011. 44	12262037. 42	1346300. 83	11454331. 88
北京市	30101. 55	28002212	27240. 69	241214. 40
天津市	3975. 30	27745. 00	3529. 00	28295. 70
河北省	33063. 67	276643. 17	29998. 99	264216. 64
山西省	9946. 34	111880. 79	16175. 83	128541. 20
内蒙古	53888. 48	645865. 93	51085. 15	532519. 81
辽宁省	52303. 01	547753. 92	52016. 18	532267. 69
吉林省	46224. 94	561685. 33	52680. 00	548116. 40
黑龙江	69609. 98	500523. 37	39264. 00	388094. 34
上海市	300. 00	6307. 00	380. 00	6140. 00
江苏省	91817. 15	940517. 01	100727. 51	911156. 17
浙江省	1917. 12	20663. 98	1898. 55	21905. 23
安徽省	49843. 37	401970. 26	48866. 61	421675. 43
福建省	4483. 08	38637. 73	4308. 00	36376. 45
江西省	17315. 32	141851. 67	16642. 67	157059. 87
山东省	156754. 25	1317105. 08	131385. 41	1268514. 79
河南省	104846. 15	1067604. 71	107467. 44	1003052. 23
湖北省	66747. 15	721511. 58	63310. 21	722669. 84
湖南省	25452. 03	256749. 21	24893. 42	244518. 60
广东省	10723. 70	118764. 95	10014. 62	110410. 24
广　西	11837. 47	93088. 61	8304. 15	67002. 04
海南省	400. 00	1159. 00	0. 00	0. 00
重庆市	14949. 48	172297. 75	14870. 30	182218. 07
四川省	418643. 66	3363615. 69	485568. 76	3064095. 25
贵州省	30127. 61	323800. 49	26610. 30	268890. 43
云南省	8138. 80	76323. 70	5529. 57	67078. 69
陕西省	13700. 23	104909. 48	9645. 63	96402. 50
甘肃省	5264. 52	44610. 79	5230. 13	41800. 99
青海省	3340. 34	21128. 14	2063. 74	19177. 97
宁　夏	823. 00	12641. 00	2094. 00	16669. 00
新　疆	4473. 74	64669. 96	4499. 97	64251. 91

（数据截止到2013年12月）

表4 2013年全国各省、自治区、直辖市啤酒产量

单位：千升

产 地	本月产量	累计产量	去年同期产量	去年同期累计产量
全国总计	2917261. 00	50615368. 49	2707627. 08	48394012. 62
北京市	91152. 40	1682681. 80	67989. 77	1661659. 19
天津市	8867. 95	261669. 74	7040. 16	271397. 25
河北省	151172. 45	1566212. 70	107728. 52	1562694. 18
山西省	14374. 59	436777. 39	5939. 26	407811. 39
内蒙古	68501. 96	1099433. 11	63131. 32	1042940. 22
辽宁省	222979. 94	2719679. 49	183255. 63	2641186. 18
吉林省	118379. 29	1486216. 97	103778. 06	1386805. 39
黑龙江	221605. 82	2189412. 62	202066. 82	2091346. 43
上海市	14500. 78	492424. 70	10930. 01	595019. 40
江苏省	64330. 19	2199501. 21	37982. 95	2173815. 77
浙江省	123255. 43	2894430. 78	102649. 43	2735382. 11
安徽省	42850. 16	1636437. 94	39000. 44	1557524. 76
福建省	91897. 57	2000075. 86	83880. 13	1961298. 53
江西省	66276. 21	1244339. 69	51932. 36	1149383. 44
山东省	327293. 26	6856412. 64	383546. 34	6641865. 01
河南省	297720. 49	4278760. 82	290275. 64	4143047. 15
湖北省	109016. 44	2546916. 07	88863. 90	2346496. 21
湖南省	33575. 57	787437. 54	44947. 10	641964. 50
广东省	343143. 19	4807863. 45	367883. 85	4792162. 97
广　西	86686. 41	1851133. 71	64500. 75	1692620. 00
海南省	6313. 00	76807. 00	6544. 00	87525. 00
重庆市	31416. 35	827052. 59	34154. 31	772337. 40
四川省	133908. 47	2382651. 48	113514. 01	1961744. 91
贵州省	26998. 00	550015. 00	29620. 54	401991. 00
云南省	81749. 16	959538. 45	88958. 81	889719. 22
西　藏	17900. 88	172927. 49	12934. 43	175279. 29
陕西省	33984. 52	1021814. 75	38899. 88	1020861. 95
甘肃省	39342. 46	681807. 91	42433. 16	631673. 44
青海省	10500. 00	116100. 00	4500. 00	101200. 00
宁　夏	15466. 58	258991. 26	8416. 72	153745. 77
新　疆	22101. 48	527844. 33	20528. 58	501514. 56

（数据截止到2013年12月）

表5 2013年全国各省、自治区、直辖市葡萄酒产量

单位：千升

产 地	本月产量	累计产量	去年同期产量	去年同期累计产量
全国总计	121146. 91	1178341. 04	166513. 04	1379598. 34
北京市	1015. 03	8315. 65	1002. 58	9273. 93
天津市	1986. 26	20978. 10	3892. 49	33003. 00
河北省	5833. 88	65148. 77	17518. 08	109549. 62
山西省	154. 00	2419. 20	171. 00	2188. 20
内蒙古	347. 12	3771. 95	2025. 61	8205. 00
辽宁省	3727. 11	39515. 07	3885. 25	41306. 82
吉林省	16516. 00	267360. 01	36200. 79	320544. 66
黑龙江	9899. 00	49184. 00	3778. 00	37942. 00
上海市	99. 00	648. 00	100. 05	764. 22
浙江省	0. 00	0. 00	0. 00	0. 00
福建省	30. 60	305. 70	24. 00	3196. 00
江西省	285. 00	5591. 00	420. 00	6600. 70
山东省	46694. 09	444988. 80	50197. 61	478851. 64
河南省	18822. 00	137976. 70	30237. 70	214866. 80
湖北省	127. 60	1532. 60	132. 40	1717. 00
湖南省	820. 00	7420. 00	700. 00	6860. 00
广 西	316. 00	2310. 00	648. 00	1874. 00
四川省	90. 00	874. 63	125. 00	810. 95
贵州省	0. 00	18. 82	7. 50	67. 70
云南省	1910. 95	21817. 29	4388. 00	16494. 00
陕西省	5132. 00	41273. 60	3538. 00	30221. 00
甘肃省	1256. 63	10212. 09	1173. 87	11023. 81
宁 夏	2030. 83	16722. 11	4558. 00	16527. 00
新 疆	4053. 81	29956. 95	1789. 11	25690. 29

（数据截止到2013年12月）

2013年按省分酒行业效益指标

表1 2013年分地区酒精行业效益指标（一）

地 区	企业单位数	本年本月止累计主营业务收入当年价格(千元)	去年同月止累计主营业务收入当年价格(千元)	本年本月止累计主营业务成本当年价格(千元)	去年同月止累计主营业务成本当年价格(千元)	本年本月止累计主营业务税金及附加当年价格(千元)
全国总计	155	83035125	77208778	71913559	67222975	1943284
河北省	4	4139837	3794988	3054753	2763901	177032
山西省	2	21453	420614	23109	400704	922
内蒙古	6	3415063	2816504	2588250	2153185	28568
辽宁省	4	649299	746991	601661	701287	10796
吉林省	10	11648837	11485076	9880036	9709670	429592
黑龙江	15	9083630	8214506	7998117	7115857	207951
江苏省	29	8673105	8577654	7504012	7454932	218776
浙江省	1	17243	134988	19249	150786	0
安徽省	5	9395912	9086628	6469435	8132612	169884
福建省	1	155401	105325	144476	93256	4476
江西省	1	940648	233109	827573	207543	55498
山东省	9	3710147	3786301	3350946	3522746	27890
河南省	16	16961845	15999172	15396050	14879077	220478
湖北省	6	1834044	1553392	1641525	1422697	37320
湖南省	5	1884824	1597742	1690225	1532959	6839
广东省	5	480766	433214	439079	413522	16851
广 西	18	6126642	4569057	4914079	3665112	263286
海南省	1	33307	6352	27576	5764	1686
重庆市	1	114058	43320	94276	31645	1102
四川省	7	2876541	2585297	2439528	2235636	46805
云南省	3	170049	192024	152556	165276	7970
陕西省	1	0	0	0	0	0
甘肃省	2	207001	176110	194721	156339	1556
新 疆	3	595473	650414	462327	508469	8006

（数据截止到2013年12月）

表2 2013年分地区酒精行业效益指标（二）

地 区	企业单位数	去年同月止累计主营业务税金及附加当年价格(千元)	本年本月止累计利润总额当年价格(千元)	去年同月止累计利润总额当年价格(千元)	本年本月止累计应交增值税当年价格(千元)	去年同月止累计应交增值税当年价格(千元)
全国总计	155	1818256	4162378	4122140	1815057	2049177
河北省	4	224602	693708	618600	65605	74373
山西省	2	7967	-13134	-16387	820	4829
内蒙古	6	27147	405938	483256	37445	30770
辽宁省	4	4560	26886	21509	2950	2091
吉林省	10	413188	416670	491896	326638	411029
黑龙江	15	203340	383462	449845	196183	120721
江苏省	29	237351	586600	556322	218808	305276
浙江省	1	8728	-13825	-68397	2027	10876
安徽省	5	143064	165042	339423	119585	238856
福建省	1	2935	2005	1531	5559	6445
江西省	1	13054	4430	-29	109	3
山东省	9	34105	188570	181633	116131	116351
河南省	16	191568	603961	514403	306626	420056
湖北省	6	35220	74919	28571	164184	99709
湖南省	5	7447	20887	25383	9164	12075
广东省	5	15680	2750	-9869	157{35	5672
广　西	18	186609	301200	228571	154116	71273
海南省	1	350	73	-13	0	0
重庆市	1	0	4967	2968	0	0
四川省	7	36234	238103	192696	64911	103079
云南省	3	8729	-754	2482	5377	7882
陕西省	1	0	0	0	0	0
甘肃省	2	1965	-588	-571	705	1452
新　疆	3	14413	70508	78317	2329	6359

（数据截止到2013年12月）

表3 2013年分地区白酒行业效益指标（一）

地 区	企业单位数	本年本月止累计主营业务收入当年价格(千元)	去年同月止累计主营业务收入当年价格(千元)	本年本月止累计主营业务成本当年价格(千元)	去年同月止累计主营业务成本当年价格(千元)	本年本月止累计主营业务税金及附加当年价格(千元)
全国总计	1423	501800796	451175909	329372650	279422685	29556498
北京市	4	1289742	1272799	844825	789622	345150
天津市	7	718742	802817	487978	524704	70414
河北省	50	12115910	9705413	7972010	6090910	1247343
山西省	16	13243319	11843559	7942011	6241009	1281430
内蒙古	61	11254293	10537523	8014096	7288240	563542
辽宁省	88	16507903	14952168	13855859	12110751	173612
吉林省	72	10597900	9541185	9005169	7983873	346813
黑龙江	52	5644020	5194507	4509088	4081724	261445
上海市	1	17602	30458	11583	18082	4177
江苏省	47	27238399	27490121	12675959	12316268	1523153
浙江省	5	274709	246985	192929	170293	16952
安徽省	81	21777892	19022835	11438578	9395106	2760839
福建省	16	1264509	1127066	917913	860467	118114
江西省	16	6894387	6368937	4206159	3589757	521412
山东省	159	42146234	37923477	32987543	29234717	2623177
河南省	125	27252039	23166064	20928603	17403257	831165
湖北省	57	50751683	35607561	38048116	25842970	1143906
湖南省	43	6877195	7124916	4717168	4162548	295948
广东省	17	2663307	2414987	1711346	1548780	492371
广 西	12	1367271	1193833	886655	680778	183531
海南省	1	0	152	0	105	0
重庆市	21	4615770	3821985	3271245	2700336	182563
四川省	309	179117602	169757215	127616674	110865602	8607354
贵州省	92	45070377	39796139	9867286	8715980	4485543
云南省	13	1374558	1019601	842182	635729	61069
陕西省	23	5503891	5314590	2896875	2891588	590384
甘肃省	17	2469008	2253109	1569423	1371280	312948
青海省	2	869158	977252	451375	478894	217130
宁 夏	2	373430	329302	192324	175021	8397
新 疆	14	2509946	2339353	1311678	1254294	286616

（数据截止到2013年12月）

表4 2013年分地区白酒行业效益指标（二）

地 区	企业单位数	去年同月止累计主营业务税金及附加当年价格(千元)	本年本月止累计利润总额当年价格(千元)	去年同月止累计利润总额当年价格(千元)	本年本月止累计应交增值税当年价格(千元)	去年同月止累计应交增值税当年价格(千元)
全国总计	1423	29111099	80486897	82060418	25957885	26449188
北京市	4	358913	14187	27959	82940	110165
天津市	7	83957	-13951	19580	48213	52350
河北省	50	1078343	1153484	889139	583769	491353
山西省	16	1392024	1295254	1901452	897961	1057612
内蒙古	61	472848	875164	889399	361243	402199
辽宁省	88	192486	1338947	1564079	255638	206846
吉林省	72	332698	485701	421168	162519	127454
黑龙江	52	239776	381055	409793	229092	213444
上海市	1	5334	-129	1291	1265	2708
江苏省	47	1525182	10130868	10648928	2322887	2857290
浙江省	5	15819	12019	31322	10300	12083
安徽省	81	2556399	2785677	3374337	1507301	1645788
福建省	16	105904	66352	50309	45761	52943
江西省	16	553339	1120256	1014893	409607	329515
山东省	159	2718331	3187543	2709987	1491490	1359995
河南省	125	802856	2682424	2538813	624965	631479
湖北省	57	1148871	3860006	2273888	1139882	953178
湖南省	43	398480	281588	848967	303000	421370
广东省	17	458548	293365	264831	148544	152870
广 西	12	164899	52891	108368	53485	54663
海南省	1	51	775	-990	253	0
重庆市	21	125397	465309	323418	288344	178798
四川省	309	8740310	24666196	29408148	8474025	9017243
贵州省	92	4126894	23186874	20620984	5627292	5212354
云南省	13	62728	237729	134967	37609	30272
陕西省	23	616890	697411	526541	445863	435483
甘肃省	17	289905	212685	213507	120701	118964
青海省	2	248700	255356	230295	67074	104383
宁 夏	2	7869	110729	104383	4227	4449
新 疆	14	287348	651132	510662	212635	211937

（数据截止到2013年12月）

表5 2013年分地区啤酒行业效益指标（一）

地 区	企业单位数	本年本月止累计主营业务收入当年价格(千元)	去年同月止累计主营业务收入当年价格(千元)	本年本月止累计主营业务成本当年价格(千元)	去年同月止累计主营业务成本当年价格(千元)	本年本月止累计主营业务税金及附加当年价格(千元)
全国总计	506	181408418	166021157	131148083	118263210	12174488
北京市	7	5839070	5704387	4134214	3868938	483364
天津市	2	480461	480685	275304	265311	73805
河北省	22	4572037	4764005	3450314	3761115	399533
山西省	6	903090	833415	689867	630340	110960
内蒙古	14	3923065	3555855	2644377	2414502	276912
辽宁省	20	8871045	6469162	5907891	5320877	707875
吉林省	12	3558609	3480691	2349189	2286871	352862
黑龙江	23	5762019	6021136	4018173	3858927	539376
上海市	7	1786204	1789382	1327494	1329282	187075
江苏省	37	9070657	8835224	6782147	6538226	613801
浙江省	23	6747289	6242788	4673390	4125940	767674
安徽省	24	4205876	3850245	2955637	2598231	439585
福建省	13	5923795	5433229	3498527	3276424	545974
江西省	17	3404896	2969296	2421120	2162367	217717
山东省	56	30113594	27529398	22893171	21040910	1400792
河南省	41	16245961	13361831	13276688	10906185	537430
湖北省	18	12301105	10953827	9187289	8070486	805978
湖南省	15	3115379	3121137	2377466	2159591	196934
广东省	29	16502412	15585962	11305523	10786031	1170967
广 西	7	6180658	5418015	4254815	3719077	534033
海南省	1	351800	385169	170160	175517	24136
重庆市	4	2774687	2491372	1424079	1353876	242583
四川省	27	9189800	8854372	6933410	6222764	593590
贵州省	6	1464700	951942	873287	495399	117205
云南省	12	3933583	3053768	2770174	2233704	191968
西 藏	3	910269	924834	573398	631801	9380
陕西省	9	4728795	4320081	3666159	3396979	237227
甘肃省	33	5531217	4068631	4476525	3037485	181676
青海省	1	226529	223159	153564	157406	16191
宁 夏	2	585761	349456	280337	177677	63129
新 疆	15	2164055	1998703	1404374	1260951	154756

（数据截止到2013年12月）

表6 2013年分地区啤酒行业效益指标（二）

地区	企业单位数	去年同月止累计主营业务税金及附加当年价格（千元）	本年本月止累计利润总额当年价格（千元）	去年同月止累计利润总额当年价格（千元）	本年本月止累计应交增值税当年价格（千元）	去年同月止累计应交增值税当年价格（千元）
全国总计	506	11478421	12580506	10356045	8669921	8542503
北京市	7	460787	465100	395471	433192	466941
天津市	2	72644	-110745	-78865	40672	67258
河北省	22	388529	92501	42903	260781	286565
山西省	6	107956	-48961	-67382	50336	44438
内蒙古	14	231264	498805	427765	161208	137944
辽宁省	20	683810	1081508	993731	532257	526611
吉林省	12	316190	151236	22105	178186	159651
黑龙江	23	549365	-34248	-60395	349671	281373
上海市	7	184564	277461	-53827	80993	77761
江苏省	37	570484	427988	263523	403715	458989
浙江省	23	720430	413145	157384	394079	384122
安徽省	24	418281	243977	183929	219096	302846
福建省	13	545806	505454	462152	382089	448761
江西省	17	198568	188712	213587	204118	152811
山东省	56	1270916	2228049	2051456	1442671	1451614
河南省	41	418076	1093178	855821	411482	337047
湖北省	18	811916	687709	647982	377094	289293
湖南省	15	174465	-23924	44365	131046	123453
广东省	29	1191230	684173	749222	878980	805417
广　西	7	487876	628955	547731	341875	313965
海南省	1	28215	23755	24538	26256	32765
重庆市	4	224444	433648	370871	247164	198228
四川省	27	556869	956181	636831	361361	502010
贵州省	6	94586	159437	113900	71818	71554
云南省	12	171937	491367	289965	67554	70264
西　藏	3	6282	293707	219322	101317	53222
陕西省	9	227662	325645	394544	211774	211813
甘肃省	33	168622	55230	67551	114919	84078
青海省	1	15759	19073	13248	15195	13896
宁　夏	2	39029	3626	68070	40480	36941
新　疆	15	141859	367764	358547	138542	150842

（数据截止到2013年12月）

表7 2013年分地区黄酒行业效益指标（一）

地 区	企业单位数	本年本月止累计主营业务收入当年价格(千元)	去年同月止累计主营业务收入当年价格(千元)	本年本月止累计主营业务成本当年价格(千元)	去年同月止累计主营业务成本当年价格(千元)	本年本月止累计主营业务税金及附加当年价格(千元)
全国总计	87	15391442	13714696	11158866	9977896	379533
内蒙古	2	425676	478503	413780	465072	2757
上海市	2	887129	821450	535212	502096	35008
江苏省	4	1253841	924857	787276	535857	29377
浙江省	30	5285835	4914826	3574067	3324384	164757
安徽省	6	2365993	2152028	1885302	1742702	66082
福建省	19	1479965	1072422	1132976	828089	19950
江西省	2	246016	227768	175876	173270	741
山东省	4	975937	984488	739668	770524	23848
河南省	4	490563	317750	416625	248870	2561
湖北省	3	433106	354082	386493	301525	1761
湖南省	4	682568	684256	484961	511070	14558
广 西	2	32024	55246	22207	39098	2705
四川省	2	738583	618493	554676	456037	14199
陕西省	2	72769	104177	38467	76734	854
宁 夏	1	21437	4350	11280	2568	365

（数据截止到2013年12月）

表8 2013年分地区黄酒行业效益指标（二）

地 区	企业单位数	去年同月止累计主营业务税金及附加当年价格(千元)	本年本月止累计利润总额当年价格(千元)	去年同月止累计利润总额当年价格(千元)	本年本月止累计应交增值税当年价格(千元)	去年同月止累计应交增值税当年价格(千元)
全国总计	87	368186	1712310	1471847	704045	877894
内蒙古	2	2151	957	6512	4515	10953
上海市	2	36804	160156	113505	70777	106531
江苏省	4	30005	257061	217626	47814	60492
浙江省	30	179770	576304	586612	311042	421537
安徽省	6	48182	261790	191282	96907	108435
福建省	19	10624	116181	96219	32614	32356
江西省	2	971	5179	5575	2435	3705
山东省	4	18482	87832	65408	35818	43555
河南省	4	2856	54778	57486	15465	14159
湖北省	3	1171	16725	12149	8644	6566
湖南省	4	13799	34318	17900	41423	36893
广 西	2	1704	173	130	1457	719
四川省	2	18862	120133	91963	35098	28946
陕西省	2	2707	9277	8568	0	3016
陕西省	1	98	1446	912	36	31

（数据截止到2013年12月）

表9 2013年分地区葡萄酒行业效益指标（一）

地 区	企业单位数	本年本月止累计主营业务收入当年价格(千元)	去年同月止累计主营业务收入当年价格(千元)	本年本月止累计主营业务成本当年价格(千元)	去年同月止累计主营业务成本当年价格(千元)	本年本月止累计主营业务税金及附加当年价格(千元)
全国总计	218	40816977	44617069	30601995	32907603	1289230
北京市	4	197858	285140	147548	202383	19763
天津市	4	463540	687770	355253	539339	50649
河北省	20	1267773	2425848	973227	1725953	121447
山西省	3	271223	272582	122525	116218	12310
内蒙古	4	598370	527154	434138	407592	10766
辽宁省	18	2181550	1700001	1664468	1303671	101949
吉林省	25	4108445	3616660	3319905	2772749	98611
黑龙江	1	226474	256601	201562	200768	1948
上海市	1	38685	29667	35864	25640	1131
江苏省	1	28722	55188	22252	44161	279
安徽省	4	388922	226617	326484	159150	8857
福建省	1	51475	84765	48899	81594	86
江西省	1	264916	241275	245950	152115	5298
山东省	59	24846145	28671386	18256195	21125315	597120
河南省	24	2161996	1640088	1792425	1339417	15818
湖北省	6	423991	294177	345508	245027	19448
湖南省	2	140277	117775	97346	69358	5044
广 西	2	48247	29439	42295	27040	536
重庆市	1	151603	155175	98542	100864	9235
四川省	2	46719	49205	17892	17552	3915
云南省	4	760398	761768	585214	549016	74893
陕西省	3	542791	377743	476306	334722	16204
甘肃省	6	462944	933457	278635	607766	18346
宁 夏	6	315643	250451	195471	156288	27841
新 疆	16	828270	927137	518071	603905	68636

（数据截止到2013年12月）

表10 2013年分地区葡萄酒行业效益指标（二）

地 区	企业单位数	去年同月止累计主营业务税金及附加当年价格(千元)	本年本月止累计利润总额当年价格(千元)	去年同月止累计利润总额当年价格(千元)	本年本月止累计应交增值税当年价格(千元)	去年同月止累计应交增值税当年价格(千元)
全国总计	218	1487033	4381199	5480447	1447408	1570999
北京市	4	29567	-30715	-8495	14834	12827
天津市	4	63476	-64798	-19305	26751	41411
河北省	20	240773	62535	267131	48278	158586
山西省	3	12830	56077	65846	7503	29877
内蒙古	4	8591	76757	66612	22795	4949
辽宁省	18	97910	202621	185341	71916	59096
吉林省	25	95275	271669	249305	103781	137681
黑龙江	1	2185	18996	22575	7463	9987
上海市	1	1428	-271	163	721	1430
江苏省	1	552	3902	7741	834	1656
安徽省	4	6580	17034	7795	699	5267
福建省	1	108	563	1412	48	56
江西省	1	2312	10267	49100	3100	3306
山东省	59	676272	3232011	3948367	955662	843333
河南省	24	11860	289700	228827	36394	26985
湖北省	6	6891	19674	10194	10377	6070
湖南省	2	3855	19553	11093	5550	5095
广 西	2	711	-145	-1164	677	1460
重庆市	1	1315	5301	5395	4721	1395
四川省	2	4520	11581	10897	4320	7037
云南省	4	49149	45256	100647	13910	12759
陕西省	3	15852	34753	16696	12445	20684
甘肃省	6	72337	10991	47661	21730	29935
宁 夏	6	9552	39043	43184	24121	15580
新 疆	16	73132	48844	163429	48778	134537

（数据截止到2013年12月）

表11 2013年分地区其他酒行业效益指标（一）

地 区	企业单位数	本年本月止累计主营业务收入当年价格(千元)	去年同月止累计主营业务收入当年价格(千元)	本年本月止累计主营业务成本当年价格(千元)	去年同月止累计主营业务成本当年价格(千元)	本年本月止累计主营业务税金及附加当年价格(千元)
全国总计	146	22867804	19805263	17021953	13841621	787082
北京市	1	49664	53424	31900	32676	2104
天津市	1	21594	26308	19734	21658	0
山西省	2	209037	346882	144081	241235	8006
内蒙古	3	388355	452617	334040	402139	9257
辽宁省	1	42016	68023	41888	43591	283
吉林省	6	863305	731972	737190	639586	5923
黑龙江	11	939448	1106019	809437	972792	8583
上海市	4	364719	238696	242988	145675	39377
江苏省	2	517945	462112	429808	382269	6385
浙江省	1	41660	33534	32605	23673	2203
安徽省	5	749253	525381	662120	426556	33383
福建省	6	847269	646026	661790	457756	12618
江西省	3	427435	393029	334679	302841	4484
山东省	8	715218	694448	615915	579192	8057
河南省	10	1715952	1423696	1265953	1041260	42579
湖北省	11	6153375	5453619	3652503	2679562	343751
湖南省	19	2421342	2017640	2078726	1719222	30963
广东省	11	980783	726683	786266	553916	37365
广 西	7	591694	501665	412163	324185	13699
海南省	3	258585	310101	198435	226543	32245
重庆市	4	826917	675009	672036	537611	26957
四川省	13	1755234	1373312	1487045	1060681	29479
贵州省	3	302774	235005	248100	165389	27090
西 藏	1	65890	75625	42203	51655	373
陕西省	7	924018	604833	659088	436862	36005
甘肃省	1	29766	20543	23265	14643	72
宁 夏	2	664556	609061	397995	356453	25841

（数据截止到2013年12月）

表12 2013年分地区其他酒行业效益指标（二）

地 区	企业单位数	去年同月止累计主营业务税金及附加当年价格(千元)	本年本月止累计利润总额当年价格(千元)	去年同月止累计利润总额当年价格(千元)	本年本月止累计应交增值税当年价格(千元)	去年同月止累计应交增值税当年价格(千元)
全国总计	146	663680	2887428	2538139	1115065	1019789
北京市	1	2821	4756	7940	4497	3410
天津市	1	0	-1714	1482	0	0
山西省	2	2349	20911	35235	10992	15055
内蒙古	3	6200	-3811	9824	7202	6876
辽宁省	1	695	1540	23040	0	2170
吉林省	6	6320	63545	51618	13636	9904
黑龙江	11	8181	49797	57686	13608	6647
上海市	4	23758	39709	25990	19405	14024
江苏省	2	5131	39291	43521	28900	25004
浙江省	1	2162	784	507	526	512
安徽省	5	47128	23633	7689	2335	2382
福建省	6	22642	58202	78654	11239	37548
江西省	3	4088	50281	33571	13144	11056
山东省	8	8114	51772	59487	31350	31232
河南省	10	24825	189834	181653	58249	44760
湖北省	11	255855	1560813	1336208	593949	586531
湖南省	19	21097	113712	97636	70300	56204
广东省	11	45345	72944	32787	29821	23980
广 西	7	22277	103625	105608	29785	16819
海南省	3	39012	25023	22642	14450	716
重庆市	4	38496	46538	18344	10334	3403
四川省	13	22256	71820	73938	30001	27954
贵州省	3	1234	9886	19738	1012	1396
西 藏	1	273	10320	8454	2275	2374
陕西省	7	29713	147462	73775	74692	51137
甘肃省	1	48	1009	1059	867	595
宁 夏	2	23660	138726	130053	42496	38100

（数据截止到2013年12月）

2013年按注册类型分酒行业效益指标

表1 2013年分注册类型酒精行业效益指标（一）

注册类型	企业单位数	本年本月止累计主营业务收入当年价格(千元)	去年同月止累计主营业务收入当年价格(千元)	本年本月止累计主营业务成本当年价格(千元)	去年同月止累计主营业务成本当年价格(千元)	本年本月止累计主营业务税金及附加当年价格(千元)
全国总计	155	83035125	77208778	71913559	67222975	1943284
国有企业	1	648803	484215	579675	425866	18862
国有独资公司	1	6418661	5826985	5693256	5391112	186400
其他有限责任公司	49	20933020	19713742	17638583	16614261	632087
股份有限公司	6	11565551	10493713	10507138	9430392	172906
私营独资企业	14	6851886	6548061	6105931	5910528	52616
私营有限责任公司	65	27777756	25161190	23721524	21711072	680989
私营股份有限公司	5	2072456	1991631	1721199	1708142	28743
其他企业	5	594179	610934	542364	549860	18178
合资经营企业（港或澳、台资）	2	17243	149940	19249	166156	0
港、澳、台商独资经营企业	2	1600427	1687259	1433845	1372329	14976
中外合资经营企业	2	265871	72753	332968	76784	10644
外资企业	3	4289272	4468355	3617827	3866473	126883

（数据截止到2013年12月）

表2 2013年分注册类型酒精行业效益指标（二）

注册类型	企业单位数	去年同月止累计主营业务税金及附加当年价格(千元)	本年本月止累计利润总额当年价格(千元)	去年同月止累计利润总额当年价格(千元)	本年本月止累计应交增值税当年价格(千元)	去年同月止累计应交增值税当年价格(千元)
全国总计	155	1818256	4162378	4122140	1815057	2049177
国有企业	1	14218	-2565	14364	0	588
国有独资公司	1	140654	55000	17730	113683	142355
其他有限责任公司	49	629905	1368301	1422234	443390	423851
股份有限公司	6	142474	166476	331851	204387	239006
私营独资企业	14	47179	338578	260981	161199	206414
私营有限责任公司	65	646218	1749947	1514304	663906	765701
私营股份有限公司	5	34463	228242	151609	98180	116336
其他企业	5	20581	7882	11642	9176	12966
合资经营企业（港或澳、台资）	2	9678	-17513	-76890	2027	10876
港、澳、台商独资经营企业	2	26071	86279	232475	23269	78433
中外合资经营企业	2	2240	-98359	-45428	0	1730
外资企业	3	104575	280110	287068	95640	50921

（数据截止到2013年12月）

表3 2013年分注册类型白酒行业效益指标（一）

注册类型	企业单位数	本年本月止累计主营业务收入当年价格(千元)	去年同月止累计主营业务收入当年价格(千元)	本年本月止累计主营业务成本当年价格(千元)	去年同月止累计主营业务成本当年价格(千元)	本年本月止累计主营业务税金及附加当年价格(千元)
全国总计	1423	501800796	451175909	329372650	279422685	29556498
国有企业	24	43514474	39964206	9083563	9281877	4162596
集体企业	16	2191128	2056432	1792146	1639325	34005
股份合作企业	24	2419045	2272599	1722670	1588403	157985
集体联营企业	3	305687	273556	256748	228324	7096
国有独资公司	4	13758232	12671138	7846999	6083811	1309368
其他有限责任公司	366	176949248	173057423	120901131	110582679	10187270
股份有限公司	81	110991702	95673241	68152045	53638399	7057924
私营独资企业	251	37019621	32115968	30069893	25383062	1103801
私营合伙企业	23	2617190	2038133	2057311	1552859	57661
私营有限责任公司	531	93470164	75209253	73618717	57760431	4504486
私营股份有限公司	40	8719844	7075475	6626609	5144965	362040
其他企业	41	6791198	5830609	5122516	4572377	380647
合资经营企业（港或澳、台资）	5	1138428	1134480	816165	778487	65018
港、澳、台商独资经营企业	5	1115471	1026905	769316	674678	44072
中外合资经营企业	3	282781	243691	190600	160856	37493
外资企业	5	480281	498181	321271	326472	64257
其他外商投资企业	1	36282	35619	24950	25680	579

（数据截止到2013年12月）

表4 2013年分注册类型白酒行业效益指标（二）

注册类型	企业单位数	去年同月止累计主营业务税金及附加当年价格(千元)	本年本月止累计应交增值税当年价格(千元)	去年同月止累计利润总额当年价格(千元)	本年本月止累计应交增值税当年价格(千元)	去年同月止累计应交增值税当年价格(千元)
全国总计	1423	29111099	80486897	82060418	25957885	26449188
国有企业	24	3970767	22954564	20936747	5588085	5331944
集体企业	16	37903	185159	168708	30895	41074
股份合作企业	24	218215	290914	229565	110940	131378
集体联营企业	3	4330	37718	34184	10859	10733
国有独资公司	4	1464047	1414387	2152818	1015671	1231
其他有限责任公司	366	10248477	25172829	29359664	8811630	8984082
股份有限公司	81	7357252	17878552	18336073	5663691	6714469
私营独资企业	251	1074080	3322529	3052247	789416	810540
私营合伙企业	23	50564	249008	180096	74631	52954
私营有限责任公司	531	3872523	7410720	6088518	3331086	2610200
私营股份有限公司	40	314525	864701	883102	265923	276785
其他企业	41	265994	511225	405284	188026	171480
合资经营企业（港或澳、台资）	5	69085	40257	49702	17651	14358
港、澳、台商独资经营企业	5	37461	144210	160547	13437	12732
中外合资经营企业	3	29984	-20130	-14240	10118	8944
外资企业	5	95365	21880	30587	34305	44949
其他外商投资企业	1	527	8374	6816	521	577

（数据截止到2013年12月）

表5 2013年分注册类型啤酒行业效益指标（一）

注册类型	企业单位数	本年本月止累计主营业务收入当年价格(千元)	去年同月止累计主营业务收入当年价格(千元)	本年本月止累计主营业务成本当年价格(千元)	去年同月止累计主营业务成本当年价格(千元)	本年本月止累计主营业务税金及附加当年价格(千元)
全国总计	506	181408418	166021157	131148083	118263210	12174488
国有企业	20	10704668	10123199	7901795	7182933	546032
集体企业	4	1702777	1398175	1503518	1254394	52811
股份合作企业	6	1209295	1121822	967187	910989	75107
国有独资公司	4	294692	439325	217466	384370	29706
其他有限责任公司	152	35055694	31422796	27144060	24475359	1989422
股份有限公司	22	12039409	11079280	7914302	7449547	1155925
私营独资企业	16	3648243	3329543	3031330	2747218	31443
私营合伙企业	下	342105	234677	311144	69480	3550
私营有限责任公司	77	16724997	14033998	13754074	11564074	372308
私营股份有限公司	7	2730303	2034623	2272745	1677797	78712
其他企业	5	2300793	2117543	1881598	1634915	75288
合资经营企业（港或澳、台资）	20	11118118	10183483	7874372	7183379	881312
合作经营企业（港或澳、台资）	2	436607	474488	292773	308443	59780
港、澳、台商独资经营企业	27	7899043	7340706	5354546	4930105	797748
港、澳、台商投资股份有限公司	3	957009	810243	724744	660753	98997
中外合资经营企业	45	23673394	22873689	17052576	15895350	1927664
中外合作经营企业	1	412962	397925	280382	270842	48325
外资企业	81	29139287	27929308	18047170	16801300	2838237
外商投资股份有限公司	13	21019022	18676334	14612301	12861962	1112121

（数据截止到2013年12月）

表6 2013年分注册类型啤酒行业效益指标（二）

注册类型	企业单位数	去年同月止累计主营业务税金及附加当年价格（千元）	本年本月止累计利润总额当年价格（千元）	去年同月止累计利润总额当年价格（千元）	本年本月止累计应交增值税当年价格（千元）	去年同月止累计应交增值税当年价格（千元）
全国总计	506	11478421	12580506	10356045	8669921	8542503
国有企业	20	568311	701132	769965	620427	681230
集体企业	4	26346	115802	72186	49143	19248
股份合作企业	6	80585	121639	97774	34198	14634
国有独资公司	4	27765	-66498	7937	19218	31815
其他有限责任公司	152	1768320	1825466	1437282	1448301	1372221
股份有限公司	22	1085586	823971	625844	802692	755675
私营独资企业	16	36069	388150	328355	144983	118050
私营合伙企业	1	2500	7215	855	1088	800
私营有限责任公司	77	314238	1071710	904284	491134	463685
私营股份有限公司	7	50487	131114	46207	41735	20511
其他企业	5	92023	131382	118466	88602	113049
合资经营企业（港或澳、台资）	20	850794	712095	627543	565966	571770
合作经营企业（港或澳、台资）	2	61873	43748	65070	32382	36965
港、澳、台商独资经营企业	27	721404	366054	326363	407272	525398
港、澳、台商投资股份有限公司	3	87450	83420	26923	55262	57536
中外合资经营企业	45	2018887	1712247	1514574	1004484	1048512
中外合作经营企业	1	47139	28297	35970	0	21372
外资企业	81	2672873	2305322	1529514	1723268	1683452
外商投资股份有限公司	13	965771	2078240	1820933	1119766	1006580

（数据截止到2013年12月）

表7 2013年分注册类型葡萄酒行业效益指标（一）

注册类型	企业单位数	本年本月止累计主营业务收入当年价格(千元)	去年同月止累计主营业务收入当年价格(千元)	本年本月止累计主营业务成本当年价格(千元)	去年同月止累计主营业务成本当年价格(千元)	本年本月止累计主营业务税金及附加当年价格(千元)
全国总计	218	40816977	44617069	30601995	32907603	1289230
国有企业	7	1441931	1876770	891213	1258237	86644
其他有限责任公司	50	15481635	19093154	10460691	12833127	485511
股份有限公司	8	2122248	1939630	1396519	1342059	139200
私营独资企业	25	4366061	3375043	3838185	2940295	28176
私营合伙企业	2	50035	44559	37791	31173	325
私营有限责任公司	86	11811841	10206922	9906528	8478342	149958
私营股份有限公司	6	1549573	1616597	1279109	1320149	7971
其他企业	5	516145	500963	401799	358264	1万38
合资经营企业（港或澳、台资）	5	269395	298204	187526	192319	19430
港、澳、台商独资经营企业	5	646979	814929	427774	533938	81386
中外合资经营企业	12	1542575	2735427	1093807	2183160	165873
外资企业	6	954357	2016979	643551	1358025	103082
外商投资股份有限公司	1	64202	97892	37502	78515	3996

（数据截止到2013年12月）

表8 2013年分注册类型葡萄酒行业效益指标（二）

注册类型	企业单位数	去年同月止累计主营业务税金及附加当年价格(千元)	本年本月止累计利润总额当年价格(千元)	去年同月止累计利润总额当年价格(千元)	本年本月止累计应交增值税当年价格(千元)	去年同月止累计应交增值税当年价格(千元)
全国总计	218	1487033	4381199	5480447	1447408	1570999
国有企业	7	91724	220737	352639	99964	144171
其他有限责任公司	50	588726	2129018	2844573	707067	644577
股份有限公司	8	145732	154272	153280	103460	93162
私营独资企业	25	29283	395751	295595	61655	49648
私营合伙企业	2	312	9474	8059	0	0
私营有限责任公司	86	117739	1010809	893679	267714	312585
私营股份有限公司	6	13234	224300	230380	27046	26767
其他企业	5	21708	48805	58582	21542	10670
合资经营企业（港或澳、台资）	5	23291	24939	40729	18300	26243
港、澳、台商独资经营企业	5	98025	-31907	34484	54188	75194
中外合资经营企业	12	142772	136721	335375	39564	43406
外资企业	6	214487	52897	228050	46540	144161
外商投资股份有限公司	1	0	5383	5022	368	415

（数据截止到2013年12月）

表9 2013年分注册类型黄酒行业效益指标（一）

注册类型	企业单位数	本年本月止累计主营业务收入当年价格(千元)	去年同月止累计主营业务收入当年价格(千元)	本年本月止累计主营业务成本当年价格(千元)	去年同月止累计主营业务成本当年价格(千元)	本年本月止累计主营业务税金及附加当年价格(千元)
全国总计	87	15391442	13714696	11158866	9977896	379533
国有企业	2	410136	403183	249746	251205	9925
集体企业	1	47206	53260	38984	43498	2338
股份合作企业	2	80991	76491	71264	67875	3133
国有独资公司	1	1642579	1550591	1016009	1051076	41140
其他有限责任公司	18	4865462	4157172	3426634	2927378	124130
股份有限公司	4	1693866	1745104	1084484	1119817	46674
私营独资企业	5	489171	378156	407112	291808	4991
私营合伙企业	1	31869	28798	25933	22918	401
私营有限责任公司	41	4330568	3488226	3360483	2772980	86562
私营股份有限公司	4	968046	924715	805161	781324	43151
其他企业	1	164454	181998	158167	171126	2163
合资经营企业（港或澳、台资）	3	168209	159836	126169	105868	4531
港、澳、台商独资经营企业	2	404709	355523	300602	274549	1207
中外合作经营企业	1	161250	169117	65258	70992	7643
外资企业	1	32926	42526	22640	25382	1544

（数据截止到2013年12月）

表10 2013年分注册类型黄酒行业效益指标（二）

注册类型	企业单位数	去年同月止累计主营业务税金及附加当年价格(千元)	本年本月止累计利润总额当年价格(千元)	去年同月止累计利润总额当年价格(千元)	本年本月止累计应交增值税当年价格(千元)	去年同月止累计应交增值税当年价格(千元)
全国总计	87	368186	1712310	1471847	704045	877894
国有企业	2	7040	42256	31937	14736	17401
集体企业	1	3499	610	573	1876	6694
股份合作企业	2	2507	2959	2981	1134	1321
国有独资公司	1	50877	171488	213804	118051	175426
其他有限责任公司	18	110175	704521	538782	261025	308664
股份有限公司	4	60596	283276	253700	99058	162109
私营独资企业	5	4206	64162	59701	16464	14128
私营合伙企业	1	519	4061	3863	919	858
私营有限责任公司	41	70857	330993	232194	144018	125258
私营股份有限公司	4	38240	45951	51697	23202	21124
其他企业	1	2075	2518	6512	4011	10625
合资经营企业（港或澳、台资）	3	4522	4990	9089	1474	1175
港、澳、台商独资经营企业	2	1719	25573	26391	10752	13081
中外合作经营企业	1	9029	26754	35002	6864	13577
外资企业	1	2325	2198	5621	1461	6453

（数据截止到2013年12月）

表11 2013年分注册类型其他酒行业效益指标（一）

注册类型	企业单位数	本年本月止累计主营业务收入当年价格(千元)	去年同月止累计主营业务收入当年价格(千元)	本年本月止累计主营业务成本当年价格(千元)	去年同月止累计主营业务成本当年价格(千元)	本年本月止累计主营业务税金及附加当年价格(千元)
全国总计	146	22867804	19805263	17021953	13841621	787082
集体企业	2	37582	132396	27634	100167	135
股份合作企业	1	41576	22500	29527	15972	4158
其他有限责任公司	37	9834375	8281126	6655012	4779374	481201
股份有限公司	6	858602	968487	685854	768992	55888
私营独资企业	14	2053532	1723462	1577071	1313888	27038
私营合伙企业	1	75503	54800	46054	23443	1126
私营有限责任公司	63	7225231	6388323	5784704	5121508	133825
私营股份有限公司	7	793446	669535	604687	539277	13575
其他企业	6	1234937	978870	1090186	781021	17982
合资经营企业（港或澳、台资）	1	25369	23738	11472	10779	7586
合作经营企业（港或澳、台资）	1	62918	30401	48046	23256	6874
中外合资经营企业	2	343730	307881	229106	201598	18277
中外合作经营企业	1	21594	26308	19734	21658	0
外资企业	4	259409	197436	212866	140688	19417

（数据截止到2013年12月）

表12 2013年分注册类型其他酒行业效益指标（二）

注册类型	企业单位数	去年同月止累计主营业务税金及附加当年价格(千元)	本年本月止累计利润总额当年价格(千元)	去年同月止累计利润总额当年价格(千元)	本年本月止累计应交增值税当年价格(千元)	去年同月止累计应交增值税当年价格(千元)
全国总计	146	663680	2887428	2538139	1115065	1019789
集体企业	2	940	496	22563	160	4082
股份合作企业	1	2250	4527	2133	1452	724
其他有限责任公司	37	368471	1743434	1496359	686554	668470
股份有限公司	6	64439	43311	49147	24668	6321
私营独资企业	14	19527	227884	179516	76646	60175
私营合伙企业	1	4628	18294	20635	11980	0
私营有限责任公司	63	124466	608083	563421	242135	198738
私营股份有限公司	7	15331	118371	65765	24903	20022
其他企业	6	27059	47864	52596	12851	34671
合资经营企业（港或澳、台资）	1	6233	700	569	2675	2310
合作经营企业（港或澳、台资）	1	3419	5189	1575	1302	1210
中外合资经营企业	2	17729	60401	50237	22140	17725
中外合作经营企业	1	0	-1714	1482	0	0
外资企业	4	9188	10588	32141	7599	5341

（数据截止到2013年12月）

2013年不同规模企业效益指标

表1 2013年不同规模企业效益指标（一）

酒种	企业规模	企业单位数	本年本月止累计主营业务收入当年价格(千元)	去年同月止累计主营业务收入当年价格(千元)	本年本月止累计主营业务成本当年价格(千元)	去年同月止累计主营业务成本当年价格(千元)	本年本月止累计主营业务税金及附加当年价格(千元)
酒精	全国总计	155	83035125	77208778	71913559	67222975	1943284
	大型企业	10	37892658	35441393	32643015	30570078	866710
	中型企业	27	21978489	21034063	19044455	18492037	559061
	小型企业	118	23163978	20733322	20226089	18160860	517513
白酒	全国总计	1423	501800796	451175909	329372650	279422685	29556498
	大型企业	57	275649334	259362265	155169034	134964119	17360918
	中型企业	206	70248172	60843525	51223464	43025532	5312871
	小型企业	1160	155903290	130970119	122980152	101433034	6882709
啤酒	全国总计	506	181408418	166021157	131148083	118263210	12174488
	大型企业	30	56991938	51607190	38189725	34407724	3811534
	中型企业	241	90025042	85003710	64680527	60115644	7244977
	小型企业	235	34391438	29410257	28277831	23739842	1117977
黄酒	全国总计	87	15391442	13714696	11158866	9977896	379533
	大中型企业	13	7107958	6857028	4761218	4676400	207140
	小型企业	74	8283484	6857668	6397648	5301496	172393
葡萄酒	全国总计	218	40816977	44617069	30601995	32907603	1289230
	大中型企业	17	15362682	20865979	10022956	14095646	630324
	小型企业	201	25464295	23751090	20579039	18811757	658906
其他酒	全国总计	146	22867804	19805263	17021953	13841621	787082
	大中型企业	8	7643680	6727773	4777516	3583982	404725
	小型企业	138	15224124	13077490	12244437	10257639	382357

（数据截止到2013年12月）

表2 2013年不同规模企业效益指标（二）

酒种	企业规模	企业单位数	去年同月止累计主营业务税金及附加当年价格(千元)	本年本月止累计利润总额当年价格(千元)	去年同月止累计利润总额当年价格(千元)	本年本月止累计应交增值税当年价格(千元)	去年同月止累计应交增值税当年价格(千元)
酒精	全国总计	155	1818256	4162378	4122140	1815057	2049177
	大型企业	10	874753	1972855	1931483	744501	920074
	中型企业	27	497637	1006255	1023922	491369	549054
	小型企业	118	445866	1183268	1166735	579187	580049
白酒	全国总计	1423	29111099	80486897	82060418	25957885	26449188
	大型企业	57	18111291	61832548	65913589	18338811	19690016
	中型企业	206	5083097	6095557	5319164	2595024	2679926
	小型企业	1160	5916711	12558792	10827665	5024050	4079246
啤酒	全国总计	506	11478421	12580506	10356045	8669921	8542503
	大型企业	30	3648915	5905522	4948727	3446093	3224312
	中型企业	241	6963865	5135944	4150852	4019698	4190536
	小型企业	235	865641	1539040	1256466	1204130	1127655
黄酒	全国总计	87	368186	1712310	1471847	704045	877894
	大中型企业	13	211610	1036942	908413	454292	633948
	小型企业	74	156576	675368	563434	249753	243946
葡萄酒	全国总计	218	1487033	4381199	5480447	1447408	1570999
	大中型企业	17	760313	1967259	3017365	768786	745523
	小型企业	201	726720	2413940	2463082	678622	825476
其他酒	全国总计	146	663680	2887428	2538139	1115065	1019789
	大中型企业	8	310216	1692903	1456553	548025	630512
	小型企业	138	353454	1194525	1081586	467040	389277

（数据截止到2013年12月）

2013年海关进出口数据

表1 2013年全年海关进口数据

产品名称	单位	本月数量	累计数量	本月金额(美元)	累计金额(美元)
其他大麦	千克	196315762	2335276419	68228618	798556899
未焙制的麦芽	千克	31428	49028	29105	54527
已焙制的麦芽	千克	366991	14716796	241308	8773962
啤酒花，经研磨或制成团粒；蛇麻腺	千克	295230	2268363	3331694	19993698
啤酒花液汁及浸膏	千克	5	10158	109	174011
制造饮料用的复合酒精制品	千克	—	—	—	25
麦芽酿造的啤酒	升	14654129	182296634	20035982	231656850
葡萄汽酒	升	671756	6893770	4882002	64796741
装入≤2升的容器的鲜葡萄酿造的酒	升	26598770	278983908	136824275	1383474885
装入>2升的容器的鲜葡萄酿造的酒	升	9228658	89103469	9879623	107645794
2009以外的酿酒葡萄汁	升	—	5846	—	33581
装入≤2升的容器的味美思酒等酒	升	46642	744749	138568	2168232
装入>2升的容器的味美思酒等酒	升	—	618	—	1317
黄酒	升	89982	983137	83247	1081344
未改性乙醇，按容量计酒精浓度≥80%	升	2768	58698	29054	481346
任何浓度的改性乙醇及其他酒精	升	14615	216066	56079	943674
蒸馏葡萄酒制得的烈性酒	升	2676479	28324226	69916470	839208514
威士忌酒	升	1193585	15087525	8791861	113502538
朗姆酒及蒸馏已发酵甘蔗产品制得的烈性酒	升	92235	2758096	352289	8244246
杜松子酒	升	50216	791655	211105	2546238
伏特加酒	升	237898	4315097	795395	13413432
利口酒及柯迪尔酒	升	412914	4149629	1633583	15568311
龙舌兰酒	升	50179	890545	344749	4135893
白酒	升	149192	1972456	3760510	53250682
浓度<80%的未改性乙醇；其他酒精饮料	升	907023	8711310	1851219	17380951
中药酒	千克	—	122	—	1416

（数据截止到2013年12月）

表2 2013年全年海关出口数据

产品名称	单位	本月数量	累计数量	本月金额(美元)	累计金额(美元)
其他大麦	千克	10000	1074352	6450	469103
未焙制的麦芽	千克	25264162	260870518	13620875	143268430
已焙制的麦芽	千克	1065968	28515613	688461	16790194
啤酒花，未经研磨也未制成团粒	千克	—	3640	—	12062
啤酒花，经研磨或制成团粒；蛇麻腺	千克	16300	25630	94174	136488
啤酒花液汁及浸膏	千克	2865	34029	62498	500006
别特酒	千克	12333	61807	50078	247227
制造饮料用的复合酒精制品	千克	—	90	—	5081
麦芽酿造的啤酒	升	25692760	249405316	16883165	163023694
葡萄汽酒	升	2628	79897	59167	1440212
装入≤2升的容器的鲜葡萄酿造的酒	升	144678	1732663	1836359	37003714
装入>2升的容器的鲜葡萄酿造的酒	升	9	87704	1211	118403
装入≤2升的容器的味美思酒等酒	升	39226	427563	82398	893357
黄酒	升	1603184	18071258	2392973	24471769
未改性乙醇，按容量计酒精浓度≥80%	升	3529364	38023889	3460029	38933808
任何浓度的改性乙醇及其他酒精	升	78238	1752060	65720	1513413
蒸馏葡萄酒制得的烈性酒	升	168524	1526820	7093486	65093823
威士忌酒	升	279	38080	4795	277486
朗姆酒及蒸馏已发酵甘蔗产品制得的烈性酒	升	25	335317	187	324127
杜松子酒	升	83	632	805	7089
伏特加酒	升	25154	268727	52210	1030817
利口酒及柯迪尔酒	升	2003	43605	28653	462002
龙舌兰酒	升	—	12096	—	75358
白酒	升	1390921	13955337	44392458	254457862
浓度<80%的未改性乙醇；其他酒精饮料	升	1428646	12439292	2964726	25282878
中药酒	千克	58297	609817	213530	2741985

（数据截止到2013年12月）

2013年全国酒行业运行形势分析

宏观经济形势

2013年，工业经济总体运行平稳。工业生产增速小幅回落，与前两年相比回落幅度明显收窄。工业产品出口增速继续放缓。产业结构出现一些积极变化。2013年，全国规模以上工业企业实现利润总额62831亿元，比上年增长12.2%，增幅比上年提高6.9个百分点。

酿酒行业总体运行态势

2013年，受到主客观等多方面因素影响，酿酒行业以往超高速增长势头得到抑制，行业整体进入调整期。全年行业完成总产量7511.88万千升，同比增长4.86%；其中，饮料酒产量6600.33万千升，同比增长4.52%；发酵酒精产量911.55万千升，同比增长7.40%。全行业完成销售收入8453.21亿元，同比增长9.42%；实现利润1062.11亿元，同比增长0.17%；上交税金总额达858.39亿元，同比增长0.47%。酒类及相关产品进出口总额44.66亿美元，同比下降4.16%。

酿酒行业总体运行态势

产量：2013年1～12月，全国规模以上白酒企业累计产量1226.20万千升，同比增长7.05%，增速比上年同期回落11.5个百分点：12月当月，白酒产量134.10万千升，同比下降0.39%，增速比上年同期下降12.25个百分点。

效益：1～12月，白酒行业规模以上企业累计完成销售收入5018.01亿元，同比增长11.22%，增速比上年同期回落15.6个百分点。1～12月白酒行业累计实现利润804.87亿元，同比下降1.92%，增速比上年同期下降50.44个百分点。1～12月白酒单位产品平均销售收入40.92元/升、单位产品平均利润6.56元/升；全年白酒行业平均销售利润率16.04%。

出口：根据海关数据，1～12月白酒产品累计出口1396千升，同比增长10.72%，增速比上年同期下降40.33个百分点。

各项数据表明，2012下半年以来，行业受到宏观经济环境、“三公消费”限制等因素影响，白酒行业整体行业进入到深度调整期。

啤酒行业

产量：根据国家统计局公布数据，12月份全国规模以上企业啤酒总产量291.73万千升，同比增长7.74%，与上年同期(-6.02%)相比增速提高13.76个百分点。1～12月累计，全国啤酒总产量5061.54万千升，同比增长4.59%，增速与上年同期相比提高1.53个百分点。

效益：1～12月，啤酒行业规模以上企业累计完成销售收入1814.08亿元，同比增长9.27%，增速与上年同期相比提高了2.5个百分点。累计实现利润125.81亿元，同比增长21.48%；增速与上年同期相比提高18.44个百分点。平均啤酒单位产品销售收入3.58元/升，单位产品利润0.25元/升，平均销售利润率6.93%。

进出口：1～12月，啤酒产品出口量24.94万千升，占啤酒总产量的比重约0.49%，出口量与2012年同期相比增长10.48%。进口啤酒18.23万千升，同比增长65.62%，进口啤酒呈现加速增长的趋势。

各项数据表明，2013年啤酒行业整体形势好于往年，分析主要受益于行业龙头企业通过各种措施降低成本，同时深化产品结构，提高平均售价，保证了稳定的利润空间；另外，行业竞争格局日渐清晰，竞争趋缓，预计行业整体盈利水平将继续提升。

葡萄酒行业

产量：本月全国葡萄酒总产量下滑趋势继续加剧。12月份葡萄酒产量12.11万千升，同比下降27.24%，增速与上年同期相比下降67.68个百分点；1～12月累计，葡萄酒产量117.83万千升，同比下降14.59%，增速与上年同期相比下降31.49个百分点。

效益：1～12月累计，葡萄酒行业规模以上企业完成销售收入408.17亿元，同比下降8.52%，增速与2012年同期相比下降22.92个百分点；累计实现利润43,81亿元，同比下降20.06%，增速与2012年同期相比下降24.82个百分点。全年葡萄酒平均销售利润率为10.73%；单位产品销售收入为34.64元/升，单位产品利润为3.42元/升。

进口：2013年1～12月累计，进口瓶装葡萄酒27.90万千升，增速4.70%，增速与年初的38.27%相比回落超过33个百分点；进口散装葡萄酒8.91万千升，同比下降26.71%。

各项数据表明，2012下半年以来，在宏观经济环境变化以及限制“三公消费”等因素影响，以及行业自身调整使得葡萄酒行业遭遇前所未有的行业危机，葡萄酒生产、销售不同程度下降。

黄酒行业

效益：全国规模以上黄酒企业87家，1～12月累计完成销售收入153.91亿元，同比增长12.23%；累计实现利润17.12亿元，同比增长16.34%；增长幅度均呈现出逐月上扬的趋势。1～12月黄酒行业平均销售利润率11.25%，进入秋冬季节，黄酒消费上升，销售利润率继续回升。

其他酒行业

效益：其他酒行业规模以上生产企业，1～12月累计完成销售收入228.68亿元，同比增长15.46%；累计实现利润28.87亿元，同比增长13.76%；行业平均销售利润率12.63%，保持稳中有升态势。

发酵酒精行业

产量：1～12月累计，规模以上酒精生产企业完成酒精总产量911.55万千升，同比增长7.40%；其中12月当月酒精产量97.61万千升，同比增长19.50%。

效益：1～12月全行业累计完成销售收入830.35亿元，同比增长7.55%；累计实现利润41.62亿元，同比增长0.98%；行业平均销售利润率5.01%，稳中有升。1～12月单位酒精产品销售收入9.11元/升，单位酒精产品利润0.46元/升。

出口：为减少玉米消耗，国家自2010年7月起取消了部分玉米制品的出口退税政策，使得我国酒精出口量连年下滑，其中2011年酒精出口量4.33万千升，同比下降72.23%；2012年酒精出口量4.50万千升，比2011年微增3.76%。2013年一季度，酒精产品累计出口0.88万千升，同比下降36.57%；截至二季度末，累计出口量2.03万千升，同比下降8.50%；截至12月末，酒精产品累计出口量39776千升，同比下降11.53%。

2013年度我国啤酒大麦产业发展情况

根据最新国家统计局公布数据，2013年我国啤酒产量5062万千升，连续12年位居世界首位，已成为名副其实的啤酒生产消费大国。与啤酒产销大国地位不匹配的是，酿造啤酒用的主要原料——大麦生产形势一直处于萎缩态势。我国大麦种植1/3分布在相对比较发达的农区，如江苏地区；2/3分布在较为落后的农牧结合区，如新疆、甘肃、内蒙古；啤酒大麦的种植以小农生产为主，在大麦育种、规模化生产、集中式管理、以及对市场前景预测等一系列的技术、资讯信息等方面的把握不够及时准确；优良品种不足，栽培技术不优，产品竞争力不强，行业管理、社会服务和产业化经营滞后等问题导致大麦产业在参与国际竞争中优势不足，也因此导致我国啤酒大麦种植加工业一直处于配角地位，并且这个地位还在被边缘化的处境之中。

一、2013年国产啤酒大麦产情概述

2013年我国国产啤酒大麦进一步走向低谷，种植地区和市场继续被进一步边缘化，其面积、产量、啤麦可供应量在2012年的基础上进一步萎缩，据初步调研，冬春啤酒大麦合计面积630万亩，田间产量169.5万吨，啤酒大麦的

市场供应量约72.5万吨，比2012年的154万吨减少近53%。2013年啤酒大麦市场供应包括内蒙古可估计为15万吨，江苏20万吨，甘肃为28万吨，新疆4.5万吨，云南3万吨，其他零星产地2万吨，全国合计72.5万吨。

2013国产啤酒大麦产情概况一览表

省区	面积(万亩)	产量(万吨)	主栽品种	产地	说明
甘肃	70	28	甘啤4号、甘啤6号、陇啤1号	山丹县及山丹马场8万吨；民乐县7万吨：永昌县7万吨；酒泉地区1万吨，其他地区2万吨	主产县大麦主要种植于高海拔二三类地区(2000米以上)
新疆	12	4.5	甘啤4号、甘啤6号、陇啤1号	昌吉州奇台，伊犁、塔城等地州的高海拔旱坡地	
内蒙古	145	28	垦啤麦7号、垦啤麦9号、甘啤4号，少量的蒙啤麦和美国大麦品种	呼伦贝尔90万亩，兴安盟15万亩，通辽与锡盟合计15万亩，乌兰察布盟15万亩，呼、包二市及巴彦淖尔合计10万亩	呼伦贝尔含农垦55万亩，当地种植大户35万亩，美国大麦品种为tradition 和legacyl，gong 5万亩
云南	160	约40	云啤2号、S500、S-4、凤大麦6号	大理州，曲靖市，昆明市，保山市，两江地区等	因质量与价格高问题，仅有极少量，进入当地麦芽厂2万～3万吨
江苏	220	65	苏啤3号、苏啤6号；扬农啤5号：少量单二，港啤1号	以盐城周边的沿海地区为主，里下河与沿江地区面积减少	苏北农村以苏啤3号为主，农垦单位以苏啤6号为主，苏中，苏南以扬农啤为主
其他地区	20	4		宁夏、青海、湖北、浙江、河南等省区零星地区	
合计	627	169.5			

几点说明如下：

1. 2013年，啤酒大麦种植面积比2012年的620万亩略有增加，但啤麦市场供应量比2012年的154万吨锐减近53%。

2. 2013年国产啤酒大麦基本从粮油作物主产区退出，进入粮油主产区的边缘地区，其生态条件和生产投入都对产量和质量产生了负面影响。

3. 2013年在各产区均出现不利的天气，不同程度影响了啤麦的质量，如冬季不利天气，导致推迟播种，灌浆期连续降雨导致倒伏和病害，干旱导致减产并影响了籽粒的饱满度等。

4. 部分品种含被认可为主栽品种，未经受住胁迫因子考验，表现倒伏与病害。

二、2013年国产啤酒大麦的市场动态

1. 目前的市场价格走势

当前国产啤酒大麦市场面临多重压力，一是进口大麦的低价位整体上冲击了国产大麦的市场；二是自身质量问题影响了应有的销路：2013年我国累计进口啤酒大麦233.5万吨，平均单价341. 95美元／吨，，国产大麦在价格上略低于进口均价(例：2013年12月甘肃省民乐县啤酒大麦价格1940元／吨)，但是自身产品质量和稳定性方面存在很大差距；三是麦芽厂面临国产大麦麦芽被压价的压力，并将其转嫁到大麦市场上；四是甘肃河西和新疆产区物以稀为贵，部分时段发生了供不应求和价格波动的局面，并对其他地区产区的市场产生了影响。

国产啤酒大麦目前的市场价格走势呈总体价格低于往年且局地波动频繁的态势，总体价格较低的原因：一是受市场因素影响，啤酒企业压低新近麦芽合同价格的传导效应；二是今年国产啤酒大麦的质量，多地比去年差。局地价格频繁波动的原因，一是麦芽厂拟开工而当地原料大麦数量少且进口不可行，急于抢购而短时小幅抬高价格(如甘肃河西)；二是进口大麦的价格波动对国产大麦销售造成的影响和信息判断的影响。

今年国产啤酒大麦的市场价格在总体稳定的前提下，出现了一些波动，江苏冬大麦经历了低(6月)一较高(7月)一重新跌低(8月)一在波动中上涨(9月)的走势，近期价格(9月底)达0.93～0.98元/市斤(收购价)；西北春大麦也经历了较高(7月)一低(8月前半月)一较高(8月后半月)一低(9月前半月)一较高(9月后半月至今)。目前价格为0.94～0.99元/市斤(收购价)；新疆为0.95元/市斤左右；内蒙古海拉尔则徘徊在0.90元/市斤以下，海拉尔农垦拟较

高的价格出售。

2．供方的诉求

过去，与粮油主要作物在同一产区的啤酒大麦生产者，曾将大麦价格与小麦、油菜等作物攀比，近两年随着大麦已在粮油生产的边缘地区种植，且发挥出其生育期短、倒茬、省工、低成本等优势，生产者转而将其与同一产地的低产、低等级小麦、油菜等作物价格比较，或者比较其投入产出中的成本，尽管如此，每市斤0．95元以下的价格是不能接受的，包括规模经营的种地大户，他们最低要求收购价格维持在0.95元/市斤。

3．市场走势的预估

2013年后季乃至2014年春季国产大麦的市场走势取决于几个因素，一是进口大麦的价格走势；二是国内麦芽市场价格的格局与走势；三是饲料大麦的价格走势；四是国内麦芽厂对国产大麦的需求。而这四个因素中，除了饲料大麦价格走势难以预估，可能会继续向啤麦靠近外，其他因素对国产大麦市场很可能均为利空因素，因此，可以估计，国产大麦在今后很难大幅涨价并畅销，很可能被迫低价处理。

三、2014年后若干年国产啤酒大麦的产情展望

市场基本面决定着生产的基本面，而供求关系和价格杠杆又决定着市场的基本面，2011年以来，我国的进口大麦骤增，其根本因素是性价比的优势，2013年1～9月虽然进口大麦同比有所减少，但据悉明年春已订购的进口大麦数量极大，且价格很低，所以从现在起至明年夏季，我国的主要制麦企业将以进口大麦为主要原料，啤酒企业将以进口大麦麦芽作为主要原料已成定局。

许多从事国产大麦生产和以使用国产大麦制作麦芽的业内人士都认识到大麦生产的风险越来越大，且体现为市场和生产的双重风险。为数不少的业内人士已经或准备退出这个行业。甘肃河西海拔1000～2000米的一类地区，曾是我国啤酒大麦的原生优质主产区，而在2013年，这些地区的大麦已不复存在，海拉尔曾是我国规模经营的新兴啤酒大麦基地，2008年的面积曾高达200万亩，而今年锐减为90万亩，据多数种地大户表示，在2014年，绝不再种大麦，而改种油菜。新疆大麦今年已仅剩10余万亩面积，且多分布在不宜种植其他农作物的旱坡地上。

2014年及其后若干年，我国的春啤酒大麦生产将被继续边缘化，其面积可能减少至150万亩左右，其质量将进一步劣化，我国的冬啤酒大麦因其茬口优势，还将维持一定面积，但仍会进一步萎缩，江苏省可能减少至不足200万亩，2014年后的若干年中，即使啤酒原料紧缺年份，啤麦恢复性增长，也难一蹴而就。

四、国产啤酒大麦几个话题的讨论

1．关于重新定位产地的问题

所谓底线，指种植面积的最低限度，即某些地方在目前的生态条件和生产条件下，只能种也必然会种啤酒大麦，这实际上是一个产地重新定位问题，即这些产地既可种大麦，也可适应低价位。据初步了解与考察，可维持产情底线涉及重新定位的产地，可举例如下：甘肃省民乐县的红固、永固等乡，山丹县的霍城、马营等乡，永昌县的新城子、红山窑、黑土洼等乡，山丹马场的二、三场，青海省青海湖以北，内蒙古锡林郭勒盟的乌拉盖垦区，阴山后山、灰腾梁地区等；新疆伊犁塔城的部分高海拔旱坡地等。

这些产地必然是我国粮油生产的边缘地区，这些产地往往因无霜期短，积温少，种其他农作物的风险更大，而大麦是生育期短，省工，低成本，利于机械化作业利于规模经营的农作物。

2．关于对品种和质量的认识

我国的啤酒育种工作始于20世纪70年代，长期以来，呈分散与无经费支持状态，自上一个五年计划，农业部有了国家大麦青稞产业技术体系，有了一支较集中，有人员和经费保证，有计划任务的国家队，陆续育出一批高产较优质的新品种投放生产，我认为现在存在问题，一是无品种标准和准入商业生产的门槛；二是缺乏优质高产大样板的创建；三是缺乏与制麦及啤酒企业的科研推广一体化机制。上述的问题导致一些国产啤麦品种重产量轻质量，产量与抗病性抗逆性方面稳定性差（即所谓“腿短”），在制麦生产中所使用的品种多杂乱，使用周期太短。我国啤酒的质量问题，实际上与几个方面的问题有关，一是成千上万家小农户生产导致的品质均一性差，进而导致制麦工艺控制难度加大，和成品麦芽的一系列质量问题；二是生产管理中，重产量轻质量；三是生态条件恶劣；四是流通领域中人为劣化质量。

综上所述，为维持我国啤酒大麦产情底线的产地定位，必须确立最适宜产地，最适宜品种，以及优质高产的技术管理规程（从播种—产后作业），并采取以用户企业为龙头，实行产供销一条龙的产业化经营机制，同时政府部门采取市场保护价的形式，来防范自然和市场两种风险，以保护生产者和使用者的两方面利益，方能促进我国大麦种植及加工产业的发展。（本文根据2013年10月份在江苏无锡召开的“2013年中国啤酒原料产业发展论坛”上北京农学院白普一教授发言材料整理。）

华佗十全酒
华佗十全酒具有抗疲劳的保健功效
HUATUO
SHIQUANJIU
净含量:445mL
酒精度:24.5% vol
冠生园集团
上海冠生园华佗酿酒有限公司
中华老字号
China Time-honored Brand
冠生园集团
荣誉出品
冠生园集团 上海冠生园华佗酿酒有限公司

品牌企业篇

介绍酒业重点优秀企业的综合发展情况、产品情况、市场情况、科技成果、环保节能成果；以及由国家各部委、中国酒业协会组织的酿酒行业优秀企业评选结果名单等。

白智生

Bai Zhisheng

YEARBOOK FIGURE

白智生，男，汉族，高级经济师，正局级。1984年毕业于北京大学，主修国际政治；1998年完成中央党校的研究生课程，主修法律；1991年任天津农垦集团总公司副总经理；2004年8月任王朝酒业集团有限公司执行董事；2005年9月任天津农垦集团总公司总经理；2005年11月任王朝酒业集团董事会主席、执行董事；2005年11月任中法合营王朝葡萄酿酒有限公司董事长。

在白智生同志的领导下，王朝始终不渝地坚持走引进、消化、吸收、再创新的科技自主创新之路，吸收世界葡萄酒生产的先进工艺、先进技术，在更精、更细、更高的技术层面上保持世界级产品的特点。结合葡萄酒市场的竞争态势，白智生同志提出了把王朝公司建设成“现代化、国际化、一流的大型企业集团”的战略定位。30年来，王朝持续、快速、健康发展，实现了中国制造向中国“智”造的转变。

关于对2012年度“中国国际特色啤酒品鉴及行业检查”活动的表彰决定

为全面检查我国特色品种啤酒的质量，引导啤酒品种特色发展，中国酒业协会啤酒分会于2012年7月正式启动“2012年中国国际特色啤酒品鉴及行业检查”活动的样品申报工作。

经申报单位自愿申报、资格审查、国家级啤酒评酒委员感官品评以及消费者评委品尝等环节的综合评价，啤酒分会提出了表彰方案，经三届五次理事长办公会审查，决定对本次活动中综合成绩优秀的特色啤酒产品及申报单位进行表彰，授予百威纯生啤酒等39个产品“2012中国优质特色啤酒产品”称号，颁发奖牌及证书；授予蓝带1844啤酒等25个产品为“2012中国创新特色啤酒产品”，颁发证书。此外，对积极参加本次活动的7个微酿啤酒产品及送样单位提出公开表扬。

希望获得表彰和表扬的企业和单位再接再厉，为加快我国啤酒产品结构调整，推进我国啤酒行业走特色化发展之路作出更大的贡献。

对给予本次品鉴活动大力支持和协办的巴特哈斯（北京）贸易有限公司表示衷心的感谢！

中国酒业协会啤酒分会

二〇一三年四月十八日

“2012中国优质特色啤酒产品”名单

纯生啤酒类(11个)

原麦汁浓度(° P)	注册商标	产品名称	申报企业
8.0	百威	百威纯生啤酒	百威英博(武汉)啤酒有限公司
8.0	雪花	雪花纯生啤酒	华润雪花啤酒(辽宁)有限公司
9.1	哈尔滨	哈尔滨冰纯啤酒	百威英博(武汉)啤酒有限公司
9.7	青岛	青岛逸品纯生啤酒	青岛啤酒股份有限公司
10.0	漓泉	漓泉纯生啤酒	燕京啤酒(桂林漓泉)股份有限公司
9.1	哈尔滨	哈尔滨冰纯啤酒	百威英博(四川)啤酒有限公司
10.0	珠江	珠江纯生啤酒	广州珠江啤酒股份有限公司
10.0	燕京	燕京纯生啤酒	广东燕京啤酒有限公司
9.1	哈尔滨	哈尔滨冰纯啤酒	百威英博哈尔滨啤酒有限公司
10.0	雪花	雪花元生啤酒	华润雪花啤酒(大连)有限公司
10.0	金士百	金士百精酿纯生啤酒	四平金士百纯生啤酒股份有限公司

黑啤酒、深色啤酒类(8个)

原麦汁浓度(° P)	注册商标	产品名称	申报企业
13.0	蓝带	蓝带黑啤酒	肇庆蓝带啤酒有限公司
11.0	烟台	烟台黑啤酒	烟台啤酒青岛朝日有限公司
8.0	烟台	烟台黑啤酒	烟台啤酒青岛朝日有限公司
11.0	Gabniel	加布里埃尔黑啤	杭州千岛湖啤酒有限公司
9.5	山城	(金樽)山城啤酒	重庆啤酒股份有限公司
11.0	蓝带	蓝带将军酒	肇庆蓝带啤酒有限公司
18.0	青岛	青岛黑啤酒	青岛啤酒股份有限公司
12.0	燕京	燕京黑啤酒	北京燕京啤酒股份有限公司

其他特种啤酒类

原麦汁浓度(°P)	注册商标	产品名称	申报企业
9.1	哈尔滨	哈尔滨啤酒	百威啤酒(佛山)有限公司
10.0	雪花	雪花干啤酒	华润雪花啤酒(鞍山)有限公司
11.0	雪堡	雪堡白啤酒	广州珠江啤酒股份有限公司
9.0	西夏	西夏淡爽啤酒	宁夏西夏嘉酿啤酒有限公司
10.0	漓泉	漓泉冰爽啤酒	燕京啤酒(桂林漓泉)股份有限公司
9.0	凯龙	凯龙十啤酒	华润雪花啤酒(大连)有限公司
9.0	雪花	雪花干啤酒	华润雪花啤酒(辽宁)有限公司
11.8	Kronenbourg1664	K1664白啤	嘉士伯啤酒(广东)有限公司北京分公司
6.0	新疆	新疆低醇果味啤酒	新疆乌苏啤酒有限责任公司
8.0	广氏	广氏菠萝味啤酒	广州啤酒厂
11.4	Kronenbourg1664	K1664黄啤	嘉士伯啤酒(广东)有限公司北京分公司
8.0	燕京	荞麦干啤酒	燕京啤酒(赤峰)有限责任公司
8.0	哈尔滨	特制超干哈尔滨酒	百威英博哈尔滨啤酒有限公司
9.5	山城	山城啤酒(1958)	重庆啤酒股份有限公司
8.0	百威	百威劲柠啤酒	百威英博(武汉)啤酒有限公司
≥3.0	雪花	雪花无醇啤酒	华润雪花啤酒(中国)有限公司
8.0	Tuborg	乐堡啤酒	嘉士伯啤酒(广东)有限公司北京分公司
8.0	泰山	泰山原浆啤酒	山东泰山啤酒有限公司
11.1	嘉士伯	嘉士伯啤酒	嘉士伯啤酒(广东)有限公司北京分公司
9.0	燕京	燕京啤酒(小麦啤)	燕京啤酒(河南月山)有限公司

“2012中国创新特色啤酒产品”名单

原麦汁浓度(°P)	注册商标	产品名称	申报企业
15.7	蓝带	蓝带(1844)啤酒	肇庆蓝带啤酒有限公司
10.1	燕京	燕京鲜啤酒	广东燕京啤酒有限公司
12.0	哈特	熊牌啤酒	哈尔滨哈特啤酒有限公司
9.2	苍洱	大理V8啤酒	大理啤酒有限公司
8.1	嘉士伯	特醇嘉士伯啤酒	嘉士伯啤酒(广东)有限公司北京分公司
15.9	健力士	健力士黑啤酒	嘉士伯啤酒(广东)有限公司北京分公司
10.3	冰纯嘉士伯	冰纯嘉士伯啤酒	嘉士伯啤酒(广东)有限公司北京分公司
9.0	金龙泉	金龙泉纯生啤酒	英博金龙泉啤酒(湖北)有限公司
3.5	金龙泉	金龙泉无醇啤酒	英博金龙泉啤酒(湖北)有限公司
12.8	金龙泉	金龙泉1978啤酒	英博金龙泉啤酒(湖北)有限公司
9.5	重庆	(精品)重庆纯生啤酒	重庆啤酒股份有限公司
8.0	龙山泉	龙山泉纯生啤酒	本溪啤酒有限公司
11.5	双鹿	双鹿黑啤酒	英博双鹿啤酒集团有限公司
8.0	BBOSS	大富豪精品纯生啤酒	江苏大富豪酿酒科技发展有限公司
9.0	泰山	泰山黑啤酒	山东泰山啤酒有限公司
7.5	泰山	泰山干啤酒	山东泰山啤酒有限公司
8.0	鸭绿江	鸭绿江冰生啤酒	华润雪花啤酒(丹东)有限公司
9.0	金士百	金士百绿色纯生啤酒	四平金士百纯生啤酒股份有限公司
10.0	金士百	金士百精酿纯生啤酒	四平金士百纯生啤酒股份有限公司
8.0	凡特	凡特咖啡啤酒	哈尔滨市凡特咖啡啤酒有限公司
8.0	南昌	南昌纯生啤酒	南昌亚洲啤酒有限公司
8.0	绿兰莎	绿兰莎干啤酒	山东华狮啤酒有限公司
4.0	燕京	燕京无醇啤酒	北京燕京啤酒股份有限公司
10.0	金星	金星黑麦啤酒	金星啤酒集团有限公司
8.0	金星	金星小麦啤酒	金星啤酒集团有限公司

微酿啤酒产品及送样单位名单

原麦汁浓度(° P)	注册商标	产品名称	申报企业
12.0	乐汶堡	乐汶堡金啤	苏州乐汶堡啤酒坊
12.0	金汉斯	金汉斯比尔森啤酒	北京市金汉斯餐饮连锁管理有限责任公司
12.0	金汉斯	金汉斯慕尼黑黑啤酒	北京市金汉斯餐饮连锁管理有限责任公司
12.0	卢森堡	卢森堡大麦黑啤酒	山东中德设备有限公司
12.1	乐汶堡	乐汶堡黑啤	苏州乐汶堡啤酒坊
11.0	汉森	金汉森啤酒	北京金汉森啤酒技术开发有限责任公司
10.0	卢森堡	卢森堡大麦黄啤酒	山东中德设备有限公司

关于对“2012年度中国啤酒麦芽质量与食品安全鉴评”优质产品的表彰决定

根据中国酒业协会啤酒原料专业委员会2012年工作计划和中国啤酒原料“135质量提升计划”，为进一步了解我国啤酒麦芽质量现状和麦芽生产企业技术水平及啤酒麦芽产品食品安全现状，提升我国麦芽制造企业的质量安全意识，推动我国麦芽制造行业技术进步。啤酒原料专业委员会于2012年10月开展了“2012年度中国啤酒麦芽质量与食品安全鉴评”工作。

本次鉴评的鉴评体系和计分方法仍采用权重打分法和平均值偏离差打分法相结合的方式；同时，采用了国家最新颁布和实施的国家食品安全标准作为相关评判依据，经过检测、分析、评判和综合评定，得出了样品最终综合得分。经研究决定，对在本次鉴评中综合评定表现优秀的产品的申报单位——中粮麦芽(大连)有限公司等16家企业授予2012年度“中国啤酒麦芽质量与食品安全鉴评”优质产品称号。

特此表彰。

中国酒业协会啤酒原料专业委员会

二〇一三年四月十八日

"2012年度中国啤酒麦芽质量与食品安全鉴评"优质产品获奖名单

（排名不分先后）

序号	企业名称
1	中粮麦芽(大连)有限公司
2	广州麦芽有限公司
3	北大荒龙垦麦芽有限公司
4	宁波麦芽有限公司
5	永顺泰(宝应)麦芽有限公司
6	欧麦(保定)麦芽有限公司
7	奇台春蕾麦芽制造有限公司
8	玉门聚馨麦芽有限公司
9	永顺泰(秦皇岛)麦芽有限公司
10	中粮麦芽(江阴)有限公司
11	江苏金山啤酒原料有限公司
12	中粮麦芽(呼伦贝尔)有限公司
13	兰州黄河(金昌)麦芽有限公司
14	永昌县清河麦芽有限责任公司
15	张掖市华瑞麦芽有限公司
16	漯河金星麦芽有限公司

关于对“2013年度中国啤酒麦芽质量与食品安全鉴评”优质产品的表彰决定

中酒协啤原[2014]02号

根据中国酒业协会啤酒原料专业委员会2013年工作计划和中国啤酒原料“135质量提升计划”，为进一步了解我国啤酒麦芽质量现状和麦芽生产企业技术水平及啤酒麦芽产品食品安全现状，提升我国麦芽制造企业的质量安全意识，推动我国麦芽制造行业技术进步。啤酒原料专业委员会于2013年11月开展了“2013年度中国啤酒麦芽质量与食品安全鉴评”工作。

本次鉴评的鉴评体系和计分方法仍采用权重打分法和平均值偏离差打分法相结合的方式；同时，采用了国家最新颁布和实施的国家食品安全标准作为相关评判依据，经过检测、分析、评判和综合评定，得出了样品最终综合得分。经研究决定，对在本次鉴评中综合评定表现优秀的产品的申报单位——欧麦(保定)麦芽有限公司等18家企业授予2013年度“中国啤酒麦芽质量与食品安全鉴评”优质产品称号。

特此表彰。

中国酒业协会啤酒原料专业委员会

二〇一四年四月二十二日

“2013年度中国啤酒麦芽质量与食品安全鉴评”优质产品获奖名单

（排名不分先后）

序号	企业名称
1	欧麦（保定）麦芽有限公司
2	广州麦芽有限公司
3	中粮麦芽（大连）有限公司
4	宁波麦芽有限公司
5	永顺泰（宝应）麦芽有限公司
6	新疆乌苏啤酒（奇台）制麦有限公司
7	永顺泰（秦皇岛）麦芽有限公司
8	兰州黄河（金昌）麦芽有限公司
9	永昌永顺泰啤酒原料有限公司
10	江苏金山啤酒原料有限公司
11	永顺泰（昌乐）麦芽有限公司
12	泰州正阳麦芽有限公司
13	江苏钰丰麦芽制造有限公司
14	海拉尔麦多利啤酒原料有限公司
15	甘肃武港食品有限公司
16	甘肃雪源啤酒原料有限责任公司
17	华惠集团景泰麦芽有限公司
18	玉门聚馨麦芽有限公司

酒鬼酒股份有限公司

酒鬼酒股份有限公司前身为始建于1956年的吉首酒厂，位于湖南吉首市北郊酒鬼工业园区，旁依枝柳铁路和1828省道，为风景名胜区张家界、猛洞河、王村古镇至德夯苗寨、凤凰古城的必经之地，这里群山环抱，风景如画，酒鬼生态工业园已被国家旅游局列为全国首批工业旅游示范点。酒鬼酒1600亩的生态酒城就坐落在武陵山脉余支，喇叭山谷，浪头河畔，酿酒所用的龙、凤、兽三眼神泉喷薄而出，涓涓不息。

酒鬼酒股份有限公司1997年7月上市，股票上市地为深圳证券交易所，证券代码为000799，股票简称“酒鬼酒”。 为湖南省唯一的酒类上市公司，主营业务为生产、销售酒鬼酒、湘泉酒、内参酒等系列白酒产品。自上市以来，企业不断发展壮大，产品畅销全国30多个省、市、自治区，远销美国、日本、俄罗斯、韩国、东南亚及港澳台等20多个国家和地区。“酒鬼”“湘泉”双双成为“中国驰名商标”。 2008年7月4日，国家质量监督检验检疫总局正式批准将酒鬼酒列为国家地理标志保护产品。“洞藏文化酒鬼酒”成为2008年北京奥运会国礼精品。

品牌建设

酒鬼酒公司传承湘西悠久的民间传统工艺，依托湘西独特的自然地理环境和地域文化资源，独创中国白酒“馥郁香型”。酒鬼酒、湘泉酒曾荣获法国波尔多世界酒类博览会金奖、比利时布鲁塞尔世界酒类博览会金奖、中国首届食品博览会金奖、全国轻工博览会金奖、北京国际经贸博览会金奖、中国国际新产品新技术博览会金奖和中国白酒典型风格金杯奖，曾荣获“中国十大文化名酒”“国产精品”“中国名牌消费品”“世界名牌消费品”等称号。多年来，酒鬼酒公司在湖南省委、省政府的关心支持下，不断发展壮大，成为湖南省、湘西州农业产业化龙头企业。“酒鬼酒”曾先后荣获“全国酒文化优秀企业”“全国五一劳动奖状”“全国轻工业系统先进集体”“全国先进集体”“中国公众形象优秀企业”“全国质量效益企业”“全国酿酒行业优秀企业”“全国酒文化优秀企业”“中国公众形象优良企业”“全国食品行业质量效益型先进企业”“全国食品工业科技进步优秀企业”等多项荣誉。2013年，酒鬼酒公司荣获湖南省省长质量奖。

产地建设

近几年，酒鬼酒市场深度扩展，产销量快速增长，企业进入了高速成长阶段。为了做到对市场的快速反应，从企业长远发展战略的高度出发，酒鬼酒公司进一步选点布局，建设大型物流配送基地。2012年8月19日，酒鬼酒公司设在河南省新乡市延津县集聚区的“北方物流基地”举行了隆重的奠基典礼。该基地是酒鬼酒公司“十二五”期间布局北方市场的重要举措。建成后主要用来分装酒鬼酒公司湘泉系列产品，力在增强中低档产品销量和对市场的反应速度。同时，还将引进酒盒、外箱包装物料生产战略合作伙伴，将该项目建成白酒灌装、包材生产的大型综合性基地。该基地全部建成后可支持产销20亿元以上。标志着酒鬼酒将以河南为中心，向东北、华北、西北“三北市场”拓展挺进，从而布局全国。

酒鬼酒公司“北方物流基地”联手新乡市平川酿酒厂共同建设，总规划占地面积约500亩，其中一期工程占地173亩，建成6条现代化生产线，主要功能是分装湘泉产品。生产车间、包材库、成品库、办公楼、生活设施等建筑面积3万余平方米，计划于2013年4月建成投产。

稳固产能

为了三万吨基酒稳保企业持续发展，酒鬼酒公司产能达到10000吨，只使用了20%。库存基酒3万多吨，这就意味着即使年生产达到10000吨的水平，也能够保证销售的是贮藏3年以上的陈酿。目前的曲酒产量，比2009年翻了四倍多。2011年，酒鬼酒公司投入6000万元新建了一个包装中心，该中心是目前湖南最大的包装生产基地。新的包装中心共有9条包装生产流水线，均采用行业最先进的包装设备。

产品发展

做响洞藏：因其天然的溶洞贮藏工艺，洞藏酒在中国高端白酒阵营中拥有一席之地。继2012年产品发布会后，该产品成为公司重点推荐产品之一。

做精内参：高端专享，尊贵典雅的内参酒深受政商务人士喜爱，2012年销售实现质的飞越。

做强酒鬼：和谐馥香，文化酒鬼酒作为公司战略布局的重点支撑产品之一，2012年销售实现突破式增长。

做大湘泉：湘泉作为公司的始创品牌，近几年一直保持稳健的发展趋势，2012年在河南启动“北方物流基地”建设，将为湘泉系列产品的分装提供有利保障。

客户发展

2012年，随着百强县区域联动建设、金网工程持续推进、空白市场成功招商，酒鬼酒公司客户体系得到完美组合。既有专业人员对各区域进行网络布局和市场预投，更有区域客户对市场进行精细化耕作，同时配以分销商等核心渠道进行深度挖掘。通过系统工程有效推进，积极提升客户、市场运作积极性，有效引导客户建设布局市场，一批批优秀客户脱颖而出，较去年同期客户数量呈现稳步增长趋势，客户对酒鬼酒产品、市场建设信心倍增。

无尚妙品酒鬼酒

酒鬼酒于20世纪80年代横空出世，它开历史之先河，在中国白酒史上首次完整塑造了文化酒的形象，在白酒界掀起了长燃不息的“酒文化运动”，被业界称为“文化酒的引领者”。得于其妙不可言的酒体，它以另类、大胆和充满灵性的品牌命名，以及创意孤绝，大朴大雅的产品形象而享誉酒界，被誉为“无上妙品”。无上妙品，妙在哪里？

一、地域环境之妙

离开湘西就出不了酒鬼酒，这是酒鬼酒所依托的自然气候、地理位置、生态环境、优质窖壤和秀美山水等地域自然资源的独特性和稀缺性所决定的。湘西地处云贵高原的余脉武陵山区，位于东经109.10度至110.55度、北纬27.44度至29.47度之间，属亚热带湿润季风气候，是理想的酿酒王国和“酿酒黄金地理带”；窖泥是白酒功能菌生长繁殖的载体，湘西黄壤铁、钙含量低，质地细腻，黏度适宜，持水性强，pH在6左右，是南方特有的生产优质窖泥的首选泥种。酒鬼酒生产所在地振武营位于“大湘西生态旅游长廊”中心地段，地理环境独特，特别是酒鬼工业园内的龙、凤、兽三眼清泉，成为酿制和勾调酒鬼酒的血液。酒鬼工业园被列为国家首批工业旅游示范点，酒鬼酒被列为国家地理标志产品，酒鬼酒是在名山、名水、名洞、名泉、名景汇聚的生态环境下孕育的中国名酒。

二、民族文化之妙

酒鬼酒的成功，除了其所承载的中国传统白酒工艺精华、得天独厚的资源优势外，同时也得益于绝妙的地域民族文化。湘西人历来知酒善饮，深谙酒仪、酒道，监酒、开酒、斟酒、饮酒，礼仪完整，对歌酒、陈女酒、拦门酒盛行至今。湘西还是一个歌舞之乡，湘西素有三月三、四月八、赶秋节等民俗风情节，苗家鼓舞、土家溜子、土家摆手舞、傩戏、阳戏、对山歌、高腔、茅古斯等是中国民间宝贵的文化资源。湘西，无酒不飞歌，无酒不起乐，无酒不摆舞，无酒不成席，无酒不成礼。湘西土家族、苗族等少数民族儿女创造了灿烂的酒文化，悠远的酒史、古老的酒艺、美妙的酒歌、浓郁的酒俗代代相传。这种独特的地域民族文化也是酒鬼酒的文化内蕴的根源所在。

三、包装设计之妙

1985年，黄永玉大师回乡省亲，吉首酿酒厂领导立刻邀请黄老来到酒厂，请黄老为新酿制的美酒设计包装和题名。黄老欣然来到酒鬼酒厂。谈座间，黄老灵感突发，出门在路边顺手捡起一块麻袋布，用粗针大线缝成口袋，填满锯末，颈部用麻绳一扎，就完成了他天才的设计，并题名为“酒鬼酒”，誉之为“无上妙品”。之后，又挥毫画出了“酒鬼背酒鬼”图。俗中见雅，雅中显奇，是中国传统设计方式的延续，是在民族文化积淀基础之上的厚积薄发，是大师写意式的一挥而就，开创了中国酒类陶瓶包装的新时代。

四、酿酒工艺之妙

酒鬼酒生产工艺可概括为：多粮颗粒原料、小曲培菌糖化、大曲配糟发酵、窖泥提质增香、酒醅清蒸清烧、溶洞贮存陈酿、精心组合勾兑。这是在传承湘西民间酿酒工艺秘方基础之上，大胆吸纳现代大、小曲工艺各自优点，将三种工艺有机结合形成全国唯一的馥郁香型白酒工艺，用曲、用水、用泥、用料独特考究，酿制工艺、勾兑工艺和贮藏工艺独具匠心，在中国白酒业独树一帜。酿制技艺已列为湖南省非物质文化遗产名录，正申报国家级非物质文化遗产。

五、馥郁香型之妙

“虽然现在的香型比较多，但归根到底主要还是浓、清、酱，而酒鬼酒将这三大香型集于一身，创造了馥郁香型，这是一个创新”。这是中国白酒泰斗沈怡方老先生对酒鬼酒的高度评价。酒鬼酒采用的独特工艺，使得其口感玄妙莫名，它融“泸型之浓香”、“茅型之酱香”、“汾型之清香”于一身，且各香味成分的平衡与协调，香气优雅，酒体醇和、丰满、圆润。酒鬼酒独创了中国白酒馥郁香型，因其工艺的复杂性和地域生态环境的独特性，造成了这种香型的不可复制和唯一性。

六、溶洞贮藏之妙

湘西多洞，据考查共有3800个之多，且洞洞相连，洞中有洞，洞中有河，河河相穿。奇绝的自然景观与湘西盛行的楚巫文化结合，造就了诸多“洞神”传说。随时光流转，形成了神秘厚重的洞文化，也造就了传承至今以天然溶洞贮酒的习俗。可以说在湘西这块神奇的大地创造出中国最早的“洞藏酒”。

白酒的贮存环境有利于酒的老熟变化，能改善酒的口感，提高酒的质量。深谙酒道的湘西先民把贮藏作为酿酒工艺的极其重要组成部分，贮藏酒时极为讲究。酒鬼酒传承湘西民间藏酒技法，将酒鬼酒以陶坛封存，藏于天然溶洞中，这在白酒界是较少见的。溶洞藏于地层，其中多阴河伏流，温度长年稳定在15～20度，湿度在80%以上，地表温度变化对其影响不大，这种恒温恒湿的天然环境成为白酒陈酿老熟的绝佳条件。封存于洞中的白酒在溶洞小气候下，自然演化，由于洞中温度、湿度的基本稳定，使得酒体熟化反应进程平缓而均匀。天长日久，酒体微黄偏绿，酒质醇厚丰满，口感柔顺怡长，馥郁含香，达到一个极高的境界。

七、艺术境界之妙

酒鬼品牌立意孤绝、品名奇绝、包装独特，是品质与文化完美结合的酒中妙品。酒鬼酒公司作为中国文化酒的引导者和先行者，对中国白酒品牌文化和营销文化具有革命性影响。酒鬼的鬼是指酒鬼酒的工艺之鬼、文化之鬼、香型之鬼、口感之鬼，表达了酒鬼酒个性独特、品质高雅、卓尔不群的品牌气质。在这里，鬼的寓意是一种超越寻常、美妙极致的无上境界。奇妙绝伦的事物可谓之“鬼斧神工”，具有独特智慧和才能的人可谓之“鬼才”，而大诗人屈原则将美丽动人的山女喻为“山鬼”，并写下了千古绝唱《山鬼》。黄永玉大师提名“酒鬼”，并誉之为“无上妙品”，一语道破了酒鬼酒蕴藏的文化内涵和阐释的人生高妙境界。一方面，“酒鬼”是指酒中之鬼，指最高层次的酒，最美妙的酒；另一方面“酒鬼”又指饮者之鬼，指知酒善饮、达到饮酒最高境界的人，是一种充满智慧、自由洒脱的美妙人生。

正是这七妙，汇成了“酒鬼”独一无二的品牌元素，结合几代人的努力奋斗，精神铸就了酒鬼酒的成功。

上海冠生园华佗酿酒有限公司

上海冠生园华佗酿酒有限公司是享有中国食品工业20大杰出企业之称的中国500家最佳经济效益企业之一的国家特大型企业——上海冠生园食品有限公司的下属子公司，是全国较早集科研、生产、营销于一体的专业化保健酒生产企业。

公司历史悠久，通过半个多世纪的发展，以“华佗牌十全酒”为代表的保健酒产品深受消费者的喜爱，尤其是江苏、浙江、广东、福建等沿海地区及台湾等地的消费者对该产品更是倍加青睐，赞誉有加。产品还远销东南亚、南美、日本、英国、美国等国家和地区。在上海及华东、华南的地区拥有较高的知名度。以“华佗牌十全酒”为代表的保健酒系列产品曾荣获国家及省级的20多个奖项和荣誉称号：

- 华佗牌十全酒曾荣获国家酒类食品质量最高奖——银质奖；
- 华佗牌十全酒曾荣获吉隆坡国际食品博览会金奖；
- 华佗牌十全酒连续16年荣获上海名牌产品；
- “华佗”十全酒、得力劲酒连续多年被评为上海名优食品；
- “华佗”商标荣获上海市著名商标；
- “华佗”品牌被评为中华“老字号”品牌；

一直以来，上海冠生园华佗酿酒有限公司秉承着“享受生活，享受健康”的企业理念，坚持“以顾客需求为前提，强化质量管理，持续质量改进，提供顾客满意的产品”质量方针，不断提升企业的科学管理水平。依托上海冠生园食品有限公司强大的资源支持及其所属的国家级标准的技术中心的技术支持，凭借本公司精湛的动植物提取酿造，先进的生产工艺和生产设备以及全面实施的现代化营销管理，成为保健酒行业中以生产现代高新生物技术与健康理念融合而成的健康型酒类中的领跑者。

展望未来，上海冠生园华佗酿酒有限公司将以不断创新的精神，崭新的面貌、饱满的热情，迎接市场的挑战，创造新的辉煌。

烟台南山庄园葡萄酒有限公司

烟台南山庄园葡萄酒有限公司是南山集团于2001年斥资2亿元兴建而成，它是集旅游观光、葡萄酒酿造和葡萄酒文化传播于一体的大型现代化化、庄园式的葡萄酒生产企业。公司位于国际葡萄•葡萄酒组织（OIV）认定的亚洲唯一“国际葡萄•葡萄酒城”——中国烟台，地处龙口南山国家AAAAA级旅游风景区内，毗邻世界最大的高尔夫球场——南山高尔夫球俱乐部，环境优雅，空气清新，景色迷人，是最具东方神韵的特色化酒庄，也是亚洲首座高尔夫酒庄。

公司厂区占地5万平方米，其中建筑面积为4万平方米，1万平方米为天然地下酒窖。年设计生产优质系列葡萄酒3万吨，白兰地5千吨。

公司从意大利、德国、法国引进了一系列国际先进的葡萄酒生产设备。如全自动控温发酵罐、全自动灌装流水线、法国优质橡木桶等。先进的生产设备及雄厚的技术力量为优质、高档葡萄酒的生产奠定了坚实的基础。

品牌形象——诚信天下，引领高端

公司以诚信开拓市场，以质量打造品牌，以“致力于葡萄酒技术的研究与应用，以卓越的产品与服务提升人类生活品质”为己任，严把质量关，强化品牌形象。公司先后被授予“全国质量信得过食品”、“中国酿酒协会会员单位”、“绿色食品”等称号，并通过ISO9001、ISO14001、HACCP等管理体系认证。南山庄园于2003年4月获首批使用“烟台葡萄酒”原产地域产品专用标志；是2005年9月首批通过QS认证企业，并获得管理体系认证，南山庄园系列产品荣获“山东省著名商标”、“绿色食品”、“山东省名牌产品”等荣誉称号。

2012年是南山庄园葡萄酒开启新纪元的一年，其正式成为中国高尔夫协会官方唯一指定专用葡萄酒品牌。同时南山庄园高尔夫西拉干红在2012年第六届烟台国际葡萄酒节博览会中的“克隆宾杯”质量大赛中荣获金奖。

千姿百态——葡萄酒世界

南山庄园以“致力于打造具有南山文化格调切合东方文化底蕴的特色葡萄酒”为愿景，将欧洲传统工艺与现代技术融合为一体，开创出多元化的产品结构。目前公司拥有乡村庄园、南山庄园、高尔夫、进口产品及礼盒产品等系列，并与澳大利亚合作，推出高端进口产品“万提诺系列”。

2012年公司正式与南非、法国及意大利等国际产区合作，先后引进皮诺塔基、蒙丹酒堡系列、曼杜利亚—普米蒂沃及萨伦托黑曼罗等产品。同时公司研发团队推出新品——君悦、高端商务、庄园风情等三大系列，在包装与风味上均有更为突出的表现。

“厚德至善，峰聚成山”，南山庄园将秉承“坚韧、勤奋、诚信、正直”的企业品格，坚定于“打造具有东方文化底蕴”的葡萄酒事业，使之成为中国葡萄酒业又一崭新名片。

湖北枝江

2012年，面对国际经济形势变幻莫测、国内经济增长减速的复杂局面，公司通过开源节流、增收节支，抓队伍、拓市场，抓生产、保质量，抓文化、促稳定，克服了消费疲软、成本上涨等多重壁垒，取得了较好的经济和社会效益。2012年集团总收入90亿元，利税6亿元。形成了核心产品"量价齐升"、主导产品销量增长、利税总额宜昌市名列前茅的良好发展格局。公司继续入围中国民营企业500强、中国最具价值品牌500强、中国制造业500强、湖北企业100强，获得全国轻工业信息化与工业化深度融合示范企业、2009～2010年度全省最佳文明单位、省优秀民营企业、省模范劳动关系和谐企业、省安全生产先进单位、省企业质量管理标兵、省农产品加工业"四个一批"工程先进企业、省首批食文化知名企业、省农业产业化龙头企业人才支撑计划首批入选企业、宜昌市首届"三峡质量奖提名奖"、宜昌经济年度贡献企业等多项荣誉。董事长蒋红星连任省工商联副主席、获2012年宜昌经济特别成就奖；常务副总经理谭崇尧被宜昌市政府授予"科学技术突出贡献奖"；副总经理亓新明荣获"全国轻工业信息化与工业化深度融合先进个人"；副总经理刘前生被授予湖北酿酒大师、享受省政府专项津贴专家；副总经理李净荣获"全国技术能手"。

2012年，公司建立技术创新奖励制度，积极培育创新团队，技术创新能力进一步提高。

一是研发创新。公司全年取得外观设计专利10件，新申请外观设计专利1件，发明专利1件；取得注册商标8件，新申请注册商标6件，办理国内注册商标续展6件，国外注册商标续展1件。5月，公司与中国食品发酵工业研究院共同承担的中国白酒169计划科研课题"浓香型枝江白酒风味物质剖析技术的研究及应用"通过专家组鉴定达到国际先进水平。6月，在湘鄂赣渝闽桂白酒质量检评会上，公司"百年枝江"天之韵、地之韵、楚之韵三款产品再度获得金奖。9月，"枝江"系列白酒被评为湖北省首批食文化特色名酒。同时，科学勾调、精心设计出新品"神之韵"，具有香气淡雅细腻，口味绵甜、柔爽、润喉，香味协调、回味悠长的卓越品质，该酒在6月被中国食品工业协会评为"2012年度中国白酒国家评委感官质量奖"。

二是工艺技术创新。为积极参与"中国白酒158计划"，解决白酒酿造机械化、规模化生产的窖泥限制问题，公司经过不懈努力，研制出浓香白酒的无泥窖化生产工艺，打破浓香型白酒机械化生产的泥窖瓶颈。同时编制出《无泥窖浓香型白酒生产作业指导书》，规范无泥窖浓香型白酒的生产流程和操作方法。2012年我们已将此生产工艺申报了发明专利，计划2013年组织进行成果鉴定。

三是多元化产品创新。2月，根据新产品开发需要，公司与三峡大学天然产物研究与利用湖北省重点实验室，签订了以节节根为主要原料进行饮料研制生产的合作协议。2012年已成功进行小试，下一步将进行中试及规模化生产。

2013年，枝江酒业以科学发展观和党的"十八大"精神为指导，以打造"享誉全球的中国历史文化名酒"为愿景，以"用一流的科技酿造顾客满意放心的产品"为使命，以实现"百亿枝江"为目标，以构建全国化大市场为载体，以强化主导产品线为重点，以扩大销售为手段，着力优化产品结构、员工队伍和经销商队伍，大力提升品牌形象，努力将枝江打造成为中国长江中游著名浓香型白酒基地。2013年将开工建设三大项目。一是总投资10亿元、占地260亩的5万吨灌装中心和2万吨基酒项目，建成投产后可实现年产值18亿元，税收6000万元；二是总投资3亿元、占地150亩的绥化枝江酒业年产2万吨优质白酒生产基地，建成投产后可实现年产值10亿元；三是总投资50亿元、占地2000亩的维维集团枝江食品产业园项目，由白酒酿造基地、食品生产基地、包装配套基地以及技术服务中心四部分组成。园区项目全部投产后，预期可实现产值100亿元以上，利税10亿元以上。

四川水井坊股份有限公司

四川水井坊股份有限公司是四川省扩张型和重点优势企业、成都市重点扶持的大企业及纳税大户、中国500家最大工业企业、行业50强最佳工业企业与全国质量效益型先进企业之一。公司主营酒类产品生产和销售，主要酒类产品为水井坊品牌系列，主要产品有：世纪典藏水井坊、公元十三水井坊、风雅颂水井坊、水井坊菁翠、水井坊典藏、水井坊井台装、天号陈等品种。

元末明初“水井街酒坊遗址”是公司独有的重要生产资源和品牌基础，是不可复制的、极为珍贵的历史文化遗产和有极高使用价值的“活文物”，被国家文物局列为“1999年全国十大考古新发现”，誉为“中国白酒第一坊”，国务院批准为“全国重点文物保护单位”；“水井街酒坊遗址”区与公司土桥工厂区被国家质检总局批准为“国家地理标志（原产地域）产品”保护区域；“水井坊酿酒技艺”被国务院列为“国家非物质文化遗产”；“水井坊”商标被国家工商总局认定为“中国驰名商标”。

公司以“科技兴企，质量第一”为重要抓手。在质量管理方面，公司已通过ISO9001质量管理体系和产品认证体系、ISO14001环境管理体系认证、ISO22000食品安全管理体系、国家酒类质量等级和计量体系等一系列认证，以确保“产品出厂合格率达100%”、“国家抽检合格率达100%”、“产品卫生指标100%符合国家标准”，并率先实现酒体的国际国内“双重检测”和包装材料的专项检测。

未来，公司将集中主要优势资源和资金，做实、做大、做强白酒产业；在外部强势资本和本土资源合力推动下，以水井坊酒为高端标志性产品，使其成长为国际一流的中国白酒品牌。

注重社会责任　振兴白酒产业

——万正投资集团鄂尔多斯酒业

企业基本情况

鄂尔多斯酒业是中国民营企业500强中万正投资集团成员企业之一。“鄂尔多斯”粮食白酒创牌于1953年，至今已走过近60年的辉煌历程。企业通过ISO9001国际质量体系认证。主要从事白酒、葡萄酒的研发、生产和销售。是中国白酒工业百强企业，“鄂尔多斯”酒商标是“中国驰名商标”。一直以来都是鄂尔多斯市农牧业产业化龙头企业，内蒙古自治区酿酒行业重点骨干企业，中国北方清香型白酒生产基地。在品质上，企业坚持纯粮固态发酵工艺，现已成为内蒙古首家获得“纯粮固态发酵认证”的企业，得到了国家的认可和保护。这是酿酒行业中最高荣誉，是高端优质白酒的身份证。

目前，公司年白酒生产能力达2万吨，有清、浓、兼三大香型，高、中、低不同档次和度数近百余种产品。“鄂尔多斯”白酒是北方清香型白酒的典范，鄂尔多斯酒为内蒙古名牌产品，内蒙古老字号。“鄂尔多斯敬酒”获全国清香型白酒优秀产品奖；2005年集团被评为首届“内蒙古最受尊敬企业”，同年又荣登“中国成长企业百强第八名”；2009年集团被评为“改革开放30年内蒙古先锋企业”、“最具影响力企业”；鄂尔多斯白酒被认定为“改革开放30年内蒙古自治区最具影响力品牌”；2009年鄂尔多斯酒荣膺“第十一届亚洲艺术节指定用酒”；2010年鄂尔多斯酒业集团被自治区人民政府授予，2010年度“内蒙古

自治区质量管理工作先进集体”称号；2010年鄂尔多斯酒业公司被内蒙古自治区消费者协会授予2010—2011年度诚信单位称号、授予“鄂尔多斯”系列白酒产品为“2010—2011年度推荐商品称号”；企业白酒年均销售收入4亿多元，销售收入年递增2亿多元。从1998年至今，近十年来企业向国家上缴税款增长17倍，企业位列中国饮料制造业纳税百强企业第49位，居内蒙古第一，为国家和地方政府的经济建设作出了贡献。“全国重合同守信用单位”；公司在1998年被国家农业部评为“全国优秀乡镇企业”，1999—2001年连续三年被自治区政府评为全区私营企业第一纳税大户，先后被评为“内蒙古自治区质量先进单位”“内蒙古自治区先进私营企业”中国农业银行“AAA级信誉企业”“内蒙古自治区酿酒行业经济效益先进企业”、中国饮料制造业纳税百强企业第49名、“全国酒类产品质量安全诚信品牌”；2012年4月，公司被自治区人民政府认定为自治区级农牧业产业化重点龙头企业；2012年10月“鄂尔多斯酒”被内蒙古商务厅认定为首批“内蒙古老字号”；2012年，鄂尔多斯酒业集团被内蒙古质监局认定为首批“自治区质量信用A级企业”；2012年10月质量调查评价中心、中国企业信用评价管理中心、中国名优精品选购指导委员会授予鄂尔多斯酒业2012～2015年度“中国AAA级重质量守信用企业”等多项殊荣。

作为中国北方清香型白酒的典范，鄂尔多斯酒业一直坚持纯粮酿造，固态发酵，选料考究，工艺先进，其产品具有“香气幽雅、酒体醇厚、入口甘甜、落口净爽、诸味谐调、回味幽长”的独特风格，深受广大消费者欢迎。公司自主研发生产的复合香型产品采用“六粮双酿”工艺，极大地丰富了酒体风格，成为鄂尔多斯系列酒产品的一大亮点。葡萄酒是鄂尔多斯酒业的战略发展产业，规模宏大的葡萄酒庄园建成投产后，将引进法国和澳大利亚最先进的酿酒技术，由法国和澳洲组成的顶级酿酒团队，酿造出专属于鄂尔多斯品牌的优质葡萄酒。公司本着“从田园到餐桌”的规划思路，全力构建酒业全产业链。发展绿色循环经济，在产品源头上，集团规划在沿河达拉特旗、杭锦旗等地投资建设了20万亩原粮种植基地；在黄河之畔开发原粮基地，以保证酿制鄂尔多斯酒所需的优质原料供应。在东胜区，利用下游酒糟投资建设规模化养殖和生物技术转化基地，实现了从原料到酒糟的全部转化和循环利用。我们将举万正全集团之力，在努力“发展民族产业”的同时，也在积极“践行社会责任”，积极为区域经济发展作贡献。1997年转制以来，连续多年被内蒙古自治区党委政府评为“内蒙古民营企业纳税第一大户”。酒业园区建成投产后，直接就业产业工人1万多人。随着市场的拓展，五年内可提供技术、管理、营销等3万多人的就业岗位，并将强有力地带动我市以及周边地区农业、交通运输业、商业服务业、旅游餐饮业等产业的发展，为地方经济发展作出新的贡献。

质量安全管控

鄂尔多斯酒业加强食品质量安全工作，创新理念，促进食品工业健康发展。在自治区、鄂尔多斯市委、政府，东胜区委、政府的正确领导及各级质量技术监督部门的关心支持下，全面贯彻落实国家《质量振兴纲要》、《产品质量法》及《国务院关于进一步加强产品质量若干问题的决定》等法律、法规精神，始终坚持科技兴企，质量创优，名牌兴业，管理创新的发展思路和以质量为生命，以销售为龙头，以效益为中心，以人为本的经营方针，全面强化质量管理，不断促进企业经济效益的提高和社会效益的扩大。近年来，尽管全国白酒形势严峻，但我们鄂尔多斯酒业的产销量在全自治区同行业中名列前茅。

1. 质量安全从源头抓起，领导重视全员参与

关注民生保证食品质量 ，提升食品安全监管效能。白酒是人民群众喜爱的饮品，食品安全，更关系到人民群众的生命健康。要保证白酒的质量安全，需要健全的质量、食品安全管理体系作保证，全过程的严密监控为手段。为保证白酒食品安全和质量合格，鄂尔多斯酒业严格贯彻落实《中华人民共和国食品安全法》，履行企业食品质量安全责任，鄂尔多斯酒业的发展赢得了市场上的广泛认同。鄂尔多斯酒业公司通过了ISO9001：2008国际质量管理体系认证。鄂尔多斯酒业每年都成功通过ISO9001质量管理体系运行情况年度复审。鄂尔多斯酒在国家食品工业协会检测中心、国家质检中心和内蒙古自治区产品质量监督抽查中均为合格。

企业内部建立质量控制小组，具备健全的管理体系和完备的检验制度，现代化生产、检验设备。为进一步搞好质量管理工作，提升产品质量，公司成立了以总经理为首的质量管理领导小组，健全了公司、车间、班组、销售四级质量管理网络，从源头抓起、层层把关、环环相扣。在工作考核中实行食品安全、食品质量一票否决制。企业树立质量第一理念，按照质量管理体系的细则，在市场预测、产品设计、生产制造、售后服务等全过程实行全面质量管理；建立用户至上、市场导向、质量效益等广义的质量观念，始终坚持以质量求生存、以质量争市场、以质量促发展的方针，在实践中不断探索新的企业质量管理方法，使企业在竞争中立于不败之地。

2. 严把进货关

把质量控制工作分解到生产经营的每一个环节。为此，鄂尔多斯酒业精心制定了高粱、小麦、稻壳等原料，以及纸箱、纸盒、标签、瓶子、瓶盖等外包装的检测标准。从源头抓起、层层把关、环环相扣。要求公司各部室严把质量关，结合白酒类食品的特性，通过严格执行各项管理体系保证了食品安全和食品质量。检验人员对每批物资严格检验，特别是食品安全方面的指标还要采取送检的办法，确保了检验不漏项，检验不合格绝不进厂，确保了进厂物资安全和质量合格。

坚持纯粮酿造，鄂尔多斯酒业的发展契合了高档消费市场求安全、求健康的内在诉求。长期以来，鄂尔多斯酒一直坚持纯粮酿造。绿色，是鄂尔多斯酒业一直坚守的本色。目前，在鄂尔多斯市达拉特旗白泥井镇拥有2万亩原粮种植基地；着手打造公司的有机原粮基地，建立了完善的有机食品生产管理体系，通过公司＋乡镇＋科研院所＋农户的模式，与农户签订合同，既为公司酿酒原料的质量安全提供了保证，又带动了农业发展，为农户增收，实现了多赢的局面。利用下游酒糟投资建设规模化养殖和生物技术转化基地，实现了从原料到酒糟的全部转化和循环利用。鄂尔多斯酒原粮基地建设是鄂尔多斯酒业集团打造绿色、健康品牌的重大举措，体现了鄂尔多斯酒强烈的社会责任和诚信经营理念，对推动鄂尔多斯酒实现百亿目标、建设文化名酒和国内一流酒企具有重要的战略意义。

3. 过程控制不放松

为了保证白酒产品的质量、安全、健康，鄂尔多斯酒业按照国际食品安全管理体系标准，建立了原（辅）材料的进货检验、生产过程控制、储存运输管理、计量监测控制、质量追溯控制和售后服务控制六大过程安全控制体系，严把六大关口，加强白酒生产的管理。公司为保证食品生产过程的安全和质量合格，将整个过程分解成储运、酿酒、勾兑、灌装等过程，并对每个过程结合人、机、物、法、环进行细致的分析，就分析的结果采取纠正措施，制定了多个管理制度，同时结合国际质量管理体系和食品安全管理体系标准要求在公司建立并运行符合国际标准的管理体系，并将职责明确到岗位，对工作完成情况进行认真的检查与考核，对于检验不合格品不得进入下一过程。

4. 严把产品出门关

国际领先的检验检测装备水平和质量管理体系，确保了鄂尔多斯酒的高端品质。鄂尔多斯酒业技术中心现为省级企业技术中心，拥有世界最先进的检验设备和分析检测设备，科研开发实力和分析检测能力达到国内同行业先进水平。中心拥有多台安捷伦7890A气相色谱仪、赛默飞世尔iCE3500原子吸收光谱。公司对所有产品进行理化、卫生、标示、计量、口感全项指标的检验，不合格者决不出厂，对于检验合格的产品出厂时都进行复检和登记，保证了出厂产品的食品安全和质量合格。

5. 市场管理不放松

公司对于投放到市场的产品也有严格的食品安全和食品质量方面的管理制度，并定期到市场进行食品安全和食品质量方面的走访调查，结合走访调查发现的问题都要逐一分析和追溯，并要求职责部门限期改正。鄂尔多斯酒业成立专门的打假部门，有专人负责会同公安、工商、质监等部门执法人员对产品流通领域进行定期不定期市场督查监管，发现假冒伪劣产品及时进行维权。

6. 质量标准深入贯彻

国家《质量管理和质量保证》标准系列发布后，鄂尔多斯酒业全面总结了多年来酿酒质量管理经验，按照《质量管理和质量体系要素指南》标准，对酿酒质量体系进一步进行了改造优化，制定了多项质量政策，规定了以质量求效益的企业各项质量目标；根据酿酒生产特点，设计了不同生产阶段的质量环节，展开质量管理职能活动，重新调整分配了各部门质量职能，完善了以质量责任为核心的经济责任制；设计了质量手册和全套质量文件；重点强化了质量体系的审核、复审和体系协调。在企业向质量效益型发展的过程中，他们进一步提出了以质量求效益的活动目标，动员全厂职工立足本职，提高质量，争创效益。在保证和改进产品质量、提高优质品率和增收节支等方面都取得了明显效果。同时，结合国际质量管理体系和食品安全管理体系标准要求，在公司建立并运行符合国际标准的管理体系，并将职责明确到岗位，对工作完成情况进行认真的检查与考核，对于检验不合格品不得进入下一过程。酒业定期召开白酒生产工作会议，解决白酒生产过程中存在的突出问题，不断推动白酒生产、研发、酒体设计方面的整体水平的提升。为提高全员的质量意识和质量行为，公司每年组织全员参加各类产品安全和产品质量的培训。特别是食品安全法公布以后，全员针对食品安全法进行了培训，并自觉地落实到工作中，保证了食品安全和食品质量。综上所述，该公司通过结合国际质量和食品安全管理体系标准及国家、行业、地方管理要求，结合白酒类食品的特性，通过严格执行各项管理体系保证了食品安全和食品质量。

打造中国名酒品牌，振兴鄂尔多斯民族工业，加快科技创新，完善质量安全体系建设，加强人才队伍培养。坚持“软件，硬件”两手抓的制度，在硬件上：投巨资引进先进的检测系统、灌装系统等设备；在软件上：鄂尔多斯酒业全力抢占市场的制高点，在谋求快速、持续发展的同时，把人才建设作为了企业最重要的核心战略。善于借外脑，邀请业界著名学者及白酒专家来厂定期开展讲座把脉，大力培养高水平、高素质、高技能的质量技术监督员，在员工内部发扬人人都是质检员的精神并建立完善的激励机制和控制机制。公司制定了多个质量控制点，每个控制点都经过层层把关，层层检验。公司不断改进生产工艺，提高生产技术水平。以企业为主体，以市场为导向，以项目为纽带，以行业协会为桥梁，依托科研院所和大专院校，建立技术创新协作平台。成立白酒产业专家咨询研究院。推动企业技术创新与新技术、新工艺的应用、新产品开发的步伐，帮助企业解决技术、生产难题。未来，鄂尔多斯酒业以规模化促进效益化，引进自动化机械促成现代酒厂的大发展、大繁荣；做大做强企业，这必然是市场的大势所趋和消费群体的人心所向。鄂尔多斯酒整个生产工艺严格按照ISO9001国际质量标准进行。既秉承传统酿酒工艺，又融合现代科技手法，是多位酿酒大师汇集的精心之作。

未来几年，万正集团将坚持集中资源做大做强白酒产业，奋力拼搏，加快发展，争取鄂尔多斯酒早日进入中国白酒第一军团，为鄂尔多斯市经济作出更大的贡献。今后，企业本着对广大消费者的生命健康安全高度负责的态度，时刻把质量和安全摆在企业现实及未来发展战略第一位。紧紧围绕“大企业、大市场、大发展、大目标”的四大战略，以科学发展观为指导，以品牌建设为重点，以提高技术含量为目标，不断增强企业核心竞争力。以精耕细作的态度，全面提升鄂尔多斯白酒品牌价值，满怀豪情地去开发更广阔的白酒市场。为打造中国名酒品牌，为实现“建设长寿企业”的宏大战略构想不断超越自我，为构建和谐社会，建立生产节约型、环保型企业，锦上添花，促进鄂尔多斯酒业实现又好又快发展进行不懈的努力。

让文化成为企业发展的源动力

——陕西西凤酒厂集团有限公司

从1993至2013年，中国白酒业在经历了“黄金十年”之后，随着国家宏观政策的调控，以及新一届中央领导集体关于落实党风廉政建设“八项规定”和“禁酒令”的政策出台，白酒行业的持续快速发展正面临着严峻挑战，从2013年公布的经营数据来看，一线白酒企业经营指标纷纷下滑，部分高端产品市场价格接近腰斩。而与此同时，一些中档产品却出现稳中有升的“逆袭”现象。这说明，白酒产品在去行政化和权贵化后朝着大众化消费层面逐步回归，那些文化底蕴深厚的白酒产品逐渐崭露峥嵘。面对新的发展形势，我们首先想到的是“文化”，因为无论从中华民族历史的纵坐标来看，还是从全球格局演进的横坐标来看，文化之于发展的作用和影响都是决定性的。

西凤酒产于陕西凤翔。凤翔，古称“雍州”，是神农炎帝的故乡，成周兴王之地，嬴秦创霸之区，中华民族农耕文化、姜炎文化、酿酒文化的发祥地。在几千年漫长的历史长河演变中，中国传统白酒在经历了“天造”、“猿酿”之后，居住在古渭河流域的炎帝先民们利用丰裕富足的粮食发明了“谷物酿酒法”，树立了人类酿酒史上的第三个里程碑。古雍州大地兴旺发达的农耕生产、制陶工艺和青铜铸造业为谷物酿酒提供了充足的原粮保障和储酒器皿，而工艺精湛、造型精美的各式酒具又使饮酒者的身份、品位和档次得到大的提升，这进一步促进了酿酒业的发展，从而使雍州成为华夏大地最早推行“谷物酿酒”法和孕育古酒文化的肇始地。1983年，在眉县杨家村（历史上属雍州）出土了“五只小杯，四只高脚杯及一只陶葫芦”，经陕西考古研究所专家鉴定为原始社会新石器时代仰韶文化早期遗物，距今有6000年左右的历史，是中国最古老的酒器。该物证颠覆了仪狄、杜康最早造酒之说，把中国酒史向前推移了1000多年，即由奴隶社会延伸到原始社会，向世界表明中国酒是世界上最古老的酒种之一，古雍城是中国最早进行酿酒的地方。特别是2012年在宝鸡西周早期高等级贵族墓葬中发掘的一件装有液体的青铜卣（盛酒的器具），经陕西省考古研究院和中科院生物研究所鉴定后，确定里面的液体为珍藏了3000多年的西周美酒，成为迄今为止考古界发现最早的中国白酒。西周古酒的“横空出世”，一举奠定了古渭河流域在华夏神州的酿酒历史地位，也进一步印证了西凤酒与古雍州原始酿酒的传承脉络和历史渊源。

汉代时从汉高祖至文景帝年间，曾十九次在雍城以南的五畤原举行国祭，而秦酒（西凤酒）一直是作为祭祀用酒敬上祭坛，奉献给上天、神明和祖先，所谓“百礼之会，唯有秦酒”。当时，朝廷宴请外邦友宾及西域来使也皆以秦酒作为国宴用酒和国礼相赠，秦酒在当时是声名远播，享誉海外。这也是西凤酒被誉为国酒之脉、白酒之源的历史考证。

而秦酒（西凤酒）浓郁凤香、甘冽挺爽的风格更是符合北方民族粗犷豪放、勇于担当的性格取向。这两种不同风格，相同特点的文化深深地影响到幅员辽阔的华夏神州。据清代乾隆年间的《凤翔县志•酒业》记载，唐代凤翔柳林镇酒师曾到各地推广柳林酒（唐代时秦酒更名柳林酒）的酿造之法。因柳林酒工艺具有科学合理、发酵期短、酿酒原料皆为杂粮、成本低的优点，唐穆宗在长庆年间，曾经准奏宫廷用酒侍郎王允的建议，向全国推广柳林酒的酿造技艺。由于朝廷倡导，柳林酒酿造技艺得到了迅速传播，从而促进了各地酿酒业的迅猛发展。其中，一位凤翔柳林镇的田姓酿酒师曾携带柳林酒随商贾团队入川经商，当地人在品尝了此酒后，交口称赞，于是重金挽留下这位酿酒师，利用柳林酒的配方和当地的优质高粱生产出了具有川地风格的浓香美酒。而在近代的80年期间，西凤酒技艺的传播仍在延续，新疆、东北的部分酒厂都是由西凤酒委派技术人员进行工艺援建而成的。这些在《中国白酒史话》和《西凤酒厂志》都有记载。

从传说到记载，从历史到当代，西凤酒伴随着中华民族的历史进程一路同行，源远流长，为世所珍，本枝百世，为民所爱，扮演着不可或缺的重要角色，演绎着闪耀着历史光环的佳话，传递着鼓气壮威、摧枯拉朽的“正能量”。九十年代，在我国计划经济向市场经济的转型中，由于思想观念的封闭保守，西凤酒错失了发展的机遇，因而造成了西凤酒与老牌四大名酒的发展差距，但这丝毫掩盖不了它那悠久灿烂的历史辉煌和荣耀。

近年来，西凤企业始终坚持以文化引导发展的企业战略，致力于挖掘整理西凤酒丰富悠久的历史价值和文化内涵，通过对西凤酒历史文化的“考古”发掘，“淘尽黄沙始见金”，使西凤酒被时光尘埃掩埋千年的历史荣耀得以重现天日。恢宏尊崇、诚信礼敬、古老神奇、厚重朴实、包容开放的文化魅力赋予了西凤酒无以比拟的品牌高度，成为集中国名酒与文化国酒之大成的典范。

恢宏尊崇——秦始皇在统一六国的进程中每次用西凤酒（秦酒）激励将士，以壮行色。并在大捷后多次用西凤酒举行“天下大酺”；

诚信礼敬——在雍城举行的历次国祭中，西凤酒（秦酒）一直被作为祭祀用酒敬奉神坛，引人顶礼膜拜；

古老神奇——秦穆公赐酒与盗马人解毒，盗马人感恩图报解救穆公于危难。唐礼部侍郎兼大将军裴行俭送波斯王子于亭子头，留下传世佳作：“送客亭子头，蜂醉蝶不舞；三阳开国泰，美哉柳林酒。”

厚重朴实——秦穆公伐晋，取得胜利后“投秦酒于河以劳师”，三军将士皆伏河痛饮，酣畅淋漓；

包容开放——西凤酒酿造秘技推广全国，“凤香”经过“走出去，引进来”，实现兼容互补，博取众长，日臻完美……

为确保西凤酒传统工艺的无断代传承，企业自建厂以来一直保持着代代传承的人工采曲、古法酿制、“混蒸混烧续渣”和“老六甄操作”等传统工艺，保留并使用建厂初期的老窖窖池进行酿造，原粮精甄细选，工艺朴实细致，摘酒掐头去尾，质量精益求精。在原酒储存上，一直延用古朴厚重、独一无二的酒海藏酒。酒海仍沿用大秦岭深处的天然野生荆条手工编制，用麻纸、蛋清、血料、蜂蜡等稀有材料人工层层涂封，密实无隙，在这被誉为会呼吸的酒海里密闭储存三年以上，酒中的各类酯、酸等香味物质达到平衡，乙醇和水分子紧密融合，喝起来绵醇爽口，沁入心脾，回味悠远。加上不同年份基酒的纯天然勾调，确保了西凤酒的纯正品味和国脉基因。

在提升文化影响力上，公司十分注重对历史印迹的保护与发掘，八十年代就出资在亭子头村原址上复原了当年唐朝大将军裴行俭护送波斯王子回国中途并有感而吟了千古名句的标志性建筑——亭子头古亭，并在古亭边的文化墙上镌刻了裴行俭题写的行书诗句。在厂区办公楼前广场正中建有佩剑把盏、豪气冲天、伟岸洒脱的裴行俭汉白玉雕像，在西凤宾馆前铸有远古传奇“吹箫引凤”中弄玉抚笛引来金凤舞绕的青铜雕塑。在宾馆宴会大厅，绘有“秦王扫六合”“萧史弄玉传奇”“秦皇大酺”“投酒劳师”等历史浮雕壁画。在北门广场，建有西凤酒历史典故的大型浮雕石刻等，而在厂区绿化布局上，以柳树为重点，形成了垂柳成荫、摇曳婆娑的独特柳林景观，营造了浓烈醇厚、感染力强的人文氛围，展现了西凤酒丰富多彩的文化魅力。

在市场竞争日益激烈的今天，谁拥有文化优势，谁就拥有竞争优势、效益优势和发展优势，只有赢得文化竞争优势的品牌，才能得到世人的瞩目和用户的青睐，获得长足的发展。西凤作为老牌四大中国名酒，历史文化积淀十分厚重，是名至实归的“白酒之源、凤香之宗”，也是国内仅存的文化国酒之一。提升西凤酒文化影响，增强企业文化竞争力，西凤企业要从以下几方面进行提升：一是要对企业文化和酒文化的灵魂系统、理念系统、内外部行为系统、应用推广系统、视觉系统等方面进行全新策划和纵深推广；二是要尽快启动西凤酒文化博物馆建设，全面系统地展示西凤酒文化的悠久历史和灿烂文化，使其成为对外宣传和工业旅游的固定阵地。作为集四大名酒、历史国酒以及多项国际荣誉于一身的西凤酒，不能系统、全面、多方位、多层次地展示文化优势，是对其灿烂文化、品牌价值和深厚潜力的埋没，是极不负责的；三是要开发一批具有历史文化价值、兼具欣赏礼仪和收藏功能的纪念酒，进一步提升西凤酒的品牌价值和市场竞争能力；四是赞助投拍反映周秦汉唐历史的纪实性电影、电视剧等史诗式的文艺作品，对凤凰文化、酒文化融合植入，让观众在艺术观赏中感知历史、品味文化、陶醉凤香，从而加深西凤印象。同时要精心策划，精细制作展现企业文化的专题片，配合央视广告进行互播，打造精美绝伦、印象深刻、历久弥新的宣传效应。

古雍州作为横贯欧亚大陆的贸易交通线，这条长逾7000公里的贸易线，使中国的丝绸、瓷器、印刷和酿酒成为东亚强盛文明的象征。西凤酒也随着丝绸之路商旅的兴起和繁荣而声名远播，享誉西亚，流传海外。西凤酒与丝路文明的历史渊源，也是企业亟待开发的文化宝藏。今后，我们要把西凤酒文化与丝路文化做好链接，配合政府部门做好丝路遗址的申遗等。在产品包装特别是出口产品上，有针对性地嵌入丝绸、瓷器、仿古印刷和特色地标等体现丝路文明的识别元素，通过赞助丝绸之路纪念活动和反映丝绸之路的影视作品等形式，让丝路文化成为西凤酒走向国际化路线的通行绿卡，让国外消费者了解东方文明的同时就会勾起对丝绸之路的记忆，提起丝绸之路就会联想到中国的丝绸、瓷器以及西凤酒，通过这种文化元素的组合与串联，提升西凤酒的海外市场影响力，扩大西凤酒的出口。

“书同文、车同轨、酒同香”传递的不仅是国家统一，天下大同的理想社会，更是将西凤酒悠久浩瀚的文化魅力、丰富多彩的人文传奇、丰腴厚重的地理特色和自成一派的凤香品质得到大力传播。今天的西凤酒已在文化血液的注入下而充满活力，充满朝气，充满希望。伴随着“发展文化产业，建设文化强国”战略的实施，中华民族灿烂悠久的历史文化必将得到进一步的发扬光大，也必将走出国门，走向世界。在文化大潮的涌动下，西凤酒将迎来新的发展春天，在崛起复兴的道路上乘势前进，创造辉煌，实现“西凤梦”。

凤香鼻祖——西凤酒

西凤酒坚持三千年无断代传承的酿制古法，以大麦、豌豆制曲，以颗粒饱满、大小均匀的当地优质高粱为原料，配以天赋甘美的柳林深井水，以六甑续渣法、土窖发酵技术、酒海储存等国内行业独创的酿造工艺，基酒在酒海储存三年以上，经自然老熟后精心勾兑灌装。西凤酒具有无色清亮透明，醇香芬芳，清而不淡，浓而不艳，幽雅细腻、诸味谐调，回味舒畅，味久弥芳之妙，属中国白酒行业独树一帜的凤香型大曲酒。

工艺特点

1. 混蒸续渣：西凤酒生产采用续渣配料老五甑法发酵(即连续发酵法)，一年为一个生产周期，每年九月初立窖，来年七月挑窖。全生产过程分为立窖、破窖、顶窖、圆窖、插窖(停止投粮)、挑窖六个工艺过程。要求：开水施量(即施底锅水以起杀菌排酸、润料、增香的作用)；热拥法做窖(即低水分，入池水分要求在56%左右；小曲量，加曲量为原粮的18%～20%；适温入池，适当提高入池温度在18～20℃，以适应发酵期短，促进窖醅发酵生香)；泥封窖(每窖入池完毕用新泥土封窖，以扩大酒醅与土的接触面，促进增香，同时起防菌侵入及保温发酵的作用)。

2. 土窖发酵：西凤酒采用土窖池发酵，窖池每年更新，铲取窖壁、窖底、老窖皮，再换上新泥土。这样既有生长己酸菌的条件，又能给予严格的控制，使其所产酒中的己酸乙酯等成分受到限制(西凤酒中的己酸乙酯含量一般在20～10毫克/100毫升)控制在浓香不露头的程度。

3.发酵周期：西凤酒的发酵期一般为22～25天，酒中微量香味成分能检测出的已达270余种，不但有酯类化合物，而且有丰富的芳香族化合物。

4.酒海贮酒：西凤酒的大酒海储存方式在白酒界是独一无二的，酒海是采用大秦岭天然野生荆条编成的大酒篓，内壁糊以麻纸，涂上猪血等物，然后用蛋清、蜂蜡、熟菜籽油等按照一定的比例，配成涂料反复涂擦，自然晾干，称为“酒海”。酒海的特点是存量大，酒耗少，酒在熟化过程中与空气中的分子有机结合，利于酒的老熟和醇香物质的生成，被专家誉为会呼吸的“酒海”。

酒海的内涂料对西凤酒的风格起着重要作用，酒海使酒在贮存过程中会溶解进去酒海涂料当中的一些有益成分。酒海涂料溶出成分有十五碳酸乙酯、十六碳酸乙酯、亚油酸乙酯、油酸乙酯、五烯二酸乙酯及痕量的萜类化合物β-香柠檬烯等，这些物质对西凤酒的风格起到了一定的助香作用，使西凤酒具有果香味。

经过酒海三年以上的储存，白酒中的各种酯、酸等香味物质逐渐达到平衡，乙醇和水分子紧密融合，辛辣味儿就会大大减少，喝起来就会感到绵甜爽口，回味悠长，从而保证了传统的“凤香型”风格——醇香典雅、甘润挺爽、诸味协调、尾净悠长，集清香型、浓香型白酒的优点独为一体，酸甜苦辣香五味俱全而不出头，独具特色。

凤香经典

西凤酒凤香经典无色清亮透明，醇香芬芳，清而不淡，浓而不艳，集清香、浓香之优点融于一体，幽雅、诸味谐调，回味舒畅，风格独特。被誉为“酸、甜、苦、辣、香五味俱全而各不出头”。即酸而不涩，苦而不黏，香不刺鼻，辣不呛喉，饮后回甘、味久而弥芳之妙。

西凤酒凤香经典以大麦、豌豆制曲，优质高粱为原料，配以天赋甘美的柳林井水，采用高温培曲，土暗窖发酵，续渣混蒸混烧而得的新酒，需贮存三年，再经精心勾兑而成。同时以传统酒海进行贮藏，使酒水相容，各种香型渐趋协调平衡，从而口感绵甜甘醇。

“凤香经典”是西凤酒业倾力打造的战略核心主导产品，它集凤香型白酒之大成，融合了西凤酒传承千年的酿造经验，博取众家之长，精心酿制而成。这款新产品继承和发展了凤香型白酒的风格特征，又具有独特的酒品个性，具有明显的差异化特征。以全新的口感给消费者带来美好的享受，未来发展有很大的潜力，它将是西凤酒家族中未来的支柱产品之一。

工艺流程以浓香白酒的老五甑工艺为基础，兼收并蓄，吸收了清香白酒的“润料、清蒸”，酱香型白酒的“高温堆积”，浓香型白酒的“老窖发酵”，芝麻香白酒的“多曲种共酵”，中温润糁、清蒸混烧、高温堆积、高温发酵、高温流酒的独特酿酒技艺。

屡获殊荣

在1867年(清光绪二年)举行的南洋赛酒会上，荣获二等奖，遂蜚声国外。

1910年 在南洋劝业赛会上荣获银质奖，被列为世界名酒

1915年 在巴拿马万国博览会上荣获金质奖

1928年 在中华国货展览会上荣获银质奖

1952年 在第一届全国评酒会上被评为四大名酒之一

1963年 在第二届全国评酒会上被评为八大名酒之一

1979年 在第三届全国评酒会上被评为国家优质酒

1984年 在第四届全国评酒会上被评为国家名酒

1989年 在第五届全国评酒会上被评为国家名酒

1992年 在巴黎国际食品博览会上获金奖，并获首届巴黎国际名优酒展评会金奖

1994年 荣获国际名酒香港博览会白酒特别金奖

1995年 荣获年度全国市场认可名酒金奖

1998年 被中华酒文化研究会评为白酒行业明星企业

1999年 西凤酒商标被评为全国重点保护商标

2000年 西凤酒被国内贸易部授予中华老字号称号

2002年 被中国酒业协会确认产品质量保持并提高了中国名酒（国家金质奖）水平

2003年 西凤酒荣获国家原产地域保护产品称号

2005年 荣获中国十大最具增长潜力白酒品牌第一名

2005年 荣获中国第六届国际评酒会特别金奖

2005年 西凤酒牌商标荣获中国驰名商标

2006年 荣获首批国家酒类质量等级认证优级产品

2006年 荣获中国白酒工业十大竞争力品牌称号

2007年 西凤酒酿制技艺被列入陕西省首批非物质文化遗产名录

2007年 西凤酒获得国家纯粮固态发酵白酒认证标志

2007年 荣获全国质量、信誉、服务AAA等级企业称号

2007年 荣获全国重质量、守信誉先进单位称号

2008年 荣获全国食品安全示范单位称号

2008年 全国首批工业旅游示范

2009年 建国60周年华樽杯中国十大白酒品牌

2010年 获中国凤型白酒领军企业称号

2012年 荣获“中国酒类十大最具全球竞争力品牌”“中国十大最畅销白酒品牌”及“富国强军十大突出贡献品牌”称号。同时，西凤酒品牌价值达到213.26亿元，位居中国白酒类品牌价值排行榜第6位，雄居中国北方酒类品牌价值榜首。

2013年 荣获新时代领军企业奖，凤香经典西凤酒荣获“品牌价值典范奖”

河南宋河酒业股份有限公司

河南省宋河酒业股份有限公司，是我国著名的大型酿酒骨干企业，公司所在地——河南省鹿邑县枣集镇，是我国著名的传统酒乡，是道家鼻祖老子李耳的诞生地和道教文化的发祥地。工业园区占地面积80万平方米，建筑面积45万平方米，整体规模在全国同行业中位居前列。主要生产中国名酒“宋河粮液”、河南名牌“鹿邑大曲”及其系列产品。主导产品“宋河粮液”，1979年被评为河南省名优产品，1984年获轻工部银杯奖，1988年在全国名酒评比中，荣获国家金质奖和“中国名酒”称号。2004年荣获“中国驰名商标”，2005年荣获“中国消费者十大满意品牌”及广东省首届国际酒饮博览会金奖。公司拥有现代化的酿酒生产设施及严密的质量检测手段和完善的质量保证体系，并通过了ISO9001:2000国际质量认证。

飘香千年的宋河酒业，本世纪初，实施具有划时代意义的转机换制工程，其先进的营销理念，成功的运营模式，堪称国内传统名企实现历史性跨越的典范。面对白酒市场激烈的竞争大潮，宋河酒业，在不断进行管理创新、技术创新、理念创新的基础上，坚持走质量效益型可持续发展之路，以大手笔、大投入、高起点、高汇报运作大品牌、大网络、大市场，有效进行资源整合与优势扩张，顺应市场，与时俱进，永铸辉煌。

发展历程

宋河酿酒有着深厚的历史渊源，始于春秋、盛于隋唐。公元前518年孔子问礼于老子，曾酒醉枣集，留下“惟酒无量，不及乱”的处世箴言。公元743年唐玄宗躬亲鹿邑，拜谒先祖，用“宋河酒”祭祀老子李耳，“宋河酒”从此名扬天下。改革开放后，宋河酒业发展迅速，现已成为一个庞大的现代化企业。2002年以来，宋河酒业经过辅仁集团全方位的资源整合及深层意义的转机换制后，注入了先进的市场运作经验和超前的经营理念，同时吸收一大批优秀的企业管理人才，组建了一支有实战经验的营销团队，与广大经销商结成利益共同体，力求建立长久的战略合作同盟，经销商得到足够的利润，企业实现长足的发展。

今天的宋河，已经不是过去消费者心目中的老宋河，而是一个全新的宋河。改制后的宋河扬弃了国有企业陈旧的管理机制，如今我们看到的是面目一新、令人振奋的新形象、新面孔。宋河酒业进行重组，由辅仁药业集团控股，进行了大刀阔斧的调整改造，引进了全新的经营机制，注入了先进的市场运作经验和超前的经营理念，组建了一支有实战经验的营销团队。同时辅仁药业雄厚的经济实力也为宋河的再次腾飞奠定了坚实的基础。

企业理念

“致力于客户的成功！” 宋河人表示，所有宋河的客户，将从现在起，真正体验到“上帝”是什么感觉。以前经销商为提货跑断腿、磨破嘴的现象将不复存在。如今的经销商只需一个电话，要办什么事，全由公司的人员来办，每一个环节，每一个步骤都由公司的人去完成，环环相扣，一直到客户满意为止。宋河提出“多赢”的营销理念——合作、共享、包容、多赢。公司重点推行终端直销和通路经销联动发展的运营模式，为确保经销商的经营利润和市场操作方向，公司开发出特定的终端直销产品，专供终端商向终端供货。终端直销注重口碑传播与消费带动，通路经销实惠推广，规模上量。实现客户让渡价值最大化。

技术创新

宋河酒业注重白酒酿造新技术的开发研究与创新，在国内，同享有盛名的多个名优白酒厂家，进行技术交流，结合自身实际，博采众长，先后在人工老窖的培育与应用、强化大曲的研制、酶促反应，在黄浆水酯化技术中的应用，酒曲发生规律及预防技术研究等多项技术方面获得了突破，重点项目获省科技成果奖。在保证中国名酒“宋河粮液”内在品质稳中有升的同时，不断实施科研创新和技术改造，把传统工艺和现代技术有机结合起来，推陈出新，不断进取，高档商务酒“共赢天下”系列的隆重推出，就是以技术创新为核心的创新结晶。技术人员经过无数次的反复筛选和精心调配，以“精雕细刻”的绝妙手笔，适时地推出了继“共赢天下”系列酒之后的又一高档产品——“平和五年宋河粮液”，该酒具有窖香幽雅、醇甜净爽、香味谐调、余味绵长、回味舒适的风格特色，进一步平衡了决定白酒协调柔和因素的酸、酯含量，增加了回甜感、醇厚感和醇和度，突出了以味为主的豫酒风格，产品一上市，很快就受到广大消费者的一致好评。主导产品“宋河粮液共赢天下、平和系列”，以愈研愈精的传统酿制工艺与现代化科技的完美结合，使千年佳酿具有“窖香典雅细腻、入口绵甜平和，余味爽净自然的独特风格”。今年在扩大原酒生产能力的同时，为确保原酒质量的稳步提高，遵循“提高质量、保证产量，稳定工艺”的十二字方针，广泛借鉴优秀企业的成熟技术，采用单粮与五粮相结合，长期发酵与短期发酵相结合等多样化的工艺规程，技术人员大胆对酿酒有益功能菌的分离与应用工艺进行现场试验，总结数据，先后在制曲、黄浆水的应用、量质摘酒、窜香工艺、小麦制酒进行创新与探索，取得了明显效果，全分厂平均优质品率达到25.4%，成品曲6300吨。

产品口感由香到味的创新，根据市场消费变化的需求，为迅速适应市场，从原酒工艺抓起，组织产品感官评审和技术公关小组，以勾兑调味为课题，开发了10余个以浓香绵柔为风格，区别于其他浓香型厂家的新产品，实现了宋河产品由香到味的转变，为提升宋河品牌形象，树立品牌的高度，通过技术创新，使宋河产品内在品质的特性与品牌的形象相吻合。真正树立起质量第一的思想观念。在企业内部树立起任何人都不能超越质量行使权，任何人都不能因为眼前的利益而放弃质量的观念。

品牌建设

在品质建设上，宋河制定了一整套严格的质量管理体系。一是增加原酒生产能力和储量；二是按比例对原酒进行长期战略储备，生产出的新酒都按固定比例进行一定年限封存陈熟，为进一步打造巅峰质量奠定基础；三是针对宋河的销售能力和生产能力的同步增长趋势，宋河高层要求，把市场过剩的人力和资源全部投入到服务中去，创建服务型营销；四是在生产管理上，调整了产品价值结构，增加原料和工艺支出，减少流通损耗。精选优质高粱小麦，采用纯粮固态泥池发酵生产工艺，确立重点保护窖池，鼎级产品实行定点发酵。每年作为制度强制保留500吨以上优质原酒，保证可持续发展，对原有10年以上的陈存原酒进行计划勾兑、限量生产。经过产品结构、营销理念的调整和直分销模式的导入，鹿邑大曲系列07年已成功创造了光瓶酒在价格上和短期上量的突破；随着媒体投入的加大，2008年，公司对宋河产品进行提价，涨价幅度高达30%，这不但是企业自信的表现，也是企业发展的系列措施之一，这对充分挖掘广大市场营销人员与经销商朋友的自身潜能起着重大作用。

几年来，宋河酒业每年都实现销售额1～2亿元的增长，共赢天下、平和系列宋河粮液、鹿邑大曲都获得了消费者的高度认可。2009年年初，酝酿时间长达6年之久的宋河粮液新品已挟《赤壁》《建国大业》隆重登场，新品宋河粮液——盛世系列，沿中华圣贤之道，承钦定御酒之尊，幻化天地日月之精华，现曼妙绝伦之味。浑然天成，巧夺天工，彰显华夏至尊之酒中王者大气风范，威仪庄重；外师造化，内得心源，实乃万世敬仰之酒中旷古之作；谨遵古艺章法，深汲地下甘泉，纯粮醇曲，百密不漏，以得无暇之质。凝香入怀，心舒神怡，观品皆为超越，似珠联璧合之魅；采中原精粮，传统混蒸混烧老五甑工艺，历经老窖深藏而出，酒体醇香扑鼻，入口平和清冽，回味甘怡绵长，如余音绕梁之美。

运营情况

2010年，宋河酒业，销售收入12.2亿元，年增长速度48.9%，实现税收8105万，并荣获“全国工人先锋”称号、“中华老字号”、河南突出贡献先进单位等荣誉。2011年，宋河酒业在“豫酒复兴”的大旗下，继“共赢天下”和“平和”系列产品之后，适时推出了“国字系列”、“秘藏系列”开始进军高中档市场，在巩固河南、稳健发展的战略方针指导下，河南市场得到巩固，省外得到发展，打造一批河北、长沙为重点的样板市场。省外销售总量增加，亮点突出，样板市场效果明显，利润空间进一步扩大。

随着近年来宋河品牌影响力的凸显，2011年宋河酒业主要做的是提高产品质量，夯实基础，在原酒的储存能量

上，增加了15000吨，原酒产量提高了将近2万吨，在原酒生产能力上，宋河已步入全国十强，在长江以北稳居第一位，这些都为宋河生产优质白酒做好了后盾；在产品质量上，宋河酒业一直加紧产品研发、技术创新方面的工作，特别是口味平和素雅的平和系列酒的推出，经过反复不停的调试、不同消费者的品尝和时间的考验，使宋河的口感形象和技术能力得到了大大的提升；在市场服务方面，宋河酒业为广大经销商朋友保证产品质量和市场供应的同时，根据不同消费者的需求，也调动了各种因素，研发新品，确保公司和广大客户的共赢。

发展战略

承载巍巍华夏千百年来的磅礴大气，浓缩古老国度充满智慧的胜利哲学；延续泱泱中华舍我其谁的王者之风，书写又一段煮酒论英雄的绚丽诗篇。

随着市场经济的变革，宋河人依靠“质量第一”的理念去赢得消费者的信任。凭借胆略和气魄，靠科学的发展战略，以科技为先导，以质量求生存。数十年来，宋河对科技投入毫不吝啬，以质量制胜一如既往。科技的巨大投入，换来的是丰厚回报。宋河改制后，尤其辅仁集团经营宋河酒业以来，对宋河酒业再次进行了大规模技术改造，为宋河插上了新的腾飞翅膀。

宋河酒业，以市场为导向，全面贯彻实施“以绩效为核心的人本管理”战略，坚持走名牌持续发展之路，积极发掘宋河文化内涵，注重品牌建设与优势扩张，不断深化营销理念创新、科技创新、管理创新、全面提升企业综合管理水平和市场运营质量，继续遵循可持续性发展产略，传承五千年美酒文化，创新经营，优化管理，不断增强企业综合竞争力，追求卓越，永创一流，向国酒品牌的全球化道路迈进。

宋河荣誉

1979年，“宋河粮液”被评为河南省名优产品；1984年，“宋河粮液”获轻工部银杯奖；1989年，“宋河粮液”在第五届全国评酒会上荣膺金质奖，晋身“全国十七大名酒”之列；2001年中国名酒复评，宋河粮液以其稳定的质量，再次荣膺“中国名酒”称号，被列为河南省重点保护产品、省卫生系统免检产品；2001年“宋河牌”被河南省工商行政管理局认定为河南省著名商标；2001年“宋河粮液、宋河特曲、千年宋河、宋河福酒”被中国质量检验协会评定为国家质量检测合格产品；2003年“宋河粮液”被河南省经济贸易委员会、河南省人民政府食品工业办公室认定为河南省食品工业第一品牌；2003年“宋河粮液”被河南省名牌战略推进委员会授予河南省名牌产品；2004年11月，宋河商标被国家工商总局商标局认定为中国驰名商标；2005年通过HACCP食品安全认证；2007年在中国名酒复评中确认保持中国名酒称号；2008年荣获全国工人先锋号；2009年荣获“河南省“讲科学、讲创新、讲道德、比贡献”活动先进集体；2011年，宋河商标，荣获“中华老字号”。

宜宾红楼梦酒业股份有限公司

宜宾红楼梦酒业股份有限公司位于“万里长江第一城”酒都宜宾。公司距宜宾中心城区15公里，距宜宾机场20分钟车程，交通极为便利。

公司前身为国家二级企业四川宜宾红楼梦酒厂，该厂始建于1979年，是曾多次荣获国家和政府及相关部门表彰的优秀企业。经过多年努力发展和改制重组成为宜宾红楼梦酒业股份有限公司，公司注册资本2亿元人民币，占地650余亩，资产总额15亿元，年产商品白酒1.5万吨，现有员工1200余人，是年产值10亿元，年利税2.1亿元的绿色生态酿酒企业。

公司的生产基地位于岷江之畔，丹山岩下，这里青山郁郁，流水淙淙，空气湿润，土层丰富，黏软适度，回潮性好，更有天然“丹山碧水”的地下良泉，水质清澈，甘洌无污染，富含多种微量元素，适宜多种微生物的生长，给古往今来盛产美酒创造了得天独厚的酿酒条件。

公司已建立和完善了质保体系，并获得国家质量中心“ISO9001:2008”质量体系认证；中食联盟产品优级认证；四川省白酒标准化生产示范企业。公司生产的优质五粮浓香型红楼梦曲酒系列被评为中国驰名商标、中国文化名酒、四川名酒和首届中国食品博览会金奖、92年香港和第五届亚太国际食品博览会金奖。同时2009年11月红楼梦酒被确定为联合国“官方指定用酒”，2012年11月红楼梦酒业糟坊头老作坊遗址的发掘，把红楼梦酒业的酿酒历史向前推到1403年，被国家文物局列入《中国世界文化遗产预备名单》，2012年度红楼梦酒业成为继茅台、泸州老窖之后入选CCTV中国品牌年度发布的中国第三家白酒品牌企业，2013年4月红楼梦酒荣获巴拿马第三十一届国际博览会金奖。

红楼梦酒品牌多次受到中国白酒界知名专家和学者的高度赞誉，白酒泰斗秦含章大师的挥毫题词：“52° 梦酒在口感上与五粮液不相上下”。著名白酒专家沈怡方、高月明、高景炎、曾祖训、赖登燡等12位专家品尝后，给予了“梦酒”、“红楼梦酒”、“红楼梦金钗酒”，具有“无色透明窖香幽雅、陈香舒适、醇甜绵柔、圆润爽净、香味谐调、余味悠长、风格典型”等特点的高度评价，著名红学家吴世昌教授盛赞：“莫道醉魂飞不起，一杯梦酒上红楼”；当代书法大家、国学大师、红学家启功先生品尝后更即兴挥毫为公司题写厂名和品名，台湾地区领导人马英九先生品尝后欣然题词：“福生梦酒，富贵宜宾”。著名诗人廖沫沙、作家端木蕻良、阳翰笙、姚雪垠等名人都为公司留下精湛诗词和墨宝。

公司董事会已审议通过中、长期的宏伟规划和发展战略，力争在5～10年内将红楼梦酒打造成中国第一历史文化名酒品牌，投资35亿元实现两大目标，一是建设年产商品白酒10万吨的中国历史文化酒城，二是打造以《红楼梦》“大观园”为背景的古典与现代完美结合的旅游度假圣地和绿色生态酿酒工业园区。

红楼梦酒业人继续以“天地人和，润泽人间”为己任，秉承“质量求真，为人求善，生活求美”的企业核心价值观，将红楼梦酒精心打造成为有品质、有历史、有文化的历史文化国酒。大力弘扬红学文化，团结奋进，扎实工作，为力争在5年内公司实现年销售收入50亿元、利税10亿元的发展目标而努力奋斗。

百年渝北老窖　续写渝酒辉煌

——渝北酒厂

作为重庆本土传承百余年的浓香型大曲酒酿造技艺，渝北老窖酿造技艺自1919年创立以来，经历了创立、发展、低谷和振兴四个阶段。

创立阶段

据访问熟悉地方情况的赖兴发老人以及1936年进厂的老工人黄汉江等的追述：1919年，江合煤矿公司黄福斋先生，因水土镇地处嘉陵江下游北岸，来往和停靠的木船甚多，饮食生意兴隆，白酒经销量大，乃约集水土镇绅商陈国安、陈明阳、龙庆荣等人合资创办太合酒厂，共集股本约100石高粱，折银元1200多元，由黄福斋任经理，厂址建在水质纯净明澈、清冽甘甜的水土沱东侧山溪旁。又请来技术工人颜海清，按照传统大曲酒生产工艺，利用溪水山泉和本地优质糯高粱为原料，不断摸索改进，产品具有纯香、味醇、浓郁甘冽、回味悠长等特点，因厂址在渝城（重庆）的江北县水土沱嘉陵江北岸，故将此酒取名为“渝北酒”，此即渝北老窖的前身。

建厂初期，仅有两个小酒窖生产，每窖容量一二石高粱（折250公斤左右），后因渝北酒质优价廉，打开了销路，产量供不应求，于次年又增加大窖两个，每窖容量三石多高粱（折650多公斤），连续几年，直线上升，畅销不衰。

1927年黄福斋病逝，由股东龙庆荣继任经理。因管理不善，酒质下降，逐渐亏本，资金只剩七百多元，正常生产的酒窖仅有一个。股东纷纷退股，致使该厂无法维持生产，于1934年停产。

发展阶段

1936年，股东陈明阳见四川军阀混战结束，百业开始出现起色，便重新集股恢复生产，更名为“复合”酒厂。先后雇用具有泸州大曲制作工艺经验丰富的黄福全、黄汉江兄弟来厂掌酢，质量逐渐提高，产量亦随之增加，使企业经营好转。惟资金有限、周转不灵，原燃材料储备不多，只能小量生产，维持现状。

1941年，股东陈礼昭因见重庆附近人口增加几倍，酒的需要量猛增，便接任经理，建议加股增资，扩大生产。得股东同意，并推陈任经理，于是企业由亏转盈，使四个酒窖恢复生产。为打开销路，派人四处粉画广告宣传渝北酒质优价廉，并在重庆、北碚、合川设立分销处，从此销路顿开，声誉显著。最高年产量达到20吨左右，销尽无存。

1945年抗战胜利，渝北老窖被作为庆典国宴用酒，渝北酒名扬全国，被列入“国酒”行列。即便如此，抗战胜利以后，物价飞涨，百业凋敝，民不潦生，酒的销售量更不景气，企业日趋下势。1949年改由陈子仁任经理，也无法摆脱通货膨胀的灾难，使酒厂奄奄一息地拖到解放。

渝北老窖酿造技艺真正实现长足发展，是在1949年以后。20世纪50年代，新一代酿造技师研制出具有大曲酒醇香和绿豆清香的“绿豆糟”，深受顾客欢迎，远销至云南、广东、湖南、湖北、江西各省。1958年，被评为重庆市优质产品，并获得国内贸易部优质产品银爵奖。20世纪60年代，进入国营时代的渝北老窖发展至颠峰时期，成为重庆本地白酒行业的“一字号”品牌，其市场售价与宜宾的“五粮液”不相上下，因此又有重庆“五粮液”之称。

低谷阶段

文化大革命时期，由于“左”的影响，各行各业的发展都受到极大阻碍，渝北老窖也同样如此。在长达十余年的时间里，渝北老窖酿造技艺的发展几乎止步不前，而且由于国家经济困难，计划经济下的运营模式僵化，无论是企业运行还是技艺发展，都面临着厂垮艺绝的危险境地。

振兴阶段

党的十一届三中全会以来，在改革开放的大背景下，渝北老窖获得了新的发展机遇。

1977年，市、县计委部门向酒厂投资28.5万元，新建厂房2160平方米，库房1000平方米；酒窖由原来的7个增加到107个；增添一批机器设备，建立化验室，使酒的年产量由原来的70吨增加到年产400吨，职工120余人。渝北老窖酿造技艺在传承传统工艺的同时，又获得了新的发展。1982年，又研制以老窖渝北酒为基酒，在绿豆糟的基础上坚持用纯净郁香的上等曲酒加入绿豆、冰糖、边油等原料应用现代科学技术对生产工艺中的二十多道工序建立质量标准，并严格检验把关，全部达到国家和重庆市规定的标准后，才用陶瓷小口坛盛装，置于干燥阴凉酒库内，密封陈酿半年以上，使酒体味甜纯净，自然生香，成为既具有芳香、醇甜、协调自然风格，又具有清火、润肺功能、营养丰富的高级饮料酒——“绿豆大曲酒”。绿豆大曲酒研制成功后，曾在北京、广州、深圳、天津、福建、广西等十多个城市的旅游部门试销，深受顾客赞许。用户纷纷反映：“绿豆大曲是色、香、味俱佳，价廉物美的好酒”。“酒中加入绿豆等辅料后，减轻了酒精对肝脏的毒害，四季宜用，不燥不亢，品质纯正，利口爽喉”。因而要求长期订货的国内外用户络绎不绝。并在1983年在“全国出口商品生产基地、专厂建设成果展览会”上，获得了国家对外经济贸易部颁发的《荣誉证书》。1984年获得市、县科技成果奖，1985年又获中商部优质产品银爵奖。

为了满足广大顾客不同爱好的需要，广大职工革新研制出一批新品种酒。这些品种在色泽、香气、回味风格都独具特色，因而被广大顾客誉之为“蜀中自古多名酒，渝北佳酿素盛名”。重庆诗人杨钟岫在《三绝》一诗中，称赞渝北酒是“巴州自古多名酒，渝北佳酿素盛名。老窖于今新着意，更将妙曲酿阳春”。绿豆曲是“革新捷报动城乡，夜夜朝朝贺喜忙。欢宴庆功须尽兴，惟斯绿豆酿余香”。1985年10月，在纪念抗日战争胜利四十周年的重庆雾季节活动中，很多老艺术家战地重游，品尝了“渝北酒”后，挥笔赞道：“馥郁美于花上露，清醇胜过关中泉”。

经历八十多年的传统佳酿，过去“幽居在嘉陵江下游”，只在重庆、北碚、合川、武胜等地负有盛名。往昔口碑载道的“北碚豆花土沱酒”，如今早一步出嘉陵江和长江，在国内市场显露其特色了，成为名优川酒畅销产品。1985年又飘洋过海远销日本、伊拉克、港澳等国家和地区，成为海外华侨华裔留恋故乡的美酒。

进入新世纪之后，虽然酒厂经营模式根据市场经济发展的需要发生了变化，但是渝北老窖传统酿造工艺的地道原料、地道做法、地道品质得到了一脉相承的坚持和传承，也得到了消费者的一致认可。近年来，渝北老窖先后被评为“中国白酒十大知名品牌”“中国历史文化名酒”“中国名优品牌”“消费者喜爱商品”称号、多次荣获渝、闽、湘、鄂、赣、桂酒类质量检评金奖。酒厂被评为“食品安全示范单位”。企业品牌“渝北”“泉世界”先后成为“重庆市著名商标”。2013年，取得重庆市老字号称号，渝北区非物质文化遗产等荣誉。

广东顺德酒厂有限公司

顺德酒厂创立于1953年，原名地方国营顺德县酒厂，1993年作为全国第一批试点转制企业，改名为“广东顺德酒厂有限公司”，成为股份合作的民营企业。公司地处顺德山下、德胜河畔，占地7.8万平方米，是广东省著名专业酿酒企业，经过多年发展，已成为全国豉香型白酒产业基地龙头企业，是广东最大的白酒生产企业。

公司现有员工500多人，科技人员170多人，下设拥有国内酿酒行业先进的实验室和工程技术研发中心，拥有国家注册品酒师13名，省级酒评委5名，以及生物、食品工程专业人员多名，具有自主研发能力，拥有多项专利技术，是豉香型白酒国家标准起草单位之一。近年公司积极投入大量资金对酿酒、包装、检测等设备进行技术改造。现时公司拥有国内白酒行业最高速的全自动化生产线，拥有液相色谱仪、气相色谱仪、原子吸收光谱仪等先进检测设备，并已率先建设国内先进的计算机辅助评酒系统。同时共投入1900多万元对以酿酒生物工程为主的多项研发工作，主要研究生物发酵剂的培育和工艺试验，绿色饮品低度营养岭南水果发酵酒、新型保健酒、中高档酒“凤城老酒”等的研发。公司在技术力量、生产设备、检测手段等几个生产发展的关键方面均处于同行业领先水平。

品牌是企业长期努力经营的结果，是企业的无形载体。顺德酒厂一直致力于品牌建设，为打造广东酿酒第一品牌而作不懈的努力。2008年“红荔”牌被国家工商行政管理总局认定为“中国驰名商标”，2011年公司被国家商务部认定为“中华老字号”企业。近年公司相继获得“中国白酒工业百强企业”“广东省百强民营企业”国家信用等级“AAA级信用企业”等称号。公司品牌知名度、美誉度和品牌价值正不断提升。

面对竞争日益激烈的全国白酒市场，公司确立了以“红荔”牌红米酒为主导的产品品牌营销战略。多年来均在米酒市场占据主导地位，并发挥着品牌效应作用，有力地推动着企业的持续发展。从2003年起公司连年获得“佛山市纳税超亿元企业”称号，并多次跻身佛山市十大纳税户行列。

除了主导产品“红荔”牌红米酒外，“红荔”牌系列酒品花色品种更是繁多。有白酒类、保健酒和露酒类、发酵酒类等三大类。分别有浓香型白酒系列、豉香型白酒系列、清雅兼香型白酒系列、保健酒系列、露酒系列、发酵酒系列等近二十个产品三十多个品种规格。各类酒品以“名、优、新”著称，其中拳头产品红荔牌红米酒获“2012年广东十大名酒”；1977年被评为“广东名酒”的红荔牌凤城液，以其独特的风味赢得了广大顾客的厚爱，更成为佛山市人民政府商务公务推荐用酒；仙泉特酿米酒、顺德二曲酒等产品先后多次获得国家、省、市等级别优质产品称号。顺德特曲酒、凤城老酒、红荔德昂力酒、红荔®人参蛤蚧黄精枸杞子熟地麦冬肉桂酒、红荔木瓜酒、红荔丰荷酒、德昂橄榄酒、青梅酒、南枣糯米酒等品质上乘。各种产品风味独特，各有特色，深入人心。在不同的省市、地区拥有不少忠实拥趸，满足不同消费人群的需要，销售覆盖广东、海南、广西、江西、浙江、湖南、福建及港澳等大部分地区，并有持续纵深发展的趋势。产品品质优良，市场享誉甚高。

近年，随着社会健康饮食观念的提升和食品安全生产的迫切需要，公司结合酿酒生产的工艺特点，确立以“保持传统，胜于传统”为指导思想，进行了一系列工艺技术改革研究。早在2001年就通过了ISO9001质量体系认证。近几年加大投入技改资金进行厂房设备的升级改造，现已基本实现厂房设备的更新换代，建成较具规模的现代化厂房，设备自动化程度高，并推行现代化管理模式。严格按照食品、保健品良好生产规范（GMP）要求对原材物料、半成品、成品等各厂区进行布局和建设；设置各级别洁净车间，改传统的开放式生产为密闭式生产，以确保食品安全；配置先进的检测设备，设立近130项自主检测项目，对原料验收、在制品检测、成品检验整个生产过程进行有效监控，以确保产品质量和安全卫生。先后获得白酒、果酒、其他酒（配制酒、其他发酵酒）生产的QS认证，2008年，获得保健酒良好生产规范（GMP）认证。

今后，公司继续坚持以产品质量、食品安全为生命，市场需求为指导，品牌建设为主线，继续提高研发能力，改进工艺技术，朝绿色生产、清洁生产、规模生产的可持续发展道路迈进，用实力创造好品质，用稳定优良的品质来赢得顾客的长期信任和社会的肯定，为企业赢取更长远广阔的发展空间，与消费者共同成长，竭诚服务大众，造福社会。

山东景芝酒业股份有限公司

山东景芝酒业股份有限公司，位于“山东三大古镇”之一的景芝镇，迄今已有5000年酿酒历史。1948年，集景芝镇72家酿酒作坊于一体创立中国最早的国营白酒企业之一——山东景芝酒厂，1993年经山东省体改委批准改为股份制企业。目前已形成以白酒酿造为主，工业旅游、热电、纸箱、蛋白饲料、污水处理等多元化发展格局，成为山东省大型重点酿酒企业、中国白酒生产50强企业、中国最大的芝麻香型白酒生产企业。荣获山东省省长质量奖、中国白酒工业百强企业、全国守合同重信用企业、全国酿酒行业劳动关系和谐企业、中国芝麻香型白酒领军企业、国家AAAA级标准化良好行为企业、中国酒业文化百强企业等称号。被确立为山东省循环经济示范单位、山东省环境友好企业、山东省工业旅游示范点、山东省非物质文化遗产生产性保护示范基地、中国芝麻香白酒第一镇和中国芝麻香白酒生态酿造产区。“酒之城”被评为国家AAAA级旅游景区。拥有以一品景芝为代表的芝麻香型系列，以景阳春为代表的浓香型系列，以景芝白乾为代表的传统酒系列，以阳春滋补酒为代表的营养保健型系列四大系列品牌。

一品景芝，中国芝麻香型白酒代表，历经半个世纪自主创新而成。1957年，白酒专家首次在景芝酒中发现芝麻香“香味”成分，于1965年开始对芝麻香型白酒的探索研究，至1995年，以景芝酒业为主起草的芝麻香型白酒行业标准经轻工业部发布，芝麻香型白酒正式确立。2007年，由景芝酒业为主起草的芝麻香型国家标准经国家质检总局和国家标准化管理委员会颁布实施。“芝麻香型白酒的研制”荣获中国轻工业科技进步一等奖，“芝麻香型白酒生产工艺”荣获第十届山东省十大发明专利一等奖和第十二届中国专利奖。其代表产品一品景芝被商务部和中国酿酒工业协会确定为中国白酒芝麻香型代表，改写了鲁酒无香型代表之历史，成为建国以来中国白酒界两大创新香型之一，被确定为国家地理标志保护产品和中国名特白酒国家标准样品。

景阳春酒，山东第一个浓香型粮食酒，第一个出口创汇产品，蝉联历届山东名牌，荣登全国白酒市场质量抽检“红榜”五连冠，为全国浓香型白酒质量优质产品，被认定为中国历史文化名酒。

景芝白乾，中华白酒史上最早的高粱大曲酒，早在1915年就作为山东白酒代表产品参展巴拿马万国博览会，1959年入展印度国际博览会。荣获山东名酒、中国八大大众名白酒、首批“中华老字号”等称号，其传统酿造技艺为山东省首批非物质文化遗产。

景芝酒业站在中国白酒发展的前沿看发展，肩负起引领鲁酒振兴的重任，制定了“十二五”发展规划，全力打造“两大园区”（景酒现代生态酿酒产业园；齐鲁酒地文化创意产业园）“三大工程”（五十百经销商工程；山东是中国白酒发源地之一，山东白酒发源地在景芝的挖掘工程；百亿级企业和中国北方生态酿酒第一镇工程）、“四个平台”（人力资源平台、营销平台、科技平台、信息平台）。坚持“真心酿真情”的经营理念，以市场营销突破为引领， 以品质保障、品牌建设和文化建设为支撑，推动企业健康快速发展，向“百亿景酒”和“中国北方生态酿酒第一镇”的目标奋进。

广东万昌印刷包装有限公司

万昌公司是一家以标签印制为主营业务的大型企业，拥有广东万昌印刷包装有限公司、万昌印刷包装（沈阳）有限公司、广东万昌科艺材料有限公司、成都万昌印刷包装有限公司、天津万昌印刷有限公司、洛阳万昌印刷包装有限公司等六个生产基地。公司投资总额超过9亿元，现有员工1300多人。公司拥有世界最先进的印刷和配套的印前、印后设备以及高档包装纸材生产设备，以啤酒标签印制为主营业务，产品涵盖酒品与食品类标签、包装箱（盒）以及高档包装纸材等三大系列。

目前企业的标签业务市场覆盖全国及东南亚和中亚地区，辐射韩国及欧洲部分区域，是百威-英博、青岛、华润、燕京、珠江、金威、重啤、嘉士伯、金龙泉等180多家啤酒企业和海天味业、顺德米酒、天地一号、劲酒等近40多家白酒、葡萄酒、食品等类别企业长期信赖的合作伙伴。万昌被公认为亚洲最大的啤酒标签专业印制企业。

作为万昌总部的广东万昌印刷包装有限公司，是一家总投资约5亿元的外资企业，始建于1987年。在改革开放的浪潮里，经过顽强拼搏，企业得到持续健康发展，并构成了万昌公司发展的根基。目前厂区占地约30亩，建筑面积8万多平方米，是一座由办公大楼、员工生活服务区、生产区等几大区域构成的现代化工厂。

依托广东万昌印刷包装有限公司组建有广东省级企业技术中心、广东省印刷标准化技术委员会、佛山市绿色与数字印刷技术工程中心、佛山市顺德区标签印刷技术工程中心。“中心”目前已拥有总值达4900多万元的实验、检测和技术转化的研发设备，年独立承担研发课题8项以上，创造了巨大的经济和社会效益。是广东省现代产业五百强企业，是全国标签技术标准委员会等三家国家(行业)技术标准委员会的核心单位,是广东省专业标准化技术委员会筹建单位，以公司为核心组建的“广东省教育部绿色包装与数字印刷产学研战略联盟”有力促进了企业技术的进步和创新能力的提升。

万昌印刷包装有限公司凭借自己的实力和各界的支持，荣获“中国印刷业百强企业”、“广东省乡镇百强企业”、“重合同守信用企业”、“农业银行黄金客户”、“国家高新技术企业”、“佛山纳税大户”、“广东省两个密集型企业”、“中国创新百强企业”、“广东著名商标”、“佛山市劳动关系和谐企业”、“佛山市节能减排先进单位”等称号。

万昌印刷包装有限公司管理规范、科学，管控体系持续提升，在生产经营过程中已建立起一整套适合企业和市场特点的严谨管理制度和管理流程。2001年公司通过ISO9001质量管理体系认证、2003年公司导入ERP管理系统。目前公司已实现管理标准化、办公自动化。在以“做全球一流的产品增值服务商”为愿景，以“客户为先，至臻至美”为使命的企业文化的感召和吸引下，公司凝聚了一大批德才兼备的优秀人才。

万昌将坚持以标签印刷为核心产业、实施低度多元化发展的经营战略，在印刷包装行业创建万昌品牌。在全球经济一体化的过程中，企业本着“畅享、笃行、拓新、尚美”的核心价值观，以深厚的文化、超群的技术、先进的设备、精益的品质及服务，朝着国际化的目标迈进。

中国名酒探源：湿地浸润出的洋河、双沟

宿迁是中国地理版图上一块神奇的沃土，地处东经118.4度，北纬33.8度。这里年平均气温14～15℃，湿度60%--80%，气候四季分明。河流纵横，百转千回，洪泽湖浸润着泥土和空气的芬芳。土壤、空气、水源尤其是酿酒微生物菌群生态环境浑然天成，实为酿酒的的“风水宝地”。作为这块“风水宝地”的天赐之作，洋河、双沟因其无法复制的水土，微生物富集的地理条件，绝无仅有的自然环境，成就了它们在中国酿酒史上独特的品质与价值。

水土之脉　明珠风彩

洋河地处黄河故道，沙层较厚，过滤性能好，优质的地下矿泉水十分丰富。据地质部南京综合岩矿测试中心测试，水中偏硅酸、锶的含量比规定的矿泉水标准还要高3～4倍，其中尤以软化心血管作用的可溶性SiO_2含量丰富，如此之水是洋河生产极致佳酿不可复制的秘籍。洋河地下土，是肉红色黏土，这种土有机质丰富，保湿保温，黏度适中，不仅含有百余种对人体有益的微生物，还含有一种能产生窖香前驱物质的杆菌——梭状芽孢杆菌，是建老窖的理想土壤，用它作发酵池，可以使酒醇、香、甜兼备。水为酒之血，土为酒之气，之所以洋河镇才有洋河酒，就是其无法复制的风水，微生物富集的地理条件，绝无仅有的自然环境，成就了洋河酒独有的品质与内涵。

双沟千年美酒闻名遐迩，也与其所处的自然环境密不可分。双沟镇南接淮河，东傍洪泽湖，镇东不远处便是举世闻名的醉猿化石之乡--“下草湾”。据中科院古脊椎动物和人类研究所的专家们多年考证，发现下草湾有近70种动物化石和大批的树木化石，这是迄今为止我国发现动物化石群最多的一处地层。双沟酒业就是建在下草湾组地层之上，厚近百米的粗细相间地层，犹如一个巨大的天然过滤系统，把地表水、补给水进行缓慢地改造，再汇入基裂岩隙水和玄武岩的渗水，最终形成优质的地下矿水，水中含有多种适宜造酒的矿物质，呷入口中，醇甜甘美。独有的地下水成分，加之四季分明的自然气候和空气、泥土中多种有利于发酵酿造的微生物，形成了双沟得天独厚的酿酒条件，被誉为是中国最具天然酿酒环境和自然酒起源的地方。

独特的区域自然环境和地理生态，为酿酒活动提供了得天独厚、不可复制的生态环境，是白酒产业核心竞争力的重要支撑。几百年来，洋河和双沟的酿酒活动传承不息，不仅使得环境中多种微生物大量繁衍，而且让企业在历史与时代交汇融合中熠熠生辉，以悠悠数千年芳香浓郁的美酒名满天下。

酒中光影　历史荣耀

洋河制酒起源于隋唐，隆盛于明清，追溯其源头，已跨越了1300多年历史，可以考证的历史有600余年。明天府《府志》、清光绪《淮安府志》、民国21年《中国实业志》和中华民国版《泗阳县志》中都有关于洋河曲酒的记载。明朝著名诗人邹辑在《咏白洋河》中写到：“白洋河下春水碧，白洋河中多沽客，春风二月柳条新，却念行人千里隔，行客年年任往来，居人自在洋河曲”，折射出了洋河大曲与当地社会经济和人文环境共生共荣、相得益彰的繁荣景象，也真实地反映了明朝时期洋河在白洋河流域一带的影响。清雍正年间，洋河大曲已行销江淮一带。至清光绪年间，洋河酒坊达27家之多，省内外有70多位酿酒名师云集于此，竞酿美酒。

乾隆六次南巡，往返八次驻跸宿迁行宫。公元1755年，乾隆皇帝第二次南巡时，驾临宿迁皂河行宫。次日，与几位大臣乘船顺泗水而下，行至洋河上岸小憩，只见这里槽坊热气腾腾，酒店旌旗摇摆，石街清洁，酒香扑鼻，一派安居乐业的盛景。乾隆感慨万千，循着酒香与大臣们步入前有酒店后有槽坊的一家。乾隆品尝了这家槽坊所酿白酒后，连声赞叹：“酒味香醇，真佳酒也！”便问着槽坊为何名？掌柜答到“逢泰”，乾隆心下悦之，道，“可逢到让朕康泰之所了。”短短唏嘘之词，感慨了当地民生的安康、水情的安然。

酒过三杯，乾隆又问：“酒为何名？”其实，当时

洋河各家槽坊都未像今日这般在酒的名称上下功夫，而是谁家槽坊烧的酒就叫“××烧”，如北滩烧、逢泰烧等。但掌柜的又不好对皇帝说此酒无名，急中生智，突想起刚才乾隆喝酒时说的“真佳酒也”，张口便答：“此酒名曰佳酿”。乾隆笑了，说：“你别在家酿了，随朕进宫去当御酒酿造师如何？”掌柜应道：“酒乃五行五谷之灵气扎聚之物，不是什么地方都能酿出好酒的，草民不能进宫酿酒。”此言一出，众随大惊，这不是抗旨么！随即有人训斥道：“大胆，汝敢言宫中五行五谷不全、地方不好不成？”乾隆制止道：“且让他把酒与五谷五行的关系说来听听也不迟。”

掌柜说：“此地离京城路途遥远，就算水土运至，已非我洋河之水土，所以古人云一方水土养一方人，然天下之大莫非王土，皇上即喜爱草民所酿村醪，草民随时进贡不就是了么？”

乾隆连连点头，“所言不谬也，朕就封你这佳酿为贡品御酒，名字就别叫佳酿了，叫洋河大曲或御酒皆可。”

距洋河仅80公里的双沟镇酿酒技艺同样闻名遐迩。双沟酿酒始于汉唐，盛于明清，距今已有1000多年的历史。唐末宋初时期，双沟镇作为南来北往的商贾渡淮要冲，酿酒业得到了更大的发展，形成了“家家酿美酒，户户备佳酿”的酿酒风气。这时的家酿酒不再仅仅是祭祀、自饮和馈赠亲友，而是由南来北往的商人贩往全国各地，双沟酒的名声从此鹊起，有“看景看扬州，饮酒饮双沟”之美誉。康熙五十八年（公元1720年），山西太谷县一贺姓酒师慕名来到双沟，租借了朱家祠堂的全德槽坊酿酒，逐渐发展成为当地最大的酿酒坊。康熙六十一年千叟宴，泗州选用全德槽坊三大坛特制佳酿入朝贺寿，康熙饮后龙颜大悦，分别将三坛酒谕旨为专与朝见外使饮用的“帝坊”、专与群臣饮用的“圣坊”和与民同乐的“君坊”，从此，双沟酒作为朝廷贡酒名扬天下。

绵柔有道　淡雅脱俗

2010年4月8日，江苏洋河酒厂股份有限公司与江苏双沟酒业股份有限公司通过股权转让方式完成合并，组建苏酒集团。

苏酒集团组建后，洋河和双沟以科技创新为主题，开展了一系列的技术攻关、科研成果转化活动，不断提高苏酒集团的技术创新能力和科研攻关水平。同年6月，“中国绵柔型风格白酒的研制与开发”技术成果顺利通过专家鉴定，鉴定委员会专家一致认为该项成果具有国内同行领先水平，对中国白酒发展有重要的指导作用。白酒分析专家金佩璋曾说：“通过色谱分析，发现洋河绵柔型白酒骨架成分的比例更加协调，是陈酒、绵柔型基础酒、调味酒等绵柔原酒的最佳组合调味，这是许多酒厂不可复制的。”“洋河酒酿造技艺”主要内容包括续糟法老五甑工艺、特殊制曲工艺、原酒陈酿工艺、勾兑工艺以及相关的特殊技艺等，已于2009年入选江苏省非物质文化遗产名录。

正是因为重视科技创新，注重用高新技术改造传统，迄今为止，苏酒集团独揽洋河、蓝色经典、梦之蓝、双沟、双沟珍宝坊5大中国驰名商标。

双沟通过融合“清香”、“药香”的工艺特征进一步丰富了淡雅浓香的内涵，“以个性培育品牌，以文化打造个性”的双沟品牌战略，开创了自由勾兑先河，将传统名酒“双沟”的品牌身价、品牌魅力推举到了一个全新境界。双沟致力于打造中国“时尚白酒”，构建“时尚酒文化”，“融日月之精华，融天地之气度；懂得通融，方能从容”，耳熟能详的广告语，是双沟品牌文化的一个侧面体现。

淮河与洪泽湖包围着的洋河与双沟，这里的酒镇没有高山和峡谷的险峻，只有湿地的温润浸透着土地，水和空气，彼此沟通、协调，酿造着独一无二的苏酒香。

传承中国诗酒文化 打造第一诗酒品牌

重庆诗仙太白酒业（集团）有限公司

重庆诗仙太白酒业（集团）有限公司1917年创建于万州，现隶属于中国500强企业重庆轻纺控股集团。企业占地1200亩，注册资金2亿元，总资产9.8亿。年生产能力为浓香型大曲酒5万千升。

企业百年老窖池是文物保护单位，百年传统酿酒技艺是非物质文化遗产，百年诚信经营，是重庆老字号企业，全国中华老字号工作委员会副主任单位。

企业技术中心是重庆市认定的省级技术中心，有高级职称5人，国家白酒评委4人，省部级白酒评委16人，万州区学术带头人4人。

诗仙太白酒品质优良，1959年选为国庆10周年国宴用酒，1985年再次入选国宴食品，曾获中商部金爵奖、国家优质产品银奖，是历届四川省名酒、重庆市名酒，拥有“诗仙太白”和“诗仙太白盛世唐朝”两个中国驰名商标。

2012年获得“中国食品行业诚信百强”、“中华老字号传承创新先进单位”、“全国企业文化建设突出贡献单位”、“全国酒文化建设特殊贡献单位”称号，是重庆市首批企业文化示范基地。

在2012年中国酒类品牌价值200强排行榜中，以品牌价值32.62亿排在全行业第63位，白酒类第41位，重庆市第1位。

2012年列重庆制造业百强，中国白酒工业50强，是重庆白酒行业龙头企业。

企业战略目标是，“传承诗酒文化，打造中国第一诗酒品牌”。企业“十二五”规划是，在2015年，达到年产量6万千升，年营业收入30亿元，年利税7亿元。

企业围绕诗酒文化做文章，提炼出了以人品铸酒品的企业精神和完整清晰的核心价值观：诚信为本，做良心酒；质量为先，做放心酒；文化为上，做舒心酒，为人民酿造美好生活。

企业坚持以科学发展观为指导确立品牌发展方向，将商标、专利、版权、技术秘密等知识产权的创造、保护、管理、应用作为品牌发展有机整体，并与科技研发、产品设计、市场销售有机结合，确立了盛世唐朝高端品牌系列和新花瓷中端品牌系列两大品牌战略支柱，形成了诗仙太白母品牌与子品牌之间相互借力、共振、反哺的品牌建设体系，提升了诗仙太白品牌核心竞争力。

中粮黑龙江酿酒有限公司

中粮黑龙江酿酒有限公司为中粮集团下属全资酒业公司。公司位于金代御酒发源地——松嫩平原中部的肇东市。肇东市为全国农业资源大市、食品工业名城，位居黑龙江省十强县首位，是黑龙江省唯一入选的东北十强县。

公司创建于1943年，具有悠久历史，系北方传统固态发酵纯粮酿造的优质白酒生产企业。2002年被华润（集团）有限公司收购，2005年加盟中粮集团。公司拥有雄厚的技术力量和研发能力，较大规模的固态发酵窖池及酒库群，由国家高级评酒师、国家级、省级白酒评委、国家一级酿造师多人组成的技术人员保证了产品的质量和创新。在生产经营中严格按照国家白酒生产技术标准、质量管理体系要求进行生产、包装、储藏和运输，是黑龙江省白酒行业的骨干企业之一。

七十年来，经过几代酿酒人不懈的努力和创新，公司已拥有优质浓香、酱香、浓酱兼香三种香型的系列产品及传统固态发酵普通白酒。采用传统的工艺与现代科技相结合的生产方法，博采众家之长，利用得天独厚的地理资源，先后研制出老古酒、老古坊酒等系列产品，多次获得国家、省、地区的优质产品称号。具有酒色清透、芳香醇厚、香味浓郁、绵甜爽净，回味悠长，饮后幽香的独特风格，获得众多经销商和广大消费者的认可和好评。

2014年，在集团发展白酒业务板块的战略方针指导下，中粮黑龙江酿酒有限公司秉承宁高宁董事长对白酒产品提出的“好喝不贵、纯粮酿造”的要求，推陈出新、严格控制产品质量，在原有产品基础上开发适合广大消费者口味的“中粮白”、“百战”系列白酒。

邵氏茶酒

——承继茶香型祖庭，复兴茶酒文化

800余年前北宋大学士苏轼留翰墨遗珍，古籍引注，记载了以茶酿酒的创想。后世文人多引方效仿，终未如愿。元朝画家冯仝绘北宋元佑年间婺州文士张雨取沼溪之水煮茶，设想以苏轼“七齐”、“八必”之法发酵秘酿茶酒，款待沼溪草堂诸诗友，“嵋山翰林留逸事，梦中幻觉注此方。昨日东阁畅胸意，品茗醉似酿茶浆”。明朝画家沈周写诗论其事，温州知府文林效仿翰林酿酒而未能如愿，从此文衡山写“家翁沸茶酿酒图”传于后世。清人郑板桥居扬州时，也曾似想完成苏轼梦想以茶酿酒;画家金冬心书联“辞官扬州挥素墨，煮茶效仿翰林公”相赠。

从上古传说至北宋经苏轼整理注引，到清乾隆年间，在文士、画家中广为出现沸茶酿酒的逸事，这是中国文化的使然也是文脉承传中的一部分，文人在生活中的雅事恰恰在不知不觉中完成了“中国茶酒文化的酒脉”，撰记了独具魅力的 “茶酒”文化史篇。

2012年始，邵氏茶酒续写酿酒史上的辉煌，遵循千年古籍记载，继承珍贵古方遗产，融合现代科学技术，创造出独特的茶酒酿造工艺，精选有机生态茶园上等茶叶为料，取深山农家生态种植的有机鲜米发酵，配以酸碱平衡之精湛技艺，首酿出人类第一滴高端生态养生茶酒，成就一代稀世琼浆,以此开创了“茶香型”酒文化的“祖庭”，香港邵氏集团本着“打造绿色生态产业典范”的理念，将中华传统文化、酒文化、瓷器书画艺术寄于茶酒之中，形成独特的邵氏茶酒文化。

随着环境的改变以及工作、生活压力逐渐增大，消费者对养生概念越来越关注和重视。邵氏茶酒在香港邵氏集团强大背景资源的推动下，继承和发扬了古法工艺，以茶叶为酿造原料，一改白酒靠粮食发酵传统技术，遵循选料“四最”、制茶“五步”、酿造“三绝”、蕴藏“六法”和调兑“八艺”等工艺，并开创性地利用酸碱平衡专利，最大限度地保留了茶香和茶叶中的茶多酚、氨基酸等二十多种有益元素，长期饮用对人体的健康和养生具有多种有效的调理功能。

茶山竹海

茶山竹海藏于生态永川，千年生态原始地貌，国家森林公园，亚洲最大的连片生态茶园。“茶圣”陆羽、大文豪苏东坡、画家郑板桥等深游于此地，视为修身养性之仙境。邵氏茶酒深藏于此，精选茶山竹海极品茶叶入料，茶叶叶质肥厚柔软、嫩性强、茗香持久，同时辅以深山农家鲜米发酵，成就稀世琼浆，卓然天成。

上品鲜米

生态永川，三河汇流，土壤肥沃，素有天府之国“三江粮仓”之美誉。

邵氏茶酒精选深山农家自然耕种的优质新鲜大米入料，恒温15℃发酵、储存，原酒富含铁、镁、钙、维生素C等多种有益物质，使得酒香绵厚纯正，生态养生。

箕山冰泉

箕山冰泉深居箕山山脉，常年恒温14℃，冬季热气腾腾，夏日凉气袭人，故而整个山涧云绕雾漫，正所谓“瑟瑟香尘瑟瑟泉，惊风骤雨起炉烟”。邵氏茶酒精选万年渗透精滤的箕山冰泉，水质纯净，水清如璃、明如镜，闻之隐有龙灵仙韵，饮之甘润似仙浆，富含矿物质和微量元素，是名酒酿造之首选。

选料——四“最”

邵氏茶酒精选高山有机茶，千年原始生态地貌，亚洲最大连片生态茶园，自然环境“最”好。春芽新发，芽蕊细而白，明前采收，茗香悠远，制茶酿酒“最”为温润。鲜叶采摘，嫩梢驻芽，顶叶开面时，采下二、三叶，嫩采“最”含茗香。露采摘，竹器存放，午时刹青，子时炒制，集阴阳二气，制茶工艺“最”为传统。

传承古法，科技创新

考千年酿酒佳技，点滴传承，世代相袭，古今交融，成出神入化之酒品。

邵氏茶酒在酿造过程中将创新与传承融会贯通，把自然的创造力和工艺的创新完美结合。在传承诸葛孔明献王之艺的基础上，配以独创的酸碱平衡专利技术，萃取茶多酚、咖啡碱、氨基酸等30多种有益物质。

选料“四最”，源头上保证天然品质；制茶“多步”，严格把控每个环节；酿造“三绝”，古法酿造和现代创新完美融合；蕴藏“六法”，汇集日月之精华；勾兑“八艺”，保持口感和谐生香。邵氏茶酒酿造的每个环节，都是大自然创造力的延伸。每滴茶酒，都是智慧的结晶。

邵氏茶酒，以文化凝聚人心，技术铸造精品，创新引领未来。

酸碱平衡

阴阳平衡乃养生之道之根本。维系人体电解质的酸碱平衡度，从而保持人体正常生理活动是保证身体健康的关键因素所在。

邵氏茶酒传承茶酒酿造传世秘技结合现代科学发明专利技术，以最上品的茶叶通过晨露采摘，竹器存放，午时刹青，暮时摇青，子时炒制至6成熟，发酵45天后静置5～8天榨汁，充分提取茶叶中茶多酚、氨基酸等30多种有益因子，再经过恒温63℃加热25分钟后，精密过滤，萃取原生风味的茶原浆酒，与具有宣通血脉、润肺功效的米原酒酸碱平衡勾兑后，使茶酒具有生态养身、预防衰老、提高免疫力等多种功效。

邵氏茶酒自面世以来，不断推进提高品牌质量升级，在质检过程中严格执行精细化管理，确保产品上市赢得消费者的良好口碑。邵氏茶酒在生产原料上苛刻选料、制茶工艺严谨，在传承中创新，独创邵氏茶酒独特的酸碱平衡酿造技艺，而创立民族品牌不仅仅是一个企业的目标，更是国人的信心，民族的骄傲。

香港邵氏集团内陆区投资总监兼邵氏茶酒CEO曾经在接受采访的时候说过：十八大后习主席提出了“中国梦”的概念，在我看来，中国梦就是要实现中华民族伟大复兴。这并不是简单地重寻昔日的荣光，而是要让曾经饱受列强欺侮、目前尚是发展中国家的中国经济发展、政治昌明、文化繁荣、社会和谐。作为民营企业家，这要求我们勇于创新迎接中国梦。如今中国白酒行业进入了发展的瓶颈期，市场情况并不乐观，但在中国梦实现的大环境下，要勇于冒险，勇于创新，不怕失败，不断尝试的要求则显得更为突出。邵氏茶酒定将做到这一点，发展成为国际品牌，邵氏茶酒走向国际，使我们的中国茶文化和酒文化能得到世界的更多的认识，复兴我们的“中国梦”。

邵氏茶酒身为中国最具传统文化代表的一个新品种打入酒类市场，在2013年，邵氏茶酒取得了惊人的成绩，邵氏茶酒手握四项国家发明专利，六个外观设计专利，一举成为国内唯一一家拥有茶酒酿造专利技术的企业。先后荣获“香港国际发明博览会金奖”、“国家科技发明奖一等奖”、“全国农产品加工业博览会金奖”等奖项，在中国酒业急剧动荡调整期逆势上扬，一步一步朝着目标阔步前行。在未来，邵氏茶酒将沿着既定的规划和部署，密切关注时代发展、关注消费者饮酒习惯变化，顺势而为，为推动绿色饮食习惯的养成不遗余力，为中国的白酒酿造行业投石问路，为中国酒企的“中国梦”披荆斩棘，为生态文明建设贡献力量。

建设一流现代企业，
成就特香型白酒发展传奇

四特酒有限责任公司坐落于江西省樟树市，地址为樟树市药都北大道11号。公司西临赣江，东靠“天下第三十三福地”道教名山阁皂山，现占地面积39万平方米，拥有员工4000余人，是“中国驰名商标”“中国食品工业百强企业”“全国酿酒行业百名先进企业”。2012年，四特酒公司实现销售收入近50亿元（含税含折让），上缴国家税收突破10亿元。

得天独厚的酿酒条件、厚重的酒文化，几代酿酒人的辛勤耕耘，确立了樟树“中国古法白酒原生地”的历史地位，也给予了四特酒作为中国白酒香型代表的荣誉。大浪淘沙，四特酒公司是如何披荆斩棘，一路走到今天的？

一、传承酒文化，古法酿造技艺重现辉煌

四特酒的身世可以追溯到距今3500年前的殷商时期。自“仪狄”在这里酿造出人类历史上第一瓶酒开始，樟树（古名为清江县）5000年的酿酒历史一直从未间断。商灭夏后，“吴王”寻访先祖遗迹，得“仪狄酿酒图谱”，依图取阁皂山九龙泉水和当地优质稻米，经过九九八十一天，方才酿出了一斗甘醇美酒，大呼“此与四特（古时，吴人将健壮的公牛称为“特”，四特即四头健壮的公牛）同等珍贵。”四特由此得名，流芳百世。

晋唐宋元时期，四特酒因其与生俱来的尊贵之气和绝佳的口感成为历朝宫廷贡酒。时至明代，宋应星（江西人）著有世界自然科学巨著《天工开物》一书，其中『曲孽』篇所记载的酿酒工艺就是历史上极富盛名的清江土烧技术，也就是今天的特香型白酒工艺。古清江（今樟树）作为古宜春郡产酒的核心产区，“四特土烧”的酿酒工艺技术被宋应星载入《天工开物》『曲孽』篇等章节之中，随着《天工开物》的传播，直接影响了中国白酒之后的规模化发展，被后世奉为经典。而书中记载的古法酿造技艺为四特一脉传承，成为今天四特酒酿造工艺之本。

由于《天工开物》在满清入关后受到了查禁，清乾隆时期严厉推行禁酒政策，导致清江土烧消失在历史的烟云中。一直到光绪年间，酿酒业在全国开始复苏，清江人依托独特的地理环境和酿酒原料，在老一辈酿酒人的带领下，凭着对技法的记忆和灵性，重新酿造出清亮香醇的土烧酒，清江属商业重镇，酒铺林立，各地客商云集，清江逐渐成为江南酒都之地。

娄源隆是当时清江众多酒铺中的一家，老板娄德清偶然发现先人一直秘藏着《天工开物》，于是结合与北方汾酒（以高粱为原料，大曲发酵）和本地“土烧”（以稻

谷为原料、小曲、药曲发酵）的两种酿造工艺，并巧为勾调，生产出了酒色清亮、香醇可口、兼具南北风味的特香型白酒——四特酒，畅销南北。

1952年，樟树政府在原“娄源隆”酒店的基础上成立国营樟树酿酒厂，1983年更名为江西樟树四特酒厂，2005年改制为四特酒有限责任公司。经过半个多世纪发展，四特酒公司现已发展成为集科研、生产、销售于一体的全国知名酿酒企业，古法酿造技艺也得以重现辉煌。

二、伟人赞誉，几代四特人为荣誉而奋斗

1959年，八届八中全会在庐山召开（即庐山会议）。作为中国传统历史名酒和江西最为著名的白酒，四特酒被省政府选送到庐山，供中央首长品尝。善饮的周恩来总理，品尝过全国无数的名酒，唯独这一次给予了总结性的高度评价：“清香醇纯，回味无穷”。“清香醇纯”这一典型四特酒的特征，也得以在伟人的品鉴下成为四特酒的骄傲。

而另一位伟人，中国改革开放的总设计师——邓小平也曾与四特结下不解之缘。邓小平在庐山会议上曾品尝过四特酒。1972年在江西的时候，小平曾多次考察参观四特酒厂，并曾对四特酒留下“酒中佳品，味道独特”的赞扬。在四特酒厂的文化展厅中，至今仍保留有一张小平同志坐在椅中端杯品尝四特酒的珍贵照片，身旁茶几上一瓶四特酒还能清晰得看到。

两位伟人对四特酒的赞誉激励了几代四特人不断努力，为四特曾拥有的荣誉而奋斗。

三、坚守特香，定位差异化香型第一品牌

中国地大物博，不同地域环境造就了不同白酒酿造工艺，也成就了不同的白酒香型。中国主流白酒香型有贵州的酱香、四川的浓香、山西的清香，每个主流香型又有各自代表企业，如酱香茅台、浓香五粮液，清香汾酒。中国白酒的香型蕴含着的是不同的地域文化和民众喜好，也是白酒企业成长的基因元素，对酒企发展具有根本性影响。

在白酒香型选择上，四特酒公司没有跟随主流，而是走出了一条自己的路——坚守特香型白酒酿造工艺，定位于中国白酒差异化香型第一品牌。特香型白酒风味独特，具有“幽雅舒适、诸香谐调、柔绵醇和、余味悠长”的特点。原国家轻工部食品发酵工业科学研究所在对四特酒香味组分进行剖析研究后，确认四特酒的香味组分特征明显：一是富含奇数碳脂肪酸乙酯(包括丙酸乙酯、戊酸乙酯、庚酸乙酯和壬酸乙酯)，其量为各类白酒之冠；二是含有多量的正丙醇，其含量与丙酸乙酯及丙酸之间具有极好的相关性；三是高级脂肪酸乙酯的含量超过其他白酒近一倍，相应脂肪酸含量也较高。

1．知名白酒专家齐聚酒都，认定特香型白酒

早在1988年4月，周恒刚、沈怡芳、曹述舜、于树民、金凤兰、金佩璋、陶家驰等全国知名白酒专家齐聚四特酒厂。经过3天实地考察和研讨，专家们概括四特酒的工艺特点为“整粒大米为原料，大曲麦麸加酒糟，红褚条石垒酒窖，三香具备犹不靠”(三香即酱香、浓香、清香)，并认定四特酒香型属“特香型”，为我国白酒香型中新诞生的一个独特品种。

“整粒大米为原料”——采用赣鄱地区特产的大米。樟树的地理环境尤其适合优质水稻种植，古时即为皇家贡米生产基地之一。“大曲麦麸加酒糟”——指四特酒以中高温大曲为糖化发酵剂，大曲的原料为麦麸和从酒窖最底层挖出的原味丢糟。“红褚条石垒酒窖”——四特酒窖池以红褚条石垒成，红褚条石即为红砂岩，其质地疏松，吸水性好，十分适合微生物菌群及酶系物质的生长繁殖。“三香具备犹不靠”——四特酒具有“浓头、酱尾，清中间”的复合香气，属“三香不靠”的特香型。其口味柔绵醇和、醇甜，香味谐调，余味悠长。

2．二十年执着坚守，掌握特香型白酒标准话语权

1987年，四特酒公司与江西省科学院生化应用研究所共同对四特基酒、四特成品酒进行了对比分析，分析出了醇、酯、有机酸等13个成分，初步揭开了特香型白酒的神秘面纱。1992年，四特酒公司与中国轻工业发酵研究所组成专家团队一同对四特酒香味成分进行深入分析，经过一年多努力，出具《四特酒香味成分及特征组分研究》报告，确定四特酒香味成分。1997年3月，经国家轻工总会审查并推荐，全国标准化委员会审定批准，四特酒香型(特香型)作为一个独立的香型正式得到国家认可，特香型白酒行业标准也成功制定。

2005年7月，国家标准化管理委员会以国标委计划[2005]31号文正式下发了制定“特香型白酒”国家标准计划，由四特酒有限责任公司和中国食品发酵工业研究院共同起草，全国食品工业标准化技术委员会酿酒分技术委员会技术归口。经过一年半努力，GB/T 20823—2007《特香型白酒》国家标准于2007年1月19日正式发布、2007年7月1日实施。该标准高度概括了特香型白酒的感官要求及理化指标，创新地提出了特香型白酒的香气感官要求为“具有浓、清、酱三香，但均不露头的复合香气”；另外，针对特香型白酒的特征，在白酒香型国标中第一次将典型风味

物质“丙酸乙酯”引入了理化要求，对特香型白酒进行了深入科学的总结。

2009年7月，根据国标委综合函（［2009］110号）文，全国白酒标准化技术委员会特香型白酒分技术委员会列入筹建名单，四特酒有限责任公司为秘书处承办单位。2011年6月30日，全国白酒标准化技术委员会特香型白酒分技术委员会正式成立，其秘书处落户四特酒公司。“一流企业做标准，二流企业做品牌，三流企业做产品”，特香型白酒分技术委员会正式成立，标志着四特酒在全国特香型白酒的定义、产品分类、要求、分析方法、检测规则、包装、运输、贮存等标准修订上将有“话语权”，巩固了四特酒对特香型白酒的主导地位，也为成为中国白酒差异化香型第一品牌打下了坚实基础。

“白酒大的传统文化都是相通的，但每个企业都有它不同的传承点和特色，我们要从工艺流程上和香型特点、技术工艺上走自己的路，特香型白酒酿造工艺是我们的根，我们决不能丢。”四特酒公司董事长、总经理廖昶曾在接受采访中表达了对四特酒公司坚持特香型白酒酿造工艺的独特认识。

四、立志变革，向一流现代企业转型

在20世纪80～90年代，四特酒一度畅销全国，甚至在首都北京出现排队抢购四特酒的场面。而进入新世纪以后，由于国有体制的滞后性等原因限制了企业活力，国家上调白酒税收，四特酒公司2002年至2005年间，企业销售收入每年增长不到1亿元，上缴税收一直在1亿元左右徘徊，产品线不清晰，品牌力减弱，市场占有率降低，企业面临发展危机。

“改制，必须要进行改制，而且要改得彻底，解除企业在市场竞争中的枷锁，释放企业的活力，打造出一支有热情有梦想有活力的团队，四特才有全面复兴的可能，四特人才能重新召回失去的荣耀。”时任江西四特集团（四特酒有限责任公司前身）董事长、总经理的廖昶在职工大会上说道。从2003年开始，根据国家有关政策和企业发展的迫切需求，四特集团主管部门先后派出6个工作组、117人进入企业，最终在2005年7月完成了所有改制工作，按现代企业法人制度正式成立四特酒有限责任公司。四特酒改制成功，使企业重新焕发了活力，公司管理层开始着手建立现代企业管理制度，快速提升企业整体实力。

1. 构建人力资源管理体系，满足企业发展人才需求

企业以人而立。一个企业设备再先进，管理再现代，如果没有人才队伍保证，一切都是纸上谈兵。改制之前，四特酒公司人员流动慢，缺乏现代企业人力资源管理理念，各部门优秀技术人才、管理人才十分匮乏，这严重制约了企业发展。四特酒有限责任公司改制成立之后，首先延揽了一批高学历、高素养，拥有丰富实战经验的职业化经理人加盟，形成了一支专业化强，协调性好，战斗力强的高层管理层团队。

随着企业快速发展，四特酒公司逐步梳理完善人力资源管理体系，构建具有特色的人才引进和培养机制。对外，以优厚待遇和完善福利加速引进各方面优秀人才，提升企业员工整体文化水平；对内，构建企业员工培训机制，设立四特商学院，通过对干部职工进行常态化职业培训，使其职业素养和能力得到大幅提升。2013年，四特员工总数四千余人，其中本科以上学历员工占比超过11%，四特酒已经打造出一支“靠得住、能办事、作风硬”的高效管理团队。

“四特的高层干部要有做事业的理想，应该站在全局看问题；中层干部要有旺盛的进取精神和更高的事业目标；基层干部要有强烈的责任心，在磨砺中追求成长。唯有如此，我们的干部才能够带队伍、出绩效、有创新，我们的团队才能有强大的执行力和战斗力......”在2011年四特酒公司年会上，四特酒公司董事长、总经理廖昶对四特所有干部提出了希望。

2. 夯实企业管理基础，建立现代企业管理体制。

2012年，随着全国白酒行业集中度越来越高，进入行业洗牌的关键阶段，白酒企业之间已经从简单的销量竞争进入到企业管理基础的竞争。企业的管理基础涉及企业架构、供应链管控、财务管控、信息化和标准化建设等各个方面，直接决定了企业未来的生存和发展力。

首先，四特酒公司在公司层面新成立企业管理中心，作为提升企业管理水平的关键职能部门。企业管理中心对公司原有架构、部门职能、工作流程进行系统梳理和优化；加强信息化建设，全面推行ERP及OA系统使用，根据公司发展需要进行升级。通过几年努力，四特酒公司流程冗长，信息反馈不及时，市场反应慢等情况得到改善，公司整体管理效能和工作目标达成率得到大幅提升，为四特走集团化发展道路做好了准备。

其次，推行整体供应链管控模式，引入PMC管理（计划与管控），推行标准化生产，促使采购、生产、物流、销售有机结合，并通过整理、整顿生产环境，整合物资、仓储，引进先进生产设备，促使生产运作合理有序，产能大幅提升。在没有新建大型新厂区背景上，四特酒公司在原有樟树老厂区内，用陈旧的设备满足了市场一线对产品的

需求，

再次，实行全面预算管理，强化成本与费用管控。四特酒公司通过建立规范化管理程序，发挥财务监控职能，促进资金快速流转，有效预防了企业经营风险与财务风险，提高了资金利用率。

四特酒公司管理基础的提升夯实了企业发展的基础，为四特未来跻身百亿企业提供了制度保障和智力支持。

3．重建市场营销体系，打造四特强势品牌

面对其他白酒品牌的强势竞争，四特酒公司确定了“巩固省内，面向全国、张驰有度、突出重点”的总体营销战略，从营销组织架构、营销人才引进、营销团队管理、品牌构建与提升、产品整合等诸多方面入手，实施了一系列制度建立和流程再造，强力推行一揽子的营销管理新模式，使公司营销管理逐步走向规范化和正规化。

第一、不断整合和梳理营销网络，扁平营销组织，使架构更趋市场化，更具战斗力和灵活性，营销一线人员战斗力明显增强。推行了更具激励性的薪酬与考核制度，实施了大后台的销售支撑体系建设，出台了费用核销管理办法、广告管理办法、销售管理办法等一系列管控措施。

第二、从品牌架构入手，以市场为导向构建清晰的公司产品体系，推出四特年份酒、四特东方韵、特香经典、四特锦瓷、四特老窖等产品。同时，通过报纸、高端行业杂志、广播、电视、网络、高速路牌等媒体，进行有针对性的广告投放和品牌宣传，大幅度地提升了四特酒在全国的知名度和美誉度。

第三、推崇全员营销和整体营销理念，从市场营销前端到内控系统后端，从普通员工到供应商，从经销商到消费者，打造成一个整体互动的系统，为市场提供更好的产品和服务。

四特酒公司经过产品改造和营销整合，基本上实现了“产品结构化、渠道扁平化，网络密实化，体系诚信化”的营销格局。从2006年起，四特销售收入年平均增长率超过25%，不但确保了在江西市场的霸主地位，而且在河南、江苏、湖南、湖北、福建等多个市场进入大亿元时代，四特酒在全国市场占有率得到明显提升。

五、甘于奉献，做有良心和社会责任感的企业

四特的管理层有一个共识：企业在为消费者提供产品和服务，为员工提供价值实现平台的同时，作为扎根于现实世界的“社会机构”，必须承担起应有的社会责任，做有良心的企业。任何一个企业只有将自身发展与社会发展紧密结合，才能在消费者心中，在各级党委和政府心中赢得尊重和地位；企业管理层才能在职工心中获得真正的尊重，企业才能更好、更快发展。四特酒公司成立之初，“发展自我，贡献社会、回报人民”就被确定为企业信念，是所有四特人认同的基本价值观。2005年至2012年，四特酒公司累计上缴国家税收达30亿元，其中2012年四特上交国家税收10亿元，为地方经济发展作出了突出贡献。四特酒公司同时积极投身社会公益事业的建设当中：

1．支持地方民生事业建设

2006年，赞助樟树药交会“同一首歌”晚会150万元；捐赠帮扶资金6万多元用于樟树市观上镇邓坊村、张家山江上村蛟湖村居委会修桥铺路。2009年，捐助江西“青苗关爱工程”慈善基金人民币30万元；捐助樟树大桥及连接线工程888万元。2012年，中央电视台和光明日报社联合主办的第二届“寻找最美乡村教师”大型公益活动，四特酒公司共捐助60万元善款。

2．支持国家体育事业发展

2004年，赞助第五届全国农运会（宜春）200万元；2010年，赞助第十三届江西省省运会100万元；2011年，赞助全国公安系统羽毛球比赛(宜春)20万元，赞助江西省第七届城市运动会、火炬传递共计320万元。

3．促进地方经济文化交流

2010年，四特赞助世博会46万元，代表江西名优产品参展世博会，向世界展示江西印象；赞助中博会31.86万元，为中博会在江西的成功举行作出贡献。2011年，赞助第七届泛珠三角区域合作与发展论坛暨经贸洽谈会100余万；赞助2011年江西省军民春节文艺晚会40万。

4．慈善事业常态化、制度化

2008年9月，四特酒公司向江西省慈善总会捐款500万元，成立四特慈善基金会，使四特酒公司参与慈善活动常态化、制度化。四特慈善基金每年安排专用资金对地方困难家庭和学生进行帮扶。在2008年至2013年六年期间，已累计对樟树市331位贫困学子进行了资助，资助总额达50多万元；基金会的帮扶基金则累计对生活困难的154户家庭贫困户进行扶贫帮困，资助金额20万元。四特慈善基金的善举受到江西日报等各大媒体的广泛关注。

据不完全统计，四特酒公司自成立以来，已累计捐款超过3000万元，为地方经济社会发展作出了巨大贡献，也带动公司员工积极投身公益，做有奉献精神的人。

六、科学布局，全力推进四特“两城”项目建设

白酒企业产能大小对企业发展具有决定性影响。四特酒公司樟树老厂区面积小，生产条件落后，产能无法满足

市场需求，一直是束缚四特快速发展的瓶颈。2009年，四特酒公司科学布局，着手规划建设四特“两城”项目。该项目位于樟树市阁山镇，总规划面积2200多亩，预计总投资15亿元，包括科技工业城、酒都文化城两部分。其中，科技工业城包括科研中心大楼、物流配送中心、培训中心、产业链集群中心、生产中心等建设项目；酒都文化城包括仿古酿造城、生态景观带、酒文化节广场、酒文化风情园、酒文化休闲中心、中华酒文化影视拓展基地等建设项目。

四特“两城”的建设将使四特酒公司年产量达10万吨，真正实现白酒、科研、酒文化三大支柱产业链的发展，并将带动一大批外围企业发展，为打造樟树“经济强市”作出应有贡献；将为樟树市城乡居民提供5000个就业机会，有助于提升人民生活水平；同时促进樟树市旅游、文化资源的开发利用，对地方旅游产业的发展将起到积极促进作用。

作为江西省重点工程，四特“两城”项目得到了各级领导的关心和支持，省市领导多次莅临四特“两城”项目现场实地指导项目建设工作。四特酒公司成立“两城”项目部全面负责项目建设工作，克服通货膨胀原材料价格上涨、施工人员紧缺、施工时间紧张等诸多困难，快速推进四特“两城”项目建设。正在动工建设的生态酿酒城项目分两期完成，一期2012年9月全面投产，二期2013年9月全面投产。项目建成投产后将使四特酒公司总产量达到10万吨，从而进一步发挥资金和规模上的优势，打响樟树“酒都”品牌。

七、掌舵四特，16年奋斗带领企业成长壮大

在白酒行业内，说道十余年来四特所取得的突出成就，人们都会提及四特酒公司掌舵者廖昶所起的关键作用。2011年10月，中国酿酒工业协会授予廖昶同志行业最高荣誉：中国酿酒大师，用以表彰其在特香型白酒领域所作出的突出贡献。廖昶是江西省首位也是唯一一位获得此殊荣的行业精英。

廖昶，1966年6月出生，江西南昌人，中共党员，江西大学1988级化学系毕业，清华大学工商管理学硕士，高级工程师、高级品酒师、全国白酒标准化技术委员会特香型白酒分技术委员会副主任委员，现任四特酒有限责任公司董事长、总经理,樟树市政协副主席，宜春市政协常委，江西省第十一届人大代表、江西省慈善总会常务理事。

1998年，廖昶进入四特集团担任副总经理，负责酒类新产品开发、后勤管理和纪检工作。进入四特，廖昶做的第一件事就是整合产品线，收缩微利型和亏损产品，开发增补利润型产品。为了开发适应市场的新产品，廖昶同志下到市场一线认真调研，挖掘消费需求，其研制的“清香醇纯”四特酒新产品荣获2002年江西省优秀产品一等奖，珍藏版“瓶中瓶”珍品荣获2004年江西省优秀新产品二等奖，并为企业带来了良好的经济效益。

2001年，廖昶同志脱产到北大读研究生班。2002年，廖昶又考入清华大学首届EMBA班，以寻求治理企业的真谛。在高等学府再深造期间，廖昶同志得以与来自中国核工业、东方航空、太子奶、圣象地板等国内的顶级巨贾们零距离接触，在治企理论与实践上取到了真经。他的论文《四特的品牌战略》后来成为了清华学堂的典型酒类企业范本。

2002年3月，廖昶同志正式出任四特集团董事长。面对白酒税收上调，行业竞争加剧等行业现状，廖昶同志提出了四特良性发展观，实施结构层面化、渠道扁平化、网络体系密集化、营销体系诚信化的“四化”方略；制定规则，以规则来运营企业，实行公平、公开、公正的管理体系，大胆引入外部人才。期间，四特酒公司先后获得原产地标记产品保护、中国驰名商标等荣誉。

2005年7月，根据国家有关政策和企业发展的迫切需求，拥有现代公司结构的四特酒有限责任公司改制成立，廖昶同志出任董事长、总经理，开始了以现代管理制度武装四特，全面提升四特的新征程。

廖昶同志提出了“让传统的更传统，让现代的更现代”企业发展理念，引领企业快速发展。让传统的更传统：廖昶同志认为酒文化是中国传统文化的重要组成部分。白酒的香型、口感代表中国独特的酒文化，蕴含着华夏文明的精髓，白酒企业要坚守白酒的工艺流程和香型特点，将其发扬光大。让现代的更现代：企业要发展，就必须创新，要用科学的企业管理制度、市场品牌战略、人才战略推动企业向现代先进企业转型。“白酒虽然是一个传统产业，但传统企业不能定位在传统产业上，必须导入现代企业的管理理念，引进先进的管理方式，要效率优先，兼顾公平，没有效率哪来效益，没有效益拿什么去扶贫济困，企业的天职就是多纳税，多解决就业，多多扶持弱势群体。”廖昶同志曾经如此表达对企业发展的理解。

扎根四特以来，廖昶同志先后在国内知名刊物上发表了《试论国有及国有控股企业生命力与人性关系》、《探讨如何提高企业家的素质》、《四特集团IMC计划实施研究》、《特型白酒勾兑浅议》、《特香类新型白酒刍议》、《特香型酒功能窖泥和现有窖泥理化指标的对比分

析》等多篇专业论文，全程参与了特香型白酒分技术委员会的成立准备工作。廖昶同志带领四特酒公司连创佳绩，并凭借他个人的优秀才能，先后被国家和省级有关部门授予“全国酿酒行业先进个人”、“江西省优秀厂长（经理）”、江西省五一劳动奖”、“江西省劳动模范”、“江西省十大井冈之子”等荣誉称号，从2007年起，连续四年获得“江西省优秀企业家”称号。

2012年9月，在第四届“华樽杯”中国酒类品牌价值研究成果发布会中，四特品牌价值达到88.59亿元，并获评成为2012年中国酒类十大最具投资价值品牌、中国酒类十大最具投资价值品牌。2012年，四特酒公司实现销售收入近50亿元（含税含折让），上缴国家税收突破10亿元，这预示着四特酒今后迈向中国白酒第一阵营的发展步伐将愈加稳健和坚实……

特香型白酒的优良基因，坚实的企业管理基础，富有战斗力的企业管理团队，强大的领导核心，先进的企业信念，四特酒公司这艘赣酒航母必将完成企业发展目标，成就特香型白酒发展传奇。

泸州老窖

泸州老窖集团是享誉海内外的百年老字号名酒企业，是在明清36家古老酿酒作坊群的基础上，发展起来的国有大型骨干酿酒集团。

泸州老窖源远流长，是中国浓香型白酒的发源地，以众多独特优势在中国酒业独树一帜。拥有我国建造最早（始建于公元1573年）、连续使用时间最长、保护最完整的1573国宝窖池群，1996年12月经国务院批准为行业首家全国重点文物保护单位，2006年被国家文物局列入“世界文化遗产预备名录”。“泸州老窖酒传统酿制技艺”作为川酒和我国浓香型白酒的唯一代表，于2006年5月入选首批“国家级非物质文化遗产名录”，使泸州老窖成为行业首家拥有“双国宝”的企业。2013年，泸州老窖1619口百年以上老窖池，16处明清酿酒老作坊及三大天然藏酒洞又入选第七批“全国重点文物保护单位”。泸州老窖特曲是中国最古老的四大名酒，1915年获巴拿马太平洋万国博览会金奖，1952年在中国首届评酒会上被国家确定为浓香型白酒的典型代表，是唯一蝉联五届“中国名酒”称号的浓香型白酒。其“泸州”牌注册商标是中国首届十大驰名商标。“国窖”牌商标在2006年获得白酒类唯一的国家“驰名商标”。“泸州老酒坊”商标又在2008年获得国家驰名商标。泸州老窖是行业内唯一荣获三枚中国驰名商标的企业。（2014最新工商局规定介绍中不能使用有关“驰名商标”字样。）

公司资源丰富。拥有全球最大的窖池群落，该窖池群落由10086口窖池组成，其中百年以上的窖池有1619口。公司近年来加快了基础设施、技术设施、人才体系和管理体系建设，原酒库存规划增长到20万吨，现代化包装加工能力已达到30万吨，通过泸州酒业集中发展区建设可达100万吨。公司拥有“中国酿酒大师”3名、教授级高工4名、享受国务院特殊津贴专家7名、学术和技术带头人1名、博士8名、工程硕士70余名，同时拥有包括国家级白酒评委、酿酒高级技师、技师在内的技能型人才数百名，人才优势行业领先。实力雄厚的管理人才队伍、科技人才队伍和营销人才队伍，共同构成了“泸州老窖人才乐园”。公司以“让中国白酒的质量看得见”作为质量理念，在产品质量上永远精益求精，生产高品质的国窖1573、泸州老窖特曲、百年泸州老窖等产品。

泸州老窖集团确立了2016年实现综合性收入1000亿元的发展目标，致力于打造中国最大的酒业集中发展区——中国白酒金三角酒业集中发展区。实施“双品牌塑造、多品牌运作”的品牌战略和可持续发展战略，以酒业为核心，以传统制造业与资本运营的有机结合实现扩张，形成融入经济全球化的大型现代集团企业，把泸州老窖建成“全球酒类市场中的航空母舰”，使其成为全球酒精饮料行业骨干企业。

泸州老窖集团现已形成三大产业、九大骨干子公司。一产：泸州老窖现代农业示范区；二产：泸州老窖股份有限公司和泸州酒业集中发展区；三产：华西证券、泸州市

商业银行、龙马兴达小额贷款等金融产业。九大骨干子公司：泸州老窖股份有限公司、泸州酒业集中发展区有限公司、四川中国白酒产品交易中心有限公司、泸州红高粱现代农业开发有限公司、华西证券有限责任公司、泸州市龙马兴达小额贷款股份有限公司、四川优派科技有限公司、泸州市商业银行、泸州老窖房地产开发公司。

泸州老窖奉行“天地同酿，人间共生”的企业哲学，以“敬人敬业，创新卓越”为企业精神，与社会同行，与环境相依，与人类共存，追求“在中国灿烂名酒文化熏陶中，全人类共享幸福美满的生活”。

国窖1573——你能品味的历史

“国窖1573”名称的由来

“国窖1573”是第一个以“中文+数字”组合的中国品牌。“国窖”是指国窖1573酒源自全国重点文物保护单位——1573国宝窖池群；“1573”则是指该国宝窖池群始建于公元1573年（明朝万历元年）。

国窖1573由泸州老窖1619口百年以上的1573国宝窖池群酿造，国窖1573自诞生之日起，无论从品牌的名字还是酒体本身都蕴涵了国宝窖池430余年的文化和历史，它将一个历史时代的年份“1573”作为名称，让每一个中华儿女在慢慢品味美酒的时候也品味了泸州老窖430余年的厚重历史。

国窖1573——品味之道 在乎稀有

酿造国窖1573必须是连续使用100年以上的国宝窖池群，而泸州老窖具备酿造国窖1573条件的窖池，只有1619口，有限的百年窖池数量及多重复杂的工艺标准和要求，使国窖1573产量无法持续放量增长，据科学的计算和严格的评估，国窖1573原酒的年产量只有3000吨，这对全球消费者来说，国窖1573将逐渐变成一种稀缺资源；而从消费行为上，它已不再是消耗性的快速消费品，而是资以品鉴与珍藏的奢侈品。

国窖1573——你能品味的历史

1996年、2006年1573国宝窖池群和泸州老窖酒传统酿制技艺分别入选“全国重点文物保护单位”及“中国非物质文化遗产”国家级保护名录，并分别于2006年、2008年跻身中国“世界物质文化遗产”和“世界非物质文化遗产”预备名录。而国窖1573正是秉赋了世界级物质与非物质文化遗产“双重品味”，成为世界三大蒸馏酒代表之一。已故酒界泰斗周恒刚曾这样高度评价：国窖1573就像一个美人，增一分则长，减一分则短，恰到好处，无可挑剔，是世界蒸馏酒工艺的活文物见证。2000年，在国窖1573品鉴会上，周恒刚、沈怡方等酒界泰斗，将国窖1573推荐为中国白酒鉴赏标准级酒品。

国窖1573品牌调性及特征

国窖1573延续430余年的古法酿造技艺，由泸州老窖1619口百年以上窖池群酿造，年产量极其有限。据严格科学计算，1619口1573国宝窖池年酿造国窖1573原酒仅3000吨，随着越来越高企的市场需求，国窖1573必将成为非常稀缺的奢侈消费品。

据统计，全国重点文物保护单位共1080项，国务院公布的第一批国家级非物质文化遗产518项，国窖1573国宝窖池及酿酒技艺同为全国物质与非物质文化遗产，而能被称之为“活文物”的，全国仅两项——都江堰水利工程和1573国宝窖池；在全国酒类企业中，有五家企业分别先后获得全国重点文物单位，其中，仅有1573国宝窖池为430余年持续不间断酿造的“活文物”，其余皆为“酿造遗址”。

出自北纬28°，中国酿酒龙脉，是中国浓香型白酒的始祖，传承传统古法酿造技艺，是手工的、正宗的、有血统的，23代传人“口传心悟”，代代传承，脉络清楚。中国千年酒城泸州赋予国窖1573与生俱来的高贵血统，430余年持续不间断酿造传承着中国浓香型白酒纯正血统。

正如人的优雅气质需要三代造就，酒的优雅品味需要岁月的历练和文化的浸润，每一滴国窖1573都带着从1573年走来的酒香，承载了430余年的品味，浓缩了中国近430余年的文化，正如国窖1573广告语所传播的："您能品味的历史，438年……"

国窖1573不是一个喧嚣卖弄的品牌；它跟消费者更多的是真诚的价值传递关系，而非赢利动机强烈的推销；国窖1573以厚实的历史韵味，精湛的酿造技艺，绝佳的产品品质，高端和富有文化品位的包装、务实的服务态度让客户能够真正享受到真实的高价值浓香白酒，低调奢华，不事张扬。

国窖1573品牌使命

国窖1573立志于打造代表"中国元素"的世界级奢侈品品牌。

中华文化走多远，中国白酒就可走多远。国窖1573是中国农耕文明集大成的精华，是中国浓香型白酒不可复制的巅峰之作，是中国千年酒文化的杰出代表，是情感和文化的载体，是中国白酒走向世界的奢侈级酒品，它的奢侈不是由人刻意去称谓和赋予的，是由它物质与非物质的共同稀有价值存在所决定的，而这种价值获得了人类文明的一致尊重和认同，"国窖1573"是目前唯一荣膺文化遗产"双国宝"殊荣的超高端白酒。这种荣誉和尊重是老窖人世代传承的精神嘉奖，也将是我们一直致力保护并持续不断发扬的根本立足点。

国窖1573必须确保高品质及其一贯性，以1573国宝窖池群，传统酿造技艺，有机酿造原粮保证其优秀品质。

保定五合窖酒业有限公司

保定五合窖酒业有限公司是中国北方地区唯一采用五粮型工艺生产优质白酒的企业。公司集生产、销售于一体，为中国白酒协会会员单位，河北省白酒协会常务理事单位。2000年5月，经省经贸委等五部门联合认定为国家中型企业。始建于1993年，定址于河北省定兴县姚村镇，现拥有生产基地、销售公司、包装储运中心，总资产3.98亿元，占地面积33.5万平方米，员工500余人。先后荣获中国十大最受关注三农品牌企业、河北省质量效益型先进企业、河北省食品工业优秀企业、河北省信用优秀企业、河北省放心酒产销示范基地、河北省AAAA级标准化良好行为企业、河北省诚信守法示范企业等称号。2014年初荣获首届保定市政府质量奖。

公司生产的五合窖系列白酒，精选高粱、大米、糯米、小麦、玉米五种粮食，采用天然、独特的五合泉水，在继承传统五粮型白酒酿造工艺的基础上，结合现代微生物技术，不断探索生产规律，经过长期的生产实践，不断总结完善，达到优化，形成了一套独特完整的酿造生产工艺，采用间歇开放式多菌种混合发酵法，双轮底泥池发酵、熟糠配料、分层起糟、分层蒸馏、量质摘酒、按质并坛、分级贮存、精心勾调而成。具有"窖香浓郁、醇厚协调、入口甘美、落口净爽"的独特风格，赢得了广大消费者青睐，填补了河北省五粮型白酒的空白，至今仍独树一帜。曾荣获2000年中国特色产业经贸洽谈会特色产品精品金奖、中国地理标志保护产品，先后被评为河北省名牌产品、河北省著名商标、河北名酒"五朵金花"之一。

公司秉承"质量第一、用户至上、科学管理、精益求精"的质量方针，坚持纯粮酿造，坚定不移地走打造精品之路。制定了严于国家标准的企业内控标准，并积极引进行业内高端技术人员，掌握了五粮型白酒生产行业的高端技术。公司现拥有制曲工艺、酿酒工艺、贮存工艺、勾调工艺等10多项核心技术，开创了河北省酿造五粮型白酒的先河。公司视产品质量为企业生命，奉顾客为上帝，坚持以一流的产品和一流的信誉为广大消费者服务。为保证产品质量，率先取得ISO采用国际标准认可证书，通过了GB/T 19001质量管理体系认证，并实行全员、全过程、全方位的质量控制，确保产品质量合格率100%。不断强化精品意识、品牌意识、服务意识，根据市场需求，不断调整产品结构，加大拳头产品的研发和攻关力度，推动产品不断提档升级。近年，公司研发上市的华典五合窖酒品位高雅、品质卓越，是一款传统工艺与现代科技、传统文化与五合文化完美结合的又一力作。

公司坚持“不做第一、做唯一”的经营理念，勇于创新，注重品牌建设。面对形势复杂多变、竞争日趋激烈的白酒市场，公司率先提出运营终端，以省会、市、县为单位设立专卖店、经销商和分销商，这一策略的实施为快速打开市场奠定了坚实基础，实现了与消费者的直接对接，走出了一条独具特色的市场发展之路。同时不断加强战略合作伙伴关系建设，始终奉行互惠互利、共同发展的基本原则，营造“利益共享、相互促进、和谐发展”的厂商关系，与广大供货商和经销商朋友建立起深厚的友谊，并结合公司实际，建立经销商激励机制，优化运营管理，做深做透市场，全力提升产品销量。五合窖产品没有名人代言，更没有大量的广告宣传，但凭借着自身优秀的产品品质和诚信经营，赢得了广大消费者的青睐与厚爱，得到了社会各界人士的一致认可。

公司重视人才，坚持“以人为本，人才兴企”的人才战略。长期秉持“有德、有才、有为、有位”的用人理念，为员工提供更广阔的发展空间。公司逐步推行绩效考核，做到了以制度管理人，以工作评价人，极大地激发了广大员工的工作热情。在二十年的发展道路上，公司广纳贤才，共谋发展。以事业吸引人，以感情凝聚人，以发展激励人的管理模式已见成效，一支精诚团结、奋发有为、专业齐全、结构合理、素质较高的人才队伍越来越壮大。

位高而不骄的尊贵谦和与天人合一的和谐精神是五合文化的灵魂。为实现“打造国内一流的白酒企业”愿景，公司着力打造具有五合窖特色的“五合”文化，积极塑造“领导带头、观念引导、制度保证、标杆引领、绩效关注”的文化氛围，充分发挥领导模范带头作用，发扬员工主人翁精神，最终形成了以“至真 、至诚 、至优 、至新”为核心价值观，以“五养天下，合济人生”为公司使命的企业文化理念体系，并通过员工培训、建设内部外部网站、制定员工企业文化手册、五合窖报等各种形式进行企业文化宣贯。高层领导亲自参与撰写、推广《五合窖之歌》、《五合窖 放心酒》企歌，带头组织新员工上企业文化课，鼓励大家交流学习体会，推动企业文化成为指导员工行动的行为准则。

公司秉承“爱我中华、实业报国、回报社会”的崇高精神，积极投身社会公益事业，扶危济贫、抗震救灾、捐资助教、结对帮扶，用爱心支配财富，用善举回报社会，彰显了企业竞争优势，塑造了企业良好形象。先后被授予弘扬厚德精神先进企业、河北省捐资助学先进单位等荣誉称号，为构建和谐社会做出了应有的贡献。

二十年来，公司始终把发展作为第一要务，推动硬件建设上水平，打造专业的酿造基地，建设一流的包装和储运中心，安装现代化的灌装生产线，建成高标准的生化实验室，为产量的提升、技术的研发提供保证。随着新厂区的投入使用，公司酿造基地、包装储运、销售三位于一体的新格局的形成，势必会为公司带来更为强大的发展后劲。

市场篇

收录了包括《新形势下酒行业风险与机遇剖析》、《酒行业厂商联手趋势调查》、《2013夏季啤酒消费调研》和《白酒适应变革发展战略研究》在内的多篇市场调研报告，结合数据与调查统计，对中国酒业2012—2013年市场发展进行了全面而系统的综述。

谢义贵

Xie Yigui

Y E A R B O O K　F I G U R E

高级工程师、四川剑南春股份有限公司副总经理、国家级评委、中国酿酒工业协会白酒技术顾问、中国酿酒工业协会白酒分会技术委员会委员、中国白酒工业突出贡献科技专家。

谢义贵同志1980年参加工作。工作期间，获得多项研究成果。1991年至1993年任标准计量处处长期间，主持建立了一套较为完善并有效运行的标准化与计量管理体系，包括技术标准、管理标准、工作标准、通用标准四大类共计500多个。主持制定了《产品内控标准》，在稳定产品质量的同时，突出了“剑南春”系列的独特风味。2001年，主持进行了SNTM调味酒的研制工作。2002年根据国家《酒精标准》，制定了《酒精质量指标及检验方法》。

谢义贵同志在工作二十余年间，为四川剑南春股份有限公司的发展和白酒事业的发展做出了贡献。

新形势下酒行业风险与机遇剖析

酒行业面临的现实风险

2013年的中国酒业面临着前所未有的压力与困局。

国家统计局公布的酒行业数据显示：2012全年酿酒行业总产量与上年同比增长5.67%；工业销售产值同比增长20.82%；主营业务收入同比增长19.65%；全年利润同比增长了36.45%。

而反观2011年的行业数据，我们会发现：2011全年酿酒行业总产量与上年同比增长13.42%，工业销售产值同比增长33.21%，利润同比增长41.97%。

可以明显地观察到，行业无论是产量和销售产值，还是利润增长都不及2011年，这组数字说明，酒行业的增速在放缓。之所以此前2012年的行业数据没有人们感觉中的差，主要是因为其前十个月基本延续了2011年的高增长态势，增速与同期相差不大，而在2012年的最后几个月里，随着下半年以来人所共知的“塑化剂事件”、消费政策、厉行节约等因素产生的影响，酒业增长开始出现明显的下滑趋势，而截至2013年一季度，在政策力度不减的高压态势下，全行业利润下行已经是不争的事实。可以说，2013年的酒业起点是在重重压力下开始的。

前进中问题微不足道，后退中问题则防不胜防，一时间酒业的发展可畏危机四伏，处处暗礁险滩。

作为食品行业公认的旺季，2013年的“两节”却显得大不如前。餐饮行业遭遇了近年来少有的“政策影响”，酒商们盼望中的传统节日大宗集团高端消费也大多缺少下文。成都糖酒会期间，一位来自酒水消费大省山东的经销商户告诉调查人员：按照规律，往年的中秋、国庆销售额都在2000万元上下，而来年春节的销售量应该是此前的3倍。但2013年的春节销量则勉强达与中秋、国庆持平，这在近十年的酒水销售中是非常罕见的。由于经销商大多在春节前的10月、11月开始备货迎接春节的销售旺季，12月份出台的政策和春节的消费市场表现，使经销商猝不及防，出现了普遍的压货现象。

而作为上游的酒企，糖酒会上的各场论坛，都能听到企业老总们谈到“危机”二字，虽然所持观点各有千秋，但对危机的认同则惊人的一致。而此次展会上主推的酒类产品，也大多放弃了原来“高举高打”的高端酒攻势，转而更加“亲民”与讨巧，以大众可接受的价格优势吸引经销商的注意。厂家的新品介绍也不再以年份、高贵和稀缺作为开场白，代之以把价格因素放在优先的位置，强调适合普通消费者，可见，厂家的市场感受同样冰火两重。

面对快速变化中的消费环境，积极应对也许比“以不变应万变”拥有更多的机会，如果我们把变化看作是一种挑战，那么与挑战并存的是机遇，机遇永远留给有准备的人。

白酒行业面临风险与机遇并存

酒行业面临的危机，最具代表性的表现无疑反映在白酒行业。

国家统计局数据显示：2012年1～12月，全国白酒全年累计产量实现1153.16万千升，实现同比增长18.55%，增速较2011年同期下降12.15个百分点；其中12月份当月产量128.37万千升，与上年相比增长11.86%。从全年来看，白酒的增速放缓明显，远不如2011年的势头，产量前行缺乏动力。而进入2013年，前两个月，白酒产量累计虽达到213万千升，同比增长8.5%，但较2012年同期接近32%的增速，则下滑达23.4个百分点，这在往年1～2月春节的白酒旺季，是极为罕见的。

一、数字背后的危机

按照以往的经验，每年的1～2月，因为新年和春节期间白酒销售的旺季增长，是实现酒种全年产量增长和增速提升的重要基础，“全年增长看两节，两节增长看新春”。有经销商统计：往年春节期间的销售量是正常月份的三倍左右。而受2012年11月份以来，白酒舆论、政策与大环境的影响，2013年的生产和销售情况都不容乐观，还没有达到平时正常月份的平均值。这也为白酒的全年生产与销售业绩蒙上了阴影。在第88届成都全国春季糖酒交易会的各场活动、论坛上，2013年一季度白酒销售业绩下滑这一不争的事实被广大业内外人士反复提及。

此外，从分地区看，作为白酒的主要产区，2013年1～2月白酒“生产大户”江苏省累计产量下滑5.1%；以盛产茅台、习酒等酱香型白酒闻名的贵州省产量也下滑1.8%。这也说明，无论是以量为主、反映消费者规模的“底层”规模消费，还是以高端香型见长的白酒金字塔“顶端”小众消费，都变得危机四伏。一时间，白酒行业的现实与未来，成了行业人士渴求的答案。

二、“危”在哪里——追根溯源多重因

要想寻求答案，就必须理清各种数据与现象背后的危机实质。从过去一年多的市场表现来看，造成目前白酒危机的，不外乎以下几点：

（一）“大环境”变化与政策影响

2012年三月以来，国家相继出台了禁止“三公消费”、军队“禁酒令”，并在2013年开展了“提倡节约”等餐饮消费观念的改革，这些政策层面的变化都对白酒的高端消费造成了巨大的影响，同时，资本市场掀起的“白酒塑化剂”风波则引发了更大的震荡。

近年来，随着白酒行业的高速发展，白酒企业上市公司逐年增多，“白酒股”已经成为中国股市不可小视的一个版块；而在传统“地产版块”长期受到政策、资金压制的情况下，业绩优良的白酒版块逐渐引起投资者的关注。“白酒股”成为股市上炙手可热的绩优股。茅台、五粮液、汾酒、泸州老窖、酒鬼等的股价一路飙升，成为领涨的“先锋”，白酒股的业绩火红与中国股市整体的惨淡形成鲜明的对比，令投资者趋之若鹜。而这也使白酒行业成为“做空获利者虎视眈眈的重点目标。”

从某些财经媒体的“茅台库存质疑”到“90%茅台是假酒”，白酒企业的负面传言不断在股市上试探着公众的承受底线。而最终的“白酒塑化剂”风波则不仅从酒鬼乌龙般“烧”到了“白酒第一股”茅台，还从资本市场“烧”到了普通消费市场，影响到整个白酒品类在消费者心目中的形象，一时间，财经媒体都成了“化学大师”，而消费者也被吓得谈酒变色

（二）产品结构不合理

经历几年的高增长，千军万马奔“高端”的风潮所产生的泡沫化，也为行业下行埋下了伏笔。2008年国际金融危机以来，国内金融市场货币发行量增长过快，造成大量的资金寻找投资突破，地产、字画、古董收藏等成为投资者关注的重点。随着2010年开始的地产限购等政策的出台，收藏热再度兴起，而名酒藏品在拍卖市场的一路向上，让投资者看好了高端酒的投资价值，另一个方面，这也为酒类生产者释放出酒藏品增值的信号，再加上高端酒的赢利空间远高于普通酒，国内众多酒企业纷纷投产高端酒，把利润增长的“宝”押在了高端酒身上。一些酒企甚至一度出现了忽视基础产品，而把重点财力投入高端酒的现象。而随着时间的推移，受投资风潮形成的白酒价格泡沫化虚高产生的以高端酒为重点的产品结构，逐渐显示出其弊端。

（三）渠道过分倚重团购

白酒“高端依赖症”的一大后果，反映在营销渠道上，就是渠道建设越来越偏重于所谓政务、商务“团购”，营销理论在盘中盘之后，把团购作为培养重点进行渠道建设。不可否认，在社会消费越来越崇尚“奢侈化”的今天，高端白酒团购满足了不少超前消费、高档招待、政商宴请、高端社交的需求而快速成为渠道销售的重要组成部分，在有些地方甚至成为白酒销售的通用手法。但同时，政商团购的消费群体，也因成为滋生腐败、铺张浪费的“重灾区”而受到公众和媒体的质疑。

2012年3月，国务院召开的第五次廉政工作会议上，明确指出要严格控制“三公”消费，禁止用公款购买香烟、高档酒和礼品。消息一出，白酒市场一片哗然，茅台、五粮液价格上涨的势头受到了压制。

从2012年底的“军队禁酒令”到2013年春节前的“六项禁令”“八项规定”，再到2013年两会“三公经费只减不增”，影响白酒消费的利空政策持续蔓延，政府对反腐和转变作风持续加码。

由新一届国家领导发起，央视等主流媒体倡导的“厉行节约”、“光盘行动”等活动，把中央对餐饮奢侈消费的治理与社会监督落到了实处，令高端白酒团购成风的现象走到了尽头。短短数月，无论是政府部门还是国有企事业单位，涉及公款消费的诸多领域都纷纷减少甚至停止采购高端白酒，这对白酒行业形成的打压之势已经超出了很

多企业的预期。高端白酒原有的坚挺价格开始快速回落。

三、“机”在何方——精耕细作正当时

找到了问题的实质，也就抓住了问题的症结。白酒增速的放缓预示着理性发展时代的到来。放弃过去激速增长的模式，也许更有利于“挤干”几年来附着在白酒市场的资本的虚高泡沫与繁华表象，为白酒未来的发展带来更多的益处。增速的减缓，也是行业格局和产业结构调整的好时机。

（一）“热钱”逃离带来真正发展机遇

喧嚣过后，才是真正的发展，大浪淘沙，机遇留给真正的酿酒人。几年的行业高速发展，正是由于受到资本市场的青睐，才会有大量的“热钱“涌入白酒投资市场。不少业外资本携带资金进场。这种进场不仅表现在股市等方面，更体现在白酒的生产企业并购与经销商渠道。投资者带来资金有利于白酒企业发展的同时，也带来了风险。不少投资者用能源、房地产市场的资金投资收购白酒生产企业，盲目扩大白酒产能，丝毫不考虑酒厂产量与市场的关系；更多的投资者直接投资下游白酒销售，一时间，经销商规模呈爆发式增长，为白酒行业的渠道发展带来不小的隐患。

而随着2012年下半年以来，以股市为代表的业外资本纷纷撤离白酒板块，针对行业的实体投资也渐趋降温，白酒行业真正迎来了“理性的回归”。生产企业可以更加专注于产能与市场的合理需求，更加理性与科学地建立起自己的扎实的渠道版图，更加合理地调配资源与资金，为未来的发展打下坚实的基础。

在行业龙头企业的带动下，2012年下半年到2013年初，白酒企业推出新品的速度明显放缓，茅台、五粮液和泸州老窖的新品发布寥寥无几，二线品牌的新品也屈指可数；而在强化生产企业内部管理的同时，生产企业合理规划与修订产量；已经开始把精力更多地投入到理顺与渠道、经销商的关系，净化渠道环境，规范渠道秩序。2012年底茅台、五粮液的全国经销商大都会不约而同地把规范经销商队伍作为主要工作，茅台更把全国直营店建设作为重点推动，凸显出对渠道建设的理性思考。

（二）更多精力放在黄金价格带“腰部产品”

市场的变化，使100～500元的腰部产品受到厂家前所未有的重视。几年来，“收藏白酒泡沫化”带来的高端酒价值的高估，带动了高端白酒价格的一路飞涨，使大量白酒生产企业认准了“高端，高价，高利”的产品结构路径，1000元以上的高端酒竟不愁卖。然而，政策环境的变化，使高端酒的价格在半年间跌落云端。不论是厂家还是商家，都深刻地感受到了高端酒滞销带来的缕缕寒意，迫使厂家把开发的重点转向100～500元黄金价格带的“腰部产品”，直接面向消费大众的产品。

春节后，五粮液加大了对五粮春、六和液、五粮醇、尖庄等中坚产品的投入。糖酒会期间的运营商大会上推出五大核心产品，均为中低端产品。正如五粮液股份有限公司董事长刘中国所说：白酒行业出现低谷，是完成行业洗牌的前奏，是产业结构升级的黎明，是运营商优胜劣汰的抉择，是企业质量优势凸显的机遇，是从消费者需求为导向的经营理念回归的契机。

而糖酒会上，二线品牌红楼梦新增6亿订单，同比增长60%；高洲酒业更是略胜一筹，以推出更加亲民化的产品，揽金19.3亿元。对此，红楼梦董事长文万彬说：“红楼梦酒的价位会控制在适合百姓消费的100元/瓶至300元/瓶之间。在销售过程中，我们把利益极大地释放给渠道。红楼梦酒已经做好了三年微利的准备，希望在白酒行业的调整期争取到更多的市场。”

白酒是用来喝的。消费重点的变化，给了白酒企业回归本位的机遇。作为快速消费品的一种，白酒的最终目标仍将是普通消费者，不管其在企业利润中的比重所占多少，普通消费者消费得起的腰部产品永远是最重要的“上帝”，而白酒的消费属性也最终决定了这一规律。

消费环境的变化，给厂家带来了“腰部产品”发展的机遇。在价格合理的同时，开发出质量上乘的好酒，是实现企业产品升级的关键。升级腰部产品，才有可能为企业的真正发展带来无穷无尽的益处。

（三）从“产销一体化”转向“产消一体化”

市场环境的变化，还将促使白酒企业改变原有过度依靠团购等方式营销的现状。团购的实质是单位集团的超标准消费与采购，是部门不正之风的易发部位，特别是在高端白酒市场更为明显。而随着反腐倡廉、厉行节约在社会公众与舆论监督的加强，经销商也应抓住机遇，转变方向，更好地服务于普通的消费者。

“摆脱对团购‘复苏’的幻想，白酒经销商应当真正从市场出发，加大市场营销力度。宁要一瓶一瓶卖酒挣钱，不要一车一车的团购消费。”中国酒业协会产业政策研究室副主任李言冰表示。

对于机遇，泸州老窖集团总裁张良认为：限制三公消费对二三线白酒品牌基本上没什么影响，100元以下白酒现在都是正常销售。“它们不仅不受影响，而且还会快速增长，这是好事儿。虽然这些产品不挣多少钱，利润薄，但是对培养中国白酒的消费习惯，很有好处”。

作为白酒生产企业，四川沱牌舍得酒业总工程师李家

民则认为：当前最大的机遇是白酒价值的理性回归，真正回归到消费者身上。李家民把它称为“产消一体化”，即生产者与消费者的一体化趋势。这有别于以往生产企业与经销商相结合的“产销一体化”。“过去厂家研究经销商多，研究消费者少；而经销商研究团购、研究政务消费太多，更是很少把注意力放在消费大众身上”。

事实上，作为厂家研究对象的消费者在各个阶层都存在着巨大的机会。随着中等收入为代表的中产阶段人群规模的增长，高收入人群也会相应扩大，从而带动高端酒消费的合理增长；国家“城市化”步伐的加快，必然使广大进城人口实现消费升级；而农业人口收入的增加也会使原有的农村白酒消费具备更大的提升空间。

同时厂家对消费者的研究也必将促进经销商为主的白酒流通领域的变革，消费价值将主导真正的白酒文化。

对于中国白酒，未来的几年，“危”与“机”的相互转化，也许将成为一种常态。

葡萄酒行业混乱中孕育转机

根据相关机构研究数据显示，中国葡萄酒2012年虽然总体显示增长，但2011年1～11月行业利润总额比率为13.17%，而2012年同期行业利润比率仅为1.8%，较2011年下滑了11.37%。张裕、长城、王朝三大国产葡萄酒巨头业绩下滑明显，不能不值得业内人士深究和思考。其中，中国食品在其官网上声称：长城葡萄酒业绩的下滑是由于中高端酒的需求减少，行业竞争日趋激烈，利润率有所下降，原酒成本上涨及增加市场投入，导致利润有所下滑。同为三大巨头之一的张裕，在2012年实现56亿的营业额，与2011年制定的66亿目标相差10个亿，增长呈现缓慢趋势。这些，都给中国葡萄酒行业敲响了警钟，究竟是什么原因导致目前的局面呢？

一、“危”在哪里——内外夹击利润降

除了近年来常常提到的进口酒低价蚕食市场，2012年国产葡萄酒市场遭遇了更多的不确定因素，这些内因与外因都直接导致了业绩的下降。

（一）进口葡萄酒冲击愈演愈烈

最近几年，国产葡萄酒受到进口酒的冲击越来越大。长期从事进口酒贸易的人士介绍称，早在2007年和2008年，进口酒在国内的市场份额就开始上升，每年都有50%左右的增长幅度，到目前为止，进口酒在国内市场的份额从不到10%上升到25%左右。有机构预计：到2015年中国葡萄酒市场将达1000亿元规模，届时进口酒将占到整个市场规模的40%以上。进口酒在国内的市场份额会越来越大，将进一步蚕食国产葡萄酒市场。

据海关统计，2012年，我国累计进口葡萄酒4.3万千升，比上年增加8.9%；价值25.7亿美元，增长18.1%；进口平均价格为每升6美元，上涨8.5%。业内测算，当前我国高端进口葡萄酒的市场利润率高达30%～50%，而以中低端市场为主的国产葡萄酒利润率仅为11%左右。受利益驱动，众多酒商纷纷投入进口葡萄酒销售市场，2012年我国进口葡萄酒商已由几年前的800家大幅增加至4000多家。特别是在国际葡萄酒市场需求疲软的背景下，国外酒商愈发重视开拓中国市场。2012年，波尔多列级酒庄首次批准发布第一批“1855年列级酒庄中文标准译名”；Decanter推出新葡萄酒评分体系，专为中国市场量身定做的中文网站正式上线。在国内外酒商的积极开拓下，进口葡萄酒规模进一步扩大。

葡萄酒进口量持续扩大，对国内酒企形成较大冲击。以国内某葡萄酒龙头企业为例，2012年一季度开始出现负增长，三季度营业收入与净利润出现双双下降。

（二）“农药残留事件”造成负面影响

2012年8月，刚过完“120岁生日”的张裕，被一条语焉不详的微博推向了风口浪尖。众多媒体推波助澜，使舆论迅速发酵，张裕股票接近跌停。随后，张裕联合中国酒业协会、中国食品协会在北京召开媒体沟通会，连同检测单位针对检测结果进行澄清。张裕虽已尽最大努力做了澄清工作，但公众心中的疑惑并没有完全消除，短期内不可避免地对国产葡萄酒销售造成负面影响。由于涉及食品安全这一敏感话题，今后再发生类似的食品安全问题时，媒体和公众会不自觉地拿本次事件来进行类比，“躺着中枪”的情况难以避免，从长期来看，张裕品牌美誉度也受到侵蚀。

（三）群众消费观未彻底植入

回想葡萄酒最先进入中国市场的时候，一直和“高雅”挂钩，衣香丽影的舞会中，葡萄酒先在高脚杯中沉淀

凝聚，静待与空气的充分氧化，而后被名流们轻轻托起，一闻，一泯，一饮而尽，这样唯美的画面，曾经秒杀过荧屏外面无数的观众。但与白酒、啤酒相比，葡萄酒的问津者依然相对较少，还没有普及到大小餐馆，这其实是和中国的饮食文化有关。中国人习惯饭前饭后来杯清茶，葡萄酒的身影只会出现在西餐厅、酒吧、高级会所，星级酒店中。中国已成为世界葡萄酒第八大消费国和第十大生产国。但就葡萄酒人均消费量而言，在各酒种消费结构中，国际平均水平为11%，而中国仅为2%，不足前者1/5；在人均消费绝对量中，国际上是7.5升，而中国人仅为0.75升，不足前者1/10。葡萄酒品牌的推广要考虑到国内外的区别，国外消费者对葡萄酒非常了解，不需要引导消费，在国外属于基本消费品，不需要做大篇幅的宣传。而在中国，过于华丽的广告画面，给人的印象只有浮夸。

（四）营销忽略中档价位

国产葡萄酒中，中档酒只占销售额的30%，难以填补需求的空缺。过去，国产葡萄酒过多地强调高、低两头的开发与营销，高端有助于品牌形象的塑造，而低端产品则针对价格敏感的消费者，企业对于中档产品开发与营销并不重视，遇到断档缺口又不甘心将高端产品进行促销，其实，营销手段就是信息的传播，想要扩大市场，就得先学会“俗”，到底要有多“俗”，达到怎样的程度，尺寸一定要拿捏好，更不能陷入误区。销售旺季，高端酒的促销，并不降低身价，而是促进消费的一种营销方式，一来可以让品牌深入人心，二来薄利多销，何乐而不为？例如，奢侈品香奈儿、古奇及巴宝莉等，在黄金周促销折扣可以低至1折，吸引海内外人士前去抢购，这些品牌依旧是奢侈品，并没有因为促销变为地摊货，而更多人也会抱着愿意尝鲜的态度去消费。葡萄酒专家郭松泉表示：“国产葡萄酒企业应当淘汰低档酒，保证中档酒，中高档酒的需求量太少。”

（五）天气阴晴不定

此外，2012年气候的异常，也为国产葡萄酒的原料供应带来一些不利因素。中国的气候温差向来都是南方雨水，北方降雪。近几年，南方部分地区则出现罕见的降雪、冰雹，可谓气候变化大逆袭，造成种植业及养殖业的重大损失。同时，南北冷暖空气的交汇频繁温差太大，雨水过多直接导致葡萄的产量大大减少，影响收成，直接降低了原材料的产量，也增加了葡萄酒的加工成本。

二、“机”在何方——因地制宜多手牌

事物是两面性的，硬币也有正反面，这不是杞人忧天，看到危机亦是转机的降临。

酒水面向的是社会大众，这背后的含义是重质不重量。尽管进口酒的种类繁多，但是在中国，能被消费者认知的，寥寥无几，仅“拉菲”子系列就达到数十种产品，可以延伸到十几个酒庄，这正是进口葡萄酒市场混乱的一个缩影。品牌之争是一个优胜劣汰的过程，如同大浪淘沙，沉淀的都是精华，国产葡萄酒品牌，如张裕、长城、王朝这些民族品牌的沉淀在消费者心中占有一席之地。

调查人员在路过成都某超市时看到，超市葡萄酒货架上基本被国产葡萄酒占据。该超市营业员表示：“一个最明显的变化就是来选购葡萄酒的人越来越多。前几年平时大多是买白酒，葡萄酒一般在过节促销时才能走销量。现在的情况是部分消费者转喝葡萄酒，之前不饮酒的女性消费者也开始饮用葡萄酒了。”这些现象否意味着国产葡萄酒，犹如雨后春笋，尽管一路阻挠，却只为破土而出呢？日前，笔者与广东省酒类专卖局副局长、广东省酒类行业协会会长朱思旭一同解读了国产葡萄酒的机遇。

（一）时间见证佳酿

虽然国产葡萄酒从80年代末才开始起步，但是国产葡萄酒阵营每一次的宣传、或多或少都会在喧哗中挣扎，即使备受争议，至少已经得到关注，这就是转机的开始。针对国产葡萄酒质量难比进口酒的现状，朱思旭告诉笔者：通常出产一瓶好的葡萄酒需要30～50年的时间。意味着中国在2020年将迎来国产葡萄酒与世界品质的接轨。业内人士估计：2020年，国产葡萄酒有望达到300万吨，进口葡萄酒则达到100万吨，形成3:1的比率。“没有哪个国家像中国这样拥有如此广阔的葡萄栽培面积，中国葡萄酒市场成熟只需5年。”被誉为世界三大酒评家之一的英国葡萄酒大师杰西丝•罗宾逊在接受媒体采访时也表示看好中国产地的崛起。

（二）口感因地制宜有讲究

一母生九子，九子各不同，众口难调。但是作为国产葡萄酒，要充分考虑到国人的饮食习惯，地域文化的差异，就好比南方人喜欢黄酒，而豪爽的北方人更青睐白酒。一个品牌，可有不同口味的酒类以供选择，如此贴心的服务，才是国产葡萄酒生存的王道。反观进口酒，在口感上一直与中国人的喜好格格不入，两者尚处于磨合期。同时，酿造好的国产葡萄酒要有高标准，葡萄品种的种植要因地制宜，一亩地的葡萄产量要在800公斤以下，才会产出高质量的葡萄。毕竟，“一分种植，三分酿造”。同时，严格控制庄园酒的标准、种植更为关键，它与大批量的工业产酒是完全不同的生产模式。

（三）宣传体现健康价值

近年来，食品安全成为全社会关注的话题，葡萄酒在健康上占有优势，葡萄酒从帮助消化，抗癌，养颜等等功效出发，吸引更多的人关注。因为现在的人具有很高的养生意识，唯有如此，才会引起共鸣。如有机葡萄酒的开发与宣传推广，它着重宣传自身的保健作用。小酌一杯更有益于健康，女性偏爱葡萄酒，以养生的角度就可深度地挖掘。

（四）本土市场仍有潜力可挖

中国人均消费量不到国际水平的十分之一，说明中国拥有非常广阔的市场，人均消费仍有潜力，而借鉴国外的成功推广经验更是必不可少。我们盲目地围观进口葡萄酒如何风靡全球，常常忽略了它们在当地的市场推广策略。法国会在每年的4月份的第三个星期举行葡萄酒节。节日里，他们会发布新品。对节日十分讲究的中国人，更应该有自己的葡萄酒节。

（五）不忘走出国门

中国葡萄酒品牌走出国门包含着两重含义：既让中国葡萄酒走向世界，也利用在本土市场的美好品牌声誉引进优秀的国际美酒。

如果说进口葡萄酒在中国市场崭露头角，是为了饱和国内市场的需求，那么中国的葡萄酒，大可放眼国外，让民族品牌在国外大放异彩，这也算是礼尚往来。2013年春季的成都糖酒会上张裕展出了最新的出口型产品——ViniPanda系列，它的特别之处是以中国国宝——熊猫作为酒标，于2012年11月开始在欧洲销售，市场反应超出预料。

据悉，新开发的ViniPanda系列将走时尚消费路线。熊猫是中国的国宝，其可爱、深具亲和力的形象深受全球民众的喜爱。张裕希望以这款新产品复制黄尾袋鼠在美国的成功，通过国家形象符号营销产生对来自中国的葡萄酒的偏好。

实际上，张裕从2005年开始走向国际市场，如今已出口全球28个国家，多年的积累使张裕有了一定的国际市场基础。

2012年8月，张裕解百纳被英国皇室供应商维特罗斯（Waitrose）列入采购名单，并在其高端超市出售。维特罗斯发言人近期表示，“张裕葡萄酒的销售速度比我们预期的更快，英国消费者对于这个初来乍到和未知的葡萄酒产品的反应，让我们感到非常振奋。”著名的英国葡萄酒大师杰西丝•罗宾逊（Jancis Robinson MW）对张裕葡萄酒进行品评后，更是打出16分的高分，这通常是法国名庄副牌酒的分数。

“两年前在英国很少有人讨论中国葡萄酒，但两周前我去伦敦，大家都在讨论来自中国的张裕葡萄酒。”法国邦菲斯酒业CEO兰格兰告诉笔者。

最近，BBC(英国广播公司)、《卫报》、《品醇客》等多家英国媒体报道，英国皇家御用酒行BBR（Berry Bros & Rudd）为宁夏张裕摩塞尔十五世酒庄干红产品和产自辽宁张裕黄金冰谷冰酒酒庄的黑钻、蓝钻、金钻三个系列的冰酒提供永久货架位置，零售价在19～65英镑之间。这是中国葡萄酒在欧洲高端市场的首次突破，代表了英国酒商与消费者对张裕葡萄酒品质的认可。BBR公司采购主管、葡萄酒大师马克•帕尔多指出，“这是现在中国葡萄酒在国际上被正式认可所迈出的第一步。”

马克•帕尔多对媒体表示：“虽然对于BBR来说，做出的只是小小的选择，但对于葡萄酒行业，这是一个时代即将到来的迹象。张裕示范了如何从旧世界和新世界的葡萄酒生产商引入专业酿酒技术，并创造出一流的葡萄酒。可以想见，会有更多的葡萄酒生产商紧随其后。我们也期待着能够品尝到越来越多来自中国的出色的葡萄酒。在那些所谓的‘新新世界’葡萄酒产区中，中国绝对是最有潜力的一个。”英国著名酒评家菲奥娜•贝克特(Fiona Beckett)在《卫报》撰文预测，到2020年，我们的货架上将会摆满中国葡萄酒。

此外，张裕公司与TxB国际精品葡萄酒公司联合，于2011年7月出品的一款有机葡萄酒，采用赤霞珠与品丽珠的杂交品种蛇龙珠酿制而成，成为“中国历史上采用有机方法培育的葡萄酿制的第一款葡萄酒”。

（六）品牌向内催生渠道优势

近年来，国产葡萄酒在充分利用自身品牌优势引进国际知名品牌进入中国市场方面也颇有建树，这将成为未来国产葡萄酒品牌的又一发展机遇。

仍以张裕为例，张裕先锋国际酒庄联盟专卖店，经过一年多的发展，产品供应、运营管理、销售推广逐渐成熟，计划2013年将继续加大在国内专卖店开店力度，形成增长较快的业务模块。

有人曾经说过，国际巨头不是已来到中国，就是在来到中国的路上。法国前三大葡萄酒企业中的吉赛福（GCF）、奥德维尼（ADVINI）、西班牙最大的葡萄酒企业加西亚（JGC）均携手张裕公司在糖酒会上首度亮相，他们选择与张裕先锋酒业合作，举办多场主题品鉴会，吸引了众多酒商与专业人士的目光。再加上前来助阵的法国唯卡集团、法国邦菲斯家族、法国圣多望葡萄酒公司、法国波尔多拉颂酒庄、意大利多来利集团以及正在积极推进合作的法国卡思黛乐集团、澳大利亚与意大利等国排名前位的葡萄酒集团，张裕先锋酒业组成了一支超豪华阵容，显示了强大的进口酒经营实力。

张裕先锋酒业与这些国际大型葡萄酒企业的合作，有别于目前国内进口酒代理商普遍采取的产品代理模式，而是采取品牌联合模式——即在中国共同拥有品牌知识产权，或者获得合作方授予的排他性的商标授权许可，以保障双方形成长期、紧密的合作关系。

无独有偶，不久前茅台葡萄酒携手“名庄国际”葡萄酒有限公司，共同打造 “茅台葡萄酒名庄国际供应链”。以高度的“茅台”品牌公信力致力于全球优质葡萄酒产品的甄选采购、终端市场的开发与维护，加入连锁店经营的模式，大大提高了工作效率和经济效益，其成功率也远远高于独立开办的企业。

（七）葡萄酒教育前景可期

葡萄酒专家郭松泉认为：中国应该注重侍酒师的培养，通过最专业的角度，最贴心的服务，把酒介绍给客人，同时也为国产葡萄酒扩大消费群体创造条件。这是一个体制的变革，就是把国外的葡萄酒学校搬到国内。

目前，中国葡萄酒教育模式基本分为专业课程教育和业余课程教育。专业课程教育，是指有“葡萄酒专业”的高等教育，重点在培育国内葡萄种植和葡萄酒酿造的人才，对一般从业人员和葡萄酒爱好者来说不一定合适。业余课程分为四种：1.从国外引进到中国市场的葡萄酒课程，它们在国内特许授权给第三方培训机构或人员，课程有些是侍酒的，有些是对个别国家或产区的介绍，而最受欢迎的是传播世界各国产区的知识，因它“最实用、最有趣”。2.与国外的葡萄酒学校或培训机构联合办学，如CAFA 侍酒师学院。3.土生土长的国内独立经营的培训机构，如全国1+N葡萄酒职业培训。4.国内外一些行业协会或进口酒经销商组织的葡萄酒课程，如“大师班”品鉴会。要给顾客介绍一瓶好酒，除了商家自身要懂酒，还要以最专业的方式，告诉顾客哪一款酒才是最佳之选。不再是以纯粹出售一瓶酒为目的，去宣传自己的产品。

在中国，进口酒是后来者，它的出现只是为了饱和市场的需求，国产葡萄酒借此可以看到自己的不足，迎头赶上，优胜劣汰，真正实现中国葡萄酒产业的可持续发展。

啤酒行业机遇大于风险

2012年，全国啤酒的产量达到4902万千升，同比增长3.1%，但却是25年来，中国啤酒产量增幅首次跌破5%。从1987年到1994年国内啤酒年均增幅在20%以上，年产量增幅最高时达到30%以上。这一个下跌的百分数，让我们发现，中国啤酒已经不再在快车道上飞奔。

一、“危”在哪里——啤酒的逆袭时代

当酒水经销商大倒苦水的时候，似乎给我们投递了一个信号——酒水不好卖。没错，2012年无论是国家政策，还是消费环境的趋势都让曾经的皇帝女儿不愁嫁的“酒老大”成为了大龄剩女的“老大难”。但所有关注目光都投入在白酒，而且是高档白酒。大家将微利多销的啤酒丢在了一边，认为它既不会因为三公消费而禁止，更不会与普涨浪费挂上勾，按理来说应该是“无事一身轻”，可事实上，2012年度啤酒市场并未显露出比白酒业更好的景气。

（一）行业高集中度带来的困惑

据2012年度的财报显示，珠江啤酒、金威啤酒、新疆啤酒花，甚至行业巨头青岛啤酒等都存在一定程度的业绩滑坡和增速放缓等问题。方正证券酒业分析师张保平认为：“2012年啤酒行业业绩不佳的最主要原因是现阶段啤酒行业高度白热化的竞争所致，而这一态势在2013年将继续加剧，实力欠佳的中小型酒企在未来几乎难以获得生存空间，等待他们的命运不是被收购就是被挤垮出局”。

造成啤酒似乎没有被2012年不景气的市场所影响的认识，大概来源于消费者潜意识里的将啤酒规划为在饮料这一范畴中，而饮料就应该是消费者随手拿到的那款产品。至于这款产品是哪个品牌，其实消费者的忠诚度极低，在企业需要不断的兼并重组后，最频繁出现在消费者视野中的哪款产品，即能成为“明日之星。”相对于其他酒种而言，啤酒是中国酒业集中化程度最高的行业之一。中国啤酒业发展到今天，巨头们的布局已基本完成，可收购的资源，尤其是优质资源已寥寥无几。

（二）成本与原料的攀升

行业成本的攀升是导致公司业绩下滑的一大因素，因为大麦原料、人工成本、运输费用和渠道通路费用都在2012年有不同程度的增长，这使得本来已经利润微薄的啤酒行业利润进一步被蚕食。从国外啤酒市场的发展经验来

看，最终会有3～4家啤酒巨头占据80%以上的份额。但现在国内的啤酒市场远还没有达到这样的阶段。

啤酒的群雄争霸，让地方啤酒企业难以在一隅安度，而产品高度集中后，摆在啤酒企业面前的问题更不止这些：

1．供应商的议价能力

啤酒对原材料的价格变动非常敏感，而原材料供应主要是来自欧洲和美洲的大麦，集中度较高。同时，啤酒处于产业链的下游位置，上游的各个环节，包括原料(麦芽和水)、辅料(酵母和啤酒花)、能源、运输等成本的变化对厂商尤其是中小型厂商的利润率将造成较大冲击。而且当双方建立了长期的销售关系，购买者的转换成本也较大，导致供应商的议价能力较强。

2．购买者的议价能力

对于超市、餐饮及娱乐场所而言，由于其购买的转换成本较低，而且只要有利益的倾斜，马上就可以改变供应产品的品牌，所以其议价能力较强;对于个体消费者而言，虽然在进行购买啤酒时的标准化程度和转换成本较低，但是由于其散买的购置方式，一般只能被动地接受厂商定价。但再退一步来说，这些价格的定制似乎是给了消费者一个备选的框，纯生是什么价格，无醇是怎样的价位。这个价格是框定住一部分在价格上忠实的消费者，却也框住了企业的发展。

3．产品的应变能力

除了大环境的客观因素外，啤酒企业自身也因为不断兼并重组延伸出新的问题。

以目前中国的啤酒市场来看，企业的宣传形式过于老套，成为弊端。啤酒的消费人群决定了啤酒的市场风格——时刻年轻，它与白酒不同，即便有一定历史，也不一定会吸引消费者，这点可以参照世界饮料巨头可口可乐的宣传理念，它从来没有摆出一副我是xxxx年就诞生的饮料与百事可乐抗衡。而是时刻警醒与警惕着自己的对手，以出其不意的宣传理念与态势告诉对手I am strong。啤酒企业要怎么做，才能不被淘汰？才能转危为安？

（三）天公不作美

除了啤酒自我的失败，很多企业将产品无法受到欢迎怨在老天爷身上。的确，天气问题是制约啤酒销售的很大问题之一，但我们不能一味地被整体环境所影响。虽然季节性是啤酒的一个弊端，但我们不应该把严寒的天气降低啤酒消费当做一种认命的态势。依旧拿可口可乐举例，没有见到因为天冷不喝可乐的吧，即便被冠以不健康，可口可乐依旧可以在春节市场上热销，这又是因为什么？这是因为，它在主动淡化自己的一些不足，而不是把这些不足频繁地暴露在别人面前，自哀自怜地说一切都是天气的错。我们不能左右天气，但我们可以塑造一个适应在任何天气环境下消费的氛围，这才是啤酒企业应该关注的。

二、“机”在何方——内外兼修挖潜力

俗话说生于忧患死于安乐，这句话对啤酒企业可以算是最直白的表现。在过去群雄奋战的年代，不乏有很多优秀的产品与企业脱颖而出，但他们都在曾经纷争的厮杀中被拍死在沙滩上，这只能说明他们被消费者抛弃了。在厮杀中也不乏至之死地而后生的机遇相伴。

（一）啤酒的农村包围城市策略

不要试图绑架你的消费者，除非你有更能吸引他们的产品。从十八大以来确立的促进消费、收入倍增的整体基调来看，酒水市场的春天还是很明媚的。而禁止铺张浪费与军队禁酒令等一系列细则的规定，让啤酒的优势凸显出来。首先，它不是铺张浪费的典型代表，其次，它是绝大部分消费者乐于消费的产品之一。所以，燕京啤酒集团总经理赵晓东表示，中国啤酒新发展将着眼于城镇化，用正能量的不断扩充，引导产品、价格、渠道、销售手段甚至整个产业的再度整合。十八大城镇化目标的确认将为啤酒基本消费人群带来量子裂变式的扩容，整个人群消费形式、生活方式的改变，一种大的社会变革无疑将影响体现至生活中看得见感受得到的方方面面。提高城市人口比例显然与啤酒消费目标群体、市场空间的扩容和消费需求双向杠杆作用紧密契合。

城镇化不仅能够提高潜在消费者数量，释放巨大的消费潜力，而且能推动大市场的进一步均衡发展。目前的啤酒市场格局是：消费集中于经济发达的地区，形成以京、沪、广为核心的区域；虽然每个啤酒企业都在主动地进行市场下沉，但碍于经济发展的不匀衡性收效甚微，仍然不得不将主要精力和资源集中在上述热点区域，纵然使出万般“蓝海战略”也只能拼杀于区域的“红海”。

加快城镇化步伐为啤酒产业以及更多其他产业带来无限的商机，城镇建设、基础设施建设和投入将直接带来消费场所数量的增加、规模的放大，围绕生活区的规划将更为完善、科学和便利。配套设施的建成将使消费品自动产生流向性，这种流向性同时催生了另一个重要的变化——产业格局的变化和调整。目前的产业格局无论是进口酒还是啤酒几乎都在做同质化的竞争，抢市场、抢客户、拼价格。面对进口酒的强势，啤酒企业一直在奋力反击，全球采购、海外收购等一系列动作都在有意无意间为这种产业格局奠定扩容的基础。较之进口酒在基础市场坚实，人力

资源相对稳定，天时、地利等方面都取得了较大优势，这些从价格与成本的可控性、渠道精细度、社会公共资源可操作性上均得以体现。因此，城镇化将是啤酒企业和品牌翻身的绝好机会。

（二）高端产品理性发展

当然，在过去啤酒一直是靠走量来弥补自己产品价格的盈利，但事实上，我们不能忽视消费者追求高端产品的心态。

啤酒分析师方刚认为，未来企业将会越来越重视利润。从整个市场的层面来说，企业会通过调整各自的产品结构，向中高端产品转移。最终，中档酒会出现爆发式的增长，市场结构由金字塔向菱形发展。

近几年来，雪花、青岛、燕京、百威英博等啤酒巨头们已经开始加速布局高端市场，以提升净利润。业内人士指出，未来几年中，啤酒的价格带将进一步拉长，单瓶价格从2～50元并存，具体表现在低端市场萎缩，中档产品上量，高档产品飞速增长，超高端产品被外资垄断。目前大多数啤酒品牌属于“国内品牌”，还没有上升到“全球品牌”的高度，影响力基本上局限于国内市场，对海外市场没有多大影响力。中国啤酒企业应该利用十八大后对产业经济的扶持契机，开启自己新的征程。

（三）个性化产品形象展示

除了主推的高端产品外，啤酒一直以来的亲民牌都是在体育上，这种老生常谈式的形象建立已经让消费者觉得无所谓。消费者林阳告诉记者：打开CCVT5都是一样的绿色，谁知道是哪家的产品。真正能深入年轻消费者心的，应该走点“歪门邪道”。

事实上，林阳的想法也印证了啤酒企业的一个发展方向。不久前，雪花开始了新一轮宣传，除了以往消费者熟悉的勇闯天涯与古建之外，雪花开启了自己的“戏曲生涯”——雪花利用与戏曲的结合进行新的创新与宣传，得到了中国梅兰芳文化艺术研究会副会长吴迎先生的赞许。他认为：京剧文化中，脸谱代表着一种气质、性格和气度，雪花脸谱独具慧眼地将其纳为标识，更史无前例地推出“花脸+花旦”两支组合装成双成对，在高端啤酒市场亦为创新之举。

这样的宣传与形式，会被越来越多的啤酒企业借鉴与学习。但相信最初打出另类牌并让消费者受到共鸣的产品将会获得比以往更大的市场与空间。

诚如一枚硬币的正反两面，我们无法割舍，当啤酒行业遇到问题的时候，其实契机也已经被酝酿，只是这道开启新大门的钥匙，需要企业去发现，执掌。

黄酒、保健酒拥有空间扩展机会

我们看到了白酒、啤酒、葡萄酒行业的危机与机会，然后再来看看黄酒和保健酒，经研究发现，时代赋予黄酒和保健酒的机会，要远远大于它们的危机与挑战。

一、黄酒：消费市场机会多

（一）白酒低调反衬黄酒张扬

2013年第一个季度，白酒行业的表现比较低调，经过调查人员在某些北方城市的市场抽样调查发现，以前喝白酒而现在开始尝试黄酒的消费者呈上升趋势。第一季度黄酒销量同期相比提升了将近五个百分点。

黄酒的主要消费虽然还是在江浙沪闵一带， 但已经有了很大突破，北京、天津、广东、四川、大连、西藏等地也有畅销的黄酒品牌。世界范围内，日本、东南亚、澳大利亚等国家和地区也在慢慢接受黄酒。

2013年春季糖酒会，知名黄酒企业均有不俗的表现。古越龙山掌门人傅建伟充满信心地说：“黄酒崛起，只是时间问题。”塔牌坚持的“手工酿造”发展理念，紧贴国人追求健康、自然、生态、养生的时代节拍。北方市场越来越多的商超终端、餐饮终端开始出现质量高端、价位高端的精美坛装花雕酒，如女儿红、塔牌，还有一家绍兴黄酒企业直接在瓶身上显著标识“花雕”二字，反而淡化了自身企业名和商标；在高档餐馆的酒水单上，高端女儿红花雕与茅台、五粮液并列显示，这些都是黄酒企业难能可贵的进步。

（二）养生需求助力黄酒推广

十年前，以绍兴黄酒为首的黄酒企业开始踏上了全国化征程，十年过去了，有成绩也有无奈，出于各种原因，黄酒没有像葡萄酒、啤酒一样成为全国化流行酒种。然而，黄酒企业应该能够乐观地认识到，如今的消费环境已

经不同于十年前的消费环境。

十年前的消费环境，还是以追求好喝的口感为主，比如川菜的麻辣，让川菜流行全国；川酒的浓香让浓香型白酒流行全国。十年后的今天，中国消费者的主流理念，开始理性消费，追求健康、自然、生态和养生。

2013年2月，调查人员在北京家乐福超市酒产品货架前对消费者购酒选择观察了一段时间，其中有一对年轻夫妻消费者的对话颇具典型性。丈夫准备往购物车里放一瓶本地产白酒，妻子说："你最近老说胃疼，还喝白酒！"然后，他们看到了白酒旁边的黄酒，妻子说："人家说黄酒养胃，对身体好，喝黄酒吧！"于是丈夫往购物车里放了黄酒，边放边说："听人说黄酒不好喝，有股怪味。"妻子说："喝喝就习惯了。"

曾经有人说，传统黄酒的口感是影响黄酒普及的重要障碍，其实不然，啤酒和葡萄酒进入中国时，都有一种所谓的"怪味"，但是经过宣传与推广，如今它们的口感都被消费者接受了。所以，黄酒要在坚持自我个性的基础上加大宣传推广力度，培育消费者，引领消费。塔牌在坚持传统酿造工艺方面做得不错，堪称榜样。当然，塔牌在品牌宣传推广中，诉求点如果能够做得更加具体，就更加完美了。

（三）新生代消费群看好黄酒

近年来，白酒有一种忧虑"白酒会不会成为夕阳产业"，之所以有此忧虑，是因为80、90后消费群对于酒种的选择是"亲啤酒葡萄酒，远白酒"。

据调查发现，"女儿红""花雕"等概念相比于白酒的种种概念，在80、90后消费群里享有更高的知名度和影响力，这样的知名度和影响力只要用心挖掘，不用费多大力气就能收到事半功倍的效果。所以，面对80、90后消费群，黄酒相比白酒更有先天的优势，只要努力，就能轻而易举处于领先地位。

80、90后消费群比较热衷于电子商务。相比于代理制的传统渠道，电子商务属于新兴的群岛。白酒在接受电子商务等新兴渠道方面，步伐还不敢迈得太快，因为白酒企业要顾虑到传统渠道经销商的利益，传统渠道的老势力和新兴渠道的新势力之间还需要几年的交锋。

然而，黄酒企业在这方面的压力较小，许多黄酒企业仍然是区域品牌，传统渠道还没有大到像白酒范围广、规模大、根深蒂固；既然如此，黄酒企业就应该加大加快步伐，胆子再大一点，步子再大一点，创造出几个网络营销、微博营销、电影电视营销、移动通讯营销的经典成功案例。

二、保健酒：本土概念引关注

（一）中医复兴带火保健酒

近两年，保健酒的主要消费人群正在慢慢从老年人向中青年人扩展。经调查，南方以及华东沿海等有悠久保健酒饮用历史的城市，在年轻人习惯消费的小餐饮终端、大排档、烧烤店里，小瓶装劲酒、杯装椰岛保健酒已经成为盛行的佐餐饮料酒。喝酒，喝保健酒，正在成为很多中青年消费者的生活习惯。

近几年中医的复兴，中医养生观念的深入人心中，成为了加快保健酒行业发展的助推器。中医强调"补"，强调平时对身体的调养，而现在中国的大部分中青年消费者，尤其是工作生活在一线、二线城市的中青年消费者，因为生活压力大、普遍存在亚健康问题，所以该群体有较高的健康、养生、进补需求，一般在自饮消费中，越来越多的消费者开始选择保健酒。

（二）消费升级聚集保健酒

早期进入保健酒市场的品牌，他们的投入和培育已经使保健酒消费市场日渐成熟。并且保健酒自身也在努力改善口感、提高品质，同时在宣传上淡化功能强调健康，引导消费者走出"喝保健酒可以治病"的误区，使年轻一代慢慢接受了"喝保健酒就是喝健康"这一健康饮酒理念和健康的生活方式。

另一方面，保健酒与名酒联姻，使得保健酒产业实现了产业升级，几百元一瓶的白金酒、黄金酒，作为高端保健酒，引领和带动了保健酒产业的快速发展。

酒行业“厂商联手”趋势调查

政策影响对酒类消费影响巨大

前不久，位于北京政府机构云集的月坛北街的餐饮名店上海知名品牌美林阁关门闭店。有媒体报道称，该店的关闭是由于八项规定导致的营业额骤减，亏损严重所致。美林阁的闭店只是2013年餐饮行业现状的一个体现，根据中国烹饪协会报告显示：2013年以来，全国餐饮业表现出一二线城市增长乏力、三四线城市后劲不足的态势。中高端正餐下滑明显，经营状况恶化，部分高端餐饮企业营业收入下降幅度超过50%。

作为酒业基础市场的餐饮大幅下滑，从一个侧面反映了酒业目前所处的现状。五一期间，记者走访京城餐馆发现，不少原本门槛较高的名店都取消了“谢绝自带酒水”和加收开瓶服务费的规定，“只要来就餐，酒水都好商量”。一些高档餐厅更是纷纷开始“自救”，全聚德将推烤鸭自助餐；净雅大酒店继湘鄂情之后，回归大众餐饮，开始卖起火锅和包子，至于餐桌上的酒水更是早已抛到了脑后。

正月一般是白酒行业的销售旺季，但各白酒上市公司交出的成绩单并未让人满意，特别是白酒品牌的高档产品，有业内人士公开表示，“2013年可能是高端白酒最难受的一年。除贵州茅台、五粮液外，洋河股份销售压力明显，一季度中高档产品天之蓝和梦之蓝销售下降，导致收入增速大比下降，一季度收入增速6.06%，去年四季度同比增速也只有7.8%，而2012年收入增速达35.6%。”

“公务限酒”带来高端白酒市场萎缩，二季度白酒销售淡季来临，高端酒形势同样不容乐观。事实上，一线名酒终端市场供需情况早已出现动销不畅的端倪，一位广东酒商坦言，“现在的情况下，高端品牌白酒太招摇，不好卖。消费者不敢买高端白酒送人，自己喝又觉得不划算”，一般酒行都只存一点货当样品摆。

“现在卖白酒主要靠100元至500元售价的中低端产品拉销量。茅台的王子酒、迎宾酒因为名气大，销售不错，终端市场53° 茅台王子酒(500ml)售价238元，53° 茅台迎宾酒(500ml)168元。”消费方向的变化在经销商层面立竿见影。

事实上，酒企为二季度业绩企稳在产品方面下功夫已经初见端倪。茅台日前发布公告称，将增资3.73亿元再次扩大主要生产王子酒、迎宾酒等中端产品的301厂产能，同时把销售业绩显著的茅台白金酒纳入直管子品牌；五粮液提出将加大对中价位及中低价位产品的市场扩张力度，以弥补高档酒下降带来的损失；沱牌舍得开始加大沱牌酒的投入力度，同时开发新品升级天曲15年、20年；洋河股份推出中低价位新品“老字号系列”……酒水渠道也开始了淘汰赛:不少经销商放弃对团购的心理依赖，重新回归盘中盘战术；主推的产品与重点也“眼光向下”更加踏实。政策和环境正在推动中国酒业走上转变发展方式之路。

能适应变化的肌体才是健康的肌体，经受得住风浪的行业才是真正的民族产业。

市场销售低迷成为经销商难题

每逢节假日，白酒便摇身成为礼品市场的主角，而2013年的清明、五一，白酒市场显得尤为冷清。记者在北京市区数家白酒销售点了解到，从过年开始到，高端白酒销量逊于往年，中低端白酒销售趋好。

一、一线直击消费者声音

“又是禁酒令、严禁公款吃喝，又是‘塑化剂’风波，高档白酒的销量明显不如去年同期。”谈及近期白酒

的销量，北京潘家园某超市酒类销售人员赵女士说，春节起到现在都在促销，尽管活动幅度比往年都大，但是销量至少下降了5%，消费者根本不买账。”正在超市选购白酒的市民张先生表示：“有亲朋喜欢喝白酒，白酒还是不得不送的礼品，促销力度大的中端白酒是不错的选择。虽然高档白酒已经放下自己浮夸的身段，但并不代表它们是真正的亲近消费，对于大众消费者来说，消费讲究只买对的不买贵的。”

走访潘家园周边的几家餐饮饭店，记者了解到：往年，每逢周末潘家园附近会有很多人聚餐消费，消费高档酒水的人不在少数，但2012年底，宏观经济形势致使高端白酒的销售受到冲击，销量下滑明显。某饭店负责人表示：“我们现在会选择一些保健酒跟北京的本地品牌，即使陈列一些高端酒产品，也是原来留下的。”点餐的餐牌上打着某一品牌的logo则是出于两方面的考虑：一方面是有消费市场，夏天马上到了，烧烤摊、大排档兴起，保健酒价格适中，成为饭店、消费者的新宠；另一方面则是经销商给了饭店一定的优惠，例如赠送餐具、制作灯箱等。

在饭店就餐的消费者刘曦说：“老百姓谁天天喝几百上千元的酒，自己喝或者三五个好友一起喝，都讲究一个地道实在，这才是过日子。真说是要送礼、卖人情倒可以考虑高档酒，毕竟人情债不计成本。但现在政务要求清廉，没有几个人敢顶风作案送领导高档酒，这送的不是礼，是领导的前程啊。”

以消费者视角来看，白酒消费还是很有市场热度的，大多数消费者讲究实在消费。这取决于大众消费者对产品价格的把控，所以说，白酒消费依然具有广阔市场，在普通消费者眼里白酒的体现是——实实在在地把白酒喝下去，才算是消费；能喝得起白酒，才会有更多市场。

二、柜台背后经销商

正是因为终端消费受政策影响巨大，引起了经销商层面的连锁反应，“严冬”现象更为明显。

高端酒：皇帝女儿也愁嫁。按照往年的惯例，从春季开始便是高档白酒的传统旺季，无论销量还是价格都是经销商的天下。记者走访了几家区域经销商，发现白酒市场表现平淡，价格并未上涨，艰难地维持着去年价格大面积缩水后的水平，其中一部分还是中低端酒水为高端亏空“拉票”后的状态。很大一部分经销商本以为年前三公消费的问题把高端白酒拉下马只是一时，当他们勒紧腰带过了年，想在春暖花开后打个翻身仗时却发现，酒水现状已经成为定局。

在刚刚过去的清明与五一小长假期间，各大销售终端使出浑身解数，上演了一整套白酒推广保卫战。经销商更是给了渠道商各自的优惠政策，虽然市场数据还未汇总，但多数经销商对现今的节假日促销并未看好。

河北的白酒代理商齐峰先生向记者诉苦：“销量下降不说，价格也大幅下滑，拿最具代表性的53度飞天茅台来说，零售价格与2012年初相比降低了30%。”齐先生认为，大环境导致了2012年下半年以来白酒市场的低迷表现。投资者买高不买跌，之前茅台只涨不跌成为经销商囤酒的重要原因。如今行情不好，抛货现象在所难免，而囤酒客集中抛货又进一步拉低了酒价。

囤酒牟利在白酒行业早已不是秘密。前两年53度飞天茅台疯狂涨价时，涌入了诸多投机客，齐峰便是其中之一。2008年，齐峰看到了茅台稳定的上升空间，以500元/瓶左右的价格囤积了几十箱茅台，2009年以800元/瓶左右的价格卖出一部分。看到利好后，2010年又以1200元/瓶的进货价囤积了几十箱，2011年又以1700元/瓶的价格卖出，获利颇丰。囤酒客的心理都一样，低位时多囤点，期待下一个高度可以多赚点钱。不过2012年初价格一下子跳到2100多元/瓶，进货也要1700元/瓶，价格虚高得有些过了，齐峰也就再没敢囤货只是老老实实地将囤货卖出去。看到2013年一些囤酒客赔本抛货“出逃”，齐峰很庆幸自己当时的果断抉择。但随着几个月以来茅台对市场的全方面把控，加之茅台本身具有收藏价值，齐峰表示，以后还是会代理茅台的。

记者在北京的某品牌直营店采访，店内销售人员表示，以往一到节假日，上门订货的客户络绎不绝，要求加货的电话更是从早接到晚。2013年情况反了过来，在降价的基础上，他们还得主动打电话去问客户要不要。交流期间刚好有一名顾客上门，销售人员对顾客表示“真想买的话，价格还可以商量，多买两瓶可以给个批发价。”而在北京新发地等批发地，甚至有经销商低于厂酒水价出售，为的是快一点减少自己的货源压力。

“2013年集体采购的高档白酒明显减少。”石家庄一位不愿透露姓名的白酒经销商王先生告诉记者，以往合作多年的几个老客户，2013年的高档白酒采购预算都明显减少，其中有两家甚至削减到30%。“截至到四月公司的销售记录来看，出货量只有往年的40%，现在我手头上根本不敢多入货。前几年高档白酒不愁卖，哪怕价格上千元，卖得依然火爆，商家怕拿不到货，现在这样的日子一去不复返了。”公司除了看库房的人外，都带着任务去做销售。随着天气转暖，前来预订婚宴用酒的消费者逐步增多，尤其是清明过后就迎来了不少当地消费者预订婚宴用酒，王先生的公司目前最多的业务是为顾客送婚庆酒。“现在的孩子大多是独生子女，出于对孩子的疼爱，有条件的父母还是会为孩子选择高端白酒，办个体面的婚礼。所以公司现在正与一些婚礼策划公司做相关形式的促销，希望能缓解目前的库存压力。”

中档酒：门当户对受追捧。早在2012年就有营销专家预测，接近消费者消费范围的黄金价格带的产品会成为白酒新一轮的主力，记者采访一家商贸公司时注意到，该公司由过去高端产品的主推转变了路线。不少促销员表示，高端白酒销售情况并不好，但他们都完成了春节期间公司制定的销售任务。高价白酒卖得不好，但是中低价位白酒的销量却明显走高，整体销售额还是略有增长。

河北邯郸市乐园商贸的赖先生表示，自己是做当地酒水的经销商，市内很多商超、酒店的酒水都由他供应，但从去年10月开始与其合作的某连锁超市高档白酒专柜就不再要求进货了，而一些知名品牌的中低端产品的销量开始放开。在这个三线城市中，价位在150元以下的产品成为了消费主流，而200～400元区间的产品则成为送礼的尚品。

赖先生算了一笔帐：过去年份好的时候，每个月都有十几万的入账，而现在快进入6月，只是勉强保住最低本，公司已经有几个业务员吃不消任务离职。这轮酒水冲击让他看到，不能再抱着以往卖新年市场吃一年的心态了，需要仔细地做市场，哪怕是很小的社区小卖部也要亲自去跑，去铺货。

当问及2013年的计划目标时，赖先生笑着说道：“保本不赔、减少库存压力。自己做梦都是一库房的酒倒下来压住自己不能喘息的场景，希望这次市场波动快点过去，减少我‘肩上甜蜜的负担’。”但他表示，邯郸的酒水消费氛围比较好，只要消费者爱喝酒就行，他会积极找出消费者目前满意的价位，重新选择产品销售。“有压力才会有动力。”赖先生鼓励自己，也为所有做酒水生意的经销商打气。

三、企业心头一把“刀”

随着白酒行业2013年一季度增速放缓，如何推动终端销售成为普遍难题。大部分生产企业表明要与经销商们同吃苦共奋斗的决心。虽然销量与去年基本持平，但收入却未能取得满意的结果。

经销商需要“安抚”。在2013年的五粮液股东大会上，五粮液集团董事长唐桥透露，将在保量的基础上降低库存，并保证不给经销商压货和配额。4月，五粮液对全国经销商进行了较大规模调研，结果显示五粮液经销商库存压力较大，而社会库存相对较轻，价格出现倒挂现象。五粮液认为此次行业调整虽然有多重因素叠加影响，但的确来得太快，没有思想准备，一季度的销售不容乐观。五粮液在2013年一季度净利为36.26亿元，取得了18.91%的增长，增速与往年相比已经明显放缓。针对这一现象，五粮液在股东大会上表示将搞好厂商共同体的共赢关系。申银万国出炉的一份分析报告指出，由于预计4月份绝大多数白酒企业收入负增长，在经销商层面，4、5月份不打款的数量在增加。五粮液在2013年二季度有望重新明确五粮液品牌返点返利政策，用以维护终端价格的稳定。但目前销售季并未结束，统计数据还未明朗。

投资者信心受挫。在一线白酒受政策影响股价大跌时，市场一度认为二三线白酒将间接受益。随着管理层对“三公”消费打压力度加大，二三线白酒也难以独善其身。截至4月25日，山西汾酒股票已经连续6个交易日下跌，山西汾酒一季报显示，公司一季度预收款为3.3亿元，较年初骤降73%，较去年同期下降69%。分析人士指出，预收账款快速下降可能意味着公司产品销售端需求出现了一定程度放缓，这可能不会立即对公司短期业绩产生影响，但对中期业绩产生负面影响的可能性正逐步增大。记者在与汾酒的一位销售人员攀谈中得知，从年初开始，汾酒的高端酒已经很难获得消费者的青睐，虽然当地消费者有一定的本埠品牌依赖性，但选择的价位已经开始转移到百元以下的产品上。

资金链“转速”变慢。经销商的回款也成为酒厂待解决的问题。某酒企的物流停车场现场管理人员告诉记者：“以往旺季时，进场的路上全都停满了货车，想找个车位都困难。”在包装车间的提货窗口，来自外埠的经销商胡先生表示，以往节假日都需要提前几天打电话预约提货，到了现场还要排队等车位，基本上前一天刚刚包装出来的1000箱（12000瓶）酒拉回去就一抢而光。“这次来提货已经隔了近半个月，自己一是来给企业回款，二是来拉一些货回去”。无独有偶，某交易网站上呼和浩特一位张姓经销商的留帖表示减库存，抛售40箱郎酒、西凤酒。记者以调查形式电话采访了该经销商，他表示自己之所以这么做，是因为企业催款、库存量大等问题，只好薄利多销，希望快点回本填补企业的欠款。

这一轮的中国酒业面临的危机，由下至上，虽不比20世纪90年代初的混乱，却也是一次新革命的前奏。它来得突然，却是“积蓄已久”，只有打扫干净旧垢，解决了问题，中国白酒未来的发展才会有新的目标与动力。采访仅仅反映了2013年酒水销售的一个缩影，却不难看出：无论是企业、经销商还是消费者，都有了新的梳理，明确了自己希望得到的与希望见到的。只有企业、经销商与消费者一起提出自己的需求，得到理解与满足，才会有酒类新一轮的发展。

厂家以产品结构调整应对市场

面对市场的经济形势与环境，酒行业上下游各环境需要从各自产业链的角度出发，做好积极的策略储备。这其中，白酒生产企业由于处于产业链的上游，作用显得尤为重要。俗话说：源头生，产业兴；源头旺，全盘活。白酒生产企业做到“强身健体”，扛得住大风大浪，从产品结构、价格定位、渠道规划三方面“出手”，无疑能有效地带动全产业尽快走出逆境。

要适应目前的市场变化与消费环境，尽快调整产品结构是最迫切的任务。过去几年的“白酒黄金期”，由于切合了国家“投资拉动需求”和GDP优先的经济发展战略，再加上经济过热所引起的货币流动性，白酒消费人群分化速度加快。中高端高价消费的比例迅速增加，随着社会整体消费水平的快速增长，大多数酒类生产企业都基本形成了高、中高、中低相结合的产品结构体系。特别是在2008年金融危机以后，随着投资化需求的增加，高端酒的收藏价值凸显，更刺激了高端白酒价格的快速上涨。由于眼见高端酒的高额利润，不少白酒生产企业也纷纷把产品开发与投放的重点放在高端酒上，有些白酒企业甚至放弃了原有占领市场优势的中端与低端产品，忽略普通消费人群，不惜投入重金开发、宣传高端产品，“拼抢”政务团购等高端市场。

而今政策与环境的变化，让生产厂家必须理性规划自己的产品结构。而规划产品的首要任务就是要明晰企业的目标与人群。要通过大量的实地走访和调查渠道经销商，真正弄清几个主要问题：我的酒受哪些人欢迎？我的酒厂最赚钱的是哪个档次的酒？从而为下一阶段的产品结构调整定位打下基础。

一、合理规划高中低

也许有人会说：市场调查应该是渠道经销商的事情，作为酒厂应该以生产为主，彼此“井水不犯河水”各管一段。这种思维是一种认识上的误区。由生产企业进行市场调查，更能够真实地反映主销市场的消费者对自己产品的认同度，了解消费者心中对产品的真实定位，对于调整产品结构具有重要的参考作用。

对于生产企业来说，目前的产品策略应该突出如下方针：

以高端酒为主的企业，应该意识到“天花板”的存在，在保留部分高端优势的同时，大力下渗中档产品，利用自身在高端品牌和渠道上的既有优势，尽快主推多款中档亲民型产品，以品牌优势占据中低档市场。当然在扩张中低端产品的同时，要保持自己在产品质量上的优势，这才是厂家真正应该做的，不能为了走量而降低品质，那无疑是自毁长城。这就需要生产企业在关键时刻把好质量关。

以中低端为主的企业，要尽快转变过去一段时间对高端酒获利的“向往”，找准定位，快速在产品开发方针上转入防御为主的阵地战，把更多的精力放在中档酒的新品上，在研究消费者的同时，细心规划更多的适合不同人群的中档酒，力图在中档酒中形成优势数量级，形成中档酒在家门口或主销区域的规模优势，同时保持低端酒庞大的消费人群的稳定，为品牌覆盖服务。理想化的结构应该是：高端酒树形象——中端酒拓市场——低端酒稳规模。

二、“精打细算”核成本

与利润丰厚的高端酒相比，当生产企业把产品的重点放在中低端亲民酒时，酒厂决策者必须对企业的生产成本“精打细算”，做到心中有数。中国酒业协会白酒分会秘书长宋书玉指出：除了粮食原料，白酒的成本构成是多重的，尤其是高端白酒，其成本不仅包括特殊、不可复制的自然环境和酿造技艺，还包括长期窖存的成本、品牌推广等软成本等。不仅如此，在世界蒸馏酒行业内，我国白酒的生产周期最长、生产工艺最为复杂，并且人力成本高、窖存时间长。有业内人士表示，近几年，对于酒企而言，成本一直在上升。只是由于酒水价格的一路上行，消费者的踊跃使得厂商对开支忽略不计。而一旦价格上行受阻回调，利润收缩，成本问题就变得突出。

白酒生产成本主要包含原材料(粮食)成本、人工工资、包装成本和物流成本等几大类。在白酒生产成本构成中，粮食和包装物是首要的两大成本，综合近几年的情况来看，员工薪资水平、酿酒原料、物流等成本确实都在提高。数据显示，2010年粮食生产价格上涨13.3%，酿酒原料谷物上涨12.8%、玉米上涨16.1%，原酒价格也在大幅上涨。由于CPI的上升以及全国性的用工荒的刺激下，行业人员工资也有了较大提升。甚至，原产地域保护、打击假酒以及原产地不可再生资源等众多的隐性成本上涨或者消耗也要算在其中。另外，白酒作为快速消费品，大量的营销费用也是不可避免的。全国知名品牌，每年在中央和各地方媒体的广告投放和形象宣传费用皆数以亿计。甚至一些区域性品牌，在此方面的花费也都是天文数字。

作为白酒生产企业，应该充分地利用此次结构调整的机会，对产品的成本进行更加科学的核算，做好内部财务调查、成本核算（人员成本、生产原料成本等）、人员管理等方面的工作，在保证质量不变的前提下，将产品生产的成本控制在企业和消费者能接受的价位之间。在提高白酒科技含量的同时，保证产品质量的稳定，适应消费时尚的需求，充分挖掘自动化潜能，节约更多的中间成本。

以占中高档成本大头的包装成本为例，多年来，白酒企业形成了礼盒、瓷瓶的思维定势。这些包装和容器占用了生产成本中的一大块。而反观国外的酒品，不少反而采用了简单的玻璃瓶，无包装形式，既环保，又节约了成本，也不失其酒品的风格与档次。近年来，一些白酒企业纷纷推出了小酒、高档特色光瓶产品，在提倡环保节约的同时，也节省了生产成本，可谓一举多得。“节约环保”才是包装趋势。

亲民定价成为众多企业策略

白酒行业的黄金十年，一瓶500ml的53°飞天茅台售价1998元，高端消费者会争先恐后地购买。去年起，中国酒业陷入寒潮时期，酒类市场由卖方市场转向买方市场，价格在千元以上的高端白酒面临着滞销的窘境。酒类厂商要想将产品流通出去、获得利润，除了在产品结构的调整、销售渠道的完善等方面做出努力，还必须重视产品的价格定位。

所谓价格定位，就是生产者把产品、服务的价格定在一个什么样的水平上，这个定位不是一成不变的，它要根据宏观经济环境、不同地域、不同的消费市场、企业经营成本、产品综合成本等因素不断做出调整。限制“三公消费”等政策出台后，酒行业步入转型期，高端酒销售受到严重打击，“白酒奢侈化”现象一时归于平静。为了适应白酒行业的转型期，茅台集团将2013年的销售目标从此前的500亿元调整为416亿元；五粮液将2013年的利润增长目标从去年60%的增幅调整为30%。酒行业的价格调整战必然要打起，厂商要综合考虑市场、地域、消费水平等因素，在高于成本的基础上做出产品价格调整。

一、打好基础战：市场调研第一位

酿酒行业作为快速消费品行业，其社会需求相对较大，但受宏观经济增速放缓的影响，从去年起，行业的整体增速开始放慢。酒厂商要在研究调查市场情况的前提下对产品做出符合市场经济规律的价格调整。

茅台集团根据市场消费情况做出相应调整，茅台酒由2000多元的价格降至1000元。及时调整价格的好处在于可以吸引一些成功的企业家、商务人士来消费，以带动销售额，数据显示茅台降价后，虽然销量有所下降，但营业收入同比增长了19.11%。

茅台这样的大厂商尚且及时根据市场消费情况做出产品的价格调整，中小酒厂商更应该认真做好市场调研以适应经济发展变化。在保证产品定价高于原料、人员、广告投放等综合成本的前提下，研究透彻宏观经济政策、现有的市场消费力、消费群体范围、消费者的购买力等因素，理性判断，做出相应产品价格调整。红楼梦董事长文万彬表示：“红楼梦酒的价位会控制在适合百姓消费的100元/瓶至300元/瓶之间，将利润极大地释放给渠道，在酒行业的调整时期以微利获得更多的市场。”茅台白金酒的CEO陈宁也告诉记者：“针对现今的经济政策和市场消费水平，公司将大力开发适合广大消费者消费的产品，新开发的红酱系列定位为中低档酒，价格在100～300元，并满足消费者的个性化定制需求。”白金酒一改以往走商务团购的路线，重新定位目标消费群体，及时做出产品价位调整，无疑是符合当前市场经济规律的。

在市场调研过程中，厂商要充分听取经销商、消费者的意见和建议，思考如何将自己的产品卖出去，如何做好价格定位，以及如何提升产品的品牌形象等。在做市场调研的过程中切忌以偏概全、以点概面，调研是一种过程，需要耗费大量的时间和人力，也要投入一定的成本，不仅要对重点城市展开市场调研，也要走访中小城市、城镇、农村，将产品铺货的覆盖面扩散出去；以客观的事实数据说话，而非厂商主观地猜测市场行情；不仅要针对自身的发展做相应的产品开发、价格定位，也要关注行业内竞争者的产品价格、分布等情况。

二、重视差异化：地域差异莫忽视

我国地广物博、幅员辽阔，南北方地理、文化等差异显著，对酒类的需求也不尽相同。南方人生活悠闲，注重消费品质，爱喝绵柔爽口的酒；北方人豪爽大气，倾向于选择喝了不口干、不上头的烈酒。从品牌格局看，金六福酒和红星二锅头酒在全国各个地域都有广泛的市场覆盖，领衔东北、华东、华南三大区域，价格在200元以下的产品居多。在华北市场，红星二锅头和牛栏山二锅头的渗透率较高，而西南市场，除了区域性白酒品牌以外，金六福、泸州老窖等也占据一定份额，各地域倾向于饮用本地品牌的酒。南北方选择啤酒也有一定的讲究：南方多饮用麦芽纯度在7～9度的啤酒，北方则爱饮用麦芽纯度在9～11度的啤酒。

这启示厂商要根据不同的地域，开发出适合本土的产品，同品牌的产品还要区分类别、价位。比如洋河酒厂，针对目标消费者的口感，推出适合不同消费水平的梦之蓝、天之蓝、海之蓝酒，其中梦之蓝是浓香型酒，天之蓝、海之蓝是绵柔型酒。洋河酒产品主要推向江苏、上海一带，包装华美大气，产品面向中高端消费人群。梦之蓝系列零售价由718元至3338元不等，常作为高级宴会场合酒水、商务赠礼，而天之蓝、海之蓝价格在200～500元，更多用于南方人的婚宴酒席上。除了这些中高端产品，洋河厂商也推出一系列100元以内的洋河大曲系列，满足城镇、农村消费能力不高的人、老龄人的需求。同样，在北方闻名的二锅头酒、酱香型酒深受大众喜爱，二锅头入口烈而不辣，爽口无比，又具有浓厚的北方文化，在北方大有市场。以北京为例，北京的消费水平偏高，厂商可以将主打产品价格定位在200～500元。如红星和牛栏山，都在产品的包装、定价上下了功夫，有光瓶无包装的百元以下的产品，经济实惠，适合大众消费；也有包装精美可做宴请客人用、当做礼品送人的100～500元价位的产品。

无论是南方酒市场还是北方的酒市场，厂商在开发不同的产品、进行铺货的过程中，要遵循地域化差异原则，高档产品占总产品的5%左右，主要在一线大城市推广；加大开发中低档产品的力度，在一线、二线城市推广中档产品，低档产品则可以普遍撒网、广泛推广。同时也要根据不同地域消费者的不同口味、需求、消费水平，生产推广符合相应口感、价位的产品。

三、结合消费水平：遵循“黄金价格带”

五粮液在“王国春时代”就推行“1+9+8”战略，形成了高端名酒和中低档品牌并驾齐驱的发展格局，中低档产品市场份额占据总产量的90%左右，这样一来，即使酒行业进入寒潮期，其以中低档产品为主打的产品格局不会因宏观经济的变化而受重大影响，是一线品牌的楷模。茅台产品大幅降价以后，有业内人士分析，茅台若想在行业调整期实现较好发展，必须改变产品结构，加大中低档产品的开发。

随着经济水平的不断提升，人们的消费水平也不断提高，对酒这一快速消费品的需求量更大。“八项规定”、“限酒令”等政策出台后，酒厂商不能再依赖以往的商务团购、政府定制等渠道卖酒了，必须踏踏实实地走大众路线，按市场规律办事，大量开发不同消费层次的消费者。走访超市、名烟名酒店，不难发现现今畅销的酒类价格大部分集中在100～300元，即处于白酒的“黄金价格带”之间，如52°泸州老窖特曲价格为258元；洋河海之蓝价格为208元；古井贡年份原浆系列献礼价格为168元、五年为228元；红星青花瓷218元……有消费者表示：“自己喝的酒大概在100元左右就好，送人的酒对品牌、包装有一定要求，一般预算在300元/瓶。”茅台白金酒董事长蔡芳新说：“公司现在主打产品是价格在100～300元的经济酒，新开发的红酱系列已经投入生产中。也做少数商务定制酒，比如董事长酒。”

新的市场背景中，厂商只有把握住消费者的平均消费水平，生产出消费者需要的酒，价格在消费者可以接受的范围内，才能将产品卖出去获得利润。一线大品牌可以适当开发高端酒满足企业家、商务人士的需求，二线、三线品牌则要将精力放在研究遵循“黄金价格带”的产品上，以中低档产品为主导，从而广泛打开产品的消费市场。

正如中国酒业协会副理事长兼秘书长王琦所言：“我们要调整过去那种政府期待、公款消费的理念，把酒的本质还给普通消费者。”酒行业进入寒潮期并不可怕，厂商唯有理性应对，在做好市场调研的提前下，尊重市场经济规律，以消费者为服务主体，在确保酒类产品质量的前提下打一场价格战，让各年龄层次、各消费水平的人都能喝到舒心的酒，这样才能实现厂商与消费者的双赢局面。

经销商渠道策略寻求深耕细作

“现代营销学之父”菲利普•科特勒定义营销渠道是指某种货物或劳务从生产者向消费者移动时，取得这种货物或劳务所有权或帮助转移其所有权的所有企业或个人。简单点说，营销渠道的构建是要使产品有效地抵达消费者。在酒行业的大调整时期，作为酒商，要想打好这场寒潮之战，就应对营销4P中的渠道策略进行合理地调整，不能再盲目撒网，而要具体问题具体分析，对渠道进行深耕细作。

一、思路转变：卖方市场转向买方市场

宏观经济环境的变化导致酒水行业供大于求，即使是一线品牌也开始不断显现出由卖方市场转向买方市场的趋势。尤其2013年，高端酒受到政策等因素冲击，开始更多地回归市场机制。对于酒业厂商来说，要及时地转变思路，从以卖方自我为中心尽快转向以买方消费者为中心的发展理念，在这个思路的引导下，渠道建设围绕消费者这一核心来进行。

在酒业发展的黄金时期，团购占据了酒业营销的主要渠道，酒企普遍认为有了团购就不愁没销路。如今情况大不一样了，团购资源本来就日益紧张，现在又赶上了限制三公消费等政府提倡厉行节约政策的出台，团购的渠道更显拥堵。随着团购客户规模的减少，作为常胜将军的“团购”也很可能将成为明日黄花，未来酒水销售渠道的重心要进一步回归市场，回归到消费者本身。

一些知名酒企在全国范围内建立自己的专卖店，向消费者直接销售自己的产品。一些店中店的设置也是为了更直接地向消费者进行产品的形象展示。比如茅台近年在全国重点区域建立自己的直营专卖店，是对渠道建设的大胆尝试，茅台希望通过直营专卖店来减少中间环节的流通，更好地控制终端，增加渠道利润，当然也能更直接地接触消费者，提升自身品牌形象。汾酒、郎酒、诗仙太白等品牌均强势运营区域连锁专卖店，葡萄酒龙头企业张裕也从去年开始组建张裕先锋国际酒庄联盟，拓展专卖店。张裕公司的总经理周洪江表示：“高端酒市场日益细分化，专卖店可以经营不同特色口味的酒，满足消费者的不同需求，同时销售张裕高端酒庄酒，对张裕自身的产品也有很大的促进作用。”

不同渠道终端的消费者喜欢什么样的酒产品；消费者倾向于在哪里消费；如何让消费者购买产品时更方便……这些问题都是酒商们应该时刻关注的问题，这些消费心理及消费行为都在一定程度上影响着渠道决策。渠道决策要更多地考虑消费者的立场和需求，而不是只站在厂商的角度来选择。选择合理渠道的目的是抵达目标消费者，而清楚了解目标消费者的需求正是建设合理渠道的前提。比如，某个区域的消费者进行酒水消费时更愿意选择酒店等聚会场所，那么这个区域的渠道建设重点就应放在酒店终端。而如果某个区域的消费有“自带酒水”的消费习惯，或者说更加偏爱礼节性消费，把酒作为一种礼品，渠道建设的重点就应放在商超等终端。面对庞大年轻消费者群体日益形成的网购习惯，电商化的渠道模式也应予以考虑，虽然作为新兴的渠道发展远不成熟，但不得不承认电商渠道已经走进了渠道舞台。渠道扁平化的新趋势并不是说要削弱经销商的力量，而是要厂商更加重视终端的多元化发展，更加关注消费者。

二、传统盘中盘：回归+创新

“盘中盘”营销模式，一直以来就像是酒行业的渠道神话，被赋予神秘的色彩。外行人听到“盘中盘”恐怕会一头雾水，很难从字面意思琢磨出其具体含义，内行人讲起盘中盘又津津乐道，都要先从口子窖的光辉历史讲起。口子窖是酒企中率先成功运用盘中盘渠道模式创造成功神话的酒企，典型的口子窖盘中盘渠道模式被酒行业争先恐后地模仿，再然后这股热潮就随着收益减少渐渐衰落了。

“盘中盘”的形象解释就是在营销渠道上抓住核心小盘，然后让小盘带动大盘的发展。而核心小盘主要指的就是酒店终端。曾经有人说过，“盘中盘模式是中国酒业的最后一根救命稻草”，那处在这样的寒潮期，传统的盘中盘是不是应该强势回归来助酒企一臂之力了呢？笔者认为，回归是可以的，但重要的是如何回归。如果还是照搬老模式恐怕也很难与时俱进，在新时代运用盘中盘模式，就要在传统中加入创新元素。

盘中盘的新运用要从简单的终端拉动过渡到消费者拉动，从短期突击向可持续发展进化。其实结合上面所强调的思路转变，新时代的盘中盘，更加应该抓住核心消费者的需求，使盘中盘在核心酒店以及核心消费者的核心区域加速转动。信息化时代，网络发展日新月异，作为酒企没

有理由去盲目地使用盘中盘这个渠道，而应通过多种手段去展开实地调查，去发现核心区域的小盘特点，深入了解小盘中消费者的需求。其实“盘中盘”模式就是8020原则在渠道运行中的具体体现，酒企既然充分意识到20%是带来收益的重要客户群，就要下功夫长期地去进行维护。

在终端核心酒店的宣传上，不能再单一局限于依赖酒店促销员的推荐，可以运用线上线下等多种传播活动来吸引目标消费者的关注，并通过和酒店相结合的季节促销和开设贵宾会员卡等方式来稳定消费群，培养消费者对产品的忠诚度。还要定期对消费者进行访问调查，了解核心消费者对产品的建议以及需求的变化。企业要提高业务人员的素质，进行定期培训。最好能在酒企内部建立管理盘中盘渠道的专业项目组，创建数据资料库，对各方面的运营有清晰的把握。企业给各区域派出的不再是简单的业务人员，而是具有市场规划能力的执行营销人员，并把他的收益与该区域市场推广的效益联系起来。注重对经销商和酒店的“帮助营销”，更好地去和经销商以及终端酒店展开合作，在盘中盘渠道的建设中团结各方面力量，形成统一的思路和管理合作模式。

三、合理招商：如何再突围

酒企要想招商淘金、创造新的业绩，就必须改变以往那种动辄“高高在上、高举高打、高价高利”的产品招商模式，放低姿态，切合实际，以中低端产品为对象进行招商。可选择一些喜欢中低产品、消费潜力大的区域进行招商，利用这类区域市场和喜欢中低产品的消费者来打开天地，扩大品牌影响，先保住市场再求利润。

不利经济环境之下的招商，经销商难招，一将难求，酒企要首先设身处境考虑经销商的入市感受、风险承受能力，不能因为经销商暂时资金不足或所在区域的经济不强势就把真正有意愿的经销商拒之门外，而动辄数百上千万的首批进货款更是酒企给自己设置了市场门槛，拒“良将”于门外，对危机之境酒企招商颇为不利。酒企不妨把单项产品招商资金一投资的总额降低，或者推出小型的类似创业类合作项目，以求坚定信心实现共赢。降低招商加盟门槛的具体方法如下：首批进货款减半、押金减征、延缓代理商加盟的支付时间、共用资源、暂时允许代理其他品牌等。

随着一二线市场变成惨烈的“红海”，三四线市场将成为今明年酒类各档次产品的“蓝海”、“南泥湾”。 在三四线地区消费能力不受明显影响、市场广阔的状况下，潜在经销加盟商在三四线市场的投资热情和信心自然就较大。酒企可以根据三四线市场的特点，重新定位和改变自己的招商策略，重点进攻这一领域，向三四线市场进行招商扩张，重点寻找、挖掘县乡级的经销代理商，开辟招商新天地，而不必总挤在北京、上海、深圳等一二线城市混战。

目前经销商最关心自己切身利益能否得到有效保障，即经销产品如不成功能否享有一定退款退货的保障。如果解决经销商这个后顾之忧，酒企招商信息应能立即转化成巨大商机，招商必然踊跃。安利93年初来中国，就承诺凡是安利会员，只要在规定期限，不问原因无条件退货退款，一个月内就招募500多万直销员，勘称创造一个招商奇迹。当然并不是要求酒企去照搬照套模仿安利，但尽量尝试各种方法解决经销商退货之忧，譬如区域代销、直销和零风险退货制度，建立一套锐利有效的招商退货保障制度，将是酒企新时期一个成功招商的利器，保证招商整个流程顺利以及后期招商全面完成。

经销商选货促销更加结合实际

目前，高端酒的价格在下降，销售量在下降，销售额下滑，2011年卖得盆满钵满的风光已经成为过去式，经销商们忙着减少库存，降低风险。从花钱等酒喝到降价卖酒，这短短的一年时间里，经销商们感受到了市场调控的威力。要想在严峻的形势下获得健康发展，经销商必须在选货、促销、创新营销手段等方面下苦功夫。

最近，严峻的市场经济形势导致国内知名酒水品牌销量呈下降态势，消费者对高端酒的消费减少了，导致一些区域的经销商库存很大，又缺少了厂家的支持，必然会降价或者大力度促销出货，导致价格混乱，对市场造成很大的影响。商家需要生存，面对的不仅仅是如何消化现有库存的问题，毕竟，如果库存压力不大，周转资金没有出现问题，很少有经销商主动放弃高端酒品牌的经销权。

在这进退两难的关键时刻，经销商要么往上游发展做自己的牌子，要么扩大经营范围，寻找白酒的替代性产品，如选择代理区域酒、保健酒、葡萄酒等，并能掌握符合时代潮流的营销方法，做好产品的促销活动。

一、慎重选择产品，把握黄金价格带

在进行产品代理前，经销商必须对区域市场内的市场环境、竞争现状等进行充分调研、分析，要充分利用自身在本地市场的天时、地利、人和的资源优势，了解群众的消费层次。再与厂家进行充分沟通、探讨，特别是了解厂家的产品市场卖点优势等是否适应当地市场对酒水的需求，是否适合当地市场的上市推广，最后再搭配好高端产品和中低端产品的比例。

餐饮和商超是经销商铺货的最基本途径，这就要求经销商慎重选择产品，尤其是在全国餐饮业收入增幅连年下滑的条件下，餐饮和商超不会只对一家公司的产品进行批量购进，意味着消费者的选购空间也就更大。经销商们在选择产品时，通常优先考虑产品是否有电视广告、人员支持、支付进店费用、能够延期付款等条件。要看总部是否具有经营创新的意识与思路，对只会跟风的杂牌企业给予否决，喜欢与品牌产品出现雷同圈钱的投资意识比较严重、运营能力达不到稳健的发展的要求等，通通不在考虑范围内。大的品牌的确是强有力的靠山，但是，无论是飞天茅台还是国窖1573都面临着降价问题。

结合时下的酒水销售态势，经销商可以将价位在300元以上的产品作为公司的形象产品，这有利于维系终端客户，但与以往不同的是，300元以上产品投入的资源和精力都要相对缩减。仅靠小部分300元以上产品作为形象、带货产品，经销商如何发展、如何获利？把100～300元中档价位产品作为公司的主导产品，这是公司发展的核心战略部署之一。预计未来较长一段时间内，政务消费的转型，会将100～300元价位段推向主流消费，牢牢抓住这个价位段的消费群体，以AB类餐饮、团购渠道、名烟酒店为突破口。100元以下产品放量，在流通、CD类餐饮将是主流，对于一些传统渠道网比较强的白酒经销商来说不会太难经营，这个价位段在地级城市、县级城市、农村市场依然拥有庞大的消费群体，在团队、配送能力等达到的情况下，也可以适当选择2～3款100元以下产品来做，以规模求利润、薄利多销。

一名合格的经销商，关注这些常规问题的同时，更应关注品牌的整体营销与管理能力。不能一味地只关注产品价格，还要关注质量和适应人群，地产酒和黄金价格带应是重点。很多酒企业在2013年春季糖酒会期间打出“腰部产品”的概念，价格在100～300元之间，避开“三公消费”的影响，直接面向老百姓，原因就是大众市场消费容量相对稳定。

对于区域强势品牌，针对某个省级品牌，或者在某几个区域很强势的品牌，如山东景芝、板城烧锅、福建福矛、广东顺德等，这些具有区域性的地产酒，在当地口碑甚佳，甚至融入到当地的民俗民风中，建立起固定消费群体。尽管全国性名酒受到了市场的冲击，但是区域知名品牌酒，依旧得到当地政府部门的支持，这些品牌将成为政务消费的首选，在政务消费的带动下，拉动大众消费。所以，经销商可以将某个区域强势品牌列入选货范围之内。

二、宣传与推广，新颖实用针对性强

经销商在区域市场独自做促销分为两种情况，一种是经销商自己出钱，促销厂家的产品；另一种是厂家根据区域市场的具体情况，给予经销商一定的支持，只让他做特定区域的市场促销活动。区域市场独自做促销，较容易出现的问题是新市场向老市场窜货。选择合适的时机、促销理由及促销周期，这是经销商制定常规促销策略应抓住的三个重点。不要因为某个店面的业绩不好，有货物积压或是因为有新品上市，盲目搞促销，迅速推出买赠优惠活动，那么日后价格恢复之后，消费者很少愿意多掏钱购买经常在促销的同一产品。经销商的想法是通过买赠让消费者迅速接受新产品，让产品销量取得一个突破。但其实结果呢？由于对新产品不了解，消费者不仅会对此类活动无动于衷，无法尝试购买，而且还将对新上市产品的价格及质量表示怀疑。这显然是经销商在做常规促销时未考虑到促销时机的问题。

同时，经销商要求厂家做促销，这对获利不多的厂家是一个很大的负担，所以经销商争取来的促销，一般是超出厂家预算的，厂家多少是有些心疼的。这种情况下，经销商就要积极主动地报告促销后的市场效果，一定要和厂方搞好关系，对促销活动量力而行。无论是厂家背后支持还是经销商自己买单，经销商所能调用的资源都是有限的，要用有限的资源来取得最大的市场业绩，非得抓重点、讲策略不可。

经销商做常规促销时，首先需要考虑合适的促销点，人人都促销、家家有促销只会分散精力、物力和财力。有了合适的促销点之后，再通过一个详细的常规促销排期表，将所有的促销点所涉及的促销安排与执行、效果评估、销量统计、经验交流等信息进行分析，经销商就可以对整个市场层面有一个大致的了解，并及时做出促销调整与统筹安排。在做非常规促销活动前，经销商要搞清近期消费者的购买偏好，所接受的消费及促销信息多为哪些方面的内容等等，提出符合他们口味的促销活动主题；制定具有附加利益、满足消费者喜好的促销优惠措施；收集目前流行促销信息，在促销形式和主题内容上进行创新，让人耳目一新。

其次，促销一定要抢在竞争对手前开始做，否则只能以更大的力度进行。先做的只用一点点力量就刺激了市场，而跟进者就得付出数倍的资源。厂家组织的统一促销力度都不是很大，如果是在区域市场与竞争对手的促销手法雷同，而且力度不如对手，就会产生被动，适得其反。

在广东北部的一个县级市场，金六福的经销商组织了一次促销。厂家出了一部分业务酒给经销商用于和酒楼做客情，后来经销商一算费用，把酒折算成现金做了一个大策划：每对新婚夫妇，出示结婚证以及办喜宴的酒楼证明，就可以获得免费婚纱照一套；婚礼当天，免费租一套婚纱，全程录像相赠，而条件只不过是用他们的酒，还是买一送一。经销商这一招一下子在区域强势品牌构建的壁垒中撕开了一道大口子，婚宴市场出现一边倒的情况。金六福在该区域一举成名，此经销商也由此成为名震一方的新贵。这个经销商的成功在于他充分利用厂家的资源，针对特定渠道展开促销，而不是均匀发力。

在推广产品方面，可结合微博营销、微信营销等手段。网络既是一个媒体，也是一个市场，它影响和改变了亿万中国人的生活形态和生存方式。年轻人，尤其是80后人群是伴随着网络的发展而成长起来的，他们的学习、工作、娱乐、消费已经与网络水乳交融。有调查显示，网络已经超过电视成为大学生人群中的第一影响力媒体。因此，要想抓住年轻人群的消费需求，网络营销无疑是一个绝佳的解决方案。而且，这一成长人群在未来几年将成为社会的主流消费人群，他们对酒类产品的购买需求和购买能力将保持持续、强劲的增长势头。无论是从现实还是长远的考虑，酒水类产品都必须借助网络营销来加强与新生代消费人群的对话。尤其是时下风靡的微信二维码，“手机扫一扫，更多优惠在等你”这样的营销手段，完全符合当代人追求新鲜的个性，容易让人产生共鸣。

三、合理支配宣传，达到最佳效果

一般来说，厂家占据了上游资源、赚取品牌溢价，而销售终端赚取辛苦费，而经销商则夹在“厂家与终端中间”，受到上下游的挤压，依靠渠道资源及厂家关系做生意，异常劳苦，才能赚到钱。品牌是凝聚消费者、经销商和厂家间关系的唯一要素。比如青岛啤酒携手CBA总决赛系列广告，还有在终端看到的相关海报，都显示着同一个品牌理念导向“勇气、拼搏”等情感要素。很多人认为，300元价位以上的白酒好像都差不多。所以到最后大家比的是什么?比的是文化概念。但面对福文化、冠军文化、友情文化、历史文化、爱心文化的密集切割，还有多少文化可以拿来使用?科技与经济的不断发展，往往会使一些原本的劣势转化为颇具竞争力的优势。比如江西婺源和西藏，在工业经济排行中两者可能是属于最靠后的地区，却保留住了最珍贵的原生态。正是人们对自然无限向往的利益需求，成就了婺源与西藏在世界旅游经济中的地位和影响。这不就是劣势转为优势的一个例子吗?

酒水作为快消品已经深入到亿万人的生活中，在此轮寒潮中经过反复调整，那些没有实力的经销商们正逐渐退出市场，犹如大浪淘沙，无形之中扩大了利润空间。

营销模式创新成为厂商必然动作

历经狂飙突进的“黄金十年”，中国白酒的“高铁”被迫开始“减速”。城墙失火，殃及池鱼。白酒尤其是高档白酒业已经进入冷季的转换期，给厂商尤其是一线高档白酒经销商带来严重冲击，业绩也直线下跌。许多实力不济、经营模式守旧的中小经销商如今将面临被洗牌的命运，要么转型，要么关门，抑或是苟延残喘。他们有些迷茫有些忧心——今后路子要怎么走，如何过冬？新政之下，他们突围之路在哪？

一、做专做强获得专业化生存模式

不少中小经销商往往代理多种品牌以避免把“鸡蛋同放一个篮子”，但如此使自己精力不济样样不精，沦为平庸。因此做专做强，也是当下中小经销商的专业化生存模式。

随着市场分工的细化，近年来一些中等经销商开始转向专业化的经营模式，比如，特供卖场模式、夜场专供模式、团购模式等，由于是专业化，方向精准，资源聚焦，更容易凸现自己的经营优势，并获得市场机会。

2013年由于政务消费敏感度的提高，直接的政府消费将会有明显下降，但可能会转化成商务消费，经销商应该加强商务消费渠道的高端拓展。因此在政府部门开支削减、政府部门团购受影响的情况下，作为经销商也要转变思路，要力抓企业单位的团购，因为企业单位是私人消费，他们的消费不受影响和约束，而且企业单位是个庞大的群体，每个地方都有很多“高富帅”的企业。比如移动、联通、电信、银行、房地产企业等大集团大企业，这些单位的用酒量也很大，一旦抓住这些客户将产生不少的高档销量。因此，经销商要充分利用自身的资源，抓企业团购工作。

另外，政务和军务限酒之后，挖掘高端商务和军政个人背后的团购价值成为经销商挖掘高端渠道另一个突破口。团购从单位对象变成个人对象背后的消费群体，通过这种深耕细化消化库存，有望增加中高端白酒的销售，也有利于经销商转型。

二、跨界多渠道打造新经销商品牌

营销模式创新是新时期不利环境之下酒业发展中必须思考的战略问题。经销商不能坐着等厂家来指引方向，必须主动对营销模式进行多元化创新。未来，经销商应以消费者需求为原点，拓展多类型细分市场，如婚庆、高考状元庆功酒市场、寿宴市场、厂区市场、劳保市场、校园市场等；其次，主动去发动一些大战役、大整合营销，整合行业外资源、异业渠道资源、促销推广资源、品牌宣传资源等，最大程度地提高消费者体验感，使自己经销的名酒品牌、中高端产品与消费者之间有更加顺畅透明、广泛深入的接触，借此刺激中高端白酒产品的销售活力及在社会大众的普及消费，也致力使自己成为专业的优质酒类供应链服务商。

据悉，建发酒业未来将与汽车、数码电子、家电企业、航空公司、婚纱影楼、邮政、盐业公司等进行多层次、多方位的跨界合作，借力打力，以此做大建发酒业所代理的高端市场氛围和占有率，多渠道打造高端经销商品牌的形象。

而对中小经销商而言，跨界多元化联合营销，就是要借助对方的网络、渠道、资源，进行互换，寻求走多方联合发展的道路，并向大型经销商靠拢，与大型经销商形成营销一体的格局，捆绑成为规模较大的经销商，来共同享受厂家政策，进行品牌互补，共同抵御大卖场、餐饮店、夜场等终端渠道所形成的排他性挑战，达到提升品牌和销量的目的。对象的选择上，应寻求相对错位经营，避免相互的过多的品牌重叠，也避免所代理的品牌过多而产生冲突；竞争层面上，应该理性竞争，避免贬低与恶意扰乱价格的行为。策略联盟也类同联合营销，各自所代理的产品如白酒与啤酒、白酒与饲料、红酒与白酒的联合营销、买一赠一，还有淡旺季渠道互换。

在当下进行多方联合的时候，经销商应该摒弃以往“同行是冤家”、老死不相往来的老观念，应该着眼于共同的利益来谋划自己和多方联合体的紧密合作。

三、巧用微营销，多快好省抢占市场

如今，互联网的日新月异、瞬息万变，催生了多元化的网络营销模式。博客、播客、维客等为网络营销融入了更多时尚、游行的Web2.0元素，令人眼花缭乱，展现给经销商更多的创新营销模式。而以微博、微信、微小说、微剧、微电影等为内容的微营销更是将网络营销演绎到登峰造极之境。

借力微营销进行营销、拓展市场的行业品牌已越来越多，微营销已全力发动了。沱牌舍得酒业自身已在新浪、腾讯、网易等知名微博网站上建立企业微博，及时发布各种信息及活动内容，目前其企业官方微博粉丝已近10万人，为其在微博推广、展售产品打下良好的基础。

如今有句话，如果你不“微”点，那你就“OUT”了。经销商如你不“微”点，那你也“OUT”了。因此面对呼啸而来的互联网经济，面对陡转直下的形势，经销商必须要转变观念寻求创新的发展思路，扬长避短另辟蹊径，利用互联网全力拓展E营销，让自己搭上信息化快车，走出一条生存乃至发展壮大的康庄大道。

那么经销商如何做微营销呢？这里举一个微博营销案例。作为奢侈品的代购买手（也称代理商）的苏菲（化名）在微博上注册了账号，帮国内的奢侈品爱好者从法国代购各种奢侈品（主要是洋酒、洋化装品等）。她并没在淘宝开设店铺或者其他网店，其吸引顾客、样品展示以及与顾客的接洽都是通过微博、微信（国内外畅通，免费）来实现的。在微博吸引到国内客户以后，再通过私信或者微信进行更深入的交流，确立良好私交。若网友看中并确定某一种商品和款式后，凭借苏菲信用度，客户通常会直接把钱打到她的银行账户，随即苏菲会从巴黎将货品直邮到国内。苏菲目前的粉丝已经超过18万，单子多得接不完。

四、拓展电商渠道，寻找新突破口

国家反腐倡廉之风将一直持续，传统销售渠道的不景气，电商或能成为另一大新兴销售渠道，亦是经销商突破口之一。“我认为名酒的互联网化将是新的商机。”北京酒仙电子商务有限公司副总裁梁爱丽表示。

目前，包括茅台、五粮液、泸州老窖在内的多家传统企业纷纷触网，趁势进军电商市场，打造高端电商品牌。五粮液还特意研发了一款375ml装的产品，主攻电商销售渠道。而包括建发、吉马、优传、格兰阁等知名酒商亦致力向电商转型，逐步实行“双条腿”走路。

时下不少个人网站、个体户喜欢做微电商，搞“小而美”的电子商务，走更为专业化、个性化的网销服务，取得丝毫不逊色的成就。比如，网络小店上海“野兽派花”店，其微博创意十足、制图精美、故事生动、服务细致，意想不到地受到高消费群体的追捧，每日活跃粉丝近万，其主营的鲜花、永生花、服饰配件以及酒具以个性化、标准化、高档化著称，非常畅销。“野兽派花”店的成功做法，颇值得中小酒商学习。

不过，拓展电商渠道打造中高端电商品牌，经销商应和厂家一道努力，一方面应努力控制线下产品的产量，缓解供大于求的市场关系，另一方面积极打造以商务和个人消费为主的中高端产品，替代原有公务消费品种。

只有想不到，没有做不到。只有敢作敢为，矢志创新，勇于探索，广大经销商才能在冷冬中实现“逆袭”，度过难关！

2013年夏季啤酒消费情况调研

啤酒夏日消费市场纵览

2013年的酒行业年会上，传达出了酒类企业和经销商要服务于民，以消费者为中心进行发展的指导思想。

在啤酒旺季的夏日，杂志记者走近消费者，随机进行了调查问卷采访，收集到了一百多份新鲜出炉的问卷，传达出普通消费者的声音，切实反映当下啤酒的消费流行趋势。以下是本次调查结果的特别报道。

一、共性声音

您选择购买啤酒时的主要考虑因素？

“选啤酒最重要的就是口感适合我！”在一百多份调查问卷中，高达90%以上比例的消费者都认为啤酒的口感是影响他们购买选择的最重要因素，其次是品牌。如今，影响人们选择一款啤酒的因素可能有很多，但从调查中可以看到，消费者最注重和关心的还是啤酒的质量，正所谓质量是根本。啤酒作为一种特殊嗜好的快消品，口感是否能适应消费者的味蕾需求，这应该是啤酒生产者们必须考虑的。

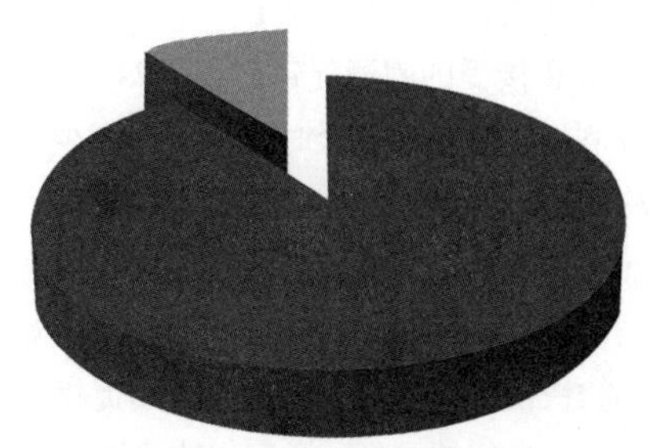

90%的啤酒消费者更看重啤酒的口感和品牌

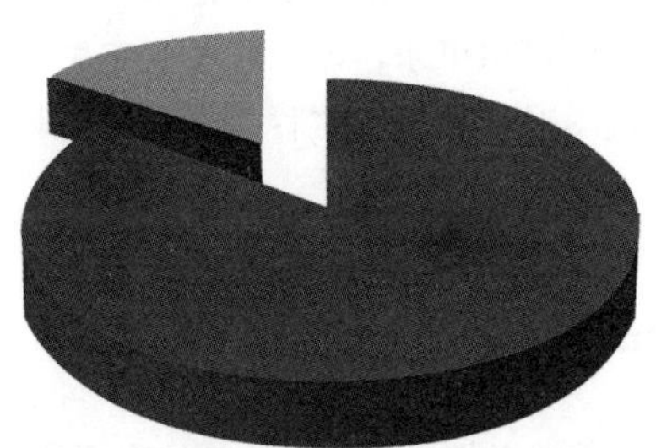

85%的啤酒消费者购买啤酒的渠道日益多样化

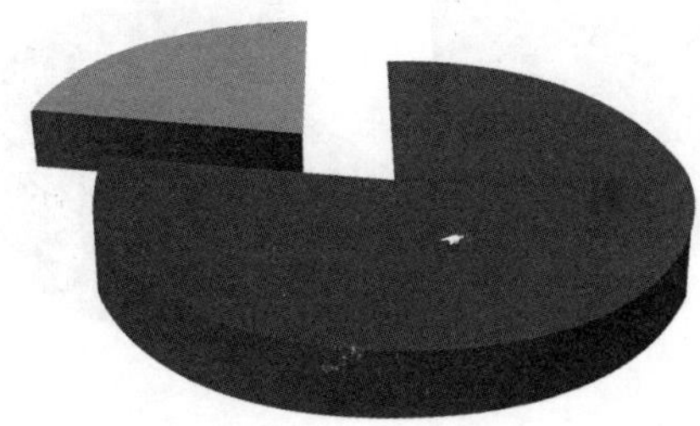

78%的啤酒消费者喜欢的促销方式为打折和赠品

另外，品牌价值的提升也是当务之急，大部分消费者在调查中表现出了对名牌产品的心理认同，这不只是在酒水行业，在任何行业，名牌效应都是存在的。在此次调查采访中，就有消费者说：“选择有名的品牌，就喝起来踏实。”如今，啤酒企业要更加重视自己的品牌建设工作，品牌知名度高的企业要继续保持，品牌知名度低的企业要积极找到策略，进一步推广自己的品牌。总之，生产出优质的产品并在消费者心目中树立起良好的品牌形象，才能让消费者放心选择。

请问您经常在什么场所喝啤酒？ 经常在什么地方购买啤酒？

在对以上两个问题的回答中，绝大多数消费者都说出了不止一个渠道是他们经常消费啤酒的场所。如今，随着人们物质和精神文化生活水平的提高，购买渠道日益多元化，人们对啤酒需求的时间和空间都有所扩展。

调查结果反应出，最热门的啤酒消费渠道还是超市，随着夏季的到来人们最经常饮用啤酒的地方是大排档和家中。但调查消费趋势表明，人们接触啤酒的渠道不再像曾经那样局限和固定。有的消费者说：“我购买啤酒的时候挺随性的，主要看方便程度，有时候去超市买，有时候就在小区里的小卖部换啤酒，便利店也是不错的选择。”不少年轻消费者还特别提到了KTV，看来在K歌之余，来瓶啤酒，也成为当下年轻人的时尚潮流。

消夏时节，人们比较钟爱在大排档这样的场合消费啤酒。在此次调查中，好几位北京消费者都特别提到了燕京啤酒花园，认为燕京啤酒这样的设置很有啤酒的氛围文化，是他们夏季晚上休闲的好去处。

您比较喜欢和接受的啤酒促销方式为？

夏天是啤酒集中促销的黄金时间段，在不少地方都能看到各种啤酒的促销广告和活动，本次调查也反应出了消费者们对于啤酒促销方式的偏好，或者说他们比较愿意接受的促销方式仍然是比较传统和直接的打折和赠品，毕竟啤酒是一种日常生活中的快消品，也许是这样直白的促销方式更能触动平日里啤酒消费者们的神经，激发出购买欲望。

在调查中，一些消费者特别提到，“互动活动”也是新时代不错的促销形式，但前提是活动要具有好的创意，能让消费者主动产生兴趣，他们才愿意去参与。比如，不止一位消费者说起，特别是那些钟爱足球的男性消费者，看欧洲杯的时候他们就对喜力啤酒与欧洲杯相关的促销活动很感兴趣，也愿意因此而选择去喝这款啤酒，因为这充分调动起了他们的热情。

您一般喜欢喝什么牌子的啤酒？

“虽然现在北京的啤酒主流品牌多了，我也会喝不止一个牌子的啤酒，但作为老北京首选肯定还是燕京。”

“我喜欢喝哈啤小麦王，因为我是黑龙江人。”

“最经常喝河南金星啤酒，家乡生产嘛。”

“我最爱的一款啤酒是珠江啤酒，因为长期生活在广州这边，就比较习惯这个。“

“重庆啤酒不错啊，我是重庆人，提起重庆啤酒就觉得亲切。”

在本次对消费者的随机调查中可以看出，虽说现在全国知名品牌的啤酒攻势迅猛，但啤酒的区域性现象仍然存在，即使这种现象不如过去那么绝对了。因为随着科技进步，跨区域流动的可能性越来越大，这不只是说产品，还有流动人口的影响，人们跨区域工作、跨区域生活、跨区域旅行等，区域之间交流联系日益紧密。但时代变革的同时，也仍然不可小觑老牌区域特产对消费习惯的影响。

研究我国相关大众心理课题时不难发现，人们的乡土意识强烈，对自己家乡的产品总是会有一种难以割舍的感情和亲切感，所以不少人在问卷中都表示出对家乡特产啤酒的热爱，不会轻易割舍掉这份乡情。从另一个角度看，消费者长期以来对区域性代表啤酒的消费也让他们形成了一种消费习惯，甚至是一种归属感，有一部分消费者在问卷中直接回答“自己也不知道为什么总喝这种啤酒，只是习惯了。”

二、个性主张

您心目中的理想啤酒什么样？

口感和包装设计需要个性化

“我心目中的理想啤酒是口感好，价格便宜，包装设计感比较强。”

“我理想的啤酒是容量不要太大，小瓶装，精致一些。”

“燕京啤酒推的黑啤我认为口感不错，注重健康理念，是我理想中的啤酒”

“喜欢青岛啤酒新推出的新品——鸿运当头，创新了设计，喜庆元素十足，像这种具有潮流时尚的设计是我理想中的啤酒。”

“像我这种年轻女性心中理想啤酒的样子就是度数低，喝起来又不那么苦，最好能带点果味的。包装能个性些，就像现在的可口可乐，印上各种名字彰显个性。我身边不少大学同学对啤酒都有这种想法，我们聊天的时候还说起过。”

三、国外品牌VS国产品牌

调查中被消费者们提及最多的国外啤酒品牌是：

喜力，嘉士伯，百威

60%的啤酒消费者对区域品牌仍有习惯性依赖

调查中被消费者们提及最多的国内啤酒品牌是：

青岛，燕京，雪花

“我经常是晚上去喝夜场啤酒，一些酒吧和咖啡馆什么的，在里面喝着嘉士伯，欣赏夜色，感觉很有情调，这也是我比较理想的啤酒选择。”

“我心目中的理想啤酒是具有我们中国特色的，比如燕京啤酒，就是我心中最理想的啤酒，因为它是我们自己民族品牌的啤酒。”

“我喜欢德国黑啤酒，配菜喝的感觉更爽，就是喜欢那种味蕾感受。”

“我觉得青岛啤酒是我理想中的啤酒，因为这个品牌一直很优质，而且还在不断创新中，我虽然年纪不小了，但每次喝青啤感觉自己会变年轻。”

四、出乎意料的调查结果

习惯认为：

众多啤酒广告力度大，尤其是旺季，应该能有不少让消费者们印象深刻的啤酒广告。

消费者认为：

啤酒广告繁多，杂乱，很难形成统一深刻的印象。

支招：

啤酒广告在丰富的同时也要注意整合，信息太多反而不容易识别。比如可以运用朗朗上口的口号。本次调查中，有消费者就提到青岛啤酒的“激情成就梦想”，奥运期间燕京啤酒的“燕京啤酒，为中国干杯！”等口号让他们印象深刻。再比如近期哈尔滨啤酒冠名CCTV的酷舞先锋街舞争霸赛这种大型活动，也容易让消费者形成记忆。总之广告力度不能减，甚至需要加大，但一定要注意整合策略，形成自己的广告特色，争取给消费者留下更清晰深入的印象。

习惯认为：

消费者喝啤酒的场合相对固定和集中，目前大型啤酒企业在主要的消费渠道上铺货范围广，能满足大部分消费者对啤酒的消费需求。

消费者认为：

现在很多场合都会有喝啤酒买啤酒的机会和愿望，但经常遇到在有些地方找不到自己想喝想买的啤酒品牌。

支招：

现在啤酒需求量不断增加，尤其是旺季，啤酒企业以及经销商的渠道铺货要尽量覆盖更广的区域，在有些重点区域最好要深入到各个大小网点，在不同的场合为消费者提供所需产品。比如现在北京的便利店不断增多，很多人觉得在便利店买啤酒更简单方便。建议在啤酒铺货之前，能对具体区域的消费者进行调查，更有针对性地为消费者提供购买啤酒的最佳渠道，尽量满足大众和个性化的需求。

2013啤酒新品开发情况分析

刚刚进入饮料消费高峰的夏季，可口可乐巧妙创新的变装，让中国消费者的视线从王老吉和加多宝激烈的“红罐之争”中转移出来。对于饮料商来说，目前最大的消费市场在80、90后的年轻人群中，尤其是有了一定的经济基础，又天生喜欢“自定义”的80后们。而作为消夏热销的啤酒，产品的推陈出新和个性化，也成为了今年的趋势。

一、复古情怀，定制感受

复古一词听上去与啤酒有些不搭调，在消费者的印象中，啤酒彰显的是轻松与活跃。而雪花恰恰将这两个概念有机结合在一起，在前不久召开的新品发布会上，雪花推出一款定位在私人会所消费的产品脸谱系列，将中国传统文化与清爽活跃的啤酒融合在一起。

新产品需要的是一个清晰的定位，也需要一个品牌的强大支撑，雪花此次推出脸谱并不是盲目地推出一款新品来吸引眼球，而是在多年的市场运作中积累出的经验。近几年，颇具个性和品位的会所文化正在悄然流行，这里的消费人群需要的是一种品位的定义，一种文化的交流氛围。雪花脸谱正是给这类人群定制的高端酒，这一方面是顺应了潮流的发展，一方面也是引领传播中国的传统国粹文化，这种有着文化支撑的产品不单单是一款高端产品，更是一种文化符号，将产品与文化相融，吸引高品位的消费人群，从而在品位消费中提高产品的价值，这样的产品市场需求会随着越来越多高教育背景人群的出现而获得更广阔的市场。

二、清爽袭来，独门秘方

在刚刚过去不久的燕京啤酒节上，由燕京啤酒厂自主研发的一款白啤吸引了人们的眼球。相关负责人表示，燕京白

啤与普通啤酒最大的区别就是它不做过滤和巴氏杀菌处理，含活性酵母，所以最大限度地保留了活性营养物质，其比例也最易让人体吸收，呵护肠胃，喝起来更健康。同时，啤酒在制作和配送中直接取自发酵罐无菌灌装，全程冷链运输，尽可能将最原始的营养、最极致的新鲜感受带给消费者。

燕京白啤的推出，其产品的品类本身就很吸引消费者的目光，在啤酒节上的助兴出场，让更多喜爱清爽感十足的燕京啤酒的消费者们眼前一亮。记者查阅一些国外白啤酒的相关介绍时发现，白啤酒因为口感清爽与酒精度低，受到女性消费者的欢迎。而一直以来，啤酒消费者中的女性群体是一个容易被忽视的群体，如果产品能够得到她们的认可，则是一条推广的捷径。而随着消费者注重健康消费的诉求越发明显，啤酒的养生也逐渐成为新卖点。

三、独行其道，产品创新

我国目前的啤酒产品，具有自己独特寓意和内涵的并不多，一般来说，口感与色泽决定了这款啤酒的市场名称。很多品牌都习惯了以纯生、无醇等生产工艺定义啤酒名称，却忽略了差异化。在刚刚结束的青岛啤酒新品发布会上，推出的几款新品让消费者眼前一亮，这三款产品分别具有不同的明确市场定位，让不同的消费人群都能在青啤的新品中找到属于自己的“NO.1”。青岛啤酒作为中国黑啤酒的创始者，早在1932年就成功推出了第一款黑啤酒，进而将中国啤酒的发展推上一个新高度，受到了很多消费者认可，如今青岛啤酒又进一步改革升级，推出的黑啤新品具有麦香浓郁、酒体丰润、杀口力强的特点，是对现有黑啤产品的创新。让原来追捧与爱好“重口味”的黑啤消费者又有了新的感受。

除了黑啤升级换代外，青啤还顺应时代潮流，赋予产品更多的寓意和个性特点，推出了喜庆气息浓郁的产品命名为“鸿运当头”，将中国传统风格的喜庆元素与极具现代风格的铝瓶相结合，让消费者在节庆时刻选择此款产品用来庆祝。这类消费主要瞅准了中国消费者对节庆市场的情怀，打造的是一种氛围消费习惯。

而更受时尚达人们追捧的，是青啤宣传为“越夜越锋芒”的“TSINGTAO1903铝瓶”。新颖的设计、独特质感的铝质包装，经典的浓郁麦香和醇滑口感瞬间俘获年轻的心，从味觉和视觉上带给消费者双重享受。

青啤的三款啤酒在今夏推出，其实是延续了青岛啤酒一百一十年致力于酿造好啤酒的理念，顺应潮流与时代的发展，既提高了产品的价值，也将产品的市场定位更加细分，这三款新品的适时推出，将有效满足细分市场的需求，符合并引领啤酒产品的流行趋势。

四、夜店消费，国产啤酒新天地

2013年夏，中国的啤酒巨头们都推出了自己的高端啤酒，在不同的市场定位上，寻求着目标消费者的青睐。而对于啤酒的众多消费渠道来说，它们的出现也让中国啤酒加强了自己在不同渠道的话语权。一直以来，中国啤酒企业和经销商们抢占着各类销售渠道，商超、餐饮、烟酒店等，可单单在夜店消费渠道中无法与外来产品抗衡。这一方面是由于前几年中国啤酒初期发展的定位引导，另一方面是消费者物以稀为贵、崇洋媚外的购物心态所造成的。

而从2012年开始，一些国产品牌已经开始意识到自己在夜店上的劣势，尝试改变消费者认为在夜店适合喝洋啤酒的观念。通过记者的走访调查发现，目前夜店中已经有不少国产品牌的进入，而且为了配合品牌的市场力，在南方的沿海城市有一些产品自建KTV等专属自己品牌的夜店。而在北京，一些国产品牌由于深厚的市场知名度已经形成了自己的产品特色，一些来京旅游的外国游客在夜店消费的时候甚至指明需要尝试本地的啤酒，而国内消费者也开始因为国产啤酒推出的新品定位准确，在夜店里选购国产啤酒。

通过国产啤酒近年在产品和渠道上的升级和创新努力，在夜店形成了可以与进口啤酒一决高低的新啤酒消费环境。但毕竟由于长期以来形成的风气和传统，要想在夜店消费的具体渠道中占有一席之地对国产啤酒来说也并不是件容易的事，还需要进一步分析制约国产啤酒在夜店发展的主观和客观的因素，争取新的突破。

古语云：“易，穷则变，变则通，通则久”，这说明只有变革才能发展，啤酒产品需要与时俱进的思想来进行改变创新，这样才能让产品的发展经久不衰。中国是世界上啤酒消费量最大的国家，相信在未来，中国的啤酒市场将会涌现出更多的啤酒新品，而这些新品因为有着独特的创新，将会获得更多的消费者与更广的市场。

啤酒广告宣传传统与新媒体并行

随着互联网在日常生活中的普及，新媒体的迅速发展壮大，啤酒广告的传播形式越来越多样，内容也日益丰富。门户网站、微博微信等新兴媒体成了啤酒行业投放广告的新宠儿，即使是传统纸媒，其广告手法也更加丰富，除了硬广告形式，还加入了软文等形式，啤酒广告的诉求内容更契合受众需求，受众定位也越来越清晰。

电视媒体，广告主角年轻化

前几年的啤酒电视广告表达形式比较单一，广告主角通常以男人、家庭背景为主，广告时长在10～40秒之间。2008年，第29届夏季奥林匹克运动会在北京举办，作为赞助商的青岛啤酒、百威啤酒等，适时推出了奥运赞助广告；2009年，青岛啤酒推出了颇具新意的一周7支广告，由夫妻等家庭关系为切口，融入青岛啤酒产品，打出“一家之酒，青岛经典”的广告语，一时之间受到广泛好评。

观察2013年的啤酒电视广告，不禁有让人耳目一新的感觉。时值毕业季，一些啤酒推出了以大学生为主角的广告，如百威啤酒“你我，永远相伴”为主题的广告，主角是刚毕业的大学生，经历了找工作、失意、彷徨等过程，曾经的好哥们儿不离不弃，总在他最低谷时默默陪伴，递上一罐百威啤酒；三得利纯生啤酒在时间、广告形式上打破了以往的规律，在电视、车载媒体、门户网站等媒体上投放了长达2分钟的“情在心底”微电影系列广告，主角是一对青梅竹马的年轻人，毕业以后各自走上不同的人生轨迹，男孩创业，女孩出国。彼此爱慕却将心意藏在心底，面临抉择时，男孩总是拿起三得利啤酒盖替他们选择。最后他们重聚，再次抛起啤酒盖，“畅享三得利纯生，只为这一刻的感动。亲情，友情，爱情……总有些情感，未曾说出，却始终存在。这一刻，情在心底。”的广告语响起，充满感动和温暖，引起观者共鸣。

通过这些新推出的广告，不难看出啤酒行业正在注重将一些广告的受众定位更加清晰化，锁定在18～25岁的年轻人，其广告主角、广告诉求趋向年轻化，通过言简意赅的情景故事让目标受众融入、产生情感共鸣，从而达到广告宣传目的。

海报logo，深入市场无处不在

小卖部、候车室、酒吧、饭馆，雪花勇闯天涯的大幅海报随处可见，烧烤摊、早餐车等使用的遮阳伞、靠椅，打上了燕京啤酒的logo，“清爽感动世界”的标语充斥大街小巷，顿时让人感受到阵阵清凉。就连在餐馆吃饭，去地铁乘车，抬头一瞥，都能看到“某某啤酒提醒您适量点餐，避免浪费”、“某某啤酒提醒您小心看管随身携带的钱物，谨防扒手”……

啤酒广告正在朝细节努力，不知不觉地渗透到了消费者的日常生活中去，其logo恰到好处地出现在众多公共场合，有的提示标语如春风拂面般带给人温暖，有的巧妙存在，让人潜意识中记下了品牌名称。2013年，啤酒的海报广告不再局限于单一的明星宣传产品，而是化作提示标语，桌椅、集装箱上的logo，以广阔的投放率迅速地占据消费者的眼球，从而形成品牌的高识别度。

冠名赞助，啤酒宣传好渠道

自2008年奥运会啤酒开启了赞助大型活动热潮以来，各种品牌的啤酒频繁地出现在了各种夺人眼球的活动中。青岛啤酒赞助了2013年CBA全明星周末篮球赛，喜力啤酒赞助欧冠杯，推出以“open your world”为主题的欧冠广告。除了赞助体育比赛，也有啤酒将触角伸到了娱乐圈：哈尔滨啤酒冠名赞助了7.27庾澄庆世界巡回演唱会，其冠名的第二季哈啤《酷我真声音》已于7月初正式在荧幕上亮相。

全民热爱体育的风潮随着生活条件的改善逐渐掀起来，运动、看比赛等少不了解渴的相伴饮料，众多啤酒敏锐地寻到这一卖点，冠名各种体育赛事。体育以其独特的魅力和吸引力渗透到社会的各个层面，不仅能够跨越地理的障碍，而且能跨越信仰、种族、文化和语言等差异，联结社会、企业和消费者的关系，有利于企业与目标消费者进行有效的沟通，快速提升品牌价值。啤酒赞助体育项目，进行系列的体育营销，受众的排斥阻力相对弱一些，从而在很大程度上提升品牌的知名度，激发受众的个人情感和群体认同。而冠名娱乐节目，更是将受众年龄层次扩大，随着电视节目的收视率攀升，其啤酒品牌便达到家喻户晓的效果。

微博营销，响应时代新潮流

电商的崛起开辟了酒水行业发展的新渠道，微营销也渐渐成为传播潮流。青岛啤酒、华润雪花啤酒、哈尔滨啤酒、百威啤酒等都在新浪微博、微信上开通了官方账号，通过即时发布新消息、评论、私信等方式与受众深入交流，其产品营销手法主要有互动抽奖法、普及知识法、直接宣传法等等。

互动抽奖法

@燕京鲜啤：大暑已经杀到，迎面吹来的风也夹带着丝丝热浪！热死人的天气，冰冻冻的啤酒喝起来！让炎热的夏季见鬼去吧！只要关注@燕京鲜啤，转发本微博喊出“夏天就是要喝冰冻啤酒”并@上和你喝酒的好友，就有机会赢得迷你掌上空调一部！

此类互动抽奖微博被众多粉丝看到并转发，即可产生以一传十甚至以一传万的惊人传播效果，其品牌的传播效果不言而喻。

普及知识法

@青岛啤酒：啤酒含有丰富的营养物质，且酒精含量低，被人们视为餐桌上的宠儿。1、啤酒温度应控制在12℃至15℃左右。2、一口至少要喝到15毫升以上。3、饮用的量要适度。4、喝啤酒最好吃些清淡菜肴及水果，如煮咸花生米、糖拌西红柿等。健康喝啤酒，转给身边的朋友吧！

这类啤酒营销微博的商业色彩较淡，更多的是向受众介绍和普及啤酒知识和文化，起到润物细无声的效果。

直接宣传法

@喜力啤酒官方：我们需要一颗生机勃勃的地球，正如我们需要喜力一样！

这条微博直接奔放，目的性极强，让受众对喜力啤酒有着直观的感性认识，容易激发起网友的热情。

比起传统媒体，微博营销的传播速度更迅速，且可以与受众增加形式多样的互动，对啤酒的品牌建设、产品改进等方面都有直接的影响。与时俱进的微营销是新时代发展的必然潮流，也是啤酒企业和经销商们不可忽略的传播趋势。

2013年全国各地啤酒节汇总

啤酒节是啤酒行业每年都非常重视的大型活动。2013年的啤酒节一如既往地在如火如荼地进行中……

世界上最为著名的三大啤酒节分别是：英国伦敦啤酒节、美国丹佛啤酒节和德国慕尼黑啤酒节。啤酒节是一个地方标志性的节日盛会，对带动地方旅游及经济有着独特的促进作用。啤酒节源于德国，已有100多年的历史。

中国的啤酒节最早是1991年从青岛开始的青岛啤酒节，至今已经成功举办了23届；大连“中国国际啤酒节”举办了15届；哈尔滨啤酒节举办了11届。还有燕京啤酒节、西安啤酒节、天津啤酒节等等，百花齐放，百家争鸣。国内的啤酒节举办的时间都集中在夏季，这个季节属于啤酒销售的旺季，所以大家都争先恐后地频频露脸，可谓争奇斗艳。

大型综合性啤酒节

每年夏天都有全国知名的大型啤酒节固定在具有深厚啤酒文化底蕴的城市举办，已经形成良好的啤酒节文化传统。这样的啤酒节规格较高，对消费者有着广泛的吸引力，由于举办方的实力雄厚，围绕啤酒展开的啤酒节活动形式多样内容丰富，既有传统又有创新，持续时间较长，有着独特魅力和影响力。这些全国大型的啤酒节为众多啤酒厂商搭建了一个非常好的平台，汇聚众多知名啤酒品牌，共享盛会。

青岛国际啤酒节

由国家有关部委和青岛市人民政府共同主办，青岛市崂山区人民政府承办，是融旅游休闲、文化娱乐、经贸展示于一体的国家级大型节庆活动。青岛啤酒节是国内规模最大的酒类狂欢活动之一，在国内外具有较广泛的知名度和影响力，被誉为亚洲最大的啤酒盛会。啤酒节以“青岛与世界干杯！”为永恒主题，通过举办开幕式、啤酒品饮、嘉年华娱乐、艺术巡游、饮酒大赛、经贸展示、闭幕式晚会等活动，营造热烈的啤酒文化氛围。

哈尔滨国际啤酒节

由中国轻工业联合会，哈尔滨市人民政府主办的中国•哈尔滨国际啤酒节，自举办以来，活动规模不断扩大，内容丰富精彩，以狂欢的激情，诠释了浓郁的节庆氛围，充分彰显着哈尔滨热情开放的城市活力。2013中国•哈尔滨国际啤酒节以“浪漫激情夜，醉美啤酒节”为主题，以“啤酒”为媒，将哈埠美食、夏都美景、欧陆风情、浪漫音乐等文化元素融入其中，全方位、立体化打造地域特色浓厚的啤酒盛宴。本届啤酒节是自创办以来，举办时间最长、规模最大、啤酒品牌种类最全、活动内容最丰富、群众参与性最广的一届国家级啤酒盛会，是最能彰显哈尔滨城市个性和魅力的盛大节日。

中国国际啤酒节

中国国际啤酒节诞生于北京，成长于开放的大都市大连。在中国轻工业联合会和大连市人民政府的精心培育及各大啤酒集团的热情参与下，不断成长、壮大。

2013年，中外啤酒企业十分看好大连旅游和消费市场前景，各酒商大篷都比往年增加了展示面积，中国及德国、美国、捷克、瑞典、爱尔兰、丹麦、澳大利亚等国家的30多家啤酒集团和企业参节，啤酒品牌多达400多种。来自北京、上海、台湾的啤酒自酿企业，在节日现场举行了自酿演示、自酿体验、自酿大赛等活动。2013年的啤酒节现场别出心裁地规划了5个活动区，包括啤酒畅饮狂欢区、啤酒花园休闲区、企业产品展示区、特色美食区和纪念品展售区。

地方区域啤酒节

地方区域啤酒节，虽然不如全国大型啤酒节高调，但也有着不能低估的影响力。结合地方特点的啤酒节，有着鲜明的特色，举办的活动也更符合当地的习惯和喜好，可以更具亲和力，更多吸引当地消费者的参与。虽说不像全国大型啤酒节那样，可以为众多啤酒厂商搭建一个综合性的平台。但对于某个啤酒品牌来说，正可以选择一些适合自己的地方区域，举办“一家独秀”的啤酒节，进而可以对自己的品牌实行专场的品牌推介，让消费者的选择更加专一，对品牌的认同度更高。

燕京啤酒节

2013年的燕京啤酒节，本着“热烈、和谐、欢乐、节俭”的办节理念，开幕式从简，走平民化路线，邀请从平民中走出来的演员。特别主张贴近百姓消费，杜绝浪费，进一步引导文明、健康的消费新风尚。

走进北京市顺义区奥林匹克水上公园，饮燕京白啤、鲜啤、黑啤，品各种美食，看文艺演出，玩游艺项目，别有一番滋味。

雪花啤酒节

在江苏泰州华润国际社区，欢快的露天烧烤派对、活力四射的演艺节目、充满悬念的现场互动，营造出与众不同的雪花啤酒节盛会，轻松热情的气氛带给参与其中的消费者愉悦的身心体验。现场最为激动人心的是免费提供雪花啤酒无限畅饮。这是雪花啤酒在各地举办的众多啤酒节之一，雪花啤酒今年还在温州、乐山、安徽、郑州等地掀起一股股啤酒节热浪。

青岛啤酒节

为了让更多区域的人们体验到青岛啤酒带来的激情和快乐，青岛啤酒公司将啤酒节文化在全国各地复制，每年5～9月青岛啤酒集中在全国50多个城市、地区陆续开展各具亮点的啤酒节庆活动，传播青岛啤酒品牌的同时也可以集中促销产品。

啤酒节解析

汇集的人口流量大，吸引度高。首要考虑的是啤酒节的选址，啤酒节一般设在闹市中心，公交地铁四通八达，交通便利，有利于吸引更多的外地游客前来参加。盛会中各参展企业为了展现实力，都不惜投入巨资，有的建起清凉透风、能遮阳挡雨的啤酒大棚，有的则依湖傍水围挡成为相对独立的展区，让更多参与者享受到良好的环境和周到的服务。

文化培育，在潜移默化中。慕尼黑十月啤酒节之所以闻名，不仅因为它是世界最大的民间狂欢节，而是它完整地保留了巴伐利亚的民间风采和习俗。啤酒节围绕着弘扬啤酒文化、繁荣餐饮、文化展演、旅游观光等丰富多彩的内容，形成夏季啤酒消费市场新热潮，为百姓提供一个夏季休闲纳凉狂欢的消费娱乐场所，进而让啤酒的文化氛围更加浓郁。纵观今年啤酒节，纷纷吹起一股文明风。在今年的啤酒节上，大家注重理性饮酒，伴随耳边愉悦的音乐，新颖的节目，桌前的美食，谈笑间不乏对酒友的关怀。坚持文明风尚，潜移默化中传递着社会的正能量。

精品荟萃，展现特色。今年较多参节的啤酒品牌有青岛、雪花、燕京、哈尔滨、珠江、百威、嘉士伯、喜力、德国何夫人、美国蓝带、科隆巴赫、德国伯爵等国内国外啤酒品牌，出于展示形象、推介品牌的需要，各参展啤酒厂商除了提供平日里消费者喜闻乐见的产品外，还会在啤酒节期间售卖出平日少见、口味鲜明的中高档啤酒，更多地满足近年来经济能力显著提升的市民消费群体在啤酒节潇洒一回所需。一些啤酒企业还会抓住啤酒节这个好的契机，推出自己的新品啤酒，由于消费者接受新的产品需要一定的时间，让他们乐意尝试新的产品也需要一定的引导，而啤酒节是一个能与消费者交流沟通的好媒介，把新产品的特点结合广告和相关活动在啤酒节上展示，更容易让目标群体了解和接受。

靠活动拢人气，借人气扬品牌。时尚歌舞与民俗文化相融合，政企合作与百姓参与共结合，商贸展示、公益活动、文艺演出、有奖互动、现场猜谜等，为使自己的展区更火爆热烈、更有特色，各参展厂商争相邀请专业演出队伍，这些特色活动推动啤酒节现场高潮迭起，人气旺盛，营造出热烈的氛围，啤酒企业正可以借活动聚拢来的超高的人气来极大提高品牌的认知度和影响力。啤酒节的举办既可以带动地方经济，又可以促进啤酒行业的发展，日益成为啤酒品牌建设以及传播培养啤酒文化的重要平台。

啤酒旺季销售手段面面观

当炎炎夏日来临之际，啤酒销售就开始进入旺季,促使啤酒市场大幅升温。全国各地不少星级酒店的啤酒销量开始上升，而众多品牌啤酒也纷纷抢滩各大啤酒市场，投入大量的人力、物力以抢占市场拼争利润。

一、旺季啤酒销售市场火起来

“五一”后意味着啤酒旺季的开始，啤酒进入销售旺季，众多的啤酒企业拥有了一次增加销量，提升效益的机会。每逢盛夏，夜幕降临，众多城市市民以啤酒消夏，这种乐趣演变成了一种休闲方式。得益于此，夏季啤酒经济在全国各大城市长盛不衰。日前，在胶东某品牌啤酒有限公司里，各条啤酒生产线正在全负荷运行。该品牌啤酒，已经提前进入产品热销期。一箱箱通过质量检测的啤酒，被公司门前等待提货的车队争分夺秒地装上车，送往全省各地。尽管这家啤酒企业联姻青岛啤酒后公司的产能在大幅度提高，但依然满足不了市场旺季的需求。不久前，“义乌•中国小商品指数”发布，本期指数显示，目前啤酒销量大增，已经进入销售旺季，价格与去年相比保持稳定。

啤酒的旺季从每年的5月份开始一直到10月份结束，这一段时间的销量一般能占到全年销量的2/3，难怪成了商家们关注的核心。另一方面也预示着，未来几个月，啤酒市场的战略战术、竞争手段会进一步升级，市场竞争环境会更加激烈。笔者最近出差到广州看到，各啤酒品牌大都开展了特价促销活动，啤酒商超价格战初现端倪。作为广州市场销量最大的啤酒品牌，珠江啤酒正大力开展促销活动，显示了其继续称霸广州啤酒市场的雄心。面对珠江的动作，其他品牌也毫不示弱，笔者看到多种啤酒品牌在进行着各种夏季促销活动。

二、销售策略成就旺季赢家

进入啤酒旺季，每个啤酒企业和商家都进入了销售激战阶段，都想在这个旺季市场里去争取最大的市场份额和效益。可是，谁将是今年啤酒旺季的最大赢家呢？

一是只有克服同质化进行产品创新的企业才能在今年的啤酒旺季中赢来喝彩。在啤酒的销售旺季中，啤酒的旺是来自于啤酒依据自身的特色吸引众多的消费者对于啤酒的关注，消费者对啤酒产品有多样化、多元化的消费需求。但目前，啤酒同质化现象严重，啤酒行业只有实现品种多样化、个性化，才能更好地满足不同层次、不同口感消费者的需求。只有克服同质化销售，进行产品创新的企业才能在今年的啤酒旺季中赢来喝彩。

二是只有进行营销手段创新的企业才能在今年的啤酒销售旺季中独占鳌头。纵观近些年啤酒旺季营销大战，复制跟风现象严重，基本上是降价、买一送一、开盖有奖、捆绑赠送等等。在策略陈旧、模式单一的同时，国内许多啤酒企业也陷入以降价为唯一手段进行肉搏战的泥淖，而价格大战带来的严重后果是导致了企业利润的减少，发展后劲严重不足，生产工艺和啤酒质量难以保障，成为制约企业进一步发展的瓶颈，有的啤酒企业旺季营销，时常唯销量是举，仅停留在单纯的销量提升的考核上，强调销量指标完成率的最大化，而对市场开发、市场秩序管理、产品结构调整、渠道建设与维护、售后服务、品牌传播等项目不能够合理有效地整合。

不少啤酒企业在旺季只一味地追求销量的最快提升，通过大面积、大力度地促销活动刺激渠道成员的进货激情，刺激消费者的购买欲望，而忽视了品牌的高效传播，忽视了促销对品牌形象的提升与塑造，只是采用一波比一波更大的促销、广告投放。不少啤酒企业不会进行营销创新，就是会也不去创新，觉得旺季营销策略就是这些，没有从品牌、文化高度去改变营销策略、升级营销手段，还是人云亦云，跟在别人的后边走，这样的企业是不能够在在今年的啤酒旺季中取得胜利的。

三是只有进行渠道创新的企业才能在今年的啤酒旺季中赢来胜利。旺季就是要让更多的消费者喝掉更多的啤酒。渠道创新是啤酒营销创新的重要方面，缩短渠道链，实现渠道扁平化，增强企业对终端渠道的掌握力是渠道创新的方向。一些企业虽然正在学习和实践深度分销模式，改革渠道体系，提高市场掌控力，但由于市场环境的复杂，企业能力的有限，目前看来效果还不理想，渠道现状仍没有太大的改变。还有不少啤酒企业一到销售旺季，业务繁忙应接不暇，同时也沉溺于一片“歌舞升平”中，自得其乐。注重成绩不重教育，对市场放任自流，疏于管理，缺乏缜密的过程监管和有效掌控，因此往往会引发很多的市场安全隐患，要注意防范。

此外，提高产品的市场覆盖率是打开旺季销售局面的基础条件。但覆盖率也并不是越高越好，覆盖率不等于占有率、毛利率，不能盲目地最大化，不能为覆盖率而一味盲目铺货，以致使产品覆盖率的稳定性差、转化率差、传播率差，浪费旺季营销资源。毕竟企业最终追求的是市场占有率、产品利润率和顾客满意率，只有这些做好了才能真正成为今年夏天啤酒旺季的销售赢家。

青啤、雪花、燕京三大啤酒品牌推广情况

一、再度夺冠：青啤蝉联中国啤酒第一品牌

不久前，“2013中国500最具价值品牌榜”在北京发布，青岛啤酒以805.85亿元品牌价值，再次蝉联中国啤酒第一品牌。

2013年第一季度，青岛啤酒实现啤酒销售182.9万千升，同比增长11.7%；营业收入63.12亿元，同比增长12.7%；实现净利润5.1亿元，同比增长11.2%。5月，作为第一家在港上市的内地企业，青岛啤酒H股股价创上市20年以来最高，显示了投资者对于青岛啤酒的认可与信心。而青岛啤酒的品牌第一提及知名度及无提示总提及度持续多年位居行业首位。

以“互动”为消费者创造快乐价值

2012年夏天，欧洲杯激战正酣，手机微博上一个名为《看球会兄弟》的情感短剧让在北京打拼的小伙子王利捷为之一震，“那些年我们一起看过的比赛，那些年喝光的青岛啤酒，那些年把酒言欢的兄弟”。他随即按要求用微博@两位大学好友，邀请他们一起喝啤酒、看比赛，由此拾起了一段久违的情感。

在广东韶关青岛啤酒节上，游客李峰拿起手机“随手拍”了张照片发到个人微博，同时@青岛啤酒，青岛啤酒在全国其他城市举办的各地啤酒节也会跃入眼前。在山东潍坊啤酒节的@青岛啤酒 粉丝们上传了用当地特色萝卜做的各式凉菜，西安啤酒节粉丝们上传了西北风味浓烈的特色烧烤，成都啤酒节的粉丝们上传了麻辣鲜香的麻婆豆腐……利用微博这种全新的社交媒体，青啤巧妙地整合了在全国各地举办的啤酒节，微博的粉丝们亲切的称为“空中啤酒节”。

不止是“空中啤酒节”，在提升品牌的过程中，借力互联网，青啤通过虚实之间的互动，将体验式营销做到了一个新高度。

在青啤的各种营销活动中，网络互动无处不在。消费者可以参与直播的CBA比赛；还可以分享青岛啤酒的酿酒师日志，了解啤酒的乐闻趣事；也可以参与活动去伦敦看球或者去德国寻根…… 2012年伦敦奥运会期间，青岛啤酒更是率先启用AR技术（Augmented Reality，增强现实，是一种全新的人机交互技术），将现场参与者的影像与奥运冠军视频合成，营造出了一种冠军就在大家中间，共享欢庆时刻的奇妙氛围。

从线下到线上，虚实互动，虚实融合，让青啤拥有了一个没有边界的创造快乐的广阔平台。它完成了对线下分散在各地，分布在不同时段的营销活动的高效整合，更重要的是，它有效地融入了这个互联网时代，消费者自身创造出的社交网络，从而成功地破解了在互联网时代，如何实施以顾客为导向的体验式整合营销这一课题。当青岛啤酒把产品销售、品牌传播、消费者体验“三位一体”的品牌推广模式放在互联网时代，特别是时下大热的移动互联网时代，其品牌价值的提升自然是水到渠成。

用“创新”为消费者打造专属的快乐资产

质量是根，品质是本。青岛啤酒110年来始终坚持用科技创新提升产品品质、完善产品品类，借力新媒体的力量，及时、准确地把握消费者需求，青啤对品牌的提升并没有只停留在营销层面，而是向整个产业链条延伸，特别是向研发、制造环节突进。

青岛啤酒公司副总裁兼营销总裁王瑞永表示：“品牌不仅是企业的资产，更是消费者的资产。青岛啤酒就是要为消费者打造好这份快乐资产。用创新满足他们的需求，带给他们更多的快乐选择和快乐感受。”

6月25日，青岛啤酒天猫商城官方旗舰店正式上线。借助互联网双向互动的特征，青岛啤酒开启了传统零售领域

之外的一片新天地：更直接、更高效地与消费者互动，让品牌和产品更能“听懂”并“兑现”消费者的需求，这是在持续的产品创新和营销体验模式创新之后，青岛啤酒在商业模式上的又一个突破和探索。“求新、求变”将不断成为青岛啤酒品牌建设的新标签。

品牌驱动，提升中国品牌全球影响力

品牌的力量，虽然无形，但绝不虚幻。品牌发展，让中国品牌青啤拥有了更为鲜明的品牌全球影响力。

在品牌榜发布现场，来自法国的欧洲工商管理学院(INSEAD)教授琼•克劳德•拉里齐（Jean -Claude Larreche）博士指出，在西方国家最有名的中国消费品牌其实是“中国制造”这个标志。带有“中国制造”这个标志的商品会给人留下低成本的印象。不过，中国已经有一些品牌在全球范围内被认可了，譬如中国国航(Air China）、联想电脑（Lenovo）、青岛啤酒(TsingTao)等。

青啤目前已远销美国、加拿大、英国、法国、德国、意大利、澳大利亚、韩国、日本、香港、澳门等80多个国家和地区，是国际市场上最具知名度和出口量最多的中国啤酒品牌，并占据着美国、墨西哥等国家亚洲第一进口啤酒的地位。2012年，青岛啤酒在美国主流连锁便利店市场销量上升了22%，Wholesale Club销量上升了20%；澳大利亚主流市场总体增长3.9%，两大超市连锁之一的Coles同比增长141%；在2012年奥运会的举办地英国，青岛啤酒主流市场的销量更是增长了30%。

著名品牌专家李光斗说：“衡量一个国家竞争力的强弱是看它有多少世界性的品牌，青岛啤酒是中国最具世界影响力的品牌之一，青啤品牌价值的大幅提升使之正成为中国的品牌符号”。

“炫”出大数据时代的未来

点开青岛啤酒的主题互动网站，一场名为“炫未来”青岛啤酒铝瓶全球创意征集大赛正在火热进行。通过网络，青岛啤酒面向全球消费者征集以铝瓶包装为代表的设计创意。已经有许多消费者参与活动，描绘了他们心目中青岛啤酒“未来的样子”。

北京大学新闻与传播学院副院长陈刚表示，“面对更加激烈的市场竞争，青岛啤酒坚持品质、不断创新，在营销领域不断突破，在国内市场已经成为中国品牌的领军者，在海外也成为中国优质品牌的名片。”而这场以“炫未来”为主题的全球创意征集活动，正是青岛啤酒和消费者“着眼于未来的对话”。

当下营销环境的最大的变化，是整个互联网产业从传统的门户网站进入到个人入口的时代。在这个环境变化中，具有百年历史的青岛啤酒走在了前面，具备很多年轻公司都无法比及的眼光与活力，这是一种青春的力量与榜样。一百一十岁的“少年青啤”始终展现着一种青春的力量。而这种力量，正是这个变革时代不可或缺的品牌榜样。

二、动静之美：雪花品牌推广活动1+1＞2

雪花啤酒的原创性品牌推广活动，已经成为啤酒品牌推广领域的一大亮点，“勇闯天涯”和“古建筑摄影大赛”都已经成功举办了多届，1+1＞2的品牌建设成果是雪花一直以来致力于这两项原创品牌活动，潜心做加法的成绩回报，活动的成功举办为这个啤酒夏天增色不少。

推动跨界营销：户外+古建文化

雪花的原创性品牌推广活动运用了跨界营销的模式，目前啤酒同质化现象在我国比较严重，如果只是把啤酒的营销和品牌推广局限于啤酒行业，发展空间的确有限。而勇于跨界，虽说有一定的难度，但也是一种难得的突破，活动做好了可以与所跨领域密切合作实现双赢，将不同领域的元素相互渗透融合，找到好的结合点。

雪花啤酒品牌的理念是“积极、进取、挑战、创新”，正是这样的品牌理念作为指挥棒，在进行原创性品牌推广活动时将品牌理念和精神发挥得淋漓尽致，使活动中的跨界进行得和谐顺利。雪花的“勇闯天涯”就是与户外领域的一次完美结合，每年组织户外探险活动。啤酒是相对静态的产品，而户外旅游探险是动态的产品，户外活动带动着雪花啤酒走遍全国各地，这样的跨界可谓巧妙地增加了品牌推广空间。

与清华大学携手共同关注古建筑文化更是给雪花增添了不少学术气息和文化底蕴。如今舆论的影响力大，人们更加关注企业的社会责任，一家酒类企业在消费者心目中的品牌形象尤其重要。雪花跨界到古建文化这样有意义的举动，升华了自己的品牌文化，让品牌的传播更具张力，让雪花品牌在不同的领域进行传播，多方位提升品牌推广范围和力度。

目标群体锁定：大众+小众

雪花啤酒通过原创性品牌推广活动，在覆盖大众的同时又锁定了小众群体。活动的参与主体是人，以活动来寻找自己的目标群体往往事半功倍。活动的大面积宣传，会吸引大众的眼球。而人人都有自己的兴趣爱好，每个人都或多或少有属于自己的兴趣圈子。除了啤酒的普通消费者和爱好者，“勇闯天涯”的活动会更多吸引户外旅游爱好者的关注，“古建筑摄影大赛”会更多吸引摄影爱好者和学术界等关心古建筑文化的业界人士参与。

从另一个角度看，雪花啤酒的一个重要消费者目标群体是年轻人群体，而雪花的这两个大型活动的定位也是如此，年轻人爱好走南闯北的户外旅行，喜欢挑战自我的探险活动，而古建筑文化更是不少年轻的大学生们所关注的课题。这样目标群体的合理重叠，让雪花品牌的推广显得自然和谐，最大程度寻找到了自己的潜在消费者。

在活动中的品牌推广更具互动性和亲和力，不同于硬性的广告，雪花啤酒可以为这些目标群体提供他们感兴趣的内容，与他们深入接触，日益加深了解，让消费者更加主动地去加强对雪花啤酒品牌的认可和忠诚度。一般情况下，人们亲自投入到一个活动中，特别是自己感兴趣的活动，这种体验会更加深刻，进而对相关活动的品牌产生好感。

宣传组织攻势强：线上+线下

雪花啤酒对于自己原创性品牌推广活动的宣传采取了相当强的攻势，线上线下的阵地都没有放过。从活动的线上宣传到线下的活动组织，雪花啤酒可谓通过电视、报刊杂志、网络等不同媒介在各个方面加强了自己品牌的宣传范围和力度。

由于“勇闯天涯”活动的主要参与群体是年轻人，网络媒体方面，雪花进行了广泛传播，全部主流媒体抢占，产生了广泛的影响力。活动的参与者也成为雪花啤酒进行宣传的主力军，他们通过人际传播以及网上自媒体的传播，不少活动的参与者都在自己的微博或QQ上与亲朋好友们分享活动的点点滴滴，不断扩大活动的知名度，同时也是扩大了雪花啤酒的品牌影响。雪花在宣传组织“古建筑摄影大赛“时也是尽心尽力，在全国十几个省市共开展几十场摄影外拍、讲座等活动。活动结束后，雪花还将在各区域开展丰富多彩的作品赏析讲座、作品展览等系列活动。

推广效果：短期曝光率+长期影响力

“勇闯天涯“和”古建筑摄影大赛“活动的亮点多，吸引度高，加上宣传的攻势强，短期曝光率很高，但他们并没有因为短暂燃烧起来的火爆而耗尽，转瞬即逝，而是有着细水长流般的发展延续，生命力极强，这离不开雪花啤酒最初在策划这两个活动时的长远目光以及多年来对活动的长期坚持。

2013年雪花啤酒勇闯天涯活动已经于7月开始在全国招募，至今已是成功举办第九届。此次的户外极限挑战主题为“翻越喜马拉雅山”，每年的“勇闯天涯”都会将挑战设定一个主题，这样的设置已经形成传统，户外旅游特别是极限挑战活动的爱好者们甚至已经把雪花”勇闯天涯“的活动作为了一个节日般的活动，雪花勇闯天涯系列产品的热销也说明了人们对这一活动的认可和喜爱。

2013年的“雪花纯生•中国古建筑摄影大赛”自1月中旬启动以来，截至5月初，共计120万人参与投稿，参赛作品高达200多万幅，堪称国内规模最大、影响最广的摄影赛事。早在2008年，华润雪花就和清华大学建筑学院签订合作，不断推进“普及与传承中国古建筑”的公益活动。此外，不仅举办了五届中国古建筑摄影大赛，还编撰出版了《民居五书》、《古都五书》等古建筑系列丛书，并历时三年拍摄了《中国古建筑》大型纪录片。此项活动经过多年积淀，在建筑领域、摄影界内产生了巨大影响，受到了建筑爱好者和摄影爱好者的广泛关注和好评。2013年参加“寻踪营造学社”大型外拍活动的是从200多万幅作品中脱颖而出的优胜者代表，以及古建筑专家、摄影专家和新闻媒体。

“古建筑摄影大赛“的长期开展，产生了大量的古建筑优秀摄影作品，为古建筑的文化传播和传承做出了实在贡献，在古建筑文化领域引发了广泛的关注，使雪花在品牌建设的人文发展层面走得更深更远，雪花啤酒对古建筑项目的投入不仅仅是一个普通的赞助行为，而是支持中国古代建筑的研究与保护，支持中国传统建筑文化的普及与弘扬，对于提升企业的品牌形象起到了很大的作用，必将产生长远的影响力。

三、民族品牌：燕京助力航天事业

“10、9、8、7……3、2、1！” 指挥员在进行倒计时读秒。

“点火！起飞！”随着指挥员发出清晰指令，火箭完成自动点火升空。

2013年6月11日，在这激动人心的历史时刻，燕京啤酒助威团布满在观测点的各个角落，见证“神十”的成功发射。就在火箭腾空的瞬间，助威团的人群沸腾了，大家都格外激动和兴奋。燕京啤酒助威团的成员们纷纷表示，能有幸成为燕京助威团的成员，到发射基地亲眼目睹飞船的发射，感到非常荣幸，这成为他们一生中难忘的经历。

多年来，燕京集团一直支持我国航天事业，持续推出 “喝燕京，观看卫星发射”、“喝燕京，为中国探月工程喝彩”等系列活动。一方面号召广大消费者积极参与活动，另一方面还邀请活动中奖消费者亲临酒泉卫星发射现场近距离观看卫星发射。

2011年4月，燕京啤酒正式成为中国探月工程官方合作伙伴，中国探月工程的指定产品。董事长李福成在致辞中说到，探月工程是推动民族进步的伟大事业，离不开全社会的共同关注和支持，作为民族工业的代表，燕京为探月工程尽一份微薄之力，是践行社会责任，义不容辞。

自2011年成为中国探月官方合作伙伴后，燕京啤酒将民族品牌对航天事业的支持落实在行动上，在全国启动了一系列支持探月工程的活动。如签名送祝福，为酒泉卫星发射中心赠送“神舟飞天 盛世中华”的牌匾和“神九飞天 感动世界 超越梦想”等活动，同时组织双方科技人员进行交流，通过向航天科技工作者学习，燕京尝试将相关技术转化到生产上，进行太空啤酒的研发等。

燕京啤酒一直扛着民族品牌的大旗，在我国啤酒行业第一集团军中，燕京啤酒是唯一没有国外啤酒企业控股和参股的大型国有啤酒集团，承载着民族啤酒工业的光荣使命，寄托着国家与人民的希望。

燕京啤酒在品牌建设上，与中国探月工程有着很深的契合点，二者成为官方合作伙伴，是航天事业与民族品牌的携手共进，是建设科技型国家与建设科技型企业的有机契合。燕京啤酒在为我国航天事业作出贡献的同时，也是合理抓住了这一良好契机，全面推进品牌建设，提升燕京品牌形象。

燕京啤酒集团副总经理丁广学曾表示，“一直以来，我们对科技工作者，特别是航天人员，始终保持着特别的崇敬和特殊的情感。燕京啤酒作为民族企业的代表，鼎力支持中国航天事业是我们义不容辞的责任。作为中华民族的一份子，燕京人深刻体会到了航天精神的伟大。我们将永远传承着航天精神，以极大的热情投入到民族品牌的建设中去，投入到科技创新的拼搏中去，为中国的崛起而努力！”

燕京啤酒高举着民族啤酒工业的伟大旗帜，发扬着民族精神，对于品牌发展有着清晰的目标战略，将继续坚持“发展民族啤酒工业，争创国际知名品牌“的信念，积极参与国际市场竞争，成为世界级的大型啤酒企业集团；积极开发国际和国内两个市场，实现燕京品牌的国际化提升。正如我国的航天事业，不断腾飞，让世人瞩目。

白酒适应变革发展战略研究

龙头企业改革步伐明显加快

2013年，五粮液在成都举行“五粮液创新驱动发展暨新品上市发布会”，正式推出中价位战略性新品牌，随后又跨省联姻河北永不分梨酒业；紧接着，上市公司宗申动力出资4000万参股泸州老窖智同商贸股份有限公司；汾酒集团也在北京召开“杏花村”新品发布会。联想到7月份贵州茅台牵手酒仙网拓展电商渠道，并松绑经销权面向社会招商；年初洋河股份在湖北新建白酒酿造和灌装生产项目，收购湖北梨花村酒业，不禁让人惊叹：面对行业困境，龙头企业已然出手亮剑。

《周易•系辞》曰：“易，穷则变，变则通，通则久。”上述各家企业的招式算不上绝世高招，但大家“思变”的决心显而易见，而且都成功地迈出了第一步。

据中国酒业协会发布的数据，目前国内白酒企业约18000家，其中获得生产许可证的企业8000多家。另据国家统计局统计，截至2012年12月全国共有规模以上白酒企业1290家，但2012年仅茅台、五粮液、泸州老窖、洋河、郎酒和汾酒等少数几家企业销售额过百亿，龙头企业销售额占整个白酒行业销售总额比例仍然较低，即使是14家白酒上市公司收入总和也不足全行业的30%。白酒行业集中度不仅远远低于啤酒、葡萄酒、黄酒等行业，即使跟更大范围的消费品行业对比，分散度也是相当高的。

进一步对比上市公司与全行业的历史数据可以发现，近年来两者收入与利润增长水平相当。可以说过去的白酒行业黄金十年，行业整体表现出共同繁荣的态势，大量中小企业的日子过得也很“滋润”。从这个角度看，白酒行业的高景气时期不适宜行业走向集中，而从2012年开始进入调整期后，反而可能是行业整合的契机。

从“共同繁荣”到“挤压式增长”，意味着行业竞争将日益激烈，广告战、渠道战、价格战等竞争手段也将不断出现。相对而言，龙头企业在品牌、渠道、资金等方面更具竞争力，更有希望在整合进程中获得更多市场份额。另一方面，各级政府从维护行业发展或自身利益角度，也倾向于扶优扶强，支持龙头企业发展。回顾国内外啤酒行业的整合历史，也呈现出相似的规律。中、小企业的昔日繁荣将为龙头企业的未来发展腾出增长空间，行业发展将呈现“强者恒强”的格局。

尽管各家龙头企业使出的招数各异，但可简单概括为“抢份额”，包括中低端市场份额、新兴渠道份额、大经销商和大客户份额等等。这些份额可能是之前不屑抢的、不愿抢的、抢得不激烈的，但现在变为积极争抢的，可以预见大量中小企业将进入煎熬期，其中大部分将加速退出，而龙头企业抢到的份额将在行业调整过后再次进入消费升级期，价值也将随之提升。因此，熊市围绕份额提升做文章不失为明智之举，从这一点来看龙头企业理应得到掌声。

白酒产品结构调整趋向腰部

酿酒行业步入调整期，整体发展增速放缓，“禁酒令”、限制“三公消费”等政策的发布，使高端白酒的销量迅速下滑。经过了短暂的适应期之后，众多白酒企业纷纷启动应对之策。除了调整产品定位、渠道资源、营销手段外，一些白酒企业重视产品结构的变革，投进了激烈的价格竞争之中。茅台、五粮液等一线白酒品牌为了自身的可持续发展，变革调整的力度迅猛果断，作为二三线白酒品牌的风向标，他们在产品和价位上的变革措施与手段受到了社会与酿酒行业的密切关注。

一线名酒聚力“腰部产品”

2013年起，一线名酒五粮液频频调整产品结构，推出了多种低价位产品。继3月提出聚焦资源着力打造六和液、

五粮春、五粮醇、绵柔“尖庄”等品牌之后，7月下旬，五粮液推出价格集中在200～400元之间的五粮特曲、精品五粮特曲、五粮头曲三款新品，8月，绵柔“尖庄”正式在东北上市。这一连续动作正是五粮液逐步贯彻“做精做细高端产品，做强做大中价位产品，做稳做实低价位产品”的发展思路，在巩固高端品牌形象与地位的同时，整合资源优势，开发价位在200～500元的腰部产品。

无独有偶，国酒茅台也在有的放矢地运作“腰部产品”。白酒的黄金十年，高端酒飞天茅台是茅台集团运作的重心，限制“三公消费”政策出台以后，飞天茅台的价格普遍呈下降走向，并出现库存积压现象。茅台集团从2013年初起重视仁酒、王子酒等中档酒的推广营销，并将仁酒的价格由599元降至299元；5月，茅台集团将白金酒纳入旗下子公司，推出白金酱酒少将以及白金酱酒红酱A3、A6等腰部价位的产品。其中，刚上市的红酱A3市场零售价为158元，A6则为228元，满足了市场对中端茅台酱香酒的期待。

再看泸州老窖，2013年针对中低端市场推出泸州老窖CRH•V产品线，包含泸州老窖CRH200、泸州老窖V160、泸州老窖V100、泸州老窖V80四大系列共14款产品；为了迎合越来越年轻化的消费群体，满足80、90后对白酒的消费需求，“泸达人”闪亮问世，这是继江小白之后的又一年轻化中低端白酒。

此外，剑南春推出的约200元的金剑南K6和500元左右的金剑南K9；汾酒近期推出“杏花村三号”……都是一线名酒针对酒业大环境调整产品结构推出的腰部产品。

长期以来，高端酒在酒类企业产品结构中占据很大比重，企业过度地开发高端产品而忽视了市场上的整体消费需求，导致白酒产品结构不合理。酒业步入调整期以后，回归大众消费成为白酒行业的共识。一线名酒纷纷变化调整产品结构，聚焦“腰部”，不仅让社会与行业感受到名酒企业积极应对酒业调整期的乐观态度，也让消费者对酿酒行业的整体大环境现状一目了然。

消费需求决定“腰部市场”

一线名酒变革产品结构，重视腰部产品的开发与推广，与现有的政策环境息息相关。政务消费受到限制，高端酒滞销，行业发展渐冷，却可以让冷静下来的白酒行业看到大众消费的巨大市场。酒业专家王朝成认为白酒的“腰部”市场容量巨大。他以一组数据说明这一市场的巨大空间：以白酒在2012年1100万千升的生产规模测算，500元以上的产量不到10万千升，不到总量的1%；100～500元的产量在100万千升左右；剩余的近1000万千升产品都集中到了100元以下，即腰部以下的白酒产量占据总量的90%。

2013年第一季度业绩报表出来后，名酒企业纷纷看清了高端白酒将面临长期深度调整的事实，向腰部市场寻找新的增长点是必然之举。加上名酒企业原本对腰部市场的忽视，开发重视腰部产品，不仅是应对酒业调整期的有利做法，也可以丰富名酒的产品结构，可谓一举两得。

随着百姓生活水平的提高，大众消费者在婚宴、传统节日送礼、商务宴请等酒的选择中，倾向于价格在100～500元的中档酒，既不会铺张浪费，又在合理的经济承受范围内。二三线品牌与区域品牌的产品在婚宴、礼品市场上的占有率已经形成，这一含金量大的市场也引起了一线名酒企业的关注与重视。除了推出适合婚宴、送礼的腰部产品，一些白酒企业也迎合消费者个性化需求，推出定制酒，如白金酒的红酱系列可满足消费者婚宴、金榜题名、小孩满月等定制需要。

营销专家方刚提出，名酒企业发展腰部产品，是白酒消费理性回归的表现。的确，消费者正在以越来越冷静的心态面对消费，从关注产品的名牌转向关注产品的性价比，从追求高端产品转为追求腰部产品。有白酒业内人士认为：今后的白酒市场将比三样：产品质量、售后服务、价格，这也是赢得市场、赢得消费者的关键。只有争取到了消费者，才能在市场竞争中取得乐观的销量。

“腰部”，是过渡手段还是长久之计?

5月末，四川省经信委的报告显示，泸州老窖窖龄酒、特曲等中档白酒销售收入同比增长22%，泸州老酒坊销售收入增长达220%。五粮春、五粮醇等品牌也呈现增长势头。可以说名酒的腰部产品经过专业的市场运作，取得了乐观的成绩。

作为白酒行业的龙头老大，茅台、五粮液、泸州老窖等名酒企业重视腰部产品的开发与销售，必然会带动二三线区域白酒品牌继续发力腰部产品，整个白酒行业的产品结构大调整将持续下去。变革之余不禁思考，“腰部”，是酒业寒潮期的过渡手段还是长久生存下去的必然之计呢？纵观政治经济最新动态，在这个多品牌、多竞争的时代里，消费者的消费观念越来越理性，关注产品的性价比高于价格，也趋向理性饮酒、健康饮酒。加之国家提倡的反对铺张浪费、主张勤俭节约风气，高端酒消费不为时代所鼓励，决定了“腰部”战斗将是一场持久战，“名酒”必然会朝着“民酒”的方向发展。政务消费、商务消费同大众消费一样，最终会走经济实惠路线，下一个白酒黄金十年的兴起要依靠的不是高端酒，而是市场容量巨大的中档酒。

也有人表示担忧：飞天茅台就是飞天茅台，汉酱就是汉酱，汉酱代替不了飞天茅台，飞天茅台也代替不了汉酱。一味地开发所谓的腰部产品，不仅破解不了高端酒滞销的困局，反而会破坏名酒品牌在大众眼中的形象。其实则不然，此轮名酒有序的调整产品结构，聚力“腰部”，并不是砍掉原先高端酒的比例，而是在现有产品结构中加大中档酒的比例，重视中档酒的渠道建设、营销维护。相对于二三线区域白酒品牌，名酒重视并丰富腰部产品的优势在于其产品口碑好，品牌建设极其成熟完善，只要确定产品定位、投放区域、营销手段，很容易打开市场销路，赢得大众消费者，在酒业的调整洗牌期内获得长远的发展。

酒业资本运作模式发生变化

作为白酒行业的龙头企业，白酒几大上市公司频频在资本市场发力。作为传统产业的代表之一，一直以来，白酒企业被公认为“现金充足”，通过前几年的高速发展，白酒企业可以说“黄金满屋”，这种现金为王的资金管理方式在应对2013年以来面临的行业变局，起到了稳定器的作用。几大酒企充分运用资本在市场长袖善舞，以资本运作“打头阵”，走出去、请进来、巩固前沿，实现自身结构调整。

五粮液：借道区域酒“走出去”

从两年前开始，资金雄厚的“白酒大王”五粮液就开始谋划积极利用自有资本收购业内优势资源与企业。然而，在白酒一路“高歌猛进”的局面下，中小企业待嫁的积极性普遍不高，价格也居高不下，五粮液收购之路走得困难重重。白酒消费环境的变化客观上促成了转机的出现，无论是五粮液自身希冀利用资本运作维系“千亿目标”的高增长态势，还是迅速开启优良企业收购似乎都具备了条件。

事实上，早在2012年7月，宜宾市国资委就宣布将国资公司所持五粮液20.07%股权无偿划转给五粮液集团，五粮液的投资计划从那时起似乎有所转变；10月，此项国有股权划转启动，国资公司的持股比例由56.07%下降至36%，但仍为五粮液控股股东，而五粮液集团则由零持股一跃成为上市公司第二大股东；11月，五粮液与五粮液集团及其下属6家子公司、农银国际控股有限公司共同出资筹建五粮液集团财务有限公司，上市公司出资7.2亿元人民币，占财务公司总股本36%。财务公司是为集团成员单位提供财务管理服务的非银行金融机构，可以对成员单位提供担保、办理成员单位之间的委托贷款及委托投资、对成员单位办理贷款和融资租赁等。财务公司的成立，为收购企业中的资本动作创造了条件。五粮液副总经理彭智辅在接受媒体采访时曾表示，“对地方酒企的收购是一个方向”。五粮液董事长刘中国也曾公开表示，宜宾市政府正对并购目标进行大范围调研，“以前考虑到一些问题，政府不支持，现在市委市政府强调，可以进行收购兼并。”

针对新形势下的白酒市场，五粮液首先把收购的特点放在了具有战略意义的区域白酒企业。2013年年8月5日，五粮液投资2.55亿元联合和君咨询、邯郸市政府三方共同投资河北永不分梨酒业股份有限公司。在新成立的永不分梨酒业中，五粮液占股51%。作为五粮液整合的首家区域白酒企业，控股永不分梨酒业被认为是五粮液重组区域品牌、投资白酒灌装基地的第一步，未来将有可能参照河北模式对其他区域厂商进行整合和重组，以形成各个灌装基地和区域品牌运作基地点面结合的布局。投资永不分梨酒业后，五粮液会将其作为在华北地区的低端系列酒灌装工厂，并将停止永不分梨酒业现有的基酒酿造，转而全部改用五粮液总部四川宜宾输送的基酒。五粮液对区域品牌的首次整合被五粮液集团公司董事长唐桥称为“走出去”战略。

茅台：打开子公司壁垒“请进来”

8月初，一则“贵州茅台集团将引入战略资本”的消息引起金融与投资界的广泛关注。虽然最终被熟悉酒界的人士证实为“放开的仅是集团旗下子公司”，与酒厂本身关系不大，业界对于茅台此时的资本运作仍激动不已。

长期以来，茅台集团虽然坐拥6大子公司，但真正的赢利大户仍为高端茅台一家独大，过分依赖高端酒本身成为结构不合理的隐患。在行业人士看来，目前茅台股份以75%的营收比率成为整个茅台集团的“顶梁柱”，子公司股改所带入的新血液将利于茅台集团子公司的发展。随着国家消费政策与限制三公消费的影响日益显现，作为行业龙头

的“国酒”茅台，必须从大茅台战略出发，下决心调整产业结构的布局。

为深度实施国有企业股权改革，贵州省国资委拟对28家国有企业全面引入战略投资者。据其发布的《关于引进战略投资者深度实施股权改革的意见》，茅台集团所属企业赫然在要进行股份制改造或改制之列。

而调整的重要手段之一，就是运用资本运作的方式，首先从企业资本结构上引入新的“血液”。与传统意义上的为解决资金瓶颈引入战略资本不同，茅台集团对子公司的资本引进，更是希望在带来资金的同时，带来新的管理与模式。

在贵州国资委发布的文件中，要求在遵循国家产业政策的前提下，包括茅台集团在内的28家国有企业可结合实际，自主选择产（股）权转让、增资扩股、互相持股、合资合作、技术引进、重组上市等方式引进战略投资者。

贵州国资委将28家企业的股改分为三类，分别是推进整体改制、对集团或所属企业进行股份制改造或改制、引进战略投资者对参股企业所属企业实施深度股权改革。其中茅台集团所属企业也在进行股份制改造或改制的名单之列。

针对茅台引资，白酒营销专家舒国华表示，此次茅台要引入战略投资者的并非茅台集团，也并非茅台股份公司，而是习酒等茅台集团非上市子公司。

对于这一说法，不久前率先由独立子品牌整合成为茅台集团旗下新的子公司的茅台白金酒公司执行总裁陈宁也给予了证实：“此次与集团成立新的子公司形成的‘白金模式’，得到了贵州省国资委相关领导和集团高层的充分肯定，这种模式可能会作为一种引入战略资本的样本模式加以复制和推广。”

泸州老窖：区域市场建基地

不久前，擅长资本运作的泸州老窖与河北鹿泉市就泸州老窖物流园项目举行了签约仪式。泸州老窖及战略合作伙伴桥西公司、中京公司共同投资在鹿泉建设一个大型白酒生产灌装、仓储、物流基地。以该项目为运作平台，泸州老窖将在此基础上设立或引进从事白酒生产、销售、物流运输以及房地产等数家企业。这是泸州老窖继中国白酒金三角酒业集中发展区的成功打造后，整合产业链资源建设新基地、谋求新发展的又一次尝试。

通过在目标区域市场积极开展投资与合作，联合区域大型酒商、整合当地灌装、仓储、物流等，充分利用“本土化”的低成本优势，实现企业的“生产转移”，达到异地建厂“一分投资，三分效益”的效果，是泸州老窖近期投资的一大特点。

流水不腐，户枢不蠹。企业要想健康的发展，充满活力的资金流动与多元化投资是保持企业永续的必要条件。当原先的产业格局受到经济环境等的局限，企业寻求出路，在资本市场上下苦功夫，也是积极应对的方法之一。既解决了资金盘活的问题，也开拓了市场，并为生产和销售打下基础。

酒商渠道变革改走“群众路线”

酒行业是个传统的行业，一直以来以政务消费和商务消费拉动为主，没有充分考虑大众消费者的需求。龙头企业们深刻认识到：仅完成产品结构、资本运作的整合优化是远远不够的，要想稳固行业龙头地位，获得长足发展，必须对现有渠道进行变革，拓展渠道的思路围绕消费者，由注重“量”向注重“质”转变。

对渠道进行扁平化深加工、开辟电子商务平台、跨界经营实现资源和产品渠道共享、尝试直营模式……各名酒企业在渠道建设上开始了大刀阔斧的变革。

一、渠道扁平化深加工

酒行业不少专家学者认为，渠道扁平化的结构是近年来酒业渠道发展的一个新趋势。渠道扁平化就是以企业的利润最大化为目标，依据企业自身的条件，利用现代化的管理方法与高科技技术，最大限度地使生产者直接把商品出售给最终消费者以减少销售层级的分销渠道。龙头企业们充分挖掘自身的不足，采取不同的方式对渠道进行扁平深加工。

二、降低门槛，优化渠道

所谓降低门槛，即企业打破原来的渠道生态，为之引入新鲜的血液和竞争力量。“酒界大佬”茅台在这方面的布局相当出色。

近日，银基集团宣布，其公司之全资附属公司银基贸易发展(深圳)有限公司已与国酒茅台(贵州仁怀)营销有限公司订立经销协议。业界人士表示此举是茅台进一步抢占渠道资源的表现。

茅台集团刚刚公布的上半年集团收入数据表明其成绩并不优秀，较去年同期仅增长1亿元。销售市场的遇冷，让皇帝女儿不愁嫁的茅台在过去的半年内，从强硬的市场保价转向后来的扩宽经营许可。此举一是为了凝聚原有营销渠道的凝聚力，一是为了以宽进的形式吸纳更多渠道经销商的想法，从而将茅台的市场布局细化。

为了填补高档白酒在大环境市场消费的空缺，茅台集团启动了新增经销商和销售渠道的策略，以增量的方式吸引经销商，填补代理空白。而新增的市场销售量，茅台计划用新增经销商和销售渠道的方式来消化。同时，茅台集团放开部分飞天茅台的经销权，鼓励销售其他高档酒的经销商来代理。让经销商更为心动的是茅台在全国范围内推出新的营销措施，有经销商向记者表示，茅台对新进经销商的政策十分优惠，代理的优惠政策包括“如经销商按照999元/瓶左右的价格打款购销30吨，2014年将获得低至3吨的飞天茅台经销权，拿货价格也更加优惠。”目前一些经销商按照60吨甚至上百吨的金额打款给贵州茅台，以求来年年能获得2013年打款量10%的飞天茅台经销配额。

“1000吨茅台几天就被抢光。”一位业内人士透露，堪称“硬通货”的茅台市场前景还是不错的。

茅台以往在市场上的一些销售手段已不再适用当下环境，为了让经销商和企业共同面对酒水冷淡期，茅台集团开始了吸纳与放宽政策，在保证利润的前提下，不再约束经销商的市场销售权限。

随着一线市场的日渐丰腴，日益高涨的渠道成本和有限的市场容量削弱了茅台在终端市场的竞争力，因此构建强有力的扁平化渠道，提供多种类型的渠道体验或可成为茅台升级转型的新方向，也成为茅台代理经销商指示的大方向。就当前市场来看，渠道的扁平化是茅台的下一步动作。从上游来看，企业压缩渠道的层级，似乎威胁到了经销商的生存空间，但从下游来看，大的连锁零售商、连锁专卖店，利用其强势的销售队伍，向上游的经销商转嫁经营风险和费用，压缩其发展空间和利润；同时也要求撇开经销商，直接要求茅台进行直供。这样既可以布局新的市场，扩充茅台的新经销商队伍，也能真正意义上开展茅台的扁平化销售策略，走亲民路线。

三、变相降价，让利经销商

政策导致的高端酒滞销、库存积压问题，直接影响到经销商的生存。为缓解经销商的库存压力，提高产品动销率，五粮液在去年“1218”经销商大会期间，提出拟在2013年2月1日起上调10%出厂价，并在2013年下半年视时再提价10%。其后，五粮液在2013年3月春季糖酒会期间公布从第二季度起返还经销商10%～15%打款额，作为市场费用支持的举措，变相降低了出厂价，这被业内解读为是给经销商补贴变相降价保销量。上述政策释放了变相降价抢占其他白酒企业份额的信号，对部分经销商低价抛货处理库存有所帮助，也让我们看到了白酒市场环境存在的问题。

渠道库存出现积压，出厂价坚挺，批发价格倒挂损伤了经销商的进货积极性，部分经销商不愿意打款，甚至有经销商关掉五粮液旗下五粮液专卖店。由于经销商之间调货比向厂家进货便宜，向厂家打款意味着没钱赚甚至亏损，一些大经销商在市场上低价甩货甚至窜货。针对渠道市场的混乱现象，五粮液提出的解决措施主要体现在维护经销商扩大收入上，这也是五粮液正面临的一大难题——如何帮助经销商消化库存。五粮液的亏损也在间接反映当下酒企与经销商的现状，业内人士表示，主要是因为白酒市场环境发生重大变化导致营业额下跌，一旦出现市场购买力弱的现象，就会导致经销商直接亏损。

四、缩短渠道中间环节

传统的白酒渠道采用“四级营销体系”，层层分销，规模庞大，各种中间环节分派利润，到达终端的利润微小。实行渠道扁平深加工，意味着在细化渠道的同时缩减不必要的中间环节，为经销商、消费者带去切实利益。

五、亲自抓终端

5月底，五粮液推出价格在100元以下的绵柔尖庄之后，又宣布推出五粮头曲和五粮特曲两个系列共三款产品。五粮液选择连推中低价位的新品，并直接上阵参与品牌的研发和市场推广，包括对终端价格的严格控制。五粮液之所以加强对系列酒的管理，是因为外部白酒消费环境发生了变化，靠高端产品带动的效益去实现增长的方式显然不行。在过去，五粮液对经销商体系不太重视，高中低端产品比例并不平衡，更多注重通过提价来获取较高利润。现在，随着外部环境的变化，五粮液通过推出五粮头曲和五粮特曲两个系列共三款产品，开始发力市场。对于终端销售价格在100～500元的中档白酒产品，本身的毛利率就不高，此次推出的五粮头曲、特曲和特曲精品，五粮液将采取小区域平台商运营模式，以地级行政区域为招商单元，更加贴近一线市场和消费者，有效实施渠道扁平化，实现企业的最大利润。

此外，在五粮液五大战略品牌中，除了五粮醇，其他都采用总经销商模式，五粮液在2012年建立几个营销公司，意味着其销售模式将从四级缩减为三级。对五粮液而言，之前是从总公司到省级平台商，之后到运营商，再到终端四级销售模式。成立营销子公司，直接变成营销中心到运营商到终端的三级销售模式，流通环节减少一级，到终端的价格就更低。由于渠道发生了改变，营销子公司在价位上、品牌打造上难免会跟总经销商错位。这将直接冲击五粮液原有的经销体系，尤其是总代理和总经销将受影响。不过董事长唐桥认为，这是五粮液在体制上适应时代必须进行的转型创新，旧有模式已经不适应新形势。

过去对终端定位是商家的事情，厂商和总经销不会介入。五粮液如今推出的新品要在地市级招商，避开了各级的分销商，旨在收缩渠道，亲自控制价格的终端定位，这成为其日后对渠道管理的重点。

六、抢占县级市场

随着中低端酒的消费机遇到来，泸州老窖集团开始重视中低端酒产品渠道的开发与维护。2013年起，博大酒业在充分研究中国农村酒水消费市场的基础上提出“万镇创富工程”，即在全国范围内首批发展3000个核心乡镇，第二年发展6000个核心乡镇，第三年发展10000个核心乡镇。其加盟对象主要针对：乡镇个体工商户，当地知名人士，当地企业相关单位人员；同时包含乡镇宴席服务，饭店经理；快销品经销商、农资和拥有消费资源的单位人员和其他有资源有意向的创业人士，涵盖了农村酒水消费群体的主要成员及基层渠道。万镇创富工程的提出，意味着泸州老窖越过省级、地级市代理商，直接抢占县级市场，减少了渠道流通成本，将利益带给广大的乡镇加盟对象和消费者。

“万镇创富工程”涵盖产品包括泸州老窖盒装二曲系列，如精制二曲，盒装二曲两种，光瓶系列如光瓶二曲，淡雅二曲，新韵二曲，磨沙二曲等；此外，还有头曲/二曲的组合销售模式，其中头曲系列含6年陈、老头曲，精品头曲，经销商可以灵活根据不同区域的价格体系差异，各区域自行搭配产品。该工程结合了“县级市场网格化工程”的推进，凭借二曲酒的自身优势充分释放品牌价值，向镇乡村市场发展。对镇乡村市场进行占领，走“农村包围城市”发展道路，大力扶持乡镇村核心二批，建设乡镇村核心店、形象工程，为成功进驻县级空白市场打下了基础。

七、酒庄专卖，商超直供

张裕是开启产品酒店专卖、商超直供的典范。在2012年的120周年庆典上，张裕正式宣布启动建设烟台张裕国际葡萄酒城，组建先锋国际酒庄联盟并在全球招商，在全国范围内拓展先锋国际酒庄联盟的专卖店。

据了解，张裕的烟台国际葡萄酒城项目占地6200亩，计划总投资60亿元，预计将于2016年完工。张裕先锋酒庄联盟计划在全国拓展300家专卖店，未来3年，计划专卖店数量达到1000家，未来6年内达到3000家，力争成为世界规模最大的葡萄酒连锁专卖店。目前张裕的招商主要致力于专卖店，开专卖店的装修费，厂家可以报销50%，除此大力支持之外，还提供葡萄酒推广和品鉴会的资金赞助。

由此可以看到张裕在渠道建设上的投入之大，也可以感受到张裕进行渠道变革的雄心，以及对未来的信心。业界专家认为，张裕通过做进口酒，发展进口酒业务，可以快速在国内建立起新的销售渠道，可谓意义重大，专卖店的布局如果处理得好，将会给张裕的未来发展带来强大的驱动力。

除了专卖店以外，张裕在“直营”的渠道变革中还有一个大动作——商超直供。据说这个思路来源于在美国的考察，张裕发现海外的红酒商场实施的都是商超直供，于是学以致用，效仿海外的直营渠道营销模式，创新自己的渠道发展，开始摸索本土的商超直供。

张裕采取国际先进的商超直供模式，最初实施商超直供的范围主要定位在级别高的全国大型连锁超市，与沃尔玛、家乐福等积极展开合作，产品直供特定的渠道，直达特定消费者群体，而省去了中间环节。其在商超直供上的创新尝试，让这一重要的渠道受到更直接有效的控制，使利润更直接地进入，目前，张裕的商超直供还在不断扩展。

2013年7月，张裕召集北京经销商大会，再次修改年初定下的直营渠道策略。有参与会议的北京经销商表示，张裕准备继续做大超市直供这一渠道模式，将不仅限于之前实施的全国大型连锁超市的范围，开始尝试做中小超市等的直供，商超直供主要由张裕负责业务和物流配送，经销商仅负责小型烟酒店的配送。

直营模式加大了对渠道的控制，使利润获得更加直接，却很难不影响到经销商的利益。长久以来，张裕的传统经销商队伍规模庞大，掌握着大量的资源，变革存在着流失实力强大的经销商和优势资源的风险。比如掌握在经销商手中的各商超的供应链条和长期以来形成的人情关系，张裕的直接进入势必需要开出更为优厚的条件，又比如商超直供需要供货商强大的物流配送体系，这也需要张裕付出努力去搭建。

八、开发个性定制市场

高端酒的政务消费减少，不代表企业、个人的高端酒消费会减少。随着婚宴、寿宴市场的形成与开发，不少酒企业开始思考如何做好个性化定制市场。以泸州老窖为例，在个性定制上，泸州老窖集团坚持双品牌塑造，将国窖1573产品系列与泸州老窖产品系列分开，针对高端市场、中低端市场展开不同的定制服务，获得了不错的市场反响。

针对国窖1573，泸州老窖集团开发了高端定制酒，定制壹号、大坛定制、国礼、国花、至尊、高尔夫会员专享等不同系列的定制酒，满足各种高端消费需求。其中高尔夫会员专享定制酒由于每年限量发行3000瓶，实行封闭会员制销售，迎合了奢侈品市场潮流，在一定程度上保留了原先的高端酒市场，使其更加个性化、灵活化。

泸州老窖一往情深“L”系列定制酒则迎合渐渐兴起的婚宴市场，作为庆典定制用酒，“L”系列蕴含爱情（love）以及生活、生命（life）多重情感价值寓意，以L3、L6、L9三个不同价格档次产品满足结婚庆典、生日宴请、私人聚会等各种不同的宴会场合，根据客户的意愿，将符合庆典的个性化元素融入产品的包装盒，镌刻客户的专属烙印，风格独特且充满创意。近期，泸州老窖旗下子公司博大酒业营销有限公司主办的“幸福启航”大型主题活动，通过新浪微博、网站宣传与互动，成功地打开泸州老窖六年陈头曲等中低端酒的婚宴市场。

开展定制服务的白酒企业不在少数，但像泸州老窖这番展开高、中、低档市场全面覆盖的定制服务的企业还不多。泸州老窖的个性化定制原理即：针对消费者的差异化消费水平形成不同的价格带，完成对市场需求的细分，从而有效地开辟高、中、低档婚宴市场，迅速打开定制产品的销售渠道。

九、大胆创新，试水电商

继酒仙网这一专业卖酒电子商务平台出现后，酒行业就是否应该发展电子商务平台产生了激烈讨论。7月，国酒茅台与酒仙网举行战略合作新闻发布会，宣布双方建立起战略合作伙伴关系。

茅台触网，可谓业界一大话题。过去“不稀罕”跟电子商务合作的众多酒水企业，在“酒业大佬”茅台主动拥抱电商后，开始了新的行业审视。话题是留给行业的，但市场的发展是摆在茅台面前的。毫无疑问，电子商务的引入，是茅台2013年发展渠道的一项重头戏。8月初，贵州茅台公司官网挂出招聘电子商务等专业技术人员的公告。另外，值得关注的是，茅台自建电商平台的搜索排位已经开始发生转变，这表明茅台进入电商并非是一时兴起而是做足了功课上阵的。目前“茅台网上商城”排在网络搜索引擎中第一位的为“茅台电子商务官网”，第二位为“国酒茅台网上商城——茅台电子商务官方在线销售旗舰店”。相比代理的网络渠道而言，企业自建的网络销售平台在产品真伪性与消费者信息反馈方面更能得到消费者与企业双方的认同。

有人说，既然茅台的品牌能力够强，为何还要在其他网络平台上进行销售推广呢？这涉及术业专攻的问题，专业酒类销售平台等于一个电子商务的代理商，他负责产品销售的终端价格、配送及市场维护等，企业除了供货外不需要过多的资本投入，可以省很多成本。但是网络上虚幻难辨，也难以对产品价格进行相对正确合理的引导，很有可能出现经销商为赚眼球恶意抛售产品等不良现象。针对这类代理方式的电子商务，应加大企业与渠道之间的凝聚力，相信茅台的品牌效应也会在无形中让电子经销商们“保价”销售。记者通过对多家酒类电商平台统计发现，目前茅台在电子商务渠道销售的价格相对稳定，并未与市场有太大出入，主打产品53°飞天茅台在几大电子销售平台的出货量比较大，而单瓶价格基本维持在999元和1159元之间。这种现象既是茅台希望看到的，也是原有的茅台代理商希望看到的。

针对茅台网络销售的策略，认同也好，不认同也罢。政策出来后，作为国内一线白酒品牌，茅台跟其他酒企一样有了积极的行动，将消费群体由政务转移到商务方面。而茅台在销售渠道的转换，一言一行都被行业看在眼中，作为多年的酒水老大，它代表的不光是一个品牌，更是酒水行业的品质象征。但转型是否能重新获得市场的关注，还需要一定的时间来发酵酝酿。记者认为，由于2013年整体经济形势不好，在一定程度上制约了企业的转型步伐，从整体上来说短时间内的转型还没有显现。我们应该对敢于尝试的企业予以肯定，培育一个群体需要时间，也许在不远的将来，茅台现今的渠道尝试会带来不一样的结果。

无独有偶，五粮液也在发展电子商务平台，与茅台两条腿走路的不同在于，五粮液集中精力，专心创建发展“五粮液在线”。过去，高端白酒消费很大一部分来自团购渠道，它结合酒类产品的特点，推出适合企业自身发展区域性、阶段性的促销、团购。目标集中、消费集中；利润可观，资金循环快，是企业营销渠道的补充和完善。当各种新政出台后，不少厂家陆续把更多的精力从团购渠道转移到流通渠道上来。五粮液为了扭转颓势，也不得不采取“亲民”措施，让价格接地气，开始注重发挥电子商务、现代大型连锁终端的优势，着手研发适合五粮液营销的电子商务。

对于这种企业型电子商务，五粮液有非常充足的资本及品牌的累积度做推动。极其巧妙地把品牌特色和特色酒品推出去。让网民更多地了解网购酒的优势，对生活中涉及不到的酒类产生兴趣。创建“五粮液在线”是五粮液集团从品牌战略的角度出发，着意于提高消费者对五粮液品牌的认知度，培养有一定忠诚度的消费人群，同时用现代手段完善五粮液的销售渠道。“五粮液在线”在传统销售渠道的基础上，开创了白酒行业电子商务的先河，是五粮液电子网络渠道的服务平台，它将五粮液强大的经销配送网络和互联网信息传播快速的优势相结合，利用已有成熟的网络银行、400呼叫服务中心、网上银行、货到付款方式等完成订单交易。这一举措建立起产品的统一形象、统一价格、统一宣传内容，实现了五粮液集团、经销商、消费者的三方共赢。当然，电子商务在现阶段只能作为渠道的一种补充，白酒企业还是要把重心放在对现实渠道的建设上。

十、跨界经营，渠道共享

跨界经营在金融、服装、餐饮等行业并不罕见，一个有资本实力的集团动辄拥有酒店、娱乐城、金融公司等旗下产业，在资源的整合与共享中带动地方产业发展。传统的酒行业习惯了坐地圈钱，牢牢守住资金与品牌产业，战略投资眼光受局限。然而，白酒龙头企业泸州老窖打破了这样的局限，重视跨界经营带来的渠道、资源共享作用。

8月，泸州老窖集团发起的智同商贸公司在媒体的揭露下渐渐浮出水面，其合作伙伴除了宗申动力，还有CADO与美的电器等。据悉，智同商贸将以白酒贸易、大宗商品贸易、供应链金融服务及资本运作为核心业务，通过整合股东之间分散碎片化的采购需求及资源，搭建一个“资源共享、跨界合作、产融一体”的平台。

泸州老窖集团承诺认缴注册资本金额不少于注册资本的21%，此举目的在于通过产品多样性和易货贸易等方式打造资源整合平台，供应链金融服务平台、企业高层公共关系平台、电子商务平台、物联网平台，实现酒厂从单一的制造商到销售商的转化。

泸州老窖总经理张良透露近期正在同宝马4S店谈合作，“你买我700万的酒，我给你整合1000万的宝马订单。以泸州老窖集团的资源，这并不难办到。对宝马来说，买辆宝马车送2瓶国窖1573酒也未尝不可。此外，同房地产雅乐居，我们也是这样合作。”对于泸州老窖集团而言，做跨界经营已经是第三轮了。20世纪90年代初，泸州老窖曾斥巨资进入商业、金融、矿业、房地产等行业，2003年前后，泸州老窖进军科技、饮料、金融市场。著名的白酒专家铁犁认为，泸州老窖正在拓展多样化经营，实现集团第三次跨界经营。类似这样的跨界经营在金融圈并不是罕见之事，联想集团的柳传志、万达集团的王建林投资有机农业，在资本的流通与资源的整合方面发挥了最大能力。

事实上，高端白酒受限制，腰部产品竞争激烈，通过传统的经销商渠道来销售产品，未必能达到预期效果。泸州老窖集团酝酿的商贸公司在一定程度上将股东的利益捆绑起来，反而可以更好地拓展白酒的销售渠道。比如，泸州老窖集团一年要在杉杉服装采购3000万的衣服，通过智同商贸这一平台，可实现杉杉服装采购泸州老窖3000万元的酒。表现上看，是供应商之间的相互交换，以货易货。实际上，泸州老窖可吸纳一大批不是客户的巨型商业客户，这种新的销售模式就是基于商业客户的B2B模式。这样的渠道创新，在白酒行业可谓是第一个吃螃蟹的人，无论结果如何，其思路与想法值得肯定。

近期，泸州老窖与张裕互进专卖店的合作事宜也受到了媒体的广泛关注。据悉，两家企业很早就开始商谈互进专卖店事宜，现在已进入落实细节阶段。张裕是葡萄酒行业里的王者，泸州老窖是白酒行业里的龙头，两者在渠道上的携手合作可谓是强强联合。两家企业达成共识，互相进入彼此的专卖店，符合当下酒类消费者对购买渠道的实际需求，通过渠道的推进，把两个知名的酒类民族品牌结合起来，形成更大的合力，实现好的市场效果。

两家企业产品的相互进驻，意味着各自背后经销资源的整合，这种有利无害的渠道、客户资源的交换与共享，将形成酒类销售中单一品牌专卖店与酒行的中间状态。烟台张裕葡萄酿酒股份有限公司总经理周洪江表示，在当前酒类消费呈现多元化、个性化趋势的背景下，不同酒种、强势品牌之间的“组合效应”会越加突出。张裕和泸州老窖在渠道上开展合作，突破了过去单一酒种、单一品牌的局限，为各自的销售赢得更多的发展空间。但是双方应该进一步加强沟通协调，在合作中不断完善，落实在细节之处，让彼此的渠道合作产生预期的组合效应。

中国白酒金三角酒业协会副会长张建平认为，要想实现由“名酒”到“民酒”的转变，渠道营销模式上要出新招、出奇招，以贴近民众的生活方式，通过创新的渠道营销模式，使价格回归价值，让消费者很方便地以优惠的价格享受到高品味、高品质的美酒。上述名酒深谙“民酒”的意义，狠抓渠道变革创新，正努力地将自己过往“高高在上”的形象改造成亲民形象，让整个行业一起来期待名酒优化后的渠道带给经销商、消费者的惊喜。

名酒变革给行业带来的启示

纵观2013年以来白酒巨人们的产品策略，扎堆“腰部”已经是不争的事实，这无疑给曾在此价格带“活得滋润”的区域品牌和中小企业带来竞争压力。

第二方阵面临“腰部压力”

很多二三线的白酒企业一直在做亲民品牌，黄金价格带的产品，而因为环境因素，一线企业也转向腰部产品的开发与营销，让腰部产品成为了一个纷争的地段。

2013年，茅台和五粮液等一线白酒品牌高端产品价格大幅下降，泸州老窖、剑南春、水井坊等也在中低端产品领域频频动作。

虽然一线品牌跌进了终端价位，对大众消费者来说是一件好事，但对二三线品牌来说无疑是个噩梦。在未来，一线品牌在产品的过渡期内会与二三线品牌的产品形成百家争鸣的态势，随着一线白酒品牌抢占黄金价格带的目的愈发明显，其腰部产品愈加丰腴，产品种类也更具有针对性。在品牌实力与市场影响力均不如一线品牌的情况下，二三线品牌只能在品牌实力上不断进取，在产品的定位上花更多心思，才能将市场的一些份额归为己有。可以预见，二三线品牌在与一线品牌的纷争中越来越没有亲民优势，但存在即合理，二三线品牌想要生存，就要有一个合理的存在理由，如何在与一线品牌的腰部产品较量中保持不败的地位，产品的附加内容与市场消费者的症候者才是二三线品牌需要做足的功课。

中小企业“待价而沽”

大企业想要平铺市场渠道，除了自身研发产品外，兼并一些地方中小企业是有效且便捷的方式。而这些“坐以待兼”的企业一旦被大企业相中，一个你好我好大家好的盘活发展模式顺应了当下的发展。

酒类企业异地建厂或者异地收购原有企业，新收纳的“地盘”不光能提高产能，更能带来一个新市场，并通过品牌宣传达到新的消费认知度。

随着一线白酒品牌看好腰部市场，我们能从侧面感受到一个信号：一线品牌要用腰部产品来填补高端产品的市场亏损，跨进了一个由走价值转向走量的时代。对于一线品牌而言，资源稀缺、品质卓越促成了其一线地位，产品定位必然偏向高端。限制三公消费的骤然来临，让他们措手不及，不可能一夜之间转型全部做腰部产品，也不可能一夜之间扩大所需满足腰部产品的量。所以，收购一些异地市场的白酒企业，成为扩大产能、打通渠道的有利做法。中小企业因为经营或传播不善等因素，产量与市场消费量不能成正比，产品无法获得市场认同，一些地方企业也因地域制约无法走向更广阔的市场，通过与一线品牌的合作，这些企业将会获得更广阔的的市场空间。

以一线品牌的市场实力与宣传能力，收纳这些有待盘活的企业，不光为一线品牌更好地抢占市场份额提供便利，也带动这些有待盘活企业所在地的市场收入与就业等诸多问题的解决，这种优化的产业模式值得肯定。因为诸多外界因素的制约，中国白酒企业不会发展成啤酒的高度集中制市场格局，但是合理的优化产能配置有利于一线企业与盘活企业的共同发展，也符合产业发展的正确方向。

战略资本有望更易进入酒圈

一个企业除了会做市场外，也要找到一个有力的靠山。酒水企业凭借自己多年摸爬滚打赢下的品牌知名度拿来与资本市场套现，成为这个行业发展的主流。酒企业的发展，少不了战略投资从中作用。

今天，外来资本已成为酒水行业发展不可或缺的资本。企业的市场定位不再根据以往的经验来制定，更多的是数据型与经济型的销售策略。外来资本的进入也带动了资本市场的活跃性与发展性，更带领酒水市场走向一个多元化发展的时代。目前，有很多酒企业在发展的同时不再只关注自己的企业甚至自己的行业，而是关注多领域。一通百通，外来资本的介入不光活跃了酒水圈的市场氛围，也将酒企业带向了一个更宽阔的平台。例如目前一些白酒企业开发了易货平台，这不单单是因为需求而诞生的交易模式，更是因为酒水圈不再拒绝外来资本而形成的互动式交易模式。

门槛降低扩大经销商话语权

为保障自己的市场与品牌价值，多年来，茅台无论在终端控价还是经销商窄进窄出的政策上一直保持着原有风格，但随着市场扁平化渠道的优势愈发明显，茅台开始放

宽经销商的门槛，让更多酒商有机会进入，这可能使经销商话语权得到扩大。

我国销售常用的人海战术，就好像大富翁游戏一样，拥有越多根据地的人会收获越多的财富。企业在各个地方建设销售根据地（渠道），抢占品牌理念，获得市场，激发消费者的购物需求。长期以来，茅台为了自身价值，对代理经销商的政策一直十分严格。而能够成为一线知名企业代理商的代理们更是兢兢业业地完成企业对他们下达的任务，从而保证来年的货源。

行业进入调整期后，很多大经销商拒绝购进高额的货源与产品，甚至有很多二级代理无法适应市场格局而选择退市自保。对于企业来说，这个时候需要的是安抚经销商，同时开启新渠道之门。一线品牌在新进经销商的政策上放开了很多优惠权，不光吸引了原有经销商的交叉代理，也吸引了一些地级经销商的直营代理，低门槛对于二三线企业来说，也许无法保证经销商的忠诚度，却在某种形式上带动了资金的活跃。

一份事业的成功，一定不是一条路走到黑。多元的发展社会背景下，越来越多的经销商讲究双腿走路。门槛的降低，让渠道交叉融合，门槛降低吸纳经销商的做法不光为企业带来了更多的渠道商，也为渠道商带来更多商机，为大商的诞生创造条件。

终端名酒实惠百姓生活

渠道门槛低，让原来处在最底层的销售平台，例如商超等终端成为独立的代理商，而它们的加盟从根本上让名酒转变成了价格实在的亲民酒。

团购刚刚兴起的时候，由于销售渠道环节少，让不少消费者尝到了实惠。而作为传统销售渠道的商超，由于进货环节的复杂，成本价增加，很多高端酒水产品的价格甚至比直营店高出上百元，所以在团购热销的时代，商超的高端酒水除了节日促销外，几乎没有什么营业额。在北京朝阳区某京客隆超市内，销售高端酒水的黎女士告诉记者，很多高档酒水虽然卖不动，但必须进货，还不能收取经销商的进店费。这是出于维护消费者选择酒水礼品的考虑之举。“不得不说，超市酒水的标价虽然比团购高出一些，但每一瓶的利润并不高。”如今，随着一线名酒的政策放宽，这些商超以更小的差额获得企业的直供，而这些商超也因直供降低销售价格从而带动消费者的消费。

在过去，非假日期间，名酒在商超的销售一直处在赚眼球不赚钱的尴尬局面，随着直供价格的放低，商超可以根据各自的盈利需求在不同时间段开展促销活动，这不但带动了商超的客源流动与资金回笼，也刺激了消费者购买一线名酒的欲望，处于销售与渠道双盈的成熟局面。

大事记

主要包括2012—2013年中国酒业发展的重大事件和重要活动。

2012年中国酒业大事记

1月酒业大事记

- 1月10日，商务部、发展改革委、公安部、税务总局、工商总局联合召开电视电话会议，部署清理整顿大型零售企业向供应商违规收费工作。
- 1月11日，山东景芝酒业股份有限公司荣获“2011年度山东省省长质量奖”。 这也是景芝酒业继荣获“景芝牌中国驰名商标”之后获得的又一大奖。

2月酒业大事记

- 2月2日，商务部市场运行和消费促进司发布了“关于协助做好《酒类流通管理办法》实施后评估问卷调查的函”， 开展《办法》实施后的各项评估工作。
- 2月2日，乐朗酒庄庄主沈东军入选法国葡萄酒“名人堂”，法国波尔多左岸名庄协会为法国乐朗酒庄庄主沈东军举办了隆重的单独授勋仪式。
- 2月6日，商务部发布了《关于“十二五”时期促进零售业发展的指导意见》，预计“十二五”时期，我国商品零售规模保持稳定较快增长，社会消费品零售总额年均增长15%，零售业增加值年均增长15%。
- 2月13日，在贵州省遵义市四届人大一次会议第一次全体会议上，遵义市代市长王秉清所做的《政府工作报告》中首次提出组建“大茅台集团”。
- 2月17日，景芝生态酿酒产业园奠基仪式在中国酿酒古镇——景芝镇举行。该产业园是近20年来山东省发改委唯一批准立项的酿酒产业园，总占地面积2000亩，总规划投资16亿元。
- 2月22日，贵州省物价局发布公告，对贵州省茅台酒销售有限公司开出了2.47亿元的罚单。
- 2月23日，华泽集团与法国酩悦轩尼诗公司在云南香格里拉签署合作协议，合资建设葡萄酒庄。

3月酒业大事记

- 3月2日，洛阳杜康控股有限公司、江南大学、河南省酒业协会共同打造的中国杜康白酒工程研究院在河南省郑州市揭牌。
- 3月6日，汇源宣布将在吉林省柳河县投资5亿元用于葡萄酒庄及葡萄深加工项目。
- 3月20日，帝亚吉欧63亿收购水井坊获批。
- 3月20日，水井坊国际标准灌装生产线落成暨APEC系列活动贵宾指定用酒——水井坊发布仪式”正式启动。
- 3月21日，《探路•进口酒营销中国高端论坛》在成都成功举办。
- 3月26日，国务院召开第五次廉政工作会议，中共中央政治局常委、国务院总理温家宝发表讲话，他指出今年要严格控制“三公”经费，禁止用公款购买香烟、高档酒和礼品。
- 3月28日，由中国酒业协会举办的“中国白酒领袖峰会”在山西太原隆重召开。

4月酒业大事记

- 4月10日，2012年度全国各省市酒类行业协会会长（秘书长）联席工作会议在德州召开。
- 4月10日，温州市中级法院作出一审判决，判令法国卡斯特兄弟股份有限公司及其中国经销商停止使用“卡斯特”商标，判令其赔偿上海班提酒业公司和李道之3373万元人民币。

- 4月24日，上海班提酒业公司和上海卡斯特酒业公司宣布，在国内50座城市对其拥有的“卡斯特”葡萄酒进行维权。
- 4月25～26日，中国酒业协会第四届理事会第五次（扩大）会议在北京召开。

5月酒业大事记

- 5月5日，酩悦•轩尼诗夏桐葡萄酒庄在宁夏农垦黄羊滩农场葡萄种植园区举行奠基仪式。
- 5月7日，经国家质监局和商务部批准，首个国家洋酒质量监督检验中心落户广东。
- 5月8日，由枝江酒业和中国食品发酵工业研究院共同承担的中国白酒169计划“浓香型枝江白酒风味物质剖析技术的研究及应用”科研课题经过两年的研究和实验，通过了专家鉴定。
- 5月14日，四川宜宾机场命名为“五粮液机场”。
- 5月15日，百威英博考察团一行到天津静海参观考察。
- 5月16日，全国工商系统签约联手保护习酒知识产权。
- 5月25日，古城酒业新品“梅兰竹菊”成为国奥中心特供产品。
- 5月28日，西凤核心产品“凤香经典”陕西上市。
- 5月28日，中粮集团正式成为中国奥委会及中国体育代表团2012～2019年合作伙伴。
- 5月29日，《葡萄酒行业准入条件》正式公示，于2012年7月1日起施行。《准入条件》就企业(项目)布局与规模、原料保障、工艺与装备、质量安全、节能降耗与环境保护、安全生产及劳动者权益保障、监督与管理等方面作了详细说明。
- 5月30日，亚太区国际葡萄酒与烈酒展览会在香港举行。

6月酒业大事记

- 6月5日，杜塞尔多夫展览集团在北京举行2013ProWein发布推介活动。
- 6月5日，中国商务部宣布，对欧盟葡萄酒启动“反倾销”和“反补贴”调查程序。
- 6月6日，雪花荣获“2011年度中国轻工业百强企业”。
- 6月14日，四川省人大常委会名优酒保护立法调研组莅临宜宾，调研名优酒发展和保护工作。
- 6月16日，燕京啤酒见证“神舟九号”的腾飞，牵手探月工程。
- 6月17日，2012年度“质检邀您看企业•食品安全大家行”活动在北京正式启动。
- 6月18～20日，中国酒业开展首届“高级营销师”职业资格鉴定和培训工作。
- 6月26～29日，张裕公司在山东烟台举行了创立120周年庆典。
- 6月28日，世界品牌实验室在北京发布了2012年《中国500最具价值品牌》排行榜。
- 6月29～7月1日，由厦门市商务局主办，厦门市酒类专卖局协办的海西最大酒展——2012海西（厦门）国际酒业展览会，在国际会展中心举办。

7月酒业大事记

- 7月1日，我国《有机产品认证实施规则》全面实施。国内生产的所有有机产品将统一使用国家认监委认可的新标志。
- 7月6日，工业和信息化部正式发布《葡萄酒行业“十二五”发展规划》。
- 7月8日，“中国酒业协会”揭牌仪式在北京京西宾馆隆重举行。中国轻工业联合会会长步正发和中国酒业协会理事长王延才共同为中国酒业协会揭牌，标志着1992年成立的“中国酿酒工业协会”正式更名为“中国酒业协会”。
- 7月12～16日，“2012年首届大连国际葡萄酒美食节”在大连举行。
- 7月18日，2013年（第四届）中国食品安全高层对话在北京举行。
- 7月19～21日，2012中意葡萄酒文化经贸交流活动在北京举行。
- 7月23～25日，2012年第一期全国酒类流通管理工作培训会在烟台召开。

◆ 7月24日，河套酒业在鄂尔多斯市颁奖大会上获得“内蒙古自治区主席质量奖”。

◆ 7月27日，由中国食品土畜进出口商会主办的“全国保税区进口葡萄酒座谈会”在宁波举行。

◆ 7月31日，《中国酒业》主编李言冰应邀做客旅游卫视《美酒天下》栏目，与白酒收藏家、养生专家共同讨论保健养生与白酒收藏等当下酒界热点话题。

8月酒业大事记

◆ 8月1日，河西走廊有机葡萄酒产区通过国家地理保护标志专家评审，给予实施保护。

◆ 8月5日，中国移动董事长奚国华一行，在贵州省副省长孙国强等贵州省地市相关领导的陪同下来到茅台集团公司考察。

◆ 8月6日，全球首部多语种中文葡萄酒电子“百科词典”——逸香葡萄酒词典上线。

◆ 8月18日，中国河西走廊第三届有机葡萄美酒节暨中国葡萄酒城首届葡萄酒节在甘肃武威市拉开帷幕。

◆ 8月19日，智利第二大葡萄酒企业柯诺苏集团与宝真酒业联袂推出美洲狮系列葡萄酒。

◆ 8月21日，中国酒业协会拟对原产自欧盟的进口葡萄酒进行反倾销和反补贴调查。

◆ 8月29日，贵州省酒业协会在贵阳成立，同时召开贵州省酒业协会第一次会员代表大会。

◆ 8月30日，2012年中国民营企业500强在北京揭晓，湖北稻花香集团连续3年榜上有名。

◆ 8月30日，贵州省工商局与2011年8月贵州省人民政府评选出的“贵州十大名酒”企业建立知识产权保护协作制度，共同来保护贵州省白酒知识产权，以做大做强白酒产业。

◆ 8月30日～9月1日，首届贺兰山东麓葡萄酒节暨第四届中国(宁夏)园艺博览会在宁夏回族自治区银川市举行。

9月酒业大事记

◆ 9月1日，《国内贸易发展“十二五”规划》发布。

◆ 9月12日，中国酒业协会白酒分会技术委员年会在江苏宿迁召开，全国著名白酒专家、骨干白酒企业代表等300余人齐聚一堂，共商中国白酒发展大计。

◆ 9月17～18日，“2012年中国国际啤酒技术高峰论坛”在北京举行。

◆ 9月18日，由宁夏葡萄产业发展局主办的“国际十大酿酒师贺兰山东麓获奖葡萄酒品鉴会”在贺兰山脚下的贺麓酒庄举行。

◆ 9月21日，四川省宜宾五粮液集团有限公司，以持有五粮液20.07%的股份，晋升为上市公司第二大股东。

◆ 9月24日，由中央电视台新科动漫频道、中央电视台科教频道、中法合营王朝葡萄酿酒有限公司联合制作的大型高清纪录片《葡萄酒的诱惑》CCTV-10科教频道首播仪式在中华世纪坛举行。

◆ 9月26日，中国通天酒业集团有限公司签署正式协议，收购烟台白洋河酿酒有限责任公司，最终持股60%。

10月酒业大事记

◆ 10月8～9日，国际酒精政策中心（ICAP）主持了在华盛顿举办的减少有害饮酒全球行动国际大会。

◆ 10月11～12日，第四届安徽省白酒评委年会在池州市举行。

◆ 10月16～17日，总局科技司在浙江舟山召开《提升食品质量安全检（监）测能力专项规划实施管理办法》研讨会。

◆ 10月18～21日，第87届全国糖酒商品交易会在福州市海峡国际会展中心举办。

◆ 10月19日，卫生部发布食品标准清理工作方案，推出了食品安全国家标准制定和修订工作的时间表。

◆ 10月19日，雪津啤酒建首个NBA主题密室。

◆ 10月29日，“中国微酿啤酒业联盟”筹建委员会讨论会在北京召开。

11月酒业大事记

- 11月4～6日，首届中国（北京）国际葡萄酒烈酒展会（Vin China）在北京国家会议中心举办。
- 11月11日，赤水坊高端酱香型白酒品牌发布盛典在天津隆重举行，天津酒业流通协会、《中国酒业》杂志、天津市工商联领导相关领导，赤水坊集团董事长李健等嘉宾参加了此次大会。
- 11月14～16日，2012中国（广州）国际名酒展——秋季展在广交会琶洲展馆举办。
- 11月18日，茅台葡萄酒与河南名庄国际葡萄酒业有限公司正式签约合作，以“中国品牌，世界制造”的全新理念，联手打造中国精品进口葡萄酒的采购与销售平台。
- 11月26日，宋河股份携手北京酒仙电子商务有限公司，在北京798艺术中心举办“宋河股份网上旗舰店上线新闻发布会”。

12月酒业大事记

- 12月5日，宁夏回族自治区第十届人民代表大会常务委员会第三十三次会议通过《宁夏回族自治区贺兰山东麓葡萄酒产区保护条例》
- 12月10日，福建省成立酒类流通协会。
- 12月18日，“中国家•孔府家之夜——2012年中国•曲阜孔府家第29届酒文化节暨封藏大典”大型文艺晚会在济宁体育馆盛大上演。
- 12月19日，山东省技术质量监督局批准发布由国家葡萄酒及白酒、露酒产品质量监督检验中心、烟台威龙葡萄酒股份有限公司、中粮君顶酒庄有限公司、烟台张裕葡萄酿酒股份有限公司组织起草的《葡萄酒庄园规范》、《庄园葡萄酒》等两项为山东省推荐性地方标准，并自2013年1月1日起实施。
- 12月24日，白酒股全线大幅下挫，十大白酒股市值蒸发近250亿元，其中贵州茅台全天蒸发的流通市值近125亿元。

2013年中国酒业大事记

1月酒业大事记

- 1月1日，《预包装食品营养标签通则》正式施行。
- 1月7日，由黑龙江省酒类管理办公室、黑龙江省酒类流通协会联合主办的黑龙江省第二批“放心酒示范店”授牌大会在哈尔滨举行，黑龙江省41家酒类流通企业获此殊荣。
- 1月8日，2012年度“中国酒业协会科学技术奖项目评委会”在北京召开。

2月酒业大事记

- 2月1日，工信部网站公布“国家级信息化和工业化深度融合示范企业名单”，其中有9家酿酒企业入围。
- 2月5日，华润创业发布公告称，华润雪花以53.84亿元巨资收购金威啤酒的啤酒生产、分销和销售业务，包括7家啤酒酿造厂资产及债务。

◆ 2月19日，2013年全国酒业协会秘书长会议在福建省福州市召开。

3月酒业大事记

◆ 3月1日，食品安全国家标准《食品中农药最大残留限量》（GB 2763—2012）开始实施。

◆ 3月17日，《宁夏贺兰山东麓葡萄酒产区保护条例》实施启动仪式在张裕摩塞尔十五世酒庄举行，标志着全国第一部葡萄酒产区保护法规正式实施。

◆ 3月19日，英国历史最悠久的酒商BBR公司(全称Berry Bros & Rudd)宣布，将首次为来自中国的张裕葡萄酒设立永久货位。

◆ 3月21日，《中国酒业》杂志荣获稻花香酒业股份有限公司颁发的品牌推广最佳合作媒体奖。

◆ 3月25日，位于成都的水井坊博物馆正式开幕。该馆真实再现了水井坊酒的传统酿造工艺，从而向世人展示了水井坊品牌的历史和文化根源。

◆ 3月27日，第88届全国糖酒商品交易会新闻发布会在成都世纪城国际会议中心召开。

4月酒业大事记

◆ 4月17日，中国酒业协会第四届理事会第七次（扩大）会议在北京友谊宾馆拉开帷幕。

◆ 4月18日，2013年中国国际酒业技术装备博览会（CIADE2013）在北京中国国际展览中心盛大开幕。

◆ 4月20日，四川省雅安市芦山县发生7.0级特大地震，造成了严重的人员和财产损失。茅台、五粮液、泸州老窖、水井坊、洋河、汾酒等多家酒企向灾区捐资捐款。据不完全统计中国白酒行业为地震灾区捐款总计超过8200万元。

◆ 4月20～22日，“第八届国际葡萄与葡萄酒学术研讨会”在葫芦岛市建昌县召开。

◆ 4月23日，为规范酒类流通行业存在的制售假冒伪劣、服务不规范等现象，商务部2013年21号公告颁布了《酒类行业流通服务规范》，于11月1日在全国实施。

◆ 4月23日，金星啤酒集团有限公司生产的金星黑麦啤酒、金星小麦啤酒两款产品被评为2012中国创新特色啤酒产品。

◆ 4月26日，贵州茅台集团在法国已经签署并完成了海玛酒庄的相关收购程序。

◆ 4月30日，日本饮料商三得利控股集团宣布，与中国青岛啤酒合作，双方各出资50%，在上海和江苏地区成立了两家制造及销售啤酒的合资公司。

5月酒业大事记

◆ 5月7日，上海奉贤区销毁近期查获的一批假冒商品，其中包括三千多瓶假冒拉菲红酒。

◆ 5月21日，贵州茅台以121.93亿美元品牌价值位列“BrandZ全球最具价值品牌百强榜”。

◆ 5月25日，中国酒类行业品牌与服务评价暨宣贯《酒类行业流通服务规范》活动启动会在北京钓鱼台国宾馆举行。

◆ 5月31日，贵州茅台酒厂（集团）白金酒有限责任公司在贵阳成立。此举意味着在市场高调运作4年的白金酒，由茅台旗下一个子品牌，发展成为茅台集团的独立子公司，茅台集团把原旗下保健酒公司所属的茅台白金酒升级纳入集团直管子品牌。

6月酒业大事记

◆ 6月4～6日，由中国对外贸易经济合作企业协会、荷兰国际工业促进公司和北京世联新睿国际展览有限公司联合举办的第四届中国北京国际葡萄酒博览会（Topwine China）在北京举行。

◆ 6月5日，商务部依照《中华人民共和国反倾销条例》和《中华人民共和国反补贴条例》的有关规定，决定启动对欧盟葡萄酒反倾销和反补贴调查程序。

◆ 6月16日，北京恒亿盛世酒业公司携手江苏琳龙酒业公司，达成战略合作关系。在江苏宜兴市举行“法国正牌CASTEL&五粮液王者风范”无锡地区总代理签约仪式，并和宜兴市各界人士共同庆祝9999平方米“琳龙酒城”隆重开业。

◆ 6月16～20日，2013年国际葡萄酒及烈酒展览会在法国波尔多隆重举办。
◆ 6月17日，国务院食品安全办等14个部门联合启动全国食品安全宣传活动。
◆ 6月19日，“葡萄酒：挤压式增长下的渠道创新”论坛在北京举行。
◆ 6月21日，芝麻香白酒现代化微生物菌种库正式启用。
◆ 6月26日，第二届中国白酒领袖峰会在南京召开。
◆ 6月28日～7月14日，2013中国哈尔滨国际啤酒节在哈尔滨冰雪大世界园区举行。

7月酒业大事记

◆ 7月2日，中国酒业协会就对欧盟葡萄酒“双反”调查立案做出声明。
◆ 7月5～7日，第五届中国（北京）国际葡萄酒展览会举行。
◆ 7月9日，贵州茅台股份有限公司(贵州茅台)与酒类电商平台酒仙网达成战略合作伙伴。
◆ 7月23日，“五粮液创新驱动发展暨新品上市新闻发布会”在成都举行。

8月酒业大事记

◆ 8月1日，食品安全国家标准《发酵酒及其配制酒》（GB 2758—2012）正式实施，用于代替《发酵酒卫生标准》（GB 2758—2005）。
◆ 8月12～14日，中国酒业协会在河北昌黎召开2013年国家级葡萄酒评委会。
◆ 8月14日，商务部新闻办公室召开“第三届中国(贵州)国际酒类博览会”新闻发布会。
◆ 8月20日，中国酒业协会2013中国名酒典型酒颁奖大会在北京举行。
◆ 8月26日，由中国酒类流通协会协和中华品牌战略研究院联合主办的华樽杯第五届中国酒类品牌价值评议活动在京举行。
◆ 8月30日，第十二届全国人民代表大会常务委员会第四次会议通过了《全国人民代表大会常务委员会关于修改〈中华人民共和国商标法〉的决定》。将于2014年5月1日起施行。

9月酒业大事记

◆ 9月2日，郎酒集团在其官方微博发布声明称：郎酒已于2012年12月11日与四川壹玖壹玖企业管理连锁有限公司终止合作，该公司不再是郎酒授权的经销商。
◆ 9月3日，泸州老窖在北京与酒仙网正式签订战略合作协议，泸州老窖将在酒仙网进行全品类布局。
◆ 9月8日，第三届中国（贵州）国际酒类博览会举行项目集中签约活动。
◆ 9月10日，为期两周的“2013首届北京金秋葡萄酒文化节”开幕。
◆ 9月19日，郎酒在天猫商城开设的官方旗舰店试运营，并于2013年11月19日正式上线，这是郎酒目前唯一直接经营的网络销售渠道。
◆ 9月28日，天津荣程集团与泸州市合江县政府正式签署10万吨白酒基地项目投资协议，总投资约120亿元。

10月酒业大事记

◆ 10月5日，由酒仙网主办的2013年首届中国酒类电子商务营销论坛在武汉市举行。
◆ 10月6日，“穿越文明，对话未来”中国文化名酒复兴论坛活动在武汉大学举行。
◆ 10月6日，习酒公司在武汉举行了“2013产品巡礼暨新品发布会”。
◆ 10月7日，第三届中国酒业营销金爵奖颁奖盛典在武汉隆重举办。

- 10月12日，嘉士伯集团100万吨啤酒生产基地在大理市凤仪镇大理创新工业园区内奠基。
- 10月13日，由国酒文化研究会举办的第十个茅台酒节在茅台集团隆重举行。此次茅台酒节系历届活动中规模最大的一次，共有来自全国各地的经销商、供应商、公司各单位代表及国内众多媒体记者近四千人参加盛会，共同见证国酒茅台的酿造传奇。
- 10月13日，泸州老窖集团与台湾统一集团旗下世华企业股份有限公司签署合作协议，共同投资在泸州建立清香型白酒酿造基地，初步规划年产清香型白酒4万吨，预计总投资额将达30亿元。
- 10月14日，央视《经济半小时》栏目曝光了泸州部分“年份酒”存在问题，质疑部分酒企存在虚假宣传的行为。
- 10月19日，首届中国（景芝）生态酒文化节在山东潍坊安丘开幕。活动旨在倡导中国白酒酿酒生态文化理念和实践，加快景酒生态酿酒产业园和齐鲁酒地文化创意产业园建设，全力打造景芝酒生态文化。
- 10月22日，2013“习酒•我的大学•励志行”贵州省大学生社会实践颁奖在贵州大学举行。
- 10月23～27日，第十四届中国西部国际博览会白酒专业博览会在四川泸州举行。
- 10月23日，中国平安集团与宜宾红楼梦酒业正式签署协议并达成战略合作，平安集团投资共计5亿元，帮助红楼梦酒业在品牌、渠道建设及技改等方面进行改造。

11月酒业大事记

- 11月1日，我国首部《酒类行业流通服务规范》在全国实施，此标准是我国关于酒类行业流通服务规范的首部标准。
- 11月5日，中国饮料业巨头娃哈哈集团在北京召开新闻发布会，正式宣布进军白酒行业。
- 11月18日，央视黄金资源招标会如期举行，相比于往年一掷“亿”金的“土豪”派头，白酒企业此次显得低调了许多。
- 11月19日，燕京啤酒高级酿酒师研修班结业典礼在北京燕京啤酒总部举行。
- 11月21日～12月15日，山东省烟台市葡萄与葡萄酒局联合质检、工商、公安等执法部门对全市葡萄酒生产企业进行集中检查。
- 11月25日，国家工业和信息化部发布了《关于2013年国家级工业设计中心名单的通告》。
- 11月28日，国家食品药品监督管理总局发布《关于进一步加强白酒质量安全监督管理工作的通知》。
- 11月29日，国家质检总局在京召开例行新闻发布会，公布质检工作相关情况。10月份截获不合格进口食品194批。不合格食品涉及18类产品,主要不合格产品是酒类、粮谷及制品类和糕点饼干类,来自29个国家和地区,品质、食品添加剂和微生物污染等项目为主要不合格原因。
- 11月30日，大元股份发布重大事项进展，拟收购湖南浏阳河酒业发展有限公司100%股权。

12月酒业大事记

- 12月2日，以“金龙问世，谁与争锋！”为主题的茅台葡萄酒公司2014新品发布会在郑州隆重举行。
- 12月6日，第90届全国糖酒商品交易会预备会在成都召开。
- 12月10日，第二届中国葡萄酒大会(CWC) 在北京举办，本届大会依然延续上届“让中国人爱上葡萄酒”主题，始终以“交流、合作、发展”为理念，将其打造成为中国葡萄酒产业的“达沃斯”。
- 12月10日，2013年度百大葡萄酒评选活动在北京皇城艺术馆举办颁奖典礼及百大葡萄酒品鉴。
- 12月10日，中国酒业协会在北京组织召开“酿酒行业职业技能鉴定工作会议”。
- 12月11日，重庆啤酒接公司股东嘉士伯啤酒厂香港有限公司（嘉士伯香港）的通知，嘉士伯香港通过邀约收购受让的14658.8136万股重庆啤酒股份已完成过户登记手续。
- 12月12日，中国政府法制信息网公布国家食品药品监管总局起草的《食品药品安全“黑名单”管理规定（征求意见稿）》。
- 12月13日“营造进口酒市场新格局”高峰论坛在河南省郑州市思念果岭国际度假区举行。
- 12月14日，福建省燕京惠泉啤酒股份有限公司第六届董事会第十七次会议召开。
- 12月16日，重庆啤酒公司公告，公司董事会12月16日收到公司董事刘明朗、邹宁、胡文军的书面辞职报告。

- 12月17日，茅台集团官方网站发布消息称，近日，集团对习酒公司战略投资者调整投资额进行了确认。
- 12月18日，白酒行业两大龙头茅台、五粮液同天在贵州和四川召开经销商大会。
- 12月18日，2013中国白酒文化节正式在四川宜宾开幕。
- 12月19～20日，2013亚太经合组织（APEC）中小企业峰会在广东深圳举行。
- 12月20日，第一届食品安全国家标准审评委员会第九次主任会议在北京召开。
- 12月22日，中国低度白酒首创40年纪念活动在河南商丘市举行，中国酒业协会理事长王延才、河南张弓老酒酒业有限公司董事长邓天志共同为中国低度白酒创始人郭宗武先生铜像揭幕，并举办了中国低度白酒未来发展的高峰论坛。
- 12月26日，由安徽省标准化研究院主持、安徽宣酒集团股份有限公司主要起草的《浓香型白酒原酒单位产品综合能耗限额》地方标准通过了省质监局组织的审查。

→开
瀘州老窖
LUZHOU LAOJ

中华老字号
China Time-honored Brand
瀘州老窖
特曲
浓香型白酒
净含量:500ml
五年
中国·泸州老窖股份有限公司
LUZHOU LAOJIAO CO.,LTD. CHINA

中国名酒

唯一蝉联历届“中国名酒”
称号的浓香型白酒

特曲
瀘州老窖

特曲
瀘州老窖
五年

广东名酒

金装 紅米酒

酒精度/净含量：

30%vol 156ml / 32%vol 500ml / 30%vol 610ml / 40%vol 5.2l

酒精度/净含量：52%vol 500ml

酒精度/净含量：38%vol 500ml

酒精度/净含量：45%vol 500ml

四特酒
SITIR
产自古法白酒原生地
四特
東方韵

大鳳
西鳳酒
大鳳香
酒
酒精度 45%vol 净含量 500mL
陕西西凤酒集团股份有限公司

雪花纯生
匠心营造
雪花啤酒
雪花
啤酒
SNOW
雪花
啤酒
SNOW BEER
纯生
【DRAFT BEER】
净含量
500ml

雪花
勇闯天涯
雪花
雪花
啤酒
MONS
BEER
Brewed using choice hops, rice and barley malt.
Relax and enjoy this fine tasting beer.
勇闯天涯
净含量：500ml

图书在版编目（CIP）数据

中国酒业年鉴．2012～2013/中国酒业协会，中国酒业年鉴编委会编．—北京：中国轻工业出版社，2015.1

ISBN 978-7-5019-9980-4

Ⅰ．①中… Ⅱ．①中… ②中… Ⅲ．①酿酒工业－中国－2012～2013－年鉴 Ⅳ．①F426.82-54

中国版本图书馆CIP数据核字(2014)第245126号

责任编辑：江　娟　王　朗　　策划编辑：江　娟　　责任终审：劳国强
封面设计：乐　天　　版式设计：邓　鹏　　责任监印：张　可

出版发行：中国轻工业出版社（北京东长安街6号，邮编：100740）
印　　刷：三河市万龙印装有限公司
经　　销：各地新华书店
版　　次：2015年1月第1版第1次印刷
开　　本：889×1194　1/16　　印　　张：40.5
字　　数：1268千字　　插　　页：60
书　　号：ISBN 978-7-5019-9980-4　　定　　价：480.00元
邮购电话：010-65241695　　传　　真：65128352
发行电话：010-85119835　85119793　　传　　真：85113293
网　　址：http://www.chlip.com.cn
E-mail：club@chlip.com.cn
如发现图书残缺请直接与我社邮购联系调换
141419K1X101HBW